18 45
D R

Thomas Laely

Autorität und Staat in Burundi

Dietrich Reimer Verlag

Publiziert mit Unterstützung des Schweizerischen Nationalfonds
zur Förderung der wissenschaftlichen Forschung

Die vorliegende Arbeit wurde von der Philosophischen Fakultät I der Universität Zürich im Wintersemester 1991/1992 auf Antrag von Prof. Dr. L. G. Löffler als Dissertation angenommen

Die Deutsche Bibliothek - CIP-Einheitsaufnahme

Laely, Thomas:
Autorität und Staat in Burundi / Thomas Laely. - Berlin :
Reimer, 1995
Zugl.: Zürich, Univ., Diss., 1991/92
ISBN 3-496-02569-7

Auflage: 500

Dr. Friedrich Kaufmann
Unter den Eichen 57
12203 Berlin

Umschlagbild: Notables burundais à la campagne
© O.N.T. Burundi (Cliché J. P. Bastière)

Printed in Germany

ISBN 3-496-02569-7

In Gedenken an

Spès-Caritas Nurwaha

INHALTSÜBERSICHT

(Ausführliches Inhaltsverzeichnis am Schluss des Bandes)

TEIL II

DER KOLONIALE STAAT

TEIL III

DER POSTKOLONIALE STAAT

VORWORT

Die vorliegende Arbeit ist in erster Linie das Resultat eines Aufenthaltes in Burundi von Juni 1988 bis Juli 1989. Ich hielt mich während dieser Zeit zur Hauptsache in mehreren Gemeinden zweier stark unterschiedlicher Regionen auf: Zum einen im hochgelegenen Nord-Mugamba im bergigen Zentrum des Landes, zum anderen in der Tiefebene des nordöstlichen Bweru/Bugesera im tanzanisch-rwandesischen Grenzgebiet. Dazwischen kehrte ich mehrmals für längere Zeit in die Hauptstadt Bujumbura zurück. Mehrere der besuchten Orte und manche ihrer Bewohner waren mir von früheren Aufenthalten seit den siebziger Jahren vertraut, während deren ich mich hauptsächlich mit Geschichte und Sprache Burundis auseinandersetzte. Die hier präsentierte Arbeit beschäftigt sich primär mit der Zeitspanne von 1890 bis 1990. Da sie grösstenteils in den Jahren 1990 bis 1992 verfasst wurde, konnten die jüngsten politischen Ereignisse – die Einführung eines Mehrparteiensystems und die Präsidial- und Legislativwahlen im Juni 1993, der im nachfolgenden Oktober eingeleitete Regierungsumsturz ebensowie die daraus folgenden blutigen Massaker, die sich bis zur Niederschrift dieser Zeilen fortsetzen – nicht mehr analysiert und nur noch am Rande erwähnt werden. Trotzdem kann sie vielleicht das eine oder andere zu ihrem Verständnis beitragen.

Die eigentliche Feldforschung wurde mir durch eine grosszügige Finanzierung durch die Abteilung Forschung und Politik der schweizerischen Direktion für Entwicklungszusammenarbeit und humanitäre Hilfe (DEH) ermöglicht, während die Auswertung zu einem guten Teil innerhalb eines vom „Schweizerischen Nationalfonds zur Förderung der wissenschaftlichen Forschung" finanzierten Projektes erfolgen konnte. Diesen beiden Stellen gebührt mein besonderer Dank.

Ohne die zusätzliche Unterstützung von verschiedensten Seiten und Personen wäre diese Arbeit nicht möglich gewesen. Nur wenige können hier genannt sein. In Burundi selbst liessen sich zahlreiche ehrwürdige Bashingantahe, Banyakubahwa und Bapfâsoni auf den von mir besuchten Hügeln viel Zeit nehmen, um mit ausserordentlicher Geduld auf meine manchmal wenig verständlichen Fragen und Sichtweisen einzugehen. Das „Centre Universitaire de Recherche pour le Développement Économique et Social" (CURDES) der Universität Burundi und seine Direktoren M. Dayer und P. Rutake waren bereit, mich als Membre-associé und Research Fellow aufzunehmen und mir mit ihrem Rat zur Seite zu stehen. Die Behörden mehrerer Ministerien (vor allem verschiedener Abteilungen des Ministère de la Jeunesse, des Sports et de la Culture, des Ministère de l'Intérieur und des Ministère du Plan), insbesondere aber die Behörden der Université du Burundi, des „Centre de Civilisation Burundaise" (C.C.B.) und der „Archives Nationales" erleichterten mir meine Arbeit in verschiedener Hinsicht. Speziell N. Bugwabari, H. Mununi, N. Ndimurukundo, J.-M. Ngendahayo, A. Ntabona, S.-C. Nurwaha und P. Rutake, ebensowie J. Gahama, E. Mworoha, Th. Nsabimana und Ph. Ntahombaye nahmen sich viel Zeit und Mühe, auf Fragen und Probleme meiner Arbeit einzugehen. Das gilt ebenso für E. Remondino und Ch. Baranyanka. Ihnen wie anderen verdanke ich wertvolle Diskussionen, die mir für meine Arbeit wichtige Anstösse gaben. Ihnen allen sei für ihre grosszügige Hilfsbereitschaft, ihre Geduld und ihr Interesse gedankt. Dasselbe gilt für die verschiedenen mich und meine Arbeit begleitenden Interpreten, Transkriptoren und Übersetzer ebenso wie für all diejenigen, die sich die Zeit nahmen, die erhobenen Daten und Zwischenresultate mit mir zu diskutieren. Sie alle leisteten unschätzbare Dienste und ebneten mir einen Weg, der ohne sie nicht gangbar gewesen wäre.

Mein spezieller Dank richtet sich an Lorenz G. Löffler, Professor am Ethnologischen Seminar der Universität Zürich, der meine Arbeit von Anbeginn an über die verschiedenen Phasen hinweg mit aller notwendigen Sorgfalt und Umsicht betreut und gefördert und mit dem ihm eigenen Scharfsinn kommentiert hat. Während der Vorbereitung bzw. Auswertung profitierte ich viel von inspirierenden Diskussionen mit R. Botte, A.A. Trouwborst, E. Ntawanka, F.M. Rodegem und R. Lemarchand. Mein Dank geht ebenfalls an Barbara Hofmann, Andreas Volk, Jürg Helbling und Peter Heine, die mir mit ihren Kommentaren zu Teilen früherer Fassungen manche wertvolle Hinweise gaben. Für das Resultat jedoch trage ich die alleinige Verantwortung.

Zu Fragen der Orthographie der Kirundi-Begriffe sei auf das Glossar im Anhang verwiesen.

Zürich, Juni 1995 T.L.

GELEITWORT

Im Jahre 1916 vor nahezu achtzig Jahren erschien das mittlerweile klassische Buch von Hans Meyer „Die Barundi". Es handelte sich um die erste umfassende völkerkundliche Studie über diese ostafrikanische Gesellschaft. Seitdem sind die Barundi vielfach und unter verschiedensten Gesichtspunkten beschrieben worden, aber niemals wieder in so umfassender Weise wie im genannten Buch. Daneben gab es jedoch manche Teilstudien zu Verwandtschaft, politischen Verhältnissen, Religion und Geschichte, Artikel wie auch Bücher. Man könnte auch Thomas Laelys Arbeit eine Teilstudie nennen, wenn auch eine von unvorstellbar grosser Breite und Tiefe. Obwohl sein Buch laut Titel von Macht und Autorität handelt, greifen seine Betrachtungen weit darüber hinaus. Er zeigt detaillreich, wie sehr die beiden Begriffe mit der gesamten gesellschaftlichen Ordnung, der Religion und der Weltanschauung zusammenhängen, so dass seine Arbeit mehr ist als eine lediglich ethnopolitologische. Bis heute existiert keine Studie zu Burundi, die einen derart umfassenden Überblick über Kultur und Gesellschaft gibt.

Dazu ist zu bemerken, dass es in den letzten Jahrzehnten namentlich Historiker und Politologen waren, die zahlreiche Publikationen in Buchform über Burundi veröffentlicht haben. Bekannt geworden ist insbesondere die sogenannte „Ecole franco-burundaise" unter Führung der Historiker Jean-Pierre Chrétien und Emile Mworoha, auf die auch Laely verschiedentlich verweist, die sich jedoch meistens auf die Ebene der Königsdynastie und Nationalgeschichte beschränkt hat. Im Unterschied zu diesen Autoren hat Laely als Ethnologe, der auch ausgedehnte, hauptsächlich auf zwei Orte konzentrierte Felduntersuchungen betrieben hat, viel Nachdruck auf die Lokalebene und das Alltagsleben der kleinen Leute und auf das gelegt, was er die „nicht-staatlichen lokalen Autoritätsformen" nennt.

Als moderner Ethnologe hat er sich nicht nur die sogenannte traditionelle Kultur zu beschreiben bemüht; er hat auch die koloniale und postkoloniale Periode intensiv dokumentiert und analysiert. Das Buch ist keiner bestimmten theoretischen Schule verpflichtet, obgleich der Autor unter Beweis stellt, dass er mit der relevanten Literatur vertraut ist und mit ihr arbeiten kann. Den Akzent der Studie allerdings bildet die Präsentation seines imponierenden Faktenmaterials. Das macht seine Studie nicht zu einer rein beschreibenden, im Gegenteil, er ist immer bestrebt, eine theoretische Interpretation seiner Daten zu geben, indem er sie untereinander in Zusammenhang bringt. Es wird immer wieder deutlich, dass er grossen Wert auf die Untersuchung der Bedeutung einheimischer Begriffe legt und dass er sehr sorgfältig im Gebrauch seines eigenen analytischen Begriffsapparates ist.

Burundi gehört nicht zu den sogenannt tribalen Gesellschaften, durch deren Untersuchung die Ethnologie bekannt geworden ist. Die Barundi sind für afrikanische Verhältnisse eine zahlenmässig grosse Gesellschaft, die am Ende des 19. Jahrhunderts zur Zeit der deutschen Kolonialverwaltung vielleicht eineinhalb bis zwei Millionen Menschen umfasste. Sie sind nie die Domäne eines einzelnen Forschers geworden, sondern es hat immer eine beträchtliche Anzahl – wiewohl nicht immer professioneller – Ethnographen Burundis gegeben. So ist eine umfangreiche Literatur entstanden, die schwer zu überblicken ist. Laely zeigt eine erstaunliche Beherrschung dieser Literatur, wodurch er wichtige Details herauszufinden imstande ist. Im allgemeinen zieht er die verschiedenartigsten Quellen heran: Archivalien, Zeitungen, Pamphlete sowie seine eigenen Daten, die hauptsächlich auf Interviews beruhen. Es ist oftmals erstaunlich zu erfahren, was alles er mit diesem Material zu tun vermag und wie er es befragen kann. Die Literatur zu Burundi wird bekanntlich beherrscht durch das, was man „die drei K's“ nennen könnte: Könige, Kasten und Kühe. Diese Themen kommen neben vielen anderen notwendigerweise auch in Laelys Buch zur Sprache; es gelingt ihm aber immer wieder, sie in einem neuen Licht erscheinen zu lassen, insbesondere dann, wenn es darum geht, Erfahrungen und Auffassungen der Bevölkerung herauszuarbeiten.

Schon lange war bekannt, dass das Gesellschaftsleben in Burundi immer durch persönliche Abhängigkeitsbeziehungen dominiert war. Laely gelingt es, eine neue Sichtweise zu entwickeln. Wichtig ist beispielsweise, wie er das Verhältnis zwischen der Masse der Bevölkerung einerseits und den Herrschern andererseits erörtert. So sagt er im Gegensatz zu dem, was in der bisherigen Literatur des öfteren suggeriert wurde, dass früher, aber auch heutzutage, der Abstand zwischen beiden Seiten immer gross war. Er zeigt überzeugend, dass es für einen gemeinen Bürger praktisch unmöglich war und weiterhin ist, sich direkt an einen Herrn zu wenden. Er bedarf dazu immer einer vermittelnden Zwischenperson.

Hier löst Laely den Anspruch seiner Arbeit in bestem Sinne ein. Das grosse Verdienst dieses Buches liegt darin, dass es deutlich macht, wie das Alltagsleben in den Hügeln Burundis organisiert war; immer unter Berücksichtigung der Beziehungen zu den staatlichen Instanzen und im historischen Kontext zeigt der Autor, welchen Entwicklungsprozessen dieses unterworfen war. Sehr bedeutsam und neu sind Laelys ausführliche Darstellungen der andernorts in Afrika nicht bekannten Einrichtung des *ubushingantahe*, das heisst der Einrichtung der lokalen Notabeln, einer Art Schiedsrichter. Diese ursprünglich ganz im lokalen Raum verwurzelte Institution besteht noch heutzutage, ist jedoch seit kolonialer Zeit immer mehr vom Staat instrumentalisiert oder ganz beiseite geschafft worden und hat dadurch viel von ihrer Legitimität verloren. Laely zeigt genau auf, wie sich dieser Prozess vollzogen hat.

Erhellend und informativ sind auch Laelys ausführliche Auseinandersetzungen mit dem, was er das Tributsystem des alten Königreiches nennt, sowie seine Analyse der Änderungen während der kolonialen Periode, der „indirect rule“ der Belgier, und deren Folgen namentlich für die niederen Stufen der Kolonialverwaltung. Laelys Buch bietet auch für die postkoloniale Periode neue Daten, die die rezenten Ereignisse in Burundi in mancher Hinsicht zu erhellen vermögen.

In den letzten Jahrzehnten hat sich in Burundi sehr viel verändert – für die Bevölkerungsmehrheit meistens nicht zum besseren. Das alte „Herrschaftsmodell“ und die mit ihm verbundene „Willkür und Unberechenbarkeit“ (S. 439) ist aber immer noch wirksam. Neben all dem tiefgreifenden Wandel gibt es in Burundi denn auch Kontinuität, wie der Autor deutlich macht.

Dieses Buch lässt sich einordnen in die gute ethnologische Tradition, die viel Wert auf lokale Umstände legt und auf das, was der amerikanische Ethnologe Clifford Geertz „local knowledge“ genannt hat. Typisch ethnologisch sind auch Laelys Analysen einheimischer Schlüsselbegriffe und des „politischen Vokabulars“, in denen tiefliegende Werte und Haltungen zum Ausdruck kommen, so in den Begriffen *gusaba* („anfragen, sich unterwerfen“) und *kugaba* („geben, Herrschen“) mit ihren vielfältigen Ableitungen.

Gleichzeitig ist das Buch sehr modern dadurch, dass es in hohem Masse um historische Perspektiven bemüht ist und auf rezente Entwicklungen wie auf die Beziehungen zwischen lokalen

Umständen und der weiteren Umwelt – insbesondere der des Staates – eingeht. Ganz gemäss Marc Swartz' Konzept der „local level politics" werden die lokalen Bedingungen nicht isoliert, sondern stets in engem Bezug zu den übergeordneten Ebenen analysiert. Natürlich hat Laely, wie bereits erwähnt, als Ethnologe auch Feldforschung betrieben. Es ist bewundernswert, wie es ihm unter den schwierigen politischen Umständen des heutigen Burundi gelungen ist, im Land zu arbeiten und solch vielfältige Daten zu erheben.

Selbstverständlich gibt es in diesem Buch auch kontroverse Punkte. Dazu gehören die Themen der Beziehungen zwischen Hutu und Tutsi – Laely nennt sie Ethnien oder ethnische Gruppen –, oder Laelys These, dass die Zentralgewalt des Königs zu Ende des neunzehnten Jahrhunderts durch die internen Streitigkeiten nicht gestört, ja sogar gestärkt worden sei. Auch wenn man mit der Stellungnahme des Autors nicht einverstanden sein könnte, so muss man doch zugeben, dass er immer gute Argumente hat.

Ich bin überzeugt, dass das Buch international viel Interesse auf sich ziehen wird, da es sowohl inhaltlich wie methodologisch und theoretisch von grosser Bedeutung ist. Beachtung finden wird es leider nicht zuletzt auch wegen der rezenten schrecklichen Ereignisse in Burundi.

A.A. Trouwborst, emeritierter Professor für Sozialanthropologie

EINFÜHRUNG

Die vorliegende Arbeit setzt sich mit dem Thema der politischen Autorität in Burundi auseinander. Ich gehe dabei von einem historischen Ansatz aus. Die Untersuchung erstreckt sich nicht nur auf die nachkoloniale, sondern auch die koloniale und vorkoloniale Gesellschaftsformation. Analysiert werden die Transformationen staatlicher wie nichtstaatlicher Formen von Autorität, ihr gegenseitiges Verhältnis und ihre wechselseitigen Beeinflussungen über diese verschiedenen Zeitepochen hinweg. Die burundische Gesellschaft blickt auf eine beachtliche historische Kontinuität staatlicher Organisation zurück. Bereits lange vor der europäischen Kolonisation, der Burundi in den letzten Jahren des 19. Jahrhunderts unterworfen wurde, vielleicht bereits im ausgehenden 17., spätestens aber seit dem 18. Jahrhundert kannte diese Gesellschaft eine Form politischer Organisation, die als staatlich, genauer: als „Early State“[1] bezeichnet werden kann. Die sich vor drei bis vier Jahrhunderten herausbildende zentralisierte politische Einheit war von Anbeginn an gekennzeichnet durch und gebunden an die je nach Periode mehr oder weniger friedliche, immer auch konfliktive Koexistenz von Bevölkerungsgruppen, die vorwiegend entweder in der Bodenbebauung, in der Viehhaltung oder wildbeuterisch, alle drei aber offenbar seit langem gemischtwirtschaftlich tätig waren. Bereits zu Beginn des 18. Jahrhunderts waren grosse Teile des späteren Kerngebietes des Königreiches Burundi (das bis 1966 in stark wechselnder Form Bestand hatte) und des heutigen Staates unter einer politischen Zentralinstanz zusammengeschlossen.

Bei der Herausbildung dieser politischen Strukturen handelte es sich um Prozesse, die nicht beschränkt blieben auf das Gebiet und die – schon frühzeitig auch gesellschaftlich integrierten – Bevölkerungsgruppen, die als „Burundi“ bekannt wurden. Diese zeitlich weit zurückreichende Form zentralisierter politischer Organisation ist im Gebiet des zentralafrikanischen Grabenbruches – auch als zentralafrikanisches Binnenseengebiet bezeichnet – keineswegs einzigartig. Während einer langen, im Norden bis ins 13. Jahrhundert zurückreichenden Periode können wir die Existenz eines guten Dutzends von nebeneinander bestehenden, durch eine Zentralinstanz zusammengehaltenen politischen Einheiten feststellen; darunter sind Bunyoro, Buganda, Ankole, Rwanda und Burundi nur die bekanntesten. Lediglich Rwanda und Burundi jedoch vermochten sich bis heute als eigenständige politische Einheiten zu behaupten.

Hier stellen sich nun einige Fragen, die von durchaus aktueller Relevanz sind und bei denen mein Forschungsinteresse ansetzt. Inwieweit hat der heutige Staat Burundi nach der bis 1962 dauernden Kolonialperiode und der Abschaffung des Königtums 1966 noch etwas mit dem alten Burundi zu tun? Sind dem heutigen und dem vorkolonialen Staat nur die Grenzen gemeinsam? Oder zeugen diese Grenzen gerade von einer unter äusserer Einflussnahme eingefrorenen politischen Dynamik? Sicher darf die räumliche Erscheinungsform nicht zu voreiligen Schlüssen verleiten. Wenn wir jedoch in diesem Fall die räumliche Form als Ausdruck des Erhalts der gesellschaftlichen Einheit erkennen und wir von einem historischen Ansatz ausgehen, so ist es für das Verständnis der heutigen politischen Strukturen und Prozesse unumgänglich, sich mit deren geschichtlichen Formen auseinanderzusetzen.

[1] Zur Definition des „Early State“ – des „traditionalen“ oder „frühen“ Staates – s. das auch heute noch autoritative Werk von Claessen & Skalník (eds). 1978. S. des weiteren Claessen & van de Velde (eds). 1985, 1987, 1991.

Die oft hervorgehobene, beachtenswerte Kontinuität der südlichen interlakustrinen Staaten Rwanda und Burundi eröffnet weitere Fragen. Welches waren die Gründe der bereits vorkolonial grossen Kontinuität? Hier müssen uns insbesondere die soziale und politische Seite interessieren: Welche politischen und sozialen Strukturen, Organisationsformen, Macht- und Herrschaftstechniken waren damit verbunden? Weiter sind aber auch Verbindungen (a) zu ökonomischen und ökologischen wie auch (b) zu exogenen politischen Faktoren zu berücksichtigen.Zweitens stellt sich die Frage, inwiefern die lange Existenz als politische Einheit Grundlage sein kann für die Vermutung – meine Arbeitshypothese –, dass auch nach dem Übergang zum kolonialen und postkolonialen Staat und der Auflösung der Monarchie noch etliche dieser früheren sozialen und politischen Strukturelemente, Herrschaftsmechanismen und damit auch politisch-sozialen Verhaltensformen für die heutigen politischen Strukturen und Prozesse im Drittweltstaat Burundi relevant sind.

Damit sind die beiden Hauptachsen meiner Arbeit skizziert: Einerseits die Erfassung der vorkolonialen politischen Struktur[2]; andererseits der Versuch, Elemente zum Verständnis der heutigen politischen Struktur zusammenzutragen, was von der Analyse der politischen „Kultur" bis zur Einsicht in administrative Prozesse und das spezifische, modernstaatliche Herrschaftsverhältnis führt. In beiden Teilen wird der Hauptakzent jedoch auf den lokalen Autoritätsstrukturen liegen. Es geht damit allgemein um politischen Wandel und Herrschaftsinstitutionalisierung, um Prozesse von Formation und Transformation. Oder mit anderen Worten gesagt: um den Übergang von traditioneller Regierung zum modernen Staat, vom Mythos zur politischen Doktrin. Themen mithin, denen in der Ethnopolitologie allgemein vorrangige Bedeutung zukommt (cf. Balandier 1985:311f).

Wie zu den meisten anderen Gesellschaften des afrikanischen Binnenseengebietes liegen heute zu diesem Themenbereich auch zu Burundi wenn nicht gerade zahlreiche, so doch bereits mehrere andere Arbeiten vor, auf denen hier aufgebaut werden kann. Ihnen gegenüber zeichnet sich die vorliegende Studie jedoch durch eine spezifische Akzentsetzung in zweifacher Hinsicht aus, die sie von dem meisten von ihnen unterscheidet. Zum einen liegt die Betonung auf der historischen Dimension, zum anderen liegt der Schwerpunkt der Analyse auf der lokalen Ebene, was die Untersuchung nichtstaatlicher Autoritätsstrukturen miteinschliesst. Natürlich ist es hierzu sinnvoll, ja notwendig, nicht allein Burundi-spezifische und ethnologische Arbeiten im engeren Sinn zur Kenntnis zu nehmen. Es seien in der Folge einige Bemerkungen zum Stand der bisherigen relevanten Forschung und anschliessend zu meinem eigenen Ansatz angebracht.

Für die verfolgte Fragestellung sind vor allem Arbeiten von Relevanz, die innerhalb dreier verschiedener ethnopolitologischer Ansätze und Forschungstraditionen zu situieren sind. Wichtige Daten zur politischen Struktur der Staaten des zentralafrikanischen Binnenseengebietes im allgemeinen und Burundis im speziellen liefern Untersuchungen, die auf einer eher hohen, gesamtgesellschaftlichen Analyseebene ansetzen und sich für die Herausbildung und Entstehungsformen staatlicher Organisation in diesem Gebiet interessieren. Das seit Mitte der siebziger Jahre neu erwachte Interesse innerhalb von Ethnologie, Geschichte und Politologie für die „Ursprünge" staatlicher Organisation erklärt sich nicht nur mit der Suche nach Verständnis traditioneller politischer

[2] Wenn ich von „politischer Struktur" spreche, verstehe ich Struktur im Sinne Giddens' als Gefüge einer Gesamtheit von Regeln und Ressourcen, die als Eigenschaften sozialer Systeme organisiert sind; Struktur existiert lediglich als „strukturierende Eigenschaften", als Mittel und Resultat der Reproduktion des Sozialsystems. Unter „Sozialsystem" dagegen werden die immer neu reproduzierten Beziehungen zwischen Akteuren oder Kollektiven, organisiert als wiederkehrende, geregelte soziale Praktiken, verortbare Tätigkeiten menschlicher Subjekte/sozialer Akteure verstanden, d.h. zeitlich und räumlich situierte Ereignisse und deren Reproduktion; die Ebene der Struktur dagegen ist durch die Abwesenheit handelnder Subjekte charakterisiert. Während das „System" seine Bestimmung und Ordnung durch die Reproduktion von räumlich und zeitlich verorteten Ereignissen erhält, ist „Struktur" sowohl Mittel wie Resultat solcher Reproduktion (cf. Giddens 1986:63ff, 230f, 256; cf. auch Radcliffe-Brown, A. R. 1965 [[1]1952]. Structure and function in primitive society. London).

Organisationsformen, sondern mindestens so sehr mit der Suche nach Einsicht in die Formations- und „Nation-building" – Prozesse heutiger Drittweltstaaten, die man gerade ihrer stark fluktuierenden Formen wegen über die Analyse politischer Transformation im allgemeinen zu gewinnen sucht. Von ihrer Fragestellung her sind diese Arbeiten für die von mir vorgesehene Forschung von hoher Bedeutung, wenn hier auch zwei Einschränkungen gemacht werden müssen. Erstens wird die politische Struktur im lokalen Rahmen nur bedingt in die Analyse miteinbezogen, und zweitens steckt bis heute auf diesem Gebiet direkt auf Burundi bezogene Forschung noch in den Kinderschuhen.[3] Die vorliegende Untersuchung hat zum Ziel, die hier bestehenden Lücken etwas zu verkleinern. Hierzu ist auch eine vergleichende Analyse von Wert und es wird gelten, insbesondere auf Literatur zum weiteren interlakustrinen Raum zurückzugreifen.[4] Für die Burundi-spezifische Forschung relevante Resultate sind des weiteren – immer vom herausgestellten Makro-Ansatz her – auch in den von H.J.M. Claessen (mit-) herausgegebenen Publikationen zu finden.

Für diese Studie ebenso wichtig sind Untersuchungen, die von einer tieferen Abstraktionsebene – bis hin zu interaktionistischen und handlungstheoretischen Ansätzen – ausgehen. Das gilt sowohl für den historischen Teil wie auch für den Teil der Arbeit, der sich auf die moderne Staatsgesellschaft bezieht. Wichtig für meine Themenstellung sind hier verschiedene Arbeiten sowohl von politikwissenschaftlicher wie von ethnopolitologischer Seite. Als Beispiel seien hier die von verschiedener Seite unternommenen Studien zum Vieh-Klientelismus genannt. Das Modell der traditionellen Patron-Klient-Beziehungen in Burundi und Rwanda war und ist eines der Hauptreferenzbeispiele in der Debatte darüber, ob und inwieweit die klientelistische Struktur mit der politischen Struktur zu identifizieren ist. Gerade anhand des Beispiels des traditionellen wie modernen Burundi lassen sich hier zusätzlich notwendige Differenzierungen vornehmen, etwas, woran es der bisherigen einschlägigen Literatur mangelt.

Nicht übersehen werden dürfen besonders zur Analyse der nachkolonialen Situation verschiedene Arbeiten von seiten des älteren sogenannten „plural society"-Ansatzes, die versuchen, das Nebeneinanderbestehen von Elementen verschiedener politischer Systeme innerhalb derselben Gesellschaft in den Griff zu bekommen, sowie etwas rezentere, mehr oder weniger strukturalistisch oder marxistisch orientierte Ansätze innerhalb der französischen und niederländischen ethnopolitologischen Schulen, die die m.E. bisher theoretisch wertvollsten Beiträge zur Erfassung der Beziehungen zwischen den verschiedenen politischen Ebenen einer Gesellschaft – es geht hier primär um nachkoloniale afrikanische Gesellschaften – erarbeiteten. Meistens ermangeln diese Untersuchungen jedoch einer effektiven Bezugnahme auf die lokale politische Ebene in ihrer Beziehung zur übergeordneten politischen Struktur.

Diesen Mangel zu beheben bemühen sich über das engere Gebiet der Ethnologie hinaus seit den beginnenden achtziger Jahren in erster Linie Arbeiten, die ursprünglich oftmals von der französischen Schule der „articulation des modes de production" ausgingen. Der ihnen zugrundeliegende (Mehrebenen-) Ansatz wurde in den letzten Jahren wiederum von französischen und niederländischen, etwas später ebenfalls von angelsächsischen Afrikanisten – Sozialwissenschaftlern, Politologen und Historikern – aufgenommen und vertieft.[5] Es ist für meine Arbeit durchaus von Wert,

---

[3] Nennenswerte Ausnahmen bleiben hier bis heute die Arbeiten von Trouwborst (1973) und Botte (1982a), die einige wertvolle Ansätze leisten. Eine partielle Erklärung für die karge Forschung auf diesem Gebiet lässt sich darin sehen, dass das einzige traditionsreiche Forschungsinstitut auf dem Boden des als „Ruanda-Urundi" verwalteten Kolonialgebietes im ehemaligen Astrida (heute Butare) in Rwanda stationiert war (IRSAC = Institut pour la recherche scientifique en Afrique centrale). Die Rwanda betreffende Literatur ist von da her auch bedeutend umfangreicher.

[4] S. vor allem die Arbeiten von E.I. Steinhart und L. Bäck, zu Rwanda auch: Nahimana, Ferdinand. 1986. Des lignages aux royaumes et des royaumes aux chefferies. Université Paris VII, thèse de doctorat.

[5] S. dazu die 1981 das erste Mal erschienene Revue „Politique Africaine", Paris, und verschiedene Arbeiten an den niederländischen „Institute of Social Studies", Den Haag, und „African Studies Center", Leiden. Als Beispiele der Aufnahme im angelsächsischen Raum s. Hyden 1980 & 1983, Chabal 1986 & 1992, Rothchild & Chazan 1988.

solche theoretischen Ansätze, wie sie in letzter Zeit vermehrt ausserhalb der Ethnologie entwickelt wurden, aufzunehmen. Ich beschränke mich hier auf einen kurzen Abriss der beiden wichtigsten Stossrichtungen neuer Konzeptualisierungen. Primär von ethnologischer und historischer Seite her wurde das Konzept des „Politischen von unten“ entwickelt bzw. neu gewertet, das von der Metapher des „Oben“ und des „Unten“ ausgeht. „Oben“ steht dabei für den Staat und die herrschenden Klassen, während mit „unten“ alle von der Macht ausgeschlossenen sozialen Akteure gemeint sind. Diese Konzeptualisierung beschränkt sich jedoch nicht auf einen akteurzentrierten Ansatz. Es war hier zuerst einmal notwendig, den Raum des Politischen über das Staatliche hinaus zu erweitern und auch ausserhalb des Staates sich äussernde politische Ausdrucksformen in die Untersuchung miteinzubeziehen; dahinter steht die Erkenntnis, dass auch diese die Staatsbildungsprozesse in starkem Masse beeinflussen und formen können. Der moderne „afrikanische“ Staat ist das Resultat vielfacher Beeinflussungen. Hinter ihm steht die Übernahme eines äusseren Staatsmodelles, oftmals (wie im Fall Burundi) aber auch eine indigene Tradition politischer Zentralisation und immer der Einfluss nichtstaatlicher politischer Wirkkräfte und politisch relevanter Faktoren. Diese Einsicht wird in den beiden folgenden Zitaten besonders deutlich formuliert:

> „On ne peut plus réduire le rôle de l'État à une authenticité africaine particulière, mythe forgé par certains anthropologues et accaparé par la suite par certains leaders africains. Mais on ne peut pas non plus comprendre l'État africain comme résultant exclusivement d'interventions externes. En effet, les sociétés africaines se sont appropriés les formes politiques modernes et celles-ci se sont enracinées dans des structures sociales locales“ (Geschiere 1990:156).

> „(...) les groupes dirigeants se sont appropriés les apports extérieurs et les ont aménagés selon leurs projets et leurs intérêts, mais ils en ont du même coup accepté les normes, et le résultat est une réalité *sui generis* pour laquelle nous devons inventer des catégories neuves“ (Terray 1987:13).

Um die grundlegend hybride, mehrgesichtige Natur der modernen Staatsbildungsprozesse verstehen und analysieren zu können, muss das „Politische“ in einem breiteren Sinn verstanden und das Untersuchungsgebiet über das Staatliche hinaus erweitert werden.[6] Es kann nicht genügen, die formalen Aspekte des Funktionierens der staatlichen Macht und das „Suprapolitische“ – die Handlungen und Strukturen des Staates – zu studieren, sondern es gilt, auch deren „Aufnahme“, „Unterminierung“ und „Umformung“ zu beachten, die sie auf seiten derjenigen finden, für die sie bestimmt sind. Es gilt folglich, auch den politischen Wert von Verwandtschaftsstrukturen, Zauberei, etc. zu berücksichtigen, was bis heute ausserhalb der Ethnologie alles anderes als eine Selbstverständlichkeit ist. So kam man dazu zu fordern, dass die „frontières du politique“ neu gesetzt werden müssen und dass man „les pratiques sociales des ‘sans importance’“, „l'expression des ‘modes populaires d'action politique’“, „le poids des groupes sociaux subordonnés dans la structuration politique du pays“ stärker in die Analyse miteinbeziehen, den „caractère pluriel et contradictoire des sociétés politiques africaines“ herausarbeiten und die Möglichkeit einer „autonomie d'action politique des groupes sociaux subordonnés“ in Betracht ziehen müsse.[7] In der Ethnologie mochten diese Forderungen weniger neu tönen als in den anderen Wissenschaften, die sich mit den politischen und gesellschaftlichen Strukturen Afrikas befassen. Die Ethnologie hat jedoch zu lange die Analyse der anderen Hälfte, des „oben“ vernachlässigt, und auch sie kann von dieser geforderten Ausweitung des Untersuchungsgebietes von seiten der Spezialisten des „Oben“ nur profitieren.

---

[6] Diese hybride Natur – die immer neue Verbindung und Überschneidung von formal und informal, von offiziell und inoffiziell, von öffentlich und privat – der staatlichen politischen Formen und der Staatsbildungsprozesse in Afrika versucht man beispielsweise durch die Konzepte des „straddling“ und des „chevauchement“ zu fassen (s. Rothchild & Chazan 1988:ix, Bayart 1989, Geschiere 1990:157, Médard 1990:26ff).

[7] Als Beispiel s. den programmatischen, stark rezipierten Artikel von Bayart 1981, der nicht von ungefähr in der ersten Nummer der französischen Revue „Politique Africaine“ erschien.

Hierzu sind einige weitere theoriengeschichtliche und methodologische Erörterungen notwendig. Während die afrikanistische Ethnologie bis in die sechziger Jahre weitgehend auf die „grass-roots"-Ebene und sozio-politische Mikroprozesse zentriert blieb und erst im Zuge der Entwicklungsdebatte den nicht mehr übersehbaren modernen Staat zu entdecken schien, so zeichneten sich die anderen Wissenschaften, die sich mit den politischen und gesellschaftlichen Strukturen Afrikas befassen, über eine lange Zeit durch eine exzessive Staatszentriertheit aus. Politologen wie Verfassungs- und Verwaltungsrechtler haben zwar den modernen Staat als solchen nie übersehen, sie blieben jedoch bis in die siebziger Jahre einem ausgeprägten Formalismus verhaftet, der die importierten Organisationsmodelle von Verfassung und Bürokratie zum Nennwert nahm. Die afrikanistische Geschichtsschreibung dagegen war über lange Zeit vom vorkolonialen afrikanischen Staat dermassen fasziniert, dass das Studium des modernen afrikanischen Staates immer wieder hinausgeschoben und vernachlässigt wurde (van Binsbergen et al. 1986:369ff).

Dabei kannte das auf den Staat als solchen zentrierte Interesse verschiedene Phasen. Zur Blütezeit der Modernisierungsstudien in den sechziger Jahren galt das Interesse primär der staatlichen Konsolidierung, die man im Zuge des Prozesses des „Nation-building" als Folge der Dekolonisation erwartete. Der Staat wurde als „prime mover" aller Entwicklungsanstrengungen gesehen, was verbunden war mit einem „strong belief (...) in the scope for engineering of social processes" (Doornbos 1989:4). Ob man nun mehr nach einem kapitalistischen oder sozialistischen Modell strebte, es war auf jeden Fall der Staat, der die Wirtschaft und die Entfaltung der anderen „Sektoren" lenken sollte. In einer späteren Phase verschob sich der Brennpunkt auf den Zerfall der staatlichen Institutionen. Die Fehlleistungen des modernen, westlich konzipierten Staates, den man so leicht auf afrikanische Gesellschaften übertragbar glaubte, wurden offenbar und die hohen in ihn gesetzten Erwartungen enttäuscht. Es ist interessant festzustellen, dass erst jetzt, als auch der ausserstaatliche Bereich – wenn auch noch lange als weitgehend geschlossenes, undurchdringliches Gegenüber betrachtet – systematischer in den Gesichtskreis gezogen wurde, der Begriff „Staat"[8] in vermehrten Gebrauch kam; bislang hatte man sich vielmehr an Begriffe wie „zentrale Institutionen", „Herrschende", „herrschende Klasse", „Führungsgruppen", „Eliten" etc. gehalten (Azarya 1988:4f). Im Zuge der enttäuschten Erwartungen kam man von der früheren, bis in die siebziger Jahre optimistischen Sicht des Staates zu einer bedeutend kritischeren Sicht und zu einer pessimistischen Einschätzung seiner Rolle: Während man ihm früher die Rolle eines „prime mover" jeglicher Entwicklung zumass, wurde er nun vermehrt als hauptsächliches Entwicklungshemmnis, als erster Verhinderer jeden Fortschritts gesehen (s. Doornbos 1989:6ff: vom „prime mover state" zum „obstacle state"). Im Zusammenhang damit entwickelte sich – nicht zuletzt am Beispiel der ostafrikanischen Gesellschaften – eine breite Debatte zum Thema „Staat versus Gesellschaft", in der der Staat als übermässig mächtig und zentral gesehen wurde, während „Gesellschaft" in erster Linie für die weitgehend undifferenzierte und verletztliche Bauernschaft stand.

Es sieht ganz danach aus, als ob man sich – vor allem in Kreisen der politischen Wissenschaften und der Entwicklungstheoretiker und -experten – erst angesichts eines die in ihn gesetzten Erwartungen nicht erfüllenden, in eine scheinbare Krise geratenden Staates darauf besann, dass dieser trotz seiner umfassenden Ansprüche nicht allein steht und es neben ihm auch noch etwas anderes gibt, was man pauschal und vereinfachend als „(zivile) Gesellschaft" bezeichnete. Der „infrapolitische" Ansatz von unten fand hier insofern Aufnahme, als man die Frage nach den Beziehungen zwischen Staat und „(ziviler) Gesellschaft" zu stellen begann. Das neue Forschungsschwergewicht wurde auf die Interaktionsprozesse zwischen Staat und Gesellschaft gelegt, was ein Abkommen von der Staatszentriertheit implizieren sollte. Dem alten „state centered approach" wurde nun ein „society centered approach" entgegengehalten. Da das Forschungsinteresse jedoch

---

[8] Von den einen lediglich als „die Gesamtheit der öffentlichen Beamten" definiert, legten andere mehr Gewicht auf den institutionellen Aspekt und bestimmten den Staat als Gesamtheit der Instanzen der Regierung, Verwaltung, Repression, Rechtsprechung und Gesetzgebung (s. Azarya 1988:20, n.18).

über lange Zeit auf dem Staat lag, tritt dieser in den meisten Arbeiten zu dieser Frage bedeutend klarer hervor und wird deutlicher umrissen als „die Gesellschaft“, die nur sehr vage bestimmt bleibt und zu oft als Residualort alles Nicht-Staatlichen erscheint (s. etwa verschiedene Beiträge in Rothchild & Chazan 1988). Diese neue Schwerpunktsetzung führte nichtsdestoweniger zu einigen wertvollen Einsichten und Neukonzeptualisierungen. Erst durch diese Neuausrichtung zeigte sich und wurde man sich bewusst, wie unklar, unsicher und wie unstabil-prekär der Weg der Staatsbildung – das heisst die Bemühungen der afrikanischen Staaten, ihre Rolle und Stellung in und gegenüber der Gesellschaft zu bestimmen und zu entfalten – notwendigerweise ist (s. Doornbos 1989:3). Es kam unter anderem zur Entwicklung der These der „Inkorporation versus Disengagement“, welche zwei verschiedene Haltungen gegenüber dem Staat und Perzeptionen des Staates, aber auch zwei verschiedene Arten von staatlicher Politik umschreiben will (wobei dieser zweite Faktor meistens unterbewertet wird; s. vor allem Azarya 1988). Unter „Inkorporation“ wird Assoziierung und Teilnahme an staatlichen Aktivitäten und Einrichtungen, aber auch die staatliche Vereinnahmung und „Penetration“ immer weiterer zivilgesellschaftlicher Bereiche verstanden, während „Disengagement“ Rückzug und Abkoppelung, die Loslösung vom Staat meint; bei diesem „Disengagement“ ist in den heutigen afrikanischen Gesellschaften wiederum die „exit-option“ – das sich stille Davonmachen, der Rückzug vom Staat und seinen Einrichtungen – bedeutend verbreiteter als die alternative „voice-option“, worunter ein aktives Aufbegehren gegenüber dem Staat gemeint ist.[9] Mit den beiden damit verbundenen Haltungen gegenüber dem Staat gehen, so die These, zwei verschiedene Staatsperzeptionen einher. Im ersten Fall wird der Staat vor allem dank seinen Mitteln und seinem Vermögen zu Ressourcenverteilung als Magnet und Anzugspol aller gesellschaftlichen Handlungen gesehen (zu diesen Ressourcen können auch symbolische/immaterielle wie Identität und Legitimität gehören); im zweiten Fall dagegen wird der Staat primär als unberechenbarer Herd uneinschätzbarer Gefahren perzipiert, vor dem es sich zu schützen gilt (Azarya 1988:7f).

Diese Unterscheidung hat Vorteile, wie sie auch mehrere Gefahren in sich birgt. Ihr Wert liegt meines Erachtens hauptsächlich darin, dass sie in zweierlei Hinsicht einen differenzierten Blick auf den heutigen afrikanischen Staat zulässt. Die hybride Natur des modernen afrikanischen Staates wurde oft herausgestellt. Er lässt sich gleichzeitig als schwach und „unterentwickelt“ – da nur schwach institutionalisiert und, bei aller „capacité de nuisance“, weitgehend unfähig, seine Ziele in wirksame Politik umzusetzen – wie auch als stark und „überentwickelt“ kennzeichnen, da er autoritär, willkürlich, gewaltsam und mit einem plethorischen Herrschaftspersonal ausgestattet ist.[10] Von unten her erscheint der Staat sowohl als Verteiler von Vorteilen und verschiedenster Ressourcen als auch als Eindringling; er ist gleichzeitig Verbündeter und Oppressor, eine Quelle gesuchter Güter genauso wie eine Quelle von Unsicherheit, Konflikt und Einmischung (s. Ayoade 1988:115, Chazan 1988:333). Ferner impliziert dieses Modell, dass diese beiden Beziehungsarten zwischen Staat und Gesellschaft einer historischen Dynamik unterworfen sind, sich abwechseln

---

[9] „*Incorporation* is the process whereby large segments of the population associate with the state and take part in its activities in order to share its resources. It follows a perception of an expanded field of opportunities linked with the state. (…) *Disengagement*, in contrast, is the tendency to withdraw from the state and keep at a distance from its channels as a hedge against its instability and dwindling resource base. As scepticism rises concerning the effectiveness and legitimacy of state actions, they are undermined by subtle means of popular evasion and dissimulation“ (Azarya 1988:6f, meine Hervorhebung).

[10] Zu den Eigenarten und Bestimmungskriterien des modernen Staates in Afrika sowie zu den ihm angehängten Etiketten („weak“, „soft“/“mou“, „kleptokratisch“, „(neo-) patrimonial“, „epiphytisch“ oder „parasitär“, „l'État prédateur“, „hypotroph aufgeblasen und überentwickelt“, „unterentwickelt“, u.v.m.) s. Médard 1990:26ff, Doornbos 1989:2, Terray 1987:14, Chazan in Rothchild & Chazan 1988:326f, Spittler 1981a:178, u.a.m.

können und sich nicht auszuschliessen brauchen.[11] Gerade heute wird deutlich, dass man sich den Entwicklungsprozess und die Dynamik der Beziehungen zwischen Staat und Gesellschaft nicht zu unidirektional vorstellen darf. Perioden zunehmender Inkorporation verschiedener sozialer Gruppen und Schichten und staatliche Druckerhöhung wechseln ab mit Perioden relativer Entflechtung, von Rückzug und Schrumpfung staatlicher Funktionen, womit wie in der heutigen Zeit eine „autoritäre Dekompression" – um in Bayarts Worten (1991:11f) zu sprechen – einhergehen kann, die eine politische Demokratisierung anzukündigen verheisst. In jüngster Zeit wurde in Zusammenhang damit viel über die Krise der afrikanischen „Autoritarismen" geschrieben (s. z.B. Doornbos 1989:13, Médard 1991). Vieles spricht aber dafür, dass solche Phasen der staatlichen Druckminderung nicht notwendigerweise für ein gleichzeitiges Erstarken der zivilen Gesellschaft stehen oder dass diese gar von der Zivilgesellschaft selbst bewirkt sind. Es wäre falsch und eventuell verhängnisvoll, in diesem Zusammenhang deren Kräfte zu überschätzen und zu idealisieren. Die Initiative zu Inkorporation und Disengagement kann von beiden Seiten, sowohl von staatlichen wie von „gesellschaftlichen" Kräften ausgehen. Ob es nun verschiedene soziale Gruppen und Kategorien selbst sind, welche „Inkorporation" und „Engagement" im Staat, seinen Programmen, Strukturen und Ressourcen suchen – wie das vor allem in den ersten Jahren nach der politischen Unabhängigkeit der Fall war –, oder ob das mehr auf inkorporative Strategien und Entwürfe von Staates Seite zurückzuführen ist, dürfen diese Prozesse in jedem Fall nicht in Ausserachtlassung verschiedener Momente äusseren Druckes und Zwanges gesehen werden (cf. Doornbos 1989:13). Diese sind aber auch nicht zu überschätzen und überzugewichten, wie das in den letzten Dezennien oftmals der Fall war in theoretischen Ansätzen, die alle Erklärungen der Natur des afrikanischen Staates im westlichen Imperialismus suchten und den Afrikanern nur die Wahl zwischen zwei Rollen – von Marionetten oder mehr oder minder resignierten Opfern – liessen (s. Terray 1987:10).[12]

Der „Inkorporation versus Disengagement"-These sind mehrere kritische Einwände entgegenzuhalten. Es fragt sich, ob mit ihr die Dichotomie richtig gesetzt und das wahre Problem erfasst wird. Entspringt das vom Staat, der „öffentlichen Hand", Profitieren-Wollen („share resources"), dafür selbst aber zu keinen Gegenleistungen bereit zu sein („popular evasion"), nicht ein und derselben Haltung? Das grundlegende Problem liegt m.E. primär in der tiefen Zweiteilung zwischen Staatsklassen (mit denen der Staat von beiden Seiten identifiziert wird) und der – primär bäuerlichen – Bevölkerung, und im Fehlen eines staatsbürgerlichen Bewusstseins, einer „civic moral obligation" dem Staat gegenüber.

Das schematische Modell einer Opposition von „Engagement" und „Rückzug" suggeriert Vereinfachungen, die die Beziehungen zwischen Bauern und Staat in den heutigen afrikanischen Gesellschaften nur wenig erhellen. Der Begriff „disengagement" legt zum Beispiel nahe, dass es bereits einmal eine Phase grösseren „Engagements" im Staat oder dem Staat gegenüber gab, etwas, was in den meisten Fällen höchst zweifelhaft ist. Es bleibt fraglich, ob eine zunehmende Markt-Orientierung oder die Teilnahme an moderner Bildung (die Tatsache, dass man seine Kinder zur Schule schickt), oder aber das Beiseitestehen von beidem, direkt etwas mit dem Staat zu tun haben. Schliesslich ist zu bedenken, dass der Schnitt (die „Grenze") zwischen Staatsklassen und Bauern in vielen Fällen nicht eindeutig zu verorten ist und nicht immer entlang derselben Linien verläuft. Im Fall der untersten ländlichen („Proto"-) Funktionäre zum Beispiel ist von Fall zu Fall zu bestimmen, ob sie in den Augen der Bauern nun zu den „Staatsklassen" oder vielmehr zu ihrer eigenen Seite gezählt werden.

Das Beispiel Burundi zeigt, dass eine Vielfalt von Faktoren im Spiel ist, welche die Perzeption des Staates bestimmen. Dazu gehören nicht zuletzt auch ethnische Identitäten. Ausgehend von der

---

[11] „Incorporation and disengagement can obviously occur in the same country in various combinations at different times and have different effects on various groups and social spheres" (Azarya 1988:8).

[12] In meiner – vor allem im Mikrobereich ansetzenden – Arbeit bleibt diese äussere Dimension weitgehend ausgeklammert.

„Inkorporation und Disengagement"-These wird oftmals argumentiert, dass in Perioden kraftvoller Inkorporation, zunehmender staatlicher Entfaltung, staatlichen Einbezugs und hoher Erwartungen an die mobilisierende Rolle und Fähigkeit des Staates, wie sie während der gesamten Dekolonisationsperiode und den sechziger Jahren bestanden, die nationale Identität und Identifizierung mit dem (oftmals neuen) nationalen politischen Zentrum eine wesentliche Stärkung erfährt, während in „Disengagement"-Perioden, in Zeiten der Desillusionierung und des Rückzugs vom Staatszentrum, vorrangig ethnische und regionale Identitäten betont werden. Demgegenüber wurde aber verschiedentlich gezeigt – und wir sehen es am Beispiel Burundi besonders deutlich –, dass auch in Perioden von Staats- und Nationsbildung ethnische Identitäten eine Festigung erfahren können, nicht zuletzt im Zuge des Wettkampfes um Positionen und Ressourcen, die vom Staat kontrolliert werden. Ethnische Identität kann ein kraftvolles Argument im Zuge der Beschlagnahmung wie bei der Verteidigung staatlicher Positionen sein, was in diesem Fall auf den instrumentalen Charakter der Ethnizität hinweist. Das verträgt sich bestens damit, dass in der nachkolonialen Periode immer die nationale Identität und die Nation-Building-Aufgaben hervorgehoben wurden und werden. Doornbos hat darauf hingewiesen, dass in dieser Perspektive ethnischer Pluralismus sozusagen per Definition verdächtig ist: „Regeneration of civil society, which might have allowed or encouraged recognition of the positive aspects of nationality, ethnic and cultural pluriformity, was virtually nowhere on the agenda" (1989:14). Umso lauter wird von den neuen herrschenden Eliten das Lied der nationalen Einheit gesungen. Diese ideologischen Ansprüche bleiben jedoch auf einer bemerkenswert dünnen Basis, wozu hauptsächlich meistens abstrakt bleibende Werte und einige selektive, versatzstückähnliche Neotraditionalismen – so in Burundi der Appell an das Bushingantahe oder die Neuformung verschiedener aus der monarchischen Zeit stammender Elemente – aufgeboten werden, während die kulturellen Grundlagen, auf denen die Nationalgesellschaft aufbauen soll, weitgehend im Dunkeln bleiben.

Wenn es der innerhalb der afrikanistischen Politologie und Entwicklungstheorie wichtig gewordene „society centered approach" ermöglicht, neue wichtige Fragen zu den Beziehungen und Interaktionen zwischen Staat und „Gesellschaft" zu stellen, so verleitet er doch zu einigen Einseitig- und Fragwürdigkeiten. Die Gegenüberstellung von Staat und Gesellschaft geht von der Annahme aus, dass im Zuge des staatlichen „Verfalls" immer grössere Bevölkerungsgruppen gegenüber dem Staat eine „exit option" treffen und versuchen, sich einen eigenen, vom Staat möglichst unabhängigen Bereich zu schaffen. Diese Vorstellung wachsender ausserstaatlicher Kräfte basiert zu einem Teil jedoch weniger auf der heutigen afrikanischen Realität als auf den Hoffnungen, die viele Entwicklungsexperten im Laufe der achtziger Jahre angesichts der „Krise" des modernen afrikanischen Staates in den berühmten „informellen Sektor" setzten, ein Zusammenhang, auf den Geschiere neulich aufmerksam gemacht hat (s. 1990:157). Damit verbunden ist auch die Politik der heute in Afrika weit verbreiteten „Strukturanpassungsprogramme" (eine ziemlich euphemistische Bezeichnung) der Bretton Woods-Institutionen, die die nichtstaatlichen assoziativ-kooperativen und privaten Sektoren stärken und den Staat „gesundschrumpfen" will. Auch wenn es wichtig ist, das Ausser- oder Parallel-Staatliche und den Mikrobereich vermehrt in die Analyse miteinzubeziehen und ein solcher Ansatz ein Gegengewicht zum zu lange praktizierten, sich souveränen Hinwegsetzen über die Welt, die Perspektive und die Sprache der Bauern – kurzum: „de la brousse", wie Ela es bezeichnet[13] – setzen kann, so könnte es sich wie gesagt als verhängnisvoll erweisen, deren Kräfte und Autonomie zu überschätzen. Wie „das Politische von unten" nicht einfach „Politik jenseits des Staates" bedeuten kann, so ist der „informelle Sektor" nicht unabhängig vom Staat denkbar. Selbst wenn solche Netze und „circuits" nicht der direkten Kontrolle des Staatsapparates unterworfen sind, sind sie doch oftmals auf den Staat und gewisse seiner Instanzen und

[13] „(…) dans un continent en crise, c'est de cette brousse que l'État n'écoute pas et à laquelle il devrait laisser la parole libre que vient le réveil de l'Afrique à partir des pratiques et des initiatives qui n'ont pas été programmées de manière technocratique" (1990:264).

Exponenten aufgepfropft; man kann sich mit Geschiere (ebd.) fragen, ob sie in vielen Fällen nicht eher als eigentliche Auswüchse des Staates zu betrachten sind.

Seitdem Ende der achtziger Jahre die Grenzen des Autoritarismus staatlicher Regimes deutlich hervorgetreten sind und in einigen Ländern (nicht in Burundi!) der Staat nahe dem inneren Zusammenbruch steht und gleichsam nur noch auf internationalem Parkett existiert, auf dem der Staat die einzige anerkannte Form politischer Macht bleibt, hat sich die Ausgangslage der Debatte merklich gewandelt.[14] Nach dem vollständigen oder auch nur ansatzweisen Zusammenbruch von immer mehr Einheitsparteidiktaturen in Afrika, der durch den Zerfall und die Auflösung der staatssozialistischen Regimes in Osteuropa auf spektakuläre Weise beschleunigt wurde, ist vielerorts eine tendenzielle Demokratisierung angesagt. Wenn sich auch noch nicht beurteilen lässt, ob diese politischen Transformationen schliesslich auf eine Demokratisierung hinführen werden oder ob es sich dabei lediglich um einen konjunkturellen „processus de 'décompression autoritaire'" (Bayart 1991:11f, Médard 1991:92) handelt, so haben sie doch bereits die Diskussion um den Wert der Gegenüberstellung von „Staat" und „Zivilgesellschaft", von „oben" und „unten" neu entfacht. Ich will in der Folge auf die wichtigsten Beschränktheiten dieser konzeptuellen Dyaden und auf einige Einwände gegen sie aufmerksam machen.

Die Gegenüberstellung von Staat und Zivilgesellschaft hat wie alle binären Logiken zwar das Verdienst der Klarheit und Einfachheit, sie bringt aber auch etliche Fallen mit sich. Leicht verführt diese dualistische Konzeption dazu, einen der alternativen Begriffe zu privilegieren und den anderen allein von ihm ausgehend in negativen und passiven Begriffen zu bestimmen. So wird die „Zivilgesellschaft" häufig als das definiert, „was der Staat nicht ist", auf das der Staat einwirkt. In einer solchen Perspektive aber bleibt ihr allein die Eigenschaft der Trägheit, die sie den Plänen und Eingriffen der Staatsmacht gegenüberzustellen hat. Das Nicht-Staatliche, Gesellschaftliche aber wirkt sehr wohl auf den Staat ein. Das zeigen gerade die afrikanischen Beispiele. Der Staat wird in weitem Masse auch durch seine „gesellschaftliche Umgebung" bestimmt, auf die er einwirken soll. Manchmal – und zumal von ethnologischer Seite – wird in der Untersuchung aber auch der Pol „Staat" sträflich vernachlässigt. In jedem dieser Fälle wird dergestalt aus einem anfänglichen Dualismus leicht eine einseitige Erklärung, innerhalb der der eine Begriff zum Ort allen Sinns, der andere jedoch zu einem Residualort und reinen Gegenstück wird.[15]

Im heutigen afrikanischen Kontext ist der Wert der Gegenüberstellung von Staat und Zivilgesellschaft in Frage zu stellen. Sie suggeriert eine Ausdifferenziertheit und Autonomie der verschiedenen gesellschaftlichen Bereiche – des Ökonomischen, Sozialen und Kulturellen auf der einen und des Politischen auf der anderen Seite –, die es so nicht gibt. Auch wenn sich eigene Orte, Akteure und spezifische Institutionen des Politischen ausmachen lassen, ist es zu vereinfachend, den afrikanischen Staat in Gegenüberstellung einer „Zivilgesellschaft" zu bestimmen. Wenn man genauer hinschaut, so zeigt sich, dass der Staat wider allem ersten Anschein nur schwach institutionalisiert ist und sich in bedeutend geringerem Masse von der Gesellschaft unterscheidet als ihre dualistische Gegenüberstellung suggeriert. Das Politische, Ökonomische, Soziale und „Häusliche" durchdringen sich gegenseitig und der Staat und das Politische verfügen keineswegs über eine vollständige Autonomie. Terray schreibt dazu:

> „(...) on ne rencontre guère en Afrique l'équivalent de ces 'fonctions publiques' européennes, qui sont bien souvent le plus solide substrat de l'existence indépendante de l'État: corporations fermées sur elles-mêmes, maîtresses de leur propre recrutement, pourvues d'une idéologie de l''intérêt général' qui justifie leur liberté d'action vis-à-vis de tous les 'intérêts' sociaux. En Afrique, la vigueur des rapports de parenté, de voisinage, de clientèle, vient en quelque sorte écarteler

---

[14] S. dazu Terray 1987:11, Ayoade 1988, Doornbos 1989, Geschiere 1990, Bayart 1991, Médard 1991, ebenso „le Monde Diplomatique", nov. 1991:22f.

[15] Zur Kritik der Dyaden „Staat – Zivilgesellschaft" und „oben – unten" s. Terray 1987:13f und Geschiere 1990:155ff, ebenso Bayart 1989.

l'administration, lui interdire de se constituer en acteur autonome et cohérent: l'osmose persistante entre l'État et la société civile a pour effet de paralyser le pouvoir" (1987:14f),

und Médard ergänzt:

„Le politique, l'économique, le sociétal et particulièrement le domestique s'interpénétrent. Aussi le champ politique et l'État ne disposent que d'une faible autonomie. De plus, l'État, le régime politique et les autorités se trouvent télescopés et se confondent. L'État est en fait détourné, subverti, colonisé de l'intérieur par ses agents (...)" (1990:29).

Es ist jedoch zu beachten, dass es nicht nur eine „Privatisierung" des Staates und seiner Institutionen gibt, sondern ebenso eine „Verstaatlichung" der Zivilgesellschaft. Der Staat hat mit der Zeit immer mehr Sub-Funktionäre und „Saugnäpfe" geschaffen, um zu neuen Einkommensmöglichkeiten zu kommen. Es entstanden und entstehen immer mehr staatliche Stellen, die mit ihren angeblichen Diensten (wie z.B. gebührenpflichtigen Heiratsregistrierungen und Identitätsnachweisen) irgendwo – und möglichst überall – installiert werden, um von der Bevölkerung unterhalten zu werden.

Der Staat als „Privatunternehmen" seiner Funktionäre ist mit der Zeit so gross geworden, dass er (im Gegensatz zur Behauptung Médards (ibid.)) nicht mehr zu redistribuieren braucht, um sich aufrechtzuerhalten. In einer Situation, in der viele Leute innerhalb des Staates zu selbständigen Unternehmern werden, ist Redistribution für den Staat nur noch von geringem Nutzen. Der heutige Drittweltstaat hat den anfänglichen Legitimationsnotstand überwunden und ist, obschon nach einem von aussen importierten Modell konzipiert, so epiphytisch nicht mehr. Das wird deutlich, wenn man sieht, dass heute kaum noch jemand gänzlich ohne ihn auskommt. Alles, was die Bauern tun können, ist versuchen, einen der ihren mit vielen Investitionen in den „Klüngel" der Staatsdienste einzuschleusen – mit dem Ergebnis, dass der „Staat" noch plethorischer wird.

Die nur mangelhafte Autonomie des Staates und seiner Administration darf nicht darüber hinwegtäuschen, dass der Staat über eine aussergewöhnliche „capacité de nuisance" verfügt, über umfassende Möglichkeiten, der ihm unterworfenen Bevölkerung zu schaden. Wenn man im „zivilen" Leben auch oftmals ungestraft um den Staat herumkommt, so gibt es doch nur wenige Bereiche, die auf Dauer von seinen Eingriffen unberührt bleiben. Die Annahme einer grundlegenden Autonomie von Zivilgesellschaft und Staat ist mithin stark einzuschränken und in dieser Richtung zu korrigieren. Das Problem liegt nicht nur in der Gegnerschaft und Opposition von Staat und Gesellschaft, sondern gerade auch in ihrer mangelnden Trennung und Auseinanderhaltung. Die staatliche Führung und Verwaltung sind nur ungenügend institutionalisiert und bürokratisiert (cf. Ayoade 1988); die Inhaber eines öffentlichen Amtes stehen keineswegs ausserhalb oder jenseits der „Gesellschaft", sondern nur zu sehr in ihr drin – sie sind oftmals von der Gesellschaft „gefangen" („captured" bzw. „capturé"; cf. Médard 1990:28) und durch viele verschiedene Banden in sie eingebunden.

So lässt sich auch die Beziehung zwischen Staat und Bauernschaft nicht auf eine zwischen Jägern und Gejagten reduzieren, eine Vereinfachung, wie sie beispielsweise in den stark rezipierten Arbeiten von Goran Hyden anzutreffen ist. Die Beziehungen zwischen Bauern und Staat sind nicht jederzeit gleichförmig und einseitig antagonistisch (Terray 1987:17). Sogar in Situationen und Momenten, in denen die Bauern sich in systematischer Weise bemühen, dem Staat zu entkommen und ihm auszuweichen, gibt es von ihrer Seite immer auch dazu parallel verlaufende Versuche, ihn bzw. seine Repräsentanten „einzufangen", irgendeine Ecke oder einen Zipfel des Staates zu erwischen und für sich nutzbar zu machen – und sei es bloss, um dank solcher Beziehungen ins „Innere" des Staates sich diesen vom Leibe zu halten und sich vor seinen Forderungen zu schützen. Es ist nicht nur der Staat, der die ihm unterworfenen Bürger zu „essen"[16] sucht, sondern

[16] *Kurya*, „essen", ein traditionsreicher Begriff aus Burundis politischem Vokabular, mit dem jede Ausbeutungsbeziehung bezeichnet wird. So lautet etwa ein Sprichwort: „Vom [einem unterstellten] Land isst man nicht die Erde,

diese versuchen auch ihrerseits, den Staat zu „essen".[17] Selbst die Bauern versuchen, den Staat in ihrem Sinn zu beeinflussen und für sich zu instrumentalisieren, um wenigstens einige Brosamen der Beute abzukriegen. Mit der Zeit scheinen derartige aktive, beeinflussend-"interventionistische" Strategien jedoch in der Tat seltener zu werden; sie büssen an Bedeutung ein und geben vermehrt passiven-defensiven Reaktionen Platz (s. Kapitel 11).

Es genügt wohl nicht zu sagen, dass der nachkoloniale Staat zu schwach und zu „soft/mou" sei, um die Bauern „einzufangen" und damit seine staatlichen Ziele – wozu auch ein ökonomisches Wachstum gehört – zu erreichen. Manchmal ist der Staat vielmehr zu „stark" in dem Sinne, als er die Bauern „vertreibt" und ihre landwirtschaftliche/ökonomische Basis unterminiert statt stärkt. Wie bereits angedeutet, darf man zudem nicht übersehen, dass unter Umständen den Bauern selbst die Wahl gar nicht so schwer fallen dürfte, sich dem „Wachstumsunternehmen Staat" anzuschliessen – es ist oftmals wohl profitabler, sich „verstaatlichen" als sich im informellen Sektor „marginalisieren" zu lassen.

Zum anderen sind die Staatspolitik und die Leistungen, zu denen der Staat fähig und bereit ist, auch in einer historischen Perspektive und vor allem in Zusammenhang mit der Kolonialepoche zu sehen, während der in mancher Hinsicht die Grundlagen des heutigen modernen Staates gelegt wurden. Ein Teil der heutigen Dysfunktion der Staatsdienste erklärt sich aus der ausserordentlichen „Unterverwaltung", die von der Kolonialperiode ererbt wurde; die Kolonialmächte hatten wenig Interesse, einen vollumfänglich ausgerüsteten, unabhängig funktionierenden Staatsapparat zu schaffen, der in allen Bereichen die Leistungen eines modernen Staates zu erbringen vermag. Einige der heutigen staatlichen Unzulänglichkeiten gehen ohne Zweifel darauf zurück, auch wenn sich nicht alle dadurch erklären lassen.

Trotz aller Bestrebungen, die Perspektive zu erweitern und die Untersuchung nicht nur auf die staatliche Ebene zu beschränken, ist es bis heute so, dass sowohl traditionale Herrschaftssysteme, der Übergang zum modernen Staat, wie auch heutige staatliche Strukturen und der Platz der lokalen Bevölkerung darin in der Regel nur vom politischen Zentrum her betrachtet und analysiert wurden. Es ist ein auffallendes Merkmal der afrikanistischen Studien der letzten drei Jahrzehnte, dass die Diskussion der Beziehungen zwischen Gesellschaft und Staat in hohem Masse auf den Staat als solchen, auf seine Institutionen und die Natur seiner Interventionen zentriert blieb. „Grassroots"-Institutionen wurden kaum berücksichtigt; lokale Solidaritätsnetze, verwandt- und nachbarschaftliche wie klientelistische Bande, informelle Zusammenkünfte, Trinkordnungen, etc. blieben von der Analyse weitgehend ausgeschlossen (s. dazu Azarya 1988:5, Doornbos 1989:11). In den Fällen, in denen sie effektiv zum Gegenstand der Untersuchung gemacht wurden, vernachlässigte man es meistens, die lokale politische Ebene in ihrer Beziehung zur übergeordneten politischen Struktur zu analysieren. Hier bestehen bis heute beträchtliche Wissenslücken, die nicht einfach zu füllen sind. In der dazu immer noch bescheidenen Burundi-spezifischen Literatur, die in den allermeisten Fällen von der Geschichts- oder Politikwissenschaft herkommt, ist das augenfällig (s. z.B. Darbon 1982). Eine Sichtweise von unten und vom Rande her vermag hier wichtige neue Erkenntnisse zu bringen. Dies entspricht auch den Empfehlungen des Sozialwissenschaftler- und Historikerkolloquiums von 1979 in Bujumbura. Als Punkt 3 der „recommandations" zum Untersuchungsgegenstand für zukünftig zu leistende regionale Studien ist da zu lesen: „L'étude de l'organisation politique, à savoir le recensement des différentes institutions, l'analyse des fondements du pouvoir politique et administratif" (s. La Civilisation Ancienne des Peuples des Grands

---

sondern die Leute (*igihugu ntikiribwa ivu, kiribwa abantu*)" (cf. Rodegem 1983:311, n° 3682-3684; Botte 1982b:278, Nsanze 1986:47).

[17] Zu dieser auch andernorts in Afrika gebräuchlichen Metaphorik s. Bayart 1989 & Geschiere 1990:156.

Lacs, 1981:11). Gefordert wurden ausdrücklich Studien, die auf einer subnationalen – regionalen oder gar lokalen – Ebene ansetzen.

Diesen Empfehlungen versucht meine Arbeit Rechnung zu tragen. Sie setzt in einem doppelten Sinn nicht auf der zentralen Ebene des Staates an. Zum einen sind nicht nur die staatlichen Autoritätsstrukturen Gegenstand der Untersuchung, sondern auch ausserhalb und jenseits staatlicher Organisation stehende. Dazu gehören vornehmlich im engeren lokalen Rahmen wirksame Formen rechtlicher, moralischer, verwandtschaftlicher und religiöser Autorität. Natürlich kann nicht gemeint sein, dass sie ausserhalb des Staates als politischer Einheit stehen; sie sind integraler Teil einer seit beträchtlicher Zeit staatlich organisierten Gesellschaft und sie wurden durch diese Form politischer Organisation mitgeprägt, ohne deswegen jedoch selbst zur staatlicher Organisation im engeren Sinn zu gehören. Weder wurden sie vom Staat ins Leben gerufen, noch entsprechen sie einer staatlichen Logik. Trotzdem unterstehen sie seinem Einfluss und kommen um ihn nicht herum. Das Thema dieser Arbeit liegt zu einem guten Teil in diesem oft konfliktiven Zusammenstoss staatlich bzw. nicht staatlich organisierter Bereiche. Mit anderen Worten geht es um das, was oft unter dem Titel der Beziehungen zwischen Staat und Gesellschaft abgehandelt wird.

Damit aber ist auch die zweite Spezifizität des hier gewählten Ansatzes verbunden. Um im umrissenen Themenbereich neben den bisher bekannten zu neuen, zusätzlichen Kenntnissen zu kommen, setzt die vorliegende Studie nicht auf der staatlichen, nationalen Ebene an. Nicht das staatliche Zentrum, sondern die lokale Ebene steht im Vordergrund des Interesses.[18] Das Schwergewicht der Analyse liegt mithin auf der Mikro-Ebene. Die damit verbundene Perspektive „von unten" liegt bereits von der Tradition der ethnologischen Methode nahe. Der Analyse der „Infrapolitik" – der „Politik von unten" – und der politischen Infrastruktur wird hier besonderes Gewicht beigemessen und breiter Raum gegeben werden. Innerhalb des gesetzten Themas kann das aber nicht heissen, dass sich die Arbeit auf eine ausschliessliche Mikro-Perspektive beschränkt, in der der Staat allein als aussenstehender und weitgehend fremder Akteur erscheint. Es handelt sich hier um keine „community study". Gerade im Fall des nachkolonialen Burundi mit seinem omnipräsenten Staat kann ein Mikroansatz nicht heissen, alles Höherstehende auszublenden. Die Politik „von oben" und die Strukturen des Zentralstaates werden so, wie sie sich auf lokaler Ebene äussern, im Detail dargelegt und untersucht werden, geht es hier doch um die Errichtung und Durchsetzung staatlicher Herrschaft im lokalen Raum. Die Frage der Staatsbildung darf dabei aber nicht auf die Bildung staatlicher Institutionen reduziert werden. Ebenso beachtet und untersucht werden sollen die Entstehung und Ausformung neuer Typen von Interaktion und Machtverhältnissen zwischen staatlichen und nichtstaatlichen, zivilen Einrichtungen. In diesem Zusammenhang verdienen ver-

---

[18] Es ist hier wichtig, von einem Mehrebenen-Modell der staatlichen Organisation auszugehen. Bei der Beschreibung und Analyse des frühen Staates geht man im allgemeinen von der Unterscheidung zwischen drei hauptsächlichen Ebenen aus: Die nationale (oder überregionale), die regionale (provinziale, subnationale) und die lokale (oder subregionale) Ebene. Ich folge hierbei weitgehend den Konzeptualisierungen Claessens (1989 & in Claessen & Skalník 1978:577ff). In Zusammenfassung einer breit angelegten komparativen Untersuchung formulieren Claessen und Skalník – notwendigerweise stark schematisierend – die These (45): „In early states a three-tier administrative apparatus is found (significant at the 99% level)" (1978:579).

In meiner Arbeit steht der Lokalbereich und damit die lokale Ebene im Zentrum. Unter dem „Lokalbereich" werden im folgenden das Gebiet des weiteren geographischen Hügels und die hier lebenden Leute verstanden. Ein solcher „Grosshügel", dessen geographische Abgrenzung klarer oder verschwommener sein kann, kennt in der Regel eine lange Geschichte als administrative Einheit, und seine Bewohner weisen ein gewisses Einheits- und Zusammengehörigkeitsgefühl auf, das sich in der Dichte ihrer Sozialbeziehungen spiegelt. Damit übereinstimmend spreche ich von „sublokaler Ebene", wenn die Nachbarschaft oder ein Weiler von Gehöften gemeint ist, während mit „supralokaler Ebene" das Einzugsgebiet eines sogenannten „Chef de collines/de secteur", ein administrativer „secteur" oder auch das Gesamtgebiet einer politischen Gemeinde („commune") angesprochen ist. Die „Region" dagegen – verstanden weniger in natürlich-geographischem denn in politisch-administrativem Sinn – ist auf suprakommunaler Ebene anzusiedeln; sie besteht aus mehreren politischen Gemeinden, aus einer oder mehreren Verwaltungs-Provinzen.

schiedene nichtstaatliche Organisations- und Autoritätsstrukturen wie rechtliche und religiöse Einrichtungen, verschiedene Körperschaften und Formen gegenseitiger Hilfe, informale und formale Zusammenschlüsse wie beispielsweise nachbarschaftliche Biertrinkzirkel, aber auch vertikale klientelistische Beziehungen oder verwandtschaftliche Vereinigungen besonderer Erörterung. Spezielle Beachtung wird hier die Institution des *bushingantahe* als wichtigste lokale basierte, nichtstaatliche Form moralisch-rechtlicher Autorität finden. An ihrem Beispiel ist das Verhältnis zwischen „Staat" und „ziviler Gesellschaft" besonders deutlich analysier- und identifizierbar.

So wird es im ersten Teil der Arbeit weniger das Ziel sein, eine umfassende Analyse des vorkolonialen monarchischen Staates und seiner zentralen Institutionen vorzulegen als vielmehr die Errichtung und Durchsetzung der staatlichen Herrschaft auf lokaler Ebene unter besonderer Berücksichtigung nichtstaatlicher Autoritätsstrukturen zu untersuchen. Ebenso wird es in den folgenden Teilen nicht primär um die Analyse von Prozessen des „Nation-building" eines modernen peripheren Staates von oben her gehen, sondern um die Beleuchtung der Konfrontation von staatlichen Institutionen mit den Bedürfnissen, Erwartungen und Ansprüchen von Bevölkerungsgruppen im lokalen Rahmen. Hierzu sind – mit einigen nennenswerten Ausnahmen[19] – Literaturstand und Datenlage bezüglich das ländliche Burundi besonders dürftig. Hier soll die vorliegende Arbeit einige Lücken wenn nicht schliessen, so doch verkleinern helfen.

Eine solche Analyse ist jedoch nur in historischen Begriffen und unter Berücksichtigung der geschichtlichen Dimension machbar. Es ist von zentraler Wichtigkeit, so meine These, die Autoritätsstrukturen, die die heutige Gesellschaft Burundis kennzeichnen, in geschichtlichen Begriffen und Konzepten zu beschreiben und von einem historischen Ansatz ausgehend zu analysieren. Nur so kann man ihrer spezifischen Ausformung gerecht werden, die nicht allein vom Modell des modernen, bürokratischen Staates, wie er seit der Zeit der Verankerung des Kolonialregimes mehr oder weniger systematisch aufgebaut wurde, bestimmt ist. Sie ist in wohl ebenso starkem Masse dem Modell der Herrschaftsverhältnisse unter dem früheren, „traditionellen" Staat und vorkolonialen, vornehmlich auf lokaler Ebene bedeutsamen Autoritätsstrukturen verpflichtet. Nur in einer historischen Ausrichtung lässt sich eine einseitige Beschreibung und Analyse der heutigen Autoritätsstrukturen vermeiden, wie sie notwendigerweise entsteht, wenn man allein vom modernstaatlichen Modell ausgeht, und nur so lässt sich der erforderliche Grad der Berücksichtigung der „indigenen" Tradition und der spezifisch kulturellen Konzeptionen und Ausformungen erreichen. Das gilt hauptsächlich dann, wenn wie in dieser Arbeit der Schwerpunkt der Untersuchung auf der lokalen Ebene liegt. Die diachrone Perspektive ist mithin in der gesamten Arbeit wichtig, um gewisse „präsentistische" und funktionalistische Verzerrungen zu umgehen.

Es wurde viel geschrieben über die Polarisierung zwischen „Staat" und „Zivilgesellschaft" in heutigen afrikanischen Gesellschaften.[20] Um zu einem tieferen Verständnis der langfristigen Dynamik in den Beziehungen zwischen Staat und Gesellschaft zu kommen, ist es von grosser Wichtigkeit, eine breitere geschichtliche Sichtweise einzunehmen. Ohne eine derartige historische Analyse sind wichtige Bestimmtheiten und Züge sowohl der kolonialen wie der nachkolonialen Gesellschaft nicht in befriedigendem Masse erklärbar. Doornbos hat auf die Bedeutung, die in diesem Zusammenhang einer geschichtlichen Perspektive zukommt, hingewiesen:

> „Research linking the analyses of state-society relationships in the pre-colonial, colonial and post-colonial periods (...) is deepening our understanding of the evolution of social processes and of [to the state] alternative organizational forms that have been developed over time. (...) A broader historical view can also provide a better perspective on the longer-term dynamics in African state-society relationships" (1989:12f).

---

[19] S. vor allem die Arbeiten von Chrétien, Guichaoua und Le Jeune (1983, 1986 und 1989), die einige interessante Ansatzpunkte bieten und ebenfalls Datenmaterial aus empirischen Untersuchungen vorlegen.

[20] S. z.B. van Binsbergen/Reyntjens/Hesseling 1986, Terray 1987, Rothchild & Chazan 1988 (speziell die Beiträge von Azarya und Lemarchand), Doornbos 1989, Bayart 1989, Médard 1990, Ela 1990, u.v.m..

Die heutigen Prozesse staatlicher Inkorporation und „Dekompression" (oder „Disengagements") sind nur als ein Element und ein in sich begrenztes Phänomen eines bedeutend längerfristigen und breiteren Inkorporations- und Interaktionsprozesses zu verstehen. Es ist erforderlich, die Beziehungen zwischen diesen modernstaatlichen und früheren Prozessen zu untersuchen und möglichst bis zurück zum vorkolonialen „Early State" zu verfolgen. Bei der Inbezugsetzung dieser verschiedenen politischen Organisationsformen und Prozesse, die sich über einen weiten Zeitraum erstrecken mögen, ist den Transformationen während der kolonialen und der nachkolonialen Periode besondere Beachtung zu schenken. Van Binsbergen et al. schreiben dazu:

> „Understanding of the modern state often requires understanding of a complex local political history of considerable pre-colonial time depth. (...) Modern state penetration (...) may often constitute a particular, recent form of incorporation, building upon earlier processes of incorporation which partly shaped the peripheral citizens' selective appreciation of the modern state. In this light considerable attention should also be paid to the specific patterns of continuity and discontinuity between the colonial and the post-colonial state in their penetration efforts and successes" (van Binsbergen et al. 1986:391, cf. p.373)

Die heutigen Prozesse modernstaatlicher Inkorporation und Penetration dürfen mithin nicht isoliert gesehen werden, sondern sie sind mit früheren politischen Organisationsformen in Verbindung zu bringen. So ist es etwa von besonderer Relevanz – um nur ein Beispiel zu geben –, bei der Analyse dieser historischen Prozesse der Frage nachzugehen, inwieweit die Organisationsform des „Early State" an der Formung und Aktivierung subnationaler Identitäten (Ethnizität und Regionalismus) beteiligt ist, wie sie innerhalb des modernstaatlichen Inkorporationsprozesses zu beobachten sind (s. dazu mein Kapitel 2).

Die Beschäftigung mit dem modernen Staat und der zeitgenössischen Gesellschaft und all ihren brennenden Problemen darf nicht davon abhalten, sich der Geschichte zuzuwenden – im Gegenteil. Es gilt zu prüfen – und das ist eine der Hauptaufgaben, denen sich die vorliegende Arbeit stellt –, inwieweit uns Kenntnisse über die früheren, auch vorkolonialen politischen und gesellschaftlichen Strukturen, soweit sich diese noch rekonstruieren und entschlüsseln lassen, über die heutigen politischen Praktiken und gesellschaftlichen Strukturen und Probleme Ausschluss zu geben vermögen. Wenn diese Arbeit versucht, den Bogen von Prozessen der Herrschaftsinstitutionalisierung und Staatsbildung während der vorkolonialen über die koloniale zur nachkolonialen Zeit zu schlagen, so ist es beim Umfang dieses Anspruches klar, dass sie nur einzelne Elemente dazu beitragen kann, die noch mancher Ergänzung bedürfen.

Es sind hier noch einige Hinweise auf die Quellen und Methoden der Arbeit nötig. Ausser auf der Verarbeitung der einschlägigen, seit Mitte der siebziger Jahre stark angewachsenen, primär historischen und ethnologischen Literatur basiert die vorliegende Arbeit hauptsächlich auf eigenem Datenmaterial, das zu weiten Teilen während eines Feldaufenthaltes in Burundi zwischen Juni 1988 und Juli 1989 erhoben wurde. Während meiner Feldforschung stützte ich mich hauptsächlich auf die Methoden der Sekundärdatenanalyse, der teilnehmenden Beobachtung und der Befragung ausgewählter Informanten und Informantinnen.

Zu den wichtigsten Sekundärdaten gehörten zum einen offizielle und halboffizielle Dokumente zur staatlichen Verwaltung während der kolonialen und nachkolonialen Ära, wobei mich vor allem solche interessierten, die sich auf die lokale Ebene beziehen. Zum anderen stehen heute reiche historische Quellen und Dokumente zur vorkolonialen und kolonialen Periode zur Verfügung, die zum Teil jedoch bis anhin nur mangelhaft erschlossen sind. Zusammengetragen und erhoben wurden viele dieser Daten erst in einer relativ rezenten Zeit, nämlich unter der Regierung der „Zweiten Republik" (1976 – 1987), die eingedenk des Nutzens einer nationalen Geschichtsschreibung in der Förderung solcher Bestrebungen besonders aktiv war. So wurden in der zweiten Hälte der siebziger Jahre zum ersten Mal in Burundi zwei staatliche Institutionen geschaffen, die sich der historischen Dokumentierung, der Konservierung, Aufbereitung und Aufarbeitung der Daten der nationalen Geschichte, aber auch der eigenen Erhebung weiterer Daten annehmen sollen. Im November 1977 wurden die „Archives Nationales Burundaises“ (Département chargé des Archives Nationales et de la Documentation) gegründet, die hauptsächlich Dokumente zur Kolonialepoche enthalten. Von besonderem Interesse waren hier nicht die offiziellen Publikationen der Kolonialverwaltung, die auch andernorts eingesehen werden können, sondern vielmehr nur für den internen Dienstgebrauch bestimmte periodische Berichte der Kolonialbeamten an ihre Vorgesetzten und mehr oder weniger persönliche Briefwechsel zwischen einheimischen wie europäischen Kadern. Ebenfalls 1977 wurde das dem Kulturministerium angeschlossene „Centre de Civilisation Burundaise“ (C.C.B.) ins Leben gerufen, das seit damals in Zusammenarbeit mit dem Département d'Histoire de l'Université du Burundi zahlreiche mündliche Überlieferungen zu den präkolonialen sozialen, ökonomischen und politischen Organisationsformen sowie zur kolonialen und vorkolonialen Lokal- und Regionalgeschichte aufgenommen hat. Beide diese Institutionen enthalten Dokumente, die – unter Brücksichtigung der bei unter staatlicher Ägide zusammengetragenen Quellen gebotenen Vorsicht – für meine Arbeit grundlegend und richtungsweisend waren. An den Untersuchungsorten im Landesinneren waren einige weitere, dezentral aufbewahrte schriftliche Quellen von Bedeutung, so die Akten der „Tribunaux de Résidence“, die Register der „fiches de baptêmes“ der Pfarreien und, soweit noch vorhanden, die unter der belgischen Kolonialverwaltung angelegten „fiches individuelles démographiques“.

Die engere Felduntersuchung erstreckte sich über zwei ländliche Gemeinden im traditionellen Zentrum (Region des nördlichen Mugamba) und im Nordosten Burundis (Bweru/Bugesera-Region) und einige angrenzende Gebiete, auf die die Datenaufnahme aus Kontrollzwecken ausgeweitet wurde (die Communes Kiganda und Bwambarangwe, zusätzlich Busóni, Giteranyi und Gitobe bzw. Rutegama, Muramvya, Rusaka und Gisózi). Die Ortswahl war von mehreren Kriterien geleitet. In Betracht gezogen wurden die Zentralität des Gebietes (Lage auf dem Zentrum/Peripherie-Kontinuum, die je nach – vorkolonialer, kolonialer und nachkolonialer – Epoche mehr oder weniger stark variiert), die Bevölkerungsdichte, ökonomische Spezifika, aber auch pragmatische Überlegungen wie bereits bestehende persönliche Beziehungen, mögliche Einführungspersonen und meine allgemeine Vertrautheit mit dem Gebiet, ebenso wie die momentane lokale soziale und politische Lage. So musste insbesondere der Lage Rechnung getragen werden, die durch eine kurz nach Beginn meiner Feldarbeit im August 1988 ausbrechende ethnisch orientierte bäuerliche Revolte entstand, die von bürgerkriegsähnlichen Unruhen und genozidartigen Massakern begleitet war, und die die Weiterführung meiner Untersuchungen ernsthaft gefährdete und eine Zeitlang verunmöglichte. Es war mir schliesslich vor allem dank langjährigen Beziehungen und dem Vertrauen, das mir die Leute entgegenbrachten an Orten, an denen ich mich bereits während früherer Jahre über längere Zeit aufgehalten hatte (1978/79 und 1985), möglich, meine Arbeit im gewünschten Umfang und mehr oder weniger plangemäss zu Ende zu führen.

Der Hauptkorpus des erhobenen Materials besteht aus ungefähr achtzig schwach strukturierten und nur leicht standardisierten Intensivinterviews, während deren ich mich auf einen teilstrukturierten Gesprächsleitfaden stützte. Die Benützung eines Gesprächsleitfadens („canevas directeur“/„questionnaire indicatif“) sollte die Auswertung und ansatzweise Standardisierung der Resultate erleichtern. Zu den mehrstündigen Leitfadengesprächen mit Einzelpersonen kamen Gruppen- und Expertenbefragungen dazu. Zu den Zielgruppen gehörten einerseits einfache Bauern und Bäuerinnen, andererseits Personen, die zu einer gewissen Zeitepoche selbst im einen oder anderen Sinn politisch aktiv waren; zur letzteren Kategorie gehörten sowohl traditionale lokale Autoritätsträger (Bashingantahe, etc.) und ehemalige Verwaltungskader, wie auch heutige staatliche Funktionäre; wiewohl dazu auch einige Ministerialbeamte gehörten, lag das Schwergewicht doch auf dem anderen Ende der amtlichen Stufenleiter: bei den „Hügelchefs“, lokalen Verantwortlichen der Einheitspartei und den staatlichen „Weilervorstehern“ (*nyumba-kumi*). Wenn immer möglich (und es war nicht immer möglich) wurden die Gespräche, während deren ich von einem ortsansässigen Interpreten eingeführt und unterstützt wurde, auf Tonband aufgenommen. Meine eigenen Kirundi-Sprachkenntnisse – so rudimentär sie sein mögen – erlaubten mir, den Gesprächsverlauf zu kontrollieren und wenn nötig Nachfragen zu stellen. Anschliessend wurden die Gesprächsprotokolle von mehreren Forschungsassistenten in Kirundi transkribiert und in einem folgenden Schritt ins Französische übersetzt. In einer späteren Phase der Feldarbeit wurden die Gespräche im Sinne einer einfachen Panel-Befragung mit ausgewählten, bereits befragten Personen in mehrmonatigem Abstand erneut aufgenommen (bis zu drei- oder viermal), nachdem die ersten Ergebnisse mit meinen Mitarbeitern, anderen Informanten und Universitätsangehörigen in Bujumbura diskutiert worden waren. Abschliessend wurden die Gespräche ausgewertet anhand eines Kodierungssystems, das eine leichte Standardisierung ermöglichte und die Vergleichbarkeit der Aussagen erleichterte. Ich werde im Laufe der Arbeit oftmals aus diesen Gesprächen zitieren, dabei aus Gründen des Datenschutzes aber immer nur die Gesprächsnummer („Gespr. x") und allenfalls die Initialen der befragten Person anführen. Bei der Mehrzahl der innerhalb eines formalen Gespräches befragten Personen handelte es sich um ältere Männer aus der Altersklasse zwischen 60 und 90 Jahren, die ich hauptsächlich wegen ihrer geschichtlichen Kenntnisse und ihres Wissens über die traditionalen lokalen Gesellschaftsstrukturen konsultierte. Diese Unausgewogenheit in der Zusammensetzung der Interviewpartner erklärt sich dadurch, dass sich über geschichtliche Themen bedeutend leichter im Rahmen eines formalen Gespräches sprechen lässt als das der Fall ist, wenn die Rede auf die heutigen nachkolonialen politischen Strukturen und aktuellere politische Fragen kommt. Zu diesen Themenbereichen waren Gespräche im informellen Rahmen und Beobachtungen unterschiedlichster Situationen weit informativer.

Um die Übersicht über die Arbeit zu erleichtern, schliesse ich einige Hinweise zu ihrem Aufbau an. Die vorliegende Studie ist in drei Teile gegliedert, die sich der Reihe nach mit der vorkolonialen, der kolonialen und der nachkolonialen Epoche beschäftigen. Im *ersten Teil* ist es erforderlich, einige Bemerkungen zur Strukturierung der burundischen Gesellschaft, verbunden mit verschiedenen begrifflichen Erläuterungen, vorauszuschicken. Das zweite Kapitel ist vornehmlich der vor- und frühmonarchischen Geschichte und den Prozessen der Herausbildung des „Frühen Staates" in seiner „sakralmonarchischen" Form gewidmet, soweit sich diese heute noch rekonstruieren lassen. Ich stütze mich dabei nur zu einem kleineren Teil auf selbst erhobene Daten, da die Qualität der oralen Traditionen zu diesem Fragenbereich gegenüber früher erhobenen (die frühesten datieren aus den dreissiger Jahren dieses Jahrhunderts) in letzter Zeit aus verschiedenen Gründen – und nicht zuletzt aufgrund des Einflusses der modernen Massenmedien – bereits merklich abgenommen hat. Bei der Erörterung der frühen Staatsbildungsprozesse wird die besondere Aufmerksamkeit der Herausbildung einer nationalen Identität bzw. der Entstehung oder Stärkung subnationaler Identitäten gelten. Es geht dabei darum, Einblick zu gewinnen in allfällige Gesetzmässigkeiten von Zusammenschluss und Amalgamierung wie von Fraktionierung und Spaltung sozialer und politischer Gruppen. Einsichten, die durchaus auch für die heutige Gesellschaft von Wert sein können, die sich mit ihren mannigfachen Spaltungen und „ethno-logischen" Modellierungen dermassen schwertut, dass sie immer wieder Anlass äusserst gewalttätiger Konflikte sind.

In den Kapiteln drei bis fünf werden die verschiedenen Formen politischer Macht und Autorität, die die monarchische Gesellschaft während ihrer vorkolonialen Epoche prägten, im Detail zu analysieren sein. Bei der Vorstellung der Organisation des frühen Staates wird die Frage der Verankerung der Zentralinstanz und ihrer Verwaltungsapparate auf der lokalen Ebene im Vordergrund stehen. Das besondere Interesse gilt hier den untersten Stufen von Staatsbeamten, die als zentraler Angelpunkt in der Durchsetzung des staatlichen Herrschaftsverhältnisses zu betrachten sind.[21] Es

[21] Zur Bedeutung der untersten staatlichen Funktionäre in der Analyse staatlicher Herrschaftssysteme und der Beziehungen zwischen Staat und „Gesellschaft" s. auch van Binsbergen et al. 1986:375.

wird der Erklärungswert der Modelle des „frühen“ (Claessen & Skalník 1978) und des „segmentären Staates“ (Southall 1956, 1988) und der Gegenüberstellung von hierarchischen und pyramidalen Systemen zu erörtern sein. In diesem Teil wird jedoch nicht nur der Diskussion staatlicher, sondern auch der verschiedenen nichtstaatlichen Autoritätsstrukturen breiter Raum gewährt. Neben der Erörterung verwandtschaftlicher, nachbarschaftlich-lokal basierter und religiöser Formen von Autorität wird insbesondere die Institution des *bushingantahe* als im engeren lokalen Rahmen bedeutsamste Form rechtlich-moralischer Autorität ausführlich abgehandelt werden. Diese Ausführlichkeit ist nicht nur durch die Bedeutung, die dieser Einrichtung innerhalb der politischen Struktur bis heute zukommt, gerechtfertigt, sondern auch dadurch, dass ihre Untersuchung bislang stark vernachlässigt wurde. Es gibt bis heute lediglich dürftige Quellen zum *bushingantahe*, die sich zudem in der Regel allein auf die Beschreibung eines Einzelaspektes beschränken. Hier werde ich einiges neues, bisher nicht bekanntes ethnographisches Material präsentieren. Anhand des *bushingantahe* lassen sich der Zusammenstoss und die allfälligen Verschränkungen zwischen staatlichem und lokalem, ausserstaatlichem Autoritätssystem beispielhaft aufzeigen. So wird denn auch in den anschliessenden Teilen 2 & 3 das Schicksal dieser Einrichtung über die verschiedenen Epochen hinweg verfolgt werden. Das besondere Augenmerk gilt ferner einer Form asymmetrischer Sozialbeziehung, dem *bugabíre*-Klientelverhältnis, das für die Strukturierung der bäuerlichen Gesellschaft bedeutsam war. Im Zusammenhang mit dem abschliessenden Kapitel dieses Teiles, in dem ich versuchen werde, das die vorkoloniale Gesellschaft prägende aristokratische Herrschaftsmodell herauszuarbeiten, wird zu erörtern sein, inwieweit die Reproduktion des staatlichen Herrschaftsverhältnisses auf dem Modell solcher stark personalisierter Abhängigkeitsformen beruhte. Ich werde mich dabei auf eine detaillierte Analyse des politischen Vokabulars und der „Sprache der Macht“[22] abstützen. Es wird sich in den folgenden Teilen zeigen, dass es erheblich und aufschlussreich ist, der Ausgestaltung des politischen Vokabulars über die verschiedenen Epochen hinweg nachzugehen. Darauf wird besonderer Wert gelegt. An dieser Stelle ist auch das vorkoloniale Tributsystem, das verschiedene Formen von Abgaben und „tributären Geschenken“ umfasste, in seiner Bedeutung für die Reproduktion und die Ausformung des monarchischen Herrschaftsverhältnisses zu diskutieren. Es wird hier zudem möglich sein, die Bedeutung, die verschiedenen Formen von Gewalt bei der Durchsetzung und Aufrechterhaltung der Herrschaftsordnung zukam, aufzuzeigen – auch das etwas, was für das Verständnis der heutigen Gesellschaft nicht ohne Belang ist.

Der *zweite Teil* beschäftigt sich mit dem kolonialen Staat und Herrschaftsverhältnis. Wenn die koloniale Unterwerfung auch bereits zu Ende des 19. Jahrhunderts einsetzte, so dauerte es doch bis zu den dreissiger Jahren des 20. Jahrhunderts, bis das „Burundi der Hügel“ in mehr oder weniger systematischer Weise in die koloniale Ordnung integriert wurde. Obwohl im Zuge der Errichtung des deutschen „Schutzgebietes“ und der nachfolgenden belgischen „administration indirecte“ die einheimischen „Batware“ – die politisch-administrativen Beamten der Monarchie – weitgehend, jedoch nicht ohne wichtige Verschiebungen zwischen den verschiedenen sozialen Kategorien, übernommen und wie der *mwami* (der König) in ihren Positionen belassen wurden, kam es zu einer tiefen Erschütterung, ja Aushöhlung der alten monarchischen Herrschaftsordnung. Ich werde das wiederum vor allem auf der lokalen Ebene nachzeichnen, wo sich die bäuerliche Bevölkerung fortan einem ausgebauten und stärker formalisierten Verwaltungsapparat und bisher unbekannten staatlichen Forderungen gegenübersah. Abschliessend werde ich bei der Erörterung des Dekolonisationsprozesses zu zeigen versuchen, dass dieser überstürzt eingeleiteten bzw. zu lange hinausgezögerten Übergabe der politischen Macht eine Schlüsselstellung in der weiteren politischen Entwicklung zukommt. Es wird hier das Gewicht des kolonialen Erbes und die spezifische

22 Zur Bedeutung der Untersuchung der „Sprache der Macht“ s. Balandier 1978:206ff & 1985:316f und verschiedene Schriften Maurice Blochs.

Ausformung der durch das Kolonialregime hinterlassenen staatlichen Machtstrukturen zu diskutieren sein.

Im *dritten Teil* schliesslich geht es um die Analyse der nachkolonialen politischen Ordnung. Auch hier wird der Blickwinkel auf die Lokalebene zentriert sein, was aber nicht heisst, dass die gesamtstaatlichen Strukturen und nationalen Ereignisse unberücksichtigt bleiben können. Der Aufbau des postkolonialen Staates kannte verschiedene Phasen und Perioden, die sich auch in der verfolgten Innen- und Lokalpolitik zeigen und die sich nachhaltig auf die Ausformung der lokalen politischen Ordnung auswirkten. Nach einer Periode „konservativer Modernisierung" war das Ende der alten Ganwa-Monarchie und der sie tragenden Aristokratie gekommen, und es folgten von 1966 bis 1993 nacheinander drei verschiedene republikanische Regimes, die jeweils für sich ablösende Equipen der neu an die Macht gekommenen sozialen Gruppen und Elite-Faktionen standen, die sich zu ihrem Machterhalt vor allem auf Armee und Staatsbürokratie stützten.[23] Über diese verschiedenen Phasen hinweg wird die besondere Aufmerksamkeit der lokalen Verankerung des nachkolonialen Staates gelten, wozu er sich vervielfachter territorialer Verwaltungsstäbe und bis in den nachbarschaftlichen Raum vorgeschobener Kader der staatlichen Einheitspartei bedient. Da der Staat in seiner „republikanischen", modern-bürokratischen Form in hypertropher Weise expandiert und den Lokalbereich in verschiedener Hinsicht in Beschlag genommen hat, ist dieser Teil der Untersuchung von besonderer Relevanz. In Entsprechung zur Analyse der vorkolonialen politischen Struktur konzentriert sich die Untersuchung auch hier auf die untersten Glieder der staatlichen Ämterhierarchie. Oftmals können diese kaum noch als eigentliche Beamte angesprochen werden; sie sind als eine spezielle Kategorie staatlich mandatierter Funktionäre, als „Quasi-" oder „Proto-Funktionäre" zu bestimmen (in den meisten Fällen erhalten sie keine formale Entschädigung). Es gelingt ihnen nur in beschränktem Masse, zwischen (Zentral-) Staat und Lokalbevölkerung als Mittler oder „Broker" tätig zu werden.

Nach der Darstellung der Struktur und des engmaschigen Netzes der lokalen Staatseinrichtungen, innerhalb deren sich die Kontakte zwischen Bevölkerung und Verwaltung verwirklichen sollten, wird das gegenwärtige Herrschaftsverhältnis zwischen Bauern und Staat Gegenstand näherer Erörterung sein. Ich werde mich dabei vornehmlich – aber nicht ausschliesslich – auf die Beispiele der beiden mir näher vertrauten ländlichen Gemeinden stützen. Es wird gelten, die Konfrontation des heutigen Staates und seiner Apparate mit den lokalen Bevölkerungsgruppen und deren Ansprüchen, Erwartungen und Bedürfnissen zu analysieren. Ein stark ausgebauter, jedoch nur mangelhaft bürokratisierter Kontroll- und Verwaltungsapparat bietet allein noch keine Gewähr für die erfolgreiche Durchsetzung von Herrschaft. Es wird sich fragen, mit wieviel Erfolg sich die umfassenden Herrschaftsansprüche des Staates mittels des bestehenden Verwaltungssystems durchsetzen lassen, wie wirksam mithin die staatliche Herrschaft ist. Das Augenmerk konzentriert sich dabei auf die gegenseitigen Perzeptionen von Bauern und Behörden und ihre jeweiligen Modelle von Herrschaft, die ihre Einstellungen, Sichtweisen und Handlungen leiten. Einerseits wird auf das von den Herrschenden und ihren Behörden vertretene Herrschaftsmodell ebenso zu achten sein wie auf die damit einhergehende politische Rhetorik und das benutzte politische Vokabular. Um die spezifische Ausformung des heutigen Herrschaftsverhältnisses zu erfassen, müssen die verschiedenen Herrschaftstechniken und -strategien, die Mittel des gegenseitigen Zugangs und die Formen und Organe der Kommunikation einer genaueren Analyse unterzogen werden. Andererseits muss auf das Herrschaftsmodell der Bauern geachtet werden, das sich nicht mit demjenigen des Staates zu decken braucht. Ich werde zeigen, dass es zwischen beiden erhebliche Unterschiede gibt, und auf deren Bedeutung hinweisen. Hier interessiert die Sicht des modernen Staates durch

[23] Auf die neueste Periode, die 1992 mit der Zulassung eines Mehrparteiensystems eingeleitet wurde und zu Präsidial- und Legislativwahlen im Juni 1993, zur Einsetzung einer neuen Regierung und des ersten Muhutu-Staatsoberhauptes, das Burundi kannte – und dessen Ermordung wenige Monate danach am 21. Oktober 1993 – führte, kann hier nur noch am Rande eingetreten werden.

die Bauern, ihre Perzeption von Behörden und Herrschaft, die ihre Haltung, Reaktionen und Strategien ihnen gegenüber bestimmen. Es wird sich zeigen, dass die Bauern in Abhängigkeit von der jeweiligen „politischen Konjunktur“ ihre Interessen hauptsächlich über defensive Strategien (wie Ausweichreaktionen, usw.) und Klientelbeziehungen wahrzunehmen suchen. Im Zusammenhang damit und im Hinblick auf hier allenfalls anzustrebende Veränderungen ist es von besonderer Relevanz, abschliessend auf das Schicksal, die heutige Form und Kraft der nichtstaatlichen, zivilgesellschaftlichen Autoritätsstrukturen im lokalen Raum einzutreten.

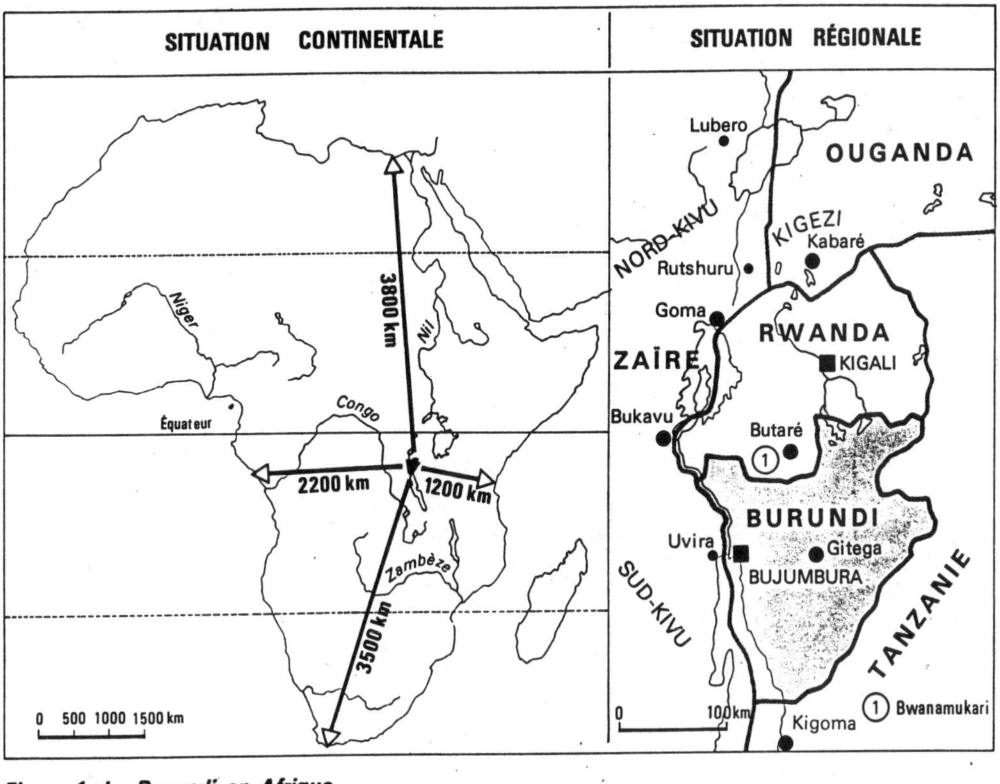

Figure 1. Le Burundi en Afrique.

Les frontières du Burundi dessinent un État en forme de cœur, coiffant l'extrémité nord-est du lac Tanganyika et s'inscrivant entre les coordonnées géographiques suivantes :

- latitude : 2°45 Sud et 4°26 Sud ;
- longitude : 28°50 Est et 30°53 Est.

Abb. 1: Burundis regionale und kontinentale Lage (Quelle: Cazenave et al. 1979:7)

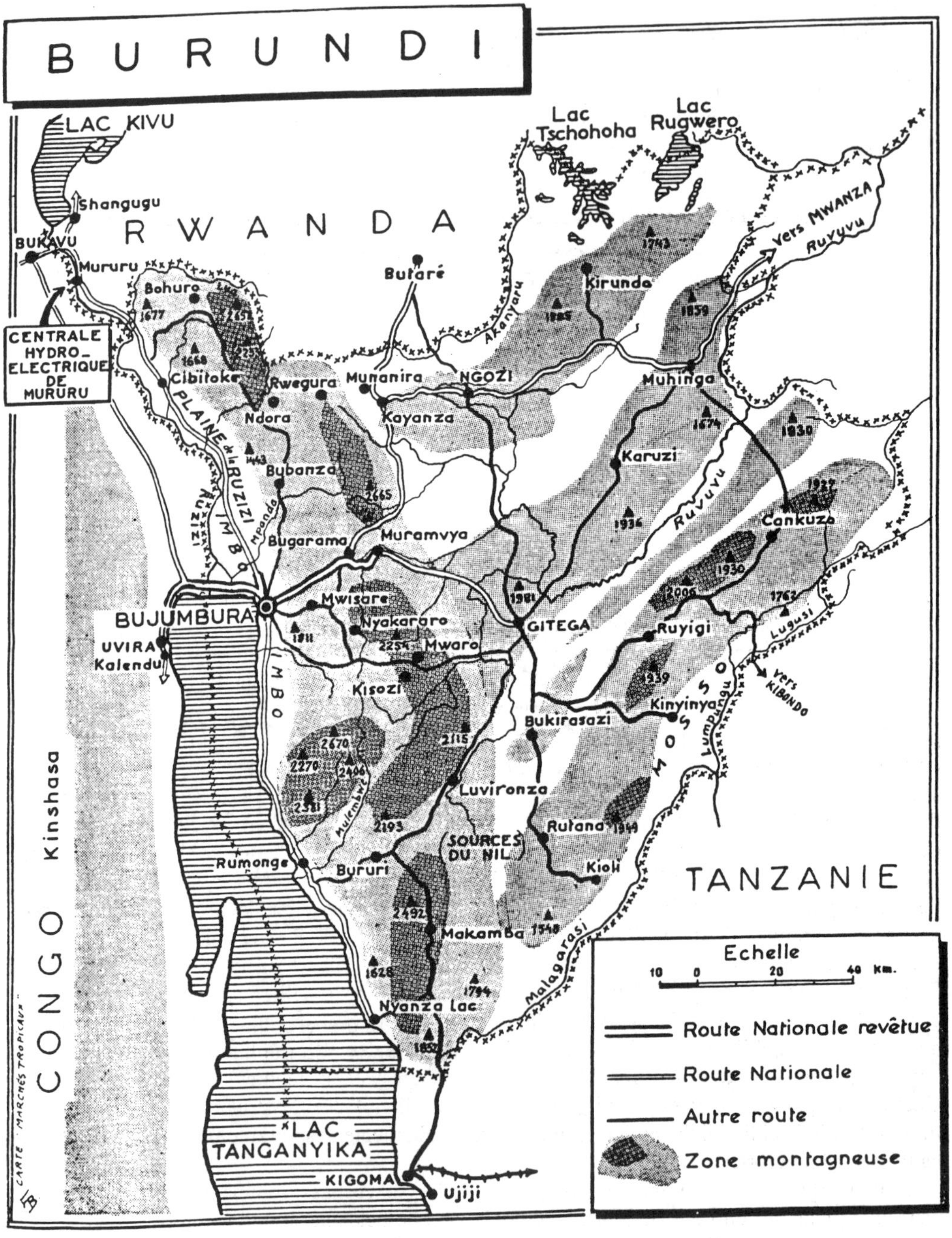

Abb. 2: Übersichtskarte Burundi (Quelle: Marchés tropicaux, no.1122 du 13 mai 1967:1344)

TEIL I

FORMEN VON MACHT UND AUTORITÄT IM VORKOLONIALEN STAAT

Der erste Teil dieser Studie beschäftigt sich mit den vorkolonialen Gesellschaftsstrukturen. Zu deren Analyse ist es erforderlich, einige allgemeine Bemerkungen zur sozialen Strukturierung der burundischen Gesellschaft voranzustellen. Die Begriffe der Ethnie und des Clanes bedürfen dabei besonderer Erörterung. Solche begrifflichen Klärungen sind, so eine grundlegende These dieser Arbeit, nur ausgehend von einem historischen Ansatz zu leisten. So setzen die beiden ersten Kapitel bei der vor- und frühmonarchischen Geschichte und der Herausbildung einer frühstaatlich organisierten Gesellschaft an bzw. greifen immer wieder auf diese Epoche zurück. Ihr Anspruch besteht nicht darin, die Vor- und Frühgeschichte des monarchischen Burundi in umfassender Weise darzustellen. Der Leser und die Leserin seien hierzu auf andere Literatur verwiesen.[1] An dieser Stelle geht es allein darum, diejenigen geschichtlichen Linien nachzuzeichnen, die innerhalb des engeren Themas dieser Arbeit von Interesse und Bedeutung sind. Wiewohl der Schwerpunkt der Arbeit auf der geschichtlichen Herausbildung von Autoritätsstrukturen im *lokalen* Rahmen liegt, ist die Erörterung der hier angeschnittenen allgemeineren Fragen doch von Bedeutung, weil damit die Klärung einiger grundlegender Probleme verbunden ist. So werde ich im zweiten Kapitel, das sich speziell mit den Prozessen der Entstehung des Frühen Staates auseinandersetzt, auf Fragen der Fraktionierung, des Zusammenschlusses und der Modellierung sozialer Gruppen eingehen. Das dritte Kapitel befasst sich mit der politischen Organisation und den zentralen Institutionen des voll ausgebildeten Königtums, so wie es uns aus dem 19. Jahrhundert bekannt ist; dazu wird auch eine Analyse des monarchischen Verwaltungssystems gehören. Im Kapitel 4 steht die Untersuchung der verschiedenen nichtstaatlichen, lokalen Autoritätsstrukturen im Zentrum. Im fünften Kapitel schliesslich werden einige zentralen Elemente des vorkolonialen Herrschaftsverhältnisses näher erörtert.

Einleitend ist es notwendig, einen Blick auf die Bevölkerungszusammensetzung Burundis zu werfen, so wie sie seit dem Beginn der Kolonialepoche bekannt ist und mehr oder weniger bis heute Gültigkeit hat. Die Bevölkerung Burundis wird im allgemeinen in drei unterschiedliche Gruppen unterteilt: Die pygmoiden Batwá (auf 1-2% der Bevölkerung geschätzt), die Batutsi (ca.

[1] Den neuesten Stand der Kenntnisse auf diesem bis heute weitgehend Spekulationen überlassenen Gebiet vermitteln verschiedene Publikationen des „Centre de Civilisation Burundaise“ (C.C.B.) und der Historiker Chrétien (1981a, 1984) und Mworoha (1987).

12-15%)[2] und die Bahútu, die etwas mehr als 80% der Bevölkerung ausmachen. Die prozentualen Angaben gehen auf Schätzungen aus der Zeit der Kolonisation zurück und können nicht fraglos übernommen werden; sie sollen hier als annähernde Grössen verstanden werden.[3] Wenn auch alle drei Gruppen durchmischt und verstreut über das gesamte Territorium Burundis (wie auch Rwandas) leben, ist ihre Verteilung doch stark unausgeglichen. Hauptsächlich im Norden des Landes machen die Bahútu die weit überwiegende Mehrheit der Bevölkerung aus. Diese unausgeglichene Verteilung, die bis hinunter auf die Ebene der Mikro-Region vorgefunden werden kann, bestimmt sich in erster Linie durch die je spezifische Produktionsweise der einzelnen Gruppen. Damit kommen wir zu einer weiteren Dimension der Gruppendifferenzierung. Die Bahútu werden allgemein als feldbautreibend, die Batutsi als viehhaltend beschrieben, während die Batwá als Wildbeuter zu betrachten sind, die sich wohl erst im Verlauf des 18. und 19. Jahrhunderts mit der Zunahme der Bevölkerungsdichte und der Ausbreitung von Bodenbestellung und Viehhaltung vermehrt der Töpferei und manchmal ergänzend dem Feldbau zugewandt haben.[4] Diese Unterscheidung zwischen Bahútu und Batutsi ist jedoch seit langem eher eine Norm denn ein durchgängiger Tatbestand. Ein bedeutender Teil des Viehs wird von Bahútu gehalten, und wenn die Batutsi den Feldbau auch sehr abschätzig betrachten, so kommt doch kaum einer ohne Bodenbestellung aus (bei vielen von ihnen ist sie sogar seit langem die dominante Subsistenzweise). Dennoch können wir die Bahútu, die Batutsi und die Batwá in allen bekannten geschichtlichen Perioden bis heute als soziale Gruppen mit einer je unterschiedlichen dominanten Produktionsweise beschreiben. Es sind die Unterschiede der natürlichen Bedingungen der Bodenbeschaffenheit, des Klimas und der Höhenlage (oberhalb von 1'500 Metern kommt beispielsweise die Trypanasomiasis verursachende Tsetsefliege nicht vor), welche die für Viehhaltung und Bodenbebauung günstigsten Gebiete bestimmen. Diese natürlichen Produktionsbedingungen sind es, die in erster Linie regeln, in welcher Gegend die vorwiegend Landwirtschaft treibenden Bahútu und wo die vorwiegend Vieh haltenden Batutsi besonders zahlreich sind. Aber auch das gilt nur als Regel, von der es im Laufe der Geschichte zu zahlreichen Abweichungen gekommen ist. Alle drei sozialen Gruppen, die insgesamt nicht in getrennten Territorien leben, sind zumindest seit dem 17. Jahrhundert Teil derselben zentra-lisierten politischen Einheit und sie sprechen die gleiche Sprache, *Kirundi*. Auch wenn es bis heute zwischen ihnen verschiedene nicht zu vernachlässigende kulturelle Unterschiede gibt, lässt sich doch von einer sprachlichen, territorialen, kulturellen und politischen Gemeinschaft sprechen.

Bevor wir uns der Geschichte dieser Gesellschaft zuwenden, sei festgehalten, dass historische Daten über den Raum Burundi wie das gesamte zentralafrikanische Binnenseengebiet, die die Zeit vor dem 19. Jahrhundert betreffen, oft Mutmassungen bleiben. Die vorhandenen Daten zur geschichtlichen Entwicklung sind in vielen Punkten uneinheitlich und widersprüchlich. Die verschiedenen Varianten von Überlieferungen sind nicht zuletzt das Resultat des Widerstreites verschiedener politischer Fraktionen der alten (und teilweise auch der heutigen) Gesellschaft Burundis wie auch verschiedener wissenschaftlicher „Schulen", die sich je nach Interesse mehr oder weniger auf die stark ethnozentrischen Kolportagen früher ausländischer Reisender stützen. Daneben gibt es zwar einige neuere Daten zur Ur- und alten Geschichte Burundis, die seit den 1950er Jahren dank archäologischer Forschung bekannt sind. Sie bleiben bis heute aber sehr spärlich. Das bisher Be-

---

[2] Eine der höchsten Schätzungen – 15% bis 20% – stammt von Chrétien (1991:464, n.20), wobei er leider auf jede nähere Quellenangabe verzichtet; cf. ebenfalls Lemarchand (1992:15). Diese Zahlen beziehen sich jedoch in erster Linie auf die nachkoloniale Zeit.

[3] Sie entsprechen ziemlich genau den Schätzungen Meyers zu Beginn dieses Jahrhunderts (1916:6) wie auch solchen aus der zweiten Hälfte der fünfziger Jahre gegen Ende der Kolonialperiode; cf. auch Botte 1979:415, n. 1.

[4] Bis heute handelt es sich dabei um wenig arbeitsintensive Kulturen wie den Unterhalt von Bananenpflanzungen; es sind die Frauen, die als Töpferinnen arbeiten, während sich die Männer heute vor allem als Taglöhner, etwa als Träger und Transportarbeiter, verdingen (cf. Botte 1979:415f, n. 9, ebenso verschiedene Schriften von A. de Carolis).

kannte wurde 1987 in dem vom burundischen Historiker Émile Mworoha herausgegebenen Sammelband „Histoire du Burundi" zusammenfassend dargestellt.[5] Dieses Geschichtsbuch (dessen angekündigter zweiter Band zur Kolonialgeschichte bislang leider nicht erschienen ist) ist das Ergebnis der kollektiven Arbeit einer Equipe von burundischen und französischen Historikern, die in der Tradition der sogenannten „École historique burundo-française"[6] stehen. Ich werde in den folgenden Ausführungen immer wieder auf dieses bemerkenswerte synthetische Werk Bezug nehmen, wenn das auch oft in kritischer Form erfolgen wird. Der mit diesem Buch verfolgte Versuch der Formulierung einer Nationalgeschichte hat seine Tücken – und seinen Preis. Ob beabsichtigt oder unbeabsichtigt, entstand ein historisches Referenzwerk für einen modernen, akut legitimationsbedürftigen Staat. Die Autoren sind sich der diesbezüglichen Bedeutung ihres Werkes bewusst, wenn sie schreiben: „L'État qui se structure sait bien que le consentement à vivre ensemble, qui fait une nation, s'enracine dans une analyse lucide du passé" (1987:7). Wer weiss, welche Bedeutung der Geschichte innerhalb der in Burundi seit 1988 neu geführten Debatte um die „nationale Einheit" (womit der offizielle Diskurs das ethnische Problem umschreibt) zukommt, wird den Stellenwert einer solchen „Nationalgeschichte" nicht unterschätzen. Der Herausgeber wirkte zu jener Zeit noch als Generalsekretär der Einheitspartei UPRONA – eine in dieser Hinsicht besonders glückliche Verbindung –, nachdem er früher als Kulturminister viel zur Entfaltung der Humanwissenschaften in Burundi beigetragen hatte. Was als „Wiedereroberung unserer nationalen Geschichte" (p.12), die durch die Kolonisation „verschüttet" und entstellt worden ist, daherkommt, erweist sich auch als feine Neu- und Umschreibung der Geschichte zugunsten der Interessen des modernen Staates, dem damit neue Argumentationshilfen und -grundlagen geliefert werden. Eine solche Neuschreibung war und bleibt ohne Zweifel notwendig als Bruch mit einer Historiographie, die bis anhin stark von der kolonialen Rassenkunde und der eurozentrischen „hamitischen Theorie" – einem Liebkind der diffusionistischen Ethnologie – geprägt war. Wenn effektiv mit dieser gebrochen, ja recht eigentlich abgerechnet wird, heisst das nicht, dass der Leser und die Leserin nicht aufmerksamen Auges verfolgen müssen, durch welche – nun eventuell dem postkolonialen Staat bekömmlichen – Annahmen sie ersetzt wird. Es sind gerade diese Bezüge zwischen Politik, Geschichte und Ideologie, die hier von besonderem Interesse sind und auf die ich den Finger legen möchte. Jede Macht hat ihre Sprache und Ausdrucksweise, ihre spezifische Ideologie. Es gibt keine Macht ohne Aneignung von Symbolen und Zeichen, ohne Kontrolle über eine Sprache und ein Wissen. Balandier (1978:206ff, 1985:316) hat gezeigt, dass sich die Sprache der Macht ihre Gültigkeit immer durch einen Bezug auf ein ausserhalb des unmittelbaren sozialen Lebens Liegendes verschafft – „die Macht spricht immer von einem anderen Ort": „Le langage du pouvoir politique est validé hors de la vie sociale immédiate, banalement quotidienne. Il reporte à un au-delà de cette dernière. (...) Le pouvoir parle toujours 'd'ailleurs'" (ibid.). Die Macht zieht ihre Wirksamkeit und Validierung aus einem Bezug zu den Anfängen und Ursprüngen. In modernen Staaten bildet oftmals die „Nation" den gesuchten Referenzpunkt.

---

[5] Ich werde in der Folge in den Zitaten nur „Mworoha 1987" als Referenz angeben, auch wenn die einzelnen Kapitel von einem oder mehreren Autoren verfasst wurden.

[6] Erstmals so genannt bei Guichaoua (1989:75, n.1); zur Kritik dieser Schule und ihrer Quasi-Monopolstellung in der jüngeren Geschichts- und Sozialforschung s. Lemarchand (1990a).

KAPITEL 1

ZUR STRUKTURIERUNG DER BURUNDISCHEN GESELLSCHAFT.
Einige Begriffserläuterungen in geschichtlicher Perspektive

Werfen wir einen ersten, kritischen Blick auf die alte Geschichte Burundis. Wir haben mit Burundi als einem Teil des ostafrikanischen Binnenseengebietes – manchmal auch „das Afrika der Binnenseen" genannt – ohne Zweifel einen alten menschlichen Siedlungsraum vor uns. Wenn es verständlich erscheint, dass man die (menschliche) Geschichte des eigenen oder eines einem nahestehenden Landes gerade im Fall der schwarzafrikanischen Gesellschaften, denen in der historiographischen Tradition allzu lange jegliche Geschichte abgesprochen worden war, möglichst weit zurückgehen lassen will, so lässt es das Fehlen von Belegen einer Besiedlung des heutigen Gebietes von Burundi durch den Homo erectus oder sapiens bis zum Auftreten der Eisenmetallurgie doch nicht zu, von einer paleo-, meso- oder neolithischen Periode zu sprechen.[7] Gerechtfertigt ist das höchstens noch zur Situierung innerhalb der Geschichte des weiteren Binnenseengebietes oder gar des gesamten ostafrikanischen Raumes. Die Geschichte des Gebietes von Burundi ist unzweifelhaft in engem Zusammenhang mit derjenigen des gesamten interlakustrinen Raumes zu sehen. In der Region der Binnenseen gibt es effektiv Zeugnisse einer menschlichen Besiedlung, die bis zu einer halben Million Jahre ins Acheuléen zurückreicht (Mworoha et al. 1987:63ff). Die bis heute frühesten, archäologisch gesicherten Spuren im Raum Burundis selbst belegen dagegen allein eine etwas über 2000 Jahre zurückreichende menschliche Präsenz (Spuren von Metallurgie und Keramik). Aus diesen Quellen lässt sich schliessen, dass die fortschreitende Besiedlung des Territoriums zu einer Zurückdrängung des Waldes und zu einer Marginalisierung der wildbeuterischen Produktionsweise führte. Darüber ist jedoch beinahe nichts bekannt. Diese Tatsache ist von einiger Wichtigkeit, handelt es sich doch bei der Besiedlungsgeschichte um einen der „sensiblen" Punkte der Historiographie Burundis, um einen Streitpunkt, der nicht zuletzt (aber vielleicht erst) im heutigen ethnischen Konflikt von hoher legitimatorischer Bedeutung ist.

In diesem Zusammenhang ist die Frage nach den Anfängen von Landwirtschaft und Viehhaltung von einigem Belang. Der Beginn der Landwirtschaft und die Einführung der alten afrikanischen Getreide (vor allem verschiedener Hirsearten), die als langsamer Übergang von einer wildbeuterischen Naturaneignung (Produktionsweise) zu Feldbau und Domestizierung von Pflanzen zu sehen ist, lässt sich nur schwierig datieren. Es lässt sich annehmen, dass sie weiter zurückgehen als die ersten datierbaren Funde (für Rwanda 4.-6. Jahrhundert n. Chr.) (Mworoha et al. 1987: 88). Wichtig wurde die Verbreitung von ursprünglich aus dem südostasiatischen Raum stammenden Pflanzen wie Taro und Bananenbaum, die im östlichen Afrika zwischen dem sechsten und

---

[7] Sicher ist das in Zusammenhang zu sehen mit dem bis heute weitgehenden Fehlen archäologischer Quellen und archäologischer Forschung in Burundi. Man darf darüber nicht vergessen, dass wir uns hier im Gebiet der ältesten Entwicklung des Menschen befinden (s. dazu Jean Devisse, Réflexions sur une archéologie pour le Burundi, pp.417-429 in „La civilisation ancienne…").

neunten Jahrhundert unserer Zeitrechnung eingeführt wurden. Nach Mworoha et al. hat sich die Bananenpflanze aber erst zu Beginn des 20. Jahrhunderts im Landesinneren Burundis ausgebreitet[8], also erst nachdem die Landwirtschaft im 18. Jahrhundert durch die zunehmende Verbreitung der „amerikanischen" Pflanzen Mais und Bohne revolutioniert worden war (ibid., pp. 90,136).

Das erste Auftreten der Viehhaltung ist geschichtlich noch schwieriger zu bestimmen. In den meisten während der Kolonialzeit erschienenen Schriften wurde die Meinung vertreten, dass im Raume von Rwanda und Burundi Vieh erst seit dem 13. bzw. 16. Jahrhundert als Resultat der „hamitischen Invasion" (der Batutsi) gehalten wurde. Mworoha et al. argumentieren demgegenüber, dass es bei dem „beeindruckenden" Alter der Verbindung von Landwirtschaft und Viehhaltung in ganz Ostafrika – eine Verbindung, die mindestens auf den Beginn der Eisenzeit zurückgehen soll – erstaunlich wäre, wenn die feuchten, vor der Tsetsefliege geschützen Hochlandgebiete Burundis in diesem Punkt eine Ausnahme gebildet hätten (1987:91; cf. auch Chrétien1992:2). Wenn es auch keine Gründe dagegen gibt, so gibt es doch keine Belege dafür. Es bleibt damit unklar, ob es in diesem Raum je „pastorale Bantu" gab und ob die späteren Batutsi bereits vor dem 15. oder 16. Jahrhundert, in die den üblichen Vermutungen entsprechend ihre verschiedenen Einwanderungsschübe fielen, da waren. Die sich weitgehend auf historische Spekulationen abstützende Rekonstruktion der Besiedlungsgeschichte lässt allein vorsichtige Formulierungen wie die noch heute gültige von Vansina zu: „Il existe un vague sentiment, que nous acceptons faute de mieux, que les Twa et les Hutu résidaient depuis la date la plus éloignée dans le pays. Une chanson rappelle que les Twa se servaient d'outils en pierre dans des temps éloignés. On les appelle 'enfants des petits pierres'" (1961a:4).

Es ist sicher richtig, mit Mworoha et al. die von der diffusionistischen Ethnologie geprägte Geschichtsauffassung, die während der Kolonialperiode stark verbreitet war, zu kritisieren: Die Geschichte lässt sich nicht mittels einer Invasionstheorie auf Völkerwanderungen und mehr oder weniger kriegerische Einfälle reduzieren. Nach diesem Schema hätten zuerst die Bantu-Bodenbebauer (die Bahútu) die Batwá – pygmoide Wildbeuter, die als „älteste", „autochthone" Bevölkerungsgruppe gelten – zurückgedrängt, bevor ihnen selbst einige Jahrhunderte später durch die nachdrängenden Batutsi – „hamitische Viehhalter und Gründer der Monarchien" – dasselbe Schicksal widerfuhr. Die ursprünglich weitgehend nomadisierenden Batutsi-Hirten sollen ab dem 15. Jahrhundert in zwei Schüben das Gebiet Burundis erreicht haben: Zuerst die Batutsi-Banyaruguru (übersetzbar nicht nur als „Leute des Nordens", sondern überzeugender als „Leute von oben"), die hauptsächlich aus Rwanda gekommen sein sollen und die später zu den eigentlichen Trägern des Königtums wurden, und später aus dem Osten die Batutsi-Bahima (die seit der Einführung der Republik im Jahre 1966 die politische Macht weitgehend monopolisieren, wie wir noch sehen werden). Diese Migrationsthesen müssen, im einzelnen genommen, effektiv als hoch hypothetisch angesehen und als verbunden mit ihrer Entstehungszeit, der von Diffusions- und Rassentheorien geprägten Kolonialepoche, kritisiert werden. Genügt es aber, sie immer nur im Zusammenhang mit oft damit verbundenen phantastischen (und phantasievollen) Übertreibungen zu erwähnen, die die Batutsi zum Beispiel von Abessinien her einwandern oder direkt von den ägyptischen Pharaonen abstammen lassen, und sie damit pauschal abzulehnen? Nach den heutigen Kenntnissen spricht vieles dafür, dass es innerhalb eines bedeutend beschränkteren regionalen Rahmens (im engeren Binnenseegebiet) immer wieder zu Bevölkerungsverschiebungen gekommen ist, unter anderem ausgelöst durch Veränderungen des Habitats (s. z.B. die verschiedenen Publikationen von D. Webster & E. Steinhart; auch Southall 1988:57 entwirft das Bild von kleinräumigen, äusserst langfristigen Migrationsbewegungen). Auch wenn sich diese Verschiebungen nicht genau belegen lassen, heisst das für den Fall Burundi noch nicht, dass alle Bevölkerungsgruppen eine jahrhundertelange („multiséculaire") gemeinsame Geschichte kennen, wie es Mworoha et al. sug-

[8] Als Meyer 1911 das Landesinnere bereiste, war es auf jeden Fall bereits von Bananenpflanzungen geprägt.

gerieren.[9] Wenn sie auch von einer „infinité de mouvements de population internes" zwischen dem fünften vorchristlichen und dem 15. Jahrhundert sprechen, so ist für sie doch nicht die kulturelle Einheit der drei Bevölkerungsgruppen in Frage zu stellen („dont l'ancienneté est trop évidente"), sondern vielmehr der – für sie erstaunliche und gar „rätselhafte" – (Fort-)Bestand einer „kategoriellen" Teilung (1987:96). Die Trennung in Batutsi, Bahutu und Batwa lässt sich so nur noch als „Widerschein ehemaliger ökologischer Nischen, symbolischer Bezugnahmen, Heiratstauschregeln und politischer Strategien" erklären. Hier ist zu sehen, dass die Frage einer solchen langen gemeinsamen Geschichte meistens als Argument dafür angeführt wird, ob es gerechtfertigt ist, von den drei Bevölkerungsgruppen Burundis als von Ethnien zu sprechen oder nicht, sind doch eine gemeinsame Geschichte, aber auch der Glaube an eine gemeinsame Herkunft wichtige Bestimmungskriterien für ethnische Gruppen. Wenn man von Migrationen, die zumindest die Batutsi und Bahima von aussen in die Gebiete der drei späteren Königreiche Nkore, Rwanda und Burundi einwandern lassen, und damit einer getrennten Geschichte ausgeht, so wäre es gerechtfertigt, von Ethnien zu sprechen. Wie sind diese Gesellschaftsteilungen aber sonst zu begründen, wenn dem nicht so sein sollte? Ist es dann gerechtfertigt, mit Mworoha et al. von einem „historischen Rätsel" zu sprechen (1987:95)? Es wird deutlich, dass es sich hier gerade in der heutigen Zeit, die von Problemen ethnisch geprägter Konflikte und von „nation-building" allgemein gekennzeichnet ist, um Fragen grosser sozialer und politischer Sprengkraft handelt. Wenn es auch richtig ist, die von der kolonialzeitlichen Analyse entwickelte (und letztlich die wahre Natur der gesellschaftlichen Spaltungen nur verschleiernde und damit die Analyse behindernde) These einer rassischen Opposition in Burundi abzulehnen, darf das nicht heissen, damit gleich jegliche sozialen Antagonismen zu verneinen. Botte hat diese unter den heute die Machthaber stellenden Schichten und ihren Günstlingen beliebte Strategie des Ausleerens des Kindes mit dem Bade mit klaren Worten geschildert:

> „(...) comme leurs prédécesseurs, (les auteurs burundais) sont prisonniers de leurs propres a priori politiques. Car, sous prétexte de réfuter l'analyse coloniale, il s'agit pour le groupe toujours au pouvoir de démontrer l'absence historiquement de *tout* antagonisme. Amalgamant volontairement antagonismes raciaux et antagonismes sociaux, il ne combat les faux antagonismes raciaux (d'hier et d'aujourd'hui) entre *Bahútu* et *Batutsi* que pour mieux nier les vrais antagonismes sociaux (d'hier et d'aujourd'hui) (...)" (1979:401, Hervorhebungen im Original).

Die semantische Debatte um den Inhalt der Begriffe Twa, Hutu und Tutsi hat mithin nicht nur wissenschaftliche, sondern auch direkt politische Implikationen. Wie Mworoha et al. selbst bemerken, bliebe die Debatte unter Ausserachtlassung der historischen Dimension steril. Diese Spaltungen haben ihre Bedeutung über die verschiedenen Epochen hinweg immer wieder verändert. Auch wenn die Geschichte dieser drei Gruppen in Burundi ebenso wie in Rwanda bis heute nicht gelöste geschichtliche Probleme stellt, kann die Antwort nur eine Analyse der geschichtlichen Entwicklung der Gesellschaft Burundis und ihrer Strukturen liefern. Dazu können hier nur einige Elemente geliefert werden.

Vorgängig müssen hier aber noch einige begriffskritische Bemerkungen angebracht werden. Im allgemeinen hat es sich seit der Kolonialzeit eingebürgert, von den Bahútu, Batutsi und Batwá als ethnische Gruppen zu sprechen, etwas, was Bäck als einen anfänglich „easygoing frame of reference for a highly complex social reality" bezeichnet (1981:20). Wozu gleich angefügt werden soll, dass ethnische Unterschiede nicht notwendigerweise „rassische" Unterschiede beinhalten müssen, wenn das auch oft damit verbunden wurde und wird. Andere Autoren ziehen es vor, viel

[9] Die Beschwörung der „unité multiséculaire" innerhalb des staatlichen Diskurses, die besonders wieder seit der 1988er-Krise zu verfolgen ist, weist deutlich auf die Verflechtung von Politik, Geschichte und Ideologie hin (s. auch bereits Siriba 1976:73: „Note importante: Entente et union séculaire entre Bahutu et Batutsi").

bescheidener von „sozialen Kategorien" zu sprechen (so Mworoha 1977[10] & 1987, Ntahombaye 1983, und auch noch Gahama/Mvuyekure 1989 – im allgemeinen die Vertreter der obgenannten „École historique burundo-française"). Sie rechtfertigen diese Bescheidenheit unter anderem mit einer emischen Orientierung am Kirundi-Begriff *ubwôko* (Plural *amôko*). Dabei handelt es sich um einen sehr weiten Begriff, mit dem in Burundi *unter anderem* auch Batutsi, Bahutu, Batwa und ebenso die Baganwa, die Angehörigen der Aristokratie, bezeichnet werden. Zu übersetzen ist er nach Rodegem mit „race, famille; espèce, genre; gent. Nature" (1970:307), nach Mworoha et al. jedoch vielmehr mit „catégorie, sorte, variété", was sich nach diesen Autoren auf die verschiedensten Arten von Klassifizierungen beziehen kann (1987:96). In Tat und Wahrheit gibt es im Deutschen oder Französischen kein Äquivalent für diesen Terminus mit breitem semantischem Feld. Botte dazu:

> „Il connote tout à la fois l'hérédité, la morphologie, la ressemblance, l'origine, l'espèce, le genre, la qualité. Il renvoie, semble-t-il, lorsqu'on parle des groupes sociaux, à deux composants, au sens chimique du terme, dont l'un fait référence à l'origine ethnique et dont l'autre caractérise une situation socio-économique déterminée. Dans cette société où richesse et pouvoir égalent possession du bétail, l'*ubwôko* des agriculteurs égale *Bahútu* et pauvres – bien qu'il ait des *Bahútu* riches – et l'*ubwôko* des éleveurs égale Batutsi et riches – bien bien qu'il ait des *Batutsi* pauvres" (1979:402, Hervorhebungen im Original).[11]

Lange Zeit war es verbreitet, von Batutsi, Bahutu und Batwa als „Kasten" zu sprechen (so noch bei Rodegem 1970), ein Begriff, der heute selbst für Rwanda mit seiner noch rigideren Sozialstruktur vor allem wegen einer fehlenden durchgängigen ökonomischen Spezialisierung nicht mehr als gerechtfertigt angesehen wird (s. d'Hertefelt 1971:75). Während die Verwendung des Kastenbegriffes für das vorkoloniale Rwanda unter angemessenen Einschränkungen von gewissem Nutzen sein mag, trifft das für die Gesellschaft des vorkolonialen Burundi nicht zu, wo sich die herrschenden Ganwa-Aristokraten für die Verwaltung der künglichen Domänen in starkem Masse auf die Bahútu stützten. Allen Kriterien, die üblicherweise für die Bestimmung der Kasten herangezogen werden, wird hier nicht, oder eben nur in geringen Masse, Genüge getan: „(...) social interactions between Hutu und Tutsi were far too close, intermarriage far too frequent, and the division of labor between them far too fluid to provide the basis for a caste-like system of stratification" (Lemarchand 1990b:93; cf. 1974:141).

Wieder andere Autoren sprechen lieber von „sozialen Klassen", „sozio-professionellen Kategorien" oder „Gruppen mit unterschiedlicher dominanter Produkionsweise" (Botte 1979:400ff, Twagiramutara 1976:47ff). Der Begriff der sozialen Klasse ist für Batutsi und Bahútu jedoch ebenso unangemessen (s. dazu Lemarchand 1974 & Chrétien 1991:72f). Es handelt sich bei ihnen weder um Klassen „für sich" noch „an sich", um Marxens Dichotomie zu verwenden. Weder Batutsi noch Bahútu hatten je als Gesamtheit ein Bewusstsein gemeinsamer Interessen. Im allgemeinen wird das in Zusammenhang mit der Stärke der stark persönlich geprägten Abhängigkeits- und Unterordnungsbeziehungen gebracht. Das Spiel und Gewicht der vertikalen Bande und Solidaritäten von Patron-Klient-Typus', welche Schutz und Protektion durch jemand Höhergeordnetem eine positive, valorisierende Bedeutung gaben, trugen das ihre dazu bei, die Herausbildung eines kollektiven Bewusstseins als Bahútu oder Batutsi mit wenigen lokal und zeitlich klar begrenzten Ausnahmen zu verhindern. Beinahe ebenso schwierig ist es, von „objektiven" sozialen Klassen zu

---

[10] Mworoha bezeichnet die Batutsi als „catégorie à prédominance pastorale" und die Bahutu als „catégorie à prédominance agricole", die jedoch nicht mit „Viehhaltern" (*aborozi*) und „Landwirten" (*abirimizi*) gleichgesetzt werden dürften; die Batwa dagegen bezeichnet er als „une sorte de caste à part" (1977:113f).

[11] Cf. die ausführliche Analyse des Begriffs *ubwôko* bei Siriba 1976:79-82: Die Hauptbedeutung dieses sehr komplexen und durch Christianisierung und Kolonialaverwaltung entstellten Begriffs liegt seiner Meinung nach in der Komponente „Ursprung". Batutsi, Bahutu und Batwa bezeichnet Siriba übrigens einfach als „les différentes composantes de la population", womit er dem Problem mehr oder weniger elegant ausweicht (ibid., pp.26ff).

sprechen, waren doch die interne ökonomische Differenzierung und die Zugangschancen zu sozialen, politischen und ökonomischen Gütern unter Bahútu und unter Batutsi immer beträchtlich.

Hier sind einige epistemologische Bemerkungen vonnöten. Erstens schliessen sich diese Begriffe, einige enger, andere weiter, nicht alle gegenseitig aus. Es gibt angemessenere und weniger geeignete Begriffe. Wie bei allen begrifflichen Fragen müssen ihre jeweiligen Vor- und Nachteile diskutiert werden (s. in der Ethnopolitologie die ähnlich gelagerten Probleme um die Begriffe „Staat" und „tribe", um nur zwei Beispiele zu nennen). So meine ich, dass der Begriff der „sozialen Kategorien" für die Erfassung der mit den Ausdrücken Batutsi, Bahutu und Batwa verbundenen Realität zu weit ist, als dass seine Verwendung von Gewinn wäre (ausser vielleicht dafür, dass dank ihm weitere Dimensionen nicht angesprochen werden müssen und damit im Verborgenen bleiben). Mit seiner Verwendung werden gewisse Dimensionen ausgeblendet. Die Lösung kann meines Erachtens nicht darin liegen, einen einzelnen Begriff als einen Hut zu finden, unter welchen eine komplexe soziale Realität subsumierbar wäre. Wie bereits angedeutet, ist in erster Linie die Berücksichtigung der geschichtlichen Dimension notwendig. Jeder Versuch, die mit den Begriffen Hutu, Tutsi und Twa verbundene soziale Realität ausserhalb der zeitlichen Dimension festzulegen, muss fehlschlagen und ist reduktionistisch. Es ist fragwürdig, einen einzelnen Begriff (wie Ethnie) zu wählen und zu suggerieren, dass es sich bei der Realität, die durch ihn abgedeckt werden soll, immer um dasselbe gehandelt habe und dass zum Beispiel unter „Batutsi" über alle Zeitepochen hinweg das gleiche verstanden wurde. Die Beziehungen und die relative gesellschaftliche Stellung der Bahutu und Batutsi haben sich über die Zeit hinweg ohne Zweifel in Abhängigkeit verschiedener gesellschaftlicher (und offenbar auch ökologischer) Faktoren verändert, von der vorkolonialen (prämonarchischen wie monarchischen) über die koloniale bis in die unmittelbar postkoloniale und heutige Zeit! So ist heute zum Beispiel erwiesen, dass die Installierung der Batutsi in einigen Regionen Rwandas erst in sehr rezenter Zeit zu verorten ist.[12] Eine angemessene Beschreibung und Analyse muss in Betracht ziehen, dass die Beziehungen sozialer Gruppen einer geschichtlichen Dynamik unterliegen. Die Ethnizitätsforschung macht uns seit langem darauf aufmerksam, dass es sich bei kollektiven Identitäten um ein „contextually shifting phenomenon" handelt. „Les ethnies ont une histoire", wie der Titel des 1989 von Chrétien – einem Hauptvertreter der „École historique burundo-française" – und Prunier herausgegebenen Buches besagt.

Ist es unter diesen Umständen noch gerechtfertigt und sinnvoll, die Begriffe „Ethnie" und „ethnische Gruppe" zu benutzen? Ich würde meinen, ja, nicht ohne gewisse Einschränkungen allerdings. Erörtern wir zuerst, was unter diesen Begriffen *nicht* zu verstehen ist, um darauf zu prüfen, inwieweit und in welcher Beziehung sie die burundische Realität zu fassen vermögen.

Denjenigen, die aus verschiedenen Gründen dazu kommen, die Begriffe der Ethnie und ethnischen Gruppe rundweg abzulehnen, sind hier mehrere Punkte zu bedenken zu geben, und ihnen ist einige Kritik entgegenzuhalten. Das Konzept der Ethnie, so wie es üblicherweise verwendet wird, ist allgemein zu hinterfragen. Der Begriff der Ethnie hat im Laufe seiner Geschichte und mannigfaltiger Anwendungen einen zu starren Inhalt bekommen. Das hängt unter anderem mit einer oft ahistorisch orientierten Ethnologie zusammen, wie sie gerade während der Kolonialperiode in der ersten Hälfte dieses Jahrhunderts verbreitet war (kulturalistische, funktionalistische und strukturfunktionalistische Ansätze). Gerade die strukturfunktionalistische Ethnologie war so sehr damit beschäftigt, Ethnien als geschlossene Einheiten zu identifizieren und zu beschreiben, dass sie kaum noch auf höherer Ebene angesiedelte Probleme, die sich zum Beispiel im Zusammenhang mit dem Staatswerdungsprozess stellten, zu analysieren vermochte. Die starren ethnischen Etiketten sind ein Produkt von Ethnologie und (Kolonial-) Verwaltung mit ihrem die Geschichte negierenden Bezeichnungs- und Klassifikationsdrang. Um das Konzept der Ethnie wieder fruchtbar an-

[12] S. dazu die verschiedenen Schriften von D.S. und M.C. Newbury, aber auch Vidal 1985, d'Hertefelt 1971, u.a.m..

wenden zu können, gilt es heute, gewisse mit dem „ethnischen Gegenstand" verbundene Annahmen neu zu hinterfragen. Amselle hat deutlich gezeigt, dass „ethnische Gruppen" erst durch grössere Einheiten, durch ökonomische, politische und/oder kulturelle Faktoren strukturierte „Räume" ihren Inhalt erhalten und determiniert werden (1985:10ff).[13] Es ist ebenso klar festzuhalten, dass es keine zwangsläufige Korrelation zwischen Ethnie, Rasse und Sprache gibt (cf. dazu Melber 1985:146). Wenn das einmal anerkannt worden ist, genügt es nicht mehr, „die Reduktion ethnischer Zugehörigkeiten auf eine naturgegebene Tatsache" zu beklagen, wie das Chrétien & Prunier (1989:8) tun.

Man darf die vorkolonialen afrikanischen Gesellschaften und Ethnien nicht als starre und feste, isolierte und diskontinuierliche Ganzheiten sehen (Amselle 1985). Das vorkoloniale Afrika war nicht von erratisch in der Landschaft stehenden Ethnien geprägt, sondern es gab bereits damals ein mehr oder weniger kontinuierliches Gewebe, das von politischen, kulturellen und Wirtschafts-Räumen strukturiert wurde. Es gab einen permanenten Prozess von Zusammensetzung, Aufbau und Erweiterung, andererseits von Fraktionierung, Zusammenzug und Zerfall, und auch von Wiederzusammensetzung. Ethnische Identitäten wurden immer auch durch solche Prozesse bestimmt. Sie sind nichts Statisches. Ihre Grenzen sind veränderbar, und dass sie vom Individuum überschritten werden können, lehrt nicht zuletzt das Beispiel Burundi.[14]

Was ist nun aber unter „Bahutu", „Batutsi" und „Batwa" zu verstehen und was implizieren die entsprechenden Gruppenzugehörigkeiten? Halten wir zuerst fest, dass aufgrund der patrilinearen Deszendenzregel als Muhútu (im „ethnischen" und nicht im „sozialen" Sinn; s. unten) gilt, wer von einem Muhútu-Vater abstammt; dasselbe gilt für Batutsi und Batwá. Es handelt sich hier um erbliche patrilineare Identifikationen, und die Frage der ethnischen Zugehörigkeit ist für die Barundi bereits durch die Abstammung entschieden. Wie in zahlreichen anderen Gesellschaften ist es zwar auch in Burundi möglich, Ausnahmen von der Deszendenzregel zu erwirken. So konnte man unter der Monarchie vom Muhútu zum Mututsi „erhoben" werden (sog. *kwîhutura*). Diese Fälle betrafen aber in der Regel nur Einzelpersonen und ihre direkte Nachkommenschaft und blieben Ausnahmen. Prüfen wir weiter, aufgrund welcher Kriterien sich diese drei Gruppen aus der Perspektive der traditionellen Gesellschaft voneinander unterscheiden. Es zeigt sich schnell, dass sich hier stark subjektive Elemente mit objektiven Faktoren verbinden und vermischen. Zuerst sind einige bereits genannte Kriterien für Ethnien anzuführen. Alle drei einzelnen sozialen Gruppen (deren konfliktiven Beziehungen anzeigen, dass es sich bei ihnen um mehr als einfache soziale Kategorien handelt) hegen einen subjektiven Glauben an eine gemeinsame Herkunft und Abstammung, „derart, dass dieser für die Propagierung von Vergemeinschaftungen wichtig wird" (Weber 1972:237). Damit geht ein Bewusstsein von Zusammengehörigkeit und Solidarität einher, wenn dieses auch durch andere, exklusivere Zugehörigkeiten (hauptsächlich zu verwandtschaftlichen Einheiten) abgeschwächt und eingeschränkt wird. Dieses Bewusstsein wird durch eine über weite Strecken gemeinsame Geschichte, oder genauer: durch gemeinsame, sedimentierte historische Erfahrungen – denen die bekanntere, *allen* drei Gruppen gemeinsame Geschichte nur bedingt entge-

---

[13] Schiel betont für den afrikanischen Kontinent richtigerweise die Bedeutung politischer Faktoren, wenn er bemerkt: „Stämme (...) sind (...) die *Folge* der Politik von Staaten, nicht deren Vorläufer" (1985:167, Hervorhebung im Original).

[14] Diese Feststellung der Geschichtlichkeit und Formbarkeit von Gesamtheiten wie „Rasse" und „Ethnie" ist in direkter Weiterführung auch für die Begriffe „Clan" und „Lineage" (die Amselle als „Patronyme" im Gegensatz zu „Ethnonymen" bezeichnet) gültig. Ich werde darauf an gegebener Stelle noch ausführlicher eingehen. Alle diese Begriffe sind nur ideologische, symbolische Formen und „Banner" zum Zusammengruppieren, zur Mobilisation und Vereinigung einer gewissen Anzahl von Akteuren. Amselle sieht sie als ganze Skala von Elementen, die von den sozialen Akteuren in den verschiedenen politischen Situationen benutzt werden können (1985:35ff).

gensteht – genährt, und die Ethnizität ist hier das Korrelat einer gewissen objektiven kulturellen Differenzierung.

Sowohl Batutsi, Bahutu wie Batwa hegen – im Rahmen der angegebenen Grenzen – die Vorstellung einer kulturellen Einzigartigkeit und Identität. Diese steht in engem Zusammenhang mit der erwähnten – in der geschichtlich bekannten Zeit nie durchgängigen und immer mehr an Relevanz verlierenden – ökonomischen Spezialisierung, den „beruflichen Prädominanzen", ebenso wie mit Unterschieden in Kindererziehung, Sozialisationsmustern, Werthaltungen und Lebensstil.

Die drei Gruppen unterscheiden sich jedoch noch in anderen, und teilweise wesentlicheren Punkten. Die Gruppendifferenzierung verläuft im Unterschied zu den meisten anderen afrikanischen Gesellschaften weniger nach horizontalen denn nach vertikalen Linien. Die Gruppen sind nicht durch eine „unverbundene Koexistenz" im Sinne Webers gekennzeichnet, sondern sie sind in eine klare hierarchische Ordnung eingebunden. Die soziale Ungleichheit bestimmt die ethnische Identität in einem wesentlichen Masse. Burundis vertikale Strukturierung beinhaltet weniger objektive kulturelle Unterschiede als eine umfassende Rang- und Privilegien-Hierarchie. Zuoberst auf der sozialen Leiter stehen unumstritten die verschiedenen Gruppen der Baganwa-Aristokraten. Die Bahutu, die mehr als 80% der Bevölkerung ausmachen, stehen in der gesellschaftlichen Rangordnung in bezug auf die kaum 15% der Bevölkerung repräsentierenden Batutsi in einer untergeordneten Position, während sie selbst wiederum oberhalb der Batwa stehen. In der traditionellen, vorkolonialen Gesellschaftsordnung wurde diese primordiale, „grosse" Statusunterscheidung jedoch gleich durch mehrere „kleine", engere Statusunterscheidungen abgemildert und verwischt. Zunächst gab es innerhalb der ethnischen Gruppen verschiedene Untergruppen. Das klassische, bereits erwähnte Beispiel war die Unterscheidung zwischen Batutsi-Banyaruguru und Batutsi-Bahima. Ihr unterschiedlicher sozialer Rang ist in erster Linie auf ihre unterschiedlichen geschichtlichen Beziehungen und ihre Nähe zur Monarchie zurückzuführen. Dasselbe galt für die Clane und Patrilineages, die sowohl bei Batutsi wie Bahútu hauptsächlich nach diesem Kriterium in „sehr gute", „gute", „weder gute noch schlechte" und „schlechte" Familien rangiert waren. Ferner sind Unterscheidungen nach politischen Funktionen, Patron-Klient-, Residenz- und Affinalbanden zu nennen. Ethnische Zugehörigkeit war keineswegs der verlässlichste Rangindikator. Aufgrund der verschiedenen Statuskriterien konnte ein Muhútu aus einer hoch angesehenen Lineage mit präferenziellen Beziehungen zum Hof und/oder vorteilhaften Patronage-Beziehungen sehr wohl einen höheren Status geniessen als Angehörige mancher Tutsi-Clane und -Lineages, zumal wenn diese ökonomisch schwach waren, wenn sie der Gruppe der Bahima zugehörten und über keine nahen Beziehungen zu den aristokratischen Höfen verfügten. Es konnte mithin zu erheblichen Statusdiskrepanzen und -inkonsistenzen kommen. Das Resultat solcher sich mehrfach überschneidender Hierachisierungen war eine höchst komplex strukturierte Gesellschaft (cf. Lemarchand 1974:137). In bezug auf den Machtzugang existierte in der vorkolonialen Gesellschaft zwischen den Batutsi und Bahutu ein bedeutend geringerer Unterschied als in der nachkolonialen, aber auch als bereits in der kolonialen Gesellschaft: Die wirklichen Machthaber waren die Baganwa-Blutprinzen, deren Identität als von den Batutsi und Bahutu ethnisch distinkt perzipiert wurde. Daneben war es gelegentlich sowohl einzelnen Batutsi wie Bahutu möglich, gehobene Machtpositionen zu erreichen (näheres im Kapitel 2).

Schliesslich sind noch gewisse physisch-somatische Unterschiede zu erwähnen, die zur Unterscheidung der drei Gruppen nicht irrelevant sind, wenngleich sie den verbreiteten Stereotypen vor allem in den Fällen der beiden bedeutenderen Gruppen (die Batutsi als hochgewachsene, feingliedrige nilotische Viehhalter, die Bahutu als untersetzte Feldbauern, ...) nur selten ganz entsprechen und sie zur Identifizierung der Mitglieder der verschiedenen Gruppen höchst unzuverlässig sind. Trotzdem versuchen auch die Barundi selbst immer wieder, die Leute auch in alltäglichen Situationen nach ihrem Äusseren einzuordnen, und es gibt klare Vorstellungen darüber, was „wie ein

Tutsi/wie ein Hutu aussehen" heisst (wenn sich solche Stereotypen wie gesagt auch nicht immer bewähren).

Es wird deutlich, dass im Fall Burundi alle angeführten unterscheidenden Merkmale sogleich mit Einschränkungen zu versehen sind. Die Gruppenstrukturierung der Gesellschaft Burundis (wie auch der Rwandas und anderer alter politischer Einheiten des Binnenseesgebietes) stellt ohne Zweifel in mehrerer Hinsicht einen Sonderfall dar. Die Gruppen, aus denen sich Burundis Gesellschaft zusammensetzt, erfüllen mehrere Kriterien nicht, mittels derer üblicherweise Ethnien definiert werden. Die fehlende oder nur geringe territoriale, sprachliche und allgemein kulturelle Trennung zwischen Bahútu, Batutsi und Batwá lässt sich als das Resultat einer jahrhundertelangen politischen und gesellschaftlichen Integration unter einer gemeinsamen Zentralinstanz und der kollektiven Bindung an monarchische Symbole und Legitimität interpretieren, die zur Verringerung und Angleichung vormals deutlicherer Kulturunterschiede beigetragen haben (Inkorporations-, Akkulturations und Assimilationsprozesse) (cf. Elias & Helbig 1991:70).

Wenn ich im folgenden also von „Ethnien" und „ethnischen Gruppen" spreche, so ist immer zu bedenken, dass es sich dabei um nichts mehr als Hilfsbegriffe handelt, um soziale Gruppierungen auseinanderzuhalten, die etliche Gemeinsamkeiten, aber auch so viel Spezifisches aufweisen, dass sie jeder simplen Klassifizierung widerstehen. Innerhalb der angegebenen Grenzen scheint es mir gerechtfertigt, in Ermangelung eines treffenderen Ausdruckes diese Begriffe zu verwenden; das ist auch von da her vertretbar, dass damit keine weiteren theoretischen Implikationen verbunden sind (es gibt bis heute keine „Theorie der Ethnien").

In der heutigen, nachkolonialen Gesellschaft präsentiert sich der Fall im Vergleich zur traditionellen Gesellschaft etwas anders. Heute kann von Ethnien gesprochen werden weniger in Anbetracht der minimen, aber durchaus noch existierenden kulturellen Unterschiede als der jeweiligen Selbst- und Fremddefinierung, von der man annehmen kann, dass sie immer in der einen oder anderen Form Gültigkeit hatte. Hier hat nun die instrumentale Komponente von Ethnizität gegenüber der „primordialen" deutlich an Bedeutung gewonnen. Ethnizität ist immer weniger eine Form kulturellen Selbstbewusstseins und ein Korrelat objektiver kultureller Differenzen, und immer mehr ein subjektives Phänomen und soziales Konstrukt, dessen „Wirklichkeit" untrennbar ist vom politischen Kontext, in dem es geformt wurde, und das vornehmlich der politischen Mobilisierung kultureller Identitäten dient (cf. Lemarchand 1992). In der im Zuge der neuen politischen Lage und des neuen politischen Wettbewerbs entstandenen Polarisierung zwischen Batutsi und Bahutu herrscht heute im Vergleich zu früher ein anderes, bedeutend dichotomeres Verständnis der ethnischen Zugehörigkeit vor. Alle übrigen sozialen Statuskriterien haben gegenüber der ethnischen Zugehörigkeit stark an Bedeutung verloren (ibid., p.23). Niemand wird abstreiten, dass Burundi spätestens seit der politischen Unabhängigkeit ein ethnisches Problem, oder genauer: entlang ethnischer Linien verlaufende Konflikte kennt, die jeweils anlässlich der periodischen, pogromartigen Massaker in die internationalen Schlagzeilen rücken. Im Zeichen der politischen Öffnung in der Abfolge der jüngsten, im August/September 1988 (und in kleinerem Stile erneut Ende 1991) ausgebrochenen Massaker und nach der neuen Devise von „transparence, dialogue et concertation" wird nun auch im offiziellen Diskurs von der Existenz ethnischer Gruppen ausgegangen (s. z.B. République du Burundi. Rapport de la Commission..., 1989:125).[15] Einige im allgemeinen regie-

---

[15] Dieser Wandel ist nicht in wissenschaftlichen, sondern in politischen Opportunitäts-Überlegungen begründet. Er geschieht wohl aus der Erkenntnis heraus, dass ein Negieren des Problems dieses nur noch schwieriger kontrollierbar macht. „L'ethnie 'mobilisée' est un fantôme autrement plus menaçant que celui qui surgit des oeuvres missionnaires et rapports administratifs coloniaux! Vouloir les renvoyer dos-à-dos, sous prétexte qu'ils appartiennent l'un et l'autre à un théâtre d'ombres, n'est pas sans soulever d'évidentes difficultés. Nier les tensions ethniques faute de pouvoir les résoudre, comme c'est le cas dans un certain nombre d'États, peut aussi aboutir à de curieux asservissements" (Lemarchand in Politique Africaine, no. 26, 1987:143). Eine explizite offizielle Anerkennung haben die Ethnien jedoch bis dato nicht erhalten (s. dazu République du Burundi 1992, und Reyntjens 1992).

rungskonforme Wissenschaftler bekunden mit diesem schnellen Wechsel (noch) etwas Mühe und halten auch und gerade bei der Beschreibung der heutigen Realität weiterhin an ihren anderslautenden theoretischen Konstrukten fest, die sie vornehmlich mit den alten, vorkolonialen Verhältnissen rechtfertigen. Sicher ist bei der Erörterung der Frage der Grundlagen der Ethnizität der kolonialen („Übergangs"-?) Periode besondere Bedeutung zuzumessen (s. dazu Kapitel 6-8).

Die Existenz von ethnischen Gruppen feststellen, muss nicht heissen, da Halt zu machen. Ethnizität ist immer auch ein Mittel zur Steuerung, Durchsetzung oder Blockierung politischer und/oder ökonomischer Interessen. Ethnische Gruppen und Identitäten interessieren uns nicht an sich, sondern als Ausdruck von damit verbundenen Strukturen, Prozessen und Strategien. „Comme pour les fantômes, la question n'est pas de savoir si (l'ethnie) existe ou non, mais quelles sont les conditions de son apparition" (Bazin in Amselle & M'Bokolo (eds) 1985:112). Ich möchte in der Folge zeigen, dass bereits in der „alten" politischen Geschichte Burundis einige Wurzeln und Elemente zum Verstehen des heutigen ethnischen Problems bzw. zur Formierung der Ethnien erkennbar sind (s. vor allem Kapitel 2.3). Bevor ich im nächsten Kapitel auf solche weiträumigeren politischen Formierungsprozesse zu sprechen komme, sollen hier noch einige Überlegungen und Thesen zum geschichtlichen Verlauf der Besiedlung und Bodeninbesitznahme im lokalen Rahmen angeschlossen werden. Sie sind im Rahmen dieser Arbeit, deren Schwerpunkt nicht auf der gesamtgesellschaftlichen, sondern auf der lokalen Mikro-Ebene liegt, von besonderem Interesse. Bei der unsicheren Quellenlage kann es sich auch hier nur um Mutmassungen handeln. Nur in kleinen Teilen lassen sie sich durch mündliche Überlieferungen stützen.[16]

Man kann annehmen, dass bereits zu einer Zeit, als die Besiedlung des heutigen Gebietes von Burundi und Rwanda noch nicht abgeschlossen war, verwandtschaftlich und lokal organisierte Verbände versuchten, sich ein möglichst grosses Gebiet zu sichern, damit auch für ihre Nachkommen genügend Platz verhanden wäre. Insofern lässt sich von einer bewussten Raumaufteilung sprechen. Schwächere Gruppen mussten in noch unbesiedelte Gebiete ausweichen (Holy 1965: 87f, Twagiramutara 1976:51). Der räumliche Formungsprozess dieser Gruppen geschah in kollektiver Aneigungspraxis des Bodens. Nach allen bekannten mündlichen Überlieferungen wurden zuerst aus klimatisch-wirtschaftlichen Gründen die Gebiete mittlerer Höhe gerodet und besiedelt.

Wenn man die Batutsi als ursprünglich einer pastoralen Produktionsweise nachgehend sieht, kann man mit Twagiramutara annehmen, dass sie anfänglich weder irgendein Bodenaneignungssystem noch eine Grenzziehung ihres Weidegebietes gekannt haben (1976:53). Mit der Zeit mögen sich aber nicht zuletzt durch den Kontakt mit bodenbebauenden Gruppen (Tauschbeziehungen) stabilere Bodenbesetzungsarten ergeben haben, die ihren Ausdruck in festeren Siedlungsanlagen fanden. Dass sich der ursprünglich kollektive Aneignungsprozess mit der Zeit individualisiert hat,

[16] Die Traditionen im verwandtschaftlichen Rahmen reichen kaum je so weit zurück. Am ehesten trifft das noch in Fällen von Lineages zu, die in der einen oder anderen Form an der politischen Verwaltung beteiligt waren. Im nationalen Rahmen haben sie die Form von Mythen und Legenden, die in den letzten fünfzehn Jahren von burundischen Forschern vor allem im Rahmen des „Centre de Civilisation Burundaise" und des Departement d'Histoire der Universität Burundis mehr oder weniger systematisch zusammengetragen wurden. Es ist hierzu zu erwähnen, dass es im monarchischen Burundi keine fest institutionalisierten, „professionellen" Geschichts-"Memorialisten" gab. Das im Unterschied zum rigider zentralisierten Rwanda, in dem die Geschichtstradierung (immer des Hofes) in der Person der eigens dafür zuständigen aBiru bedeutend fester institutionalisiert war: „Il semble en effet que la cour du Burundi n'avait pas comme au Rwanda institué la récitation du code idéologique" (Mworoha 1977:162, cf. Bäck 1981:21, Ziegler 1971:21, Lemarchand 1977:95, etc.). Einer meiner – allerdings stark an der rwandesischen Tradition orientierten – Informanten ist da anderer Ansicht: Er sieht in den *abavyûtsa* („denjenigen, die aufwecken", *les réveilleurs royaux*) eine Art burundische Griots oder Abiru; nach seiner Aussage habe auch der bedeutende rwandesische Historiker Kagame bestätigt, dass sie unter Kigeri Rwabugiri an den rwandesischen Hof gekommen seien, um historische Chroniken, Erzählungen und Gedichte zu deklamieren (Gespr. 68.3:5).

wird oft mit einer sich entwickelnden Stratifizierung der Gruppen und einem Erstarken der Stellung der Gruppenexponenten zu erklären gesucht. Zwischen diesen Verbänden, die primär verwandtschaftlich bestimmt gewesen sein mögen (aber nicht müssen) und die sich mit der Zeit auf einer lokalen Basis organisierten, entwickelten sich mannigfaltige Allianz- und Heiratsbeziehungen. Ursprünglich eigenständige Gruppen verwickelten sich gegenseitig in einen ständigen Fusions- und Trennungsprozess. Ab einer gewissen Besetzungsdichte des Raumes (morphologischen Dichte) erhöht sich der Interaktionsgrad der Gruppen, die sich nur noch schwerlich voneinander abschliessen können. Es wickeln sich laufend Inklusionsprozesse ab: Kleinere, früher eigenständige Gruppen werden durch grössere, einflussreichere Einheiten aufgesogen. Dieser Prozess ist auch durch zahlreiche rezentere Beispiele belegt, die den Barundi heute noch gegenwärtig sind (s. Kapitel 4.1).

Aus der Tatsache, dass in den Randgebieten Burundis und Rwandas, wo sich die Zentralgewalt erst spät durchzusetzen vermochte, die einzelnen patrilinearen Deszendenzgruppen bzw. Segmente von ihnen lange Zeit und zum Teil bis heute auf ihren jeweiligen Hügeln lokalisiert blieben, d.h. über eine territoriale Grundlage verfügten, lässt sich vermuten, dass die gleiche Situation bereis vor der Entstehung der Monarchie auf dem gesamten Gebiet Rwanda-Burundis herrschte (Holy 1965:87f). Kuper (1982) und andere haben zwar darauf hingewiesen, dass die Bedeutung von Verwandtschafts- und Deszendenzbanden gegenüber lokalen Banden nicht überschätzt werden sollte. Eine Tendenz dazu besteht gerade in der Ethnologie Afrikas. Vor der vollen Ausbildung persönlicher Abhängigkeitsbeziehungen (beispielsweise in der Form von *bugabire*-Patron-Klient-Verhältnissen) im Zuge der Bildung einer übergeordneten politischen Autorität war es aber sicher in erster Linie die eigene Verwandtschafts- und insbesondere Deszendenzgruppe, die dem Individuum Schutz gewährte. Daher dürfte eine lineagemässige Lokalisation am vorteilhaftesten gewesen sein. Auch Umsiedler konnten sich nicht allzu weit von ihrem „Deszendenz-Hügel" distanzieren – sich an einem fremden Ort niederlassen, bedeutete wegen der Schutzlosigkeit immer Gefahr. Die Gründe für das Verlassen des Ursprungsortes lagen meistens in Streitigkeiten zwischen Verwandten, waren später aber vermehrt ökonomisch und politisch bedingt: Man versuchte, sich durch Migration Ausbeutung und Steuerabgaben zu entziehen (Holy 1965:86,105). Man darf aber nicht übersehen, dass Neuzuzieher meistens in der Nachbarschaft von Leuten lebten, mit denen sie nicht blutsverwandt, wenn vielleicht auch verschwägert waren. Auch unter Nicht-Verwandten fand eine nicht zu vernachlässigende lokale Integration statt. Biergesellschaften und Jagdgruppen der Männer pflegten auf nachbarschaftlichen Beziehungen und nicht auf Verwandtschaftsverhältnissen zu beruhen (dazu und zum lokalen System gegenseitiger Hilfeleistungen s. Kapitel 4).

Die Vergrösserung und Ausdehnung der politischen Einheiten hatte zur Folge, dass die Mitglieder einer Deszendenzgruppe räumlich weiter auseinander lebten. Der Verlust des räumlichen Verwachsenseins, auf dem die Einheit des sozialen Lebens beruhte, führte, so kann man annehmen, zu einer zunehmenden Desaggregation der Deszendenzgruppen in ihrer umfassendsten Form; diese nahmen im Gegensatz zu den durchaus weiterbestehenden engeren „local kin groups", den Patrilineages oder Patrilineagesegmenten, eine neue Qualität an und wurden zu Patriclanen, die über eine reale, eventuell aber auch nur über eine vermeintliche gemeinsame Abstammung verfügen. In diesem Sinne können Clane „ausgewachsene Lineages" sein.[17] Mangels adäquater Stüt-

[17] Man darf sich hier die alte Bevölkerungsdynamik jedoch nicht falsch vorstellen. Wenn auch nach allen verfügbaren Kenntnissen z. Bsp das 19. Jahrhundert bis 1890, als eine längere Reihe von Trockenheiten und Hungersnöten einsetzte, ein beträchtliches Bevölkerungswachstum kannte, so impliziert das nicht, dass alle Lineages immer grösser geworden wären. Zum einen ging die Bevölkerungszunahme auf Zuwanderung von aussen zurück, zum anderen waren es wohl vornehmlich die intermediären, reicheren Gruppen (wie z.Bsp. die Banyakarama oder Bajiji), in denen Polygynie verbreitet war, die sich namhaft vergrösserten. Ganz generell waren die Bevölkerungswachstumsraten bedeutend bescheidener als diejenigen der zweiten Hälfte des 20. Jahrhunderts (s. dazu verschiedene Schriften von Thibon).

zen, wie der vorherigen gemeinsamen Arbeiten oder Kultzusammenkünfte, werden die Bande auf der Ebene der Clane gezwungenermassen immer fiktiver. Ersatz bieten nur noch periodische kollektive Zeremonien, zum Beispiel in Erinnerung eines gemeinsamen Vorfahren, oder auf nationaler Ebene Anlässe wie das jährliche Sorghoaussaatsfest *Umuganuro* oder die Königsinthronisation, bei denen alle bedeutenden Deszendenzgruppen als solche repräsentiert waren (und sein mussten).[18] Die Monarchie konnte sich also nicht über die bereits bestehenden, deszendenzmässigen Zuordnungen hinwegsetzen (und sie zum Beispiel durch „Einbürgerung" in die politischen Territorien der Regionalführer ersetzen), sonderen sie musste diese respektieren. Wir werden aber gerade dazu noch sehen, wie die Zentralgewalt solche verwandtschaftlichen Regruppierungen für ihre eigenen Ziele einzusetzen und umzumünzen suchte.

Was von lokalisierten Lineagesegmenten erwartet werden kann, kann von verstreuten, nicht mehr lokalisierten Deszendenzgruppen nicht mehr erwartet werden. Dazu, dass sich auf Deszendenzbasis keine stärkeren Bande herausbildeten, trugen verschiedene Faktoren bei, darunter eine verstärkte geographische Mobilität, die vor allem ökonomische und politische Gründe hatte. Eine in einzelnen Regionen hohe morphologische Dichte (bestimmt über die Bevölkerungsdichte und die Qualität der Böden), vermehrt aber auch politische Faktoren konnten zu Migrationen führen, deren Auswirkungen Trouwborst schildert:

> „The high density of population in some regions and poor soils in other regions did not allow the gradual and unlimited extension of kin groups in a geographical sense and forced many people to migrate. Political factors favoured geographical mobility in other ways and did contribute to the undermining of kin solidarity preventing in that way the formation of big strong kin units" (1965:182).

Einer dieser politischen Faktoren war die Praxis, dass ein an einem Ort neu eingesetzter Territorialführer (meistens ein Prinz) seine persönlichen Anhänger und Klienten mit sich nahm bzw. diese ihm nachzogen. Politische Solidaritäten begannen die verwandtschaftlichen zu überlagern.

Es lässt sich von einem langfristigen Prozess des Übergangs der Kontrolle des Bodens durch Deszendenzgruppen zu einer politischen Kontrolle des Bodens sprechen. Hier ist auch die Verbreitung persönlicher Abhängigkeiten vor allem in der Form des Bugabire zu sehen, wenn diese offenbar auch erst in der zweiten Hälfte des 19. Jahrhunderts stärker zunahmen (Botte 1974:623, 1982b). Botte sieht in diesem Zusammenhang das Entstehen neuer Produkionsverhältnisse und eine genügende „Befreiung" der Bauern aus dem Lineage-Rahmen, die nun „frei" über ihre Arbeitskraft verfügen und sich in den Dienst eines *shêbuja*-Patrons stellen konnten. Die damit verbundene Lockerung verwandschaftlicher Strukturen wurde erst durch die Festigung der monarchischen Macht möglich. Mit der Durchsetzung der neuen Gesellschaftsverhältnisse entstand eine Alternative zum durch Deszendenzgruppen gewährten Schutz, die Zuwanderern ebensolche Sicherheit bieten konnte. Fremde Zuzügler erhielten vom lokalen Chef meist bereitwillig Boden zugeteilt, da eine grosse Zahl von Anhängern seinen Einfluss und Wohlstand nur vergrössern konnte. Oft zogen Klienten mit ihren Schutzherren in andere Gebiete, um beispielsweise neues Weideland zu finden.

> „Die sich durchsetzenden neuen Beziehungen riefen also einerseits eine Auflockerung der territorialen Basis der Blutsverwandtschaftsgruppen hervor, andererseits ermöglichten sie die Zerstörung dieser Basis, da der rechtliche Überbau des im Werden begriffenen Staates Neuansiedlern auf fremdem Gebiet diejenige Sicherheit gewährte, die ihnen in der Sippengesellschaft nur die Gemeinschaft mit ihren Linienangehörigen bot" (Holy 1965:106).

Dass die politische Macht über lange Zeit relativ kleinräumig blieb, hat wohl etwas mit den schwierigen topographischen Bedingungen und dem damit einhergehenden Nicht-Beherrschen des Raumes zu tun.

---

[18] Mit Nsanze (1988:5f) kann man darin ein Zeichen ihrer Unterwerfung und Inkorporierung in ein neues Autoritätssystem sehen.

Zum Clan und seiner Dynamik

Bei der Beschreibung und Analyse der sozialen Strukturierung der Gesellschaften Burundis und Rwandas wurden oft nicht nur gegenüber der Verwendung des Konzeptes der Ethnie Vorbehalte angemeldet, sondern auch gegenüber der des Clan-Konzeptes. Während die einen auf den Gebrauch des Begriffes Clan ganz verzichten, fordern und versuchen andere dessen Neukonzeptualisierung (so z.B. Newbury 1981). Zur Klärung dieser Frage ist zuerst einmal festzuhalten, was unter einem Clan zu verstehen ist und was nicht. Bei einem Clan – und ich halte mich hier an die heute allgemein gebräuchliche Definition, die sich gegenüber mehreren älteren durchgesetzt hat – handelt es sich um eine nicht-korporative Namenseinheit, die keine lokale, residentielle Einheit bildet, die jedoch in der Regel zu Exogamie und zu einer gewissen Solidarität verpflichtet ist, wobei letztere meistens sehr diffus bleibt. Ihre Mitglieder, die an eine gemeinsame Herkunft glauben, ohne sie tatsächlich herleiten zu können, formen vor allem in zeremoniell-rituellen Angelegenheiten eine Einheit. Um Solidarität zu erreichen, werden als Identifikationsmittel Symbole wie ein gemeinsamer Name, oft auch Totems gebraucht. Clane, die eine relativ permanente, nicht segmentierende Überstruktur bilden (wir werden später im Fall Burundi einige Ausnahmen kennenlernen, s. Kapitel 4.1), bestehen aus mehreren segmentierenden, korporativen, exogamen und lokalisierten Lineages (wobei auch nur – wie im Fall Burundis – Lineagesegmente korporativ und lokalisiert sein können).[19]

Wenn an den Beispielen Rwandas und Burundis von Clanen gesprochen wird, so wird dabei oft von einem überholten und funktional überladenen Clan-Konzept ausgegangen. Man lehnt dieses Konzept ab oder kritisiert es, weil unter ihm korporative oder lokalisierte Gruppen verstanden werden, die eigentlich exogam zu sein und ein Totem zu haben hätten. So kommt man dazu, lediglich von „Clanen" oder Pseudo-Clanen zu sprechen (so de Heusch 1966:400, s. auch Newbury 1981:189, u.a.m.). Eine (relativ offene) Minimaldefinition scheint mir hier jedoch sinn- und wertvoller.

Es ist weiter festzuhalten, dass die ungefähr 220 Clane Burundis nicht mit den (lediglich 18 „offiziellen", viel umfangreicheren und „multi-ethnischen") Clanen Rwandas gleichgesetzt werden dürfen. Wenn es im Fall Rwandas noch eine gewisse Berechtigung hat, die Clane des 20. Jahrhunderts als „Relikte" von „echten" Clanen einer früheren Zeit zu sehen, so gibt es im Fall Burundis keine Gründe dafür. Die burundischen Clane werden an späterer Stelle noch ausführlich erörtert werden. Hier sollen lediglich einige geschichtliche Überlegungen ausgehend vom Beispiel Rwandas vorangestellt werden, die das Clan-Konzept und die Kritik an ihm etwas genauer beleuchten helfen.

Was ich in Bezug auf den „ethnischen Gegenstand" und dessen notwendige „Dynamisierung" sagte, gilt in eingeschränkter Form auch für das Konzept des Clans und der ihm entsprechenden sozialen Realität. In der Beschreibung und Analyse der afrikanischen Gesellschaftsstrukturen durch Von-aussen-Kommende ist es oft zu einer gewissen Überbetonung der Bedeutung von Verwandtschaft gekommen. Man kann von einer Idealisierung verwandtschaftlicher Einheiten und in diesem Zusammenhang von einer Romantisierung des afrikanischen „Familiengeistes" sprechen, was meistens auf Kosten der Beachtung lokaler und ökonomischer Beziehungen ging. Ku-

[19] S. dazu etwa Roger Keesing. 1975 („Kin groups and social structure", New York: Holt, Rinehart and Winston): „[A clan is] a unilineal descent group or category whose members trace patrilineal descent (patriclan) or matrilineal descent (matriclan) from an apical ancestor/ancestress, but do not know the genealogical links that connect them to this apical ancestor" (p. 148); der Unterschied zu Lineages liegt zuerst einmal in der Nicht-Herleitbarkeit der Abstammung: „[Clans are] unilineal descent groupings whose members believe they are descended from a common ancestor, but do not know the genealogical connections" (ibid., p.31).

per (1982) hat im bereits erwähnten wissenschaftsgeschichtlichen Aufsatz auf den Zusammenhang mit der Entwicklung der „Lineage theory" oder „Descent theory" durch die British Social Anthropology hingewiesen und gezeigt, dass diese ihrerseits auf evolutionistischen Konzepten wie Morgans „Gentilgesellschaft" fusste. Er sieht das „Lineage-Modell" als eine Wiederbelebung und Verjüngung des alten „Clan-Modells" unter funktionalistischen Vorzeichen, das bis heute in der Afrikanistik – ob bei den französischen Marxisten und ihrem Konzept der „mode de production lignagère" oder in der Historiographie Afrikas unterschiedlichster Provenienz – weiterwirkt. Aus Kupers Kritik, die einer etwas pauschalen Demontierung der Theorie des „segmentary lineage system" gleichkommt,[20] und den Darlegungen einiger ethnohistorisch orientierter Autoren[21] lassen sich für die interlakustrinen Gesellschaften einige wichtige Lehren ziehen.

Wir haben gesehen, dass ethnischen Zugehörigkeiten und Symbolen keine starre, fest geronnene historische Bedeutung gegeben werden darf. David S. Newbury hat in seinem Aufsatz von 1981 am Beispiel Rwandas zu zeigen versucht, dass das in ähnlicher Weise für die Clane gilt, wobei es sich bei den rwandesischen Clanen ohne Zweifel um einen extremen Fall handelt. Die Bedeutung, die den Clanen zugemessen wurde und noch wird, hat verschiedene, nicht zuletzt auch wissenschaftsgeschichtliche Gründe. Es ist noch nicht lange her, dass sich Arbeiten zur afrikanischen Geschichte – im westafrikanischen wie im interlakustrinen Raum – von der engen Fixierung auf dynastische Geschichten und Handel gelöst haben. Im Zuge davon, nicht mehr lediglich zentralstaatlich-königliche Quellen zu beachten, stützte und stützt man sich vermehrt auf orale Traditionen nicht-königlicher Provenienz. Damit rückten vermehrt „Clan-Traditionen" ins Blickfeld. Die Clangruppe wurde so zu einer wichtigen Einheit und einem zentralen Baustein im Versuch der Rekonstruktion der afrikanischen Geschichte. Es ist von daher wenig erstaunlich, dass dieser Baustein (genauso wie das Konzept der Ethnie) überlastet wurde, ist er doch weniger fest und dauerhaft, als man lange angenommen hatte. Die Vorstellung, mit dem Konzept des Clans einen fest geronnenen sozialen Grundstein identifiziert zu haben, erweist sich im Fall Rwandas wie auch Burundis ein Stück weit als Illusion. Das neue Konstrukt basierte auf der Annahme, dass die „primordialen" Clan-Einheiten weit in die Vergangenheit zurückreichen und sicher älter sind als die dynastischen politischen Einheiten, von denen sie ein Teil wurden. Die Dynamik der Clane sah man allein darin, dass diese dauerhaften Einheiten weitere Individuen absorbieren oder über Migrationen geographisch expandieren konnten. Der Fehler einer derartigen Sicht liegt darin, die grundlegende Struktur von Clan-Zugehörigkeiten als unveränderlich zu sehen. Ein Grund, weshalb man die Clane als so alt erachtete, ist ihr vermeintlicher und oft herausgestrichener Funktionsmangel in den heutigen Gesellschaften Rwandas und Burundis. Gerade deswegen schenkte und schenkt man der Untersuchung dieser Realität so viel Beachtung. Die Vorstellung einer „lückenhaften" Funktion der Clane[22] – eine Vorstellung, die sich nicht nur an der Bedeutung von Clanen

[20] Kuper ist hier vorzuwerfen, dass er dazu neigt, Deszendenz- mit biologischen Abstammungsgruppen zu identifizieren.

[21] S. die Abhandlungen an Beispielen zentralafrikanischer Gesellschaften von Newbury 1981 und Vansina 1980 („Lignage, idéologie et histoire en Afrique équatoriale", in: Enquêtes et Documents d'histoire africaine, vol. 4:133-155, Centre d'histoire de l'Afrique, Louvain).

[22] Wenn Rwandas Clane – wie übrigens auch die Nkores (hier sind es nach der einen Interpretation nur deren vier) – nicht als exogame Einheiten zu beschreiben sind (d'Hertefelt (1971:3) bezeichnet sie als agam) und die Exogamie vielmehr zwischen den Patrilineages spielt, so liegt der Fall bei Burundis Clanen – über 220 an der Zahl und bedeutend weniger umfangreich – anders. Burundis Clane waren klar exogam, eine Regel, die nur innerhalb der Aristokratie large gehandhabt wurde. Sie drückte sich in präferentiellen Heiratsregeln aus; solche scheinen aber vor allem bei „besseren" Familien oder dann in einem engeren regionalen Kontext von Bedeutung gewesen zu sein, und sie haben bis heute ihre Kraft nicht ganz verloren. Auch heute wird noch eine gewisse „normative Exogamie" anerkannt. In Fällen von Heirat innerhalb desselben Clans wird vorher immer genauestens abgeklärt, ob ihr nicht doch noch eine auch noch so entfernte gemeinsame Abstammung im Wege steht. Newbury (1981:189) kritisiert d'Hertefelts An-

in ausserafrikanischen Gesellschaften orientierte, sondern vor allem an alten Konzepten wie dem der „Sippe" und dem des „Clanes" im Murdockschen Sinn[23] – führte dazu, sie als Relikte, als „survivals" einer früheren Epoche zu sehen, was die Tiefe ihrer zeitlichen Existenz nur vergrössern konnte. Man sah so die frühe dynastische Geschichte als mit vielen „Clan-Geschichten" verwickelt. Es wäre eine eigene Untersuchung wert, zu prüfen, wie weit derartige Konzeptualisierungen und Vorstellungen von Arbeiten früher evolutionistischer Ethnologen wie Henry Maine und Lewis H. Morgan beeinflusst sind, die bereits einen Übergang von durch Verwandtschaft oder rein persönliche Beziehungen organisierten Gesellschaften zu solchen postulierten, die auf „lokaler Nachbarschaft" („local contiguity") und Territorium beruhen (cf. Balandier 1976:24).

Newbury (1981) plädiert am Beispiel Rwandas dafür, zum Verständnis der Realität der Clane vermehrt historische Prozesse zu untersuchen und die Konzepte von Ethnie und Clan aus einer historischen Perspektive in Frage zu stellen. Das vorherrschende Konzept des Clans, so seine Kritik, ist das von Schachteln oder Schubladen, in die Individuen hineingeboren werden und zwischen denen sie allenfalls hin und her wechseln. Trotz dieser individuellen Mobilität, die meistens eingestanden wird, werden Clane zu sehr als unveränderliche Kategorien gesehen. Wenn Newbury auch beizupflichten ist, dass es sich bei Clanen um keine statischen Einheiten mit starr für immer festgeschriebenen Grenzen handelt, so kann ihre Dynamik doch nicht der von Klientelbeziehungen gleichgesetzt werden (ibid., p.187f). Clane sind nun einmal Deszendenzgruppen, ob deren Mitglieder über eine wirkliche oder lediglich über eine putative gemeinsame Abstammung miteinander verbunden sind. Innerhalb dieser Grenzen sind Clan-Zugehörigkeiten veränderbar und verändern sich als Folge von wechselnden Mustern sozialer und politischer Beziehungen im Kontakt mit einem neuen sozialen und politischen Kontext. Clane können nicht allein durch individuelle Mechanismen und die Aufnahme von Immigranten etc. expandieren und ihre Grösse verändern. Die Dynamik und Grenzsetzung der Clan-Zugehörigkeiten kann auch Spielball höherer Interessen sein; die Clan-Zuordnung kann unter gewissen historischen Bedingungen unter zentralstaatlicher Anleitung erfolgen, indem etwa peripheren Gruppen zentrale Normen auferlegt werden. Newbury hat das beispielhaft am Fall Rwanda nachgewiesen. Er zeigt, dass eine frühere Clan-Zuordnung sowohl in Subgruppen segmentieren wie auch in grösseren Gruppen aufgehen kann, indem einst autonome Identitäten und Zugehörigkeiten in einem „Supra-Clan" vereinigt und eingeschmolzen werden. Das struktural-funktionale Modell schloss eine derartige Dynamik der Clangrenzen jedoch, entgegen Newburys Meinung, nicht aus, sondern es sah die Möglichkeit von „fission" und „fusion" sehr wohl vor. Newbury betont bei diesen Prozessen nun aber vor allem den zentralstaatlichen Einfluss. In Rwanda wie auch in Burundi scheint primär der Fusions-Prozess in manchen Fällen im Zusammenhang mit der Ausformung des monarchischen frühen Staates stattgefunden zu haben. Der sich bildende Zentralstaat war an der Inkorporation lokaler Identitäten und Zuordnungen in grössere Einheiten interessiert. Eher als Clangruppen zu zerstückeln, förderte er die Aufrechterhaltung oder gar Erweiterung breiterer Zuordnungen.[24] Newbury zeigt, wie der rwandesische Staat zur Konsolidierung der Clan-Zugehörigkeiten beitrug. Neben den 18 „offiziellen" Cla-

---

nahme (1971:3,5), dass es sich bei dieser normativen Exogamie um eine „Abweichung" oder ein Relikt einer in einer historischen Zeit durchgängigen Regel handelt.

[23] Murdock (George P.) verwendet wie einige andere amerikanische Ethnologen anstelle des Begriffes Clan den Begriff „sib", während bei ihm mit „clan" eine lokalisierte, meist exogame unilineare Deszendenzgruppe, in die auch die von auswärts Eingeheirateten inkorporiert werden, gemeint ist (s. z.B. 1949, „Social structure", New York: Macmillan, p.47, 67f, 73ff).

[24] Ein solcher Prozess kann nicht nur die multi-ethnische Zusammensetzung von Clanen erklären helfen (die in Rwanda die Regel ist, während sie in Burundi selten und in anderer Form vorkommt – z.B. aufgrund von *kwîhutura*-Erhöhungen, s. dazu Kapitel 4.1), sondern es gibt auch keinen Grund, anzunehmen, dass er sich nicht auch auf die Formierung ethnischer Zuordnungen und Identitäten auswirkte, wie ich noch zeigen werde.

nen, die seit dem 19. Jahrhundert als solche anerkannt sind, gibt es bis heute in den peripheren Gebieten des Westens und Nordwestens, die erst spät in die zentralstaatliche Ordnung eingebunden wurden,[25] Gruppen, die sich selbst keinem dieser Clane zurechnen, während sie nach der offiziellen Norm und im königlichen Diskurs dem einen oder anderen der achtzehn anerkannten Clane zugeschlagen werden. Nach Newburys Schätzung hat es früher einmal über 50 Clane gegeben, die deutliche lokale Verwurzelungen kannten (1981:193f).

> „There is clearly a process at work by which the population in such areas of central court influence is progressively included into these eighteen basic social categories. Rather than resulting from the fragmentation of large clan units, therefore, these smaller units seem to be precursors to such formations. At the least it can be concluded that the presence of Rwandan state norms inhibited the fragmentation process which occurred in those areas of greatest representation of smaller groups (...)" (Newbury 1981:194).

Wir können von einem Prozess des Einschmelzens und der Amalgamierung deszendenzmässiger Zugehörigkeiten innerhalb weiterer „Supra-Clan"-Zuordnungen sprechen; dieser Prozess ist innerhalb des breiteren politischen Kontextes, das heisst hier der Staatsbildungs- und Expansionsprozesse, zu verstehen. Die gegenwärtigen Clan-Strukturen – und im Fall von Rwanda auch ihre multi-ethnische Zusammensetzung – wie auch die letztliche Ausformung und Bestärkung ethnischer Zugehörigkeiten sind nur unter Betrachtnahme der Prozesse der Ausdehnung von Macht und Einfluss des zentralen Königshofes, des Frühen Staates, verständlich. Das muss wohlverstanden nicht heissen, dass frühere Zugehörigkeiten aufgrund dieser Verschmelzungen aufgegeben wurden; häufig wurden sie in die neuen, vom monarchischen Staat angebotenen oder mitgeformten Zuordnungs-Paradigmen inkorporiert. Rwandas Clane sind dafür ein deutliches, aber auch ein extremes Beispiel. Ich werde an späterer Stelle (Kapitel 4.1) zeigen, dass der burundischen Monarchie in dieser Hinsicht engere Grenzen gesetzt waren. Es sei hier abschliessend vermerkt, dass de Heusch die im Vergleich zu anderen interlakustrinen Gesellschaften geringe Anzahl der Clane Rwandas (Burundi kennt 222 Clane, Buhaya 124, Bunyoro 150, bei einem in allen Fällen geringeren Bevölkerungsumfang) darauf zurückführt, dass Rwandas Clane im Zuge der starken Bedeutungszunahme der *ubuhake*-Klientelverhältnisse ihrer politischen und „soziologischen Funktionen" verlustig gingen (1966:153, 392, cf. Newbury 1981:188, n.7). Dass im Fall Burundis und seiner Clane die Verhältnisse anders liegen, werden wir bereits im anschliessenden Kapitel sehen.

---

25 Newburys engere Feldstudie bezog sich auf die ganz im Westen im Kivu-See gelegene Insel Ijwi, seine Untersuchung erstreckt sich aber auch auf die anderen Regionen, namentlich auf den Südosten, wo seine Gattin arbeitete (s. die verschiedenen Publikationen von M.C. Newbury).

KAPITEL 2

ZUR FORMATIONSGESCHICHTE DER MONARCHIE UND DES FRÜHEN STAATES

Wenden wir uns nach den einleitenden epistemologischen Überlegungen der politischen Geschichte von Burundis Monarchie zu. Was lässt sich aus der Sicht der heute verfügbaren Quellen zu den Staatsbildungsprozessen sagen? Die Bildungsprozesse der monarchischen Herrschaft, die als ein Beispiel der Herausbildung eines frühen Staates („Early State") gesehen werden können, sind in engem Zusammenhang mit der Geschichte des gesamten zentral-ostafrikanischen Binnenseegebietes zu sehen. Wie anderswo, so sind der Bildung eines frühen Staates auch auf dem Gebiete Burundis verschiedene kleinräumigere politische Zentralisierungen vorausgegangen, wobei es sich um Zusammenschlüsse und Hierarchisierungen von Gruppen handelte, die sich verwandtschaftlich definiert haben mögen. Darüber ist nur wenig bekannt. Vor dem 16. Jahrhundert liegende politische Realitäten können mangels Quellen kaum untersucht werden. Die zusammengetragenen oralen Traditionen lassen lediglich Mutmassungen zu, wie sie zum Beispiel Vansina äussert (1972:193-196). Die ethnohistorische Literatur nimmt auf das Phänomen der prämonarchischen politischen Zusammenschlüsse mit dem Konzept der „roitelets" Bezug oder spricht von „principautés" (so Mworoha 1987:115), Begriffe, die nie näher bestimmt werden und sich stark an der Geschichte des europäischen Mittelalters orientieren.

Wenn wir uns mit der Enstehung der monarchisch organisierten Gesellschaften und ihrer unmittelbaren Vorzeit beschäftigen, rücken neue historische Quellen ins Blickfeld. Mit dem Aufkommen einer zentralisierten politischen Ordnung verfügen wir über zusätzliche Geschichtsquellen: Mündlich überlieferte geschichtliche Erzählungen und Mythen, die oft auf den Ursprung der politischen Ordnung Bezug nehmen, aber auch dynastische Listen und Genealogien der herrschenden Gruppen. Die historische Analyse kann sich des weiteren an oralen Traditionen aus dem ganzen interlakustrinen Gebiet orientieren sowie an Überlieferungen aus Nachbargesellschaften, die in einer mehr oder weniger gleichen Zeit zu verorten sind und miteinander in Bezug gesetzt werden können. Zudem gibt es in Burundi eine Art materialisierter, in der Landschaft sichtbare geschichtliche Monumente: Ich spreche von den heute noch erhaltenen Überresten alter sakraler Haine und Bäume, die früher als Teil von Kultorten und von Umzäunungen wichtiger politischer Orte und aristokratischer Residenzen gepflanzt wurden. Diese werden als *ibigabiro* bezeichnet, eine Ableitung vom Verb *kugaba*, das sowohl den Sinn von Herrschen wie von Geben hat (näheres dazu in den Kapiteln 3 & 5). Diese „Gedenkbäume" bleiben sozusagen als vegetabile Zeichen der Macht und Freigebigkeit der Aristokraten in der Landschaft stehen, als Hinweis auf „Orte, an denen gegeben wurde". Diese eigentlichen politgeschichtlichen Erinnerungsmäler, oft in der Form eines Kreises von Fikus-Bäumen oder grosser alleinstehender Bäume, können als Orientierungspunkte und „Belege" zahlreicher oraler Traditionen dienen. Eine erstmals von Vansina 1972 publizierte Karte (Annexe, cartes 4 – 7) konnte seit Ende der siebziger Jahre dank der Aufnahme weiterer Geschichtsüberlieferungen durch das „Centre de Civilisation Burundaise" ergänzt und präzisiert werden (Mworoha 1987:115).

Es ist hier nicht der Ort, näher auf die zahlreichen geschichtlichen Oraltraditionen einzugehen, wenn dazu während meiner Feldstudien auch einiges Material zusammengekommen ist. In den letzten Jahren ist dazu von kompetenterer Seite etliches Datenmaterial aufgenommen, vieles publiziert und kommentiert worden.[1] Insgesamt wurden bis heute ungefähr 150 Erzählungen über Ursprung und Entstehung der Monarchie Burundis gesammelt, worunter grob drei zeitliche „Zyklen" unterschieden werden können: Zuerst die in den ausgehenden zwanziger und den dreissiger Jahren von Mgr. Julien Gorju und dem Ethnologen Georges Smets zusammengetragenen Traditionen; dann die von Jan Vansina 1958-59 für das von ihm geleitete IRSAC-Institut aufgenommenen, und schliesslich die Geschichtsüberlieferungen, die seit den siebziger Jahren hauptsächlich durch das dem burundischen Kulturministerium angeschlossene „Centre de Civilisation Burundaise" (C.C.B.) gesammelt wurden (cf. auch Mworoha 1987:106). Dem einige weitere, während meines Aufenthaltes von 1988/89 aufgenommene Varianten und Bruchstücke anzufügen, ist schon von daher nicht gerechtfertigt, als sie bereits eine deutlich geringere Qualität als früher erhobene aufweisen und nur in Detailpunkten neue Einsichten bringen.

Für unseren Zweck genügt es, hier einen kurzen Abriss der Bildungsprozesse der schliesslich eine monarchische Form findenden Herrschaft zu geben. Die bis heute bekannten oralen Traditionen spielen darin als Quelle eine zentrale Rolle, wobei sich über deren Stellenwert und Interpretation eine bis heute nicht abschliessend beigelegte Debatte entspannt hat. Ein Überblick zeigt, dass die meisten Überlieferungen in Burundi aus kleinen Einzelstücken bestanden und bestehen, die oft eine einzelne Begebenheit schildern und damit keine eigentlichen „Schöpfungsmythen" sind. Sie sind eher als geschichtliche Erzählungen und Legenden, zum Teil als Ursprungsgeschichten, denn als eigentliche „Mythen" zu charakterisieren (s. Vansina 1972, Trouwborst 1988:102). Es gibt nichtsdestoweniger zahlreiche Erzählungen, die das Entstehen der Monarchie schildern und die zu erklären suchen, woher der erste Mwami kam, wie er die politische Macht eroberte und das Land einte. Wie auch in anderen afrikanischen Gesellschaften gibt es dazu viele Varianten, etwas, was erst die neuere Forschung stärker betont und berücksichtigt. Die verschiedenen Versionen widersprechen sich oft und vermischen Elemente aus verschiedenen historischen Epochen. Insbesondere über Entstehung und Herausbildung der Königsdynastie gehen die Versionen auseinander. Einigen zufolge kam der erste Mwami aus dem Norden, andere dagegen lassen ihn aus dem Süden kommen. Wie das Beispiel Burundi mit aller Deutlichkeit zeigt, hängen solche Variationen der Überlieferungen häufig mit dem Widerstreit politischer Fraktionen und regionaler Interessen zusammen (Trouwborst 1988:102). Dazu kamen aber auch vielfältige Beeinflussungen von aussen, über benachbarte kulturelle Modelle wie schliesslich über die Verbreitung der europäischen Schriftkultur und Massenmedien, die unter der Last ihres ideologischen Gepäcks zu zahlreichen Uminterpretationen führten, wie Chrétien in seinem Artikel von 1981 in überzeugender Weise aufzeigt (1981a). Es handelt sich bei diesen Überlieferungen ohne Zweifel um einen besonders sensiblen Punkt, legt doch, wie wir gesehen haben, jede Macht besonderen Wert auf den Bezug zu den Anfängen und Ursprüngen.

[1] S. vor allem verschiedene Publikationen des „Centre de Civilisation Burundaise" (C.C.B.), etwa Ndoricimpa/Guillet 1984, Guillet/Ndayishinguje 1987, und verschiedene Nummern der Revue „Culture et Société"; in dieser Zeitschrift des C.C.B. sind oft neueste Aufnahmen und Ergebnisse dieses ersten Forschungsschwerpunktes des 1977 gegründeten Zentrums veröffentlicht. Schliesslich ist das immer noch nützliche Standardwerk Vansinas aus dem Jahre 1972 zu erwähnen.

2.1 Die Ursprungs-Erzählungen. Wert und Manipulation von Oraltraditionen

Seit Vansina (1972:69) hat es sich eingebürgert, die ungefähr 150 bis heute gesammelten „Ursprungs-Erzählungen“, die dem König, der Burundi gegründet haben soll, gewidmet sind, in eine Süd- oder Nkoma-Variante und eine Nord- oder Kanyaru-Variante zu unterteilen. Nach dem Nkoma-Zyklus ist der erste König – „Ntare der Erste“ (*Ntare wa mbere*) oder Ntare Rushatsi („Ntare mit der wilden, zerzausten Haartracht“), aber auch Ntare Rufuku („Ntare der Maulwurf“) genannt – aus dem südlichen Buha, nach dem Kanyaru-Zyklus aus dem nördlichen Rwanda gekommen.

Dem *Nkoma-Zyklus* gemäss war der erste Ntare der Nachkomme des von aussen zugewanderten Ntwero und seiner Söhne Nsoro und Jabwe, die sich als lokale Potentaten im südlichen Gebiet des heutigen Burundi (Bututsi, Mugamba-Süd) etabliert hatten. Der durch Familienintrigen ins südliche Buha vertriebene und exilierte Ntare kam schliesslich als Kulturheroe zurück, dem im Land herrschenden Chaos Einhalt gebietend. Nach der Überquerung des Flusses Malagarazi liess er sich zunächst im Grenzgebiet von Nkoma als neuer Herrscher anerkennen; die Berufung zum König findet in den Erzählungen ihren Ausdruck darin, dass eine über ein Termitenloch gespannte Stierhaut von einer sich darunter befindenden Schlange geschlagen wird – womit auch die wichtigsten Königssymbole genannt sind: Trommel (*ingoma*, die allgemein als Synonym für die monarchische Macht steht), Stier und Schlange. Dem jungen Ntare, der unter dem Schutz der Bapfumu-Seher stand, wurde der Namen *Cambarantama* („der in ein Schaffell Gekleidete“), aber auch *Rufuku* angehängt, was das Bild des aus dem Boden auftauchenden Maulwurfes entwirft. Beides hat religiöse Konnotationen und betont den sakralen Wert und das chthonische Element dieses „Neubeginns“. Um schliesslich das Gebiet Burundis unter seine Herrschaft zu bringen, musste Ntare zuerst seinen leiblichen Vater Jabwe töten (sein legitimer Vater Nsoro war unterdessen verschwunden), um danach in das nördliche, bergige Gebiet der nachmaligen Königsresidenzen vorzudringen – eine Art kriegerisch-religiöser Triumphzug, der die Form einer Wallfahrt annahm, indem bei jedem Halt ein ritueller Ort begründet wurde, ein Weg, der unter der Monarchie jährlich anlässlich des *Muganuro*-Nationalfestes wiederholt werden sollte.

Nach dem *Kanyaru-Zyklus* kam der junge Ntare, ebenfalls *Cambarantama* genannt, als Zivilisationsheroe ebenfalls von aussen aus der Natur, diesmal als zerzauster Jäger („Rushatsi“) aus dem nördlichen Rwanda. Nach der Überschreitung des Kanyaru-Flusses musste er ein wildes Tier – ein das Land ausbeutendes Monster (eine Pythonschlange, aus der in späteren Versionen ein Löwe wurde) – töten und wurde schliesslich, sich auf dem Felsen von Nyamigango sonnend, von den Batwa entdeckt. Nachdem er auf dem Berg *Remera ya nini* zum König proklamiert worden war, setzte der lange unterbliebene Regen wieder ein und die Hungersnot fand ein Ende. Verschiedenen rwandesischen Versionen gemäss trug der zukünftige Ntare den Namen Karemera und war ein Abkömmling der Herrscherdynastie des benachbarten Königreiches Bugesera.

In beiden Mythenkreisen gibt es zahlreiche gemeinsame Elemente, sowohl einzelne Symbole, Personen- und Ortsnamen wie breitere Motive. Es ist hier nicht am Platz, auf all die zahlreichen Varianten und Versionen einzugehen. Je nach Region oder Familie, in der die Erzählung tradiert wurde, werden andere Elemente betont oder eingeflochten. Die verschiedenen Versionen sind Ausdruck unterschiedlicher Interessen, können solche Traditionen doch den politischen Einfluss oder Ansprüche einer Lineage legitimieren oder die Bedeutung einer bestimmten rituellen Funktion hervorheben helfen. In einigen (Süd-) Versionen erscheint der erste Ntare als von einer Lineage des einflussreichen Hutu-Clans der Bahanza (die wichtige Funktionen an den Königshöfen innehatten) abstammend,[2] und verschiedentlich wird im Zusammenhang der Gründung die Wichtigkeit der Bajiji und Bashubi (grosse Hutu-Clane, die unter der Monarchie die wichtigsten rituellen

---

[2] Diese Meinung vertritt auch Delacaux (1936:332), ebenso wie Vansina (1972:200) und Siriba (1976:56).

Funktionen innehatten) hervorgehoben. Diese Tatsache, die sehr unterschiedlich interpretiert werden kann, soll hier nicht näher analysiert werden, sie wird aber im Licht der späteren Ausführungen ihr besonderes Gewicht erhalten (s. dazu Chrétien 1981a:257, 260f, 263; 1984:15, 28; Mworoha 1987:110; Gespr. 73).

Zur Frage, ob nun die Süd- oder die Nord-Variante der geschichtlichen Realität näher kommt, gibt es unterschiedliche Einschätzungen. Ich möchte dazu nur zwei Bemerkungen anfügen. Es ist zu bedenken, dass die Anzahl der von einer Variante erhobenen Versionen nicht unbedingt für die stärker vertretene und gegen die seltenere sprechen muss. Auch die grössere „nationale" Verbreitung der einen kann nach einem derart langen Zeitraum nicht nur Ausdruck ihrer Probabilität, sondern auch ihrer „Offizialität" – ihrer bevorzugten Förderung und Privilegierung durch das politische Zentrum, die dominante Ideologie – sein. Auch wenn es im monarchischen Burundi keine Kodifizierung der Geschichte durch fest institutionalisierte Chronisten und Hagiographen gab – das im Unterschied zum rwandesischen Hof, an dem den Abiru diese Aufgabe zukam –, so heisst das noch nicht, dass die monarchische Ideologie darauf überhaupt keinen Einfluss genommen hat. Der Variantenreichtum, der den Gehalt an geschichtlicher Realität keineswegs mindern muss, auch wenn damit zahlreiche Interpretationsschwierigkeiten verbunden sind, kann aber sicher in Zusammenhang damit gesehen werden, dass es in Burundi keine feste Kodifizierung des Ursprungs-Diskurses im Sinn des politischen Zentrums wie in Rwanda gab. Das mag unter anderem damit zusammenhängen, dass es in Burundi eben nicht nur eines, sondern effektiv immer mehrere politische Zentren gab.[3] Wir haben hier das erste Mal einen Hinweis auf die unterschiedliche politische Struktur der beiden Gesellschaften – das rigider strukturierte und zentralisierte Rwanda steht einem immer mehrpoligen, vielfältigeren und verschachtelter strukturierten Burundi gegenüber. Es zeichnet sich bereits hier ab, dass sich einzelne Varianten, so unterschiedlich sie sein mögen, nicht gegenseitig ausschliessen müssen und dass nicht einfach die eine „wahr" und die andere „falsch" ist. Die Vertreter der die neuere Forschung beherrschenden „École historique burundo-française" – Lemarchand (1990:236) spricht gar von einem „Quasi-Monopol" – geben klar dem Nkoma-Zyklus den Vorzug, wobei sie sich unter anderem immer wieder auf dessen grössere quantitative und geographische Verbreitung berufen (Chrétien 1981a:258f, 1984:11f, Guillet/Ndayishinguje 1987: 7,12,23). Ich habe auf den begrenzten Wert dieses Argumentes hingewiesen und möchte zu bedenken geben, dass wenn schon bei der Einschätzung des Wertes von während der Kolonialzeit gesammelten Überlieferungen auf den Einfluss der europäischen Schriftkultur hingewiesen wird, dann umso mehr bei der Einschätzung des Wertes von postkolonial erhobenen Oraltraditionen die seit der Unabhängigkeit stark vergrösserten Beeinflussungsmöglichkeiten der Massenmedien auf deren Verbreitung und Aus- bzw. Neuformulierung kritisch in Betracht gezogen werden müssen. Trotz dieser Kritik kommt der französisch-burundischen Geschichtsschule das grosse Verdienst zu, nicht nur die Anzahl der bekannten Ursprungs- und Gründungs-Erzählungen beträchtlich vergrössert, sondern frühere einer detaillierten Quellenkritik unterzogen zu haben. Erwähnenswert ist vor allem Chrétiens Beitrag von 1984, der das bisher Bekannte säuberlich zusammenträgt, auseinandernimmt und analysiert und dessen Schlüsse ohne Zweifel dem neuesten Stand der Forschung entsprechen. Der frühere Korpus von Oraltraditionen, der aus Forschungen von Smets und Gorju aus den dreissiger Jahren stammt und später hauptsächlich durch von Vansina Ende der fünfziger Jahre aufgenommene Erzählungen verbreitert wurde, gewichtete im allgemeinen die Nord- oder

[3] Wenn die Geschichtsüberlieferungen auch nicht nur von den politischen Zentrum (d.h. den aristokratischen Höfen), und schon gar nicht von einem einzigen aus zirkulierten, so wurden sie doch da besonders gepflegt. Zur Frage von Einfluss und Bedeutung eines „zentralen Kodes" s. auch Chrétien in Guillet/Ndayishinguje (1987:280). Vansina (1961b) und Lemarchand (1977:95f) sind gar der Meinung, dass es bei der hohen politischen Instabilität in jedermanns – auch des königlichen Zentrums – Interesse lag, Geschichte eher zu vergessen als zu bewahren („it was in everybody's interest to forget about history"). Da es zumindest verschiedene Geschichten gab, würde ich eher sagen: Es lag in jedermanns Interesse, auf diese einzuwirken und sie in seinem Sinn zu manipulieren.

Rwanda-Variante stärker. Vansina, der aufgrund seiner Erhebungen ebenfalls die Buha-Variante als die wahrscheinlichere ansah (1972:200), stellte das erste Mal die These auf, dass sich die Nord-Variante auf eine frühere, eigenständige politische Einheit bezieht (1972:103) – Ansichten, die heute weitherum akzeptiert sind.

Die Tatsache, dass während der kolonialen Periode die Nord- oder Kanyaru-Variante klar bevorzugt wurde, ist im Zusammenhang mit der Kolonialpolitik zu sehen und nur so zu verstehen. Wenn ich vorhin sagte, dass unterschiedliche Varianten von Oraltraditionen verschiedene politische Interessen widerspiegeln können, so gilt das genauso für den Umgang mit Geschichtsüberlieferungen während der kolonialen und der postkolonialen Epoche. Die Debatte um den geschichtlichen Wert der einzelnen Varianten ist nur dann voll verständlich, wenn man sieht, dass damit immer auch politische und ideologische Interessen verbunden waren und auch heute noch sind. Damit verknüpft ist die Frage, ob die Ganwa-Dynastie ursprünglich Hutu- oder Tutsi-Ursprungs war – eine Frage, deren Antwort gerade auch für die Stellung der ethnischen Gruppen im seit der Unabhängigkeit herrschenden politischen Konflikt weittragende Folgen hat. Während die Nordvariante einen Tutsi-Ursprung näher legt (aber keineswegs notwendig macht) und eine Rückweisung von möglichen Pastoralisten-Migrationsbewegungen erschwert, scheint es die Süd-Variante eher zu erlauben, die Bildung der burundischen Monarchie als einen wahrhaft idiosynkratischen, originalen und eigenständigen Prozess „autochthoner" Gruppen zu sehen, an dem keineswegs nur die Batutsi, sondern gerade auch einflussreiche Bahutu-Gruppen beteiligt waren. Chrétien et al. heben zu Recht die mit der Nord-, Rwanda- oder Kanyaru-Variante transportierten politischen und ideologischen Interessen der Kolonialzeit hervor, die in die Formulierung der sogenannten Hinda- und Nyiginya-Thesen – und dahinterliegend meist (aber nicht notwendigerweise) der „hamitischen" These – miteinflossen, indem sie alle eine Verbindung der Ganwa-Dynastie mit den nordöstlichen, nach Südwesten vorgestossenen Bahima-Hirten oder der Tutsi-Nyiginya-Dynastie Rwandas nahelegen. Gleichzeitig darf aber nicht übersehen werden, dass die Süd-, Buha- oder Nkoma-Variante eher mit der These eines Hutu-Ursprungs der Ganwa-Dynastie und damit der burundischen Monarchie vereinbar ist (eine These, der Chrétien (1985a:142) und Gahama (1983:283), aber auch Delacauw (1936:332) und Vansina (1972:200) stark zuneigen). Diese letztere Dimension und ihre Ideologiekritik unterschlägt die „École", kann sie doch nicht über ihren eigenen Schatten springen.

Nichtsdestoweniger ist es das Verdienst Chrétiens, und in seinem Gefolge der neuen burundischen Historikergeneration unter Führung Mworohas, den historischen Gehalt der Kanyaru-These weiter geklärt zu haben, wenn da auch bereits Vansina wichtige Vorarbeit geleistet hatte (1972: 103). Sie wiesen darauf hin, dass die Tatsache, dass unter dem Kolonialregime die sogenannte „Nyiginya-These"[4] zur quasi offiziellen Lehrmeinung wurde, in direktem Zusammenhang mit dem von der diffusionistischen Ethnologie geprägten Gedankengut und deren Rassen- und Migrationstheorien stand. Dazu gehört die Annahme eines alten Bacwezi-Reiches, wonach alle „zivilisatorischen Ursprünge" (womit in erster Linie die Bildung zentralisierter politischer Einheiten und der damit entstandenen Kulturformen gemeint war) im Binnenseengebiet auf ein vor dem 18. Jahrhundert existierendes, von den mythischen Bacwezi[5] beherrschtes Bunyoro-Kitara-Reich zurückgingen. Diese zuerst vom englischen Forschungsreisenden John H. Speke 1862 geäusserte Vermutung wurde von einem britischen Kolonialverwalter Ugandas dahingehend erweitert, dass die Bahima-Hirten Ankoles als deren direkte Nachfahren und das Königreich Burundi als südlichste Äusserung des Cwezi-Kulturherdes erschienen. Eine weitere, damit in Zusammenhang stehende

[4] Darunter versteht man die Annahme, dass die burundische Ganwa-Dynastie direkt auf die rwandesische Herrscher-Dynastie der Banyiginya, die im Gegensatz zu den Baganwa keine Zweifel an ihrer Tutsi-Zugehörigkeit aufkommen liess, zurückgeht.

[5] Der Kult der Bacwezi ist effektiv im gesamten interlakustrinen Raum verbreitet; zu dieser „Imandwa-Religion" s. Chrétien 1985b, Vansina 1972:105, Mworoha 1977:71-83 und Steinhart (Publ. vorgesehen).

Ausformung dieses Gedankengutes versuchte die „Überlegenheit" der Bahima- und Batutsi-Hirten bzw. ihre Herrschaftsstellung mit einer Invasions- und Überlagerungs-These zu erklären, wobei deren Vorfahren gleich aus dem Gebiet der Galla im südlichen Äthiopien eingewandert sein sollen. Mit einem darin gesehenen „hamitischen" oder gar „semitischen" Ursprung ihrer Kultur liess sich deren Überlegenheit über die eingeborenen „Neger- (oder Bantu-) Kulturen" erklären. Die damit verbundenen rassistischen Vorstellungen prägten das koloniale Schrifttum und Gedankengut in der Tat bis gegen die Mitte des 20. Jahrhunderts und bestimmten in unserem Fall das Bild der Batutsi als von aussen kommenden, überlegenen Eroberern mit. Ich habe bereits darauf hingewiesen, dass mit der gerechtfertigten Rückweisung dieser Vorstellungen die Gefahr besteht, das Kind mit dem Bade auszuleeren – die Versuchung einer Pauschalisierung, der die Vertreter der „École historique burundo-française" immer wieder erliegen. Erstens ist damit noch nicht gesagt, dass die Batutsi-Vorfahren nicht aus einer nordöstlichen Nachbarsregion eingewandert sein können, und zweitens heisst das nicht, dass die Ganwa-Dynastie Hutu-Ursprungs sei, wie damit manchmal suggeriert wird. Wenn Mworoha et al. kritisch bemerken, dass die dynastische Geschichte nicht mit der Bevölkerungsgeschichte vermischt werden darf (1987:114), so müssen sie sich diese Kritik selbst gefallen lassen.

Es war vor allem Chrétien, der in verschiedenen Publikationen darauf hingewiesen hat, wie diese Rassen- und Migrationstheorien die belgische Kolonialpolitik beeinflussten (1981a, 1984, in Mworoha et al. 1987). Sie erleichterten die Stützung der Kanyaru-"Ursprungs"-Variante und damit (fälschlicherweise![6]) auch der Nyiginya-These, gemäss der die Baganwa und Banyaruguru-Batutsi Burundis „die kleinen Brüder" der Batutsi-Aristokratie Rwandas sind. Die Annahme dieser Rwanda-Variante kam den Kolonialverwaltern nicht ungelegen, sondern half vielmehr, gleich mehrere ihrer Bestrebungen zu stützen. Erstens kam sie dem Wunsch der belgischen Kolonialadministration, die beiden von ihnen als „Ruanda-Urundi" verwalteten Gebiete zu einem einzigen „feudalen Königreich" zusammenzuschliessen, nur entgegen (Chrétien 1981a:264, 1984:14, Gahama 1983). Die Kanyaru-Variante – deren hauptsächliche Verbreitung in den Nordgebieten Burundis eine Beeinflussung durch die (wie gesagt zentral geförderten) rwandesischen Traditionen nahe legt (Vansina 1972:70, Chrétien 1984:14) – wurde vom Kolonialregime schon daher gern aufgenommen und propagiert, da sie die seit den dreissiger Jahren unternommene koloniale Ummodellierung der „traditionellen" Machtstrukturen ideologisch stützen konnte. Hier sehen wir auch das zweite Element dieser Politik, das bedeutend breiter angelegt war. Mit der Reorganisation der „structures indigènes" oder „coutumières", die sich am deutlichsten in der Territorialorganisation zeigte und die ironischerweise im Zuge der von den Belgiern verfolgten Politik der „indirect rule" erfolgte, war eine „Neofeudalisierung" der lokalen Herrschafts- und Gesellschaftsstrukturen verbunden, um einen Ausdruck Chrétiens zu gebrauchen (1982 & in Mworoha et al. 1987:113, cf. 1980). Unter Einfluss der oben angeführten Thesen und des rwandesischen Beispiels sah man in den Batutsi „Hamites faits pour gouverner" und in den Bahutu „Bantous faits pour servir"[7]. Auf die weiteren Auswirkungen dieser Haltung werde ich im Zusammenhang der Vorstellung des kolonialen Staates zurückkommen. Da die kolonialen Administratoren eine Politik der „indirect rule" – ein Begriff, auf dessen Missverständlichkeit und damit begrenzten Wert oft hingewiesen worden ist – verfolgten, konnte es ihnen nicht gleichgültig sein, was als „traditionell" galt. Damit erklärt sich zu einem guten Teil ihr beachtliches Interesse für geschichtliche Thesen und Formen. Jedoch nicht nur die Kolonialverwalter und europäische Publizisten, zu denen hauptsächlich katholische Missionare gehörten, bekannten sich zur „rwandesischen Ideologie". Es sei hier angemerkt, dass die Missionare nicht selten die „Intellektuellen" des Kolonialregimes waren, und das vor allem in

[6] Die Kanyaru-These impliziert nicht notwendigerweise die Annahme einer rwandesischen Tutsi-Herkunft der Baganwa.

[7] S. dazu die 1931 in Bruxelles herausgekommene Schrift des hohen belgischen Kolonialbeamten Pierre Ryckmans, *Dominer pour servir*, weiter Mworoha 1977:22-30, Gahama 1983:275-88, Chrétien 1985a.

der frühkolonialen Zeit; im Fall Burundi war Bischof Gorju der bei weitem bekannteste und einflussreichste. Zu den Vertretern dieser „Ideologie" gehörten auch namhafte einheimische Kader wie der unter der Kolonisation sehr mächtig gewordene Mutare-Chef Baranyanka, dessen Einfluss auf die Geschichtsüberlieferung und -schreibung oft herausgestrichen worden ist (Chrétien 1981a: 264f, 1984:12f, in Mworoha et al. 1987:112f). Die „autorités coutumières" hatten ohne Zweifel den Eindruck, sich gegenüber den neuen europäischen Herren durch eine rwandesische Abstammung geschichtlich und „rassisch" besser legitimieren zu können. Während sie an einer „Aristokratisierung" der Ganwa-Ahnen interessiert sein mussten, so scheinen die Vertreter der französisch-burundischen Historikerschule dagegen an ihrer „Verbürgerlichung" Interesse zu haben.

Weitere Elemente zur Einschätzung des Stellenwerts der verschiedenen Oraltraditionen erhalten wir, wenn wir uns nach diesen Anmerkungen zur Ideologiegeschichte nun den politischen und gesellschaftlichen Prozessen (soweit diese unter Beizug aller verfügbaren geschichtlichen Quellen rekonstruierbar sind) zuwenden, die schliesslich zur Bildung der burundischen Monarchie führten.

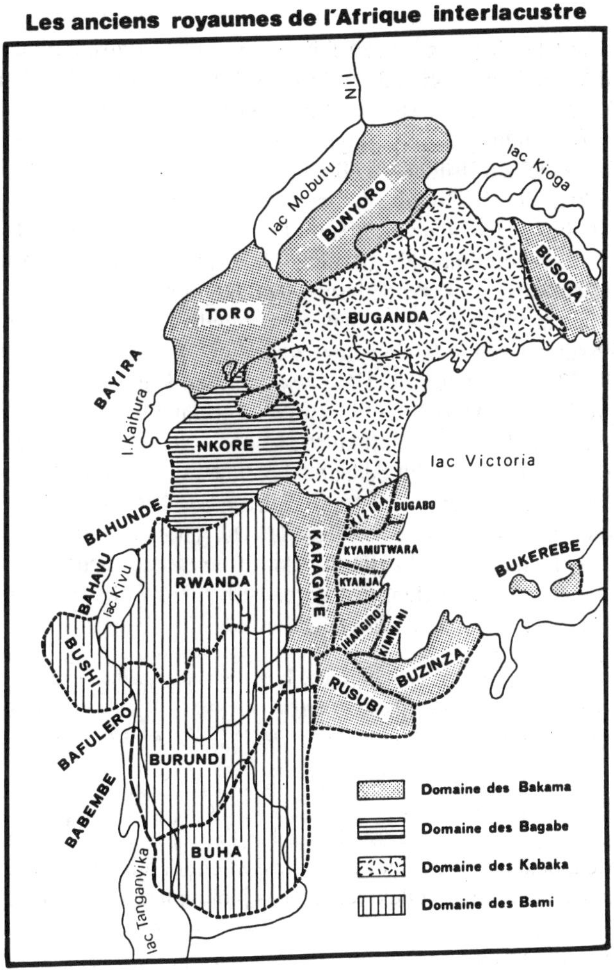

Abb. 3: Die Königreiche des interlakustrinen Ostafrika im 19. Jahrhundert
(Quelle: La Civilisation ancienne… 1981:14; cf. Mworoha 1977:49)

2.2 Bildungsprozesse eines frühen Staates

Nach den bis heute bekannten historischen Quellen[8] kann man schematisch zwei Hauptetappen der Herausbildung des Königreiches Burundi unterscheiden. Im ausgehenden 16. und im 17. Jahrhundert scheinen auf dem Gebiet des späteren Königreiches zwei grössere, voneinander unabhängige politische und territoriale Zusammenschlüsse bestanden zu haben. Diese beiden mehr oder weniger eigenständigen politischen Formationen repräsentierten zwei verschiedene Dynastien.

Der *südliche Kern* lag im Gebiet des südlichen Mugamba und des Bututsi und entsprach dem Verband, der von den in den Überlieferungen erwähnten Ntwero, Nsoro und Jabwe geführt wurde. Nach einer Überlieferung von Ruteye, die Vansina 1958 aufnahm, wird diese politische Formation oft als „Burundi von Nyaburunga" bezeichnet (Vansina 1972:71,197; cf. Chrétien 1984:29).

Der *nördliche Kern* lässt sich dank seiner Nähe zu Bugesera und Rwanda historisch besser rekonstruieren. Das hat seinen Grund darin, dass zur Geschichte dieser benachbarten Formationen bedeutend ausführlichere Überlieferungen erhalten sind, die miteinander in Bezug gesetzt werden können. Während aus Burundi selbst nur wenig über diese zwischen dem Kanyaru- und dem Nkokoma-Fluss gelegene, auch den späteren Ritualort Banga einschliessende alte politische Einheit überliefert ist,[9] sind die rwandesischen Überlieferungen gesprächiger. Sie nennen als Gründer einen gewissen Ntare Karemera[10], der im 16. und dessen Nachfolger Ntare Kibogera und Mutaga Nyamubi zu Beginn des 17. Jahrhunderts über diese eng begrenzte politische Einheit geherrscht haben sollen (Vansina 1972:103, 196f, Chrétien 1984:21f & in Mworoha et al. 1987:115 & in Guillet/Ndayishinguje 1987:274f). Ntare Karemera, dem in den Überlieferungen verschiedene weitere Namen gegeben werden, wird in der Sekundärliteratur der Klarheit halber auch als „Ntare l'ancien" oder „Ntare, chef dans le nord" bezeichnet. Das unmittelbar ostwärts gelegene Bugesera erstreckte sich im 17. Jahrhundert noch über die gesamte Nordhälfte des heutigen Burundi und den Südosten des heutigen Rwanda. Es war zu dieser Zeit neben Gisaka und dem bereits zweigeteilten Buha die stärkste Regionalmacht. Die Tatsache, dass Karemera und seine beiden mutmasslichen Nachfolger eng mit der Geschichte Bugeseras verbunden waren, legt die Vermutung nahe, dass es sich bei diesem „Fürstentum" um einen seiner „Ableger" handelte und dass Karemera ein Abkömmling von dessen Dynastie der Abahondogo war. Aus verschiedenen Ereignissen, die sich in Bezug auf die Nachbargesellschaften zeitlich mehr oder weniger klar verorten lassen,[11] geht hervor, dass alle drei Herrscher eine Prä-Ganwa-Epoche auf heute burundischem Gebiet repräsentieren. Das nördliche „Vor-Ganwa-Burundi" Ntare Karemeras ebenso wie das erst embryonale Rwanda Ruganzu Ndoris, das sich von den Banyoro-Einfällen des 16. Jahrhunderts erst erholen

---

[8] Ich beziehe mich im folgenden vor allem auf die oben genannten Quellen und auf Chrétien 1984. Es ist das Verdienst des von Mworoha herausgegebenen Werkes, diese ein erstes Mal alle miteinander in Zusammenhang gebracht zu haben; in weiten Teilen folgt es dabei aber Vansina (1972:193-200), dessen Buch seine Gültigkeit bis heute nicht verloren hat.

[9] Diese Tatsache kann unter Umständen die Meinung stützen, dass der Zusammenschluss schliesslich unter Führung des südlichen Kerns stattfand. Dieser fand hier einen Gegenpol, den er sich integrierte und an der Bewahrung von dessen Geschichte er kein Interesse haben konnte. Es ist denkbar, dass die Integration dadurch erleichtert wurde, dass die Namen der Herrscher des nördlichen Kernes zu den neuen dynastischen Namen gemacht wurden.

[10] Der Name Karemera war in den östlich, zwischen Rwanda und Victoriasee gelegenen politischen Einheiten von Karagwe und Kyamutwara als königlicher Name verbreitet (s. Mworoha 1977:60). das lässt eine gewisse Verbundenheit mit den östlichen Gebieten vermuten.

[11] So wissen wir um ein Bündnis Karemeras mit den damaligen Bugesera- und Rwanda-Herrschern Nsoro Sangano und Mibambwe Mutabazi gegen Bushi (zur Orientierung s. Tabelle 2 im Kapitel 3, ebenso Mworoha 1977:62f & Mworoha (ed). 1987:144).

und neu bilden musste, lösten sich erst mit der Zeit stärker aus der Abhängigkeit des Bugesera-Reiches, dem sie sowohl militärisch-politisch wie religiös verbunden waren. Die Spuren Bugeseras, das schliesslich zu Beginn des 19. Jahrhunderts zwischen den erstarkenden Rwanda und Burundi aufgeteilt wurde und auf dessen Ruinen sich diese nächste Generation prosperierender, nun etwas weiter westwärts liegender politischer Einheiten festsetzte, sind in Burundi noch bis ins 20. Jahrhundert sowohl im Boden als auch in den Geschichtserzählungen eingegraben.[12] Die Rede ist immer wieder von Mwami Nsoro Nyabarega, wobei unklar bleibt, ob er es war, der im 18. Jahrhundert in Kämpfe gegen Ntare Rushatsi (auch „Kivimira" genannt) verwickelt war, oder ob es sich bei ihm vielmehr um den letzten Vertreter der Bugesera-Dynastie der Bahondogo handelte, der nach der definitiven Niederlage gegen Burundis Ntare Rugamba zu Beginn des 19. Jahrhunderts am rwandesischen Hof Zuflucht suchte. Dass Bugesera noch im 19. Jahrhundert für Burundi eine Bedrohung darstellte, bezeugen Überlieferungen, die von einem Einfall der „Bahondogo" bis in die Nähe der Königsresidenz von Mbuye berichten. Vom damaligen Sieg der Barundi zeugt nach Meyer eine lange, doppelte Reihe von Steinhaufen, die er noch Ende 1904 in dieser Gegend vorfand (1916:181f). Dass die Abkömmlinge der Bugesera-Dynastie, die dem Tutsi-Clan der Bahondogo angehörten, einflussreich blieben, zeigt sich schon darin, dass die Bahondogo zu einem der vier dem burundischen Königshaus Frauen gebenden Clane wurden.

Es lässt sich nun mit guten Gründen die These vertreten, dass die Kanyaru-Variante der Oraltraditionen, die Herkunft und Ursprung des ersten Mwami bzw. der Ganwa-Dynastie Burundis schildern, sich in verworrener Weise auf die Herausbildung eben dieser politischen Einheit im bugeserischen Raum, die dem späteren Burundi vorausging, bezog.[13] Falls dem so ist, widerspricht sie den Nkoma- oder Südtraditionen nicht, sondern ist mit diesen vereinbar. Die Schwierigkeit der Interpretation und Zuweisung der einzelnen Geschichtstraditionen, die wie gesehen meistens bruchstückhaft bleiben, liegt unter anderem darin, dass die Geschichte der Herausbildung der Monarchie Burundis keine geradlinige ist, sondern eine Geschichte mit zahlreichen Brüchen und gekennzeichnet von wechselnden Allianzen, Aufstieg und Niedergang.

Zur Vervollständigung des Bildes und zum besseren Verständnis der Geschichte der burundischen Monarchie ist noch zu erwähnen, dass es neben und zwischen den beiden genannten frühen politischen Zusammenschlüssen und Brennpunkten der späteren königlichen Macht noch mehrere weitere, kleinere politischen Einheiten gab. In der Sekundärliteratur werden sie meistens als Häuptlingstümer, aber auch als „Fürstentümer" (*principautés*)[14] angesprochen. Als solche werden sie mit den Einheiten, die im Norden Rwandas noch bis zu Beginn des 19. Jahrhunderts in weitgehender Autonomie bestanden haben, in Vergleich gesetzt.[15] Diese „Fürstentümer" werden jeweils mit dem Clan in Verbindung gebracht, unter dessen Führung sie standen und der da seinen lokalen

---

[12] Aus meinen eigenen Untersuchungen aus den Jahren 1988/89 im Nordosten Burundis (in Busóni-Bwambarangwe, einer Gegend, die früher zum direkten Einflussbereich Bugeseras gehörte), muss jedoch geschlossen werden, dass heute zumindest bei Leuten, die den politischen Höfen nicht näher standen, jegliche Erinnerung an ein Bugesera-Königreich verschüttet ist. Demgegenüber zeigten im Jahre 1979 fragmentarisch zu diesem Thema geführte Gespräche mit Leuten, die der Monarchie näher standen, noch lebendigere Erinnerungen.

[13] Diese These wurde 1972 von Vansina (1972:103, 196f) aufgestellt und später von Chrétien (1984:26) untermauert.

[14] Wenn er auch aus der Geschichte des europäischen Mittelalters stammt, ist die Verwendung eines solch unspezifischen Begriffes nicht ungerechtfertigt angesichts der Tatsache, dass wir über die politischen Strukturen dieser Einheiten nur sehr schlecht unterrichtet sind; etymologisch mit dem englischen „first" verwandt, kann er immerhin auf die dominante Stellung einer verwandtschaftlich definierten Gruppe hinweisen. Ich bevorzuge im allgemeinen jedoch den – an sich schon sehr offenen – Begriff „Häuptlingstum", so wie er in der Ethnopolitologie üblicherweise benutzt wird.

[15] S. dazu Newbury 1981, Vidal 1985:173,177, Vansina 1972:196.

Kern hatte. Erwähnt werden die von den Babibe angeführte Einheit im zentralen Kirimiro,[16] die der Bajiji im südöstlichen Nkoma und die der Banyakarama im nördlichen Buyenzi.[17] Alle diese Gruppen nahmen unter der Monarchie eine privilegierte Stellung ein, sei es als Ritualisten wie die Bajiji, als Regionalherrscher mit wichtigen Ritualaufgaben wie die Babibe oder sei es als Gruppe, die dem Könighaus regelmässig Gattinnen lieferte. Dabei kam es jedoch bei all diesen Gruppen zu internen Differenzierungen.[18] Das gleiche dürfte auch für die Vergangenheit der anderen Clangruppen gelten, in denen sich die Aristokratie ihre Frauen nahm; neben den genannten Bahondogo und Banyakarama gehörten dazu die Benengwe und Banyagisaka (s. Gorju 1938:65, Vansina 1972:196). Die gesamte Geschichte des Königreiches Burundi weist zahlreiche Spuren von territorial konzentrierten, lokal höchst einflussreichen Clanen auf. Die aristokratische Macht vermochte sich ihnen gegenüber in der Regel nur über die Bildung von Allianzen durchzusetzen, die oft durch Heiraten konsolidiert wurden; speziell zu nennen sind die Beispiele der Bakundo und Bashoka im Buyogoma, beides Tutsi-Gruppen, die ersten königlicher Herkunft.[19]

In einer zweiten Etappe kam es zu Beginn des 18. Jahrhunderts zum Zusammenschluss der beiden vorher unabhängig voneinander bestehenden „Territorialkerne“ und kleinerer, dazwischen liegender politischer Gebilde. Das ist aller Wahrscheinlichkeit nach unter Führung der aus dem Süden stammenden und die Gebiete von Burunga, Mugamba-Süd, Bututsi und auch Nkoma kontrollierenden Dynastie geschehen, die sich von Ntwero, Nsoro und Jabwe ableitete (Vansina 1972:197, Mworoha et al. 1987:115ff). Der erste Gesamtherrscher dieser neuen politischen Formation, unter dem Namen Ntare Rushatsi bekannt, scheint von der Süd-Dynastie abzustammen und er wird mit einigem Recht als der Gründer des Königreiches Burundi angesehen. Das damit entstandene neue geopolitische Gebilde erstreckte sich über die zwischen 1700 bis 2000 Meter über Meer gelegenen Hochböden auf der östlichen Seite der Kibira-Bergkette unter Einschluss des nördlichen Buyenzi und des Kirimiro. Hier legte das Königtum seine neuen Hauptorte an, seine politischen Residenzen wie seine ökonomischen und rituellen Domänen. Anlässlich des jährlichen *umuganuro*-Sorghoaussaatsfestes, dessen politischer Wert noch deutlich werden wird, wurde periodisch der (mythische) Weg der Staatsentstehung und -gründung symbolisch nachvollzogen, indem die Baganuza-Ritualisten vom südlichen Nkoma über alle Ritualorte bis zu den in den Bergen liegenden politischen Hauptresidenzen von Mbuye und Bukeye hochstiegen.

Es ist hier von Bedeutung, die offenbar auf diese Zeit zurückgehende Zirkulation von Trommeln – des Symboles der Macht schlechthin – zwischen den verschiedenen politischen Zentren zu beachten. Der königliche Hof lieferte einigen ganz im Zentrum dieses Gebietes gelegenen Orten jedes Jahr Trommeln. Dabei handelte es sich um Orte, die unter der Monarchie wichtige rituelle Aufgaben übernahmen – sie waren beispielsweise für die Bestattung der Könige und Königsmütter

---

[16] S. dazu Mworoha et al. 1987:115; cf. Vansina 1972:107-110. Nach anderen Traditionen gelten sie als Abkömmlinge der Ganwa-Dynastie selbst (Rodegem 1970, Vansina 1972:198).

[17] Zum Bajiji-"Fürstesntum“ s. Mworoha et al., ibid.; cf. Ghislain 1970:40f. Zu der unter Führung der Banyakarama stehenden Einheit, die vor allem aus rwandesischen Überlieferungen bekannt ist, s. Vansina 1972:196.

[18] Am bekanntesten ist das Beispiel der Banyakarama, von denen allein der als viehreich bekannte Mfyufyu-Ast das Vorrecht hatte, den Königshof mit Frauen zu versorgen, während die Gruppen der Banyakarama b'abacaciro, Banyakarama b'abakakara und Banyakarama Bahima davon ausgeschlossen waren (cf. Gorju 1938:54f, 65). Ich werde im Kapitel 4.1. unter dem Thema der „Clan-Segmentationen“ darauf zurückkommen.

[19] S. dazu Mworoha et al. 1987:129,150,155,233. Erwähnen könnte man hier auch den wenig angesehenen Hutu-Clan der Baswere, dessen Führern das erst spät integrierte nordöstliche Bugufi zur Verwaltung überlassen wurde. Im Gegensatz zu Mworoha et al. (1987:154) sind Simons (1944:167), Rodegem (1965:94), 1970:459 und Bigangara (1986:40) der Meinung, dass es sich bei den Baswere um einen schlecht angesehenen Bahima-Clan handelt; diese Autoren scheinen ihre Informationen jedoch nicht unabhängig voneinander gewonnen zu haben. Auf jeden Fall knüpfte das Königshaus mit diesem Clan keine matrimonialen Bande; sein höchst anrüchiger Name lässt sich am ehesten mit „fuckers“ übersetzen.

verantwortlich – und die eine weitgehende Autonomie genossen, die sie bis ins 20. Jahrhundert beibehielten. Hergestellt und an den Königshof geliefert wurden diese Trommeln wiederum durch in den Randgebieten gelegene Ritualorte. Diese Zirkulation lässt Rückschlüsse auf die interlokalen Beziehungen und die politische Formationsgeschichte zu. Man kann sich fragen, ob darin ein Ausdruck von Hierarchien zwischen ehemaligen lokalen Machtpolen zu sehen ist und damit Rückschlüsse auf ihren chronologischen Anschluss an die neue Monarchie gezogen werden können.

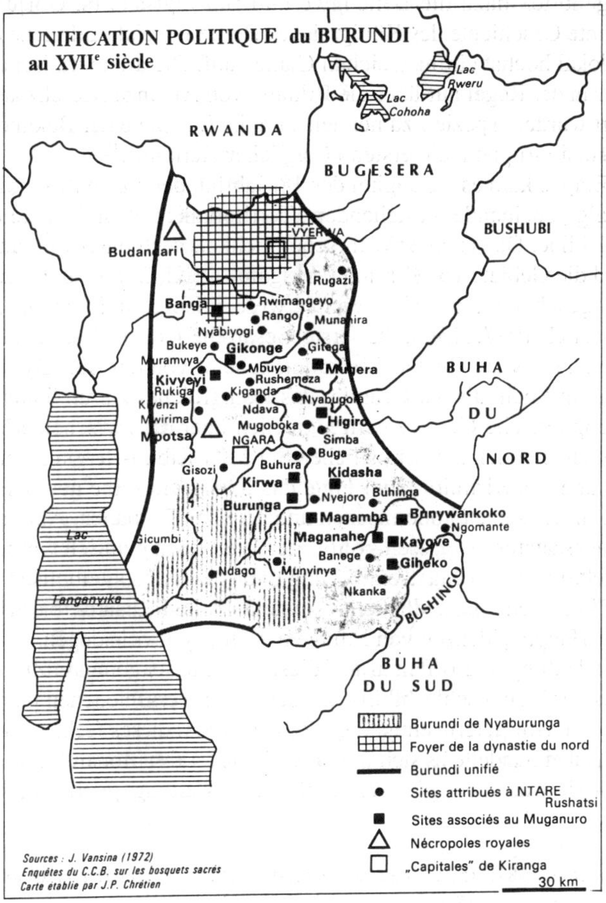

Abb. 4: Das frühe Königreich Burundi (Quelle: Mworoha et al. 1987:117)

Die politischen Prozesse des 16. bis 18. Jahrhunderts werden oft in Zusammenhang mit verschiedenen klimatischen und ökonomischen Faktoren gebracht, die zur Erklärung der Herausbildung einer staatlichen Organisationsform herangezogen werden. Es lässt sich in der Tat in dieser Periode im ganzen interlakustrinen Raum eine zunehmende Verlagerung der mächtigsten politischen Zentren von den trockereren Gebieten im Osten hin zu dem niederschlagsreicheren Westen beobachten. Diese Verschiebung der regionalen Machtzentren nach Westen resultierte offenbar aus verschiedenen Schwierigkeiten, denen sich die Grossregion des gesamten Nilbeckens im 16. und 17. Jahrhundert gegenübersah. Zuerst einmal ist festzuhalten, dass die zahlreichen Vorstösse und Beutezüge der Banyoro auf ihre südlichen Nachbarn westgerichtete Bevölkerungsbewegungen, gerade auch von viehhaltenden Gruppen, auslösten (Steinhart 1981, Mworoha et al. 1987:119). Allem Anschein nach stand das in Zusammenhang mit sich verändernden Umweltbedingungen. Nach den heutigen Kenntnissen war insbesondere das 17. Jahrhundert von mehreren Wellen von Trockenheiten und einer ganzen Reihe von „Umwelt-Krisen“ geprägt.[20] Das könnte sowohl Bodenbebauer wie Viehhalter zu einem Ausweichen und Vorstossen in die niederschlagsreichen, höhergelegenen westlichen Gebiete bis an den Rand der grossen Bergwälder veranlasst haben, welche damals noch die Kibira-Bergkette (die Zaïre-Nil-Wasserscheide) überzogen. Das bedeutete, dass landwirtschaftliche Rodung und pastorale Transhumanz die Waldgrenzen immer weiter zurückschoben. Unter den neuen Bedingungen kam eine markante Erhöhung der Bevölkerungsdichte zustande. Diese ist aber keineswegs nur über klimatische Faktoren wie Trockenheiten, die Migrationen ausgelöst haben sollen, erklärbar. Gerade wenn wir die ökonomische Ebene ins Auge fassen, lässt sich sehen, dass in diesen feuchteren und fruchtbareren Berggebieten des Westens mit einer nur dreimonatigen Trockenzeit zwei jährliche Ernten möglich sind. Darin lässt sich auch ein Erklärungsgrund für die bis heute auffallend hohe Bevölkerungsdichte dieser Gebiete sehen. Die Herausbildung und Umschichtung militärischer Hegemonien in der interlakustrinen Region – der Niedergang Bunyoros (nach dem Abfall Toros) und Karagwes wie der langsame Aufstieg Bugandas, Nkores, Rwandas und Burundis[21] – muss auch im Zusammenhang mit den in den verschiedenen Staatsapparaten und in den politischen Organisationsstrukturen im weiten Sinn aufgetretenen Widersprüchen und den jeweils dafür getroffenen Lösungen gesehen werden (Botte 1982a:277).

Diese Transformationen und Umlagerungen, wovon sie auch immer ausgelöst worden sein mögen, hatten in einem grösseren wie in einem kleineren Rahmen weittragende politische und gesamtgesellschaftliche Konsequenzen. Sie bewirkten zum einen eine Erschütterung der regionalen politischen Kräfte und Machtverhältnisse. Zum anderen brachten sie für jede dieser agro-pastoralen Gesellschaften neue gesellschaftliche Widersprüche mit sich. Die landwirtschaftliche Produktionserhöhung erfolgte in erster Linie auf Kosten der Grossviehhaltung. Ich möchte hier aber nicht nur die Argumentationslinie von Mworoha et al. (1987:119) verfolgen, nach der sich durch eine erfolgreichere Landwirtschaft der Anteil der Weideflächen am gesamten brauchbaren Land verkleinerte (erstens benötigt dieser intensivere Feldbau nicht markant mehr Böden, und zweitens gibt es daneben auch auf diesen Hochböden genügend solche, die sich ausschliesslich für Viehwirtschaft eignen, wie jedermann bestätigen wird, der nur einmal den Weg von Kayanza über die Anhöhen bis Bururi zurückgelegt hat), sondern ich würde vielmehr sagen, dass sich die wirtschaftliche und damit gesellschaftliche Bedeutung des Bodenbaus gegenüber der Grossviehhaltung allgemein erhöhte. Die verschiedenen – sowohl demographischen wie geographischen (effektiv eher klein- als grossräumig zu sehenden) – Bevölkerungsbewegungen hatten ein Zusammenrücken und ein Näher-miteinander-in-Kontakt-kommen von Bodenbebauern und Viehhaltern zur Folge. Das kann nicht nur zu einem ausgeprägteren wirtschaftlichen Konkurrenzkampf zwischen den beiden Produktionsweisen, sondern auch zu einer akzentuierten Rivalität um die politische und soziale Vorherrschaft geführt haben. Eher als militärische Eroberung oder einmalige Einwanderung muss man die Kontaktnahme als einen langwierigen Prozess sehen, der auch verschiedenste kulturelle Implikationen hatte, darunter möglicherweise eine sprachliche Assimilation. Man sollte sich die Migrationen nicht als zu grossräumig und als äusserst langfristige Prozesse vorstellen.[22] Die nähere Kontaktnahme hat wohl einmal ein gewisses Konfrontationsmoment enthalten. Ein sich verstär-

[20] Cf. Webster (ed). 1979, verschiedene Arbeiten von Steinhart (z.B. 1981) und Chrétien (1984:30f), u.a.m..

[21] Nach Vansina war Burundi im 18. Jahrhundert „(l'état) peut-être le plus puissant de toute la région interlacustre méridionale“ (1972:201).

[22] Southall beschreibt dasselbe am Beispiel der Alur, die im heutigen Grenzgebiet von Uganda und Zaïre leben (1988:57). – Zur Frage der sozio-kulturellen Integration und der unterschiedlichen Geschwindigkeit, in der sie erfolgen kann, s. auch Beispiele anderer früher Staaten (zum Volta-Gebiet: Skalník 1979:198).

kendes politisches Zentrum versuchte, dieses zu kanalisieren, sozusagen „gesellschaftlich“ zu nutzen, und damit seine Vorherrschaft zu stabilisieren. Die neuen gesellschaftlichen Widersprüche brachten neue politische Herausforderungen mit sich, welche der Herausbildung staatlich-monarchischer Strukturen erst ihre volle Bedeutung gaben. Es stellt sich die Frage, um es vorsichtig auszudrücken, ob es in diesem Zusammenhang zu einer Zentralisierung und Verstärkung der politischen Zentralinstanz und zu neuen gesellschaftlichen Hierarchisierungen gekommen ist. Lässt sich darin, dass die Viehhalter bei ihrem besonders grossen Bodenbedarf in eine gewisse Bedrängnis geraten waren, ein Anlass zur Entwicklung und Durchsetzung neuer Dominanz- und Herrschaftsmuster sehen? Mussten die Viehhalter an der Errichtung stabilerer Herrschaftsverhältnisse interessiert sein, die die Bodenbauern ihnen gegenüber in klarere Abhängigkeitsbeziehungen brachten? Wenn es auch kaum solche direkten Bezüge gegeben haben wird und man keine zu voluntaristische Perspektive einnehmen sollte, kann das Zusammenspielen solcher Faktoren eine gewisse Rolle gespielt haben. Man kann sich hier auf jeden Fall die Frage stellen, inwieweit die Herausbildung neuer politischer Strukturen im Zusammenhang der Verteidigung der Interessen der einen Gruppe – hier der pastoralen Produktionsweise – stand, oder ob die neue Zentralinstanz vielmehr eine „neutrale“, über den einzelnen Parteien stehende Position einnahm und eine vorab schiedsrichterliche Funktion wahrnahm, wie das Chrétien in einer wenig überzeugenden, immer schön das Konsensuale betonenden Konstruktion nahelegt (in Guillet/Ndayishinguje 1987:276, in Mworoha et al. 1987:119,137). Chrétien ist jedoch dort recht zu geben – wenn auch nicht in dem von ihm beabsichtigten Sinn –, wo er im Zusammenhang mit den klimatischen und politischen Transformationsprozessen die Herausbildung einer agrarischen Ideologie erwähnt (*umuganuro*-Aussaatsfest; das Bild des Mwami, der mit Samen in seinen Fäusten zur Welt kommt, etc.) (in Guillet/ Ndayishinguje 1987:275). Tatsächlich war diese „agrarische Ideologie“ eng mit dem burundischen Königtum seit dessen Ursprüngen verbunden. Sie kann jedoch nicht nur als Zeuge der agrarischen Verwurzelung der neuen politischen Strukturen gesehen werden, wie das Chrétien tut, sondern auch und vielmehr als Ausdruck des Bestrebens der aristokratischen Herrscher, die wichtig gewordene agrarische Grundlage zu kontrollieren und sich über die Verbundenheit mit ihr zu legitimieren. Verschiedene Überlieferungen und ideologische Elemente, die Chrétien anführt, um die agrarische Verwurzelung des Königtums herauszustreichen, lassen sich durchaus in dieser Lesart verstehen, ja sie werden in diesem Sinn verständlicher als in dem von ihm angebotenen:

> „Les tradtions relatives à Ntare Rushatsi soulignent de façon significative la double référence, pastorale et agricole, de son autorité (sans parler de la chasse et de la forge). On le décrit avec son taureau préféré, mais on le montre aussi, dès son jeune âge, attiré par les épis de sorgho que lui offrent les émissaires de Nsoro. A son retour du Buha, il amène du bétail, mais il est aussi l'ami des moissonneurs et on le surnomme Muroganzara, „celui qui conjure la faim“. Selon un récit recueilli en 1958 par Jan Vansina, il aurait abattu son bétail une fois arrivé au Nkoma et les déchets de viande auraient servi d'engrais pour y semer les graines de sorgho et de courges dont il avait hérité dès sa naissance“ (in Guillet/ Ndayishinguje 1987:276).

Die Interpretation von Oraltraditionen ist wahrhaft ein dorniges Gebiet ...

Zur tieferen Analyse der Herausbildung des Königtums, dessen Strukturen im nachfolgenden Kapitel detaillierter analysiert werden, darf hier nicht Halt gemacht, sondern muss der geschichtliche Bogen weiter gespannt werden. Über den ersten vollen Durchgang des dynastischen Zyklus von Herrschern mit den Namen Ntare, Mwezi, Mutaga und Mwambutsa[23] im 18. Jahrhundert haben

---

[23] Heute ist die Meinung weitherum akzeptiert, dass die monarchische Geschichte Burundis nur zwei volle Zyklen von Herrschern mit diesen dynastischen Namen kannte und nicht vier, wie vor allem während der Kolonialzeit vermutet wurde; von daher erklären sich die verwirrlichen, damals offiziellen Titel „Mwambutsa IV.“, „Ntare V.“ etc. (s. dazu Vansina 1961a, 1967 & 1972:191ff, Mworoha et al. 1987:131ff, auch Chrétien/Mworoha 1970).

wir nur wenige Informationen. Die mündlichen Überlieferungen werden interessanterweise erst ab Ntare Rugamba, der zu Beginn des 19. Jahrhunderts den zweiten vollen Zyklus eröffnete, gesprächiger. Während über den ersten Mwezi (mit dem Beinamen Ndagushimiye), den Nachfolger Ntare Rushatsis, kaum etwas überliefert ist, ist der auf ihn folgende Mutaga Senyamwiza hauptsächlich über seine militärischen Vorstösse und die damit erreichte Expansion Burundis nach Norden und Nordwesten bekannt, die die Integration gewisser, heute wieder zu rwandesischem Gebiet gehörenden Böden mit sich brachte. Diese Periode um die Mitte des 18. Jahrhunderts brachte auch ein weiteres Zurückdrängen der vormaligen Regionalmacht Bugesera mit sich. Vom anschliessend herrschenden Mwambutsa, mit Beinamen Mbariza, ist kaum viel mehr bekannt, als dass er in der Folge einer durch eine Trockenzeit ausgelösten Hungersnot „verschwand“, eine Formel, auf deren Bedeutung ich noch zurückkommen werde.

Die zahlreichen, oft mehrdeutigen und nicht einfach zu interpretierenden mündlichen Überlieferungen haben trotz dieser Einschränkungen ganz allgemein den Wert, Informationen über die momentanen zeitgenössischen Kräfteverhältnisse liefern zu können – sie zeigen „eine Art Schachbrett der regionalen Kräfte“ (Chrétien 1981a:261), auf dem sich laufende Verschiebungen ausdrücken. So sieht man im 18. Jahrhundert Burundi grosso modo alliiert mit Süd-Buha, Gisaka und Bushubi gegen die meistens feindlichen Bugesera, Nord-Buha und Rwanda.

Ein Jahrhundert nach Ntare Rushatsi, nachdem der erste dynastische Zyklus abgeschlossen war, kam mit Ntare Rugamba („Ntare der Krieger“, auch als Ntare Ruyenzi oder Rutanganwa bekannt, oft als Ntare II. angesprochen) das zweite Mal ein Herrscher der Ganwa-Dynastie mit dem Namen Ntare an die Macht (cf. dynastische Liste, Tabelle 2 im Kapitel 3). Er herrschte während der gesamten ersten Hälfte des 19. Jahrhunderts (±1796 – ±1850) und ist vor allem als grosser, kriegerischer Eroberer in Erinnerung geblieben. Unter seiner Herrschaft kam es zu einer Verdoppelung der Oberfläche Burundis, das damit mehr oder weniger seine bis heute bestehende territoriale Gestalt erhielt. Bugesera wurde endgültig zwischen Burundi und Rwanda aufgeteilt, während Nord-Buha nach Osten zurückgedrängt wurde. Unter burundische Herrschaft kamen neu die östlichen Regionen Bweru, Buyogoma und Bugufi (letzteres 1921 in einem Vergleich zwischen den Kolonialmächten Belgien und Grossbritannien wieder abgetrennt), aber auch die Imbo-Tiefebene, die sich im Westen dem Tanganyika-See entlang erstreckt. Diese grossflächige Expansion war Träger tiefgreifender Veränderungen der Gesellschaft Burundis, selbst aber wieder die Folge bedeutender Transformationen im Verlaufe des 18. Jahrhunderts. Wenden wir uns zuerst diesen letzteren zu. In ihrem Zusammenhang werden wiederum oft klimatische und ökonomische Faktoren hervorgehoben. Untersuchen wir zuerst den Wandel des landwirtschaftlichen Systems als wirtschaftlicher Grundlage des vorkolonialen Burundi.

Die Wirtschaft des vorkolonialen Burundi hatte nie das „Stadium“ einer rudimentären Metallurgie überschritten; selbst der Eigenbedarf an Hacken konnte nicht gedeckt werden, so dass immer solche aus den benachbarten Buha und Buvira importiert werden mussten. Eingeklemmt zwischen den Ausläufern der Kibira-Bergkette und den Sümpfen der Flüsse Ruvubu und Malagarazi, blieb Burundi wegen seiner Entfernung von den Haupt-Handels- und Karawanenachsen wirtschaftlich isoliert. Mit Ausnahme eines bescheidenen Eisen- und Salzhandels hatte es nie Teil an überregionalen Handelsnetzen. Es gab keinen strukturierten Handel auf der Basis von Lagerung oder eines generalisierten Tauschmittels; weder der Staat noch eine andere Korporation vermochte ein dauerhaftes internes Tausch- und Handelsnetz zu errichten. Es gab allein die interregionalen Wanderhausierer *bayangayanga*, die unregelmässig aus den peripheren Regionen ins Landesinnere zogen (Gahama 1983:148f); das ins Kirundi aufgenommene Wort für „Markt“ (*isôko*) stammt denn auch aus dem Arabischen und fand erst während der Kolonialepoche grössere Verbreitung.

Nichtsdestoweniger gab es bereits vorkolonial ein gewisses landwirtschaftliches „Mehrprodukt“. Schauen wir uns die Entwicklung der Landwirtschaft etwas näher an. Hier spielten zwei zusammenwirkende Faktoren eine entscheidende Rolle: Eine bedeutende Bevölkerungszunahme vor allem seit dem 18. Jahrhundert, und mehr oder weniger begleitend die zunehmende Verbreitung neuer, sogenannt „amerikanischer“ Kulturpflanzen. Die Produktivität der Landwirtschaft stieg ab dem 18. Jahrhundert beträchtlich, wozu der erhöhte Bevölkerungsdruck und die neuen Anforderungen durch eine zentralisierte politische Ordnung das ihre beitrugen. Zu den alten Getreidekulturen – die Hirsearten Sorgho („Mohrenhirse“) und Eleusine – und Gemüsearten, zu denen später die asiatischen Pflanzen Taro und Bananen und Knollenfrüchte indonesischen Ursprungs (*inumpu*) gestossen waren, kamen nun die amerikanischen Pflanzen Mais und vor allem die *Phaseolus*-Bohne dazu, die in den Höhenlagen mit langer Regenzeit die Möglichkeit von zwei jährlichen Ernten (während der beiden Jahreszeiten *agatasi* und *impeshi*) schufen, während die hauptsächlich aus Brasilien stammenden Knollengewächse Süsskartoffel und Maniok in erster Linie die Funktion von Reservekulturen für die Übergangsperioden zwischen den Ernten hatten. Diese neuen Kulturen verbreiteten sich so allgemein, dass sie das Erstaunen der ersten europäischen Reisenden gegen Ende des 19. Jahrhundert erregten.

Die wohl wichtigste Errungenschaft der einheimischen Landwirtschaft bestand aber in der gelungenen, höchst ausgeklügelten Verbindung dieser neuen Möglichkeiten mit dem alten landwirtschaftlichen System. Die Verbindung erfolgte nicht nur zwischen neuen saisonalen Kulturpflanzen und alten Gemüsen; die Bohne wurde geschickt in den landwirtschaftlichen Kalender der alten jährlichen Getreidekulturen eingeschoben oder mit neuen verbunden. Durch die damit zusätzlich notwendigen Jätarbeiten wurde der Anteil der anfallenden Frauenarbeit nochmals erhöht. Zu Beginn des 20. Jahrhunderts finden wir in Burundi eine intensive, diversifizierte Landwirtschaft vor, die sich auf ein System von Pflanzungsrotationen mit kurzen Brachezeiten und Mischkulturen stützt (Bewässerung, Dränierung und Düngung sind zwar ebenfalls bekannt, aber wenig praktiziert). Wiederum möglich war eine solche Feldbau-Landwirtschaft nur unter der Bedingung einer hohen Bevölkerungsdichte. Bei nicht weiter möglicher territorialer Expansion und einer relativ bescheidenen Niederschlagsmenge drängt sich eine Intensivierung der Landwirtschaft auf. Im Burundi der Ganwa-Zeit förderte die landwirtschaftliche Intensivierung das demographische Wachstum ebenso, wie sie selbst aus diesem folgte. – Es ist anzufügen, dass Burundis Bevölkerungsentwicklung unter weiteren günstigen Bedingungen stattfand. Innerhalb des Kokons seiner nur schwer überwindbaren, weitgehend natürlichen Grenzen konnte sich diese Gesellschaft lange Zeit weitgehend unberührt von negativen äusseren Einflüssen wie Krankheiten oder Sklavenhandel, die damals den Kontinent erschütterten, entfalten. Die erhöhte Bevölkerungsdichte wurde möglich und gefördert durch die Entwicklung von einer extensiven Getreide-Landwirtschaft zu einem intensiven, hoch diversifizierten Bodenbau.

Welche gesellschaftlichen Auswirkungen hatten diese Veränderungen? Es lässt sich argumentieren, dass die Bevölkerungsentwicklung zusammen mit der landwirtschaftlichen Intensivierung, die zu einer Einschränkung der Brachen führten, die auch als Weideland zur Verfügung standen, eine Akzentuierung potentieller Konflikte zwischen Feldbauern und Viehhaltern mit sich brachte. Veränderungen des Habitats[24] mögen diese Situation verschärft haben. Nach der oft vertretenen Argumentationslinie brachten diese für die flexibleren, mobileren und auch militärisch überlegenen Viehhalter gewisse Vorteile, die zur Vervielfachung der Abhängigkeitsbanden der Feldbauern von den Viehhaltern beitrugen (Vansina 1972:195, Mworoha et al. 1987:138). Nach verschiedenen Untersuchungen aus dem Raum Rwanda, Burundi, Nkore und Buha sollen damit verbunden im Laufe des 18. Jahrhunderts das Grossvieh seine grosse soziale und politische Bedeutung bekommen und sich Formen von pastoralem Klientelismus entfaltet haben.

Dazu drängen sich zwei Bemerkungen auf. Die erste betrifft die Rolle der monarchischen Zentralgewalt in diesen Prozessen, die zweite die Bedeutung, die Umwelt-Faktoren – den klimatischen Veränderungen und Trockenheiten – und der Einführung neuer Kulturpflanzen beizumessen ist.

---

24 Chrétien und Gahama sprechen von „crises écologiques“ (in Mworoha et al. 1987, Kapitel 5 & 6).

Als erstes lässt sich sagen, dass die monarchische Macht, in welcher Form auch immer sie bereits bestanden haben mag, im Prozess der beschriebenen landwirtschaftlichen Transformationen und Innovationen keine aktive Rolle spielte. Eine nähere Analyse der Oraltraditionen stützt die Annahme, dass die Zentralgewalt gegenüber der Landwirtschaft eine eher passive, regulierende Rolle einnahm, wenngleich sie immer versuchte, sich über ihre Aufgaben und Leistungen auf landwirtschaftlichem Gebiet zu legitimieren (Bilder des Mwami als Quelle aller Fruchtbarkeit, der mit Getreidesamen in der Hand zur Welt kommt; *umuganuro*-Ritual). Das *umuganuro* Sorgho-Aussaatsritual verdient in diesem Zusammenhang genauerer Erörterung. Man muss hier wissen, dass die Sorgho-Hirse eine der traditionsreichsten und vor allem die „königlichste" Pflanze des alten Burundi war. Die Monarchie brachte sich gleich mehrfach mit ihr in Verbindung. Ihre ökonomische Bedeutung war jedoch von Region zu Region sehr unterschiedlich, und auf dem gesamten Gebiet Burundis war spätestens ab Ende des 19. Jahrhunderts die Bohne wichtiger geworden (cf. Gorju 1938:43). Beim *umuganuro* handelte es sich um die wichtigste, jährlich wiederkehrende politische Zeremonie, zu der sich alle politischen Regionalführer persönlich einzufinden hatten; es wurde gerne als eigentliches Nationalfest dargestellt. Damit ist bereits gesagt, dass das *umuganuro* mehr von politischer denn von landwirtschaftlicher Bedeutung war. Der Monarch aber gab im Moment des *umuganuro* vor, den landwirtschaftlichen Kalender in der Hand zu haben und diesen zum Wohl der gesamten Gesellschaft zu kontrollieren und zu programmieren: Es war bei Todesstrafe untersagt, vor dem durch den Königshof jeweils im Dezember bestimmten *umuganuro*-Tag Sorgho auszusäen. Erst nachdem das mehrtägige Ritual unter Leitung des Mwami zelebriert worden war und er zu diesem Anlass etwas Sorgho der letztjährigen Ernte (das ansonsten als Samen diente) zu sich genommen hatte, durfte auf dem ganzen Gebiet Burundis mit der neuen Aussaat begonnen werden. Falls vor diesem Datum gesät würde, so der Glaube, gäbe es eine schlechte Ernte und litte darunter die Fruchtbarkeit im allgemeinen.

So war das *umuganuro* ein Hauptanschauungsort der Verbindung zwischen Monarchie, Fruchtbarkeit und Wohlergehen. Die Ostentation der monarchischen Macht wurde bei diesem Anlass noch bestärkt durch eine „umfangreiche" Verteilung[25] von Kühen und Hacken, mit der das Ritual abgeschlossen wurde. Der Zeitpunkt der Sorgho-Aussaat hat sich allerdings bis heute nicht verändert, auch lange nachdem die Monarchie ihren Einfluss verloren hat.[26] Man kann mit gutem Recht annehmen, dass ein vernünftiger Bauer auch ohne königlichen „Startschuss" nie auf die Idee gekommen wäre, vor Ende Dezember anzusäen, falls das nicht aus irgendwelchen besonderen Gründen erforderlich war. Die vermeintliche landwirtschaftsorganisatorische Funktion der obersten Herrschaftsinstanz erweist sich bei genauerem Hinsehen in hohem Masse als ideologische Vorgabe und Fiktion. Im Zusammenhang der Erörterung der Geschichte und der Bedeutung des *umuganuro*-Rituals ist ferner zu beachten, dass es in verschiedener Hinsicht offensichtlich dem ei-

[25] Der Umfang dieser Verteilung war ohne Zweifel beschränkter als ihr Ruf. Rugomana (in Rodegem 1971a: 239) spricht von je 70 Kühen und Hacken, wobei diese Zahl wahrscheinlich nicht zu wörtlich zu nehmen ist und eher für „Überfluss" allgemein steht; Gorju spricht von „trente têtes de bétail" (1938:49). Dafür wissen wir genauer, wem diese königlichen Gaben zukamen. Nach Rugomanas Bericht wurden in erster Linie die wichtigsten Ritual-Organisatoren, Seher und politische Notabeln bedacht. „Gewöhnliche Teilnehmer" konnten höchstens eine Hacke erhalten, falls noch etwas übrig blieb. Ebenso klar ist die Herkunft der verteilten Gaben: Sie stammten aus den zu dieser Gelegenheit an den Hof gebrachten *ingoróre*-Viehabgaben oder aus Beutezügen, die die Baganuza-*umuganuro*-Ritualisten zu dieser Zeit zu machen befugt waren (Bahenduzi 1977:90).

[26] Vansina ist davon überzeugt, dass eine Form des *umuganuro* bereits in der Vor-Ganwa-Zeit bekannt war: „(...) le rituel complexe de l'*umuganuro* du royaume rundi, plus tardif, était sans aucun doute dérivé des ces cérémonies antérieures [des rois et chefs hutu]" (1972:193).

nige Monate später im Jahr zelebrierten *kurya umwâka*-Familienfest nachempfunden ist und nicht etwa umgekehrt, wie manchmal suggeriert wird.[27]

Es lassen sich keine Hinweise dafür finden, dass sich die monarchische Macht als Institution für die Landwirtschaft eingesetzt hätte. Lässt sich im Gegenteil sagen, dass sich die Zentralgewalt in dem Moment für die Frage der Konkurrenz zwischen Bodenbau und Viehhaltung zu interessieren begann – oder sich erst dann herausbildete –, in dem die pastoralen Interessen durch die Landwirtschaft bedroht waren? Indem der Mwami sich, um eine zu grosse Einflussnahme der Landwirtschaft auf Kosten der Viehhaltung zu vermeiden, als vermittelnde Instanz anbot und Hacke und Kuh zu gleichberechtigt gültigen „Rechnungseinheiten" (zum Beispiel als – erst nun „standardisierte" – Gaben in Heiratsallianzen und Klientelbeziehungen) erklärte – erstere aufgrund ihrer Bedeutung als Produktionsinstrument in einer intensiven Landwirtschaft, letztere wegen ihrer lebenswichtigen Bedeutung für die Aufrechterhaltung der politischen Kontrolle? All das bleiben gezwungenermassen Mutmassungen, die weiterer Untersuchungen bedürften. Man muss sich auf jeden Fall vor zu starken Vereinfachungen hüten. Das Gesagte impliziert keineswegs, dass die vorkoloniale Monarchie nur an der Viehhaltung interessiert gewesen wäre – zu sehr hing sie von der Landwirtschaft und deren Wohlergehen ab. In diesem Sinn ist auch die Vervielfachung der ökonomischen, von *Bishikira* geführten königlichen Domänen zu verstehen. Die Bedeutung des Abgabensystems, das sowohl Feldarbeit als auch Naturalabgaben umfasste und eines Minimums an Organisation bedurfte, lag weniger auf ökonomischem denn auf politischem und ideologischem Gebiet: Es half, den Ruf des Mwami als Verkörperung der Monarchie nicht nur als Spender von Wohlstand und Fruchtbarkeit, sondern auch als grosszügiger Redistributor von Reichtümern aufrechtzuerhalten und sicherte gerade durch die damit verbundene und sorgfältig inszenierte „verschwenderische Verausgabung" seinen sozialen und politischen Einfluss.

Die zweite Bemerkung ist eine Kritik an zu ökologistisch-technischen Erklärungsversuchen der Dominanzverhältnisse zwischen Bodenbebauern und Viehhaltern und der Staatsbildung im allgemeinen. Ich meine, dass man die Bedeutung natürlich-klimatischer Faktoren nicht zu hoch veranschlagen, auf jeden Fall nicht allein bei ihnen die Erklärung für alles suchen sollte. Von verschiedensten Autoren wird das Alter und die Wichtigkeit der Kombination von Feldbau und Viehhaltung für die Gesellschaftsformation Burundis herausgestrichen. Nicht nur spielte sie unter der monarchischen Herrschaftsordnung eine zentrale Rolle, sondern schon allein wirtschaftlich betrachtet bot eine agro-pastorale Verbindung nicht geringe Vorteile (z.B. Möglichkeit von Düngung) und trug ohne Zweifel das ihre zur landwirtschaftlichen Intensivierung und hohen Bevölkerungsdichte bei (Mworoha et al. 1987:138). Es mussten nicht allein Trockenheiten und Hungersnöte gewesen sein, welche die beiden Gruppen miteinander in Kontakt brachten – das Bild einer durch gewisse, wenn vielleicht auch nur rudimentäre Tauschbeziehungen gekennzeichneten Koexistenz überzeugt mehr als die Vorstellung, Feldbauern und Viehhalter isoliert nebeneinander (oder eben erobernd einwandernd!) zu sehen. Auch Southall vermutet am Beispiel der Alur, dass zu Beginn keine gewaltsamen Kontaktnahmen, sondern eher sich langsam entwickelnde Tauschbeziehungen standen:

> „Since the meeting does not seem in general to have been violent, the process of interaction could have been a very gradual one, as each side observed and became familiar with the other in the daily activities both of material and supernatural production" (1988:58).

Sind ohne Trockenheiten und Hungersnöte nur symbiotische oder aber gar keine Beziehungen denkbar? Steht die Neigung, das Entstehen gesellschaftlicher Widersprüche und antagonistischer Interessen primär mit Trockenheiten und amerikanischen Bohnen zu erklären, damit in Zusammen-

---

[27] Beim zwischen April und Juni im engen verwandtschaftlichen Rahmen begangenen *kurya umwâka* handelt es sich um das Eleusine (*uburo*)-Erstlingsfrucht- und Erntefest (s. dazu vor allem Bahenduzi 1977 & Ders. in Chrétien (ed). 1983:173). Zum *umuganuro* s. zusätzlich Rodegem 1971a, Gorju 1938:42-50, Mworoha 1977:254-58, Revue „Que Vous En Semble", n° 26, 1971:40-44.

hang, dass man wie Chrétien, Gahama und Mworoha immer lieber den konsensualen Aspekt betont?[28] Oder gar die Begründung von Widersprüchen verschleiern will? Es stellt sich zudem ganz allgemein die Frage, wie weit man zur Erklärung einer höheren Bodenbesetzungsdichte und einer Bevölkerungszunahme auf durch Trockenheiten ausgelöste Hungersnöte Rekurs nehmen muss, ein Faktor, der in Studien zu den interlakustrinen Gesellschaften manchmal als wahrer „deus ex machina" eingeführt wird (so auch bei Steinhart 1981).

Auch Unterschiede sozialer, politischer und kulturell-ideologischer Art können zu konfliktiven Gegensätzen führen und antagonistische Interessen beinhalten; schliesslich ist auch der „cattle complex" ostafrikanischer pastoraler Gesellschaften nicht nur ökonomisch erklärbar. Man kann sich fragen, ob es nicht allein schon genügend kulturelle Unterschiede gab, die es für die Viehhalter undenkbar machten, von Feldbauern abhängig zu werden. Als wichtiger Grund für das sich herausbildende Gefälle wird oftmals das Argument angeführt, dass die Viehhalter[29] unter sich stärker und auf einer umfassenderen Ebene organisiert gewesen seien als die Bodenbebauer.[30] Wenn man die Dynamik gesellschaftlicher Widersprüche ausleuchten will, kann es nicht genügen, allein klimatische und landwirtschaftstechnische Faktoren ins Sichtfeld zu rücken. Wie schwach der letztere Argumentationsstrang für sich allein genommen ist, zeigt gerade das Beispiel der neu eingeführten amerikanischen Kulturpflanzen Bohne und Mais. Kann man wie Chrétien & Gahama (in Mworoha et al. 1987:138) annehmen, dass die dank dieser neuen Doppelernte- und Reserve-Kulturen erreichte Intensivierung der Landwirtschaft die Autonomie des Bodenbaus gegenüber der Grossviehhaltung vergrösserte? Immerhin ist auch denkbar, dass damit gerade ein höherer Düngerbedarf verbunden war. Selbst wenn eine höhere Unabhängigkeit des Bodenbaus die Folge gewesen sein sollte, führte das nicht zu einer dementsprechenden Gestaltung der Dominanzverhältnisse zwischen den beiden Gruppen oder zumindest zu einer autonomeren, weniger von den Viehhaltern abhängigen Stellung der Feldbauern, wie das die zitierten Autoren postulieren (ibid.). Diese konnten die sich damit bietende „agronomische Chance" nicht für eine Verbesserung ihrer Situation nutzen. Von ihr profitierte vielmehr die aristokratische Führungsschicht. Eine produktivere Landwirtschaft erlaubte den Abzug neuer bzw. generalisierter Abgaben, wie Botte (1982b:312) aufgezeigt hat. Wenn man wie Mworoha et al. (1987:138) allein auf einer knappen Buchseite dreimal betonen muss, dass etwas „sans (aucun) doute" zutreffe, fragt sich in der Tat, ob jeder Zweifel unangebracht ist. Die Bezüge zwischen Habitat und Gesellschaftsordnung sind nicht immer so einfach und direkt, wie sie scheinen mögen.

Kommen wir zurück zu Ntare Rugamba und den geschichtlichen Entwicklungen unter seiner Herrschaftszeit. Es fragt sich, inwieweit die grossen territorialen Erweiterungen in der ersten Hälfte des 19. Jahrhunderts als Antwort auf akzentuierte Widersprüche zwischen Bodenbau und Viehhaltung und/oder andere innere, während des 18. Jahrhunderts entstandene Widersprüche in Zusammen-

---

28 In diesem Sinn ist wohl auch die Betonung der „symbiose antique" zwischen Viehhaltern und Bodenbauern im Geschichtsbuch von Mworoha et al. zu verstehen; die Bezeichnungen „complexe agro-pastoral" und „combinaison élevage-agriculture" kommen darin insgesamt zwölfmal vor.

29 Wenn hier von Viehhaltern und Feldbauern gesprochen wird, impliziert das nie eine ausschliessliche, sondern allein die vorherrschende Tätigkeit. Die Feldbauern mögen sehr wohl bereits seit langem Vieh (vor allem auch Kleinvieh) gehalten haben, wie die Viehhalter bei längeren Halten als unterstützende Übergangslösung den Boden bebaut haben mögen (cf. Southall 1988:57). – Eine vertiefte ökologische Analyse hätte erst einmal festzustellen, inwieweit Viehaltung unter den gegebenen (und durch Feldbau veränderten) natürlichen Verhältnissen überhaupt umweltverträglich ist (Kahlfrass, ...).

30 S. z.B. Southall 1988:57. Southall hat an anderer Stelle darauf hingewiesen, dass ethnische und kulturelle Heterogenität innerhalb einer Region Staatsbildungsprozesse begünstigen kann: Die Interaktion verschiedener ethnischer Gruppen mit unterschiedlichen Sozialstrukturen erleichtert die Durchsetzung von Herrschafts-/Unterordnungs-Strukturen (s. Balandier 1976:164).

hang zu sehen sind (Mworoha et al. 1987:138, Botte 1982b:312f). Zum ersten Punkt, der das Streben nach Zugang zu neuen Siedlungsgebieten impliziert, ist zu bedenken, dass die Gebietserweiterungen wohl kaum zu umfassenden Abwanderungen aus den ehemaligen zentralen in die neu eroberten Gebiete führten; solche beschränkten sich im grossen ganzen auf Anhänger und Gefolge der dort neu eingesetzten Prinzen und Chefs. Die Gründe dieser Eroberungen lagen wohl vielmehr in der Logik der (aristokratischen) Herrschaft und hatten mit Ansprüchen von Teilen der herrschenden Gruppe auf mehr Autonomie und Abgaben zu tun. Nach Botte forderten die als Regionalfürsten eingesetzten Prinzen für sich einen grösseren Teil der bäuerlichen Produktion. Die Errichtung des Ganwa-Verwaltungssystems war der Autorität der Baganwa als Regionalführer nur förderlich und schwächte die Zentralgewalt (Vansina 1972:204). Dieses Herrschaftssystem, das innere Rivalitäten stark förderte und zu dem führte, was Botte als „guerre interne" bezeichnet, wird im nächsten Kapitel detaillierter vorzustellen sein. Nach Botte waren die grossflächigen territorialen Eroberungen eine besondere Antwort auf die nur schwache Entwicklung der Produktivkräfte, indem sie deren „Breiten"-Entwicklung gleichkamen. Nicht die abziehbare Rate der bäuerlichen Produktion nahm zu, sondern die territoriale Fläche, auf der Abgaben eingefordert werden konnten (1982b:312f). Dasselbe setzte sich nach dem Ende der Ausseneroberungen durch die „Heimholung" der Widersprüche ins Landesinnere in der Form des „inneren Krieges" fort (s. dazu Kapitel 3.4.2 & 5.3).

Mit der Welle von Expansionen entstanden zahlreiche neue Probleme. Das politische System sah sich neuen Zwängen und Anforderungen gegenüber; galt es doch nun, die riesigen neuen Gebiete in die territoriale Verwaltung und die darauf lebende Bevölkerung in die monarchisch-zentralistisch ausgerichtete Gesellschaft zu integrieren. In die erste Hälfte des 19. Jahrhunderts fallen Kampf und Durchsetzung gegen lokale Machtgruppen in den neuen, bislang weitgehend autonomen Gebieten. Die autonomistischen „Häuptlinge", die diese bis anhin kontrollierten, wurden nun zu „Rebellen" gegenüber der neuen Zentralmacht.[31] In den Oraltraditionen erscheinen alteingesessene wie neu eingesetzte aufständische Lokalherrscher unterschiedslos als Gegenkönige oder Rebellen. Die bekanntesten Beispiele sind Fumbije, ein im Nordosten herrschender Hutu-Chef, und Ntibirangwa, der zu Beginn des 19. Jahrhunderts im östlichen Buyogoma über weite Gebiete herrschte und dem hier sehr einflussreichen Tutsi-Clan der Bashoka zugehörte.

Die gewaltige Territorialexpansion (*gufururira igihugu*) führte zur Entwicklung dessen, was wir als das „Ganwa-System" bezeichnen können. Ntare Rugamba setzte die fähigsten und durchsetzungskräftigsten seiner Söhne über die neuen Grenzgebiete „on the frontier" ein: Ndivyariye im südlichen Mugamba und vor allem im nordöstlichen Bweru, Rwasha im Osten, Birori im Süden und Busumano im Westen. Fortan sicher auf den Höhen des Mugamba eingelagert, konnte das Königreich sich hauptsächlich nach Nordosten – das überwiegend pastorale „Land der Tränken" (ehemalige Bugesera-Kultur) – entfalten und sich der Integrierung der neuen Ost-Gebiete, äusserst reich an Sorgho, dem „Königs-Getreide", widmen. Dieses Ganwa-System folgte einer doppelten Logik und war gleichzeitig die Antwort auf zwei verschiedene Erfordernisse. Als erstes war es ein System der Territorialverwaltung, das die Einheit und nationale Vereinheitlichung gewährleisten sollte. Die Vertrautheit und Identifizierung der Baganwa mit dem herrschenden Königshaus sollte den nationalen Zusammenhang fördern. Den in den Randregionen eingesetzten Prinzen oblag es

[31] Bezüglich dieser Zeitepoche ist es allein eine Frage der Perspektive, ob ein eingesessener Lokalherrscher als „Rebell" (vom Zentrum her gesehen) oder als „roitelet" (vom betreffenden Ort selbst her gesehen) beschrieben wird. So trifft Chrétiens Kritik an Vansina (1972:119-122) nur insofern, als dieser den nordöstlichen Führer Fumbije aufgrund von Oraltraditionen in der offenbar falschen Zeitepoche verortet (Chrétien 1984:16f; cf. Mworoha et al. 1987:154); natürlich stellt sich die Frage anders dann, wenn der Aufständische durch die Zentralgewalt selbst eingesetzt worden ist. Ob das bei Fumbije der Fall war und über eine wie starke lokale Unterstützung dieser zum Hutu-Clan der Baswere gehörende Chef verfügte, ist umstritten.

nicht nur, das Land gegen aussen zu verteidigen, sondern auch, innere Rebellionen zu bekämpfen bzw. solchen zuvorzukommen. Die mit dem Ganwa-System verfolgte Doppelstrategie wird dann klar, wenn man sieht, dass aber auch die Prinzen selbst zu einer Hauptgefahr für die Zentralgewalt werden konnten. Der Königshof musste daran interessiert sein, zu mächtig werdende Sprösslinge möglichst auf Distanz zum Zentrum zu halten (Mworoha 1977:135ff, Mworoha et al. 1987:156). Im Kerngebiet in der Umgebung der Hauptresidenzen setzten die Bami daher als Gebietsverwalter lieber einfache und ihnen ergebene Leute ein als einflussreiche und ihrer eigenen Macht bedrohliche Prinzen. Die Aufsplitterung der Baganwa in verschiedene Äste, die auch real unterschiedliche Interessen hatten, hatte zur Folge, dass die schärfsten und bedrohlichsten Konkurrenten um die königliche Macht und die mächtigsten Widersacher aus der königlichen Familie selbst stammten.

Die geschichtlichen Entwicklungen der ersten Hälfte des 19. Jahrhunderts und damit verbundene Episoden sind im Gedächtnis der „Traditionalisten“ – der informellen „Geschichte(n)-Überlieferer“ („les mémorialistes“) – noch sehr lebendig. Es sei hier darauf aufmerksam gemacht, dass Ntare Rugamba in den Überlieferungen sehr oft mit dem früheren Ntare Rushatsi verwechselt und dass sie einander auch oft in der Rolle als Gründer gleichgestellt werden (man sagt oft einfach *kera kuri Ntare*, was gleichbedeutend ist mit der „Zeit der Urspünge“, „weit zurückliegend“). Ntare Rugamba ging als eigentlicher „zweiter Gründer“ in die Geschichte(n) Burundis ein. Das hat nicht nur zu tun mit den unter seiner Herrschaft unternommenen Eroberungen, sondern auch mit den Bedingungen seines Machtantritts. Sein Vater Mwambutsa, der den ersten dynastischen Zyklus abschloss, „verschwand“ in einer durch eine Trockenperiode bedingten Hungersnot (nach gewissen Überlieferungen musste er sich opfern und umbringen, ganz so, wie es dem esoterischen königlichen Kode entsprach, den es im nächsten Kapitel detaillierter vorzustellen gelten wird) und so wurde Ntare Rugamba zum „Mwami, der den Regen zurückbrachte“ (Chrétien 1984:17 & in Guillet/Ndayishinguje 1987:277f). So wird denn auch er mit „der Zeit der Ursprünge“ in Verbindung gebracht. Der Name „Ntare“ steht allgemein für eine Zeit des Neubeginns und der Regenerierung. Jeder Ntare wird nicht nur als Eröffner eines neuen Zyklus, sondern auch als Beginn einer neuen Epoche gesehen. Er soll die Kraft der Ursprungszeiten zurückbringen. Das kann noch mehr implizieren: Ntare ist ein Neuordner, nach dem in der burundischen Gesellschaft jedesmal nach einer Zeit des Zerfalls und der Schwierigkeiten der Ruf ertönt. Die Figur Ntares trat damit immer wieder auch in Zusammenhang mit Rebellionsbewegungen auf. Aus der frühen Kolonialzeit unter der Herrschaft Mwambutsa Bangiricenges sind mehrere solche bekannt, die in Erwartung neuen Heiles das baldige Auftreten eines Ntare ankündigten. Ntare ist damit nicht irgendein Mwami, sondern sowohl die Bestätigung der Legitimität der monarchischen Macht wie auch das Prinzip ihrer Subversion, damit aber gleichzeitig immer auch ihrer Erneuerung. Sein Auftreten beinhaltet die Infragestellung dieser Macht dann, wenn sie ihren Halt verloren hat, sie „abgenützt“ und ihre Ausübung „verkommen“ ist. Hierin können wir ein wichtiges Element der Macht-Konzeption allgemein erkennen. – Bevor ich das monarchische System näher darstelle, soll ein weiterer Aspekt der Staatsbildung beleuchtet werden, der in der politischen und sozialen Geschichte Burundis seine besondere Bedeutung bekommen sollte: Es geht um die Frage der Bildung und Fragmentierung sozialer Gruppen und ihrer Beeinflussung durch die politische Zentralgewalt.

2.3 Ethno-logische Manipulationen und Modellierungen: Zusammenschlüsse und Fraktionierungen

Ich möchte hier die Diskussion eines Elementes des monarchischen Machtsystems vorwegnehmen, das bei dessen Herausbildung eine nicht zu unterschätzende Rolle gespielt hat und dessen volle Bedeutung bei der näheren Vorstellung der politischen Organisationsform des Königreiches und schliesslich der heutigen politischen Problematik deutlich werden wird. Ich spreche von der „ethnischen Geschichte“. Ihre Isolierung erfolgt hier allein aus analytischen Gründen und ihre Bezüge zu anderen „Säulen“ der Gesellschaftsordnung werden später klar werden.

Gehen wir davon aus, dass es zur Errichtung und Abstützung der monarchischen Macht wichtig war, Modelle sozialer Integration zur Verfügung zu stellen bzw. zu fördern. Dazu gehörten „identifikative“ und identitätsstiftende Bande wie die Zugehörigkeit zu Ethnie, Clan und Lineage entlang patrilinearer Linien, andererseits wohl auch die Kontrolle und „Benutzung“ einer klientelistischen Unterordnungsstruktur, die später näher vorgestellt werden wird. Ich stelle hier die – keineswegs neue – These auf, dass die Zentralinstanz bzw. die herrschende Aristokratie bestrebt sein musste, die Formierung sozialer Identitäten und einer Struktur gesellschaftlicher Statuspositionen als Quelle „nationaler“ Kohäsion zu beeinflussen. Ausgehend von der vorangehenden Kritik am strukturfunktionalistischen und anderen, die historische Dimension vernachlässigenden Ansätzen soll hier die Form- und Manipulierbarkeit sozialer Gruppen, ihrer Zusammensetzung und ihrer Grenzen hervorgehoben werden. Gruppenbildung und -fraktionierung und soziale Hierarchisierung sind in einer zentralisierten Gesellschaft nur unter Inbetrachtnahme des politischen Zentrums, des monarchischen Einflusses verständlich – genauso wie der heutige ethnische Konflikt unter Ausserachtlassung des Zentralstaates unverständlich bleiben muss. Sicher muss man sich vor Vereinfachungen hüten – die monarchische Macht war keineswegs die einzige Wirkungskraft. Im Zusammenspiel verschiedener Faktoren und Kräfte bildete sich eine komplexe, durchgängige gesellschaftliche Hierarchie nach mehreren verschiedenen Kriterien heraus. Die Hierarchisierung von verwandtschaftlichen und ethnischen Gruppen muss jedoch im Zusammenhang mit der monarchischen Herrschaftsordnung gesehen werden. Das gilt ebenso für die Tatsache, dass es verschiedene Möglichkeiten sozialer Mobilität gab. Diese Möglichkeiten machten die ausgeprägt hierarchisierte monarchische Gesellschaftsordnung jedoch nur im geringem Masse durchlässig. Immerhin waren die ethnischen Grenzen nie vollständig rigid oder unüberschreitbar.

Es ist von besonderer Relevanz, die Grenzen der Zugehörigkeit zur dominanten Gruppe der Batutsi und deren Flexibilität und Durchlässigkeit zu betrachten. Ausser durch patrilineare Abstammung konnte man so auf zwei weitere Arten zum Mututsi werden. Es sind Fälle von ganzen Segmenten von Hutu-Lineages bekannt, die mittels des *kwîhutura*-Prozederes zu Batutsi wurden (so ein Teil der Bajiji). Meistens betrafen solche Möglichkeiten des Aufstiegs und der „Adelung“ allerdings nur Einzelpersonen und ihre direkten Nachkommen; vermögende Bahutu oder solche, die sich besonderes Verdienst erworben hatten und die sich mit Batutsi-Frauen verheirateten (in der Regel während mehrerer Generationen), konnten mittels einer formellen, selbst eingeleiteten Prozedur oder durch königliches Dekret als Batutsi anerkannt werden (sog. *kwîhutura*, „Veräusserung, Abstossung des Hutu-Seins“[32]). Die Grenze zwischen Baganwa und Batutsi-Banyaruguru war bereits in höherem Masse fliessend. Diese beiden Gruppen waren sich nicht nur über präferentielle Heiratsallianzen verbunden, sondern auch über das Prinzip des zyklischen Ausschlusses aus der Ganwa-Aristokratie, gemäss dem alle vier Generationen (d.h. entsprechend dem dynastischen Vierer-Zyklus) der älteste Baganwa-Ast zu „gewöhnlichen Batutsi“ (jedoch gehobener Kate-

---

[32] Das Präfix *kwî-*, oft reflexiven Gebrauch anzeigend, hat die Bedeutung von „autonom sein, etwas selbst machen“. Zum *kwîhutura* s. Trouwborst 1962:134, Bigangara 1986:42, Rodegem 1967:143f, 1970:183.

gorie, sog. *Bapfâsóni*) degradiert und relegiert wurde, wie immer wieder betont wird (s. z.B. Mworoha 1977:142). Dieser Relegationsprozess wurde als *gutahira* („herunterkommen“) bezeichnet (s. auch unter *Bapfâsóni* im Kapitel 3.4.2 & 4.1). Mit etlicher Ungenauigkeit und Übertreibung kommt so Siriba dazu, von „trois façons d'être mututsi“ zu sprechen, von einer „réalité souple et changeante“ (sic), und sagt in etwas holperigem Französisch: „Les Batutsi étaient une *catégorie de rassemblement* accueillant ceux qui quittent la leur, c'est à dire les Bahutu et les Baganwa“ (1976:67ff, meine Hervorhebung).

In Bezug auf die Batutsi stellen sich verschiedene weitere Fragen. Welche Prozesse und Mechanismen führten dazu, dass die Bahima und die Banyaruguru (zu denen schliesslich auch die Baganwa gezählt werden können) zu einer einzigen Ethnie „Batutsi“ zusammengeschlossen und amalgamiert wurden? All diese Gruppen weisen keinen durchwegs identischen kulturellen Hintergrund auf und kennen unterschiedliche geschichtliche Erfahrungen. In Rwanda und im östlichen Zaïre, wo es kleinere Gruppen von Bahima gibt, werden diese keineswegs den Batutsi zugerechnet, und auch im südwestlichen Uganda (Nkore, Toro), wo die Bahima lange eine dominante gesellschaftliche Stellung innehatten, wurden sie nie als „Batutsi“ bezeichnet, wenn sie sich ihnen (als Viehhalter?) auch als nahestehend betrachten.

Wer alles den Bahutu zugerechnet wurde, hat sich offenbar ebenso erst im Laufe der Geschichte herausgebildet und war nicht fest vorgegeben. Gruppen wie die Bajiji und Bashubi, die zu den numerisch wie einflussmässig gewichtigsten Clangruppen Burundis gehören und denen beiden unter der Monarchie wichtige Ritualaufgaben zukamen, weisen von ihrem Namen her auf verschiedene in Tanzania gelegene Regionen hin (Bujiji, Bushubi; cf. Vansina 1972:200). Aufgrund noch heute bestehender Beziehungen lässt sich vermuten, dass sie im Laufe der Zeit in sukzessiven Wellen, während denen es abhängig von der ökonomischen und politischen Konjunktur mehrmals Zu- und Rückflüsse von diesen und in diese Nachbarsregionen gegeben haben mag, auf burundisches Gebiet gekommen und hier schliesslich den Bahutu zugerechnet wurden. Es ist möglich, dass alle aus der südlich an Burundi anstossenden Region Ujiji einwandernden Leute als „Bajiji“ bezeichnet wurden und es sich dabei ursprünglich mehr um eine regionale denn verwandtschaftliche Bezeichnung handelte. Der engere Clan der Bajiji wird nach dem sie charakterisierenden Totem als „Abajiji Bazirankende“[33] bezeichnet. Die Bazirankende sind die weitaus grösste Lineage, oder genauer: das wichtigste Clansegment der Bajiji. Nach einigen Quellen waren die Bajiji aber auch schon seit langem in der Region Nkoma im Südosten Burundis ansässig.[34] Ähnliches lässt sich von den Bashubi sagen, deren einer Teil schon lange im gebirgigen Nordmugamba um den wichtigen Ritualort Banga ansässig sein soll (Mworoha et al. 1987:110,116). Zumindest zwischen dem zweiten lokalen Kern dieses Clans in der Gegend des nordöstlichen Rugari und der unweit davon im heutigen Tanzania gelegenen Region Bushubi scheint es heute noch intakte Bande zu geben.[35] Interessant ist immerhin, dass sowohl Bajiji wie Bashubi ihr Schicksal in engen Zusammenhang mit der Entstehung der burundischen Monarchie bringen, unter der ihnen beiden

---

33 Wörtlich: „die Bajiji, die nicht die kleinen, an den Waldrändern lebenden Affen essen“; *inkende* = Cercopithecus, langschwänziger Rhesusaffe, Seidenäffchen.

34 S. dazu Mworoha et al. 1987:115; auch Ghislain 1970:40f. – Die in Nkoma offenbar lange verwurzelte, einflussreichste Bajiji-Gruppe stellte namentlich die einflussreichen *umuganuro*-Ritualisten der *Baganuza*-“Bruderschaft“, die immer wieder für ihren Reichtum beschrieben wurden. Bahenduzi spricht von ihnen gar als der ökonomisch bestgestellten Gruppe des alten Burundi und beschreibt sie als „société d'abondance [qui] vit dans une atmosphère de fête permanente“ (1977:9). Diese erhebliche, von anderen Autoren nicht geteilte Übertreibung ist deutlich an der (über-) hohen Einschätzung der Bedeutung der „Banyamabanga“-Ritualisten durch die „Mworoha-Schule“ orientiert (s. z.B. Mworoha 1977:162f).

35 Wenn diese Bashubi selbst auch nichts von einer „tanzanischen“ Herkunft wissen wollen, so kann das primär legitimatorische Gründe haben: selbstverständlich will jedermann möglichst alteingesessen sein.

wichtige Ritualfunktionen zukamen, die ihnen eine gewisse Autonomie und (einen manchmal etwas überschätzten) Einfluss sicherten (cf. Mworoha et al. 1987:110).

Ebenso ist anzunehmen, dass die verschiedenen Gruppen von Viehhaltern nicht alle unter der Benennung „Batutsi" ins Land kamen oder da schon lebten, genauso wie alle als „Bahutu" bezeichneten und zusammengefassten Gruppen keine einheitliche Ganzheit bildeten. Auch sie kannten eine unterschiedliche Geschichte und verschiedene Migrationsbewegungen und trugen wohl keineswegs alle immer das Etikett „Bahutu". Es ist durchaus denkbar und sogar wahrscheinlich, dass die verschiedenen Bahutu-Gruppen erst im Zuge der Bildung und Durchsetzung der monarchisch-frühstaatlichen Herrschaftsordnung die „kategorielle" Benennung „Bahutu" und eine ethnische „Qualifizierung" erhielten, die sie vorhin in dieser Weise nicht gekannt haben mögen.[36] Solche ethnischen Bestimmungen und Benennungen haben sich, so lässt sich mit gutem Grund vermuten, erst im Laufe der Zeit herausgebildet. Das heisst nicht, dass diese Zuordnungen mehr oder weniger „willkürlich" erfolgten; sie orientierten sich vielmehr am Rahmen der oben genannten sozialen und ökonomischen Partikularismen. „Selbstverständlich" aber waren sie nicht. Wie die Beispiele mehrerer Nachbargesellschaften zeigen, waren auch andere Grenzziehungen möglich.

Ich will hier nicht die These vertreten, dass die Ethnien ein Produkt der monarchischen Herrschaftsordnung waren. Es lässt sich jedoch sagen, dass das Herrschaftszentrum bestrebt sein musste, nach seinen Bedürfnissen auf die ethnischen Grenzen einzuwirken. Solchen Einflussversuchen durch die Monarchie waren aber enge Grenzen gesetzt. Die Gruppenzugehörigkeiten unterlagen und bestimmten sich in erster Linie durch andere Prinzipien und Mechanismen, die das monarchische Zentrum nicht steuern konnte, sondern respektieren musste (cf. Kapitel 1).

Solche Überlegungen sind hier bedeutungsvoll, da sie die oben diskutierte Besiedlungsgeschichte und auch die Formierung eines „Early State" in einem neuen Licht erscheinen lassen. Die ethnischen Gruppierungen, Trennungen und Spaltungen sind nicht nur im Zusammenhang mit dem unterschiedlichen oder gemeinsamen „kulturellen Erbe", sondern auch im Zusammenhang mit der Besiedlungsgeschichte des Landes und der monarchischen Herrschaftsordnung zu verstehen. In dieser Einsicht lässt sich wohl ein Beitrag zur Lösung des „historischen Rätsels" (Mworoha et al. 1987:95) der Existenz der „Kategorien" (*amôko*) „Batutsi", „Bahutu", „Batwa" und „Baganwa" sehen. Wenn die Monarchie auch mitnichten die Ethnien „geschaffen" hat, so ist die letzte und bis heute nachwirkende (aber keineswegs endgültige, sondern anderen Einflüssen ausgesetzte) Ausgestaltung der ethnischen Zuordnungen und die Fraktionierung wie auch die Amalgamierung vorher getrennter Gruppen doch in Verbindung mit der Durchsetzung des monarchischen Herrschaftsmodelles zu sehen. Das bedeutet, dass der monarchische frühe Staat und die ethnische Struktur mit all ihren Feinheiten, so wie wir sie seit dem 19. Jahrhundert kennen, eng miteinander verbunden sind und dieselbe historische Tiefe besitzen. Auftreten und volle Herausbildung der Ethnien wären damit ein Phänomen, das erst mit der Formierung des Königreiches unter Führung der Ganwa-Dynastie seine volle Bedeutung und Kraft bekam, wenn das ethnische Fundament auch sicher älter ist. Leider ist über solche Prozesse nichts näheres bekannt; dass Oraltraditionen darüber keinerlei Auskunft geben, ist nicht weiter erstaunlich. Ebensowenig erstaunlich ist es, dass sie sich über die verwandtschaftlichen Zugehörigkeiten der ersten Herrscher ausschweigen; stattdessen wird vielmehr die agro-pastorale Herkunft und Verankerung und die überformende Qualität und integrative Kraft der königlichen Macht hervorgestrichen. Es wäre jedoch von erheblichem Interesse, die mit der Formierung der verschiedenen gesellschaftlichen Gruppen verbundenen Mechanismen besser zu kennen, nicht zuletzt auch zur Erhellung der heutigen Widersprüche, Probleme und politischen Praktiken. Es lässt sich immerhin annehmen, dass die sich bildende

---

[36] Ähnliche Prozesse sind aus Rwanda bekannt. Vornehmlich in Randgebieten scheint sich eine Hútu-Identität erst im 19. Jahrhundert im Zuge politischer Inkorporationsprozesse herausgebildet zu haben (cf. Lemarchand 1983: 50).

Monarchie an einer Organisation auf einer „supra-clanischen“ Ebene, einer Ebene jenseits von Clan- und lokal basierten Gruppen, interessiert sein musste und möglichst grosse oder durch ihre politische Ordnung determinierte gesellschaftliche Regruppierungen anstrebte. Aus verschiedenen Oraltraditionen und der späteren Geschichte der Monarchie ist klar ersichtlich, dass die Monarchie in ihrer Anfangszeit beträchtliche Mühe hatte, sich gegenüber mächtigen Lokalgruppen, Verwandtschaftsverbänden und „Regionalfürsten“ durchzusetzen.[37] Ein Indiz dafür liegt in den historischen Kenntnissen über mehr oder weniger regelmässige Auflehnungen von Clanverbänden – die alle über ihre territorialen Verankerungen verfügten – gegen die königliche Macht. So sind etliche Fälle bekannt, in denen ganze Clane auf königliche Order ausgerottet werden sollten. Das hat sowohl Batutsi wie Bahutu betroffen, und bezeichnenderweise handelte es sich dabei erst in jüngerer Zeit um dem Königshaus nahestehende (und um die königliche Macht rivalisierende) Verbände.[38]

Ich möchte hier auf einen weiteren Aspekt der vorkolonialen Gesellschaftsordnung aufmerksam machen: auf das fein elaborierte System der Klassifikation und Hierarchisierung der ethnischen und verwandtschaftlichen Gruppierungen unter der monarchischen Herrschaftsordnung. Ihrer aller Platz bestimmte sich in erster Linie durch ihre Beziehungen und Aufgaben gegenüber dem monarchischen Hof, ob nun in der Gegenwart oder in der Vergangenheit. Das galt zuerst für die ethnischen Gruppen, die alle durch die Übertragung spezieller Aufgaben auf eine besondere Art an den Hof und damit in die monarchische Herrschaftsordnung (ein-) gebunden waren. Die *Batwá* waren nicht nur gehalten, einen Teil ihrer Jagdprodukte als Tribut an die aristokratischen Höfe zu bringen, sondern sie stellten daselbst auch eine Art – allseits gefürchtete und respektierte – Leibgarde, die für persönliche Sicherheit und Schutz des Mwami und der Aristokraten verantwortlich war. Die *Bahutu* waren für alle spezifisch landwirtschaftlichen und den Boden betreffenden Aufgaben (von der Gutsverwaltung bis zu religiösen Ritualen) zuständig. Zum einen ist deutlich, dass der zentrale Hof in hohem Masse auf die landwirtschaftliche Produktion der Bahutu bzw. die hier möglichen Tributabschöpfungen angewiesen war; zum anderen sehen wir, dass den Bahutu an den aristokratischen Höfen einige wichtige Funktionen und Posten – die alle mit direkter Subsistenz, Konsumtion oder Ritual zu tun hatten – vorbehalten waren. Eine solche direkte Machtbeteiligung – wie marginal sie auch sein mochte – und „Kooptation“ war unter Umständen notwendig, um sie von einem Aufbegehren abzuhalten und ihren Glauben an den Nutzen der monarchischen Macht zu bestärken. Es galt, sie bei der Stange zu halten, damit sie bereit waren, der Monarchie die landwirtschaftlichen Güter in Form von Tributen zukommen zu lassen, deren sie bedurfte. Gegenüber den Bahutu waren die aristokratischen Baganwa immer darauf bedacht, ihre Distanz zu den Batutsi zu betonen (was allein schon aufhorchen lässt) – „sie suchten sich die Sympathie der Bahutu zu sichern, indem sie ihnen ihre ähnlich gelagerten Interessen und eine sich daraus ergebende ‘natürliche’ Allianz vor Augen hielten“ (Gespr. 73:15). Solche Bande, Annäherungen und Distanzierungen scheinen mir mehr in Machtkonstellationen, wie sie sich aus der Logik der Herrschaftsordnung ergaben, denn in herkunftsmässigen „Ursprüngen“ begründet zu sein, wie manchmal spekuliert wird. Das eine schliesst das andere aber nicht aus.

Den *Batutsi* schliesslich, deren Aufgaben sich immer in der Hauptsache auf das Vieh – das wichtigste Attribut von Reichtum und Prestige – bezogen, wurde über die ihnen vorbehaltenen Positionen und Funktionen klar gemacht, dass sie über den gesellschaftlichen Vorrang verfügten. Das gilt so allgemein, auch wenn unter ihnen weitere Differenzierungen gemacht wurden. Der Hof achtete nämlich auf eine strenge Unterscheidung zwischen Batutsi-Banyaruguru und Batutsi-Bahima. Allein die Banyaruguru wurden an das königliche Vieh, *ingabe* genannt, herangelassen, für das sie als Melker, Kuhdistributoren und Herdenverwalter veranwortlich waren – die Bahima

[37] Dazu sind u.a. zu konsultieren Guillet & Ndayishinguje (eds). 1987, Mworoha (ed). 1987, und Vansina 1972.

[38] Ein bekanntes Beispiel dafür ist der Baganwa-Ast (oder Banyaruguru-Clan?) der Abavubikiro, die nach dem gewaltsamen Tod Mutaga Mbikijes im November 1915 für solidarisch haftbar erklärt und zur Ausrottung verurteilt wurden.

durften nicht einmal beim Melken zuschauen... Es wurde oft betont, dass die Bahima, mit denen die Baganwa und die Banyaruguru sich auch nie in Heiratsallianzen verbunden hätten, von den aristokratischen Höfen ferngehalten wurden (s. *gutinya ikirimba*). Man darf aber nicht übersehen, dass sie der Monarchie über die Einnahme einiger nicht zu unterschätzender Funktionen assoziiert waren: Sie stellten bedeutende Krieger und Heerführer[39], Bapfumu-Seher und -Zauberer[40], Veterinäre und Richter, die in der Regel aufgrund ihrer Clanzugehörigkeit rekrutiert wurden; es handelt sich mithin nicht nur um Fälle von Einzelpersonen.[41] Zumindest im südlichen Bututsi und Vyanda soll es unter Ntare Rugamba gar vorgekommen sein, dass Bahima[42] in der Funktion als *Batongore* für die Aufzucht des königlichen Eliteviehs *ingabe* verantwortlich waren, wenn das auf beiden Seiten auch von gemischten Gefühlen begleitet war, wie Ndikuriyo berichtet (1987:288). Das ambivalente Verhältnis von Einbezug und Auf-Distanz-Haltung bzw. Distanzierung scheint mehrere Wurzeln zu haben. Einerseits waren die Bahima ihrer kriegerisch-militärischen Fähigkeiten wegen gefürchtet.[43] Das wird unter anderem mit noch heute lebendigen Traditionen in Zusammenhang gebracht, gemäss denen die Abahinda – einer der wichtigsten Bahima-Clane, der als „sehr gut" und reich gilt und viele bedeutende Armeeführer stellte – verbunden mit langdauernden Kämpfen von Osten her nach Burundi eingefallen sind.[44] Andererseits sollen die Bahima selbst an einer gewissen Distanzierung interessiert gewesen sein, um ihre (als besondern gepflegt und schön geltenden) Kühe und Töchter vor Raub durch die Baganwa zu schützen (Gespr. 68). Das allein genommen überzeugt jedoch kaum, blieb ihnen doch so jeder Zugang zur zentralen Macht, der vor allem über Heiratsallianzen und Vieh möglich war, verschlossen. Das Interesse an einer Ausgrenzung und damit verbundenen sozialen Abwertung[45] lag wohl in grösserem Masse bei der Aristokratie.

Im gleichen Sinn ist auch die „Funktionarisierung" der Clane bzw. Lineages zu verstehen, die über das Abgaben- und das *ibango*-Chargen- und Funktionensystem ihren genau festgeschriebenen Platz zugeschrieben erhielten (s. Kapitel 3.3, 4.1 & 5.2, ferner Nsanze 1988:6). Die Clane fanden hier eine über die Exogamie hinausgehende Funktion. Botte (1982b:278f) spricht von mehr als hundert speziellen, mit den aristokratischen Höfen verbundenen Pflichten und Funktionen, die jeweils bestimmten Clanen (und innerhalb von ihnen meistens genau bestimmten Lineages) vorbehalten waren. Im Rahmen des tributären Systems gab es eine nach verwandtschaftlichen Zugehörigkeiten geregelte Zuerkennung von politischen, wirtschaftlichen und religiösen Ämtern und

---

39 So soll der Grossvater des zum – traditionell schlecht angesehenen – Hima-Clan der Abacaba gehörenden ersten republikanischen Staatspräsidenten Michel Micombero sich an der Seite der Batare-Baganwa im Süden als Kämpfer und Armeeführer gegen die von Zanzibar kommenden Sklavenhändler hervorgetan haben; er war derart einsatzfreudig, dass er unter dem Übernamen *Birnya ku nzira* („derjenige, der auf dem Weg [Kampffeld] seine Notdurft verrichtet") bekannt wurde (Gespr. 68.5:6).

40 Einflussreich waren vor allem Angehörige der Clane der Abasigi und Abagara, die beim *umuganuro*, aber auch am Königshof allgemein als Seher wirkten (Gespr. 68.5:6, Gorju 1938:47, Mworoha 1977:256).

41 Vor allem Mwezi Gisabo wird nachgesagt, dass er Stellung und Ansehen der Bahima erhöht habe: Er soll an seinem Hof einen sehr einflussreichen Berater und *Mupfumu* von Hima-Abkunft gehalten haben (Gespr. 72.1:3f).

42 Darunter beispielsweise Mitglieder des hoch angesehenen Bayanzi-Clanes – ein Clan übrigens, der seit der Republik über einen zentralen Machtzugang verfügt.

43 Die Bahima nehmen bis heute (und seit dem Ende der Monarchie Mitte der sechziger Jahre mehr denn je) in der Armee hohe und höchste Positionen ein.

44 Ob das effektiv in der Zeit Ntare Rushatsis und unter der Führung eines „*Ruhinda*" war, bleibt noch ungeklärter als diese gesamte Überlieferung es an sich schon ist. Die Redensart – und Abwandlung der gebräuchlichsten Grussformel „*Gira Mwami ...*" – *Gira Ntare na Ruhinda*, mit der man eine verworrene Regierungskonstellation bezeichnet, soll auf diese Zeit zurückgehen und auf sie Bezug nehmen (Gespr. 68.5:7, cf. Vansina 1972:172,200).

45 Bis heute wird unter den Banyaruguru (und Baganwa) die Meinung genährt, dass Kontakte mit Bahima Unglück bringen, da diese so schreckliche Sachen machten, wie die Milch ihrer Kühe in Hundehäuten statt Gefässen (*ivyansi*) aufzubewahren.

Funktionen (*ibango*), ein System, das alle einflussreicheren Gruppen einschloss. Während die Angehörigen der einen Clane über Generationen hinweg gewisse politische, religiös-rituelle oder magische Aufgaben versahen, hatten die anderer in regelmässigen Abständen bestimmte landwirtschaftliche Produkte, Kühe, Honig oder Werkzeug an die aristokratischen Höfe zu bringen. Die Funktionszuteilung bezog sich im strikten Sinn auf Lineages, deren Prestige aber Ruf und Position des gesamten Clanes bestimmte. Wenn diese Kategorisierung auch nicht alle Clane im gleichen Masse betraf und vornehmlich in den oberen Rängen präzise und überregional war (in den unteren „Klassen" hatte sie teilweise nur lokale Geltung), so trug die Klassifizierung und die damit verbundene Hierarchisierung doch das ihre zur Stärkung der gesellschaftlichen Kohärenz und Kohäsion des Königreiches bei. Nsanze (1988) betont die grosse historische Bedeutung der Clane. Unter dem monarchischen Regime wussten sie alle bestens um ihre Pflichten, Funktionszuteilungen und ihren Ruf an den aristokratischen Höfen; diese waren es, die ihre Rechte und ihre gesellschaftliche und insbesondere politische Stellung bestimmten. Die vorkoloniale monarchische Macht hat zeit ihres Bestehens nie aufgehört, sich hinsichtlich einer wirksamen politischen Führung und Verwaltung an den Clanen und Lineages zu orientieren und sie als Bezugspunkte zu nehmen (cf. Kapitel 4.1).

All diese Tatbestände lassen Einheiten wie Ethnien und Clane und ihre Geschichte in einem neuen Licht erscheinen. Es eröffnen sich Fragen, die hier nicht alle weiter verfolgt werden können, die aber immerhin aufgeworfen sein sollen. Waren es schliesslich gar nicht so sehr die Ethnologen und europäischen Kolonisatoren, welche die burundischen Ethnien formten oder ihnen gar die Existenz einhauchten, wie es die offiziellen burundischen und ihnen nahestehende Autoritäten bis in einer nicht allzu fernen Zeit gerne suggerierten, sondern stehen die Ethnien vielmehr in der Schuld der monarchischen Ordnung und des frühen Staates, welche in einer bedeutend früheren Epoche an ihrer letztlich bis heute gültigen Ausformung mitbeteiligt waren? Die Kolonialpolitik hat ausgehend von ihrem ebenso lebendigen Interesse, grössere soziale Regruppierungen zu identifizieren oder auf solche hinzuwirken, um die Bevölkerung effizient zu verwalten, erst in einer viel rezenteren Epoche diese alten Formen wiederaufgenommen und, nun nach ihrer eigenen Logik, neu belebt und umgeformt. Dieser zeitlich viel spätere Einfluss, der für die heutigen Probleme von grosser Bedeutung ist, darf sicher nicht übersehen werden. Er wird uns im Teil II noch näher beschäftigen. Im Zusammenhang des letzten Teil der Arbeit wird sich schliesslich die Frage stellen, inwieweit sich auch die heutigen Machtinstanzen dieses Herrschaftsmittels bedienen.

Ich bin in diesem Kapitel so ausführlich auf die Geschichte der Herausbildung des frühen monarchischen Staates eingegangen, weil ich glaube, dass darin mehrere Schlüssel zum Verständnis der Widersprüche der heutigen Gesellschaftsformation liegen. Ich werde darauf im letzten Teil dieser Studie zurückkommen. Man kann sich fragen, ob die Bedeutung, welche der Geschichte in den heutigen politischen Konflikten zukommt, davon zeugt, dass sich die Barundi selbst dieser Zusammenhänge in starkem Masse bewusst sind oder ob sie in ihr allein Rechtfertigungen für aktuelles Handeln suchen.

KAPITEL 3

DIE POLITISCHE ORGANISATION DES AUSGEBILDETEN KÖNIGTUMS

Das folgende dritte und zum Teil auch wieder das fünfte Kapitel werden sich mit den zentralen politischen Strukturen der vorkolonialen Monarchie Burundis beschäftigen. Das Interesse für sie bleibt innerhalb der gewählten Themenstellung jedoch ein selektives. Die alte Monarchie und ihre Institutionen interessieren vornehmlich in den Aspekten, die zum einen die lokale und regionale Ebene und zum anderen die allgemeine Logik der Macht und Herrschaft betreffen. Es geht darum, die zentralen Züge des monarchischen Autoritätssystems herauszuarbeiten und die Konsequenzen des damit verbundenen Systems von Herrschaft für die Bauernschaft auf der lokalen Ebene zu untersuchen.

Hierzu ist anzumerken, dass sich die bisherige Forschung durch eine gewisse Einseitigkeit der Perspektive auszeichnet. Die politische Struktur Burundis wurde in der grossen Mehrzahl der Fälle vom politischen Zentrum her betrachtet und analysiert. Infolgedessen gibt es dazu eine extensive Literatur, die ich, wo immer notwendig, aufgreifen oder auf die ich zumindest hinweisen werde. Was bislang weitgehend vernachlässigt wurde, ist eine „lokale" Perspektive „von unten" oder vom Rande her. Darauf machte bereits das Sozialwissenschaftler- und Historiker-Kolloquium von 1979 in Bujumbura aufmerksam, das die Empfehlung formulierte, diese Lücke zu füllen (s. La Civilisation des Peuples des Grands Lacs, 1981:11). Dem versucht diese Arbeit Rechnung zu tragen. Eine derartige Sicht „from the bottom up" ist gerade für die Einschätzung der zentralen Strukturen und der Konzeption der monarchischen Legitimität des burundischen „Sakralkönigtums" wichtig. Dadurch können diese eine andere Bedeutung und einen unterschiedlichen Stellenwert erhalten, als wenn sie lediglich durch offizielle Kanäle und „aus offizieller Richtung" betrachtet werden. Bei mehr oder weniger rigid stratifizierten Gesellschaften ist das von besonderer Bedeutung (cf. Lemarchand 1973:313). Es geht mithin nicht darum, die zentralstaatlichen Strukturen ausser Acht zu lassen, sondern vielmehr darum, sie aus einer anderen Warte zu betrachten.

Es sei darauf hingewiesen, dass sich die Ausführungen in diesem wie im folgenden Kapitel, wenn nicht anders vermerkt, immer auf die Situation der burundischen Gesellschaft zur Zeit der letzten Dekaden des 19. Jahrhunderts beziehen. Das allein schon aus dem Grund, weil diese Periode sowohl durch schriftliche wie mündliche Quellen weitaus am besten dokumentiert ist, aber auch, weil sie uns als der Kolonialzeit unmittelbar vorangehend besonders interessieren muss.

3.1 Die „sakrale" Monarchie. Herrschaftszyklen und esoterischer Kode

Für die nachfolgende Diskussion des monarchischen Herrschaftssystems ist es notwendig, uns einleitend kurz das kulturelle Modell des „Mwamitums", das Bild, welches die königliche Macht von sich selbst entwarf, vor Augen zu halten. Die Kenntnis dieser kulturimmanenten Sicht scheint mir aus mehreren Gründen wichtig. Nur so lässt sich Überschätzungen der symbolischen Legitimität und Wirkungskraft entgegentreten, die von einem idealistischen Ansatz ausgehen, wie er besonders in französischsprachigen afrikanistischen Studien verbreitet ist. Oft, und zumal in der offiziellen (besonders kolonialen) Literatur zu Burundi, wurde das emische Modell als Erklärungshilfe für verschiedenste Züge der politischen Struktur Burundis herangezogen. So wurde zum Beispiel die politische Instabilität, die die Geschichte Burundis seit Mitte des 19. Jahrhunderts kennzeichnete, damit zu erklären gesucht. Diese erscheint danach als Teil eines unabänderlichen Zyklus von Fragmentierungen und Neubildungen. Das Hauptproblem solcher Interpretationen besteht darin, dass sie dazu neigen, historische Ereignisse und Machtkonstellationen als einem Gleichgewichtssystem folgende Gesetzmässigkeiten zu formalisieren. Entgegen dem ersten Anschein macht sie das zutiefst ahistorisch (cf. Lemarchand 1977:99, Botte 1982a:288f).

Bevor das analytische Bild der monarchischen Macht und ihrer Strukturen gerade als Gegenübersetzung zu diesem Kulturmodell gezeichnet werden kann, muss dieses selbst in seinen Grundzügen vorgestellt werden. Anschliessend wird zu prüfen sein, ob die sakrale Komponente der monarchischen Legitimität einen klaren Bezug zur Machtausübung und Herrschaftsordnung hat. Schauen wir also der Macht auf den Mund. Gehen wir zuerst einen Schritt nach innen, in die Kultur hinein, und zwar gleich zuoberst, dort, wo die Ideologie vorrangig produziert wird, bevor wir sie von unten und aus analytischer Distanz betrachten.

Eine der längsten und vollständigsten Ursprungs- und Gründungserzählungen des burundischen Königreiches schliesst folgendermassen: „[Der erste König] wurde unter dem Namen Ntare Rushatsi inthronisiert und er hatte Kinder" (Guillet/Ndayishinguje 1987:71). Dieser lapidare Satz enthält eine grundlegende Information, nämlich den Anspruch auf die Gründung einer Dynastie. Die patrilineare Dynastie Burundis nahm die Form eines Vierer-Zyklus an – ein im interlakustrinen Afrika weit verbreitetes Modell[1] –, gemäss dem die einzelnen Herrscher nacheinander die Namen Ntare, Mwezi, Mutaga und Mwambutsa tragen. Der Sohn, der die Nachfolge des Mwami Mwambutsa antrat, erhielt wieder den Namen Ntare, und so fort. Das verlieh der monarchischen Macht ohne Zweifel den Anschein einer gewissen Geschlossenheit. Aber dem ist noch nicht genug. Die ideologische Ausformung, Ausstattung und Inszenierung der monarchischen Herrschaft und die Bekräftigung ihrer – beinahe schon als natur- oder „gott"gegeben erscheinenden – Legitimität ging noch weiter. Wenn man schon das Bild von Herrschern mit sich zyklisch in der gleichen Ordnung abfolgenden Namen – die damit gleichsam periodisch die monarchische Macht erneuern – entwirft, und man weiss, dass in Burundi die Personennamen immer auch Auskunft über Qualitäten ihrer Träger oder über die Umstände ihrer Geburt (auch im weiteren Sinn der sozialen Geburt)[2] geben

[1] Es muss sich dabei nicht immer um einen *Vierer*-Zyklus handeln. Streng eingehalten wurden derartige Regeln allerdings in keiner der über eine längere monarchische Geschichte verfügenden Gesellschaften. Wenn man wie einige Vertreter der ehemaligen Aristokratie Burundis sagt, dass das burundische Modell „reiner", „durchgängiger" und von grösserer Konsistenz sei als etwa das Rwandas, in dem von Zeit zu Zeit immer wieder ein „Fünfter" eingeschoben wurde (Gespr. 68), so hat dieser Tatbestand sicher einen Bezug zur zeitlichen Tiefe der Monarchie; vielleicht war Burundis Zentralinstanz, die nach ihrer unverhältnissmässig grossflächigen und schnellen territorialen Entfaltung zur Mitte des 19. Jahrhunderts fragil geworden war, allein schon aus diesem Grund stärker auf die Einhaltung dieses auch legitimatorischen Korsetts bedacht und wollte sich keine Abweichung davon leisten.

[2] Der eigentliche persönliche Name wurde oft erst in einem fortgeschrittenen Alter festgelegt, nachdem das Kleinkind der hohen Kindersterblichkeit entkommen war und erste Eigenschaften gezeigt hatte; vorher wurden wenig

sollen, so ist die Idee nicht weit, damit auch ein weiteres Lebens- oder Aktionsprogramm zu verbinden. Gemäss dem von der Aristokratie überlieferten Herrschaftsmodell sollte das Regnum jedes Herrschers durch ein festgelegtes Programm (ein eigentliches „Regierungsprogramm“) bestimmt sein. Ich will das, was wir als den „esoterischen Kode“ der monarchischen Macht bezeichnen können – etwas, das zu vielen Missverständnissen Anlass gab – hier in knappen Zügen vorstellen und seinen wahren Wert zu zeigen versuchen.

Das ideologische „Korsett“ des burundischen Königs- oder Mwamitums bestand im engeren Sinn aus einem esoterischen Kode, der für jeden der sich zyklisch abfolgenden Inhaber des höchsten politischen Amtes mehr oder weniger detaillierte Verhaltensregeln und Richtlinien für die von ihm zu verfolgende Politik beinhaltete. Dadurch wurde, so die Konzeption, jeder Mwami zum Vertreter einer bestimmten „konjunkturellen“ politischen Phase.

Während die Träger der Namen Mwezi und Mwambutsa die Staatsgrenzen nicht überschreiten und damit keine expansiven Kriegszüge und Eroberungen führen durften, war das den Trägern der Namen Ntare und Mutaga nicht nur erlaubt, sondern wurde von ihnen geradezu erwartet. Wie wir gesehen haben, fallen die wichtigsten Territorialexpansionen und Kriegszüge effektiv unter die Herrschaftsperioden von Ntare Rushatsi („I.“), Mutaga Senyamwiza („I.“) und Ntare Rugamba („II.“), während Mutaga Mbikije („II.“) zu Beginn dieses Jahrhunderts nach der kolonialen Befriedung während seines kurzen Regnums (1908-1915)[3] dazu schon gar keine Gelegenheit mehr hatte. Der „esoterische Kode“ sollte jedoch nicht nur das einzelne „Regierungsprogramm“ spezifizieren; darüber hinaus soll er zahlreiche weitere Ver- und Gebote enthalten haben, Vorschriften und Regeln zur genauen Lebensführung, zu Nahrung, Heirat und Tod – alles gut gehütete Geheimnisse, die nur Eingeweihten zugänglich und ausserhalb des Hofes nicht bekannt waren. Hier soll uns nur ihr staatspolitischer Aspekt interessieren.

Von einem NTARE („Löwen“) wird erwartet, dass er offensive Kriege führt. Seine Herrschaftszeit ist von Aufbruch und Neuerungen gekennzeichnet. Als Folge wird das Land am Ende seines Regnums erschöpft und ausgepumpt sein (Verluste an gefallenen Männern und an Vieh; die Schmiede sind mit dem Herstellen von Lanzen und Pfeilspitzen, aber auch landwirtschaftlichen Produktionsgeräten ins Hintertreffen geraten). Damit sich Land und Gesellschaft, inklusive die Produktion, auf den neuen Stand einspielen können, braucht es anschliessend eine Erholungsphase.

Eine solche Periode wird vom nachfolgenden MWEZI („Mondschein“) erwartet. Seine Regierungszeit sollte von Frieden geprägt und er selbst friedfertig sein: Er darf höchstens Defensivkriege führen, die Grenzen des traditionellen Burundi (das von Ruvubu, Ruvyironza und Kibira-Bergkette begrenzte Gebiet) nicht verlassen und persönlich weder eine Armee anführen noch zu Waffen greifen.

Diese esoterischen, ausserhalb des Hofes kaum bekannten Vorschriften und Regeln lassen eine alternative, quasi aristokratie-immanente Sichtweise des Schicksals Mwezi Gisabos und seiner Politik gegenüber den deutschen Kolonisatoren zu. Sie lassen den Mythos, der sich um die Gestalt dieses zur Zeit des deutschen Vordringens ins Landesinnere herrschenden Mwami (ab 1896) rankte, in einem neuen Licht erscheinen. Die Deutschen begannen damals allmählich an der Existenz des „legendären“ Mwezi Gisabo zu zweifeln, da sie ihn auf ihren Vorstössen nie zu Gesicht, geschweige denn zu fassen bekamen – was in dieser Interpretation gerade mit der Befolgung der ihm auferlegten esoterischen Regeln erklärt wird.

Wenn wir diese aristokratie-interne Interpretation weiterverfolgen, so wird deutlich, dass dem esoterischen Kode eine gewisse Formbarkeit zugestanden wurde; er war letztlich auch mehr von

sagende „Kindernamen“ (*amazína y'ûbwâna*) wie „Säugling, Kleinkind, Knabe, Mädchen“ etc. verwendet (s. Ntahombaye 1983:61:ff).

[3] Mutagas Leben fand sein Ende in wenig heroischer Weise in einem Bruderstreit um eine Frauenangelegenheit.

ideologischer und mythologie-stiftender denn von politik-leitender Bedeutung. So soll es möglich gewesen sein, dass der Kode vor allem während der Zeit der Minderjährigkeit des Königs (der Mwami wurde im Kindesalter inthronisiert), die unter der Führung eines Regentschaftsrates stand, teilweise neu ausformuliert, aber auch im weiteren Verlauf seiner Herrschaft von den obersten „corps d'état" – Hofberatern, Sehern, Magiern und Staatsfunktionären – laufend den neuen Gegebenheiten angepasst wurde. Genau das soll sich auch im Moment der kolonialen Besetzung des Landes unter Mwezi Gisabo abgespielt haben. Gemäss der Auffassung, dass der amtsführende Mwami immer ein Gefangener des ihm übergeordneten Königtums, des monarchischen Prinzips bleibt („la royauté capture le roi"), drängt sich auch eine neue, von den üblichen Darstellungen abweichende Interpretation seines Todes im Jahre 1908 auf. Nachdem die Existenz und die offenkundig weitherum anerkannte Autorität Gisabos seit dessen Friedensschluss mit den Deutschen von Juni 1903 in Kiganda ausser Zweifel standen, beorderten ihn die Deutschen 1908 in die von ihnen an der Küste des Tanganyikasees errichtete Militärstation Usumbura. Es ist allgemein bekannt, dass Gisabo noch auf dem Rückweg von diesem Treffen (seiner ersten Reise ins Tiefland) anlässlich eines Haltes bei einem alten Vertrauten (dem Hutu-Hofintendanten und Küchenchef Mareza) am 21. August 1908 unweit von Bujumbura starb. Während diese Tatsache im Volksmund und in der Volkstradition mit dem Bruch der Regel, „dass der Mwami den See nicht sehen darf" (was fälschlicherweise auf alle Könige bezogen wird, aber wie gezeigt nur für die Bezi und Bambutsa galt), welche vor allem aus gesundheitlichen Gründen bestanden haben soll (in den feuchten Tiefgebieten war in erster Linie die Schlafkrankheit verbreitet)[4], ist die sich an den esoterischen Kode haltende Interpretation in diesem Punkt differenzierter und folgt mehr einer staatspolitischen Logik. Nach ihr sollen die obersten Hofberater in der Situation von 1908, als den immer mächtiger vordringenden deutschen Kolonisatoren nicht mehr zu widerstehen war, beschlossen haben, Mwami Mwezi zu opfern, um einem neuen Mutaga den Weg zu bereiten. Es gab nur noch die Alternativen, dass man entweder die Deutschen kriegerisch-erobernd das gesamte traditionelle Kerngebiet einnehmen liess, was militärisch nicht mehr zu verhindern war, oder aber, dass Mwezi die Vorschrift des esoterischen Kodes brach und die Grenzen des traditionellen Burundi überschritt, was nur seinen (rituellen) Tod zur Folge haben konnte. Nach dieser „aristokratischen" Version wusste Mwami Mwezi im August 1908, als er – bereits in beträchtlichem Alter stehend, aber keineswegs krank – von seinem Gefolge in einer Sänfte ins Tiefland hinuntergetragen wurde, dass sein Tod kurz bevorstand. Es wäre unmöglich gewesen, ihn wieder das traditionelle Stammland betreten zu lassen, da dies nach dem vorangegangenen Regelbruch Unglück über das Land gebracht hätte. In diesem Wissen soll er den Deutschen gegenübergetreten und mit ihnen erstmals Verhandlungen geführt haben. Sein Ableben auf dem Rückweg erfolgte mithin gemäss den Regeln des traditionellen Regizids, nach denen dem Mwami in einem vorbestimmten Moment[5] mit Gift vermischtes Honigbier gereicht wurde (Gespr. 68, cf. Chrétien/Mworoha 1970:71f). Gisabo starb und wurde unter Einhaltung aller rituellen Regeln eilends in die königliche Bestattungsgegend im Norden des Landes gebracht.

Auf jede Mwezi-Phase folgte eine Periode der Herrschaft eines Mwami mit dem dynastischen Namen MUTAGA („Tagesmitte"). Dessen Politik hatte wie die seines Grossvaters Ntare wieder

[4] Diese Regel lässt sich im weiteren Sinn aber auch als Teil der dem monarchischen Führer auferlegten Machtschranken interpretieren. In zahlreichen afrikanischen Königtümern waren die Monarchen vielfachen Ge- und Verboten unterworfen, und zu den gebräuchlichsten zählten dabei die Interdiktionen, Wasserläufe (Flüsse oder das Meer) zu sehen oder zu überqueren sowie in der Öffentlichkeit zu essen oder zu reden (s. z.B. Suret-Canale 1969:126).

[5] Der Zeitpunkt des Todes sollte immer möglichst zu Beginn der grossen Trockenperiode liegen, damit die während der folgenden, ungefähr zweimonatigen Trauerzeit zu befolgenden, vor allem die Fruchbarkeit betreffenden Regeln (sexuelle Enthaltsamkeit, Trennung von Kühen und Stieren, Verbot der Felderbestellung) keine zu drastischen landwirtschaftlichen Konsequenzen haben (s. Chrétien/Mworoha 1970, Ndayishinguje 1977).

expansiv-erobernd orientiert zu sein, um nach der vorangegangenen Stabilisierung eine neue Entfaltung einzuleiten.

Abgeschlossen wurde jeder Zyklus mit einem Träger des Namens MWAMBUTSA.[6] Seine Funktion war es, die beiden aufeinanderfolgenden Zyklen miteinander zu verbinden. Seine Regentschaft sollte so kurz als möglich sein und zwei Jahrzehnte nicht überdauern, da er als Unglück bringender König galt. Er sollte möglichst wenig Spuren hinterlassen,[7] und so ist es nicht erstaunlich, dass er gemäss vielen Oraltraditionen am Schluss seiner Herrschaft einfach „verschwindet" (im Nordwesten des Landes, in einer Feuersbrunst, in einer Hungersnot)[8] (cf. Chrétien 1984:26, Mworoha et al. 1987:130, Gespr. 68). Nach verschiedenen mündlichen Überlieferungen liess der vorletzte, zu Ende des 18. Jahrhunderts herrschende Mwambutsa Mbariza, der Gefahren seiner Rolle als Übergangskönig bewusst, nahezu seine gesamte Familie (von der ihm in jedem Fall die Hauptgefahr drohte) umbringen; am Schluss seiner Herrschaft musste er sich gemäss gewissen Traditionen opfern, um dem Ausbreiten einer Feuersbrunst (oder der Hungersnot mit Namen *Kubebe*) über das gesamte Land vorzubeugen. Das „Verschwinden" des Mwami mit dem Namen Mwambutsa am Ende seiner Amtsperiode bzw. die Tatsache, dass es diesem offenbar nicht gelang, einen schlagkräftigen aristokratischen Familienzweig zu gründen, vermag vielleicht auch zu erklären, wieso es in Burundi im Gegensatz zu den Batare-, Bezi- und Bataga-Lineages keine solche mit Namen Bambutsa gibt (cf. Gorju 1938:34, Simons 1944:166, Rodegem 1965:78)[9]. Dass die Regentschaft des letzten Mwambutsa, Bangiricenge, nicht gerade kurz, sondern ein volles halbes Jahrhundert dauerte, kann den durch die Kolonialmacht bestimmten Bedingungen seiner Herrschaft zugeschrieben werden, einem Kolonialregime, das gemäss dem „indirect rule"-Prinzip am Fortbestand der monarchischen Institution und der Position des Mwami interessiert war, wenn auch (zumindest bis 1960) nur in Form eines Schattenkönigs.

LISTE DYNASTIQUE DU BURUNDI

NTARE I Rushatsi	fin du XVIIe siècle
MWEZI I	XVIIIe siècle
MUTAGA I Senyamwiza	XVIIIe siècle
MWAMBUTSA I Mbariza	XVIIIe siècle
NTARE II Rugamba	env. 1796-env. 1850
MWEZI II Gisabo	env. 1850-1908
MUTAGA II Mbikije	1908-1915
MWAMBUTSA II Bangiricenge	1915-1966

N.B. Il s'agit de la dynastie ganwa fondée par Ntare Rushatsi entre environ 1680 et 1700 et dont la généalogie est attestée par de nombreuses sources.

Nous avons exclu de la liste NTARE III Ndizeye qui n'a régné que quelques semaines en 1966, du 1er septembre au 28 novembre.

Tabelle 1: Dynastische Liste Burundis
(Quelle: Mworoha et al. 1987:144; cf. Mworoha 1977:62f)

---

[6] Nach dem Namen einer Liane, mit deren Hilfe man einen Fluss überqueren kann; auch vom Verb *kwambutsa*, „jemanden verjagen, exilieren, in die Ferne schicken"; meist übersetzt als „der Übergebende" (oder „der Fährmann") (cf. Siriba 1976:130 Rodegem 1970:8).

[7] Nach gewissen Quellen sollen Könige des Namens Mwambutsa nicht einmal eine eigene Bestattungsstelle erhalten haben. Dieser Punkt ist von einigem Argumentationswert im Streit um die Anzahl der Zyklen; da man sich dabei u.a. an der Anzahl der bekannten Bestattungsstellen orientiert (sieben), liesse diese Annahme mehr als zwei Zyklen zu (Gespr. 68, cf. Gorju 1938:29, Chrétien/Mworoha 1970:46).

[8] Der letzte konform mit den rituellen Regeln eingesetzte Mwami, Mwambutsa Bangiricenge (1915-1966) – an dessen Weiterleben etliche Leute auf dem Lande noch in den achtziger Jahren glaubten – hielt sich in einer anderen Form an diese Regel, indem er ab 1965/1966 definitiv im Ausland „verschwand" und da (in Genf) 1978 auch starb.

[9] Mwambutsa Mbariza soll, relativ jung verstorben, nur einen einzigen Sohn gehabt haben, der ihm als Ntare Rugamba nachfolgte (wobei umstritten ist, ob es sich bei ihm um seinen leiblichen Sohn handelte) (Gorju 1938:34, Vansina 1961:6, 1972:205, Botte 1982a:289). Dazu kommt, dass einige Lineages und Clans ihren Namen änderten, da es der Sitte nach untersagt war (und ist), den Namen einer verstorbenen Person auszusprechen (*kudeha*); so nannten sich zum Beispiel die Abataga ab 1915 *Abarângo* (sinnverwandter Ausdruck).

DYNASTIES DU BURUNDI ET DE SES VOISINS

Tableau synoptique du XVIe au XIXe siècle

Années	BUHA-sud	BURUNDI	RWANDA
1500			RUGANZU Bwimba
		dynastie pré-ganwa	CYIRIMA Rugwe
		dans le nord :	KIGERI Mukobanya
		NTARE Karemera	MIBAMBWE Mutabazi
1600			NDAHIRO Cyamatare
	KIMENYI	*NTARE Kibogora*	RUGANZU Ndori
		MUTAGA Nyamubi	MUTARA Semugeshi
	NTARE	dynastie pré-ganwa	KIGERI Nyamuheshera
		dans le sud : NTWERO,	
		NSORO, JABWE	
1700	RUHINDA	NTARE Rushatsi	MIBAMBWE Gisanura
	MAZIGA		YUHI Mazimpaka
	MASIMBA	MWEZI	KAREMERA Rwaka
	KIVUNANGOMA		
	NTARE	MUTAGA Senyamwiza	CYIRIMA Rujugira
		MWAMBUTSA Mbariza	KIGERI Ndabarasa
1800	KANYONI		MIBAMBWE Sentabyo
	RWASA	NTARE Rugamba	YUHI Gahindiro
	NTARE		MUTARA Rwogera
	KANYONI	MWEZI Gisabo	KIGERI Rwabugiri
		+ 1908	+ 1895
1900	NTARE RWASA		
	(BUSHINGO) (HERU) + 1906		

:::::::::::::::: ruptures dynastiques
________________ corrélations chronologiques attestées par les traditions
NTARE Kibogora souverains mentionnés exclusivement dans les traditions rwandaises
HERU **noms de royaumes**

Tabelle 2: Die Dynastien Burundis und seiner Nachbarländer
(Quelle: Mworoha et al. 1987:144; cf. Mworoha 1977:62f)

Das geschilderte Schema hat in seiner Logik ohne Zweifel etwas Verführerisches an sich. Nach ihm erscheint Burundis politischer Weg als auf geradezu wundersame, zyklisch ausgeglichene und abgerundete Weise vorkonzipiert. Auf einen expansiv-erobernden König folgt eine defensiv orientierte Herrschaftszeit, und so weiter (cf. Siriba 1976:131ff). Jeder zu einem bestimmten Zeitpunkt herrschende König vertritt nur eine Phase und *einen* Aspekt des Königtums, dessen Konzeption weit über das Individuum des jeweiligen Amtsinhabers hinausreicht. Dieser erscheint so nicht als absoluter Herrscher, sondern im Gegenteil weitgehend als Figurant und „Funktionär" im wahrsten Wortsinn: Er ist ein Werkzeug im Dienst eines übergeordneten Prinzips, und seine Herrschaft scheint von der Einsetzung bis zum Todesdatum von aussen bestimmt zu sein. Er konnte nicht einmal auf natürliche Weise sterben und abtreten (schliesslich handelt es sich bei der Machtübergabe um einen besonders kritischen Moment, der wohl organisiert sein wollte), sondern bei seinem Tod ging er in den „königlichen Geist" ein (die königliche Kraft, Macht / das monarchische Prinzip *Mwami*, das vier Gestalt(ung)en hat und durch die Trommel Karyenda verkörpert wird); seinem fortlebenden Schatten, der von einem Wächter seiner Bestattungsstätte verkörpert wurde, der denselben dynastischen Namen wie er trug, wurde ein spezieller Kult dargebracht. Deutlich drückt sich diese Konzeption auch im Wortgebrauch aus: der Mwami „stirbt" nicht (*gupfá*), sondern er „weicht, geht weg, verschwindet, trinkt Honigbier, überlässt seinen Platz, übergibt seine Trommel" (*yatânse* von *gutânga*) (zur Königsbestattung s. weiteres in Chrétien/Mworoha 1970, Chrétien 1981b, Gespr. 68).

Welche Wurzeln und welche Wirksamkeit hatte dieses Konstrukt? Das damit verbundene, kulturell dominante Bild der monarchischen Herrschaft, in zahlreichen Oraltraditionen enthalten, wurde an den verschiedensten Orten propagiert und gefördert, wobei der gesamte Umfang und die (angeblichen) Details immer nur angedeutet, mystifiziert und im geheimnisvollen Dunkeln gelassen wurden. Es orientiert sich an einer „pensée écliptique", der Vorstellung eines zyklischen Geschichtsverlaufs in repetitiv kreisförmigen, genauer: spiralförmigen Bahnen. Es ist wohl zu vereinfachend, dieses Zeit- und Geschichtsverständnis allein mit dem Bestreben der monarchischen Zentralgewalt nach ihrer periodischen Erneuerung und nach dem Entwurf eines Selbstbildnisses, das gleichsam ihre Naturgegebenheit bestätigt, zu erklären. Das politische Machtzentrum machte sich hier lediglich eine in agrarischen Gesellschaften weit verbreitete Konzeption zunutze, die ihre Grundlage im landwirtschaftlichen Zyklus der sich abfolgenden Jahreszeiten und agrarischen Perioden hat.[10] Es stellt sich die Frage, inwieweit das monarchische Herrschaftsmodell der zyklischen Wiederholungen und Erneuerungen – das wie gesagt in den meisten interlakustrinen Gesellschaften verbreitet war und die Herrschaftsabfolgen kennzeichnete – als Tribut und Anpassung der monarchischen Zentralgewalt an ihre letztlich agrarische Grundlage verstanden werden kann.

Soweit zu den möglichen Wurzeln dieses Schemas. Zur Frage seiner Wirksamkeit und historischen Bedeutung drängen sich zwei Bemerkungen auf. Obwohl an sich banal, sind diese hier bedeutsam, da dieses Modell immer wieder zum Nennwert genommen und bedeutend mehr aus ihm herausgelesen wird, als darin enthalten ist. Zuerst ist festzuhalten, dass es sich bei ihm um eine zutiefst ahistorische Konzeption handelt. Es beschreibt allein, wie es sein sollte. Die Geschichte wie das individuelle Leben verlaufen aber bekanntlich nie allein nach Normen und Regelsätzen. Die geschichtliche Realität lässt sich damit nur ungenügend beschreiben und schon gar nicht erklären, sie ist dynamischer. Die einzelnen Herrschaftsperioden waren wie angedeutet – etwas, was hier nicht weiter ausgeführt werden kann – immer durch vielfache Zwänge, strategische Überlegungen und Machtbeziehungen bestimmt. Der historische Erklärungswert dieses Konstruktes wird des weiteren stark eingeschränkt, wenn man annimmt – wie das heute die mehr oder weniger allgemein akzeptierte Meinung ist –, dass die burundische Monarchie nur zwei volle Zyklusdurchgänge kannte. Danach gab es nur den ersten, staatsgründenden Ntare Rushatsi (Hegemoniekriege) und den späteren, sehr expansiven Ntare Rugamba (grosse Gebietserweiterungen und Ganwa-Kolonisation), die miteinander in Verbindung zu bringen waren. So ist die Vorstellung einer zyklischen Rückkehr eines erobernden Königs wohl erst nach Ntare Rugamba entstanden (cf. Botte 1982a:274). Es lässt sich somit vermuten, dass es sich bei diesem Modell um eine im nachhinein entstandene Projektion in die Vergangenheit handelte, die den geschichtlichen Verlauf a posteriori zu rechtfertigen suchte und damit die monarchische Herrschaft *an sich* stärker legitimierte. Das heisst keineswegs, dass dieses ideologische Modell seit seiner Konzeptualisierung – die wohl irgendwo im 19. Jahrhundert zu verorten ist – keine Wirkungskraft gehabt hätte. Im Gegenteil: Die Erwartung des Verschwindens eines Mwambutsa und der Wiederkehr eines Ntare scheint zu verschiedenen Momenten der burundischen Geschichte, vor allem aber zur Zeit der kolonialen Besetzung Aufstands- und Rebellionsbewegungen inspiriert und ihnen die Form von Heilserwartungsbewegungen gegeben zu haben. Bekannt geworden sind insbesondere die Erhebungen von

10 Pflanz-, Ernte- und Übergangsperioden. In Burundi unterscheidet man die vier Jahreszeiten *agatasi* – kleine Regenzeit –, *urushana* – grosse Regenzeit –, *impeshi* – Ende der Regenzeit/Übergangsperiode –, und *ici* – grosse Trockenzeit (s. Van der Velpen 1973:35, 79f, Mworoha et al. 1987:181).

1922[11], von 1934[12] und von 1948 (Gespr. 68). Diese Auflehnungen gegen die veränderten Herrschaftsbedingungen nährten sich alle am esoterischen Kode, nach dem ein Mwambutsa ein nicht zu lange regierender Übergangsherrscher sein soll, der bald einem neuen, kraftvollen Ntare Platz zu machen hat, dem es allein möglich und erlaubt war, in die Offensive zu gehen und in diesem Fall die fremden europäischen Herren aus dem Land zu werfen. Dieser Kode mag als ideologisches Muster und Motiv aber auch bis in die neueste Zeit seine Wirkungskraft haben.[13]

Von solchen Auswirkungen abgesehen, ist das „esoterische" Herrschaftsmodell jedoch von keinem weiteren hermeneutischen oder gar heuristischen Wert. Auch die verschiedenen Auslegungsversuche von Siriba (erobernder König: lange Herrschaftszeit, wodurch sein Nachfolger einer seiner letztgeborenen Söhne war; defensiver Mwami: kurzes Regnum, Nachfolger ist einer der erstgeborenen Söhne – wohl allein, weil es derer nicht viele gab, womit der neue Mwami sich nicht vieler Rivalen zu erwehren hatte) greifen wenig und helfen nicht weiter (1976:132-141).

Das monarchische Herrschaftsmodell, es sei nochmals betont, darf nicht überinterpretiert werden. Die politische Sprache hat nicht nur zum Ziel, zu informieren, sondern sie will auch Wirkungen produzieren, wie Balandier zeigt (1985:316f). Sie informiert nie vollständig, sie enthüllt und thematisiert nur einen Teil der Realität. Um ihre Wirksamkeit zu erhalten, achtet jede Macht darauf, immer einen Vorsprung an Information und Kenntnissen zu bewahren. So sind die Regierenden denn auch immer die „Leute der Geheimnisse", „les gens du secret". Wenn Mworoha (1977) im Fall Burundi diesen Titel (*Banyamabanga*, wörtlich: „die Leute der Geheimnisse / der (Macht-) Obliegenheiten") allein für Ritualisten mit ausdifferenziertem Aufgabenbereich (bezüglich Trommeln, *Umuganuro*, Bestattung, etc.) reserviert, so widersprechen die meisten meiner Informanten dieser einseitigen Auffassung und konzeptuellen Konstruktion eines im „Nationalgeschäft" engagierten Historikers: Zu den wahren *Banyamabanga*, den obersten Geheimnis-"Verwahrern" gehörten immer auch die einflussreichsten Baganwa (Gespräche 37:11f, 42:15, 4:6f; cf. Gahama 1983:137f, Ntahokaja 1978). Es sind die Machthabenden, die um die Geheimnisse wissen, und die Regierten wissen sehr wohl, dass ihnen gewisse Sachen verborgen bleiben. Die Verschiedenheit des Diskurses schafft die zur Beherrschung notwenige Distanz (cf. Kapitel 5.1).

Das ideologisch-„technische" Modell der monarchischen Herrschaft kannte verschiedene weitere Ausformungen. Auf eine davon – die zyklische Degradierung der Ganwa-Prinzen (*gutahira*) – werde ich im Zusammenhang der Erörterung der Durchsetzung und Aufrechterhaltung der Herrschaft zurückkommen (Kap. 3.4.2).

[11] Angeführt vom Hutu-*Mupfumu* Runyota-Kanyarufunzo (s. Gahama 1983:383ff & Ndindurwaha 1984).

[12] Angestiftet von der Hutu-*Mupfumukazi* Inamujandi (s. Chrétien 1970).

[13] Cf. Vermutungen, dass er bei der Erhebung von 1972 eine Rolle spielte; Versuche, die Neuerungspolitik des von 1976-1987 herrschenden Bagaza mit einer Annäherung an Ntare Rugamba zu erklären, etc....

3.2 Eine „sakrale" Monarchie? Zur Ideologie des monarchischen Staates

Um es gleich vorwegzunehmen: Ich ziehe es vor, vom vorkolonialen Burundi, so wie es aus der Zeit des 19. Jahrhunderts bekannt ist, als einem „Frühen Staat" und nicht als einer „Sakralmonarchie" zu sprechen. Das heisst nicht, dass ich damit dieser Form politischer Ordnung jegliche sakralmonarchischen Elemente abspreche. Es ist in dieser Arbeit nützlich, uns an die gebräuchlichen Definitionen der Begriffe „Gottkönigtum" (*divine kingship*) und „Sakralkönigtum" (*sacred kingship*) zu halten – und das trotz ihrer Fragwürdigkeiten (cf. Muller 1981). Die burundische Gesellschaft der betrachteten Epoche – mehr oder weniger das 19. Jahrhundert – hebt sich in verschiedener Hinsicht von den meisten anderen afrikanischen Gesellschaften ab, die mit solchen Etiketten belegt wurden und manchmal noch werden.[14] Wir können in Burundi einen klar ausgebildeten Frühen Staat erkennen, der alle wichtigen Definitionsmerkmale aufwies: Es gab eine deutliche Klassentrennung, Abgabenabpressung und Repressionsapparate. Es handelt sich augenfällig nicht um „einen Staat ohne Klassen" im Sinn Abélès' (1981:11f), in dem der Herrscher allein ohne die (verwandtschaftlich definierte) Gruppe, der er zugehört, „oberhalb der Gesellschaft" steht und in dem sich seine Vorherrschaft nicht auf seinen Verwandtschaftsverband überträgt; nach Abélès handelt es sich hierbei um kennzeichnende Züge der „Sakralmonarchie" als einer Übergangsform auf einem Nichtstaat/Staat-Kontinuum. Vornehmlich auf ideologischem Gebiet wies die vorkoloniale monarchische Ordnung Burundis aber etliche Parallelen zum Modell des Gott- oder Sakralkönigtums auf: Die beiden meistens für „divine kingship" als typisch erachteten Merkmale des Regizids und von Tabu-Übertretungen durch den König bzw. Häuptling sind zwar in Burundi nicht in der üblichen, voll ausgeprägten, aber doch in abgeschwächter Form anzutreffen: Wenn es nach dem monarchischen Kodex zu und her ging, so hatte der Mwami mit Gift aus dem Leben zu scheiden – das aber erst, wenn sich sein Leben eh dem Ende zuneigte; in verschiedenen „sensiblen" Momenten des Königtums wurden rituelle Hierogamien begangen, etc.; es wären hier noch weitere Züge anzuführen und näher zu untersuchen (so z.B. die Meidungsbeziehung zur Kubandwa-Religion). Das sakralmonarchische Gewand erstreckte sich aber auch auf das politische und ökonomische Gebiet. Es sei hier lediglich summarisch auf einige Punkte hingewiesen: die deutliche Abgehobenheit des Einzelherrschers; das im Abgabensystem wichtige und oft unterstrichene Moment der Freiwilligkeit: die Bevölkerung bringt ihre (Ab-)Gaben scheinbar aus freien Stücken und versteht sie als Teil einer Tauschbeziehung mit den Herrschenden, einer Beziehung, die sie von ihrer Seite her nie auszugleichen vermag; es sind die Leute, die mit ihren Abgaben auf die Herrschenden zugehen, d. h. die Abgaben werden möglichst wenig „eingetrieben" und nicht in manifester Form abgepresst; andererseits – und dabei handelt es sich nur um die andere Seite derselben Münze – wird das Moment der Freigebigkeit der Herrschenden sorgfältig gepflegt und in Szene gesetzt. Diese Merkmale sind aber nicht nur der Sakralmonarchie, sondern in weitem Masse auch dem frühen Staat allgemein eigen.[15] Wir werden später einige dieser entscheidenden Momente und Elemente des Herrschaftsverhältnisses noch im Detail kennenlernen.

Burundi ist alles in allem kein typisches Beispiel einer „Sakralmonarchie". Das wird deutlich, sobald wir diesen spezifischen Typus politischer Organisation genauer betrachten. Es ist das Verdienst von Muller, darauf hingewiesen zu haben, dass das Modell des Sakral- oder Gottkönigtums – von ihm als ein „single ideological model" bezeichnet – und die damit verbundene Form eines

[14] Bekannte Beispiele sind die Shilluk, verschiedene (nord-) nigerianische Gesellschaften wie die Rukuba, die Ibo, die Yoruba von Ife und Oyo, die Moundang, Awtun, Jukun, Nyakyusa, Bemba, Lunda und Swazi, etc.

[15] Obgleich Muller diese Kennzeichen des „Klientelprinzips" in Verbindung mit verschiedenen politischen Organisationsformen vorkommen und „prestations de fonction" als „relatively independant from the economic base" sieht, so ist er doch der Meinung, dass „such 'prestations of function' stem directly from the ideology of 'divine kingship'„ (1981:248, s. auch verschiedene Schriften von Suret-Canale, so 1969).

„reichlich ausstaffierten" und sakralisierten Einzelherrschers in Gesellschaften mit sehr unterschiedlicher politischer Organisationsform vorkommen konnte: Von kleinen, einfach strukturierten Häuptlingstümern, in denen der Einzelherrscher ein weitgehend machtloser „Operettenkönig" bleibt, an den die Abgaben so spärlich fliessen, dass er unter Umständen noch selbst das Land bebauen muss, bis hin zum Herrscher voll ausgebildeter, Zwang ausübender und Abgaben abpressender Früher Staaten (1981). Die Tatsache, dass innerhalb dieses ideologischen Modelles so verschiedene Formen politischer Organisation Platz finden, weist auf eine weitgehende Selbständigkeit und Autonomie der Ideologie der „Sakralmonarchie" hin. Diese lässt sich nicht auf eine Reflexion politischer und/oder ökonomischer Faktoren reduzieren, und es haben verschiedene Autoren bei der Analyse afrikanischer Gesellschaften immer wieder darauf hingewiesen, dass Ideologie und Religion einen formenden Einfluss auf Politik, Ökonomie und „Zivilgesellschaft" haben können (so zum Bespiel Chrétien 1981b). Im Burundi des 19. Jahrhunderts hatte sich das Politische aber so weit von ideologischen Kräften gelöst und diese tendenziell in seinen Dienst gestellt – eine Indienstnahme, die aber immer prekär blieb und leicht ins Gegenteil umschlagen konnte, wie Chrétien (ibid.) gezeigt hat –, dass die Kennzeichnung der politischen Organisationsform als „Sakralmonarchie" schon deswegen fragwürdig wäre, weil damit dem Ideologischen eine zu eminente Stellung eingeräumt würde. Das vorkoloniale Burundi des 19. Jahrhunderts lässt sich dagegen durchaus als Früher Staat („Early state") beschreiben, wenn man sich an die von Claessen & Skalník formulierte Definition hält:

> „The early state is a centralized socio-political organization for the regulation of social relations in a complex, stratified society divided into at least two basic strata, or emergent social classes – namely the rulers und the ruled –, whose relations are characterized by political dominance of the former und tributary obligation of the latter, legitimized by a common ideology of which reciprocity is the basic principle" (1978:640).[16]

Es sei in diesem Zusammenhang darauf hingewiesen, dass es diese Definitionsmerkmale wenig sinnvoll erscheinen lassen, von einem „typisch afrikanischen" Frühen Staat zu sprechen. Die organisationellen Merkmale des subsaharischen Frühen Staates erlauben es kaum, von einem eigenständigen Typus frühstaatlicher Organisationsform zu sprechen, liegen die Unterschiede zwischen afrikanischen und nicht-afrikanischen Ausformungen doch eher in Merkmalen, die als „sekundär" und „variabel", denn in solchen, die als „grundlegend" und „konstant" einzuschätzen sind (Claessen 1981:81f, n.1). In afrikanischen „Early States" hat in erster Linie „die komplexe Beziehung zwischen Macht, Machtbasis und Ideologie" spezifische Ausdrucksformen gefunden, die sich in einem verwandtschaftsorientierten Typus von Königtum und der hohen Bedeutung von Fruchtbarkeit in der Ideologie zeigen. Zudem scheint das Konzept eines Gott- oder Sakralkönigs, das eine direkte Beziehung zwischen der Gesundheit des Herrschers und dem Wohlergehen der Gesellschaft und des Landes beinhaltet, nur in Afrika vorzukommen, wenn es da auch nicht überall verbreitet ist (ibid., pp. 81 & 77). In Burundi stand dieser Konnex zwischen den Kräften und dem Vermögen des obersten Herrschers und denjenigen der Gesellschaft im Zentrum der dominanten politischen Ideologie und bildete ein wichtiges Element des Herrschaftsverhältnisses. Er bestimmte, neben anderen Faktoren, zu einem wesentlichen Teil die Beziehungen zwischen Herrschenden und Herrschaftsunterworfenen und ihre gegenseitigen Perzeptionen. Ich werde zeigen, dass die hier geformte Perzeption des Herrschaftsverhältnisses die alte Monarchie überdauert und zum Teil bis heute ihre Kraft behalten hat und noch immer die Herrschaftsstrukturen beeinflusst. Auch wenn der Schwerpunkt meiner Arbeit nicht auf der Analyse der ideologischen Struktur des vorkolonialen, monarchischen Burundi liegen wird, so wird ihre Bedeutung für die Bestimmung des Herrschaftsverhältnisses und seine Aufrechterhaltung doch immer wieder offenkundig werden.

---

[16] Diese Definition wurde auch in den späteren, von Claessen gemeinsam mit Van de Velde herausgegebenen Werken (1985, 1987:4) beibehalten.

3.3 Der Frühe Staat. Verwaltungssystem und Verwaltungsapparate

Jede Gesellschaft kennt ihre spezifische Konzeption von Raum und Zeit. Diese ist weder ahistorisch, noch ist sie individuell von jedem Gesellschaftsmitglied bestimmt. Sie hat ihre Geschichte und ist Veränderungen unterworfen. In der stark stratifizierten Gesellschaft des monarchischen Burundi war sie nicht unabhängig vom zentralen Herrschaftssystem. Ich habe oben gezeigt, in welcher Weise das auf das Zeitverständnis zutraf. Ebenso galt das auch für die Konzeption des Raumes, der wir uns nun zuwenden.

Das Konzept des Territoriums ist in Frühen Staaten allgemein weitgehend vage und nicht fest umschrieben. Darauf haben Claessen und Skalník hingewiesen (1978:18). Es bezieht sich in erster Linie auf die Arten der Beziehungen einer bestimmten Bevölkerung mit dem von ihr besiedelten Gebiet. Die Herrschaft über ein bestimmtes Territorium ist primär die Herrschaft über die darin – genauer: dar*auf*, nämlich auf den Böden – lebende Bevölkerung. Die Herrschaftsorganisation ist stark personalisiert und mehr an den Leuten als am Raum, dessen Grenzen in hohem Grade flexibel und formbar bleiben, festgemacht: „... the concept of ‚territory‘ seems to cover something more than just a piece of land on which people live“ (ibid.).

Ich habe darauf hingewiesen, dass ein Weg zur Erschliessung der hinter dem Herrschaftssystem stehenden Logik – sie wird uns nochmals im Kapitel 5 beschäftigen – über die Analyse des politischen Vokabulars führt. Der Erfassung der gesamten Gesellschaft und der Einbindung des Herrschaftsgebietes in die monarchische Ordnung lagen drei untereinander eng verbundene Begriffe zugrunde.[17] Es handelt sich dabei um die Termini *igihugu*, *uburundi* und *ingabo*, die man nach Nsanze als „konzeptuelle Trilogie“ auffassen kann (1986:33). Sie bezeichnen alle sowohl den Boden, die darauf lebende Bevölkerung, wie den politischen Raum. Sie erlauben die Erfassung der Gesellschaft sowohl im räumlichen, demographischen und bevölkerungspolitischen, wie im wirtschaftlichen und soziopolitischen Sinn. Alle diese Aspekte durchdringen sich in den drei Vokabeln gegenseitig. Die drei Begriffe, die einen grossen inhaltlichen Überschneidungsbereich aufweisen, enthalten alle Aussagen über die Beziehung zwischen Macht und Wirtschaft und über die Beziehung zwischen Herrschenden und Beherrschten. Diese ideologische Konzeptualisierung zeugt von einer engen politischen und ökonomischen Kontrolle, und sie wird uns an späterer Stelle noch eingehender beschäftigen (Kaptiel 5). Betrachten wir die drei Begriffe kurz im einzelnen.

Wenn der Begriff *igihugu* während langer Zeit und vor allem in der kolonialen Literatur mit „Land“ oder „Territorium“ übersetzt und damit allein der räumlich-territoriale Aspekt berücksichtigt wurde (so auch bei Rodegem 1970:175), so erklärt sich das mit der ausschliesslichen Orientierung am Territorialitätsbegriff des modernen westlichen Staates, die auf Kosten des traditionellen burundischen Herrschaftsverständnisses geht. Wenn man die traditionelle Machtlogik verstehen will, darf man diesen Begriff nicht auf diese Dimension reduzieren, sondern muss eine zweite Bedeutung berücksichtigen, die übersetzt werden kann mit „die Bevölkerung“, „die Beherrschten“, ‚Untertanen‘ im wörtlichen Sinn. Mworoha hat bereits 1977 auf diese verschiedenen Dimensionen hingewiesen:

> „(...) les hiérachies que nous avons décrites permettent de parler plus spécialement de „paysans“ pour la masse de la population, pour *tous ceux que les chefs d'autrefois considéraient comme leurs sujets* et désignaient du terme générique de *igihugu* („le pays“ et par extension „le peuple“, „les sujets“). Plus précisément ces derniers étaient les *banyagihugu*, c'est-à-dire les gens n'ayant aucune responsabilité politique ni magico-religieuse. C'était la catégorie de gens qui vivaient de leurs propres productions et dont les devoirs se limitaient au paiement du tribut et à la participation à la guerre“ (1977:184, meine Hervorhebung).

[17] Nsanze stellt deren Analyse bezeichnenderweise an den Beginn seiner Arbeit über die ökonomischen Grundlagen der monarchischen Macht (1986:33-60).

Hier leuchten alle verschiedenen Konnotationen dieses Konzeptes auf, in dem sich administrative, politische und ökonomische Aspekte durchdringen. *Igihugu* übersetzt damit noch am ehesten unsere Vorstellung eines „politischen Territoriums" (cf. Botte 1982a:284). Es handelt sich dabei nicht um einen administrativen Bezirk im Sinn einer Provinz mit festen Grenzen, etwas, was das traditionelle Burundi gerade nicht kannte. Die territorialen Grenzen änderten dauernd in Funktion der momentanen Machtverhältnisse zwischen den Lokalherrschern. Es gab noch manche andere Abweichungen von einer modernstaatlichen Territorialverwaltung, die die kolonialen Kartographen – aber auch mich während meiner Feldarbeit – vor manche Probleme stellten. Nicht selten standen zwei oder gar drei nicht zusammenhängende Gebiete unter der Führung desselben Chefs (Prinzen) und eines davon mochte sehr wohl eine Enklave innerhalb des Territoriums eines anderen Lokalführers bilden.

Wer ein politisches Kommando, ein „Territorial"- oder vielleicht besser: Regionalkommando im obigen Sinn, zugesprochen erhielt (*guhâbwa* oder *kugabána igihugu, ingabo*) – und das waren meist nächste Verwandte und/oder Funktionäre und Günstlinge des Königs, die sich besonderes Verdienst erworben hatten (Richter, Seher-Magier, Ritualisten, Krieger) –, erhielt dieses als Gabe im vollen Wortsinn, von der er zu leben hatte bzw. seine Bedürfnisse nach Belieben decken durfte (Einkünfte über das Abgaben- und Domänensystem).

> „(...) les nominations des fonctionnaires politiques au Burundi étaient considérées comme des *dons* de territoires. Il n'y a aucun doute qu'il s'agissait là des plus importants dons à remettre. Les autorités territoriales étaient les gens les plus puissants et les plus riches du pays et avaient le monopole du contrôle sur les biens" (Trouwborst 1962:23, meine Hervorhebung; cf. Habonimana 1977:117).

Damit wird deutlich, wieso *igihugu* auch die im betreffenden Gebiet lebende Bevölkerung meint. Die Gabe eines Territoriums war gleichbedeutend mit der vollständigen Überantwortung, der Gabe einer bestimmten Anzahl von Abgabepflichtigen mit ihren Produktionskapazitäten. Einmal *igihugu* erhalten, muss man es auch benutzen, von ihm leben, es „essen", wie man in Kirundi wörtlich sagt (*kurya igihugu*, „(die Leute) essen/ausbeuten"). Was da „gegessen" wird, verdeutlichen mehrere Redensarten, die zeigen, dass die Einwohner eines Gebietes primär als Produzenten interessierten: „Vom ‚Land' isst man nicht die Erde, man isst die Menschen" (*igihugu ntikiribwa ivu kiribwa abantu*), und: „Vom ‚Land' isst man die Nahrungsmittel, man isst nicht die Erde/den Boden" (*igihugu kiribwa indya ntikiribwa ivu*). Die Abpressung eines Mehrproduktes begann denn auch bereits am Tage der Einsetzung der neuen Autorität: Die Einwohner des betreffenden Gebietes hatten ihr zu diesem Anlass „Geschenke" (*ingoróre*, etc.) zu bringen.[18]

Es kommt dazu, dass im engen, strikten Sinn „Muganwa" (Prinz, Aristokrat im weiteren Sinn) nur genannt wurde, wer auch über ein Regionalkommando verfügte – nur wer etwas zu „essen" und auszubeuten hat, kann auch geben; und wer nichts zu geben hat, ist kein Muganwa, sondern ein *Mutahira*[19], ein „Heruntergekommener".

Der Begriff *uburundi* darf ebensowenig auf seinen – ohne Zweifel existierenden – räumlich-geographischen und geopolitischen Sinn reduziert werden. Darauf, dass damit nicht nur das Land, der Staat oder die Nation *(u)Burundi* gemeint ist, hat bereits der ehemalige Kolonialverwalter Jean Ghislain hingewiesen:

---

[18] Gespräch 27:18. Die angeführten Redensarten werden von Botte (1982b:278) und Nsanze (1986:46, 49) zitiert. Zu den *ingoróre*-Abgaben, die anlässlich der Einsetzung einer politischen Amtsperson zu leisten waren, s. Trouwborst 1962a:149 und Botte 1982b:297.

[19] Von *gutahira*, das einen doppelten Sinn hat (näheres s. Kapitel 3.4.2 & 4.1 sowie Nsanze 1988:9). Nsanze (1986:50f) wie Gahama (1983:26) benutzen den Begriff *Muganwa* im engen Sinn, nach dem er eine primär politische Bedeutung und nur eine sekundäre verwandtschaftliche Konnotation hat.

„Le mot Burundi ne désigne pas seulement le pays, la nation burundienne, c'est une notion récente et occidentale; cette appellation désigne surtout la masse des Barundi, la population, le peuple, la termitière du Burundi (...). L'étymologie du vocable Burundi peut d'ailleurs être trouvée dans le verbe kurunda qui signifie rassembler, mettre en tas, accumuler" (1970:19f, cf. Rodegem 1970:375f).

Wir sehen auch hier wieder die Verschränkung verschiedener Aspekte. Nsanze hat gezeigt, dass *uburundi* neben einem geographischen, politischen und ökonomischen Sinn – in denen der Begriff oft mit *igihugu* und *ingabo* austauschbar ist – auch eine rechtliche (der Bereich der Rechtssprechung einer politischen Autorität) und schliesslich eine soziale Bedeutung hat, die sich am besten mit „die Gesellschaft" übersetzen lässt. In Burundi mit seiner dominant patri-virilokalen Residenzregel sagt man von einer Frau, die sich verheiratet, dass sie *mu burundi* geht, „in die Fremde, in die Gesellschaft".[20]

Der Begriff *ingabo* schliesslich wird am gebräuchlichsten mit seiner Bedeutung „Krieger, Armee, Truppe, Miliz" übersetzt. Er meint jedoch auch „Schutzschilder" und kann das eine politische Autorität begleitende Gefolge bezeichnen (Nsanze 1986:58). Der eigentliche Sinn des Wortes wird deutlich, wenn wir es als abgeleitet vom Verb *kugaba* analysieren, das eine doppelte Bedeutung von „geben" und „befehlen/anführen (in seiner Abhängigkeit haben, besitzen)" hat. Von daher bedeutet *ingabo* sehr wohl „die Unterworfenen", „die Regierten", und wenn *kugaba ingabo* das Geben der Macht (eines Regionalkommandos) heisst, so sind damit die Einwohner des betreffenden Gebietes in ihrer Eigenschaft als (potentielle) Krieger und als abhängige Arbeitskraft, als Abgabepflichtige gemeint.

„Le terme *ingabo* (...) connote très exactement le fait que le surtravail guerrier assure la reproduction des sujets (*ingabo*) en tant qu'hommes libres (*ingabo*) ou *self-sustaining peasants*" (Botte 1974b:616f, cf. 174a:8).

„Homme libre" ist, wer Boden besitzt und damit abgaben- und kriegsdienstpflichtig ist. Wer keinen Boden besitzt und damit den Status eines *mushumba* innehat, hat in keiner Form Abgaben zu leisten.[21] Der Begriff *ingabo* weist damit auch auf das „räumlich-territoriale Substrat" hin. Er hat eine räumliche Konnotation im Sinne aller in einem Gebiet lebenden Abgabepflichtigen.

Das Verständnis des politischen Raumes drückte sich im monarchischen Burundi über die drei Begriffe *igihugu*, *uburundi* und *ingabo* aus. Was das alles beinhaltete, wird in der Folge deutlich werden. Schauen wir uns in einem nächsten Schritt auf dem Hintergrund dieser „konzeptuellen Trilogie" die genauere Ausformung des frühstaatlichen Verwaltungssystems und des damit verbundenen Verwaltungsapparates an.

3.3.1 Die Verwaltung von Bevölkerung und Raum. Das Ganwa-System

Um ein erstes Bild der politischen Einbindung und Kontrolle der Bevölkerung und des Raumes Burundi in seinem oben angedeuteten, dreifachen Sinn zu erhalten, sind hier die Grundzüge des frühstaatlichen Verwaltungssystems darzulegen. Es handelt sich dabei allein um eine erste Annäherung an die Bestimmung der politischen Struktur der Monarchie.

Das Verwaltungssystem, so wie es seit der zweiten Hälfte des 19. Jahrhunderts bestand, muss als direktes Resultat der vorangegangenen geschichtlichen Entwicklungen verstanden werden. Es hatte den Ansprüchen der Verwaltung eines Gebietes, das sich innert weniger Jahrzehnte verdoppelt hatte, zu genügen. Diese Expansion führte auch in einem zweiten Sinn zu einer neuen Situa-

---

20 *Umurundi* heisst denn auch nicht nur „ein Einwohner des Landes Burundi", sondern in diesem Sinn „ein Fremder", „jemand, zu dem man keine Verwandtschaftsbanden hat" (Nsanze 1986:53ff, Rodegem 1970:376).

21 S. dazu die scharfsinnige Analyse von Botte (1974b), ebenso seine späteren Arbeiten 1982a und 1982b.

tion: Mit dem Ende der Herrschaft Ntare Rugambas gab es für den burundischen Staat, der sich nun an allen Grenzen mehr oder weniger starken Nachbarn gegenüber sah, keine weiteren Expansionsmöglichkeiten und keine damit verbundene „Breitenentwicklung der Produktivkräfte" mehr, um Bottes Begriff zu benutzen. Die durch diese Entwicklungen eingetretenen Veränderungen zogen eine weitgehende Modifikation der staatlichen Zentralisation nach sich.

Unter der alten politischen Struktur im „engeren" Burundi (s. Karte im Kapitel 2) hatte es noch keine halbautonomen Ganwa-Regionalführer gegeben, sondern die Prinzen nahmen innerhalb des eigentlichen königlichen Gebietes Stellungen als subalterne Kader ein. Der Mwami übte über das gesamte Staatsgebiet die direkte Regierungsgewalt aus, was sich auch darin zeigte, dass er sich zwischen seinen verschiedenen, verstreut liegenden Residenzen und Hauptorten hin und her bewegte.[22] Die Unterscheidung zwischen königlichem Kerngebiet und prinzlichen Aussengebieten scheint erst später wichtig geworden zu sein.

Die territoriale Expansion zeitigte widersprüchliche Resultate und rief neue Schwierigkeiten hervor. Einerseits erreichte sie ihr Ziel, indem die durch den Kampf um die Kontrolle der monarchischen Macht entstandenen Spannungen auf Zeit gelöst bzw. an die Peripherie verschoben werden konnten; andererseits bedeutete gerade das eine beträchtliche Vergrösserung der Bedeutung der Ganwa-Aristokratie, indem Rugamba notgedrungenermassen seinen Söhnen die Autorität über weite Landstriche abtrat. Das schuf ein neues Ungleichgewicht zwischen königlicher und prinzlicher Macht. Die tiefen Auswirkungen dieser Umkrempelungen werden sich erst in der zweiten Jahrhunderthälfte unter Mwezi Gisabo zeigen und da ihren Preis fordern.

Wie Botte gezeigt hat, brachte die damit einhergehende Verstärkung der Rolle der Prinzen eine namhafte Erweiterung der tributären Beziehungen, einen Ausbau des Abgabensystems mit sich (1982b, 1982a:279). Dieses beruhte auf der stärkeren politischen Kontrolle des Zuganges zu den wichtigsten Produktionsmitteln durch die herrschende Klasse, dh. die Aristokratie. Der Besitz von Boden – und etwas weniger direkt auch von Vieh – war fortan direkt an die Erfüllung von Abgabepflichten (in Form von Naturalien, Vieh, Arbeitskraft und Kriegsdiensten) an den regionalen politischen Führer gebunden. In Burundi waren die damit verbundenen politischen Funktionen nicht getrennt und auf unterschiedliche, sich gegenseitig kontrollierende Führungsinstanzen übertragen wie in Rwanda, wo es in jedem „Verwaltungsdistrikt" einen Boden-, einen Vieh- und einen Kriegsherrn gab (d'Hertefelt 1962:63);[23] eine derartige dreifache Verwaltung erlaubte dem politischen Zentrum ohne Zweifel eine wirksamere Einbindung der Regionen. In Burundi dagegen war die Ausübung der politischen, ökonomischen und militärischen Macht – mit der erwähnenswerten Ausnahme der religiösen Autorität – in den Händen einzelner Prinzen konzentriert, die damit alle Mittel kontrollierten, die die Ausbeutung der Produzenten eines Territoriums erlaubten (Botte 1982a:279). Die damit einhergehende Autonomie der Baganwa konnte die Konkurrenz um die Macht innerhalb des Staatsapparates nur verschärfen.

Der Staatsapparat setzte sich im wesentlichen aus dem König (*Mwami*), den Prinzen (*Baganwa*) und von letzteren ernannten subalternen Lokalchefs (*Ivyariho*) zusammen, die über weitere, informelle Hilfskräfte verfügten. Grob schematisierend wird die Verwaltungsstruktur des alten Burundi in der Regel als aus drei Ebenen bestehend dargestellt. Zuoberst stand der Mwami, dem zumindest nominell das gesamte Territorium Burundi unterstand. In seiner Delegation herrschten über einzelne Regionen Baganwa-Prinzen oder ihnen homologe Beamte (*Inkebe*, *Bishikira*), die die direkte Kontrolle einzelner Hügel ihres Gebietes wiederum an *Ivyariho*-"Statthalter" abtraten. Bei der folgenden Erörterung des monarchischen Verwaltungssystems wird sich jedoch schnell

---

[22] Jean Ziegler (1971:19-72) wurde dadurch dazu veranlasst, von den „rois errants du Burundi" zu sprechen. Zur Kritik seines etwelche Ungenauigkeiten aufweisenden Beitrages s. Lemarchand 1973.

[23] D'Hertefelt erwähnt jedoch, dass auch in Rwanda diese „Methode der gekreuzten Finger" nicht immer spielte, da es nicht selten vorkam, dass eine Person – etwa ein Prinz – zwei oder gar drei dieser Funktionen kumulierte (ibid.).

zeigen, dass es nur hinderlich sein kann, die Analyse dieses Systems mit der Vorstellung einer einheitlich und nach einem durchgängigen Prinzip hierarchisierten Verwaltungsstruktur, wie sie uns von allen modernen Staaten her vertraut ist, anzugehen. Die territoriale Basis ist meistens zu hoch bewertet worden. Mehr denn um eine territorial bestimmte Struktur handelte es sich um eine Struktur von Personen. Es ging weniger darum, für bestimmte Territorien einen Führer zu suchen, als darum, für eine gewisse Anzahl Personen ein Territorium zu finden. Des öfteren wurde ein Muganwa-Aristokrat unterhalb eines Muganwa-Regionalführers eingesetzt, was nicht heissen musste, dass er damit allen Ivyariho-Statthaltern gleichgestellt war. Und so weiter. Die hierarchische Position innerhalb des Verwaltungssystems richtete sich im Einzelfall nicht nach einer – nur begrenzt vorhandenen – festen Hierarchie territorialer Einheiten. Es existierte im monarchischen Burundi keine klar und einheitlich bestimmte Ämter-Hierarchie, da es keine systematische Übereinstimmung zwischen bestimmten Rängen und damit verbundenen Rechten und Pflichten gab. Für die Bestimmung von Macht und Einfluss eines Amtsinhabers konnten andere Kriterien (vor allem die Beziehung zum Königshof) wichtiger sein als seine Rangposition in der Verwaltungsstruktur (cf. Albert 1960b:50, Trouwborst 1962b:26). Mehr als festgelegte Strata und „Lagen" existierten im monarchischen Burundi Pyramiden von Personen, die bestimmte Verantwortlichkeiten und Rechte innehatten. Die Unterscheidung zwischen einem hierarchischen „layer cake model" und einem pyramidalen Schichtungssystem ist in diesem Zusammenhang von Gewinn. Ich werde darauf am Schluss der folgenden Darstellung des Verwaltungssystems zurückkommen.

a) Der Mwami

An der Spitze des Staates stand der Mwami („König", pl.: *Bami*), der als „der Besitzer aller Kühe und aller Böden"[24] galt. Auf die begrenzte Gültigkeit der damit transportierten Vorstellung einer absoluten Macht des Mwami ist oft hingewiesen worden. Die absolute Macht des Mwami existierte nur theoretisch und blieb ein ideologisches, damit aber nicht wirkungsloses Konstrukt. Es hing zusammen mit der Konzeption des Mwami als Spender aller Fruchtbarkeit und als nie versiegende Quelle von Gaben. Der König kann im Prinzip jederzeit ein Stück Boden, ob frei oder nicht, oder eine Weide für sich beanspruchen oder jemand beliebigem zuteilen – in der Praxis hing das aber immer von den momentanen regionalen Machtverhältnissen ab. Die Baganwa-"Regionalfürsten" verfügten in ihren Gebieten über eine weitgehende Autonomie. Dazu kam, dass Gebiete in der äussersten Peripherie wie der südöstliche Mosso bis weit in die Kolonialzeit hinein mehr nominell als faktisch der königlichen (und prinzlichen!) Autorität unterstellt waren (Trouwborst 1973b:247).

Der Mwami hatte unter seiner direkten Kontrolle und Verwaltung lediglich das „historische" Zentrum des Königreiches. Das restliche Staatsgebiet kontrollierte er in indirekter Weise über die Einsetzung von Vertrauten; diese wurden über verschiedene Herrschaftstechniken ans königliche Zentrum gebunden (obligatorische jährliche „Auffrischungskurse" am königlichen Hof – *gusasa* – u.ä.m., s. unten). Im königlichen Gebiet im engen Sinn existierte eine doppelte Verwaltungsstruktur: Es war in kleine „Lokalkommandos" aufgeteilt, die Batutsi und Bahutu, seltener auch einigen (in der Regel jüngeren) Baganwa[25] zukamen. Sie waren im ihnen zugeteilten Gebiet die direkten Delegierten des Mwami und wurden am allgemeinsten bezeichnet als *Ivyariho vy'umwami*, als „Statthalter des Königs" (sing.: *Icariho*, vom Verb *kuberaho*, „am Platz sein von ...", also: Stellvertreter, Statthalter); im Französischen wählte man später für sie die generische Bezeichnung

[24] *Nyene inka n'imirima;* im strikten Sinn meint *imirima* allein die Kulturböden, gemeint sind hier aber auch alle freien und unbebauten Böden (Nsanze 1980:8, Shirambere 1984:39, Mworoha/Ndayishinguje 1981:89, Trouwborst 1973b:246).

[25] Davon, dass auch Angehörige der Aristokratie im königlichen Zentralgebiet als *Bishikira* wirkten – eine oft unterschlagene Tatsache – berichten sowohl Botte (1982b) wie Nsanze (1986:591).

„Sous-Chefs". Daneben gab es innerhalb dieses Gebietes eine Vielzahl königlicher Domänen (*ivyibare*), die, unter der Leitung von sog. *Bishikira*[26] stehend, ebenfalls direkt der königlichen Autorität unterstanden. Die *Bishikira* waren nicht-aristokratischer Herkunft und hatten, wie ihr Name besagt, direkten Zugang zum Mwami; sie gehörten zu dessen einflussreichsten Günstlingen und übernahmen als wichtige Hofberater nicht selten die Funktion eines Mitglieds des königlichen Gerichtes (*ururimbi*), während ihre Nachkommen hoch angesehene Stellungen als königliche Melker, Küchenintendanten oder Kammerdienerinnen erhalten konnten (s. Mworoha et al. 1987:217). Die *Mwishikira*-Funktion wurde in der Regel vom Vater auf den Sohn vererbt (Gespr. 22:5f, 37:15, u.a.m.; Mworoha et al. 1987:156).

Etliche der königlichen Domänen lagen auch ausserhalb des unter direkter königlicher Verwaltung stehenden Gebietes verstreut über die anderen Landesteile. Seit den Eroberungen Ntare Rugambas war das Königshaus darauf bedacht, seine Domänenwirtschaft auch auf die neu eroberten äusseren Regionen auszudehnen; solche Domänen erlaubten zum einen eine beschränkte Diversifizierung der wirtschaftlichen Ressourcen, zum anderen eine gewisse Kontrolle der regionalen Machtinstanzen. Hier nämlich bildeten diese *ivyibare* Enklaven in den den Prinzen zugeteilten Territorien, deren Verwaltung den letzteren entzogen war: Ihre *Bishikira*-Verwalter unterstanden allein und direkt dem Befehl des Mwami und hatten nur dem königlichen „Ruf" nach Abgaben von Konsumgütern und/oder Arbeitsleistungen Folge zu leisten. – Durch sein allgemeines vorrangiges Bodenbesitzrecht (innerhalb der geschilderten Grenzen der Wirksamkeit), durch die direkte Kontrolle seines Territoriums im strikten Sinn und den in den Gebieten der Prinzen verstreuten Domänen wurde der Mwami zum grössten Bodenbesitzer des Landes.

b) Das Domänen-System

Die königlichen Domänen *ivyibare vy'umwami* (Sing. *icibare c'umwami*) sind als Eckpfeiler des monarchischen Abgabensystems zu betrachten. Ihre Anzahl scheint sich von Regentschaft zu Regentschaft erhöht zu haben. Zu Ende des 19. Jahrhunderts gab es ihrer schliesslich 166, so wie sie der Reihe nach von den verschiedenen Bami gegründet worden waren.[27] Mwezi Gisabo benutzte davon effektiv 76, wovon wiederum zwei Drittel innerhalb des engeren königlichen Gebietes lagen.

Nicht alle *ivyibare* waren sich in ihrer Bedeutung gleich und nicht alle dienten demselben Zweck. Es lassen sich mehrere Kategorien unterscheiden. Das wichtigste Dutzend kann als politische Domänen bezeichnet werden, worunter es je nach ihrer Bedeutung auch wieder erst- und zweitrangige gab. Die wichtigsten der königlichen Besitzungen waren diejenigen, in denen der Mwami das jährliche *umuganuro*-Sorghoaussaatsfest zelebrierte. Sie bildeten die vom jeweiligen Mwami am häufigsten, mehr oder weniger regelmässig benutzten Residenzorte, an denen ebenfalls je eine seiner Gattinnen lebte. Am Ende des 19. und zu Beginn des 20. Jahrhunderts waren das Mbuye, Muramvya, Bukeye und Kiganda. Diese vier Domänen waren die eigentlichen politischen Hauptorte des Landes, an denen auch das wichtigste königliche Symbol, die Trommel *karyenda*, aufbewahrt wurde (unter Gisabo bei Mbuye) (Mworoha 1977:118[28], Nsanze 1980:9, Botte 1982b:285). Als sekundäre politische Domänen kann man diejenigen bezeichnen, in denen eine weitere Gattin oder Konkubine des Königs residierte. Diese konnten gar mehrere Hügel unter ihrer Kontrolle haben. Wegen der Bedeutung der Polygynie war die Zahl dieser zweitrangigen politi-

---

[26] Sing. *Umwishikira*, vom Substantiv *ishikira*, „Zugang", und vom Verb *kwîshikira*, „eine hohe Person, v.a. politische Autorität direkt, ohne Mittler ansprechen".

[27] S. dazu Botte 1982b:284f und die Liste in Vansina 1972:183-88 & Karte No.7.

[28] Mworoha zählt wegen seiner Bedeutung beim *Muganuro*-Fest auch noch den Ort Humure zu den „primären politischen Domänen" (ibid.).

schen Zentren, die hauptsächlich der internen Verwaltung des königlichen Domanialgebietes dienten, relativ hoch.

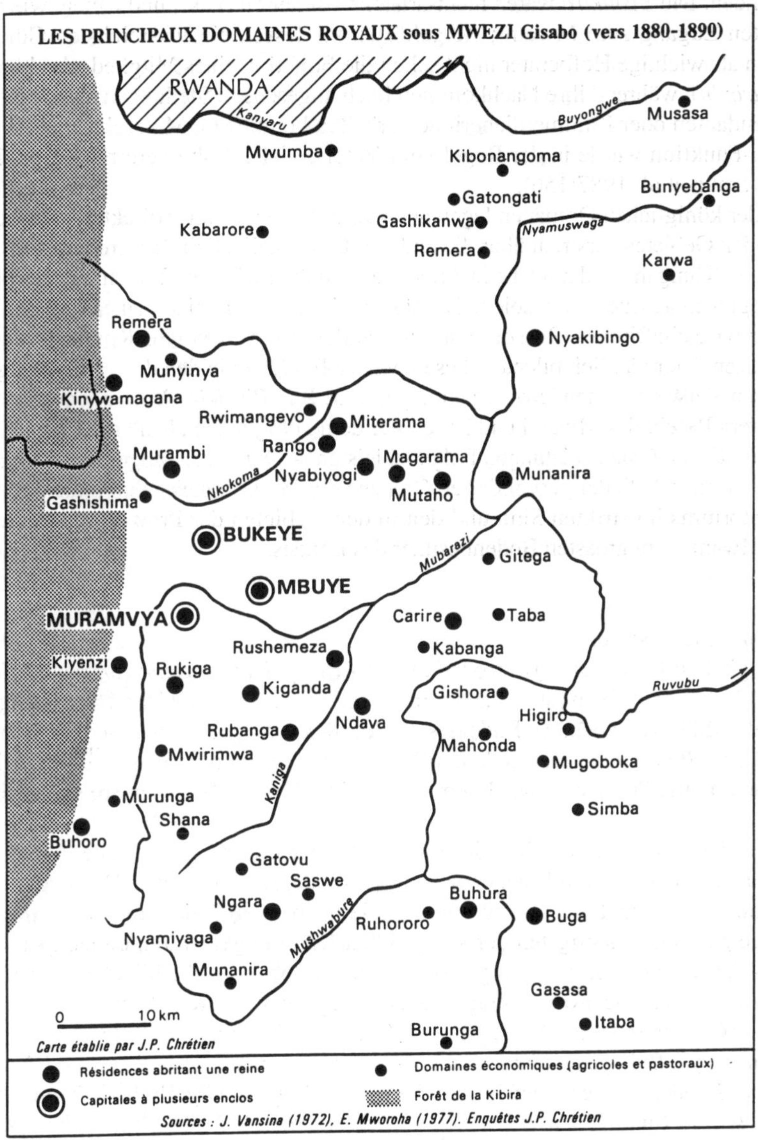

Abb. 5: Die wichtigsten königlichen Domänen unter Mwezi Gisabo
(Quelle: Mworoha et al. 1987:211; cf. p. 157 & Vansina 1972, carte no.7, Mworoha 1977:146, Nsanze 1980:23)

Von den politischen lassen sich die „Wirtschaftsdomänen“ unterscheiden, die über das ganze Land verteilt waren und, reich an guten Landwirtschafts- oder Weideböden, dem Königshof als agro-pastorale Produktionseinheiten dienten. Sie hatten den königlichen Höfen je nach ihrer Spezialisierung die lebensnotwendigen Produkte wie Sorgho, Bohnen und Vieh, aber auch spezialisiertere Abgaben wie Honig oder Salz zu liefern und waren ganz allgemein für deren wirtschaftliche Reproduktion verantwortlich. Es konnte sich bei ihnen um ehemalige, im Lauf der Zeit aufgegebene politische Residenzen handeln; es gab deren nicht wenige, da jeder neue König den Anspruch hatte, seine eigenen zu gründen.

In all diesen verschiedenen Arten von Domänen lebte ein zahlreiches Personal, dessen Mitglieder in hohem Masse spezialisierte Funktionen und Pflichten innehatten (Melker, Viehhirten, Köche, Diener, Zofen, etc.). Die Zuteilung dieser Hof-Funktionen erfolgte in den meisten Fällen unter strikter Beachtung der Lineage-, aber auch ethnisch-sozialer Zugehörigkeiten.

Schliesslich werden in der Regel auch die verschiedenen, verstreut übers Land liegenden – aber ebenfalls im Zentrum konzentriert vertretenen – Ritualorte, die alle in einem der zahlreichen Momente der Inszenierung des Königstums eine bestimmte Rolle spielten, als rituelle Domänen zu den *ivyibare vy'umwami* gezählt (s. dazu Nsanze 1980:8, Mworoha 1977:118, Botte 1982b:285). Das ist nicht selbstverständlich, da diese Residenzgebiete der wichtigsten religiösen Würdenträger – die *muganuro*-Ritualisten Baganuza, die für die Bestattungen der Könige und Königinnen zuständigen Abiru und Banyange, aber auch die wichtigsten Ritualistinnen wie Mukakiranga oder Juruyikagongo, die meistens in unmittelbarer Nähe eines der königlichen Hauptorte residierten, etc. – gerade von der königlichen Autoriät ausgenommen waren: Weder der Mwami noch ein Muganwa hatten Zutritt zu ihnen. Ihre politische Autonomie drückte sich darin aus, dass sie politischen Flüchtlingen und anderen Verfolgten Zuflucht gewähren konnten, eine Autonomie, die bis in die Kolonialzeit hinein erhalten blieb und erst im Jahre 1926 aufgehoben wurde. Die an diesen enklavenartigen Orten lebenden religiösen Würdenträger hatten in den wichtigsten königlichen Zeremonien (Umuganuro, Inthronisation, Bestattung) die Hauptfunktionen inne und ein Teil von ihnen begab sich dazu regelmässig an den Hof. Zu den Ritualdomänen lassen sich des weiteren Orte wie Kivyeyi und Nkondo[29] rechnen, an denen selbst keine Ritualisten wohnten. In einer strikten Definition des Begriffes *icibare*, so wie sie Nsanze herausgearbeitet hat (1980:3-6)[30], sind die Ritualorte nicht zu den königlichen Domänen im eigentlichen Sinn zu zählen. Und doch gehören sie dazu, wenn man im weiteren Sinn sagen kann, dass die *ivyibare* allgemein dazu da sind, Eigenbedarf und – eben nicht nur wirtschaftlichen, sondern auch ideologischen – Unterhalt und Autonomie des Königshauses und der Aristokratie zu gewährleisten. Dank den *ivyibare* konnte das Königtum autonom als politische und wirtschaftliche Einheit funktionieren. Die von den prinzlichen und nicht-prinzlichen Regionalfürsten überwiesenen Abgaben, die nach Botte immer symbolischer Natur blieben, bildeten ein über die zur Reproduktion des Königshofes notwendigen Güter hinausgehendes Mehr (1982b:280). Wir werden sehen, dass die Institution der *ivyibare* auch auf der nächstunteren Ebene der Baganwa-Regionalführer existierte.

Wie sah in der Regel eine königliche – und mutatis mutandis prinzliche – Domäne aus? Es ist von unserer Vorstellung der territorial definierten Verwaltung des modernen Staates her nicht ganz einfach und hat mir während meiner Feldarbeit etliche Mühe gekostet, ein genaueres Bild dieser wichtigen monarchischen Institution zu erhalten. Als Produktionseinheit stand sie wie gesagt im

[29] Wichtige Etappen der Königsinthronisation, beide in der heutigen Gemeinde Kiganda ganz im Zentrum des Landes gelegen. Die Königsinthronisation wurde als ein langer, prozessionsartiger Zug zwischen mehreren Orten im Gebiet der königlichen Hauptresidenzen (zwischen Kiganda, Muramvya und Mbuye) inszeniert (für Details s. Ndayishinguje 1977). Andere afrikanische Monarchien kannten übrigens eine ähnliche Form einer „Inthronisations-Reise"; die der westafrikanischen Yatênga-Mossi wurde auf aufschlussreiche Weise von Michel Izard beschrieben (1975:234).

[30] Nsanze hat auf die primäre Bedeutung des Begriffes *icibare* ausserhalb des politischen Rahmens in der Führung der familiären Produktionseinheit *itôngo* hingewiesen (ibid.). Neben den eigentlichen Familienfeldern, über die der Unterhalt der Familie gewährleistet sein musste – ein Aufgabe, für die in erster Linie die Frau zuständig war und ist (sie ist auch die Speicher-Verwalterin) –, wurden dem Mann und den Kindern im vorkolonialen Burundi kleine Feldparzellen, *icibare* geheissen, zugeteilt. Diese sollten einerseits Erziehungszwecken dienen, andererseits aber über ihren Ertrag die Deckung von Eigenbedürfnissen ausserhalb jeglicher familiärer Verpflichtungen zulassen: Dem Mann erlaubte das vor allem, zusätzliches Bier an Freunde und eigene Verwandte auszugeben (s. auch Kapitel 4).

Dienst der königlichen oder prinzlichen Konsumtions-Wirtschaft. Die domaniale Reserve lag um einen königlichen oder prinzlichen Hof herum, der ausser dem – vollständig vegetabilen – Palast aus mehreren, konzentrisch um ihn herum angeordneten Höfen und Umzäunungen bestand, die Vieh, Speicher und Personal beherbergten. In direkter Abhängigkeit von diesem Zentrum standen ein oder mehrere Hügel oder Hügelteile, auf denen verschiedene Landwirtschaftsbetriebe lagen. Der grösste bestand aus den domanialen Feldern und Weiden, die anderen blieben der lokalen Bevölkerung überlassen, die – wie alle anderen Leute der Gegend – ihren Beitrag zur Bestellung der Domänenböden leisten musste. Jeder Domäne war eine gewisse Zahl lokaler Chefs – die *Ivyariho vy'umwami*, später während der Kolonialzeit als „Sous-Chefs" oder *Batware* bezeichnet – mit ihren Leuten zugeteilt. Deren Befehlsgebiet formte damit einen „Abgaben-" oder „Arbeitserhebungsbezirk"; dementsprechend sagte man auch, dass „dieser Hügel für jene Domäne ‚arbeitet', ‚von ihr in Abhängigkeit steht'" (Botte 1982b:285). Die Feldarbeit aber auf dem engeren königlichen Hügel wurde von den daselbst niedergelassenen Bauern geleistet.

Die aus dem Domänensystem erwachsende wirtschaftliche Autonomie konnte jedoch zur Sicherung des Fortbestandes der monarchischen Macht allein nicht genügen. Auf militärischem Gebiet war die Zentralmacht von den Baganwa-Regionalfürsten ebenso unabhängig wie auf dem ökonomischen. Die königlichen Truppen bestanden aus einem stehenden Gefolge von bewaffneten jungen Männern, *intore*[31] genannt. Sie setzten sich aus ungefähr 2'000 - 3'000 Kämpfern[32] zusammen, mehrheitlich Batutsi und Baganwa, die in jugendlichem Alter an den Hof geholt und da in Kampfestaktik, in Kriegs- und Tanzspielen, aber auch im Hofetikett und in Rhetorik geschult wurden und mit etwa 25 Jahren wieder in ihre Herkunftsregion zurückkehrten. Sie hielten sich nicht nur mit täglichen militärischen Übungen, sondern ebenfalls mit Tanzvorführungen in Form, die auch eine Art Kampfspiel waren.[33] Daneben übten sie sich in der Redekunst, um in langen, epischen Gedichten von gepflegtem Stil ihre wirklichen oder erdachten Grosstaten deklamieren zu können.[34] Wie bei allen anderen Funktionen und Pflichten war es für jede Familie immer eine hohe Ehre, einen der ihren am Hof zu haben, eine Ehre, die in der Regel nur besseren Familien zuteil wurde und die ihre Vorteile hatte, wie noch deutlich werden wird. So handelte es sich bei den *intore* oft um Söhne von Baganwa oder von dem Hof nahestehenden Familien, um Söhne persönlicher Klienten, Abhängiger und Günstlinge (Shirambere 1984:37). An ihrer Spitze stand in der Regel ein Muganwa. Das Hofpersonal selbst nahm kaum je an militärischen Einsätzen teil; ihm oblag es nicht nur, das wirtschaftliche Funktionieren des Hofes aufrechtzuerhalten, sondern auch, diesen während der Abwesenheit des Patrons bei allfälligen Attacken (die auch von innen kommen konn-

---

[31] Abgeleitet vom Verb *gutora*, „auswählen", zu übersetzen mit „die Auserwählten" (cf. Boyayo 1971:10,34, Mworoha 1977:178, Botte 1982a:280).

[32] Andere Quellen (wie das „Département de la Codification sur la royauté au Burundi", 1966, Bujumbura) sprechen noch von einer etwas höheren Zahl: bis zu 4000 (s. Mworoha 1977:144).

[33] In diesem Sinn ist die Bezeichnung *intore* auch bis heute erhalten geblieben. – Bis in die koloniale und postkoloniale Zeit gehört es zur Ehre jedes politischen Führers, sich eine Tänzertruppe zu halten. Die Tänzertruppe eines Führers zu sich (z.B. an den königlichen Hof) kommen lassen, war ein Zeichen der Unterwerfung, und umgekehrt, seine *intore* zu jemandem (einer als höher anerkannten politischen Autorität) tanzen senden, ein Ausdruck von Loyalität und Huldigung. Interessant dazu ist auch ein von Bukuru gegebenes Beispiel aus der Kolonialzeit: Kinyamazinga, der Chef des 1922 aufgrund der „Orts-Milner-Konvention" zwischen Belgien und Grossbritannien wieder von Burundi abgetrennten Bugufi (des unter Ntare Rugamba eroberten Nordostgebietes, für das die Engländer damals wegen der vorgesehenen Linienführung ihrer – nie realisierten – Kap-Alexandria-Transkontinentaleisenbahn ein lebhaftes Interesse bekundeten), soll noch zwei Jahre danach dem belgischen Territorial-Residenten von Muhinga anerboten haben, „zu ihm tanzen zu kommen" (1986:52).

[34] Auch *amazina* genannt (Lobgedichte, Oden; bekannt sind neben den Kriegs- vor allem die Hirten-Oden). Die reiche „Kriegs-Poesie" ist eine der überaus vielen sprachlichen und künstlerischen Ausdrucksformen, die die „orale Kultur" Burundis kennzeichnen (s. Vansina 1972 und verschiedene Schriften von Rodegem; für ein Beispiel von Kriegspoesie s. Boyayo 1971:11-14).

ten) zu verteidigen. Ob man wie Boyayo und Mworoha et al. von den *intore* allein als königlicher Garde oder bereits von einer Berufsarmee sprechen will, bleibt weitgehend eine Frage der Terminologie. Die *intore* dienten auf jeden Fall nicht nur als königliche Schutz-, sondern auch als zahlenmässig starke, stehende Elitetruppe. Bei jeder Inthronisation aber wurde die alte Armee aufgelöst, und der neue Mwami baute seine eigene, ihm persönlich ergebene Truppe auf.

Zusätzlich zu seinen *intore* konnte der Mwami auch die Militärkräfte jedes Prinzen zu einem Eroberungs-, Verteidigungs- oder Befriedungsfeldzug aufbieten. So konnten leicht 4000 Kämpfer zusammenkommen, die insgesamt als *ingabo* bezeichnet wurden (Mworoha et al. 1987:152f).[35] Dabei handelte es sich ohne Zweifel um eine Miliztruppe und nicht um ein stehendes Heer. Es kam jedoch nur sehr selten vor, dass der König unter sich eine wahrhaft nationale Armee zusammenrief und vereinte. Die Bedeutung des Mwami als oberstem nationalem Heeresführer ist oftmals übertrieben worden (so bei Shirambere 1984:38f). Anders als in Rwanda waren Burundis *intore* nicht in Militärlagern in den Grenzgebieten installiert. In der Regel wehrten die Prinzen und Regionalführer, die den peripheren Gebieten vorstanden, äussere Angriffe und Eindringlinge mit alleiniger Kraft ab, so auch noch in den 1880er Jahren den zanzibarischen Sklavenhändler Rumaliza (Muhammad ben Halfan). Botte führt dazu mehrere weitere Beispiele an, die alle die hohe Effizienz des burundischen Militärapparates – erprobt in Eroberungs-, aber auch internen Kriegen – unter Beweis stellen (1982a:280, cf. Mworoha et al. 1987:51ff).

c) Die Baganwa-Prinzen

Die Baganwa-Prinzen sind seit der Herrschaft Ntare Rugambas als das „pièce de résistance" des Staatsapparates zu betrachten. Die meisten Landesteile unterstanden seit damals der direkten Verwaltung von Baganwa-Prinzen. Davon ausgenommen war allein das königliche Zentralgebiet, von dem sie ferngehalten wurden – mit Ausnahme kleiner Gebiete, die sie hier in ihrer Jugend als „Einführungs- und Bewährungsprobe" erhielten und die die wichtigsten Prinzen auch später, wenn sie ein viel grösseres, aussenliegendes Regionalkommando erhalten hatten, behalten und als Absteige während ihren Besuchen am zentralen Hof benutzen konnten. Im grossen und ganzen zogen die Bami für die Verwaltung dieser Kernregion ihnen ergebene Leute von niedrigerem Stand vor, die damit ein gewisses Gegengewicht zu der prinzlichen Macht bildeten (Mworoha et al. 1987:156). Dazu kamen einige periphere Gebiete, in denen die königliche Macht an nicht-aristokratische (Tutsi- oder Hutu-) Führer delegiert wurde, die zum Teil aus regional einflussreichen Familien stammten, zum Teil aber auch von aussen dahin delegiert wurden. Diese wurden als *Batware inkebe* bezeichnet (auch als *Batwara basanzwe*, zu übersetzen mit „nicht-aristokratische Führungskader").[36] Ein *Mutware w'inkebe*, oder kurz *Inkebe*[37], war jemand, dem ein höherer Regierender ein Regionalkommando zugeteilt hatte; es handelte sich bei ihnen um Günstlinge ihrer Vor-

[35] Die königliche Truppe im engeren Sinn trug zusätzlich dazu unter jedem Mwami einen speziellen Eigennamen; so hiessen sie unter Ntare Rugamba *Abatezi* (die Angreifer), unter Mwezi Gisabo *Abadasigana* („diejenigen, die zueinander stehen; die Unzertrennlichen; die Getreuen"), unter dem letzten Mwambutsa *Amasuka* („die Hacken"), etc.. Das gleiche galt auch auf den tieferen Ebenen für die Provinzarmeen der Baganwa und sogar für die pro Hügel aufgebotenen Kämpfer jedes Icariho (Boyayo 1971:14-16, Mworoha 1977:144, Mworoha et al. 1987:153).

[36] In den nordöstlichen Grenzgebieten waren das Bapfasoni-Lineages der Basine (Ex-Baganwa-Bataga) und der Bavuna (Ex-Baganwa-Batare) – die wohl nicht als eigentliche *Inkebe* bezeichnet werden können – und die über Bugufi herrschenden Baswere (eine Lineage des Hutu-Clans, zu dem auch Fumbije gehörte). Im Imbo handelte es sich sowohl um Bahutu wie um Batutsi, bei letzteren vor allem um Banyakarama und Babibe, die hier unter Ntare Rugamba installiert wurden. Nach meinen Untersuchungen ist der Begriff *Inkebe* heute nicht einmal mehr in diesen Regionen selbst bekannt (cf. Mworoha et al. 1987:217, Mworoha 1977:163; Nsanze 1986:210, n.1).

[37] Abgeleitet vom Verb *gukebera*, „einen Teil bestimmen und geben, donner un morceau de, un emplacement à qqn, déterminer la part de" (Rodegem 1970:218).

gesetzten (Mwami oder Muganwa), die als ihre „besonderen Statthalter" vor allem in Grenzgebieten eingesetzt wurden (*Batware bo ku nkîko*) und denen daher eine beträchtliche militärische Bedeutung zukam.[38] *Inkebe* standen beispielsweise der Imbo-Tiefebene und einigen (nord-) östlichen Aussengebieten vor. Zumal in diesen letzteren waren es aber mit der Zeit ehemalige, in der Zwischenzeit zu *Bapfâsóni* „degradierte" (Ex-) Baganwa-Lineages (zum *gutahira*-Phänomen s. Kapitel 3.4.2 & 4.1), die, unterdessen lokal verwurzelt, diese Gebiete, die sie von einem früheren Mwami erhalten hatten, für sich beanspruchten; so die Bavubikiro im Norden, die Bavuna und Basine in der nordöstlichen Bugesera-Region und die Bakundo im östlichen Buyogoma.[39]

Als Resultat der Expansionen und der frühstaatlichen politischen Verhältnisse unterstand damit seit dem 19. Jahrhundert der grösste Teil des Landes der direkten Verwaltung durch Baganwa-Prinzen. Wenn oft betont wird, dass es sich bei ihnen in der Regel um direkte Söhne des jeweils herrschenden Mwami handelte (sogenannte *Abaganwa b'inda y'ingoma*, „die Baganwa aus dem Bauch der Trommel"), so hat das aus einer geschichtlichen Perspektive wohl seine Richtigkeit, blieben doch die beiden einzigen Herrscher des 19. Jahrhunderts, Rugamba und Gisabo, beide ungefähr ein halbes Jahrhundert an der Macht und hatten zahlreiche Söhne. Dabei wird aber leicht übersehen, dass es bei einer Einsetzung des Mwami im Kindesalter jeweils zwei bis drei Jahrzehnte dauern musste, bis er Regionalkommandi an seine eigenen Söhne delegieren konnte.[40] Vornehmlich in den ersten Dezennien eines neuen Regnums musste es sich bei den regional herrschenden Baganwa mithin um Abkömmlinge des vorangegangenen Herrschers oder sogar mehrerer früherer Ganwa-Äste, um ältere Brüder, Vettern oder Onkeln handeln. Da der Mwami noch am ehesten auf die Loyalität seiner direkten Nachkommen zählen konnte, versuchte er diese mit der Zeit in möglichst allen Regionen zu installieren, was aber seit Mwezi Gisabo oft nur nach langwierigen kriegerischen Auseinandersetzungen mit ihren Vorgängern, das heisst mit ihren patrilateralen Vettern und Onkeln, möglich war, ein Phänomen, das als „interner Krieg" in die Burundi-Literatur eingegangen ist. Bei diesem „interen Krieg" handelte es sich, so kann man mit gutem Grund annehmen, um eine spezifische Erscheinung der zweiten Hälfte des 19. Jahrhunderts, als es nach dem Tod Rugambas erstmals galt, die zentrale Kontrolle über die unter ihm neu eroberten Aussengebiete aufrechtzuerhalten. Es stellte sich die delikate Aufgabe, über diese Gebiete Regionalherrscher einzusetzen, die dem neuen Mwami Gisabo (der in Rivalität zur vorangehend herrschenden Batare-Linie stand) loyal waren, eine Aufgabe, der Gisabo zeit seiner Herrschaft nie befriedigend Herr wurde.

Die Einsetzung prinzlicher Regionalherrscher in den Aussengebieten stellte das königliche Zentrum gleich in mehrerer Hinsicht vor heikle Probleme. Erstens galt es, eine neuerliche Verstärkung

---

38 Im engen Sinn bezeichnete *Inkebe* einen militärischen Rang und Status (Gespräche 27:4, 16:16f, 22:14, 55:28f; Boyayo 1971).

39 Ausser den Basine, die von Mutaga Senyamwiza abstammen, beriefen sie sich alle auf ihre Abstammung von Ntare Rushatsi.

40 Die Tatsache, dass der Mwami noch als Kind oder zumindest in unmündigem Alter eingesetzt wurde, kann verschiedene Gründe haben. Es lässt sich annehmen, dass jeder Mwami ein Interesse daran haben musste, sein Regnum möglichst lange andauern zu lassen und den ihm drohenden (zumindest nicht auszuschliessenden) Regizid hinauszuschieben. Um flexibel auf die eigene, nur schwer abschätzbare Lebenserwartung wie auf die jeweiligen, sich verändernden Machtverhältnisse reagieren und ihnen besser Rechnung tragen zu können (von welcher Frau bzw. welchem Clan z.B. er seinen Nachfolger bestimmte), empfahl es sich wohl, mit der Designation des Thronsfolgers möglichst lange zuzuwarten. Schliesslich konnte der Mwami in der Regel auch noch in hohem Alter einen Sohn von einer gerade opportunen Frau zeugen, und das war wohl vorteilhafter, als jahrelang auf die Volljährigkeit des Dauphins zu warten.

Alle diese Gründe sprechen an sich nicht dagegen, dass der Mwami einen bereits älteren Sohn als Nachfolger hätte designieren können. Dem jedoch stand wohl der „sakrale Kode" entgegen, der wollte, dass der zukünftige Herrscher von Beginn weg etwas Besonderes ist, mit Samen in den Händen geboren wird, eine besondere Erziehung geniesst, etc..

der Autonomie und eine „Refeudalisierung" der peripheren Regionen zu verhindern. Um ihre Einbindung sicherzustellen, konnten die Schaffung domanialer Exklaven in den Gebieten der Prinzen und die regelmässig von ihnen geforderten Aufenthalte im Zentrum nicht genügen. Das monarchische Zentrum musste darüber hinaus bestrebt sein, die Nachfolge der peripheren Lokalkommandi weit möglichst zu kontrollieren und nach eigenem Gusto zu gestalten. Um eine automatische Weitervererbung innerhalb sich herausbildender Lokal-Dynastien zu verhindern, musste der Mwami bestrebt sein, diese Posten möglichst bald mit eigenen Leuten, mit Prinzen seiner eigenen Linie oder dieser loyalen Vertrauten zu ersetzen.

Dieses Ziel war durchaus vereinbar mit einer zweiten Aufgabe, die sich im Verlauf seiner Herrschaft stellte. Gemäss dem geltenden Erbfolgerecht musste jedem Sohn im heiratsfähigen Alter noch zu Lebzeiten des Vaters ein Stück Land zugesprochen werden. Für die Prinzen konnte es sich dabei nur um ein politisches Kommando handeln. Da das königliche Zentralgebiet nicht zerstückelt werden und hier den Baganwa keine eigenständigen Regionalkommandi zukommen konnten, konnte der Mwami seine Söhne nur in den Gebieten einsetzen, die nicht unter seiner direkten Verwaltung standen. Hier jedoch herrschten die Nachfolger früherer Ganwa-Linien. Diese waren nun aber keine einfachen Funktionäre, die sich einfach absetzen liessen, sondern eigentliche Regionalherrscher mit einer eigenen Armee, die sich notfalls auch gegen den Mwami einsetzen liess (Botte 1982a:291). Ob nun angesichts dieser Lage die Zentralinstanz bewusst und absichtlich die militärische Macht der Prinzen gegen diese selbst kehrte und sie neutralisierte, indem sie in quasi institutioneller Weise das Phänomen des „internen Krieges" entwickelte, wie Botte (1982a:291) postuliert, bleibt eine offene Frage. Sicher ist jedoch, dass die prinzlichen Rivalitäten dem monarchischen Zentrum nicht ungelegen kommen mussten und dass der Mwami die In-Konkurrenz-Setzung der Prinzen nicht selten als bewusste Herrschafts-Strategie wählte. Wie dabei vorgegangen wurde, wird noch im einzelnen erörtert werden.

An dieser Stelle bedarf es noch einiger Klärungen der Nachfolgeregelung und des Erbrechtes. Gemäss der Erbschaftsregel (die in allen Lineages Geltung hatte) wurde das einem Vater unterstehende Gebiet zwar noch vor seinem Tod unter alle Söhne verteilt, das aber oft in stark ungleicher Weise. Der Haupterbe *Samuragwa*, auf den der Status des Vaters überging, erbte den grössten und strategisch wichtigsten Teil, und er hatte gegenüber seinen Brüdern einen deutlichen Vorsprung. Da die Söhne – und hauptsächlich solche verschiedener Mütter – untereinander die Hauptrivalen waren, setzte unter ihnen meistens ohne Verzug ein Wettstreit ein. Der auf der Ebene der Regionalführer daraus folgende, offene oder latente Prozess gegenseitigen Verdrängens wurde von Botte wie gesagt als „interner Krieg" oder „guerre intestine" (Bruderkrieg) charakterisiert (1982a, mehr dazu unter 3.4.2 & 5.3). Da in seinem Verlauf immer etliche der alten Amtsinhaber, aber auch einige der unter sich selbst rivalisierenden Erben teilweise oder ganz abgedrängt, verjagt oder eliminiert wurden, wurde durch den „guerre interne" bzw. durch die durch ihn bewirkte kontinuierliche Selektion auch die tendenziell endlose Aufsplitterung der Regional- und Lokalkommandi in Grenzen gehalten. Nicht alle Ganwa-Nebenlinien vermochten ihre Befehlsposten über mehrere Generationen hinweg zu erhalten.

Es wäre also irreführend, sich die Nachfolgeregelungen lediglich gemäss dem Erbschaftsrecht verlaufend vorzustellen. Die Erbfolgeregel, nach der an alle Söhne ein Teil des Erbes gehen sollte, wurde in Wirklichkeit nur in höchst ungleichem Masse erfüllt. Ebenso falsch ist die Vorstellung, dass es aufgrund der *gutahira*-Regel nur alle vier Generationen zu einer Neuverteilung der Befehlsgebiete gekommen wäre. Nach dem Tod Ntare Rugambas und dem Ende der Territorialexpansion musste es mit jeder neuen Generation zu aristokratie-internen Nachfolgestreitigkeiten kommen. Es handelte sich von da an um einen kontinuierlichen Prozess, den man sich ebenso wie die alte Bevölkerungsdynamik nicht als zu geregelt vorstellen darf. Viele Nachkommen fielen aus, starben früh, wanderten ab oder wurden verdrängt. Es gab also nicht immer mehr Prinzen, die die Kommandi unter sich mehr oder weniger gleichberechtigt teilten, so dass sie über immer weniger Leute und Böden herrschten und schliesslich zu reinen Hügelchefs verkamen. Botte (1982a) sagt zu recht, dass dieses System des „internen Krieges" im Interesse der monarchischen Zentralgewalt liegen musste, die sich in der Regel opportunistisch auf die Seite der Stärkeren stellte. Dank diesem Prozess liess sich die Vererbung von Posten teilweise besser kontrollieren bzw. die Regel einer automatischen Erbfolge untergraben. Wie in allen Frühen Staaten war auch in Burundi die Durchsetzung einer grösseren Verbeamtung der subalternen Posten ein wichtiges Ziel der Zentralinstanz.

Die Delegation der Regionalmacht in Aussengebieten an Baganwa-Prinzen wird im allgemeinen als „Ganwa-System" bezeichnet (Mworoha et al. 1987:155, 217-220, Mworoha 1977:132-150, Ndikuriyo 1987:294f). Ich habe oben (Kapitel 2) die mehrfache mit diesem Verwaltungssystem verbundene Logik beschrieben, ein System, das sowohl den Zusammenhalt und die Verteidigung des Landes wie auch die Neutralisierung der von den Prinzen für die Zentralinstanz ausgehenden Gefahr gewährleisten sollte. Nta. und G. aus Kivyeyi betonen in diesem Zusammenhang auch die militärische Bedeutung der Baganwa:

> „Im Zentrum gab es keine regierenden Baganwa, höchstens als junge Lehrlinge. ‚Ausgewachsene' Baganwa dagegen herrschten über grössere Aussengebiete. Die Baganwa, die direkt aus dem Bauch der Trommel hervorgingen, die direkten Abkömmlinge des Mwami erhielten ganze Regionen einschliesslich der sich da befindenden Wälder und unbebauten Böden. Man teilte ihnen Gebiete zu genauso wie heute den hohen Militärs, die für eine gesamte Region zuständig sind. Sie hatten über die Rebellen zu wachen, äussere Eindringlinge abzuwehren und eventuellen Erhebungen des ehemaligen lokalen Chefs zuvorzukommen" (Gespr. 42:16ff).

Aus der damit verbundenen Ganwa-Autonomie und der so zustandegekommenen „prinzlichen Einkreisung" der königlichen Macht ergaben sich jedoch neue Schwierigkeiten. Im Prinzip dem Mwami unterworfen, führten die Baganwa – sehr unterschiedlich grosse – Territorien, in denen sie eine weitgehende Autonomie innehatten. So verfügten sie nach dem Beispiel des Königs über ihre eigenen Domänen (*ivyibare vy'umuganwa*), die an die Ausübung der politischen Macht gebunden waren (politische Böden). Diese Domänen und die parallel dazukommenden Abgaben aller Bodenbesitzer in ihrem Gebiet (in Form von Sorgho, Bier, Vieh und Arbeitskraft) stellten die wirtschaftliche Reproduktion des prinzlichen Hofes sicher. Da der König die ausschliessliche Kontrolle über die Ritualorte und die daran gebundenen Ritualisten hatte, handelte es sich dabei immer um wirtschaftliche Domänen, die allenfalls als prinzlicher Residenzort auch regionale politische Bedeutung hatten. Ihre Anzahl hing von der Bedeutung des jeweiligen Muganwa – die wie gesagt stark variieren konnte – und der Zahl seiner Gattinnen ab; Botte erwähnt, dass der sehr einflussreiche Muganwa Ntarugera bei seinem Tod im Jahre 1921 über 16 *ivyibare* verfügte, womit wohl die obere Grenze erreicht war (1982b:286). Als ökonomische Basis einer Gruppe uteriner Verwandter waren die *ivyibare* bei der Regelung der Nachfolge regelmässig Gegenstand erbitterter Konflikte zwischen Halbbrüdern.

Zu Ende des 19. Jahrhunderts gab es insgesamt ungefähr siebzig solche Baganwa unterstehenden politischen Einheiten (Botte 1982a:281). Um ein falsches, von einer modernen Staatsverwaltung inspiriertes Bild zu vermeiden, ist es wichtig herauszustreichen, dass die Baganwa unter sich keineswegs alle gleichgestellt waren. Ihre Hierarchie wurde vor allem durch die verwandtschaftliche Nähe zum herrschenden Mwami bestimmt. Man unterschied zwischen *Baganwa bakuru*, die riesigen Gebieten vorstanden, und *Baganwa batóbato*, den „kleinen Baganwa". Letztere hatten lediglich eng begrenzte Verwaltungseinheiten unter sich, nahmen eventuell eine den *Icariho*-Delegierten ähnliche Stellung unter einem oder gar mehreren anderen Baganwa ein und standen in der Abhängigkeit eines der grossen Regionalfürsten, dessen „Höflinge und Gefolgsleute" (*Batambukanyi*) sie waren (Gespr. 60:9ff; Gespr. 37:1ff,11; Mworoha 1977:134).

Die prinzlichen Regionalführer waren aber nicht nur in ökonomischer Hinsicht autonom. Die Baganwa können ganz allgemein als die Armeechefs bezeichnet werden, etwas, was die Ganwa-

Hegemonie jener Zeit nur verstärken konnte.[41] Jeder Muganwa verfügte an seinem Hof über seine eigene *intore*-Truppe, deren Umfang von seinem Reichtum abhängig war, da diese Krieger seine eigentlichen „Klienten" waren. Gewöhnlich lebten die prinzlichen *intore* nicht an seinem Hof, kamen aber regelmässig jeden Morgen dahin. Ein wenig bedeutender Muganwa konnte weniger als 50, ein einflussreicher bis zu 200 *intore* haben. Die Anzahl mobilisierbarer kriegstüchtiger Männer lag jedoch beträchtlich höher. Da der Kriegsdienst für alle nicht-abhängigen, „freien" Bauern obligatorisch war, konnte je nach Territorium eine Miliz von bis zu 3000 Kriegern zusammenkommen, wenn auch der Durchschnitt kaum über 500 lag. Botte, auf dessen Angaben ich mich hier stütze, hat aufgrund eines von der deutschen Kolonialverwaltung 1912 erhobenen Zensus errechnet, dass es bei einer Gesamtbevölkerung, die man zu jener Zeit auf weniger als eineinhalb Millionen schätzen kann, Militärkräfte in der Stärke von bis zu 100'000 Mann gab (1982a:281). Diese Tatsache ist weniger auf gesamtstaatlicher Ebene von Bedeutung – wie gesagt konnten all diese militärischen Kräfte nur in einem sehr beschränktem Ausmass gemeinsam mobilisiert werden – als für die Diagnostizierung von etwas, was man als „état guerrier" bezeichnen kann (cf. Kapitel 5.3). Es waren diese „Provinzarmeen" (*urutorere rw'umuganwa* genannt)[42], die der Ganwa-Aristokratie letztlich ihre Autonomie gegenüber der Zentralmacht verschafften.

d) Die Ivyariho

Unterhalb der Baganwa lässt sich, wiederum stark schematisierend, eine weitere Kategorie von Verwaltungsbeamten ausmachen. Jeder Muganwa ernannte in seinem Gebiet seine Delegierten, *Ivyariho* genannt (im Singular *icariho*, zu übersetzen mit „Statthalter, Platzhalter, Stellvertreter"[43]). Die *Ivyariho* regierten nie im eigenen Namen, sondern immer in dem der übergeordneten Instanz, die sie eingesetzt hatte. Dementsprechend eingeschränkt waren ihre Befugnisse. Sie waren jeweils für zwei bis drei oder auch nur einen einzelnen Hügel zuständig. Der Umfang ihres Gebietes richtete sich aber weniger nach territorial-räumlichen Einheiten denn nach der Demographie: In dünn besiedelten Gegenden konnten sie für ein bedeutend grösseres Territorium verantwortlich sein. Nsanze hat darauf aufmerksam gemacht, dass gerade in solchen Gebieten auch ein verwandtschaftlicher Faktor eine Rolle spielen konnte: Aus jeder grösseren Deszendenzgruppe – Clan (-segment) oder Lineage – wurde ein Icariho ernannt, der auf politischer Ebene für sie verantwortlich war;[44] in dichter besiedelten Regionen kam das jedoch nur selten vor. Zusätzlich gilt

[41] S. Boyayo 1971:16, Mworoha 1977:144f, Mworoha et al. 1987:153. Durch die ihnen zukommende militärische Bedeutung und Funktion sind sie den alten germanischen Herzögen nicht unähnlich.

[42] Auch sie besassen alle ihren Eigennamen (*izína ry'urutorere*), etwas, was ihre Autonomie nur noch unterstreicht. Zu den bekanntesten zu Beginn dieses Jahrhunderts zählten die *Ivyuma* („die Eisen") des Muganwa Busokozas, die *Abagarukamvye* („diejenigen, die im wichtigsten Moment des Kampfes zurückkommen") Kanugunus und die *Inyange*-Miliz Coyas („Ibis"); viele andere Namen beschworen die kriegerischen Fähigkeiten, so *Abahigakwica* („diejenigen, die nur töten wollen"), *Abahurumbirintambara* („diejenigen, die nur vom Kampf träumen"), *Abatarutinya* („diejenigen, die den Tod nicht fürchten") oder *Ingere* („die Rächer"), *Abaterana* („die Provokateure"), *Abinigira* („die Würger"), u.v.a.. Auch die Unterabteilungen, die sich häufig nach dem Residenzort der Krieger, d.h. pro Hügel konstituierten, hatten ihre Eigennamen (Boyayo 1971:15f, Bukuru 1986, etwa p.17, Mworoha 1977:144f).

[43] „L'*icariho* est l'intendant qui prend la place quisque le titulaire du poste n'est matériellement ou physiquement pas présent. Il exerce le pouvoir. pas en son nom propre, mais en lieu de celui qu'il remplace" (Gespr. 42:15).

[44] Nsanze zeigt das am Beispiel der Region Bututsi (1986:211-218). Nicht ohne Bedeutung ist in diesem Fall die Tatsache, dass in dieser Gegend mehrheitlich Batutsi leben, deren Integration der Baganwa-Aristokratie in vielen Fällen besondere Mühe bereitete, was sich in Widerstand gegen Abgabeforderungen äussern konnte (s. Nsanze 1986: 586ff: „L'obstacle représenté par le déséquilibre dans la composition de la population est bien perçu dans le Bututsi où les chefs Batare descendant de Birori n'arrivent pas à imposer des prestations agricoles à une population à prédominance tutsi. (...) la prestation agricole n'était imposée qu'aux Bahutu et rarement aux Batwa."). Diesen Widerstand schreibt Nsanze jedoch nicht nur dem „esprit indépendantiste des Batutsi qui acceptaient mal la domination des Baga-

im allgemeinen aber auch die Regel: Je zentraler ein Gebiet, desto dichter das Ivyariho-Netz und desto kleiner ihr Territorium. Ihr Gebiet und ihre Autorität waren vorkolonial auf jeden Fall beschränkter als zur Kolonialzeit, als sie als „Sous-Chefs" (in Kirundi „Abatware") bezeichnet in eine neu standardisierte Territorialverwaltung eingebunden wurden. Die nach der kolonialen Verwaltungslogik zurechtgebogene Terminologie hat zu viel Verwirrung Anlass gegeben. *Abatware*[45] wie *Abaganwa* bezeichneten zur vorkolonialen Zeit keine rigid festgelegten Hierarchiestufen der Verwaltung. Mit dem generischen Begriff *Abatware* (abgeleitet vom Verb *gutwâra*, „regieren, verwalten") wurden insgesamt alle Führungskader – „die Regierenden", welcher Stufe auch immer – bezeichnet; so spricht Meyer in seinem Buch von 1916 von den Baganwa denn auch als „Gross-Batwale" (cf. Trouwborst 1973b:250f). Auch der Begriff *Mu-/Baganwa* hat mit der Kolonialzeit eine Bedeutungsverschiebung erfahren. Dieser Begriff stammt vom Verb *kugána* ab, das zu übersetzen ist mit: „zugehen auf, in Richtung … gehen"; *umugánwa* meint so wörtlich „derjenige, auf den man zugeht, zuströmt, bei dem man Zuflucht und Unterstützung sucht". Unter *Baganwa* wurden zuerst einmal die „Blutsprinzen" verstanden, was aber unter der monarchischen Herrschaftsordnung immer auch eine politische Konnotation hatte; so sprach man von ihnen auch als *abo b'inda y'ingoma*, „diejenigen aus dem Bauch der Trommel", d.h. dem Herrschaftssymbol. Im eigentlichen Sinn wurden damit diejenigen königlichen Verwandten bezeichnet, die ein – kleineres oder grösseres – Regionalkommando innehatten (s. oben & Gahama 1983:26). Erst unter der Kolonialverwaltung wurde der Begriff auf seinen politisch-administrativen Sinn reduziert. Nun wurden alle Regionalführer der obersten Stufe, ob aristokratischer Herkunft oder nicht, als „Baganwa" bezeichnet (Rutake 1980:22). Im Französischen sprach man von „Chefs" im Gegensatz zu den „Batware"-„Sous-Chefs", ihre Verwaltungseinheiten wurden als „Chefferie" und „Sous-Chefferie" angesprochen. Um diese für die vorkoloniale Herrschaftsordnung unangemessene, die koloniale Verwaltungslogik transportierende Terminologie zu vermeiden, werde ich für die vorkoloniale Zeit durchgängig von den „Prinzen" oder „Regionalführern/-fürsten" (*Baganwa*) und ihren Delegierten *Ivyariho* („Chefs") sprechen und den Begriff *Batware* für die Kolonialepoche reservieren.

Die von den Ivyariho angeführten Einheiten, bei denen es sich wie gesagt um wenige oder nur einen einzelnen Hügel handelte (Trouwborst 1962a:146; Gespr. 27:10), bildeten in der monarchischen Verwaltungs- und Herrschaftsstruktur die politische Grundeinheit. Ihre hohe Zahl von ungefähr 3000 zu Ende des 19. Jahrhunderts spricht von der hohen Dynamik der damaligen politischen Organisation. Innerhalb des königlichen „Stammgebietes", in dem die „Ebene" der Baganwa wegfiel (der Mwami selbst nahm hier diesen Platz ein, womit er von einem strukturalen Gesichtspunkt als ein „primus inter pares" unter den Baganwa angesehen werden kann), unterstanden sie als *Bishikira* unmittelbar der königlichen Autorität.

Position und Funktion des Icariho stellten einen zentralen Angelpunkt in der staatlichen Herrschaftsstruktur und in den Beziehungen zwischen Herrschenden und Beherrschten, Regierenden und Regierten dar, die sich oft in erster Instanz an diesem Ort realisierten. Es war der Icariho, der die Bürger, „die Unterworfenen" seines Gebietes persönlich kannte. Sein Einzugsgebiet bildete die Grundeinheit für die Realisierung der Mehrarbeit. Unter Führung des Icariho wurden die Männer zur Leistung der Arbeitsabgaben zusammengerufen und die Naturalabgaben eingesammelt. Er war es auch, der in Kriegszeiten die kampfestüchtigen Männer zu kleinen, ihren Eigennamen tragenden *ibico*-Einheiten zusammenstellte, aus denen jede prinzliche Truppe bestand (Boyayo 1971:16, Botte 1982a:282). Es war der Icariho oder Mutware, der für die Tributmobilisierung verantwortlich

nwa alors qu'ils étaient organisés en clans puissants ayant chacun son chef" (ibid.), sondern auch den schwierigen ökonomischen Bedingungen zu.

45 Nach mehreren Quellen soll der Terminus in dieser substantivierten Form ursprünglich aus Rwanda übernommen worden sein (Gespr. 7; Botte, persönliche Mitteilung).

war; er war es, der für die direkte Abpressung eines (zwar immer relativ bescheidenen) „Mehrproduktes" zuständig war, oder wie es N. aus Muramvya sagt: „C'était le Mutware qui gouvernait les gens là où se trouvaient les bananiers – il disait aux gens, c'est le moment d'aller offrir de la bière au roi" (Gespr. 27:27). Alle auf dieser Ebene erhobenen Tribute flossen im Prinzip an die prinzlichen oder königlichen Domänen weiter; „rechtmässig" kam den Ivyariho nur ein sehr kleiner Teil des eingesammelten Produktes zu. In Wirklichkeit aber überliess jeder Muganwa seinen Chefs einen weit wesentlicheren Teil, den diese unmittelbar bei der Erhebung für sich abzweigten (Gespr. 45f, Nsanze 1986) und den Botte auf ungefähr ein Drittel der Gesamtabgaben in Form von Sorgho und Bier schätzt; in Abwesenheit jeder wirksamen Kontrolle war es ihnen ohne weiteres möglich, einen noch grösseren Teil zu hinterziehen (1982b:281). Ebenso konnten die Ivyariho einen Teil der Abgaben in Form von Arbeitsleistungen zu ihren eigenen Gunsten einsetzen lassen. Diese subalternen Kader, die sich im mit vielen undankbaren Aufgaben verbundenen Schnittpunkt von Macht und Gehorsam befanden, waren im allgemeinen wenig beliebt, „ritten sie doch zu direkt und nur zu offensichtlich auf dem Rücken der Bevölkerung" (Gespr. 22:22). Es war daher auch nicht jedermanns Sache, einen solchen Posten anzustreben. Bereits privilegierte Personen, die sich dank ihrer gesellschaftlichen Stellung „zu Höherem geweiht" bzw. befähigt fühlten, zogen einen persönlichen Günstlings-Status (*mutóni*) einer solchen formalen, amtlichen Position bei weitem vor (Gespr. 27).

Zur Frage schliesslich, ob die Ivyariho-Delegierten über eigene „Domanialböden" verfügten (die als *icibare c'icariho* zu bezeichnen wären), gibt es widersprüchliche Meinungen, die es hier zu klären gilt. Der Icariho konnte in der Tat über „politischen Boden" verfügen, den er kraft der Privilegien seines Amtes erhielt oder an sich riss und bei einer allfälligen Absetzung auch wieder an seinen Nachfolger verlor. Diese Böden wurden *inyurwa* genannt. Es handelte sich bei ihnen um unbesetzte oder frei gewordene, verlassene Böden, oft ganze Anwesen, die beispielsweise nach Ausweisungen der früheren Besitzer an den lokalen Icariho fielen. Rechtmässig konnte dieser jemanden nur auf Befehl des Muganwa und nicht in eigener Kompetenz von seinen Böden vertreiben, enteignen (*kunyaga*) oder gar aus dem Gebiet verjagen (*gusohora* oder *kwômora*). Solange er damit bei mächtigen Leuten keinen besonderen Anstoss erregte, konnte es aber immer wieder vorkommen, dass ein Icariho eine lokal wenig einflussreiche Familie von besonders guten Böden verdrängte. N. aus Kivyeyi berichtet folgendes:

> „Ein Icariho konnte niemanden von seinen Böden jagen, ausser es handelte sich um jemanden von niedrigem, vernachlässigbarem Status. Eine respektierte Person konnte er nicht enteignen. Er konnte aber immer versuchen, sie bei seinem Vorgesetzten zu verleumden. Ein Dieb oder jemand, der ein Gebot überschritten hatte [*kumena ikirimba, kurenga ibigo*], konnte sofort vertrieben werden, und er musste fortan durch die Lande irren" (Gespr. 42:18ff).

Eine solche Praxis spielte auch auf der Ebene von lokalen Lineages, die sich von ihren Böden zu vertreiben suchten; in diesem Fall sprach man von *gutêra* („provozieren, einfallen, angreifen"). Solange damit keine „höheren" Interessen tangiert wurden, liessen die vorgesetzten politischen Autoritäten das geschehen, genauso wie der Mwami auf höherer Ebene in den Kämpfen zwischen Baganwa immer den Stärkeren unterstützte, solange dieser ihm loyal war. „Politisch" freigewordene Böden wurden von den lokalen politischen Führern an ihre persönlichen Abhängigen und Günstlinge verteilt.[46] Ein Icariho verfügte in der Regel selbst nur über einen einzigen Residenz-Hof; er konnte aber mehrere Anwesen haben, vor allem dann, wenn er polygyn war.

Wenn eine Auseinanderhaltung in einzelnen Fällen auch schwierig sein kann, scheint es mir für das Verständis des Herrschaftssystems doch nützlich und notwendig, *inyurwa*-Böden von den *ivyibare* zu unterscheiden und das Domanialsystem als für die Aristokratie reserviert zu sehen.

---

[46] Gespräche 22:6, 33:6, 42:19, 59:19f, 66:16; Mworoha 1977:145, Nsanze 1980:7.

Wer waren die Ivyariho und nach welchen Kriterien wurden sie rekrutiert? Die Frage, ob sie jeweils aus der lokalen Bevölkerung angeworben wurden oder von aussen kamen, ist hier von einiger Bedeutung. Ich bin ihr während meiner Feldarbeit lange nachgegangen, da sie gerade im Vergleich mit der heutigen Situation, in der die meisten lokalen Verwaltungskader von aussen „eingeflogen" werden („parachutés", wie man sagt), aufschlussreich sein kann. Während Mworoha 1977 noch schrieb:

> „Le principe du recrutement de ces „sous-chefs" était le même que celui des chefs [womit er die Baganwa und andere Regionalführer meint], à savoir la référence aux liens personnels et au facteur lignager" (1977:169),

so legte er zehn Jahre später den Akzent etwas anders:

> „Les facteurs lignagers et personnels intervenaient dans leur sélection: en général ils étaient l'émanation des notables (*abashingantahe*) locaux" (in Mworoha et al. 1987:218).

In diesem zweiten Zitat legt der Autor (er hatte unterdessen zehn Jahre lang nicht nur als Geschichtsprofessor, sondern auch als Kulturminister und Generalsekretär der Einheitspartei gedient) nahe, dass die untersten staatlichen Verwaltungskader in Respektierung der primär von unten legitimierten Institution des Bushingantahe (s. Kapitel 4) wenn nicht von der Lokalbevölkerung direkt bestimmt, so doch in Berücksichtigung der örtlichen Strukturen und Machtverhältnisse nominiert wurden. Das deckt sich nur teilweise mit den Ergebnissen meiner eigenen Untersuchungen und muss gleich in mehrerer Hinsicht korrigiert werden. Meine Informanten, aus welcher Region sie auch kommen, stimmen darin überein, dass das wichtigste Kriterium für eine Icariho-Nomination die persönlichen Beziehungen zum betreffenden Muganwa waren (im Zentralgebiet zum Mwami, es handelt sich hier aber um einen Spezial- und nicht in jeder Hinsicht analogen Fall; ich habe bereits auf andere mitspielende Kriterien hingewiesen). Ein Muganwa wählte seine Stellvertreter – notabene immer in eigener Kompetenz – vorzugsweise unter seinen Günstlingen (*Batoni*), Höflingen und Gefolgsleuten (*Bashengezi*, *Basavyi* resp. *Bagendanyi*). Nicht selten handelte es sich bei ihnen um Leute, die ihm an seinem Hof bereits in der einen oder anderen Funktion gedient (etwa als *Umukevyi*-Intendant, als *Umukamyi*-Melker oder *Umwungere*-Hirte) oder sich als *Intore*-Krieger oder *Mutongore*-Herdenverantwortlicher besondere Verdienste erworben hatten (Gespräche 22:19f, 37:4). Da sich dieses Hofpersonal zu weiten Teilen innerhalb weniger, hoch angesehener Clane (genauer: Lineages dieser Clane) rekrutierte, kann von einer weitgehend einheitlichen und geschlossenen Gruppe subalterner Führungskader gesprochen werden. In Zusammenhang mit der Tatsache, dass beinahe alle obersten Führungspositionen allein Aristokraten offenstanden, verstärkt sich das Gesamtbild der Geschlossenheit der – stark oligarchischen – Gruppe der politischen Machthaber (Gespräche 22:5 (Beispiel), 4:10).

Da jeder Muganwa seine eigenen Ivyariho ernannte (cf. Vansina 1961b:139), kam es nicht selten vor, dass ein neu eingesetzter, oft von aussen in ein Territorium kommender Muganwa seine Vertrauensleute mit sich nahm bzw. diese ihm nachzogen. Zu solchen Formen von Mobilität aus politischen Gründen gibt es unzählige Beispiele (s. auch Trouwborst 1959 & 1965). Das heisst nun aber noch nicht, so kann man zu Recht einwenden, dass die Ivyariho nicht auch aus lokalen oder gar einflussreichen alteingesessenen Lineages stammen konnten. Tatsächlich war es in vielen Gegenden so, dass die lokal dominanten Deszendenzgruppen bei der Vergabe der Ivyariho-Posten nicht übergangen werden konnten – der Muganwa hätte sich damit nur selbst das Leben und vor allem das Regieren schwer gemacht. So kommt es vor allem in zentraler gelegenen Gebieten oft vor, dass die Leute erzählen, dass den einen Hügeln dieser Gegend seit Generationen etwa Bajiji (ein traditionsreicher Hutu-Clan mit einem erhöhten, „geadelten" Tutsi-Ast) und den benachbarten Hügeln seit Menschengedenken Banyakarama vorstanden, um nur ein Beispiel zu geben (Gespr. 11). Auch Mworoha führt mehrere solche oder ähnliche Beispiele an; häufig waren die Fälle, in denen innerhalb des Gebietes eines Muganwa wenige Deszendenzgruppen die Mehrzahl der Ivyariho-Posten unter sich teilten (1977:169f). Für die Nomination der Ivyariho-Delegierten waren die örtlichen Machtverhältnisse sicher in den meisten Fällen ein wichtiges Kriterium. Davon, dass die Baganwa lokale, meist verwandtschaftlich definierte Vormachtstellungen in Rechnung stellen mussten und nicht einfach übergehen konnten, zeugt schon, dass sie in etlichen Regionen zur Durchsetzung ihrer Vorherrschaft darauf bedacht oder gar dazu gezwungen waren, Allianzen – oft in der Form von matrimonialen Verbindungen – mit den regional oder lokal dominanten Deszendenzgruppen einzugehen (cf. Vansina 1972, Mworoha et al. 1987:150).

Die Nachfolgeregelung kann weiteren Aufschluss über die lokale Verankerung dieser untersten Staatsbehörden geben. Ihre Amtszeit war unbeschränkt und sie wurden nur abgesetzt, falls sie sich irgendwelche Fehler zuschulden kommen liessen oder aus irgendeinem Grund die Gunst ihres Muganwa verloren und in Ungnade fielen. Denunziationen und Verleumdungen durch Rivalen spielten dabei eine beträchtliche Rolle. Ansonsten „alterten sie im Amt und konnten dieses schliesslich an einen ihrer Söhne weitergeben“ (Gespr. 7:4). So konnte ein Icariho-Amt während drei oder mehr Generationen in der gleichen Familie vererbt werden (Gespr. 4:9f, 22:5). Wechselte aber die vorgesetzte Instanz und wurde dieses „Muganwa“-Amt nicht vom Vater auf einen Sohn (oft verstückelt auf mehrere Söhne!) übertragen – was wie gesehen keineswegs immer der Fall war (cf. Vansina 1961b:139) –, so wurde eine solche auf persönlichen Banden beruhende Tradition in den meisten Fällen sofort durchbrochen. Ferner war es bei Erbteilungen auf der Ganwa-Ebene nicht unüblich, dass der Haupterbe (*Samuragwa*, s. Kapitel 4) seine Brüder mit Ivyariho-Funktionen betraute. Insgesamt scheinen nicht wenige Chefs selbst Baganwa (oder mit diesen zumindest verschwägert) gewesen zu sein (cf. Rutake 1970:43).

Die Ivyariho waren auf ein gewisses Mass an Anerkennung durch die Lokalbevölkerung angewiesen. Es sind mir mehrere Fälle von Chefs bekannt geworden, die – von den örtlichen Bashingantahe von Anbeginn rundweg abgelehnt – schliesslich von oben wieder abberufen wurden (Gespr. 42). Ohne ein Auskommen mit den Bashingantahe zu finden, konnte wohl kein Chef sein Amt auf Dauer mit Erfolg ausüben. Das heisst aber noch lange nicht, dass die Bashingantahe Chef-Nominationen direkt beeinflussen konnten, und schon gar nicht, dass es die lokalen Bashingantahe-Autoritäten *als solche* waren, die mit der Icariho-Funktion betraut wurden. In den Fällen, in denen dies vorkam, erhielt der Betreffende das Icariho-Amt nicht in seiner Eigenschaft als lokaler Mushingantahe, sondern in seiner Qualität als Höfling des Muganwa. Diese Prioritätensetzung wird noch deutlicher, wenn man beachtet, dass jemand, der „als Dank“ für und als Krönung einer erfolgreichen Karriere am prinzlichen Hof in einer der obgenannten Funktionen mit einem Chef-Posten betraut wurde, vor seinem Abgang vom prinzlichen Hof noch *daselbst*, nicht aber wie üblich auf seinem Wohnhügel als Mushingantahe eingesetzt wurde.[47] Das *Kwâtirwa* – der Mushingantahe-Status – ist hier nicht Ausdruck einer Legitimation von unten, sondern primär einer Legitimation von oben. Für Chef-Nominationen waren die persönlichen Beziehungen des Kandidaten mit dem Muganwa immer ausschlaggebender als sein Verhältnis zur lokalen Bevölkerung und seine örtliche Verankerung, die eher in Kauf genommen wurde als dass sie erwünscht war oder gar gesucht wurde. All das darf nicht darüber hinwegtäuschen, dass auch diese untersten Staatsbehörden letztlich immer von oben und von aussen bestimmt wurden, wenn sie nicht gar selbst von aussen kamen.

Auch auf dieser Stufe muss wieder vor zu starren, an modernstaatlichen Verwaltungsapparaten orientierten Schematisierungen der Icariho-Stellung und -Funktion gewarnt werden. Es gilt hier das gleiche wie auf der höheren Ebene der Baganwa: Die Chefs waren sich nicht gleichgestellt, sondern es gab unter ihnen komplexe und verschachtelte Hierarchien und Abhängigkeiten. So konnte ein Muganwa in seinem Gebiet einen *icariho gikuru* haben, der als sein Stellvertreter und Sekundant (*igisongerezi* oder *icegera c'umuganwa*) diente und über den anderen *ivyariho bitoyi*

[47] Zu dieser alternativen, „amtlichen“ Investitursart, *kwâtira impaga* oder *injîshi* genannt, s. Kapitel 4.4.

stand (Gespräche 7 & 9; auch noch während der Kolonialzeit sprach man von *mutware mukuru* bzw. *mutware mutoyi*).

> „Auch unter den Batware [*ivyariho*] gab es Hierarchien (...). Brüder des über das Gebiet herrschenden Muganwa, die einen Mutware-Posten innehatten, waren viel privilegierter als gewöhnliche „kleine" Batware. (...) Nicht alle hatten Zugang zum gleichen Wissen, ihre Geheimnisse behielten sie unter sich. Bei einem Treffen beim *Muganwa mukuru* aber sassen alle Batware unabhängig von ihrem Status am gleichen Ort und hörten sich gemeinsam die ausgegebenen Order an (...). Es war nicht so, dass ein Mutware einen anderen hätte absetzen können" (Gespr. 60:14ff).

Die Abwesenheit jeder weiteren Standardisierung erklärt sich dadurch, dass jeder Regionalführer bei der Gestaltung der internen Verwaltung seines Gebietes weitgehend freie Hand hatte und eine „personalisierte" und keine bürokratische Verwaltungslogik vorherrschte.

e) Subalternes Hilfspersonal

In den meisten Darstellungen der vorkolonialen Verwaltungsstruktur Burundis wird übergangen, dass die Ivyariho-Delegierten weiteres Hilfspersonal in ihren Diensten hatten, an das sie einen Teil ihrer Aufgaben delegierten. Diese aufgrund der einseitigen Perspektive kaum je erwähnte Tatsache ist von besonderer Relevanz, wenn wir uns für die Beziehungen zwischen Staatsbehörden und Lokalbevölkerung und die politische Struktur im lokalen Raum interessieren. In den beiden wichtigen Werken von Mworoha (1977, 1987) sucht man vergeblich nach Hinweisen darauf. In Trouwborsts klassisch gewordenem, monographischem Überblick findet sich immerhin ein Satz dazu, der jedoch stark an der kolonialen Situation orientiert ist:

> „Le sous-chef [= *icariho*] était assisté par des crieurs publics (*abahamagazi*), dont chacun travaillait dans une subdivision de la sous-chefferie" (1962a:146).

Da sich meine Untersuchung primär für den lokalen Bereich interessiert, ist es notwendig, einen Schritt weiter nach unten zu gehen als in den bisherigen Abhandlungen üblich. Stellung und Funktion dieser untersten Hilfskader müssen genauer betrachtet werden. In der Rekonstruktion dieses Punktes der vorkolonialen politischen Struktur bin ich in meiner Feldarbeit auf etliche Schwierigkeiten gestossen. Nicht nur gibt es dazu kaum schriftliche Quellen, sondern die meisten in den siebziger und achziger Jahren befragten Personen konnten nur mit Mühe die vorkoloniale und die koloniale Epoche auseinanderhalten und waren sich unsicher darin, ob es die Funktion der Bahamagazi bereits gegeben hat, „bevor die Weissen kamen". Diese Probleme sind dann verständlich, wenn man in Zusammenfassung der Ergebnisse meiner Felduntersuchungen schliessen kann, dass die Ivyariho effektiv bereits vorkolonial Leute in ihren Diensten hatten, die mit den kolonialen Bahamagazi verglichen (bei dem unterschiedlichen zugrundeliegenden Verwaltungssystem aber nicht gleichgesetzt) werden können. Mit einigen Einschränkungen (vor allem den territorialen Umfang betreffend – es wäre genauer, hier von „Hügelteilen" oder zumindest „Kleinhügeln" zu sprechen) kann Gahama recht gegeben werden, wenn er schreibt:

> „Au niveau de deux ou trois collines, le sous-chef ou le chef lui-même bénéficient pour l'exécution et la transmission des ordres d'envoyés (*intumwa*) qui font partie de leur cour. Cet usage est à l'origine de l'institution des *bahamagazi* (...). En outre, depuis la colonisation allemande, des intermédiaires entre les chefs et l'administration européenne sont apparus de façon informelle: ceux qu'on appelle les *barongozi* (les guides)" (1983:28).

Die Titel *muhamagazi* und *murongozi* – deren Bedeutungsinhalt („Ausschreier" bzw. „[Kolonnen-] Führer") deutlich auf die koloniale Verwaltungslogik weist – sind wohl erst kolonialen Ursprungs, wenn auch nicht auszuschliessen ist, dass solche oder ähnliche Bezeichnungen in informeller Weise bereits vorkolonial gebraucht wurden. So sprach man mir gegenüber auch von *indongozi* oder *ikirongozi*, „Führern", oder von *igisonga*, – „Stellvertretern, Statthaltern" –, während in einigen peripheren (nordöstlichen) Gebieten der Ausdruck *umutware w'itôngo* in Gebrauch war (Gespräche 55:27f, 59:8). Ohne Zweifel gab es beträchtliche regionale Unterschiede (cf. Nsanze 1986:219). Das Bedürfnis nach einer weiteren Formalisierung des Titels entstand ohne Zweifel erst unter der Kolonialzeit mit der damals entwickelten Ausdifferenzierung und Formalisierung der Funktionsbereiche dieser untersten Hilfskader. Zur vorkolonialen Zeit scheint die relativ unspezifische Bezeichnung *Intumwa* („Boten") die verbreitetste gewesen zu sein. Anstatt aber das Pferd vom Schwanz her aufzuzäumen und nach den Titeln zu fragen, muss vielmehr von den Aufgaben und Funktionen dieser Hilfskräfte ausgegangen werden. Wenn die koloniale Funktion eines Murongozi, der als Aufbieter und Anführer von Abgabepflichtigen (von Kolonnen von Arbeitern oder von Trägern, die ihre Naturalabgaben zu einer Sammelstelle brachten) diente, keine vorkoloniale Entsprechung hatte (Gespr. 20:11: „Es brauchte damals keine Barongozi, da sich die Arbeiten erst unter den Belgiern vervielfacht haben"), so ist das bei der Funktion des Muhamagazi, der die Anordnungen und Informationen des lokalen Chefs weiterzuleiten, eben „auszurufen" hatte, weniger sicher. Es entsprach durchaus der Logik des politischen Systems, dass sich auch der unterste Chef noch seine Gehilfen hielt, die er als seine Gesandten und Botenträger einsetzen konnte. Es ist einer politischen Struktur, die sich durch stark personalisierte politische Beziehungen (aber auch durch allgegenwärtige Hierarchisierungen[48]) auszeichnet, inhärent, dass jegliche Amtsträger, auf welcher Hierarchiestufe sie auch stehen mögen, ihre Aufgaben weiter nach unten delegieren, an Getreue, Anhänger, auch Verwandte weitergeben. Wenn die Intumwa selbst keine weiteren Helfer mehr unter sich hatten, so hatten doch auch sie, wie G. aus Kiganda erzählt, immer ihr Gefolge: Anhänger, die sie begleiteten und die auch einmal ausgeschickt werden konnten, um etwas für sie zu erledigen. Ferner hatten sie innerhalb ihres „Reviers" auf jedem „Unterhügel" oder Hügelteil immer ihre Vertrauenspersonen, denen sie eine Aufgabe weitergeben, eine Bekanntmachung oder die Aufbietung und Zitierung einer bestimmten Person übertragen konnten.

Jeder Icariho-Chef stützte sich mithin auf verschiedene Hilfskräfte, deren wichtigste Aufgabe es war, ihm als Boten, als Zwischenträger und Informationsübermittler zu dienen. Es handelte sich dabei in erster Linie um Botschaften von oben nach unten, nur sekundär um Rapporte von unten nach oben und nur in Ausnahmefällen um die Informierung des Chefs über Anregungen und Wünsche von unten. Diese Funktion war wenig formalisiert und es scheint für ihren Inhaber auch keinen festen Titel gegeben zu haben. Man sprach generisch einfach von *Intumwa*-Boten. Das ist umso einleuchtender, wenn man sich vor Augen hält, dass mit den entsprechenden Aufgaben nicht immer dieselbe Person beauftragt wurde. Diese Mandatierung war mehr situational denn formal bestimmt. Mit der Aufgabe betraut wurde ein *Umusavyi*-Anhänger (Höfling, „Klient", s. Kapitel 5) der lokalen Behörde, der vielleicht gerade auf dem Hügel wohnte, um den es ging, und der gerade verfügbar war. Es konnte sich auch um einen der *Bagendanyi*-Begleiter handeln. Anders als der koloniale Muhamagazi schrie dieser seine Botschaft nicht einfach über den Hügel hinweg (was ersterem nicht gerade schmeichelhafte Übertitel wie *Umushahûri* oder *Umumôtsi* – „[früh aufgestandener] Schreihals" – eintrug), sondern er hatte sich selbst zu den betroffenen Leuten hinzubegeben und ihnen ein bevorstehendes Ereignis kundzutun oder sie zu einem Arbeitseinsatz aufzubieten – ihnen etwa auszurichten, dass nun sie an der Reihe sind, bei der Reparation des prinzlichen Hofes Hand anzulegen, etc. (Gespr. 27:5f). Solche direkten, persönlichen Beziehungen zwischen Verwaltungshilfskräften und Bevölkerung erhöhen natürlich die Chance von gewissen Privilegierungen bzw. Benachteiligungen. Es war aber im allgemeinen nicht so, dass ein vorkolonialer, direkt in den Hof eines Bauern kommender Bote gleich noch etwas für sich einfordern konnte

---

48 Der Unterschied zwischen „pyramidalen" und „hierarchischen" Strukturen liegt meiner Meinung nach gerade darin, dass bei ersteren der Akzent mehr auf der „Inkorporation" von weitgehend eigenständig bleibenden Einheiten, bei letzteren mehr auf der „Delegation" an untergeordnete Ebenen, die ohne die vorgesetzten Instanzen kein „Eigenleben" haben, liegt (zur Unterscheidung zwischen „pyramidal" und „hierarchisch" s. Southall 1956 & 1988, Claessen 1989).

(ausser allenfalls einer Kalebasse Bier). Im Gegensatz zu den kolonialen Bahamagazi waren seine Befugnisse und sein Aktionsradius sehr beschränkt schon allein dadurch, dass es sich bei ihm nur um eine Gelegenheits-Hilfskraft und nicht um einen ständigen Funktionär oder gar Beamten im vollen Wortsinn handelte. Er hatte allein exekutive Kompetenzen (Gespr. 15:11). Wie weit er bereits zu vorkolonialen Zeiten sein Gebiet in polizeilicher Funktion durchstreifen und sich da „auf Streife" befinden konnte – was die Leute veranlasste, vor ihm ihr Bier zu verstecken –, darüber gehen die Meinungen meiner verschiedenen Informanten stark auseinander. Eigentliche „Patrouillen" kamen aber erst mit der Kolonialzeit auf (Gespräche 22:14f, 15:21).

Von der fehlenden Formalisierung dieser Gelegenheits-Hilfsfunktionen berichtet auch B. aus dem im traditionellen Zentrum gelegenen Ndengo (Burenza/Kiganda):

> „Bevor die Weissen kamen, hat es weder die Bahamagazi noch die Barongozi gegeben. Diese kamen erst mit den Belgiern, das war erst gestern – das haben wir (noch) mit unseren eigenen Augen gesehen! Vorher gab es nur die Ivyariho. Für ihre Aufgaben konnten sie einen ihrer Söhne, Brüder oder Protégés einsetzen. Und falls vom königlichen Hof ein *Umugendanyi* mit der Botschaft kam, Kühe für den Hof zu requirieren (*inká z'intorwa*), ging der Mutware [der Icariho] selbst zu seinen Leuten, um die Kühe einzusammeln. Für diese Aufgaben gab es zu jener Zeit keine offizielle Funktion. Der vorkoloniale Mutware konnte sich aber immer von jemandem aus seiner näheren Umgebung helfen lassen" (22:15f).

Zusammenfassend lässt sich sagen, dass die staatlichen Regierungs- und Verwaltungsfunktionäre auf der subregionalen und lokalen Ebene zwar über verschiedene Mitarbeiter und Hilfskräfte verfügten, dass dieser „Stab" aber nur vage umgrenzt war und nur ungenau umschriebene Aufgaben wahrnahm. In seiner Ausgestaltung gab es zahlreiche Regionalismen, was damit zusammenhing, dass er weder vom Mwami noch von den Regionalführern als administrative „Ebene" und Instanz anerkannt wurde, wie Nsanze (1986:219) berichtet.

Meines Erachtens ist es nicht gerechtfertigt, an dieser Stelle auch noch die Bashingantahe, die wichtigsten rechtlichen und moralischen Autoritätsträger auf der Hügelebene, anzuführen, wie das etwa Mworoha macht, der sie einmal unter „Les adjoints et auxiliaires du pouvoir, 1. Les administrants" (1977:170f) und das andere Mal unter „Le gouvernement du pays" (1987:209f) vorstellt.[49] Sicher spielten sie im lokalen Rahmen als Exponenten, Sprachrohre und Wortführer der Lokalgruppen eine eminente politische Rolle, die in mehrerer Hinsicht der Staatsverwaltung dienlich war. Wenn Hakizimana unter den Aufgaben der Bashingantahe „rendre justice, reconcilier les gens et *administrer* le pays" (meine Hervorhebung, wobei die Übersetzung des Verbes *kugaba* mit „administrer" sehr einseitig ist) anführt, so bezieht sich das wohl vor allem auf die postkoloniale und republikanische Zeit (1976:2f). Der Missionar Delacauw führt in einem kleinen Artikel von 1956 an, dass Baganwa und Chefs administrative Massnahmen und Erlasse zuerst den lokalen Bashingantahe unterbreitet und ihre Meinung dazu eingeholt hätten (cf. Rutake 1982b:16). Auch damit aber wirkten sie nicht direkt in der Verwaltung mit, und es bleibt dahingestellt, wie verbreitet eine solche, nicht weiter institutionalisierte Praxis effektiv war. Direkter an das Funktionieren des Staatsapparates geknüpfte politische (aber nie administrative) Aufgaben kamen den Bashingantahe auf den supralokalen Ebenen zu: Sie wirkten als Richter und Berater an den Höfen der Baganwa und des Mwami, und es kam immer wieder vor, dass diese obersten politischen Instanzen sie als ihre Gesandten und Botschafter in eine andere Landesgegend an den Hof eines anderen Prinzen sandten (Nsabimana 1986:128, u.a.m.). Es lässt sich die These aufstellen, dass eine derartige beginnende „Funktionarisierung" der Bashingantahe – die Inanspruchnahme und Einbindung dieser klar von unten inspirierten und legitimierten Institution durch die staatliche Zentralgewalt –, die zumindest seit dem 19. Jahrhundert bekannt ist, sich erst unter der „voll ausgebildeten" Monarchie

[49] Rutake (1982b:9ff) nennt die Bashingantahe unter „institutions représentatives", gemeinsam mit den Banyarurimbi-Hofrichtern, den Abishikira-Domänenverwaltern, den Batware-Inkebe und den Ivyariho, eine geradeso kühne Einteilung.

entwickelt und verallgemeinert hat. Jeder Versuch, die Bashingantahe mit Verwaltungshilfskräften gleichzusetzen, hat denn auch den entrüsteten Protest all meiner Informanten hervorgerufen. Die Bashingantahe, die sich nicht von oben, sondern von unten mandatiert und legitimiert fühlten, wollten mit solchen nichts zu tun haben. Es lässt sich von den Bashingantahe weder im engen noch in einem weiten Sinn von „Funktionären“ sprechen (cf. Claessens Unterscheidung zwischen „functionarissen in de bestuurslijn“ und „functionarissen buiten de bestuurslijn“ – „in bzw. ausserhalb der Regierung/Verwaltung stehenden Funktionären“, 1989:54).

Obwohl die Bashingantahe auf der lokalen wie auf den überlokalen Ebenen wichtige politische Funktionen innehatten, rechtfertigt das eine wie von Mworoha vorgenommene Einteilung und Zuweisung an den Staatsapparat nicht. Auf die Institution des Bushingantahe werde ich infolgedessen im Kapitel „nicht-staatliche Autoritäts- und Organisationsformen“ näher eintreten (Kapitel 4.4).

3.4 Das Modell der aristokratischen Herrschaft

Die Darlegung der Struktur des Staatsapparates kann zur Untersuchung des Herrschaftssystems nicht genügen. Sie wird an späterer Stelle durch eine detaillierte Analyse des Herrschaftsverhältnisses und der wichtigsten Beziehungsarten zwischen Herrschenden und Herrschaftsunterworfenen zu ergänzen sein (Kapitel 5). Vorher sollen in diesem Kapitel einige wichtige Komponenten erörtert werden, die das Spiel von Macht und Herrschaft leiteten und primär innerhalb des Herrschaftsapparates und der Führungselite selbst wirkten. Es geht um die Untersuchung nicht nur der Machtausübung und der Herrschaftstechniken, sondern auch der Nachfolgeregelung und des dominanten, von den politischen Machthabern aufrechterhaltenen Herrschaftsmodelles. Betrachten wir zunächst einige zentrale Begriffe des politischen Vokabulars. Diese thematisieren hauptsächlich das Geben und die Abhängigkeit. In einem nächsten Schritt wird es gelten, uns spezieller der Nachfolgeregelung und dem Einsetzungsmodus der Regionalherrscher und damit wichtigen Fragen der Aufrechterhaltung und periodischen Erneuerung der aristokratischen Herrschaft zuzuwenden.

3.4.1 Zum politischen Vokabular: Macht, Gabe und Abhängigkeit

Die politischen Beziehungen entfalteten sich immer im Rahmen von persönlichen Abhängigkeitsbeziehungen (s. auch Kapitel 4.6).[50] Die Herrschaft durch die oligarchische Aristokratie und ihre Gefolgsleute wurde in erster Linie über ein Netz persönlicher Abhängigkeitsbeziehungen ausgeübt (Balandier 1985:322). Das zeigt sich schon darin, dass die politischen Beziehungen ihre Sprache weitgehend den Abhängigkeitsbeziehungen entliehen. Ihre Bestimmung muss also von der Überprüfung dieses Abhängigkeits-Vokabulars ausgehen.

Die politische Beziehung fand ihren Ausdruck in erster Linie in zwei Schlüsselbegiffen bzw. Wortwurzeln mit je zahlreichen Ableitungen. Wie für eine stark hierarchisch geprägte Gesellschaft wenig erstaunlich, stand der eine für die politischen Beziehungen von unten nach oben, während der andere diejenigen von oben nach unten zum Thema hatte. Die politische Beziehung von unten her bestimmte sich im Konzept des *amasabo*, das im Kapitel 5 eingehend zur Sprache kommen wird (Wortwurzel *-/sab/-*). Das Konzept des *gusaba* in seiner zweifachen Bedeutung von „etwas erbitten/sich unterwerfen“ findet von oben her gesehen seine exakte Entsprechung im Verb *kugaba*, dessen Doppelbedeutung von „geben/befehlen“ bereits mehrmals unsere Aufmerksamkeit erregt hat. Die Analyse des Konzeptes *kugaba* und vieler von der Wurzel *-/gab/-* abgeleiteter Begriffe, die in verschiedenen Gesellschaftsbereichen für die Bestimmung der Autoritätskonzeption von zentraler Bedeutung sind, vermag die Art der politischen, wirtschaftlichen und militärischen Organisation der vorkolonialen Gesellschaft offenzulegen (Botte 1974a:7f, 1982a:282f).

Das Verb *KUGABA* hat zwei Bedeutungen: 1.) geben, eine Gabe überreichen, spenden (Vieh, Böden, Macht geben/abtreten/delegieren); 2.) befehlen, leiten, unter der Kontrolle haben, Herr sein über, verfügen über, besitzen, herrschen, beherrschen. Damit enthält dieser Begriff ganz allgemein eine Vorstellung von Dominanz und Superiorität.[51] Im ersten Sinn meint *kugaba* „eine Gabe machen“, eine Handlung, die immer eine Abhängigkeitsbeziehung begründet. So findet sich die gleiche Wortwurzel denn auch in den Begriffen *ubugabire* („Klientel-“ oder „Viehpachtabkommen“) und *umugabire*, „der Empfänger der Gabe“, die selbst wiederum als *ingabire* bezeichnet wird. Dieser Sinn darf nun aber nicht allein, wie das der grösste Teil der Literatur zum ostafrikani-

---

50 Trouwborst spricht von der politischen Organisation als eines Tauschsystems zwischen Ungleichen (1961:70).

51 Vergleiche die Begriffsanalysen von Rodegem 1970:94; Habonimana 1977:145; Botte 1974a:7f, 1982a:282f, Ntahombaye 1983:235.

schen Zwischenseengebiet tut, auf Klientschaften im privaten Rahmen reduziert werden. *Kugaba* bezeichnet darüber hinaus vor allem die Gabe durch eine politische Autorität, ob es sich dabei um Vieh, einen Boden oder gar um Macht – die Zuerkennung eines Regionalkommandos oder eines anderen Amtes, was immer auch als *Gabe* verstanden wird[52] – handelt. Verdeutlicht wird dieses Verständnis noch dadurch, dass auch im Zusammenhang der Amtseinsetzungen der Begriff *umushikiriza* verwendet wird, den wir noch kennenlernen werden als Titel eines am Hof einer politischen Autorität wirkenden Mittlers, der in ihrem Namen Gaben (*ingabire*) aushändigt und zuweist (Kap. 5.2). Trouwborst (1961:72) erwähnt, dass es auch zu den Aufgaben des *umushikiriza* gehört, Regionalführer in ihr Amt einzuführen und sie der lokalen Bevölkerung im Namen des Königs vorzustellen. *Kugaba* bestimmt damit in erster Linie die politischen Beziehungen. Das wird gerade im zweiten oben erwähnten Sinn deutlich. Die Komplementarität der beiden Bedeutungen führt uns ins Herz der Auffassung von Macht und Autorität und macht die Bande zwischen Politischem und Abhängigkeit verständlich.

Wenn wir uns mit dem Politischen in der burundischen Gesellschaft beschäftigen, begegnen wir diesem Wortstamm auf Schritt und Tritt, wie es die folgenden Kapitel zeigen werden. Es gibt von ihm zahlreiche Ableitungen, die sich sowohl auf das ökonomische wie das politische, soziale und religiöse Gebiet beziehen und auf eine weitgehende ideologische Geschlossenheit und Einheitlichkeit der monarchischen Gesellschaft hinweisen. Schauen wir uns die bedeutungsvollsten dieser Ableitungen an.

• Der Ort, an dem *ingabire*- oder *ingabirano*-Gaben (auch *ingabe*, königliches Vieh) überreicht werden, kann als *ingabiro* bezeichnet werden (Botte 1974a:7). Davon abgeleitet ist der Terminus *ibigabiro*, womit die heiligen Gedenkbäume an den ehemaligen Residenzorten und Höfen eines verstorbenen Prinzen oder Mwami bezeichnet werden.[53] *Ibigabiro* markieren ebenfalls die Orte der Inthronisation und Bestattung der Könige; sie bleiben als Zeugen der Freigebigkeit der Aristokraten in der Landschaft stehen, als Hinweis auf die Orte, „an denen gegeben wurde“. *Ibigabiro* wurden auch am Ort der Bestattung der Königinmutter, der *umu*gab*ekazi*, gepflanzt. Hier im noch heute stehenden Wald von Mpotsa, der zum früher autonomen Gebiet der *banyange*-Ritualisten gehörte[54], legen diese Bäume Zeugnis ihrer Grosszügigkeit ab (ihr Titel lässt sich mit „Spenderin“ übersetzen). Es gibt im Kirundi ein Sprichwort das besagt: „Die Königinmutter ist die Mutter des Königs, aber sie regieren gemeinsam“ (*umugabékazi ní nyina w'umwami, ubwami barabusangiye*; Rodegem 1970:94). Der Mwami selbst wird auch als *rugaba*, „der grosse Spender/Geber“ angesprochen, ein Ausdruck, der ebenfalls auf Imâna, Gott, bezogen wird (Trouwborst 1961:71, Botte 1974a:8). Ähnlich Imâna ist der Mwami unendlich grosszügig, und unter den Menschen ist er der oberste Geber (und Herrscher). „La position du roi vis-à-vis l'ensemble de ses sujets est (...) celle d'un donateur. Puisqu'il est le propriétaire de toutes les terres et de toutes les vaches du pays, les droits que les sujets exercent sur leurs biens ne sont que des droits d'usufruit reçus du roi, qui peut les en dépouiller à tout moment“ (Trouwborst 1961:73).

• *Ubugabo*: die Eigenschaft der Kraft, Macht, Souveränität, der Virilität – alles Qualitäten, die man von jedem Führer und Krieger erwartet –, und, davon abgeleitet, die männlichen Geschlechtsorgane, aber auch: die Verwandtschaft des Gatten.

• *Umugabo* ist der erwachsene Mann in seiner vollen Kraft, der Ehemann, auch der Krieger und Mushingantahe; derjenige, der in sich die physische und moralische Kraft vereint, eine Fami-

---

[52] „Au Burundi le fait de régner est associé au fait de donner. (...) Les chefs sont en principe nommés et destitués par le roi. Ce qui est important dans ce contexte, c'est que de telles nominations sont considérées comme des dons de territoires“ (Trouwborst 1961:71f).

[53] Näheres s. bei Chrétien & Mworoha 1970; Chrétien, Jean-Pierre. 1978. Les arbres et les rois, sites historiques au Burundi, in: Culture et Société, 1:35-47. Bujumbura.

[54] Für Details s. Gahama, Amélie. 1979. La reine mère et ses prêtres au Burundi. Nanterre: Laboratoire d'ethnologie et de sociologie comparative.

lie zu gründen, zu führen und zu unterhalten; derjenige, der fähig ist, zu schützen und zu verteidigen, was er besitzt. Der verstorbene Vorfahre wird als *rugabo* bezeichnet (das Präfix *uru-* ist Vergrösserungsform und Verstärkung); sein *ubugabo* wirkt nach seinem Tod über seinen Erben *samuragwa*, dem er es weitergibt, fort, und seine Nachfahren anerkennen seine Autorität durch das Vollziehen des Ahnenkultes (*gutérekera*) (Botte 1974a:8).

• Schliesslich ist der Ausdruck *ingabo* zu nennen („Armee, Truppe, Krieger, Untertanen, Schutzschilder"), den wir bereits kennengelernt haben. Der Zusammenhang zwischen den verschiedenen Bedeutungen dieses Wortes leuchtet ein, wenn man *ingabo* versteht als: die Männer als Herrschaftsunterworfene, die Bevölkerung eines Regionalführers; da die politische Abhängigkeit ebenfalls Mehrarbeit in Form von Kriegsdiensten impliziert, wird auch der Sinn von „Armee" und, noch verdeutlichender, von „Schutzschildern" klar: Die *ingabo* sind die bewaffneten Untertanen, die den politischen Führer verteidigen, dem sie untergeordnet sind.

Durch diese semantischen Erläuterungen wird deutlich, dass im politischen, ökonomischen und sozialen Kontext Burundis die beiden Bedeutungen des Verbes *kugaba*, geben und befehlen, miteinander verwoben sind – das eine impliziert das andere. Geben heisst Macht ausüben; in seinem Sinn von Dominanz ist Geben auch etwas unter seiner Kontrolle, in seiner Abhängigkeit haben, etwas besitzen. Befehlen heisst auch besitzen. Im burundischen Kontext heisst eine Person oder ein Gebiet befehlen oder besitzen ebenfalls, sie oder es beschützen. Die Zuteilung der politischen Befehlsgewalt durch den Mwami eröffnet immer eine doppelte Abhängigkeitsbeziehung: Zwischen Mwami und Prinz/Regionalführer und zwischen diesem und seinen *ingabo*.

Der Ausdruck *kugaba ingabo* – jemandem ein Regionalkommando zuerkennen, die Macht geben (was nur der Mwami, und in Delegation der Muganwa, kann) – ist im wörtlichen Sinn zu verstehen: „Männer-Unterworfene-Krieger-Schutzschilder geben". Die Gabe der Macht ermächtigt zur Kontrolle der unterworfenen Bevölkerung als waffentragende Männer und als Produzenten, die ein bestimmtes Territorium bewohnen. Der König gibt weniger die politische Kontrolle über ein *Territorium* als die ökonomische Macht darüber, oder genauer: die politische Kontrolle über die Bevölkerung, die *ingabo*, die es erlaubt, ein gewisses Mass an Abgabeleistungen einzufordern.[55] Für uns ist wichtig zu sehen, dass es in diesem Zusammenhang keinen Unterschied zwischen dem politischen Vokabular und demjenigen der Abhängigkeitsbeziehungen gibt (Botte 1974a:8, 1982a:283f; cf. Kap. 4.6).

Aus den dargestellten Zusammenhängen drängt sich die Vermutung auf, dass die Reproduktion der Abhängigkeitsbeziehungen zur Reproduktion der Macht genügt. Da die Menschen, um die es der Macht geht, gleichzeitig Unterworfene und Krieger sind, erhält auch die Rivalität unter den Prinzen als hauptsächlichen Regionalführern in der Form andauernder, gewaltsam ausgetragener Konflikte ihre Bedeutung. Bevor wir uns der Betrachtung dieser bürgerkriegsähnlichen inneren Auseinandersetzungen zuwenden, welche Botte (1982a) als „internen Krieg" bezeichnete und die uns weiteren Aufschluss über das monarchische Herrschaftssystem zu geben vermögen, ist es notwendig, die Bedeutung eines besonderen Elementes der aristokratischen Machtordnung abzuklären, das in der Literatur oft herausgestrichen und meines Erachtens überinterpretiert wurde.

---

[55] Dass die Zusprechung eines Regionalkommandos auch das Vermögen der Einforderung von Mehrarbeit umfasst, haben wir in den Redensarten *kurya igihugu* und *gukibaga igihugu* („das Land essen/von der Bevölkerung profitieren") bestätigt gefunden (Botte 1982a:284, Nsanze 1986:49,98).

3.4.2 Die periodische „Erneuerung“ der aristokratischen Herrschaft

Das Ausmass der Macht der Führungsorgane im allgemeinen und der Baganwa-Prinzen im besonderen – der Grad ihrer Abhängigkeit von der monarchischen Zentralinstanz – ist nur in Anbetracht der Transformationen zu verstehen, die infolge der weitflächigen militärischen Expansionen unter Ntare Rugamba eingetreten sind. Die Territorialexpansionen lösten nicht nur auf Zeit einige unmittelbar anstehenden Probleme (s. vorne), sondern sie schufen auch neue, die weit in die Zukunft wirkten. Sie hatten eine weitreichende Verschiebung zwischen königlicher und prinzlicher Macht zugunsten der letzteren zur Folge. Ferner konnte die Gebietserweiterung nicht unaufhörbar weitergeführt werden, sie fand bald ihre Grenzen. Das Ende der Expansion verunmöglichte aber auch eine weitere „Auslagerung“ der bestehenden politischen Widersprüche innerhalb der herrschenden Klasse. Sie bedeuteten deren „Heimführung“: Fortan stellten sie sich vollumfänglich im Inneren selbst. Neben den Rivalitäten um die Kontrolle der Zentralmacht, die zu Nachfolgekriegen führten, stand auf der Ebene der „Provinzen“ der Wettkampf unter den Prinzen. Es scheint mir historisch richtig, davon auszugehen, dass die dauernden, latenten kriegerischen Auseinandersetzungen – der „innere Krieg“ zwischen den Regionalführern –, die in der gesamten Ethnographie Burundis immer wieder herausgestrichen wurden, erst jetzt ihre volle Form annahmen und ihre ganze Bedeutung fanden. Botte betont dabei primär den politökonomischen Gesichtspunkt: Die Kontrolle über zusätzliche Produktionsmittel – die wie geschildert die Basis der prinzlichen Macht darstellten – liess sich nur noch auf Kosten eines Rivalen erreichen (1982a:286). Die Tendenz, diesen Wettkampf mit Waffengewalt auszutragen, hatte mehrere Gründe. Die Tatsache, dass die Baganwa in ihrer Person die politische, wirtschaftliche und militärische Macht vereinten, liess gewaltsame Konflikte wahrscheinlicher werden. Dazu kam, dass ein durch die vorangehenden, nach aussen geführten „Hegemonie-Kriege“ gestärkter, schlagkräftiger militärischer Apparat zur „Militarisierung“ der politischen Verhältnisse beitrug.

Es waren gerade diese Faktoren, die unter Mwezi Gisabo die relative Schwäche der königlichen Macht gegenüber den Prinzen begründeten, und nicht, wie häufig argumentiert wird, die zyklische Zurückstufung eines Teils der Aristokratie gemäss dem *gutahira*-Prinzip. Entgegen der verbreiteten Meinung hatte dieses keineswegs die Dekadenz und Schwächung der monarchischen Zentralinstanz zur Folge. Mwezi Gisabo verstand es trotz vielfacher zentrifugaler Kräfte sehr wohl, die Einheit des Staates ganz im Sinn der herrschenden Klasse zu wahren. Um diese Einschätzung (die mit derjenigen von Botte [1982a:286f] übereinstimmt) und die wahre Bedeutung des *gutahira*-Prinzips verständlich zu machen, ist die damit verbundene zyklische Degradierung von Ganwa-Segmenten näher zu erörtern.

Die Baganwa bildeten gleichzeitig eine durch die Vorstellung einer gemeinsamen Abstammung verbundene Gruppe und eine soziale Klasse (Aristokratie).[56] Sie bildeten zwar eine Deszendenzgruppe und dynastische Monolinie, die Deszendenz war aber für die politische Herrschaftsposition nicht allein determinierend. Bei der durch die Polygynie oft grossen Zahl von Söhnen ist das nicht weiter erstaunlich. Entscheidend waren letztlich mehr politische denn verwandtschaftliche Kriterien. Jede Generation wurde mit dem Herrschaftsantritt eines neuen Mwami nach einem Fissions-Modell ein Teil von ihnen abgespalten und von der Ganwa-Zugehörigkeit ausgeschlossen. Wir haben gesehen, dass die Bami gemäss einem Viererzyklus nacheinander die Namen Ntare, Mwezi, Mutaga und Mwambutsa trugen. Jeder König übertrug seinen Namen in patronymischer Art auf seine Nachkommen (diese wurden dementsprechend Abatare, Abezi, Abataga und Abambutsa genannt), mit Ausnahme desjenigen seiner Söhne, der als sein Nachfolger später seine eigene dynastische Lineage gründet. Wenn ein Zyklus vollendet war, verloren mit dem Beginn des nächsten

[56] Ich werde im Kapitel 4.1 zeigen, dass in einem weiteren Sinn alle „guten“ Tutsi-Banyaruguru-Lineages dazu zu zählen sind.

Zyklus und dem Herrschaftsantritt eines neuen Ntare die Nachkommen des früheren gleichnamigen Mwami sowohl ihren dynastischen Namen wie ihre aristokratische Qualität. Dieses Prinzip des zyklischen Ausschlusses und der Zurückstufung der jeweils ältesten Ganwa-Lineage „zu einfachen Batutsi“[57] wurde als *gutahira* bezeichnet („herunterkommen, seine aristokratische Qualität und Würde verlieren“). Es konnte folglich immer nur vier prinzliche Äste oder Lineages geben, wie das Ryckmans in seinem Kolonialrapport über das Jahr 1925 festhielt:

> „Il n'y a que quatre branches princières: celle du roi rêgnant et de ses fils, et celles des descendants en ligne mâle de ses trois prédécesseurs. La noblesse s'affaiblit donc par l'ancienneté, et le descendant d'un roi, d'il y a quelques siècles, jouirait de fort peu de considération“ (Rapport sur l'administration belge du Ruanda-Urundi pendant l'année 1925, 1926:36).

Dieses Phänomen „sozialer Degradierung“ hatte bereits die Aufmerksamkeit der frühen Ethnographen erregt und ist oft beschrieben und zur Erklärung verschiedener Züge der monarchischen Herrschaftsordnung herangezogen worden (Gorju 1926:34, 1938:53f, Gille 1937:77ff, Simons 1944:170, Rapport sur ... 1926:36, u.v.m.). Gemäss diesem Modell wurde zu Beginn jedes Regnums eine teilweise Erneuerung der Aristokratie und damit der herrschenden Klasse ausgelöst (oder besser: es wurde zur Rechtfertigung von Machtverschiebungen a posteriori herangezogen, wie ich zeigen werde). Adel wurde damit zu einem vorübergehenden, prekären Zustand, der sich im Laufe des Zyklus immer weiter „abschwächte“. Die degradierten Prinzen wurden regelmässig aus der herrschenden Klasse relegiert. Sie verloren nicht nur ihren Rang, sondern auch ihren Namen: Sie hatten einen neuen Lineage-Namen anzunehmen[58] und schlossen sich, indem sie Batutsi gehobener Kategorie wurden (*abapfâsóni*, cf. Siriba 1976:67f & Kap. 4.1), der dominanten Klasse an.

Um die wahre (und – ich nehme es vorweg – oft überschätzte) Bedeutung des ideologischen Schemas des *gutahira* ermessen zu können, muss der Nachfolge- und Einsetzungsmodus der Prinzen als Regionalführer nochmals genauer analysiert werden. Das *gutahira*-Prinzip ist eng mit dem anderen Prinzip verschränkt, das die Fernhaltung der einflussreichsten Baganwa vom königlichen Zentrum und ihre Plazierung in peripheren Regionen anstrebte (cf. Mworoha 1987:220). Die entsprechende Distanzierung und Einsetzung der mächtigsten Prinzen in Randgebieten folgte sowohl einer politischen wie einer militärischen Logik: Der Mwami wollte zu einflussreich und damit im Zentrum störend werdende Prinzen nicht in seiner Nähe behalten, konnte sie aber sehr wohl als Vertrauensleute in Grenzgebieten brauchen. Die damit verbundene, manchmal gewaltsamere und manchmal schleichende Zurückdrängung der Vorgänger äusserte sich formal in ihrer laufenden Degradierung je nach vier Generationen, was mit den Normen der zyklischen Erneuerung gemäss dem *gutahira*-Prinzip gerechtfertigt wurde.

Jeder Mwami musste wie gesagt bestrebt sein, die Angehörigen seiner eigenen, neu gegründeten Lineage, auf deren Loyalität allein er zählen konnte, in Herrschaftspositionen zu hieven. Alle

---

[57] Zur Bedeutung dieser Zu- und Einordnung, die spezielle Aufmerksamkeit verdient, s. Kap. 4.1 unter „Clan“.

[58] Ein Beispiel: Beim Herrschaftsantritt Mutaga Mbikijes 1908 hatten die Abkömmlinge Mutaga Senyamwizas, die sich bis anhin Bataga nannten, kein Anrecht mehr auf diesen Namen; *Bapfasoni* geworden, nannte sich ihr mächtigster und bekanntester Ast fortan Basine, ein anderer Abasênge (die Nachkommen Rusênges), etc. (dass die Nachkommen Mutaga Mbikijes sich nach dessen Ableben 1915 mit dem synonymen Ausdruck Abarango bezeichneten, hängt dagegen nicht mit dem *gutahira*-Prinzip, sondern allein mit der gewaltsamen Natur seines Todes zusammen, die es verbot, fürderhin seinen Namen auszusprechen). Auch hier aber sollte die Kraft normativer Regeln nicht überschätzt werden. Ein mindestens so wichtiges Motiv für einen Namenswechsel lag immer in der Angst vor Verfolgungen, denen sich bei jedem Herrschaftswechsel alle übrigen Nachkommen des früheren Mwami als potentielle Rivalen des neuen Amtsinhabers ausgesetzt sahen. Das dürfte auch ein nicht zu vernachlässigender Grund gewesen sein, dass sich unter Mwezi Gisabo eine wichtige, ihm gegenüber loyale Batare-Gruppe, die Basumano (die Gruppe um den einflussreichen, im Süden herrschenden Territorialführer Busumano) fortan nicht mehr als Batare bezeichnete, obwohl es vom *gutahira*-Prinzip her dazu keinen Grund gab.

seine patrilateralen Verwandten, seine Brüder und Cousins, die als Nachkommen des vorangehenden Herrschers wie er selbst leicht ein Nachfolgerecht geltend machen konnten, waren seine schärfsten Rivalen. Solange der neu inthronisierte Mwami noch nicht erwachsen und mündig war, wurde die Regentschaft durch die Königinmutter, väterliche Onkeln und/oder Brüder (Agnaten) ausgeübt. Seine Verwandten gehörten alle den vorangehenden Ästen an, und mit Ausnahme der Königinmutter standen ihre Interessen oft im Gegensatz zu denjenigen des neuen Mwami. Sie fühlten sich weniger ihm als seinem Vorgänger und der von ihm etablierten Ordnung verpflichtet (cf. Gespr. 66:7). Während der Minderjährigkeit des Königs versuchten die Regenten zu ihren und ihres Astes Gunsten möglichst viele Territorien unter ihre Kontrolle zu bekommen. Mündig geworden, versuchte der Mwami, die Vertreter früherer Dynastien aus den Machtstellungen zu verdrängen und durch eigene Abkömmlinge oder – im weiteren Sinn – Abhängige zu ersetzen (Botte 1982a:288). Da die Regionalkommandos in der Regel erblich (vom Vater auf einen Sohn oder einen anderen nahen Agnaten) weitergegeben wurden, gab es kaum je freie Führungsposten – mit den Ausnahmen von neu eroberten Gebieten (etwas, das wie gesehen allein unter Ntare Rugambas Regnum von Bedeutung war) oder solchen, deren Herrscher starben, ohne einen Nachkommen zu hinterlassen. Die Plazierung der Söhne des neuen Herrschers konnte somit nur auf Kosten seiner bis anhin herrschenden Cousins, der Nachkommen seiner verschiedenen Vorgänger, erfolgen. Mworoha (1977:139ff) hat die Prozedur solcher Neueinsetzungen im Detail (wenn auch sehr formalistisch) beschrieben. Es ist zu vereinfachend zu sagen, dass alle Regionalführer, die sich ihrer Ersetzung durch die Söhne des neuen Herrschers widersetzten, als Rebellen (*abagome*) bezeichnet wurden. Offen bekämpft und abgesetzt[59] wurde nur derjenige, bei dem unter den bestehenden Kräfteverhältnissen zum vornherein der Erfolg der Aktion klar war:

> „L'écrasement du rebelle (*umugome*) était pratiquement chose acquise à l'avance, dans la mesure où le roi entreprenait normalement de rappeler à l'ordre un chef en étant sûr de disposer d'un certain nombre de chefs fidèles à cette occasion" (Mworoha 1977:140).

Derartige Fälle direkter Absetzungen und offenen Widerstands gegen das königliche Zentrum waren aber selten, wie Mworoha zu Recht bemerkt. Im Normalfall wurde der bisherige Inhaber nicht einfach formal abgesetzt und aus seinen Böden verwiesen, was ihm jegliche Lebensgrundlage entzogen hätte. Solchen offenen Absetzungen zog man eine kuckucksei-ähnliche Methode vor. Dem alten Muganwa wurde kurzerhand die Kontrolle über einen Teil seines Territoriums entzogen, indem es einem neuen Muganwa zugewiesen wurde, der von seinem neuen „Nest" aus mit der Zeit wachsen und sich auf Kosten des alten Gebietsführers ausdehnen sollte. Seine formale Einsetzung erfolgte, nachdem vorgängig einige königliche Gesandte – eine Gruppe von Kundschaftern und Spionen (*abatasi*), die sich aus *Bapfumu*-Sehern und anderen Würdenträgern zusammensetzte – die Gegend inspiziert und den Ort bestimmt hatten, an dem sich der neue Muganwa niederlassen sollte. Bei seiner Einsetzung vor Ort wurde er von einer Gruppe von Notabeln und Kriegern begleitet. Als Einsetzungsgeschenk wurde ihm eine Herde von Kühen zuerkannt (Mworoha 1977:141). Aufschlussreich ist die bei der Einsetzung eines neuen Muganwa durch den Mwami benutzte feststehende Formel: „Erobere dieses Gebiet durch Waffengewalt. Wenn du geschlagen wirst, gib acht. Wenn du den Krieg gewinnst, sollen die Domänen deines Nachbars dir gehören".[60] Der Sieger, wer auch immer er war, wurde vom König anerkannt. Derart in ein Gebiet eingesetzt, das zu Beginn nur einen oder einige Hügel umfassen mochte, wurde dem neuen Muganwa erlaubt und gar von ihm erwartet, dass er mit der Zeit sein Gebiet so weit wie möglich auf

---

[59] *Gukûra* oder *gutêra*, „bekriegen, angreifen, einfallen", was auch meint: „etwas Gegebenes zurücknehmen".

[60] *Urakigaruza umuheto, niwaneshwa n'akazi kawe; ni watsinda uce ugiteranya na rwawe ndakiguhaye* (Boyayo 1970:19); wir haben bereits gesehen, dass Southall von einer ähnlichen bei den Alur-Atyak gebräuchlichen Einsetzungsformel („'Go!', says the king, ' break (tame) the land over there', pointing perhaps to some distant hill") berichtet (1988:62, s. Kapitel 3.3).

Kosten seiner (von einem früheren Herrscher abstammenden) Nachbarn erweiterte.[61] Dieses Phänomen eines fortlaufenden Enteignungsprozesses durch ein „Annagen" und sich Vorfressen in die benachbarten Prinzen unterstehenden Gebiete wurde mit einem spezifischen Ausdruck bezeichnet: *gufurura igihugu*. *Gufurura* bedeutet „vergrössern, erweitern", aber auch „das Land ausmisten, freimachen", womit genau der Tatbestand gemeint ist, den Botte als „guerre interne" bezeichnet. Die Baganwa, denen es nicht gelang, ihr Gebiet über die Grenzen des ihnen anfänglich zugewiesenen Gebietes hinaus zu vergrössern, hatten am königlichen Hof schlechte Presse; sie wurden als *bakatiyunguruza* („diejenigen, die nicht vorwärts kommen") bezeichnet (Mworoha 1977:142). Mworoha schreibt dazu:

> „Pour faciliter l'accélération du phénomène de la dégradation des anciens chefs, le roi installait dans une même région les princes nés d'une même reine. Ce procédé favorisait la solidarité entre les membres issus du dernier règne et leur permettait ainsi de mieux chasser ceux issus des règnes précédents. On aboutissait à une distribution territoriale par famille" (ibid.).

In diesem Licht besehen wird deutlich, dass das *gutahira* nicht mehr als eine Rationalisierung, eine ideologische Formalisierung und Rechtfertigung eines kontinuierlichen politischen Prozesses ist: Der Machtkonzentration in Händen der engeren Verwandtschaftsgruppe und Klientel des jeweiligen Herrschers, was zu einer ständigen Selektion und zum fortschreitenden Ausschluss der engsten Verbündeten und Verwandten seiner Vorgänger führt. Die *gutahira*-Regel, „présentée comme répondant aux normes d'un renouvellement cyclique" (Mworoha 1987:220), vermochte dergestalt den Prozess der Auswechslung der obersten Regionalführungskader zugunsten des momentanen Herrschers und seiner Gruppe zu legitimieren. Das erkennt auch Mworoha. Er übersieht aber einige andere zentrale, von Botte (1982a:288ff) hervorgehobene, primär historische Faktoren, welche die Bedeutung der *gutahiriza*-Ablösungs- und Nachfolgeregelung zusätzlich einschränken.

Der erste ergibt sich aus der chronologischen Tiefe der Monarchie. Wenn man wie ältere Ethnographen (Meyer, van der Burgt, Bourgeois u.a.) annimmt, dass es insgesamt drei oder vier Zyklusdurchgänge gab, könnte man dem *gutahira*-Modell noch einige Wirkungskraft zusprechen. Das sieht schon anders aus, wenn man von nur zwei Zyklen ausgeht, wie das heute die allgemein akzeptierte Meinung ist. In diesem Fall kam das *gutahira* insgesamt viermal vor, das erste Mal unter Ntare Rugamba. Unter ihm wurde das *gutahira* aber nicht voll durchgesetzt: Es wurden nicht alle Vertreter der verschiedenen früheren Nebenlinien aus ihren Machtpositionen verdrängt; etliche von ihnen besetzten weiterhin Schlüsselstellungen in Grenzregionen[62], was der Zentralmacht keine weitere Mühe bereitete, solange sie sich ihr gegenüber loyal und nicht rebellisch verhielten.[63] Anstatt die Vorgänger zu enteignen, löste Rugamba die Spannungen mit Eroberungen und einem grundlegenden Umbau der politischen Struktur. So gesehen ist auch Mworohas Bemerkung – „le phénomène du *gutahiriza* fonctionna parfaitement jusqu'à la seconde moitié du XIXe siècle" – verständlich, geht aber ins Leere.

Ein anderer geschichtlicher Grund schränkt die Bedeutung des *gutahira*-Prinzips weiter ein: Wenn ein Mwami nur wenige Nachkommen hatte, so zeitigte auch das Degradationsprinzip kaum Auswirkungen. Botte (1982a:289) führt dazu das Beispiel Ntare Rugambas an, der der einzige

---

61 Mworoha erwähnt, dass gewissen Prinzen sogar mehrere, zu Beginn kleine Gebiete zugewiesen wurden, um solche Expansionen zu fördern; das führte dazu, dass einzelne Baganwa verschiedenen, nicht aneinanderstossenden Gebieten vorstanden, wie wir das bereits im Kapitel 3.1 gesehen haben (1977:141).

62 So die Bakundo im östlichen Buyogoma, die Bavubikiro im nördlichen Buyenzi und die Bavuna im Nordosten; alle diese Gruppen leiten sich von Ntare Rushatsi ab (Mworoha 1977:134). Wenn sie auch nicht immer die formale Territorialführung innehaben mochten, blieben sie doch die regional einflussreichste Gruppen.

63 „C'est sous Ntare II seulement que nous trouvons ce pays tel qu'il est aujourd'hui, du point de vue chefferies, étendue et limites. Avec lui commence le 2e cycle de la dynastie. À la tête des chefferies il mettait des chefs généralement de sa famille; mais parfois il en choisissait d'autres, comme Rusengo, ou bien laissait les Bataga, les Babibe, les descendants de Ntare Ier tant qu'ils ne s'étaient pas révoltés" (Gorju 1938:35).

Sohn des in jüngerem Alter verstorbenen Mwambutsa Mbariza gewesen sein soll (cf. Gorju 1938:34, Ndikuriyo 1987:286). Strikt nach der *gutahira*-Regel scheint das aber weniger entscheidend zu sein als die Tatsache, dass der frühere Ntare eine sehr zahlreiche Nachkommenschaft, wie auch Rugamba selbst wiederum viele Söhne hatte, die es zu plazieren galt. Botte führt diesen Fall trotzdem zu Recht an, da – anders als nach der *gutahira*-Regel im strikten Sinn vorgesehen – realiter in erster Linie die Nachkommen des unmittelbar vorangehenden Herrschers aus ihren Ämtern verdrängt wurden.[64] Diesen Tatbestand bestätigt auch Mworoha, wenn er schreibt, dass das *gutahira* kaum etwas an Macht und Einfluss der in vierter Generation degradierten Prinzen änderte: „Généralement ils étaient alors déjà les simples sujets de princes d'ascendance plus récente, alors que ces derniers [z.B. die Söhne des herrschenden Mwami, T.L.] étaient invités par le roi lui-même à agrandir leur territoire (*gufurura igihugu*) au détriment des voisins" (1987:220). Die Prinzen wurden also in der Regel schneller Opfer des *gufurura igihugu*- denn des *gutahira*-Prozesses, der nur noch ex post eine Legitimation der Verdrängung lieferte. Bereits Gorju hatte darauf aufmerksam gemacht, dass es keine automatischen Zurückstufungen gab, sondern dass diese allein politische und ökonomische Ursachen widerspiegelten: „*Atahirizwa n'ubwôro*, „la pauvreté fait déchoir le muganwa"... Voici le sens de ce mot: la dignité de muganwa ne se perd pas, sauf quand celui qui en est revêtu tombe dans le dénûment" [hauptsächlich eben als Folge der Verdrängungen im Rahmen des *gufurura igihugu*-Prozesses, T.L.] (1938:54).[65]

Man sollte sich also hüten, mit dem „folk's model" der *gutahira*-Regel zuviel erklären zu wollen. Im Gegensatz zur weit verbreiteten Ansicht[66] vermag dieses zutiefst ahistorische Schema die Zerrissenheit, Instabilität und (immer relative) Schwäche der monarchischen Zentralmacht, die Multizentriertheit des monarchischen Herrschaftssystems und das Phänomen der dauernden inneren Kleinkriege nicht zu erklären. Bei der falschen These eines kontinuierlichen Verfalls der Macht älterer dynastischer Linien handelt es sich um eine Projektion der politischen Strukturen des 19. Jahrhunderts in die Vergangenheit, wie das Botte (1982a:289) deutlich gezeigt hat. Das *gutahira*-Modell hatte zu allen Zeiten nur eine sehr beschränkte Wirkungskraft und seine Erklärungskraft bleibt damit gering. Anders als oft beschrieben und eingeschätzt, handelt es sich bei ihm nicht um ein Kernstück des monarchischen politischen Systems. Sein „Wert" – und wohl auch der Moment seines Entstehens – sind in historischer Perspektive zu sehen. Es ist schliesslich auch möglich, dass es sich beim *gutahira* ursprünglich um nichts weiter als eine Heiratsregel handelte, die es ermöglichen sollte, klassifikatorische Schwestern zu heiraten (s. dazu Kapitel 4.1).

Historisch gesehen setzte die soziale und politische Zurückstufung eines Teiles der Baganwa und der innere Krieg erst mit der Herrschaft Mwezi Gisabos ein. Das heisst, sie waren weniger Folgen des „aristokratischen Herrschaftsmodelles" als struktureller Ursachen wie des Zuwachses der Territorialmacht der Prinzen und der von Botte herausgestellten Stagnation der Produktivkräfte. Zur Verschärfung der aristokratie-internen Spannungen und zum Bestreben, die direkt herrschaftsausübende Gruppe nicht zu gross werden zu lassen, trug in zweiter Linie bei, dass sowohl Ntare Rugambo wie Mwezi Gisabo über eine äusserst zahlreiche Nachkommenschaft verfügten und je ein halbes Jahrhundert an der Macht blieben (cf. Tab. 1 & Mworoha 1977:316, 1987:159,

64 Gorju bemerkt sogar, dass mit dem Machtantritt eines neuen Ntare die „alten" Batare (die Abkömmlinge des früheren Ntare) in ihrem Status eher auf- als abgewertet wurden: „Il est donc faux de dire que, à l'avènement du nouveau roi portant le nom de l'aïeul, le muganwa rentre dans le rang et perd sa dignité. Au contraire, c'est ce qui le relève au cas où il serait tombé en déchéance: *ingoma yabo iba igarutse*, leur règne est revenu. Voilà la croyance" (1938:54; Botte (1982a:287) zitiert ihn in etwas verwirrlichem Sinn).

65 Rodegem (1965:85) nennt weitere Gründe für Herabsetzungen von Aristokraten. Verfehlungen wie Verrat und Abfall konnten darüber hinaus zu Verfolgungen und Ausrottungen ganzer Verwandtschaftsverbände führen; ich habe bereits darauf hingewiesen, dass diese ab der zweiten Hälfte des 19. Jahrhunderts immer mehr aristokratische Gruppen trafen.

66 Rapport sur l'admin.... 1926:36 (=Ryckmans), Mworoha 1977:141f, schon vorsichtiger 1987:220, u.a.m..

224). Meyer, der das Land in den zehner Jahren des 20. Jahrhunderts kennenlernte, hat die daraus resultierenden Rivalitäten in anschaulicher Weise geschildert:

> „Zu [den] periodisch mit jeder Königswahl wiederkehrenden schweren Streitigkeiten kommen die ewigen Rivalitäten der engeren Familiengruppen der großen Königssippe, der Baganwa, unter sich. Fast von jedem der früheren Könige sind noch direkte Abkömmlinge am Leben, und ihre Zahl ist groß, denn jeder König hatte zahlreiche Frauen und von jeder Frau mehrere Kinder; Kisabo z.B. hatte 42, sein Vater 28. Im ganzen wird es etwa tausend solcher königlicher Prinzen geben, die als Großbatwale[67] oder Statthalter das ganze Land wie mit einem Netz überziehen. Jede dieser prinzlichen Familien sieht in der andern einen Konkurrenten, und obgleich sie alle der Königssippe der Baganwa angehören, sind sie doch nichts weniger als einig und benutzen jede Gelegenheit, sich gegenseitig aus Besitz und Macht zu verdrängen. Diese zahllosen aus- und gegeneinander strebenden Interessen und Kräfte könnte nur ein König von ungewöhnlicher Energie und Umsicht niederhalten und zu gemeinsamem Dienst zwingen, wie es in Ruanda geschieht" (1916:170).

Wir werden noch sehen, dass diese „zahllosen aus- und gegeneinander strebenden Interessen und Kräfte" nicht unbedingt auf eine mangelnde zentrale Führung zurückgingen und deren Interessen auch nicht zuwiderlaufen mussten, wie Meyer und mit ihm viele andere meinten.

Schauen wir uns zur Verdeutlichung nochmals die Situation unter der Herrschaft Mwezi Gisabos an. Gisabo sah sich neuen Widersprüchen gegenüber, die sich unter seinem Vorgänger Ntare Rugamba noch nicht stellten. Es war keine weitere Territorialausdehnung möglich und die wichtigsten Territorien waren in Händen der Nachkommen seines Vorgängers. Die Bestätigung der königlichen Macht über die Gabe – in erster Linie die Vergabe von Regionalkommandos – schien somit blockiert. Gisabo hatte aber zahlreiche Söhne (nach Ghislain 1970, Tafel 21, waren es ihrer 27), die, einmal erwachsen, nach dem herrschenden Nachfolgemodus alle ein Regionalkommando – und zwar ausserhalb der königlichen Domänen – erhalten sollten. Die einzige Lösung lag in der Entmachtung der bisherigen Prinzen, ein Vorgang, zu dessen Legitimierung das erste Mal konsequent das *gutahira*-Prinzip herangezogen wurde, gemäss dem sich die aristokratische Qualität mit jeder Generation und jedem neuen Herrscher weiter abschwächen soll.

Die Prinzen aber waren keine einfachen Funktionäre. Sie liessen sich nicht wie Beamte absetzen und ihr Mandat war zeitlich unbeschränkt. Die politische Organisation verlieh ihnen militärische Macht, die sich bei Bedarf auch gegen das Zentrum einsetzen liess. Gisabo trug der militärischen Macht der Prinzen Rechnung, indem er diese gegen sie selbst auszuspielen verstand: Dadurch, dass er in der beschriebenen Weise seinen eigenen Söhnen und Günstlingen im Gebiet der alten Regionalführer einige Hügel zuwies und zum *gufurura igihugu* aufforderte, spielte er diese direkt gegeneinander aus und neutralisierte weitgehend ihre militärische Macht. Es entwickelte sich in beinahe institutioneller Weise das Phänomen des inneren Krieges, das die Zentralmacht nicht untergrub, sondern sie vielmehr aus ihrer ausweglos scheinenden Lage befreite, sie stützte und stabilisierte. In der Praxis gab es wie gesehen kaum je direkte Absetzungen. Ihnen wurde, mehr oder weniger gezwungenermassen, die kriegerische In-Konkurrenz-Setzung der politischen Muganwa-Funktion vorgezogen (Botte 1982a:291). In einer von kriegerischen Werten durchtränkten Gesellschaft (cf. Kapitel 5.3) fand diese Strategie leicht Aufnahme und einen fruchtbaren Boden. Jeder Regionalführer musste sich fortan seinen Posten erkämpfen und dabei seine Führerqualitäten und sein *bugabo* (das wie gesagt auch Mut, Männlichkeit und nicht zuletzt die männlichen Geschlechtsorgane selbst bezeichnet) unter Beweis stellen.

Das königliche Zentrum dagegen stand oberhalb solcher Wettstreite: Durch die Heraushaltung der eigenen Domänen im „historischen" Zentrum des Landes und das opportunistische sich Stüt-

---

[67] Eine Ableitung des Substantivs *Batware* („Regierende, Führungskader"), welche der Realität nicht unangemessen ist und sie auf jeden Fall in höherem Masse trifft als der unter dem belgischen Kolonialregime gebräuchliche Begriff „chef".

zen auf die jeweils Stärkeren wurde die königliche Stellung letztlich stabilisiert. Die königliche Strategie war immer eine mehrfache. Im Kleinen wurde die Durchsetzungskraft der eigenen Sprösslinge gegenüber den alten (hier Batare-) Territorialführern erhöht dadurch, dass die Söhne der gleichen Königsgattin – die in der Regel zu Koalitionen und Allianzen neigten (Botte 1982a:292, n.60) – in derselben Region eingesetzt wurden (s. oben das Zitat von Mworoha 1977:142). Botte (ibid.) hat darauf aufmerksam gemacht, dass den sakralen Kräften bei der Untermauerung der königlichen Stellung eine nicht zu unterschätzende Bedeutung zukam. Der Mwami allein verfügte über die Kontrolle der sakralen Symbole und des religiösen Apparates; wir werden später noch sehen, dass es das monarchische Zentrum auch verstand, sich alte Volkskulte wie das *Kubandwa* zunutze zu machen (Kapitel 4.5). Der Mwami personifizierte das Wohlergehen der gesamten Gesellschaft und verfügte als *Biheko bizima* („Lebenskraft-Amulett[e]"[68]) auch über übernatürliche Kräfte, und wenn Kiranga, der Mittler zwischen Menschen und Gott (*Imâna*) und „jüngere Bruder des Königs" (sic), als „König von oben/des Himmels" (*umwami wo hejuru*) bezeichnet wurde, so trug der Mwami den Titel eines „weltlichen Gottes" („Imâna von unten/auf Erden"). Die Ausstrahlung seines Amtes und seiner Symbole war so gross, dass auch die mächtigsten Rebellen sie sich anzueignen versuchten oder aber das Gerücht verbreiteten, dass der Amtsinhaber nicht mehr über sie verfüge; der „Gegen-König" Kirima, der um die letzte Jahrhundertwende im Nordwesten beachtlichen Zulauf hatte und über mehrere Jahrzehnte ein Gebiet kontrollierte, das in seinem Umfang demjenigen mächtiger Prinzen nicht nachstand, liess an seinem Hof alle wichtigen königlichen Regalien und Rituale in der einen oder anderen Form kopieren und rekonstruieren.[69]

Der interne Krieg hatte in letzter Analyse durchaus funktionalen Wert: Wenn er auch eine dauernde territoriale Instabilität zur Folge hatte, betrafen diese Veränderungen doch immer nur die personelle und nicht die strukturelle Ebene des Staates. Immer ausserhalb stehend und sich auf ideologischer Ebene oberhalb haltend, blieben Macht und Autorität des Mwami trotz – oder vielmehr gerade dank – den kriegerischen Konflikten gewahrt. In Anbetracht der politischen Struktur und Organisation und des allgemeinen Zustandes der Monarchie zu Ende des 19. Jahrhunderts würde ich weniger von Zerfall und Auflösung und einer „situation que nous jugeons structurellement inviable" (Vansina 1961a:8) oder wie Mworoha von einer „Sackgasse" sprechen, in der sich das Ganwa-System befunden haben soll (1977:143), sondern mich der Ansicht Bottes anschliessen, der in den Veränderungen vielmehr einen Umbau und eine Anpassung an die neuen Verhältnisse zu sehen glaubt (1982a:293f), etwas, das übrigens auch Vansina bereits angedeutet hatte: „En fait cette structure (...) était essentiellement une structure de transition, d'adaptation des institutions politiques au territoire du pays" (1961a:8). Gisabo verstand es, das System der politischen Amtsnachfolge, der Entfernung aus Regionalkommandoposten, zugunsten seiner Leute einzusetzen. Wenn wir vorne gesehen haben, dass die Strategie des königlichen Zentrums darin bestand, die peripheren Gebiete durch mächtige Prinzen, die potentielle Rivalen waren, kontrollieren zu lassen, so kommt hier ein weiteres Element dazu. Mworoha schrieb über die Situation unter Mwezi Gisabo:

> „Tout se passait comme si l'éloignement dans l'espace (par rapport aux capitales) était proportionnel à l'éloignement dans le temps (par rapport au *mwami*-ancêtre de chaque lignée)" (1987:220).

Gerade in dieser zweiten Hälfte des 19. Jahrhunderts liess sich ein Prozess eines ständigen „roll back", des geographischen Zurückdrängens der Abkömmlinge früherer Dynastien in periphere Gebiete beobachten. Treffender aber als zu sagen, dass die Strategie des königlichen Zentrums darin bestand, die den Ästen vorangehender Herrscher zugehörigen Regionalführer in Randgebiete ab-

68 S. Mworoha 1977:128, Mworoha/Ndayishinguje 1981:87.

69 S. dazu zum Beispiel Shingereje, Vincent. 1986. Le Muganuro de Kirima, pp. 90-99 in: Culture et Société, vol.VIII. Bujumbura.

zudrängen, ist zu sagen, dass Gisabo um die königlichen Domanialgebiete herum eine Puffer- und Sicherheitszone schuf, in der er die fähigsten seiner Söhne einsetzte. Diese hatten die Pflicht, sich auszudehnen und „vorzufressen". Die internen Ganwa-Konflikte konnten sich dadurch nur verschärfen. Es war jedoch nie das monarchische System an sich, welches in Frage stand. Es handelte sich zu Ende des 19. Jahrhunderts mehr um eine Krise der Beziehungen innerhalb der Aristokratie, wie Botte ausführt:

> „Le problème posé de façon impérative à partir de Mwezi n'est pas celui du pouvoir royal (il est hors jeu) mais celui d'une crise des rapports de parenté au sein de l'aristocratie. Ceux-ci ne règlent plus qu'en apparence la transmission du pouvoir entre les membres de la classe dirigeante. En réalité, leur substitut, les rapports de dépendance personnelle, en fixent désormais les modalités. Leur réajustement et, sans doute, leur généralisation s'effectuent à travers la guerre interne" (1982a:293f).

Es zeigt sich deutlich, dass persönliche Abhängigkeitsbeziehungen auch und gerade *innerhalb* der herrschenden Klasse und in ihren Beziehungen zu politischen Kadern von besonderer (und oft nicht genügend berücksichtigter) Bedeutung waren. Da auf Gewalt beruhende Beziehungen und die militärischen Kräfteverhältnisse für die Aufrechterhaltung von und den Zugang zu Macht immer wichtiger wurden, blieb keiner der verschiedenen aristokratischen Äste, in welcher Situation er sich auch immer befinden mochte, von internen Spaltungen und Fraktionierungen verschont. Konflikte spalteten sowohl die Gruppe der Bezi (zum Beispiel Rivalität zwischen den beiden Halbbrüdern Rugema und Karabona), als auch die verschiedenen regional basierten Batare-Untergruppen.[70] Wie gesagt, erhielt nach dem aristokratischen Erbfolgerecht zu Lebzeiten des Vaters jeder Sohn ein gewisses Gebiet zugesprochen (im allgemeinen in der Nähe der Residenz seiner Mutter). Die Länge der Herrschaftszeiten von Rugamba und Gisabo führten im Laufe der Generationen zu zahlreichen Zerstückelungen der Territorialkommandi. Die Zerstückelung führte zu einer komplexen Hierarchisierung der Machtpositionen, was noch verstärkt wurde dadurch, dass die Verwicklungen und Unklarheiten der Erbfolge zwischen immer zahlreicher werdenden Brüdern, Vettern, Neffen und Onkeln die Durchsetzung jeglicher Begehrlichkeiten rechtfertigten, soweit sich diese nur immer auf die Anwendung von Gewalt stützten. Wenn es auch beim Tode des Gebietsführers (des Vaters, Onkels oder Bruders) nur einen einzigen offiziellen Nachfolger (*Samuragwa*) gab, der ein strategisch wichtigeres und grösseres Gebiet als seine Brüder zugesprochen erhielt, so gewährleistete die Übergabe der Macht (*ubugabo*) noch keineswegs ihre Stabilität – diese blieb immer durch die väterlichen Verwandten, die es zu vertreiben galt, bedroht (Botte 1982a:295).

Es mag uns erstaunlich anmuten, dass es keine eindeutigere Nachfolgeregelung gab. Dieser Tatbestand muss jedoch in Zusammenhang mit den Herrschaftsinteressen und -strategien des königlichen Zentrums gesehen werden. Da die Prinzen im Unterschied zum Mwami ihre Nachfolger immer nur innerhalb der Grenzen ihres eigenen Gebietes installieren konnten, führte dieses Erb- und Nachfolgesystem mit der Zeit unweigerlich zu einer Schwächung der prinzlichen Macht, eine Entwicklung, von der das monarchische Zentrum nur profitieren konnte; seine Durchsetzungskraft wurde dadurch beträchtlich erhöht. Die die Prinzen spaltende Konkurrenz wird mit der Zeit wichtiger als der Antagonismus zwischen prinzlicher und königlicher Macht. Ich kann mich Bottes Befund nur anschliessen, dass diese Prozesse und die Entfaltung der „inneren Kriege" letztlich die Stärkung der monarchischen Zentralinstanz bedeuteten.

---

70 Botte (1982a:294) führt einige der wichtigsten Konflikte auf (für Details s. seinen Anhang pp.309-313; ebenfalls Gespräch 68:13, in dem nicht der strukturelle Grund, aber der äussere Anlass des Bezi-Batare-Konfliktes allgemein geschildert wird).

3.5 Zur Struktur des monarchischen Staates. Theoretische Erörterungen

Kehren wir nun nochmals zu einer überblickenden Charakterisierung des monarchischen Verwaltungssystems und des politisch-administrativen Aufbaus des Frühen Staates zurück. Nach der Ansicht von Maine und Morgan, die die alte Ethnopolitologie lange in ihrem Bann gehalten hatte, kann man die verschiedenen, geschichtlich existierenden Gesellschaften allgemein nach zwei gegensätzlichen Prinzipien der Organisation unterscheiden: Dem Prinzip der Territorialität und dem der durch verwandtschaftliche oder andere persönlichen Beziehungen organisierten Gesellschaften, wobei das erste allein das Merkmal von staatlichen Gesellschaften ist. Diese Ansicht ist seit längerem dahingehend korrigiert worden, dass sich diese beiden Prinzipien keineswegs ausschliessen müssen und dass es vielmehr gilt, ihren jeweiligen Wichtigkeitsgrad festzustellen. Das vorkoloniale Burundi ist dafür ein beredtes Beispiel.

Trouwborst hat darauf hingewiesen, dass die Vorstellung des alten Burundi als eines Staates mit klar begrenztem Territorium und festen und sicheren Grenzen falsch ist (1973b:247). Weniger als von der Vorstellung von Grenzen, die ein Territorium umschliessen, sollte man von der eines Zentrums als eines festen Punktes – oder mehrerer fester Punkte – ausgehen, um das verschiedene Zonen gelagert sind, in die die königliche Autorität je nach Periode und je nach Umständen in unterschiedlichem Grad ausstrahlte. Dieses Zentrum lag bis zur Kolonisation in den Bergen der Mugamba-Region; in etwas geringerem Masse gehörten dazu die unmittelbar anstossenden Regionen des Buyenzi im Norden, in dem die Königsgräber lagen, und des Bututsi und Nkoma im Süden, wo sich andere wichtige Ritualorte befanden. „C'était moins les frontières qui constituaient la base territoriale du Burundi que le fait d'être axé sur les centres de la royauté – lesquels définissaient l'unité du pays“ (ibid.). Ein Tatbestand, der im engeren Rahmen auch für die Baganwa-Regionalführer zutraf. Wie wir noch detaillierter sehen werden, herrschten sie nicht *über* ein klar begrenztes Gebiet, sondern es ist genauer zu sagen, dass sie *um* ihre Residenz herum herrschten; sie kontrollierten ein unscharf definiertes Gebiet um ein Zentrum herum. Wenn die Formulierung von Trouwborst auch etwas weit geht, so ist doch ein deutliches Gefälle zwischen Zentrum und Peripherie festzustellen, ganz in dem Sinne, wie es Southall am Beispiel der (heute in Uganda integrierten) Alur-Gesellschaft beschrieben hat: „(...) the strictness of the regulations and the certainty of their enforcement diminished somewhat from the center to the periphery (...)“ (1956:237).

Bekanntlich hat Southall diesen Punkt als eines der Merkmale des „segmentären Staates“ genannt, dessen Konzept er entwarf. Wenn diese Aussage auch für den alten burundischen Staat gültig ist, so heisst das noch nicht, dass Burundi mit der Alur-Gesellschaft gleichgesetzt werden kann – die Unterschiede sind zu gross –, und ich würde auch zögern, für unseren Fall das Konzept des „segmentären Staates“ zu verwenden. Tatsächlich umfasst dieses Modell noch mehr als das, was Southall 1988 als „einfachere und bessere“ (in Wirklichkeit aber unvollständige) Definition des segmentären Staates anbot, nämlich „as one in which the spheres of ritual suzerainty and political sovereignty do not coincide. The former extends widely towards a flexible, changing periphery. The latter is confined to the central, core domain“ (1988:52).[71] Das liesse sich für das vorkoloniale

[71] Damit in Zusammenhang stehen weitere Fragen wie die, ob es sich bei einer Reichs-Extension um eine „räuberische Expansion“ handelte und der Ausbeutungsgrad in den Aussengebieten höher war als im Zentrum. Während Handel bei der Staatsbildung im ostafrikanischen Binnenseenraum nur von geringer Bedeutung war, waren Kriege und militärische Überfälle umso wichtiger; im Fall Bugandas wurde „Raub“ gar als die eigentliche Grundlage der frühstaatlichen Wirtschaft angesehen (s. Trouwborst 1991:100). Dabei wurden meistens die eigenen Leute im Zentrum geschont und hauptsächlich die Aussenbezirke geplündert. Southall sieht in diesem „plunder mechanism“ allerdings mehr eine Sanktionsform denn eine aus wirtschaftlichen Gründen gesuchte Einkommensquelle (1988:64f). In Burundi präsentierte sich die Situation etwas anders. Wie gesehen, gab es auch hier willkürliche Requirierungen. Die frühstaatlich-monarchische Ökonomie stützte sich aber in erster Linie auf das Kernland. Allgemein lässt sich sagen,

Burundi durchaus so formulieren. Mit dem dahinterstehenden Modell aber wird noch einiges mehr transportiert, das nicht ungeprüft übernommen werden kann. Führen wir uns vorher aber noch die Hauptpunkte der staatlichen Verwaltung des vorkolonialen Burundi vor Augen.

Wenn wir die administrative Organisation des Königreiches Burundi betrachten, so sind folgende grundlegenden Merkmale hervorzuheben: Wie aus den voranstehenden Ausführungen ersichtlich, lässt sich grob schematisierend zwischen drei Ebenen von Regierung und Verwaltung – nationale (oder überregionale), regionale (oder provinziale) und lokale Ebene – unterscheiden, so wie sie nach Claessen einen Frühen Staat kennzeichnen (1989:45,48). Der Mwami herrschte direkt über das ihm auch verwaltungsmässig unterstehende Kernland und seine *ivyibare*-Böden, von denen die meisten im Zentrum und die restlichen über das Land verteilt lagen; über die äusseren Gebiete herrschte er mehr in indirekter Weise (Kontrolle über die Nachfolge und Einsetzung der Regionalführer und über Netze von ihm direkt unterstellten Personen und Domänen). Die direkte Verwaltung der äusseren Landesteile wurde den Baganwa-"Blutsprinzen" überlassen; diese verfügten ebenfalls über ihre *ivyibare* und vertrauten ihrerseits den Rest ihres Gebietes entweder ihren Söhnen oder jüngeren Brüdern – alle ebenfalls als Baganwa (*Baganwa batóbato* oder *Baganwa batoyi*) bezeichnet – oder aber Ivyariho-Delegierten von niedrigerem Status an. Dieses an sich stringente, schematisch entworfene Bild täuscht aber bei allen gemachten Einschränkungen eine falsche Klarheit vor und muss in mehrerer Hinsicht korrigiert und relativiert werden (cf. Trouwborst 1973b:249).

(1) Mit der Einrichtung der von Bishikira geführten Domänen konnten sich im Gebiet jeder regionalen und lokalen Autorität *ivyibare*-Böden einer höheren Autorität befinden, die mitsamt ihren Bewohnern vom Zugriff der regionalen oder lokalen Autorität ausgenommen blieben. Dieses Umgehen von Hierarchien wurde mit den *Bishikira*[72] institutionalisiert.

(2) Ebenso konnte jemand der persönliche Anhänger („Klient") einer höheren, ausserhalb seines Territoriums installierten mächtigen Autoritätsperson sein; diese Person(en) unterstand(en) damit nicht dem regionalen oder lokalen Regierungsfunktionär. Im Kolonialrapport von 1925 wurde das klar präzisiert: „Font partie d'une chefferie ceux à qui le chef [der „Muganwa"] a le droit de demander des prestations" (1926:38), was die koloniale, an einer anderen Logik orientierte Verwaltung vor einige Probleme stellte: „Il a été très difficile de faire comprendre aux chefs qu'ils doivent convoquer à l'impôt tous les habitants de leur territoire; il y en a beaucoup sur lesquels la coutume ne leur accorde aucune espèce d'autorité" (ibid.).

(3) Die umgekehrte Seite desselben Kennzeichens bestand darin, dass alle Regionalführer danach strebten, ausserhalb ihres Gebietes Anhänger zu finden; indem sie diesen eine oder mehrere Kühe zuteilten, wurden starke („ex-territoriale") Loyalitäten geschaffen (*yampaye inká*[73]). „La position d'un chef était loin d'être celle d'une autorité purement locale" (Trouwborst 1973b:249).

(4) Die den Baganwa-Regionalführer unterstehenden und von ihnen kontrollierten Gebiete kannten keine klaren und stabilen Grenzen.

(5) Ein Regionalführer konnte die Regierungsgewalt über mehrere Gebiete, zwei oder gar drei Regionalkommandos innehaben. Diese Territorien konnten verstreut im Lande liegen. So hatten vor allem die grossen Baganwa, die über eine periphere Region herrschten, oft im Zentralgebiet zusätzliche Böden unter ihrer politischen Verwaltung, die sie bei ihren jährlichen Besuchen am

---

dass Ausbeutung und Abgaben im Zentrum geregelter, in den Ganwa-Aussengebieten willkürlicher waren (cf. Nsanze 1986:442,586ff. Näheres dazu im Kapitel 5).

[72] Cf. Anm. 26: „die Direktzugänger", „die Hierarchiebrecher, -umgeher".

[73] „Er hat mir eine Kuh gegeben!": Ausruf höchster Freude und Überraschung. Man schwört (und flucht) auch im Namen desjenigen, der einem eine Kuh gegeben hat (analog auch: *yampaye isuka*, „er hat mir eine Hacke gegeben").

Königshof (*gusasa*) als Absteige benutzten. Dasselbe galt für einige wichtige Ritualisten, die beispielsweise anlässlich des *muganuro*-Festes ins „historische" Kerngebiet kamen.[74] Baganwa konnten aber auch in anderen Landesregionen über weitere, meist kleinere, ihnen direkt unterstehende Gebiete verfügen, die ihnen aus Erbteilungen zugekommen waren.[75] Solche Territorien bildeten immer Enklaven innerhalb der Herrschaftsgebiete anderer politischer Führer. Die Praxis des Verfügens über mehrere, nicht aneinanderstossende Territorien nannte man *gusimba* („springen"), „vom einen Gebiet ins andere überspringen". Das hat es überall in Burundi, nicht nur in den Zentrumsgebieten gegeben, auch wenn da die Verwaltungsstrukturen am verschachteltsten waren (Gespr. 42:17f, 15:9, cf. 27:4f).

(6) Nachfolgeregelung: Die Erbteilungen unter allen Söhnen eines Territorialführers führten oft zu Streitigkeiten, Unklarheiten und instabilen Situationen. Die daraus resultierende Zerstückelung erhöhte die Verworrenheit der territorialen Aufteilungen und Zuständigkeiten. Daraus ergaben sich zahlreiche Überschneidungen, Verwicklungen und Abhängigkeiten, die keiner eindeutig definierten hierarchischen Ordnung folgten. Auch wenn ein Regionalkommando nichterblich weitergegeben wurde (was wie gesehen keineswegs selten war), war es kaum je so, dass ein Territorium – weder eines Muganwa noch eines Icariho[76] – ohne Veränderungen seines Umfangs (Verkleinerung oder Vergrösserung) von einem Amtsinhaber auf den nächsten überging. Die daraus resultierenden, beinahe unentwirrbaren Grenzen zwischen den Gebieten einzelner Ivyariho erklären auch meine grossen Schwierigkeiten, im Raum Kiganda, wo ich einen Teil meiner Feldforschungen machte, die geschichtliche Abfolge der Chefs und ihrer Delegierten festzuhalten (s. auch Gahama 1983:64-66).

Vansina fasste die Situation und Struktur der „Territorialverwaltung" mit folgenden, an Trouwborsts Artikel von 1961 inspirierten Worten:

> „Il faut souligner le caractère changeant de la structure territoriale. Il n'existait pas de chefferies bien délimitées, chaque sous-chefferie pouvant être à tout moment scindée et attribuée en partie à un autre chef. Quand un chef était dépossédé, tous ses sous-chefs l'étaient aussi. En fait, le roi et les grands Ganwa agissaient avec la terre comme avec le bétail. L'échange ou le don de terres était, comme l'échange ou le don de bétail, le signe et le résultat d'une relation de clientèle" (1972:7).

Dieser Zustand fand seinen Ausdruck in der Terminologie. Es gab keine eindeutig zugeordneten technischen Begriffe und keine spezifische Terminologie für einzelne territoriale Ebenen und Verwaltungsniveaux wie „Provinz" oder „Distrikt". Natürlich gab es Toponyme und Bezeichnungen für die natürlichen Regionen (Mugamba, Bututsi, ...); deren Grenzen sind aber sehr diffus. Sicher lässt sich sagen, dass „le pouvoir central, représenté par le roi, opérait sur la base des grands ensembles *régionaux* à la tête desquels étaient placés un groupe de chefs ayant entre eux des affinités familiales" (Rutake 1982b:9, meine Hervorhebung). Die Begriffe *igihugu* und *intâra*[77] aber sind sehr allgemein, generischer Art und spezifizieren nicht die Ebene. Sie drücken ebensowenig eine territoriale Hierarchie aus, wie sich die Begriffe *Muganwa*, *Icariho* und *Mutware* auf territoriale Pflichten und Befugnisse beziehen. Die einander entsprechenden Hierarchien „König – Chef –

[74] So verfügten die aus dem südlichen Nkoma kommenden Baganuza *Muganuro*-Ritualisten über den zwischen Mbuye und Muramvya gelegenen Hügel Gikonge.

[75] So herrschte zum Beispiel der Vater des zur Kolonialzeit mächtigsten Chefs Baranyanka, Seruvaga, neben seinem Hauptsitz in Vyanda im südlichen Bututsi auch noch über eine kleinere Enklave in der Nähe Gitegas im östlichen Kirimiro unweit des königlichen Zentralgebietes, wo sein Vater Mudari, selbst ein mächtiger Muganwa (Sohn von Birori, dieser Sohn von Ntare Rugamba und älterer Bruder Mwezi Gisabos), über weitere grosse Gebiete geherrscht und einen Teil davon Seravuga weitervererbt hatte (Gespr. 68:2).

[76] Das Zentralgebiet des Mwami blieb bemerkenswerterweise von diesem Zerbröckelungsmechanismus ausgespart (cf. Botte 1982a:290: „(...) le domaine royal ne peut être morcelé: il reste réservé au successeur du trône").

[77] „Provinz, Region, Territorium" (meist im politischen Sinn) (Rodegem 1970:475, Rutake 1980:22).

Sous-Chef" und „Königreich – Chefferie – Sous-Chefferie" sind erst kolonialen Ursprungs. Vorkolonial wurde die administrative Einheit allein mit dem Namen ihres Vorstehers bezeichnet; man sagte: „bei dem und dem Muganwa", oder: „ich komme von dem und dem Chef" (Trouwborst 1973b:250, Rutake 1980:22). Auch Rutake hält diese „absence d'un terme spécifique qui localise chaque circonscription par rapport à une autre" fest und schreibt: „La personnalisation des circonscriptions tient lieu de toute distinction entre les différents territoires et ceci explique pourquoi l'homme se définit politiquement et territorialement du moins à ce niveau par rapport au muganwa excerçant son autorité à ce moment précis" (ibid.).

Die Vorstellung einer einzigen und einheitlichen Struktur der politischen Organisation gemäss einer territorialen Verwaltungshierarchie mit verschiedenen inklusiven Ebenen ist mithin stark vereinfachend. Es gab eine ganze Anzahl wichtiger Institutionen (wie die „Klientelstruktur"), die sich nicht nach Territorialunterteilungen richteten oder sich mit solchen deckten, sondern diese gerade überschnitten.

Die Verwaltung war allgemein wenig standardisiert. Weder alle Baganwa noch alle Ivyariho-Statthalter, Inkebe oder Bishikira waren unter sich gleich, sondern es gab immer einflussreichere, von denen weniger einflussreiche abhingen. Wie alle politischen Führer primär mehr über Personen denn über Böden herrschten, so waren auch Loyalität, Unterordnung und Unterwerfung immer persönlich bestimmt, auf eine Person bezogen und nicht „auf Vaterland und Nation" (Trouwborst 1973b:248, cf. 1991:104). Abhängigkeit spielte auf der Ebene der Personen und nicht der Territorien. Damit aber änderten sich auch die Grenzen der administrativen Einheiten dauernd. Anzahl und Umfang der Verwaltungseinheiten („commandements") richteten sich nach den zu plazierenden Personen und nicht umgekehrt (Gespr. 68). So kommt Trouwborst dazu zu sagen, dass die territoriale Verwaltungsstruktur sich dadurch auszeichnete, dass sie stark von der „Klientelstruktur" abhängig und recht eigentlich von dieser abgeleitet war (1973b:251f). Die Unterteilung der Territorien kann in weitem Masse als der räumliche Ausdruck der politischen Organisation und der momentanen Machtverhältnisse verstanden werden. Wie wir gesehen haben, bedienten sich die politischen Autoritäten ihrer Gebiete (*igihugu*, *ingabo*) als politische Instrumente und Quelle von Macht innerhalb des politischen Wettkampfes. Die territoriale Verwaltungsstruktur war nur sehr mangelhaft bürokratisiert und nicht unabhängig von Personen festgeschrieben und vorgegeben, sondern sie war immer Funktion und Ausdruck der momentanen Machtverhältnisse (cf. auch in modernen bürokratischen Staaten die danach ändernde Einteilung von Wahlkreisen, etc.).

Lässt sich nun auf die geschilderte Realität mit Gewinn Southalls Modell des „segmentären Staates" anwenden, der sich durch eine dominant pyramidale Struktur auszeichnet? Eine erste Klärung dieser Frage kann ein Vergleich zwischen der politischen Struktur des vorkolonialen Burundi mit der ebenfalls im ostafrikanischen Binnenseengebiet gelegenen Gesellschaft der Alur bzw. ihrer herrschenden Gruppe der Atyak bringen, an der Southall sein Modell entwickelt hat (1956 und wiederum 1988). Die politische Organisation der Alur kann hier nicht detailliert vorgestellt werden, es geht allein darum, einige wesentliche Unterschiede und Gemeinsamkeiten mit der des vorkolonialen Burundi hervorzuheben.

Southall erklärt die segmentäre Form der politischen Struktur der Alur in Übereinstimmung mit den kulturellen Überlieferungen mit dem, was er als „hiving off"-Prozess bezeichnet. Darunter versteht er die „Abkoppelungen" von Söhnen des zentralen Atyak-Herrschers in aufeinanderfolgenden Generationen von der Kernlinie, die als Herrscher verschiedenen neu inkorporierten peripheren Gruppen vorgesetzt werden, die in diesen Gebieten länger ansässig sind und auch gewisse, aber nicht drastische kulturelle Unterschiede aufweisen. Diese „Abkoppelungen", die der Durchsetzung der zentralen Vorherrschaft – die ausser eines ersten konfliktiven Momentes friedlich abgelaufen sein soll – über die peripheren Gruppen entsprechen, erfolgen aus mehreren Gründen und haben verschiedene Aspekte. Zuerst einmal kann der zentrale Atyak-Herrscher damit im Zentrum Unruhe stiftende Sprösslinge in die Peripherie „verbannen", womit deren im Zentrum zerstörerisch wirkende Macht positiv umgelenkt wird (1988:62). Denn diese „Verbannungen" haben gleichzeitig den Aspekt, dass die Atyak-Abkommen von der zentralen Instanz *ausgesandt* werden, um die peripheren Gruppen besser zu integrieren und zu assimilieren. Dieses zweite Motiv äussert sich in der Form, dass die peripheren Verbände sich selbst einen Ableger der Zentralgewalt zu ihrem Schutz (wohl vor allem vor der Zentralgewalt selbst) und zu ihrem (besonders rituell-religiösen) Gewinn wünschen und sich einen solchen „kidnappen" kommen (offenbar aber nur nach Aufforderung durch das Zentrum; s. 1956:181-228, 1988:62f). Im vorkolonialen Burundi haben wir eine ähnliche Doppelstrategie kennengelernt, durch die zwei Probleme – die Lösung interner Spannungen im Zentrum und die bessere Einbindung peripherer Gebiete – gleichzeitig gelöst werden sollten. Während Mwami Mwezi Gisabo im Burundi des 19. Jahrhunderts seine Söhne dazu aufforderte, „sich ein Gebiet mit Waffengewalt erkämpfen/erobern zu gehen", so benutzte der Atyak-Herrscher, an seine Sprösslinge gewandt, eine ähnliche Formel: „Geh und brich das Gebiet dort draussen" (Botte 1982a:292, Southall 1988:62).

Solche Gemeinsamkeiten können nicht über grundlegende Unterschiede hinwegtäuschen. Während die Einheit im Fall der Alur nach Southall vornehmlich mittels der Anerkennung der rituellen Überlegenheit der Atyak (wobei ihre Regenmacher-Fähigkeiten eine besonders grosse Rolle spielten) gesichert und durch über das ganze Land verstreute Ritualorte verstärkt wurde und der „Plünderungs-Mechanismus", ergänzt durch rudimentäre Leibgarden, die grundlegendste und wirksamste Form politischen Zwanges blieb (1988:62ff), so spielten in Burundi Zwangsgewalt – gerade in der Form des „internen Krieges", aber auch in der Kontrolle des Bodenzuganges –, die Existenz eines mehr oder weniger kohärenten Regierungssystems und Verwaltungsapparates mit einem generalisierten Abgabensystem eine grössere Rolle zur Gewährleistung des Zusammenhaltes und der Herrschaftsordnung als ideologisch-rituelle Kräfte. Die lokale Autonomie war im Alur-Gebiet nach Southalls Darstellung allein in ritueller Hinsicht eingeschränkt und der freie Bodenzugang blieb offenbar weitgehend gewährleistet (1988:68). Bei den Alur kam es mit der Zeit zu einer bedeutend grösseren lokalen Verwurzelung der „abgekoppelten" Seitenzweige der zentralen Dynastie als in Burundi, und die kulturelle Einheitlichkeit ging bedeutend weniger weit.

Alle diese Merkmale zusammengenommen, lässt sich von den Alur am ehesten als mehrerer Häuptlingstümer sprechen, wenn man das Häuptlingstum so definiert, dass es nur zwei klar ausdifferenzierte Ebenen von Regierung und Verwaltung, einen regionalen Herrscher und eine gewisse Anzahl ihm untergeordneter lokaler Behörden und nur eine beschränkte Möglichkeit zur Ausübung von Zwangsgewalt gibt (s. Claessen 1989:47-51). Burundi dagegen kann als Früher Staat bezeichnet werden, der sich durch die Existenz mindestens dreier Ebenen von Regierung und Verwaltung auszeichnet und in dem die Zentralinstanz die Möglichkeit hat, sich gegenüber den Unterworfenen wie (mit den beschriebenen Einschränkungen) auch gegenüber den Prinzen und Regionalfürsten wenn nötig mit Zwangsgewalt durchzusetzen, wobei die Bedeutung des Faktors Zwangsgewalt durch den hohen Konsens mit obrigkeitlichen Beschlüssen und der herrschenden Gesellschaftsordnung und durch die hohe Legitimität der Zentralinstanz relativiert wird.

In einem nächsten Schritt ist die Brauchbarkeit des Modelles des „segmentären Staates" genauer zu prüfen. Nach Southall ist dieser durch sechs Merkmale gekennzeichnet (1956:248f, 1988:52, 64f; cf. Balandier 1976:151f, Claessen 1989:51f):

1. Es gibt eine territoriale Souveränität, die aber in aussenliegenden Gebieten mit dem Abstand vom Zentrum abnimmt;

2. Neben der Zentralregierung bestehen weitere Regierungszentren, die nur begrenzt von ihr kontrolliert werden;

3. Es gibt im Zentrum einen spezialisierten Regierungs- und Verwaltungsstab; solche existieren in reduzierter Form auch in den peripheren Zellen;

4. Die zentrale Autorität besitzt kein absolutes Monopol der legitimen Gewaltanwendung;

5. Es gibt zwar verschiedene Stufen der Unterordnung, doch bleiben sie pyramidenförmig aufeinander bezogen und weisen alle das gleiche Autoritätsmuster auf: „Several levels of subordinate foci may be distinguishable, organized pyramidally in relation to the central authority. The central and peripheral authorities reflect the same model, the latter being reduced images of the former. Similar powers are repeated at each level with a decreasing range, every authority has certain recognized powers over the subordinate authorities articulated to it, and formally similar offices differ in significance according to the order of authorities involved in them";

6. Je peripherer eine Einheit, desto verwässerter sind ihre Bindungen an das Zentrum und desto grösser ihre Möglichkeiten zu Bindungen an ein anderes Zentrum (Wechsel der Oberhoheit).

Wie Claessen (1989:52) bemerkt, stimmt dieses Modell in vieler Hinsicht mit dem des Frühen Staates überein. Eine wichtige Abweichung besteht jedoch im Punkt 5, wo Southall behauptet, dass die peripheren Kerne dieselbe Regierungs- und Verwaltungsstruktur aufweisen wie das Zentrum und, wenn auch in kleinerem Rahmen, eine identische Art von Macht und Autoriät kennen. Auch hier soll es spezialisierte Verwaltungsstäbe geben (cf. Punkt 3). Gerade diese *pyramidale* Verwaltungsorganisation – dass sich auf allen Ebenen in kleinerem Rahmen dasselbe wiederholt – soll kennzeichnend für segmentäre Staaten sein und darin unterscheiden sie sich von der hierarchischen Verwaltungsstruktur „voll entwickelter" Staaten (1956:251). Das Konzept der Pyramide impliziert einen grundlegenden Aspekt von Southalls Modell, nämlich eine wie auch immer geartete lokale Autonomie bzw. nur beschränkte Abhängigkeit vom Zentrum (s. Southall 1988:79). Die Alur sind in dieser Beziehung ein radikales und daher eigentlich für Vergleiche oder die Entwicklung eines theoretischen Modelles schlecht geeignetes Beispiel („a centralized, unitary political organization was out of the question", ibid., p.63). Ein weiterer, meiner Meinung nach nicht unwesentlicher Punkt der Unterscheidung liegt darin, dass nach Southall in hierarchischen Strukturen bei der Delegation von Macht an untere Organe immer das Bewusstsein bestehen bleibt, dass es sich dabei effektiv um eine Frage der Delegation von seiten des Zentrums handelt. In pyramidalen Systemen dagegen fehlt dieses Bewusstsein weitgehend. – Noch ein anderer Einwand gegen das Modell des „segmentären Staates" ist hier angebracht. Wenn das Verbindende in erster Linie die gemeinsame Abstammung der Herrscher ist und nicht ein Land mit Leuten in vorgegebenen Einheiten, deren Funktionäre gelegentlich ersetzt werden müssen, dann liegt der segmentäre Charakter weniger im Staatsaufbau denn in der Lineagestruktur der Herrscher.

Zu kritisieren ist weniger die Unterscheidung zwischen pyramidalen und hierarchischen Strukturen, die sich als durchaus nützlich erwiesen hat, als die Behauptung ihrer Ausschliesslichkeit und die Verknüpfung mit dem Modell des segmentären Staates, in dem der pyramidale Organisationsmodus dominant sein soll (s. Balandier 1976:152, Claessen 1989:53f,60). Es wurde mehrmals gezeigt, dass sich pyramidales und hierarchisches Organisationsprinzip nicht ausschliessen und beide Prinzipien nebeneinander sowohl in „frühen", in „voll entwickelten, reifen" wie in modernen Staaten (vor allem in Konföderationen, s. z.B. die schweizerischen Kantone) vorkommen.

Prüfen wir das kurz am Frühen Staat Burundi. Vorweg muss hier ein besonderes Merkmal hervorgehoben werden, das die meisten Frühen Staaten kennzeichnet. Ich spreche von der nur verschwommenen Ausbildung einer mittleren oder „regionalen" Ebene. Der Variantenreichtum und die Unterschiede zwischen all den Personen und Funktionären, die zwischen der Zentralinstanz und der lokalen Ebene stehen, sind wie gesehen beträchtlich und so gross, dass nur mit Schwierigkeit von einer „Ebene" oder einer „Schicht" gesprochen werden kann (cf. Trouwborst 1988, zit. in Claessen 1989:53f, 58).

Der wichtigste zu prüfende Punkt ist wie gesagt der fünfte von Southalls Modell, in dem er die These aufstellt, dass in den peripheren Kernen oder, in einer anderen Terminologie, auf der regionalen Ebene in Nachbildung des Zentrums eine identische Regierungs- und Verwaltungsstruktur und Art von Macht und Autorität, mithin auch spezialisierte Verwaltungsstäbe existieren. Geprüft werden kann das anhand der von Claessen vorgeschlagenen Unterscheidung zwischen „allgemeinen“ und „besonderen, spezialisierten“ staatlichen Regierungs- und Verwaltungsfunktionären (1989:45,54f, Claessen & Skalník 1978:576). Unter „allgemeinen staatlichen Funktionären“ werden danach solche verstanden, die sich verschiedensten Aufgaben widmen und deren Befugnisse sich auf mehr als ein Gebiet beziehen. „Besondere staatliche Funktionäre“ sind dagegen solche, die sich vornehmlich nur mit einer einzigen Aufgabe beschäftigen und deren Befugnisse sich ausschliesslich auf dieses Gebiet beziehen – sie sind die Spezialisten. Die Ergebnisse der vergleichenden Untersuchung verschiedenster früher Staaten, die Claessen & Skalník im von ihnen herausgegebenen Werk zusammengestellt haben (1978), bestätigen hinsichtlich der allgemeinen Funktionäre Southalls Modell: Auf allen Ebenen der Verwaltung wurden allgemeine Funktionäre gefunden und die Arten ihrer Aufgaben sind weitgehend identisch, wenn ihre Ausübung auch immer im kleineren Rahmen stattfindet. Spezialisierte Funktionäre jedoch finden sich in Frühen Staaten beinahe nur auf der höchsten Ebene von Regierung und Verwaltung. Auf der regionalen und der lokalen Ebene spielen allgemeine Regierungsfunktionäre eine dominante Rolle, „Spezialisten“ kommen beinahe nur im zentralen Apparat vor (Claessen & Skalník 1978:575-584, Claessen 1989:55-59). Im Fall von Burundi wird das bestätigt. Auf der höchsten, nationalen Ebene lassen sich etliche spezialisierte Funktionäre identifizieren: Zahlreiche Ritualisten im Dienste des monarchischen Zentrums (ausdifferenziert nach den wichtigsten Momenten der Inszenierung der Zentralmacht), die Banyamabanga-Würdenträger und -Berater, Viehverantwortliche, spezielle Bapfumu-Seher, die Banyarurimbi-Richter, ein spezieller Armeechef (*intwazangabo*), etc.. Auf der regionalen – und in noch höherem Masse auf der lokalen – Ebene lassen sich dagegen nur noch in einem stark beschränktem Mass derartige Spezialisten ausmachen. Wie im Zentrum kann das (spezialisierte) Hofpersonal der Regionalherrscher kaum dazu gezählt werden; vorwiegend zu „internem Gebrauch“ bestimmt, erfüllt es dieses Kriterium nur ansatzweise. Es gab zwar einen speziellen Herdenverantwortlichen und Kuhverteiler (*umushikíriza*), spezielle Berater, Seher und Richter. Die meisten Funktionen kumulierte aber der Muganwa selbst, der zum Beispiel immer auch oberster Richter und Armeechef seines Gebietes war – wahrhaft ein „allgemeiner Funktionär“. Wie dargelegt, verfügten die regionalen und in minderem Masse auch die lokalen Behörden allerdings über eine Anzahl von Mitarbeitern und Hilfskräften; deren Aufgaben und Zuständigkeitsbereiche blieben aber nur vage umschrieben. In welchem Masse vieles informell geregelt war und zugewiesen wurde, zeigt sich auch darin, dass auf allen Ebenen Günstlinge (*abatóni*, zum Teil auch *abasavyi*-Anhänger und persönliche Klienten) in einem nicht zu unterschätzenden Teil der Regierungs- und Verwaltungsaufgaben mitwirkten. Da oft ohne festes, eigentliches Amt, wären sie nach der Typologisierung von Claessen & Skalník als „anonyme Funktionäre“ zu klassifizieren (1978:581ff).

Es zeigt sich, dass Southalls Modell für Burundi in einigen wesentlichen Punkten nicht haltbar ist. Im Zentrum waren mehr Regierungsbefugnisse konzentriert. Das Zentrum hob sich nicht nur dadurch ab, dass hier die nationalen Insignien (die Stiere Semasaka und Muhabura, und vor allem die Karyenda-Trommel) aufbewahrt wurden und ihm verschieden Ritualorte gewidmet waren. Obgleich der Mwami bei der Bestellung unterer Kader wie der Ivyariho kein effektives Nominationsrecht ausübte, so leiteten doch alle diese niedrigen Führer ihre Legitimation gern von seiner Herrschaft ab (selbst die Bashingantahe-Einsetzungen geschahen in seinem Namen, s. Kapitel 4). Es gab auf diesen unteren Ebenen sehr wohl ein Bewusstsein der Delegation der monarchischen Macht – dass ihre Macht und Autorität eine vom monarchischen Zentrum delegierte war. Nach Southalls Modell kommt so etwas nur in hierarchischen Strukturen vor, die wiederum „voll entwickelten“ Staaten zugeordnet werden. Im Fall von Burundi aber lassen sich gleichzeitig Aspekte sowohl eines pyramidalen wie eines hierarchischen Systems finden.[78] Es stellt sich damit heraus, dass pyramidale und hierarchische Organisationsprinzipien keinen Gegensatz bilden und sehr wohl

[78] Dass sich die von Southall unterschiedenen Prinzipien nicht ausschliessen, wird auch von den verschiedenen Studien Izards über die politische Organisation der Mossi bestätigt (s. etwa 1975).

Seite an Seite existieren können. Ihre Unterscheidung jedoch ist sinnvoll und fruchtbar, und das nicht zuletzt, um zu verhindern, dass unter dem Begriff „Schichtung" oder „Stratifikation" in Ableitung von bürokratischen Staatsstrukturen immer ein mehr oder weniger rigide hierarchisiertes System verstanden wird. Es ist irreführend, immer von der Vorstellung eines hierarchischen Schichtungsmodelles, wie es Fallers als „layer cake model" kritisierte, auszugehen. Es ist nur unter beträchtlichen Vereinfachungen möglich, im vorkolonialen Burundi feste Strata auszumachen, wogegen leicht vielfach verschachtelte Pyramiden von unter sich abhängigen Personen erkannt werden können. Ebensowenig gab es eine rigide Hierarchisierung nach einem durchgängigen Prinzip. Versuche der Festlegung einer eindeutigen Stratifikation, wie sie Mworoha in seinem Schema (1977:210, 1987:226) präsentiert, sind in hohem Masse reduktionistisch und einer modernen, bürokratischen Staats- und Gesellschaftsstruktur nachempfunden.

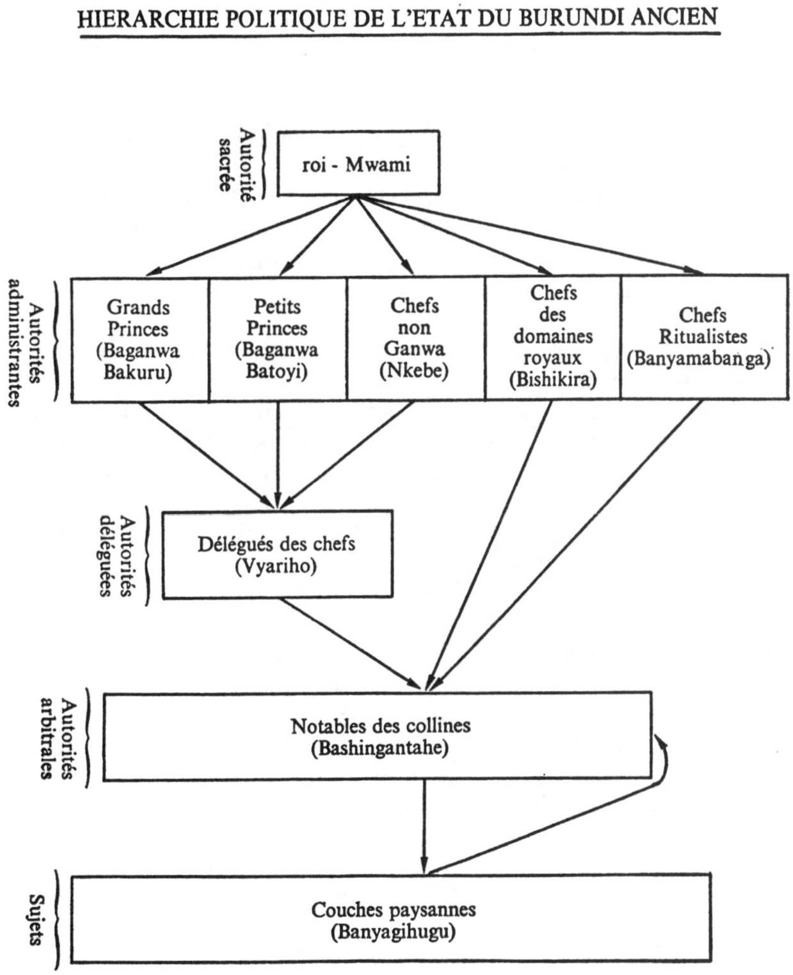

Abb. 6: Mworohas Modell der politischen Hierarchie im 19. Jahrhundert (1977:210, cf. 1987:226)

Von grösserem Wert als die Unterscheidung zwischen pyramidalem und hierarchischem System ist für die Charakterisierung des Frühen Staates die periodische Oszillation zwischen Einbindung und Autonomie der Randgebiete. Die periodischen Pendelbewegungen zwischen zunehmender Autonomie der peripheren Einheiten und ihrer wieder stärkeren Einbindung in die zentrale Ordnung in der Form von Aussenprovinzen waren ein hervorstechendes Merkmal des Frühen Staates und gleichzeitig eines seiner Hauptprobleme. Einen besonders kritischen Moment stellte die Amtseinsetzung und Nachfolgeregelung der regionalen Herrscher und (Soll-) Funktionäre dar. Hier offenbarte sich der Grad der Verbeamtung bzw. der „feudalen" Autonomie der Regionalherrscher. Das Hauptziel der Zentralinstanz musste es sein, die Vererbung dieser Posten zu kontrollieren oder gar ganz zu verhindern und eine grössere Verbeamtung durchzusetzen. Meistens gelang das nur periodisch, was zu den typisch frühstaatlichen Oszillationen im Zusammenhalt des Staatsganzen führte. Die Zentrumseliten, selbst durch dynastische Streitigkeiten geschwächt, bekundeten immer wieder Mühe, sich gegenüber peripheren Eliten durchzusetzen; mangels einer höheren Bürokratisierung war es letztlich trotz allem sicherer – und hier liegt ein diesem System inhärenter Widerspruch –, in den Ausssenregionen dem Zentrum verwandtschaftlich verpflichtete Leute einzusetzen.

Es sei hier noch eine abschliessende Bemerkung zum Stellenwert der „Segmentarität", einem oft angeführten Charakteristikum der politischen Struktur des alten – wie auch des heutigen – Burundi, angebracht. Bei der Diskussion der vorkolonialen Gesellschaftsstruktur im allgemeinen und der monarchischen Herrschaftsordnung im besonderen wird immer wieder ein Faktor hervorgehoben: Die Vielzahl von miteinander rivalisierenden, halb-autonomen regionalen Machtzentren führte zu einer immer wiederkehrenden, periodisch auftretenden Fragmentierung und Zersplitterung (Lemarchand 1977:94). Zur vorkolonialen Zeit äusserte sich das in immer neuen Kämpfen zwischen Prinzen-Faktionen um die Privilegien, die das Amt des Mwami bot. Unter anderen Äusserungsformen sind derartige Spaltungen, die sich bis auf die unterste soziale Ebene fortsetzen, bis heute erhalten geblieben. Ich habe oben auf den begrenzten Wert der Verbindung einer solchen Segmentarität mit einer pyramidalen Machtstruktur hingewiesen. Segmentarität ist in keinem Staat vollständig überwindbar, weder in traditionellen „frühen" noch in modernen Staaten. Die Permanenz von segmentären wie von einigenden und vereinheitlichenden Aspekten lässt sich in allen Staaten nachweisen – in allen ist ein dauernder Zusammenstoss von Einigendem und Segmentärem festzustellen. Das Unitäre ist mindestens so erklärungsbedürftig wie das Segmentäre. Balandier hat gezeigt, dass zwar hauptsächlich staatliche Macht immer einen „effet unitaire" hat, Erzeugerin von Einheit und Zusammenhalt ist, dass aber Segmentarität ebensosehr zur Natur des politischen Handelns allgemein gehört, in dem Masse, wie dieses Wettkampf und konfliktuelle Dynamik impliziert (1985:321). Die herrschende Gruppe weist nicht mehr als der Staat selbst einen geschlossenen und einheitlichen Charakter auf. Die Teile, aus denen sie sich zusammensetzt, rivalisieren um den Zugang zu Macht, materiellem Vermögen und Prestige, und sie kämpfen darum, sich den Zugang dazu zu erhalten. Diese Rivalität wiederum stärkt die Strategien, welche – zumindest konjunkturell – die Spaltungen der Gesamtgesellschaft für sich zu benutzen suchen. Das ist gerade in Burundi und Rwanda bis zum heutigen Tag beobachtbar. Natürlich gibt es nun Staatsformen, welche der Segmentarität besonders grossen Raum geben. Dazu gehören gerade diejenigen, die oft als „feudal" beschrieben wurden – unter anderen Rwanda und Burundi (Balandier 1985:321).

KAPITEL 4

NICHTSTAATLICHE LOKALE AUTORITÄTSFORMEN

Ich habe bis anhin versucht, die politische Struktur des vorkolonialen Burundi zu umreissen, indem ich mich am politischem Zentrum der Monarchie orientiert, gleichsam eine Perspektive von oben eingenommen habe. Will man die verschiedenen Formen von Autorität im lokalen Rahmen und ihre geschichtliche Entwicklung – das Thema dieser Abhandlung – verstehen, muss die Perspektive von oben durch eine Perspektive von unten ergänzt werden. Die Konzeption politischer Autorität wurde nicht nur durch die politischen Zentralinstanzen geformt, sondern auch über Formen verwandtschaftlicher, nachbarschaftlich-kommunitärer, rechtlicher, moralischer und religiöser Autorität, wie sie sich in erster Linie im lokalen Rahmen äusserten.

Der gebräuchlichste Begriff für Autorität ist in Burundi der Ausdruck *ubukúru* (und das gilt sowohl für die heutige wie für die vorkoloniale Gesellschaft). Er kann übersetzt werden mit „Erstgeburtsrecht, Anciennität, Vorrang, Autorität" und ist abgeleitet vom Verb *gukúra*, „altern, grösser werden, wachsen". Sehr verbreitet ist dessen substantivierte Form *Umukúru*, „Respektsperson, betagte, einflussreiche, hochgestellte Person, Vorsteher, Vorgesetzter", die im Plural (*Abakúru*) steht für „die Alten, die Ältesten, Autoritätspersonen, politische Behörden". Diese grosse Spannbreite von Bedeutungen, die durchaus auch für die alte, vorkoloniale Gesellschaft galt[1], wirft die Frage auf, ob die uns bekannte europäische Konzeptionsschwierigkeit mit dem Begriff der Autorität auch im Kirundi besteht. Tatsächlich weist manches darauf hin. Versuchen wir zuerst, unseren eigenen Autoritätsbegriff näher zu bestimmen und zu hinterfragen, um anschliessend zwei burundische Quellen zu befragen und uns so der burundischen Autoritätskonzeption zu nähern.

Zunächst ist festzuhalten, dass mit den Begriffen Autorität wie auch *ubukúru* verschiedene Formen hierarchischer Beziehungen belegt werden. Die damit verbundene Art von Macht kennt verschiedene Erscheinungsformen und hat nicht immer dieselben Grundlagen. So lässt sich zwischen formaler und informeller Autorität unterscheiden; zur formalen Autorität gehören verschiedene Formen institutioneller, positionaler oder „abgeleiteter" Autorität sowie, in engeren Sinne, die Amtsautorität, die delegierte Macht ist. Bei der informellen Autorität dagegen gibt es keine offizielle Anerkennung des Einflusses oder Machtgebrauchs. Es handelt sich hier, so sagt man, um persönliche („natürliche") oder charismatische Autorität, die aufgrund herausragender persönlicher Eigenschaften und unabhängig von hierarchischer Position und sachlicher Kompetenz zustandekommt. Oftmals wird davon die funktionale oder Expertenautorität unterschieden, die auf überlegenem Sachverstand fusst; sie ist u.a. von der gesellschaftlichen Wertschätzung besonderen Wissens und Könnens abhängig.

Bei Autorität handelt es sich um eine Form von Macht, um Überzeugungskraft, oder: als rechtmässig anerkannten Einfluss oder Machtgebrauch einer sozialen Instanz, in der Regel einer Person

[1] Dass *ubukúru/Abakúru* bereits damals auch politisch-amtliche Autoritäten und Behörden einschloss, zeigt der von Habonimana zitierte Ausdruck *i bukuru*, „aller à la cour des grands, du chef" (1977:15).

oder Gruppe. Autorität ist eine Form asymmetrischer, hierarchischer Beziehung, die immer ein Gefälle zwischen Autoritätsperson und Autoritätsabhängigem beinhaltet. Service versucht Autorität folgendermassen zu bestimmen: „Die Macht der Autorität beruht idealiter auf der hierarchischen Beziehung, in der die beteiligten Gruppen oder Personen zueinander stehen, dergestalt, dass der Gehorsam nicht durch einschüchternd-gewaltsame Dominanz erzwungen wird, sondern vielmehr durch Sitte, Gewohnheit, Vorstellungen von Schicklichkeit, Gratifikationen oder anderweitige Überlegungen, die die Macht nachhaltig verstärken, legitimieren und akzeptabel machen“ (1977:35, cf. Begler 1978: 575, 586). Es handelt sich bei Autorität mithin gleichsam um waffenlose Macht, die mit leisen Mittel auskommt und auf „grobe“ verzichten kann; sie entfaltet ihre Wirkung und erreicht ihr Ziel ohne Strafen und Belohnungen, Drohungen und direkten Zwang. Sie findet nicht nur äusseren Gehorsam als reine Verhaltensanpassung, sondern weitgehend verinnerlichte Konformität, die nicht mehr kontrollbedürftig ist (Popitz 1986:12ff).

An diesem konventionellen Autoritäts-Konzept – dass Autorität auf der Anerkennung einer Überlegenheit beruht und zu freiwilliger Fügsamkeit, zu Anpassungsbereitschaft und Übernahme von Einstellungen ohne Zwang und Kontrolle führt –, an dieser Auffassung wurde verschiedentlich und von verschiedener Seite Kritik geübt. Ich will nur zwei Punkte hervorheben. Erstens wurde darauf hingewiesen, dass es sich bei Autorität um ein Beziehungsphänomen handelt, das einen doppelten Anerkennungsprozess impliziert. Die Autoritätsbindung besteht nicht nur aus der Anerkennung der Überlegenheit einer anderen Person, sondern ebensosehr aus dem Streben nach eigener Anerkennnung durch die als überlegen anerkannte Person. Autorität üben somit Personen aus, „deren Anerkennung als besonders dringlich empfunden wird, als ausschlaggebend für die Gewissheit, überhaupt sozial angenommen, sozial ernst genommen zu werden“ (Popitz 1986:18f). Wir wollen von denen, die wir besonders anerkennen, auch besonders anerkannt werden. Da damit Autorität nicht etwas ist, was man hat, sondern was man erhält, ist auch klar, dass sie nicht „eo ipso aus bestimmten (oder auch unbestimmten) menschlichen Eigenschaften strömt“ (ibid., p.25, cf. Sennett 1985:32).

Der zweite Vorbehalt betrifft die Freiwillig- und Zwangslosigkeit der Autoritätsbindung und die enge Verknüpfung von Autorität mit Legitimität. Tatsächlich sind Autoritätswirkungen nicht an Zwangsmittel irgendwelcher Art gebunden, sie sind mit solchen aber auch nicht prinzipiell unvereinbar. „Autorität *kann* auf Zwangsmittel verzichten, sie *muss* es nicht tun“ (Popitz 1986:13). Das Hauptmerkmal von Webers Ansatz (1972, z.B. pp. 550, 822f) besteht darin, dass er Autorität und Legitimität gleichsetzt; Autorität heisst bei ihm, dass die Menschen den Herrschenden freiwillig gehorchen, weil sie von deren Überlegenheit und Nutzen überzeugt sind; um die Leute jedoch gegenüber Personen, die sie für illegitim halten, zu Fügsamkeit zu bringen, braucht es Zwang. Autorität ist in diesem Sinn Glaube an die Legitimität, gemessen an der Bereitschaft zu freiwilligem Gehorsam (cf. Sennett 1985:15, 27f, 32ff). Sennett hat nun jedoch darauf aufmerksam gemacht, dass u.U. auch einer Person Autorität zuerkannt wird, die Druck und Zwang ausübt. Menschen fühlen sich zu starken Gestalten hingezogen und binden sich auch an Leute, deren Macht sie nicht für legitim halten. Es kann also auch illegitime Autoritäten geben. Autoritätsbindungen sind immer auch das Resultat des Strebens nach Obhut, womit wir zum ersten Kritikpunkt zurückkommen.

Im alten Burundi gab es sicher ein ausgeprägtes Bedürfnis nach Obhut, ja die Vorstellung eines Rechtes auf Obhut – dass jeder das Recht hat, mit den Mächtigen direkt über diese Obhut zu verhandeln, ohne als anonyme Nummer in einer Gruppierung zu verschwinden, wenn er dabei auch als Bittsteller auftreten musste (cf. dazu Sennett 1985:225f). Sennett sieht Autorität ganz allgemein als Versuch der Interpretation von Machtverhältnissen, als Prozess der Deutung von Macht. So erwächst die Legitimität persönlicher Autorität aus der Wahrnehmung von Stärkeunterschieden; Überlegenheit aufgrund von Selbstsicherheit oder eines „undurchschaubaren Geheimnisses“ verleiht der betreffenden Person etwas „eigentümlich Unerreichbares“ (ibid., pp.24, 187). Damit erzeugt Autorität Respekt und (Ehr-) Furcht.

Wenden wir uns nun näher der burundischen Autoritätskonzeption zu. Wenn wir der bereits angeführten Übersetzung des Begriffes *ubukúru* und Habonimanas Untersuchung der burundischen Autoritätsauffassung (1977, v.a. 14-30)[2] folgen, so erscheint diese als stark von der Altersautorität geprägt. Autorität fächert sich im burundischen Verständnis in die Aspekte Überlegenheit, Vorrang, Grösse, Alter und Altershierarchie (Erstgeburtsrecht und Anciennität) auf. Sie umfasst Einfluss, Überlegenheit, Recht auf Macht, Gehorsam und Gefolgschaft. Die Unterscheidung zwischen Macht und Autorität ist keineswegs scharf, sie bleibt vage (Habonimana 1977:30). Lässt sich daraus folgern, dass Autorität vor allem als etwas Zugeschriebenes, institutionell Bestimmtes/Abgeleitetes aufgefasst wird? Habonimanas Analyse ist in diesem Punkt nicht schlüssig. Eine Vielzahl von ihm herangezogener Sprichwörter deutet dahin, dass Autorität in erster Linie als abhängig von persönlichen Eigenschaften und erst in zweiter Linie als Angelegenheit von zugeschriebenen Positionen (Alter, hierarchische Stellung aufgrund verschiedener Schichtungsdimensionen, Innehaben eines Amtes, ...) verstanden wird. Gerade im kleinräumigen Rahmen erscheint Autorität zuerst als etwas aufgrund persönlicher Eigenschaften Erworbenes; man erkennt sie Personen zu, die sich durch Verantwortungs-, Gerechtigkeits-, Gesellschafts- und Führungssinn auszeichnen. Es handelt sich um Personen, denen man eine besonders hohe Problemlösungsfähigkeit zuerkennt. Natürlich spielen dabei nicht nur persönliche Eigenschaften wie Erfahrung, Weisheit und Intelligenz, tadelloses Verhalten (Einhalten des sozialen Verhaltenskodexes), Mut und der bereits erwähnte Verantwortungssinn eine Rolle, sondern ebenso die gesellschaftliche Position der Betreffenden: Es handelt sich um Personen in gewissen (verwandtschaftlichen oder politischen) Verantwortungspositionen, die innerhalb des über verschiedene Kriterien und Dimensionen[3] bestimmten gesellschaftlichen Schichtungssystems eine gehobene Stellung einnehmen und sich nicht zuletzt auch durch einen gewissen materiellen Wohlstand auszeichnen. Auch wenn materielles Wohlergehen nicht ein primäres, sondern sekundäres Kriterium für Zuerkennung von Autorität ist (d.h. aus den persönlichen Eigenschaften und der sozialen Stellung folgend gesehen wird), wird es doch als Zeichen für die Fähigkeit genommen, für andere aufzukommen.

Aufschluss über das burundische Autoritätsverständnis kann jedoch nicht nur die Analyse von Sprichwörtern geben. Ein anderer Zugang besteht in der Prüfung des im (hauptsächlich familiären) Erziehungswesen zum Ausdruck kommenden Wertsystems. Gemäss Ndimurukundos Untersuchung (1986) werden in diesem Kontext in erster Linie Werte wie Gehorsam, Konformismus und Respekt vermittelt, und das Ideal des *umuntu w'umutima* zeichnet sich durch Merkmale wie Arbeitsliebe und Resignation aus (ibid., p.58). Ndimurukundo kommt zum Schluss, dass Autorität primär institutionell, zum Beispiel durch das Innehaben eines Amtes, bestimmt ist, und schreibt: „L'autorité ne doit pas être contestée: elle a toujours raison (...). Tous les pouvoirs tyranniques d'aujourd'hui recourent à cette culture 'authentique'" (1986:59). Damit sind jedoch nicht alle Formen von Autorität gefasst; Ndimurukundo bezieht sich hier nicht auf die persönliche Autorität, die erworben werden muss und mithin auch kontestabel ist, sondern lediglich auf die Amtsautorität.

Der Begriff *ubukúru* fasst tatsächlich verschiedene Erscheinungsformen von Autorität. Er erstreckt sich nicht nur auf persönliche, sondern auch auf funktionale, „abgeleitete" und institutionelle Autorität (qua Amt). Letztere wird über das Innehaben eines Amtes erworben und zuerkannt, wobei Nachfolge und Ernennung erblich oder nicht-erblich geregelt sein können. In der aristokratisch-oligarchischen Gesellschaft des alten Burundi wurde politische Autorität, wie sie aus dem Innehaben von Führungsposten hervorging, innerhalb eng vorgegebener Grenzen nach verwandt-

---

[2] Habonimana versucht in seiner bemerkenswerten und in Burundi breit rezipierten Arbeit („Quelques traits de la conception de l'autorité à travers des textes de style oral rundi") den Autoritätsbegriff über Sprichwörter und andere orale Ausdrucksformen, an denen die burundische Kultur sehr reich ist, aufzuschlüsseln (1977:16 u.a.m.).

[3] Zugehörigkeit zu verschiedenen sozialen Kategorien wie Generation, Geschlecht, Clan, Ethnie, zu verschiedenen sozialen und politischen Rangstufen (cf. Kapitel 1).

schaftlicher Zugehörigkeit und Geburt zuerkannt. Bei auf die lokale Ebene beschränkten Autoritätspositionen kamen persönliche Eigenschaften in einem höheren Mass zum Tragen. Ich habe oben eine weitere Form von Autorität angesprochen, die man als „abgeleitete Autorität“ (eine Form institutioneller Autorität) bezeichnen kann: Autorität qua Position im gesellschaftlichen Schichtungssystem, das über verschiedene Dimensionen bestimmt ist. Die unterschiedliche Inkorporation und Einbindung der ethnischen Segmente war und ist in Burundi Kennzeichen des Schichtungssystems und auch Schlüsselkriterium für Innehaben und Ausüben von Autorität (cf. Lemarchand 1974:135). Das Schichtungssystem der vorkolonialen Gesellschaft, die hier zur Diskussion steht, lässt sich jedoch nicht darauf reduzieren, wie wir gesehen haben. Es war gerade im Vergleich mit der rwandesischen Gesellschaft äusserst komplex, vielfältig und flexibel. Die zahlreichen verschiedenen Dimensionen, Spaltungen und Abstufungen kumulierten und korrelierten weniger miteinander als dass sie sich überschnitten. Das Schichtungssystem bestimmte sich nicht nur über sehr breite und inklusive, „grosse“ Statusdifferenzierungen nach „Ethnie“, „Kaste“ oder „Klasse“. Der Gebrauch von sehr weiten, allgemeinen und vereinfachenden Etiketten wie „Tutsi-Hutu“, „Viehhalter-Landwirte“, „obere-untere Kaste/Klasse“ hat zwei grosse Nachteile: Sie vermögen engere, „kleine“ Statusunterscheidungen nicht zu berücksichtigen und können damit eine beträchtliche Verzerrung der Realität mit sich bringen. Solche „kleinräumigere“ oder engere Statusunterschiede wurden in der traditionellen Gesellschaft verbunden mit der Zugehörigkeit zu verwandtschaftlich definierten Gruppen wie Clanen, Clansegmenten und Lineages, aber auch mit den Positionen von Chef-Chefdelegierter-Untertanen oder von „Patron“ und „Klient“, wie sie sich aus einem Bugabíre-Verhältnis ergeben konnten, ferner auch mit residentiellen und kulturellen Banden (Bewohner eines bestimmten Hügels oder einer weiteren Region; die Bewohner der peripheren Mosso-Ebene zum Beispiel zeichneten sich durch beträchtliche kulturelle Eigenheiten aus, die als wenig prestigereich galten). Weitere soziale Rangierungen ergaben sich aus den Unterteilungen in aristokratische und nicht-aristokratische Familien, in Tutsi-Banyaruguru und Tutsi-Bahima, um nur die wichtigsten zu nennen (cf. Kapitel 1). Diese Kriterien für Statusunterschiede wurden in der Beschreibung der Sozialstruktur Burundis zu oft vernachlässigt. Ein zweites Problem betrifft die zeitliche Veränderlichkeit der Statusdifferenzen. Was ich im Kapitel 1 bereits für die „grossen“, sehr inklusiven Statusdifferenzierungen gezeigt habe, galt auch für die engeren, „kleinen“. Was zu einem bestimmten Zeitpunkt als in hohem Masse gültiger Indikator von Statusunterschieden gelten konnte, mochte das in einer späteren Epoche nicht mehr sein.

Wenn Autorität auch auf den ersten Blick stark persönlich bestimmt, von herausragenden persönlichen Eigenschaften abhängig erscheinen mag, so war sie in der traditionellen Gesellschaft Burundis doch weitgehend institutionalisiert. Sie haftete an bestimmten gesellschaftlichen Stellungen und überdauerte die Personen, die sie als Inhaber dieser Stellungen ausübten. Darauf weist schon die erste Bedeutung von *ubukúru* („Erstgeburtsrecht“) hin. Autoritätszuschreibungen waren weitgehend vorentschieden; der einzelne wuchs in sie hinein. Popitz sieht darin ein allgemeines Merkmal traditionaler Gesellschaften: „Es versteht sich von selbst, wessen Urteile einen herausragenden Anerkennungswert für [den einzelnen] haben, wer soziale Anerkennung repräsentiert. Autorität ist nichts zum Aussuchen. Sie ist strukturell vorgegeben, nicht als Angebot, sondern als Verpflichtung“ (1986:24). Es ist mithin fragwürdig, Autorität zu sehr zu personifizieren. Das heisst aber nicht, dass daneben nicht auch persönliche Autoritätsbeziehungen vorgekommen und von Bedeutung gewesen wären; gerade im engen lokalen Rahmen waren sie nicht vernachlässigbar. Eine Verbindung verschiedener Formen von Autorität werden wir in der lokal begründeten, rechtlich-moralischen *Bushingantahe*-Autorität kennenlernen (Kap. 4.4).

Im vorkolonialen Burundi erfolgte die Formung und Verankerung der Autoritätskonzeption in verschiedenen gesellschaftlichen Bereichen und über mehrere gesellschaftliche „Apparate“. Sie wurde nicht nur über das politische Zentrum bestimmt. In der monarchisch-zentralisierten Gesellschaft liess sich aber eine hohe Durchdringung der verschiedenen Autoritätsformen und eine weitgehende Einheitlichkeit der Autoritätskonzeption über alle gesellschaftlichen Bereiche hinweg feststellen. Begriff und Vorstellung von Autorität erweisen sich bei einer genaueren Betrachtung in den verschiedenen Bereichen als übereinstimmend, ob sie nun innerhalb von Verwandtschaftsverbänden, von sozialen oder politischen Beziehungen oder über die religiöse Praxis geformt und eingeprägt wurden.

In diesem Kapitel sollen nicht-staatliche Bereiche auf die „Konzeptualisierung" von Autorität hin geprüft werden. Erst so werden sich zwischen den verschiedenen gesellschaftlichen Bereichen gemeinsame Punkte erkennen und damit wichtige Elemente der gesellschaftlichen Autoritätskonzeption herausschälen lassen. Autorität äussert sich zuerst einmal auf der Ebene der verschiedenen verwandschaftlichen und lokalen sozialen Einheiten. Lassen wir diese Revue passieren und achten wir darauf, welche Formen von Autorität und Macht wir hier vorfinden.

4.1 Verwandtschaftliche Autoritätsformen

4.1.1 Die lokale Deszendenzgruppe

Zuerst müssen hier einige allgemeine Angaben zu den Verwandtschaftsstrukturen gemacht werden.[4] Die wichtigste Verwandtschaftseinheit ist die lokalisierte Kleinlineage („localized small lineage" [Trouwborst 1965:166f], „lignage mineur" [Ntahombaye 1983:39, u.a.]), d.h. der Teil der – sich immer patrilinear konstituierenden – Lineage, die am gleichen Ort lebt. Wir haben es hier mit patrilinearen, exogamen Deszendenzgruppen zu tun, die sich aus den verheirateten Männern, ihren Frauen und ihren unverheirateten männlichen und weiblichen Kindern zusammensetzen. Es gibt im Kirundi für diese Patrilineages keine spezielle Bezeichnung; am gebräuchlichsten ist jedoch der Ausdruck *umuryango*[5], der auch für verschiedene andere Verwandtschaftseinheiten verwendet wird. Er kann sowohl Clan wie Lineage, Lineagesegment oder erweiterte Familie bedeuten und sein genauer Inhalt wird von Fall zu Fall durch den Kontext bestimmt. Verwendet wird aber auch der Ausdruck *abó kwa* ... („die von..."), gefolgt vom Namen des eponymischen (namenverleihenden) Vorfahren.[6] Im alltäglichen Leben bedeutungsvoll ist nur der lokalisierte, an einem Ort zusammenlebende Teil der Lineage. Diese lokalen Deszendenzgruppen bildeten und reproduzierten sich in viripatrilokaler Heirat und Wohnfolgeordnung. Neolokale Wohnfolgen, die heute unter dem Druck der Bodenknappheit und dem Einfluss der Modernisierung immer häufiger werden, waren aber auch bereits vorkolonial bekannt und in erster Linie die Folge politischer Mobilität (Ernennung in ein politisches Amt, einem politischen Führer Nachziehen) (Verbrugghe 1969:19, n.2; Trouwborst 1965). Wenn auch nicht alle Barundi patrilokal heirateten, kam es doch nur selten vor, dass nicht zumindest einer der Söhne eines Mannes – oft der jüngste, da dieser am längsten im väterlichen Rugó wohnte – auf dem Familienanwesen blieb. Da das gleiche für die Sohnessöhne galt, kam es vor, dass viele Abkömmlinge eines einzelnen Vorfahren am gleichen Ort lebten (Trouwborst 1965:167). So lebten Lineagemitglieder oft in benachbarten Höfen auf demselben Hügel. Es ist nützlich, sich an die von Trouwborst vorgeschlagene Definition zu halten: Unter einer *lokalen Deszendenzgruppe* sollen alle Mitglieder einer Lineage, in der Regel in Nuklearfamilien organisiert, verstanden werden, die so nahe beieinander leben, dass eine tägliche Kooperation möglich ist, und die nie über eine längere Zeit durch administrativen Grenzen voneinander getrennt waren (1965:179f). Diese Definition ist operabel, da sie erlaubt, auch noch nahe beieinander – wenn auch nicht unbedingt auf einem kompakten und zusammenhängenden Territorium – lebende Mitglieder derselben Deszendenzgruppe als ihr zugehörig zu betrachten. Andererseits trägt sie dem Umstand Rechnung, dass die politische Zugehörigkeit letztlich wichtiger als die räumliche ist: Mitglieder ein und derselben Deszendenzgruppe, die unterschiedlichen – und da benachbarten, meist rivalisierenden – Regionalführern oder Ivyariho unterstanden, waren gezwungen, ihre verwandtschaftlichen und politischen Loyalitäten auseinanderzuhalten, wobei sich die politischen nicht selten als von grösserem Gewicht erwiesen. Die Aufspaltung von Deszendenzgruppen durch Migrationen hatte oft direkt politische Ursachen, etwa dass man einer politischen Autorität nachfolgte oder zu ihr hinzog. Trouwborst schildert diese Prozesse ausführlich in seinem Aufsatz von 1965.

---

[4] Cf. Verbrugghe 1969:7-26; Ntahombaye 1983:39ff; Trouwborst 1962a:134ff & 1965:166ff; Simons 1944:164; Botte 1969:365; Vansina 1972:4f; „Que vous en semble", 1968, 2, no.6 & 1970, 4, no.12, Bujumbura.

[5] *Umuryango* (pl. *imiryango*): Wahrscheinlich ursprünglich „diejenigen, die zusammen essen", von *ryana*, „essen mit" (Rodegem 1970:382; Botte 1982b:279).

[6] Die genealogische Tiefe ist dabei nicht näher festgelegt, wodurch auch diese Ausdrucksweise relativ vage und ihr Gebrauch locker bleibt: Es kann sich um den noch lebenden ältesten wie auch um den lineagegründenden Vorfahren handeln.

Der numerischen Grösse und Ausdehnung des patrilinearen Kerns der lokalen Deszendenzgruppen sind keine formalen Grenzen gesetzt und ihre genealogische Tiefe kann stark variieren. Sie kann sich auf die Mitglieder einer Nuklearfamilie beschränken, wie sie auch so gross sein kann, dass nicht alle Mitglieder ihre gegenseitigen genealogischen Beziehungen bestimmen können, auch wenn sie ihre relative genealogische Position kennen (Trouwborst1965:167). Sie und nicht der weit verstreute Clan, dessen meiste Mitglieder sich nicht persönlich kennen, bildete die effektive Kooperationseinheit. Die Mitglieder einer lokalen Deszendenzgruppe waren miteinander durch regelmässig aktivierte Beziehungen gegenseitiger Hilfe verbunden. Obwohl wirtschaftliche Kooperation ausserhalb der Nuklearfamilie nicht allzu häufig vorkam, war sie nicht unwichtig. Man half sich bei Feldarbeiten, Haus- und Speicherbau, und hütete abwechslungsweise das Vieh. Alle Mitglieder waren unter sich durch einen regelmässigen Tausch von Bier, Nahrung und anderen Gütern verbunden. Es kam auch vor, dass sie unter sich durch Vieh- oder Landpachtabkommen verbunden waren; solche wurden vor allem zwischen Mitgliedern mit stark unterschiedlicher ökonomischer Basis abgeschlossen. Die Mitglieder kamen für Ahnenkult und andere religiöse Zeremonien zusammen. Gegen aussen und vor allem gegenüber den politischen Behörden traten sie als Einheit auf. Ebenso waren sie kollektiv für einen durch ein Lineagemitglied begangenen Rechtsbruch verantwortlich. Die Barundi waren sich ohne Zweifel der Vorteilhaftigkeit einer grossen und starken lokalen Deszendenzgruppe bewusst. Das gilt auch heute noch. Bei jedem Nach-aussen-Treten und Kontakt mit aussen ist sie die Basis, dient sie als versichernde Rückenstütze und Schutz. Wichtig war das in Situationen politischer und ökonomischer Bedrängnis wie bei Rechtsstreitigkeiten, in denen jemand, der auf die Unterstützung einer zahlreichen Familie zählen konnte, klar die stärkere Position hatte; jemand ohne Familie vermochte sich kaum zu verteidigen.[7] Jeder Wegziehende schwächte deren Stärke und war als Verlust zu betrachten. Es existiert auch ein spezieller Ausdruck für eine umfangreiche Deszendenzgruppe, die an demselben Ort lebt: *igisáta* (Rodegem 1970:400; Trouwborst 1965:167).

Betrachten wir zur Veranschaulichung folgendes Beispiel. Kayondi, der in seiner wertvollen Studie von 1972 eine der meines Wissens wenigen integralen Hügelaufnahmen liefert, fand auf dem von ihm untersuchten Hügel Angehörige zehn verschiedener Lineages – oder genauer Lineagesegmente – vor, die neun unterschiedlichen Clanen angehören (nur der Clan der Banyakarama ist mit zwei, als entfernt verwandt angesehenen Lineagesegmenten vertreten). Die Hutu-Lineage der Bayengero gilt als die am längsten ansässige; sie stellt nahezu ein Viertel der gesamten Einwohnerschaft, und zwei andere lokale Hutu-Lineages stehen mit ihr in regelmässigen Heiratsverbindungen. Jeder der Kleinhügel (*agacimbiri*, „sous-colline"), in die sich der gesamte Hügel geographisch unterteilt, entspricht dem Siedlungsgebiet einer der drei zahlenmässig stärksten Lokallineages, die insgesamt annähernd 80% der gesamten Hügelbevölkerung umfassen (1972:176ff).

Die lokalisierte Deszendenzgruppe zeichnet sich durch drei Merkmale aus: Durch patrilineare Deszendenz[8], eine gemeinsame Autoritätsstruktur und ein gemeinsames Patrimonium. Der lokalisierten Kleinlineage stand in der Regel der Älteste des ältesten am gleichen Ort lebenden Astes vor, *Umukúru* oder noch häufiger *Sogókuru/Sokuru* genannt (term of adress/term of reference, von *Sekuru*, Vorfahre, Grossvater); man sprach von ihm auch als *Umukúru w'umuryango* oder *Umutware w'umuryango* (Gespräch 72.2:18f u.a.). Im Familienrat, der sich aus den Familienweisen und -notabeln, in der Regel den Vorstehern der lokalen Nuklearfamilien und Haushalte zusammensetzt, führt er den Vorsitz. Dieses rein konsultative Organ stützt und kontrolliert die Macht des Lineageführers, kann von Amts wegen intervenieren, seine Entscheide auferlegen und in schwerwiegenden Fällen den Vorsteher gar absetzen. Die Nachfolge des „Ältesten" (mehr im sozialen denn

[7] Falls nicht präzisiert, wird unter dem Begriff Familie im gesamten Text die lokaleVerwandtschaftsgruppe (d.h. inklusiv affinale Verwandte) verstanden.

[8] Adoptierte Kinder waren blutsgebundenen rechtlich gleichgestellt. Zwischen legitimen – und bei ihnen zwischen ehelichen und unehelichen, aber anerkannten – und illegitimen Kindern wurde sorgsam unterschieden.

biologischen Sinn, da zur Einsetzung neben Alter und genealogischer Stellung auch persönliche Eigenschaften ausschlaggebend sind) ist klar geregelt und wird meistens von ihm selbst noch zu seinen Lebzeiten bestimmt. Seine Position als Ältester kann auf zwei Arten weitergegeben werden: Entweder vertikal in direkter Linie an seinen ältesten Sohn, falls es gegen diesen nicht gewichtige Einwände gibt oder ein jüngerer sich durch seine Qualitäten aufdrängt, oder aber in horizontaler Erbfolge an einen jüngeren Bruder, wobei dieser Fall beinahe ausschliesslich bei einem frühen Tod des Lineageältesten eintritt. Ein Teil der Autorität des Lineageältesten kommt in Delegation jedem Älteren über jeden ihm gegenüber Jüngeren zu (Verbrugghe 1969:13).

> „Er [der Lineagevorsteher] war wirklich ein *Umukúru w'umuryango*, ein Familienoberhaupt; man benutzte aber nicht diesen Titel, sondern nannte ihn einfach *Sogokuru*, Grossvater, der Patriarch. Er war in der Regel immer der älteste der ältesten Lineage. In unserer Familie zumindest waren es sicher über fünf Generationen zurück immer die Erstgeborenen, die diese Position innehatten" (Gespr. 72.2:18f).

Man könnte also vermuten, dass dabei nicht persönliche Fähigkeiten, sondern die genealogische Position ausschlaggebend war. Wie gesagt spielte beides eine Rolle. Fähigkeiten sind in einem gewissen Mass auch anerziehbar; sicher war es nicht nur Zufall, sondern eine Frage einer speziellen Erziehung der und Erwartungen an die Erstgeborenen, dass diese in der Familie des zitierten Informanten immer entscheidungsfreudige Persönlichkeiten von anerkannter Autorität waren. In der Regel sind es Männer, es kann aber in Ausnahmefällen auch eine Frau sein, falls es über alle Linien hinweg keine männlichen Nachkommen gibt.

Auf welche Bereiche erstreckt sich die Autorität des Lineageältesten und in welchen Momenten manifestiert sie sich? Dem Lineagevorsteher obliegt ganz allgemein die Regelung aller gemeinsamen Angelegenheiten. Er ist Vorsitzender des Lineagerates. Dieser unregelmässig zusammentretende und wenig offizielle Rat steht ihm immer zur Seite, und es lässt sich sagen, dass mehr diesem Rat in corpore als dem an seiner Spitze stehenden und ihn nach aussen repräsentierenden Vorsitzenden[9] die eigentliche Autorität zukommt. Das erklärt wohl auch, dass es keinen spezifischen Titel für einen – eben nur mit obgenannten Einschränkungen existierenden – „Lineageältesten" gibt und die Ratsvorsitzenden unspezifisch als *Abakúru/Abashingantahe/Abatware (b'umuryango)* bezeichnet werden. Die Kompetenzen dieses Führungsorganes sind sowohl auf rechtlichem, sozialem, religiösem wie politischem Gebiet zu suchen: Ohne die Zustimmung des Lokallineage-Rates bzw. seines Exponenten kann kein Teil des gemeinsamen Patrimoniums – Land und Vieh – zugeteilt oder gar veräussert werden.[10] Die einzelnen Individuen haben immer nur Nutzniessungs- und beschränkte Verfügungsrechte über den ihnen zugeteilten Boden, der grundsätzlich im Lineage-Besitz bleibt. Die vom *Umukúru w'umuryango* vorgenommenen Bodenvergaben und Erbteilungen haben bis heute ihre Gültigkeit, und ohne Zustimmung des Lineageführers können keine Grenzen angetastet werden. Die Vorstellung gemeinsamer Verfügungsrechte ist tief verankert, wenn sie auch in den letzten beiden Jahrzehnten immer häufiger verletzt wird. Heute werden Böden oft auf Kosten und ohne Wissen der Familie veräussert; die Autoritätsstruktur auf dieser Ebene funktioniert kaum noch, und vor allem von seiten modernisierter Leute findet sie nur noch in rudimentärem Mass Anerkennung, da sie von anderen Autoritätsstrukturen überlagert worden ist.

Eine wichtige Funktion erwuchs dem Lineageältesten aus der Leitung verschiedener zeremonieller Anlässe und der Organisation von Familienfesten. Auf religiösem Gebiet sind vor allem die regelmässig abgehaltenen Kulte der Ahnenverehrung zu erwähnen; auf dieser Ebene ist übrigens die Autorität des *Umukúru w'umuryango* bis in die heutige Zeit erhalten geblieben (Gespr. 73:36). Eine andere wichtige Aufgabe kam dem Lineagevorsteher in der Leitung eines landwirtschaftlichen Zeremoniells, des jährlichen Sorgho- oder Eleusine-Aussaatsfestes *gutânga/kurya umwâka* zu. Da-

---

9 Nach Trouwborst können sich gar mehrere ältere und weise Männer den Vorsitz teilen (1962a:135).

10 Vorkolonial war letzteres überhaupt nicht möglich.

mit eröffnete er auf familiärer Ebene das neue Jahr bzw. die neue landwirtschaftliche Saison. Das *umuganuro*-Aussaatsfest dürfte eine Transponierung auf nationale Ebene, eine politische Usurpierung und staatliche Vereinnahmung dieses älteren verwandtschaftlichen Rituals sein (cf. Kapitel 3). Auf sozialer Ebene war die Lokallineage allgemein der Organisationsrahmen zur Abhaltung von Festen zu unterschiedlichsten Anlässen: sei es zur Einsetzung eines Mushingantahe, bei einer Heirat oder dem Abschluss einer Trauerzeit. Dabei, und gerade auch bei der Knüpfung von Heirats- und Allianzverbindungen, spielte der Älteste immer eine hervorragende und seine Gruppe repräsentierende Rolle. Eine nicht zu unterschätzende Bedeutung kam dem Lineageältesten auf rechtlichem und politischem Gebiet zu. Bei Streitigkeiten und jeglichen Problemen innerhalb der Lineage war er der anzurufende Berater und Schlichter (Gespräche 72.2 & 73). Wenn die gesamte Lineage für den Rechtsbruch eines Mitgliedes haftete und der Lineagerat dafür die Verantwortung trug (Trouwborst 1962a:136), so galt ebenso, dass ein Angriff auf eines seiner Mitglieder als ein Angriff auf den gesamten Verband verstanden wurde. Der Lineagerat vertrat die Lineage also in Streitfällen und Verhandlungen mit anderen Familien und in den Beziehungen mit den politischen Autoritäten. Der Lineagevorsteher trat als ihr Sprecher und Wortführer (*umushikirizwa w'amajambo*) auf. Zu den wichtigsten Interventionsfeldern gehörten die Heiratsbeziehungen. Die Lineageexponenten haben dabei immer ihr Wort mitzureden, sie kennen die präferentiellen und vorteilhaftesten Heiratsallianzen ihrer Deszendenzgruppe am besten. Ohne ihren Rat wurde früher keine Heiratsbeziehung, bei deren Anbahnung sie oft mitwirkten, eingegangen. Über diese zumindest partielle Kontrolle des Zuganges zur Frau wurde ihre oben geschilderte Bodenzugangskontrolle noch verstärkt; denn ohne Ehefrau ist traditionell ein Verfügungsrecht über Bodenprodukte undenkbar (cf. Pouillon 1976:85).

Wenn ein grosser Verwandtschaftsverband für die einzelnen Mitglieder auch mannigfache Pflichten wie gegenseitige Hilfestellung mit sich bringt, so überwiegen in den Augen aller doch die Vorteile: Durch ihn eröffnen sich zahllose Beziehungen, er gewährt unentbehrlichen Schutz, Hilfe und Rat. Da er die Erfüllung all dieser Funktionen vorenthalten bzw. zurückziehen kann, liegt in ihnen auch seine Bedeutung und die durch den Lineagerat verkörperte Autorität begründet.

Immer wieder erwähnt werden die Segmentations- und „Absplitterungs"-Prozesse, denen die Deszendenzgruppen unterliegen. Bezeugt sind vor allem Spaltungen numerisch gross gewordener, lokalisierter Abstammungsgruppen, von denen ein Teil in ein anderes Gebiet emigrierte. Für derartige Bewegungen werden in erster Linie ökonomische Zwänge angeführt, die zum Beispiel als Folge von Trockenheit und Hungersnot eintraten. Jede numerische Vergrösserung der Gruppe ebenso wie Bodendegradation und eine sinkende Produktivität machten Gebietsdiversifizierung irgendwann notwendig. Mit der Abwanderung sollte das Überleben und die ökonomische Basis der gesamten Gruppe gesichert werden.[11] Aus denselben Motiven konnten lokale Abspaltungen auch präventiv erfolgen, wie Siriba berichtet: Er legt die Redensart: „Es ist besser, wenn die Euren verstreut sind" (*abawe bosanzara*), dahingehend aus, dass man bewusst eine Zersplitterung suchte, um besser vor zu erwartendem Unheil geschützt zu sein (Strategie der Risikostreuung; 1976:83, 86f). Eine Abwanderung und lokale Spaltung setzte aber eine gewisse ökonomische Unabhängigkeit voraus, und vollziehen konnte sie in der Regel nur, wer im Zielgebiet über gewisse Anknüpfpunkte und (matrimoniale oder politische) Bande verfügte. Neben der Suche nach neuem fruchtba-

[11] Gemäss Nsanze konnten Segmentationen, oder genauer: Fissionen auch die Folge der Spezialisierung und Aufsplitterung der Abgabenpflichten sein (1986:12). – Unter Segmentation verstehe ich die Untergliederung und Aufgliederung einer Gruppe; Fissionen dagegen sind Abspaltungen, die der Existenz der „Stammgruppe" ein Ende setzen. Diese Unterscheidung sollte allerdings nicht zu dichotom, sondern als eine im Grade aufgefasst werden. Die Segmentation lässt sich darstellen als eine fortschreitende Abnahme der sozialen Kontakte von der Splittergruppe zur „Stammgruppe"; am Ende dieses Prozesses kann – muss aber nicht – das völlige Fehlen von Kontakten stehen, die Abspaltung ist dann vollständig (s. Sigrist 1979:34f).

ren Land konnten soziale Mobilität und Konflikte weitere Spaltungsursachen sein. Eine räumliche Spaltung zog nach wenigen Generationen nahezu immer ein zunehmendes Verschwimmen bis Vergessen der Deszendenzbande nach sich. Trouwborst (1959, 1965) hat denn auch nicht nur die hohe Rate geographischer Mobilität, sondern auch das Gewicht lokaler Bande hervorgehoben. Eine lokale Deszendenzgruppe definiert und benennt sich in der Regel nach dem Gründer des örtlichen Astes und neigt dazu, weiter zurückreichende Bande zu vergessen. Nach meinen Untersuchungen kennen Leute, die erst seit zwei oder drei Generationen in einem Gebiet leben, mit wenigen Ausnahmen ihre Genealogie allein bis zu ihrem Grossvater oder Urgrossvater zurück, meistens bis zu dem, der neu zuwanderte. Besonders ausgeprägt ist das verständlicherweise dann, wenn die Fissionen aufgrund von Konflikt erfolgten oder wenn ein Teil der ursprünglichen Deszendenzgruppe aus irgendeinem Grund bei den Behörden in Ungnade fiel. Darauf bedacht, sich von diesem Teil abzusetzen, legte man sich einen neuen Namen zu – meistens denjenigen der nächst unteren Einheit. Nach Ntahombaye behielten nur die aristokratischen Batare und Bezi eine interne Organisationsstruktur bei, was er richtigerweise ihrer politischen Vorrangstellung zuschreibt (1983:40, cf. bei Habonimana 1977:35; diese beiden Sonderfälle sind allerdings entgegen der verbreiteten Meinung nicht als Clane, sondern vielmehr als Lineages zu betrachten).

Die zunehmende Verstreuung der Lineages hat man auch mit anderen Prozessen zu erklären versucht. Im Vergleich mit anderen afrikanischen Gesellschaften kann man in Burundi von einem relativ fortgeschrittenen Prozess der Individualisierung sprechen, der aus der Zersetzung und Sprengung verwandtschaftlicher Einheiten resultierte. Im Unterschied zu manchen anderen Gesellschaften ist dieser Aufweichungs- und Individualisierungsprozess nicht rezenten Datums – er setzte keineswegs erst in den postkolonialen sechziger Jahren ein, seine Wurzeln und Ursprünge gehen vielmehr auf die vorkoloniale Periode zurück. Mit Verbrugghe (1969:8) kann man einen Zusammenhang sehen damit, dass in Burundi politische Bande (Verbrugghe spricht etwas ungenau von „organisation politique territoriale“) schon früh eine Organisation entlang von Deszendenzlinien zu ersetzen begonnen hatten (vor allem auf der Ebene der Lineage und weniger auf der Ebene des Clanes, wie ich zeigen werde). Die schon früh einsetzende Kontrolle des Bodens durch die politischen Autoritäten, die sich in Zuteilungen und Konfiskationen – die den Territorialführern zustehenden Rechte des *kugerera* und des *gusohora* oder *kunyaga* (Mworoha 1977:145) – äusserte, hat das ihre zur Desaggregation der Lineages beigetragen. Zudem kann man annehmen, dass hauptsächlich die Viehklientschaftsbeziehungen schon früh zur Lineage alternative soziale und ökonomische Bande schufen. Insgesamt sieht Nsanze (1988:1) eine Gesellschaft, die durch die Dynastie der Baganwa zur Sicherung ihrer Herrschaft nach ihrem Gutdünken zerteilt und atomisiert wurde (s. Kapitel 2). Die hohe geographische Mobilität, die das monarchische Burundi kennzeichnete und eine Folge seiner politischen Zentralisierung war, löste Prozesse wie ein weiteres Bevölkerungswachstum und die geographische Versprengung der Lineages aus, womit diese zunehmend ihrer wirtschaftlichen und sozialen Grundlagen verlustig gingen. Man darf dieses – in seiner Tendenz sicher richtige – Bild jedoch nicht überzeichnen. Die lokalisierten Lineagesegmente behielten ihre Funktionen auf verschiedenen Gebieten (nicht zuletzt auf dem rechtlichen) über alle geschichtlichen Perioden hinweg bei, und erst in jüngster Zeit zeichnet sich hier eine grundlegende Änderung ab.

4.1.2 Der Clan

Die nächsthöhere Verwandtschaftseinheit von Bedeutung ist der Patriclan, ebenfalls *umuryango* (pl. *imiryango*) genannt. Zur Verdeutlichung sei betont, dass ich unter einem Clan eine nicht-korporative Namenseinheit verstehen will, die keine lokale, residentielle Einheit bildet, jedoch in der Regel zu Exogamie und zu einer gewissen Solidarität verpflichtet ist, wobei letztere meistens sehr diffus bleibt. Ihre Mitglieder, die an eine gemeinsame Herkunft glauben, ohne sie tatsächlich herleiten zu können, formen vor allem in zeremoniell-rituellen Angelegenheiten eine Einheit; das Tragen eines gemeinsamen Namens bildet dazu ein wichtiges Identifikationsmittel (s. Kap. 1, S.15).

Es ist sicher richtig, auf die Besonderheiten dieser Verwandtschaftseinheit im Fall der monarchisch-zentralisierten Gesellschaften Burundis und, in noch höherem Masse, Rwandas hinzuweisen. Wie ich im Kapitel 1 gezeigt habe, gehen manche Autoren dabei jedoch zu weit, da sie sich an alten, seit Murdock (1949, z.B. p.47) fallen gelassenen, funktionsbeladenen Clan-Definitionen orientieren. So kommen sie dazu, von der geschichtlich bekannten wie der heutigen Clanform als „Pseudo-Clane" mit „lückenhaften Clan-Funktionen" zu sprechen und/oder sie als Relikt einer vergangenen Zeit zu sehen. Demgegenüber ist festzuhalten, dass die Entstehungsgeschichte der Clane für die Feststellung ihrer seither dauerhaften Charakteristika irrelevant, und die Struktur prinzipiell von deren Beladung mit Funktionen zu unterscheiden ist. Aufgrund der heutigen, vermeintlich lückenhaften Funktionen darauf zu schliessen, dass der Clan lediglich von geschichtlichem Interesse ist, wäre voreilig. Wenige gehen dabei so weit wie Ntahombaye, der dem Clan gleich jede „véritable réalité sociale" abspricht (1983:40). Von einer funktionsbeladenen Clan-Definition ausgehend, wird Mworoha (und mit ihm andere) dazu verleitet, die geographische Verstreuung der *imiryango*-Clane irrigerweise als ein „eigentümliches Phänomen" des gesamten interlakustrinen Afrika zu bezeichnen (1977:41).[12] In vergleichender Absetzung von *umuryango*-Lineage wird der Clan vor allem in negativen Begriffen beschrieben, so auch bei d'Hertefelt:

> „(...) aucune généalogie n'explique les relations entre les lignages qui en font partie, il n'a pas de chef et n'agit jamais collectivement. Bref, les *amoko* sont de simples catégories sociales, non des groupes véritables" (1989:140).

Diese Charakterisierung, die d'Hertefelt in einer jüngeren Publikation für die Clane Rwandas gibt, trifft auch für die burundische Gesellschaft zu, obschon die Situation und die Rahmenbedingungen hier nicht einfach identisch sind. Wenn für die heutige Situation auch d'Hertefelts Aussage zum Beispiel Rwandas: „le clan n'a ni chef, ni organisation interne, ni procédures pour régler les affaires d'intérêt commun", „il s'agit d'une *catégorie sociale* et non d'une groupe corporatif" (1971:3, Hervorhebung im Original), auch für Burundi Geltung hat (cf. Ntahombaye 1983:40), so muss das nicht heissen, dass dem immer so war. Viele Autoren gehen davon aus, dass den Clanen in einer historischen, vor- oder frühmonarchischen Zeit mehr Funktionen und eine grössere soziale und politische Bedeutung zukamen, die diejenigen der Lineages deutlich überstiegen. So schreibt de Heusch:

> „Ces pseudo-clans rundi ne forment pas un système totémique comme c'est le cas dans l'ensemble de la civilisation interlacustre. Il s'agit visiblement de groupes de parenté historiques, nés de l'éclatement de l'ancienne structure clanique" (1966:400; s. auch d'Hertefelt 1971:5).

Ntahombaye ist etwas vorsichtiger, hebt aber auch die historische Bedeutung der Clane hervor: „(...) [le clan] est un phénomène complexe qui pose des problèmes historiques difficiles à résoudre et dont l'étude, dans l'ensemble des royaumes des grands lacs, pourrait éclairer les mouvements migratoires (...)" (1983:41). Ist zu mutmassen, dass es sich bei den Clanen um „ausgewachsene", ehemals stärker lokalisierte Lineages handelt, und hat die Monarchie bei deren Verstreuung mitgewirkt? Nicht zu überzeugen vermag die Annahme, dass es sich bei ihnen ähnlich wie in Rwanda um das Produkt staatlich geförderter Amalgamierungen, zum Beispiel über die Zuweisung bestimmter Aufgaben innerhalb des *ibango*-Systems, handelt (die Bedeutung des *ibango*-Pflichten- und Funktionen-Systems, das die Stellung der angesehenen Clane deutlich machte, wird

---

12 „Parmi les phénomènes les plus originaux de l'Afrique des Grands Lacs, il faut citer la dispersion géographique des clans; non seulement leurs membres sont éparpillés à l'intérieur d'un royaume, mais ils débordent même sur d'autres rouyaumes" (ibid.). Wie gesehen, wären vielmehr alle gegenteiligen Fälle als anomal und „eigentümlich" zu bezeichnen; auch die letztgenannte Tatsache erstaunt wenig, wenn man davon ausgeht, dass die Claneinheiten geschichtlich weiter zurückgehen als die Monarchien.

noch in extenso erörtert werden). Habonimana – und mit ihm andere – nimmt an, dass in der vor- und frühmonarchischen Zeit auch auf der Ebene des Clans eine gemeinsame Autoritätsstruktur existierte; er spricht von einem als *Umukúru w'umuryango* oder *Umutware w'umuryango* bezeichneten Clanführer, der die gleichen Aufgaben versah wie der oben vorgestellte Lineagevorsteher (1977:74ff & 33ff). Die Informationen darüber aber bleiben dürftig, und man bleibt in weiten Teilen auf geschichtliche Spekulationen angewiesen (s. dazu Kapitel 1).

Wenn wir uns die grundlegenden Charakteristika der burundischen Clane vor Augen halten, wird deutlich, dass es ausgehend von obiger Definition nicht gerechtfertigt ist, von „Pseudo-Clanen" zu sprechen. Es gibt in Burundi ungefähr 220 Patriclane, die über einen je eigenen Namen verfügen und im allgemeinen über weite Teile des Landesterritoriums verstreut sind. Nichtsdestoweniger lassen sich bei den meisten Clanen bis heute gewisse regionale Konzentrationen nachweisen. Es gibt eine ausgeprägte Hierarchie der Clane, die gegen unten hin jedoch zunehmend verschwimmt und hier nur noch von primär lokaler Bedeutung ist. Anders als in Rwanda lässt sich nicht von multi-ethnischen Clanen sprechen; obschon der gleiche Clanname manchmal in mehr als einer ethnischen Gruppe vorkommt, handelt es sich dabei keineswegs um Teile desselben Clans, sondern um verschiedene Clane gleichen Namens. Wenn Clanexogamie heute wie früher die Regel ist, so ist Endogamie doch nicht ausgeschlossen, solange sich keine, auch noch so entfernte, gemeinsame patrilineare Abstammung nachweisen lässt. Ob die „normative Exogamie" (cf. d'Hertefelt 1971:3) früher strikter war, bleibt hypothetisch. Auf jeden Fall war unter der Monarchie unter den hierarchisch hochstehenden und an der Herrschaft beteiligten Clanen eine endogame „Tolerierung" verbreitet (s. dazu die genealogischen Tabellen in Ghislain 1970).[13] Die ethnischen Gruppen waren und sind im Prinzip endogam. In diesem Zusammenhang ist es bedeutungsvoll zu sehen, dass sich Baganwa und Batutsi-Banyaruguru sehr wohl gegenseitig heiraten konnten, ja oft präferentielle Heiratsbeziehungen unterhielten. Mit Ausnahme der immer stark marginalisierten Batwa wurde die ethnische Endogamie nie strikt eingehalten, und es gab offenbar zu allen historischen Epochen zahlreiche Ausnahmen (cf. Trouwborst 1962a:133f).

Die Bedeutung der Eigennamen der Clane liegt in zahlreichen Fällen im Dunkeln. Mehrere Namen wie die der Abashubi, Abanyagisaka, Abanyarwanda, Abaha und wohl auch der Abajiji verweisen auf einen lokalen Ursprung. Andere Namen erinnern an vergangene, legendäre Ereignisse, in denen der Clangründer eine Rolle spielte und die den Clan oder aber seine soziale Stellung begründeten. Es ist richtig zu sagen, dass sich die Mitglieder eines Clanes nur vage über einen gemeinsamen Ahnen verbunden fühlen (Trouwborst 1962a:133, cf. Ntahombaye 1983:40); nur die Minderheit der Clane beruft sich auf einen namentlich bekannten, realen oder mythischen Gründerahnen. Das Phänomen des Totems war offenbar unbekannt oder zumindest nicht allgemein verbreitet; einige Spuren davon liessen sich allenfalls in der Form von Tabus (*imiziro*, „Verbote") erkennen.[14] Ob diese früher einmal allgemein verbreitet waren, wie Ntahombaye (ibid.) vermutet, lässt sich nicht sagen. Clane, die sich immer aus einer Vielzahl von Lineages zusammensetzen, die manchmal wiederum in *inzu* („Häuser") zusammengeschlossen sind (s. unten), kennen keinen gemeinsamen Besitz, kein Patrimonium, und nur diffuse gemeinsame Interessen und Solidaritäten; das scheint auch während der monarchischen Zeit so gewesen zu sein, wenn die Clane auch sicher

---

13 Zu Rwanda berichtet d'Hertefelt wie andere dasselbe über die königliche Tutsi-Lineage der Nyiginya (1971:4). Ich habe bereits darauf hingewiesen, dass in Rwanda die Clane heute agam sind. Newbury (1981:189) kritisiert d'Hertefelt (1971:3,5) dafür, dass er die Annahme einer verallgemeinerten Clan-Exogamie in eine historische Zeit transponiere, um so sein Clan-Modell retten zu können (cf. Kapitel 1, n.22).

14 So zum Beispiel das Verbot, eine Kuh von einer bestimmten Farbe zu halten, zu töten oder zu verzehren; oder ein Essverbot, wie es z.B. bei den Abajiji Bazirankende, einem Bajiji-Ast, besteht, der keine Rhesusaffen essen darf (*inkende* = Cercopithecus) (Gespräch 73:22); andere assen keine Insekten oder totgeborene Kälber, etc. (cf. Rodegem 1965:75 & 76, n 1). – In Rwanda kennen viele, aber nicht alle der wichtigsten und einflussreichsten Clane ein Totem, meist eine Tierart (Vögel, wilde Säugetiere, etc.) (d'Hertefelt 1971:6).

mehr als Namenseinheiten waren und über die Exogamie hinausgehende Funktionen hatten, in manchen Fällen genau bestimmte Pflichten und Rangpositionen zugeschrieben erhielten und vom monarchischen Zentrum zumindest in gewissen Situationen als solidarische Haftungsgruppen definiert wurden, wie wir gleich sehen werden.

Ethnien, Clane und „Sub-Clane", Segmentations- und „Absplitterungs"-Prozesse

Die einzelnen ethnischen Gruppen kennen eine unterschiedliche Anzahl an Clanen, wobei wichtig zu sehen ist, dass sich diese im Laufe der Zeit ändern konnte. Für die Zeit zu Beginn des 20. Jahrhunderts zählt Simons für die Tutsi-Banyaruguru (denen er zehn Clane aristokratischer Ganwa-Herkunft zuschlägt) 54, für die Tutsi-Bahima 34, die Bahutu 98 und die Twa 37, was insgesamt 224 Clane ergäbe (1944:166-169).[15] Die Prozesse von Segmentation und „Absplitterung", die hauptsächlich die grösseren und einflussreicheren Clane kennzeichneten, machen es jedoch unmöglich, eine genaue Zahl von Clanen anzugeben. Untergliederungen, Verselbständigungen bzw. Ausschliessungen waren unter den hierarchisch höher stehenden Clanen keine seltene Erscheinung. Bedeutsame und einflussreiche Lineages, die sich abheben und hervortun wollten, spalteten sich ab, indem sie sich einen eigenen Namen gaben und sich als eigenständiger Clan zu etablieren suchten. Viele meiner Informanten haben die Existenz solcher Segmentations- und Fissionsprozesse bestätigt und Beispiele dafür gegeben. Eine derartige Abspaltung soll am Ursprung des Clanes der Abashungura liegen, dessen Angehörige sich nicht mehr als Benengwe betrachten mochten, nachdem sich deren Exponent Maconco gegen Mwezi Gisabo aufgelehnt hatte. In solchen Fällen von Verfolgungen und Gruppenhaft handelte es sich zumindest zu Beginn nicht um Fissionen, es gab kein eigentliches Splitting, sondern lediglich ein Leugnen der Zugehörigkeit. Derartige Prozesse mögen in gewissen Fällen die Existenz verschiedener Clanäste und -segmente erklären. Auch Nsanze führt ein Beispiel aus der jüngeren Geschichte gegen Ende des 19. Jahrhunderts unter der Herrschaft Mwezi Gisabos an, als sich zwei vorher offenbar zum Bahanza-Clan gehörende Lineages von königlichen Honiglieferanten (*abakuzi b'ubuki*) nicht mehr als Bahanza oder als Bahanza-Bahiza (der Name des „besten", höchst angesehenen Clan-Segmentes) identifizierten, sondern sich fortan in Ableitung der Namen ihrer Vorsteher als Abasera bzw. Abahengeka bezeichneten (1986:359f, cf. p.12). Versuche von Lineages, sich selbst abzusetzen, konnten jedoch nur erfolgreich sein, wenn sie ihre besondere Bedeutung über längere Zeit beizubehalten vermochten.

Nun stellt sich die Frage, ob es sich bei den segmentierenden Einheiten tatsächlich um Clane oder nicht vielmehr um Lineages handelte. In manchen Fällen bleibt das unklar. Man ist versucht, das Segmentationsphänomen bei Einheiten tieferer Ebene als der ganzer Clane zu orten, die wie gesagt keine kollektiven Handlungsgemeinschaften bildeten. Einer der Unterschiede zwischen Clanen und Lineages besteht ja gerade darin, dass erstere eine relativ permanente, nicht-segmentierende Überstruktur bilden, Lineages mit ihrem höheren internen Interaktionsniveau dagegen verschiedene Gründe für Segmentationen kennen mögen. Eine segmentierende Dynamik auf der Ebene der Clan-Einheiten würde auf zusätzliche Funktionen der Clane (ökonomischer, sozialer, politischer und rechtlicher Natur) zu jener Zeit hinweisen. Dass solche in der Tat mit den Clanen in Verbindung gebracht wurden, werden wir gleich noch sehen. Die monarchische Ordnung mag zwar zur Auflösung der Lineages beigetragen haben, den Clanen jedoch wurden durch sie gewisse neue Funktionen (wie Rang-Indikatoren zu sein) zugewiesen.

---

[15] Im grossen ganzen übereinstimmende und auf die gleiche Zeitepoche bezogene Clan-Repertorien zusammengestellt haben Bigangara 1986:39-42 (er kommt insgesamt auf 223 Clane, da er den bei Simons letztgenannten schlechten Twa-Clan der Abazage weglässt oder vergisst), Gorju 1938:51ff, Rodegem 1965:74-95 (er nennt total 222 Clane: 10 Ganwa-, 43 Tutsi-Banyaruguru-, 31 Tutsi-Hima-, 100 Hutu- und 38 Twa-Clane), Keuppens 1964 (^{1}1954):1-12 (dieser Autor nennt nur annähernde Zahlen und kommt auf 40 Nyaruguru-, 31 Hima-, 98-100 Hutu- und 38 Twa-Clane).

Ein Grund der unscharfen Trennung zwischen Clan- und Lineage-Einheit bei der Beschreibung ihrer Geschichte und Funktionen liegt gerade im historisch fliessenden Übergang zwischen ihnen. Bei manchen Clanen kann es sich um 'ausgewachsene' Lineages handeln. Wie muss man sich diesen Prozess vorstellen? Bei der Segmentation einer Lineage können die neuen Einheiten gleicher Konsistenz wie die alte Einheit nur an deren Stelle treten, wenn die alte „Kategorie" gestrichen wird. Bleibt sie begrifflich bestehen, während die alten Funktionen von den neuen Teilen übernommen werden, erhält die alte Hülle eine neue Qualität – eben die einer relativ bedeutungslosen überregionalen Namensgruppe. Die alten regionalen Interaktionseinheiten bestehen fort und bilden sich auch an jedem Migrationsort neu; ihre Namen können bei weiterem Wachstum unter Umständen wieder zu neuen Hüllen werden, es entstehen also neue „Clane".

In diesen Zusammenhang ist auch die immer wieder geäusserte Vermutung zu stellen, dass die Clane in einer früheren Zeit über eine stärkere lokale Basis verfügten. Tatsächlich gibt es bis heute nicht nur einzelne Hügel, sondern weitere Gebiete, die mit einem speziellen Clan in Verbindung gebracht werden. Wenn die Clane heute auch über keine lokale Basis verfügen, kennen die meisten doch eigentliche Kerngebiete, in denen sie bis heute sehr stark vertreten sind. Jedermann weiss, in welchen Landesgegenden welche Clane in hoher Konzentration vorkommen. So gibt es beispielsweise eigentliche „Abashubi"-, „Banyarwanda"- oder „Banyakarama"-Gebiete, in denen jeweils verschiedene Lineages desselben Clans oder Clansegmentes (*inzu*) vorkommen, deren Mitglieder ihre gegenseitigen genealogischen Beziehungen nicht bestimmen und auch ihre relative genealogische Position nicht kennen können.

In dieser historischen Dynamik lässt sich auch eine Erklärung für die Existenz sogenannter „Sub-Clane" oder Clansegmente sehen. Die Nachkommen einer einstigen regionalisierten Lineage können sich zu einer supraregionalen Namensgruppe ausgewachsen haben, die, ausser der gemeinsamen Abstammung und dem Prestige-Namen, nichts mehr verbindet. Solche relativ bedeutungslosen, breiten Kategorien konnten auch wieder zerfallen bzw. sich neu unterteilen, wenn ihnen im Rahmen der monarchischen Herrschaftsordnung neue Bedeutung zukam. Der Hauptgrund dieser inneren Spaltungen scheint in Distanzierungsbestrebungen im Rahmen der Clan-Rangordnung zu liegen; so gibt es in allen Fällen der von Rodegem (1965:83) genannten Clane (der Babanda, Banyakarama und Bongera) jeweils besser angesehene und in Verruf gekommene Untergruppen. Es sind wie gesagt vor allem die bedeutenderen Clane, die sich in mehrere Äste teilen (manchmal als *inzu*, „Häuser", bezeichnet[16]); oft tragen sie im Anhang an ihren Clannamen eine zusätzlich präzisierende Bezeichnung, die auf ihre soziale Stellung oder den Gründer dieses Zweiges hinweist. Eines der bekanntesten Beispiele sind die verschiedenen Äste des traditionsreichen Batutsi-Banyaruguru-Clanes der Banyakarama (Banyakarama-Mfyufyu, Banyakarama-Bashika, Banyakarama b'abacâciro, Banyakarama b'abakakara)[17]; dasselbe Phänomen findet sich bei grossen Hutu-Clanen wie den Bahanza, Bajiji und Bashubi. In anderen Fällen dagegen haben sich die anfänglichen Untergruppen vollständig vom Ursprungsclan abgelöst und einen neuen Namen angenommen (so die Abashungura, die wie gesagt ursprünglich zu den Abenengwe zählten, des weiteren auch all die degradierten Baganwa-„Äste", die aber einen Sonderfall darstellen – s. unten) (Gespräche 11, 73:6, 22, 27f; Meyer 1916:98-105, Trouwborst 1962a:133, Gorju 1938:54f, Siriba 1976:93). Es handelte sich dabei weniger um Segmentations- denn um eigentliche Fissionsprozesse, wenn wir unter Segmentation die Untergliederung der Gruppe bei Aufrechterhaltung der sozialen Beziehungen, unter Fission aber eine Abspaltung verstehen, die zu einer raschen Abnahme

[16] Es handelt sich dabei um keine einheitliche, durchgängige Bezeichnung; Trouwborst schreibt: „De telles 'branches' ont exactement les mêmes caractéristiques que les clans et sont appelés également des *imiryango*" (1962a:133).

[17] Auch bei den Batutsi-Bahima und den Batwa gab es je einen Clan namens Banyakarama; diese sind von den genannten Nyaruguru-Clanästen klar auseinanderzuhalten (cf. Bigangara 1986:39-41, Gorju 1938:54f, Rodegem 1965:83, 1970:331).

der sozialen Kontakte von der Splittergruppe zur „Stammgruppe" führt (Sigrist 1979:34f). In den meisten Fällen wäre es übertrieben zu sagen, dass es zu Spaltungen ganzer Clane kam. Die Tendenz zu Absplitterungen spielte vielmehr auf tieferen Ebenen, zwischen nur kleinen Clanfraktionen, und hauptsächlich innerhalb von Lineages. Trouwborst sieht diese Abspaltungen als eigentliche Fragmentierung und Desaggregation und schildert sie als den Rückzug eines Teiles einer Deszendenzgruppe (die nur einen kleinen Teil eines Clanes bildete), die die eigene Identität betonen wollte, und – zum Beispiel bei der Regelung eines Mordfalles – nicht mehr zu Solidarität bereit war (1965:179). Entscheidend war sicher auch, dass die nicht lokalisierte Lineage keine korporative Gruppe bildete und überhaupt nur unter Einschränkungen als Lineage bezeichnet werden konnte. Sie bildete keine distinkte Ebene von Gruppenorganisation zwischen Clan und lokalisierter Deszendenzgruppe. Die häufigen Absplitterungen von Lineageteilen führten zur Gründung neuer Lineages (und bald eben von Clanen), die im Unterschied zu segmentären Lineagegesellschaften schnell in beinahe jeder Hinsicht vollständig autonom wurden und kaum noch Beziehungen zur Ausgangsgruppe unterhielten.

Eine weitere Frage, die gerade gegenüber dem rwandesischen Gegenbeispiel (alle 18 Clane haben dort einen multi-ethnischen Charakter) Anlass zu vielerlei Spekulationen bot und viel Verwirrung gestiftet hat, ergibt sich aus dem Tatbestand, dass etliche Clane, die zu verschiedenen Ethnien gehören, identische Namen aufweisen. Auch das betrifft wieder vor allem die bedeutenderen und besser angesehenen Clane. Nach Rodegems Aufstellung (1965:84) finden sich zwei identische Namen bei Banyaruguru, Bahima und Batwa, vier bei Bahutu und Batwa und gar 23 bei Banyaruguru und Batwa.[18] Diese Parallelismen der Clannamen und „Namens-Bindungen" betreffen mithin in erster Linie, aber nicht ausschliesslich Twa-Clane (diese wiederum gehören oft, aber nicht immer, zu den bestangesehenen). Man kann zur Erklärung derartiger Parallelismen verschiedene Gründe anführen. Am häufigsten genannt wird eine „assimilation sociale", die zum Beispiel unter dem Einfluss eines *bugabíre*-Klientelabkommens zustande kam (Vansina 1972:193, Rodegem 1965:83, Keuppens 1964:12). Es kann sich dabei aber auch um weniger formelle Bande gehandelt haben, die aus einer langdauernden Anhängerschaft oder Allianz resultierten. Gerade bei Batwa-Gruppen, die sich oft in der Nähe von Batutsi niederliessen, mag es vorgekommen sein, dass diese mit der Zeit mit dem Namen ihres *shêbuja* bezeichnet wurden oder sich selbst damit bezeichneten; auch Keuppens nennt „Nachahmung" oder „Assimilation" als möglichen Grund für parallele Clan-Namen (1964:12). Weiteres ist darüber nicht bekannt. All diese Erklärungsversuche implizieren jedoch eine Vorannahme, die nie expliziert wird, sie aber nur plausibler macht: Die These nämlich, dass die Batwa als Wildbeuter ursprünglich gar keine unilinearen Deszendenzgruppen (weder eine Clan- noch eine Lineage-Organisation) kannten und sich solche erst im Verlauf ihrer zunehmenden Integration in die monarchische Gesellschaft herausbildeten, es sich mithin um eine ihnen erst später aufgestülpte Organisationsform handelt; somit teilen sie auch die grosse Mehrheit ihrer Clannamen mit denjenigen anderer ethnischer Gruppen. Ich möchte behaupten, dass hierin

[18] Es fällt auf, dass es zwischen Batutsi und Bahutu keinen einzigen Fall eines parallelen Clan-Namens gibt. Rodegem berücksichtigt (im Gegensatz zu Keuppens, a.a.O.) zu Recht nicht Fälle von sozialen Erhöhungen mittels der *kwîhutura*-Prozedur, die es Teilen von Hutu-Lineages nach über zwei oder drei Generationen fortgesetzten Heiratens von Tutsi-Frauen oder nach einer „Adelung" auf königliches Dekret hin erlaubte, „die ethnische Linie zu überschreiten" und zu Batutsi zu werden, ohne dass sie dabei ihren Clannamen änderten; bekanntere Beispiele dafür sind Teile des Bajiji-Clans, die seit längerem als Batutsi gelten, wobei aber niemand ihre ursprüngliche Zugehörigkeit zu vergessen scheint. Das war wohl auch der Grund, der Simons veranlasste, die „ethnische" Mobilität des *kwîhutura* als „Fabel" und „Legende" abzutun, wobei er ihre Ephemerität, wie sich heute noch zeigt, doch etwas überschätzte („La légende de l'anoblissement, créée par ceux qui ont intérêt à la voir s'accréditer, n'a que trop pris, même auprès des enquêteurs les plus qualifiés et il est temps, pensons-nous, de lui faire un sort. (…) Il s'agit donc bien ici d'une simple assimilation et non point d'un passage, impossible, d'une race à l'autre") (1944:169f).

der Hauptgrund der Clannamen-Parallelismen zu suchen ist. – Es sei schliesslich erwähnt, dass viele der Bahima-Clannamen Burundis auch in den Gebieten der ehemaligen nordöstlichen politischen Einheiten Ankole und Buhaya, ein Teil derjenigen der Banyaruguru dagegen in Rwanda verbreitet sind.

Heute sind in der Literatur über Burundi wie unter den Barundi selbst verschiedene Tendenzen der Unter- und Überbewertung der Realität des Clans, in der neueren Zeit auch seine künstliche Aufwertung und Neuinstrumentalisierung für politische Zwecke zu beobachten. Welche Bedeutung und welcher Wert kommt dieser sozialen Kategorie nun wirklich zu? Diese Frage kann nur für jede geschichtliche Epoche getrennt beantwortet werden. Die meisten Autoren vertreten die These eines weitgehenden Funktionsverlustes des Clanes über die Zeit hinweg. Nach Trouwborsts Meinung ist die Clan-Zugehörigkeit seit langem von rein symbolischer Bedeutung und vermittelt allein vage Statusangaben über die betreffenden Gruppen („gute" oder „schlechte Familie") (1965:179). Sicher jedoch ist der Clan immer noch eine soziale Realität von einem gewissen, wenn auch beschränkten Einfluss. „Pourtant les clans existent toujours, et on peut se réclamer de tel clan quand besoin il y a" (Nsanze 1988:1). Es ist übertrieben, mit Ntahombaye zu sagen, dass heute nur noch ein je gemeinsamer Name geblieben ist (1983:40). Mit diesem verbindet die jeweiligen Angehörigen die Vorstellung einer zumindest teilweise gemeinsamen Geschichte, wie rudimentär diese Kenntnisse heute auch sein mögen. Darüber hinaus bestimmt die Clanzugehörigkeit vor allem in ruralen Gebieten – in neuerer Zeit aber auch unter den regierenden Eliten, bei denen (in bester monarchischer Tradition, könnte man sagen) eine als künstlich zu bezeichnende Reaktivierung dieser alten Kategorisierungen festzustellen ist (Gespr.73:36) – neben anderen Kriterien den sozialen Status der Individuen und präferentielle Heiratsbeziehungen mit. Deszendenzgruppenzugehörigkeiten, denen gewöhnlich nur noch sekundäre Bedeutung beigemessen werden, werden dann betont und mobilisiert, wenn es für die Betroffenen nützlich und vorteilhaft sein kann (zum Beispiel, wenn man auf prestigereiche Beziehungen hinweisen und sich damit gegenüber älter eingesessenen Gruppen behaupten will; cf. das Beispiel der Tallensi in Kuper 1982:85). So wie in der traditionellen burundischen Gesellschaft die Zugehörigkeit zu gewissen Clanen Bedingung war für die Ausübung spezifischer Aufgaben im Ritus und an den aristokratischen Höfen (*ibango*-Chargen), so kann sie noch bis heute zur Ein- und Ausgrenzung dienen.

Clan-Hierarchie und monarchische Ordnung

Die Clane waren unter sich hierarchisch geordnet, eine Hierarchie, die in ihren groben Zügen bis heute bekannt ist. Die Clanrangierung, die neben der Hierarchie der ethnischen Gruppen und Untergruppen stand und diese in gewissem Mass überschneiden konnte, war eigentlich eine Klasseneinteilung, nach der den einzelnen Deszendenzgruppen die Prädikate „sehr gut" (*mwiza cane*), „gut", „mittelmässig" (oder „weder gut noch schlecht") oder „schlecht" (*imiryango mibi*) zugewiesen wurden.[19] Die Klassifikation war jedoch nicht sehr rigide, und es herrschte über sie nicht immer Einstimmigkeit; eine Gruppe mochte von den einen als sehr gut, von den anderen lediglich als gut klassiert werden, usw. (cf. Simons 1944:169, Rodegem 1965:76). Dasselbe gilt für die Rangierung innerhalb dieser Klassen. Die Rangfolge konnte sich über die Zeit hinweg verändern. In groben Zügen jedoch war die Ordnung unbestritten. Zuoberst standen die verschiedenen aristokratischen Ganwa-Äste, es folgten die aus der Aristokratie relegierten Bapfâsóni-Clane und die Tutsi-Banyaruguru-Clane der Benengwe, Bavubikiro, Banyakarama, Banyagisaka, Bahondogo, Basa-

[19] Burundische Autoren schreiben diese Kategorien-Bildung manchmal dem Einfluss europäischer Kolonialverwalter und Ethnographen zu (so Siriba 1976:88); ich tendiere eher dazu zu glauben, dass diese sie in den Köpfen der Leute selbst vorgefunden haben, was durchaus mit der „Hierarchiebesessenheit" der Barundi vereinbar ist (Gespr. 73:24).

pfu, usw.. Die Rangordnung wie ihre Dynamik bestimmten sich primär über die Beziehungen jedes Clanes zum monarchischen Zentrum, zur politischen Zentralinstanz, sowohl bezüglich der Vergangenheit wie der Gegenwart. Je dichter das Beziehungsnetz zum monarchischen Zentrum war, desto klarer war auch die hierarchische Position der betreffenden Gruppe festgelegt. Damit versteht sich, dass die Rangfolge am unteren Ende der Leiter verschwommener war. Ausser in Fällen einer ausdrücklichen Degradierung durch den Königshof (was meistens in der Folge eines bestimmtes Vorfalles geschah) war die Rangfolge der einzelnen Clane in diesem Bereich nur auf lokaler oder regionaler Ebene ausdifferenziert, während die grobe Klasseneinteilung von „nationaler", gesamtgesellschaftlicher Relevanz war.

Clans	total	très bons	bons	médiocres	mauvais
gánwa	10				
Tūtsi					
Abanyaruguru	43	19	19	5	-
Híma	31	7	10		14
Hútu	100	9	68		23
Twá	38	7	26		5
	222				

Tab. 3: Klasseneinteilung der Clane innerhalb der ethnischen Gruppen (Quelle: Rodegem 1965:87)

Die Beziehungen zum politischen Zentrum realisierten sich hauptsächlich über das *ibango*-Chargen- und Funktionen-System (cf. Kapitel 5.2). Als Anerkennung geleisteter Dienste und besonderer Machtpositionen erhielten die betreffenden Clane spezielle Hofchargen oder Pflichten gegenüber den aristokratischen Höfen zugeteilt, die sie von den anderen Clanen abhoben. Obwohl sich die dadurch festgelegten Aufgaben meistens nur auf bestimmte Lineages eines Clanes oder auf einen „Sub-Clan" (einen Clan-„Ast") bezogen, bestimmten diese doch den Status des gesamten Clanes, wobei es hier wieder deutliche interne Differenzierungen gab (s. oben). Bedeutung und Ansehen der einzelnen *ibango*-Chargen bestimmten den Rang der damit beauftragten Deszendenzgruppen. So standen die vier dem Königshaus frauengebenden Banyaruguru-Tutsi-Clane ganz oben, gefolgt von Clanen, die wichtige Hoffunktionen[20] versahen, und denjenigen, die für die zentralen Rituale der Monarchie verantwortlich waren.[21] Man kann auch sagen, dass die „besten" Clane diejenigen waren, deren Ahnen sich früher im Dienst für den Königshof ausgezeichnet hatten und als Belohnung dafür wichtige Funktionen in Verbindung mit dem Königshof zugewiesen erhielten (Trouwborst 1962a:135). Es lässt sich vermuten, dass die Monarchie bei der Funktionszuweisung ursprünglich der jeweiligen Bedeutung des betreffenden Clanes, die sich über Kriterien wie numerische Grösse, regionale Bedeutung, Matrimonialbeziehungen und Dauer der Ortsansässigkeit bestimmte, Rechnung zu tragen hatte. Stellung und Funktion vieler Clane wurden durch eine Anekdote legitimiert und festgehalten. So erzählte man von schlechten Clanen, wie ihre Vorfahren einst beim Mwami in Ungnade gefallen waren und ihre Nachkommen infolgedessen sehr bescheidene Aufgaben in seinem Dienst versehen.

20 Hauptsächlich die *Bakamyi*-Melker, *Bungere*-Hirten und *Batongore*-Herdenverwalter, die sich alle oft aus denselben einflussreichen Banyaruguru-Clanen rekrutierten, ferner die *Bakevyi*-Hofintendanten, die vor allem aus dem traditionsreichen Hutu-Clan der Bahanza stammten, etc.

21 Die wichtigsten Ritualisten rekrutierten sich aus Teilen der Hutu-Clane der Bashubi, Bavumu und Bajiji (vor allem aus deren Abiru- und Banyange-Ästen, die für die Bestattungen zuständig waren).

Da die Beziehungen zum monarchischen Zentrum ihre Dynamik kannten, gab es innerhalb der Rangordnung eine gewisse, wenn auch beschränkte Mobilität. Ein Clan konnte erhöht oder zurückversetzt werden, in seinem Einfluss steigen oder fallen. Zurückstufungen konnten die Folge sein von Auflehnung und Widerstand gegen das politische Zentrum bzw. von nur widerwilliger Einordnung und Unterwerfung, was manchmal zur Vertreibung und Ausrottung ganzer Clane auf obrigkeitliche Anordnung führte. In den mündlichen Traditionen werden solche Relegationen meistens über mangelhafte Pflichterfüllung oder ein Vergehen durch ein Mitglied des betreffenden Clanes legitimiert. Auf der anderen Seite richtete sich die Rangfolge der obersten Clane nach ihren momentanen Allianz- und Heiratsbeziehungen mit dem Königshaus. Ein Clan, und innerhalb von ihm die betreffende Lineage, die in einem gegebenen Moment eine besonders einflussreiche Königsgattin (oder auf niederer Ebene eine Prinzengattin) stellten, vermochten damit ihre Bedeutung zu erhöhen und eventuell über andere Allianzen auf längere Zeit abzusichern. Auf die besondere Bedeutung der dem Königshaus Frauen gebenden Clane wird noch gesondert einzugehen sein.

Durch die Clanhierarchie und ihre Begründung rechtfertigte sich ganz allgemein die gesellschaftliche Arbeitsteilung. Die Zuerkennung der verschiedenen Funktionen, Chargen und Abgabenpflichten (*ibango* und *inkuka*) erfolgte im allgemeinen innerhalb sehr weit gesteckter Grenzen und hielt sich an die wirtschaftliche Spezialisierung der ethnischen Gruppen. Es war dementsprechend selten, dass eine Funktion nur durch einen einzigen Clan ausgeübt oder ein Clan nur eine einzige Funktion erfüllen konnte. Auch bei bedeutenderen Chargen waren es oft ganze Clangruppen (zum Beispiel angesehene und traditionsreiche Hutu- oder Tutsi-Banyaruguru-Clane), aus denen die Inhaber rekrutiert wurden. Allgemein galt jedoch folgende Regel: Je bedeutungsvoller eine Aufgabe in diesem hierarchisierten Funktionen- und Chargensystem war, desto rigider und differenzierter waren die Kriterien der Zuteilung und der Rekrutierung der damit beauftragten Personen. So kamen Inhaber gewisser hoch angesehener und delikater Funktionen am Königshof (wie die Melker und, in etwas geringerem Masse, die Hof- und Küchenintendanten) und einiger religiöser, sakraler und ritueller Funktionen[22] oft aus einzelnen, näher bestimmten Clan-Segmenten und mussten darüber hinaus gewisse persönliche Charakteristika (Physis und Moral betreffend) aufweisen.

Allem Anschein nach erlaubte es dieses Rangsystem über die gesamte Gesellschaft hinweg jedem Clan, sich in einem gegebenen Moment gegenüber jedem anderen Clan hierarchisch ein-, über- oder unterzuordnen. Obschon die Barundi gern darauf hinweisen, dass sich auch ein Clan von bescheidenem Status in Beziehung zu jedem anderen situieren liess (so im Gespr. 73:24), ist in diesem Punkt Vorsicht geboten. Es ist wie gesagt davon auszugehen, dass die Abstufungen am unteren Ende nur in den wenigsten Fällen von überregionaler Bedeutung waren. Das heisst, sie präzisierten sich (immer in Funktion der Beziehungen zur herrschenden Klasse) nur im engeren regionalen Rahmen und kamen nur bei unmittelbaren Kontakten zum Tragen. So konnte die Clan-Hierarchie hier je nach Region differieren (Trouwborst 1962a:135). Die claninterne Hierarchie zwischen verschiedenen Segmenten und Subgruppen (immer neben denjenigen der Lineages) war vor allem bei den besten Clanen genau ausdifferenziert – und dementsprechend umkämpft. Die Rangfolge behielt hauptsächlich in diesem engeren Rahmen ihre Dynamik, und die nicht selten unterschiedlichen Ansichten über den präzisen Rang eines Clanes oder Clanastes widerspiegeln Rivalitäten und Konflikte.

Nsanze fand diese Bedeutung der Clane für die Bestimmung sozialer Hierarchien, Statuszuweisungen und Identitäten auch noch für den von ihm untersuchten Zeitraum (1875-1920) bestätigt:

---

[22] Neben den Verantwortlichen für die königlicher Bestattungen gehörten dazu die Vestalinnen der monarchischen Trommel, aber auch *Muka-Kiranga*, die Gattin Kirangas, die dem Mushubi-Clan angehören musste, und weitere Riualistinnen wie *Inabataramuka*, die Blitze vom Königshof fernhalten und zum Clan der Bahima-Bavejuru gehören musste (Nsanze 1980:48, 22).

„Au XIXème siècle et pendant le premier quart du XXème siècle, l'appartenance clanique était, pour les paysans burundais, le critère le plus courant d'identification sociale et politique. Sociale parce que chaque clan devait se définir, voire même se valoriser par rapport aux autres. Politique parce que le mwami et les aristocraties étiquetaient les sujets par les noms de leurs clans" (1986:9, cf. 1988:6).

Unter der Monarchie wusste zur vorkolonialen Zeit jedermann genauestens Bescheid über Pflichten, Funktionszuteilungen und Ruf der einzelnen Clane an den aristokratischen Höfen. Im Kapitel 2 wurde bereits auf die politische Bedeutung einer sich über die gesamte Gesellschaft erstreckenden Einordnung und Rangfolge von sozialen Einheiten hingewiesen. Die vorkoloniale monarchische Macht hat zeit ihres Bestehens nie aufgehört, sich zwecks einer wirksamen politischen Führung und Herrschaftsausübung an den Clanen und Lineages zu orientieren und sie als Bezugspunkt zu nehmen. Das wird bereits in zahlreichen Redewendungen deutlich. Das Sprichwort *umuryango umwe ntiwuriza umwami umurwa* (wörtlich: „Es kann nie ein einziger *umuryango* den Mwami in seinen Palast geleiten/begleiten", oder: „Es kann kein *umuryango* allein den Mwami inthronisieren"; s. Rodegem 1983:174, no. 2103, Nsanze 1988:6) weist darauf hin, dass man in einer früheren Zeit expressis verbis Wert darauf legte, dass bei der Königsinthronisation alle Deszendenzgruppen über Vertreter anwesend waren, um dadurch die Legitimität des Königs und ihre eigene Unterwerfung zu bestätigen.[23] Auch noch in einer späteren Zeit, als in erster Linie alle politischen Territorialführer und Regionalvertreter bei der Proklamation eines neuen Königs und beim jährlichen *muganuro*-Zeremonial anwesend sein mussten, galt als Usurpator der königlichen Macht, wer diese nicht alle zusammenbrachte. Ein zweites Sprichwort zeugt von der Bedeutung, welche die monarchische Zentralinstanz der Klassierung der Bevölkerung nach Deszendenzgruppen beimass: *Umwami akubaza umuryango ntakubaza ico warariye* („Der König fragt dich nach dem Namen deines *umuryango*, er fragt nicht, was du gegessen hast"; Rodegem 1983:60, no. 727, Nsanze 1988:6).

Die Einigung des monarchischen frühen Staates materialisierte sich über die „Funktionarisierung" der unterworfenen Clane und ihre entsprechende Klassierung; sie verwirklichte sich darin, dass ihnen innerhalb des neuen gesellschaftlichen „Überbaues" über das Abgaben- und *ibango*-Chargen- und Funktionensystem Rang und Aufgabe zugewiesen wurden (Nsanze 1988:6). Was sich ursprünglich offenbar nur auf den König bezogen hatte, bezog sich später auf die gesamte Ganwa-Aristokratie als herrschende Klasse. Gemäss diesem Rangsystem wurden Einfluss, Ehre und Ungnade immer auf den gesamten Clan als Kategorie übertragen, wie stark über die verschiedenen Landesteile verstreut und zersplittert er auch sein mochte: Ein Clan wurde als Ganzes zurückversetzt und massakriert[24] – ein Phänomen von „Gruppenhaft" und Globalisierung, zu dem Nsanze (1988:8) zu Recht bemerkt, dass es noch heute wirksam zu sein scheint. Diese Globalisierung wird zum Beispiel durch folgende Redensart illustriert: *Umuryambwa aba umwe agatukisha umuryango* („auch wenn nur ein einziger Hundefleisch isst, entehrt er damit seinen gesamten *umuryango*"; Rodegem 1983:154, no.1854, Nsanze 1988:8). Das könnte sich natürlich auch nur auf „*umuryango*-Lineage" beziehen; nach allem, was man weiss, betrafen gerade Erhöhungen in erster Linie nur einzelne Lineages. Zudem war es bei Degradierungen wie dargestellt möglich, die Hülle abzuwerfen und den nächstniederen Namen zum Clan-Namen zu erklären. Wichtig bleibt, dass für den Mwami ein Clan mehr war als nur eine Namenseinheit, deren Mitglieder ansonsten nichts verband. – Ich habe bereits darauf aufmerksam gemacht, dass die hier hervorgehobene Kategorisierung und Klassierung nach Clanen nicht diejenige nach ethnischer Zugehörigkeit ersetzte, sondern zu dieser hinzukam, sie weiter differenzierte und sie streckenweise überschneiden mochte.

---

23 Bei der Vagheit des Begriffes *umuryango* bleibt unklar, um wen alles es sich dabei handelte (zur fraglichen Existenz von Clan-Repräsentanten s. oben).

24 Solche Vorfälle waren aber auch privilegierte Momente von Segmentationen und Fissionen (in gewissem Masse sind auch *kwîhutura*- und *gutahira*-Prozesse dazu zu zählen).

Wenn wir uns für die Beziehungen der Clane zur Aristokratie interessieren, so müssen die Heiratsallianzen besonders hervorgehoben werden. Die mit der Aristokratie über matrimoniale Beziehungen verbundenen Clane waren zumindest unter Mwezi Gisabo die einflussreichsten überhaupt, und ihre Bedeutung mag früher sogar noch grösser gewesen sein. Sie scheint mir allgemein höher zu veranschlagen zu sein als diejenige der Clane, denen rituelle Pflichten oblagen. Matrimoniale Beziehungen zur Aristokratie eröffneten einen direkten Machtzugang. Den Ritualisten-Geschlechtern im engeren Sinn, denen man in ihren Gebieten eine weitgehend unangetastete politische Autonomie überliess, kamen im Vergleich dazu eher residuale Machtbereiche zu; das heisst nicht, dass gewisse Ritualisten – vor allem solche, die Seher-Funktionen einnahmen (*Bapfumu*) – nicht über einen unmittelbaren Zugang zu den Machtzentren und sehr direkten Einfluss auf die politische Entscheidungsfindung haben konnten.[25]

Wenn ethnische Gruppen und Untergruppen im allgemeinen endogam waren,[26] so verdient die Beziehung zwischen der Ganwa-Aristokratie und den Batutsi-Banyaruguru besonderer Beachtung. Wir haben gesehen, dass das Königshaus nur mit einigen ausgesuchten Clanen oder Clansegmenten der Banyaruguru Heiratsallianzen einging. Zur näheren Bestimmung dieser Bande ist es notwendig, kurz beim Begriff *Umupfâsóni* Halt zu machen und sich dessen Bedeutung, oder genauer: dessen verschiedene Bedeutungen und Anwendungen vor Augen zu führen. In den aus der postmonarchischen Zeit datierenden Arbeiten zur Geschichte Burundis – in denen sich der Einfluss der „Ecole historique burundo-française" immer stärker durchsetzte, bis diese Schule schliesslich unter der Protektion der burundischen Führungsklasse in den achziger Jahren eine hegemoniale Stellung erreichte – taucht der Begriff *Abapfâsóni* (sing. *Umupfâsóni*) immer unter der Bedeutung von Ex-Baganwa-Prinzen auf, die gemäss dem *gutahira*-Prinzip alle vier Generationen zu „einfachen Batutsi"[27] (Mworoha 1977:142, 1987:220) degradiert wurden. Wenn man jedoch allein diese Begriffsbedeutung sieht und sich für die anderen Aspekte nicht interessiert, verbaut man sich gerade die Möglichkeit eines tieferen Einblickes in die Herrschaftsstrukturen in ihrem Aspekt der Beziehungen der herrschenden Aristokratie zu ihren engsten Alliierten. Die weiteren Aspekte des Begriffes hervorzuheben, kommt dergestalt effektiv seiner Entmystifikation gleich (Nsanze 1988:9).

In einer zweiten – und vielleicht ursprünglichen – Bedeutung waren mit *Abapfâsóni* die auf matrimonialer Ebene mit König und Königshaus verbundenen Clane gemeint, von denen man als *imiryango y'abapfâsóni* sprach (Simons 1944:170, Rodegem 1965:84, Nsanze 1988:9,12).[28] Wie im

[25] Ich neige bei der Einschätzung des Einflusses der Ritualisten eher der Position Nsanzes (1988:9) als der Chrétiens und Mworohas zu (s. oben).

[26] Wir haben gesehen, dass auch die Ausnahme der *kwîhutura*–Fälle, in denen sich Angehörige angesehener und reicher Hutu-Lineages über zwei bis drei Generationen hinweg mit Batutsikazi verheiraten – nur selten zur allgemeinen Anerkennung eines Wechsels der ethnischen Zugehörigkeit führte.

[27] Eine – allgemein verbreitete – Formulierung, die je nach Standpunkt entweder als irreführend oder als „verräterisch" zu bezeichnen ist, da sie impliziert, dass es sich bei den Baganwa um „besondere/gehobene Batutsi" handelt. Siriba unterscheidet effektiv „trois façons d'être mututsi": durch Geburt, durch Verlust des Prinzen-Titels (*gutahira*) und durch „Adelung" (*kwîhutura*) (1976:67f). Wenn man die „dritte Art" gelten lässt (ich habe auf deren beschränkte Gültigkeit hingewiesen), impliziert das, dass es sich bei den „Batutsi" um ein sozio-kulturelles Amalgam sehr unterschiedlicher Gruppen handelt; bei den ersten beiden handelt es sich aber um dieselbe endogame Gruppe. Botte bemerkt dazu: „La structure des classes sociales au Burundi apparaît plus complexe, ou du moins plus raffinée idéologiquement, que dans d'autres royaumes de la région car les princes se disent d'une catégorie à part, ni hutu ni tutsi. Les faits sont plus transparents au Rwanda où les détenteurs du pouvoir, les Banyiginya, sont Tutsi; ou encore au Nkore, où les Bahinda sont des Hima" (1982a:288, n.43).

[28] Im weitesten Sinn meint *Umupfâsóni* „Schwiegersohn" oder gar jeden männlichen Affinalverwandten (Simons 1944:170, Rodegem 1965:84f, 1970:449, Trouwborst 1962a:136); nach all diesen Autoren handelt es sich hier um eine Ausdehnung des ursprünglich engeren, allein auf die Aristokratie bezogenen Begriffes.

Kapitel 2 erwähnt, nahm das Königshaus – und vorab der Mwami selbst – seine Frauen vornehmlich in den vier hochrangigen Tutsi-Clanen der Abenengwe, Abanyakarama, Abanyagisaka und Abahondogo.[29] Die Einengung auf vier dem Königshaus frauengebenden Clane scheint sich erst mit der Zeit herausgebildet und durchgesetzt zu haben (Nsanze 1988:7; Trouwborst 1962a:134). Man kann annehmen, dass die der Aristokratie frauengebenden Clane bereits vormonarchisch zu den einflussreichsten alteingesessenen Familien gehörten und das Herrscherhaus an Allianzen mit ihnen interessiert sein musste. Mehrere orale Überlieferungen sprechen zwar davon, dass sich die ersten Könige Burundis mit Frauen aus Hutu-Clanen verheirateten (vor allem mit Bahanza; Ghislain (1970:40) erwähnt speziell die Bajiji), und nach Rodegem gibt es kaum Zweifel daran, dass diese Clane frühere Herrschergeschlechter stellten. Ein gewisser Hinweis dafür liesse sich allenfalls darin sehen, dass bis zum Ende der Monarchie alle rituell-symbolischen Heiraten der Bami mit Hutu-Frauen vollzogen wurden.[30] Muss man sich vorstellen, dass eine aus Verbindungen zwischen früher dominanten Gruppen mit solchen, die neu an Bedeutung gewonnen hatten (d.h. nicht, dass diese neu eingewandert sein mussten!), hervorgegangene dynastische Aristokratie der Baganwa dem Einfluss der mächtigsten Banyaruguru-Gruppen Achtung zollen musste, indem sie ihre Frauen ausschliesslich unter ihnen wählte?[31] Die Regel, die Frauen innerhalb bestimmter Lineages oder weiterer Segmente der obgenannten vier Clane – gegen Ende des 19. Jahrhunderts zumindest wurden gelegentlich auch andere hoch angesehene Banyaruguru-Familien wie die Basapfu, Bakundo, Bashoka, Batsindagere berücksichtigt – zu nehmen, hatte sich auf jeden Fall derart eingebürgert, dass die Heirat des Prinzen Rwagasore 1959 mit einer Hutu-Frau viel Aufsehen und zum Teil Ablehnung erregte.

Wenn wir nun die beiden Bedeutungen des Begriffes *Bapfâsóni* vor uns haben, drängt sich die Frage nach den inhaltlichen Überschneidungen auf. Lässt sich sagen, dass es zwei verschiedene Arten von „Batutsi simples" (d.h. von Batutsi-Banyaruguru) gab, da die *Bapfâsóni* „erster Art" (d.h. die relegierten Ex-Prinzen) Wert darauf legten, sich von den anderen Banyaruguru zu unterscheiden (Gespr. 68:6f)? Durch das *gutahira*-Prinzip waren beim Antritt eines neuen Herrschers jeweils einige aristokratischen Lineages gezwungen, sich einen neuen Namen zuzulegen und sich dergestalt als selbständige Abstammungsgruppen zu konstituieren, die mit der Zeit den anderen Clanen assimiliert wurden; diese „Clane" sind als eigentliche „Produkte" und, in jedem Wortsinn, als Ableger der Aristokratie zu betrachten, der sie sich selbst weiterhin zugehörig fühlten (im Gegensatz zur offiziellen Sprachregelung fuhren sie fort, sich als Baganwa, zumindest aber als *Bapfâsóni* zu bezeichnen). Es kam wie gesagt zumindest gegen Ende des 19. Jahrhunderts (viele dieser „Clane" existierten vorher gar nicht) durchaus vor, dass die Aristokratie Frauen aus diesen Deszendenzgruppen – den Bavubukiro, Batsindagere, Bashoka, Bakundo, Bavuna, Basine, Basapfu, Bagani, Bashoma, Abenerwamba und wie sie alle heissen – nahm. Nsanze versucht zu zeigen, dass es sich bei den relegierten Prinzen und den Angehörigen der der Aristokratie Frauen ge-

---

29 Das monarchische Rwanda kannte eine vergleichbare Beschränkung auf vier traditionsreiche Tutsi-Lineages, die Bega, Bakono, Baha und Bagesera, insgesamt als *Ibibanda* bezeichnet (d'Hertefelt 1971:4).

30 *Mukakaryenda* und *Jururyikagongo* hatten immer Bahutukazi zu sein; ebenso war die Frau Kirangas, *Mukakiranga*, immer eine Hutu-Mushubikazi. Auch Nsanze sieht in diesem Faktum ein Indiz für eine frühere Bahutu-Dynastie (1988:10).

31 Nach Rodegem (persönl. Mitteilung) sprechen für die Annahme, dass die Batutsi die Bahutu mit der Zeit aus den dominanten Positionen zu verdrängen vermochten, auch eine ganze Reihe von Sprichwörtern, die alle in die gleiche Richtung lauten: „Wenn du den Heranwachsenden [den Neuankömmling, auch im sozialen Sinn als 'Arrivé' verstehbar] in dein Haus lässt, wird er zuerst dein Bett nehmen und dich binnen kurzem vor die Türe stellen" (1983:225, nos. 2709, 2710, auch p. 310, no. 3667). In Rwanda soll es an die 70 Varianten dieses Sprichwortes geben, und der kanadische Autor Crépeau versuchte nachzuweisen, dass mit den „eindringenden Gästen" die Batutsi gemeint sind (Crépeau, Pierre. 1981. The invading guest: Some aspects of oral transmission, pp. 86-110 in Mieder, W. (ed). The wisdom of many. Essays of the proverb. New York/London: Garland).

benden Clane – d.h. einem wichtigen Teil der Banyaruguru – in letzter Konsequenz um dieselbe endogame Gruppe handelte.[32] Es handelte sich hierbei nur um Differenzierungen in den Bezeichnungen je nach „konjunkturellem“ Status der Teilgruppen, und es lässt sich auf der Ebene der herrschaftsausübenden Gruppen durchaus von Endogamie sprechen, auch wenn diese von den Barundi nicht als solche angesehen wurde (Nsanze 1988:9-13). Je höher eine Gruppe stand, desto weniger strikt wurde die Exogamieregel beachtet. Wie gezeigt, grenzte die herrschende Oligarchie periodisch gewisse Teile von sich aus (die aber entgegen allem Anschein nicht automatisch vorbestimmt waren), was unter anderem herrschaftslegitimatorische Gründe haben mochte (Gespr. 68:7). Es lässt sich die These vertreten, dass manche (aber nicht alle!) Banyaruguru-Clane ursprünglich aus der Ganwa-Dynastie hervorgegangen sind. Nsanze trifft zwar diesen Sachverhalt, übertreibt jedoch dessen Ausmasse, wenn er schreibt:

> „Les Banyaruguru sont tous issus du clan dynastique mais ils se sont scindés en plusieurs lignages assimilés à des clans par leur ancienneté, et parmi ceux-là certains ont gardé des liens matrimoniaux avec le clan d'origine, restant des Bapfasoni au premier degré. (...)“ (Nsanze 1988:12; cf. Gespr. 68:5ff).

Die Bedeutung anderer Ex-Prinzen-Lineages nahm mit der Zeit stark ab, womit auch ihre *Bapfâsóni*-Qualität zunehmend in Vergessenheit geriet und in Frage gestellt war (Nsanze bezeichnet sie als „Bapfasoni au deuzième degré (...) devenus de simples Batutsi Banyaruguru“). Von einem solchen möglichen Schicksal hob sich scharf dasjenige der vier Banyaruguru-Clane der „Königsgattinnen-Lieferanten“ ab. Ihr Einfluss blieb während der gesamten monarchischen Zeit gewährleistet, und Nsanze hat hervorgehoben, dass sie der dynastischen Aristokratie in jedem Sinn alliiert waren. Ihre privilegierte Stellung äusserte sich darin, dass sie – in welchem Landesteil auch immer – die bevorzugten Sekundanten und Regierungshilfskräfte der Aristokratie waren und einen leichten Zugang zu Berater-, Batoni- und Bagendanyi-Funktionen hatten.[33] Dabei springt immer wieder das Beispiel der Banyakarama in die Augen.[34] Nach meinen eigenen Untersuchungen und Beobachtungen muss die Bestimmung der vier „erstrangigen“ *Bapfâsóni*-Clane nicht eine zufällige sein (ist es Zufall, dass all ihre Namen auch in Rwanda bekannt und somit kaum als „Eigenschöpfungen“ der Abkömmlinge der burundischen Aristokratie zu betrachten sind?). Es spricht einiges dafür, dass es sich bei Clanen wie den Banyakarama und den Benengwe, aber auch bei den Bahondogo und Banyagisaka, die beide auf nordöstliche Herrschergeschlechter zurückzugehen scheinen, um wichtige alte Batutsi-Gruppen handelt, die neben der Ganwa-Dynastie, die sich von Ntare Rushatsi ableitet, bestehen blieben und nicht als deren Produkte oder Ableger betrachtet werden können. Es lässt sich vermuten, dass es sich bei ihnen um alteingesessene Gruppen handelt, die in gewissen Gebieten in der prämonarchischen Zeit eine weitgehend hegemoniale Stellung eingenommen hatten und eventuell auch in langen matrimonialen Allianzen mit alten einflussreichen Hutu-Clanen wie den Bahanza verbunden waren. Hier kommen wir aber in den Bereich historischer Spekulationen, die sich bis heute nicht weiter abstützen und belegen lassen. Der Respekt, der den Tutsi-Segmenten der *Bapfâsóni* aufgrund ihrer privilegierten und abgehobenen Stellung zukam, zeigt sich an der Bedeutung des Begriffes *Umupfâsóni*, die ihm in der postmon-

---

[32] Hier stellt sich die Frage nach der Exogamieregel, und ab welchem Grad man einen Nachkommen der gleichen Vorfahren heiraten konnte. Gemäss der Übernahme einer neuen Bezeichnung durch die „gekappten alten Zweige“ wäre Heirat nach vier Generationen wieder möglich. Das wäre auch der früheste Moment für ein Lineage-Splitting; es entstehen dann, nolens volens, neue Lineages.

[33] Hinweise dafür lassen sich auch bei Botte (1982b:298, n.35), Nsanze (1988:14) und in den von Mworoha (1977:164-168) zusammengestellten Tabellen der Ivyariho und Bishikira finden.

[34] Es könnte sich dabei als von weiterem Aufschluss erweisen, die nähere Clansegment-Zugehörigkeit zu bestimmen – wer alles zum Beispiel zu den Banyakarama-Mfyufyu, die auch Königsgattinnen stellten, gehörte, etc.. Leider war mir das während meiner Feldaufenthalte nicht in dem Masse möglich, wie es notwendig wäre, um weitere Aussagen zu machen.

archischen Zeit geblieben ist: Man bezeichnet damit heute ganz allgemein eine Respektsperson, die sich durch die Erhabenheit ihrer Gesinnung auszeichnet (Nsanze 1988:14).[35]

Es zeigt sich, dass sich die durch die staatlich organisierte Gesellschaft geschaffenen Realitäten einer fein säuberlichen Kategorisierung und der Einordnung nach etischen Kategorien wie Lineage, Clan und Ethnie immer wieder entziehen, was verschiedene Probleme und Fragen aufwirft. Die Realität ist komplexer und dynamischer als die Schablone.[36]

Wenn wir nach diesen verschiedenen Exkursen die Verwandtschaftsstrukturen Burundis überblicken, so ist festzustellen, dass die hohe geographische Mobilität bereits im vorkolonialen Staat als unmittelbare Folge die Zerstreuung der Deszendenzgruppen hatte und die Tendenz zur Gründung neuer und die Aufsplitterung alter lokaler Deszendenzgruppen begründete. In allen Landesteilen leben Mitglieder vieler unterschiedlicher Clane und Lineages auf demselben Hügel, in zentralen Gebieten wie Kirimiro und Muramvya bis zu zehn verschiedener Clane. Die Mitglieder desselben Clans am gleichen Ort können zu vielen verschiedenen Lokallineages gehören. Trouwborst und Kayondi fanden während ihrer Untersuchungen Fälle von auf demselben Hügel lebenden Mitgliedern des gleichen Clans, die bis zu sechs verschiedenen lokalen Kleinlineages angehörten, deren genealogische Beziehungen – falls es solche gab – nicht bekannt waren. Nach meinen eigenen Untersuchungen handelt es sich bei dieser starken lokalen Durchmischung keineswegs um Ausnahmen, weder in zentralen noch in peripheren Gebieten.

Als weiteres Merkmal der Verwandtschaftsstruktur Burundis sticht hervor, dass es zwischen den lokalisierten Lineagekernen und den Clanen keine klar abgegrenzten, distinkten Verwandtschaftsgruppen gab. Wenn es aus Gründen wie Anschwärzungen, Verfolgungen, u.s.w. zu Abspaltungen von Clan- oder auch nur Lineageteilen kam, so verhielten sich die neu entstandenen „Subclane“ wie alle anderen Clane, nahmen dieselben Charakteristika an und etablierten sich auf derselben Organisationsebene (Trouwborst 1965:179). Solche Prozesse waren aber eher selten und nicht regelmässig. Wie gesagt, bildete die nicht lokalisierte Lineage keine korporative Gruppe und Organisationsebene; abgesplitterte Deszendenzgruppenteile wurden schnell ganz autonom und behielten nur noch vage Erinnerungen an ihre Herkunft. Trouwborst (1965:179,182) versucht die Fluidität und „Leichtflüssigkeit“ von Burundis Verwandtschaftsstruktur und die Abwesenheit länger dauernder Segmentation (der Bildung stabiler Untergruppen) auf den verschiedenen Ebenen teilweise mit den Folgen der hohen geographischen Mobilität zu erklären. Diese gehobene Migrationsrate kann auch erklären, wieso regelmässige Heiratsbanden zwischen verschiedenen Lokalitäten die Ausnahme waren.

---

[35] Wenn im heutigen offiziellen Diskurs der Einheitspartei UPRONA mit *Bapfâsóni* ganz allgemein „die Frauen“ (die im Prinzip alle Parteimitglieder sein sollten) umschrieben und angeredet werden, handelt es sich dabei lediglich um eine Höflichkeitsformel („die Ehrenwerten“), die mit der früheren Bedeutung nichts mehr zu tun hat (ein weiteres Beispiel von Übernahme und Verfremdung eines Elementes des alten monarchischen Kodes und Diskurses).

[36] Wenn die Barundi selbst lediglich von „Deszendenzgruppen“ sprechen und nicht nach „Lineages“ und „Clanen“ unterscheiden, darf das natürlich nicht heissen, dass man die emischen Kategorien auch als etische zu benutzen hat (zu dieser in der Ethnologie allgegenwärtigen Gefahr s. Amselle 1985:42, Balandier 1976, aber auch Vansina (1980:135, zitiert in Amselle 1985:35, n.25) mit seinem im Vergleich zur burundischen Situation umgekehrten Beispiel: „Le cas des 'lignages' et des 'clans' est pourtant assez semblable à celui de l''ethnie'. Mais on a eu tendance à voir dans ces notions des expressions de réalités sociales invariables. Pourtant ces concepts et surtout les constructions faites à partir de ces concepts sont des idéologies. Comme toutes les idéologies, celle qui se fonde sur le lignage segmentaire ou sur le clan ne correspond pas à l'organisation sociale vécue, mais elle l'a influencée. Elle exprime plutôt ce qui devrait être et non ce qui est“).

4.2 Residenzeinheiten und Haushalte. Beziehungen zwischen Geschlechtern und Altersgruppen

Wenn wir unseren Blickwinkel verengen, so finden wir an der Basis der Gesellschaft zwei soziale Einheiten, die die Konzeption der Autorität *ubukuru* stark beeinflussen. Es handelt sich dabei um das Familiengehöft *urugó*[37], das als die kleinste und eigentliche Residenzeinheit zu betrachten ist, und den Haushalt *inzu*[38]. Ein Haushalt besteht normalerweise aus einer Nuklearfamilie, aus den Eltern (oder zumindest einer Frau) und ihren Kindern. Ein Rugó kann aus einem oder mehreren Haushalten bestehen. Er setzt sich zusammen aus dem Vater, dessen Gattin(nen) und Kindern, und allenfalls den Ehefrauen jung verheirateter Söhne; falls diese bereits Kinder hatten, konnten auch Angehörige dreier verschiedener Generationen im gleichen Rugó leben. Die Residenzeinheit kann neben der Verwandtschaftsgruppe allenfalls noch einige ihr angeschlossene *Bashumba*-Knechte (landlose „Verproviantierte"; cf. Botte 1974:612, 618) umfassen. Wie diese *Bashumba* wohnen die heiratsfähigen oder jung verheirateten Söhne meist in einem eigenen Wohnhaus in einer Ecke des väterlichen Kraals oder in einem angebauten Aussenhof. Damit erhält die Residenzeinheit ihr typisches, trauben- oder wabenförmiges Äusseres. Die Anzahl der Aussenhöfe gibt ein erstes Indiz für die lokale Bedeutung der betreffenden Residenzeinheit. Der Rugó hat auch eine rechtliche Existenz: Er verfügt über die Gesamtheit der ihm angeschlossenen ökonomischen Güter (wobei es sich um eingeschränkte Verfügungsrechte innerhalb des Lokallineagebesitzes handelt). Während die Konjugal- oder Nuklearfamilie keinen spezifischen Namen trägt und ihr kein Verwandtschaftsterminus entspricht[39], wird der Rugó immer nach dem Namen des Familienvorstehers bezeichnet, was auch dann gilt, wenn Söhne bereits eigene Kinder haben, aber noch innerhalb dem oder direkt angeschlossen ans eigentliche Familiengehöft wohnen; so sagt man: *Ni uwó kwa nâká* ..., wörtlich: „es ist derjenige von dem und dem ..." *(c'est celui de chez un tel)* (Ntahombaye 1983:38f; Verbrugghe 1969:8f). Verbrugghe bemerkt zu Recht, dass die Kleinfamilie seit einigen Jahrzehnten dazu tendiert, die lokale Kleinlineage zu ersetzen.

Obwohl es möglich ist, die beiden Einheiten *inzu* und *urugó* gemeinsam zu betrachten, da sie den gleichen Autoritätsstrukturen unterworfen sind, ist es doch wichtig, sie auseinanderzuhalten. Die auf dieser Ebene vorherrschenden Autoritätsbeziehungen sind vor allem auf die Machtbeziehungen zwischen den Geschlechtern und Altersgruppen hin zu untersuchen. Ich werde diese nicht vollumfänglich beschreiben, sondern nur einige uns im Rahmen der Themenstellung dieser Arbeit interessierende Elemente erörtern.

---

[37] In der Pluralform *ingó*, zu übersetzen mit Gehöft, Hof, 'Kraal'; im engeren Sinn: Umzäunung. – Wenn ich in den folgenden Unterkapiteln das Präsens verwende, handelt es sich dabei, wenn nicht weiter präzisiert, nicht nur um ein ethnographisches/historisches Präsens, sondern bedeutet, dass die beschriebenen Verhältnisse bis heute Bestand haben.

[38] *Inzu*, wörtlich *Haus*, wird von verschiedenen Autoren auch als Bezeichnung für die Kleinlineage (lignage mineur) verwendet (so Verbrugghe 1969:10; Nzirorera 1977:12), ein Gebrauch, der m.E. zu sehr an den nicht direkt auf Burundi übertragbaren rwandesischen Verwandtschaftsstrukturen orientiert ist (cf. z.B. d'Hertefelt 1971:3ff). In Burundi wird dieser Begriff in Bezug auf Verwandtschaftsstrukturen gemäss meinen Untersuchungen weitgehend unspezifisch verwendet und noch am ehesten zur Bezeichnung von ganzen Clansegmenten verwendet.

[39] Das ist in einem unilinearen Deszendenzsystem durchaus üblich. Die Ehefrau bleibt der agnatischen Familie (Patrilineage) gegenüber, in die sie eingeheiratet hat, weitgehend fremd und in mehrerer Hinsicht ihrer Herkunftsfamilie verbunden. „En effet, s'il est vrai que la femme entre dans la famille de son mari, elle ne fait pourtant pas partie de la parentèle de celui-ci, car, à certains égards, elle reste attachée à sa famille d'origine. C'est ce qui explique que tous ceux qui descendent d'un ancêtre commun, fussent-ils parents très lointains, sont toujours préférés au conjoint qui reste étranger à la famille agnatique. La famille patriarcale est unie par des liens plus juridiques que naturels. Il en était ainsi à Rome, où la parenté par le sang (cognatio) était placée à un rang inférieur à celui de la parenté civile (agnatio) résultant, par exemple, d'adoption" (Verbrugghe 1969:9).

Einem Gehöft (und damit implizit auch einem Haushalt) steht der *Sêrugo* oder *Nyenurugo* vor, der „Vater" oder „Besitzer des Hofes", kurzum der Hof- und Hausherr. Manchmal nennt man ihn auch *Mukúru mu rugó*, „Hofvorsteher" (Habonimana 1977:22). Seiner Autorität unterstehen sowohl seine Ehefrau(en), die Kinder, wie auch allfällige Bashumba-Knechte und alle Güter und Besitztümer der Familie[40]. Man spricht von ihm als *Sênaká* (term of reference), bei Rodegem übersetzt mit „Hausherr, Familienvater" (1970:273). Unter seiner Führung steht das gesamte Familienanwesen *itôngo* (Habonimana 1977:38). Der gleiche Titel *Sênaká* wird übrigens auch für Kiranga und den Mwami benutzt. Der *Sêrugo* ist immer ein Mann: der Familienvater und Ehemann. Jeder verheiratete Mann wird *Umugabo* genannt, was sowohl „Mann", als auch „Gatte", und in erweiterten Bedeutungen „Persönlichkeit, respektierter Mann, Krieger, Konfliktregler" meint und dem römischen *vir* nahekommt (Rodegem 1970:95; Habonimana 1977:36). Etymologisch gesehen stammt *Umugabo* vom Verb *kugaba* ab, das in seiner Doppelbedeutung sowohl „geben/besitzen" wie auch „befehlen/herrschen" meint. So bedeutet *kugaba urugó* „für das Familiengehöft verantwortlich sein/es führen". *Umugabo* ist wörtlich „derjenige, der die Handlung des *kugaba* vollzieht" und bedeutet soviel wie „derjenige, der sich Gehorsam und Respekt zu verschaffen weiss". Da der Begriff auch persönliche Eigenschaften anspricht (furchtlos, mutig, kräftig), kann er in Übertragung auch auf eine Frau angewandt werden. Wie bereits gesehen, durchziehen die im Kirundi zahlreichen Ableitungen des zugrundeliegenden Wortstammes *-gab-* alle Bereiche, in denen Macht und Autorität im Spiel sind (cf. Habonimana 1977:36f). Ein *Umugabo* ist per Definition ein verheirateter Mann – einer, der andere hat, die seiner Autorität unterstehen und für die er verantwortlich ist. In der Kleinfamilie verkörpert er die Autorität.

4.2.1 Geschlechterbeziehungen

Gehen wir an dieser Stelle einen Moment lang auf die Machtbeziehungen zwischen den *Geschlechtern* ein. Betrachten wir zuerst die Geschlechterrollen und die mit ihnen verbundenen sozialen Perzeptionsmuster. Der *Umugabo* hat zu seiner Seite als Partnerin seine Gattin, *Umugore* oder *Inárugó* genannt („Hof-, Hausherrin, Familienmutter") – sie ist diejenige, die die Kinder gebärt und die Familie vergrössert (*kugoreka*, „fruchtbar sein, wachsen"). Die Frau nimmt gegenüber dem Mann einen untergeordneten Status ein, sie untersteht seiner Autorität. Die Kinder gehören der Lineage des Vaters an – mit der Überreichung der Brautgabe erwirbt er das ausschliessliche Recht über die „Früchte" der Frau, und eine Heirat wird erst ab diesem Moment als legitim erachtet. Eine Frau kann nie in Gegenwart ihres Mannes auf eine Rede antworten: Bis heute sind Frauen mit traditioneller Erziehung peinlich berührt und gehemmt, wenn sie in der Öffentlichkeit und hauptsächlich vor Männern etwas gefragt werden und das Wort ergreifen sollen. Das lässt sich selbst bei Zeugeneinvernahmen in Rechtsangelegenheiten beobachten. Der Mann vertritt die Frau in der Öffentlichkeit in jeder Hinsicht. Die Frau konnte auch nicht den lokal bedeutungsvollen *Mushingantahe*-Status erwerben – *nta intahe y'umugore* („es gibt keinen Rechtssprechungsstab der Frau"), wie das Sprichwort sagt. Da es die Männer sind, die in die Öffentlichkeit gehen, ist auch Handel und heute jegliche Lohnarbeit vorrangig ihre Angelegenheit. Wenn die Frau über keine öffentliche Autorität verfügt, was im Zusammenhang mit der Patrilinearität und Viripatrilokalität zu sehen ist, so übt sie doch eine wichtige häusliche Autorität aus. Der aus der Viripatrilokalität erwachsende Vorsprung des Mannes wird deutlich in der Aussage eines von Habonimana zitierten – männlichen – Informanten: „Würdest du dich dominieren lassen, wenn du es bist, der sie bei dir aufgenommen hat? Schliesslich hast du die Brautgabe überreicht und sic ist zu dir auf deine Böden gekommen" (1977:46). Die in vielen Sprichwörtern beschworene Autoritätslosigkeit der Frau (s. Habonimana 1977:42ff; Rodegem 1983) steht in klarem Widerspruch und wird relativiert durch

40 Wenn hier von *Familie* ohne weitere Präzisierung die Rede ist, wird darunter immer die Nuklearfamilie verstanden.

ihren höchst wichtigen wirtschaftlichen Beitrag zum Unterhalt der Familie, die hauptsächlich von ihrer Arbeit abhängt. In häuslichen Angelegenheiten hat sie denn auch ein wichtiges Wort mitzureden, und keine wichtige Entscheidung fällt ohne ihren vorherigen Rat. Habonimana beschreibt die Ehefrau als diskrete Beraterin (1977:44). Die Konsultationen zwischen den Ehepartnern finden vor allem abends anlässlich ihrer gemeinsamen Mahlzeit statt. Es wäre aber unschicklich, wenn eine Frau ihren Einfluss öffentlich zur Schau stellen würde. Nach meinen Beobachtungen ist es noch heute so, dass die Frau die Kontrolle und Verantwortung über den oder die Speicher hat; sie ist es auch, die für die Sicherstellung des Unterhalts der Familie verantwortlich ist. Wenn anlässlich eines Besuches ein Geschenk in Form von Nahrung überbracht oder einem Besucher ein solches mitgegeben werden soll, entscheidet sie über dessen Umfang und holt es aus dem Speicher, während der Mann es sein mag, der es übergibt (transportiert wird es aber von den Frauen; für Bier gelten spezielle Regeln, s. Trouwborst 1970). Die Frau als diejenige, die für die Ernährung der Familie zuständig ist, ist die Verwalterin der Speicher, auf die der Mann ohne ihre Zustimmung keinen Zugriff hat (Nsanze 1980:4f). Wie ein Informant Nsanzes berichtet, mag das für einige Männer Anlass genug gewesen sein, über eine eigene, spezielle *icibare*-Feldparzelle zu verfügen, die sie in alleiniger Verantwortung verwalteten und (manchmal aber unter Mithilfe der Frau) bestellten, d.h. deren Ertrag von weiteren familiären Verpflichtungen ausgenommen war und etwa dem Ausgeben von zusätzlichem Bier an Freunde diente (ibid., cf. Kapitel 3.3).

Die Rolle des Mannes ist klar umschrieben. Ein echter Mugabo ist nicht häuslich – auch seine Frau besteht darauf, dass er zu den Nachbarn und anderen Bagabo konversieren und debattieren geht. Derartige Kontakte stellen im ländlichen Raum ein zentrales und oft das einzige Kommunikationsmittel dar und haben somit einen wichtigen lokalpolitischen Aspekt. Es geht nicht nur darum, über die Entscheide der übergeordneten politischen Autoritäten orientiert zu sein, sondern vor allem auch, möglichst viele Informationen über die komplexen sozialen und politischen Beziehungsgeflechte im kleinen Rahmen mitzubekommen; „Klatsch" ist von Bedeutung beim Einleiten von Intrigen und beim Streuen von Gerüchten, und ebenso, um von solchen zu hören und auf sie einwirken zu können – es geht um ein Liefern und Aufnehmen von Informationen. Symbole der männlichen Autorität sind die Eingangspfosten des Hofes (*ibikingi*), Stier (*impfizi*) und Lanze (*icúmu*) (Habonimana 1977:57). Es wird deutlich: Der Mann steht zwischen Haus und Öffentlichkeit, er hat ihre Verbindung zu gewährleisten und die Familie nach aussen zu vertreten. Er ist für Schutz und Verteidigung der Familie zuständig. Ausserhalb seines Hofes trägt der Mugabo immer seine Lanze mit sich, was in einer kriegerischen und leicht zu Gewaltanwendung neigenden Gesellschaft seine Bedeutung hatte. Alle männlichen Besucher hatten am Hofeingang ihre Lanzen abzugeben. Es gibt zahlreiche Sprichwörter, die darauf hinweisen, das ein Hof ohne Mann als führer- und verteidigunslos und als der Verachtung preisgegeben gilt (s. Rodegem 1983, nos. 3214-3222, u.a.m.). Wenn einem Mugabo Vorrechte zukommen, so bedeutet das auch, dass er die Pflicht hat, alle Regeln und Normen besonders strikt einzuhalten. Ansonsten kann er verschiedenen Sanktionen unterworfen werden. Bei einem Verstoss gegen die Regeln der Vater-Tochter-Beziehung zum Beispiel kann er vom Rang der *Bagabo* (der Bashingantahe) ausgeschlossen werden; das kann verschiedene Sanktionen beinhalten und vom Entzug des Rechtes, mit den anderen zu trinken, bis zur vollständigen Wegweisung gehen (Habonimana 1977:61).

Wenn Habonimana die Geschlechterbeziehungen in der traditionellen Gesellschaft charakterisiert mit: „l'homme est toujours celui que commande, domine et ordonne. La femme est celle qui écoute, exécute et se soumet" (1977:76), so umschreibt er vor allem das öffentlich Vorgelebte.

> „C'est l'homme qui paye la dot, prend l'initiative de fonder un foyer, contrôle toute la propriété et tous les biens de la famille et en assure la défense. C'est lui qui a droit à la parole en public, devient *umushingantahe*, participe à la guerre, s'en va à la cour royale, contacte les grands du pays" (ibid.).

Sicher können wir die burundische Gesellschaft als deutlich viripatrizentriert charakterisieren. Während der Kolonialära hat sich der Vorsprung des Mannes im öffentlichen Bereich noch vergrössert durch die neu wichtig werdende Schulbildung, die lange Zeit beinahe ausschliesslich Knaben offenstand. Die traditionelle Mentalität, die auf diesem Gebiet noch bis in jüngster Zeit weit verbreitet war, erlaubte den Mädchen nur in Ausnahmefällen den Schulbesuch – sie haben sich um Haus und Felder zu kümmern. Im Gegensatz zu den Knaben galt es für sie als unschicklich, ohne Begleitung in der Öffentlichkeit zu erscheinen. Sie wurden als *Abanyakigo* bezeichnet, als „diejenigen des Hinterhofes/die im Hinterhof zu bleiben haben". Dass Heirat für sie bis heute wichtiger als Schulbildung angesehen wird, kommt in der Redensart zum Ausdruck: *Idipolome y'umukobwa n'umugabo* („das [einzig wichtige] Diplom des Mädchens ist der Mann"). Die Auffassung der Geschlechterrollenteilung ist hier klar von Agrikultur und ländlichem Lebensmilieu geprägt geblieben. Man darf den Status der Frau aber auch im traditionellen Umfeld nicht unterbewerten. Obwohl es etliche abwertende, die Unterlegenheit der Frau ausdrückende Redewendungen gibt, hat die Frau in Burundi doch nicht erst seit dem 3. März 1967, als die „Union des Femmes Burundaise" (U.F.B.) als in die Einheitspartei integrierte Bewegung geschaffen wurde, eine – vor allem als Mutter – respektierte und anerkannte Stellung mit beträchtlichem Einfluss im häuslichen und landwirtschaftlichen Bereich inne. Die Position der Frau wurde bereits in der traditionellen Gesellschaft gerade im lokalen Bereich durch ihre zentrale Stellung in der Produktion – sie war es immer, die den Grossteil der landwirtschaftlichen und häuslichen Arbeiten verrichtete – und in der sozialen Reproduktion mitbestimmt. Sie verfügte immer über die Scheidungsmöglichkeit und konnte unter Umständen auch den Hof ihres Vaters oder verstorbenen Mannes führen. Im Bereich von Religion und Magie konnte sie vornehmlich in fortgeschrittenem Alter Positionen von beträchtlicher Autorität erwerben[41], und im Ritualbereich nahm sie auch auf nationaler Ebene einige der wichtigsten Positionen ein (s. oben). In diesem Zusammenhang ist erwähnenswert, dass eine der bedeutendsten Aufstandsbewegungen während der Kolonialzeit von einer – als „sorcière" bezeichneten – Frau angeführt wurde (die Revolte der Inamujandi; s. Chrétien 1970:1681). Frauen aber, die auch im politischen Bereich über grossen Einfluss und formale Macht verfügten, wie das auf die Königinmutter (*Mugabekazi*), die Schwestern und Gattinnen des Mwami oder der Prinzen zutraf, sind eine Ausnahme, und sie vermochten das allein kraft ihrer Zugehörigkeit zur Aristokratie. Es gibt zwar – oft zitierte – Beispiele anderer Frauen, die ebenfalls ein Territorialkommando innehatten; in der Regel wurde ihnen ein solches aber nur nach dem Tode ihres Gatten als dessen Platzhalterin zugestanden.[42]

4.2.2 Beziehungen zwischen Altersgruppen

Wenn wir die Beziehungen zwischen den *Altersgruppen*, so wie sie sich im kleinen innerhalb eines *urugó* zeigen, anschauen, sind folgende Punkte erwähnenswert. Die Beziehungen der Kinder zu ihren Eltern wie allgemein zu Angehörigen einer älteren Generation sind immer Beziehungen von Respekt, Gehorsam und Unterordnung. Die Eltern sind stets auf die Einhaltung und Respektierung einer gewissen Distanz bedacht; nach dem kulturellen Ideal sollten sie als Erzieher und Vormund in einem nicht auf einen zu hohen Grad an Familiarität hinwirken. Die Beziehungen über drei Generationen, zwischen Grosseltern und Enkeln, sind im allgemeinen entspannte Scherzbeziehungen. Der Vater ist erste Autoritätsinstanz. Die Kinder gehorchen ihm spontaner, der Mutter aber lieber, wie Habonimana bemerkt (1977:63). Selbst Blick und Stimme des Vaters gebieten Respekt. Vom Knaben wird erwartet, dass er sich mit seinem Vater identifiziert, während die Tochter ihm mit viel Scham zu begegnen hat. Alle weiteren Aszendenten der väterlichen Linie,

---

[41] Frauen konnten sowohl die Kiranga-Rolle übernehmen wie auch respektierte Magier- und Heilerinnen sein.

[42] Das bekannteste Beispiel ist das Inagiswaswas, der Frau des in der Gegend Muramvyas regierenden Muganwa Giswaswa; s. Visage du Burundi, 1974:68-75: „Moi, femme, j'étais chef".

d.h. die Onkel väterlicherseits, haben über die Kinder eine ebenso grosse Autorität wie der Vater selbst. Bei Abwesenheit oder Tod des Vaters ersetzen sie ihn. Falls es keinen in der Nähe lebenden Onkel gibt, der diese Aufgabe übernehmen kann, springen Nachbarn oder ein lokaler Mushingantahe ein. Jede Familie bedarf der Führung eines Mannes, ansonsten die Familie schnell an Einfluss und Prestige verliert und Instabilität, Zerwürfnis und Verstreuung preisgegeben ist – wer sollte sie schon schützen und nach aussen vertreten? Jeder *Sêrugo* ist darauf bedacht, noch vor seinem Ableben einen Nachfolger seiner *bugabo*-Autorität zu bestimmen. Dieser Haupterbe der väterlichen Gewalt und Würde wird als *Samuragwa* bezeichnet. Oft handelt es sich bei ihm um den erstgeborenen Sohn. Männliche Kinder werden weiblichen klar vorgezogen, da nur sie den Fortbestand der Familie und Hofgemeinschaft sichern, und so ist die Geburt des ersten Sohnes ein besonders freudiges Ereignis (Habonimana 1977:57, 65).

Der *urugó*-Chef und Vater bestimmt seinen Nachfolger *Samuragwa* offiziell gegen Ende seines Lebens, wenn er die Wahl auch schon lange vorher getroffen haben mag. Das impliziert zweierlei. Zuerst heisst das, dass in der Regel der älteste Sohn als voraussichtlicher Nachfolger seines Vaters besonders sorgfältig erzogen und auf die Übernahme und Ausübung der Verantwortung eines *Sêrugo* vorbereitet wird. Er wird oft vor allen anderen Kindern gefördert, so weit, dass er nicht selten einen frühreifen Eindruck macht. Falls er aber nicht die erhofften Qualitäten zeigt, wird ein beliebiger anderer Sohn, selbst der jüngste, als *Samuragwa* eingesetzt. Vor allem in der neueren Zeit, in der Qualifikationen der Aussenwelt eine überragende Bedeutung gewonnen haben, ist die Regel der Primogenitur von geringerer Bedeutung; heute wird oft der Sohn mit der besten Bildung oder der höchsten Stellung zum Haupterben ernannt. Dass die Bedeutung des *Samuragwa* nicht nur in der Regelung familieninterner Angelegenheiten liegt, wird dadurch deutlich, dass seine Wahl und Einsetzung offiziell den lokalen Notabeln und politischen Autoritäten – früher dem Icariho und Sous-Chef, heute dem Chef de collines – bekanntgegeben wird. Der *Samuragwa* ist auf eine gewisse öffentliche Anerkennung angewiesen. Nachdem er wenn immer möglich bereits vor dem Ableben des Vaters bestimmt und den anderen Lokallineageältesten vorgestellt worden ist, wird er am Tag der „Levée de deuil", dem Ende der Trauerzeit um seinen Vater, in sein Amt eingesetzt, was durch die Ausgabe von viel Bier „ratifiziert" wird (Trouwborst 1970:149, Habonimana 1977:68). Bei der Wahrnehmung seiner Pflichten kann er auf den Beistand aller Lokallineageältesten zählen. Er steht dem engeren Familienrat vor, der für die Regelung interner Differenzen zuständig ist, und vertritt seinen Rugó nach aussen. Eine Frau kommt als *Samuragwa* dann in Frage, wenn keine Söhne vorhanden sind; sie lässt sich in diesem Fall mit ihrem Ehemann gewöhnlich auf Vaters Gut nieder. Ein Familienvorsteher kann genauso wie eine Tochter auch einen Enkel als „Sohn" mit allen dieser Qualität entsprechenden Rechten einsetzen (Verbrugghe 1969:13). Wie der Vorsteher der lokalen Deszendenzgruppe im grossen, ist der *Samuragwa* im kleinen für die Überlieferung der Familiengeschichte und -genealogie verantwortlich. Ihm (oder unter Umständen ihr) allein werden diese in grosser Diskretion anvertraut; schliesslich geht es dabei um wichtige lokalpolitische Fakten, die zum Beispiel Anspruch auf Boden rechtfertigen oder intra- oder interfamiliäre Beziehungen erklären können – ihre zu nahe Kenntnis durch ihr Öffentlichwerden könnte der Familie schaden und gegen sie verwendet werden, mag es darin doch gewisse Manipulationen und dunkle Punkte haben (Gespräch 75). Was Pflichten und Rechte der Lokallineageältesten auf einer höheren Ebene sind, sind hier diejenigen des *Samuragwa* im kleinen: Ratgeber und Konfliktschlichter im Inneren, Beschützer und Interessenvertreter nach aussen (Habonimana 1977:72).

Zwischen den Altersgruppen herrschen ausgeprägt hierarchische Beziehungen. Jeder Jüngere schuldet dem Älteren Respekt und bleibt ihm schon aufgrund des Alters nachgeordnet. Das gilt bereits unter den Kindern und bleibt ein Leben lang auch innerhalb der gleichen Altersgruppe und -stufe so. Natürlich können andere und wichtigere Hierarchiekriterien hinzukommen und diese Ordnung umstossen. Wie tief verankert Autorität kraft Alter allgemein ist, zeigt sich in Sprichwörtern wie: „Wer die Sonne vor den anderen gesehen hat, ist ihres Respektes würdig" (*uwabunye izuba abandi ni we yama yubahwa gusumba*; *kubónera izûba umuntu*, „die Sonne vor dem anderen gesehen haben"), oder: „Die Schulter kann zwar wachsen, nie aber den Nacken überragen" (*igitútu kirakúra ntígisumba izosi*) (Habonimana 1977:62, 66, Gspr. 15). Älter sein als jemand anderes, was auch immer bedeutet: eine gewisse Autorität über diese Person haben (obwohl das für sich allein genommen ein ziemlich schwacher Faktor ist), wird im Kirundi auch mit der Redensart „den anderen auf dem Rücken tragen/getragen haben [= an Alter (und damit an Autorität) übersteigen]" ausgedrückt (*yarampetse*, „er/sie trug mich auf dem Rücken", von *guheka*) (Gespräch 15). Gewisse gerontokratische Züge lassen sich in der Institution des Bushingantahe erkennen, die im lokalen Rahmen das wichtigste Autoritätssystem begründet und noch gesondert zu betrachten sein wird (Kapitel 4.4).

Wenn man von den Autoritätsbeziehungen zwischen den Altersgruppen innerhalb von Familie und lokaler Deszendenzgruppe spricht, darf man nicht vergessen, dass diese Beziehungen längerfristig von Reziprozität geprägt sind. Es sind nicht immer die Älteren, die geben. Wenn die ältere Generation einmal ein gewisses Alter erreicht hat, wird sie sich auf die jüngere abstützen und mit ihrem Beistand rechnen. Nzirorera, die die andauernde Reziprozität innerhalb der Familiengemeinschaft hervorhebt, illustriert das mit dem Sprichwort: „Ein alt gewordener Hase nimmt [greift nach der] die Brust seines Kindes" (*urukwavu rurakura rukônka umwâna*) (1977:16f). Die grösste Genugtuung für die Eltern ist es, einmal von ihren Kindern eine Kuh geschenkt zu erhalten (ibid.). Obgleich die Autorität des Familienvorstehers *Samuragwa* – wie auch diejenige eines Lokallineagevorstehers – erst mit seinem Tod und nicht etwa mit der Volljährigkeit der Nachkommen endet, so ist es in der Praxis doch so, dass sie sich vor allem mit der Heirat der Kinder deutlich abschwächt und vermehrt zu einer moralischen Autorität, gekoppelt mit der Pflicht des gegenseitigen Beistandes, wird. Verbrugghe bezeichnet die verwandtschaftliche Autorität ganz allgemein als mit keinerlei Vorrechten verbunden, sondern als eine rein funktionale Autorität, die die Pflicht des Schutzes und der Verteidigung der Gruppenmitglieder beinhaltet und allein aus dem Interesse der Gruppe hervorgeht (Verbrugghe 1969:12).

Damit haben wir einen ersten Überblick über die aus Deszendenz-, Geschlechter- und Altersstrukturen erwachsenden Autoritätspositionen gewonnen, die im lokalen Rahmen bis heute eine wichtige Rolle spielen. Sie bilden zu einem guten Teil auch die Grundlage für aus anderen (religiösen, rechtlichen) Bereichen abgeleitete Autorität, wie wir gleich sehen werden.

4.3 Siedlungsstruktur, Nachbarschaften und Lokalgruppen. Die Lokalgemeinschaft.

Nachdem wir die aus verwandtschaftlichen Strukturen und Beziehungen zwischen Geschlechtern und Altersgruppen erwachsenden Autoritätsformen betrachtet haben, sollen nun die nachbarschaftlich-kommunitären Sozialbeziehungen und ihre Bedeutung für die lokale politische Struktur untersucht werden. Es gilt zu prüfen, ob es im Fall des ländlichen Burundi überhaupt gerechtfertigt ist, von „Lokalgemeinschaften" zu sprechen, und gegebenenfalls in einem nächsten Schritt deren Natur und Grenzen zu bestimmen. Im Zentrum des Interesses steht die Frage, ob ihre allfällige Existenz besondere Autoritätspositionen eröffnete.

4.3.1 Zur Siedlungsstruktur

Einleitend sind einige Worte zur Siedlungsstruktur notwendig. Burundi ist wie sein nördlicher Nachbar Rwanda immer wieder als Land ohne Dörfer und Märkte beschrieben worden, Merkmale, die diese Länder von den meisten anderen afrikanischen Gesellschaften abheben (Smets 1946:13, u.v.m.). Die Streusiedlungsweise ist ohne Zweifel eines der wesentlichsten Charkteristika Burundis, in dem bis heute lediglich 7% der Bevölkerung in urbanen Agglomerationen leben. Die Siedlungsstruktur hat viel mit dem Relief zu tun, das von sich aneinanderreihenden Hügeln gekennzeichnet ist. Diese beherrschen die zwischen 1500 und 2500 Meter über Meer liegende Hochebene, die zwei Drittel des gesamten Landes umfasst und das „historische Burundi" bildet, das wir im Kapitel 3 kennengelernt haben. Die tiefer gelegenen Randgebiete – die westliche Imbo-Ebene und die Mosso-Senke, die im Südosten das Grenzgebiet zu Tanzania bildet – wurden immer als aussenliegende Peripherie und deren Bewohner nicht als eigentliche Barundi, sondern als Banyembo bzw. Bamosso betrachtet. Von daher erklärt sich, dass Burundi (wie auch Rwanda) gerne mit dem Epithet „Land der tausend Hügel" bedacht wird. Der Hügel bildet in der Raumorganisation Burundis die räumliche Basiseinheit.

Der Hügel ist aber nicht nur als geographisch-topographische, sondern auch als Siedlungseinheit, als soziale, ökonomisch-agrarische und politisch-administrative Einheit anzusehen. Durch die dazwischenliegenden unbewohnbaren Täler, die bis in die dreissiger Jahre dieses Jahrhunderts meist von mit Papyrusgras bestandenen Sümpfen bedeckt waren[43] und die den einen Hügel vom anderen trennen und ihn als solchen isolieren, werden die einzelnen Hügel mit ihren Abhängen als grundlegende Siedlungseinheiten bestimmt.

> „In Urundi und Ruanda ist die Oberflächengestalt der Landes, die Form und Art seiner Plateaus, Hügel, Berge und Täler, von bestimmender Bedeutung für die Form und Lage der Siedelungen. Da der weitaus grösste Teil des Landes Plateauland ist, das die starke Erosion in zahllose lange und kurze, oben abgeflachte Rücken und Hügelwellen mit meistens tiefen, ziemlich steilwandigen Tälern zerschnitten hat, und da die Mehrzahl der Täler von Papyrussümpfen erfüllt ist, die man nur an wenigen Stellen überschreiten kann, sind nicht, wie bei uns, die Täler die geeignet-

43 Landwirtschaftlich genutzt werden sie erst, seitdem sie in den dreissiger und vierziger Jahren auf Initiative und unter Anleitung der belgischen Kolonialverwaltung in grossem Stil entwässert und trockengelegt wurden. Diese Aktion wird im allgemeinen als bedeutsame Leistung der Kolonialadministration anerkannt. Beschleunigt wurde sie einerseits durch verschiedene Trockenheiten und Hungersnöte dieser Periode (vor allem in den beginnenden vierziger Jahren), denen mit der Bebauung der Talböden mit Sumpfkulturen (vor allem Süsskartoffeln und Maniok) begegnet werden sollte; dieses ganze Werk und der Anbau der bis dahin nur wenig bekannten Kulturen erforderte einen beträchtlichen Einsatz an Zwang. Andererseits sollten darüber auch höhere landwirtschaftliche Abzüge zur Deckung der durch den zweiten Weltkrieg anfallenden Kriegskosten ermöglicht werden (cf. Rapport sur l'administration belge du Ruanda-Urundi pendant les années 1939-1944. 1947).

sten Siedlungsplätze für die Menschen, sondern die Höhen. Die Versumpfung der Talsohlen, die heisse stagnierende Luft in den Niederungen, die Unzahl von Moskitos und Steckmücken und die oft grosse Steilheit der Talhänge drängen die Menschen mit ihren Wegen und Siedelungen auf die freien und luftigen Plateau- und Hügelrücken hinauf, während in den meisten Tälern nur Äcker von solchen Feldfrüchten liegen, die Feuchtigkeit brauchen. Die Funktion der Täler ist in den meisten Gegenden Urundis und Ruandas nicht eine die Menschen verbindende, sondern eine sie trennende. Deshalb ist hier wie dort die Gliederung des Volkers und Staates in kleine Gemeinwesen von Natur gegeben, deswegen aber auch die künftige Erschliessung des Landes durch Strassen oder Bahnen ungemein erschwert" (Meyer 1916:17).

Der Hügel bildet so nicht nur eine kohärente geographische Landschaft, sondern auch eine wichtige soziale Einheit, einen komplexen menschlichen Raum. Es lässt sich von *Hügel-Gemeinschaften* sprechen im Sinn einer Gruppe von Leuten, die in einem geographisch klar abgegrenzten Raum leben. Die Wohnanlage auf jedem Hügel ist bis heute die der Einzelsiedlung, des in der Regel umzäunten *rugó*. Nicht selten liegen mehrere solcher Kraale in Rufnähe voneinander, so dass weilerarige Gruppen zustandekommen. Die Gehöfte sind aber immer durch die das Einzelanwesen in konzentrischen Kreisen umgebenden Felder voneinander getrennt, zumindest durch eine Bananenpflanzung, die die Wohnhäuser und Höfe umgibt. So ist es möglich, vor allem in fruchtbareren und dichter besiedelten Gebieten von Familienweilern zu sprechen, auch wenn diese nicht die uns vertrauten räumlichen Dorfstrukturen aufweisen.[44] Die Hügel wurden zuerst in ihrer oberen Hälfte etwas unterhalb der zu exponierten Anhöhe besiedelt. Das hängt zum einen mit der Anordnung der Felder zusammen, zum anderen mit der vorgesehenen Installation der verheirateten Söhne unterhalb des väterlichen Anwesens. Solange genügend Boden verhanden war, blieben die Söhne in der Regel auf dem väterlichen Hügel oder liessen sich auf einem benachbarten, noch unbesiedelten Hügel nieder. Das Erbe des väterlichen Bodens wird immer unter alle Söhne aufgeteilt; zumindestens theoretisch hat jeder von ihnen ein Anrecht auf einen Teil des Familienbodens, in der Praxis wird das aber oft durch Bodenknappheit verunmöglicht.

So entsteht die soziale Gestalt eines Hügels – den wir uns nie zu klein vorstellen dürfen – als ein menschlicher Raum, der in Abhängigkeit von der regionalen Bevölkerungsdichte von einem mehr oder weniger engen, die verschiedenen Einzelgehöfte miteinander verbindenden Netz von Pfaden überzogen ist. Dessen Dichte ist auch Indiz für die Kommunikationsdichte und die Nähe der Beziehungen. Noch heute beträgt die Distanz zwischen den Einzelgehöften – je nach der regionalen, stark unterschiedlichen Bevölkerungskonzentration – im südlichen Bururi mehr als 300 Meter, während sie in der Gegend Muramvya–Ngozi auf 50-75 Meter gesunken ist (Nkurunziza, F. 1982, zit. in Pabanel 1987:361).

Wie wir gesehen haben, lebten auf einem Hügel mehrere lokalisierte Patrilineagekerne, wenn es in der monarchischen Vor- oder Frühzeit auch vorgekommen sein mag, dass eine Hügelgemeinschaft lediglich aus einer Deszendenzgruppe bestand (s. Kapitel 1). Die lokale Ausdehnung der Deszendenzgruppen fand in schlechten oder gar nicht mehr vorhandenen Böden ihre Grenzen. Dazu kam die hohe geographische Mobilität, die zu einer ausgeprägten lokalen Durchmischung der Deszendenzgruppen führte. Neben hoher Bevölkerungsdichte und schlechter Bodenqualität hatte die gehobene Migrationsrate vor allem politische Ursachen, die Trouwborst in seinem beiden Artikeln von 1959 und 1965 ausführlich darstellte. Obgleich es theoretisch möglich gewesen wäre, verwandtschaftliche Solidaritäten über grössere Distanzen aufrechtzuerhalten, wurde es als sinnvoller erachtet, sich im Alltag auf seine Nachbarn im allgemeinen zu verlassen und mit ihnen zu koope-

---

[44] Es sei hier darauf hingewiesen, dass das sogenannte „Dorf" in Afrika oft mehr einem von europäischen Assoziationen geleiteten Mythos denn der Realität entspricht. Geographen haben gezeigt, dass das afrikanische „Dorf" letztlich in vielen Fällen aus einem eng begrenzten eigentlichen Zentrum und mehreren davon durch gewisse Abstände getrennten Weilern besteht. Das zeigt sich auch bei den sogenannten „Quartiers" in Westafrika, wo eine Siedlung nicht selten in verschiedene Weiler und ein kleines Zentrum geteilt ist, es sich mithin auch nicht um so kompakte Einheiten handelt, wie sie uns zum Beispiel aus dem südeuropäischen Raum bekannt sind.

rieren. Hauptsächlich bei einfachen Leuten kamen die Vorteile einer grossen Deszendenzgruppe nur bei Personen zum Tragen, die innerhalb desselben administrativen Bezirkes lebten.

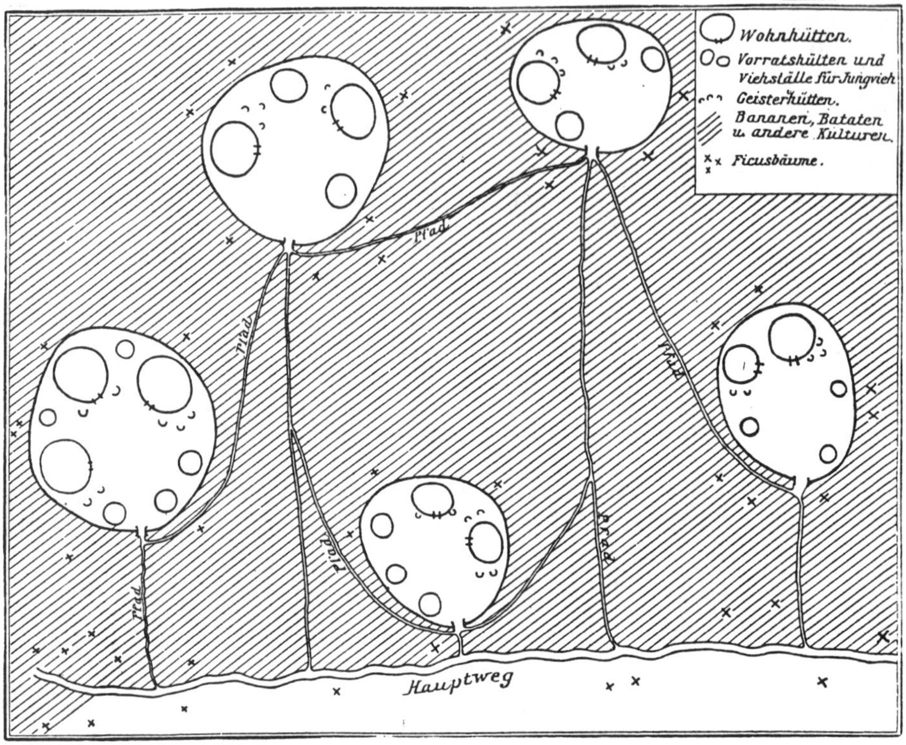

Abb. 7: Die Anlage der Einzelgehöfte *ingó* (Quelle: Meyer 1916:20)

4.3.2 Lokalgruppe und Nachbarschaft

Unter einer *Lokalgruppe* sollen diejenigen Leute verstanden werden, die auf demselben Hügel leben und damit eine gewisse, bereits durch geographische Grenzen vorgegebene Einheit bilden. Auch in Gegenden, in denen solche geographischen Abgrenzungen verschwommener sind oder ganz fehlen, bestimmt sie sich über ein gewisses Einheits- und Zusammengehörigkeitsgefühl, und sie bildet oft auch eine administrative Einheit. Trouwborst erwähnt zudem, dass derartige Lokaleinheiten vorkolonial unter einem Icariho zusammengeschlossene Gruppen von Kriegern bildeten (1965:173, n.1). Inwieweit sich überhaupt von Lokalgruppen sprechen lässt und diese Arbeitsdefinition berechtigt ist, ist anhand einer genaueren Analyse dieses Mikrobereiches zu prüfen. Eine *Nachbarschaft* im strikten Sinn ist eine egozentrierte – oder genauer: eine gehöft-zentrierte – Gruppe. Eine Lokalgruppe kann aus mehreren Nachbarschaften bestehen; im Fall von kleineren Hügeln kann sie mit der Nachbarschaft zusammenfallen. Ihre Grenzen sind nicht allgemein festlegbar. Sie können je nach Anlass und Stand der Beziehungen fluktuieren und bestimmen sich im einzelnen Fall über den Aktivierungsgrad der Bande von Kooperation und Solidarität.

Um die politischen Strukturen und Prozesse auf der lokalen Ebene zu verstehen, muss untersucht werden, durch welche Sozialbeziehungen Lokalgruppen gekennzeichnet sind und ob diese es zulassen, überhaupt von *Lokalgemeinschaften* zu sprechen. Die Strukturierung der lokalen Sozialbeziehungen an der Basis ist von grosser Bedeutung für die Natur der Beziehungen zwischen

Bauern und politischen Behörden und die lokalen Autoritätsstrukturen insgesamt. In der ethnographischen Literatur zu Burundi wurde immer die Dominanz von vertikal-asymmetrischen Beziehungen, die in der Regel über die Lokalgruppe hinausweisen, über horizontal-symmetrische Beziehungen betont, die ihre, eben beschränkte, Bedeutung innerhalb einer weiteren Nachbarschaft finden. Solche Feststellungen haben ihre Richtigkeit, sollten aber nicht zu pauschalen Urteilen in dem Sinn führen, dass die Familiengehöfte als völlig vereinzelt und unter sich beziehungslos sich quasi in der Landschaft „einigeln", ohne dass dabei irgendwelche nachbarschaftlichen Strukturen entstehen. Durch die markante Streusiedlungsweise wurde der unvertraute, von aussen kommende Beobachter leicht zu solchen Schlüssen verleitet. So schrieb Smets in seinem in der Zeitschrift „Man" veröffentlichen Vortrag von 1945 am Royal Anthropological Institute:

> „Characteristic of the country is the non-existence of villages. Though some habitations may be close to one another, they can never be said to be grouped. Isolated by the compact wooden fence that surrounds them, shut from the outside world by a narrow, easily closing gate, they never look towards any central point that could distinguish some more or less important unit from similar units merely by its being oriented towards that central point. In fact, no such central point ever exists, but cabins appear sprinkled all over the country, in a denser or looser or sometimes discontinued dissemination it is true, but always without any well defined organic nucleus" (1946:13, cf. p.16).

Wenn diese Abwesenheit von kompakten Polen auf einem durchschnittlichen Hügel, auf dem nicht gerade die Residenz eines höheren politischen Führers lag, bemerkenswert ist, so werde ich im Gegensatz zu dieser zu einseitigen Beschreibung Smets' in der Folge zu zeigen versuchen, dass der lokale Mikrobereich in einem ausgeprägten Masse sozial besetzt und strukturiert ist. Nach meinen Untersuchungen existiert zumindest auf der nachbarschaftlichen Ebene, aber auch darüber hinaus innerhalb einer Einheit, die man als Lokalgruppe bezeichnen kann, ein mehr oder weniger dichtes Gewebe von Sozialbeziehungen, die vor allem über – zwar immer kleinräumig und meist dyadisch bleibende – Kooperation und Soziabilität aktiviert werden, und die die verstreut liegenden Gehöfte untereinander vernetzen.[45] Das gilt keineswegs nur im Fall der Existenz verwandtschaftlicher Beziehungen. Wenn diese tiefe Mikroebene im Fall Burundis auch nur selten Gegenstand genauerer Untersuchungen war, wurde doch bereits in verschiedenen wichtigen Arbeiten auf diesen Tatbestand hingewiesen. So bemerkt Kayondi, dass bei der bereits vorkolonial hohen Bevölkerungsdichte zumindest in dicht besiedelten Regionen trotz der Streusiedlungsanlage enge lokale Beziehungsnetze entstehen konnten, die an dörfliche Beziehungsstrukturen erinnern und mit ihnen vergleichbar sind (1972:179). Trouwborst hat in verschiedenen Arbeiten Formen und Bedeutung von Interaktionen und Beziehungsmustern im engeren lokalen Kreis analysiert (1970, 1973a). In seiner oft herangezogenen und klassisch gewordenen Publikation von 1962 schreibt er:

> „Il n'y avait pas de villages au Burundi; il y avait seulement de petits groupes de huttes, souvent habitées par les membres d'un lignage, mais dispersés sur les flancs des collines. Cependant, les sous-chefferies avaient plus ou moins le caractère de villages, sauf qu'elles ne constituaient donc pas des centres d'habitation" (1962:147).

Wie stark Lokalgruppe und Nachbarschaft als sozialer Ort besetzt sind, hat Ntahombaye in seiner Analyse der Kirundi-Individualnamen gezeigt, unter denen er eine ganze Sektion als *amazína y'imibâno*, als „durch die nachbarschaftlichen Beziehungen inspirierte und geprägte Namen", zusammenfasst (1983:185-231). *Umubâno* oder *ikibâno*, abgeleitet vom Verb *kubâna* („gemeinsam le-

---

45 Die Feststellung solcher kommunitärer, horizontal-symmetrischer Beziehungsnetze trotz markanter Streusiedlungsweise entkräftet mithin auch die These einer letztlich politischen Bedingtheit dieser Siedlungsstruktur. Dieser Auffassung, welche die Streusiedlung als Resultat einer Herrschaftsstrategie sieht, die auf die Atomisierung und Destrukturierung der Lokalgruppen und die Auflösung von horizontalen zugunsten von vertikalen Beziehungen ausgerichtet ist, ist die Ansicht Gourous vorzuziehen, dass die Siedlungsstruktur primär durch Eigenheiten des Habitats und der Agrikultur bedingt ist (1953:178; cf. Twagiramutara 1976:120, Laely 1983).

ben, wohnen mit ..."), bezeichnet das benachbarte Wohnen und die Nachbarschaft, *ababânyi* sind die Nachbarn. Die Bedeutung der räumlichen Einheiten verleiht den Nachbarn auch den Titel *abaryango*, eine „regelwidrig" vom Wort *umu-/imi-ryango* (Familie, Lineage, Clan) abgeleitete Pluralform. Die Mitglieder einer Lokalgruppe teilen sich aus der Sicht jedes Individuums in zwei Kategorien von Personen: Angehörige derselben Lineage und nichtverwandte Nachbarn, *abanyamihana* („die Leute desselben Weilers, Wohnortes"). Beide zusammen bilden die Gruppe der *abanyamugina*. Unter den *abanyamugina*, abgeleitet von *umugina*, „Termitenhügel, Schlangenloch", versteht man die Mitglieder einer Nachbarschaft; M., ein Informant in Kiganda, umschrieb sie als „diejenigen, die dir als erste zu Hilfe eilen, die als erste kommen, um das Feuer zu löschen" (Gespr. 37:19). Dasselbe drückt der synonym zu *abanyamugina* gebrauchte Begriff *abazimyamuriro* aus (Nzirorera 1977:24).

Obgleich eine Lokalgruppe als Gesamtheit keinen festen Organisationsrahmen kennt und als nur lose organisiert zu beschreiben ist, tritt sie doch zu verschiedenen Gelegenheiten als Einheit auf. Als solche angesehen und behandelt wird sie zum Beispiel bei „überlokalen" Festen und bei Abgabeforderungen von Arbeitsleistungen und Kriegsdiensten. Wie gesagt, konnte eine Lokalgruppe, die nach meiner Definition einem geographischen Hügel entspricht und sich aus mehreren Nachbarschaften zusammensetzt, manchmal auch eine politische Einheit bilden: Sie konnte dem Territorium eines Icariho-Chef-Delegierten („Sous-Chef") oder, während der Kolonisation, eines öffentlichen Ausrufers entsprechen. Vor allem in den traditionell zentralen Gebieten konnte eine Lokalgruppe einer „Sous-Chefferie" entsprechen, die hier sehr kleinräumig war (cf. Kapitel 3). So konnten auch ganze „Sous-Chefferies" in gewissen Momenten und in gewissen Beziehungen als Gruppen auftreten und angesehen werden. Trouwborst erwähnt, dass diese bereits vorkolonial nicht nur anlässlich der obligatorischen Arbeitsabgaben Arbeitseinheiten bilden konnten, sondern auch während Kriegen als Einsatzgruppen ihren eigenen Namen trugen, ebenso wie die Besucher bei grossen Feste nach Sous-Chefferien gruppiert wurden (1962:147).

Wenn wir nach inneren Faktoren fragen, die den Zusammenhalt einer Lokalgruppe begründeten und sie zur Lokal*gemeinschaft* machten, so dürfen auch gewisse religiöse Praktiken nicht übersehen werden, zu denen sich eine gesamte Lokalgruppe zusammenfinden konnte. Die gemeinsame Teilnahme an religiösen Zeremonien und kultischen Anlässen schuf intensive gegenseitige Bindungen, deren integrative Wirkung oft beschrieben worden ist. Während der Ahnenkult (*gutérekera*) sich allein im Rahmen des lokalen Lineagesegmentes abspielte, brachte der *kubandwa*-Kult einen grossen Teil der gesamten Lokalgruppe oder gar die ganze Hügelgemeinschaft zusammen (s. Kapitel 4.5). Das ist aber noch nicht alles. Weiteren Aufschluss über die Natur der Beziehungen innerhalb einer Lokalgruppe liefert uns die Betrachtung der weiteren sozialen und ökonomischen Bereiche, die den Alltag ihrer Mitglieder prägten. Die verschiedenen Formen von Solidarität und Reziprozität auf der Ebene der Lokalgruppe sind verschiedentlich beschrieben worden, wobei immer wieder das weitgehende Fehlen formeller Regeln hervorgehoben wurde (Ntahombaye 1983:233, Nzirorera 1977:24ff). Trotzdem ist in mehreren Bereichen ein gewisser Grad an Institutionalisierung festzustellen. Das gilt sowohl für Kooperationsformen wie für Formen des Tausches und der Soziabilität, wie sie sich am deutlichsten am Biertausch zeigen. Es gilt nun, die Natur dieser nachbarschaftlichen Beziehungen, die eine Lokalgruppe erst ausmachen, und die Bereiche, über die sie sich erstrecken, genauer zu bestimmen.

4.3.3 Formen von Kooperation, Tausch und gegenseitiger Hilfe

Wenden wir uns in einem ersten Schritt den zur vorkolonialen Zeit auf der Ebene des Hügels existierenden *Kooperationsformen* zu. Die Residenzgruppe, die gemeinsam in einem Rugó lebte, bildete die grundlegende Produktionseinheit und bearbeitete als solche das Familienanwesen *itôngo*. Unter dem Blickwinkel der Arbeitskraft betrachtet, bestimmt sich die Produktionseinheit durch die

Kooperationsform, die sie bedingt. Die Arbeitsorganisation war bereits vorkolonial weitgehend individualisiert und von geschlechtlicher Arbeitsteilung geprägt. Angesichts dessen, das muss einleitend betont werden, spielten Kooperationsformen innerhalb des Produktionsprozesses immer nur eine untergeordnete Rolle, vor allem wenn man sie mit anderen afrikanischen Gesellschaften in Vergleich stellt. Das heisst aber nicht, dass es sie nicht gab. Kooperation hatte innerhalb der weiteren Nachbarschaft, die die gesamte Lokalgruppe einbeziehen konnte, in verschiedenen Bereichen ihre Bedeutung. Die Geschlechterrollenteilung bildete dabei die Grundlage.

Unter *Frauen* wurde vor allem das *kurimiranira*, die gegenseitige Hilfe bei Feldarbeiten, praktiziert. In der Regel geschah das in der Form des *guhâna umukózi*, auch *ugushirana* genannt: Abwechslungsweise ging eine Gruppe von Frauen – es konnten auch nur deren zwei sein – einen Tag lang die Felder der einen gemeinsam bearbeiten. Dazu gehörten Erntearbeiten wie das *guca amasáka*, das gemeinsame Schneiden und nachfolgende Dreschen von Sorgho. Die verbreitetste Form waren aber die *ibibiri*, gemeinsam ausgeführte Hackarbeiten (*guhinda ikibiri* bedeutet wörtlich „im Takt hacken"). Verbreitet war vor allem die Form des *guhâna ikivi*, wörtlich „sich gegenseitig einen Moment (gemeint eine Tagesarbeit) geben, tauschen"; der Feldbesitzer reichte als Entschädigung Bier und Nahrung. Es kam offenbar auch vor, dass für *ikibiri*-Gemeinschaftsarbeiten ebenfalls die Männer aufgeboten wurden. M. aus Kiganda berichtet folgendes:

> „Viel früher – es ist schon lange her – hackte man die Felder gemeinsam in einer grösseren Equipe. Es kam eine grosse Menge von Leuten, aber das ist lange her. Der Nutznießer begann bereits einige Tage vorher, dafür Bier vorzubereiten, und anschliessend lud er die näheren und weiteren Nachbarn auf dem ganzen Hügel ein, auf seine Felder arbeiten zu kommen. Nach Sonnenaufgang zur Stunde, wenn die Kühe zur Weide geführt wurden, kamen die Leute. Zur Stunde der Rückkehr der Kälber [gegen elf Uhr morgens] gab er ihnen zur Belohnung einen grossen Topf voll Bier [*impange*]. Am Nachmittag nahmen sie die Arbeit auf den Feldern wieder auf [*gukwakuza*], und gegen vier oder fünf Uhr abends [„wenn die Sonne den Kühen gefällt/gut tut"] gab er ihnen einen weiteren *impange*. Danach nahmen sie ihre Hacken und kehrten zu sich nach Hause zurück. Es kam dabei wegen Trunkenheit leicht zu Schlägereien, und einige kamen mit Verletzungen nach Hause" (Gesp. 37:20f).

Die Frauen halfen sich ferner gegenseitig beim Wasserholen, Brennholzsammeln und beim Zubereiten von Sorghobier (*kwênga*). Die gebräuchlichsten Kooperationsformen unter *Männern* waren das *kwûbakirana*, das gemeinsame Hausbauen, und das sich abwechslungsweise beim Viehhüten Aushelfen. Auch jüngere Knaben halfen dabei mit. Man teilte sich oft diesselbe Weide, was vorteilhaft war, um einen Teil der Weiden zu schonen. Ferner arbeiteten die Männer beim Herstellen von Bananenbier und der Vorbereitung von Festen und Zeremonien zusammen. Die Kooperation unter Männern war im allgemeinen aber sporadischer und spielte sich in kleineren Gruppen ab als bei den Frauen.[46] Kooperation spielte in erster Linie zwischen benachbarten Residenzgruppen und innerhalb der lokalen Kleinlineage. Der Residenzort war aber für die Bestimmung der Kooperationseinheit wichtiger als verwandtschaftliche Kriterien. Wie bei allen kollektiven Aktivitäten konnte man auch die Hilfe von nahe wohnenden mütterlichen und affinalen Verwandten und Nachbarn in Anspruch nehmen; auf sie griff man eher zurück als auf entfernt lebende patrilineare Verwandte. Nach Terrays Kategorisierung (1974:116ff) handelt es sich hier durchwegs um Formen „beschränkter einfacher Kooperation" oder, wie bei Hausbau und Ernten, um „erweiterte einfache Kooperation"; „komplexe Kooperation" mit komplementären Arbeiten war unbekannt.

Es wird deutlich, dass Kooperation auf wirtschaftlichem Gebiet insgesamt von beschränkter Bedeutung blieb und sich eher in Ausnahmesituationen, die ein Mehr an Arbeitskraft erforderten, als im alltäglichen Produktionsprozess realisierten. Das war bestimmt durch die familiäre Bewirt-

---

46 Näheres s. bei Laely 1983:53f. – Die hier verwendete Vergangenheitsform impliziert nicht notwendigerweise, dass die beschriebenen Situationen heute nicht mehr vorkommen. Die Bedeutung der meisten Kooperationsformen hat jedoch seit der Mitte des 20. Jahrhunderts stark abgenommen (cf. Kapitel 12).

schaftungsform und Produktionsweise, die in weitgehender Autosubsistenz auf das einzelne Familienanwesen konzentriert und orientiert blieb. Regelmässig überschritten wurde der familiäre Rahmen der Produktionseinheit allein in der Pastoralwirtschaft mit der gemeinschaftlichen Nutzung von Weideflächen. Die Kooperationseinheit beschränkte sich dabei auf die erweiterte Nachbarschaft und erstreckte sich kaum je auf die gesamte Lokalgruppe.

Schauen wir uns in einem nächsten Schritt den weiteren Bereich sozialer Beziehungen an, welche die Lokalgruppe kennzeichneten. Horizontale Bande unter der Bauernschaft fanden ihren Ausdruck in nicht oder nur wenig formalisierten *Tauschbeziehungen*. Die wichtigsten davon basierten auf Heiratsbeziehungen und Beziehungen innerhalb von Nachbarschaft und Lokalgruppe. Während sich Heiratsbeziehungen (*ubúkwe*) in der Regel über benachbarte Hügel, unter Umständen auch über ein weiteres, territorial nicht genauer begrenztes Areal erstrecken konnten, hatten die anderen wichtigen horizontal-symmetrischen Tauschbeziehungen eine klar lokale Basis (Mworoha 1977:186). So war und ist der Hügel der erstrangige Ort von Beziehungen gegenseitiger Hilfe (Pabanel 1987:361). Hier lässt sich ein beachtlich entwickeltes Netz von gegenseitigem *Beistand und Soziabilität* entdecken, dessen Strukturen ich eingehender aufzeigen möchte.

Auf nachbarschaftlicher Ebene ist zunächst die Sitte des *kuramukanya* zu nennen, wörtlich: „sich gegenseitig besuchen und einen guten Tag wünschen“, „schauen, wie der Nachbar die Nacht verbracht und den Morgen erreicht hat“ (davon abgeleitet der Gruss *mwaramutse*, „guten Tag“); das *kuramukanya* beinhaltete regelmässige und gegenseitige Besuche. Es waren ebenfalls die Nachbarn, die sich gegenseitig Feuer gaben (*kurahuranira*), wenn ihr Herdfeuer erloschen war. Die alltägliche Praxis von gegenseitigem Beistand und Reziprozität äusserte sich ferner in besonderen Momenten von Unglück und Freude. So stand man sich in Unglücksfällen bei (*gushumbusha*), hauptsächlich bei Brandfällen (*kuzimya*), nach denen man die betroffene Hütte gemeinsam wieder aufbaute – „ohne als Entschädigung Bier zu verlangen“, wie Kayondi betont (1972:181); wenn eine Kuh in einem Sumpf steckenblieb, waren alle behilflich, sie wieder zu befreien (*gushayura inká*); wenn der Blitz in eine Viehherde eingeschlagen hatte, leisteten alle Hügelbewohner, die dazu in der Lage waren, ihren Beitrag, um die Herde der geschädigten Person wieder aufzustocken. Beistand leistete man ebenfalls in Fällen von Krankheit[47] und Tod (*indabo*). Wenn jemand ernsthaft erkrankte oder eine Frau neu geboren hatte, führten die Nachbarn die liegengebliebenen Feldarbeiten weiter und brachten Milch oder Nahrung. Hören wir dazu M. aus Rusaka:

> „Man löste sich in der Krankenwache ab und brachte abwechslungsweise Milch und Arzneimittel. Wenn jemand länger darniederlag, organisierten die Nachbarn unter sich auch die Bestellung und den Unterhalt der Felder. Man säte aus, damit nicht eine ganze Saison verloren ging [verpasst wurde]. Bei Bedarf reparierte man Hof und Haus [des Nachbars] und kümmerte sich um den Schutz von Frau und Kindern, ohne dafür Bier zu verlangen. Man war wirklich solidarisch, denn man konnte nie wissen, ob und wann man selbst derselben Hilfe bedürfen würde. All das machten die Leute von sich aus, ohne jegliche Initiative einer vorgesetzten Autorität wie der heutigen Partei“ (Gespr. 5:18f).

Bei freudigen Ereignissen lud man die gesamte Nachbarschaft ein, und auch die weitere Lokalgemeinschaft blieb nicht ausgeschlossen. Aus mehreren Gründen bestand man auf deren Einbezug und Präsenz. Erstens kam den Mitgliedern der Lokalgruppe die Funktion von Zeugen zu, so etwa bei einer Heirat, der Einsetzung eines Mushingantahes oder dem Vorzeigen eines neugeborenen Kindes.[48] Zweitens erwartete der Einladende zu solchen Anlässen als Gastgeschenk einen Beitrag in Form von Bier.

---

[47] *Gusuhuza* = Krankenbesuch mit Geschenk; *guterura uwurwaye* = Krankentransport.

[48] *Gusohora umwâna*, „das Kind aus dem Haus bringen, vorzeigen“ – oft verglichen mit dem ersten Kirchgang einer Wöchnerin (*faire les relevailles*); bei einem Mädchen geschah das fünf, bei einem Knaben sechs Tage nach der Geburt.

Gleiche Funktionen übernahm die weitere Nachbarschaft bei Todesfällen und der Trauerzeit[49]. Es ist wichtig zu sehen, dass auch hier ein Beitrag in Form von Präsenz und Bier nicht nur von Verwandten, sondern von allen Mitgliedern der Lokalgemeinschaft erwartet wurde. Dasselbe galt bei der formellen Beendigung der Trauerzeit („levée de deuil définitif", im Gegensatz zur „levée de deuil partiel", die die Trauerzeit im strikten Sinn abschliesst), deren Dauer ebenfalls von der Bedeutung der verstorbenen Person (oder genauer: des von ihr hinterlassenen Erbes) abhing; zu diesem Anlass wurde öffentlich die Regelung der Hinterlassenschaft verkündet und gegebenenfalls der Name des Nachfolgers bekanntgegeben. Auch hier übernahm die anwesende Lokalgemeinschaft die wichtige Aufgabe von Zeugen.

Als weitere wichtige Reziprozitäts- und Soziabilitätsformen, die in erster Linie innerhalb der Lokalgemeinschaft von Bedeutung waren, sind zu nennen: *Kugemura* (ein Geschenk in Form von Nahrung, eventuell Bier überbringen – *ingemu* genannt), *ubutumíre* (*gutumiranira*, „sich gegenseitig einladen"), und schliesslich *gutêrera ku musi w'urubanza*: „einen materiellen Beitrag zu einem Fest leisten" (Biertausch). Entscheidend ist, dass alle drei Formen genau wie die oben beschriebenen Arten von Kooperation nicht nur verwandtschaftlich und freundschaftlich bestimmten Banden folgten, sondern auch und oft vorrangig im Rahmen der Lokalgruppe stattfanden. Prüfen wir die drei Formen der Reihe nach auf den Involvierungsgrad der Lokalgruppe hin.

Der Naturaltausch von Nahrungsmitteln, Viehprodukten und Handwerksgegenständen spielte in erster Linie auf der Ebene der Lokalgruppe. Das *kugemura* war die wichtigste Institution, die eine Zirkulation von Lebensmitteln erlaubte. *Kugemura* heisst: „versorgen, ein Geschenk in Form von Nahrung bringen", *ingemu* bedeutet ein „Freundschaftsgeschenk". Man brachte jemandem einen Korb, gefüllt mit einem bestimmten Produkt (Bohnen, Sorgho …), in der Hoffnung, dafür ein anderes Produkt zu erhalten, über das man selbst nicht verfügte. Ohne dass das eine formelle Verpflichtung gewesen wäre, war es Brauch, die Gegengabe sofort im gleichen Korb zurückzugeben (*gusubiriza mu nkoko*). Man sollte jedoch den ökonomischen Aspekt nicht zu sehr ins Zentrum rücken; es konnte sich auch um rein „soziale" Gastgeschenke handeln, die erst viel später (sozusagen in verzögertem/aufgeschobenem Tausch) anlässlich eines Gegenbesuches erwidert wurden, wobei man darauf achtete, dass die Menge etwa derjenigen entsprach, die man selbst erhalten hatte (Gesp. 37:20). Die Übergabe ging ohne jegliche Formalitäten und Reden vor sich – im Gegenteil: der Empfänger schaffte die Gabe immer gleich wortlos beiseite, was auch heute noch so üblich ist. Lediglich ein gelbes Bananenblatt um den Korb oder Topf (*gushishira igiseke*) zeigte an, dass man ein Geschenk brachte. Obschon das *kugemura* ebenfalls zwischen entfernt wohnenden Verwandten und Freunden praktiziert wurde, beschränkte sich sein geographischer Horizont in der Regel auf die Lokalgruppe (Mworoha 1977:186). Der Zweck des *kugemura* lag nicht nur im ökonomischen, sondern auch im sozialen Bereich: Es ging um Bestätigung und Bestärkung von bereits bestehenden nahen Sozialbeziehungen.

Butumíre[50] nannte sich der Brauch, sich gegenseitig unter Nachbarn – aber auch ganz allgemein unter Freunden – einzuladen. Jedesmal, wenn jemand in seinem Hof Bier zubereitete, ein Gastgeschenk in Form von Bier oder Nahrung erhielt oder erwartete, setzte er seine Nachbarn diskret und mit den üblichen indirekten Wortspielen davon in Kenntnis und lud sie zu sich ein: „Versuche, morgen einen Moment zu finden, um bei mir vorbeizukommen. Ich habe sagen gehört, dass mich jemand besuchen kommt." Solche Einladungen und Gegeneinladungen ergaben ein ständiges Hin und Her und ein regelmässig aktiviertes Austauschnetz. Wenn es auch innerhalb der

---

[49] *Kugândara*, „in Trauer sein, trauern"; Präsenz während der Trauerzeit. Die Dauer der Trauerzeit wurde je nach Eigenschaft des oder der Verstorbenen festgelegt: Beim Tod des Mwami betrug sie drei Monate, bei einem Muganwa einen Monat, ebenfalls vier Wochen für einen Mushingantahe; beim *Samuragwa*-Hofherrn acht bis fünfzehn Tage, bei einer Frau sechs bis acht Tage, bei einem Kind je nach Region drei bis vier Tage (Rodegem 1970:99f); die verschiedenen begleitenden Verbote richteten sich ebenfalls nach der Bedeutung der verstorbenen Person.

[50] *Gutúmirana*, „sich gegenseitig einladen"; *gutúmiranira*, „sich gegenseitig etw. übermitteln, kommunizieren".

unmittelbaren Nachbarschaft am dichtesten war, erstreckte es sich doch über die ganze Lokalgruppe (Gespr. 60:28f; Nzirorera 1977:32). Die sich daraus ergebenden informellen Biertrinkgruppen setzten sich oft aus den *abatêrerezi*-“Bierfreunden“ zusammen, die wir gleich noch genauer kennenlernen werden.

4.3.4 Biertrinkzirkel und Biertausch

Keine andere Institution brachte die Strukturierung der Lokalgruppe so deutlich zum Ausdruck wie der *gutêrera*-Biertausch. *Gutêrera* heisst „eine materielle Beihilfe, einen Beitrag anlässlich eines Festes oder einer anderen Zeremonie leisten“ (Trouwborst 1962:141f, Rodegem 1970:489f, Nzirorera 1977:27). Beinahe immer bestand diese zu besonderen Gelegenheiten erbetene und geleistete Beihilfe in Bier, einem Produkt, dessen Bedeutung hier kurz erörtert werden muss. Ich werde zeigen, dass die gesamten lokalen Beziehungsstrukturen ihren Ausdruck in mehrfachen Formen von Tausch, Verteilung und Konsum von Bier fanden. Bier als das – unter allen sozialen Schichten – weitaus verbreitetste Tauschobjekt ist ein Mittel zur Symbolisierung und Bestätigung der Sozialbeziehungen und darüber hinaus der gesamten gesellschaftlichen Ordnung. Über die Analyse von Produktion, Geben, Tausch, Verteilung und Konsum von Bier lässt sich die Sozialstruktur gerade im engen lokalen, aber auch im weiteren politischen Kontext fein nachzeichnen: Solidarität, Soziabilität und Meidung, Verwandtschafts- und Heiratsbeziehungen, Allianz und Konflikt, Über- und Unterordnung, Macht und Autorität, usw. Wer mit wem in welchem Moment aus welchem Topf Bier von welcher Qualität trinkt, gibt uns Einblick in Struktur und Dynamik von Biertrinkzirkeln und Biertausch-Netzwerken und der Lokalgruppe insgesamt. Es existiert noch heute eine detaillierte Etikette bezüglich Transport, Darreichen, Verteilung und Konsum von Bier. Mittels all dieser „feinen Unterschiede“ lassen sich Veränderungen und Nuancen in den sozialen Beziehungen ausdrücken. Über das Bier lässt sich in die verschiedensten gesellschaftlichen Bereiche Einsicht nehmen. Um das darzulegen, stütze ich mich nebst den Daten aus meinen eigenen Untersuchungen hauptsächlich auf Arbeiten von Trouwborst, der dazu das detaillierteste Material liefert; da es in der Zeit der ausgehenden Kolonialepoche aufgenommen wurde, bietet es gegenüber dem meinigen den Vorteil, über eine grössere historische Tiefe zu verfügen.

Zuerst sind einige allgemeine Informationen zum Bier vonnöten. Der besondere Platz des Bieres in der Kirundi-Kultur lässt sich teilweise durch seine materiellen Merkmale und Produktionsbedingungen erklären. Bier wird aus einer speziellen Bananenart oder der lokalen Hirseart Sorgho hergestellt. Jeder Familienhof verfügt auf seinen Feldern zumindest über eine dieser beiden Kulturen. Damit kann jedermann am Biertausch partizipieren. Bier kann leicht in grosser Quantität produziert und in kleinen Mengen verteilt werden. Das heisst, dass eine grosse Anzahl Personen zum gemeinsamen Biertrinken zusammenkommen kann. Durch seinen alkoholischen Gehalt eignet es sich gut für festlich-zeremonielle Gelegenheiten, die sich vom Alltäglichen abheben sollen. Der Tausch von Bier ist nicht in formalen Termini von Rechten und Pflichten bestimmt. Bier ist etwas, das man freimütig teilt und nie allein trinkt. Es fehlt bei keiner noch so unbedeutenden sozialen Angelegenheit. Bier wird im allgemeinen direkt aus dem Tontopf getrunken, in dem es transportiert wird. Speziellen Gästen kann es in kleinen Kalebassen gereicht werden. Zum Trinken bedient man sich Strohhalmen, die erst in der Gegenwart der Gäste zerschnitten werden, um sicher zu sein, dass sie nicht bereits benutzt wurden. Zusammen trinken und sich um den gleichen Topf oder Krug versammeln, bedeutet, sich in Freundschaft verbinden und gleichzeitig den Anlass bestätigen, zu dem man gekommen ist (Trouwborst 1970).

Jeder verheiratete Mann umgibt sich mit einem Kreis von Freunden und Verwandten, mit denen er regelmässig Bier tauscht und die als *abatêrerezi* bezeichnet werden. *Abatêrerezi*, abgeleitet vom Verb *gutêrera*, lässt sich übersetzen mit „Bierfreunde“ oder „Bierfreundschaftszirkel“. Für uns von Bedeutung ist, dass das dadurch zustandekommende *gutêrera*-Netzwerk eine deutlich lokale Basis und einen lokalen Kern hat. Dieses Netzwerk umfasst im Prinzip alle Verwandten, Nachbarn und Freunde einer gegebenen Person. So hat jeder Mann als Bierfreunde automatisch die Mitglieder seiner Nachbarschaft und weiteren Lokalgruppe. Daneben ist er frei, weitere ausserhalb seiner Nachbarschaft zu wählen. Je reicher jemand ist, desto mehr Bierfreunde hat er. Trouwborst schreibt zur Zusammensetzung der *abatêrerezi*:

> „Quant aux parents, le groupe des *abatêrerezi* se compose des membres du lignage et des affins les plus proches du côté de la femme, de la mère, des soeurs et des frères.
>
> Parmi les *abatêrerezi* non-apparentés, on trouve toujours les voisins, les habitants de la même colline, ou même la totaltité des habitants de la même colline, ou même la totalité des habitants de la même sous-chefferie. Il y a aussi des gens qui ont des *abatêrerezi* en dehors des limites de la sous-chefferie.
>
> Il est difficile d'établir le nombre moyen des *abatêrerezi* dont un Rundi dispose. Ce nombre dépend de la région où il habite, de sa richesse, de son caractère, de la proximité de ses parents et de l'étendue de sa famille, et aussi de la durée de son séjour dans les lieux. En général un Rundi n'aura pas souvent moins de vingt *abatêrerezi*, et il y a des riches que se vantent d'en avoir cent ou plus.
>
> Les *abatêrerezi* sont pour la plupart des hommes, la bière étant une denrée pour hommes, comme la nourriture est l'affaire des femmes. Une veuve seulement peut être une *umutêrerezi* comme représentante de son mari décédé" (1962:142).

Um das Funktionieren des *gutêrera* zu verstehen, ist es notwendig, den Ablauf des Tausches genauer zu kennen. Zuerst ist es wichtig zu wissen, dass es Brauch ist, bei jedem Fest und jedem zeremoniellen Anlass alle Mitglieder der Nachbarschaft oder gar der Lokalgruppe, alle erreichbaren Verwandten und Freunde einzuladen und sie mit soviel Bier zu bewirten, wie sie wünschen. Bier ist in der burundischen Gesellschaft das soziale Gut par excellence. Man kann niemandem Bier ausschlagen, und Knauserigkeit in dieser Beziehung wird stark geächtet und mit einem speziellen Ausdruck bezeichnet (Trouwborst 1961:66). Auch ungeladene Gäste können jederzeit um Bier bitten und werden nie zurückgewiesen, selbst wenn sie zum Gastgeber keinerlei Beziehung haben. Diese *kuvumba* genannte Praktik ist sehr verbreitet und hatte nach Trouwborsts Bericht nichts Entwürdigendes an sich; heute aber ist sie nach meinen Erfahrungen nicht mehr gern gesehen. Eine direkte Abweisung jedoch ist eine schwerwiegende Beleidigung und wird leicht als Zeichen von Feindschaft interpretiert (ibid.; auch 1970:147, 1962:142f). Bei jedem wichtigen Fest oder sozialen Anlass ist es erforderlich, dass möglichst viele Leute, in erster Linie aber die Mitglieder der Lokalgruppe zugegen sind, um durch ihre Gegenwart den Anlass zu bezeugen und gewissermassen zu „ratifizieren", ob es sich dabei nun um eine Geburt, eine Heirat, die Einweihung eines neuen Hauses, das Ende einer Trauerzeit oder die Einsetzung eines Mushingantahe handelt. Wenn nun ein Mann ein solches Fest organisieren will oder muss, benachrichtigt er einige Zeit vorher seine Nachbarn, Verwandten und Freunde, mit denen er in einer *gutêrera*-Beziehung steht, über den bevorstehenden Anlass und bittet sie, ihren Teil Bier beizusteuern (*gutêrereza*, „zum Geben einladen, zu materieller Hilfe auffordern"). Dieser Beitrag – *intêrerano* genannt – ist nicht genau festgelegt und richtet sich nach den Möglichkeiten eines jeden. Es ist gut möglich, dass die Geber ihren Bierbeitrag erst anlässlich eines eigenen Anlasses „zurückerstattet" bekommen, nachdem sie selbst mehrmals einen Beitrag geleistet haben. Die Reziprozität spielt hier oft erst in einem längeren Zeitraum. Kurz vor dem festlichen Anlass tragen die *abatêrerezi* ihr vorbereitetes Bier in Töpfen zum Festplatz, wo der Festgeber sie in Empfang nimmt und plazieren lässt. Die Menge an erhaltenem Bier ist ein Indiz für die Anzahl an Bierfreunden des Gastgebers, für seine soziale Position und die Bedeutung des Anlasses. Ablauf und Organisation des Festes spiegeln alle wichtigen sozialen Kategorien und Beziehungen. So symbolisiert die Sitz- und Trinkordnung an einem Bierfest die Teilung der Gesellschaft in Gruppen und Kategorien. Die Trinkgäste werden nach Geschlecht, Alter, Verwandtschaft und sozialer Position getrennt. Jede Kategorie erhält ihre eigenen Töpfe und einen speziellen Sitzplatz. Auch kann das ihnen offerierte Bier von unterschiedlicher Qualität sein. Traditionell wurde nicht nach ethnischer Zugehörigkeit getrennt, ausser im Fall der Baganwa und

Batwa, die je für sich tranken. Batutsi und Bahutu sassen und tranken durchmischt, benutzten aber je eigene Trinkhalme (Trouwborst 1962:142); aber auch das war nicht durchgängig, andere Kriterien konnten entscheidender sein. Zu jedem Anlass zugegen sind, neben den *abatêrerezi*, die Ehrengäste wie die lokalen Bashingantahe und die grosse Menge des spontan und nicht speziell eingeladenen Publikums.

Das Fest wird durch einen speziellen Zeremonienmeister organisiert und geleitet, dem bei der Bierverteilung mehrere Assistenten beistehen. Die Trinkgäste gruppieren sich um ihre je speziellen Töpfe. Die nahen Verwandten und Freunde werden in der Regel im Hausesinneren bewirtet. Die Frauen setzen sich gewöhnlich in den Hinterhof, während die grosse Menge der Männer im Vorhof (gegebenenfalls in den Vorhöfen) oder ausserhalb des Rugós Platz nehmen. Diese Männer gruppieren sich normalerweise um drei verschiedene Töpfe, je nach dem ihnen durch die in Stufen hierarchisierte Bushingantahe-Ordnung zukommenden Status. Da sind zunächst die (sozial) jüngeren Männer, die noch keinen speziellen Rang erklommen haben (*bakungu*); es folgt die Gruppe der Bushingantahe-Kandidaten, die bereits in die zweite oder dritte Ehrenstufe aufgerückt sind, und schliesslich kommt die zahlenmässig schon viel kleinere Gruppe der voll initiierten Bashingantahe, unter denen es weitere feine Abstufungen geben mag (cf. Kap. 4.4). Je nach Gästen kann es weitere spezielle Teilungen und Biertöpfe geben. So wird etwa nach beruflichen Funktionen an den politischen Höfen unterschieden: Es kann einen besonderen Topf für den Icariho, den Sous-Chef geben, einen für die Hofmelker, die Hofintendanten und -köche, die Hirten an den aristokratischen Höfen, etc.. Je nach Gutdünken des Festgebers mag es zudem spezielle Krüge für die *abatêrerezi*, für die Träger der Töpfe, oder heute für die Lehrer und Funktionäre der Gegend geben (Trouwborst 1970:151, Hakizimana 1976:49). Soziale Unterschiede drücken sich vor allem in der Trinkordnung, in der „Ordnung der Trinkhalme" aus, die den Gästen je nach Prestige, Alter und Herkunft gereicht werden. Meistens werden die ältesten und angesehensten Notabeln als erste zum Trinken aufgefordert. Es kann vorkommen, dass die Männer eines bestimmten Hügels oder einer Nachbarschaft ihre eigenen Trinkhalme und einen separaten Platz zugewiesen erhalten und als Einheit, als Gruppe behandelt werden (Trouwborst 1970:150, 1973a:114f).

Die Gesellschaftsordnung drückt sich somit in der räumlichen Ordnung aus. Die Verteilung des Biers ist eine getreue Widerspiegelung der Sozialordnung wie auch von temporären Positionen, die Trinkgäste während des Festes einnehmen mögen. Damit sind die Gäste nicht nur Zeugen des Festes selbst, sondern auch der sozialen Organisations- und Beziehungsstruktur. Das Bier erscheint als das Mittel, mit dem alle ihre soziale Position und allenfalls davon abgeleitete Privilegien bestätigen und unterstreichen können. Die Bedeutung dieser Funktion kann in einer nach mehreren Kriterien komplex hierarchisierten Gesellschaft nicht überschätzt werden. In den Biertrinkzirkeln im allgemeinen und in den wichtigsten damit verbundenen sozialen Anlässen im besonderen tritt die lokale Sozialstruktur und die übergeordnete, staatlich organisierte Ordnung, in die sie integriert ist, am deutlichsten zutage. Sie verdienen daher unsere ganze Aufmerksamkeit.

Wie wir gesehen haben, werden alle formalen Veränderungen der Sozialbeziehungen durch Biertrinken begleitet. Daneben gibt es viele weitere Gelegenheiten, zu denen man Bier trinkt. Bei jedem Austausch, Abkommen und jeder erbrachten Leistung oder Abgabe wird Bier konsumiert. Man offeriert Bier, um jemandem die Ehre und Höflichkeiten zu erweisen, wenn man jemandem einen Besuch abstattet oder einfach, um sich entspannt zu unterhalten. In Kirundi sagt man, dass man immer etwas haben müsse, um das herum man sich unterhalten könne.[51] Dazu zitiert man

[51] Was in jedem Sinn stimmt, auch in dem des indirekt um etwas Herumredens – etwas, das wie die Rhetorik allgemein kultiviert wird und dementsprechend hoch angesehen ist. Am prestigevollsten ist es, in weiten Schnörkeln um etwas herumzureden, ohne die Sache beim Wort zu nennen, wobei am Schluss den geneigten Zuhörern klar wird, was gemeint ist, obwohl die Mehrdeutigkeiten und Anspielungen immer noch mehrere Interpretationen – und dem Redner damit verschiedene Hintertüren – offen lassen. Derart geschickte Reden, bei denen Absichten und Meinungen klar werden, ohne zu abrupt und definitiv in den Raum gestellt zu sein, lösen oft spontanen Applaus aus.

meistens das Sprichwort: *Ubunyegeri buyagira kw'igúfa, abagabo nabo bakayagira ku mubindi*, „die kleinen Ameisen unterhalten sich auf einem Knochen, die Männer dagegen um einen grossen Krug Bier" (Gespräche 44:8, 63:3f, 73; Rodegem 1983, n°1763). Das „Öl der Konvivialität" spielt nicht nur im politischen, sondern auch im lokalen sozialen Rahmen eine beträchtiche Rolle. *Gutânga inzoga* bedeutet „Bier ausgeben, zu trinken offerieren" und ist ein grundlegendes Datum jedes lokalen Lebens; wie nichts anderes vermag es dessen Strukturierungen Ausdruck zu verleihen. Es wird sowohl im alltäglichen nachbarschaftlichen und freundschaftlichen Beisammensein als auch dann praktiziert, wenn man etwas Bestimmtes erreichen will und damit eine Gelegenheit schafft, um sein Anliegen in Ruhe und unter angenehmen Umständen vorzubringen und um sich darüber unterhalten zu können. So bezeichnet man das Überbringen und Darreichen von Bier an politische Autoritäten ebenfalls mit *gutânga inzoga* (Gespr. 44:8,5). Trouwborst umschreibt die Bedeutung des Biers mit folgenden Worten:

> „Elle [la bière, d.V.] est un sujet de conversation constant et les Rundi n'ont pas honte de l'avouer. La terminologie référant à la bière et ses utilisations est extrêmement riche. Les Rundi eux-mêmes sont très conscients de l'importance sociale de la bière, et savent que la bière est l'occasion pour les gens de se rencontrer, de nouer ou de renforcer des liens d'amitié. Comme me le disait un de mes informateurs: Un Rundi qui ne boit pas de bière reste isolé, ne reçoit pas d'informations sur ce qui se passe autour de lui et est tenu à l'écart de la vie sociale. Lorsqu'on offre à quelqu'un de la bière, me disait-il en exagérant un peu, on peut obtenir de lui tout ce qu'on veut" (1970:143).

Bedeutung und Implikationen des Offerierens von Bier im politischen Kontext und innerhalb von Klientelbeziehungen werde ich im Zusammenhang der Erörterung der *gushengera-*, *gushikanira-* und *gusaba*-Verhältnisse näher erläutern (Kapitel 5). Einer der wichtigsten oder überhaupt der wichtigste Moment von Bierverteilungen im lokalen Rahmen ist die Einsetzung eines neuen Mushingantahe (*kwâtirwa*), die ebenfalls im Detail vorzustellen sein wird (Kap. 4.4). Das Bushingantahe ist eine der wichtigsten Institutionen, die lokale Solidarität ausdrücken und transportieren.

4.3.5 Die Lokalgemeinschaft

Nach diesen Bemerkungen können einige weitere Aussagen über Natur und Struktur der Lokalgruppe gemacht werden. Der Hügel – und damit nach meiner Definition die Lokalgruppe – bildet eine in verschiedener Beziehung bedeutungsvolle soziale Einheit. Man muss sich vor Augen halten, dass auf der Ebene des Hügels als der primären räumlichen Einheit, die man nicht so schnell und einfach verlassen kann, sich alle Aktivitäten vor den gleichen Personen abspielen. Das schafft einen stark durch persönliche Beziehungen gekennzeichneten Lebenskreis. Informationen über Fakten und Gesten eines jeden und einer jeden sind schnell über den gesamten Hügel verbreitet. Diese hohe soziale Kommunikationsdichte äussert sich in einer verallgemeinerten sozialen Kontrolle, der niemand entfliehen kann, die die Verhaltensweisen im engen lokalen Raum stark homogenisiert und stereotypisiert; nach Twagiramutara kann das so weit gehen, eine „crainte paralysante de se rendre ridicule" hervorzurufen (1976:59,121). Diese soziale Kontrolle spielt über eine Reihe von „diffusen Sanktionen" durch sozialen Druck und kollektive Missbilligung. Es stellt sich die Frage, inwieweit die hohe soziale Kontrolle, die auf stark personalisierten zwischenmenschlichen Beziehungen beruht, Einflussmöglichkeiten und Autorität der lokalen Führer und Gruppenexponenten beeinflusst und unter Umständen stärkt, wie Twagiramutara meint (ibid.). Auf jeden Fall trägt sie zur sozialen Integration der Lokalgruppe bei und bietet ihren Mitgliedern Orientierungshilfen im täglichen Leben. Die soziale Kontrolle kommt nicht über Zwang, sondern über Normenverinnerlichung zustande. Die soziale Integration verwirklicht sich über kulturelle Teilnahme wie über gewisse soziale und ökonomische Erfordernisse von Kooperation und gegenseitiger Hilfe. Freundschaftsbesuche und Feste bilden im Alltagsleben hochbewertete Ereignisse; solche Treffen stellen die hauptsächlichen Zerstreuungs- und Vergnügungsmöglichkeiten dar. Vorbereitungen zu kollektiven Festen erfordern oft eine gewisse Solidarität der Lokalgruppe, der sich niemand ganz entziehen kann. In die gleiche Richtung geht folgende Bemerkung Nkurunzizas, die besonders den Aspekt der Abgrenzung gegen aussen hervorhebt, etwas, was wiederum über den Bierkonsum visualisiert wird:

> „La 'colline' forme aussi et surtout une unité humaine. En effet elle constitue une communauté distincte de gens, unis soit par des liens lignagers soit par des liens socio-économiques. Lors des fêtes ou cérémonies par exemple, les étrangers à la 'colline' s'asseyent à part et boivent entre eux la bière qu'on leur donne et qu'on appelle *inzoga y'injabuka*, c'est-à-dire la bière de ceux qui doivent traverser la vallée pour venir ici. En d'autres termes la bière pour étrangers à la communauté" (Nkurunziza, François, zit. in Pabanel 1987:361).

Auf sozio-ökonomischer Ebene wird die Kohäsion durch verschiedene Formen von Kooperation und gegenseitiger Hilfe gestärkt, die zunächst im Rahmen der unmittelbaren Nachbarschaften spielen (Hausbau und Austausch weiterer Dienstleistungen). Gute Nachbarschaftsbeziehungen sind auch für die Gewährleistung einer minimalen Sicherheit nach aussen von Bedeutung, obwohl hier vertikale Beziehungen letztlich ausschlaggebender sind. Weiter ist zu bemerken, dass durch den alltäglichen Kontakt, den Tausch und die Kooperation die Möglichkeiten einer internen ökonomischen Differenzierung gering gehalten werden. Es ist kaum möglich, für sich isoliert das Lebensniveau zu erhöhen und dadurch eine grössere Autonomie zu erlangen. Derartige ökonomische Solidarität und die ihr entsprechenden Erwartungen spielen vor allem innerhalb der lokalen Deszendenzgruppen. All diese Faktoren veranlassen Twagiramutara, von den Lokalgruppen als „allumfassenden Gemeinschaften" (*communautés totalisantes*) zu sprechen, von Gruppen mit einem hohen Interaktionsgrad in den verschiedensten Bereichen (1976:122-125). Ein reiches toponymisches Vokabular, das die verschiedenen Örtlichkeiten eines Hügels spezifiziert, trägt das seine dazu bei, den Hügel als Lebensgemeinschaft zu bestimmen.[52]

Die Art, wie die Lokalgruppe von ihren Mitgliedern selbst wahrgenommen wird, ist, ebenso wie deren Einstellungen der lokalen Einheit gegenüber, von entscheidender Bedeutung dafür, ob es eine *Lokalgemeinschaft* gibt oder nicht. In Burundi sagt man, dass der Mensch von seinen Banden und Bindungen lebt (Ntabona 1985:287). Solche, die nicht wie die Deszendenzbanden 'angeboren' sind, bedürfen besonderer Stärkung und Festigung. Dabei spielt das Prinzip des *ibanga* eine besondere Rolle. *Ibanga* meint „Treue und Gebundenheit", „Verpflichtetsein", „ein Geheimnis, das es zu bewahren gilt". Die lokal-nachbarschaftlichen Beziehungen gilt es so weit zu festigen, dass sie ebenso stark und tragfähig wie Abstammungsbanden werden.[53] Auch der Mushingantahe ist ab seiner Investitur durch eine solche *ibanga*-Verpflichtung gegenüber seiner Lokalgemeinschaft gebunden (s. unten). Jedermann ist bestrebt, ein möglichst dichtes Netz von Sozialbeziehungen zu schaffen, auf dass dieses in den verschiedensten Situationen tragfähig genug ist, um ihn oder sie absichern oder vorwärtsbringen zu können. *Ibanga* legt ein Engagement nahe. Voraussetzung dazu ist zunächst ein Engagement im kleinen Rahmen; es besteht in der Gründung und Führung eines Haushaltes, einer Ehe, einer Konjugalfamilie und eines Hofes. Das wird als Beweis für Bereitschaft und Fähigkeit genommen, auch weitere Beziehungen einzugehen, zu unterhalten, für sie einzustehen und aufzukommen. Ich habe bereits erwähnt, dass die Nachbarn in Ausdehnung des Begriffs *umu-/imi-ryango* (Familie, Lineage) auch als *abaryango* bezeichnet werden, wozu Ntahombaye bemerkt: „Cela sous-entend que ce sont des gens avec lesquels il faut avoir des rapports de fraternité et de solidarité presqu'à la manière des membres effectifs de l'*umu-*

52 Näheres dazu bei Ntahombaye, Philippe & Joseph Bigirumwami. 1987. Toponymie et organisation de l'espace au Burundi, in: Questions sur la Paysannerie au Burundi, pp. 384-404.

53 Dass die Deszendenzbeziehungen oft als Referenzpunkt dienen, zeigt sich unter anderem darin, dass man auf sie schwört: „Auf dass ich meine Mutter heirate, mit meiner Tochter schlafe!"

ryango" (1983:39; cf. Verbrugghe 1969:10). Die Zugehörigkeit zu derselben lokalen Deszendenzgruppe bleibt gegenüber der Lokalitätsgemeinschaft aber das wichtigere Prinzip.

Nichtsdestoweniger tritt innerhalb der Lokalgruppe in verschiedenen Alltagssituationen ein Gefühl von Zusammengehörigkeit und Solidarität zutage, wenn dieses auch von inneren zu äusseren Kreisen, vom lokalen Lineagesegment über die Nachbarschaft bis zur weiteren Lokalgruppe abnimmt und an Intensität verliert.[54] Die Organisation der Nachbarschaft ist sicher sehr wenig formell und beruht auf freiwilliger und freundschaftlicher Kooperation. Die Solidarität der Lokalgruppe zeigt sich immer in besonderen Momenten, zum Beispiel dann, wenn einem ihrer Angehörigen ein Unglück widerfährt, seine Familie etwa durch Diebe oder wilde Tiere angegriffen wurde. B. aus dem nordöstlichen Bwambarangwe formuliert das in folgenden Worten:

> „Der gesamte Hügel war [in solchen Situationen] mit dem Geschädigten solidarisch. So lernte man sich nach und nach kennen und schätzen. Man machte das, damit man sich wie Brüder fühlt, obwohl man in Wirklichkeit verschiedenen Familien angehört. Man lernte, Glück und Unglück miteinander zu teilen" (Gespr. 60:28f).

Zum Ausdruck der solidarischen Verbundenheit innerhalb einer lokalen Einheit benützt man auch die Redensart *guhâna akabísi n'agahiye*, „das Rohe und das Gekochte miteinander teilen"; sie bringt zum Ausdruck, dass man gewillt ist, Freuden und Schwierigkeiten miteinander zu teilen, im Guten wie im Schlechten zueinander zu stehen (Gespr. 22:34, Kayondi 1972:181). Dieses Bemühen um Solidarität und Verbundenheit, das der Informant B. beschwört, kann man als doppelt, in externen wie internen Bedrohungen begründet sehen. Externe Bedrohung erwuchs aus dem hohen Aussetzungsgrad gegenüber äusseren Gefahren und Unsicherheiten jeglicher Art (ob natürliche Gefahren wie Naturkatastrophen, Viehseuchen, Krankheiten, oder soziale und politische Probleme wie Diebstahl, Enteignungen und Konfrontationen mit unliebsamen Behörden oder gar einem äusseren Feind). Interne Bedrohung erwuchs aus der latenten und virulenten Konfliktivität der Beziehungen zwischen den verschiedenen lokalen Deszendenzgruppen, zu deren Neutralisierung Institutionen wie Bierfreundschaftszirkel und verschiedene Formen von gegenseitiger Hilfe einen wesentlichen Beitrag leisteten.

Welche Führungs- und Autoritätsstrukturen lassen sich schliesslich auf der Ebene der Lokalgruppe erkennen? Eine unabhängig von untergeordneten Einheiten und Ebenen (Residenz- und Deszendenzeinheiten) existierende zentralisierte Führungs- und Autoritätsstruktur ist auf der Ebene des Hügels oder der Lokalgruppe, die wie gezeigt nur lose organisiert und institutionalisiert ist, auf den ersten Blick nicht auszumachen. Gewisse Ansätze und Anlagen dazu, wie etwa ein „Rat" der Lokallineages- oder „Hügelältesten", sind zwar erkennbar, bleiben aber in Ansätzen stecken in dem Sinn, dass sie nur in sehr speziellen Momenten und höchst sporadisch aktiviert werden. Solche Momente des – mehr oder weniger informellen, nicht formalisierten – Zusammentretens der „Ältesten" sind in keiner spezifischen Form, weder als Rat noch sonstwie, institutionalisiert. Das hängt damit zusammen, dass sich aus den beschriebenen Formen von Kooperation und gegenseitiger Hilfe und den Produktionsverhältnissen allgemein kein Bedürfnis nach zentralen Leitungs- und Kontrollstrukturen auf der Ebene des Hügels ergibt. Es ist nicht so, dass die „Hügelältesten" gewisse Verteil- oder auch nur Verwaltungsfunktionen (etwa von Lebensmittelreserven) zu übernehmen hätten. Die Arbeitsorganisation im Sinne einer Verteilung und Koordinierung der verschiede-

---

[54] In Bezug auf segmentäre Gesellschaften spricht Sahlins bei diesem Tatbestand von „segmentärer Soziabilität", die sich nach dem Prinzip „Liebe deinen Nächsten" richtet. Das Beiwort segmentär lässt sich hier jedoch nicht verwenden, da er keine derartig festen, „latenten" Organisationseinheiten wie in segmentären Gesellschaften gibt (s. Sahlins 1973:131f, engl. [1]1961). „Höhere" Loyalitäten haben sich in der zentralisierten Gesellschaft Burundis nach den politischen Einheiten zu richten und das ist zuerst einmal die Sous-Chefferie. Was nicht heisst, dass nicht auch alle Clan (*umuryango*)-Mitglieder, und umso mehr alle nicht-lokalen *umuryango*-Lineagemitglieder zumindest theoretisch Anrecht auf „Brüderlichkeit" haben.

nen Aufgaben wird vom Rugó-Vorsteher *samuragwa* übernommen. All dies wird auf der Ebene der Einzelgehöfte geregelt und fällt als Quelle von Einfluss oder Autorität von irgendwelchen übergeordneten Instanzen ausser Betracht. Wie wir gesehen haben, fällt die Bodenzuteilung in die Kompetenz der Lineageältesten oder genauer des Lokallineagerates, der auch über Weiderechte beschliessen kann, obschon solche meistens zwischen einzelnen Gehöftvorstehern abgesprochen werden. Im Bereich der Pastoralwirtschaft besteht zumindest zeitweise ein Bedürfnis nach der Wahrnehmung von Koordinations- und Entscheidungsfunktionen auf der Ebene des Hügels und damit der gesamten Lokalgruppe. Diese Funktionen übernehmen die Lineageexponenten als „Hügelälteste" und allseits anerkannte Bashingantahe.

Zur vorkolonialen Zeit gab es keine formalisierte und fest institutionalisierte zentrale Führungsinstanz, die aus der Lokalgruppe herausgewachsen wäre. Es ist hier wichtig, die Lokalgruppe nicht mit der untersten politischen Einheit (verkörpert durch den Icariho, später die Sous-Chefferie), die durch die staatliche Ordnung geschaffen wurde, gleichzusetzen und zu verwechseln, obwohl sie mit dieser zusammenfallen konnte. Wenn man von *abakuru bo ku mugina* – zu übersetzen mit „Nachbarschaftsführern" – sprach, so meinte man damit die lokalen Lineageexponenten und Hügel-Bashingantahe. Diejenigen von ihnen, die das höchste Ansehen genossen, konnten auch auf der Ebene des Gesamthügels von ihrem Einfluss und Prestige her als *bakuru* gelten und angesprochen werden, wenn sie auch kein dementsprechendes Amt einnahmen und diese Position in keiner Hinsicht formalisiert war. Ein Informant sagte mir, dass der Ausdruck *umukuru wo ku mugina* früher gleichbedeutend mit *inserukiramuryango* („Lineagerepräsentant") und *inserukiramihana* („Vertreter der Häusergruppe, eines Weilers") gebraucht worden sei (Gespr. 45:14). Seit der republikanische Staat auf dieser tiefen lokalen Ebene seine eigenen Behörden geschaffen hat, wird diese Bezeichnung im Alltagssprachgebrauch für die untersten staatlichen Exponenten – den *nyumbakumi* (syn.: *nzezwamihana*) oder den *Chef de cellule*, sogar den *Chef de section* – verwendet, wenn das auch nicht der offiziellen Sprachregelung entspricht (cf. Kapitel 10). Das kann als Zeichen dafür verstanden werden, dass diese Behörden heute teilweise die Funktionen der alten „Nachbarschaftsführer" übernommen haben. Oder aber auch, dass die Lokalbevölkerung diese in ihrer Perzeption weitgehend mit ihren ehemaligen Vertretern und Strukturen assimiliert hat, eine Perzeption, die gerade auf der lokalen Ebene geprägt ist von einem weitgehenden Unverständnis gegenüber dem modernen Staat und dessen komplexen und undurchsichtigen (oft selbst seinen eigenen Vertretern nicht einsichtigen!) Strukturen (Gespräche 5:17, 45:13f).

Obgleich es auf der Ebene der Lokalgruppe und damit zwischen den Deszendenz- und Residenzeinheiten und der untersten politischen Einheit (der „Sous-Chefferie" oder dem Einzugsgebiet eines Icariho) keine zentralisierte Autoritäts- und Führungsinstanz im Sinne eines „Hügelchefs" gibt, können wir auf den zweiten Blick auf dieser Ebene doch eine deutliche Autoritätsstruktur erkennen, die in gewissen Situationen Führungsaufgaben übernimmt, oberhalb der lokalen Deszendenzgruppen steht und effektiv die gesamte Lokalgruppe als solche vertritt. Ich spreche von der Institution des *bushingantahe*, den Bashingantahe, die als eigentliche Hügelnotabeln angesehen werden können, eine Institution, von der man annehmen kann, dass sie sich in einer frühstaatlichen Zeit im Zuge der Umschichtungen und Gruppenmodellierungen des sich herausbildenden Staates, der Bildung einer politischen Zentralstruktur und der damit einhergehenden Fraktionierungen und neuen Zusammenschlüssen unter den Bedingungen einer erhöhten Mobilität und Bevölkerungswachstumsrate formiert hat und aus vorstaatlichen Exponenten von Deszendenzgruppen, aber auch von Nachbarschaftsstrukturen herausgewachsen ist. Diese Autoritätsstruktur, die ihren Ausdruck in erster Linie im rechtlichen und moralischen Bereich fand, verdient es, in extenso unter einem gesonderten Punkt abgehandelt zu werden.

4.4 Entscheidungsprozesse und Konfliktregelung. Die Institution des *Bushingantahe*

Konzeption und Strukturen von Autorität im historischen wie im heutigen Burundi können nicht beschrieben und erfasst werden ohne die Beachtung einer besonderen Äusserungsform von rechtlich-moralischer Autorität, des sogenannten *bushingantahe*. Wenn wir uns der Institution des Bushingantahe zuwenden, treten uns die Grundlagen der Autoritätskonzeption sowohl in der vorkolonialen wie in der heutigen postkolonialen Gesellschaft vor Augen. Auch wenn diese Institution seit Beginn der republikanischen Zeit unterwandert und zerschlagen wird und in ihrer alten Form nicht mehr existiert, ist sie – da sie das ländliche Leben bis vor zehn oder fünfzehn Jahren grundlegend prägte – bei allen erwachsenen Leuten noch so lebendig, dass sie weiterhin die Auffassung von Autorität schlechthin bestimmt. Wie wichtig sie ist, zeigt sich schon darin, dass der postkoloniale, republikanische Staat versucht, sie zu besetzen und sich einzugliedern, und sei es bloss durch die Übernahme ihres äusseren Gewandes, vom ihr eigenen Vokabular bis zu gewissen Zügen des Einsetzungsmodus solcher unterster lokaler Autoritätsträger. Über die Betrachtung des Bushingantahe ist es uns somit möglich, Einblick sowohl in die vorkoloniale wie die heutige Autoritätskonzeption in Burundi zu nehmen.

Diese Einschätzung des Bushingantahe führt mich dazu, der Beschreibung und der anschliessenden Erörterung der gesellschaftlichen Bedeutung dieser Institution in der vorkolonialen und der heutigen Gesellschaft breiten Raum zu geben. Die Tatsache, dass darüber bis heute erstaunlich wenig publiziert wurde, zeugt von der weit verbreiteten Vernachlässigung der unteren, lokalgemeinschaftlichen Ebene in geschichts- und sozialwissenschaftlichen Arbeiten zu Burundi, eine Tendenz, die trotz der Empfehlungen des „Colloque sur la Civilisation Ancienne des Peuples des Grands Lacs" von 1979 in Bujumbura, die hier Abhilfe zu schaffen suchten, bis heute fortbesteht (s. La Civilisation ancienne ... 1981:11). Da sich die grosse Mehrzahl der Autoren ausschliesslich für die übergeordneten Institutionen interessiert (ein Trend, der lange Zeit von den meisten wissenschaftlichen Ansätzen gefördert wurde), finden die Bashingantahe beinahe nur in Bezug auf ihr Wirken an den aristokratischen Höfen und kaum je hinsichtlich ihrer Bedeutung innerhalb der Lokalgruppen Erwähnung (so bei Delacauw 1936, Simons 1944, aber auch bei den meisten neueren Autoren). Ich werde mich deswegen zu einem guten Teil auf meine eigenen Datenerhebungen zu stützen haben. Das hat den Nachteil, in mehreren wichtigen Punkten nur über unsichere oder über gar keine historischen Vergleichsmöglichkeiten zu verfügen. Weitere Untersuchungen zu diesen Fragen gerade in Regionen, die ich nicht berühren, geschweige denn abdecken konnte, wären hierzu begrüssenswert und könnten die prekäre Datenlage verbessern helfen. Neben den Resultaten meiner eigenen Feldforschungen stütze ich mich in der Folge hauptsächlich auf diejenigen von Hakizimana, Mworoha und Ntabona (teilweise publiziert 1976, 1977 bzw. 1985), weiter auf Legenden, Inanga-Lieder und Sprichwörter, sowie auf *kwâtirwa*-Investiturformeln und -reden.

Bei der Breite, in der die Einrichtung des Bushingantahe, Werdegang und Laufbahn sowie Investitur und nachfolgende Karriere der Bashingantahe abgehandelt werden, ist es angebracht, eingangs die Gründe dafür zu erläutern. Ein wichtiger Grund liegt darin, dass meines Wissens bis heute dazu nichts – oder zumindest nicht in zusammenhängender Form – publiziert worden ist. Während sich zur *kwâtira*-Investitur noch relativ viele, aber isoliert bleibende Aussagen finden lassen, gibt es über das damit verbundene System von Stufen, dem jeder angehende Mushingantahe unterworfen war und die er eine nach der anderen zu überwinden hatte, nur höchst summarische Bemerkungen. Der im Rahmen dieser Arbeit wichtigere Grund liegt darin, dass sich an der detaillierten Darstellung von Mushingantahe-Laufbahn und -Einsetzung anhand des damit verbundenen Durchschreitens der verschiedenen Altersstufen geradezu exemplarisch Autoritätssystem und Strukturierung einer Lokalgemeinschaft darlegen lassen. Ich werde somit diese Aspekte ins Zentrum stellen und andere vernachlässigen. So werde ich nur am Rand auf die eigentlichen Rechtsprozeduren eingehen. Dazu sei nur vermerkt, dass der Weg vom Einreichen einer Klage über Prozessvorladungen durch einen *umutahe* genannten Bashingantahe-Beauftragten und den Verlauf von Verhandlungen mit Zeugeneinvernahmen bis zur Entscheidungsfindung und eventuellen Strafzumessung im Detail festgelegt war, so dass man durchaus von einem weitgehend ausdifferenzierten Rechtssystem sprechen kann (cf. Rodegem 1970:464).

In der Folge soll in einem ersten Schritt das Bushingantahe als Form moralischer und insbesondere rechtlicher, aber auch sozialer und politischer Autorität, die ihre Bedeutung zunächst im lokalen Rahmen findet, beschrieben und auf gewisse gerontokratische Elemente hingewiesen werden. Dann ist der Frage Aufmerksamkeit zu schenken, inwieweit das rechtliche Feld vom Staat besetzt ist bzw. im Laufe der Geschichte besetzt wurde. Die detaillierte Kenntnis dieser Institution ist ein wichtiger Schlüssel zur Analyse der nicht-staatlichen wie der staatlichen lokalen Autoritäts- und Organisationsformen und ist dabei keineswegs nur von geschichtlichem Interesse. Es wird später deutlich werden, wie weit sie bis heute in vieler Hinsicht die Grundlage des lokalen Lebens geblieben ist.

4.4.1 Zum Begriff *umushingantahe*

Das Bushingantahe ist eine über das gesamte Territorium Burundis verbreitete Institution.[55] Die *bashingantahe* (sing.: *umushingantahe*) sind die wichtigsten rechtlichen und moralischen Instanzen auf der lokalen Ebene der Hügelgemeinschaften. Ich werde jedoch zeigen, dass gerade in diesem Bereich das Bushingantahe nicht auf rechtliche und normative Aspekte reduziert werden darf. Die Bashingantahe spielen zudem auf den überlokalen Ebenen wichtige richterliche Rollen, Aufgaben, die sich, so darf man annehmen, im Zuge der Formation der Monarchie herausgebildet haben.

Die Bashingantahe sind die eigentlichen Hügelnotabeln und traditionellen Autoritätsträger im lokalen Rahmen. Unter einem *umushingantahe* versteht man nach Rodegems Übersetzung einen traditionellen Magistraten (im Sinn von „Magister"), eine Autoritätsperson, einen Berater, Schiedsrichter, Schlichter, Beisitzer und Richter, in Ausdehnung eine gerechtigkeitsliebende Persönlichkeit von hoher Erfahung und Integrität in fortgeschrittenem Alter (1970:464f). Der heutige „inflationäre" Gebrauch dieses Ausdrucks, seit einigen Jahren immer häufiger zur Bezeichnung jedes beliebigen Mannes und damit synonym mit „Monsieur" benutzt – was von traditionsbewussten Alten immer wieder angeprangert wird –, lässt die Gefahr einer Entleerung des ursprünglichen Inhaltes dieses Konzeptes entstehen (Ntabona 1985:264). Nähern wir uns dieser Einrichtung zunächst auf etymologischem Weg. Der Ausdruck *mushingantahe* ist abgeleitet von *gushinga intahe*, was soviel bedeutet wie „den Stab einstecken, mit ihm auf den Boden schlagen" und im übertragenen Sinn „etwas festsetzen, einen Entscheid fällen". *Gushinga* („einstecken", Rodegem 1970:423) wird gewöhlich in Bezug auf die Lanze gebraucht, die in den Boden gesteckt wird, was im übertragenen Sinn dafür steht, etwas festzulegen (so bedeutet auch *gushinga ingingo* „einen Entscheid fällen"); hier ist das metonymisch im Sinn von „auf den Boden klopfen" gemeint. *Intahe* ist der kleine Stab, in der Regel aus *umumanda*-Fikusholz, den die Bashingantahe als Zeichen ihrer Autorität mit sich tragen und mit dem sie im Verlaufe von Rechtsermittlungen, Urteilsberatungen und Entscheidungsfindungen auf den Boden schlagen, um ihre Äusserungen zu unterstreichen.[56] Im

[55] In Rwanda ist die Institution des Bushingantahe nicht bekannt. Es gibt hier eine andere, ebenso verbreitete Form lokaler „grass-roots"-Rechtsprechung, das *gacaca* (wörtlich: „Wiese", im übertragenen Sinn: „Versammlung von [im Gras sitzenden] Nachbarn"); s. dazu Reyntjens, Filip. 1990. Le *gacaca* ou la justice du gazon au Rwanda, in: Politique Africaine, no. 40, décembre 1990:31-41.

[56] Ntabona interpretiert dieses Schlagen auf den Boden in einer etwas gewagten Auslegung als Anrufung der Weisheit der unter dem Boden ruhenden Ahnen, also gleichsam als ein Pochen auf das Gewohnheitsrecht (1985:264).

weiteren Sinn wird der Ausdruck *intahe* auch für „Konfliktregelungsinstanz, Entscheid" verwendet.[57] Statt von *bashingantahe* spricht man auch einfach von den *bagabo*, „den [wahren und grossen] Männern" (s. Kapitel 4.2) oder *bacamanza* (von *guca imanza*, wörtlich: „diejenigen, die rechtliche Angelegenheiten regeln, Entscheide fällen"). Die Bashingantahe sind damit die Entscheidfäller, im lokalen Rahmen aber mehr die Entscheidungsfinder, Konfliktregler, Schlichter und Berater – sie verfügen hier über keine richterliche und Sanktionsgewalt, sondern walten allein schlichtend und beratend (Trouwborst 1962a:148).

Es lässt sich allgemein zwischen engeren rechtlichen und weiteren sozialen, moralischen und politischen Funktionen der Bashingantahe unterscheiden. Ihnen kommt die Aufgabe der Beratung, Schlichtung und Beilegung jedwelcher Konflikte innerhalb ihrer Hügelgemeinschaften zu. Bei schwereren Normverstössen haben sie darüberhinaus die Pflicht, eine Untersuchung anzustrengen. Sie dienen zudem als Zeugen beim Abschliessen von Vereinbarungen und Verträgen auf ganz verschiedenen Gebieten (Heirat, Nachfolge, Erbteilungen, Grenzziehungen, Pacht, etc.). Der Mushingantahe wird dazu als Bezeuger und Beglaubiger, als Authentifikator beigezogen. Bei Rechtsfragen greift man auf die Bashingantahe als Augenzeugen zurück, eine Aufgabe, die sie schon von ihrem Alter her am ehesten übernehmen können: Sind nicht sie es, die sich noch an eine bereits lang zurückliegende Grenzziehung im Detail erinnern können und über die Geschichte sozialer Beziehungen genauestens Bescheid wissen? Ihnen obliegt ganz allgemein die Pflicht der Herstellung und Bewahrung von Eintracht und Einigkeit, von Verständigung und Versöhnung und damit des Schutzes von Ruhe und Ordnung innerhalb ihrer Lokalgemeinschaft. Sie werden von ihr als Garanten von Sicherheit und Gerechtigkeit beansprucht. Ntabona sieht in diesen letzten Verantwortlichkeiten die Idee einer „sozialen Vaterschaft" begründet, etwas, was in der Tat in vielen Formeln, in denen die Bashingantahe als „Väter" ihrer Lokalgemeinschaft angesprochen und beschworen werden, angetönt wird (1985:270).

Über das engere rechtliche Gebiet hinaus sind die Bashingantahe im lokalen Rahmen die Wahrer von Sitten und Tradition schlechthin. Als ersten moralischen Autoritäten, Ratgebern, Erziehern und Vorbildern ihrer Gemeinschaft kommt ihnen in der Bildung und Konsolidierung des Wertsystems eine bedeutende Rolle zu. Durch die umfassende Natur ihres Auftrages und ihrer Verantwortung für Ordnung und Gerechtigkeit handelt es sich dabei weniger um eine abgrenzbare Funktion denn um einen Zustand, eine Aufgabe, der sie sich spätestens mit ihrer formalen Investitur „mit Haut und Haaren" verschrieben haben. Da damit ein umfassender und genau festgelegter Verhaltenskodex verbunden ist, werden davon auch ihre Lebensführung und persönlichen Eigenschaften geprägt. Ntabona zeigt in seinem Aufsatz deutlich, dass es genauer ist, von einer Bushingantahe-Qualität denn von einem Mushingantahe-Amt zu sprechen (1985:265,269,273). Einmal investiert, ist die Bushingantahe-Qualität so stark mit der Person verbunden, dass sie lebenslänglich nicht mehr ablegbar ist – Auftrag und Person sind aufs innigste miteinander verschmolzen.[58]

Wer sind die Bashingantahe und wie kommt man zu dieser Statusposition? Es ist zu vereinfachend, sie mit den Lineageältesten eines Hügels, den Vorstehern lokalisierter Lineagesegmente, die mit der lokalen Konfliktregelung beauftragt sind, gleichzusetzen. Es lässt sich auch nicht von einer Altersklasse sprechen – keineswegs jeder Alte und auch nicht notwendigerweise jeder Lineagevorsteher als solcher erreichte zeit seines Lebens den Mushingantahe-Status. Die damit verbundene Position war nicht jedem älteren Mann (und den Frauen schon gar nicht) zugänglich; niemand

Ndagijimana sieht darin auch ein Hilfsmittel, nicht den Faden seiner Gedanken, die manchmal effektiv sehr gewunden sein können, zu verlieren (1971:36).

57 Für eine ausführliche Begriffsanalyse s. Bigirumwami 1992.

58 Die damit verbundene Konzeption von sozialen Aufträgen und mitunter auch politischen Funktionen, die zu Verschmelzung und Nichtauseinanderhalten von Funktion, Amt und Person tendiert und dies nahelegt, ist gerade auch im politischen Bereich von Belang.

erhält sie „automatisch" aufgrund eines gewissen Alters, und sie wurde auch niemandem „aufgezwungen", wie Ndagijimana betont (1971:27). Mit Ausnahme der Batwa, die von diesem Statussystem wie von weiten Bereichen der Gesellschaft insgesamt ausgeschlossen waren,[59] wurde von jedem heranwachsenden Mann erwartet, dass er nach der Mushingantahe-Investitur, dem wichtigsten Statuskriterium innerhalb der Lokalgemeinschaft, strebte. Nur eine Minderheit aber kam so weit. Neben den Batwa waren auch die Frauen insgesamt vom Bushingantahe ausgeschlossen. Man erklärte und rechtfertigte das damit, dass die Frauen indiskret seien und keinen Sinn für Geheimnisse hätten: *Nta ntahe y'umugore* („es gibt keinen *intahe*-Stab der Frau": sie kann nicht Schiedsrichter sein), *umugore ntagira ibanga* („die Frau hat kein Geheimnis", in einem zweiten Sinn auch: „kein Pflichtverständnis"), weswegen man die Frau auch als *indanyango* („die ohne Geheimnisse") bezeichnet, ein Ausdruck, den man nach N. nur wählt, um sie nicht gerade mit *ikimenabanga* („wortbrüchige Geheimnisverräterin") zu betiteln ... (Gespr.27:14); angespielt wird damit auf die Geheimhaltungspflicht der nicht-öffentlichen Bashingantahe-Deliberationen. Die Fernhaltung der Frauen vom Bushingantahe wird in verschiedenen Redensarten und Legenden thematisiert und legitimiert (Gespr. 27, Habonimana 1977:83ff, cf. Kap.4.2).

Um den Titel eines Mushingantahe zu erhalten, musste man mehrere Stadien oder Etappen passieren, die alle durch ein grosses Fest gekennzeichnet waren. Während dieser Zeremonien hatte der Kandidat den Bashingantahe der Umgebung und jedermann, der zugegen sein wollte, viel Bier zu offerieren. Bevor diese Laufbahn eines Bushingantahe-Aspiranten im Detail nachgezeichnet wird, soll ein Blick auf die Zulassungsbedingungen und erwarteten Qualitäten geworfen werden.

Wer Mushingantahe werden wollte, musste damit früh beginnen. Der Kandidat hattte zunächst einige grundlegende soziale, moralische und ökonomische Vorbedingungen zu erfüllen. Er hatte ein als legitimer Sohn anerkannter, verheirateter Mann in reifem Alter zu sein, der seine Bereitschaft zu sozialem Engagement in kleinem Rahmen durch die erfolgreiche Führung einer Ehe und eines Hausstandes bewies, was auch einen gewissen materiellen Wohlstand implizierte (zum dahinter stehenden *ibanga*-Prinzip s. Kap. 4.3). Das heisst nicht, dass man wirtschaftlichen Reichtum an sich erwartete, sondern es ging vielmehr um ein Minimum an ökonomischem Wohlstand als Folge einer gewissen Einsatzbereitschaft, von Arbeitssinn, Unternehmensgeist und Pflichtgefühl gegenüber seiner Familie, um diese und deren Güter in Ordnung und Prosperität zu halten, so, „dass man etwas zu geben, aber auch etwas für sich zu behalten hat", wie man im Kirundi sagt (*ukugira ico utanga n'ico usigarana*). Daneben wurde auf gewisse moralische und persönliche Qualitäten geachtet. Vom Applikanten wurde *umutíma* („Geist, Herz, Gefühl") erwartet, womit eine gefestigte, ausgeglichene Persönlichkeit mit Selbstachtung, Verstand und sozialem Gewissen

59 Hakizimana 1976:30, Makarakiza 1959:38, Mworoha 1977:171. Zu prüfen ist hier die These, ob diese Fernhaltung vom Bushingantahe etwas mit dem ursprünglichen Fehlen eigener Twa-*imiryango* zu tun hatte (cf. Pkt. 4.4.7!). Legitimiert wird dieser Ausschluss durch die Mythe vom ersten Mushingantahe, *Sacyega* (auch *Sacega*), „Ngoma ya Sacyega", an die anlässlich jeder Investitur erinnert wurde (s. Vansina 1972:113, in vollem Wortlaut ibid., p.28f). Es lohnt sich, diese Erzählung hier ausführlich zu zitieren: „Eines schönen Tages sagte Ngoma ya Sacyega zum König: Ernennen wir neben mir weitere Richter, da wir alle nicht unsterblich sind. Man rief darauf alle Baganwa, Banyaruguru, Bahutu, Bahima und Batwa zusammen. Ngoma liess zuerst die Baganwa kommen und hiess sie, die Banyaruguru anzugreifen. Als der Moment des Angriffs gekommen war, fragten sich die Baganwa aber, wieso sie Leute angreifen sollten, ohne zuerst den König gefragt zu haben, was diese denn getan hätten. So kamen sie zurück und baten zuerst um Erklärungen, worauf der König ihnen sagte: Gut, ihr versteht es, Richter zu sein. Das gleiche geschah, als man die Banyaruguru beauftragte, die Bahutu anzugreifen, desgleichen, als die Bahutu die Bahima und die Bahima die Batwa angreifen sollten. Als man den Batwa jedoch befahl, die Basengo [den am wenigsten angesehenen Clan überhaupt; cf. Gorju 1938:53] anzugreifen, führten sie diesen Auftrag ohne zu zögern aus und bewiesen damit, dass sie über kein gesundes Urteilsvermögen und keine richterlichen Fähigkeiten verfügten." – Zu beachten ist hierbei die bemerkenswerte hierarchische Reihenfolge der Bahutu vor den Bahima, wie sie nach Vansina auch in einigen anderen Erzählungen zu finden ist.

gemeint ist (Ntabona 1985). Wenn er auch ein Mann mit Herz ist, so behält er doch seine Gefühle und Leidenschaften immer unter Kontrolle. Mit der entsprechenden menschlichen Reife soll ein ausgeprägter Sinn für Wahrheit und Gerechtigkeit verbunden sein (*imvúgakuri*). In zahlreichen Anekdoten wird dieses unerschütterliche und unerschrockene Stehen zur Wahrheit als Hauptmerkmal des wahren Mushingantahe hervorgehoben – und das gerade auch Mächtigeren, den Herrschenden gegenüber zum Ausdruck kommen soll, in Situationen, in denen es nicht opportun sein mag (Gespräche 27, 69). Verschiedene Sprichwörter beschwören diese Unbestechlichkeit: „Ein wahrer Mugabo schluckt ein Stück Teig, nicht aber sein Wort hinunter", oder: „Ein Mugabo dreht sich auf der Matte, nicht aber in seinem Wort" (Hakizimana 1976:33f). Die Beziehung zum Wort, *ijambo*, ist zentral. Ein Mushingantahe „hat das Wort", in jeder Beziehung. Er hat ein eloquenter Redner zu sein, der sich durch scharfsinnige, feine Intelligenz und einen unparteiischen Geist auszeichnet, vor allem aber ein sicheres und klares Wort führt. Er ist kein Schwätzer, sondern ein *umuntu w'ibanga*: Er weiss sein Berufsgeheimnis zu wahren und verfügt über einen hohen Verantwortungssinn gegenüber seiner Funktion im besonderen und seiner Gemeinschaft, der er entwachsen ist und der er sich immer zugehörig fühlt, im allgemeinen. Er musste also nicht nur das Ansehen seiner Familie, sondern auch das der weiteren Lokalgemeinschaft geniessen, von der er als ihr Vertreter, Wortführer und Sprachrohr angesehen wurde. Das ist ein wichtiger Punkt: Der Mushingantahe ist von unten und nicht von oben mandatiert und legitimiert, obgleich es einer Billigung durch die staatlichen Behörden bedurfte (cf. Pkt. 4.4.5-4.4.7). Die Lokalgemeinschaft gab ihm die damit verbundenen Kompetenzen nur nach einer langen Prüfzeit ab. Es gilt nun, den Weg dieser Mandatierung genauer vorzustellen. Es gibt kaum einen besseren Weg, die internen Strukturierungen einer Lokalgruppe allgemein einzusehen.

4.4.2 Das Stufensystem: Eine Karriere in mehreren Etappen

Wie wird man Mushingantahe? Es lässt sich generell zwischen vier verschiedenen Zugangsmöglichkeiten unterscheiden, wobei auf lokaler Ebene eigentlich nur eine unser näheres Interesse verdient: Die Investitur am Wohnort durch Vermittlung seiner Deszendenzgruppe. Die drei anderen können als Ausnahmen betrachtet werden, vielsprechende zwar, deren Bedeutung sich in zwei Fällen in der Hauptsache auf die politischen Zentren beschränkte (Verleihung der Mushingantahe-Qualität an politische Kader und Hofpersonal). Schliesslich gab es noch die Möglichkeit einer erblichen Weitergabe des Mushingantahe-Status von einem hoch angesehenen Vater auf einen Sohn. Während die drei letzteren Möglichkeiten nur kurz angedeutet werden sollen, stelle ich zuerst ausführlich die übliche Laufbahn und Karriere eines im lokalen Milieu herangezogenen Mushingantahe dar, die in einer formalen Investitur gipfelte.

Wer zum Mushingantahe werden wollte, hatte innerhalb seiner Lokalgruppe eine lange Probe- und Prüfzeit zu absolvieren, die Jahre dauerte und keineswegs von jedem erfolgreich abgeschlossen wurde. Die Lokalgemeinschaft nahm sich ausführlich Zeit, einen angehenden Mushingantahe zu beobachten und zu prüfen. Jeder Kandidat hatte nacheinander mehrere hierarchische Stufen zu durchschreiten, bevor er offiziell als Mushingantahe eingesetzt wurde, was als *kwâtirwa* bezeichnet wird und soviel bedeutet wie „initiiert sein, eingesetzt werden". Der Weg dahin, der je nach Region in zwei, drei oder vier Stufen formalisiert war, wird in all der mir bekannten Literatur nur höchst summarisch oder überhaupt nicht beschrieben.[60] Die folgenden Ausführungen stützen sich damit zur Hauptsache auf mein eigenes Feldmaterial.[61]

60 S. z.B. Hakizimana 1976:39f, 57; Habonimana 1977:96; Ntabona 1985:278f; Ntahokaja 1978:139f; Trouwborst 1962a:147f; am ausführlichsten noch bei Rodegem 1966:8f.

61 Das in der Folge verwendete Präteritum impliziert nicht, dass heute vom Beschriebenen nichts mehr Bestand und Geltung hätte, obwohl sich seit dem Untergang der Monarchie vieles geändert hat. Näheres dazu im Teil III.

Obwohl es ausgeprägte regionale Unterschiede gab, die sich in einer unterschiedlichen Anzahl und Bezeichnung der Stufen äusserten, können generell folgende Phasen unterschieden werden: Ganz allgemein unterschied man zwischen *bakungu* und *bashingantahe*. Als *bakungu*[62] wurden alle nicht ins Bushingantahe initiierten Männer, „die Gemeinen, Uneingeweihten", bezeichnet. Da es als normal angesehen wurde, dass jeder Mann und bereits jeder Jüngling nach dem Mushingantahe-Status strebte, wurden sie insgesamt als potentielle Bushingantahe-Kandidaten betrachtet. Innerhalb der Bakungu gab es mehrere Abstufungen, Stufen, die einem Weg entsprachen, auf dem nicht selten vor allem von erstgeborenen Knaben bereits während der Jugend die ersten Schritte unternommen wurden. N. aus Muramvya berichtet dazu folgendes:

> „Die Mushingantahe-Laufbahn, oder zumindest die Vorbereitung darauf, begann bereits während der Adoleszenz, wenn einer noch *umusóre* [„Junior"][63] war. Man beobachtete sein Sprachverhalten von seiner Jugend an, sogar dann, wenn er mit anderen Kindern spielte. Man stellte ihm manchmal Fragen zu laufenden Rechtsverhandlungen, über die er orientiert war, da die Väter ihre Söhne dahin mitnahmen. Aus dieser ihm erwachsenden besonderen Beachtung heraus begann er mit der Zeit auch, andere – zuerst meist verwandte Altersgenossen – zu korrigieren und zurechtzuweisen, zumindest eine Bemerkung fallen zu lassen: „Ich bin zwar kein Mushingantahe, aber das ist nicht recht ...". Später ergriff er auch einmal das Wort in einem Gremium wie dem Familienrat. Die Bashingantahe beobachteten ihn und sagten unter sich: „Aus dem wird vielleicht noch etwas werden". Der ‚Kandidat' wuchs heran und lernte gut sprechen, vielleicht sogar während einer Lehrzeit am Königshof[64]" (Gespr. 69:1).

Zu den wichtigeren Aufgaben, für die jüngere und ältere Knaben eingesetzt wurden, gehörte das Hüten der Kühe, falls ihre Familie über solche verfügte. Von daher bezeichnete man Jungen, die sich unter ihren Altersgenossen durch besonderen Verantwortungssinn und ihr Verhalten hervortaten, auch als *abashingantahe b'abungere*, als „Hirten-Bashingantahe" (Hakizimana 1976:39).

So setzte die Beobachtungszeit bereits mit der Jugend ein. Mit dem Ende der Adoleszenz wurde vom Heranwachsenden erwartet, zusätzliche Schritte zu unternehmen, um weiterzukommen und mit der Zeit als *umukungu w'imbere*, als „vorderer Umukungu" im Gegensatz zu den *bakungu b'inyuma* („hintere Bakungu"), anerkannt zu werden, Bezeichnungen, mit denen auf die Sitzordnung und Reihenfolge beim Biertrinken angespielt wird. Der heranwachsende junge Mann, der sich noch durch nichts besonderes ausgezeichnet „und den Bashingantahe noch nie Bier offeriert hat", wie man sagte, gehörte zu den gewöhnlichen („hinteren") Bakungu. Bereits bei der Beschreibung dieses Stufensystems gibt es zwischen den Informanten bemerkenswerte Unterschiede, die zum Teil solche zwischen Regionen sind. So stellte offenbar in einigen Gegenden und zu gewissen Zeiten das *bukungu b'inyuma* eine erste Stufe in dem Sinn dar, dass man sich auch hier bereits mittels der Ausgabe von Bier um den Zugang bemühen musste und dieser nicht automa-

---

62 Im Singular *umukungu*, wahrscheinlich abgeleitet von *inkungu* (manchmal auch *igikungu*), „ausgewachsenes Rind ohne Hörner, Färse" (s. Rodegem 1966:8, 1970:247) und vom Verb *gukungera*, „lancieren, in einen Latenz-/Wartezustand versetzen". So bezeichnet *umukungu* jemanden, der darauf wartet, in einen höheren sozialen Rang gehoben zu werden. Der Ausdruck hat eine deutlich pejorative Konnotation: Er bezeichnet allgemein eine Person, der etwas fehlt, die sich noch nicht gefunden und ihre Situation nicht stabilisiert hat (Ntabona 1985:300).

63 Beim Term *umusóre* ist auf eine Bedeutungsverschiebung zu achten, die durch das Inkontaktkommen mit der europäischen Kultur eintrat und leicht zu Missverständnissen führen kann: Während darunter heute „Jüngling, Adoleszenter, junger lediger Mann" verstanden wird, liess man das *busóre* nach dem alten Verständnis nicht mit seiner Heirat und nicht einmal mit der Geburt der ersten Kinder hinter sich, sondern „erst dann, wenn man erwachsene Kinder hat, die man zurechtweisen muss", erst also, wenn man in voller Hinsicht väterliche Autorität übernehmen und ausüben muss, wie mir der traditionsbewusste Informant Nde. auseinandersetzte („diese Dinge der Leute von heute gab es damals nicht!" Gespr. 69:2f). Wenn nicht anders vermerkt, verwende ich den Terminus im heutigen Sinn.

64 In den traditionell zentralen Gegenden wurden junge Männer (weniger häufig auch Frauen) von ihren Familien gerne für eine gewisse Zeit an den Königshof geschickt, falls sie über die dazu notwendigen Beziehungen verfügten (s. Kap. 5.1 & Bureau Permanent du Conseil du Mwami de l'Urundi. 1947:175-177; Smets 1935, Dossier I, p. 7).

tisch (etwa durch das Erreichen eines gewissen Alters) erfolgte. Ausser in einigen zentralen Gebieten, in denen das Stufensystem stärker differenziert gewesen zu sein scheint, galt jedoch, dass es erst für den *bukungu b'imbere*-Status einer formellen Aufnahme bedurfte. Wer sich in seiner Umgebung als Mann mit eigenständigem, unbestechlichem Urteil bemerkbar machte und dadurch, dass er gut und überzeugend zu sprechen, zu räsonieren und zu argumentieren verstand, eine allseits anerkannte „Alltagsautorität" erwarb, konnte aus der grossen Menge der gewöhnlichen, „hinteren" Bakungu hervortreten und sich bei den lokalen Bashingantahe (den *bagabo*) darum bewerben, „befördert" zu werden. Dazu musste der Kandidat ihnen bei einem festlichen Anlass einige Töpfe Bier offerieren. Das geschah häufig in Anschluss an die Geburt des ersten Kindes[65] im Moment des für Nachbarn und Verwandte organisierten Festes, während dem das Kind vorgezeigt wurde (*gusohora umwâna*, s. Kapitel 4.3). Anschliessend konnte er den lokalen Bashingantahe das erforderliche „Bewerbungs"-Bier ausgeben und die formale Anfrage stellen, um eine Stufe erhöht und damit zum *umukungu w'imbere* zu werden (Gespr. 20:24,33). Es war gut möglich, dass die Bashingantahe das offerierte Bier als ungenügend erachteten und noch mehr forderten, bis ihm der *mukungu w'imbere*-Titel zugestanden wurde. Er musste unter Umständen auf die Geburt seines zweiten oder dritten Kindes warten, um nochmals anfragen zu können und zu betonen, dass „er im Begriffe ist, heranzuwachsen und Bier zuzubereiten, um seine Kindheit definitiv hinter sich zu lassen"[66]. Erst nach der Präsentation von genügend Bier (als *inzoga z'ubukungu bw'imbere* bezeichnet) wurde er von den Bashingantahe als *umwâna w'ubwa mbere* („vorrangiges Kind") anerkannt (Gespr. 33:19). Es wird deutlich, dass dazu die Verfügung über eine gewisse ökonomische Basis notwendig war. Erst jedoch während der Kolonialperiode, so betonen die Alten immer wieder, kam es dazu, dass jemand allein aufgrund seines Reichtum befördert wurde. Trotzdem ist auch für die vorkoloniale Situation eine zu idealisierende Sicht fehl am Platz. Das Bierausgeben hatte in allen Epochen mehr als eine zeremonielle Bedeutung – es hatte eine nach dem ökonomischen und sozialen Rückhalt selegierende Funktion. Wer nicht einen mehr oder weniger einflussreichen und zahlenmässig starken Verwandtschaftsverband und „Biertrinkzirkel" und eine ihm gegenüber loyale Nachbarschaft hinter sich wusste, kam nie bis zur *kwâtira*-Investitur.

Wer derart zum *mukungu w'imbere* befördert worden war, kam in den Genuss einiger neuer Aufgaben und Privilegien, wurde fortan aber auch einer intensiveren Prüfung unterzogen. Von nun an stand er den anderen Bakungu vor und nahm bei sozialen Zusammenkünften einige spezielle Funktionen wahr. Die *bakungu b'imbere* zeichneten sich dadurch aus, dass sie an Festtagen oder während anderer Anlässe zum Biergoutieren und -verteilen (vor allem an die *bakungu b'inyuma*) eingesetzt wurden – eine verantwortungsvolle Aufgabe, da alle ihren Teil erhalten sollten. Wie wir bereits gesehen haben, drückte sich die soziale Rangierung gerade bei solchen Anlässen durch die Trinkordnung und die Qualität des gereichten Bieres aus. Jede Statusgruppe trank getrennt für sich. Es konnte nun vorkommen, dass die Bashingantahe einen *mukungu w'imbere* zu sich heranriefen, ihm einen Zug aus ihrem Topf anboten und ihn hiessen, kurz Platz zu nehmen. Sie mochten ihm eine kleine Frage zu einer laufenden Verhandlung stellen, um sein Erinnerungs- und Urteilvermögen zu prüfen, und sandten ihn anschliessend an seinen Platz zurück (Gespr. 27:21). Wie nicht anders zu erwarten, drückte sich der soziale Status, die Vorrechte und das Vorrücken jedes einzelnen – jede noch so minime soziale Veränderung und Mobilität, und es wurde hier durchaus auf minime Unterschiede geachtet – immer qua Bier aus. K. aus Kiganda sagt dazu:

> „Ein *mukungu*, der sich hervortat, konnte zuerst einmal die Aufgabe eines Biertopf-Hochhebers und -Transporteurs [*umuteruzi w'inzoga*] erhalten, womit erste kleine Vorrechte verbunden waren: Nach dem Transport begann er als erster, aus diesem Topf zu trinken [schon eine Vorsichtsmassnahme gegen Vergiftungen; Anm.d.V.]. Durch diese Aufgabe hatte er Zutritt zu den Bashi-

65 Einige Informanten präzisieren, dass es sich dabei um die Geburt des ersten *Sohnes* zu handeln hatte, womit erst die Nachfolge zufriedenstellend gesichert war.

66 *Gutanga inzoga z'ugusohoka*: „das Bier des Austretens ausgeben" (Rodegem 1970:445).

ngantahe-Versammlungen. Damit bot sich ihm auch eine Bewährungschance bzw. den Alten eine erste Testmöglichkeit. Wenn die Alten sahen, dass er ihren Reden und Abwägungen ein interessiertes und aufmerksames Ohr schenkte und er zudem anschliessend in der Oeffentlichkeit nicht indiskret über gehörte Interna herumschwatzte, vertrauten sie ihm eine weitere Aufgabe an: Er übernahm die Funktion eines „Mundschenks", d.h. er hatte das den Bashingantahe gebrachte Bier zu degustieren und auf seine Qualität zu prüfen. Man nannte ihn fortan *imva y'abagabo*[67]. Die Bashingantahe und auch die Bakungu hatten dauernd je einen speziellen Umukungu bei sich, der ihr Bier zu degustieren hatte. Dieser musste sich dauernd dagegen wehren, dass man ihm selbst nicht Bier der schlechtesteten Qualität zu trinken gab" (Gespr. 44:6).

Wenn er sich während einer gewissen Zeit (die mehrere Jahre umspannen konnte und deren Länge nicht zuletzt durch die ökonomischen Fähigkeiten bestimmt wurde) als *mukungu w'imbere* bewährt und hervorgetan hatte, konnte er den nächsten Grad ins Auge fassen, mit dem er vom gewöhnlichen Kandidaten und Anwärter zum engeren Bewerber und Postulanten auf die abschliessende *kwâtirwa*-Investitur avancierte. Ein erstrangiger Mukungu hatte dazu den *bagabo* ein weiteres Mal etliches Bier zu präsentieren, um schliesslich das Versprechen auf eine Investitur, den eigentlichen „Ruf" zum Mushingantahe zu erhalten und fortan als *umunyamutámana* bezeichnet zu werden, als „Mann im Gewand der Bashingantahe". Damit war die engere Probezeit und Initiation eröffnet.

Es darf nicht übersehen werden, dass das nicht einfach der mehr oder weniger automatische Gang der Dinge war – nicht jeder erreichte das *mu mutámana*-Versprechen und manche blieben das Leben lang im Bakungu-Stadium. Die voll initiierten und investierten Bashingantahe scheinen in der vorkolonialen Zeit unter den älteren Männern immer nur eine Minderheit ausgemacht zu haben.

Um dieses *mu mutámana*-Stadium auf dem Weg zur *kwâtirwa*-Investitur zu erreichen, musste die Unterstützung aller sozialen Kategorien auf dem Wohnhügel des Aspiranten eingeholt werden. Das bedurfte einiger Vorbereitungen und ökonomischer Aufwendungen, da ihnen allen Bier offeriert werden musste. Die Prozedur wurde in dieser Phase nochmals formalisierter und differenzierter. Es können mehrere Schritte unterschieden werden. Zunächst wurde der Kandidat durch Vermittlung seines Vaters den *baryango* (den Nachbarn und Verwandten) und den Hügel-Bashingantahe vorgestellt. Zu diesem Anlass waren fünf bis sechs Töpfe Bier zu offerieren, ein Bier, das generisch zur Kategorie des *agatútu k'abagabo*-Entschädigungsbiers[68] gehört und hier spezifisch als *inzoga yo gushinga icúmu* bezeichnet wurde („Bier des Lanze-Einsteckens, Sich-Niederlassens"). Dieses Bier wurde im Hause des Vaters, das von dessen Gattin sorgfältig vorbereitet worden war, konsumiert. Bei dieser Gelegenheit unterbreitete der Vater des Kandidaten in weitgehend ritualisierten Formeln und Wendungen das formale Gesuch um Investitur, verbunden mit der Aufforderung, dem Applikanten beizustehen, damit er das notwendige Bier zusammenbringe.[69] Es handelte sich um eine Aufforderung zu *gutêrera*-Hilfeleistungen, wie wir sie im vorangehenden Kapitel kennengelernt haben. Anschliessend zogen sich die Bashingantahe zur Beratung zurück, um wenig später in den Salon zurückzukommen, wo sie in der Regel ihre Zustimmung ausdrückten.

Zu einer Zulassung zur Investitur hatten alle Baryango, Bashingantahe und grundsätzlich alle Hügelbewohner ihr Wort zu sagen, wobei die lokalen Bashingantahe auf dieser Stufe in letzter In-

---

[67] Wörtlich „das Grab der – initiierten – Männer"; in einer zweiten Bedeutung hat das aber auch eine Konnotation von Verachtung und liesse sich übersetzen mit „törichter Liebling der Bashingantahe".

[68] Wörtlich „der kleine Schatten der respektablen Männer"; dieser generische, auch in anderen Kontexten benutzte Ausdruck bezeichnet allgemein „zur Erfrischung und Entschädigung für Bemühungen" gereichtes Bier" und hat seinen Namen vom Ort, an dem sich die Bashingantahe jeweils bei Investituren oder anderen Anlässen niederliessen (Hakizimana 1975:57, Gespr. 63 u.a.m.).

[69] Man nannte das *gutanga inzoga zo gukubura urugarama*, wörtlich: „Das Bier offerieren, damit man den *urugarama*-Graben [in dem man die Bananen reifen lässt, bevor man sie braut; Rodegem 1970:103] reinige" (Gespr. 33:23, Hakizimana 1976:42f).

stanz entschieden. Es stand in ihrem Vermögen, ein Gesuch *sine die* zu verschieben. Während der öffentlichen Vorstellung des Kandidaten vernachlässigte man es nicht, in einem nächsten Schritt Meinung und Unterstützung der übrigen sozialen Kategorien der Hügelbevölkerung – Bakungu, Frauen, junge Leute – einzuholen. An einer Versammlung, die ohne bereitgestelltes Bier nicht denkbar gewesen wäre, gaben deren Delegierte ihre Zustimmung bekannt.

Damit waren die Postulanten nun quasi „akkreditiert“ – die Tatsache, dass sie das Versprechen zur Investitur erhalten hatten, zeigte sich darin, dass diese letzte Probephase mit symbolreichen Ausdrücken wie *mu mutámana w'abashingantahe* oder *mu mpuzu y'abagabo*, oder kurz einfach als *mu mutámana* („im Kleid der Bashingantahe“ von *umutámana*, traditionelles Kleidungsstück: Umhang) bezeichnet wurde. Darin drückte sich aus, dass der Aspirant fortan an der Seite der Bashingantahe ging und unter ihrer aufmerksamen Führung stand. Ins *mu mutámana* kommen bedeutete, dass die langwierige einleitende Beobachtungsphase abgeschlossen, die engere Prüfungs- und Praktikumszeit eröffnet war und der Kandidat die letzte formale Lehrzeit absolvierte. Man nannte den *umunyamutámana*-Praktikanten auch *inyuhizwa* („derjenige, der die Bashingantahe bedient“) oder *umunyamukesha* („der Postulant“). Diese Titel zeigten an, dass die Bashingantahe ihn als ihren Lehrling und Helfer ausersehen hatten. Er stand nicht nur allen Bakungu vor und leitete die Bierverteilungen an sie, sondern er hatte auch für die Bashingantahe verschiedene Dienste zu leisten: sie mit Bier zu bedienen, sie möglichst oft zu begleiten und in ihrem Namen als Botschafter und Gesandter zu wirken (Gespr. 15:22f). Dass jemand in der *mu mutámana*-Probephase war, wurde nach aussen hin dadurch deutlich, dass ihn die Bashingantahe während ihren Deliberationen immer wieder zu sich heranriefen, um einen Zug aus ihrem Biertopf zu nehmen. Der bereits zitierte N. schildert das mit folgenden Worten:

> „So lädt man alle immer wieder vor unter dem Vorwand, ihrer Hilfe zu bedürfen: „Komm doch mal her, um uns bei diesem Fall zu helfen“. Die Bashingantahe schauen sich darauf untereinander an und lachen – es handelt sich um so etwas wie einen weiteren Test oder eine Prüfungsaufgabe. Sie stellten ihm eine kleine Frage, vielleicht zuerst einmal zur Regelung einer verwandtschaftlichen Angelegenheit: „Wie würdest du in diesem Fall entscheiden, wer lügt?“ Was als Anfrage um Hilfe in einem an sich einfachen Fall getarnt war, war in Tat und Wahrheit eine Prüffrage. (…) Wenn er zu ihnen trinken kommt, spielen sie auf einen laufenden Streitfall an und wollen sehen, wie er darauf antwortet. Sie fragten ihn um seine Meinung, um ihn zu prüfen, verboten ihm aber, seine Meinung mit lauter Stimme zu sagen [die Deliberationen waren nicht öffentlich, Anm. d.V.]. Falls er sich als unparteiisch sogar gegenüber seinem eigenen Onkel erwies, sagten die Alten: „Aus diesem Kind wird noch etwas werden!“. (…) *Mu mutamana* ist nichts anderes als ihn heranrufen, um mit ihnen zu trinken [*mu mutamana si ikindi ukumuhamagara bakaja baramusomye*]. Das heisst nicht, dass er damit an einer gesamten Urteilsberatung teilnehmen konnte – er wurde darauf gleich wieder ausgeschlossen. Auf diese Weise prüfte man die Bakungu, die sich am ehesten für eine Mushingantahe-Karriere anerboten, ständig“ (Gespräche 27:22ff, 69:2).

Jeder Novize hatte nach aussen hin striktes Stillschweigen über die ihm widerfahrenden Befragungen zu bewahren, ansonsten er wegen Verletzung des „Berufsgeheimnisses“ sofort von der Kandidatenliste gestrichen wurde. N. betont auch das Moment der Konkurrenz unter den verschiedenen Anwärtern. Die einzelnen Bashingantahe hatten je ihre Präferenzen und Favoriten, und nicht alle unterstützten und förderten dieselben. Es handelte sich um einen langen Meinungsbildungsprozess, der ohne Zweifel auch ein Abbild der lokalen Macht- und Stärkeverhältnisse war (Gespr. 27:22f).

Die Praktikanten, die die allgemeine Wertschätzung genossen, wurden mit der Zeit immer stärker in die Deliberationen einbezogen. Sie konnten aber nie an den abschliessenden Entscheidungsfindungen teilnehmen – „den *intahe* ergreifen“, wie man sagte –, sondern sie wurden vorher ausgeschlossen (*gutaramuka*) (Gespräche 4:13, 7:21, 44:11, Hakizimana 1976:40). Sie verfügten noch über keine Entscheidungsgewalt. Dass sie noch keine voll investierten *bagabo* waren, zeigte sich deutlich darin, dass sie als Initianden zwar kurz mit ihrem Trinkhalm am Biertopf der Bashingantahe saugen, aber nicht auf Dauer gemeinsam mit ihnen trinken durften.

Auch diese *mu mutámana*-Phase konnte mehrere Jahre dauern. Wer den Anforderungen nicht genügte, kam eventuell nie über dieses Stadium hinaus und blieb auf immer ein *umutegamatwi*, „jemand, der die Ohren spitzt", wie K. aus Kiganda in Anspielung darauf sagt, dass ein *umunyamutámana* zwar zuhören, aber nicht mitreden darf (Gespr. 44:5).

Sicher hing das Weiterkommen vom ökonomischen Vermögen des Applikanten ab. Von Einfluss war aber auch die Person des ihm während dieses Stadiums von den lokalen Bashingantahe zugeteilten formalen persönlichen Förderers. Dieser eigentliche Investitur-Pate wurde als *umuheka* oder *umuhetsi* bezeichnet.[70] Wir haben hier wieder einige der im Kirundi häufigen Metonymien vor uns; *umuheka* oder *umuhetsi* ist eine versubstantivierte Ableitung vom Verb *guheka*, „auf dem Rücken tragen", ein Ausdruck, der für die Mutter gebraucht wird, die ein Kleinkind auf dem Rücken trägt. Damit wird gesagt, dass der Initiand einem Kind vergleichbar ist, das noch gefördert werden und erst noch alles erlernen muss. Die symbolhafte Sprache zeugt von den Initiations- und Förderungs-Pflichten des Muhetsi. S., ein erfahrener Mushingantahe, der die *muhetsi*-Rolle selbst mehrmals übernommen hatte (so einmal gegenüber einem patrilateralen Vetter), bedient sich folgender Worte:

> „Ich war es, der ihn zur Welt brachte, der ihn an die Hand nahm, ihn führte und begleitete. Ich war es, der mich bei den Bagabo für ihn verwendet und ein gutes Wort eingelegt habe, indem ich sagte, dass ich lange Zeit an der Seite dieses Kindes gegangen bin" (Gespr. 34:2).

Die *muhetsi*-Aufgabe übernahm ein erfahrener lokaler Mushingantahe. Nur in Ausnahmefällen war es der Vater des Anwärters selbst, der diese wichtige Rolle einnahm; es konnte aber durchaus vorkommen, dass es sich dabei um einen entfernteren Agnaten des Applikanten handelte (Gespräche 37:8f, 15:25). Der Novize konnte sich seinen Muhetsi nicht allein aussuchen, sondern er wurde ihm durch seine *baryango* und die Bashingantahe seiner Deszendenz- und Lokalgruppe zugeteilt. Die Hügelbashingantahe folgten bei seiner Designierung ihren eigenen, nicht immer einheitlichen Interessen. Die Wahl hing trotzdem zu einem guten Teil von der Initiative des Applikanten und seiner Familie ab – sie konnten bereits vorher die Weichen stellen. Da die Investitur innerhalb der Lokalgruppe auf dem Hügel des Anwärters stattfand, kannte dieser alle bestens. Es lag an ihm, einen der lokalen Bashingantahe, der ihm wohl gesonnen war, anzugehen und ihn zu bitten, für ihn die Mushingantahe-Patenschaft zu übernehmen (*mpeka!*: „trage mich auf deinem Rücken, seie mein Pate, akzeptiere mich als deinen Lehrling!"). Der Angesprochene nannte ihm seine Bedingungen, und sie handelten untereinander aus, wieviel Bier der Kandidat ihm für seine Dienste zu geben hatte. Auch dieses Bier hatte einen spezifischen Namen: *umusaso* (eine spezielle Art von Tragsänfte) (Gespr. 59:1). Einer meiner Gesprächspartner im nordöstlichen Busóni erwähnte, dass auch Hacken, und in einer späteren Zeit Geld als Entschädigung dienen konnten. Letztlich waren es aber immer die Hügelbashingantahe in corpore, welche einen vorgeschlagenen *umuhetsi* zu genehmigen und zu bestätigen hatten – es oblag ihnen als Kollektiv, ihn zu designieren.[71]

Der Novize wurde fortan unter dem wachsamen Auge und der Führung seines *umuhetsi*-Paten in die Pflichten des Bushingantahe (*amabanga y'abashingantahe*) eingeführt. Seine Rolle kann als die eines Förderers, Fürsprechers, Führers und Wegbereiters, eines Organisators und eigentlichen Managers der *kwâtirwa*-"Kampagne" seines Schützlings beschrieben werden. Zu seinen wichtig-

[70] Manchmal benutzte man auch die Ausdrücke *umuvyeyi w'intahe* („Zeuger, Genitor – auch ‚Patron' – des *intahe*-Stabes"), *sé w'intahe* (Vater des Intahe) oder *uwakuvyaye* („derjenige, der dich gezeugt hat"; cf. Gespr. 4:12: *umuntu akuvyaye ku ntahe*).

[71] Nach den Informanten M. & B. lag es am *umuhetsi* in spe, die Bashingantahe zu einer Versammlung einzuberufen und ihnen seine Kandidatur bekanntzugeben (Gespr. 37:8f); gemäss anderen wurde er während der vom Vater des Novizen organisierten, bei ihm zuhause stattfindenden *mu mutámana*-Graduierung bestimmt, bei der die *baryango* und lokalen Bashingantahe zugegen waren (cf. Hakizimana 1976:47).

sten Aufgaben gehörte die Organisation des Investitur-Festes. Es war seinem organisatorischen Geschick anheimgestellt, all das für eine Investitur notwendige Bier aufzubringen – da es sich dabei um Dutzende grosser Töpfe handeln konnte, bedurfte es einiger unternehmerischer Fähigkeiten. Für die Aufbietung all des erforderlichen Bieres war letztlich aber der Anwärter selbst zuständig, wozu dieser sich an all seine väterlichen und affinalen Verwandten wandte (Hakizimana 1976:47). Ob das Investitur-Gesuch schliesslich Erfolg hatte, hing aber nicht zuletzt von der umsichtigen Führung durch den *umuhetsi* und von dessen persönlichen Beziehungen ab. Der *muhetsi* war die Kontaktperson gegenüber den anderen Bashingantahe, darüber hinaus auch Mittler und Einführungsperson gegenüber den lokalen politischen Autoritäten.

Wenn ich vorhin gesagt habe, dass vor einer Investitur Meinung und Unterstützung aller Seiten einzuholen waren, so schloss das offenbar auch die örtliche politische Behörde mit ein. Es war ebenfalls am *umuhetsi*, den Postulanten in Delegation seiner Lokalgemeinschaft beim lokalen Icariho oder Muganwa vorstellen zu gehen, ein Punkt, der uns besonders interessieren muss. Der *umuhetsi* war als „Pate“ des Novizen gegen Ende der abschliessenden Probezeit in einem nächsten Schritt dafür zuständig, die Zustimmung zur Mushingantahe-Einsetzung durch die örtlichen Behörden sicherzustellen und einzuholen. Es war seine Aufgabe, die lokale Behörde formal über die Entscheidung der Lokalgemeinschaft zu informieren. Sobald die Investitur organisatorisch in Griffnähe gerückt und das Datum mehr oder weniger feststand, galt es, den lokalen Icariho oder Muganwa darüber ins Bild zu setzen und ihm den oder gar die neuen Bashingantahe-Anwärter vorzustellen. Um sich seiner Unterstützung, die einer Absegnung des Geschehens auf der Hügelebene gleichkam, zu versichern, brachte ihm eine Delegation der lokalen Bashingantahe und des *kwâtriwa*-Anwärters unter Führung des *umuhetsi* einige Tage vor der Einsetzung speziell zubereitete Töpfe Sorgho- und Bananen-Bier. Man betont immer wieder, dass es in diesem Zusammenhang unvorstellbar gewesen wäre, der politischen Autorität mit leeren Händen gegenüberzutreten. So sandte ihr der *umuryango* des Novizen verschiedene Gaben (als *ibitembagazwa* oder *ibiturire* bezeichnet; s. Kapitel 5.2 & Gespr. 44:7), darunter möglichst Honigbier bester Qualität. Art und Menge der Gaben variierten stark in Funktion der betreffenden Familie und der Region. Die meisten Informanten sprechen von zwei bis fünf Töpfen *urwârwa*- und Sorgho-Bier.[72] Nachdem der *muhetsi* sich zunächst an einen Hofangestellten (zum Beispiel einen Mukevyi oder Mukamyi, falls es solche gab) gewandt hatte, wurde er von diesem mit seinen Geschenken hereinkomplimentiert, wo er eine Rede hielt: „Dieser Mann, von dem ich Ihnen gegenüber bereits früher gesprochen habe, wurde durch seine Familie, die Bashingantahe und die Nachbarn als Mushingantahe-Kandidat akzeptiert. Sie senden mich, um Ihnen kundzutun, dass er an jenem kommenden Tag als Mushingantahe eingesetzt werden und den *intahe* erhalten wird. Wenn Sie Zeit haben, bitten wir Sie, auch zu kommen, ansonsten ihren Delegierten zu senden.“[73] Der Icariho replizierte normalerweise, dass er nichts gegen die Entscheidung der Bashingantahe, der *baryango* und der *babanyi* (Nachbarn) einzuwenden habe (Hakizimana 1976:46ff, Ntabona 1985:279).

Wir sehen hier einen wichtigen Berührungs- und Verknüpfungspunkt zwischen nicht-staatlichen und behördlichen Autoritäten, zu dem es in den Aussagen der verschiedenen Informanten zahlreiche Unstimmigkeiten gibt. Das mag mit gewissen regionalen Unterschieden zusammenhängen, die ein Abbild des regionalen Verankerungsgrades der Zentralgewalt sein können, und hat viel damit zu tun, dass es vielen Informanten nicht leicht fällt, klar zwischen vorkolonialen und kolonialen Zeitepochen zu unterscheiden. Es lassen sich jedoch einige Fakten herausdestillieren:

---

[72] Nach Sh. aus Kiganda konnten es auch noch mehr sein. Seine Aussage scheint sich aber in erster Linie auf die Kolonialperiode zu beziehen, eine Zeit, in der zu dieser Gelegenheit dem Mutware recht eigentlich der Hof zu machen war und man möglicherweise sogar mehrmals vorbeigehen musste, „bis der Mutware gesättigt war“ (Gespr. 34:3).

[73] Die Rolle des *umuhetsi*, der den Aspiranten am Hof des Icariho und/oder Muganwa vorstellen und einführen ging, wird auch als *umukandizi*-Mittler beschrieben (Gespr. 20:35, cf. Kap. 5.1).

Wenn die Bashingantahe-Investitur, das *kwâtirwa,* eindeutig in der Kompetenz der Hügelgemeinschaft lag, scheint es doch bereits vorkolonial eine Informationspflicht gegenüber den lokalen Behörden gegeben zu haben. Das leuchtet durchaus ein, wenn man sich vor Augen hält, dass diese immer bestrebt waren, über alle lokalen Vorgänge und gerade auch über die soziale Mobilität unter der ihr zugeteilten Bevölkerung auf dem laufenden zu sein. Dazu kommt, dass der vorkoloniale Icariho im allgemeinen nur einem kleinen Verwaltungsbezirk von wenigen Hügeln vorstand, er also wenn nicht selbst, so doch über seine Delegierten *intumwa* bestens und ohne besondere Bemühungen über alle lokalen Ereignisse im Bild war. Die Informanten sind sich darin einig, dass vorkolonial die Kompetenz zu *kwâtirwa*-Investituren allein der Lokalgemeinschaft zukam. Die örtliche Behörde wurde zwar darüber informiert, einer eigentlichen obrigkeitlichen Bewilligung und Beglaubigung bedurfte es aber erst zu kolonialen Zeiten.[74] Einige vertreten gar die Meinung, dass die Lokalbehörden überhaupt nicht oder aber erst im nachhinein informiert wurden, sozusagen als Bekanntgabe eines „fait accompli". N. sagt dazu:

> „In der vorkolonialen Zeit wurde ein Mushingantahe von der Lokalbevölkerung bestimmt, nachdem sie ihn lange auf seinen Wert hin geprüft hatte. Dazu bedurfte es keiner obrigkeitlichen Zustimmung. Dass ein Mushingantahe, der von den lokalen *bagabo* geschätzt und zugelassen worden war, vom Mutware abgelehnt werden kann, das gibt es erst seit kurzem, das kam erst mit der Kolonisation. Dass man, um investiert zu werden, viel Bier verlangte, kam erst kürzlich mit jenen Baganwa, die die Astrida-Schule absolviert hatten. Gewisse Baganwa investierten einen Mann, da er ihnen viel geben konnte. Das kam aber erst mit euren Schwiegervätern, den Ndikumwami – erst damals wurde Burundi durch die Verletzungen der Traditionen in Aufruhr, Revolte und Verderben gestürzt. Das haben wir mit unseren eigenen Augen gesehen" (27:17) und: „Es sind die Bashingantahe auf den Hügeln im Land draussen, die investieren. Sie sagen es aber dem Mutware. Dieser und seine Umgebung haben einen gewissen Einfluss darauf, im allgemeinen interessiert es sie aber gar nicht besonders – sie kümmern sich primär um etwas anderes; ihr eigenes Wohlergehen liegt diesen politischen Beamten näher als das des Landes" (ibid.).

Die Informierung der Lokalbehörden schien nicht zuletzt auch im Interesse der Deszendenzgruppen zu liegen:

> „Die *baryango* führten den Neuinvestierten zum Muganwa, auf dass er wisse, dass es auf jenem Hügel in diesem *umuryango* einen Mushingantahe gibt, der von ihr als Vertreter und Sprecher anerkannt ist, und die Behörden sich bei allen Fragen und Problemen in Zukunft auch an ihn wenden können; und damit er weiss, dass es hier jemanden gibt, der eventuell auch für höhere Funktionen[75] in Frage kommt" (Gespr. 37:7).

Wenn der Betreffende bzw. seine lokale Deszendenzgruppe mit ihm weitere Aspirationen hegte, was bei lokal wichtigen Familien nichts Aussergewöhnliches war, konnte eine solche Bekanntgabe nur zweckdienlich sein. In solchen Fällen ging man ihn nicht selten auch am Hof des lokalen Muganwa vorstellen.[76]

K. aus Kiganda betont, dass der Informierung der politischen Behörden auch ein gewisser präventiver Wert zukam – es handelte sich um eine vorbeugende Massnahme, um nicht irgendwelche Schwierigkeiten auf sich zu ziehen, die nicht nur, aber auch von seiten der Behörden kommen konnten. Der lokale Muganwa konnte eine von den Bashingatahe beschlossene Investitur prinzipiell nicht zurückweisen:

---

[74] Gespräche 4:11, 15:28, 20.24, 27:17, 37:8f, 44:7f, 59:19, 69:9. – Unter dem Kolonialregime musste der Mutware einen entsprechenden Bestätigungsbrief verfassen, den der *muhetsi* anschliessend zum Muganwa zu bringen hatte, da es auch seiner Unterschrift bedurfte (Gespr. 37:8); dieser Unterschied mag aber lediglich durch die Einführung des Schreibens bedingt sein.

[75] Damit sind vor allem direkt an den politischen Höfen wirkende Bashingantahe gemeint.

[76] Dass eine Informierung des Königshofes überflüssig war, begründet K. damit, dass schliesslich jeder Muganwa *inda y'ingoma* („aus dem Bauch der Trommel") kommt, will heissen: ein Abkömmling des Thrones ist (Gespr. 44:7).

> „Der Muganwa konnte nicht etwas ablehnen, was die lokalen Abagabo vorgenommen hatten *(umuganwa ntiyanka kuko ivyagize abagabo ntivyaba ...)*. Er konnte sie nur in dem Fall ablehnen, wenn jemand – nicht selten ein Agnat des Aspiranten selbst – den Novizen bei ihm beschuldigen und verleumden[77] kam). In diesem Fall liess er den gesamten [lokal erreichbaren] *umuryango* zusammenrufen und versuchte, den Anschuldigungen auf den Grund zu gehen. Meistens stellte sich heraus, dass es sich allein um Feindschaft und Missgunst handelte, und dann hiess der Muganwa das *kwâtira* gut“ (Gespr. 44:7).

Aus diesem Grund achtete man darauf, dass der Delegation an den behördlichen Hof möglichst einflussreiche Mitglieder des *umuryango* des Novizen (zu denen auch der Muhetsi selbst gehören mochte) angehörten (Gespr. 4:11).

In der Informationspflicht gegenüber der politischen Behörde können wir einen ersten Ausdruck des bereits vorkolonialen Versuches einer staatlichen Besetzung dieses rechtlichen Feldes und des ihm entsprechenden lokalen Autoritätssystems sehen, wobei unklar bleibt, seit wann diese Pflicht in dieser Form bestanden und sich durchgesetzt hat.

4.4.3 Die Investitur: Das *kwâtirwa*

Nach all diesen vorbereitenden Schritten folgte schliesslich die Investitur, das *kwâtirwa*[78]. Die Investitur selbst gliederte sich ebenfalls in mehrere Phasen. Diese waren wie das gesamte lokale Leben – das zu diesem Anlass gewissermassen eine verdichtete Form annahm – durch Bierdarbietungen begleitet und markiert. Am Vorabend versammelten sich die *baryango* und Bashingantahe beim Novizen, der ihnen einen grossen Topf Bier offerierte und ihnen versicherte, dass alles – und speziell das Bier für sie und alle anderen – ordnungsgemäss vorbereitet sei. Man trank ein besonderes Bier, das *agakumbi* genannt wurde, was soviel bedeutet wie „obenaufschwimmende Kleie und Schaum“ trinken. Diese am Vorabend angesetzte Zusammenkunft im intimen Familienrahmen unterstreicht die Tatsache, dass es die lokale Deszendenzgruppe und die unmittelbare Nachbarschaft waren, die den Kandidaten portierten (Gespr. 44:5, 15:26, Ntabona 1985:279). Bereits einen Tag zuvor hatte man das *umwambiro*-Bier[79] getrunken: „Es war Sitte, die ganze Nacht vor der Zeremonie hindurch dieses „Bier der speziell geladenen Gäste“ zu trinken“ (Gespr. 15:26, cf. 44:5).

Am Tag der Investitur kamen bereits im Morgengrauen die „Karawanen“ von Biertopfträgern an. Die Töpfe wurden zu einer speziell errichteten Hütte getragen. Der Anlass stand unter Leitung eines Mushingantahe, der als Zeremonienmeister fungierte, seine eigenen Gehilfen hatte, selbst aber wieder gegenüber dem Muhetsi als Organisator verantwortlich war (Hakizimana 1976:49). Ein zentraler Teil war die *Bierverteilung*, mit der die Zeremonie eröffnet wurde. Das Bier wurde getrennt nach sozialen Kategorien und Rangstufen (und – zumindest in den traditionellen zentralen Gebieten – nach Berufsfunktionen an den aristokratischen Höfen) zugeteilt. Das war so allgemein üblich und veranschaulichte zudem die Anerkennung des Kandidaten durch alle Gesellschaftsschichten. Zuerst erhielten die Bashingantahe ihren Teil, wobei die jungen[80] und „gewöhnlichen“ (*basanzwe*) und die alten Bashingantahe (*abanyakirago* und *ibicocoro*), die das Vorrecht hatten, sich auf eine spezielle Matte (*ku kirago*) zu setzen, je einen eigenen Topf hatten. Ebenso hatten die Frauen, die hinter dem väterlichen Haus (*mu kigo*) tranken, und die Bakungu je ihren eigenen

[77] *Kudodobereza*: „accuser, calomnier en haut lieu: jemanden bei der Behörde verleumden, anschwärzen, beschuldigen“.

[78] Der Terminus *kwâtirwa* ist auch für die Zeremonie der adäquate; er bedeutet nämlich nicht nur „initiiert, investiert sein“, sondern trägt auch den Sinn „recevoir une initiation / initiiert, investiert werden“ (Rodegem 1970:17); Ngendakumana übersetzt *kwâtirwa* mit „faire entrer quelque chose dans un autre“ (1981:11).

[79] *Umwambiro* heisst eigentlich Hefe, Gärstoff: Bananensaft dient als Hefe, um Sorgho-Bier herzustellen.

[80] *Impaya*, von *guhaya* („loben, rühmen“)?

Anteil und jemanden, der für die Verteilung zuständig war. Es gab etliche weitere spezielle Töpfe: der Icariho (oder sein Delegierter) hatte seinen eigenen Teil ebensowie die Schwiegersöhne und alle diejenigen, die am Hof eine spezielle Funktion innehatten (Bakamyi, Bakevyi, Bungere-Hirten, etc.). Alle mussten sie speziell berücksichtigt werden, wie K. betont:

> „Unter dem Investitur-Bier [*inzoga zo kwâtira*] musste es einen Anteil für die politische Behörde oder ihren Repräsentanten haben. Dazu brauchte es das Bier der Hirten des Mutware, das Bier der Hirten des Muganwa, das Bier der Melker des Mutware und des Muganwa, das Bier der Feldarbeiter des Muganwa. Die *bakevyi i butware* und die *bakevyi i muganwa* erhielten ihren Krug [*umubindi*]. Es gab das Bier der *bagendanyi b'umutware* und das Bier der *bagendanyi b'umuganwa*. Auch die königlichen Tänzer und Trommler durfte man nicht vergessen. Zudem gab es das Bier der Schüler, das Bier der Lehrer und das Bier der Funktionäre. Die Bahamagazi durften ebensowenig übergangen werden wie die *imiryango* der Nachbarhügel: So gab es das Bier für die Bewohner des Hügels Burenza und das für den Hügel Nyakararo und so weiter – alle kamen sie Bier erheischen [*kuvumba*]“[81] (Gespr. 33:23, cf. 44:9).

Da es sich bei der Investitur um einen Akt des Öffentlich-Machens handelte und dieses Moment des Öffentlichen immer wieder betont wurde, war es wichtig, dass alle sozialen Kategorien vertreten und gegenwärtig waren. Dadurch wurde nicht nur die herrschende Gesellschaftsordnung visualisiert und bestätigt, sondern im besonderen die Anerkennung des Kandidaten durch alle Gesellschaftsschichten veranschaulicht. Dass die Präsenz der Frauen von verschiedenen Informanten speziell herausgestrichen wird, sagt in jeder Beziehung etwas über ihre gesellschaftliche Stellung aus. Man reichte allen Krüge voll Bier, bis die erforderliche, offenbar vorher im Detail festgelegte Anzahl erreicht war. Bevor der *muhetsi* die Bashingantahe um die Einsetzung bat, offerierte er ihnen den letzten Krug, *ubwahuro* oder *akuki kuka inka* genannt. Dieser zentrale Teil der Investitur war durch eine Reihe von Reden gekennzeichnet. Zuerst stellte der *muhetsi* in seiner Ansprache den Einsetzungsantrag (*ijambo ry'ugusaba*, Gespr. 15:27, kir. p.17); er spielte während der ganzen Investitur eine aktive Rolle, wohingegen sich der Vater des Initianden zurückhielt (Gespr. 15 & 37). Die verschiedenen zeremoniellen Reden hielten sich an zahlreiche feststehende Redewendungen. Der *muhetsi* stellte den Postulanten und dessen Qualitäten nochmals vor (*kumushikiriza abantu*):

> „Bashingantahe! Diesen Mann, den ihr mir anvertraut habt: Hier ist er, ich stelle ihn euch vor. Hier das von ihm offerierte Bier und die *ibituríre*. Fortan wird euch dieser Mushingantahe begleiten und euch beistehen. Die Biere sind gut fermentiert! Die Grossen [die Behörden?] haben ihm die Ehre gegeben, also gebt ihm auch die Ehre“ (20:34f).

Er vergisst nicht zu betonen, dass er ihn „lange auf seinem Rücken getragen hat“ (*ndamuhetse*) und fordert dafür eine Entschädigung (Gespr. 37:7). Diese bestand aus einigen speziellen Biertöpfen. Auf die formelle Gesuchsrede des *muhetsi* antwortete der Icariho oder dessen Vertreter: „Ich und die *bagabo* haben ihn für würdig befunden, investiert zu werden. Damit wird er zum Auge und Vertreter des Königs[82]“, worauf er um die Zustimmung aller Anwesenden bat. Es wird immer wieder betont, dass jeder Einspruch, von welcher Seite er auch kommen mochte, die ganze Prozedur sofort unterbrochen hätte (Mworoha 1977:170, 1987:210; Rutake 1980:27, 1982b:14, 1986:8, u.v.m.). Ich habe jedoch nie von solchen Fällen gehört. Es geht bei dieser Einschränkung wohl auch mehr darum, zu betonen, dass die Zustimmung der gesamten Lokalgemeinschaft erforderlich war. Die Tatsache, dass die örtliche politische Behörde oder jemand von ihr Delegierter

---

[81] Es wird deutlich, dass sich K.s Aussage auf die Gegend des traditionellen Zentrums bezieht, in der die beruflichen Spezialisierungen besonders vielfältig waren, und er überdies von der Kolonialepoche spricht, in der einige zusätzliche Kategorien dazukamen und eine wahre Inflation der Bierforderungen eintrat (s. hinten).

[82] Dass im Namen des Königs investiert wurde, ist nicht weiter erstaunlich, verdient aber doch speziell vermerkt zu werden – auch das ein Ausdruck der Vereinnahmung und Besetzung (oder zumindest des Versuchs dazu) dieser lokalen Institution durch die Zentralgewalt.

anwesend sein mochte oder gar eine Rede hielt, ist für die vorkoloniale Zeit keineswegs von allen Informanten verbürgt. In der Regel liess sich der Icariho vertreten und zwar durch einen der in seinem Gebiet angesehensten Bashingantahe, der meistens auch an seinem Hof wirkte. Seine persönliche Aufwartung machte der lokale Mutware nur bei Initianden aus einflussreichen lokalen Familien und solchen, mit denen ihn besondere Bande verknüpften (Gespr. 33:21). Wie bei anderen wichtigen sozialen Anlässen war es aber üblich, jeweils die nächste politische Autoritätsperson einzuladen – eine Sitte, die bis heute verbreitet ist (Gespr. 27:18). Anschliessend war es an dem die Investitur leitenden Mushingantahe, seinerseits eine Rede zu halten, in der er sich direkt an den Neuinvestierten wandte, diesen vortreten hiess und ihn an seine neuen Verantwortlichkeiten und Pflichten erinnerte:

> „*Turakwatiye* [wir investieren dich], wir sind mit deiner Gabe [*ituro*, „Ehrengabe, Geschenk"] zufrieden und übergeben dir den Stab. Wir setzen dich des hellen Morgens ein, unter der grellen Sonne, die den *bagabo* kühn entgegentritt[83]. Komm also zu uns. Wenn du Leute antriffst, die sich streiten, versöhne sie. Wenn du Vieh triffst, das Felder beschädigt, führe es zurück und rufe den [verantwortlichen] Hirten. Wenn du Kinder triffst, die sich schlagen, versöhne sie. Wenn du an Leuten vorbeikommst, die gerade mit der Regelung eines Konfliktes beschäftigt sind, auch wenn du in Eile bist, gehe nicht weiter, ohne sie gefragt zu haben, ob sie deiner bedürfen. Komm also, wir werden dich des Morgens unter der Sonne *ruhangabagabo* einsetzen" (Gespr. 34:2), oder: „Mushingantahe, du verschluckst den ‚kleinen Stein der Bagabo'. Fortan, wo immer du vorbeikommst und du auf Konflikte stösst, regle sie! Du wirst ein Mushingantahe. Wenn dich jemand provoziert, gib nicht zurück [Selbsthilfe war unter den gegebenen Umständen verpönt], sondern wende dich an die anderen Bagabo" (Hakizimana 1976:52),
> und weiter: „Wenn du Leute antriffst, die sich schlagen und streiten, wirst du sie trennen? – Ja, ich werde sie trennen. – Wenn du auf Schlechtes und unannehmbare Situationen stösst, wirst du dich ihrer annehmen? – Ja, ich werde mich ihrer annehmen" (37:7).

Der Neuinitiierte musste ein eigentliches Mushingantahe-Gelübde ablegen. Auf die Pflichten und Bürden, die mit der Übernahme des Bushingantahe einhergehen, wurde symbolisch mit dem Bild des „kleinen Steines der vollen Männer"[84], den es zu verschlucken galt, angespielt – ein deutliches Bild für die Verinnerlichung und Einverleibung der damit verbundenen Verantwortlichkeiten und der Verschmelzung mit ihnen. Mehrere Sprichwörter betonen die damit eingegangene irreversible Verpflichtung und besagen, dass das damit Angenommene, „Verschluckte" nicht mehr ausgespuckt werden kann (cf. oben und Gespr. 27 & 69, Ntabona 1985:281, n. 60). Damit wurde die Initiation versinnbildlicht, eine Qualität, die man Nicht-Initiierten vorweg hatte. Gemeint ist das damit verbundene „Berufsgeheimnis und -ethos", das die Pflicht zu Diskretion umfasst. Die Deliberationen der Bashingantahe waren, wie wir gesehen haben, nicht öffentlich, und der Verlauf der Entscheidungsfindungen wurde ebenso geheimgehalten wie deren Inhalt. Sie zu enthüllen galt als schwerer Verstoss und wurde streng sanktioniert: „Das hiesse, das Geheimnis der Bashingantahe zu brechen, und das Geheimnis würde dir in der Folge den Kopf [das Genick] brechen" (Gespr. 69:11). Die Initiation, das *kwâtirwa* (wörtlich: „etwas in einen anderen eintreten lassen") wurde mithin ausgedrückt durch das Verschlucken, das Internalisieren von etwas, das in den Bauch (*mu nda*) geht, der nach dem Kirundi-Verständnis der Sitz sowohl des Geheimnisses (*ibanga*), wie auch von Herz und Seele (*umutíma*) ist (cf. Ngendakumana 1981:9ff).

Wie bei jedem Phänomen des Ausschliessens rankten im Volksmund Gerüchte um dieses „Geheimnis der Bashingantahe" (*ibanga ry'abagabo*). Nach den Aussagen der meisten meiner Informanten (mit denen auch Ntabonas Meinung übereinstimmt) war damit nichts weiteres als dieses Pflichtgelübde verbunden. Bei Nichteingeweihten jedoch konnte leicht die Vorstellung von weite-

---

83 *(Izuba) ruhangabagabo*: Eine Ausdrucksweise, die besagen soll, dass die harten Investitursbedingungen strikt befolgt wurden und die Einsetzung regelkonform und öffentlich verläuft.

84 „*Kumira akabuye k'abagabo*" (Gespr. 69:11f; cf. Ntabona 1985:281, n. 60; Rodegem 1970:10; Ngendakumana 1981:12).

ren mit diesem „Steinchen“ verbundenen Geheimnissen wach werden, und es finden sich in meinen Untersuchungen auch gewisse Anzeichen dafür, dass Entsprechendes in peripheren Regionen praktiziert wurde (cf. Ntabona 1985:281, n.60).

Die anlässlich der Einsetzung gehaltenen Reden enthielten Ermahnungen an den Neuinitiierten und erwähnten die Sanktionen, die eventuelle Verfehlungen von seiner Seite zur Folge haben würden. Ein Mushingantahe, der seine Pflichten und den strengen Kodex verletzte, indem er sich zum Beispiel als Zeuge parteiisch zeigte oder log, wurde viel strenger bestraft als ein nichtinvestierter Zeuge. Er musste ein „*ingorore* des Königs“ und einen „Stier der Bashingantahe“ (*ikimasa*) zahlen und „konnte wieder in seinem Familienkreis Bier brauen gehen“, wie N. den Verlust des Mushingantahe-Status umschreibt. Bei heiklen Fällen, in die zum Beispiel ein Freund oder Familienmitglied des Mushingantahe verwickelt war, erinnerte man ihn gern an seine Pflicht: „Vergiss nicht, dass du das Steinchen der Männer verschluckt hast (*uramize akabuye* …)!“[85] (Gespr. 69:11f).

Im Anschluss an diese Reden kam der Kandidat nach vorne und setzte sich auf die Matte. Er wurde formell investiert, indem ihm der Stab überreicht wurde. Der *intahe* wurde auch in Anwesenheit der politischen Behörde nicht durch diese, sondern durch den die Investitur leitenden Mushingantahe übergeben. Der soeben Initiierte schlug mit dem *intahe* dreimal auf den Boden und ergriff das Wort, um eine Dankesrede zu halten, in der er darum bat, mit seinen Nachfahren gleich zu verfahren wie jetzt mit ihm, ihnen ebenfalls *intahe* und *ibanga* zukommen zu lassen (Gespräche 15:27f, 34:2). In der vorkolonialen Zeit folgten verschiedene rituelle Handlungen, die nicht einfach zu rekonstruieren sind, da es dazu zahlreiche widersprüchliche Aussagen gibt. Mit der zunehmenden Christianisierung des Landes ab den 1920er und 30er Jahren scheinen diese Elemente verschwunden zu sein. Dass die christliche Religion auf die Investitur einen nicht unwesentlichen Einfluss ausübte, zeigt sich darin, dass das *kwâtirwa* während der Kolonialzeit Züge annahm, die stark an Taufe und Priesterweihe erinnern.

Inwieweit die präkoloniale Investitur einen Bezug zum religiösen Glaubenssystem und zur religiösen Praxis hatte, bleibt unklar und muss Gegenstand weiterer Untersuchungen sein (s. dazu Ntabona 1985:280 & Gespr. 15:26). Es gab ohne Zweifel mehrere Verbindungspunkte zwischen traditioneller Religion und dem Bushingantahe, die Ntabona (der selbst Priester ist) hervorhebt. Er wie auch Hakizimana (1976:70) berichten, dass in dieser Phase der Investitur die Stirn des Neuinitiierten mit weissem Kaolin eingerieben wurde, dasselbe Kaolin, mit dem sich auch die Bapfumu-Seher und die Kiranga-Diener *ibihweba* einfärbten.[86] Delacauw berichtet dasselbe von an den aristokratischen Höfen eingesetzten Bashingantahe (1936:510). Davon, wie auch vom manchmal zusätzlich erwähnten Tatbestand, dass der Initiand während der Bemalung in eine kleine Hütte eingeschlossen wurde oder dass während der Investitur die Kandidaten früher vor ihrer Initiierung Kiranga anriefen und beschworen (*kubandira*), wollen die meisten Informanten nichts wissen (Gespräche 15:26, 69:11). Dagegen will G. aus Kiganda gehört haben, dass man die Kandidaten in einer früheren Zeit mit Wasser bespritzte (*gutota*, eine Art ritueller Reinigung) (Gespr. 15:26). Viele Informanten schliessen nicht aus, dass in anderen Gegenden weitere religiöse Praktiken vorgekommen sein mögen. Auch wenn in Rechnung zu stellen ist, dass man solche heute als „heidnisch-hinterwäldlerisch“ eingestuften Praktiken immer lieber bei den anderen sieht, als dass man sie bei sich selbst eingesteht, scheint es doch ausgeprägte regionale Unterschiede gegeben zu ha-

---

[85] Als Beispiele für mustergültige Bashingantahe werden am liebsten Fälle zitiert wie das Urteil gegen Mwami Mwezi Gisabo in einer Bodenstreitigkeit mit einem Nachbarn in Muramvya (Nsanze 1980:17f) oder der Fall, in dem sich Mwami Mwambutsa Bangiricenge aus seinem unbestechlichen Gerechtigkeitsgefühl gezwungen sah, gegen seinen eigenen Onkel und früheren Tutor, den hoch angesehenen Prinzen Nduwumwe, Stellung zu nehmen (Bankumuhari, s.d., p.23).

[86] Ntabona sieht hierin eine religiöse Dimension des Bushingantahe anklingen; diese Zeremonie symbolisiert nach ihm eine doppelte und zweiseitige „Kommunion“ und Vereinigung: mit dem Sakralen (vertikal) wie mit den Ältesten (horizontal) (1985:280).

ben (und noch zu geben). Zumindest in den nordöstlichen Gegenden, in denen ich einen Teil meiner Forschungen machte, scheint die Investitur noch bis in neuere Zeit mit solchen religiösen Elementen „ausgeschmückt" worden zu sein (s. Gespräche 54, 55 et al.). Gerade in peripheren Regionen mit einem grösserem Hang zu eigenständigen kulturellen Entwicklungen ist so etwas nicht zum vorhinein auszuschliessen (zumindest mag es sein, dass der Glaube an das entsprechende Gerücht im magie-anfälligen Bwambarangwe mehr Aufnahme fand).

Anschliessend wurde die Aufnahme des neuen Mushingantahe gefeiert. Er und seine Gattin durften als Zeichen der Transgression ein erstes Mal aus dem Topf der investierten Bashingantahe trinken. Sie wurden in die Luft gehoben, auf dass jedermann den neu investierten Mushingantahe sehen und seinen Beifall bezeugen konnte. Es kam Bewegung in die Menge – man applaudierte und tanzte, es erschollen Freudenrufe (*impundu*) und man rezitierte Lobgedichte (*amazina*) auf den Neuinvestierten.[87] Diese Kundgebung verdeutlichte und besiegelte Aufnahme und Verbundensein des neuen Mushingantahe mit seiner Gemeinschaft und deren allgemeine Zustimmung zu seinem neuen Status, der ihn fortan zum Sprecher, Repräsentanten und zur ersten rechtlichen und moralischen Autorität der Lokalgruppe machte. Es wird deutlich, dass ein Mushingantahe durch und für die Lokalgruppe eingesetzt wurde, aus der er hervorgegangen war. Die Bushingantahe-Investituren lagen vorkolonial klar in Händen der Lokalgruppen und ihrer Exponenten, der *abashingantahe bo ku mugina*. Auf diese bedeutungsvolle Tatsache wird noch zurückzukommen sein.

Die Investitur war damit noch nicht beendet. Nachdem die Frauen gegangen waren, brachte der frischgebackene Mushingantahe die „Matten-Biere" (*akayoga k'ikirago*) für die Bashingantahe heran.[88] Der Neueingesetzte hatte sich um seine Feunde und Verwandten, seine Schwiegereltern, seine Schwäger und Gäste, die ihm Bier mitgebracht hatten, zu kümmern. „Wenn alles leer war, rief man seinen Vater und forderte noch mehr. Dieser liess nochmals die Krüge der Bakungu und auch die aller anderen füllen. Man brachte nochmals Honigbier für die *bagabo*" (Gespräche 20:35, 34:2, 37:7). Am nachfolgenden Tag kamen zum Abschluss alle Verwandten und Nachbarn, die materiell zum Fest beigetragen hatten (*gutêrera*), um ihren Anteil an Bier (*umuhwanyo w'abagabo*) zu erhalten. Der Neuinvestierte offerierte seinem *muhetsi* und seinem Vater je einen besonderen Topf, was man als *gushingura icuma* bezeichnete („die Lanze aus dem Boden ziehen, die ersten Schritte machen")[89] (Hakizimana 1976:53). Man trank nun das sogenannte *imihwanyo*-Bier[90], das verdünntes Sorgho-Bier ist (Gespr. 15:26).

Die mit einer Investitur verbundenen enormen Quantitäten an Bier erforderten wie geschildert einen beträchtlichen organisatorischen Aufwand[91] und eine umfangreiche Mobilisierung ökonomi-

---

[87] Ntabona (1985:279ff) vergleicht die Tatsache, dass der Neuinvestierte auf die Schultern gehoben und durch die Menge getragen wurde, damit jedermann den – prunkvoll aufgemachten – neuen Mushingantahe sehen konnte, mit einer Prozession. Sicher bedeutete die damit verbundene Beifallskundgebung Aufnahme und Verbundensein mit seiner Gemeinschaft, deren „Vater" und „Fürsorger", *umuvyeyi* (hier im Sinn von jemandem, der fähig ist, für andere aufzukommen, auch im Sinn von „Patron"; s. Gespr. 73 & Ntabona 1985:299) er mit der Übernahme seines neuen Status in einem gewissen Sinne geworden war.

[88] Nach M. & B. aus Kiganda wurde er erst dadurch zum „voll anerkannten Mushingantahe" (*abushitse*) (Gespr. 37:7).

[89] Die „Abschlussbiere" wurden auch *imyuhiro* genannt (sing.: *umwuhiro*, syn. *agashînguracumu*: „diejenigen, nachdem man schon seine Lanze ergriffen hat und nun wieder in den Boden steckt": Zugabe, letzte Runde) (Gespr. 33:23).

[90] *Guhwanya inkóno*: „das Bier verdünnen, die Bodenhefe mit Wasser vermengen"; manchmal auch *imihozo* genannt, was ebenfalls heisst: „magisches Heilmittel zur Abwendung von Unglück und zur Besänftigung des Zorns Kirangas" (Rodegem 1970:174)

[91] „Alles begann damit, dass der Applikant vorgängig – etwa einen Monat vor der Zeremonie – an seine Nachbarn, Verwandte und Freunde Bier ausgab, um sie bei dieser Gelegenheit zu bitten, sich das Datum seiner *kwatirwa*-Zeremonie vorzumerken. Er bat sie, Bananen für die kommende Zeremonie zu reservieren, um aus ihnen Bier herzustellen [*gukomeresha*]. Das war das erste" (Gespr. 15:26).

scher Ressourcen. Vor allem während der Kolonialperiode konnten daraus langfristige Verschuldungen erwachsen. Ich zitiere hierzu nochmals K. aus Kiganda:

> „Das Fest begann mittwochs mit dem „Gärstoff-Bier“ [*inzoga y'umwambiro*]. Donnerstags entfernte man die Bodenhefe des Biers [*gukura igikumbi*]. Freitags blieben die *abavyeyi* [„Eltern, Erzeuger“, hier: die *kwâtira*-Paten *abahetsi*] die Nacht über da. Samstags fand die eigentliche *kwâtira*-Investitur statt. Sonntags schliesslich gab es die als *imihozo* [s. oben] gedachten Biere. Das waren insgesamt sechs immense Biertöpfe, wozu noch ihre kleineren „Zugabe-Krüge“ kamen [*imyuhiro*: „bière de surplus, nouvelle tournée offerte à ceux qui boivent“, Rodegem 1970:527]. Zudem sandte man mindestens 10-15 grosse Krüge *i butware* [an den Hof des Icariho]. Nachdem man am Tag Imanas diese *imihozo* beendet hatte, gab man am Montag darauf das *inzoga z'umuryango* genannte Bier aus. Dienstags gab es das *inzoga z'umuvyeyi n'umutware* [keine Erklärungen]. Der Mutware selbst war nicht anwesend. (...) Diese *inzoga z'umutware n'umuvyeyi*, die für die *bagabo* bestimmt waren, waren sehr umfangreich: Sie bestanden aus einem riesigen Biertopf *[impânge*, ca. 30 Liter fassend] und dem *imyuhiro y'umutware* [den Mutware-Beikrug]; dazu kam *impange y'imyuhiro y'umuvyeyi* [dasselbe für den Investitur-Paten]. Unter den Anwesenden gab es eine strikte Ordnung, wer mit wem aus welchem Krug zu trinken hatte: Die ehrwürdigen, verdienstvollsten Bashingantahe *banyakirago* tranken aus dem Mutware-Biertopf. Die gewöhnlichen *bashingantahe basanzwe* dagegen, die ohne weitere protokollarische Vorschriften trinken [*bo gupfa kunywa*], erlabten sich mit den andern [?] am *inzoga y'abavyeyi*-Bier. Die Bakungu schliesslich erhielten wiederum andere Töpfe. Wenn sie diese dienstags fertiggetrunken hatten, kamen sie mittwochs schon wieder und verlangten noch mehr, indem sie die *inkono* [irdene Töpfe] *z'abamuterereye* [das Bier für diejenigen, die materielle Hilfe geleistet hatten, von *gutêrera*] einforderten. Denn man gab allen, die einen Beitrag oder durch ihre Arbeit Unterstützung geleistet hatten, *inzoga z'intererano*. Der Festgeber gruppierte diese Leute in Zehnergruppen und gab ihnen je einen Krug [*umubindi*], das machte insgesamt etwa fünf. Damit endete das Fest. Aus ihm konnten hohe Schulden bleiben, die einschneidende Folgen haben konnten“ (Gespr. 44:5).

Während der Kolonialzeit scheint es manchmal zu eigentlichen Exzessen gekommen zu sein. Das Fest und die mit ihm verbundenen Forderungen wurden immer aufwendiger. Bis zu zwei Wochen soll man getrunken haben, was zu derartigen Verschuldungen führen konnte, dass der betreffende Hof dem Ruin nahekam:

> „Man bat sogar weit entfernt wohnende Verwandte um Hilfe. Einige verpfändeten ihre Haustiere, ohne fähig zu sein, diese Schulden zeit ihres Lebens ganz abzustottern. Nicht wenige starben, ohne alle ihre Schulden abgegolten zu haben und hinterliessen sie ihrer Verwandtschaft. Oder sie mussten gar ihre Kinder verdingen und starben schliesslich in Armut“ (Gespr. 44:11, cf. 45:6f).

Der damit einhergehende Zerfall des Bushingantahe steht für den Zerfall der Lokalgemeinschaften, die, während der Kolonialepoche von aussen aufgebrochen, sich neuen Zwängen gegenüber sahen (weiteres im Teil III). So gross wie zur Kolonialzeit der damit verbundene ökonomische Aufwand wurde, so wichtig war vorkolonial die soziale Einbindung und Abstützung als Voraussetzung dafür, dass ein Mann die Investitur erhielt. Ohne familiäre Abstützung und ohne lokal einflussreiche, zumindest nicht bedeutungslose Lokallineage war auch vorkolonial keine Mushingantahe-Investitur zu erreichen:

> „Ein Mann, der keinen [lokal einigermassen bedeutsamen] *umuryango* hatte, konnte früher unmöglich als Mushingantahe investiert werden – er blieb in jeder Hinsicht bedürftig und entblösst. Er konnte den *intahe* auch selbst dann nicht bekommen, wenn er über einen aussergewöhnlichen und bemerkenswerten Gerechtigkeits- und Wahrheitssinn verfügte. Er nahm diese Wahrheit mit sich ins Grab“ (Gespr. 44:8).

Es ist hier wohl kaum notwendig zu betonen, dass all das erforderliche Bier nicht auf seinen ökonomischen Wert reduziert werden kann. Alle periodischen Bierausgaben auf dem langen Weg zum Bushingantahe können als Formalisierungen der Stufenüberschreitungen und ihrer sozialen Anerkennung verstanden werden.

4.4.4 Interne Bashingantahe-Hierarchien

Unter den investierten Bashingantahe gab es ebenfalls eine deutliche Rangordnung. Stellung und Prestige jedes Mushingantahe bestimmten sich nach zwei Kriterien. Erstens nach seinen persönlichen Qualitäten, seinem Einfluss und seinem „Dienstalter", was aber alles auch durch seine Sozialgruppenzugehörgkeit bestimmt wurde (welchem Lineagesegment, welchem Clan und welcher ethnischen Gruppe er zugerechnet wurde), und zweitens nach seinem Platz innerhalb der Hierarchie der verschiedenen Rechts- und Gerichtsbarkeitsebenen, die unter dem voll entwickelten monarchischen Staat bestanden.

Das erste Kriterium war hauptsächlich auf der Ebene des Hügels wichtig. Bei jeder Zusammenkunft der investierten Bashingantahe wurde (und wird noch heute) eine interne Rangierung unter ihnen sichtbar, die sich an ihrer Sitz- und Trinkordnung äusserte. Man teilte sie ganz allgemein in zwei Kategorien, in „die Hinteren" und „die Vorderen" (*hari abari inyuma n'abari imbere*). Jede dieser Gruppen hatte ihr besonderes Bier und ihren eigenen Krug. Die hinteren, gewöhnlichen, noch leichtgewichtigen und in der Regel jungen Bashingantahe wurden nach ihrem Sitzplatz als *abashingantahe bo ku carire* („Abashingantahe/diejenigen auf dem Stroh, Streu der Kälber") oder kurz *banyacarire* bezeichnet. Sie schuldeten den erfahreneren, ehrwürdigen, verdienstvollen und in der Regel älteren Bashingantahe Reverenz und Respekt. Letztere hatten ihren Biertopf bei sich auf der speziellen Sitzmatte, auf die sie Anspruch hatten; folgerichtig wurden sie *abashingantahe bo ku kirago* („Abashingantahe/diejenigen auf der Matte") oder einfach *banyakirago* (wörtlich: „die Leute der Matte")[92] genannt. *Ku kirago* ist der Ehrenplatz, *la place d'honneur*. Bei der Konfliktregelung arbeiteten die beiden Gruppen aber zusammen. Unter den *banyakirago* unterschied man wiederum die *bicocoro*, deren physische Kraft so weit abgenommen hatte, dass sie auf ihrem Platz sitzen blieben und sich anders als die jüngeren nicht mehr leicht erhoben, um zum Bierkrug zu gehen. Sie erhielten daher je ihre eigene kleine Kalebasse (Gespräche 69:1 & 59:16). In einer frühen Phase meiner Feldarbeit war ich der Meinung, dass es sich bei den *bicocoro* wohl um die zurückgetretenen, „pensionierten" Bashingantahe im Ruhestand handeln musste, bis mir klar wurde, dass so etwas vom damit verbundenen Pflichtverständnis gar nicht möglich war. Nur in Fällen von Senilität achtete man darauf, dass sich die Betreffenden zurückhielten. Es wäre jedoch undenkbar gewesen, gerade sie als Älteste auszuschliessen. Solange sie noch luziden Geistes waren, wurden sie während der entscheidenden Debatten und Entscheidfassungen keineswegs ausgeschlossen. Wenn sie über ein besonders hohes Ansehen verfügten, sich aber gar nicht mehr fortbewegen konnten, war es sogar möglich, dass die Verhandlungen an ihren eigenen Hof verlegt oder dass sie an den Verhandlungsort getragen wurden. G. aus Kiganda berichtet:

> „*Ibicocoro* sind diejenigen, die durch das Alter weise geworden sind und sich nicht mehr das Wort streitig machen. Sie, die das beste Honigbier erhalten und sich nicht von ihrem Platz erheben, sind es auch, an die allfällige Beschwerden über nur mangelnd vorhandenes Bier zu richten sind. Die *banyakirago* riefen diejenigen, die speziell dazu bestimmt waren, die Biere zu verteilen [wohl *banyamutámana* oder *bakungu b'imbere*], manchmal zu sich, um zu fragen, ob genügend Bier da und alles korrekt sei" (15:27f, in Bezug auf eine *kwâtirwa*-Zeremonie).

Und B. aus dem nordöstlichen Busóni:

> „Die *bicocoro* sind die altgewordenen, die wahren Bashingantahe, die am meisten Erfahrung haben und in der Hierarchie ganz oben stehen [*bashingantahe b'ibishingabuye*]. Ihnen gab man einen kleinen Topf, da sie nicht mehr für viel gebraucht werden konnten [senil geworden waren]. Aber den *intahe* nahm man ihnen nicht weg, das war verboten. Selbst demjenigen, dem man seine Kühe raubte, raubte man nicht sein Bushingantahe, wie man ihm auch nicht die Frau

[92] Auch *abashingantahe babunyoye* („diejenigen, die seit langem getrunken haben"; Gespr. 44:5).

raubt, die er sich gewählt hatte. Das war verboten, und daher kämpfte man so darum, das *ubugabo* zu erhalten" (Gespr. 59:16).

Diese Schilderung erinnert an ostafrikanische Altersklassensysteme, die auch vom Widerspruch geprägt sind, dass die biologisch Ältesten zwar den absoluten Vorrang und das höchste Ansehen geniessen, ihrer abnehmenden Kräfte wegen aber zunehmend weniger aktiv sind und sich gegenüber den „jungen Alten" zu behaupten suchen müssen. Mit dem Alterungsprozess ist für die „retired elders" auch ein gewisser Abstieg verbunden. Der hohe Status der weisen, über den „Tiefen der Politik" stehenden *bicocoro* ist deutlich getrennt von ihrer Macht und ihrem abnehmenden Durchsetzungsvermögen (cf. Spencer 1985:178ff).

Diese internen Differenzierungen waren mit keinen formellen Aufnahmen oder gar Initiationen verbunden und somit waren dafür im Prinzip auch keine weiteren Biergaben erforderlich. Auch hier aber gab es wieder regionale Unterschiede, die so weit gingen, dass man in einigen Gegenden gar von einer zweistufigen Investitur sprechen kann (Gespr. 33:24).

Es ist ein wichtiges Faktum, dass das Bushingantahe auf Lebenszeit zugesprochen wurde, es nicht abgelegt werden konnte und darüberhinaus als Rechts- und Statussystem überregionale Geltung hatte:

> „Wenn man in eine fremde Gegend kam, wurde man zuerst nach seiner Herkunftsregion und seinem Hügel gefragt; dann, ob und durch wen man investiert worden ist. Hast du bereits mit dem Intahe geschlagen? Wer log und vorgab, investiert zu sein, nur um Bier zu erhalten, wurde verfolgt und aus dem Bushingantahe ausgestossen [*kunyaga ubugabo*]" (Gespr. 59:16f).

Wie in den Investiturreden herausgestrichen, hatte ein Mushingantahe die Pflicht, Konflikte zu schlichten, „wo immer er hinkommt". Diese rechtlichen und moralischen Pflichten implizierten jedoch nicht, dass er in jedem beliebigen Gebiet gleich als voller Mushingantahe wirken konnte – dazu musste er von der betreffenden Lokalgemeinschaft legitimiert sein, worauf noch zurückzukommen sein wird. Ich habe bereits bei der Vorstellung der Investiturreden darauf hingewiesen, dass bei groben Verstössen das Bushingantahe aberkannt werden konnte und der Betreffende damit in den Rang der Bakungu relegiert wurde. Ein Mushingantahe, der seinen Pflichten nicht nachkam – der andere Bashingantahe beschimpfte, Geheimnisse verriet und den Inhalt von Beratungen enthüllte –, konnte streng bestraft werden: Ausschluss von Beratungen (*gutaramuka*) und Vorenthaltung des Trinkhalmes (*gucira umukenke*: d.h. es war ihm nicht mehr erlaubt, mit den anderen Bashingantahe zu trinken) bis zur Destituierung als Richter und Aberkennung des Mushingantahe-Status (*kwâturura*) und dem Ausschluss aus der Gemeinschaft (*gucîbwa*). Durch die Entrichtung zahlreicher Biertöpfe und eines Stieres an die Notabeln (*ikimaso c'abagabo*) konnte er seinen Fehler durch eine Art ritueller Reinigung aber wieder gut machen (*kwiyuhagira*, Ntabona 1985:280). An einen Mushingantahe wurden strengere Massstäbe angelegt als an gewöhnliche Leute, und Regelverstösse konnten seine soziale Degradierung zur Folge haben. Er konnte zu einem späteren Zeitpunkt zwar nochmals versuchen, die aufwendige *kwâtirwa*-Investitur zu wiederholen (*kwenga*, „nochmals Bier brauen gehen", wie man sagte), falls er die dazu notwendige Unterstützung überhaupt noch finden konnte (Gespräche 7:21, 59:16f, 69:11; Hakizimana 1976:80).

Unter all den voll initiierten Bashingantahe gab es solche, die in Abhängigkeit von ihren Qualitäten und ihrem Einfluss mit mehr oder weniger Erfolg wirkten. Diese Unterschiede wurden allgemein anerkannt und drückten sich darin aus, wie gefragt der einzelne war, wie oft er im Zusammenhang mit Rechtsstreitigkeiten angegangen wurde, und zwar sowohl von der lokalen Bevölkerung als auch von den politischen Behörden, die auf den verschiedenen Ebenen an ihren Höfen Rechtssprechungsinstanzen eingerichtet hatten, in die angesehene Bashingantahe berufen wurden.

So gab es Bashingantahe, die weit über ihren Hügel hinaus bekannt und gesucht waren. Solche überlokal renommierten Bashingantahe bezeichnete man als *mushingantahe rurangiranwa*[93] („Mushingantahe von hohem Ruf, grosser Berühmtheit"). Abgesehen davon, dass er allseits gefragt war, griff man bei besonders komplexen Streitfragen und Prozessen gerne auf ihn zurück. Es handelte sich bei ihm meistens um einen älteren, erfahrenen Mushingantahe, der während der Deliberationen und Entscheidungsfällungen die Aufmerksamkeit auf sich zog und dem damit die Ehrfurcht aller anderen Bashingantahe zukam. Ein solcher wurde nicht selten an den Hof der örtlichen politischen Behörde und sogar in andere, entferntere Gegenden gerufen (Gespräche 4:14, 20:39). So konnte es auf einem Hügel Bashingantahe von sehr unterschiedlichem Status geben. Es war auch nicht so, dass es auf jedem Hügel eine feste Zahl von Bashingantahe gab – auf dem einen mag es mehrere – auf einem weitläufigen vielleicht über zehn –, auf einem anderen nur einen oder gar keinen gegeben haben, was aber sehr selten war (Gespräche 4:14, 27:19). Man darf nicht vergessen, dass es sich beim Bushingantahe weder auf der Ebene der Lokallineage noch des Hügels um ein formalisiertes Amt handelte, das in jedem Fall besetzt werden musste. Ganz allgemein unterschied man zwischen Bashingantahe, welche „das Wort nicht fürchteten, es nicht hinunterschluckten", die sich auch getrauten, jemandem offen unrecht zu geben (Gespräche 4:14, 69:1), und den anderen, die zögerten, vage und diffus blieben und sich immer der vorherrschenden oder opportunen Meinung anschlossen. M. aus Rusaka unterscheidet zwischen den Aufrechten, die ein eindeutiges Wort führen, den Aalglatten, die viel sprechen, ohne viel zu sagen, und schliesslich den ängstlichen Stotterern, die sich nicht zu sprechen getrauen:

> „Verstehst du, alle Bashingantahe werden zwar Bashingantahe genannt. Das ist aber nur einen Redensart. Wir sind nicht alle gleich. Das zeigt sich im Moment, in dem es zu sagen gilt: ‚Der da hat unrecht, du hast den Prozess verloren'; oder aber auch von sich selbst zu sagen: ‚Ich bin besiegt und muss meine alte, vorgefasste Meinung ändern, nachdem ich das und das Zeugnis gehört habe!' Die meisten wagen das nicht einzugestehen (*ntiyubahuka kuvuga, ntarubahuka umuntu ati wewe uratsinzwe nivyo ugera vyose*)" (Gespr. 4:14)

Ein wahrer Mushingantahe wagte es auch, vor den versammelten *bagabo* etwas gegen seinen persönlichen Schutzherrn *shêbuja* zu sagen, ihm einen Rat zu erteilen, auf eine Ungerechtigkeit hinzuweisen und ihn zurechtzuweisen. Dieses „zu reden wagen" (*guhaga amatáma*)[94], das Hochhalten und Herausstreichen dieses Wertes ist in Beziehung mit der Herrschaftsstruktur einer ausgeprägt hierarchisierten, staatlich zentralisierten Gesellschaft zu sehen. Der umfassende Werte- und Verhaltenskodex, der mit dem Bushingantahe verbunden war (s. oben „Investitur-Mythe": nicht einfach dem Befehl folgen, zu widersprechen wagen) und durch diese Institution transportiert wurde, war in der monarchischen Gesellschaft ohne Zweifel in jeder Hinsicht bedeutungsvoll.

Es gibt in Burundi zahlreiche Anekdoten und mündliche Volksüberlieferungen, die den unterschiedlichen Wert des einzelnen Mushingantahe hervorheben. Ein ständig wiederkehrendes Thema sind dabei die Beziehungen zwischen der Rechtsinstanz Bashingantahe und der politischen Gewalt. Was zählt und den Ausschlag gibt, ist das Wort, *ijambo*, das gerade Wort. Der wahre Wert und Inhalt des Bushingantahe besteht darin, es gerade auch den Herrschenden entgegenzurichten, nicht davor zurückzuschrecken, „das gerechte Wort" auch auf sie anzuwenden.

Es stellt sich hier die wichtige Frage der Beziehungen zwischen einem lokal begründeten Autoritätssystem und der Zentralmacht mit ihren Behörden, zwischen lokalen gemeinschaftlichen und

---

[93] Anstatt *rurangiranwa* sagt man auch *rutumwako*, „der sehr Gesuchte, Beachtete, auf den man hört" (20:39). N. aus Muramvya bezeichnet diesen Idealtypus des Mushingantahe als „Rubamba mu Bagabo" (in der Art eines Eigennamens gebraucht, übersetzbar als „der Senkrechte/Starke unter den Männern", mit Konnotationen von „barsch, störrisch" und „Krieger"), an anderer Stelle auch als *umunyamabanga wa mbere* (Gespräche 27 & 69).

[94] *Guhaga amatáma* meint wörtlich: „seine Wangen blähen, aufblasen", und im übertragenen Sinn: mit der Sprache – aus Gerechtigkeitssinn – nicht zurückhalten können, da es auf der Zunge brennt; „zu sagen wagen" (Rodegem 1970:467).

den zentralen politischen Macht- und Autoritätsstrukturen, mitunter auch die Frage, inwieweit das Bushingantahe als Rechtsinstanz ein Gegengewicht zu den Zentralstrukturen bilden konnte, ob es schliesslich mehr ausgleichend oder ergänzend wirkte. Ich komme damit auf die weitere politische Bedeutung der Institution des Bushingantahe zu sprechen. Hier nur aufgeworfen, wird diese in meiner Arbeit zentrale Frage später noch weiter zu vertiefen sein.[95]

4.4.5 Bashingantahe und staatliche Macht: Distanz und Einbezug

Die Institution des Bushingantahe kann nicht losgelöst von der Zentralgewalt gesehen werden. Sie ist mit ihr verflochten und in die gesamte politische Struktur integriert. Die Bashingantahe finden sich zumindest in der voll entwickelten monarchischen Gesellschaft nicht nur auf der lokalen Ebene der Hügelgemeinschaften, sondern affiliiert an alle übergeordneten politischen Ebenen zur Wahrnahme der da jeweils anfallenden rechtlichen Probleme und Fragen. Alle den Lokalgruppen übergeordneten politischen Ebenen sind in ihrer Hierarchieordnung als drei weitere Niveaus der Rechtssprechung anzusehen: Die Gerichte der Ivyariho (Sous-Chefs), der Baganwa und anderer Regionalführer, und schliesslich des Mwami. Gemäss der Hierarchisierung dieser Instanzen ergibt sich eine weitere Rangordnung unter den Bashingantahe. Insgesamt lassen sich fünf verschiedene Ebenen der Schieds- und Rechtssprechung[96] unterscheiden, die der Übersicht halber kurz vorgestellt werden sollen:

• *Urubanza rw'umuryango* – die Schiedssprechung im Rahmen der Deszendenzgruppe. Der Familien- oder Lokallineagerat, dem der Samuragwa (der Haupterbe der väterlichen Gewalt) vorsass, kann als die erste und unterste Rechtsinstanz betrachtet werden. Rodegem schreibt: „L'arbitrage familial constituait une procédure officieuse de conciliation" (1966:11, cf. Hakizimana 1976:76). Wie gesehen, musste es sich bei den Mitgliedern dieses Rates keineswegs um investierte Bashingantahe handeln – nicht jeder Familienälteste war Mushingantahe! Trotzdem wurden (oder werden?) sie manchmal im übertragenen Sinn als *bashingantahe bo mu muryango* bezeichnet. Diesem Ratsgremium, dem alle Familienältesten angehörten, waren alle lineage-internen Angelegenheiten zu unterbreiten. Der Samuragwa wurde durch den Familienvater bestimmt und die lokalen Notabeln und der örtliche Icariho wurden davon unterrichtet. Eingesetzt wurde er am Tag der Aufhebung der Trauerzeit nach dem Tod seines Vaters, der ihn noch zu seinen Lebzeiten in die dieser Stellung zukommenden Pflichten eingeführt hatte. Unterstützt wurde er von den anderen Ältesten der Lokallineage. Von diesem Rat wurden familieninterne Streitigkeiten, wie sie sich aus Fragen von Ehe, Scheidung, Nachfolge, Besitz und Teilungen ergaben, geregelt (cf. Kapitel 4.1).

• *Bashingantahe bo ku mugina*: die Hügelbashingantahe. Sie setzten sich aus den lokalen Notabeln zusammen, die in der Regel die auf dem entsprechenden Hügel wichtigen Familien repräsentierten. Sie formten kein eigentliches Gericht mit festen Strukturen. Es gab jedoch einen lokal allgemein bekannten Ort, etwa eine Hügelkuppe, an dem sie bei Bedarf zusammentraten. Wer sich an sie wenden wollte, fand sie zunächst bei ihnen zuhause vor. Die Konfliktparteien wählten sich ihre Bashingantahe selbst aus. Sie regelten alle Hügelkonflikte von geringerer Bedeutung, solche, die innerhalb einer Lineage nicht gelöst werden konnten oder diesen Rahmen überschritten. Entschä-

[95] Ich habe während meiner Feldarbeit eine Volkstradition aufnehmen können – sie liesse sich „die drei Kategorien von Bashingantahe" nennen –, welche in diesem Zusammenhang von hohem Interesse ist. Sie zeugt von einer weitgehenden Ausdifferenzierung eines Rechtsempfindens innerhalb der Zivilgesellschaft und der Einsicht in die Notwendigkeit von Gegengewichten zu den Zentralstrukturen *von unten her* – kurzum von einer ausgeprägten Entwicklung des Bewusstseins der Problematik des Zusammenstosses von zentralstaatlichen mit lokalen Machtorganen (Gespräche 27:13-16,34; 69:1,4f). Sie wird an anderer Stelle in extenso publiziert werden.

[96] Weitere Angaben finden sich bei Delacauw 1936:508-512; Hakizimana 1976:8, 39, 75-80; Habonimana 1977: 92, 95; Ntahokaja 1978:140f; Mworoha 1977:193-196; Rodegem 1966:11f; Simons 1944:269f.

digt wurden sie mittels einiger Krüge Bier, die jedoch nicht als Rechtskosten im strikten Sinn verstanden wurden. Sie hatten keine repressive, keine Sanktionsgewalt, sondern traten vielmehr schlichtend und versöhnend auf. Wer mit der von ihnen vorgeschlagenen Lösung nicht einverstanden war, konnte den Fall an die oberen Instanzen weiterziehen (*gusegura*, „die Unterstützung von oben suchen"; Mworoha 1977:194), nie jedoch, ohne die Angelegenheit zuerst der eigenen Deszendenzgruppe und den *mugina*-Bashingantahe unterbreitet zu haben.

• *Bashingantahe b'icariho/i butware.* Am Hof jedes Icariho-Delegierten und später Sous-Chefs gab es einen Rat, der sich aus einigen der lokal einflussreichsten Bashingantahe zusammensetzte. Unter dem Vorsitz des Icariho behandelte er kleinere Strafsachen wie Diebstahl und Körperverletzungen, aber auch Bodenstreitigkeiten und Konflikte, die sich aus Viehpachtabkommen ergaben. Leute von höherem Stand brachten ihre Sache direkt vor das Gericht des Muganwa.

• *Bashingantahe b'i buganwa.* Sie formten das Gericht am Hof jedes Muganwa (*sêntare y'i buganwa*, cf. Rodegem 1970:476). Unter seinem Vorsitz[97] setzte es sich aus einigen in seinem Territorium hoch angesehenen, an seinen Hof berufenen und da „akkreditierten" Bashingantahe zusammen. Sie konnten aus den unterschiedlichsten Familien seines Gebietes, sowohl aus Tutsi- wie Hutu-Lineages stammen, gingen aber meistens aus den lokal wichtigsten Deszendenzgruppen hervor. Bevor sie als „Hof-Bashingantahe" aufgenommen wurden, hatten sie am Hof eine Probezeit zu absolvieren. Falls sie diese erfolgreich abschlossen, wurden sie von ihren Lineagevorstehern und den lokalen Hügel-Bashingantahe dem Muganwa vorgestellt, dem sie als Dank für die Einsetzung in diese neue Funktion eine Hacke, falls sie arm waren, oder sonst eine Kuh gaben (Delacauw 1936:510). Es gab ihrer viele und sie traten nie alle gemeinsam, sondern auf Bestimmung des Muganwa je zu dritt oder zu viert zusammen (Simons 1944:270). Diese „Hofbashingantahe", *bashingantahe bo ku nama* genannt, bildeten damit kein festes Korps. Sie waren identisch mit den einflussreichsten Höflingen und Beratern des Muganwa, die mitunter auch aus nicht lokal eingesessenen Familien stammen konnten (cf. Mworoha 1987:209f). Zu ihrer Selektion schreibt Trouwborst: „(ils) sont choisis à cause de leurs capacités supérieurs [aux simples arbitres] ou grâce au favoritisme" (1962a:148), was für die Hofbashingantahe aller Ebenen gilt. Dieses Gericht war zuständig für die Regelung schwererer Strafangelegenheiten wie Totschlag, Vergiftung und Kuhdiebstahl (sic!), Konflikte um Brautgaben, etc. Ebenfalls konnte man in Fällen von Zauberei und Vendettas zwischen Deszendenzgruppen an diese Instanz gelangen. Wenn die Lineage eines Mörders eine Blutrache (*guhora*) vermeiden wollte, konnte sie sogleich an den Hof des Muganwa gelangen und da präventiv einige Gaben deponieren. Die Annahme dieser *icimbaguzo* genannten ersten Entschädigungsgaben[98] durch die geschädigte Seite leitete die Vermittlung durch den Hof des Muganwa ein, an dem sich in der Folge Bashingantahe-Delegationen der betroffenen Hügel einfanden (Simons 1944:256f, Mworoha 1977:194f). Mworoha scheibt dazu:

> „L'arbitrage des cas d'assassinat apparaît ainsi comme un aspect de l'emprise des chefs sur la paysannerie, avec la réserve que ce contrôle se présentait plutôt comme un compromis entre les pouvoirs politiques et les institutions lignagères que comme une dictature de la justice royale" (1977:195).

Da der *sêntare*-Zugang mit etlichen Kosten verbunden war (ein namhafter *ingorore*-Betrag war in jedem Fall erforderlich), stand er nicht allen offen – Kleineres und Kleinere wurden abgehalten. Ein Muganwa hatte in seinem Gebiet in rechtlichen Angelegenheiten weitgehend freie Hand, es gab keine effektive übergeordnete Kontrollgewalt. Offizialdelikte waren nicht bekannt, wobei sich

---

97 Dieses Gremium konnte offenbar auch ohne den Muganwa zusammentreten oder zumindest Untersuchungen führen (cf. Delacauw 1936:510). Trouwborst schreibt dazu gar: „Il paraît qu'autrefois le roi et les chefs ne participaient pas activement aux discussions et aux interrogatoires, et qu'ils ne donnaient que la décision définitive" (1962a:148).

98 Der definitive Blutpreis variierte stark nach der Region und dem Status der implizierten Deszendenzgruppen (zwischen sieben Ziegen für einen Mutwá und 14 Kühen im viehreichen Norden des Landes; s. Simons 1944:257).

aber immer ein Anträger fand, der hoffte, einen Fall zuungunsten eines Rivalen und damit zu seinen Gunsten ausschlachten zu können (Delacauw 1936:509). Die Bashingantahe des Muganwa waren in dessen Gebiet aber auch für weitere rechtliche Angelegenheiten wie die Abgrenzung von umstrittenen Böden und die Einsetzung neuer Sous-Chefs, die sie im Namen des Muganwa der Bevölkerung vorstellen gingen, zuständig. Simons (1944) und Mworoha (1977) sehen in diesen *sêntare* die wichtigsten juridischen Instanzen des vorkolonialen Burundi.

• *Banyarurimbi*, die Berater und Richter am Hof des Mwami. In diesen zumindest formal obersten Gerichtshof, *ururimbi* genannt[99], nahmen die *banyarurimbi*-Bashingantahe abwechslungsweise Einsitz – sie hielten sich nicht alle gleichzeitig da auf. Es wird oft hervorgehoben, dass es sich bei ihnen um einflussreiche und anerkannte Bashingantahe gehandelt habe, die nicht der dynastischen Aristokratie der Baganwa angehörten, sondern Batutsi oder Bahutu waren.[100] Delacauw (1936:508) und Mworoha (1987:209) bestätigen aber meine Informationen, dass sich darunter durchaus auch Baganwa befinden konnten, wenn sie auch in der Minderzahl blieben. Das hatte seinen Grund nicht in Überlegungen von Machtausgleich oder gar Gewaltentrennung, sondern war in der Logik des Herrschaftssystems begründet: Die Baganwa, die immer gefährliche Rivalen des Mwami blieben, waren meistens nicht eng an den Königshofs gebunden; Ausnahmen machten einige seiner direkten Söhne, die zu seinen Hauptberatern gehörten und während ihrer Hofaufenthalte regelmässig Einsitz ins königliche Gericht nahmen. Sekundiert wurden sie durch junge Höflinge, *bakangara* genannt, die sich auf diese Art ihre ersten Erfahrungen auf rechtlichem Gebiet erwarben (Aufgaben von Gerichtsdienern). Schon das zeigt, dass diese Bashingantahe-Positionen in der Regel von Leuten aus Lineages mit privilegiertem Hofzugang eingenommen wurden. Die *banyarurimbi* (wörtlich „die Leute an der Schwelle des Palastes") genossen viele Vorteile und Privilegien. Als Vertraute des Königs genossen sie ein hohes Ansehen. Es kamen ihnen viele Geschenke und ein grosser Teil der Gerichtskosten zu. Über das engere rechtliche Gebiet hinaus wirkten sie als wichtige politische Berater am Königshof und hatten einen nicht zu unterschätzenden Einfluss auf die Ausformulierung der zentralen Politik (Rutake 1982b:11, Mworoha 1987:209). Delacauw hat aber auf die begrenzte Bedeutung des *ururimbi* als oberstem rechtssprechenden Organ aufmerksam gemacht:

> „(...) tout l'Urundi pouvait recourir ou être cité devant son tribunal. Cependant l'autorité royale et, par le fait même, sa juridiction étaient peu efficaces à la périphérie du pays. En fait, et pour les causes de moindre importance, sa juridiction ne dépassait guère les limites d'une province: celle qu'il administrait directement. (...) La structure monarchique du pays comportait l'appel au tribunal royal des jugements portés par les chefs. Mais il est évident que par suite de l'éloignement, de l'intermédiaire de la cour royale, cet appel n'était guère possible. Aller en appel auprès du Roi, contre le jugement porté par un prince? Oui, si ce prince avait dans l'entourage du Roi assez d'ennemis ou de rivaux pour frayer le passage au plaignant.
> Il reste donc que le Roi, à part de rares recours en appel, ne jugeait que les causes mettant en conflit deux chefs suffisamment soumis à son autorité pour ne pas préférer régler le différend par les armes" (1936:508f).

Die Kassation eines Urteiles konnte nur beantragen, wer sich des Schutzes eines mächtigen Mannes sicher war (Trouwborst 1962a:149). Dass es trotzdem theoretisch für jedermann im ganzen Land die Möglichkeit gab, an den Königshof zu gelangen, um Gerechtigkeit zu finden, mag von einem gewissen ideologischen Wert gewesen sein, wie ihn Mworoha betont (1977:196). Fälle von einfachen Leuten, die am Königshof Schutz fanden und als Zeichen davon einen königlichen Stier

---

99 „Grosser Eingangspfosten, Palisade", nach Rodegem auch *nzirihera* genannt (von *ihéra:* Endpunkt, Ende?) (1966:6). Die einsitzenden Richter wurden nach Nsanze ebenfalls *banyagitabo* genannt (1980:17, n.15); *gitabo* bezeichnete gemäss Delacauw (1936:510) auch den Ort, an dem Recht gesprochen wurde (des weiteren Bezeichnung für den Ort des Ahnenkultes!).

100 Trouwborst schreibt: „Il est vrai que la plupart des arbitres aux niveaux plus élevés étaient des Tutsi, mais on trouvait des Hutu même parmi les arbitres du roi" (1962a:149).

erhielten, wurden wohl schon allein daher bekannt, weil sie aussergewöhnlich waren, aber auch, weil dieses Faktum das Königtum auf ideologischer Ebene nur stärken konnte und der Mwami so nebenbei auch noch einige weitere Günstlinge und Getreue fand.

Wir sehen überblickend, dass die verschiedenen rechtlichen Instanzen vollkommen der politischen Verwaltung entsprachen – die Verschränkung der rechtlichen mit den politisch-administrativen Organen ist augenfällig. Es gab im vorkolonialen Burundi keine Gewaltentrennung (Delacauw 1936:508, Mworoha 1977:194). Jeder politisch-administrativen Ebene waren Bashingantahe zugeordnet. Recht wurde auf allen Ebenen bis hinunter auf den Hügel im Namen des Mwami gesprochen. Man leitete jede Untersuchung mit der Formel *tugire umwami* (es folgte der Name des herrschenden Königs, übersetzt: „wir haben den König [so und so]“) ein. Dass mit derselben Formel auch Reden anlässlich vieler anderer sozialer Gelegenheiten eröffnet und geschlossen wurden – ob es sich um den Abschluss eines Abkommens, das Ende einer Trauerzeit oder um eine Heirat handelte –, weist auf den hohen Grad der Durchdringung der Geisteshaltungen und des Alltagslebens der vorkolonialen Barundi durch die monarchische Ideologie hin.[101]

4.4.6 Alternative Investiturarten: Erbliches und „behördliches“ *kwâtirwa*

Die Einbindung des Bushingantahe in den monarchischen Staat zeigt sich des weiteren in einigen alternativen *kwâtirwa*-Investiturarten in Verbindung mit den politischen Zentren. Bis anhin habe ich nur über die üblichste Mushingantahe-Einsetzung gesprochen: die Investitur am Wohnort durch Vermittlung der Lokallineage des Postulanten. Es gab drei weitere Investiturarten, die alle als Spezialfälle anzusehen sind. Zumindest zwei davon haben, so vermute ich, erst in einer späteren Zeit im Zuge der Ausdifferenzierung der Strukturen des monarchischen Staates an Bedeutung gewonnen.

Zuerst ist zu erwähnen, dass es im lokalen Rahmen des Hügels eine zweite, erbliche *kwâtirwa*-Möglichkeit gab. Man konnte das Bushingantahe erblich vom Vater übernehmen, falls es sich bei diesem um einen hoch angesehenen Mushingantahe handelte. Wenn er bei seinem Tod einen Sohn in bereits reiferem Alter hinterliess, der schon Beweise seiner *bugabo*-Qualitäten geliefert hatte, verheiratet und als sein Haupterbe Samuragwa vorgesehen war, konnte dieser am Tage des Endes der Trauerzeit um seinen Vater von den lokalen Bashingantahe in einem verkürzten Verfahren investiert werden. Er musste dazu nur noch einige Töpfe Bier ausgeben, zusätzlich zu den bei dieser Gelegenheit offerierten Getränken. Man nannte das „den Stab“ oder „den Trog des Vaters waschen“ (*kwoza ubwâto bwa se*). Ein renommierter Mushingantahe konnte eine derartige erbliche Weitergabe offenbar bereits zu seinen Lebzeiten anbahnen. So berichtet N. aus Muramvya:

> „Wenn sich ein bedeutender Mushingantahe seinem Lebensende näherte und er mehrere erwachsene Söhne hatte, konnte er eines Tages den anderen Bashingantahe ein Bier geben und sagen: 'Dieses Kind hier ist meines. Wie ihr wisst, ist es durch seine besondere Begabung und Geschicklichkeit aufgefallen und allgemein geschätzt. Und diese Lanze hier, kennt ihr sie nicht? Ich vertraue sie nun ihm an. Aber er wird euch dafür ein Bier, ein einziges Bier geben'“ (Gespr. 27:19).

Auf diese Weise erhielt der auserwählte Sohn mit dem *bugabo* seines Vaters gleich auch noch sein Bushingantahe übertragen (Gespr. 27:19, 37:6, Hakizimana 1976:41, Ntabona 1985:278, Ntahokaja 1978:138).

---

[101] Wenn die seit der Republik in „*tugire amahoro n'umugambwe Uprona*“ („haben wir den Frieden mit [dank] der Partei UPRONA“) abgewandelte Formel heute wohl noch ebenso verbreitet ist, so lässt dies nicht auf eine analoge ideologische Verankerung schliessen, sondern steht das heute eher für die Omnipräsenz der neuen Einheitspartei und der Staatsgewalt.

Ausserhalb des heimischen Hügels gab es daneben die Möglichkeit, das *kwâtirwa* direkt über die politischen Behörden zu erreichen. Diese Möglichkeit stand jedoch beinahe nur den Günstlingen und Höflingen eines Muganwa oder des Mwami, im engeren Sinn ihrem Hofpersonal offen.

Hofpersonal wie Abakevyi-Intendanten, Abakamyi-Melker und Abungere-Hirten wurde in der Regel von Amts wegen ins Bushingantahe investiert – sie wurden, wie der aus einer Bakamyi-Lineage stammende Nta. es ausdrückt, kraft *injîshi* (Spannstrick, mit dem der Kuh beim Melken die Hinterbeine gebunden werden), also kraft ihres Amtes investiert.[102] Sie mussten nicht all die verschiedenen Etappen durchlaufen, und nach Hakizimana nannte man diesen Investiturweg *kwâtira impaga*[103] (1976:54). Der Muganwa setzte sie vor den versammelten Notabeln seines Hofes ein. Eine solche Einsetzung und Erhöhung erfolgte gegen Ende der Zeit ihres Wirkens am Hof, eine Zeit, während der sie unverheiratet bleiben mussten, um sich mit allen Kräften ihrem Dienst und ihrem Herrn widmen zu können. Als Abgangsgabe erhielten sie eine Kuh und/oder andere Geschenke[104], und es war meistens auch ihr *shêbuja*, der ihre Heirat arrangierte. So kamen sie wohl ausgestattet auf ihren Herkunftshügel zurück. Als *umuhetsi* wählten sie sich einen am Hof wirkenden Mushingantahe. Dieser war es auch, der den Postulanten vor der Investitur am Hof auf seinen heimischen Hügel begleitete. Der Anwärter unterrichtete zu dieser Gelegenheit seine Familie und die lokalen Bashingantahe über seine bevorstehende Einsetzung, was der ihn begleitende, vom Hof abgeordnete Mushingantahe bezeugte. Die Informanten sind sich darin einig, dass er auf seinem Hügel erst nach seiner Investitur Bier für seine Herkunftsgemeinschaft zu offerieren hatte.[105] Ein vom Muganwa investierter Mushingantahe genoss in der Bevölkerung ein höheres, aber auch ein „offizielleres“ Ansehen als ein durch die Hügel-Bashingantahe Investierter, was sich darin ausdrückte, dass man ihn im ganzen Gebiet nirgends von den Deliberationen ausschloss.

Durch den Mwami selbst eingesetzt zu werden (*ku rurimbi*), war die höchste Ehre, die nur seinem engsten Hofpersonal oder anderen Günstlingen zukam. Nachdem der Mwami den Rat der Hofnotabeln eingeholt und auf deren Zustimmung gestossen war, verlangte er vom Kandidaten, dafür das *igitumba c'umunyu* (Salz für die königlichen Kühe) und das *inzoga z'imbonero* genannte Bier aufzubringen; fünf Töpfe davon wurden an den Hofeingang gestellt, vier für die Bashingantahe und einer allein für den Muhetsi. Anschliessend verkündete der Neuinvestierte seinen Erfolg auf seinem Herkunftshügel, indem er umfangreiches *agasimbamugazo*-Bier ausgab (Hakizimana 1976:56).

Auch der letzte Spezialfall ist ein Beispiel von „politischem“ *kwâtirwa*: Die Baganwa wurden am Tage ihrer Heirat automatisch investiert. Meistens wurde das gleichzeitig mit ihrer Einsetzung in ein Regionalkommando vorgenommen. Im selben Moment erhielten sie viele Kühe (Ntahokaja 1978:138).

In all diesen Fällen lässt sich eine Dislozierung des *kwâtirwa*-Rechtes vom Hügel an die politischen Höfe und damit (wie schon bei der Pflicht der Informierung der politischen Behörden) eine zumindest partielle Vereinnahmung eines lokal verwurzelten Autoritätssystems durch die Zentralgewalt sehen. Die Häufigkeit solcher „politischer“ Investituren scheint während der Kolonialzeit zugenommen zu haben, wenn sie auch immer die Ausnahme blieben. Zumindest lassen die Berichte von mehreren Informanten aus den nordöstlichen Regionen (Busóni und Bwambarangwe) vermuten, dass während dieser Epoche eine Hof-Investitur weiteren Kategorien von Leuten als bloss dem Hofpersonal und besonderen Günstlingen offen stand (Gespräche 59, 66). Über eine

[102] *Ukwâtirwa n'injîshi*: 'Kuhspannstrick-Einsetzung': die Investitur eines Mukamyi-Melkers (Gespr. 42:20, Ntabona 1985:278, Ntahokaja 1978:140).

[103] Abgeleitet von *guhaga*, „(hin-)aufsteigen“, oder *ubuhaga* („verpackte Last“)? (s. Rodegem 1970:136).

[104] Nicht selten erhielten sie auch ein *itôngo*-Grundstück, auf dem sie sich niederlassen konnten, in besonderen Fällen gar ein Lokalkommando als Icariho (s. z.B. Gespr. 42:20).

[105] Dieses Bier wurde *agasimbamugazo* genannt (auch *gutanga inzoga z'umuryango:* „das Bier der Deszendenten/das 'Lineage-Bier' offerieren“, Gespr. 20:35).

derartige, am Hof eines Chefs (*i buganwa*) mögliche Investitur berichtet B. aus dem nordöstlichen Busóni:

> „Früher erfragte man das *ubugabo* beim Mutware oder Muganwa und dann kaufte man das. Damals gab man einen Ochsen oder gar viele Kühe. Man hatte viel Metall [Geld] und je einen grossen Topf *urwârwa*- und Sorgho-Bier zum Muganwa zu bringen. (...) Früher konnten auch mehrere gemeinsam einen Ochsen bringen und sich damit alle gleichzeitig investieren lassen. Man erbat gleichzeitig mit der eigenen Investitur, dass auch die mitkommenden Neffen, Freunde oder Klienten investiert werden – man brachte gleichzeitig sein Kind oder seinen Mann mit. Dazu musste man aber viel Bier aufbringen. Eingeführt und vorgestellt wurden sie bei der politischen Autorität und später bei den anderen Bashingantahe durch ihren *umuhetsi*. Ein ärmerer Mann konnte auch direkt auf Veranlassung des Muganwa oder Mutware eingesetzt werden, ohne dass er allzu viel Bier zu offerieren hatte. Ärmere Leute ohne eine solche von oben kommende Unterstützung hatten damals grosse Mühe, das für das *kwâtirwa* notwendige Bier zusammenzubringen und erreichten es vielleicht nie, obwohl sie danach suchten und sich bei einem *shêbuja* ‚verdingten'" (Gespr. 59:14ff).

Es lässt sich vermuten, dass dieser „politische" Investiturweg im Gefolge der kolonialen Transformationen, die auf der lokalen Ebene zu einer gewissen Deformierung des alten *kwâtriwa* geführt hatten, während der Kolonialperiode gebräuchlicher wurde. Zumindest in der zweiten Hälfte der Kolonialzeit scheint das *kwâtirwa* in gewissem Mass käuflich geworden zu sein – es kam zu einer wahren Inflation der Bierforderungen anlässlich einer Einsetzung. Die behördlichen Einsetzungen über die aristokratischen Höfe können hier auch als ein Gegensteuern von oben gegen die um sich greifende Bierkorruption der lokalen Bashingantahe verstanden werden; so gesehen, handelte es sich bei der Hof-Investitur lediglich um eine Variante der üblichen Prozedur (beachte die Rolle des Muhetsi im obigen Zitat!). Ein weiterer Grund, dass sich Leute vermehrt direkt an die politischen Autoritäten wandten, um Zugang zum Bushingantahe zu haben, mag in der allgemeinen Tendenz gelegen haben, immer mehr Kompetenzen von der Lokalgemeinschaft auf höhere Ebenen, vor allem zu den Baganwa zu verschieben (cf. Teil II).

4.4.7 Zur Geschichte und zur gesellschaftlichen Bedeutung des Bushingantahe

Zwei Fragen bleiben zu erörtern. Die erste betrifft die Natur des Bushingantahe: Ist es gerechtfertigt, im Zusammenhang mit diesem Autoritätssystem von einer gerontokratischen Ordnung zu sprechen? Die zweite ist die Frage der Integration des Bushingantahe ins staatliche Herrschaftssystem.

Wir können im Bushingantahe das wichtigste lokal begründete Autoritätssystem sehen. Innerhalb der Lokalgruppe wurde jedem Mann (und damit in Ableitung auch seiner Frau und seinen Kindern) Rang und Status über seine jeweilige relative Stellung innerhalb dieses mehrstufigen Autoritätssystems verliehen. Mit dem Erklimmen der aufeinanderfolgenden Stufen (anders als in Altersklassensystemen handelte es sich weder um ein automatisches noch um ein gruppenweisen, sondern immer ein individuelles Vorrücken) war die Möglichkeit zu sozialer Mobilität verbunden. Alter war immer nur eines, wenn auch ein wichtiges Kriterium. Mitglieder derselben Altersgruppe konnten sich sehr wohl auf unterschiedlichen Stufen befinden. Wenn vorhin beim Vorstellen der einzelnen Stufen der Eindruck entstanden sein mag, dass es sich um ein weitgehend formalisiertes und systematisches Stufensystem handelte, so muss dieses Bild hier korrigiert werden. Ich glaube, dass die zahlreichen widersprüchlichen Aussagen meiner Informanten nicht allein in – ohne Zweifel vorhandenen – regionalen Varianten begründet sind und auch nicht nur mit dem Durcheinanderwerfen verschiedener Zeitepochen erklärt werden dürfen. Ich sehe darin vielmehr einen Beleg für die letztlich mangelnde Systematik dieses Stufensystems, das vielleicht genauer als Abfolge von ineinander übergehenden Phasen zu beschreiben wäre. Es ist meines Erachtens falsch, dahinter eine geschlossene, strikte Systematik sehen zu wollen. So konnte zum Beispiel ein *muku*-

ngu w'imbere gleichzeitig auch als *umunyumutámana* bezeichnet werden, etc. – nach N. hing das immer von den Umständen des einzelnen Falles ab (z.B. von der über andere Kriterien bestimmten sozialen Stellung des Kandidaten, seiner Deszendenzgruppenzugehörigkeit, etc.); danach wurde das Weiterkommen jedes Mannes offenbar in weitem Mass „pragmatisch" gehandhabt (Gespr. 27:21). Die unvollständige Systematik zeigt, dass nicht nur ein Kriterium (wie Alter) ausschlaggebend war, sondern mehrere andere einwirken konnten, was sich schliesslich als Pragmatismus äusserte.

Das Bushingantahe enthielt sicher ausgeprägt gerontokratische Elemente, was bei seiner „lokalen Provenienz" und der Gründung auf Deszendenz auch nicht weiter erstaunlich ist. Das, was Spencer (1985:182) als „das Charisma des Alters" bezeichnet, ist ohne Zweifel ein wichtiges Element dieses Autoritätssystems. Unabhängig von ihrem Grad an Alterung und Senilität durften die Ältesten nie Ziel von Scherzen oder Spott sein. Das Konzept des Respektes verbunden mit der Würde und der Verehrung für das fortgeschrittene Alter ist in ganz Afrika verbreitet und äussert sich in sehr verschiedenen Formen, wie Spencer zeigt (1985:193f). Das Bushingantahe war eine davon. Es enthielt aber noch andere wichtige Elemente und basierte nicht allein auf dem Alter. Wenn im lokalen Rahmen „die gerontokratischen Prämissen" (ibid., p.184) auch grundlegend waren, zweifle ich daran, ob es sinnvoll ist, von der Form, die es unter den Umständen der monarchischen Gesellschaftsstruktur angenommen hatte, als von einer gerontokratischen Ordnung zu sprechen, wie das Habonimana macht (1977:83).

Die zweite uns interessierende Frage betrifft Verhältnis und Beziehungen zwischen dem Bushingantahe als stark lokal verankertem Macht- und Autoritätssystem und der übergeordneten monarchischen Herrschaftsstruktur. In welchem Mass war das Bushingantahe in die staatlich-monarchische Ordnung einbezogen? Inwieweit hatte es Bestand als davon unabhängiges Autoritätsmodell? Anhand des Bushingantahe und seines Schicksals lässt sich die Geschichte der Beziehungen zwischen der lokalen und der staatlichen Ebene und der zentralstaatlichen Bestrebungen der Einbeziehung der lokalen Ebene über eine neue Funktionalisierung ihrer Institutionen exemplarisch nachzeichnen.

Mit dieser Formulierung habe ich bereits eine erste mögliche Lesart dieses Verhältnisses umrissen. Während diese davon ausgeht, dass es sich beim Bushingantahe um eine im Rahmen der lokalen Sozialbeziehungen entstandene idiosynkratische Einrichtung, gewissermassen eine Eigenschöpfung der lokalen Bevölkerungsgruppen handelte, die unter dem monarchischen Frühen Staat zu dessen Zwecken besetzt und vereinnahmt wurde, sieht eine zweite mögliche Lesart die Bildung dieser typisch burundischen Institution enger an die Etablierung und Durchsetzung der monarchischen Ordnung gebunden. Beide Lesarten verdienen es, eingehender erläutert und einander gegenübergestellt zu werden.

Wenn es sich bei den Bashingantahe unbestrittenermassen um „zivilgesellschaftliche" lokale Führer mit (lokal-) politischen Aufgaben handelte, so stellte das Bushingantahe in der ersten Lesart ein eigenständiges Autoritätssystem dar, das aus den lokalen Sozialstrukuren herausgewachsen war. Das schliesst nicht aus, dass es im Laufe der politischen Transformationen neue und zusätzliche Bedeutungen bekam. Ich habe bei der Aufzählung der verschiedenen Aufgaben der Bashingantahe im lokalen Rahmen betont, dass diese Einrichtung nicht auf rechtliche und normative Funktionen reduziert werden darf. Als Exponenten der Lokalgruppen, die für die Bewahrung der inneren Ordnung und die Vertretung nach aussen verantwortlich waren, nahmen die Bashingantahe neben ihren engeren, konfliktregelnden Aufgaben eminente politische Funktionen wahr. Diese Aufgaben wurden ihnen nicht von oben, sondern von unten überbunden. Die Bushingantahe-Investituren lagen vorkolonial in Händen der Lokalgruppen und primär der lokal eingesessenen Deszendenzgruppen: Ohne ihr Placet konnte niemand investiert werden. Dass die Zustimmung der lokalen politischen Behörden erforderlich war oder wurde, ist in dieser Sichtweise Ausdruck der Überlagerung durch eine übergeordnete Machtstruktur.

Wichtig ist der Tatbestand, dass die Bashingantahe primär von unten, von der Lokalgemeinschaft, der sie entwachsen waren, und nicht von oben mandatiert, jedoch sowohl von unten wie von oben (wo ihnen wichtige Aufgaben zugeteilt wurden) legitimiert waren. Mit der Einschränkung der angeführten Ausnahmen, die erst in einer späteren Zeit wichtig geworden zu sein scheinen, wurden sie aber von der Lokalgruppe und nicht von einer oberhalb von ihr stehenden Instanz beobachtet, geprüft und eingesetzt. Im Normalfall waren es die *abashingantahe bo ku mugina*, die Hügel-Bashingantahe, die einen erfahrenen Mann nach einer langen Reihe von Probe- und Testphasen einsetzten. In diesem umständlichen und umsichtig organisierten Prozedere können wir eine langdauernde Observations- und Testphase, einen kontinuierlichen Selektions- und Prüfungsprozess durch die Lokalgemeinschaft sehen. Die Lokalgruppe wollte die Person, die sie als ihren Repräsentanten nach aussen und Ordnungsbewahrer nach innen bevollmächtigte, von Grund auf kennen und auf Herz und Niere prüfen, bevor sie ihr die entsprechenden Aufgaben übertrug. Der Sinn der mit der Stufenabfolge verbundenen fortschreitenden „Graduierung" lässt sich darin sehen, dass damit in vorsichtigem Fortschreiten ein langer Lernprozess provoziert werden sollte, ganz im Sinne des Sprichwortes *ibanga ntirimirwa intama* („Pflichtsinn [Entwicklung von Pflichtgefühl und Engagement] lässt sich nicht hinunterschlucken, ohne zuerst [ausführlich] zu kauen"). Wenn wir uns die verschiedenen Etappen und die mit ihnen verbundenen Aufgaben nochmals in Erinnerung rufen, so sehen wir, dass damit eine laufend zunehmende Überbindung zusätzlicher Kompetenzen und eine graduelle Einbeziehung in den Rechtsprozess verbunden war. Vom aussenstehenden Beobachter wurde man zunächst ins Gefolge der Bashingantahe aufgenommen und begleitete diese während ihrer Konfliktregelungseinsätze. Später wurde man in Untersuchungen und Ermittlungsverfahren einbezogen, um in einem nächsten Schritt auch nicht mehr von den Deliberationen ausgeschlossen zu werden. Erst aber nach der *kwâtirwa*-Investitur konnte man an den Entscheidungsfällungen teilnehmen, in denen das Wort eines Mushingantahe mit seiner zunehmender Erfahrung an Gewicht gewann (Rutake 1980:26f, 1986:6). Die periodischen Bierausgaben auf dem langen Weg zum Bushingantahe können als Formalisierungen der Stufenüberschreitungen und der sozialen Anerkennung des Vorwärtsrückens verstanden werden. Auch vorkolonial hatte das Bierausteilen aber mehr als nur zeremonielle Bedeutung. Es stellte sicher, dass jedermann, der investiert wurde, neben den erforderlichen persönlichen Qualifikationen über eine stabile lokale Basis verfügte. Das Bierausgeben hatte damit auch eine nach der „ökonomischen" Stärke bzw. nach dem Bier-Mobilisationsvermögen selegierende Funktion. Wer nicht einen mehr oder weniger einflussreichen und zahlenmässig starken Verwandtschafts- und Lokalverband und eine ihm gegenüber loyale Nachbarschaft hinter sich wusste, konnte nicht investiert werden.

Ich habe erwähnt, dass ein Mushingantahe mit seiner Einsetzung Verantwortlichkeiten übernahm, die sich nicht nur auf seine Lokalgemeinschaft bezogen, sondern „überall, wo er hinkam" galten, wie in den Einsetzungsreden betont wurde – eine Formulierung, die vielleicht erst rezenteren Ursprungs ist. Diese Aussage ist in einem gewichtigen Sinn zu relativieren, eine Relativierung, die umso deutlicher zeigt, wie stark die Bashingantahe lokal abgestützt waren und ihre Autorität primär von unten und erst sekundär von oben bezogen. Es war nämlich so, dass jede Investitur in vollem Mass immer nur lokal gültig war. Jeder Mushingantahe, der in eine andere Gegend oder auf einen anderen Hügel zog, musste den hiesigen Bashingantahe und der Lokalbevölkerung erneut Bier ausgeben, was auch Trouwborst bestätigt (1970:150). Dieses in mehreren grossen Töpfen zu offerierende Bier wurde *agasimbamugazo* genannt, genauso wie das Bier, das ein an einem Hof investierter Mushingantahe anschliessend auf seinem Herkunftshügel auszugeben hatte (Gespr. 34:8). Damit war es aber noch nicht getan. Da man vom zuziehenden Mushingantahe nicht verlangen konnte, nochmals die ganze Stufenleiter von Lern- und Probephasen zu durchlaufen, musste er sich durch eine Person vorstellen lassen, die über eine Verbindung zu seinem Herkunftsort verfügte. Bei ihr hatte es sich um einen erfahrenen Mushingantahe seines Herkunftshügels zu handeln, der gegenüber dem neuen Hügel eine Aufgabe übernahm, die der eines *umuhetsi* vergleichbar ist: Er sollte den eingesessenen Bagabo bestätigen und verbürgen, dass der Neuzuzieher am alten Ort ordnungsgemäss „am hellen Morgen unter drückender Sonne" (s. oben) eingesetzt worden war. Aber auch das war nur dann möglich, wenn der Aspirant am neuen Ort schon bestens bekannt und geschätzt und da bereits etliche Jahre ansässig war; zudem wurden vorgängig umfassende Abklärungen über seine Person eingezogen. Trotz all dem betonen die Informanten, dass solche Fälle vorkolonial höchst ungewöhnlich waren. Früher hätte man nie ein Urteil von jemandem, der von aussen kam, akzeptiert – darin liege gerade der grosse Unterschied zu heute. Man lehnte es nicht nur ab, dass eine am Ort nicht gut bekannte Person „mit dem Intahe [auf den Boden] schlug" (*gukubita intahe*), sondern diese musste auch am Ort selbst investiert worden sein. Eine Investitur von Zuzüglern war im Normalfall nur dann möglich, wenn sich die betreffende Familie am neuen Ort über mehrere Generationen hinweg vergrössert und fest etabliert hatte. Früher wäre es undenkbar gewesen, dass man wie heute „in einem Bureau einen Ortsfremden antrifft, der daran ist, mit dem *intahe* [auf den Boden] zu schlagen" (Gespr. 34:8). Wie strikt das Bushingantahe einer lokalen Logik gehorchte und jeder überlokalen Logik abhold war, zeigte sich ebenfalls bei der Einsetzung politischer Autoritäten, die bereits zur vorkolonialen Zeit oft von aussen, nicht selten aus einem benachbarten Gebiet kamen. Ein Muganwa-Delegierter (Icariho), der fortan den an seinem Hof wirkenden Bashingantahe vorstand, hatte sich anlässlich seiner Amtseinsetzung den lokalen *bagabo* durch einige als Zeugen aus seinem Herkunftsgebiet herangeführte Bashingantahe vorstellen zu lassen. Zu seiner Inauguration als Icariho musste ihm die lokale Bevölkerung Haus und Hof errichten und Gaben in der Form von Bier bringen (*inzoga zo kumwinjiza*, „Inaugurations-Bier"). Falls es ihm beliebte, liess er für die Bevölkerung zum Dank einen Ochsen schlachten. Seinen mitgebrachten Bashingantahe-Zeugen offerierte er ein spezielles Bier. Erst anschliessend konnte er die lokalen Bashingantahe bitten, ihn in ihre Reihen aufzunehmen. Es ist bemerkenswert, dass eine politische Autoritätsperson, die kraft ihres Amtes den an ihrem Hof wirkenden Bashingantahe vorzusitzen hatte, im neuen Gebiet nicht automatisch als Mushingantahe galt, sondern bei den eingesessenen Bashingantahe speziell darum nachsuchen, „den Bashingantahe schmeicheln" musste, wie N. aus Muramvya es ausdrückt (Gespr. 27:19). Immerhin konnte sie das sonst viel längere Prozedere beträchtlich abkürzen. Diese aussergewöhnliche Mushingantahe-Position blieb aber prekär – bei einer Absetzung vom politischen Posten ging auch sie verloren.

Wenn wir die Frage nach dem Verhältnis des Bushingantahe zur übergeordneten Herrschaftsordnung aufwerfen, ist es von Interesse, einen Blick auf die mögliche Geschichte dieser Institution und einige kulturimmanente Geschichtsinterpretationen zu werfen. Verschiedene mündliche Überlieferungen weisen Beginn und Ursprung der Institution der Gründungs- und Formationsperiode des Königreiches Burundi zu und beschreiben sie als eigentliche „Kulturtat" des mythischen, als erster König gesehenen Mwami Ntare Rushatsi (auch *Ntare Rufuku* genannt), des Gründer- und Zivilisationsheros des monarchischen Burundi.[106] Von der ersten Lesart her lässt sich argumentieren, dass diese Zuweisung unter ideologischem Aspekt wenig erstaunlich ist und sie ihre Richtigkeit insofern hat, als der entstehende monarchische Staat alle Gesellschaftsbereiche berührte und ihnen eine neue Richtung gab. Ist nun darüber hinaus die Vermutung haltbar, dass die Wurzeln des Bushingantahe weiter zurückreichen und bereits in einer vormonarchischen Zeit zu suchen sind? Dass sie zum Beispiel in der Institution der Lineageverantwortlichen liegen, die unter der voll ausgebildeten Monarchie eine gewisse Umformung erfuhren bzw. dass ein Teil dieser Repräsentanten neue, „höhere" Aufgaben zugewiesen erhielt? Wenn wir das Bushingantahe als ein aus Lokal- und Deszendenzgruppen erwachsenes Autoritätssystem identifizieren, können wir annehmen, dass es bereits in einer Zeit vor der Herausbildung und Einigung des Königreiches und selbst vor der Zeit der sogenannten „roitelets"-Kleinkönige bestand. Diese „Kleinkönige", Häupt-

[106] S. dazu z.B. Hakizimana 1976:10ff, Habonimana 1977:83ff, Rodegem 1966:5f, Vansina 1972:113, 28f. Der eigentliche Demiurg in der Kirundi-Tradition war dagegen ein gewisser Ntwero, der als Rushatsis Vater hingestellt und in gewissen Überlieferungen selbst *Rufuku* genannt wird (Mworoha 1987:106; Vansina 1972:113).

linge oder Regionalherrscher waren in Wirklichkeit nicht mehr als Vorsteher erweiterter Lokal- und Deszendenzgruppen, die eine Autorität patriarchalen Typs innehatten. Angemessener jedoch als sie als Vorsteher (verstreuter) Clane zu begreifen ist es bei den damaligen Kommunikationsmöglichkeiten, die „roitelets" (ähnlich wie die späteren Baganwa) als von vornehmlich regionaler Bedeutung zu sehen. Wurzelt nun das Bushingantahe letztlich in einem System verwandtschaftlicher Autorität? Die Bashingantahe waren immer Vorsteher kleinerer oder grösserer Deszendenzgruppen, ob von Lokallineages oder bloss Grossfamilien, wenn sie auch noch weitere Funktionen versahen. Das muss aber noch nichts über die zeitlichen Ursprünge und die Herkunft dieses Autoritätssystems aussagen. Tatsächlich gibt es gegenüber diesen Spekulationen einige Hinweise dafür, dass diese Institution erst jüngeren Datums ist und sich erst unter der „voll ausgereiften" Monarchie im 19. Jahrhundert herausbildete oder zumindest gesellschaftsweite Verbreitung fand.[107] Die Frage des Ursprungs bleibt aber spekulativ. Entscheidender ist die Frage nach Funktion und Stellenwert dieser Einrichtung innerhalb der Gesellschaft, und diese können sich im Lauf der politischen Transformationen sehr wohl verändert haben. So spricht die Tatsache, dass das Bushingantahe die Monarchie überlebte, noch nicht dagegen, dass seine Bildung an den monarchischen Staat gebunden war. Seine Existenz aber antwortete ohne Zweifel nicht nur auf ein zentralstaatliches, sondern auch auf ein Bedürfnis der Lokalgruppen, und in den Lokalgemeinschaften abgestützte Institutionen erweisen sich (vor allem gegenüber dem Wandel zentralstaatlicher Strukturen) als besonders zählebig (cf. Gespr. 72.2:17f). So handelt es sich beim Bushingantahe auch heute nach nahezu drei Jahrzehnten republikanischem Regime und trotz aller staatlichen Untergrabungs- und Umkrempelungsversuche um eine mehr oder weniger funktionstüchtige und bei der Bevölkerung breit akzeptierte und populäre Institution. Nicht einmal Bagazas unerbittlichen Umkrempelungsversuche unter der „Zweiten Republik" konnten das ändern, obschon in deren Verlauf auf der lokalen Ebene vieles neu organisiert wurde und heute anders funktioniert.

Wenn die Institution der Bashingantahe auch deutlich lokal verankert war und an lokalen Führungs- und Konfliktregelungsinstitutionen anknüpfte, so ist doch eine zweite Lesart ihrer Herausbildung, Durchsetzung und Funktionalität möglich. In mancher Hinsicht erscheint die Annahme plausibler, dass es sich bei dieser oberhalb einzelner lokaler Deszendenzgruppen stehenden Institution weniger um eine Eigenentwicklung der lokalen Bevölkerung handelte, als dass die staatlichen Zentralinstanzen bei ihrer Institutionalisierung auf dem gesamten Staatsgebiet mitwirkten. Zahlreiche andere Beispiele lehren, dass es bei Existenz einer staatlichen Organisationsform nicht die Lokalgruppen selbst sind, die sich – obwohl eigentlich rationell und vernünftig – zusammenraufen und einigen, sondern dass es vielmehr der Staat ist, der auf die Institutionalisierung einer den einzelnen Gruppen übergeordneten und sie vertretenden Instanz hinwirkt. Auch die Tatsache, dass es Investituren von oben (an den aristokratischen Höfen) gab, weist darauf hin, dass von dieser Seite nachgeholfen wurde. Bereits lange vor der Republik versuchte der Staat, auf lokaler Ebene die Herausbildung einer Konfliktschlichtungsinstanz zu fördern und deren Vertreter allen Ebenen seiner Verwaltung zuzuordnen, indem man für Bashingantahe spezielle Plätze an den aristokratischen und allen politischen Höfen schuf (vom Mwami bis hinunter zu den Ivyariho-Delegierten). Es gab ebenfalls bereits vorkolonial zentralstaatliche Bestrebungen, die gewöhnlichen Hügel-Bashingantahe in die politische Verwaltung einzubeziehen oder sie ihr zumindest zu assoziieren. Zeigt nicht schon die Tatsache, dass die lokale politische Behörde Wert darauf legte, an die Bashingantahe-Investituren wenigstens einen ihrer Vertreter zu delegieren, dass sie bestrebt war, dieses Autoritätssystem weitmöglichst unter ihrer Kontrolle zu halten? Tatsächlich lässt sich das Bushingantahe-Autoritätssystem nicht unter Ausserachtlassung des monarchischen Staates verstehen. Die Existenz und das Wirken dieser Autoritätsträger war immer auch an eine Billigung von

[107] Der Ausdruck *bashingantahe* findet offenbar in keinen aus der Zeit vor Mwezi Gisabo stammenden Überlieferungen Erwähnung, sondern in ihnen ist lediglich von den *bagabo* die Rede (Ndimurukundo, pers. Mitteilung, 20.11.1991).

oben gebunden. Die Existenz des Bushingantahe auf dem gesamten, inklusive dem erst unter Ntare Rugamba eroberten Staatsgebiet und sein Fehlen in den benachbarten, kulturell keineswegs grundverschiedenen Ländern spricht dafür, dass der monarchische Staat bei seiner Institutionalisierung mitwirkte. Er hatte ein Interesse an der Förderung einer Institution, die ihm zum einen auf jedem Hügel Ansprechpartner brachte und es ihm zudem erlaubte, die Aufgabe der lokalen Konfliktregelung nach unten abzugeben. Natürlich kam der Staat bei der Förderung einer derartigen, vor allem im Lokalen wirksamen Einrichtung nicht umhin, die in diesem Rahmen existierenden sozialen und politischen Strukturen zu beachten und möglichst an ihnen anzuknüpfen. So anerboten sich für solche Aufgaben Personen, die bereits auf der Ebene der Lokallineage Verantwortlichkeiten innehatten. Wenn man davon ausgeht, dass es sich bei den Bashingantahe um ursprüngliche Lokallineage-Älteste und um königlich bestätigte Deszendenzgruppen-Verantwortliche handelte (cf. Kap. 3), wird umso einsichtiger, warum die Batwa – die, so meine These, ursprünglich keine *imiryango* kannten – keine Bashingantahe stellen konnten.

Die politischen Behörden mussten an lokal legitimierten Ansprechpartnern auf den Hügeln interessiert sein. Andererseits war jede Deszendenzgruppe daran interessiert, eines ihrer Mitglieder möglichst weit oben „akkreditiert" zu wissen, wo es auch als sein (Für-)Sprecher wirken konnte. Insofern kam den Bashingantahe eine gewisse Relais- und Mittler-Funktion zu. Aber auch auf überlokaler Ebene nahmen sie bedeutsame Aufgaben wahr. An den politischen Höfen, an denen sie wichtige rechtliche Funktionen versahen, wirkten sie als einflussreiche Berater der zentralen Politik. So wurden sie bei Entscheiden um Eröffnung und Beendigung von kriegerischen Auseinandersetzungen (*kugera urugamba*) und sogar zur Entwerfung von Kriegsstrategien beigezogen (Gespr. 69:4f, Hakizimana 1976:75). Ntabona erwähnt, dass durch ihr Einschreiten Kriegshandlungen unterbrochen werden konnten, indem sie sich zwischen den feindlichen Linien aufstellten (1985:285). Im lokalen Rahmen hatten sie ihr Wort zur Nomination politischer Behörden zu sagen; ein Icariho oder Sous-Chef, der nicht die Unterstützung der lokalen Bashingantahe fand, konnte kaum lange im Amt bleiben.

Einige Autoren und Informanten zögern nicht, von den politischen Aufgaben und Pflichten der Bashingantahe innerhalb des übergeordneten politischen Systems als von „Mithilfe bei der Verwaltung des Landes" zu sprechen (*gutunganya intara, gufasha umwami gukorera igihugu*) (Hakizimana 1976:3,75; Habonimana 1977:94, Gespr. 27). Wenn sie darunter auch kaum verstehen, dass es sich bei den Bashingantahe um direkte Verwaltungshilfskräfte handelte, scheint mir diese direkte Assoziierung doch zu eng bzw. erst rezenteren, kolonialen Ursprungs zu sein. Sie entspricht weder dem vorkolonialen Entwurf und Inhalt dieser Institution, noch dem Selbstverständnis der Bashingantahe. Wenn die Bashingantahe vorkolonial auf der lokalen Ebene innerhalb der Lokalgruppen klare politische Aufgaben hatten, so hatten sie das zwar nicht unabhängig vom übergeordneten Herrschaftssystem, aber doch klar getrennt von den politischen Verwaltungskadern. Sie können nicht einfach als Regierungsagenten oder als verlängerter Arm der lokalen Behörden gesehen werden, auch wenn sie nicht nur innerhalb ihrer Lokalgruppe, sondern auch im Rahmen des übergeordneten politischen Systems wichtige politische Funktionen wahrnahmen. Sie dienten den Behörden als Ansprechpartner auf unterster Ebene, und von ihnen konnten allenfalls Informationen und Meldungen über die lokale Lage erwartet werden, was aber keineswegs als regelmässige Rapportierung formalisiert war. Sie standen immer primär im Dienst der Lokalgruppen, aus denen sie hervorgegangen und in ihre umfassende Funktion eingesetzt worden waren (die darüber hinaus durchaus auch gesellschaftsweite Verpflichtungen beinhaltete, wie ich gleich noch zeigen werde). Sie waren von keiner Seite als Verbindungsmänner zwischen der Lokalgruppe und den ihr direkt übergelagerten Verwaltungsebenen mandatiert, in verschiedenem Sinn aber als Verbindungsglied zur monarchischen Zentralinstanz. Zur Übermittlung von Botschaften in erster Linie von oben nach unten gab es andere Leute, irgendwelche kleine Günstlinge des lokalen Chefs oder Sous-Chefs, die ihnen als Boten und Gesandte dienten. Wie wir gesehen haben, war diese

Funktion wenig formalisiert, und ihre Inhaber wurden einmal als *intumwa*, ein andermal als *indongozi* oder *bahamagazi* bezeichnet. Es gab vorkolonial offenbar keinen festen Titel für diese Funktionsinhaber, die mehr Gelegenheits-Hilfskräfte denn Funktionäre oder gar Beamte im vollen Wortsinn waren (s. Kap. 3). Mit dieser Aufgabe betraut wurde irgendein Anhänger der lokalen Behörde, der vielleicht gerade auf dem Hügel wohnte, um den es ging. Der lokale Machthaber konnte damit auch einen jüngeren Verwandten beauftragen, und es musste sich dabei keineswegs immer um dieselbe Person handeln – das war mehr situational denn formal bestimmt, es wurde der dazu Geeignetste abgeordnet, der gerade in der Nähe war. Solche Boten waren aber allein von oben mandatiert, sie waren reine Verwaltungshilfskräfte, und mit solchen Aufgaben hatten die Bashingantahe nichts zu tun. „Wie kann man nur solche Laufburschen mit unseren Bashingantahe vergleichen!", entrüstete sich N. aus Muramvya ob meiner entsprechenden Frage (Gespr. 27:16). Solche Gelegenheitskräfte bildeten vorkolonial nie eine eigenständige Verwaltungsebene, und die Bashingantahe wollten mit ihnen nichts zu tun haben. Wenn sich ein Mushingantahe an die lokale Behörde wenden wollte, schaltete er dazu nie ein solches Hilfskader ein. Als diese später unter der Kolonialverwaltung zu eigentlichen Verwaltungsagenten wurden und Funktionärsstatus erhielten, waren ihre Beziehungen zu den Bashingantahe von Misstrauen geprägt und immer latent konfliktiv, wie W. aus Rusaka betont (Gespr. 7:2).

Wichtig ist mithin die Unterscheidung zwischen Beamten und verwaltenden Regierungsagenten auf der einen und Vertretern der lokalen Bevölkerungsgruppen und konfliktregelnden-beratenden Instanzen auf der anderen Seite. Es waren primär die Interessen dieser beiden Seiten, die nicht kongruent waren. Es wäre zu vereinfachend, lediglich den monarchischen Staat und das Bushingantahe zu sehen und sie einander frontal gegenüberzustellen, und geradezu falsch, einen Interessengegensatz zwischen ihnen konstruieren zu wollen. Es sind vielmehr drei verschiedene Instanzen und politische Agenten zu unterscheiden: die monarchische Zentrumsinstanz, die intermediäre(n) Verwaltungsebene(n) mit ihren verschiedenen, hierarchisch gestaffelten Vollzugsinstanzen, und schliesslich die Bashingantahe, die (als „Hügel-Bashingantahe") von der Lokalebene „herkommen" und auf allen verschiedenen Ebenen als politisch-rechtliche Berater und Rechtsexperten/Richter angesiedelt sein und als Verbindungsglied zum monarchischen Zentrum dienen können.

Ich vertrete hier die These, dass die allgemeine Verbreitung des Bushingantahe das „Verdienst" der Monarchie war, die – nicht zuletzt gegenüber den Machtansprüchen der Baganwa – den Wert dezentralisierter Schlichtungsinstanzen zu schätzen wusste. Man kann der alten Monarchie durchaus soviel „Aufgeklärtheit" zusprechen, dass sie an der Existenz einer lokal verankerten „Gegengewalt" zu ihren eigenen Verwaltungskadern und einer unabhängigen rechtlichen Instanz interessiert war und eine solche gefördert hat. Davon zeugt auch die oben zitierte Sacyega-Mythe. Es wäre wohl eine zu „modernistische" Konzeption des Staates, davon auszugehen, dass dieser in allen Epochen dazu tendierte, überall direkten Einfluss zu nehmen. Die Tendenzen des modernen dürfen nicht mit den Interessen des Frühen Staates vermischt werden. Wenn die Wahrung von Recht und Ordnung im Interesse der Herrscher liegt, brauchen diejenigen, die diese Aufgaben übernehmen, deshalb noch lange nicht „Regierungsagenten", d.h. direkt vom Staat mandatiert zu sein. Die lokalen und regionalen Verwaltungskader wie Ivyariho und Baganwa wären wohl fähig gewesen, das System der Bashingantahe lahmzulegen, wenn ihnen das nicht von oben her untersagt gewesen wäre, indem die Monarchie die Existenz von Bashingantahe förderte. Es ist gut vorstellbar, dass kleinräumige Potentaten – im Gegensatz zur Zentralinstanz – an einer Abschaffung lokaler Autoritäten interessiert sein konnten, um diese durch ihre Günstlinge zu ersetzen.

Die Förderung der lokal gut verankerten, primär rechtlichen Bushingantahe-Institution durch das monarchische Zentrum kann als Antwort auf dessen Bedürfnis verstanden werden, in der Art institutioneller „checks and balances" ein gewisses Gegengewicht zu den „Batware" (das heisst zu den regionalen und lokalen staatlichen Behörden wie Baganwa, Ivyariho, etc.) zu schaffen, die nicht „im Interesse des Landes“ wirkten.[108] Die monarchische Zentralinstanz musste ein Interesse an einer gewissen Gewaltenteilung haben, ein Interesse, das sich auch an anderen Einrichtungen zeigte (s. z.B. die *bishikira*, Kap. 3.3) und hier nahelegte, dass die Bashingantahe möglichst unabhängig von den exekutiven Verwaltungsinstanzen blieben, zu denen sowohl Baganwa, Ivyariho wie Intumwa gehörten. Bis heute gibt es eine lebendige Tradition und verbreitete Auffassung, das Bushingantahe als normativ-rechtliche Institution und lokal begründetes Autoritätssystem getrennt von der politisch-administrativen Macht zu sehen. Es gab immer Bashingantahe, die sich gegen eine Beschlagnahme durch die politischen Behörden zur Wehr setzten (cf. Gespr. 72.2:17f). Ein wichtiges Merkmal des „wahren Mushingantahe“ war es gerade, zu den Regierungsinstanzen kritische Distanz zu halten.[109] Wenn die Bashingantahe auch über die Wahrnahme von Beraterdiensten und rechtlicher Aufgaben auf den höheren politischen Ebenen den staatlichen Machtträgeren assoziiert waren, verstanden sie sich in dieser Position auch als Kontrollinstanz gegenüber den Herrschenden. Bei der unterschiedlichen Form der beiden Autoritätssysteme wird es stets ein Wechselspiel zwischen Integration und Machtkontrolle, einen permanenten Konflikt zwischen diesen beiden Tendenzen gegeben haben. Heute ist es nach Jahrzehnten zunehmender Ausdehnung des Staates nicht erstaunlich, dass die zweite Tendenz ins Vergessen gerät und immer weniger wahrgenommen wird. N. aus Muramvya, der während der Kolonialzeit selbst an einem Hof-Gericht als Richter wirkte, entwickelt eine sehr klare Vorstellung der Kontroll- und Aufsichtsfunktion der Bashingantahe gegenüber den politischen Behörden:

> „Die Bashingantahe haben ein Auge auf den Mutware. Sie behalten sein Tun genauestens im Auge [*kurereka*, „auflauern“!, Rodegem 1970:352]. Sie überwachen ihn, und wenn er etwas falsch macht, schreiten sie ein. Einer der Zwecke der Einsetzung der Bashingantahe war die Überwachung und Kontrolle der politischen Instanzen. Wenn ein Mutware in seinem Gebiet Aufruhr stiftete und ihm zu Schaden gereichte, überführten die Bashingantahe ihn, und zwar auf schlaue und geschickte Art. Sie denunzierten ihn bei seinem *shêbuja* [Vorgesetzten], und er konnte damit seinen Posten verlieren. Sogar einen Muganwa, den Sohn des Königs, konnten die Bashingantahe anklagen. Sie gingen zum Mwami und sagten ihm: 'Was dein Kind da tut, ist nicht rechtens!' Natürlich benutzten sie dabei nur sanfte und keine harschen Worte. Wenn sich die Lage nicht besserte, sondern verschlimmerte, gingen bald einmal Gerüchte um und kamen auch dem Muganwa zu Ohren, dass jemand ihn oben anklagen gegangen sei; er konnte aber nicht wissen, wer es gewesen war. Auf diese Weise konnte die Einflussnahme der Bashingantahe korrigierend wirken; der Muganwa war gewarnt ...“ (Gespr. 69:6f).

Die Bashingantahe als Hüter der tradierten Ordnung, des sozialen Einvernehmens und der sozialen und politischen Moralität insgesamt handelten keineswegs nur als Vertreter ihrer Lokalgruppen. Sie hatten nach der damit verbundenen Auffassung eine gesamtgesellschaftliche Verantwortung gegenüber dem Zustand der sozialen Beziehungen, denen in erster Linie Gefahr von seiten der Mächtigen, und das heisst hier vornehmlich politischer Verwaltungskader, drohte. Um diese Kontroll- und Aufsichtsfunktion erfüllen zu können, mussten sie von den Regierenden getrennt und nicht direkt in die Verwaltungs- und Regierungsaufgaben einbezogen sein. N. macht das sehr deutlich:

> „*Abashingantahe* sind diejenigen, die sich für das Land einsetzen, für das Land sprechen, die nicht selbst regieren, ja (*abashingantahe ni barya bavugira igihugu, urya asanzwe adatwara,*

[108] Nde. spricht von ihnen abschätzig als *bakozi*, als „Arbeiter“, mithin von rein exekutiven Instanzen und Funktionären, die kein Verantwortungsempfinden gegenüber einer weiteren Öffentlichkeit besitzen und nur auf den eigenen Vorteil bedacht sind (Gespr. 27:10f).

[109] Darin, dass alle „traditionalistischen“ Bashingantahe von ihrem Selbstverständnis her versuchten und versuchen, wenn nicht unabhängig von der Staatsmacht, so doch von ihren Exekutivbehörden zu wirken (Gespräche 27 & 69), sieht N. gerade eine Bestärkung der These eines lokal-deszendenzmässigen Ursprungs dieser Institution (Gespr. 72.2:17f).

ego) (...) Der Nutzen der Bashingantahe war es, das Land zu hüten und zusammenzuhalten[110]. (...) Sie nehmen nicht einfach die an sich niedrige Aufgabe der Verwaltung wahr, sie sind keine Verwalter, sondern sie haben die Oberaufsicht über das Land und sein gesamtes Wohlergehen! Sie sind keine Batware. (...) Nein, der Mushingantahe ist kein Regierender, kein Regierungsverwalter, sondern ein Aufseher des Landes – er schaut, wer schlecht regiert (*oya, si uwutwara urya, ee, ni uwugenzura igihugu, araba uwutwara nabi*)" (Gespr. 69:7ff).

Hier kommt die Idee der Gewaltenteilung zum Ausdruck: Die Bashingantahe müssen ausserhalb der Regierungsgeschäfte stehen, ein Administrator kann die Funktion eines Mushingantahe nicht übernehmen. Sie hatten die Pflicht, bei Ungerechtigkeiten einzuschreiten, und von Regierungswillkür Betroffene sollten immer die Möglichkeit haben, sich an sie zu wenden. Damit bildeten die Bashingantahe, die – von unten, aber auch von zuoberst legitimiert – sich an einem anderen Autoritätsmodell orientierten und von einer anderen Machtauffassung herkamen, ein gewisses korrigierendes Gegengewicht zu den politisch-administrativen Kadern. Darin lässt sich ein Element von Machtkontrolle und Machteinschränkung sehen. Diese Einbindung der politisch-verwaltenden, aber in einem gewissen Masse auch der zentralstaatlichen Macht und die Auferlegung gewisser Machtschranken wird in verschiedenen Legenden um die Figur des *Samandari*[111] thematisiert. In ihnen drückt sich eine gewisse Entsakralisierung der staatlich-monarchischen Macht aus; selbst dem Mwami werden die Grenzen seiner Macht aufgezeigt, und er wird eingeladen, sie zu teilen, um sie besser zum gesellschaftlichen Wohl auszuüben.

Erst während der Kolonialzeit tendierte der Zentralstaat dazu, die durch die Bashingantahe abgedeckten Funktionen stärker mit den Aufgaben der (regional-) politischen Verwaltung in Einklang zu bringen, überall und auf allen Ebenen direkt Einfluss zu nehmen und nur noch ein einziges Autoritätsmodell zu tolerieren. Dabei lässt sich zwischen zwei verschiedenen, sich ergänzenden Strategien unterscheiden. Einerseits war die Zentralgewalt bestrebt, die Bashingantahe selbst in ihr Herrschaftssystem einzugliedern und sie zu ihren Funktionären zu machen. Andererseits versuchte der Staat seit damals, ihren Kompetenzbereich einzuschränken, indem im lokalen Rahmen neue, alternative Verwaltungsagenten wie Bahamagazi und Barongozi geschaffen wurden, auf die die früher den Bashingantahe zukommenden und ihnen nun amputierten Aufgaben und Zuständigkeiten übergingen. Da das Bushingantahe-Autoritätssystem trotzdem zu weiten Teilen intakt blieb und die Bashingantahe bei der Lokalbevölkerung immer noch das höchste Ansehen genossen, ging man offenbar in einer späteren Phase der Kolonialperiode nach dem zweiten Weltkrieg dazu über, konsequent alle Inhaber öffentlicher Ämter zu *kwâtirwa*, als Mushingantahe einzusetzten. So wurde etwa K. aus Kiganda, der seine Mushingantahe-Laufbahn zwar bereits 1949 in noch traditioneller Manier in Angriff genommen hatte, 1953 vom modernistischen Chef Biha bei seiner Wahl in den Conseil de Sous-Chefferie wie alle anderen Gewählten direkt ins Bushingantahe investiert (Gespr. 33:21; cf. zu diesen Entwickungen Kapitel 7 zur Kolonialperiode). Die doppelte Strategie des Staates – zum einen Einbezug und Assoziierung, zum anderen Funktionsbeschneidung durch homologe, direkt staatlich mandatierte Kader – lässt sich auch in der neuesten, nachkolonialen Zeit beobachten (cf. Kapitel 10.2 & 12).

Ich habe darauf hingewiesen, dass sich anhand des Bushingantahe und seines Schicksals die Geschichte der Beziehungen zwischen der lokalen und der staatlichen Ebene nachzeichnen lässt.

---

[110] Er benützt dazu das Verb *kuragira*, „eine Herde Kühe auf der Weide hüten und zusammenhalten" (Rodegem 1970:328).

[111] Die legendäre Figur des *Samandari*, der sich durch sein freimütiges Sprechen auszeichnet, ist der Held zahlreicher, noch heute geläufiger Erzählungen und nimmt oft die Rolle eines Hofnarren ein. Mehrere *Samandari*-Legenden weisen auf Ursprung und Wichtigkeit der Institution des Bushingantahe in der monarchischen Gesellschaft hin. So will die bekannte Erzählung „Samandari geht am Königshof Gemüse erbitten" (*Samandari aja i bwami gusaba imboga*) zeigen, dass eine nicht mit einem Bashingantahe-Gremium dotierte Zentralgewalt zu Willkür und Ungerechtigkeit neigt (s. Hakizimana1976:17 & Ntabona 1985:267, 284; auch Rodegem hat darüber publiziert).

Es handelte sich dabei nicht nur immer um eine einseitige Indienstnahme von oben, um zentralstaatliche Bestrebungen zur Einbeziehung der lokalen Ebene über eine neue Funktionalisierung ihrer Institutionen, sondern um ein permanentes, konfliktbeladenes Wechselspiel zwischen zwei oder gar drei unterschiedlichen Autoritätssystemen und Ebenen: zwischen der monarchischen Zentralgewalt, ihren regionalen und lokalen Exekutivinstanzen und den primär in der lokalen Bevölkerung verankerten Bashingantahe.

Es wird deutlich, dass das Bushingantahe immer einen wichtigen Platz innerhalb der gesamten politischen Struktur eingenommen hat, in die es fest eingewoben war. Ntabona weist mit Recht auf die Beziehungen zwischen Königtum, traditionellen religiösen Praktiken und Glaubensvorstellungen und dem Bushingantahe hin (1985:282ff). Einen ersten Hinweis für solche Verbindungen, die im anschliessenden Kapitel genauer untersucht werden sollen, kann man darin sehen, dass der Stab der Bashingantahe aus dem Holz derselben Fikus-Bäume[112] bestand, die immer auch Teil der aristokratischen *ibigabiro* (s. Kap. 3.4.1) und der *gitabo*-Orte waren, an denen der Kiranga-Kult begangen wurde (Gespr. 55:29). Darin lässt sich eine gewisse religiös-sakrale Stützung der Institution des Bushingantahe und ihrer Unabhängigkeit sehen, die oft durch lokale Potentaten und subalterne staatliche Behörden gefährdet war. Ein kleines Indiz dafür lässt sich darin sehen, dass die Orte, an denen die Bashingantahe an den aristokratischen Höfen zusammentraten, ebenfalls *gitabo* (*ku gitabo*) genannt wurden (Delacauw 1936:510f). Unter der Annahme, die Monarchie habe verstanden, dass die Unabhängigkeit der Justiz zwar nützlich, aber auch immer gefährdet war, war es ohne Zweifel sinnvoll, gewisse religiöse Sicherungen gegen die Verdrängung der Bashingantahe durch lokale Ivyariho oder Baganwa einzubauen.

[112] Ntabona, pers. Mitteilung, 13.2.1989 (cf. 1985:286), Rodegem 1970:464. Bigirumwami (1992:503) dagegen nennt andere Holzarten.

4.5 Formen religiöser Autorität. Autorität in Religion und Kult

Autorität war im lokalen Raum auch über den religiösen Bereich erwerbbar. Zu betrachten sind in diesem Zusammenhang vor allem zwei Formen religiöser Praxis, der Ahnenkult (*gutérekera imizimu*) und der *kubandwa*-Kult (Kiranga-Verehrung). Ich will hier nicht ausführlicher auf die traditionellen Glaubensvorstellungen der Barundi eingehen,[113] sondern mich vielmehr auf die Erörterung der Frage beschränken, wie diese zur Stützung bestehender oder allenfalls zur Herausbildung neuer Autoritätsstrukturen im lokalen Bereich beigetragen haben. Eine weitere Einschränkung betrifft die Quellenlage: Es ist nicht einfach, aus all der bisherigen Literatur Informationen zu den uns in diesem Zusammenhang interessierenden Fragenkomplexen zusammenzutragen. Bisher fehlt es uns weitgehend an Einblick in die Glaubensvorstellungen der einfachen Leute, der breiten Massen, während das zentrale religiöse System bedeutend besser untersucht und bekannt ist, worauf auch Trouwborst hingewiesen hat: „Am Hof des Königs wirkten religiöse Spezialisten, denen ein Geheimwissen über Gott und Königtum vorbehalten war. Und paradoxerweise ist es gerade dieses Geheimwissen, in das die europäischen Forscher eindrangen, indem sie nämlich vor allem bei Hofe forschten. Was aber das Volk draussen im Land dachte, dafür interessierten sich die Europäer kaum“ (1988:101). Die besten Kenntnisse über die Kosmologie lassen sich damit noch aus der Erforschung der monarchischen Rituale ziehen. Ich werde mich auch in diesem Abschnitt in Ergänzung zur bestehenden Literatur auf eigene Daten aus meinen Gesprächsprotokollen stützen.

4.5.1 Der *gutérekera*-Ahnenkult

Der Ahnenkult wurde allein im verwandtschaftlichen Rahmen begangen. Die entkörperlichten Geister der verstorbenen Vorfahren wurden *imizimu* (sing.: *umu-zimu*) genannt (Rodegem 1970:377, Trouwborst 1962a:155f). Es handelte sich bei ihnen um „Hausgottheiten“, wie sie in vielen anderen Kulturen bekannt sind. Nach den Glaubensvorstellungen manifestierte sich der Geist eines Verstorbenen ungefähr ein Jahr nach seinem Tod in der Form eines Tieres, das je nach Clanzugehörigkeit bestimmt war (oft war es eine Schlange, für den König war es ein Löwe). Man errichtete ihm in der Nähe des Rugó-Eingangs ein kleines Votiv-Hüttchen, *indaro* genannt, in dem man vom Verstorbenen hinterlassene Gegenstände und kleine runde Steine deponierte; von Zeit zu Zeit brachte man ihm Nahrungs- und Trinkopfer dar. Das geschah nur unregelmässig und man vergass oft, dem nachzukommen (Trouwborst, ibid.). Hauptsächlich in Momenten von Unglück und Enttäuschungen war man bestrebt, diese Nachlässigkeit wiedergutzumachen. Denn man war überzeugt, dass die Verstorbenen direkt auf das Leben ihrer Nachkommen einwirken können. Die Toten konnten sowohl eine schlechte wie eine gute Einflusskraft haben. Rodegem hat die Bedeutung der Rolle der Verstorbenen auf das Verhalten der Lebenden deutlich aufgezeigt:

> „(...) l'influence des morts et des esprits est très étendue; elle échappe généralement aux observateurs occidentaux et les Africains sont relativement peu loquaces sur ce sujet. Tout acte important de la vie, tout fait anormal de l'existance (retard de développement, maladies psychiques et autres) révèlent pourtant l'emprise des morts sur les vivants. (...) Tout se passe comme si les ancêtres étaient encore en relations suivies et non pas séparés par la mort: ils constituent une chaîne continue dont il faut forger les nouveaux maillons, les descendants mâles“ (1971b:924).

---

[113] B. Zuures Werk von 1929 und verschiedene Arbeiten von Rodegem liefern dazu meines Wissens bis heute das beste Material. Zum *guterekera* s. auch Meyer 1916:136-38 und die gesamte Nummer 25 der Zeitschrift „Que Vous en Semble“, 1976,1; zum *kubandwa* bei de Heusch 1966 und „Que Vous en Semble“, n° 17, 1972,1, ebenso Meyer 1916:117-29 und Nsabimana 1979b.

Ihre übernatürliche Macht bezogen sie daher, dass sie als Teil der unsichtbaren Welt auch an der Macht Imânas, des obersten göttlichen, übernatürlichen Wesens und Prinzips, teilhatten (Nzopfabarushe 1976:35, Trouwborst 1962a:155f). Die Eschatologie war jedoch nicht sehr ausgearbeitet. Man stellte sich die Geister der Ahnen als in einer jenseitigen Welt lebend vor, von der aus sie sich lebhaft, im allgemeinen geleitet von Feindseligkeit, für das Schicksal ihrer lebenden Nachkommen interessierten. Deswegen mussten die Lebenden ihrer von Zeit zu Zeit gedenken und sie ehren (de Heusch 1966:160). Die entsprechenden Opferzeremonien fanden unter Leitung des Lokallineage-Vorstehers statt und wurden *gutérekera* genannt. Auf diese Art verehrte man die Geister der Ahnen, in erster Linie des väterlichen Grossvaters und vielleicht noch des Urgrossvaters (Rodegem 1970:377). Dergestalt waren die Vorfahren im Alltag jedes Hofes dauernd gegenwärtig, wenn ihrer auch nicht immer speziell gedacht wurde. Es gab in der Vorstellung keinen Bruch zwischen Lebenden und Toten, und es waren immer die Ältesten als diejenigen, die den Toten und den Ursprüngen am nächsten stehen, die für die Wahrung der Verbindung zuständig waren. Aus dieser Verbindung zogen die Ältesten einen wichtigen Teil ihrer Autorität und Macht. Anlässlich der jährlichen Wiederkehr des Todestages feierte man ein besonderes Totenerinnerungsfest, das unter der Führung des Geistes und Demiurgen Kiranga, eines Mittlers zwischen den Menschen und dem höchsten Wesen Imâna, oder von jemandem aus dessen *bishegu*-Gefolge stand (Nzopfabarushe 1976:33,35); darin lässt sich ein Ausdruck einer gewissen Vereinnahmung und Überlagerung des Ahnenkults durch das Kubandwa sehen.

4.5.2 Der *kubandwa*-Kult

Wie Nsabimana (1979:9f) und vor ihm andere gezeigt haben, gab es zwischen *gutérekera* und *kubandwa* verschiedene Berührungspunkte und Beeinflussungen. Nach Nsabimana fand der Kubandwa-Kult unter anderem deswegen eine weite Verbreitung, da er sich an den Ahnenkult anlehnte und sich an ihm inspirierte (cf. de Heusch 1966). Der Kubandwa- oder Kiranga-Kult, mit dem Kiranga – oft auch als *Ryangombe* bezeichnet – verehrt wurde, war im gesamten Burundi ebenso wie in den benachbarten Gesellschaften des südlichen interlakustrinen Raumes verbreitet.[114] Das Kubandwa wird als Besessenheits- oder Initiationskult, auch als „religion initiatique secrète“ (Rodegem 1971b:864) oder als „initiatorische Heilsreligion“ (de Heusch 1966:163) bezeichnet.

Um die Bedeutung des Kubandwa ermessen zu können, ist ein kurzer Exkurs in die religiösen Glaubensvorstellungen des vorkolonialen Burundi notwendig. Diese waren beherrscht vom Begriff *Imâna*, vom monotheistischen Glauben an ein höchstes Wesen. *Imâna* lässt sich nicht nur mit „Gott“, sondern auch mit „Fluidum“, „Fruchtbarkeitsprinzip“ oder „glücklichem Schicksal“ übersetzen (Rodegem 1970:257, Trouwborst 1988:101). Verschiedene Beinamen, mit denen Imâna belegt wurde, zeugen davon, dass er als Allmächtiger, Schöpfer und „Vater aller Kinder und Kühe“ und als Spender von Fruchtbarkeit und Wohlergehen betrachtet wurde (Habonimana, a.a.O.). Imâna blieb aber weitgehend abstrakt. Die einfachen Leute standen kaum in direkter Verbindung mit ihm, dem Gott, dem kein Kult gewidmet war und für den es weder spezielle Kultorte noch Zeremonien gab (Habonimana, a.a.O., Trouwborst 1988:101). Als Mittler zwischen den Menschen und Imâna wirkte der Geist Kiranga. Bei Problemen mit Fruchtbarkeit und Gesundheit konnten sie sich direkt an ihn wenden. Ihn anrufen nannte man *kubandwa* (Passivform des Verbes *kubanda*:

---

114 Was in Rwanda und Burundi als *Kubandwa*-Kult bezeichnet wird, ist im nordöstlichen Binnenseengebiet als *Cwezi*-Kult bekannt. S. dazu z.B. Chrétien 1981b & Ders. 1985b: L'empire des Bacwezi. La construction d'un imaginaire géopolitique. In: Annales – Économies, Sociétés, Civilisations, 6, nov. – déc.:1335-1377, ebenso verschiedene Schriften von Luc de Heusch (z.B: 1982. Rois nés d'un coeur de vache, pp. 213-224, oder 1987. Écrits sur la royauté sacrée).

„Druck ausüben auf, schütteln, gewaltsam ergreifen"; Ruhuna 1972:147). Rodegem schildert den Verlauf des damit verbundenen Rituals mit folgenden Worten:

> „*Kubandwa*: Culte rituel que le devin [Mupfumu] ordonnait à certains malades pour retrouver la guérison. Les malades semblent être possédés par un esprit malin. Cet esprit, Kiranga, communique avec les vivants par l'intermédiaire des *bishegu* par meuglements plus ou moins expressifs. D'où l'expression *Kiranga kuvumêra*, Kiranga qui beugle. L'esprit semble enfourcher la victime comme le cavalier enfourche son cheval. La monture c'est l'homme ou la femme victime d'un véritable dédoublement de la personnalité. On oblige le malade à se soumettre à des brimades dont la moindre est de lui faire manger des ordures. Les adeptes déjà initiés boivent et se nourrissent aux frais de celui qui, avec sa famille, est bien obligé de passer par là. Un délire collectif s'empare du groupe. Les beuveries mènent généralement à des danses hystériques où les participants se défoulent sans être soumis aux tabous traditionnels. Les incestes ne sont pas rares. Les vieilles femmes qui, au mépris de toutes les coutumes, se laissent aller aux pires débordements, prétendent que cela est indispensable pour guérir le malade, asservi, inconscient, possédé par l'esprit qu'il est censé matérialiser. Kiranga se choisit un médium qui parle en son nom. L'instrument principal de ce culte est la lance entièrement en métal (...), censée représenter Kiranga (...)" (1970:23).

Am Kult teilnehmen konnte man erst nach einer kostspieligen Initiation, *kwâtura*[115] genannt. Um in die damit verbundenen Geheimnisse aufgenommen zu werden, musste man aber zuerst von Kiranga besessen worden sein. Dass Kiranga in die aufnahmewillige Person gefahren ist, zeigt sich an ihrem physischen Zustand: Man spricht von der „Krankheit der Ahnen", die sich an einem geschwollenen Bauch und Erbrechen zeigt; Kiranga äussert sich schliesslich durch diese Person mit seinem wichtigsten Erkennungszeichen, dem *kuvumêra*-"Brummen". Wer schliesslich initiiert war, war damit befähigt, einen der verschiedenen Kubandwa-Geister zu verkörpern. Alle Geister in Zusammenhang mit diesem Kult, wie auch in Ausdehnung alle in ihn Initiierten, werden *ababandwa* (auch *imandwa*), *ibishegu* oder *ibihweba* genannt. Rodegem sagt zur Bedeutung des Begriffs *igishegu* folgendes:

> „Initié au culte de Kiranga et participant aux cérémonies en tant que représentant ou figurant des démiurges Rubâmbo, Inàmukozi, Sêgatéma et Sêrutwa, etc. (au cours de leur initiation, les *Bishegu* recevaient le nom d'un de ces anciens compagnons de Kiranga; le terme collectif qu'on leur appliquait était *abâna b'îmâna*, les enfants de Dieu!). Ces initiés profitent de leur situation privilégiée et de la crainte qu'ils inspirent. Ils extorquent à leurs victimes – les habitants des collines voisines – des cadeaux en nature: bière, aliments avec lesquels ils peuvent continuer leur sabbat. Ces mendiants indiscrets se permettent impunément des écarts de langage et de conduite qui, en d'autres temps, seraient fort mal jugés" (1970:416f; cf. Gespr. 20:29, Ndagijimana 1972:168).

Immer ins Kubandwa initiiert waren, „von Berufs wegen" sozusagen, die *bapfumu* (Heiler, Seher und im allgemeinen wohltätige Zauberer) (Ndagijimana 1972:163 Nsabimana 1979b:288). Ihre Funktion sicherte ihnen beträchtlichen Einfluss und eine Position religiöser Autorität, eine Stellung, die, da in der Regel erblich weitergegeben, nur wenigen zugänglich war.[116] Ihre Bedeutung reduzierte sich nicht nur auf den lokalen Rahmen, sondern sie wirkten auch an allen aristokratischen – und umso mehr den königlichen – Höfen als einflussreiche und angesehene Berater.

Der Geist Kiranga, der auf die legendäre Gestalt des Demiurgen Kiranga zurückgeht, und die Geister seiner ebenso legendären Begleiter traten mithin meistens beim Kult der religiösen Gemeinschaft der *ibishegu* in Erscheinung. Interessanterweise wurde Kirangas Einfluss und Macht oft in Zusammenhang mit dem politischen System perzipiert: Nicht nur wurde Kiranga als *umwami wo hejuru* („König von oben") oder als *umwami wa böse na vyöse* („König aller Menschen

---

115 Nach Nsabimana ebenfalls, genau wie beim Bushingantahe, als *kwâtirwa* bezeichnet (1979a:106ff, 1979b:291).

116 Die Bapfumu waren unter sich auch (wie die Bashingantahe oder die *bakamyi*-Hofmelker) vom Kandidaten bis zum Mupfumu mukúru in mehrere Grade hierarchisiert (Gespr. 66).

und aller Dinge, aller lebenden und entseelten Wesen") bezeichnet, sondern er galt überdies als „der kleine Bruder des Mwami", der aber im Verständnis der Barundi über ihm stand.[117] Die Kiranga zugeschriebene Gattin, *Mukakiranga* (die, wie wir bereits gehört haben, immer aus dem Hutu-Clan der Bashubi, genauer: einer Lineage davon, hervorging), lebte in der Nähe einer der königlichen Residenzen (s. Nsanze 1980:22,48; Rodegem 1971a:228f) und diente da als wichtige und respektierte Ritualistin. Trouwborst dazu:

> „Sie war es, die ihren Gatten bei Hofe vertrat. Dieser selbst wirkte eher draussen im Land. (...) Man könnte es so formulieren: Gott und der König waren weit. Sie sicherten zwar Wohlbefinden, Gesundheit, Fruchtbarkeit, aber man konnte sich ihnen nicht nähern, ausser bei den grossen Staatsritualen der Weihe bzw. des Todes des Königs und der alljährlichen Segnung des heiligen Getreides. Diese Rituale wurden von Religionsspezialisten bei Hofe geleitet; die Bevölkerung durfte lediglich zuschauen. Gott und König sicherten das Wohl des Kosmos auf längere Zeit, Kiranga aber kümmerte sich um die Menschen bei ihren alltäglichen Verrichtungen. (...) Kiranga (...) war eine Gestalt, der man sehr nahestand: In jeder Ortschaft gab es Menschen, die bereits ein oder mehrere Male von ihm besessen gewesen waren" (1988:101f, cf. Meyer 1916:121).

Das Kubandwa kann effektiv als Volkskult der grossen Masse bezeichnet werden. Das ist mitunter auch ein Grund dafür, dass über diesen Kult nur wenig genaues bekannt ist. Ein anderer liegt darin, dass es sich um einen Geheimkult handelt, der auch heute noch seine Kraft und Bedeutung hat. Alle Initiierten waren und sind an eine strenge Geheimhaltungspflicht gebunden; bei Verstössen werden scharfe Sanktionen angedroht (Ndagijimana 1972:164, Nsabimana 1979b:289). Dass mit der systematischen Einführung des Christentums im 20. Jahrhundert in der gesamten interlakustrinen Gegend seine Unterdrückung und gleichzeitige Bedeutungsabnahme einsetzte, hat die Datenlage auch nicht verbessert. Häufig wird das Kubandwa „der grossen Masse derer, die den Boden bebauen", das heisst den Bahutu zugeschrieben (Meyer 1916:121, de Heusch 1966, Trouwborst 1988:102). Ob es wirklich vor allem die Bahutu waren, die diesen Kult praktizierten und sich die Batutsi dazu in der Regel zu ihnen begaben, wie Rugomana 1959 schrieb (Rodegem 1971b:228f), ist nicht endgültig zu klären, aber durchaus möglich. Sicher ist jedoch, dass sich zumindest in der historisch noch zugänglichen Zeit der letzten zwei Jahrhunderte in diesem Kult Angehörige aller verschiedener ethnischer Gruppen zusammenfanden – nicht einmal die Batwa scheinen davon ausgeschlossen gewesen zu sein (Nsabimana 1979b:296). Gewisse Geister scheinen eher von Bahutu, andere eher von Batutsi verkörpert worden zu sein. Diese Information von Nsabimana (ibid.) wird jedoch abgeschwächt durch den Bericht von Ndagijimana, nach dem die neu aufgenommene Person im Verlauf der verschiedenen Phasen der Initiation nacheinander verschiedene Geister verkörperte, zuerst Serutwa, später Rubâmbo, etc. (1972:166ff).

Wichtig zu sehen ist, dass kein Kultmitglied, auch nicht während einer einzelnen Zeremonie, alleinigen Anspruch auf die Verkörperung Kirangas hatte. Die Kiranga-Rolle wurde vielmehr während der die ganze Nacht über dauernden Zeremonie abwechslungsweise von allen anwesenden Initiierten übernommen, die dazu bereit waren (Ndagijimana 1972:162); die Reihenfolge wurde nicht zum vorherein festgelegt, sondern kam spontan zustande. Vorzugsweise wurde Kiranga aber offenbar von älteren Männern und Frauen verkörpert (ibid., p.161). Unter den Vollinitiierten gab es keine weitere Hierarchie als diejenige, welche der sozialen Stellung der einzelnen Mitglieder „im Zivilleben" entsprach, wie Nsabimana bemerkt (1979a:78).

Wenn theoretisch jeder Mann und jede Frau Mitglied der Kultgemeinschaft werden konnte und man in diesem Sinn von einem „demokratischen Kult" sprechen kann (ibid., Trouwborst 1988:102), so gab es doch auch gewisse Einschränkungen. Es darf nicht übersehen werden, dass

---

[117] Ein interessanter Widerspruch: in einer oberen Welt der Höhere, auf den man sich beziehen kann, hienieden jedoch „der Kleinere", der eigentlich nachgeordnete jüngere Bruder, von dem aber Habonimana (1977:124f) und Ntahombaye (1983:50) sagen: „Il est le petit frère du roi qui, dans l'esprit des Barundi, se place au-dessus de lui" (cf. Rodegem 1970:335, Ntabona 1985:283).

die Initiation eine äusserst kostspielige Angelegenheit war und von daher allzu Arme, die den Bishegu nichts zu offerieren hatten, schlichtweg ausgeschlossen waren (Ndagijimana 1972:163, Trouwborst 1962:157). Dazu kommt, dass nicht alle Wert darauf legten, dieser Gemeinschaft anzugehören, und ihr freiwillig fernblieben. Der Ruf dieser verschworenen Kultgemeinschaft war nicht ohne Makel, sie blieb immer geheimnisumwittert – „on n'aimait pas tellement s'associer aux *ababandwa*", wie Trouwborst wortkarg bemerkt (1962:157). Ihr freiwillig fernzubleiben, konnten sich jedoch auch nur vor allem Leute aus „besseren Familien" leisten, die etwa dem Königshaus oder -hof nahestanden. Es gab auch ganze Clane, die das Kubandwa nicht praktizierten; diese wurden *abazirangwa* geheissen, wörtlich „diejenigen, die nicht das weisse Kaolin verwenden" (mit dem die Initianden angestrichen wurden) (Ndagijimana 1972:165, Njejimana 1972:174); ausser dass dazu der gute Tutsi-Clan der Abasoro gehörte, ist mir leider nicht bekannt, um welche Clane es sich dabei handelte.

4.5.3 *Kubandwa*-Kult, Bushingantahe und Monarchie

Besondere Beachtung verdient die Frage nach den Beziehungen zwischen dem Kubandwa und den beiden anderen wichtigen Autoritätssystemen, dem Bushingantahe und der Monarchie. Zu beiden gab es verschiedene Berührungspunkte, und doch waren die Beziehungen durch eine gewisse Meidung geprägt. Der *umumanda*-Fikusbaum war sowohl Bestandteil des Kubandwa-Kultortes *gitabo* wie der aristokratischen *ibigabiro*; der *intahe*-Stab der Bashingantahe wurde aus seinem Holz hergestellt. Lanzen und Stöcke als Autoritätssymbole spielten in allen drei Autoritätssystemen eine grosse Rolle. Äusserungen des Mwami wie auch Kirangas wurden mit demselben Verb bezeichnet: Sie „sprechen" nicht einfach (*kuvúga*), sondern sie „muhen", „brüllen", „brummen" (*kuvumêra,* genau übersetzt: der Ruf der Kuh nach ihrem Kalb); bei der Königsinthronisation musste die dynastische Trommel Karyenda ebenfalls diese Art Laut von sich geben – erst dadurch war bezeugt, dass die Einsetzung rechtmässig war. Sowohl bei der Kubandwa-Initiation wie bei der Königsinthronisation hatte der „Initiand" einen Umumanda- und einen Umurinzi-Baum zu pflanzen, und beim entsprechenden Teil der Königsinthronisation war Kiranga immer anwesend (Ndagijimana 1972:166, Ndayishinguje 1977:35ff, Nsabimana 1979a:91ff). Die entsprechenden Kultorte – *gitabo* bzw. *kigabiro* – setzten sich beide aus drei Arten von Bäumen zusammen. Nsabimana hat die zahlreichen zwischen der Königsinthronisation und der Kubandwa-Initiation bestehenden Parallelismen im Detail aufgezeigt (1979a:82-117, cf. Chrétien 1981:113f). Die Initiationen ins Bushingantahe und Kubandwa wiesen ebenfalls gewisse Parallelen auf. Beide wurden *kwâtirwa* genannt und fanden am Wohnort des Initianden statt; zu beiden benötigte man einen Initiations-Paten, im Bushingantahe als *umuhetsi*, im Kubandwa als *nyenibanga* (wörtlich „der Vater des Geheimnisses") bezeichnet (Nsabimana 1979b:288f), und zu beiden musste man grosse Mengen an Bier aufbringen.

Es wäre bedeutungsvoll zu wissen, ob als Bashingantahe investierte Männer aktiv am Kubandwa teilnahmen. Dazu gibt es widersprüchliche Informationen. Nach einem meiner Informanten hätte ein Mushingantahe nie Kiranga verkörpern können, die Bishegu seien immer Bakungu (Nicht-Investierte) oder eben Frauen gewesen (Gespr. 22:27ff). Zumindest von ihrem Moralkodex her ist es denkbar, dass die Bashingantahe auf Distanz zu den als unflätig und gierig-ausbeuterisch verrufenen Bishegu bedacht waren. Es scheint aber keineswegs ausgeschlossen gewesen zu sein, dass Bashingantahe aktiv an der Kiranga-Verehrung teilnahmen. Wenn man davon ausgeht, dass es sich beim Kubandwa um einen zentralen Teil der allgemein verbreiteten religiösen Glaubensvorstellungen handelte, ist das sogar naheliegend. Nach Njejimana konnten die grossen Bishegu „im Zivilleben" durchaus den Status eines Mushingantahe erhalten (1972:174), und Ruhuna bestätigt, dass die Bashingantahe als lokale Autoritätsträger am vorkolonial sehr einflussreichen Kubandwa-Kult teilnahmen – nach ihm handelte es sich bei den Bishegu und Bashingantahe gar um dieselben Personen (1972:149). Es fragt sich, ob die angedeutete Meidungsbeziehung und der schlechte Ruf des Kubandwa wirklich erst ein Resultat der kolonialen Epoche mit ihrer Verketzerung der traditionellen Glaubensvorstellungen ist. Auf jeden Fall war das Kubandwa wie gesagt sehr wohl ins traditionelle politische System integriert. Es gab an den aristokratischen Höfen keine bedeutende Zeremonie, bei der die Kiranga-Priester nicht zugegen waren und eine Rolle spielten. Das gilt sowohl für das *umuganuro*-„Nationalfest", die Königsinthronisation und -bestattung (Chrétien/Mworoha 1970:55,70) wie die Einsetzung eines Muganwa. Alles in allem genoss das Kubandwa nicht nur die wohlwollende Duldung, sondern gar die aktive Unterstützung der Herrschenden (Gespr. 20:30).

Dem herrschenden König aber und „im Prinzip" auch den Baganwa (Chrétien/Mworoha 1970:70) war eine Initiation in die Geheimnisse Kirangas verboten. Dementsprechend hatte Kiranga, immer durch seine Adepten verkörpert, auch keinen Zugang zu den Bestattungsstellen der Bami und zum königlichen *muzimu*. Die meisten Quellen halten jedoch fest, dass es an den politischen Zentren nicht nur von Kubandwa-Initiierten „wimmelte" (Mworoha 1977:156), sondern dass auch die Baganwa selbst, darunter so angesehene wie der Mwezi Gisabo-Sohn Karabona, und ebenso die Königinmutter (*umugabekazi*) das Kubandwa praktiziert haben (Gespr. 20:29). Nach Mworoha geschah das vor allem in Momenten, in denen sich der Staat in Gefahr sah, bei Naturkatastrophen oder wenn Gegenkönige auftauchten (a.a.O.). Aber auch bei anderen, regelmässig wiederkehrenden, zentralen Momenten des Hoflebens nahmen die Baganwa an dem zu diesen Gelegenheiten abgehaltenen Kubandwa-Ritus teil oder leiteten ihn sogar (Nsabimana 1979a:80). Nur der Mwami konnte nicht am Kult teilnehmen (mit der Begründung, dass Kiranga selbst König ist: *umwami ntabanda uwundi*), er konnte jedoch die Aufforderung erlassen, diesen zu begehen.

Der Kiranga-Kult war mindestens ein Stück weit in die monarchische Welt integriert. Er hatte seine Vertreter und Vertreterinnen am königlichen Hof, die bei offiziellen Zeremonien auftraten. Es lässt sich aber nicht leugnen, dass im Volksglauben, so wie er sich im Kubandwa äusserte, auch starke Gegenwerte lebten, die gerade in Krisenmomenten in den Vordergrund treten konnten (cf. Chrétien 1981b). Die Verbindungen und Beziehungen zwischen Religion und politischem System sind in Burundi wie im gesamten interlakustrinen Raum ambivalenter Natur. Die Religion lässt sich nicht einfach als Abklatsch oder Maske der bestehenden politischen Ordnung verstehen. Die Religion ist mehr als ein Instrument der Herrschenden. Die von vielen Autoren implizit angenommene Anteriorität der Monarchie gegenüber gewissen religiösen Glaubensvorstellungen und Praktiken, in diesem Fall des Kubandwa-Initiationskultes, ist in dieser rigiden Form nicht haltbar (cf. Nsabimana 1979a:118). Chrétien hat in mehreren seiner Schriften zu zeigen versucht, dass die Religion als Kraft für sich gesehen werden muss, die als solche entscheidenden Anteil an der Formierung von Staats- und Zivilgesellschaft hatte (1977, 1981b). Die interlakustrinen Monarchien versuchten sich die unabhängig von ihnen bestehenden religiösen Vorstellungen dienstbar zu machen, sie zu „domestizieren", indem sie ihnen einen politischen Diskurs auferlegten und sie sich zum Teil integrierten. Das Politische vermochte das Religiöse jedoch auch in diesen Sakralmonarchien, in denen die königliche Autorität ihre Legitimität im Sakralen fand, nie vollständig einzufangen. Wie Chrétien zeigt, kann Religion sowohl Quelle von politischer Anfechtung, von Erhebungen und Umsturzversuchen wie auch Gegenstand von Manipulationen durch die herrschende politische Ordnung sein (1981b:120). Die Verbindung Religion – Politik scheint je nach „sozialer Konjunktur" hoch flexibel und dynamisch zu sein. Während der Kult im einen Moment, „domestiziert", nicht über den individuellen oder verwandtschaftlichen Rahmen hinauswirkt, kann er in einem anderen Moment aufflammen und eine umfassende Widerstandsbewegung gegen die bestehende Ordnung inspirieren. Deutlich wird das am Beispiel des in den nördlichen interlakustrinen

Königreichen verbreiteten *Nyabingi*-Kultes[118]. Die religiöse Dimension der Macht ist in ihrer Ausformung und ihrem Einfluss keineswegs unveränderlich. Das Religiöse behält seine Dynamik, und der Versuch seiner Kontrolle – indem zum Bespiel Innehaber von Ritualämtern am königlichen Hof als Hilfskräfte eingespannt werden – kann zu einem gefährlichen Spiel werden.[119]

Die Macht des sakralen Königtums scheint sich nur auf der Grundlage eines religiösen Substrates entfalten zu vermögen, eines religiösen Substrates, das sie zwar legitimiert, aber gleichzeitig auch zu bedrohen vermag. Gerade wegen dieser grundlegenden Zwiespältigkeit und Doppelwertigkeit des Religiösen – Festiger der bestehenden Ordnung *und* Quelle unverhergesehener Explosionen – muss die politische Macht eine eigentliche „Ökonomie des Heiligen" führen (Chrétien 1981b:124).

Nach Chrétiens Meinung haben religiöse Formen und Praktiken wie der Kubandwa-Kult insofern zur Stärkung, Durchsetzung und vielleicht auch zur Herausbildung einer übergeordneten staatlichen Macht beigetragen, als es sich bei ihnen um den Deszendenz-Rahmen sprengende, auf einer höheren Organisationsebene angesiedelte Entwicklungsformen handelt. Dass in dieser Lesart das Kubandwa ein „Ort über-verwandtschaftlicher Zuflucht" („recours supralignager") war, hat übrigens Rodegem bereits zehn Jahre vor Chrétien postuliert (1971b:924). Zwischen familiärem Ahnenkult und dem übergreifenden mythisch-rituellen Universum der Kubandwa- und Bacwezi-Kulte liegt danach eine wichtige Bruch- und Konfrontationsstelle. Wer mit den Ahnen nicht „zurechtkommt" (Chrétien weist richtigerweise darauf hin, dass ihr Kult grundsätzlich von Pessimismus gekennzeichnet war), kann sich an eine zweite, übergeordnete Autorität wenden. Wenn das Kubandwa auf individueller Ebene die Möglichkeit schuf, sich in Ansätzen aus dem verwandtschaftlichen Rahmen zu emanzipieren, so galt das auf höherer Ebene auch für die politische Macht insgesamt. Chrétien ist der Ansicht, dass es im Prozess der „Befreiung" und Lösung des Politischen von verwandtschaftlichen Banden ein wichtiges Faktum war, dass auf religiöser Ebene ein supra-verwandtschaftlicher Orientierungsrahmen zum Tragen kam. Die Herausbildung von Monarchie und über-verwandtschaftlicher Initiationsreligion (deren Wesensgleichheit Chrétien als „phénomène social d'ensemble" bezeichnet) trugen seiner Meinung nach Entscheidendes zur Entstehung einer eigenständigen „Zivilgesellschaft" jenseits eines verwandtschaftlichen Rahmens bei. Wie jede Gesellschaftsform, so brauchte auch diese ihre Ritualisierung und Mythologisierung, um sich selbst darzustellen und zu erkennen. Zu ihrer Herausbildung muss sich die Zivilgesellschaft auf ein „Jenseits" beziehen können, das denn auch in allen Ursprungsmythen der interlakustrinen Monarchien angesprochen wird. Die Konfrontations-These allerdings hinterlässt einen etwas konstruierten Eindruck. Wo gibt es schon eine Gesellschaft mit rein clan-spezifischer Religion? Und wer käme auf die Idee zu behaupten, gesellschaftsweite Kulturzüge stellten schlechthin ein „Gegengewicht" zum Clan-Spezifischen dar und seien an sich Mittel der Stärkung oder gar Herausbildung einer übergeordneten Macht?

Die Zweideutigkeit des Religiösen (die damit nicht in Frage gestellt werden soll) hat ihre Entsprechung in der Ambiguität jeder politischen und vor allem der staatlichen Macht. Balandier hat auf diesen Doppelcharakter der Macht hingewiesen, die einerseits – als etwas Befreiendes und als notwendiger Garant von Ordnung und Sicherheit – akzeptiert und bei ihren sakralen Formen auch verehrt, andererseits aber – als Rechtfertiger und Bewahrer von Ungleichheit – angefochten wird: ihre Fähigkeit, Zwang auszuüben, erscheint als Gefahr, der Schranken auferlegt werden müssen. Alle politischen Ordnungen weisen diesen Doppelcharakter auf, einige aber gehen damit geschickter um als andere, wie Balandier zeigt: „Die grösste List der Macht besteht darin, dass sie sich ri-

---

[118] S. Chrétien, a.a.O.; Steinhart spricht vom „often anti-state 'Nyabingi' cult" (1978:146).

[119] Die ideologische Verwandtschaft zwischen königlicher Person und religiösen Heroën, wie sie Aussaatsfeste wie das *umuganuro* und Zeremonien der königlichen Trauerzeit, Bestattung und Inthronisation illustrieren, wäre im Zusammenhang der Darstellung der ideologischen Ausformung des Prinzips des Königtums näher zu diskutieren – etwas, was hier nicht geleistet werden kann, auch wenn es von hohem Interesse ist.

tuell anfechten lässt, um sich so umso wirksamer zu konsolidieren" (1976:54f). Im interlakustrinen Raum wurde die sakrale Macht nicht nur akzeptiert und verehrt, sondern gerade auch über das Religiöse zu kontrollieren versucht. Die Zivilgesellschaft sucht die staatlich-monarchische Macht über andere, verwandtschaftlich-lokale wie religiöse Macht-Logiken (in Burundi repräsentiert durch Bushingantahe und Kubandwa) einzubinden, die bei ihrer eigenen Herausbildung eine gewisse Rolle gespielt haben mögen. Chrétien führt seine Argumentationslinie aber weiter. Im Laufe des 19. Jahrhunderts, so schreibt er, versuchte sich die Monarchie von ihrer religiösen Einbettung, aus der sie entwachsen war, zu lösen, wandelte ihre Macht von religiös legitimierter „auctoritas" immer mehr in „imperium" und entwickelte neue, hauptsächlich militärische und fiskalische Handlungsmittel. Es handelte sich um den Versuch, die königliche Autorität zu stärken, indem „die initiatorische Umgebung neutralisiert" wurde (1981b:127). Die „Zivilgesellschaft" dagegen setzte die Initiationsreligion als Mittel der Verteidigung gegen die zunehmend autonomere monarchische Macht ein und stützte sich auf sie. Es liesse sich mithin argumentieren, dass sich das Politische mit zunehmender Erfahrung von der religiösen Einbindung emanzipierte, und dass die politische Elite ihre eigene, weniger dem Volksglauben verpflichtete, Praxis entwickelte, lernte, die Religion zu nutzen, statt sich ihr unterzuordnen und ihr von Zeit zu Zeit ausgeliefert zu sein. Deswegen jedoch gleich ein Bild der *„banyamabanga"*-Ritualisten[120] als „Gegen-Aristokratie" zu zeichnen, wie es Chrétien (1981b:126) und Mworoha (1977:150-162, 1987: 214f) tun, scheint mir verfehlt. Ebenso ist es zu vereinfachend, die Geschichte der Beziehung zwischen Religion, Staat und Zivilgesellschaft im interlakustrinen Raum (zumindest in Burundi) als einfache Umkehrung der in Europa seit dem 13. Jahrhundert von zivilgesellschaftlichen Kräften vorangetriebenen Laizisierung des Staates zwecks dessen Demystifizierung zu sehen, wonach nun allein zivile Kräfte an einer Sakralisierung der Staatsmacht interessiert erscheinen.

Versuchen wir abschliessend, die Bedeutung des Kubandwa im lokalen Rahmen zu fassen. Die von Chrétien deutlich herausgearbeitete Ambivalenz zwischen dem Kiranga-Kult und der Monarchie, aber auch zwischen dem Kubandwa und dem Bushingantahe, konnte manchmal die Form einer gewissen Rivalität annehmen. Das heisst aber noch nicht, dass das Kubandwa als Protest- und Rebellionsbewegung gegen die herrschende Ordnung zu verstehen ist. Diese Interpretation de Heuschs (1966,1972), der im Kubandwa zusätzlich eine Anfechtung der Ordnung der Geschlechter sieht, ist von verschiedenen Seiten kritisiert worden (Chrétien 1981b, Rodegem 1971:925f, Trouwborst 1988:102). Die Ansicht, dass das Kubandwa mit der Rolle Kiranga/Ryangombe eine eigentliche Gegenstruktur mit revolutionärem oder zumindest revindikativem Inhalt gegenüber der Monarchie bildete, geht neben den oben vorgebrachten Einwänden in Bezug auf die Beziehungen zwischen Religion und politischer Macht allgemein von einer Überschätzung der Bedeutung der Monarchie im bäuerlichen Alltag aus. Auch wenn die Bauern auf ihren Hügeln die monarchische Oberhoheit nie vergessen konnten und das – durch sie, wenn nicht begründete, so doch geformte und mitbestimmte – „dominante Ideologiesystem" eine beachtliche Durchdringungskraft entwickelte, waren ihre alltäglichen Sorgen und Gedanken doch durch andere Fragen geprägt: die nach dem Fortbestand ihrer Lineage und nach Fruchtbarkeit und Sicherheit im allgemeinen. Rodegem hat das treffend auf den Punkt gebracht:

> „La religion est un système collectif de sécurisation psychologique, garantie d'un ordre socio-culturel. La quête du bonheur – ce bonheur sans cesse menacé par des défunts tâtillons ou des vivants envieux – préoccupe plus les peuples interlacustres que la contestation, la lutte des classes ou „l'opposition des sexes" (...) Le bonheur pour eux se concrétise en trois mots qui résument leurs aspirations: vigueur, fécondité et sécurité" (1971b:926).

[120] Es handelt sich dabei um ein durchaus künstliches Konstrukt, das auf Mworoha 1977 zurückgeht, der darunter ein Konglomerat verschiedenster, uneinheitlicher religiöser Kräfte zusammenzufassen suchte; cf. Kap. 3

Der Kubandwa-Kult eröffnete im lokalen Rahmen gewisse zusätzliche Autoritätspositionen, die sowohl Männern wie Frauen offenstanden. Während das *gutérekera* klar die Autorität der Ältesten stützte und über diese hinaus auf die Ahnen wies, war das beim Kubandwa nicht notwendigerweise der Fall. Jeder Mann und jede Frau konnte unabhängig von ihrem Alter initiiert werden und die Rolle Kirangas oder eines seiner Begleit-Geister verkörpern. Das schliesst nicht aus, dass es oft ältere Leute, gerade auch Frauen nach der Menopause, waren, die eine besonders aktive Rolle übernahmen und als religiös-rituelle Experten und Expertinnen galten. Es lässt sich sagen, dass das religiöse Statussystem alle Kultmitglieder, vor allem aber ältere, mit einer funktionalen Autorität ausstattete. Es blieb immer eine Einflusshierarchie unter anderen. Diese kumulierte nicht notwendigerweise mit anderen Statussystemen. Es ist leider so, dass weder alles bisherige mir bekannte, noch mein eigenes Material weitere Schlüsse zulassen. Die Frage nach dem Zusammenwirken verschiedener Autoritätssysteme im lokalen Rahmen soll hier aber immerhin aufgeworfen und der Wert detaillierterer Forschungen in diese Richtung hervorgehoben werden.

4.6 Das *bugabíre* – asymmetrische Sozialbeziehung und Form persönlicher Abhängigkeit

Die Bauernschaft war auf der lokalen Ebene unter sich nicht nur über horizontal-symmetrische Beziehungen organisiert und verbunden, sondern auch durch vertikal-asymmetrische. Während die Lokalgruppen vor allem durch erstere geprägt und gekennzeichnet waren, wiesen die Abhängigkeitsbeziehungen in den meisten Fällen über diese hinaus, ein für diese Untersuchung wesentliches Faktum. Die Bauernschaft war keine einheitliche Masse, sondern unter sich fein differenziert und nach mehreren Kriterien hierarchisiert. „Asymmetrische" oder „vertikale" Beziehungen – solche von Ungleichheit, Abhängigkeit und Unterordnung – entstanden in Burundi wie in den meisten Gesellschaften über die Verteilung von Reichtum. Den wichtigsten Reichtum im monarchischen Burundi bildeten die Kühe, ein Vermögen, das durchaus auch die Form von Kapital annehmen konnte, da es, wie wir sehen werden, zu seiner Mehrung eingesetzt und recht eigentlich angelegt wurde. Es gab dazu verschiedene Formen der Gabe, Leihe, Pacht und Deponierung (*kubîtsa*) von Kühen, deren wichtigste ich hier vorstellen will. Das ist innerhalb des gestellten Themas unerlässlich, prägten doch die daraus entstehenden Beziehungen die Sozialstruktur auf der Mikroebene, und das auch über den lokalen Rahmen hinaus. Zudem spielte das Modell derartiger Verhältnisse auf gesamtgesellschaftlicher Ebene eine erhebliche politische Rolle; es ist zu vereinfachend und reduktionistisch, es bloss als Klientelbeziehung auf persönlicher Ebene – bloss *ein* Aspekt dieser Abhängigkeitsverhältnisse – abzuhandeln (cf. Botte 1974a:4, 1982a). Zwei Einschränkungen jedoch müssen vorweggenommen werden, deren Ausserachtlassung zu Verzerrungen führt, wie sie in weiten Teilen der ethnographischen Literatur gängig sind. Die wichtigste Form solcher Beziehungen, die *bugabíre*-Vereinbarung (ein Pachtabkommen, das sich nicht nur auf Vieh, sondern auch auf andere Güter erstrecken konnte – was oft vergessen wird), darf nicht als etwas unveränderlich Statisches, sondern muss in ihrer Geschichtlichkeit gesehen werden. Man kann vermuten, dass sie ihre volle Bedeutung, unter der sie in der Literatur bekannt wurde, erst gegen Ende des 19. Jahrhunderts erreichte. Es ist von grosser Bedeutung, den Bedingungen der Formation und Transformation dieses Verhältnisses Rechnung zu tragen. Ferner erstreckte sich das *bugabíre* immer nur auf eine Minderheit der gesamten Bevölkerung. Diese beiden Tatsachen dürfen bei der Untersuchung der Bedeutung der sich daraus ergebenden Beziehungsformen für das Herrschaftssystem nicht aus den Augen verloren werden.

Es sind mithin mehrere Punkte hervorzuheben: Das *ubugabíre* bildete nur eine verschiedener Formen persönlicher Abhängigkeits- und Unterordnungsbeziehungen, welche das monarchische Burundi kannte. Da sie im Laufe der Zeit besonders wichtig wurde, wurde sie in der ethnographischen Literatur auf Kosten anderer, ebenfalls Abhängigkeitsbeziehungen eröffnender Institutionen hervorgehoben. In den meisten Fällen wurde das *bugabíre* in Verbindung mit der politischen Struktur gesehen. Wieweit das gerechtfertigt ist, wird im Kapitel 5 zu diskutieren sein, während in diesem Abschnitt das Schwergewicht auf der Analyse seiner Bedeutung im Mikrobereich und auf der lokalen Ebene liegen wird. Die Bedeutung des *bugabíre* liegt gerade auch da, wo es um Fragen der sozialen Mobilität geht. Einige seiner Hauptzüge sollen in Gegenüberstellung zu den oben geschilderten, durch Biertausch erwachsenden Sozialbeziehungen herausgearbeitet werden, wobei ich im Unterschied zu Trouwborst (1961) und de Heusch (1966:420) beide Einrichtungen nicht primär als Tauschformen ansprechen werde.

Das *bugabíre* wird in der Literatur meistens als Viehpachtvertrag oder Klientschaftsabkommen bezeichnet. Diese Begriffe dürfen jedoch nicht unbesehen übernehmen werden, wenn wir diese Institution und ihre geschichtlichen Veränderungen verstehen wollen. Wenn allgemein gilt, dass die Barundi den Interpretationen, aber auch schon allein den Beschreibungen ihrer Gesellschaftsstrukturen durch von aussen Kommende skeptisch bis ablehnend gegenüberstanden und -stehen, so trifft das ganz besonders auf das Bugabíre zu. Sicher handelt es sich bei diesen Skeptikern durchwegs um Angehörige der dominanten Schichten, zu denen auch die Mehrheit der Wissenschaftler zu zählen ist – sie allein können sich Gehör verschaffen. Stossend war für sie immer, dass ihre Gesellschaft wie die interlakustrinen Gesellschaften in ihrer Gesamtheit beliebter Gegenstand der Übertragung und vergleichenden Anwendung von Begriffsinstrumentarien und Theorien waren, die anhand anderer Gesellschaften entwickelt worden waren. So wurde ihre Bevölkerungszusammensetzung mit der „hamitischen" Wanderungstheorie zu erklären versucht und die Gesellschaftsstruktur mit der euopäischen Feudalität verglichen, die südlichen interlakustrinen Gesellschaften Rwanda und Burundi zudem als Kastengesellschaften beschrieben. Mit dem Bugabíre berühren wir einen besonders sensiblen Punkt dieser Fragen, wurde es doch in der Regel als feudaler Lehnsvertrag zwischen seigneuralen Tutsi und Hutu-Knechten beschrieben. Die Orientierung an solchen festen Schemata ist immer problematisch. Selbst die Verwendung von Begriffen wie „Pacht", „Leihe", „Tausch" (Inhalt der Beziehung), „Abkommen", „Vereinbarung" und „Vertrag" (Form der Beziehung), „Besitz" oder „Eigentum" (Formen der Kontrolle) kann nur eine behelfsmässige sein. Diese Begriffe werden immer relativiert und konkretisiert durch die detaillierte Beschreibung; sie sind der burundischen Realität nie ganz angemessen und verleiten leicht zu falschen Assoziationen. Gerade hier ist es aufschlussreich, in der Analyse zuerst von vernakulären, emischen Konzepten und der kulturimmanenten Terminologie auszugehen und nicht den Feudalismus als Referenzschema heranzuziehen; dies allerdings unbeschadet der Einsicht, dass es daneben immer auch ein transkulturell anwendbares Referenzsystem braucht. Die Forderung nach stärkerer Berücksichtigung emischer Konzepte, auch von wissenschaftlicher Seite erhoben, ist nicht neu (s. Trouwborst 1981:292), und es wurde ihr von verschiedener Seite zumindest in Ansätzen Rechnung getragen.[121] Die Ersetzung fremder durch vernakuläre Konzepte genügt aber noch nicht und ist nur dann sinnvoll, wenn diese genauer analysiert werden. Auch die Verwendung kulturimmanenter Konzeptualisierungen ist nicht problemlos und wirft weitere Fragen auf, worauf bereits Botte hinwies: „La relation *ubugabíre*, ainsi décrite, repose-t-elle sur des principes si explicites qu'il suffise de les énoncer pour voir apparaître la réalité, ou renvoie-t-elle à un double malentendu, celui des observateurs d'une part, celui ‚de ceux qui y participent' de l'autre?" (1969:364). Darüber hinaus ist es eine unzulässige Vereinfachung, alle Kulturangehörigen als Einheit anzusehen; hier stellen sich die Fragen nach den bestehenden gesellschaftlichen Antagonismen und der Bedeutung der dominanten Ideologie.

Diese Einschränkungen vorweggenommen, sollen im folgenden zuerst die verschiedenen, aus dem *bugabíre* erwachsenden Abhängigkeits- und Unterordnungsbeziehungen vorgestellt werden. Wenn ich dabei von der Untersuchung einiger wichtiger Kirundi-Begriffe ausgehe, heisst das nicht, dass ich mich auf vernakuläre Konzepte beschränken werde. Zunächst sind aber einige meistens vernachlässigte Differenzierungen zwischen verschiedenen Typen des *bugabíre*, eine Arbeitsdefinition und eine knappe Beschreibung der im Zusammenhang dieser Arbeit wichtigsten Form dieser Einrichtung am Platz.

4.6.1 Verschiedene Formen des *bugabíre*

Während der belgischen Kolonialzeit hat sich der „Conseil du Mwami" einmal speziell mit der Einrichtung des *bugabíre* befasst und die Resultate seiner Erörterungen 1947 im lokalen „Bulletin de Jurisprudence" in einem vom ‚Bureau Permanent' verfassten Artikel veröffentlicht („Le contrat d'ubugabíre, une coutume murundi"). Bei diesem „Königsrat" handelte es sich um ein von der Kolonialadministration eingesetztes Repräsentationsorgan, das sich 1947 aus vierzehn Baganwa

[121] Bereits Le Bureau du Mwami 1947, des weiteren Musaniwabo 1979, Habonimana 1977, und vor allem Botte 1974a, Ntahombaye 1983:233ff, Nsanze 1986:61-87.

zusammensetzte und rein konsultative Kompetenzen hatte (Gahama 1983:139). Um Missverständnisse zu verhindern, ist es wichtig, mit dem ‚Bureau Permanent' zu präzisieren, dass es mehrere Formen von Viehgaben und von – mehr oder weniger expliziten – Vereinbarungen gab, die alle als *bugabíre* bezeichnet wurden und die nach dem Kriterium der erwarteten Gegenleistungen in drei Kategorien eingeteilt werden können (1947:174).[122] Die Nichtbeachtung dieser Unterschiede hat mehrfach zu unfruchtbaren Debatten geführt, in denen jede Seite eine andere Form im Blickwinkel hatte. Zu unterscheiden sind:

1) Viehgaben gegen geleistete Dienste; die gegebene Kuh wird *ingabíre* genannt,

2) Freundschaftsgeschenke; die Kuh wird *inká y'urukundo* genannt („Kuh/die der Liebe", auch *inká y'ímpaga* oder *inká y'úbugenzi*: „Kuh/die der Freundschaft"; Ntahombaye 1983:233),

3) Konvenienzgeschenke; die gegebene Kuh wird *inshumbushanyo* („Kompensationsgabe"), *impera* („Belohnungsgabe") oder *ingororano* („Dankesgabe") genannt. Die beiden letzteren Kategorien unterscheiden sich in mehrfacher Hinsicht von der ersten. Erstens erfolgen sie in der Regel zwischen Partnern, die als einander sozial gleichgestellt gelten. Als Gegengabe wird allenfalls in einem längeren zeitlichen Horizont ebenfalls eine Kuh erwartet, ansonsten erwachsen aus dieser Gabe *an sich* keine weiteren Verpflichtungen und Gabenzirkulation. Ihr Hauptziel ist die Konsolidierung und Absicherung bereits bestehender Beziehungen oder aber ihre Wiederherstellung mittels solcher „Versöhnungsgaben". Der erste Typus, bei dem es sich um das *bugabíre* im engeren Sinn handelt, auf den die ethnographische Literatur in der Regel Bezug nimmt, geht von grundlegend anderen Voraussetzungen aus. Ohne gegenteilige Angaben werde ich mich im folgenden ausschliesslich auf ihn beziehen, da die anderen Typen hier nur von sekundärem Interesse sind. Gerade aber auf diese Formen beziehen sich heute gerne die Barundi, die betonen wollen, dass es beim *bugabíre* allein um Freundschaft und mitnichten um Ungleichheit oder gar Ausbeutung ging. Beim ersten Typus jedoch sind sich die Partner sozial nie gleich gestellt.[123] Der Geber der Kuh steht höher als der Empfänger. Zudem stellt die durch den Höherstehenden gegebene Sache, die Kuh *ingabíre*, in den Augen des Empfängers einen höheren Wert dar als das, was er selbst gibt (Trouwborst 1961:80; de Heusch 1966:420). Die Gabe einer *ingabíre*-Kuh schafft augenblicklich eine Ungleichheitsbeziehung zwischen den beiden Partnern oder bestätigt eine bereits bestehende Ungleichheit (man könnte auch sagen, dass sie eine latent bestehende Ungleichheit manifest macht).

4.6.2 Definition und Inhalt des *bugabíre* im engen Sinn

Das *(u)bugabíre* kann in diesem Fall als ein Abkommen oder eine Vereinbarung definiert werden, mittels der der Geber, *shêbuja* genannt, dem Anfragenden, *umugabíre* genannt, ein Gut – in der Regel eine Kuh – gegen gewisse Gegenleistungen zur Nutzniessung zur Verfügung stellt. Beim gegebenen Gut kann es sich auch um eine Hacke, ein Schaf oder eine Ziege handeln, bei der Hauptgabe handelt es sich aber nie um Bier. Nach Trouwborst umschliesst diese Vereinbarung „die Gesamtheit aller Tauschhandlungen zwischen einem Höheren und einem Untergebenen" (1961:66). Der Akt des Gebens, durch Regeln innerhalb dieses Abkommens festgelegt, nennt sich *kugabira* („einer genau bestimmten Person etwas geben", von *kugaba*, „geben", mit dem zweiten

---

[122] Ich beschränke mich in der Folge zur Vereinfachung auf den Fall, dass Kühe nachgesucht und gegeben werden. – Das streckenweise gewählte ethnographische Präsens impliziert nicht, dass das *bugabíre* heute noch in der beschriebenen Art existiert; seine vertikale (Lehns-) Form ist seit 1955 gesetzlich untersagt (näheres s. Kap. 6.3).

[123] Es sei darauf aufmerksam gemacht, dass im Kirundi-Verständnis „Freundschaft" (*urukundo*) sehr wohl mit Ungleichheit vereinbar ist. Solche Freundschaften waren nie mit dem Ideal der Selbstlosigkeit verbunden. Diesen Aspekt hebt auch Nsanze hervor: „(...) du gros bétail aux longues cornes était donné aux solliciteurs en usufruit, à titre d'amitié, mais de cette amitié qui lie irrevocablement celui qui reçoit" (1988:11).

Sinn „be-herrschen"). Das durch den Höheren gegebene Gut wird *ingabíre* genannt, um was es sich auch immer handeln mag.

Die Gabe der Kuh (ich werde mich in der Folge auf diesen gebräuchlichsten Fall beschränken) begründet eine langdauernde Beziehung zwischen dem Geber und dem Empfänger und ihren jeweiligen Elementarfamilien. Es ist wichtig zu betonen, dass es sich nicht nur um eine Beziehung zwischen zwei Einzelpersonen handelt, sondern dass ihre beiden lokalen Familienkerne in dieses Abkommen einbezogen werden. Deutlich wird das beim Tod eines der Partner: das Abkommen kann von dessen Erben weitergeführt werden, falls die andere Seite nichts dagegen einzuwenden hat. Vom *shêbuja* wird erwartet, dass er während der gesamten, mit der Gabe einer Kuh eröffneten Beziehung dem *mugabíre* Schutz und Unterstützung auf verschiedensten Gebieten zur Verfügung stellt. Einen Schutzherrn zu haben, bringt vielseitige Vorteile, wobei jedermann bestrebt ist, einen möglichst mächtigen *shêbuja* zu finden. Das bringt seinem Abhängigen nicht nur einen höheren Status und mehr Bewegungsspielraum, sondern auch günstigere Bugabíre-Bedingungen. Denn je höher der *shêbuja* plaziert ist, desto weniger versucht er, aus diesen Beziehungen einen direkten ökonomischen Profit zu ziehen. Es kommt ihm vielmehr auf den Einfluss und die zusätzliche Macht an, die er in der Person seines neuen Anhängers als Teil seiner Klientel erwirbt. Dank seinem Schutzherrn ist auf der anderen Seite der *mugabíre* allfälligen Belästigungen und Forderungen subalterner Behörden, die den Alltag einfacher Bauern prägen, weniger ausgesetzt. Wer es gar schafft, in die Klientel eines Muganwa aufgenommen zu werden, ist von allen Abgabepflichten und Fronarbeiten befreit. Der so erreichte Schutz erstreckt sich nicht nur auf die Person, sondern auch auf all ihre Güter und vor allem ihr Vieh – falls sie bereits über solches verfügt –, das oft Gegenstand schikanöser Konfiskationen durch Machthaber aller Stufen ist. Die Gegenwart einer vom Muganwa oder gar Mwami erhaltenen Kuh immunisiert seine ganze Herde vor dem Zugriff irgendwelcher missgünstiger subalterner Autoritäten (Le Bureau permanent 1947:179). Die Beziehung zum *shêbuja* eröffnet neue Möglichkeiten sozialer Mobiltät, ermöglicht neue, vor allem vertikale Kontakte. Seine Hilfe wird in verschiedenen Situationen wirksam: Bei Schulden, bei Hungersnöten oder Todesfällen, und nicht zuletzt in Rechtshändeln, in denen er mit seinem meist viel grösseren Einfluss seinen *mugabíre* vertritt. Der *mugabíre* dagegen ist vor allem der Höfling seines *shêbuja*, dem er jederzeit zur Verfügung zu stehen hat: er ist dessen Begleiter, Spion, Komplize und Günstling. Er schuldet seinem *shêbuja* einen Teil seiner Arbeit (oft durch seine Kinder oder andere „Anhänger" ausgeführt), insbesondere während der Anbausaison und zum Unterhalt von Hof und Haus seines Herrn, für den er auch zuständig ist. Dazu kommen gelegentliche Abgaben in Naturalien, hauptsächlich in Form von Bier, und nicht zuletzt der „Rückfluss" etwa des dritten Teiles der Nachkommenschaft der erhaltenen Kuh oder Kühe (*kwôkoza*-Recht des *shêbuja*, das auch noch für die Kalbeskälber geltend gemacht werden kann; Trouwborst 1962a:152). Dafür wird er von Zeit zu Zeit von seinem *shêbuja* weitere Kühe erhalten – Kühe, die hier wie ein Erinnerungsmal der Abhängigkeit stehen, aber natürlich immer auch direkte wirtschaftliche und soziale Bedeutung haben. Diese Kühe können es dem *mugabíre* mit der Zeit erlauben, sich selbst ein Gefolge von Leuten, eine Klientel, aufzubauen. Es ist also durchaus möglich und sogar die Regel, dass ein Mann gleichzeitig die Rollen des *shêbuja* und des *mugabíre* einnimmt, „Patron" und „Klient" ist, wenn natürlich auch gegenüber unterschiedlichen Personen.

Das Bugabíre konnte damit zu einem umfassenden Netzwerk von Patrons und Klienten werden – insgesamt eine Entwicklung, die ihre gesellschaftlichen und historischen Bedingungen hatte und, vergessen wir es nicht, auch zu ihren Hochzeiten nur eine Minderheit der Bevölkerung betraf. Man muss sich hier von der falschen Vorstellung lösen, dass solche Bande nur zwischen einflussreichen und einfachen Leuten eingegangen wurden. Bugabíre-Verhältnisse waren zunächst eine interne Batutsi/Baganwa-Angelegenheit, in welche Bahútu-Feldbauern vielleicht erst in einer späteren Epoche vermehrt einbezogen wurden. Sie waren aber wohl nie ausschliesslich auf die Tutsi/Ganwa-Viehhalter beschränkt, was die Bahútu von einem weiteren Zugang zu Vieh ausgeschlossen hätte – eine Politik, wie sie beispielsweise von den Bahima gegenüber den Baïru-Feldbauern im nördlichen Nkore (Ankole) praktiziert wurde (s. Steinhart 1981). *Mugabíre* war keine soziale Position, sondern eine Rolle, *bagabíre* bezeichnete mitnichten eine soziale Klasse.

Die soziale Position jeder Person wurde in erster Linie aufgrund der Kühe, die sie besass – bzw. nicht besass –, bestimmt. Da Kühe etwas waren, das in Zirkulation gehalten wurde, können wir in dieses „Besitzen" auch *Verfügen* über innerhalb eines Bugabíre-Abkommens erhaltene Kühe miteinschliessen. Es wird deutlich, dass hier der Begriff des Besitzes problematisiert werden muss. Das Bureau permanent sagt angesichts des *kwôkoza-* (Teil-) Rückforderungsrechtes des *shêbuja*: „(...) ne concluons pas que l'ubugabire soit propriété intégrale du shebuja non plus que du mugabire, tout en étant plus propriété du mugabire que du shebuja" (1947:191). Diese Aussage bringt uns jedoch wenig weiter. Der Inhalt des Begriffes kann nur über die Analyse der gegenseitigen Verfügungsrechte bestimmt werden. Ein *mugabíre* hatte über die erhaltenen Kühe bedeutend weitergehende Rechte denn ein *mugerêrwa*-Landpächter über im Rahmen eines *bugerêrwa*-Verhältnisses erhaltenes Land (Smets 1949:105ff; Ndikuriyo 1975:68). Der Kuhgeber behielt ein Kontroll- und Aufsichtsrecht über das abgegebene Vieh; da er jedes dritte oder vierte Kalb durch das *kwôkoza* zurückfordern konnte (*inyokorano*-Kuh genannt), hatte er weiterhin ein evidentes Interesse am Gesundheitszustand der Kuh oder Kühe. Wie das „Bureau permanent" bemerkt, bestand die Bande primär im Vieh selbst. Wenn dieses verschwunden war, konnte keine Seite mehr Rechte und Pflichten geltend machen. So stellte der Geber sein lebhaftes Interesse am Wohlergehen des gegebenen Viehs gerne zur Schau, was den Empfänger in seiner Unterwürfigkeit und Demut nur bestärken konnte. Unter diesen Einschränkungen konnte der *mugabíre* mit dem erhaltenen Vieh jedoch tun und lassen, was er wollte, es auch bei anderen Leuten plazieren und es an diese weitergeben – zumindest „solange er sich mit seinem *shêbuja* gut versteht", wie das Bureau permanent (ibid.) lapidar bemerkt. Und hier liegt natürlich der Kern des Problems.

Die *Pflichten* innerhalb eines Bugabíre-Abkommens waren nie zum vornherein genau festgelegt, sondern form- und veränderbar. Die Spezifika und Bedingungen jedes Vertrages hingen immer von den im einzelnen Fall implizierten Personen ab, d.h. ihrer jeweiligen Machtposition (bestimmt durch ihre ökonomische, soziale und politische Situation). Das ist ein zentrales Merkmal dieser Institution und deutet ihre Dynamik und Flexibilität an. Die langwierige Prozedur des Zustandekommens eines Bugabíre-Abkommens, die bis zu zwei Jahren dauern konnte, diente nicht etwa dazu, die einzelnen Bedingungen auszuhandeln und festzulegen. Das Studium aller mir zugänglichen Quellen und meine eigenen Datenerhebungen lassen vermuten, dass nie der Versuch unternommen wurde, diese mündlich zu stipulieren und im einzelnen zu explizieren. Im Laufe der langen Einleitungsphase galt es vielmehr, die Trümpfe jeder Seite sorgfältig auszusondieren und sich über Position, Status und Möglichkeiten der anderen Partei Gewissheit zu verschaffen. Während der Bittsteller sich bereits vorgängig informiert hatte, war es vor allem der zukünftige *shêbuja*, der nicht an einem vorschnellen Eingehen eines solchen Abkommens interessiert sein konnte und während dieser Einleitungszeit nicht zuletzt auch von den Werbediensten des Anfragenden profitierte. Das Bureau permanent du conseil du Mwami sagt dazu:

> „(...) le „mugabire" n'est pas tenu à des obligations fixes, inchangeables, mais bien au contraire ce contrat est malléable et s'adapte aux circonstances dans lesquelles se trouveront le „donateur" d'une part et le bénéficiaire („umugabire") de l'autre. Le contrat ici signifie convention *tacite* que le „shebuja" (qui donne), en donnant, et le „mugabire", en acceptant, s'engagent mutuellement à respecter. Cette convention ne suppose nullement des paroles spécifiant les devoirs des deux parties, ceux-ci étant sous-entendus, puisque le fait même qu'un „shebuja" donne du bétail et que le „mugabire" l'accepte comporte ipso facto les devoirs de part et d'autre que la coutume impose en pareille matière. Dans toutes les questions qui touchent la coutume il n'y a qu'une tradition orale, les usages courants dans tel ou tel cas créent les règles à suivre" (1947:174, Hervorhebung im Original).

Die „Vertrags“-Inhalte und -Bedingungen waren also a) kraft Gewohnheit („la coutume impose“, „usages courants“), b) kraft der spezifischen gesellschaftlichen Position der beiden implizierten Parteien gegeben – „sous-entendus“, wie die Autoren sagen, stillschweigend mitverstanden.

Dieses „Sous-entendu“ scheint mir nun gerade ein wichtiges konstitutives Merkmal zu sein, das für die Tragweite dieser Einrichtung entscheidend war. Zwei Bemerkungen drängen sich dazu auf. Erstens ergaben sich aus dieser relativen Unbestimmtheit des Abkommens für die stärkere Seite, den Geber, gewisse Möglichkeiten, die Beziehung auszunutzen und auszubeuten, was auf den unteren Stufen der sozialen Leiter keineswegs unüblich war. Zweitens aber war sich ohne Zweifel jede der beiden Seiten bewusst, in was sie sich einliess und wie die damit eingegangene Beziehung aussehen wird. Sicher, Leute in Notsituationen hatten oft gar keine andere Wahl – besser einen schlechten und ausbeuterischen als gar keinen Patron. Die Freiwilligkeit des Eingehens und die Wahlmöglichkeit waren im konkreten Fall mehr theoretisch denn praktisch gegeben. In der Praxis existierten sie im einzelnen Fall oft überhaupt nicht oder nur in stark eingeschränktem Masse. Damit kein falsches Bild entsteht, muss hier aber gleich korrigierend angemerkt werden, dass anders als bei *bugerêrwa*-Verhältnissen, die den Boden betrafen, sich das typische Bugabíre-Verhältnis nicht auf Leute aus den ärmsten Schichten erstreckte; wer immer ein solches einzugehen vermochte, verfügte bereits über einige privilegierende Vorbedingungen. Die *bagabíre* konnten aus allen sozialen Schichten kommen (auch aus den obersten, wobei es sich dabei um die beiden anderen erwähnten Bugabíre-Typen handelte), und nur in Ausnahmefällen handelte es sich bei ihnen um arme Bedürftige. Die hohe Variationsbreite der Bedingungen, unter denen Bugabíre-Abkommen abgeschlossen wurden – wozu mehrere ausgeprägt regionale Varianten beitrugen (Ndikuriyo 1975) – ist gerade eines der wesentlichsten Merkmale dieser Einrichtung.

Es ist an dieser Stelle von Nutzen, das im Zusammenhang mit Abhängigkeitsbeziehungen im allgemeinen und mit dem Bugabíre im besonderen verwendete vernakuläre Vokabular genauer zu betrachten.[124] Von besonderer Bedeutung sind der Begriff *shêbuja*, die Verben *gusaba* und *kugaba* mit je verschiedenen Ableitungen, und einige weitere Verben. Diese Ausführungen sind nicht nur in Bezug auf das Bugabíre zu sehen, sondern haben in jedem sozialen und politischen Kontext ihre Bedeutung, wie noch deutlich werden wird. Es geht hier um eine erste Annäherung an die Inhalte dieser Begriffe, die im Laufe der Arbeit zusätzliche Präzisierungen erfahren werden.

4.6.3 Das Vokabular der Abhängigkeit und Unterordnung

a) Das Verb *GUSABA* und seine verschiedenen Ableitungen spielen bei allen Beziehungen von Tausch und Abhängigkeit eine bedeutende Rolle. Es bezeichnet die Tatsache des sich an jemanden Wendens, um etwas zu erhalten, des Anfragens und Erbittens aus einer untergeordneten Position heraus und impliziert häufige Besuche mit Geschenken (*gushikana*, s. unten). *Gusaba* bezeichnet immer eine Beziehung zwischen einem Bittsteller und einem „Spender“. In aller Regel wendet man sich mit solchen Anfragen und Bitten an einen Reicheren, bei dem man zu finden hofft, über was man selbst nicht verfügt. Um etwas erbitten zu können, muss man jedoch selbst etwas zu geben haben. Beim Bittsteller *umusavyi* kann es sich somit nie um eine mittellose Person handeln; solche können sich nur noch in Knechtschaft (*bushumba*) begeben. *Gusaba* impliziert immer eine Beziehung zwischen Ungleichen. „Le supérieur est par définition celui à qui on demande“ (Albert 1960a:153). Musaniwabo unterscheidet dabei verschiedene Formen; bei Nachfragen um ein Gut wendet man sich in erster Linie an jemand Reicheres, bei der Bitte um Schutz an jemand Mächtigeres. Wenn der Anfragende dabei immer eine untergeordnete Position einnimmt und sich bereits durch sein Gesuch unterordnet, so ist vor allem dieser zweite Fall mit einem Befehl-Gehorsams-

124 Ich folge hier in weiten Teilen den oben angegebenen Quellen und früheren Versuchen in diese Richtung, unter Bezugnahme auf Rodegems *Dictionnaire* (1970).

Verhältnis verbunden; die angefragte Person wird betrachtet als „un supérieur à qui on obéit, à qui on se confie, de qui on attend des faveurs de toutes sortes; c'est un *amasabo*. On est disposé à obéir fidèlement à ses ordres" (Musaniwabo 1979:32). Sehr gebräuchlich ist auch der Ausdruck *nasavye* (wörtlich: „ich habe erbeten/angefragt"), der auch noch von mehreren meiner Informanten Ende der achziger Jahre verwendet wurde und soviel heisst wie „ich habe [dem und demjenigen] gedient/stand in Diensten von ..." (Trouwborst 1961:71). Das Verb *gusaba* ist in Bezug auf die Beziehungen zu politischen Behörden heute noch geläufig und bedeutet dabei soviel wie „vorsprechen, um eine Audienz bitten" (Gespr. 55:21). Darauf wird noch zurückzukommen sein. Dieser Terminus wird schliesslich auch beim Handanhalten um eine Braut (*gusaba umugeni*) wie für das feierliche Überbringen der Brautgaben (*inkwâno*) verwendet. Die „autonom-reflexive" Form *kwî-saba* bedeutet „unabhängig sein", *kwîsabira*: „sich einen Herrn und Beschützer suchen; sich entscheiden, einem Ranghöheren den Hof zu machen". Mit einem Patron, dem man sich unterordnete, konnte die Einzelperson (immer mit ihrer Familie) in der vorkolonialen Gesellschaft bedeutend unabhängiger und autonomer sein, als wenn sie ohne einen solchen dastand. „Klient" sein ist also immer auch ein Privileg.

Amasabo bezeichnet im ersten Sinn die Tatsache des Anfragens und die in der Folge daraus entstehende *Beziehung*; in Ausdehnung davon ist damit allgemein „Zuflucht, Patronage, Gefolgschaft, Abhängigkeit" gemeint. *Amasabo* bezeichnet immer eine Bindung zwischen Ungleichen. In einem zweiten Sinn wird damit die Person, die diese Anfrage angenommen hat, bezeichnet („Wohltäter, Förderer, Patron, Schutz-Herr"). *Umusavyi* bedeutet „derjenige, der aus einer niedrigeren Position heraus erbittet, der Anfragende, Gesuch- und Bittsteller", auch „der inständig und unterwürfig Bettelnde", in Ausdehung allgemein „der Höfling, Anhänger, Gefolgsmann". *Gusabira* dagegen heisst „sich einsetzen, verwenden für, fürsprechen, zu Gunsten von jemandem intervenieren"; *gusabisha* meint dasselbe, mit stärkerer Betonung darauf, dass eine Mittelsperson beauftragt und mit der Bitte angegangen wird, sich für den Anfragenden einzusetzen. Diese Termini werden in verschiedenen Kontexten verwendet, sowohl für die Vermittlung von Zugang zu aristokratischen Höfen wie auch für die Vermittlung zwischen Mensch und Übernatürlichem (Geister, Kiranga, etc.). Dafür gibt es zahlreiche Synonyme, wie *gutâmbutsa* (jemanden vorwärtsbringen, durchlassen, fördern, jemandem den Weg öffnen, als Mittler dienen), *kwunguruza* (jemanden erhöhen, (be-)fördern, vorwärtsbringen, stärken); *gukandira* (als Mittler dienen, jemanden ankündigen). Auf die Bedeutung der Mittler, die sich durch die Qualität des direkten Zuganges zur gesuchten Person auszeichnen (*umwishikira, umukandizi*), wird noch zurückzukommen sein. Im politischen Kontext kennengelernt haben wir im Zusammenhang des *gusaba* die Aktivitäten des *gushengera* („anwesend sein, einem Ranghöheren Besuch abstatten und ihm den Hof machen"), *kurârira* und *guterama* („Wache halten und die Nacht am Hof einer einflussreichen Persönlichkeit verbringen, in Erwartung, einmal ein nachgesuchtes Gut zu erhalten"); falls sich ein derartiger Hofaufenthalt über eine längere Zeitperiode erstreckte (was sich nur bei einer hochgestellten Autorität wie einem Muganwa oder dem Mwami auszahlen konnte), sprach man von *gusasa* (wörtlich: „das Gras ausbreiten") oder von *guca urusâgo* („sein Lager aufschlagen") (s. Kap. 5.1).

b) Der Term *SHÊBUJA* setzt sich aus den beiden Teilen *sé* und *-buja* zusammen (der eingeschobene Buchstabe „h" hat allein phonetische Gründe). *Sé* ist der Referenzterminus für „Vater" in der dritten Person. *Datá* ist der Anrede- und Referenzterminus in der ersten Person, also der Vater eines Ego; wenn Ego sich an seinen *shêbuja* wendet oder von ihm spricht, sagt es *datábuja*. In der zweiten Person lautet es analog *só* und *sóbuja*. *Shêbuja* heisst wörtlich „sein Vater *buja*". *Sé*/Vater hat im Kirundi immer auch eine Konnotation von Schöpfer, Erzeuger, Wohltäter und Beschützer, im hintergründigen Sinn „derjenige, der das Leben gibt und unterhält". Der zweite Teil des Begriffs geht von der Wurzel *-ja* aus, die eine starke Vorstellung von Dienstbarkeit und Abhängigkeit, ein Servitut anzeigt (*ubuja* = Knechtschaft, „Hörigkeit"). *Shêbuja* wird somit üblicherweise übersetzt mit „Schutzherr, Patron, Meister", „Vater der Knechtschaft". Je nach der sozialen

Stellung der beiden implizierten Partner liegt der Akzent der Beziehung mehr auf der „väterlich-persönlichen" Komponente *sé* oder der Komponente *-já*, der Abhängigkeit und Dienstbarkeit. Die einzelnen Beziehungen können sehr unterschiedlich sein. Es ist beizufügen, dass jeder als höherstehend erachtete Mann und nicht nur der Geber einer Kuh als *shêbuja* bezeichnet wird. Höher ist derjenige, der auf die eine oder andere Weise befehlen, oder anders gesagt: beschützen kann, also auf jeden Fall derjenige, der eine Kuh gibt, um so mehr noch der König, Prinz oder Chef und auch der Vater. Aus denselben Gründen wird heute noch jeder Wohltäter und der Arbeitgeber als *shêbuja* bezeichnet (auch *amasabo*, s. oben). Wie Botte erwähnt, wäre es bedeutungsvoll zu untersuchen, inwieweit heute die Gabe von Lohn oder eines Diploms im gleichen Orientierungsrahmen wie früher die Gabe einer Kuh gesehen wird.

c) Beim Ausdruck *bugabíre* handelt es sich um eine Ableitung des Verbes *KUGABA*, das wir in seiner zweifachen Bedeutung von „geben" und „befehlen/kontrollieren" bereits kennengelernt haben (s. Kapitel 3.4.1). Der Akt des *kugaba* im ersten Sinn zieht nach Ntahombaye (1983:235) immer automatisch eine Abhängigkeit nach sich, nicht notwendigerweise aber eine Ungleichheit (zum Beispiel dann, wenn zwei Chefs Gaben austauschen). *Kugaba* bringt den Tatbestand des Gebens und Verteilens mit dem des Kontollierens und Befehlens zusammen, eine für die monarchische Machtauffassung charakteristische Assoziation. Das Verb *kugaba* oder seine transitiv-applikative Form *kugabira* wird innerhalb der persönlichen Abhängigkeitsbeziehungen, die uns hier interessieren, für den Akt des Gebens verwendet, jedoch nur für die Gabe von seiten des *shêbuja*. Das Darbieten der verschiedenen Gegenleistungen von seiten des *mugabíre* (wörtlich eben „derjenige, dem gegeben wird", der Empfänger – seinen Handlungen wird der Charakter des Gebens nicht zuerkannt!) wird abhängig von der Situation und wie immer der sozialen Position der beiden Seiten mit verschiedenen anderen Verben bezeichnet (*gushikana/gushikanira*: „ein Geschenk bringen, offerieren"; *gushengera*: „einer hohen Person ein Geschenk bringen, den Hof machen"; *gusaba*: „erbitten/sich unterwerfen"; etc.). *Ubugabíre* bezeichnet die Institution des *kugabira*, die dadurch eröffnete und fest eingerichtete Beziehung (im engen Sinn wird damit nur der „Zustand desjenigen, der erhalten hat", beschrieben). Die Gabe selbst wird *ingabíre* oder *ingabirano* genannt. Alle bereits vorgestellten Ableitungen der Wortwurzel *-/gab/-* weisen ebenfalls auf die enge Verbindung zwischen Gabe, Abhängigkeit und Macht hin. Das Vokabular der Abhängigkeitsbeziehungen durchdringt und prägt die Sprache der Macht.

d) Der *MUGABÍRE* ist der Empfänger der *ingabíre*-Gabe. Unter *mugabíre* wird immer nur der rangtiefere Anfragende verstanden. Eine seiner wichtigsten Pflichten besteht im kontinuierlichen Erweisen von Dankbezeugungen und Reverenz gegenüber seinem *shêbuja* oder *amasabo*: *gushima* („Dank sagen"), auch *gukenguruka* genannt („danken", aber auch: „gefügig sein, sich unterordnen und die Vorrangstellung des Gebers anerkennen"). Es ist ferner seine Pflicht, seinem Herrn regelmässig Dankesgeschenke zu überbringen, eine Tätigkeit, die als *gushikana* oder *gushikanira* bezeichnet wird; das Dankesgeschenk selbst heisst *ishimwe* oder *agashimwe*, wird aber auch als *i-shikánwa* bezeichnet: „Geschenk eines Rangtieferen an einen Ranghöheren", mit der sekundären Bedeutung „Abgabe, Tribut", oder synonym: *itûro*: „Ehrengabe" (cf. Abb. 9 im Kap. 5.2; Gespräche 22:7, 63:3f; Rodegem 1970:420, Botte 1982b:289). Des weiteren gehört es sich für einen *mugabíre*, seinen „Patron" zu verschiedensten Gelegenheiten im privaten oder öffentlichen Rahmen zu lobpreisen und ihm zu huldigen.[125] Zur Reverenzbezeugung und als Zeichen des Dankes reisst man ein Büschel Gras aus und reicht es seinem *shêbuja* mit beiden Händen dar (*gukûra ubwatsi*); das symbolisiert den Wunsch auf Fruchtbarkeit und Wohlergehen (Le Bureau Permanent ... 1947:179,181, Ntahombaye 1983:236).

[125] *Kunínahaza, gushimagiza, guhaya*: „den Wohltäter preisen, rühmen und verherrlichen, seine Güte lobpreisen", *guhêzagira*: „seine Bewunderung immer wieder von neuem wiederholen, jemanden besingen".

e) *KWOKOZA* oder *KWITUZA* wird das Rückforderungsrecht auf einen Teil des Nachwuchses einer gegebenen Kuh genannt; die „zurück“gegebenen Kälber heissen *inyokorano* (Rodegem 1970:308). Während der vorkolonialen Zeit war die Fälligkeit solcher Rückgaben bzw. Rückforderungen nicht einheitlich festgelegt, sondern in hohem Masse partikulär geregelt. Ausschlaggebend waren Vermögen und Status von *shêbuja* und *mugabíre* und die Ausgestaltung ihrer gegenseitigen Beziehungen in jedem einzelnen Fall. In der Regel konnte das dritte oder vierte, manchmal aber bereits das zweite geworfene Kalb der gegebenen Kuh eingefordert werden. Gemäss dem Bureau permanent konnte es bei einem vermögenden *shêbuja* und einem dienstbeflissenen *mugabíre* aber auch erst das fünfte oder sechste Kalb sein, das dann der *mugabíre* sogar von sich aus offerierte (1947:191ff). Standardisiert wurde das wie so manches andere erst während der Kolonialzeit, vorher scheint weniger verpflichtender Zwang als Willkür dahintergestanden zu haben. Bei *politischen* Gaben – sei es von unten nach oben (z.B. obligatorisch bei der Einsetzung eines neuen Regionalchefs) oder von oben nach unten (als Anerkennung für geleistete Dienste) – konnte das *kwôkoza*-Recht nicht geltend gemacht werden (Nsanze 1986:80).[126]

f) *KUNYAGA* bezeichnet die Rücknahme einer Gabe, in Ausweitung die Enteignung und Plünderung; im Fall von Böden spricht man von *gusohora* („eindringen, verjagen und ausweisen“). Dieses Ausweisungsrecht kam allen politischen Chefs zu und ist das Gegenstück zum *kugerera*-Ansiedlungsrecht – die Herrschenden geben wie sie nehmen (s. Kapitel 5.2).

4.6.4 *Bugabíre*-Viehpachtabkommen und *gutêrera*-Biertausch. Eine Gegenüberstellung

Nach dieser Tour d'horizon über das zugehörige Vokabular ist es von Gewinn, den Charakter der Institution des *bugabíre* und deren Bedeutung innerhalb der lokalen Sozialstrukturen durch einen Vergleich mit den *gutêrera*-Biertauschzirkeln zu verdeutlichen. Wie Trouwborst (1973a) gezeigt hat, lassen sich dergestalt einige konstitutive Merkmale dieser beiden Einrichtungen besonders klar herausarbeiten.

Anders als bei den Biertauschverhältnissen spielt in den sich aus dem *bugabíre* ergebenden Beziehungen das Interesse für materielle und andere Vorteile eine bedeutende Rolle. Der Kuhgeber kann durch sie sein Prestige und seinen Einfluss vergrössern und der *mugabíre* kommt in den Besitz eines hochgeschätzten Gutes, das ihm ökonomische und gewisse soziale Vorteile eröffnet. Trotz dieses Elementes von Reziprozität in den Beziehungen zwischen *shêbuja* und *mugabíre* bleiben sie immer von gegenseitigem Misstrauen und gegensätzlichen Interessen geprägt. Sie sind aber immer auch viel privater und weniger öffentlich als Biertauschbeziehungen – sie enthalten viele Elemente von Geheimnis und Intrige (Trouwborst 1973a:113). *Shêbuja* und *mugabíre* leben oft weit auseinander und pflegen eine exklusive Beziehung. Die verschiedenen Klienten eines *shêbuja* treffen sich kaum je und bilden keine Gruppe. Das Bugabíre hat keine lokale Basis. Auffallend ist, dass dieser Beziehung immer ein stark persönlich geprägtes Gewand gegeben wurde. Der *shêbuja* wird als Vater (*sé* oder *umuvyeyi*), der *mugabíre* als Sohn angesprochen (Trouwborst 1962a:151, de Heusch 1966:421). Beide haben gegenüber einander quasi familiäre Pflichten wahrzunehmen, die denen eines nahen Verwandten und Familienmitgliedes nahekommen. Die Stärke der Bande durch die Kuh wird so weit getrieben und der Verwandtschaft angenähert, dass es den

126 An anderer Stelle berichtet Nsanze dagegen von einigen um die letzte Jahrhundertwende herrschenden Baganwa (Bigeni, Mbanzabugabo), die trotz dieser verbreiteten Regel *kwôkoza*-Forderungen stellten und damit mit einigen ihrer politischen Subjekte formale Bugabire-Verhältnisse unterhielten (1986:119f). Wir werden im Zusammenhang des Tributsystems die Bedeutung derartiger Vieh-Bande sehen, die gerade in dieser Epoche und speziell in peripheren Gebieten ihre Wichtigkeit hatten (Bigeni regierte Ende des 19. Jahrhunders im südöstlichen Mosso, Mbanzabugabo zur gleichen Zeit im nordöstlichen Bweru).

Angehörigen der derart verbundenen Familien untersagt ist, unter sich zu heiraten (Delacauw 1936:494, Rodegem 1970:95, Mworoha 1977:189). Bei all dieser persönlich-verwandtschaftlichen „Ausstattung" und der Beschwörung der Freundschaft, an die immer wieder appelliert wird (was Mworoha [1977:188] als „discours sur l'amitié" bezeichnet), behält die Beziehung ihren stark paternalistischen und ungleichen, vertikalen Charakter bei.

Ich habe gezeigt, dass Biertauschbeziehungen die Schaffung oder Bestätigung von entspannten sozialen Beziehungen im lokalen Rahmen zum Ziel haben. Es lässt sich sagen, dass in den Biertauschzirkeln, in denen sich unter Umständen gar *mugabíre* und *shêbuja* vereint finden können, die die gesamten Gesellschaftsstrukturen durchdringende Vertikalität ein Stück weit zurückgenommen, sozusagen komplementär ein Ausgleich zwischen vertikalen und horizontalen Loyalitäten geschaffen wird. Ich möchte sogar behaupten, dass die feine und komplexe Maschinerie der Klientelbeziehungen, die ihre Bedeutung als Binde- und Verfestigungsmittel der Unterordnung und Abhängigkeit hatte, ohne das geschmeidig machende „Öl der Konvivialität" festgefahren wäre (Gespr. 73). Wenn es auch stimmt, dass die Anzahl der Bierfreunde auf Reichtum und Einfluss der betreffenden Person hinweisen, so können diese Beziehungen doch kaum zur Förderung der eigenen Interessen zuungunsten anderer eingesetzt werden. Während die Biertauschbeziehungen horizontal orientiert und grundlegend symmetrischer Natur sind,[127] so haben demgegenüber die Bugabíre-Beziehungen einen deutlich vertikalen und asymmetrischen Charakter. Während in ersteren grundsätzlich gleiches gegen gleiches getauscht wird (ausschliesslich Bier und Nahrung), werden in letzteren ungleiche Güter gegeneinander getauscht. In der grossen Regel ist der Empfänger, der *mugabíre*, ärmer als der Geber, und bereits seine Anfrage macht seine Unterordnung deutlich. Die ganze Beziehung bleibt immer dadurch geprägt, dass die Gabe einer Kuh – und dazu noch durch einen Höherstehenden, der in jedem Sinn mehr *vermag* – grundsätzlich nie vollständig wettgemacht werden kann. Die Leistungen desjenigen, der sie gab, erscheinen im kulturell üblichen Diskurs als Güte und Zugeständnis, seine Bereitschaft als Entgegenkommen, ja gar Herablassung, die Leistungen des Empfängers dagegen als Pflicht. Schutz und Hilfe des „Patrons", des „Herrn", bzw. dessen Bereitschaft dazu, wird immer als direkt abhängig von der Anhänglichkeit, dem Eifer und der pünktlichen Pflichterfüllung des Klienten gesehen – und das mit Recht, wie das Bureau permanent du conseil du Mwami (1947:185) bemerkt, bleiben doch die zu erfüllenden Pflichten immer nur vage umschrieben, was sich nur zuungunsten des Schwächeren auswirken kann. Das gleiche Phänomen der „nie auszugleichenden Tauschbeziehung" lässt sich auch im weiteren politischen Kontext verfolgen und wird auch da gepflegt (s. Erörterung des Tributsystems im Kap. 5.2).

Bugabíre-Beziehungen verfolgen grundsätzlich ein anderes Ziel als Biertauschbeziehungen. Das Hauptziel des Bugabíre-Abkommens ist die Herstellung direkter Kontakte zwischen den beiden involvierten Seiten und der daraus folgende wirtschaftliche oder politische Gewinn. Solche Verhältnisse können Brücken zwischen Angehörigen verschiedener sozialer Schichten bilden – mit ihnen kann eine Drittpartei erreichbar werden, die es innerhalb der lokalen Biertauschbeziehungen nicht ist. Über diese Einrichtung lässt sich im (seltenen) Extremfall ein Kontakt zwischen einfachen Bauern und hohen Würdenträgern herstellen. Sie kann auf jeden Fall ein Mittel des direkten Zugangs zu höherstehenden Leuten sein.[128] Dass das aber nicht das Ziel *aller* Bugabíre-Vereinba-

---

[127] De Heusch ist der Meinung, dass die durch Heirat innerhalb des matrimonialen Systems zustandekommenden Tauschbeziehungen (*ubukwe*) strukturell dem egalitären Tausch des *guterêra*-Typus anzunähern sind (1966:422). Auf das matrimoniale System gehe ich hier nicht weiter ein.

[128] Die darin implizierte Ungleichheit, ihr Wert und ihre Vorteilhaftigkeit vorab für die sich unterordnenden Rangtieferen wird in verschiedenen Sprichwörtern und Redensarten hervorgehoben, etwa: „Wer besser plaziert ist, vermag wirksamer zu intervenieren" (*ugusumba arakumanurira*, wörtlich: „Wer grösser ist als du, könnte an deiner Stelle/für dich abhängen [eine Abhängigkeitsbeziehung eingehen]" (Rodegem 1983, No.3341); oder „Wer durch einen Leoparden geschützt ist, schöpft sein Wasser [in Ruhe, allgemein: verfügt über einen grösseren Handlungs-

rungen ist, zeigt schon die Tatsache, dass es solche Verhältnisse auch innerhalb einer Lokalgruppe, zwischen Nachbarn und/oder sogar Verwandten, geben kann. Trotzdem lässt sich folgende allgemeine Regel formulieren: Während der Hauptzweck der *gutêrera*-Biertauschbeziehungen die Bestätigung, Symbolisierung und Absicherung bestehender Beziehungen und sozialer Anlässe ist, liegt das Ziel von Bugabíre-Beziehungen im allgemeinen darin, *neue* Beziehungen zu schaffen – sozioökonomische und politische Beziehungen vor allem, die eine Erweiterung der bestehenden lokalen und verwandtschaftlichen Bande bedeuten. Das Bugabíre kann sehr wohl ein Mittel zu sozialer Mobilität sein. Dies wird oft als eine der Hauptfunktionen von Klientschaftsabkommen allgemein hervorgehoben.[129] Bugabíre-Vereinbarungen können in Burundi auch ein Mittel zur Mobilisierung von politischem *Support* sein, wenn sie auch keineswegs das einzige Mittel dazu sind. Trouwborst hat aufgezeigt, dass politische Faktionen in weitem Masse über Bugabíre-Klientschaftsnetzwerke oder Klientelnetze rekrutiert werden (1961). In seinem Artikel von 1973(a), in dem er die Brauchbarkeit des Netzwerkmodelles zur Erklärung der lokalen Sozialbeziehungen in Burundi prüft, bezeichnet Trouwborst die durch Bugabíre-Beziehungen zur Erreichung eines bestimmten politischen Ziels mobilisierten Leute als einen „Action-set" (ein ego-zentriertes Netzwerk, im weiteren Sinn eine Quasi-Gruppe) (1973a:117). Vergessen wir nicht, dass eine solche zielgerichtete Aufbietung von Leuten für überlokale Zwecke durch die lokal und primär „häuslich" orientierten „Biertauschnetzwerke" kaum möglich war. Während wir bei den „Biertauschzirkeln" einen deutlich lokalen Kern ausmachen konnten, fehlt ein solcher bei durch Bugabíre-Beziehungen entstehenden Netzwerken, die eine bedeutend geringere Dichte aufweisen, wenn wir beim Begriffsinstrumentarium der Transaktions- oder „Netzwerk"-Analytiker bleiben wollen.

E.R. Wolf (1966:81ff) unterschied die Bündnisse, die Bauern in bäuerlichen Gemeinschaften oder (Teil-) Gesellschaften unter sich und nach aussen hin eingehen, nach drei Kriterien: polyadische/dyadische, horizontale/vertikale und vielsträngige/einsträngige Bündnisse. Wenn wir zum Vergleich der zwei uns hier interessierenden Netzwerke auch noch das dritte Kriterium heranziehen, so lässt sich sagen, dass nicht nur die *gutêrera*-Beziehungen vielsträngig sind (vor allem innerhalb des nachbarschaftlichen Kernes gibt es vielfache ökonomische, soziale, religiöse, politische und rechtliche Beziehungen, die nicht auseinandergehalten werden können), sondern auch die Bugabíre-Beziehung immer zumindest als „mehrsträngig" anzusehen ist.[130] Auch wenn sie schon von der Anzahl der einbezogenen Personen bedeutend weniger dicht und durch weniger „Interessensstränge" gebunden ist als etwa Nachbarschaften, ist sie kaum je nur „einsträngig". Schon die Tatsache, dass ihr Zweck nie genau stipuliert wird, weist darauf hin, dass sie in unterschiedlichen Situationen nutzbar gemacht werden können soll. Der *shêbuja* ist nicht nur Rechtsbeistand,

---

spielraum]" (ibid., No.3637); oder gar wie in der Gesuchsformel (dem formellen Antrag auf Eröffnung eines Viehleihabkommens) gesagt und womit die Bereitschaft zum Eingehen eines Abhängigkeitsverhältnisses erklärt wird: „Wenn du auf einem Hügel stehst, bist du höher als ich. Wenn du in ein Tal hinuntersteigst, bist du immer noch höher als ich" (*uhagarara haruguru akansumba; wahagarara hepfo ukansumba* – Gespr. 76:4). Bei Rodegem sind zahlreiche in die gleiche Richtung lautende Sprichwörter nachzulesen (1983:276-79, 308f). Sprichwörter, welche Wert und Vorteilhaftigkeit solcher Ungleichheitsbeziehungen für die sich überordnenden Ranghöheren thematisieren, scheinen seltener zu sein (s. dazu Rodegem 1983:309f).

129 So bei Mair 1961:325, in Bezug auf Burundi: bei Ndikuriyo 1975:76 und Trouwborst 1961 & 1973a.

130 Es ist dazu zu bemerken, dass in der theoretischen Literatur oft unklar bleibt, was unter dieser „single-/multistrandedness" – auch „uni-/multiplexity" genannt – und im besonderen unter einem „Strang" alles zu verstehen ist (cf. Trouwborst 1973a:113). Wolf, der sich um die genaueste Definition bemüht hat, zeichnete das Bild eines Seiles, das aus mehreren miteinander verwobenen Fasersträngen oder nur einem einzelnen Strang besteht, und verstand danach darunter durch ein einzelnes oder eben durch mehrere Interessen miteinander verbundene Personen. Ein „vielsträngiges Bündnis" entsteht danach durch viele miteinander verwobene (wirtschaftliche, verwandtschaftliche, etc.) Bande (1966:81). Ich halte mich hier an diese Definition.

sondern auch Einführer, Fürsprecher und Vermittler, „Vater" und Beschützer in ganz verschiedenen Kontexten.

Nicht übersehen werden darf bei diesem Vergleich, dass zwar jeder Murundi Bierfreunde hat, keineswegs aber jeder an einem Bugabíre-Abkommen teilhat (Trouwborst 1973a:113). Es lässt sich sagen, dass derjenige, der über viele Bagabíre-Anhänger und Klienten verfügt, auch viele Bierfreunde hat. Das umgekehrte gilt aber nicht in jedem Fall. Nicht jedermann hat die Möglichkeit, ein Bugabíre-Verhältnis einzugehen; dies variiert nach den verschiedenen Regionen bzw. deren Viehreichtum und ist abhängig von einem gewissen ökonomischen Basisvermögen.[131]

Ist es jemandem auch möglich, gleichzeitig mehrere *shêbuja* zu haben, von mehreren Seiten Kühe zu bekommen? Hier ist ebenfalls nach dem sozialen Status der *bagabíre*-Kuhempfänger zu unterscheiden. Für einen einfachen Mann, der immer sehr umfassend in ein solches Verhältnis eingebunden ist, ist so etwas wegen der Schwierigkeit einer Situation „geteilter Loyalitäten" kaum möglich. Bei der grossen Variationsbreite von Bugabíre-Verhältnissen sind solche Situationen aber durchaus für die Fälle wohlhabender Klienten denkbar, etwa dann, wenn man von einem entfernt lebenden Geber eine Kuh erhält, jedoch nicht weiter durch zusätzliche Gaben an ihn gebunden ist.

Es ist sicher eine verfolgenswerte Überlegung – gerade hinsichtlich weiterer „grass roots"-Feldarbeit – hinsichtlich der Personen, die in einem Bugabíre-Verhältnis involviert sind oder danach suchen, zu prüfen, nach welchen Entscheidungsprozessen wieviel Zeit und Ressourcen (vor allem Bier) man bereit ist, je in das Bugabíre und *gutêrera* zu investieren. Die Befunde könnten Aufschluss über die umfassende Strategie jedes Haushaltes geben, wie er seinen Platz im gesellschaftlichen Leben abzusichern sucht. Da sowohl Bier wie Vieh auf viele andere Arten investiert werden können, handelt es sich dabei notgedrungenermassen um starke Vereinfachungen. Dass diesbezügliche Untersuchungen trotzdem ihren Wert haben können, wird bereits aus wenigen Bemerkungen Trouwborsts deutlich. Ausgehend von seinem Feldmaterial vermutet er, dass jeder Haushalt bestrebt ist, ein Gleichgewicht in der „Ressourcenallokation" zwischen den verschiedenen Beziehungsarten herzustellen (1973a:120f). Man ist im allgemeinen bestrebt, nicht alles in gleichartige, ob bereits bestehende oder neu zu eröffnende, Beziehungen zu investieren. So versucht man zum Beispiel, sein Vieh an möglichst verschiedenartige „Vieh-Klienten" zu verteilen. Falls ein Viehbesitzer auch an zusätzlicher Arbeitskraft und nicht nur an politischer Unterstützung interessiert ist, ist es wenig sinnvoll, alles Vieh bloss an Verwandte oder reiche Leute zu geben, da solche Abkommen sich durch „weiche" Bedingungen auszeichnen und nicht sehr belastend sind. Er wird darauf achten, einige Kühe an arme und unwichtige Leute zu geben. Ebenso kann es vorteilhaft sein, seine Bagabíre geographisch zu „streuen", einige in der Nähe und den einen oder anderen als „Brückenkopf" in einem anderen Gebiet zu haben. Gerade für wohlhabende Leute war das ein probates Mittel, ihren Einfluss über ihr engeres Gebiet hinaus zu erweitern (für politische Führer war das gar die Regel, wie ich im Kapitel 3 gezeigt habe). Trouwborst vertritt die These, dass ein Mann mit mehreren *bagabíre*-„Klienten" immer versucht, diese möglichst zu „streuen" (ibid., p.121).

Da das durch vertikale Beziehungen geprägte Verhalten von Bedeutung für Verhaltensmuster in politischen Beziehungen allgemein ist, ist es von Belang, das Zustandekommen und die Prozedur des Einleitens eines Bugabíre-Abkommens genauer zu untersuchen.

Die Initiative zur Einleitung eines Bugabíre-Abkommens lag in der Regel beim zukünftigen *mugabíre*.[132] Mit der Bitte um eine Kuh wandte er sich an eine möglichst einflussreiche, für ihn aber immer noch erreichbare Persönlichkeit seiner Gegend. Es konnte sich dabei auch um einen Zufallsbekannten, eventuell um einen Nachbarn oder Verwandten handeln, unter Umständen auch um eine Person, die in einer anderen Gegend lebte. Auf jeden Fall wandte er sich an jemanden, der

---

131 Detailliertere Ausführungen dazu finden sich bei Ndikuriyo 1975.

132 Ausnahmen s. bei Ndikuriyo 1975:60-65.

geben konnte, d.h. der mehr wirtschaftlichen, sozialen und politischen Einfluss und damit in der Regel mehr Kühe besass als er selbst. Zuerst ging er mit einem oder zwei Krügen Bier vorbei und wartete auf ein Rendez-vous, um sein Anliegen vorbringen zu können. Bei in der soziopolitischen Hierarchie hochplazierten Leuten wie etwa einem Muganwa musste dazu zur Kontaktvermittlung und Einführung ein Günstling oder Klient der gesuchten Person als Mittler eingeschaltet werden. Im Falle, dass der Ansucher erfolgreich war, waren die Dienste des Mittlers mit Geschenken abzugelten. Falls die angefragte Person nicht am Eingehen eines Bugabíre-Verhältnisses interessiert war, antwortete sie, dass sie nicht über das gesuchte Gut verfüge und auch sonst niemanden kenne, der ihm dazu verhelfen könne; das gebrachte Bier betrachte sie als Freundschaftsgabe und werde es bei Gelegenheit erwidern. Falls der zukünftige *shêbuja* jedoch interessiert war, hielt er eine Rede, in der er erklärte, dass er gerne eine solche vorgeschlagene Bande eingehen würde, im Moment jedoch nicht über das nachgesuchte Gut verfüge, aber geneigt sei, es sich zu überlegen und sich danach umzusehen. Worauf der Bittsteller sich in seiner Antwort entzückt zeigte.

Bei einem zweiten Besuch, der innerhalb eines Monats stattfinden konnte, nahm der Aspirant wieder den gleichen Diskurs über die Freundschaft und das nachgesuchte Gut auf. Je nach sozialem Status der beiden hatte er noch etliche Male vorzusprechen und jeweils einen oder zwei Töpfe Bier und vielleicht einmal einen Büschel Bananen mitzubringen. Falls die beiden Parteien bis anhin nicht miteinander bekannt waren, waren mindestens fünf derartige Besuche notwendig. Der angegangene Patron antwortete auf die wiederholten Anfragen jeweils mit der stereotypen Formel *turibihweza* (zu übersetzen mit „wir werden sehen, den Fall weiter analysieren"). Diese Phase konnte bis zu zwei Jahren dauern und bedeutete ein nicht zu unterschätzendes zeitliches und wirtschaftliches Engagement, das sich nicht jedermann leisten konnte. Mworoha hat ausgerechnet, dass die dabei offerierten Güter sicher der Hälfte des späteren Handelswertes einer Kuh entsprachen (1977:188). Falls man um eine Hacke oder Kleinvieh nachsuchte, war die ganze Prozedur um einiges kürzer; ebenso dann, wenn die beiden Seiten sich bereits näher kannten. Vom Tag an, an dem der Postulant vor Zeugen das gesuchte Gut erhielt, wurde er offiziell zum Anhänger und Klienten seines neuen *shêbuja*, zu „seinem Mann" (*umuntu wiwe*), zu seinem „Umuhútu", wie man auch sagte, was nichts mit seiner ethnischen Zugehörigkeit zu tun hatte (ebenso konnte der Kuhgeber generisch als „Umututsi" bezeichnet werden). In der Erweiterung dieses Begriffes konnte also sehr wohl auch ein Tutsi „Umuhútu" sein. Fortan schwor der *mugabíre* im Namen seines neuen *shêbuja* (*yampaye inká* – „er hat mir eine Kuh gegeben!") und lobpries seinen Wohltäter bei allen opportunen Gelegenheiten. Damit war ein im Prinzip unendlicher Zyklus von Gaben und Gegengaben eröffnet, der oben beschrieben wurde. Wie gesagt, konnte das Abkommen auf beiden Seiten weitervererbt, jedoch auch aufgelöst werden, falls man mit der Pflichterfüllung der anderen Seite nicht zufrieden war. Für den abhängigeren „Muhutu" war das aber nie ein einfaches Unterfangen und beinahe nur über einen Wegzug und Anschluss an einen anderen Schutzherrn möglich – was in der Regel keine günstigen Voraussetzungen für die Eröffnung einer neuen Abhängigkeitsbeziehung waren.

KAPITEL 5

HERRSCHAFT IM VORKOLONIALEN BURUNDI

Das Herrschaftsverhältnis

Nachdem im dritten Kapitel in erster Linie die technisch-administrative Seite des monarchischen Herrschaftssystems im Zentrum stand und anschliessend die nichtstaatlichen, lokalen Autoritätsstrukturen analysiert wurden, sollen nun die Beziehungen zwischen Herrschenden und Herrschaftsunterworfenen und die spezifische Ausformung des vorkolonialen Herrschaftsverhältnisses näher untersucht werden. Die Darstellung des Verwaltungssystems konnte nur eine eindimensionale Sicht der Herrschaftsordnung vermitteln. Sie vermag der Komplexität der Errichtung, Durchsetzung und Ausübung von Herrschaft nicht Rechnung zu tragen. Zum tieferen Verständnis der politischen Ordnung werde ich einige neuralgischen Orte und Angelpunkte des Herrschaftssystems analysieren, an denen die Beziehungen zwischen Herrschenden und Beherrschten und das darauf gründende Herrschaftsverhältnis deutlich werden.

In einem ersten Punkt sollen Natur und Ort der Beziehungen zwischen Herrschenden und Herrschaftsunterworfenen erörtert werden. Wo und in welcher Art kommen diese zustande und unter welchen Umständen verwirklichen sie sich? Der Modus des gegenseitigen Zuganges und die zwischen den beiden Seiten aufrechterhaltene Distanz ist dabei von besonderem Interesse. Welchen Ausmasses und welcher Qualität ist die Distanz zwischen Herrschenden und Herrschaftsunterworfenen? Wie wird die – grössere oder mindere – Distanz aufrechterhalten und wie kann sie überwunden werden? Wie wird sie von beiden Seiten dargestellt und wahrgenommen? Ist es überhaupt angebracht, allgemein zwischen „Herrschenden" und „Herrschaftsunterworfenen" zu unterscheiden, oder nach welchen weiteren Gesichtspunkten und Kriterien sind die beiden Seiten zu differenzieren? Es geht hier um die grosse Bedeutung vertikaler Bande, die in vielen Fällen die Form persönlicher, klientelistischer Abhängigkeitsbeziehungen haben; zur Debatte steht also nicht nur die Zugänglichkeit der Herrschaftsinstanzen, sondern auch deren Zugang zu den Beherrschten. Die Arten und Formen der „politischen Kommunikation" bedürfen dabei spezieller Beachtung. Im Vordergrund steht das, was wir als das „Antlitz der Herrschaft" bezeichnen können: sowohl ihre Selbstdarstellung wie ihre Perzeption durch die ihr Unterworfenen und deren Umgang mit ihr. Es wird zu erörtern sein, welches die hauptsächlichen Quellen und Grundlagen der Legitimität der aristokratischen Herrschaft sind, wie Legitimität erzeugt wird. In einem zweiten Punkt geht es in einem engeren Sinn um die „Ökonomie" der Herrschaft. Es sollen hier verschiedene Formen der Zirkulation und Redistribution gewisser Gaben, vor allem aber die Systeme formaler Tribute und informeller „Geschenke" untersucht werden. In diesem Zusammenhang eröffnen sich mehrere Fragen. Inwieweit vermag der monarchische Staat seinen Herrschaftsanspruch durchzusetzen? Wie erfolgreich ist die Ausübung der Herrschaft? Es stellt sich die Frage der Stabilität des Legitimitätseinverständnisses und des gesellschaftlichen Konsenses. Die Durchsetzung der Herrschaft ist immer davon abhängig, wie geschlossen das Einverständnis unter denjenigen ist, die ihr unterworfen sind. Es wird die „Wirtschaftlichkeit" der Herrschaft zu prüfen sein, der Gewinn und „Profit", der sich von beiden Seiten aus dem Herrschaftsverhältnis ziehen lässt bzw. das Ausmass des Schadens, der den ihr Unterworfenen durch sie erwachsen kann.

Herrschaft besteht aus den Elementen Macht und Legitimation. Zum einen ist Macht im Spiel, zum anderen die Anerkennung dieser Macht – die Anerkennung, welche der Befehl der einen Seite im Gehorsam der anderen findet (die Durchsetzung der Herrschaft mittels Zwang – ein weiteres konstitutives Merkmal – wird das Thema des abschliessenden Abschnittes 5.3 sein). Daraus ergeben sich zwei verschiedene Systeme von Beziehungen und „Tausch“ zwischen den politischen „Agenten“, die zu untersuchen sind. Einerseits gibt es die „rohe, entkleidete“ Machtbeziehung, die mehr oder minder krasse Machtdifferenz, die Ausübung und Durchsetzung von Macht, in der die *ingabo*-Untertanen den Herrschenden Abgaben zu liefern haben – die formal und regelmässig, aber auch willkürlich sein können – oder in der sie kurzerhand ihrer Güter beraubt werden. Indem sie ihre Tributpflichten wahrnehmen, erwarten die *ingabo* als Gegenleistung von den Herrschenden Schutz und Wohlwollen – sie hoffen, damit „ihren Kopf und Hof retten“ zu können, wie die wörtliche Übersetzung des Kirundi-Ausdruckes für eine der Tributverpflichtungen lautet.

Die Abhängigkeit und Unterwerfung gründet jedoch nicht allein auf dieser Tribut- und Spoliations-Beziehung. Es kommen weitere Beziehungen dazu, die immer eine betonte Unterordnung bzw. Superiorität implizieren. Sie bilden ein eigentliches Legitimationssystem und sichern die Legitimität der Herrschaft ab, indem sie die nackte Machtbeziehung mit etwas Zusätzlichem umgeben, sie bekleiden und verkleiden. Wer immer es vermag, sucht eine persönliche Beziehung zu einer Herrschaftsinstanz. Je höher diese steht, umso besser. Es wird sich dabei immer um eine Beziehung von Abhängigkeit handeln, eine Abhängigkeit, die für die untergeordnete Seite ungleich grösser ist als für die übergeordnete, die über verschiedene Vorteile verfügt (höhere Organisationsfähigkeit, Verfügung über Zwangsinstrumente, Besitzvorteile und andere Machtmittel). In unserem Verständnis hat Abhängigkeit immer einen stark negativen Beiklang. Bei der Erörterung der politischen Ordnung Burundis ist es von grosser Bedeutung zu sehen, dass das nicht unter allen Umständen so sein muss, ja dass sogar das Gegenteil zutreffen kann. Unter den gegebenen gesellschaftlichen und politischen Bedingungen muss die Herstellung einer – wie gesehen immer ausgeprägt persönlich gestalteten – Beziehung zu jemand Übergeordnetem immer als besondere Gunst und Vorteil erscheinen. Das zumal dann, wenn die gesuchte Person eine staatliche Herrschaftsposition innehat. Eine solche Beziehung kann, ich wiederhole es, nur eine von Unterordnung und Abhängigkeit sein. Indem man jedoch gerade durch diesen Tatbestand die Aufnahme in einen „inneren Kreis“, gleichsam in die „Klientele“ der mächtigeren Person und Herrschaftsinstanz schafft und vielleicht mit der Zeit sogar zu ihren „Günstlingen“ und Vertrauten gehören wird, erwirbt man sich einen unzweifelhaften Vorteil. Unter den gegebenen politischen Bedingungen der Unsicherheit, Unberechenbarkeit und Willkür haben derartige Abhängigkeitsbeziehungen die Qualität einer Begünstigung, einer „positiven Diskriminierung“.

Wer immer es vermag, macht daher über die formal festgelegten Tributleistungen hinaus den Herrschenden den Hof und überbringt ihnen spezielle Gaben mit dem Charakter „spontaner Geschenke“ (*gushikana*) – Besuche und Aufwartungen, die einen Anerkennungs- und Akklamationscharakter haben. Die erwarteten Gegenleistungen sind mehrerer Art. Insbesondere verspricht man sich, dadurch von allen negativen Auswirkungen der Willkür der Herrschenden ausgenommen zu sein. Darüber hinaus erwarten diese *basavyi*-„Höflinge“ spezielle Begünstigungen und Gaben verschiedener Natur (*ingabíre*). Das ist aber nicht das einzige Ergebnis dieser Beziehung. Die daraus entstehende *gushengera*-, oder in ihrer akzentuierten Art: *gusaba*-, Beziehung bringt die Anerkennung der Unterordnung und Abhängigkeit zum Ausdruck und legitimiert die Herrschaftsordnung. Wir werden uns hier mit Legitimierungsprozessen auseinanderzusetzen haben. Diese haben ihre unmittelbaren Auswirkungen auf das Tribut- und weitere Einnahmensystem des Staates und seiner Funktionäre. Im zweiten Punkt wird nicht nur das formalisierte Tributsystem vorzustellen sein; ebenso sind die Flüsse informeller, tributärer Gaben und „spontaner“ Geschenke zu untersuchen, denen innerhalb eines hierarchischen Systems eine besondere Bedeutung zukommt und die insgesamt einen beträchtlichen Umfang haben können und in ein weiteres System von Gaben, Gegengaben und Begünstigungen Eingang finden, deren Zirkulation gegebenenfalls von den Herrschenden kontrolliert wird. Da es keinen Fernhandel gibt, dessen Kontrolle die Möglichkeit einer „Veredlung“ der Gegengaben (und damit ein Abgaben-Fass ohne Boden) schaffen würde, sind der Ausbeutung jedoch Grenzen gesetzt.

5.1 Herrschaft und Distanz. Das Antlitz der Herrschaft

Die Beziehungen zwischen der monarchischen Macht und der ihr Unterworfenen sind durch verschiedene Prinzipien bestimmt, welche die Unterordnung regeln. Wenden wir uns zunächst der Art und Weise und den Orten zu, in der bzw. an denen sich die Kontakte zwischen Herrschenden und Beherrschten verwirklichen. Das vermag uns auch Aufschluss über die gegenseitige Perzeption und die Distanz zwischen den die Herrschaft Ausübenden und den ihr Unterworfenen zu geben. Es gilt zu untersuchen, wie sich das Herrschaftsverhältnis für beide Seiten darstellt. Das hängt eng mit den Prozessen der Produktion von Legitimität zusammen, einem Hauptanliegen jeder Herrschaft, will sie längerfristig bestehen. Es geht hier mithin um Legitimierungsprozesse. Die Anerkennung einer Herrschaftsordnung durch die ihr Ausgesetzten ist ein Machtprozess, ein Prozess der Absicherung und Vertiefung der Machtverhältnisse.

Wie wir bereits gesehen haben, war es eine Eigentümlichkeit der Herrschaftsordnung des alten Burundi, dass die Kontakte und Beziehungen zwischen den beiden Herrschaftsseiten allein als das Problem der Herrrschaftsunterworfenen dargestellt und aufgefasst wurden. Alles sah so aus, als ob es allein in deren Interesse läge, die andere Seite zu erreichen. Das allgegenwärtige Thema war der Zugang zu den Herrschaftsinstanzen, nie aber derjenige zu den Herrschaftsunterworfenen, den Untertanen. Diese Perzeption der politischen Beziehung war in hohem Masse vom dominanten Herrschaftsmodell bestimmt und stark abhängig von den nicht anonymen, sondern persönlich geprägten vertikalen Banden und klientelistischen Abhängigkeitsbeziehungen. Diese Charakteristik ist nicht nur im alten Burundi, sondern auch in zahlreichen anderen Gesellschaften vorzufinden. Betrachten wir im folgenden einige zentrale Elemente und Momente von Distanzierung und Zugang zwischen den verschiedenen in die Herrschaftsbeziehung implizierten Seiten. Setzen wir zuerst auf der Ebene der äusseren Erscheinungen an, um dann etwas tiefer zu gehen und die Formen von Verhalten und die es leitenden Prinzipien zu betrachten und von daher auf die Beschaffenheit des Herrschaftsverhältnisses zu schliessen.

5.1.1 Visibilität und Zugänglichkeit der Herrschaftsinstanzen

Auf den ersten Blick erscheint die Zugänglichkeit und die Visibilität aller politischen Behörden vom einfachen Icariho-Chef bis zum Mwami mit ihrem Netz von über den ländlichen Raum verteilten politischen Residenzen, zwischen denen sie ohne Unterlass hin und her zogen und die immer Anzugspunkt einer beträchtlichen Menge von Leuten waren, als ausgesprochen hoch. Dieses Bild wird auch im grössten Teil der ethnographischen Literatur vermittelt. In ihren ländlichen Residenzzentren, von denen der Mwami und die ebenfalls polygynen Baganwa jeweils eine ganze Reihe besassen, lebten die Machthaber in nächster Nähe zu ihren Leuten. Die Herrschaft über den Raum in diesem Land ohne grössere konzentrierte, dörfliche Agglomerationen wurde mittels eines im Zentralgebiet sehr dichten Netzes von verstreuten Residenzen ausgeübt. Diese unterschieden sich zwar in der Grösse, jedoch kaum im Stil von den Wohnsitzen der übrigen Bevölkerung. Der hoch persönliche Charakter der politischen Beziehungen, die sich immer im Rahmen persönlicher Abhängigkeitsverhältnisse entfalteten, hatte zur Folge, dass die politischen Zentren Ziel einer grossen Zahl von Leuten waren, die aus den verschiedensten Gründen zuströmten und eine Audienz wünschten. Es war in der Tat eine Eigentümlichkeit des burundischen Herrschaftssystems, dass die Kontakte zwischen politischen Machthabern und den von ihnen Abhängigen sehr „unidirektional“ waren. Über eine Ideologie der Herrschaft, in der das Moment des Tausches, der Reziprozität und insbesondere der Spendefreudigkeit aller Machthabenden herausgestrichen wurde, wurde erreicht, dass es kaum je die politischen Autoritäten waren, die auf die Leute zugehen mussten, sondern dass es im Gegenteil diese waren, welche den Kontakt zu den Machthabern suchten (s. die wörtliche Bedeutung von *muganwa*: „derjenige, auf den man zugeht“). Die dahinterliegenden Mechanismen des Machtsystems werden noch genauer auszuleuchten sein. Des weiteren waren alle Machthaber selbst während ihrer Reisen von einer grossen Anzahl von Höflingen und Günstlingen, von Personal und Kriegern umgeben – sie legten Wert auf ein umfangreiches Gefolge, das sichtbarer Ausdruck ihrer Ausstrahlung war. Aus dieser Situation leitet Albert folgendes ab:

> „Das politische System und die Autoritäts-Konzeption der Barundi waren dergestalt, dass der direkte Zugang zu allen noch so hohen Autoritäten, inklusive König, leicht möglich war. Der Respekt schrieb nie vor, ihnen aus dem Weg zu gehen, sie zu meiden – im Gegenteil: Der persönliche Kontakt war erwünscht und durchaus funktional: ein Machtmittel“ (1960a:157, meine Übersetzung).

Wie gesagt, ist dieser Schluss auf eine hohe Visibilität und Zugänglichkeit der politischen Autoritäten in der Literatur weit verbreitet (s. z.B. Twagiramutara 1976:126ff). Wenn wir die Kontakte und Berührungsmöglichkeiten zwischen politischen Machthabern und Beherrschten genauer prüfen, erscheint er jedoch vorschnell. Tatsächlich kommt Nsanze (1986:60ff), der die politischen Beziehungen hinsichtlich der ökonomischen Abhängigkeit analysiert, zu einem gegenteiligen Schluss, Resultate, die sich in wesentlichen Punkten mit dem von mir erhobenen Material decken. Weiteren Aufschluss vermittelt uns die Untersuchung der beiden Hauptformen des Zugangs zu politischen Autoritäten, für die im allgemeinen die Bezeichnungen *gusaba* („eine Gunst erbitten“) und *gushengera* („hofieren, seine Aufwartung, den Hof machen“) benutzt wurden. Vorher sind jedoch einige Bemerkungen sowohl zu Visibilität und Zugänglichkeit am Beispiel des Mwami angebracht (die immer auch – *toutes proportions gardées* – auf die Baganwa übertragbar sind), als auch zum Bild und zur „Aura“ der Herrschenden, die wiederum die Perzeption des Herrschaftsverhältnisses von seiten der Herrschaftsunterworfenen bestimmten.

Alles in allem lässt sich entgegen dem ersten Eindruck und der verbreiteten Meinung sagen, dass die Zugänglichkeit und die Visibilität der Behörden stark beschränkt war. Davon darf das Bild der von Ort zu Ort reisenden, stets von vielen Leuten umgebenen und „persönliche Kontakte“ pflegenden „Wander“-Könige und -Prinzen, deren Höfe Anzugspunkt unzähliger Personen waren – vom persönlichen Anhänger, Günstling und Gefolgsmann über untergebene politische Kader und Hilfskräfte bis zum einfachen Bauern –, die immer wieder als „Bittsteller“ ihre Aufwartung machen kamen, nicht ablenken. Prüfen wir der Reihe nach drei Momente von möglichem Kontakt mit den gehobenen Behörden: anlässlich von Verteilungen, bei Reisen und schliesslich an ihren Residenzen selbst.

In den Genuss der periodischen Verteilungen – sei es von Vieh und Hacken oder nur in Form von Bierfesten – kam nur ein kleiner Teil der Bevölkerung. Diese erregten jedoch viel Aufsehen, nicht nur, weil die Aristokratie insgesamt ihre Aura von Munifizenz sorgsam pflegte, sondern auch, weil weite Teile der Bevölkerung nicht prinzipiell davon ausgeschlossen waren, vielleicht doch noch einmal bei einem solchen Anlass bedacht zu werden und so ausgiebig von dieser Chance träumen konnten – und nicht nur das, wie wir sehen werden (cf. Gespr. 73, Nsanze 1986).

Lassen sich nun die häufigen Reisen der obersten politischen Autoritäten als privilegierte Orte von Kontakten mit der Bevölkerung sehen? Zumal diese Reisen sie, getragen auf einer Art offener Sänfte oder Palankin, inmitten ihres Gefolges quer über die mehr oder minder dicht besiedelten Hügel führten? Nach allen mir bekannten Berichten war gerade das Gegenteil der Fall. In einer ausgeprägt kriegerischen Gesellschaft handelte es sich bei solchen Deplazierungen immer um Momente potentieller Gefahr. Die Reisen politischer Autoritätsträger führten kaum je über das Netz ihrer Residenzen hinaus – ausser dann, wenn sie der übergeordneten Autorität, dem Mwami, ihre Aufwartung machen gingen. Die Eskorten jedes Muganwa und des Königs hatten offenbar das Recht, jedes zu nahe kommende, „unidentifizierte Subjekt“ mit ihren Lanzen niederzustechen (Hajayandi 1986:36f). Ihr Gefolge setzte sich stets aus einigen *intore*-Kriegern und weiteren *bagendanyi* zusammen. Die *bagendanyi* („Begleiter, Eskorte, Höflinge“, von *kugendana*, wörtl.:

„gehen / mit") begleiteten ihren Herrn nicht nur auf seinen Reisen, sondern dienten ihm auch an seinem Hof als Leibgarde. Trouwborst (1962a:151) schildert die Bagendanyi als eine Art Eskorte ihres Herrn, die ihn nicht nur in all seinen Bewegungen begleitete, sondern auch weitere Aufgaben wahrnahm: Boten, Krieger, Polizisten und Tänzer. Sie, die seinem Schutz dienten, waren auch seine Schützlinge und Protégés, wie M. & B. berichten:

> Die Bagendanyi waren junge, kräftige Männer, die noch ledig waren. Während ein Mann, der verheiratet war, lediglich vorübergehend die Nacht am Hof verbringen konnte (*kurarira*), war der Mugendanyi jemand, der während längerer Zeit dauernd am Hof war, da auch schlief und sich für Dienste verschiedenster Art bereithielt. Sie waren junge, strebsame Männer, die von sich aus [aus eigener Kraft], von ihrer Familie abgesandt den Zugang zum Muganwa suchten, sich ihm anvertrauten und sich in seine Dienste begaben, um eine Kuh geschenkt zu erhalten. Ein Mugendanyi wurde von seinem Vater an den Hof geschickt und an den Muganwa abgetreten („offeriert", *gutanga*). Sie kamen immer aus hoch angesehenen Familien und wurden, falls sie ihren Dienst zur Zufriedenheit erfüllten, zu den Günstlingen (*batoni*) ihres Herrn. (...) Sie konnten auch von weit her kommen. (...) Es gab keinen Muganwa, der ohne Gefolge von einem Ort zum anderen gegangen wäre, es ging immer jemand hinter und vor ihm. Das waren die Bagendanyi" (Gespr. 37:3-5).

All das führte dazu, dass eine politische Autorität während ihrer Reisen kaum direkte Kontakte mit der Bevölkerung pflegte. Diese hielt sich von sich aus möglichst fern; falls der Tross in ihrer Nähe durchzog, zögerten die Leute nicht, unverzüglich ihre Unterwerfung zu bezeugen.[1] Hajayandi schreibt: „Le roi ne créait aucun contact avec la population dans ses déplacements", und er zitiert aus dem Gespräch mit einem seiner Informanten:

> „- Les gens s'attroupaient-ils le long du chemin pour le voir passer?
> - Je te dis que seule sa suite pouvait être près de lui. N'est-ce pas qu'il était comme un animal, un lion!
> - Qui?
> - Le Mwami, le Mwami Mwezi.
> - Les gens ne s'attroupaient-ils vraiment pas pour l'acclamer?
> - Tu parles! Qui aurait osé s'en approcher?!" (1986:36f).

Die Leute hielten sich also wohlweislich auf Distanz. Auch meine Informanten berichteten, dass man den vorbeireisenden Mwami höchstens riechen, nicht aber sehen konnte – die speziell parfumierten Salben, mit denen er gepflegt wurde (*ibigomvyigomvyi*), sollen einen sehr intensiven Geruch verbreitet haben. Nach Gorjus Bericht wurde die Sichtbarkeit des Königs noch eingeschränkt dadurch, dass er bei Nacht reiste:

> „Couché dans une hutte, au fond de l'un de ses *kraals*, il est invisible pour le peuple. Seuls ses familiers peuvent jeter un regard sur lui. Que si la fantaisie lui prend d'aller visiter une autre de ses propriétés, son départ aura lieu de nuit. Bref, on ne sait guère où il est" (1926:34).

Chrétien, der die um den Monarchen errichtete mysteriöse Aura beschreibt, die die Europäer lange an seiner Existenz zweifeln liess, berichtet dasselbe:

> „Il ne faut pas oublier que Mwezi était pratiquement invisible, qu'il ne quittait jamais ses enclos (*ingoro*) de la région de Muramvya, que ses sujets ne le voyaient jamais" (1968b:94f).

Hören wir schliesslich den Bericht des deutschen Missionars Sweens aus dem Jahre 1904:

> „Seit Jahren hat kein Europäer den merkwürdigen Landesvater ausfindig machen können, weder Offiziere noch Reisende, noch auch die Missionare. Keiner seiner Untertanen wollte den Aufenthaltsort des Königs verraten; jedenfalls hatten die wenigsten gewöhnlichen Sterblichen Kisabos Angesicht geschaut. So wusste dieser seinen Verbleib völlig verborgen zu halten, und ein ganzes Gewebe von Legenden umhüllte den unsichtbaren Herrscher. Da noch kein Europäer ihn zu Gesicht bekommen hatte, begannen wir schon zu glauben, er existiere überhaupt nicht,

[1] In Burundi ging das jedoch nicht so weit wie in Rwanda, wo sich dazu Angehörige niedrigerer Schichten, zumal Bahutu, auf den Boden geworfen haben sollen.

und manche sprachen bereits vom ‚sagenhaften Kisabo'. (...)
Wenn der König reist, wird er auf seinem höchst einfachen Tragsessel getragen. (...) Ein grosses Tuch entzieht sein Antlitz den Blicken der Leute und gewährt Schutz gegen die sengenden Sonnenstrahlen. Seine Leibwache sind durchweg hochgewachsene Kerle mit entschlossenen Zügen, bewaffnet mit Lanzen, Pfeil und Bogen. Sein Gefolge macht einen durchaus kriegerischen Eindruck" (zitiert nach Meyer 1916:168).

Da die politischen Autoritäten auch keine öffentlichen Versammlungen abhielten oder politische Treffen organisierten (mit der nennenswerten Ausnahme des jährlichen *muganuro*-Rituals) (Gespr. 27:27), blieben als einzige Orte der Kontaktnahme ihre Residenzen. Diese wiederum drückten die Begrenztheit des Zugangs ihrer Inhaber bereits im architektonischen Aufbau aus. Der Zugang zu den politischen Autoritäten war so begrenzt, wie ihre räumliche und soziale Umgebung strukturiert war. Es ist aufschlussreich, diese Strukturierung näher zu betrachten.

Der Raum der traditionellen Gesellschaft war genaustens gegliedert – je näher den politischen Zentren, um so feiner und differenzierter. In den politischen Zentren – deren Inbegriff die aristokratischen Höfe waren – wurde die Besetzung des Raumes sehr engmaschig. Architektonisch zeigte sich das im topographischen Raum: Der königliche Palast *ingoro* (im engeren Sinn *nyamugari*) lag inmitten mehrerer konzentrisch angeordneter, vor- oder nachgelagerter palisadenartiger Umzäunungen (s. Abb. 8), die nach aussen und vorne hin an Öffentlich-, Zugänglich- und Sichtbarkeit zunahmen. Wie bei gewöhlichen Rugó-Hofanlagen war der Hinterhof *ikigo* der intimste Raum, der als Rückzugsort zu hygienischen Zwecken diente, in dem die Speicher standen und der allein Hofpersonal zugänglich war. Unmittelbar hinter dem eigentlichen Wohnhaus lagen die kleinen *akago*-Höfe, in die sich der Mwami von Zeit zu Zeit zurückzog, um mit auserwählten Günstlingen Bier zu trinken. Vor dem *nyamugari*-Haus erstreckte sich, durch zwei kleine Umzäunungen abgetrennt, der sogenannte *inyubakwa*-Hof, der als Ritualort und Opferplatz (von Kuh- und Geflügelopfer) diente und in dem allenfalls wichtige königliche Insignien aufbewahrt wurden (so die *karyenda*-Trommel); es handelte sich hierbei um einen wichtigen politischen Ort: Ort des Zusammentretens des königlichen Gerichtes, aber auch der „hohen Politik" im allgemeinen, von Beratungen und Beschlussfassungen. Nachts wurden hier die *masugi*-Milchkühe eingesperrt, überwacht vom Stier *Muhabura* („der Führer"), der den Mwami auf allen Reisen begleitete. Im nächsten Vorhof, *intangaro* geheissen, befand sich schliesslich der Rest des königlichen *inyambo*-Viehs. Zu all diesen ineinandergeschachtelten, durch die *ikiremba*[2]-Palisade von aussen getrennten Höfen, die nur durch den engen Haupteingang *irembo* betreten werden konnten, hatten nur Leute mit spezieller Bewilligung Zugang; jeder Bruch dieser Regel (*kumena ikirimba*: „die königliche Umzäunung brechen") konnte scharfe Sanktionen wie Enteignungen aller Güter zur Folge haben. Es waren höchstens die äussersten dieser Höfe, vor allem aber der sich vor der gesamten Hofanlage erstreckende umfangreiche Vorplatz *inâma* („Ort des Rates"), welche als eigentliche „Anti-Chambres", als „Vorzimmer" dienten, in denen all die zuströmenden Leute je nach Stand und Beziehungen ihre Aufwartung machen, um eine Gunst bitten, kurzum antichambrieren konnten. Es ist dieser im Prinzip öffentliche Platz *inâma*, auf dem sich der Mwami ab und zu abends zu einem *ikibuguzo*-Kugelspiel in Gesellschaft einiger Günstlinge zeigte, dem unsere Hauptaufmerksamkeit gilt: Das ist der Ort, an dem sich das *gushengera*-Hofieren und das *gusaba*-Erbitten, die beiden wichtigsten Formen der Anerkennung von Herrschaft und Unterwerfung, abspielten bzw. ihren Anfang nahmen (s. 5.1.2 & 3).[3] Unweit des *inâma*-Platzes erstreckte sich das meist ausgedehnte Lager provisorischer Unterkünfte und Hütten (*insâgo*, sing. *urusâgo*) all der längere Zeit, wochen- oder gar monatelang auf Einführung und Vorlass hoffenden *bashengezi*-Aufwarter und *basavyi*-Bittsteller. Zu dieser Menge von Leuten auf der Suche nach irgendwelcher Begünstigung gesellten sich von

[2] Ein höfischer Terminus, der sonst die Bedeutung von „Arrangement" trägt (Rodegem 1970:357).

[3] Wie bereits betont, gilt all das hier am Beispiel des Mwami Gesagte mutatis mutandis immer auch für die Baganwa und alle untergeordneten politischen Autoriäten.

weither gekommene Delegationen von Regionalführern, die auf den Hügelabhängen um die Residenz herum lagerten. Die daraus erwachsende instabile Agglomeration war in verschiedene Quartiere (*igisagara*) unterteilt, für die je ein Mwishikira verantwortlich war (Gespr. 15:7).

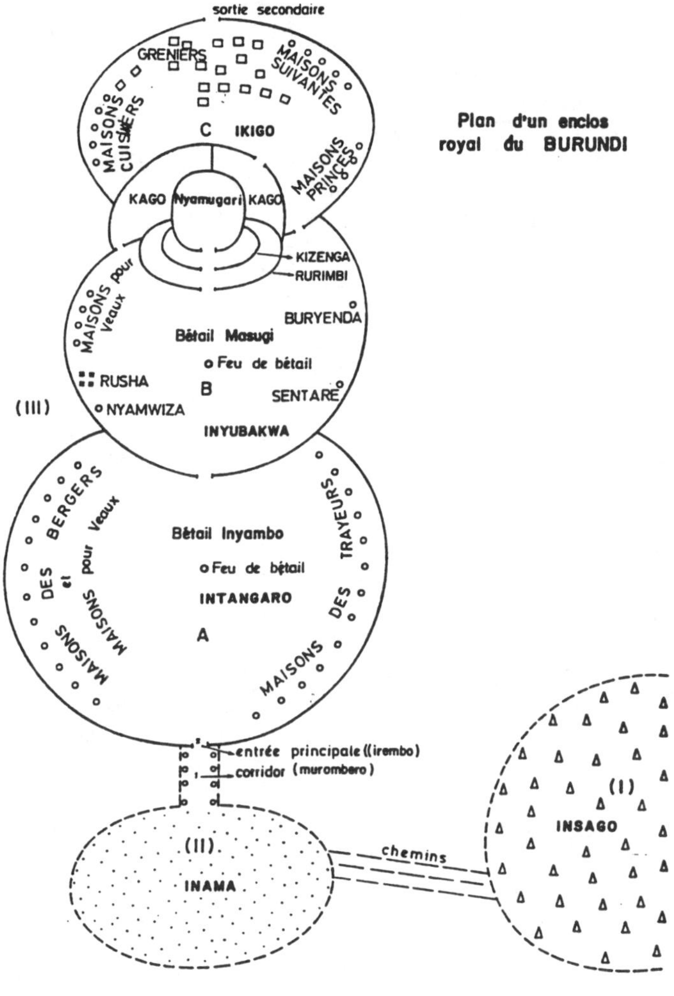

Abb. 8: Plan eines königlichen Hofes

(Quelle: Mworoha 1977:119, cf. Meyer 1916:18, Mworoha et al. 1987:212, Nsanze 1980:40,43)

Treten wir einen Schritt zurück und schauen wir uns das zustandegekommene Bild genauer an. Wir sehen die politischen Autoritäten, allen voran der Mwami, als in einer Art Sanktuarium inmitten vielfacher Hofumzäunungen residierend, nicht unähnlich einer Bienenkönigin (die in Kirundi übrigens auch *mwami* geheissen wird)[4] in ihrer Wabe oder einer Spinne im Netz. Wie schwierig ein unvermittelter Zugang zu Autoritätspersonen war, äusserte sich bildhaft an den vielfach verschachtelten Innenhöfen, inmitten derer sie Hof hielten. Wenn sie im Innersten waren (oder gar dahinter, *ku kigo*) gab es überhaupt keine Zugangsmöglichkeiten; je weiter draussen in einem der

[4] Während die Bienenkönigin auf Kirundi *mwami* heisst, so heisst Bienenschwarm *ingabo* (Botte 1974a:8)!

in konzentrischen Kreisen angeordneten Höfen sie sich befanden, um so leichter und mit einem kleineren Mass an Vermittlung war an sie heranzukommen. Wenn sie auch nur selten und nur genau erlesenen Personen sichtbar waren, heisst das keineswegs, dass sie isoliert gewesen wären. Der Zugang war aber immer ein vermittelter, ein „abgepufferter". Den architektonischen Räumen entsprachen soziale und politische Räume; sie standen für soziale und politische Schranken. All den verschiedenen Hofunterteilungen war spezialisiertes Personal zugeordnet. Es war dieses oder „generalisiertere" Günstlinge (*abatóni*, manchmal auch als *intore* im weiteren Sinn bezeichnet), hochstehende Personen oder gar spezialiserte Mittler (*abakandizi* der *abashikiriza*), die an den verschiedenen Abgrenzungen und Untertrennungen die Rolle von Pförtnern oder „Schwellenwärtern", von „Gatekeepers" oder Mittlern im engen und weiteren Sinn übernahmen. An den politischen Zentren gab es die „Empfangsherren", die Einführer, die Geschenke-in-Empfang-Nehmer und die Geschenke-Verteiler. Dazu kamen Berater, Richter, Höflinge und Günstlinge allgemeiner Art, Anhänger, Klienten, Vasallen, Abhängige und Diener. Wer einen Zugang suchte, musste einen der verschiedenen sich daraus ergebenden Beziehungsstränge, die den sozialen und politischen Raum bestimmten, benutzen.

Wem immer es möglich war, bis an diese Schranken heranzukommen – und das war nur eine kleine Minderheit der Bevölkerung –, benötigte zu ihrer Überwindung Einführungspersonen und Mittler. Nur wenige Privilegierte konnten sich aufgrund ihrer Beziehungen und ihres Status direkt an den Mwami oder Muganwa wenden, nur ihnen kam *ubwishikira*, „das Recht auf unvermittelten Zugang", zu. Dieses Vorrecht genoss kaum mehr denn ein Dutzend Günstlinge (*abatóni*), die als engste Hofberater wirkten; am Hof eines Muganwa waren es ihrer vielleicht vier bis sechs. Ihr grosser Einfluss zeigte sich darin, dass sie zu allen wichtigen Entscheidungen beigezogen wurden. Dies machte sie zu den präferentiellen Mittlern, Einführern und Fürsprechern für alle weiter aussen Stehenden – sie vermochten „zu töten und zu retten", wie man in Kirundi sagt (*barîca bagakiza*) (Gespr. 66:13, Nsanze 1986:61f). Nach Nsanze (ibid.) konnte diese Position militärischen Führern wie Leuten aus dem Hofpersonal zukommen, sehr wohl aber auch Leuten aus Familien, Bahutu wie Batutsi, die dem Hof nahestanden und hier zum Beispiel Richter-Funktionen versahen.[5] Man kann annehmen, dass die jeweilige politische Autorität an einer gewissen „verwandtschaftlichen Diversifikation" ihrer *batóni* interessiert war. Einer seiner Günstlinge diente dem Muganwa als Vertreter und ständiger Kontaktmann zum Königshof; er präsentierte dem Mwami in seinem Namen die Kühe, die man ihm darzubringen hatte, und er diente als Botschafter und Gesandter zwischen den verschiedenen politischen Zentren. Die Batóni hielten sich jeweils equipenweise einen halben oder ganzen Monat am Hof ihres Patrons auf und standen ihm während dieser Zeit mit ihrem Rat bei politischen Schwierigkeiten, bei der Regelung von Konflikten, aber auch bei der Verbreitung wie bei der Korrektur von Gerüchten zur Seite. Anschliessend kehrten sie mit den erhaltenen Kühen nach Hause zurück, um von der nächsten Gruppe von Günstlingen abgelöst zu werden. Nach R. teilten sie sich jeweils in zwei Equipen auf, wovon die eine immer am Hof sein musste – „der Muganwa konnte nicht ohne einen Mutóni zu seiner Seite schlafen" (Gespr. 66:13f). Berater- und Richterfunktionen hatten am königlichen Hof auch die wichtigsten Söhne des jeweiligen Herrschers inne, die im Rahmen der sogenannten *gusasa*-Pflicht[6] mindestens einmal im Jahr einen Monat am Königshof verbringen mussten; diese *gusasa*-Pflicht war genauso wie die Präsenz während des jährlichen *muganuro*-Rituals für alle Regionalführer, inklusive die Batware-Inkebe, obligatorisch; wer nicht kam, wurde als Rebell und Abtrünniger betrachtet und bekämpft. Das galt auf niederer Ebene auch für die Höfe der Regionalführer, wobei hier die Besuche und Besuchsdauer weniger formalisiert und von geringerer Länge waren. Aus der Tatsache, dass die Baganwa während dieser Periode automatisch im königlichen Gericht *ururimbi* Einsitz nahmen

[5] S. die Günstlings-Listen, die Nsanze als Beispiele anführt (1986:72).

[6] *Gusasa* wörtlich: „Gras/seine Matte ausbreiten, sein Bett machen, sein Nachtlager zubereiten", in der Hofsprache: „den Hof machen", oder eben: „am Hof sein Bett machen kommen".

und dass bei ihrer hohen Anzahl immer mehrere von ihnen während längerer Zeit da waren, lässt sich schliessen, dass die Ganwa-Aristokratie – die bereits in ihrer Qualität als Provinzherrscher der Grosszahl der Regionalgerichte vorsass – das oberste Gericht mehr oder weniger dauerhaft unter ihrer Kontrolle hatte (Mworoha 1977:143).[7] Beachten wir auch, dass zu den wenigen privilegierten Günstlingen mit einem Direktzugangsrecht nicht automatisch die subalternen Verwaltungskader gehörten – also weder die Ivyariho und Bishikira (trotz ihres Titels!) des Königs, noch die Ivyariho-Chefs des Muganwa. Entgegen der üblichen Meinung konnten nur diejenigen von ihnen, die über ein besonderes Ansehen verfügten, jederzeit direkten Verkehr mit ihrem Herrn pflegen, während sich die anderen allein um ihre organisatorisch-exekutiven Aufgaben kümmern sollten (Nsanze 1986:62). Weiter ist festzuhalten, dass sich die kleine Schicht privilegierter Batóni weitgehend aus denselben Lineages wie das Hofpersonal rekrutierte (falls sie nicht schon selbst dazu gehörten) (Mworoha et al. 1987:213). Auch in diesem Punkt lässt sich also eine hohe Verflechtung der einflussreichsten Kreise feststellen.

Wer stellte das Hofpersonal? Wir haben gesehen, dass die Zuerkennung der meisten, unter sich hierarchisierten Hof-Pflichten innerhalb von dem, was man das *ibango*-Chargensystem nennen kann, nicht nur nach strikten Lineage-Kriterien, sondern auch unter Beachtung der ethnisch-sozialen Zugehörigkeit erfolgte. Das betraf sowohl die Lieferung gewisser spezieller Güter an den Hof (Honig, Hacken, Salz, Kleider, Gefässe), wie auch die Übernahme spezialisierter Funktionen daselbst. Ihnen allen, die sich jeweils aus einer oder wenigen Lineages eines bestimmten Clanes rekrutierten, kam hohes Prestige zu. Die Vielfalt der Funktionen liess ein ganzes Netz von Hofwürdenträgern entstehen. Besonders hohe Bedeutung kam bei der kulturellen Wichtigkeit der Kuh allen mit dem Grossvieh in Verbindung stehenden Funktionen zu. Die *bakamyi*-Melker mussten aus den am höchsten angesehenen Batutsi-Banyaruguru-Clanen kommen (Banyakarama, Basapfu, etc.); sie unterlagen strengen Selektionskriterien: sie mussten junge, ledige Männer ohne physische oder moralische Schwäche sein. Die *batongore*-Viehzüchter, die *bungere*-Hirten ebenso wie die *babwiriza*-Herdenverwalter kamen aus denselben Lineages; die beiden letzteren Funktionen konnten aber zumindest seit der Herrschaft Mwezi Gisabos auch durch Bahutu oder gar Bahima-Tutsi ausgeübt werden (Gespr. 68:5, Mworoha et al. 1987:213, Nsanze 1980:21f). Am Ende ihres Dienstes erhielten sie eine oder mehrere Kühe, oft eine Gattin und die Einsetzung als Mushingantahe (*kwâtirwa*). Andere wichtige Funktionen hatten mit der Nahrungsversorgung des Hofes zu tun: die *bakevyi*-Hofintendanten und Chefköche – die zum Speicherverwalter (*umunyabigega*) befördert werden konnten – rekrutierten sich aus dem traditionsreichen Hutu-Clan der Bahanza, manchmal auch aus dem der Bashubi. Sie wurden ebenfalls mit hohen Abgangsentschädigungen bedacht. Die *incoreke*-Hofzofen kamen aus weniger genau bestimmten, aber immer einflussreichen Familien (z.B. Banyakarama). Sekundäre und weniger angesehene Funktionen wurden dagegen von Leuten aus ärmeren, in der Nähe des jeweiligen Hofes angesessenen Deszendenzgruppen (meistens von Hutu-Zugehörigkeit) erfüllt; dazu gehörten die Nachtwächter (*banyacôto* und *bateramyi*), die Brennholzsammler (*bashenyi*), die Wasserträger (*bavomyi*) und die Mistsammler (*bakutsi*), um nur die bekanntesten zu nennen. Nur ein kleiner Teil des zahlreichen Hofpersonals genoss die Gunst eines persönlichen und direkten Zugangs zum Hofherrn, die meisten bekamen ihn nur selten zu Gesicht oder mussten sich bei seinem Auftreten gleich zurückziehen; sie waren aber in einer privilegierten Stellung, um einen Kontakt zu einem Direktzugänger zu vermitteln.

Die Batóni und Bagendanyi waren als Vertraute und Nahestehende der Zielperson immer die bevorzugten Mittler. Sie, die sie an den Toren des ressourcenverfügenden Patrons sassen, waren die „Gatekeepers" im wahrsten Sinn des Wortes. Das zeigte sich darin, dass sie stets von einem Schwarm von *basavyi*-Bittstellern und Anhängern umgeben waren. Wie wir sehen werden, ist das

[7] Zehn Jahre später schwächte Mworoha seine Feststellung und Diagnose einer weitgehenden Ganwa-Hegemonie stark ab, indem er die Rolle der Bahutu- und Batutsi-Berater und -Richter am königlichen Hof stärker gewichtete als die der Baganwa (1987:209).

heute nicht viel anders.[8] An den Höfen des Mwami und der Baganwa gab es überdies einige formale und spezialisierte Mittlerrollen. Dazu gehörte der *umushíkiriza*[9]. Dieser Begriff bezeichnet einen Mittler oder Mittelsmann beim Übergeben von Geschenken (vor allem Grossvieh), der im mehr oder weniger festen Dienst des Gebers steht, dessen Anweisungen ausführt und in dessen Namen die Gaben überweist.[10] Während der *umushíkiriza* als Mittler von oben nach unten wirkt, dient der *umukandizi*[11] in derselben Funktion in umgekehrter Richtung, d.h. von unten nach oben: er ist es, der die Geschenke der Besucher und Zugangssuchenden in Empfang nimmt und diese im gegebenen Moment beim Hofherrn ankündigt. Er ist der „Réceptionneur", gleichsam „der Mann an der Réception", eine Rolle, die gelegentlich auch *umwakirizi*[12] geheissen wurde.

Der weitaus grösste Teil der Bevölkerung konnte nie direkt zum Muganwa, nicht einmal zu seinem Icariho-Statthalter und, *à plus forte raison*, schon gar nicht zum Mwami vordringen und einen persönlichen Kontakt herstellen. Es war bereits ein grosses Privileg, einen Kontakt zu einem *mutóni*-Günstling an einem aristokratischen Hof anbahnen zu können. Nur Leute von hohem Ansehen und Stand konnten es sich leisten, eine höhere Instanz als den lokalen Icariho zu kontaktieren, da dieser ein derartiges Umgehen seiner Person und Funktion als Affront empfinden musste. So war es nur wenigen möglich, den Königshof persönlich zu besuchen; jeder Muganwa verstand ein solches Unterfangen als Versuch, mit ihm zu rivalisieren – Grund genug, den Betreffenden wenn möglich aus seinem Gebiet zu verjagen. Das galt zumal für sezessionistische Randregionen wie das nordöstliche Busóni-Bwambarangwe, aus dem R. berichtet: „Zum Mwami gehen (*gushengera i bwami*)?! Der Muganwa sah das sofort als Versuch, mit ihm rivalisieren und seine Geheimnisse ausliefern zu wollen. Er versuchte mit allen Mitteln, eine solche Person aus seinem Gebiet zu verjagen!" (Gespr. 66:13-15).

Wer den Zugang zum Hof einer politischen Behörde – also auch zu dem eines Muganwa oder Icariho – suchte, ging nicht einfach unvermittelt – im wörtlichen Sinn – in den Hof hinein, sondern hielt zuerst nach einem *umukandizi* Ausschau, der ihn ankündigen könnte. Einen solchen zu eruieren, verlangte oftmals eine längere Sondierphase. Man wartete draussen *ku nâma* (auf dem öffentlich zugänglichen Versammlungsplatz) und schickte zur Anmeldung und Kontaktanbahnung einen Mittler hinein. Das ist auch heute noch verbreitete Praxis, die in den verschiedensten Situationen, nicht nur im Kontakt mit politischen Behörden, beobachtet werden kann.

Am Hof eines Muganwa oder Icariho wurde diese *umubwiriza*-Rolle von einem der *abatoni* übernommen, zu denen auch die hier beschäftigten Bakevyi und Bakamyi zu zählen waren. Einmal *ku nâma* angekommen, hing es vom Status des Anfragenden und von der Angelegenheit ab, wie lange er da warten musste. Es konnte gut sein, dass er dem politischen Führer lediglich ausrichten liess, dass er ihm „einen guten Tag" wünschen gekommen sei. Oder aber er fragte über einen Mittler bloss nach dem Recht an, einen guten Tag wünschen zu kommen (*demander le droit de dire bonjour*; Gespr. 15:18f). Falls er jedoch eine persönliche Vorsprache begehrte (*gusaba ijambo),*

---

[8] Die Kabinettsdirektoren in den Ministerien tragen heute noch den Titel *umwishikira*, „Direktzugänger" (cf. Kap. 11).

[9] Eine Substantivierung des Verbes *gushikiriza*, „jemandem etwas übergeben, zukommen lassen; mitteilen; rapportieren; liefern" (Rodegem 1970:421).

[10] Im engeren Sinn bedeutet *umushíkiriza* „Herdenverantwortlicher/-verwalter", ebenso wie der manchmal synonym benutzte Ausdruck *umubwiriza*: „Einführungsperson", oft formal bestimmter „Ankündiger, Mittler" (nach Rodegem 1970:50: „Befehlsübermittler, Befehlsgeber"), im engeren Sinn: „Herdenverantwortlicher"; cf. Nsanze 1980:30,75.

[11] Vom Verb *gukandira*, „als Mittler dienen, jemanden ankündigen" (in einer zweiten Bedeutung auch „jemanden einreiben, massieren, ‚bearbeiten'"); Rodegem übersetzt *umukandizi* mit „médiateur, intermédiaire, intercesseur, entremetteur" (1970:211); er ist Mittler, Kuppler, Kontaktanbahner und -vermittler.

[12] Abgeleitet vom Verb *kwakira*, „annehmen, was man anbietet, nehmen" (Rodegem 1970:5; Gespräche 15:19, 27:25).

liess der Chef über seinen Mittler allenfalls nachfragen, um was es sich handle (was der Anfragende dem Mittler aber nicht zu sagen brauchte). Der Hofierende musste im Vorhof warten, bis er zum Hofherrn gerufen wurde. Wenn die Einführung durch den Mittler – und die gebrachte Gabe – vom Chef akzeptiert wurde, sagte dieser zur Einführungsperson: *Mwakire*! („prends le présent qu'on apporte"; wörtlich „akzeptiere es/ihn", von *kwakira*, „akzeptieren, was man anbietet; annehmen; nehmen"; Rodegem 1970:5).

Im Unterschied zu einem bürokratischen System war jedoch weder das Prozedere dieser Vorlassung formalisiert, noch war die Vorlassung automatisch – der Zugang konnte durchaus versperrt bleiben. Die Höhe der Chance hing in hohem Masse von der Einführungsperson ab. In diesem Sinn lautet auch das Sprichwort: *Ntihica umwami, hica abasavyi*: „Es ist nicht der König, der tötet, es sind vielmehr die Höflinge/die Mittler (intermédiaires)" (cf. Rodegem 1983:281, n°s 3351 & 3352). Rodegem (ibid.) weist zu Recht auf den ideologischen Gehalt dieses Sprichwortes hin: alle negativen Seiten und Missgeschicke werden der Umgebung der Macht, nie aber ihr selbst zugeschrieben. Darin liegt, von oben her gesehen, gerade einer der Zwecke von Mittlern. Mittler und Zwischeninstanzen sind den Interessen der Höherstehenden in mehrfachem Sinn dienlich. Sie können nicht nur den Zugang von unten nach oben, sondern auch denjenigen von oben nach unten erleichtern. Sie können diese Kontakte aber auch erschweren. Durch ihre Ein- bzw. Dazwischen-Schaltung lässt sich die Erreichbarkeit der Oberen besser steuern und notfalls ganz verhindern; sie bilden in diesem Sinn einen Schutzgürtel um ihre „Patrons", einen „Tampon" (Puffer und Polster), der ein direktes Zusammenstossen und Aufprallen – den Barundi höchst zuwider – verhindert, den Kontakt abfedert und beiden Seiten alle Chancen lässt: man kann ausweichen, Ausflüchte finden und so sein Gesicht wahren (Gespr. 15:18).[13] Das ist nicht unwichtig angesichts der Tatsache, dass die Herren keineswegs in der Lage waren, auf alle Anfragen einzugehen.

Im Zusammenhang der Erörterung der Zugänglichkeit und „Visibilität" der Herrschenden stellt sich die Frage, inwieweit diese – und allen voran der Mwami – den Zugang zur durchschnittlichen, einfachen Bevölkerung fanden und deren Situation kannten. Es geht mithin um die Frage nach dem Horizont der Herrschenden und ihrer Perzeption der einfachen Bevölkerung, die hier kurz an der Person des Mwami erörtert werden soll.

Bei der Untersuchung dieser Frage sind zwei einander entgegenwirkende Faktoren in Rechnung zu stellen. Wenn wir gesehen haben, dass der Mwami regelmässig zwischen seinen zahlreichen Residenzen und Höfen zirkulierte, so ging er doch nicht in das Land hinaus, um sich über den Stand der Dinge zu vergewissern: „Der Mwami ging nicht spazieren, um sehen zu kommen (*umwami ntiyatembera kuja kuraba*). Er hatte keinen direkten Kontakt mit der einfachen Bevölkerung auf den Hügeln" (Gespr. 20:22). Grosso modo spielte sich das Leben des Mwami innerhalb des Netzes seiner Residenzen, *ku kirimba*, ab und sein Lebenshorizont fand hier seine Grenzen. Vom grossen Teil der Bevölkerung blieb er durch mehrere Ringe von Mittlern abgeschottet. Obwohl es mehrere Institutionen gab, die diese durchbrechen sollten (so das *ubwîshikira*) und sich das Niveau der höfischen Lebensführung kaum von demjenigen der durchschnittlichen Bevölkerung unterschied, war seine Wahrnehmung der Gesellschaft und ihres Zustandes doch stark fremdbestimmt. Trotz seiner häufigen Reisen verschaffte sich das Staatsoberhaupt seine Kenntnisse über den lokalen ruralen Alltag nicht selbst, sondern diese wurden ihm über seine Günstlinge, sein Personal und die erlesenen Hofbesucher vermittelt. Das ist kein unwichtiges Faktum für die Beurteilung der Herrschaftsordnung. Es waren vor allem die *basavyi*-Höflinge und die Günstlinge, die ihm regelmässig über den Stand der Dinge und Vorfälle im Land draussen Bericht erstatteten. Deren Darstellungen waren aber nicht immer realitätsgetreu, verfolgten sie doch oft eigene In-

---

[13] Der französische Ausdruck „tampon" ist hier angemessen; er bezeichnet die Verhinderung direkter Konflikte; so meint man mit „zone tampon" eine „zone de protection", mit „état tampon" einen Pufferstaat. „Tampon" bezeichnet in der Kybernetik eine Vorrichtung zur Reduzierung der Interaktion zwischen zwei einander zugeordneten/verbundenen Organen (Petit Robert 1986:1919).

teressen und tendierten zum Beispiel dazu, Rivalen zu verleumden und zu denunzieren. Nun gab es aber auch Versuche und Massnahmen, diesen offensichtlichen Nachteilen und Mißständen entgegenzuwirken. Trotz der geschilderten Verhältnisse darf man sich den Mwami nicht als isoliert im innersten Machtkreis sitzend vorstellen, und es wäre übertrieben, den Monarchen als realitätsfern zu beschreiben. Auch wenn er über keine eigenen intimen Kenntnisse des ruralen Alltages ausserhalb seiner engen Region verfügte, so war er den herangetragenen Informationen und ihren Zulieferern doch nicht passiv ausgeliefert. Er achtete darauf, nicht nur Leute aus den gehobenen Schichten und ihm näher stehenden Kreisen zu seinen Günstlingen zu machen, sondern auch Tieferstehende, denen ein Recht zum Direktzugang und zur Umgehung der üblichen Rangordnung gewährt wurde. Er war immer darauf bedacht, quer zu allen Hierarchien seine persönlichen Rapporteure und Spione zu haben. Es waren gerade auch seine *basavyi*, die ihm jegliche Regelverstösse rapportierten und ihm darüber Bericht erstatteten, wie die einzelnen Baganwa ihre Aufgaben wahrnahmen (Gespr. 20:22,3). Wenn seine Informanten auch keineswegs gleichmässig aus allen Schichten stammten, so vermochten sie ihn doch nicht nur über Interna der aristokratischen Höfe und der verschiedenen Herrschaftsstäbe, sondern im minderen Masse auch über den ruralen Alltag zu unterrichten.

Die Baganwa statteten den ihnen überantworteten Hügeln bereits häufiger einen persönlichen Besuch ab. Es waren aber eindeutig die Ivyariho-Chefs, die die regelmässigsten und direktesten Kontakte mit der Bevölkerung pflegten. Die Richtung des Kontaktes war aber auch hier klar: Es waren die Leute, die mit Bier an ihre Höfe kamen, und nur in seltenen Fällen waren es die Ivyariho, die sich zu den Leuten begaben (höchstens zu ehemaligen Hofangestellten oder zum Vorsteher einer einflussreichen Deszendenzgruppe) (Gespr. 42:xx).

Zur stark begrenzten Zugänglichkeit und Visibilität der Herrschaftsinstanzen trug bei, dass alle politischen Autoritäten eine ausgeprägte Diskretion und Verschwiegenheit um ihre Angelegenheiten und Strategien pflegten und sich mit einer Aura des Mysteriösen und Abgehobenen umgaben, was Nsanze dazu führte, vom „environnement mystérieux de l'autorité" zu sprechen (1986:61). Es gab kaum einen öffentlichen politischen Diskurs. Der Sinn für das Geheimnis (*ibanga*) – der auf allen Ebenen der Gesellschaft verbreitet ist und verschiedenste Äusserungsformen kennt[14] – wurde gerade im politischen Kontext sorgsam gepflegt. In einer Gesellschaft, in der Intrigen, Denunziationen und Verleumdungen wichtige politische Strategien darstellen und in der alle politischen Beziehungen hoch personalisiert sind, kommt der Geheimhaltung ein hoher Stellenwert zu. Dazu kommt, dass jede politische Macht ihre eigene Sprache, einen „politischen Diskurs" pflegt, der seine eigenen Regeln, einen eigenen Wortschatz und eine besondere Rhetorik kennt: „C'est un langage qui différencie et qui sépare. (...) le langage du pouvoir doit être qualifié de ‚retenu'. Il établit une communication ‚calculée', il implique le secret, il utilise le silence" (Balandier 1978:207). Der Ausübung von Herrschaft scheint die Errichtung einer begrenzten Zugänglichkeit und eines mehrfach gestuften Zugangs zu den Herrschaftsinstanzen förderlich zu sein. Die Herrschenden sind auf

[14] Rodegem hat diesen Zug verschiedentlich herausgestrichen; s. z.B. Hakizimana 1976:20, der Rodegem zitiert: „Ces rundi ont l'obsession du secret". Hajayandi schreibt dazu: „Si les Barundi avaient développé un véritable culte de la parole, il n'en reste pas moins vrai qu'une philosophie du secret s'était parallèlement épanouie. La littérature rundi est très explicite à ce propos. L'information et les connaissances se conservent „dans le ventre" (*mu nda*) où est logé le coeur (*umutíma*)" (1986:68). Eine meiner Informantinnen trug den Namen *Mundanikure*, wörtlich: „im Bauch, (da) ist es weit", d.h. da kommt man nicht hin (cf. Ngendakumana 1981:9ff).

Schweigen und ein Geheimnis bewahren können, ist ein gesellschaftlich sehr hoch besetzter Wert, eine Tugend, die den Frauen gemeinhin und in minderem Masse (von den Batutsi) den Bahutu abgesprochen wird; im dadurch bestimmten Diskurs erscheinen alle, die nicht Stillschweigen bewahren können, als treulose Verräter (*umu-* oder *ikimenabanga*), während Treue mit Geheimhaltung gleichgesetzt wird; eine treue Frau heisst so *umugóre w'ingumyabanga*, wörtlich: „die Frau, die das Geheimnis bewahrt" (cf. Rodegem 1970:23; N. (Gespr. 27:14) bezeichnete die Frauen als *indanyango*, „die ohne Geheimnisse").

die Aufrechterhaltung der in diesem Fall willentlich betonten Distanz bedacht, sie „kultivieren" und inszenieren sie. Das äussert sich nicht nur in der von ihnen geführten Sprache, sondern auch an ihrer gesamten „Inszenierung".[15] Jede politische Ordnung will inszeniert und herausgestellt sein. In schriftlosen Gesellschaften spielen dabei regelmässig wiederkehrende Feste und Rituale und theatralisch inszenierte Erneuerungsverfahren eine noch grössere Rolle als in moderen Gesellschaften.

So auch im vorkolonialen Burundi. Die Atmosphäre des Speziellen und der Abgehobenheit, zu der die Sakralisierung der monarchischen Macht beitrug, und die Distanz zwischen den Herrschenden und der gemeinen Bevölkerung wurde durch vielfältige Regeln, Verbote und spezielle Praktiken markiert. Diese bezogen sich in erster Linie auf die Aristokratie; Ryckmans schrieb dazu in seinem Kolonialrapport von 1925: „La caste princière est soumise à une série de règles bizarres inconnues dans des familles plus modestes" (1926:36). Die Baganwa genossen eine besondere Erziehung (s. Mworoha 1977:132-34), sie kannten spezielle Nahrungsregeln und -praktiken, und nicht zuletzt wurde an den aristokratischen Höfen eine spezifische höfische Sprache (*ikiganwa*) gesprochen, die beherrschen musste, wer einen persönlichen Zugang zu ihnen suchte.

All das galt a fortiori für den Mwami. Die sakralen Züge, die seiner Macht zugeschrieben wurden, betrafen auch seine persönlichen Qualitäten. So wurden seiner Person gar wundertätige Eigenschaften zugeschrieben, und man sagte, dass derjenige, der den König zu Gesicht bekommt, vor Augenkrankheiten immunisiert oder von ihnen geheilt wird. Deutlicher lässt sich nicht ausdrücken, wie schwer zugänglich und sichtbar er war; aber auch, wie jedermann danach strebte, ihn persönlich zu sehen oder ihm wenigstens möglichst nahe zu kommen. Davon spricht ebenfalls die Redensart: „Die Augen eines anderen können nicht für dich den Mwami sehen" (*amaso y'uwundi ntakukonera umwami*). Das Bild seiner übernatürlichen Eigenschaften, Autorität und Macht und die Kultivierung des Mysteriösen trugen zur Haltung der Distanz bei, die Simons beschreibt:

> „La personne du roi restait mystérieuse. Beaucoup de gens, à l'intérieur du Burundi, ne le voyaient jamais. La plupart du temps il restait dans un des ses kraals de la région de Muramvya, accroupi sur une natte fine, vêtu d'étoffes de ficus effilochées (...)" (1944:201).

Ich habe darauf hingewiesen, dass die Kontaktnahme in der Regel von unten nach oben und nicht von oben nach unten verlief. Das hatte viel mit der Perzeption der Herrschenden durch die Beherrschten zu tun. Die „Untertanen" sahen die Herrschenden nicht primär als ihre Ausbeuter, die auf ihre Kosten lebten, sondern umgekehrt als ihre Wohltäter und Beschützer, die sie vor einem härteren Schicksal bewahrten und in deren ewigen, nie auszugleichenden Schuld sie standen. Ausbeutung und Wohltat schlossen sich in diesem Sinn nicht aus. Oder genauer gesagt: Die Ausbeutung erschien als der notwendige Preis für den Schutz und die sporadischen, immer erhofften „Wohltaten", Begünstigungen und die Benevolenz der Herrschenden. Das machte die Ausbeutung in ihren verschiedenen Formen akzeptabel (cf. Botte 1974, Trouwborst 1987:133). Da die Herrschenden in ihrer Wahrnehmung per Definition diejenigen waren, die gaben und immer gegeben haben, bedurften sie stetigen Dankes, immerwährender Aufmerksamkeit; jede Gabe an sie erschien dergestalt immer nur als Gegengabe. Die Beziehung hatte in jedem Fall etwas Unausgeglichenes in dem Sinn, dass der Unterworfene nie wettmachen konnte, was ihm selbst zugute kam. Diese Perzeption kulminierte im bzw. war abgeleitet vom Bild des Mwami als Spender aller Dinge, aller Fruchtbarkeit und allen Wohlergehens. Trouwborst hat in einem seiner beiden scharfsinnigen und stringenten Artikel aus den beginnenden sechziger Jahren (1961, 1962b) auf diese zentralen Elemente in der Perzeption der Autoritätsträger durch die gemeinen Leute hingewiesen:

> „Les Rundi sont portés à exagérer l'importance des dons *ingabire* provenant du patron. (...) L'inférieur n'est à leurs yeux qu'un humble quémandeur. C'est lui qui reçoit. Cette attitude s'explique par le fait que ce qu'un supérieur donne paraît beaucoup plus valable que ce que le

---

[15] Balandier hat das Thema der Inszenierung und „Theatralisation" der politischen Macht in verschiedenen Publikationen abgehandelt (1978, 1985, und im speziellen 1980: Le pouvoir sur scènes. Paris: Balland).

client peut donner, et que les relations politiques sont dominées par la notion d'après laquelle tout appartient aux gouvernants" (1961:80).

Im Zusammenhang der Erörterung des Tributsystems wird auf die damit verbundenen Tauschbedingungen zurückzukommen sein. Hier möchte ich die Aufmerksamkeit mehr auf die Form der Perzeption lenken. Ohne ihre Inbetrachtnahme sind die beiden Hauptformen der Kontakte zwischen Beherrschten und Herrschenden, die ich in der Folge vorstellen will, nicht verständlich.[16] Sie waren immer von der Vorstellung geleitet, dass es der Untenstehende ist, der sich um die Höheren zu kümmern hat, dass er bedacht sein muss, eine möglichst persönliche Beziehung zu einer Autoritätsperson zu schaffen, um die von ihr ausgehende Gunst auf sich zu lenken oder um zumindest nicht in Ungnade zu fallen, was auch schon als Gunst angesehen wurde.

5.1.2 Das *gushengera*-Verhältnis

Das *gushengera* lässt sich als die Grundform des Kontaktes zwischen Herrschern und Beherrschten verstehen, die allen anderen Formen des Kontaktes zugrunde lag und sie durchtränkte. Es prägte nicht nur die Beziehungen zu staatlichen Behörden, sondern alle zwischen höher- und tieferstehenden Personen. Da mit *gushengera* ein komplexes Beziehungssystem angesprochen wird, das sich nur schwer in eine andere Sprache übertragen lässt, trifft Rodegem mit seiner Übersetzung „visiter un grand, faire la cour à" (1970:417) auch nur einen Teilaspekt der damit verbundenen Realität. Musaniwabo versucht es mit einer längeren Umschreibung: „être présent; faire des va-et-vient auprès d'une autorité, demeurer en sa présence pour l'entendre, pour le voir et se faire voir de lui, pour lui parler et l'écouter, pour attendre quelque chose de lui en étant près de lui" (1979:36)[17]. Das wichtigste an diesem Hofieren war nicht eine allenfalls damit verbundene Handlung, sondern die einfache Präsenz, das Gegenwärtigsein: „d'honorer de sa présence celui qui est maître" (ibid). Geprägt war diese Beziehung durch Reverenz:

> „(...) à son passage, on se mettra debout et on pliera le genou en frappant des deux mains. On lui demandera délicatement l'état de sa santé, l'état de ses affaires, toujours en des termes d'autant plus polis qu'ils seront plus voilés. Il faut faire remarquer que cette coutume n'est pas observée seulement par celui qui a reçu un don du maître" (ibid).[18]

Nsanze macht darauf aufmerksam, dass es sich dabei nicht um eine isolierte individuelle Handlung, sondern immer um die einer grösseren Gruppe (*ishengero*), um ein „Massenphänomen" handelte (1986:67).[19] Der Höfling fand sich in seinem Anliegen nicht allein; um die Aufmerksamkeit auf seine Person zu lenken, musste er Gelegenheit finden, aus den zahlreichen Konkurrenten hervorzustechen. Es gehörte zur Pflicht jedes von einer politischen Autorität abhängigen Subjektes, dieser wie jedem Wohltäter gelegentlich oder regelmässig seine Achtung zu entbieten, ob allein oder im Kollektiv. Es handelte sich dabei um ein als normal angesehenes gesellschaftliches Erfordernis, dem der Unterworfene zu genügen hatte. Man kann die Bedeutung dieser Praxis für die politischen Beziehungen und ihre Ausstrahlung, die bis in die heutige Zeit erhalten geblieben ist,

---

[16] Ich stütze mich dabei auf Nsanze (1986:61-87), der die Konzepte des *gushengera* und *gusaba* sehr genau auf ihren politischen Gehalt hin ausgeleuchtet hat.

[17] Sie verweist auch auf einen möglichen Bezug zum Verb *gusenga*, „eine rituelle Formel rezitieren, anrufen" (vor allem im Kontakt mit übernatürlichen Kräften, Kiranga etc., verwendet) (ibid.).

[18] Es handelt sich bei dieser Beschreibung wohlgemerkt nicht etwa um einen Auszug aus einem Kolonialrapport, der ein Interesse an der Zeichnung eines möglichst feudalen Bildes hatte, um die zivilisatorisch-aufklärerische Mission der Kolonialverwaltung in ein umso helleres Licht zu rücken. Die Autorin ist Schwester eines katholischen Ordens und Tochter des während der Kolonialzeit mächtigsten und modernistischen Chefs, Pierre Baranyanka.

[19] *Gushengerera* meint denn auch „sich versammeln, sich als Menge an einen Ort begeben" und „sich als Höfling verhalten" (Rodegem 1970:417).

nicht überschätzen (Hajayandi spricht von „la pratique si chère aux Barundi" (1986:42), Nsanze (1986:67) von „le système du gushengera (...), très valorisé"). Im Zentrum dieser Praktik steht der Wunsch, am Hof der politischen Autorität bekannt zu werden, entweder direkt mit dem Hofherrn – was selten war –, oder indirekt über die Knüpfung und Aufrechterhaltung von Banden mit ihm nahestehenden Personen, die bei Bedarf einschreiten und sich für den betreffenden Musavyi verwenden (seine Beschwerden vorbringen, ihn einführen und vorstellen) konnten.[20] Der dabei entstehende Kontakt ist mithin nur selten direkt, sondern meistens ein vermittelter. Davon zeugen viele Redensarten (z.B. „Du wirst in das königliche Haus über den Vertrauten des Königs Eintritt finden"). Da es der *bashengezi* („derjenigen, die den Hof machen gehen") viele waren und die Gunst des Herrn (seine Güter wie seine Zeit) in Wirklichkeit beschränkt war, bedeutete das *gushengera*-Hofieren im Normalfall nicht einmal, dass man die gesuchte Autorität persönlich zu Gesicht bekam, geschweige denn, dass sich eine persönliche Unterredung ergab.

Das *gushengera* brachte die Anerkennung und Legitimation des Herrschaftsverhältnisses zum Ausdruck; es hatte einen ausgeprägten Akklamations-Charakter. Es handelte sich bei ihm gleichsam um eine fest institutionalisierte Form des Bekenntnisses zur Herrschaft, eine institutionalisierte Form der Legitimation. Wenn das *gushengera* auch keine rechtliche Pflicht war, so war es doch eine moralische Obliegenheit. Unter den gegebenen Umständen kam ihm ein beinahe gesetzesmässiger Charakter zu. Obwohl die Nichteinhaltung nicht automatisch und sogar nur in den wenigsten Fällen allein als solche geahndet und keine unmittelbaren Sanktionen angedroht wurden, brachte man sich dadurch doch um die Möglichkeit, in den Genuss des Wohlwollens der Herrschenden zu kommen. Das konnte aber noch bedeutend schlimmere Folgen haben: man setzte sich so der Gefahr aus, die Missgunst der Herrschenden auf sich zu ziehen und lieferte dazu gewissermassen selbst das Argument. Das ist von hoher Relevanz, wenn man weiss, dass ein guter Teil der Bauernschaft keine Möglichkeit hatte, sich dem *gushengera* zu widmen bzw. dieses höchstens gegenüber den untersten lokalen Instanzen zu praktizieren vermochte.

Das „*gushengera*-System" als moralische Pflicht zu regelmässigen Aufwartungen implizierte eine starke Verinnerlichung und Annahme der persönlichen Unterordnung – Nsanze spricht von einem „facteur régulateur de l'acceptation de la subordination personnelle" (1986:68) – und es existierte in verschiedenen Formen auf den unterschiedlichen politischen Ebenen. Auf der höchsten politischen Ebene haben wir bereits die sogenannte *gusasa*-Pflicht kennengelernt, welche alle Regionalführer jährlich für einige Wochen als Höflinge, aber auch Gesellen und Berater an den Königshof holte – etwas, das zur Nationalisierung und Vereinheitlichung des Staates beitrug. Es handelte sich hier sozusagen um die „aristokratische Variante" des *gushengera.* Wenn es sich bei den Höflingen um gewöhnliche Bürger, „sujets" handelte und die Aufwartung deutlicher hinsichtlich einer erwarteten Gabe erfolgte, sprach man auch von *guca urusâgo*[21] oder von *kurârira*; dieser letztere Ausdruck bedeutet eigentlich „Wache halten", im engeren Sinn und im politischen Kontext kann man ihn mit Rodegem übersetzen mit „faire la cour à un grand et passer la nuit à sa porte en attendant une entrevue" (1970:339)[22]. Das *kurârira* war eine besondere Form der traditionellen Pflicht des *gutérama* („Nachtwache halten"), der alle erwachsenen Männer eines Gebietes abwechslungsweise am Hof des lokalen politischen Führers nachzukommen hatten.[23] Es handelte sich dabei um einen Ordnungsdienst, der auch einen militärischen Aspekt hatte, wie Musaniwabo

---

[20] *Gusabira*, „zugunsten von jdm. *gusaba*, intervenieren"; oder *gusabisha*, „sich bitten lassen; bitten, einzuschreiten".

[21] *Guca urusâgo*: „einige Tage lagern, eine provisorische Unterkunft errichten" (s. oben), „über längere Zeit bei einem politischen Führer bleiben, um eine Gabe/eine Kuh zu erbitten".

[22] Musaniwabo übersetzt mit: „(s'engager) à veiller un mois durant en vue d'une promesse dans l'attente que cette promesse devienne réalité" (1979:37).

[23] Auf der nachbarschaftlichen Ebene existierte das *kurârira* ebenso; diese Form von Solidarität und Kooperation war insbesondere wichtig, um gegenüber dem immer drohenden Kuhdiebstahl gewappnet zu sein.

bemerkt (1979:37). Nsanze fügt bei, dass dieser Begriff vor allem die mit den Aufwartungen verbundene Stimmung – das schmachtende Warten und das unbeschäftigte Verbringen der Zeit, die Erwartenshaltung – in den Vordergrund rückt (1986:76).

Wie wichtig die Tätigkeit des Hofierens über alle politischen Ebenen hinweg war, schildert folgender Bericht B.s:

> „Es war die Zeit der Baganwa. Die Baganwa unterstanden der Autorität des Mwami, der ihnen Kühe gab. Wir gingen den Baganwa den Hof machen und sie um eine Gunst bitten (*gusaba*), und sie gaben uns Kühe. (…) Es gab damals keine Peitsche. Die Leute zogen ungestört ihre Kühe auf und machten den Baganwa den Hof (*gushengera i buganwa*); sie beschützten und verteidigten ihren Muganwa. Nachdem sie vielleicht einen Monat am Hof verbracht und gewartet hatten, kehrten sie mit den erhaltenen Kühen nach Hause zurück. Nach einer gewissen Zeit gingen sie dem Muganwa, der ihnen Kühe gegeben hatte, von neuem den Hof machen. Der Muganwa seinerseits ging dem Mwami den Hof machen (*gushengera umwami*), von dem er sein Gebiet und die Kühe erhalten hatte. Das war ihre Beschäftigung“ (Gespr. 55:2,9).

Mit dem *gushengera* verbundene Gaben von Kühen (überhaupt irgendwelche Gaben) waren keineswegs so häufig, wie das hier den Anschein macht (der Informant B. stammt aus der viehreichen nordöstlichen Region Busóni-Bwambarangwe und hatte als professioneller Kuhdieb im Dienste seines Muganwa erhöhten Zugang zu Kühen). Wenn auch alle *bashengezi*-Höflinge vorgaben, anlässlich ihres Besuches eine Gabe zu erbitten, gaben sie sich realiter bereits mit bedeutend weniger zufrieden. Dass der dieser Praxis zugrundeliegende Zweck die offizielle Anerkennung (bzw. deren Erneuerung) und damit die Absicherung der sozialen Position des Höflings – und damit seiner Güter – war, zeigt sich dann, wenn man genauer untersucht, wer von ihr Gebrauch machen musste oder vielmehr konnte. Nicht jedermann nämlich konnte *gushengera*. Es handelte sich dabei um ein Privileg, das nur den freien Grundbesitzern zukam. Dieses Selektionskriterium bestimmte den politischen Status. Wie Botte (1974b) und Nsanze (1986) hervorheben, teilte sich die bäuerliche Gesellschaft Burundis in zwei Typen oder Klassen von Bauern, nämlich die landbesitzenden (die über ein *itôngo* verfügten) und die landlosen oder landabhängigen. Die ersteren hatten alle Attribute „freier Männer“, sie bestellten ihr eigenes Land als „self-sustaining peasants“ und waren den Abgabepflichten in ihren verschiedenen Formen unterworfen. Die letzteren dagegen hatten als *bagêrerwa* oder *bakeberwa* Land gepachtet oder geliehen, oder sie waren im Extremfall reine *bashumba*-Knechte. Alle diese Kategorien von Abhängigen hatten mit den Abgaben-Pflichten auch die *gushengera*-Pflicht – und damit die Möglichkeit eines direkten Kontaktes zur politischen Autorität – an ihren Herrn, den *shêbuja* abgetreten. Es war ihr jeweiliger *shêbuja*, der sie nach oben vor der politischen Autorität vertrat, war es doch seine Funktion, als ihr Schutzherr und Beschützer zu wirken. Der Abhängige hatte mithin keine Bürgerpflichten; er musste vielmehr seinem Schutzherrn zur Verfügung stehen und dessen Bürgerpflichten in dessen Namen erfüllen gehen (hauptsächlich Arbeitsdienste). „Le *gushengera* est une affaire d'hommes libres, les dépendants ne pouvant s'approcher de l'autorité que pour agir au nom du maître“ (Nsanze 1986:70). Nsanze bemerkt denn auch, dass jeder *mugêrerwa*, *mukeberwa* oder *mushumba*, der sich das Recht herausnahm, in eigener Sache an einem politischen Hof vorstellig zu werden, damit seine Kondition als Abhängiger negierte und seinen Willen bekundete, sich zu befreien und sich nicht mehr vertreten zu lassen (ibid.).

Für alle anderen, die „Selbständigen“ dagegen war das *gushengera* umso zwingendere moralische Pflicht. Eine von Hajayandi befragte Person drückte das so aus: „Die erwachsenen Männer vergeudeten ihre Zeit nicht auf ihren Hügeln. Sie besuchten regelmässig die Höfe (*hari abantu b'abagabo baba mu gihugu! Bahora mu birimba*) (1986:42). Als Zeichen von Treue, von politischer Unterwerfung und Unterordnung war das *gushengera* an sich schon Bestätigung der sozialen Ungleichheit. Es war ein vorzügliches Einbindungs- und Kontrollinstrument der freien Bauern und damit auch ihrer Abhängigen. Obwohl als Zwang und Last empfunden, glaubt Nsanze doch, von „freiwilliger Knechtschaft“ sprechen zu können: Da es mit beträchtlichen Vorteilen verbunden sein konnte, unterzog man sich dem *gushengera* bereitwillig, ja es gab gar einen ausgeprägten Wettstreit darum, dabei möglichst Erfolg zu haben, d.h. möglichst nahe an die gesuchte Autorität heranzukommen (1986:71). Wie wir gesehen haben, gab es am Hof eines Muganwa höchstens zehn Günstlinge (sie vervielfachten sich auch nicht mit der Anzahl seiner Höfe: es waren immer die gleichen, die ihn zum Beispiel als *bagendanyi* begleiteten). Die Günstlinge und Höflinge eines politischen Autoritätsträgers waren seine wichtigsten politischen „Klienten"; sie konnten allenfalls zur besonderen Belohnung als subalterne politische Kader eingesetzt werden. Die mit dem *gushengera* erreichbaren Vorteile wurden denn auch in zahlreichen Redensarten und Ausdrücken der Alltagsweisheit beschworen und fanden hier ihre Hochschätzung. Je nach der Nähe zum Herrn und der damit verbundenen Gunst gab es verschiedene Grade der Verbundenheit, der Anhänglichkeit und Loyalität, vom *mugendanyi* und *intore* bis zum *mutóni*-Getreuen. Die damit verbundene Privilegierung erforderte aber auch besonderen Einsatz und Eifer; wer dies nicht aufbrachte, blieb benachteiligt, wie folgende Weisheit besagt: „Derjenige, der seine Lanze spazieren führt, übertrifft denjenigen, der sitzen bleibt" (*mpinge agacumu aruta mbundare)*. Es galt also, sich möglichst oft bei den Herrschenden sehen zu lassen; das brachte bedeutend mehr, als allein seine Felder zu bestellen und seine Kühe zu bewundern.

Seine Zeit oder Kühe „höheren" Zwecken zuzuführen, hatte aber gewisse grundlegende Vorbedingungen, die erfüllt sein mussten. Regelmässiges *gushengera* erforderte nicht nur Ergebenheit und Bereitschaft, seine Unterwürfig- und Dienstbarkeit zu bekunden, sondern auch ökonomisches Wohlergehen. Das *gushengera*, obwohl Pflicht, wurde von den Behörden nicht weiter reglementiert – es gab keine Mindestzahl von Höflingen, die am Hof in den *insâgo* sein mussten –, sondern es schien vielmehr völlig in deren freiem Ermessen zu liegen. Diese Ungeregeltheit machte es umso kompetitiver. Für eine Teilnahme mit gewissen Erfolgsaussichten (d.h., zumindest einen Kontakt mit einem Günstling knüpfen zu können) war ein minimaler wirtschaftlicher Wohlstand Voraussetzung. Erstens konnte eine solche Aktion wochenlang dauern, eine Zeit, während der der *mushengezi* mit seiner Arbeitskraft dem häuslichen Hof fernblieb. Zweitens musste er während dieser Periode von seiner eigenen Familie durchgefüttert werden, niemand anderes kam für seinen Unterhalt auf (Gespr. 22:8). Davon ausgenommen waren höchstens einige Kalebassen Bier, die ihm bei Gelegenheit offeriert wurden, was aber mehr als wettgemacht wurde dadurch, dass er zu Beginn selbst mindestens einen Topf Bier mitbrachte, um seine Zugangschance zu erhöhen. Man nannte das *gushikana* oder *gushengerana* („ein Geschenk mitbringen, einer hohen Person ein Geschenk bringen und ihr die Ehre erweisen"). Wenn gewisse Formen solcher Geschenkgaben auch auf nachbarschaftlicher Ebene oder zwischen „Freunden" spielten und noch spielen (Freundschaft, Zuneigung und Liebe, *urukûndo*, ist im Kirundi-Verständnis nie ganz uninteressiert und zwischen Ungleichen nicht selten), so umso mehr gegenüber allen Höherstehenden und Behörden. Die Absicht solcher Gesten war nicht, wie Musaniwabo speziell zu betonen nötig befindet, den Empfänger in eine Abhängigkeit gegenüber dem Geber zu bringen, sondern vielmehr, zwischen den beiden eine Brücke zu schlagen; man gab und gibt demjenigen, mit dem man in eine Beziehung treten will (1979:34f; cf. Kap. 4.6 unter Bugabíre und Kap. 5.2, Tributsystem). Erwähnenswert ist eine Sonderform des *gushikana*, das sogenannte *kwîshikana*. Es bedeutet „allein (aus eigenen Kräften, autonom) erreichen, sich (hin-) geben"; im politischen Kontext war damit „sich selbst einer politischen Autorität anbieten und über längere Zeit in ihrem Dienst bleiben" gemeint, ein Ausdruck, der das Zur-Verfügung-Stellen einer jungen Person an einen politischen Hof durch ihre Familie bedeutete und für alle, die an einem Hof irgendeine Funktion versahen, verwendet wurde. Er implizierte eine volle Hingabe und ein umfassendes Engagement; jedermann versuchte die anderen darin zu übertreffen (Moment von Konkurrenz). Letztlich blieb dieses temporäre Hofpersonal an den politischen Höfen immer auch Sprachrohr ihrer Deszendenzgruppen, und Musaniwabo betont, dass „ces jeunes-dons aux grands sont le meilleur garant de la relation entre les deux parties" (1979:35f) (cf. oben *bagendanyi*-Begleiter und Hofpersonal im strikten Sinn).

Auch abgesehen von solchen begleitenden Gaben und Geschenken waren die Erfolgschancen der Ärmeren deutlich herabgesetzt. Dass sie es sich nicht leisten konnten, ihrem Hof für längere Zeit fernzubleiben und am politischen Hof zu verweilen, bringt folgende von Nsanze zitierte Redensart zum Ausdruck: „Wenn du ohne Wegzehrung und Proviant den Hof machen gehst, so wirst du zurückkommen wie du gegangen bist (*ushengera ata mpamba ugashenguruka ata jambo*)" (1986:75). Um sich den Günstlingen nähern zu können, musste man ihnen etwas offerieren, einen Teil seiner Vorräte abtreten können. Die Selektion unter den Bashengezi wirkte damit automatisch dahin, dass man je ärmer desto früher nach Hause zurückzukehren gezwungen war. Die Wohlhabenden aber verbrachten insgesamt eine beträchtliche Zeit ihres Lebens an den politischen Höfen.

Wer sich nicht an die politischen Zentren zu begeben vermochte, war gleich mehrfach benachteiligt, wie folgende Sprichwörter bezeugen: „(Wer sagt:) ‚Ich werde zum König gehen', der hat die Güter verzehrt (desjenigen, der sagt:) ‚Ich werde in Ruhe mein Land bestellen' (*nzoja i bwami yarîye ivya nzirimira*)" (Rodegem 1983:308, n°. 3646); „derjenige, der auf den Überfluss zugegangen ist, hat sich durch die Ernten desjenigen ernährt, der es vorzog, weiterhin seine Böden zu bebauen (*nzojiyobiri yarîye ivya nzirimira*)" (Nsanze 1986:74). Die Aussage ist klar: Die Höflinge, die am Hof ihr Ziel erreichten, erhielten ihre Gunst direkt auf Kosten derjenigen, die nicht so weit kamen. Günstlinge griffen oft zu Denunziationen, um das Recht zu erhalten, über die Güter der derart Angeschwärzten herzufallen. Ein Vorwand war immer schnell gefunden. Es genügte, jemanden anzuklagen, „hartnäckig darauf zu bestehen, in der Verborgenheit zu leben", was synonym war mit sich aufrührerisch, sich nicht unterwürfig zeigen (Nsanze 1986:74).

Sich nicht an den politischen Höfen zu zeigen, konnte jedoch wie gesehen nicht allein auf Apathie und Gleichgültigkeit den Herrschenden gegenüber zurückgeführt werden. Die Gefahr aber war gross, dass dies so ausgelegt wurde. Wer nicht „seine Lanze an ihre Höfe spazieren führte", um mit dieser verbreiteten Umschreibung des Hofierens zu sprechen, wer nicht aus eigener Inititive den Kontakt zu den Behörden suchte, wurde sogleich verdächtigt, sich absichtlich im Verborgenen zu halten. Den Mächtigen nicht den Hof machen, wurde interpretiert als etwas verheimlichen und sich daher ihnen entziehen zu wollen. Nsanze hat das sehr deutlich ausformuliert:

> „Le fait de ne pas faire la cour à l'autorité est synonyme de clandestinité, et si l'anonymat signifie défi, alors le système du *gushengera* répond aussi au principe du *gucungura urugo* [Abgabenleistung], au même titre que l'obligation de participer à la guerre et le devoir de s'acquitter des prestations" (1986:74).

Mworoha erwähnt den Ausdruck *inyegezi*: „jemand, der sich den Autoritäten nicht zeigt" (von *kunyegera* bzw. *kwînyegeza*, „sich verbergen"), und er bemerkt dazu: „Ce terme est très révélateur de l'idéal social du Burundi, ce pays d'habitat dispersé où il était de bon ton de visiter sa famille, ses voisins et les cours des grands" (1977:176). Mworoha hebt hier etwas einseitig den sozialen Aspekt hervor. Es war und ist tatsächlich in jedem sozialen Rahmen so, dass derjenige, der eine Beziehung nicht über regelmässige Besuche aufrechterhält, schnell als jemand angesehen wird, der sich entziehen will – oder eben als jemand, der sich für höherstehend hält und sich nicht unterordnen will: Es war immer an der hierarchisch tieferstehenden Seite, auf die andere zuzugehen oder zumindest den ersten Schritt zu tun und diesen in der Folge auch häufiger zu wiederholen. Noch wichtiger, da eventuell folgenreicher, war das wie gezeigt im politischen Kontext. Bei Mworoha kommt das zu wenig zum Ausdruck. In der Anonymität bleiben, bedeutete für die Herrschenden immer eine Herausforderung. Diese Komponente der Herrschaftsbeziehung, die das monarchische Modell der Herrschaft prägte, darf nicht geringgeschätzt werden. Der Tatbestand, dass es als eine moralische Pflicht aufgefasst wurde, von sich aus auf die Herrschenden zuzugehen – womit gleichzeitig alle anderen zu Rebellen und Aufständischen gestempelt wurden –, hing mit der Perzeption der Machthaber als beschützende Wohltäter zusammen; etwas, was durchaus der Wirklichkeit entsprach, auch wenn die Machthaber selbst gleichzeitig die hauptsächliche Quelle der Unsicherheit waren. Es handelt sich hier um einen wichtigen Zug der frühstaatlichen Herrschaftsordnung. Die Bedeutung der damit verbundenen „Ideologie der Reziprozität“[24] wird sich erneut bei der Analyse des Tributsystems zeigen. Es wird deutlich, ein wie nützliches Kontrollinstrument das *gushengera* im frühen Staat war. Diese Ausdrucksform der Herrschaftsbeziehung und die damit verbundene Geisteshaltung sind bis heute lebendig geblieben. Ohne sie in Rechnung zu stellen, können auch die heutigen politischen Beziehungen nicht befriedigend erhellt werden.

5.1.3 *Gusaba* und das *amasabo*-Verhältnis

Zur Analyse der Herrschaftsbeziehung muss als weiteres das Konzept des *gusaba* eingeführt werden. Wir haben es bereits im Kontext des *bugabíre*-Verhältnisses kennengelernt. Es bringt zum *gushengera* ein zusätzliches, vornehmlich ökonomisches Element ins Spiel. Indem der *musavyi*-Bittsteller der gesuchten Person mehr oder weniger regelmässig Gaben und „Mitbringsel“ (*ishikánwa* oder auch *ingoróre* genannt) überbringt (*gushikana*), erhofft er sich als Höhepunkt und formale Anerkennung der Beziehung eine *ingabíre*-Gabe.

Es ist nützlich, eingangs an einige weitere vernakuläre Konzepte zu erinnern, die bereits im Zusammenhang mit dem Bugabíre-Verhältnis vorgestellt wurden. Mit *ingabíre* wird die Gabe der angefragten, übergeordneten Person an den *mugabíre*-oder *musavyi*-Bittsteller bezeichnet. *Amasabo* dagegen heisst die Beziehung zur erfolgreich „angefragten“ Person und das von oben zugestandene Schutzverhältnis. *Amasabo* kommt zustande, wenn man erfolgreich „angefragt“ und eine *ingabíre*-Gabe erhalten hat; es ist das Ergebnis des *gusaba* (cf. Abb. 9: Schema der Prästationen und Gabenzirkulation).

Es ist oft auf die Doppelbedeutung des Konzeptes *gusaba* hingewiesen worden, und diese interessiert uns hier ganz speziell. Trouwborst fasst sie folgendermassen:

> „(...) il est intéressant de noter la traduction de verbe *ukusaba* et des termes qui en dérivent. Bonneau traduit ce verbe par: „demander, prier, implorer, supplier, invoquer, postuler; reconnaître sa dépendance, être soumis (1950:271). Il traduit le mot français „sujet“ par *umuntu* ou *umuhutu* mais aussi par *umusavyi* (dérivé du verbe *ukusaba*) (1950:153). Meeussen (1959:215) traduit *umusavyi* par le terme de „courtisan“ et désigne probablement les gens qui séjournent aux cours royales et princières dans l'espoir d'obtenir des dons. En général, il semble qu'on puisse traduire le verbe *ukusaba* non seulement par „demander“ mais aussi par „servir“, „être le client“, et le substantif *umusavyi* par „serviteur“, „sujet“, conformément à la traduction de Bonneau. Aussi entend-on les gens dire „*nasavye*“ (littéralement „j'ai demandé“) dans le sens de „j'ai servi tel seigneur ou tel chef“ (1961:71).

Gusaba bedeutet also zum einen „um etwas bitten, anfragen“, zum anderen „dienen, unterworfen sein“. Damit steht *gusaba* („anfragen/sich unterwerfen“) vollkommen parallel zum Verb *kugaba* („geben/befehlen“) (cf. Botte 1982a:304).

Betrachten wir die beiden Bedeutungen von *gusaba* im Detail. Dieser Begriff impliziert immer eine Beziehung zwischen Ungleichen. Das gilt sowohl im ersten Sinn von „eine Gabe/eine Gunst erbitten“, in dem sich ein Schwächerer an jemand Vermögenderes wendet, wie auch im politischen Kontext: Hier bezeichnet er den Kontakt zwischen einem „Subjekt“, einem Herrschaftsunterworfenen und einer politischen Autorität, eine Beziehung, in der ersterer als Bittsteller und letzterer als Spender auftritt. Nsanze sieht im *gusaba*-Konzept den Schlüssel zum Redistributionsprozess, der Machthaber und „Untertanen“ miteinander in Verbindung setzt (1986:78).

Das *gusaba*-Verhältnis war eng mit dem *gushengera* verbunden; es erforderte in einem ersten Schritt immer ein *gushengera*-Hofieren, und wie gesehen gab jeder *mushengezi* vor, zu *gusaba*. *Gusaba* beinhaltete aber eine weitergehende Kontaktnahme und eine stärkere Beziehung. Der *musavyi*-Bittsteller war jemand, der einen Schritt weiter zu gehen vermochte als der *mushengezi*, dem

24 Zur Kritik dieses von Claessen & Skalník benutzten Begriffes (so in ihrer Definition des „Early State“, s. Kapitel 3) s. Trouwborst 1987:130ff.

seine einfache Präsenz am Hof genügte. *Gusaba* implizierte die effektive Einführung und Anfrage um ein Gut oder eine Gunst, zusätzlich zur Hauptgunst, überhaupt auf seinen Böden belassen zu werden. Es ging mithin nicht nur um die Anerkennung und Absicherung des status quo, sondern es sollte etwas Darüberhinausgehendes erreicht werden. Die Tatsache, dass die Anerkennung des status quo – verstanden als dessen Absicherung – bereits als Wohlwollen des Herrn und als wichtigste Entschädigung eines längeren Hofbesuches und der während dieser Zeit da verrichteten Dienste perzipiert wurde, erklärt, dass jede weitere Gunst – die Zuerkennung eines Postens, Dienstes, eines Gutes (Kuh oder Land) – effektiv als *Gabe*, als „Zu-Gabe“ und nicht als eine Entschädigung wahrgenommen wurde, auf die man dank geleisteter Dienste Anrecht hatte.

Wenn ich das *gushengera* bereits als ein gewisses Privileg beschrieben habe, das sich nicht alle „leisten“ konnten, so galt das a fortiori für das *gusaba*, das eine persönliche Einführung erforderte. Neben dem im Prinzip obligatorischen (da für die Reproduktion als „self-sustaining peasant“ notwendigen) *gushengera* versuchten ambitiösere – und vermögendere – Leute ihr Glück als *basavyi*. Sie gingen an einen politischen Hof, um eine Gunst oder Gabe zu erbitten. In der Regel wurde diese nicht näher präzisiert. Das war auch nicht notwendig. Denn erstens war jede Begünstigung, in welcher Form auch immer, willkommen, und zweitens war ihre Natur durch die soziale Zugehörigkeit und den Status des Bittstellers mehr oder weniger vorbestimmt.[25] Die Chance einer Begünstigung bestimmte sich nach dem Wert, welche die daraus entstehende Beziehung für den Geber hatte. So konnte jemand Ärmeres kaum mehr als eine Hacke bekommen (Nsanze 1986:85), selbst wenn dem ein längerer *gusaba*-Dienst vorweggegangen war. Wichtiger aber als die Sache oder die Art der Gunst war der Kontakt, der dadurch zustandekam. Es kommt meines Erachtens der Realität näher, sich das *gusaba* an politischen Höfen als Dienst und nicht als müssigen Zeitvertreib vorzustellen. Das Annehmen eines spezifischen, formalen Dienstes am Hof (ob nun als *mukamyi*-Melker oder *mugendanyi*-Begleiter, etc.) wurde ebenfalls als *gusaba* bezeichnet. Ein derart hohes Privileg kam aber nur wenigen zu. Um überhaupt zum *musavyi* werden zu können, waren viel Geduld[26] und ein gewisser Wohlstand erforderlich. Betrachten wir die damit verbundene Prozedur genauer.

Es gab kaum ein *gusaba* ohne Mittler. Für jeden angehenden *musavyi* galt es, zuerst einen potentiellen Mittler, der ihm als Einführungsperson dienen könnte, auszumachen, nach einem *umukandizi* (hier ein generischer Begriff für alle Vermittler- und Fürsprecher-Rollen) Ausschau zu halten. Wer am betreffenden Hof nicht bereits über eine Einführungsperson (zum Beispiel einen da eine formelle Funktion innehabenden Verwandten) verfügte, musste in einem ersten Schritt mit der Hilfe weiterer Mittler eine solche ausfindig machen. Es galt, erste Kontakte mit Leuten in einem äusseren Kreis herzustellen, Freundschaftsbande aufzubauen, die es erlaubten, das Terrain vorzusondieren und sich bekanntzumachen, ohne jedoch sein Ziel zu klar erkennen zu lassen (was als zu abruptes Vorstossen aufgefasst würde und die Ressentiments der Konkurrenten erregen könnte): „Man darf sein Ziel erst nach und nach im opportunen Moment andeuten und zur Sprache bringen. Vorher aber muss man den Leuten der Umgebung genügend Zeit lassen, ihr natürliches Misstrauen abzubauen und Vertrauen in seine Person zu fassen“ (Gespr. 60:28). Diese Sondierphase und Suche nach dem geeigneten Mittler konnte mit beträchtlichen Kosten verbunden sein, musste doch von Zeit zu Zeit ein Topf Bier ausgegeben werden. Dem *umukandizi*-Einführer war ein namhaftes Geschenk zu offerieren (am Königshof konnte das nicht weniger als ein Stier, eine Milchkuh oder eine Hacke sein; s. Hajayandi 1986:45). Der geeignetste Mittler war derjenige, der der gesuchten

[25] Die beschränkte Möglichkeit, auf die Form der allfälligen Begünstigung einzuwirken, kommt zum Ausdruck in Redensarten wie „der Musavyi bezeichnet sein Ersuchen nicht näher/er nimmt, was immer er haben kann/das Maximum (*umusavyi ntasaba kamwe*)“, und: „der Musavyi erbittet viel, erhält aber nur etwas (*umusavyi asaba vyinshi akagabana kimwe*)“ (zitiert in Nsanze 1986:85).

[26] So sprechen viele Sprichwörter von der Hartnäckigkeit und der harten Haut, derer ein Musavyi bedarf (s. Rodegem 1983, etwa pp. 286-289).

Person am nächsten stand, am besten einer seiner *batóni*-Günstlinge. Je höher die Einführungsperson, desto weniger Zwischenglieder mussten berücksichtigt werden. Es galt jedoch in dieser „société obsédée par la hiérachie sociale“ (Botte 1982b:305), darauf zu achten, alle Hierarchiestufen – quasi den „Dienstweg“ – einzuhalten, um keine Missgunst zu erwecken. Niemand durfte übergangen werden. Status und soziale Zugehörigkeit des Bittstellers bestimmten, auf welcher Stufe er einsteigen bzw. „ansaugen“ konnte (durchaus wörtlich zu verstehen, wenn man sieht, dass sich die soziale Hierarchie in der „Trinkhalm-Ordnung“ äusserte). Da die sozialen Hierarchien aber nie ganz rigid und eindeutig, sondern mehrfach und sich überschneidend waren, blieb immer ein gewisser Spielraum bestehen. Es galt aber, jeden Schritt umsichtig einzufädeln und sich auf alle Seiten hin abzusichern. Am Ende dieser Vorsondierarbeit war es am Bittsteller, über seine neugewonnenen Mittler und Fürsprecher den Kontakt zur bevorzugten Einführungsperson herzustellen:

> „Damit dieser akzeptiert, dich einzuführen und sich für dich zu verwenden, muss er dich zuerst kennen- und dann schätzen lernen. Dazu musst du ihm etwas offerieren, ihr müsst zusammen Bier trinken und du musst zu seinen Diensten stehen. All das braucht es, um die Freundschaft zu stärken und um sicher sein zu können, dass der Angefragte auch bereit ist, sich für dich einzusetzen. Vielleicht lässt sich daraus eine Beziehung schaffen, die später unter anderen Umständen wieder aktiviert werden kann und aus der beide Seiten gegenseitig ihren Nutzen ziehen. Aber auch wenn diese Beziehung nur dieses eine Mal hält – das wichtigste ist, einmal dort eingeführt zu werden, wo du hinwillst. Der Erfolg hängt nicht von der Menge dessen ab, was du gibst. Das Wichtigste ist, etwas zusammen zu teilen und zusammen zu reden. Das Hauptziel besteht darin, dass er dir einige Hinweise gibt, wie du am geschicktsten vorgehst, und dass er sich für dich verwendet“ (Gespr. 60:25).

Es wird deutlich, dass das *gusaba* einen hohen Aufwand an Zeit und Gütern erforderte und bedingte, sich über diese Periode von der produktiven Arbeit auf den eigenen Böden freistellen zu können. Oft hatte man zuerst über längere Zeit der Einführungsperson zu Diensten zu stehen; diese liess den *musavyi* für sich arbeiten und führte ihn gleichzeitig in die Formen des Hoflebens ein (Nsanze 1986:79). Am Hof bekannt geworden, wurde der *musavyi* vom Hofherrn für verschiedene Aufgaben eingesetzt: bei einem Muganwa etwa als Bote oder für die Einforderung von Bussen, die Einziehung von Kühen, bei Razzias, etc.. „Schliesslich konnte ihm selbst eine Kuh offeriert werden von denjenigen, die er eingetrieben hatte. Damit war er nun selbst zum Mittler und Fürsprecher für andere Zugangssuchende geworden“ (Informant Nta., zitiert in Nsanze 1986:80).

Mit einer solchen Gabe fand die *gusaba*-Phase im engeren Sinn ihr Ende, wenn dadurch auch eine nie endende Beziehung, eine Verpflichtung und Abhängigkeit eröffnet war. Eine derartige Gabe und die darauf gründende Beziehung hatten immer eine sehr persönliche Qualität und banden den Empfänger zeitlebens an „seinen“ Geber. Ein Informant hat Nsanze mit deutlichen Worten geschildert, wie der Geber über seine Gabe dem Empfänger dauernd in Erinnerung blieb (1986:83). Jede Gabe hatte die Qualität eines Schuldscheines, der nie vollständig eingelöst und gutgemacht werden konnte und damit die Abhängigkeit verewigte. So rief (und ruft man noch heute!) den Geber einer Kuh (mindestens!) ein Leben lang an und verlieh in den verschiedensten Situationen seinem Erstaunen Ausdruck mit dem Ausruf „oh du, der du mir eine Kuh gegeben hast! (*yampay'inka!*)“. Eine Gabe von seiten einer politischen Autorität war aber bedeutend interessanter als eine, die man über eine private Beziehung zu einer vermögenderen Person erhielt (etwa im Rahmen des *bugabíre*, s. Kap. 4.6). Mit wenigen Ausnahmen war sie mit weniger Gegenleistungen verbunden. Die erhaltene Gabe musste nicht „abgearbeitet“ und über längere Zeit abgeleistet werden; anders als bei einem innerhalb eines *bugabíre*-Verhältnisses erhaltenen *ingabíre* stellte ein politischer Chef im Normalfall keine *kwôkoza*-Nachfolge-Forderungen.[27] Jedes von einer politischen Autorität erhaltene Gut – in welcher Form und unter welchen Umständen auch immer – wurde als Gabe

[27] Bei einer innerhalb eines privaten *bugabire*-Verhältnisses erhaltenen Kuh musste beispielsweise jedes dritte Kalb dem *shêbuja*-Geber zurückerstattet werden (*kwokora*) (s. Kapitel 4.6).

und Geschenk perzipiert. Wie gezeigt, entsprach es der zutiefst ungleichen Gesellschaft, die Beziehungen zwischen Herrschenden und Herrschaftsunterworfenen als etwas nie Auszugleichendes wahrzunehmen, eine Sichtweise, in der allein der von den Machthabern (allenfalls) ausgehende Schutz jegliche (Ab-) Gaben an sie rechtfertigte und jede weitere Leistung von ihrer Seite als Geschenk und „Gratifikation" im Sinne einer Sonderzuwendung, als „Zugabe" erscheinen liess.

Da die Chance aber, in die Gunst einer Gabe zu kommen, sehr wohl beschränkt war, waren es doch die Herrschenden selbst, welche ihre Grosszügigkeit herausstreichen und betonen mussten. Sie haben denn auch kaum eine Gelegenheit dazu ungenützt vorbeigehen lassen (s. auch die politischen Rituale wie *umuganuro*, Religion und Ideologie). Im Kontakt mit den Herrschenden fand das mannigfache Ausdruckformen, von denen Nsanze (1986:81ff) einige näher analysiert. So lautete eine der protokollarischen Grussformeln an politische Autoritäten: „Auf dass du mich erhören mögest, du Spender und Verteiler von Gütern (*urazirikanye ga muhanyi*)". Zahllose weitere Redensarten beschworen die grenzenlose Bereitschaft der Herrschenden, zu geben: „König und Prinz sind vor allem anderen Verteiler von Gaben, den Geizhals gibt es nur in der Fabel", oder „kein Tag, an dem ein *musavyi* nicht eine Gunst erhält (*nta musi wankíre umusavyi*)" (Rodegem 1983:213), womit gemeint war, dass man nur am richtigen Ort versuchen musste und jeder seine Chance hatte, etwas zu erhalten.

Die Realität dagegen sah anders aus. Der grösste Teil der *bashengezi*-Höflinge und der Bittsteller ging leer aus. Das betraf nicht nur die Zuerkennung von Gaben. Es ist falsch, sich das *gusaba* allein unter diesem Aspekt vorzustellen. Viele suchten Vorlass, um Gehör in einer Rechtsangelegenheit, beispielsweise einem Familienkonflikt, zu finden (Hajayandi 1986:45). Sofern es einem möglich war, suchte man die Unterstützung oder Vermittlung von möglichst hoher behördlicher Seite. Einfachen Leuten war das aber kaum möglich, obwohl es Ausnahmen gab, die denn auch sorgfältig herausgestrichen wurden. Wer so weit vorgelassen wurde, benutzte die Gelegenheit, um Land oder eine Kuh zu bitten. Bei der grossen Anzahl von *basavyi*, die rund um die aristokratischen Höfe die *insâgo*-Camps bevölkerten und nach einer geeigneten Einführungsperson Ausschau hielten, ist es jedoch nicht verwunderlich, dass nur eine Minderheit ihr Ziel erreichte. Chancenlose, denen es auch nach Tagen nicht gelang, einen wirksamen Fürsprecher und Mittler zu finden, kehrten lieber rechtzeitig nach Hause zurück, als sich dem Spott der Hofgemeinschaft auszusetzen und um den Schaden, der aus einer längeren Abwesenheit vom eigenen Hof erwachsen konnte, in Grenzen zu halten. Solange man jedoch Aussichten oder gar ein Versprechen auf Begünstigung und Förderung hatte, versuchte man auszuharren oder ein anderes Mal zurückzukehren. Nsanze hat aufgezeigt, dass nur die Günstlinge – die Klienten im weitesten Wortsinn – mit Erfolg nach einem gerodeten Stück Land, einer Kuh oder gar nach einem Kommandoposten trachten konnten (1986:84f). Alle anderen mussten sich solche mit Diensten „erkaufen", deren Wert weit über denjenigen des erhaltenen Gutes lag. Nsanze führt denn auch – zumindest in diese Richtung interpretierbare – Redensarten an, welche die Begrenztheit der Spendefreudigkeit der Baganwa illustrieren und welche durchaus dazu angetan sind, den Ruf ihrer Generosität und Munifizenz zu schmälern; sie sprechen von trügerischen Versprechen, die gerade von seiten der Mächtigen nicht eingehalten werden (1986:83f, cf. Rodegem 1983:289f & 1971:222f, 248).[28] Diese hatten zwar die Fähigkeit und das Vermögen, zu geben, und die Chance dazu bestand effektiv. Diese Gaben konnten aber prekär sein und wieder zurückgenommen werden; jederzeit bestand die Gefahr von Enteignungen – wie wir gesehen haben, erfolgten die meisten Gaben auf Kosten anderer, denen sie genommen wurden; *ingoróre*-Bussen und -Abgaben (letztere zu speziellen wie

[28] „Eine blinde Kuh, die [abends sicher] in den Rugo zurückkehrt, ist mehr wert als hundert angekündigte/versprochene (*ijana riburwa rirutwa n'impumyi itaha*)"; „Hat man je einen Regierenden Honig versprechen gehört? (*hari uwemera ubuki atégeka?*)", oder das zweideutige: „Die Baganwa melken/geben die erste Milch, es gibt aber kein zweites Melken (*abaganwa barakama amakâba bakabura amrindira*)", das aber auch dahingehend ausgelegt werden kann, dass sie keine Gegenforderungen stellen (*kwokoza* oder *kwîtuza*).

auch zu regelmässig wiederkehrenden Anlässen, s. unten) und Enteignungen waren wichtige Quellen der Gaben von seiten der Mächtigen. Diesen Tatbestand thematisierende Redensarten und Sprichwörter hatten mithin einen hohen Realitätsgehalt; insgesamt scheinen aber diejenigen verbreiteter gewesen zu sein, die nicht die Enttäuschung und die harte Realität, sondern die Hoffnung und Erwartenshaltung der Unterworfenen den Mächtigen gegenüber zum Inhalt hatten, die von der „Chance des kleinen Mannes“ träumten. So klein diese Chance war, so hoch war der Preis, der dafür zu bezahlen war: eine fortwährende Anbiederung und Unterwerfung „aus freien Stücken“, welche die Herrschaftsordnung nicht durchsichtiger, sondern unbewusster machte.

Eine solche anbiedernde Unterordnung konnte sich jedoch auszahlen. Wer es durch das *ubusavyi* („den Tatbestand des Anfragens/Erbittens“) schaffte, etwas von der umworbenen Person zu erhalten und damit erst eigentlich zum *umusavyi* wurde („wenn ich dir die Bitte/die Gunst abschlage, so bist du kein *umusavyi*“, Gespr. 59:22), der hatte damit sein Hauptziel erreicht, nämlich die Errichtung eines sogenannten *amasabo*-Verhältnisses. Mit *amasabo* wird eine umfassende Schutz-Beziehung bezeichnet, die als Voraussetzung und Grundlage die stetige Ergebenheit, Loyalität und Anhängerschaft des *umusavyi* hat; der Begriff hat aber mehrere Facetten, und eine Übersetzung muss all diese Komponenten berücksichtigen: „Zuflucht; Ergebenheit, Ehrerbietung; Patronage, Gunst; Vasallentum; die Bedingung der Abhängigkeit und Unterordnung“ (cf. Rodegem 1970:387, Habonimana 1977:147). Zuerst muss also das Nachsuchen, das schmeichelhafte Anbiedern, die Unterwerfung, Reverenz und Loyalität des Möchtegern-*musavyi* stehen; wird er erhört, so kommt erst eine *amasabo*-Beziehung in vollem Sinn zustande: indem nämlich der neu gefundene *shêbuja*, der Patron und Herr, bereit und geneigt ist, etwas entgegenzusetzen: zuerst einmal seinen Schutz, was meistens begleitet ist von darüber hinausgehenden Gunstbezeugungen, die die damit eröffnete langfristige Beziehung am Leben und die Bereitschaft des *musavyi* zu fortwährenden Diensten und Ergebenheit wach halten. B. bringt die Bedeutung eines solchen Verhältnisses auf den Punkt:

> „*Amasabo* will heissen, über eine umfassende Schutzbeziehung zu verfügen. (...) *Amasabo* ist die Bindung an *shôbuja*, an deinen Patron, die dir Schutz gewährt. Wenn dir früher jemand Schaden zufügen und dich in einen Konflikt – vielleicht mit deinem Patron selbst – verstricken wollte, dieser dich aber sehr schätzte und es daher nicht gelang, so sagten dessen andere *batóni*: ‚Das kommt daher, dass er *amasabo* hat – sein *shêbuja* hat ihn unterstützt‘“ (Gespr. 55:21).

In Übertragung wird der Begriff oft personifiziert und man bezeichnet seinen Wohltäter als *amasabo*: „Jedermann, der dir gegeben hat [*akugabiye*], ist *amasabo*“ (Gespr. 37:16). Dieser Ausdruck, der vom stetigen Streben nach Rückhalt und Sicherheit in einer von Willkür und Unsicherheit gezeichneten Gesellschaft zeugt, taucht auch in vielen persönlichen Eigennamen auf (*Ndikumasabo*, *Ngendakumasabo*, *Nzigámasabo*: „ich stütze mich auf/rechne mit *amasabo*“, was sich vorkolonial mehr auf den Mwami, seit der Christianisierung während der Kolonialzeit beinahe ausschliesslich auf *imâna*, Gott bezieht; cf. Ntahombaye 1983:238ff). Wie gezeigt, bezeichnet *amasabo* die politische Bande schlechthin: Die Tatsache, dass man Rückhalt, Schutz und Privilegierung bei den politischen Autoritäten, den staatlichen Instanzen und nicht (mehr) in der Deszendenz- oder Lokalgruppe sucht (Ndikuriyo 1987:295; Kap. 3, cf. Kap. 4.6.3).

In welcher Logik war diese „legitime öffentliche Bettelei“ („mendicité publique légitime“), wie Nsanze das *gusaba* nennt, begründet? Ich habe gezeigt, dass *gusaba* immer einen Akt der Unterordnung und Unterwerfung darstellte. Darüberhinaus bot es den Herrschenden die Möglichkeit, jederzeit zahllose Leute an ihren Hof zu ziehen, sie an sich zu binden und von Zeit zu Zeit nach ihrem Gutdünken ihre Grosszügigkeit in Szene zu setzen. Zu hofieren, etwas zu erbitten oder gar unterwürfig zu betteln, erforderte denn auch keine Scham. Es war Pflicht. Es handelte sich immer um einen Akt der Ehrerbietung, der „Höflichkeit“, und man brachte eine solche Anfrage in möglichst höflichen Formulierungen vor. Mit diesem Akt erwies man jedem Mächtigeren und Höherstehenden die Ehre – man gab ihm die Möglichkeit, seine „Freundschaft“ und Freigebigkeit öffentlich zu bekunden und darzustellen. Wenn Nsanze (1986:86f) bemerkt, dass die Tatsache, dass selbst reiche Leute und Baganwa die ersten christlichen Missionare um Gaben bitten gingen, nicht allein als Höflichkeit, Ehrerbietung und Unterwerfung verstanden werden darf, sondern auch als der Versuch, für ihre eigenen Abgaben eine Gegenleistung zu erhalten und eine dauerhafte Tauschbeziehung zu errichten, so lässt sich das gleiche auf alle *bashengezi* und *basavyi*, auf welcher Stufe auch immer, übertragen: *Gushengera* und *gusaba* bedeuteten nicht nur Unterwerfung, sondern auch den Versuch, über privilegierte Kontakte zu den Mächtigen zumindest für einen Teil der eigenen Leistungen einen Gegenwert zu erhalten. Diese Möglichkeit ist als ein wichtiger Bestandteil des Tributsystems zu verstehen, das ohne ihn in seiner Form nicht aufrechtzuerhalten gewesen wäre. Auf seiten der – immer niedriger stehenden – *basavyi* gab es aber ein noch grundlegenderes Motiv, die Errichtung eines *amasabo*-Verhältnisses zu suchen: Um Rückhalt und Schutz zu finden in einer kriegerischen Gesellschaft mit schnell wechselnden Loyalitäten, in der der einzelne mit seiner Familie nie vor der Willkür der Herrschenden sicher sein konnte. Aber auch wer etwas mehr, eine Verbesserung seiner Situation suchte, musste bestrebt sein, als Grundlage dazu ein möglichst tragfähiges *amasabo*-Verhältnis zu etablieren.

Die Institutionalisierung der öffentlichen Bettelei fand ihre Logik darin, dass mit ihr ein höchst bedeutsames Instrument der Kontrolle und Einbindung der „Bürger" (als bodenbesitzende „citoyens") in die monarchische Ordnung geschaffen wurde. Dieses Herrschaftsinstrument erlaubte gleichzeitig, die Ideologie der Munifizenz der aristokratischen Oligarchie und die Sichtweise der Herrschaftsbeziehung als Tausch zu reproduzieren, für die es einen privilegierten und besonders anschaulichen Ort zur Verfügung stellte. Über das *gushengera* und vor allem das *gusaba* liess sich die bäuerliche Bevölkerung aber nicht nur ideologisch, sondern überhaupt in jedem Sinn unmittelbar einbinden und kontrollieren. Seit Polanyi ist bekannt, dass das Prinzip der Redistribution in zentralisierten Gesellschaften als integrativer Mechanismus dient, etwas, was sich auch bei der Erörterung des Tribut- und Gabensystems zeigt.

Treten wir also näher auf das Tributsystem der vorkolonialen Gesellschaft ein. Dieses kann nicht losgelöst von dem parallel dazu verlaufenden informellen, tributären Gabensystem analysiert werden. Nur in dieser Verbindung lässt sich der Zusammenhang zwischen Macht, Gabe und Abhängigkeit in seinen vollen Ausmassen aufzeigen. Das gesamte Abgaben- und Gabensystem widerspiegelte die sehr weite Palette von Beziehungen, welche die Leute an ihre Herrscher banden. In den gegebenen und erhaltenen Sachen reflektierten sich alle Arten und Abstufungen von Prestige, Status und Wohlstand.

5.2 Herrschaft und Profit: Abgaben und Gaben

Im Rahmen des gestellten Themas geht es nicht darum, das vorkoloniale Tributsystem in all seinen Details zu analysieren;[29] das Ziel ist vielmehr, die Bedeutung einiger seiner zentralen Züge für die Herrschaftsordnung aufzuzeigen. Das Tributsystem lässt sich wie gesagt nur im Zusammenhang mit dem parallelen Gabensystem und innerhalb des weiteren Rahmens des dominanten Herrschaftsmodelles verstehen. Das hat mehrere Gründe. Die Grenzen zwischen formalen Abgaben und informellen Gaben und Geschenken blieben oft unscharf. Alle Tribute – insgesamt *ingoróre*[30] genannt – wurden nach dem dominanten Herrschaftsmodell letztlich nur als erforderliche Gegenleistungen zum durch die Herrschenden gewährten Schutz und als Versuch verstanden, eine Leistungsäquivalenz aufrechtzuerhalten. Die darüber hinausgehenden – „freiwilligen" und doch moralischer Pflicht entsprechenden – Gaben und „spontanen Geschenke" (*ishikánwa*, *itûro* oder ebenfalls *ingoróre* genannt) wurden dagegen als Vor- oder Gegenleistungen zur Benevolenz und zur grundlegenden Freigebigkeit der Herrschenden und erhoffter *ingabíre*-Gaben aufgefasst. Um die Tributbelastung einschätzen zu können, der die verschiedenen Kategorien von Bauern ausgesetzt waren, darf man die ausserhalb des formalen Tributsystems an die Höfe der Herrschenden fliessenden Gaben und „Geschenke", die den Umfang der formalen Abgaben leicht übertreffen konnten, nicht ausser Acht lassen. Da diese informellen Gabenflüsse (*gushikana*) kaum quantifizierbar sind, wurden sie in den bisherigen Untersuchungen weitgehend vernachlässigt. Ich werde in der Folge dagegen zwischen einem formalisierten Abgaben- oder Tributsystem, das Abgabeleistungen in Form von Naturalien, von Arbeitskraft und Kriegsdiensten umfasste, und einem informellen Gabensystem unterscheiden. Von besonderer Bedeutung ist dabei, dass letzteres nicht nur im Rahmen des staatlichen Herrschaftssystems zustandekam, sondern dass derartige „spontane Geschenke" auch innerhalb anderer, „privaterer" Abhängigkeitsverhältnisse erfolgten (cf. z.B. das Bugabíre).

5.2.1 Das Tributsystem

Zur Darstellung des Tributsystems, so wie es gegen Ende des 19. Jahrhunderts existierte, werde ich zunächst die „allgemeinen", das heisst die verbreitetsten Abgabeformen vorstellen. In einem zweiten Schritt wird auf die Grenzen ihrer „Verallgemeinerung" hinzuweisen sein, womit sich gleichzeitig einige grundlegende Merkmale des vorkolonialen Tributsystems aufzeigen lassen.

Jeder Regionalführer – d.h. der Mwami, die Baganwa und die ihnen gleichgestellten Inkebe – hatte Anrecht auf drei Formen von Abgaben, die alle unter der Bezeichnung *gucûngura urugó*[31] bekannt waren. Dieser Ausdruck lässt sich mit „seine Güter einlösen/ausliefern" übersetzen, und er wurde nach Bottes Bericht bildhaft im Sinn von „seine Haut retten" verstanden (1982b:288). Wir finden das bestätigt im bereits zitierten Sprichwort: „Die Arbeit am königlichen Hof tötet denjenigen, der zuhause bleibt (*umurimo w'ibwami wica uwicaye*)". In dieser Formulierung kommt zum Ausdruck, dass die Auferlegung der staatlichen Herrschaftsordnung mit ihrem Tributsystem

[29] Es gibt dazu von anderer Seite bereits mehrere detaillierte Arbeiten, so Mworoha 1980, Botte 1982b, Nsanze 1986 und Trouwborst 1987, auf die meine folgenden Ausführungen Bezug nehmen.

[30] Botte (1982b:289, n.20) gibt als allgemeinen Ausdruck für Tribute („redevances générales") *ishikánwa* an, ein Begriff (in seiner eigentlichen Bedeutung „Ehrengaben von unten nach oben"), der z.B. in Nsanzes ausführlicher Abhandlung des vorkolonialen Tributsystems (1986) in dieser Bedeutung nirgends auftaucht und von diesem Autor während seiner Felduntersuchungen nie in diesem Sinne angetroffen wurde (pers. Mitteilung).

[31] *Gucûngura* meint „retten, freisetzen, einlösen, auslösen; (aus-)liefern, übergeben; ersetzen". *Urugó* bedeutet „Einzelgehöft/(Familien-) Hof".

jedes Besitzrecht prekär werden liess; sie zeugt vom Bewusstsein der damit über jedem Besitzrecht hängenden Drohung. In der Tat war es so, dass derjenige, der seinen Pflichten nicht nachkam, nach mehreren Ermahnungen und Drohungen enteignet werden konnte (Nsanze 1986:97f; cf. Kap. 4.6.3: *kunyaga*).

Die *gucûngura urugó*-Abgaben hatten dreierlei Form:

• 1) drei verschiedene Naturalabgaben, alle in Form von Sorghum-Hirse, ob als Korn oder gebraut. Die restlichen für die Versorgung der aristokratischen Höfe notwendigen Nahrungsmittel wurden auf den Domänen selbst durch Landarbeiter (*ibikotsi* und *abarimyi*) produziert;

• 2) zwei Arten von Arbeitsleistungen: Sorgho-Feldarbeiten, sowie Bau und Reparatur der politischen Residenzen;

• 3) Leistungen in Form von Kriegsdiensten. Diese müssen ebenfalls als Abgaben aufgefasst werden, und sie stellten nach Bottes Einschätzung gar die wichtigste Form von Mehrarbeit dar (1982a:285, 1982b:288); man sprach von ihnen denn auch als „Arbeit" (*umurimo*). Im Unterschied zu den Natural- und Arbeitskraft-Abgaben waren davon alle Männer – welcher sozialen Zugehörigkeit auch immer, ob Batutsi oder Bahutu – ab ungefähr 18 Jahren in gleichem Masse betroffen. Botte schreibt dazu:

> „Ces prestations garantissent, en raison des nombreux conflits internes, la pérennité du territoire d'un prince face aux tentatives d'expropriation d'un autre prince – et les sujets-guerriers [*ingabo*] assurent du même coup leur propre reproduction en tant que *self-sustaining peasants*. C'est-à-dire que leur capacité de conserver, face à l'adversaire, leur terre, leur bétail, leurs biens – tous „dons" de leur patron politique – leur permet de reproduire l'ensemble des relations de dépendance qui les lient à lui" (1982b:288).

Dem ist nur unter der Einschränkung zuzustimmen, dass die Leute bei allen politischen Enteignungsdrohungen ihr Land in der grossen Regel weniger als politische „Gabe" denn als *itôngo rya se na sekuru*, als ererbtes, ihnen über eine Familientradition zukommendes Grundstück sahen (und noch heute sehen); insofern lassen sich nicht ihre gesamten Existenzbedingungen auf politische Abhängigkeitsbeziehungen reduzieren.[32]

Einige der Natural- und Arbeitskraft-Abgaben wurden einmal jährlich eingefordert, während die Erhebung anderer von stark veränderlichen Umständen abhing und von Region zu Region, ja sogar von einem Lokalherrscher zum anderen sehr verschieden sein konnte. Eine wichtige Variable war der Umfang des vom Lokalherrscher kontrollierten Gebietes. Da die Bedürfnisse der Führungsklasse nicht unbegrenzt und die Akkumulationsmöglichkeiten sehr beschränkt waren, war die Tributbelastung in grösseren und dichter besiedelten Gebieten bedeutend geringer: „Le poids du surtravail varie *grosso modo* en sens inverse de la pression démographique" (Botte 1982b:289). In Funktion dieser stark unterschiedlichen Abgabenlast entwickelte sich zwischen den verschiedenen prinzlichen Territorien ein „Desertions"-Phänomen (*gucîkira*); jeder Regionalführer musste damit rechnen, dass seine Leute ihm auf der Suche nach den „günstigsten Mehrarbeitsbedingungen" abtrünnig wurden und abzuwandern versuchten. Wenn solche Desertionen auch nicht immer möglich waren und ihnen Zwang entgegengesetzt wurde („man zog nur nachts um", Gespr. 22:23), so drückten sie die Mehrarbeitsrate doch tendenziell nach unten und hielten sie in einem gewissen Rahmen.

Mit der wichtigen Ausnahme der Kriegsdienstleistungen, denen alle arbeitsfähigen erwachsenen Männer – in der kolonialen Ausdrucksweise alle „hommes adultes valides" (H.A.V.) – nachzukommen hatten, wurden alle Abgaben pro Hof und nicht wie später unter dem Kolonialregime pro Kopf erhoben. Ein Hof *urugó* setzte sich in der Regel aus einer erweiterten Kernfamilie und allenfalls einigen landlosen *bashumba*-Knechten zusammen (s. Kap. 4.2). Allein der Hof-Vorstand war der politischen Autorität gegenüber verantwortlich und hatte auf die Abgaben-Forderun-

---

[32] Nsanzes Kritik an Botte, bezogen jedoch auf die Lage der Bodenabhängigen und dessen Artikel von 1974, geht in eine ähnliche Richtung (1986:594).

gen zu reagieren. Wenn möglich delegierte er aber einen seiner erwachsenen Söhne, soweit diese (wenn ledig oder erst jung verheiratet) noch auf seinem Hof lebten, oder einen seiner *bagêrerwa-*, *bakeberwa-* oder *bashumba-*Abhängigen. Obwohl also nur die freien und nicht die landabhängigen Bauern den Abgabepflichten unterlagen (was auch für die Kriegsdienste galt), konnten sie sich über bestehende Abhängigkeitsverhältnisse der Mehrarbeit entziehen (weitere Ausnahmen durch Innehaben einer speziellen Hoffunktion s. unten). „Nur wer keine Untergeordneten hatte [wozu auch unverheiratete Söhne zählen, *les cadets*], hatte den Aufgeboten persönlich Folge zu leisten", wie es ein Informant Botte gegenüber formulierte (1982b:289).

Die Erfüllung der Mehrarbeitspflichten war eine notwendige, aber keine hinreichende Bedingung zur Wahrung seines Besitzstandes. Es kamen als weitere implizite Pflichten dazu, seine Böden zu bebauen und da auch zu wohnen bzw. zumindest eine Gattin auf ihnen anzusiedeln. Schliesslich aber konnte jeder Fehler, den man sich zuschulden kommen liess, Enteignung und Ausstossung zur Folge haben. Während einige dieser Fehler bekannt waren, wurden einem die anderen erst im Moment der Ausweisung offenbart – Enteigungen waren weitgehend willkürlich, und nach Nsanze (1986) war die grosse Mehrzahl von ihnen missbräuchlich. An ihrer Häufung konnte jedoch kein politischer Führer Interesse haben, und sie mehrten sich denn auch erst im Zuge der Politisierung des Landbesitzes und der Zunahme der politischen Abhängigkeitsbeziehungen (cf. Kap 5.3 & 6.1.1). Wie wir gesehen haben, bestand die sicherste Garantie vor Enteignungen darin, den Mächtigen regelmässig den Hof zu machen und ihnen „spontan" Geschenke zu bringen (*gushikana*, s. Kap. 5.2.2).

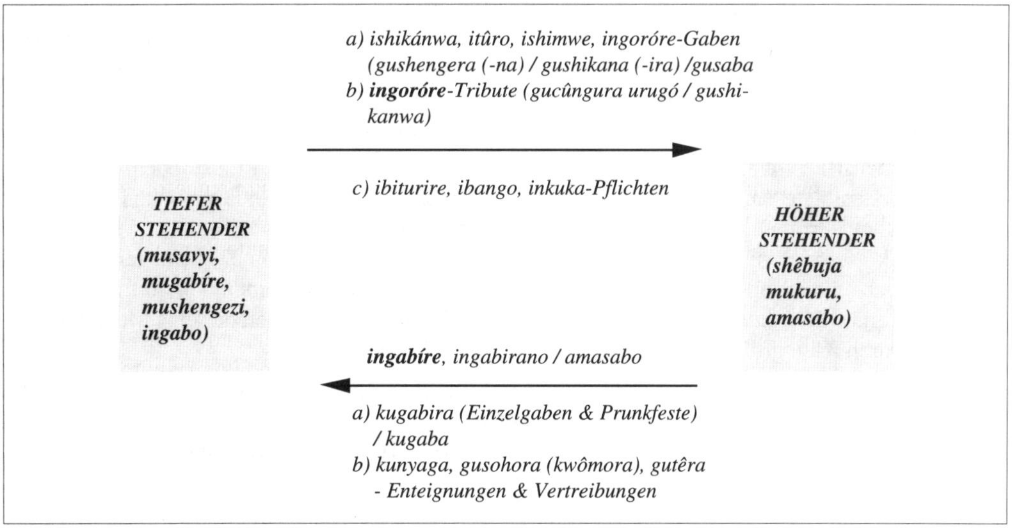

Abb. 9: Schema der Prästationen und Gabenzirkulation

Lassen wir zunächst die formalen Abgabepflichten im einzelnen Revue passieren. Wie gesagt, wurden sie insgesamt als *ingoróre* bezeichnet. Im engeren Sinn wurden auch Bussen, Wiedergutmachungs- und Amtseinsetzungsgaben und sogar einfache „Reverenzgeschenke" als *ingoróre* bezeichnet. Das weist darauf hin, dass die *ingoróre* immer als Teil eines weiteren Leistungstausches zwischen Herrschenden und Beherrschten erschienen und hingestellt wurden, ein Tausch, in dem es galt, durch eigene Leistungen Schutz, Freigebigkeit und *ingabíre*-Gaben von seiten der Herrschenden auf sich zu lenken.

Naturalabgaben

Es gab drei verschiedene Formen von Sorgho-Abgaben (als Korn, „Boden"-Bier und *irári*-Bier) und zudem Tribute in Form von Vieh; sie wurden alle mit dem generischen Begriff *gushikanwa* bezeichnet, zu übersetzen mit „etwas als Geschenk (an eine höherstehende Person) heranbringen" (Rodegem 1970:420, Botte 1982b:289). Dieser euphemistische Ausdruck liess die mit Zwang auferlegten Tribute zu Ehrerbietungsgaben und Huldigungsspenden werden.

In Tiefgebieten, in denen kein Sorgho gedieh, konnte dieser durch die seit dem 19. Jahrhundert stark verbreitete amerikanische Bohne (*phaseolus vulgaris*, cf. Kap. 2) ersetzt werden. Der Sorgho-Anbau wurde durch die Tributpflicht aber auch Gebieten auferlegt, in denen dieses Getreide kaum verbreitet war; teilweise geschah das auf Kosten der älteren Hirse-Art *uburo* (Eleusine), einer Pflanze, die innerhalb verschiedener prädynastischer Rituale im Rahmen der Deszendenzgruppen ihre Bedeutung hatte.[33] Sorgho dagegen war zur königlichen Pflanze schlechthin geworden. Jeder König kam mit ihren Samen in der Hand zur Welt, und die jährliche *umuganuro*-Aussaatszeremonie war von eminenter politischer Bedeutung.[34] Sorgho-Konsum ist denn auch lange Zeit ein Kennzeichen der dominanten Klasse geblieben, während die Bohne zum Grundnahrungsmittel der bäuerlichen Massen wurde (sie steht nicht zuletzt wegen ihrer Eigenschaft, Blähungen zu provozieren, für eine rohe, kulturlose Lebensart). Die Verbreitung der neuen amerikanischen Kulturpflanzen, in erster Linie der Bohne, die in der ersten Hälfte des 19. Jahrhunderts weitgehend abgeschlossen war, erlaubte dem politischen Zentrum, ihre Abgabeforderungen an alten einheimischen Bodenprodukten zu intensivieren. Ich habe gezeigt, dass das zeitlich mit grossflächigen Territorialeroberungen unter Ntare Rugamba und der Vervielfachung der Domänen und Höfe einherging. Das Tributsystem wurde auch unter den neuen politischen Bedingungen nicht geändert, sondern die nun über einen grösseren Raum herrschende Aristokratie war lediglich mit seiner verallgemeinerten Durchsetzung beschäftigt. Gemäss Botte fiel in diese Zeit die Erhöhung und Intensivierung der Abgaben in Form von Bier (*irári* etc.), deren „Legitimität" offenbar auch noch zu Ende des 19. Jahrhunderts angefochten wurde (Botte 1982b:291f).

a) Die „Boden-Bier"-Abgabe (*inzoga y'ubutaka*, „das Bier des Kultur-/Pflanzbodens") kann als eine Art „Bodenmiete" angesehen werden. Botte (1982b:292) sieht in ihr eine explizite Bestätigung eines gewissen Verfügungsrechtes der politischen Instanzen über jeden Landbesitz und eine Unterwerfung jedes Grundbesitzers unter die behördliche Autorität, selbst wenn das betreffende Grundstück nicht aus ihrer Hand gekommen war.[35] Die Abgabe bestand aus einem 40–50 Liter fassenden Krug Sorgho-Bier (*umubindi* oder *imararubanza*). Da alle Hofeinheiten dieselbe Menge liefern mussten, waren Kleingrundbesitzer bedeutend stärker belastet.[36]

b) Die *irári*[37]-Abgabe bestand ebenfalls aus einem Krug Sorgho-Bier, dessen Volumen jedoch nicht näher spezifiziert wurde. „Rechtmässig" durfte diese Abgabe pro Hof einmal jährlich eingefordert werden, und sie wurde legitimiert dadurch, dass die Territorialführer anlässlich des *umuga-*

---

[33] Im speziellen im *kurya umwâka*-Erstlingsfruchtritual, das noch bis in die jüngste Zeit in jedem Familienhof abgehalten wurde; s. dazu im Kapitel 2 die Gegenüberstellung mit dem „national-monarchischen" *umuganuro*-Sorghoaussaatsfest. *Uburo* spielte ferner bei Bestattungen eine symbolische Rolle (Bahenduzi 1977, Trouwborst 1962a:163). *Uburo*-Hirse wurde unter der Monarchie mit einem niederen sozialen Status assoziiert; den Baganwa war diese Nahrung verboten – sie durften sie weder konsumieren, noch anpflanzen lassen, noch als Tribut annehmen (Botte 1982b:291, n.24).

[34] Ich habe bereits darauf hingewiesen, dass das *umuganuro*-Ritual in weiten Teilen dem familiären *kurya umwâka*-Ritual nachgebildet war. In Bahenduzis vergleichenden Arbeiten zu diesen beiden Ritualen bleibt die Richtung der Beeinflussung ungeklärt (1977 & in Chrétien (ed). 1983:174).

[35] Zu den verschiedenen Bodenbesitzarten s. Laely 1983:38-50.

[36] Gemäss Mworoha entspricht die dafür notwendige Menge Sorgho – das bis ins 19. Jahrhundert ein wichtiges Grundnahrungsmittel war – der Nahrung für eine *rugó*-Einheit für mindestens fünf Tage (1977:205).

[37] Abgeleitet von *kurârika*, „aufbieten, mobilisieren", oder *kurarika*, „in grosser Zahl zusammenbringen".

nuro den Königshof besuchen und etwas mitbringen mussten. Wie erwähnt, betonten Bottes Informanten, dass dieser Tribut, der der Bestätigung der Autorität der politischen Instanzen galt, erst relativ rezent (d.h. wohl erst in der zweiten Hälfte des 19. Jahrhunderts) auferlegt wurde, was erklären mag, dass sich gegen Ende dieses Jahrhunderts weder seine Periodizität noch seine Legitimität im allgemeinen durchgesetzt hatten (1982b:292). Das ist wenig erstaunlich angesichts der Tatsache, dass oft „missbräuchlich" mehrmals pro Jahr eine grosse Anzahl von Krügen für soziale Anlässe und Festlichkeiten der lokalen Behörden eingefordert wurde (zum Abschluss einer Trauerzeit oder zu einer Heirat in der prinzlichen Familie, zu einer religiösen Zeremonie oder Einweihung einer neuen Residenz). Das meiste anlässlich solcher obrigkeitlich verfügter Festivitäten an die Bevölkerung Ausgegebene stammte aus deren eigenen Abgaben und nicht etwa vom höfischen (Domänen-) Personal.

Moment und Ablauf der Tributerhebung und -ablieferung sind von hoher Aussagekraft über die Natur und Ausgestaltung der Herrschaftsverhältnisse. Am durch den Regionalführer (Muganwa oder Inkebe) bestimmten Tag wurden die Krüge nach politischem Einzugsgebiet eingesammelt und zu den Residenzen der lokalen Ivyariho-Chefs gebracht. Jeder Icariho behielt einen namhaften Teil für sich zurück (ungefähr ein Drittel, genannt *inzoga y'ibikumbi*, „Abfall-, Bodensatz-, Abschaum-Bier"; Gespr. 66:26, s. Mworoha 1977:205, Botte 1982b:293). Wie gesagt, gab es darüber keine genauere Kontrolle. Der Rest wurde zum Hof des Muganwa transportiert, gelangte von da an den königlichen Hof aber höchstens als Begleitgeschenk, falls der Prinz sich wirklich gerade zu dieser Zeit dahin begab.[38] R. aus Busóni berichtet dazu folgendes:

> „Wenn die Bevölkerung eines Hügels die *amarari*-Bierabgaben fertig zubereitet hatte, machte man daraus zwei Teile: Den einen brachte man zum Mutware [Icariho], den anderen zum Muganwa. So machte man das. Der lokale Muhamagazi erhielt auch einen kleinen Teil, der *igikûmbi* [„Krümel, Überreste, Spreu"] genannt wurde. Der Muhamagazi konnte etwa zwei *imihana* [Residenzeinheiten] bezeichnen, deren Abgaben voll an ihn gingen. Alle aber hatten an ein *igikûmbi cu muhamagazi* zu denken und ihm das abzuliefern" (Gespr. 66:26).

Der zweite Teil dieses Berichtes bezieht sich bereits deutlich auf die Kolonialzeit; vorkolonial kamen den *bahamagazi*-Boten, deren Funktion noch nicht formal anerkannt war, wirklich nur einige Krümel zugute.

Der Transport der Krüge – zu dem man die Armen verknurrte – wird als eine freudige Angelegenheit geschildert. Unterwegs bediente man sich unter Singen und Tanzen aus den Krügen und ersetzte den fehlenden Teil durch Wasser; die für die Überwachung der Krüge Verantwortlichen sollen dabei sogar mit ihrem Beispiel vorangegangen sein. Das brauchte niemanden zu stören, wurde doch, einmal am Hof angekommen, das (nicht konservierbare) Bier von einem *mutóni* des Muganwa nach guter und schlechter Qualität getrennt; das beste kam den Höflingen und höchsten Hoffunktionären, das schlechtere Leuten in unteren Chargen und den Überbringern selbst zugute – es floss zum Teil also wieder an sie zurück. Die Baganwa selbst tranken gar nichts davon, sie konsumierten allein Honigbier (*inzoga y'ubuki*, Met). Diese Bierabgabe diente damit nicht dem Unterhalt der Herrschenden – sie war kaum von wirtschaftlicher, umso mehr aber von sozialer und ideologischer Bedeutung: Indem sie voll den politischen Abhängigen zukam, erlaubte sie den politischen Behörden, als grosszügige und freigebige Spender und Verteiler, als mächtige Redistributoren aufzutreten, oder in Bottes Worten: „Dans un contexte de rapports sociaux dominés par la dépendance personnelle, les bières ne sont pas une imposition pour vivre, mais pour *paraître*" (1982b:293, Hervorhebung im Original). Wichtiger als diese Abgaben selbst war die sich bietende Gelegenheit zur Inszenierung der prinzlichen Macht: Die Abwesenheit jeglicher Kontrolle und die beinahe institutionaliserten Verluste während des Transportes, die abschliessende Verteilung des

[38] Wenn Mworoha schreibt, dass beim Regionalführer wiederum nur ein Teil hängenblieb, der grösste Teil aber an den Königshof weitergeleitet wurde, wo abschliessend eine kollektive Konsumtion organisiert wurde, so kann man vermuten, dass er sich hier auf das königliche Kerngebiet bezieht (1977:205).

Bieres, das bevorzugtes Ausdrucksmittel von Soziabilität und Konvivialität schlechthin war (und ist) – vom Brauen bis zur Abgabe *ein* Fest: wer will dabei schon daran denken, dass es auf dem Rücken der Lieferanten selbst vonstatten ging! All das gehörte in den Rahmen derselben politischen Strategie und Praktik: es war Beweis für das Vermögen des Herrschenden, zu geben – und damit zu befehlen (*kugaba* in seiner doppelten Bedeutung).

c) Die Legende, nach der es der erste König (Ntare Rushatsi) war, der die Sorghum-Hirse kulturfähig machte, indem er sie dem Zustand der Wildheit (hier in der Gestalt einer schwarzen Ameise) entriss, rechtfertigte schliesslich auch die Sorgho-Abgabe in Form von Korn (*imbu* genannt) (Botte 1982b:294). Unter dem Königreich durfte niemand Sorgho ansäen, bevor der Mwami es während dem jährlichen Aussaatsfest nicht gesegnet und damit seinen Herrschaftsunterworfenen die Bewilligung zum Aussäen gegeben hatte – etwas, was in gewissem Sinn jährlich die erste Entdeckung wiederholte. Die Sorgho-Abgabe wurde manchmal auch explizit gerechtfertigt als Gegengabe zur vom Mwami ausgehenden Fruchtbarkeit und Prosperität (Botte 1982b:294).

Die *imbu*-Abgabe war besonders stark ideologisch besetzt. Sie war Prestige- und Ehrensache und stachelte „die Eitelkeit der Leute an“, wie Botte berichtet: Sogar Witwen, die von ihr ausgenommen waren, lieferten sie, um nicht als arm zu gelten und um damit prahlen zu können (ibid.). Dabei bedeutete diese Abgabe, die 20 kg Sorgho ausmachen konnte, für einen kleineren Landwirtschaftsbetrieb einen nicht vernachlässigbaren Abfluss. Im Juli geerntet, wurde die *imbu*-Abgabe jeweils im September oder Oktober erhoben und in Körben beim lokalen Icariho gesammelt. Dabei übernahmen dessen *intumwa*-Boten (die „Bahamagazi“) – die mehr eine Relaisstation der Lokalverwaltung auf der Hügelebene als selbst politische Verantwortliche waren – gewisse Hilfsfunktionen, und sie konnten auch einen kleineren Teil der Abgaben für sich abzweigen, obwohl sie dazu kein Recht hatten. Es soll auch vorgekommen sein, dass der Chef selbst ihnen etwas zuschaufelte – „was können die Unterworfenen schon sagen, wenn ein Patron (*shêbuja*) gibt? Sie haben nichts entgegenzusetzen“, wie ein Informant Bottes dazu zweideutig bemerkte (Botte 1982b:294).

Der Icariho selbst konnte von dieser von oben genauer kontrollierten Abgabe höchstens ein Drittel auf seine Seite bringen. Der Rest floss an den Hof des Prinzen oder Inkebe, aber kaum je zum Mwami weiter, der in der Hauptsache von seinen Domänen lebte. Diese Abgabe diente mithin dem Unterhalt der politischen Zentren auf regionaler Ebene – sie kam dem unzähligen Personal der Prinzenhöfe, all den Günstlingen, Abhängigen und den gehobeneren Bittstellern zugute, die dauernd wie Fliegen um die Residenzen der Aristokraten herumkreisten und auf einige abfallende Krümmel hofften. In dieser schmarotzenden Art profitierten am Königshof stets mehrere Hundert Leute von den bäuerlichen Ernten. Ein Speicherverantwortlicher verteilte täglich an alle Berechtigten (in erster Linie Personal) ihre Ration. Allein um Nahrung Bettelnde erhielten jedoch nichts. Verglichen mit der umgebenden Welt der Bauern vermittelten die aristokratischen Residenzen das Bild einer Überflussgesellschaft.

Ich möchte hier die Aufmerksamkeit nochmals auf die Ausgestaltung, die Inszenierung und Perzeption der Herrschaftsverhältnisse lenken, so wie sie anlässlich der Abgabenüberbringung besonders deutlich zum Ausdruck kamen. Nehmen wir exemplarisch die beiden Schritte der *imbu*-Überbringung an den lokalen Chef und anschliessend an den Prinzen unter die Lupe (für Details s. Botte, a.a.O.). Wie bei allen Abgaben, ob in der Form von Naturalien oder Arbeitskraft, und überhaupt allen Arten der Beziehungen zwischen Herrschern und Herrschaftsunterworfenen, wurde dabei das Bild eines Tausches in Szene gesetzt. Die Herrschenden – allen voran der Mwami und in seiner Delegation die Prinzen – waren die Geber nicht nur von „imaginären Leistungen“, wie Godelier sagen würde (Fruchtbarkeit, Vermittlung mit übernatürlichen Kräften), sondern auch von Land, Kühen und Schutz – Gaben, die nur punktuell und periodisch zu erfolgen brauchten und trotzdem eine breite Wirkung entfalteten. Die Beherrschten lieferten als Gegenleistung Abgaben in Form von Naturalien, Arbeit und Kriegsdiensten, was immer auch Loyalität, Reverenz, Unterordnung und Unterwerfung implizierte. Diese Wahrnehmung der Beziehungen zwischen Herrschenden und Beherrschten, die im Grunde nie auszugleichen waren, da die Herrschenden – wie alle Höherstehenden und Reicheren – immer die primordialen, überlegenen Geber blieben, war tief in der gesellschaftlich dominanten Ideologie verankert und wurde bei verschiedenen Anlässen und in besonders neuralgischen Momenten immer wieder neu bekräftigt. So wurden zwei verschiedene Bilder geprägt, die zu unterschiedlichen Momenten aktiviert wurden: Die Herrschenden waren grundsätzlich die Gebenden, allein schon, weil sie – unter anderem dank ihrer übernatürlichen Bezüge – über die bedeutend reicheren Quellen verfügten; besonders deutlich in Szene gesetzt wurde das beim jährlichen *umuganuro*-Ritual und den anschliessenden umfangreichen Verteilungen. Es gab aber den zweiten Moment, in dem es die Beherrschten, die Bauern waren, die etwas zu geben hatten – zwar auf Zwang hin, dieser wurde aber gut kaschiert und trat nur selten zutage. In diesem Moment nun, in dem es wirklich die Bauern waren, die etwas gaben, wurde durch einen Kniff sogleich das Bild vermittelt, dass es sich *selbst in diesem Augenblick* um einen ausgeglichenen Tausch handelte, ein Bild, das sorgsam gepflegt wurde: Anlässlich der Tributentgegennahme gab die empfangende politische Autorität, der Chef oder Prinz, immer gleich selbst etwas zurück: Die Behörde liess gleich Hirsebier ausgeben, wobei das Korn dafür meistens nicht aus ihren eigenen Beständen, sondern aus den erhaltenen Abgaben stammte. Achten wir auf die Inszenierung: Dieser festliche Umtrunk gehörte ausdrücklich zum System der Abhängigkeitsbeziehungen; er festigte die Banden zwischen Chef und Untergebenen und stärkte den gesellschaftlichen Konsens, wie es in den zu dieser Gelegenheit gehaltenen Reden (*kuvuga ijambo*, discours de circonstance) klar zum Ausdruck gebracht wurde: Zuerst dankte der empfangende Chef den Leuten für ihren guten Willen (sic!), ihm Sorgho zu geben, und reichte ihnen dafür selbst „seinen“ Teil dar – ein Teil, der als Gegengabe erschien, realiter aber direkt von den Leuten selbst[39] stammte und objektiv mittels Zwang eingefordert wurde. Die Bauern drückten in ihrer Antwortrede ihre Befriedigung aus und bekräftigten, dass sie ihren politischen Führer und Herrn in jedem Krieg unterstützen und ihm alle erwünschten Dienste erbringen werden. Damit wurde die wahre Leistung der Bauern wieder zunichte gemacht – wenn nicht negiert, so doch deformiert und nicht anerkannt. Indem ihre Abgaben als reine Gegengaben erschienen, anerkannten sie selbst die Austauschverhältnisse und damit die politischen Beziehungen.

Das ist aber noch nicht alles. Verstärkt wurde dieses Bild durch die bereits in anderem Zusammenhang herausgestrichene „Unidirektionalität“ des Kontaktes zwischen Herrschaftsunterworfenen und Herrschenden. Es ist nicht unbedeutend, dass die Abgaben nicht von Beamten eingetrieben, sondern von den Leuten selbst huldvoll überbracht wurden. Es gab und brauchte keine „Steuereintreiber“. Besonders deutlich wurde das dann, wenn die Abgaben unter Führung des Lokalchefs zum Muganwa oder im Zentralgebiet zum Mwami überbracht wurden: Es handelte sich um einen wahren Festumzug von tanzenden und singenden Bauern; Botte zeichnet das Bild von Dutzenden von Männern in Feststimmung, die freudig ihr Mehrprodukt anschleppten und sangen: „Speicher, sei gegrüsst, ich komme“ (*sangwa nyabigega ndaje*) (1982b:295). Im Hinterhof der politischen Residenz gab es riesige Speicher, die je nach Herkunftsort der Tribute ihren Eigennamen trugen und von den Leuten dieses Ortes zu füllen waren. Nach dem Bericht von Bottes Informanten wurde der nicht vom Hof selbst konsumierte Teil nicht an die ärmsten, allenfalls hungernden Bauern redistribuiert: „Ceux qui se contentent de venir quémander de quoi manger, sans travailler pour le *shebuja*, ne sont pas reçus chez lui. Le *shebuja* s'en fout (*ntaco yinona*) de ces gens (…)“ (ibid., pp.295f). Der Icariho brachte als Begleitgeschenk ein junges Rind und zwei Töpfe Bier (*imbónero*, „sich sehen lassen“, und *ipfúpfu*, „für die Funktionäre“, genannt); von der empfangenden Autorität erhielt er dagegen eine Milchkuh und einen der gebrachten Körbe Sorgho zurück, damit dieser als Saatgut für die nächste Saison diene …

---

[39] Genau genommen handelt es sich dabei immer um das von einer vorangehenden Delegation von Abgabepflichtigen gebrachte Getreide.

Diese Sorgho-Abgabe – wie auch die *irári*-Bierabgabe (die die Leute der zentralen Ivyibare-Domänen nicht zu erbringen hatten) – wurde nach Botte erst gegen Ende des 19. Jahrhunderts, als sich der monarchische Staat nach seinen gewaltigen Neueroberungen konsolidiert hatte, auch ausserhalb der Zentralgebiete erhoben und begann sich erst langsam verallgemeinert durchzusetzen. Darin deutete sich der fortschreitende Übergang von einem Tribut- zu einem Steuersystem (im Sinn der terminologischen Präzisierung von Trouwborst 1987:136) an, das nun weniger auf persönlichen Abhängigkeitsbeziehungen basierte (Botte 1982b:296).

d) Neben all den genannten Sorgho-Abgaben darf man nicht die in Form von Vieh vergessen, die erstere mit Ausnahme des *imbu* ersetzen konnten. Alle Viehhalter hatten jährlich eine sogenannte *inka y'itôngo* („Kuh des Anwesens") oder *ingoróre y'itôngo* („Abgabe des Anwesens") zu liefern. Kleinere Viehhalter, die weniger als zehn Stück Vieh besassen, konnten sich zu Zehnergruppen zusammenschliessen, während es für die reicheren von Vorteil war, einige Kühe zusätzlich beizufügen.[40] Darüberhinaus konnten von den Viehhaltern zu besonderen Gelegenheiten zahlreiche weitere *ingoróre*-Kühe eingefordert werden (für Weiderechte, bei der Neueinsetzung einer Behörde, etc.). Viehhalter konnten aber auch von rein willkürlichen Vieh-Beschlagnahmen durch die politischen Oberbehörden betroffen sein; nicht selten waren Einzüge (*inzogwa*) von besonders schönen Kühen oder Stieren, welche die königlichen *bapfumu*-Seher zur Zeit des *muganuro* oder die politischen Behörden zu einem beliebigen Zeitpunkt gesehen hatten und ohne weitere Prozedur einforderten (eigentliche Razzias, die zum Teil der Neuaufstockung der Herden dienten).[41] Die meisten formalen *ingoróre*-Abgaben entfalteten sich innerhalb von komplexeren Abhängigkeitsformen als die einfachen Biertribute – welche sie wie gesagt ersetzen konnten –, und sie tendierten alle dazu, mit der Zeit zu persönlicheren politischen Beziehungen zu führen.

e) Hinsichtlich der Verallgemeinerung der Naturalabgaben Ende des 19. Jahrhunderts sind noch einige Sonderregelungen zu erwähnen, welche spezielle soziale Kategorien wie die Batwa oder die Bewohner peripherer Gebiete betrafen. Sie alle zeichneten sich dadurch aus, dass sie – wie zum Teil die von ihnen bewohnten Gebiete – in einem geringeren Grad in die monarchische Staatsgesellschaft integriert bzw. inkorporiert waren. Die traditionell als Wildbeuter lebenden und der Töpferei nachgehenden Batwa, welche zu den Landbebauern, Viehhaltern und zur politischen Klasse mehr Tausch- denn Abhängigkeitsbeziehungen unterhielten, konnten sich den Tributbeziehungen nicht gänzlich entziehen. Sie hatten für die Aristokraten Bettgestellmatten zu liefern, die ebenfalls als *irári* bezeichnet wurden.[42]

Die Bewohner der peripheren Tiefgebiete des Imbo am Tanganyikasee und des südöstlichen Mosso unterlagen allein der „Bodenbier"-Abgabe. Das *irári*-Bier wurde in diesen nur marginal inkorporierten und manchmal irredentistischen Gebieten kaum je eingefordert. Anstelle der *imbu*-Abgabe in Form von Sorgho, das hier nicht gedieh, hatten sie eine gewisse Menge spezifisch lokaler Produkte wie Palmnüsse (Imbo) oder Salz (Mosso und Nordimbo) abzuliefern. Die Salzabgaben fanden zum Teil im Rahmen des höfischen „Chargen- und Funktionen-Systems" statt, das noch genauer vorzustellen sein wird. Die Salzlieferungen (*inkuka y'umunyu*) in Form eines Tributes erübrigten dem Hof jede Form von Salzhandel. Die geringere Belastung peripherer Gebiete spiegelt deutlich wider, dass sie der zentralen politischen Kontrolle teilweise entzogen blieben. Das

---

[40] Gespräche 59 & 5:20f; Botte 1982b:297, Delacauw 1936:45, Mworoha 1977:205.

[41] Wie beim Boden hatten nur Mwami und Baganwa das Recht auf derartige Enteignungen (*kunyaga*). Die Ivyariho dagegen konnten Vieh nicht einfach mit brachialem Zwang einziehen; das heisst aber nur, dass „er versuchte, die Leute mit Schlichen übers Ohr zu hauen [*guhendahenda*], um doch zu Kühen zu kommen", wie W. aus Rusaka berichtet (Gespr. 7:16).

[42] Es wäre eine interessante und lohnenswerte Arbeit, anhand des Beispiels der gesellschaftlichen Integration bzw. Ausgrenzung der Batwa die gesamten sozialen und politischen Strukturen Burundis auszuleuchten. Aus dieser Warte besehen, liessen sich etliche grundlegende Züge besonders deutlich herausarbeiten.

Abgabensystem war hier wenig ausdifferenziert, und die Aristokratie begnügte sich mit der Zulieferung einiger lokaler Spezialitäten.

Abgabeleistungen in Form von Arbeitskraft

Die politischen Arbeitspflichten umfassten Feld- und Residenzbau sowie Kriegsdienste (letztere werden im folgenden Punkt im Zusammenhang des „internen Krieges" (5.3) zur Sprache kommen).

Die Aufbietung der Arbeitskraft richtete sich nach den Distrikten der Lokalchefs *ivyariho*, d.h. die Arbeitseinheit entsprach dem politischen Oberbefehl. Botte (1982b:300f) und Mworoha (1977:204) sind sich einig darin, dass diese Arbeitsleistungen von den Leuten weniger als Arbeit verstanden wurden denn als Hilfe an ihren politischen Führer und Herrn, *shêbuja*, die sich aus ihrer Pflicht ergab, diesen zu verteidigen und ihm in allen Bereichen beizustehen; sie war damit auch ein Teil der ihm zu erbringenden Huldigung. Diese Abgaben hatte wie gesagt jeweils nur eine Person pro Rugó zu leisten. Die Arbeitsorganisation beruhte auf der Struktur der Residenzeinheit, und man kann annehmen, dass es die seit langem hohe Bevölkerungsdichte erlaubte, den Abzug an Arbeitskraft in einem für die meisten Residenzeinheiten erträglichen Mass zu belassen. Im Vergleich mit der für alle Männer obligatorischen Fron- oder Zwangsarbeit, wie sie mit der Kolonisation aufkam, zeichnen die meisten Informanten von den vorkolonialen Arbeitspflichten ein nahezu idyllisches Bild. Wenn die daraus erwachsende Arbeitsbelastung von den einzelnen Rugó-Einheiten stark unterschiedlich wahrgenommen wurde, so hängt das mit den stark ungleichen Sozialverhältnissen und der Klassenteilung zusammen, die bewirkten, dass Ärmere viel stärker unter der Last der Mehrarbeit litten als wohlhabende Familien, die über abhängige „Klienten" verfügten, die sie in der geforderten Arbeit ersetzen konnten. Ärmere Leute aus kleineren Familien und solche in Abhängigkeitsbeziehungen, die neben der Arbeit auf dem eigenen Boden auch noch für ihren *shêbuja* arbeiten und an seiner Stelle die Arbeitspflichten erfüllen mussten, waren von den Arbeitsabgaben bedeutend stärker betroffen. Und demjenigen, der seinen Verpflichtungen nicht nachkam, drohte die Konfiszierung seiner Böden.

Alle Informanten und Autoren sind sich darin einig, dass die durch Feldarbeiten in den aristokratischen Domänen anfallende Belastung für den einzelnen Bauern (genau genommen für die Bahutu, da sich die Batutsi nie an Feldarbeiten beteiligten, s. unten) gering waren, da die meisten Arbeiten durch die ständigen Domänen-Feldarbeiter (*abarimyi*, *ibikotsi*, *abanyarugo*) verrichtet wurden. Sie fielen nur gelegentlich an in Momenten, die einen hohen Einsatz an Arbeitskraft erforderten, so vor allem bei der Aussaat. Jedem Chef und seinen Leuten wurde ein zu bearbeitendes Feld zugewiesen; die zahllosen Abgabepflichtigen ordneten sich linienförmig zu Zehner- oder Hundertschaften und bestellten das ihnen zugeteilte Feld in derselben Art wie bei Gemeinschaftsarbeiten im nachbarschaftlichen Rahmen (*gutanga umurembuti*) (Botte 1982b:302). Die Belastung durch diese Arbeitspflicht bestand weniger in ihrer (geringen) Beschwerlichkeit denn im Umstand, dass durch sie wie die dazukommenden Reparaturarbeiten an obrigkeitlichen Residenzen eventuell die besten Tage der Regenzeit nicht für die Aussaat auf den eigenen Feldern zur Verfügung standen; die Aussaatbewilligung für private Felder wurde immer erst gegeben, nachdem die Domanialfelder bestellt worden waren.[43]

In Arbeitstagen gerechnet, stellte die Pflicht zu Bau und Reparatur der königlichen und prinzlichen Residenzen eindeutig die schwerste Abgabenlast dar. Neubau oder auch nur die wegen der geringen Dauerhaftigkeit der durchwegs vegetabilen Materialien jährlich notwendige Ausbesserung eines Hofes mit vielfachen Innenabteilungen und Umzäunungen konnten Monate in Anspruch neh-

---

[43] Ein solcher Fall ist für die Saison 1928/29 bezeugt: Während nach einer ungewöhnlich kurzen Regenzeit die Kulturen auf den domanialen Felder relativ gut gediehen, war der Ertrag der Felder der einfachen Leute höchst bescheiden (Rapport 1929:9, Botte 1982b:302).

men.[44] Für diese Arbeiten wurden die Leute nach politischen „Bezirken", d.h. je nach Icariho gestaffelt, aufgeboten. Jedem Icariho wurde ein Teil des Bauplatzes zugewiesen, und dieser teilte seine Leute, die mit den eigenen Arbeitsinstrumenten und bereits gesammelten Baumaterialien gekommen waren, in Arbeitsequipen ein. Nach der Erfüllung ihrer Aufgabe wurden sie nach Hause entlassen und durch die nächste Equipe ersetzt. Je nach Residenz und den zur Verfügung stehenden Arbeitskräften konnte eine solche Arbeit von zwei Monaten bis zu zwei Jahren dauern (Botte 1982b:303f). Die Arbeiter mussten während dieser Zeit selbst für ihren Lebensunterhalt aufkommen und, falls sie von weit herkamen, auch am Hof schlafen; sie wurden somit über längere Zeit von den eigenen Feldern und Höfen ferngehalten. Die Zahl der zu leistenden Arbeitstage war weder bei den Feld- noch den Bauarbeiten standardisiert – „man wusste vorher [vorkolonial] nie genau, für wie lange man für den Muganwa arbeiten gehen musste" (Gespr. 5:20f). Die Informanten berichten übereinstimmend, dass vor allem arme, in unmittelbarer Nähe der politischen Residenzen lebende Bauern von den Arbeitspflichten betroffen waren (Gespr. 27, 69; Mworoha 1987: 222).

Bevor sich die aus den diversen Abgabenpflichten erwachsende Belastung für die verschiedenen landwirtschaftlichen Anwesen einschätzen lässt, ist auf einige wichtige Ausnahmeregelungen aufmerksam zu machen. Wie wir gesehen haben, waren die einzelnen bäuerlichen Betriebe je nach ihrer sozialen und demographischen Struktur und den sozialen Zugehörigkeiten sehr unterschiedlich stark betroffen. Des weiteren gab es zwei Sonderregelungen, die beide unter gewissen Bedingungen die Befreiung von den gewöhnlichen Tributpflichten erlaubten.

Die eine, bereits erwähnte Art der (indirekten) Umgehung von Mehrarbeit für Abgabepflichten kam in erster Linie bei den Arbeitsabgaben zum Tragen. Sie stützte sich auf das Netz von Unterordnungen privater Natur: Man konnte sich in den Abgabepflichten durch private Abhängige ersetzen lassen. Man muss hier zwischen zwei Arten von Abhängigen unterscheiden: Entweder handelte es sich um landlose Bauern (*bashumba*), die man in seinen Diensten hatte, oder aber um Leute, die mittels der Gabe einer Kuh in einer Abhängigkeitsbeziehung standen (*bagabíre*-"Klienten"). In beiden Fällen konnte der *shêbuja*-Herr von seinen Abhängigen verlangen, ihn in den geforderen Arbeitsleistungen zu ersetzen. Ferner konnte er dank dem im Klientel-Rahmen erhaltenen Bier (s. Kapitel 4.6) ohne eigenen Aufwand seinen Naturalabgaben-Verpflichtungen nachkommen. Die gesellschaftliche Arbeitsteilung zwischen Viehhaltern und Bodenbebauern – die weitgehend der ethnischen Trennung zwischen Batutsi und Bahutu entsprach – machte erstere zu den hauptsächlichen Nutzniessern dieser Beziehungsart. Botte schätzt, dass sich dank solcher Abhängigkeitsbeziehungen bis ein Drittel aller Leute der geforderten Mehrarbeit entziehen konnte, was das Ausmass der bestehenden sozialen Differenzierung nur unterstreicht (1982b:279f). Aber auch die übrigen zwei Drittel der direkten Produzenten, die effektiv Abgaben Leistenden, bildeten keine homogene Masse. Unterschiede in Status, Reichtum und Haushaltsgrösse führten dazu, dass gewisse soziale Kategorien einem Teil der Mehrarbeit entkamen bzw. diese besser auf die Mitglieder der Residenzeinheit verteilen konnten.

Spezialisierte („Lieferanten"-) Pflichten: **ibango – inkuka – ibiturire**

Das prestigevollste Mittel der teilweisen oder vollständigen Tributumgehung bestand darin, an einem aristokratischen Hof, bei einem Muganwa oder noch besser beim Mwami selbst, ein Hofamt innezuhaben. Es musste sich dabei nicht immer um ein Amt am Hof selbst handeln, sondern es konnte ebensogut eine feste Funktion und Pflicht diesem gegenüber sein, die in der Lieferung bestimmter (materieller oder immaterieller) Güter und Leistungen bestand. Es gab unter der Monarchie ein komplexes System von über hundert solcher Chargen und Funktionen in Verbindung mit den Höfen, die als *ibango* bezeichnet wurden. *Ibango* ist am besten zu übersetzen mit: „speziali-

[44] Den grössten Arbeitsaufwand erforderte in dieser fein hierarchisierten Gesellschaft, so könnte man sagen, die Errichtung von Abgrenzungen (cf. Kap. 5.1).

sierte Pflicht/Obliegenheit", „Beruf(ung)".[45] In der Regel waren sie einigen wenigen Lineages genau spezifizierter Clane vorbehalten, die durch sie zu eigentlichen spezialisierten „Dienstleistungsbetrieben" wurden. Ich habe bereits darauf hingewiesen, dass ihre Zuerkennung unter der strikten Beachtung von Deszendenzkriterien, aber auch der weiteren sozialen Zugehörigkeit erfolgte. Nur die *bahigi*-Jäger konnten sowohl Bahutu, Tutsi-Banyaruguru oder -Bahima, oder Batwa sein. All diese Pflichten, die den sozialen Rang der sie ausübenden Lineage und darüber hinaus des ganzen Clans bestimmten, waren – wenn auch unter sich wieder in abgestuftem Masse[46] – sehr angesehen: Sie alle erlaubten es, eine direkte Beziehung zu einem politischen Hof aufrechtzuerhalten und führten dadurch zu persönlichen Abhängigkeiten politischer Art, die immer mit gewissen Privilegien verbunden waren. Darin kommt vielleicht am deutlichsten zum Ausdruck, dass Abhängigkeitsbeziehungen in vielen Fällen ein Privileg bedeuteten – je höher die Person, zu der man eine solche Beziehung einleiten konnte, desto grösser die daraus erwachsenden Vorteile. Die prestigevollsten Ämter konnten zur Gabe von Vieh oder gar zur Zusprechung eines politischen Befehlskommandos führen. Einige der Pflichten kamen einer reellen Machtausübung und -beteiligung gleich (das galt vor allem für die königlichen Frauengeber, d.h. spezielle Segmente der vier angeführten traditionsreichen Tutsi-Clane, s. Kap. 2 & 4.1). Andere, wie die Melker-, Hirten- oder (*bakevyi*-) Hofintendatur-Posten, konnten den Zugang zu untergeordneten politischen Führungsämtern eröffnen. Weniger angesehene Hoffunktionen brachten dagegen nur geringe Entschädigungen (z.B. für Brennholz- oder Mistsammler, oder *abasuku*-Bedienstete). Viele weitere *ibango*-Pflichten betrafen die Versorgung des Hofes mit den verschiedensten lebensnotwendigen Gütern; so hatten die *batongore* regelmässig Vieh (als *inkuka* bezeichnet), die *abagetsi* (auch *abakuzi b'ibiturire* oder *b'ubuki* genannt) den Honig zu liefern; andere brachten Hacken, Kleider oder spezielle Gefässe. Ein besonderes und sehr einflussreiches *ibango* hatten die *bapfumu*-Seher und -Heiler inne. Auch die Wahrnahme und die Lieferung aller sakralen und religiösen Dienste – Trommelhüter, Grabwächter, Leiter der Inthronisations-, *muganuro*- und Bestattungsrituale als der drei wichtigsten Momente der Inszenierung der monarchischen Gewalt, Wahrsager, etc., kurzum alle, welche die religiöse Reproduktion der Monarchie sicherstellten – und der dafür notwendigen Gegenstände richteten sich nach dem Lineage-System (Botte 1982b:279).

Was für die gesamte Gesellschaft galt (und noch weitgehend gilt), zeigte sich hier im speziellen: Alle diese *ibango*-Pflichten waren weit davon entfernt, uniform und einheitlich zu sein. Keineswegs alle dieser „Proto-Funktionäre" und Abhängigen standen auf derselben Stufe und hatten dieselben Vorrechte und Vorteile; einige waren vollständig, andere nur teilweise von Abgabepflichten befreit. Jede Person nahm einen besonderen Status ein, bestimmt durch eine Vielfalt sich teilweise überkreuzender Kriterien. Die Tatsache, dass alle Beziehungen zu den Herrschenden – obwohl es sich bei ihnen um sehr persönliche Gunst- und Abhängigkeitsbeziehungen handeln konnte – sich nach der Lineagezugehörigkeit richteten, weist auf die Bedeutung dieser Kategorisierung und auf die Lebendigkeit alter Solidaritäten hin (cf. Botte 1982b:279).

---

[45] In der Literatur wird dieser Begriff, der stark mit Ehre und Engagement konnotiert ist, erstaunlicherweise nirgends erwähnt, auch nicht in Rodegems Dictionnaire (1970) (er darf nicht verwechselt werden mit *ibanga* („Geheimnis, Pflicht, Engagement", ein Begriff, der sich ebenfalls nur annäherungsweise übersetzen lässt). Trouwborst (1962a:149f) und Mworoha (1987:221) sprechen von *inkuka*, ein Ausdruck, der effektiv auch verwendet wurde, aber allein die gelieferten Leistungen bezeichnete und eine weitere Bedeutung von „Abgabe, Lösegeld, Opfer" hatte (s. Rodegem 1970:243f). – Einige der wichtigsten Chargen und Funktionen sind aufgezählt und beschrieben bei Nsanze 1980:73-85.

[46] Nach N. aus Muramvya gab es selbst innerhalb der einzelnen Funktionen und Chargen noch ein Stufensystem, so etwa unter den *bakamyi*-Melkern und den *incoreke*-Zofen: Bei den Zofen wurden zum Beispiel die *incoreke zishika* von den *incoreke zidashika* unterschieden („die Zutrittsberechtigten" und „die Nicht-Zutrittsberechtigten") (Gespr. 27:28); betreffend die *bakamyi* schreibt Rodegem: „Les trayeurs royaux étaient répartis en cinq classes hiérarchisées d'après les vaches qu'ils étaient autorisés à traire" (1970:210).

Es war in erster Linie dieses *ibango*-System, welches die ökonomische Grundlage der aristokratischen Höfe bildete und den Unterhalt der herrschenden Klasse sicherstellte. Die von den verschiedenen Deszendenzgruppen zu liefernden oder zu erbringenden Leistungen – die sich nach deren wirtschaftlichen Spezialisierung richteten – wurden *inkuka* oder *ibiturire* genannt. Es ist den durch die *ibango*-Pflichten ermöglichten direkten Kontakten zur Aristokratie bzw. den daraus erwachsenden Vorteilen zuzuschreiben, dass diese Abgaben von ihren Trägern keineswegs als Belastung oder gar als Ausbeutung wahrgenommen wurden, sondern vielmehr als ausgesprochen ehrenhaft und prestigevoll galten (Trouwborst 1987:132, Mworoha 1987.221). Es ist in diesem Zusammenhang, aber auch hinsichtlich der verschiedenen Formen von Gabenzirkulation aufschlussreich, die Bedeutungsgeschichte des Begriffs *ibiturire* genauer zu betrachten. Der Inhalt dieses Begriffes hat sich über die verschiedenen Epochen hinweg mehrmals verschoben. Ursprünglich waren damit die Honig-Lieferungen innerhalb des *ibango*-Chargen- und Funktionen-Systems gemeint, die hauptsächlich bestimmten Lineages der Bahanza und Bajiji oblagen (Nsanze 1986:359ff).[47] Aus der Tatsache, dass die Angehörigen der Aristokratie bevorzugterweise Met konsumierten, und angesichts der hohen sozialen Bedeutung des Biers lässt sich ermessen, dass diesen traditionsreichen Hutu-Clanen, die dem Königshof immer nahe gestanden hatten, damit eine besonders wichtige Aufgabe zukam. Der Ausdruck *ibiturire* scheint mit der Zeit auf alle den aristokratischen Höfen zu liefernden Gaben ausgeweitet und damit dem Begriff *inkuka* (der aber wie erwähnt ebenfalls noch eine andere Bedeutung kannte) angenähert worden zu sein. In der heutigen postkolonialen Zeit steht der Ausdruck *ibiturire* für Korruption, für Bestechungsgaben und Schmiergelder an die Behörden, eine Bedeutung, die er bereits unter der Kolonialzeit annahm, als der *ibango*-System zerstört und verboten und damit die Logik der *gushikanira*-Gaben gebrochen wurde. Es ist von besonderer Relevanz, sich der Zeit zwischen diesen beiden klar getrennten Epochen und den ihnen entsprechenden Bedeutungen zuzuwenden. Bei Nsanze (1986:256) lässt sich nachlesen, dass der Begriff *ibiturire* zumindest in der späteren vorkolonialen Zeit noch eine weitere Bedeutung erhalten hatte. Vom ursprünglichen Inhalt des Wortes her war es kein weiter Schritt, damit auch ausserhalb des *ibango*-Systems stehende „Weihgeschenke", Spenden und „spontane" Gaben an irgendeine politische Autorität zu bezeichnen, um sich damit ihr Wohlwollen zu sichern (die Tätigkeit wurde und wird allgemein *gushikana* genannt). Nsanze nennt noch eine speziellere Bedeutung: Mit *ibiturire* wurden ebenfalls Gaben und Geschenke an subalterne Behörden bezeichnet, die diesen von Leuten entrichtet wurden, die ihren Abgabenverpflichtungen nicht nachgekommen waren und damit weitergehenden Sanktionen vorbeugen wollten (ibid.). Es handelte sich bei diesen Gaben nicht um eigentliche Wiedergutmachungen oder „Nachzahlungen", da sie nicht der Behörde zukamen, der die Abgaben geschuldet wurden, sondern auf subalterner Ebene hängen blieben (in der gleichen Art, wie wir das schon bei der *ibikûmbi*-„Spreu" gesehen haben). Die diskret überreichten Geschenke – in der Regel einige Töpfe Bier –, waren ausdrücklich für die subalternen Hilfskader bestimmt, damit sie, die allein um das Verfehlen wussten, dieses verschwiegen. Es handelte sich mithin eindeutig um Bestechung bzw. um Hinterziehung, was auch der Ausdruck *kurya igiturire* (wörtlich: „den [für den König] bestimmten Honig essen") meint, eine Praxis, die allen subalternen Kadern zugeschrieben wurde. Derartige *ibiturire* konnten auch entrichtet werden, um von vornherein von irgendeiner Abgabenpflicht ausgenommen zu werden, um in den Genuss irgendeiner Gunst oder der Vermittlung und Fürsprache bei einer übergeordneten Instanz zu kommen.

---

[47] Dass es sich dabei um etwas höchst Ehrenwertes handelt, bestätigt N. aus Muramvya: *Igiturire cari ikintu kininahajwe, kinezereye, kija i bwami neza*, „*igiturire* war etwas sehr Gepriesenes und Umschwärmtes, etwas Freude Erregendes, das am königlichen Hof sehr gern gesehen war" (*kunínahaza*, louer, glorifier, magnifier, exalter – Rodegem 1970:282) (Gespr. 27:28). – Die gelieferten Honigtöpfe wurden nicht nur *ibiturire*, sondern auch *ibitembagazwa* oder *ibicuriro* genannt (Gespr. 22:7, Nsanze 1986:359, Mworoha 1987:221).

Der Ausdruck *ibiturire* hat mithin einen beträchtlichen Bedeutungswandel durchgemacht, der einen engen Bezug zum jeweils zeitgenössischen politischen und administrativen System hatte: Von einem höchst ehrenvollen wurde er zu einem deutlich pejorativen, abschätzigen und anrüchigen Begriff, ja zu einem „mot banni". Die Wandlung dieses Begriffes widerspiegelt den Wandel in der Einstellung zu Gaben an die politischen Autoritäten, der wiederum nur im Zusammenhang der allgemeinen politischen Transformationen verstanden werden kann (cf. Kap. 11)

Die Sprache war hier von Formen von Gaben und Abgaben, die nicht mehr unter das Tributsystem im engeren Sinn subsumiert werden können, obwohl sie mit ihm in Verbindung standen. Im folgenden Abschnitt sollen solche Formen informeller Gaben und Geschenke, deren Verständnis auch für die heutige Zeit von hoher Relevanz ist, detaillierter untersucht werden.

5.2.2 Das Gabensystem. Zur Bedeutung von Formen informeller Gaben

Aus dem Bisherigen lässt sich ersehen, dass das vorkoloniale Tributsystem verglichen mit einem modern-bürokratischen Steuersystem wenig formalisiert und standardisiert war. Es gab zahlreiche Sonder- und Ausnahmeregelungen, vor allem aber verschiedene Umgehungsmöglichkeiten. Das ging aber noch weiter. Ich will in diesem Abschnitt zeigen, dass es ganz allgemein schwierig war, formale Abgaben von informellen Gaben und Geschenken zu unterscheiden, und dass ein wichtiger Teil der Einnahmen der Herrschenden über letztere erfolgte. Die Bedeutung des Abgabensystems und der dadurch für die einzelnen landwirtschaftlichen Betriebe erwachsenden Belastungen kann nur ermessen werden, wenn die diversen informellen Gabenflüsse an die politischen Behörden, wie sie sich aus den oben erörterten Beziehungsarten zwischen Herrschenden und Herrschaftsunterworfenen ergaben, in die Analyse miteinbezogen und in Rechnung gestellt werden. Auch Botte weist in seiner detaillierten Analyse des vorkolonialen Tributsystems (1982b) auf die Bedeutung informeller Gaben hin: „(...) le plus important, le non-dit des redevances: les cadeaux ‚spontanés' ..." (1982b:311). Dass es bei dieser kurzen Erwähnung bleibt, hat seinen Grund wohl darin, dass diese kaum quantifizierbar sind. Das schmälert ihre Bedeutung keineswegs. Ich würde behaupten, dass gerade in ihrer Informalität und den mit ihnen einhergehenden persönlichen Beziehungen ein Grund der hohen Akzeptanz des Herrschaftsverhältnisses zu sehen ist.

Wie gezeigt, versuchte jedermann, der es sich leisten konnte, über *gushengera-* und *gusaba-*Verhältnisse zum *intore*, *mutóni* oder *musavyi* zu werden und zu *amasabo* zu kommen, kurzum: in eine anerkannte Abhängigkeitsbeziehung involviert zu werden. Eine derartige Suche nach Abhängigkeits- und Unterordnungsbeziehungen mag uns auf den ersten Blick schwer verständlich scheinen. Sie ist es aber dann nicht, wenn man sieht, dass in einer Gesellschaft der sich zugunsten politischer Bande abschwächenden Verwandtschaftssolidaritäten und weitgehend willkürlich und für den einzelnen unberechenbar bleibenden Interventionen der staatlichen Instanzen – es gab ausdrücklich keine Gleichheit vor dem Recht – jedermann danach trachten musste, Schutz, Protektion und Patronage zu finden. Wenn man auch sich daraus ergebende Abhängigkeiten nicht umging, sondern sie suchte, so heisst das nicht, dass man gewillt war, jegliche Art von Abhängigkeit zu welchen Bedingungen auch immer zu akzeptieren. Selbst gegen Ende des 19. Jahrhunderts, als sich die geschilderten Prozesse verschärften, liess sich immer nur eine Minderheit in Abhängigkeiten hineinziehen, welche eine Entfremdung von den Produktionsmitteln bedeuteten (d.h. in Pachtverhältnisse u.ä.). Ich gehe mit Nsanze einig, wenn er sagt, dass ein Bauer in den meisten Fällen eher bereit war abzuwandern als sich einer Landabhängigkeit (*bugêrerwa-*, *bukeberwa-* oder *bushumba-*Verhältnis) zu unterziehen:

> „(...) nul n'aime être *mugêrerwa*, *mushumba* ou *mukeberwa*. La prise en charge de sa propre famille est en soi une valeur irremplaçable. On se constitue dépendant d'un tiers faute de moyens matériels pour assurer sa propre prise en charge. Pour beaucoup *l'ubushumba*, *l'ubugêrerwa* et *l'ubukeberwa* sont plutôt des solutions transitoires. Le contractant ne s'y engage d'ailleurs que

> personnellement et à titre provisoire. Les descendants préfèreront aller faire fortune ailleurs. Le paysan burundais préfère être bousculé sur sa terre et dans ses propres biens au risque même de les perdre, plutôt que de rester au service d'un tiers. La perte des droits civiques qu'entraine la dépendance [formelle, T.L.] diminue beaucoup la valeur sociale de l'individu qui s'y soumet de façon qu'on ne s'y engagerait point sans contrainte" (1986:594).

Etwas später schreibt Nsanze: „Quant à la subordination à l'autorité, on se rend compte qu'elle n'est pas comparable à une dépendance vis-à-vis d'un autre tiers, qui, en plus de ses contraintes de loin plus lourdes, diminue socialement" (ibid., p. 594f). Wenn man also formale private Abhängigkeiten möglichst zu umgehen suchte, so betraf das nicht solche zu politischen Autoritäten. Im Gegenteil: Diese wurden vielmehr gesucht, da sie ein Mittel sein konnten, erstere zu vermeiden. Jedermann war bestrebt, die „maximalsten", günstigsten Abhängigkeitsbedingungen zu finden. Die günstigsten Abhängigkeitsbeziehungen waren diejenigen zu einer möglichst hoch stehenden Person, boten diese doch die erträglichsten und vorteilhaftesten Bedingungen. Eine (durch eine Gabe) anerkannte Abhängigkeitsbeziehung gegenüber einer politischen Instanz bewahrte vor anderen, drückenderen Abhängigkeiten.

> „Ein wahrer Mann [*umugabo*] hofierte und umschwärmte *[yasaba]* den Muganwa, genauso wie es auch der Icariho tat. Der ärmliche und verachtenswerte Mann dagegen ging zum Icariho *gusaba* und sich vor ihm verbeugen. Ja, jedermann kämpfte darum, der Mann des Muganwa zu sein, da wo die Milch im Überfluss floss – beim Icariho gab es kaum etwas" (Gespr. 55:21).

Was auf dieser hohen, nur wenigen zugänglichen Ebene galt, galt ebenso auf den tieferen Niveaus. Es lag in der Logik des Systems, dass jedermann einen möglichst einflussreichen Schutzherrn suchte: Über je mehr Macht und Güter der *shêbuja* verfügte, desto wirksamer war der von ihm ausgehende Schutz und desto mehr konnte man erhalten. Je weiter unten man „anfragte", desto ausbeuterischer und materieller orientiert war die daraus entstehende Abhängigkeitsbeziehung.

Alle Unterordnungsbeziehungen, wie sie sich in den *gushengera-* und *gusaba-*Verhältnissen äusserten, hatten immer auch einen materiellen, einen „*gushikanira-*Aspekt" (*gushikanira*, „jemandem – genau präzisiertem – ein Geschenk bringen"). Im Zuge der Aufwartungen und Hofbesuche ihrer *ingabo* kamen allen politischen Autoritäten regelmässig „Mitbringsel" zu, eine Praxis, die als *gushikana* oder *gushikanira* bekannt war (und auch im privaten Rahmen gepflegt wurde und wird, wie wir sehen werden).[48] Es lohnt sich, den Bedeutungsinhalt dieses Verbes zu untersuchen. Rodegem (1970:420) übersetzt *gushikana* zu Recht nicht nur mit „ein Geschenk bringen, anbieten", sondern auch mit „erreichen, Zugang haben"; es ist abgeleitet vom Verb *gushika*, „ankommen, erreichen" mit der zweiten Bedeutung „aufscheinen, hervortreten, sich von der Masse abheben".[49] Wenn dieses Geschenk-Offerieren gegenüber einer hochstehenden Person geschieht, spricht man auch von *gushengerana* (zusammengesetzt aus *gushengera* und *-na*: „hofieren mit"; Rodegem (1970:417) übersetzt es mit „apporter un cadeau chez les grands, rendre ses hommages, faire la cour avec"). Dass es sich bei derartigen das *gusaba* begleitenden Gaben, die per Definition immer von einer tieferstehenden Person offeriert werden, um etwas radikal anderes handelt als bei Gaben, die von einer höherstehenden Person und/oder politischen Instanz verteilt werden, drückt sich klar in der Terminologie aus: Gaben und Geschenke im Rahmen des *gusaba* oder *gushengera*, die

---

48 Anlässlich des *umuganuro* – wie gesehen ein Verteil- und Redistributionsanlass erster Güte –, zu dem niemand mit leeren Händen hätte kommen können, sprach man von *kuganuza*, was sich übersetzen liesse mit „faire des offrandes (*gushikana*!) lors du umuganuro, faire un acte de présence, participer à la fête" (Gespr. 5:22).

49 Eine weitere verbale Ableitung von der derselben Wortwurzel haben wir bereits kennengelernt: *kwîshikira* bedeutet „aborder un personnage important sans intermédiaire; aller soi-même jusqu'à tel endroit", während sich *kwîshikana* übersetzen lässt mit „allein, aus eigener Kraft [ohne Mittler] erreichen". *Kwîshikanako* dagegen bedeutet „sich unter den Schutz stellen von" (Rodegem 1970:420f).

also von einer niedriger stehenden Person ausgehen, wurden *ishikánwa* genannt;[50] für von unten ausgehende Gaben wurden ebenfalls Ausdrücke benutzt, bei denen der Akzent auf der Dankesbezeugung liegt: *ishimwe* oder *agashimwe* („cadeau de reconnaissance, de gratitude", Rodegem 1970:423; Gespr. 37:4, 5:23, 63:7). Von oben zuerkannte Gaben dagegen bezeichnete man als *ingabíre* (auch *ingabirano*), Substantivierungen des Verbes *kugaba*, das wir in seiner grundlegenden Doppelbedeutung von „geben" und „befehlen" kennengelernt haben (s. oben Abb. 9; cf. Trouwborst 1961:67). An dieser Stelle interessieren uns in erster Linie Gaben von unten nach oben, wie sie vor allem an politischen Höfen präsentiert wurden. Derartige „Geschenke" konnten aus verschiedenen Gründen erfolgen:

> „Man gab den politischen Autoritäten wie Muganwa und Icariho [*abakuru*] etwas, weil sie die *shêbuja* waren und man von ihnen geliebt und gern gesehen sein wollte. Vor allem wenn man von ihnen angehört werden wollte, das heisst, wenn man um eine Audienz bat, um sein Anliegen oder Problem vorbringen zu können, brachte man ihnen eine Gabe mit. Es waren aber nicht die *bakuru*, die das verlangt hätten, sondern man brachte aus eigener Initiative ein Geschenk, um die erwünschte Aufmerksamkeit zu finden" (Gespr. 5:19).

Solche „Goodwill"-Gaben entrichteten von Zeit zu Zeit alle ambitiöseren Leute, die etwas Bestimmtes oder auch nur eine Zurkenntnisnahme ihrer Ambitionen erreichen wollten, aber auch alle, die lediglich ihren Besitzstand zu wahren trachteten. Es konnte (musste aber nicht) damit ein weiteres Anliegen verbunden sein. Je hierarchisch tiefer die politische Instanz war, desto wichtiger war der *gushikana*-Aspekt des Hofierens; je höher sie war, desto wichtiger wurde der *gushengera*- und *kurârira*-Aspekt: „Bei Mwami und Muganwa war *gushikanwa* weniger wichtig als *kurârira*. Diese wollten vor allem, dass man über längere Zeit in den *insâgo* blieb. Bei einem Angriff auf den Hof, oder falls es galt, jemanden zu verjagen – und das konnte auch ein Icariho sein, an dessen Stelle ein neuer gesetzt werden sollte –, griffen die Höflinge und Bittsteller zu ihren Lanzen, Pfeilen und Bogen und konnten sich bewähren" (Gespr. 7:15, cf. 22:8f). Höhere politische Instanzen waren folglich bereits an der physischen Präsenz von Anhängern interessiert, und das *gushengera* erhielt dadurch eine gewisse militärisch-polizeiliche Funktion.

Wenn nicht das *gushengera*, das sich allein auf die politischen Höfe konzentrierte, so fand doch das *gusaba* und das begleitende *gushikana* auch ausserhalb und unabhängig der formalen politischen Strukturen unter Privatpersonen statt. Eine im „privaten" Rahmen bekannte und besonders formale Form waren die *bugabíre*-Viehpachtabkommen. Sowohl einleitend wie auch begleitend zu einer solchen Vereinbarung zwischen zwei Familien/Residenzeinheiten gab es ein ausgedehntes *gusaba* und *gushikana* von seiten des *mugabíre*-Empfängers an seinen *shêbuja*-Herrn und „Wohltäter" (für Details s. Kapitel 4.6). Es gibt in der ethnologischen Literatur zum ostafrikanischen Binnenseengebiet eine ausgedehnte Debatte darüber, ob solche oft als „Klientschaften" bezeichneten Beziehungen als Teil oder Grundlage der staatlichen Herrschaftsstruktur allgemein zu betrachten sind oder nicht. Dass Klientschaften als Abhängigkeitsbeziehungen in jedem Fall einen wichtigen politischen Aspekt haben, wird niemand in Zweifel ziehen. Darüber hinaus ist es meines Erachtens jedoch wichtig, zu unterscheiden zwischen staatlich instrumentalisierten Anhänger- und „Klient-"schaften und „privaten", nichtstaatlichen – d.h. den Staat und seine Amtsträger nicht direkt implizierenden – Abhängigkeitsbeziehungen und Klientelen, wie sie im Fall Burundi vor allem unter dem Namen *bugabíre* bekannt waren (sie konnten auch andere Formen annehmen). Das *bugabíre*-Viehpachtabkommen verband in der Regel Privatpersonen als solche miteinander und nicht einen politischen Amtsinhaber und einen seiner „Untertanen" (*ingabo*). Der letztere Fall blieb immer die Ausnahme. Nichtsdestoweniger kam er vor, und er konnte besonders ungleiche Formen annehmen, wie Mworoha bemerkt (1987:222). Auf je tieferer Ebene *bugabíre*-Beziehungen ge-

[50] Rodegem (1970:420) schreibt dazu: „cadeau du petit au grand; syn.: *itûro*, offrande en hommage", Ehrenspende. *Ishikánwa* wurde in verschiedenen Kontexten gleichwertig mit dem Begriff *ingoróre* gebraucht (Trouwborst 1961:75).

knüpft wurden, umso ungleicher waren die damit verbundenen Bedingungen (wenn z.B. zwischen einem armen Viehhalter und einem einfachen Bauern ohne Kühe). *Bugabíre*-Beziehungen waren aber auch zwischen Viehhaltern keineswegs selten, und auf höherer Ebene war die damit verbundene Ungleichheit bedeutend geringer. Sicher liessen sich solche privaten *bugabíre*-Klientschaften auch für politische Zwecke einsetzen, etwa als Mobilisierungsinstrument für politische Unterstützung und zur Formierung „politischer Faktionen" (Trouwborst 1973:117). Zudem haben wir gesehen, dass manche Züge der Beziehungen zwischen Herrschenden und „Untertanen" dem Modell der formalisierten „Klientschaftsabkommen" entsprachen. Der Begriff „Klient" hat hier jedoch mehr Missverständnisse und Verwirrung denn Klarheit hervorgerufen. De Heusch versuchte dem zu begegnen, indem er die beiden „Klienten"-Rollen auseinanderhielt:

> „Nous n'affirmons pas que tout lien de clientèle soit un lien politique au Burundi, mais bien l'inverse. Il n'y a aucune difficulté à admettre dès lors que les deux rôles sociaux (client à titre privé et client-sujet) puissent être distincts. L'un et l'autre cependant impliquent une ‚sujétion' fondée sur un modèle de réciprocité hiérarchisée" (1966:431).

Das von der tradtitionellen Ethnologie der ostafrikanischen Binnenseen-Gesellschaften entworfene Modell der Vieh-„Klientschaften" entspricht in manchem nicht der Realität. Ich möchte nur drei Punkte hervorheben. Es war nie so, dass jedes Individuum in ein *bugabíre*- oder (in Rwanda) in ein *buháke*-Verhältnis eingebunden war. Diese erstreckten sich immer nur auf eine Minderheit aller Leute, und das auch zur Zeit ihrer mutmasslich grössten Verbreitung zu Ende des 19. Jahrhunderts.[51] Es ist ebenfalls falsch, diese Beziehungen als solche zweier Einzelpersonen zu bezeichnen; sie verbanden vielmehr zwei Familiengruppen miteinander. Vidal (1969:389) erwähnt denn auch, dass es zwar der Familienvorsteher war, der eine solche Beziehung einging, von den daraus folgenden Pflichten aber alle Mitglieder des lokalen Lineagesegmentes betroffen waren. Die Wahl der als *shêbuja* in Frage kommenden Person war keineswegs frei, sondern durch die objektiven kontextuellen Bedingungen stark eingeschränkt (cf. Bäck 1981:26ff); die Implikationen wurden im Kapitel 4 detailliert erörtert. Zwischen den Gabenbeziehungen unter politischen Agenten – den Herrschenden und ihren *ingabo* – und solchen im Rahmen „privater" Abhängigkeitsbeziehungen wie des *bugabíre* gab es zahlreiche Parallelen und Gemeinsamkeiten, aber auch gewichtige Unterschiede. Diese machen es notwendig, die beiden Gabenformen getrennt zu analysieren. Das heisst keineswegs zu verkennen, dass die Beziehungen zwischen staatlichen Herrschern und ihren Untertanen über weite Strecken dem Modell derjenigen innerhalb nichtstaatlicher Abhängigkeitsverhältnisse folgten; ohne Beachtung dieses Modelles müssen sie gar unverständlich bleiben. Wie im Kapitel 3.4.1 gezeigt, entlieh die staatliche Herrschaftsbeziehung ihre Sprache den nichtstaatlichen Abhängigkeitsverhältnissen. Die Herausarbeitung der Parallelen und Unterschiede zwischen den verschiedenen Abhängigkeitsverhältnissen wäre eine eigene Arbeit wert.

---

[51] Für Burundi sind leider für keine Zeitepoche genauere Daten bekannt. Cazenave erwähnt immerhin, dass noch 1970 – d.h. 15 Jahre nach dem offiziellen, aber immer nur halbherzig durchgesetzten Verbot (Arrêté royale du 30 juin 1955: „La suppression progressive de la convention coutumière dite contrat d'ubugabire") – beinahe 20% allen Grossviehs an ein *bugabíre*-Verhältnis gebunden war (1977:300f). Im Fall Rwanda ist die Datenlage wenig überraschend um einiges besser: Für die *ubuháke*-Beziehung geben Vidal (1969:389ff), M.C. Newbury (1976) und J.F. Saucier (1974, zitiert in Bäck 1981:26) aufgrund eigener regionaler „case studies", die die Zeit anfangs des 20. Jahrhunderts bzw. die sechziger und siebziger Jahre abdecken, durchwegs Zahlen unter 20% an, wobei es markante regionale Unterschiede gibt (s. auch Botte 1974, 1979; Bäck 1981). Bahutu-Feldbauern blieben nicht selten von derartigen „pastoralen Banden" ausgeschlossen, wenn auch in weniger systematischer Art als die Baïru in Ankole.

5.2.3 Zur Einschätzung des Tribut- und Gabensystems

Wenn wir das vorkoloniale Tribut- und Gabensystem abschliessend zu überblicken versuchen, so müssen drei Punkte hervorgehoben und diskutiert werden: Die Unterscheidung zwischen formalen Tributen und informellen Gaben sowie deren Verwendung und anteilmässige Bedeutung; der Grad und die Natur der Durchsetzung des tributären Systems; schliesslich die Frage der für die verschiedenen Kategorien von Bauern daraus entstehenden Belastung, was die Frage des gesellschaftlichen Konsenses über die verschiedenen Formen von Leistungen, von Abgaben bzw. Einnahmen und ihrer Perzeption und Akzeptanz von bäuerlicher Seite nach sich zieht.

Die Haupteinkünfte des monarchischen Staates bestanden nicht aus den formalen Abgaben, die auch nie verallgemeinert durchgesetzt wurden. Es war in erster Linie das System der *ivyibare*-Domänen mit dem daran geknüpften *ibango*-System von Hoffunktionen und Lieferanten-Pflichten, welches die ökonomische Reproduktion der herrschenden Klasse sicherte.[52] Dazu kamen drei weitere Einnahmequellen, die in ihrem Umfang nicht unterschätzt werden dürfen und die gegebenenfalls weitere Bedürfnisse zu decken vermochten. Es gab mannigfache informelle „Nebeneinkünfte", so wie sie aus dem *gushikana*- und *gushengerana*-System resultierten. Ferner existierten die *ingoróre*-Bussen und Wiedergutmachungen, die auch bei zu Unrecht erfolgten Verleumdungen zu entrichten waren. Mindestens so missbräuchlich waren die Einkünfte aus Enteignungen oder willkürlichen Razzias, wenn die Herrschenden im allgemeinen auch nur mit mehr oder weniger Zurückhaltung und Vorsicht solche Mittel anwandten, um ihre Leute nicht zu verjagen. Während die *inkuka*-Lieferungen im Rahmen des *ibango*-Systems, gelegentlich ergänzt durch die formalen Abgabeleistungen, dem direkten Unterhalt der Oligarchie und der aristokratischen Höfe dienten, dienten die informellen Einnahmen (aus „spontanen" Geschenken und Enteignungen, über Bussen und Rechtskosten) vor allem der Redistribution: Diese Kategorie von Einkünften wurde mit dem Ausdruck *izivuye/ibivuye mu gihugu* bezeichnet: „das, was aus dem Land (und seinen Leuten) kommt" (Nsanze 1986:579f). Der grösste Teil von dem, was „vom Land" kam, floss effektiv wieder „ins Land" zurück. Ein Teil wurde zu *ingabíre*-Gaben oder floss als *umwakiro* des Mwami in die Kuhzirkulation ein.[53] Ein gewisser Teil wurde bei prunkvollen öffentlichen Verteilungen ausgegeben. Solche wurden unter anderem im Zusammenhang mit den wichtigsten monarchischen Ritualen in Szene gesetzt, so anschliessend an die jährliche *umuganuro*-Aussaatszeremonie, aber auch anlässlich der Königsinthronisation und -bestattung bzw. -trauerzeit. Alle diese zentralen, aber auch kritischen Momente der Bewahrung und Erneuerung der monarchischen Herrschaft waren stark ritualisiert. Wir können sie als Erneuerungsverfahren der monarchischen Macht im Sinne Balandiers (1976:120, 1985) verstehen. Es gehörte zu ihrem die monarchische Legitimität erneuernden Charakter, dass sie von umfangreichen Gaben-Verteilungen begleitet waren: Es wurde vor allem Bier und Vieh ausgegeben, die zu einem guten Teil auf der Stelle ostentativ konsumiert und „zerstört" wurden. Regelmässig mit Viehgaben bedacht wurden in solchen Momenten insbesondere die Ritual-Würdenträger. Das Königshaus beschenkte hauptsächlich die *umuganuro*-Ritualisten (*baganuza*), die Inthronisations-Organisatoren, die *banyange*, die für die Bestattungsrituale der Königsmutter verantwortlich waren, und die *batimbo*-Trommelfabrikanten. Während der entsprechenden Erneuerungs- oder Übergangsmomente zerstörten diese Ritualisten einen guten Teil des ihnen überlassenen Viehbestandes – zum grössten Teil Stiere – durch Konsum. Mworoha schreibt zu dieser „logique de l'élevage destructif":

52 In zahlreichen anderen Frühen Staaten Afrikas war das zumindest in einer frühen, formativen Phase ebenso. S. z.B. Izard 1975 & 1985, Skalník 1979:200, Trouwborst 1991.

53 *Umwakiro* bezeichnet eine Kuh-Gabe vom König (auch von einem Prinzen?); es handelte sich dabei um als *inkuka* eingenommene Kühe, die wiederverteilt wurden und zum Beispiel an die *batongore*-Viehzüchter gingen (Ndayishinguje 1977:38).

> „Les dignitaires baganuza [wie auch die anderen erwähnten Ritualisten, T.L.] pratiquaient une destruction continuelle de leur bétail: c'est le *kuragirira kubaga* (= faire paître le bétail en vue de l'abattre après). Cette forme d'élevage s'opposait à l'élevage *kuragira gutunga* (= faire paître le bétail pour s'enrichir) pratiqué par les simples éleveurs. La logique de l'élevage destructif se trouve dans le renouvellement continuel de leur bétail (annuel lors de la fête des semailles et à l'occasion de l'intronisation d'un nouveau roi)" (1977:151, cf. pp.154,160).

Ein Teil der königlichen Viehbestände, d.h. vor allem die Stiere, wurde damit kontinuierlich durch Konsum zerstört; während der königlichen Trauerzeit – einer rituell begangenen Erneuerungszeit schlechthin – soll man dieser „Logik der destruktiven Viehzucht" noch radikaler gefolgt sein als anlässlich des *muganuro*, wie Mworoha berichtet: „(...) au moment du deuil royal, [les banyange] consommaient presque tout leur troupeau" (ibid., p.154). Man sollte die Bedeutung solcher rituel-ler Vergabungen (die offenbar allein von seiten des Königs erfolgten) aber nicht überschätzen,[54] vor allem nicht gegenüber dem Stellenwert der jedesmal neue Abhängigkeitsbeziehungen begründenden oder solche erneuernden *ingabíre*-Gaben, die von allen Herrschenden ausgingen. Ferner wurde auch nicht die Gesamtheit der informellen und „missbräuchlichen" Einnahmen redistribuiert: Diese wurden nach ihrer Güte selegiert, und die besten Stücke – ob Vieh, Stoffe oder Land (das zu *inyurwa* wurde) – wurden zurückbehalten (Nsanze 1986:580). Ein weiterer Punkt muss hier hervorgehoben werden. Wenn sich analytisch zwischen formalen Tributen und informellen „Geschenken" unterscheiden lässt, so gab es in der Praxis zahlreiche Mischformen, die kaum auseinanderzuhalten sind. Die Verwicklung verschiedener Beziehungsstränge und ihre Überschneidungen machen es schwer, die einzelnen an die politischen Zentren gelangenden Produkte und Leistungen als Abgaben im eigentlichen Sinn, als „spontane Gaben", Geschenke oder Handelsgüter zu etikettieren und zu identifizieren. Jedes einzelne Mal müssen der Kontext des Gebens, die Umstände, unter denen die Leute ihre (Ab-) Gaben an die Höfe brachten, untersucht werden. Im Empfinden der Leute wurden formale Abgaben kaum von informellen Gaben unterschieden. Alle diese Abgaben hatten immer einen ambivalenten Doppelcharakter. Wie am Beispiel des *kuganuza* anlässlich des *umuganuro* und an der *imbu*-Abgabe sichtbar, erschienen einerseits die meisten Abgaben als Gaben/Geschenke und als Prestigesache. Andererseits wurden die informellen, „spontanen Mitbringsel" mindestens so sehr als Last empfunden wie die formalen Tribute und im Volksmund auch als *imizigo*, als „Bürde und Last" bezeichnet (Gespr. 45:10f; Rodegem 1970:575).[55] Ein Grund der Verschwommenheit der Auseinanderhaltung von formalen Abgaben und informellen „Geschenken" liegt darin, dass die *ingoróre*-Tribute wie gesehen immer nur als Gegenleistungen und als erforderliches Gegenstück zu den vorrangigen Leistungen der Herrscheden aufgefasst wurden, die primär aus ihrem Schutzvermögen und allenfalls aus zusätzlichen Begünstigungen bis zu *ingabíre*-Gaben bestanden. Alle Tribute und Gaben mussten dergestalt als durch die – tatsächlichen oder auch nur möglichen und erhofften – Leistungen der Herrschenden gerechtfertigt erscheinen.[56] Schon Trouwborst hatte darauf aufmerksam gemacht, dass das Tributsystem nur als ergänzender Teil einer weiteren Gabenzirkulation erschien: „Le roi donne, mais ses sujets donnent aussi: car ce qu'on appelle généralement impôts, redevances ou taxes constitue en fait des dons faits au

[54] Mworoha tendiert ganz allgemein dazu, die Bedeutung der von ihm insgesamt als „Banyamabanga" etikettierten Ritualisten – die mehrheitlich von Hutu-Herkunft waren – sehr hoch einzuschätzen. Er betrachtet sie als eigentliche Gegenmachtstruktur, die er auf gleicher Ebene wie die Ganwa-Aristokratie und die übrigen politischen Regionalführer ansiedelt (s. sein Schema 1977:210, 1987:226). Aus einer etwas anderen Perspektive spricht auch Chrétien von einer „Gegen-Aristokratie von Ritualisten" (1981b:126).

[55] Während der Kolonialzeit nahm mit der „fonctionnarisation" subalterner Instanzen die Belastung durch derartige informelle Naturalabgaben noch beträchtlich zu (Gespr. 45 & Kap. 7).

[56] Ihre Hauptleistung bestand weniger aus tatsächlich gewährtem Schutz als aus ihrem Schutz*vermögen* und ihrer Protektions*kapazität*. Gewähr dafür, in deren Genuss zu kommen, gab es nur dann, wenn man über eine privilegierte Beziehung zu ihnen verfügte, welcher Art diese auch sein mochte.

roi“ (1961:73). Die Abgaben konnten in dem Masse als Gegengewicht zu den Leistungen der Herrschenden verstanden werden, als man das Gefühl hatte, wirklich in deren Genuss zu kommen. Dabei handelte es sich in erster Linie um Schutz und sekundär um besondere Begünstigungen und *ingabíre*-Geschenke. Das konnte für die Ärmsten und während der Kolonialzeit für zunehmend breitere Schichten nur in beschränktem Mass gelten. Ihnen gegenüber vermochten die Herrschenden den Eindruck einer Leistungsäquivalenz nur noch mit zunehmender Schwierigkeit aufrechtzuerhalten.

Kommen wir zum zweiten Punkt, zu Grad und Art der Durchsetzung des vorkolonialen Abgabensystems. Das gesamte Abgabensystem war in hohem Masse personalisiert. Ein substantieller Teil aller Abgabepflichten war über persönliche Abhängigkeitsbeziehungen geregelt. Das ging so weit, dass Botte dazu kam, von einem „État-patron“ und einem „peuple-client“ zu sprechen (1982b). Es gab zahlreiche Sonderregelungen und Umgehungsmöglichkeiten, die die daraus erwachsende Belastung für die einzelnen Leute sehr unterschiedlich werden liess. Die Ausnahmen und Sonderregelungen hatten vor allem einen personalen, aber auch einen regionalen Aspekt. Schauen wir zunächst diesen letzten Punkt an. Die formalen Abgabepflichten wurden nur innerhalb enger Grenzen durchgesetzt. Es galt die Regel, dass je näher einem politischen Hof/Zentrum ein Gebiet lag, umso stärker dessen Bevölkerung in die Abgabepflichten einbezogen war. In solchen Gebieten und vor allem im zentralen königlichen Territorium wurden die „generellen“ Abgaberegeln noch am striktesten durchgesetzt. Dementsprechend galt, dass die Bevölkerung kleinerer bzw. dünner besiedelter politischer „Bezirke“ stärker von Abgabeleistungen betroffen war, da sich diese auf weniger Leute verteilten (Botte 1982b:310). Es konnte vorkommen, dass Leute in wenig zugänglichen Gebieten kaum von Abgabeforderungen erreicht wurden. In den peripherereren Gebieten der Prinzen folgten die Abgaben bereits weniger stabilen Praktiken. In den erst seit Mitte des 19. Jahrhunderts in die monarchische Herrschaftsordnung eingebundenen Territorien war die Abgabepraxis mehr „durch den jeweiligen Bedarf und die Persönlichkeit des lokalen Herrschers“ geleitet, wie Nsanze es ausdrückt (1986:442), also bedeutend informeller geregelt. Die Ab- und Einzüge folgten nach seiner Analyse immer stärker einem klientelistischen Modell, was mit der Zeit eine Infragestellung des formalen staatlichen Rechtes auf Abgaben als „Steuern“ zur Folge hatte. Dieselbe Linie der historischen Entwicklung macht Nsanze auch innerhalb des königlichen Zentrumsgebietes aus: Es kam auch hier zu einer zunehmenden Informalisierung und einem Verfall formaler Abgaberegelungen.

Die unterschiedliche Belastung betraf aber nicht nur die Regionen, sondern noch mehr die sozialen Schichten. Ich habe bei der Vorstellung der einzelnen Abgabepflichten mehrmals darauf hingewiesen, dass die Abgabenbelastung für kleinere Residenzeinheiten und weniger vermögende Landwirtschaftsbetriebe wesentlich höher sein konnte. Die Ärmsten mussten relativ zu dem, was sie besassen, oftmals aber auch absolut am meisten abgeben (cf. Botte 1982b:311 und Gespr. 27 & 69). Sie hatten die geringsten Möglichkeiten, sich zu entziehen. Wer kein Grossvieh besass, war den Abgabepflichten am direktesten ausgesetzt – und das waren, bei starken regionalen Unterschieden, immer mehr als 50% aller Höfe, in ihrer grossen Mehrheit Bahutu.[57] Viehbesitzer konnten sich den Arbeitspflichten nicht nur in der geschilderten Art entziehen. Alle vermögenderen Leute hatten die Möglichkeit, mittels eines „spontanen“ Geschenkes (meistens eine Kuh), das ebenfalls *ingoróre* genannt wurde, dank der damit entstehenden persönlichen Beziehung auf Dauer von Naturalabgaben befreit zu werden.

> „Die einfachen Leute ohne unvermittelten Hofzugang (*abantu basanzwe batishikira*) waren es, die Abgabeleistungen wie die *irári*-Biersteuer zu entrichten hatten. Wer jedoch direkten Hofzugang hatte [über ein *ubwishikira*-Recht verfügte], ging sein Bier getrennt davon offerieren; er achtete sorgfältig darauf, sich von den gemeinen Leuten und ihren Bierabgaben zu unterscheiden“ (Gespr. 27:28f).

[57] S. dazu die statistischen Schätzungen von Botte 1979:405, 416, n.11; 1982b:282-84 & Tabelle p. 320.

Neben den beiden obgenannten Möglichkeiten, die Abgabenpflichten zu umgehen – entweder indirekt über das Verfügen über private Abhängige oder direkt über das Innehaben einer *ibango*-Charge –, boten derartige *ingoróre*-Gaben, mittels derer man zum Günstling der politischen Behörde werden konnte, eine weitere Möglichkeit, von Tributverpflichtungen freigestellt zu werden (cf. Gespr. 42:17). Wie gesagt, konnte sich so insgesamt sicher ein Drittel aller *ingabo* den formalen Tributpflichten entziehen. Auch die restlichen zwei Drittel waren von ihnen in stark unterschiedlichem Mass betroffen. Botte hat errechnet, dass die Anzahl „abzuliefernder" Arbeitstage pro Mann in den Gebieten am höchsten war, in denen es am meisten Reiche (definiert über den Besitz an Kühen) – d.h. von Abgaben freigestellte Personen – gab. Es waren danach in erster Linie die Bahutu, welche die Abgabeleistungen in Form von Arbeitskraft erbrachten, und diese waren dementsprechend dort am höchsten, wo es prozentual am wenigsten Bahutu gab (ibid., p. 309). Da sich die Batutsi nicht zu Feldarbeiten zwingen liessen, hatten die Ganwa-Autoritäten in dünn und vorwiegend durch eine pastorale Bevölkerung besiedelten Regionen (zentraler und südlicher Mugamba, Bututsi), deren Böden zudem nur einen schlechten landwirtschaftlichen Ertrag zuliessen, Mühe, zu genügend Einnahmen zu kommen. Die Baganwa mussten sich diese über die Einforderung von *amarari*-Abgaben der im Imbo-Küstenstreifen lebenden Bahutu sichern, während sie die Tutsi-Bevölkerung über die stärkere Entwicklung von Viehtauschbeziehungen und die Einforderung von *inkuka*- und *ingoróre*-Kühen an sich banden (Nsanze 1986:587ff).

Da es bei den Naturalabgaben keine (und u.U. sogar eine negative) „Progression" gab, waren auch hier die Ärmsten, zusätzlich zu den fehlenden Umgehungsmöglichkeiten, am stärksten betroffen. Insgesamt konnten die Sorgho-Abgaben (ohne informelle Gaben, die kaum errechnet werden können) pro Jahr 15 bis 30 Tage an Nahrungsmittelbedarf ausmachen (Botte 1982b:311; Mworoha (1980:19f) spricht von ungefähr 10 % der jährlichen Sorgho-Produktion). Das diversifizierte landwirtschaftliche System liess es zwar ohne grössere Schwierigkeiten zu, diesen Abzug über den Ersatz durch andere Kulturen wie Bohnen oder Mais zu lindern. Man darf dabei aber die ausser-ökonomische, soziale Zweckbestimmung der Sorgho-Produktion nicht übersehen: In der Form von Bier diente Sorgho nicht zuletzt der Aufrechterhaltung sozialer Beziehungen (Trouwborst 1959:796, 1970). Neben den rein wirtschaftlichen Auswirkungen kam so der Abzug eines nicht unbeträchtlichen Teils der Sorghoproduktion einer potentiellen Einschränkung der Pflege von nachbarschaftlichen, freundschaftlichen und familiären Beziehungen gleich. Ferner stand weniger für religiös-magische „Investitionen" zur Verfügung (Geschenke an Regenmacher und Bapfumu-Seher und -Heiler; Beiträge an aufwendige *kubandwa*-Zeremonien; s. Kapitel 4.5). Und schliesslich wurde der Spielraum zur Einleitung oder Aufrechterhaltung von persönlichen Beziehungen zu politischen Instanzen verkleinert. Ärmere verfügten damit nur über ein kleines oder gar kein „Mehrprodukt", das sie in Anpassung an die sich stellenden Notwendigkeiten oder sich bietenden Gelegenheiten flexibel einsetzen konnten. Ihr Spielraum zur aktiven Gestaltung ihrer Lebensbedingungen, zur Einwirkung auf ihr soziales und politisches Umfeld war eng begrenzt (Botte 1982b:311).

Wir sehen erneut das Bild eines Tributsystems entstehen, in dem wenig universalistisch, vieles aber hoch partikularistisch geregelt war. Darin war das Tributsystem nur ein Abbild der gesamten Gesellschaftsstrukturen. Die geschilderten Züge sprechen auch hier nicht für das Modell eines „segmentären" Staates. Obschon vieles hoch partikularistisch geregelt war, darf das den Blick nicht verstellen dafür, dass es ein klar ausdifferenziertes zentrales Tributsystem gab. Das mehr oder weniger das gesamte Land überziehende, wenn sich auch im Zentrum verdichtende *ibango*-System war primär auf das königliche Zentrum und nur in Delegation davon auch auf die anderen Regionalführer ausgerichtet. Es gab überall die gleichen Formen von Abgaben, auch wenn sie nicht in allen Regionen gleichermassen durchgesetzt werden konnten, und es gab keine unendliche Vervielfachung lokaler Varianten, wie wir das aus dem europäischen Mittelalter kennen.

Natürlich müsste man für eine abschliessende Einschätzung der Belastung der bäuerlichen Massen durch das tributäre System weitere Faktoren wie die Produktivitätsbedingungen und die Arbeitsmentalität in Rechnung stellen. Aber auch ideologische Faktoren wie die Perzeption der verschiedenen Abgabepflichten spielten eine wesentliche Rolle. Die Hinnahme der Abgaben (zumindest derjenigen in Form von Sorgho) beruhte wie gezeigt auf der Vorstellung, dass sie ein notwendiges Element zur Reproduktion der Produktionsbedingungen selbst waren; ihre Leistung erfolgte in erster Linie „im Namen des Himmels und der Natur" (Botte 1982b:311), was die Bürde, die sie für den einzelnen bedeutete, wesentlich erleichterte. Sie wurden als ein Teil des ständigen reziproken „va et vient" perzipiert. Das vorkoloniale Tributsystem war ideologisch breit abgestützt. Das wurde erreicht über Bezugnahmen auf übernatürliche Kräfte und die sakrale Seite der Monarchie, vor allem aber durch die Einbettung in ein System vielfältiger Formen von Austausch, Abhängigkeit, Ausbeutung und Redistribution. Wir haben eine weite Palette von verschiedenen Tauschbeziehungen kennengelernt. Trouwborst hat darauf hingewiesen, dass jeder Form von „Ausbeutung" eine Form von „Redistribution" entsprach:

> „(...) to every form of exploitation corresponds a form of redistribution, which makes the entire system a very complicated one. This complexity appears in at least two ways. First, the population is bound to its rulers in many intricate ways and in a web of fears, expectations and feelings of power as well as of dependence. The rulers from their side know to handle this system in order to hold a grip on the population. Secondly, the system symbolically reflects the whole gamut of relations binding the subjects to their rulers. All kinds and grades of prestige, status and relative wealth are reflected in the things given und received and may give thereby much satisfaction to the people involved" (1987:132f).

Der „freiwillige" Gabenaspekt des Tributsystems wurde noch verstärkt dadurch, dass die meisten Abgaben nicht durch staatliche Hilfskräfte eingetrieben, sondern von den Leuten selbst „spontan", mitunter gar „singend" an die aristokratischen Höfe gebracht wurden. Die breite ideologische Abstützung erlaubte der Monarchie, auf Tributeintreiber zu verzichten (Gespr. 22:8, 27:28). Dieser Aspekt darf trotzdem nicht überzeichnet werden. Wie gesehen, empfanden die Überbringer die (Ab-) Gaben meistens als Last (*imizigo*), in welchem Kontext sie auch erfolgen mochten. Sicher beruhte die Anerkennung des Tributsystems auch auf politischem Zwang – es galt, „seine Güter zu retten" (*gucûngura urugó*). Drohungen mit Sanktionen und die gelegentliche Anwendung manifester Gewalt gab es sehr wohl. Fälle von Widerstand aber waren selten. Dank dem hohen Konsens, den die dominante, monarchische Ideologie fand, und der hohen Legitimation der zentralen politischen Führer – die für Frühe Staaten keine Ausnahme waren (Claessen 1989:48) – brauchte jedoch relativ selten auf Zwang zurückgegriffen zu werden. Eine allenfalls in den ärmsten Schichten bestehende diffuse Unzufriedenheit, die sich in einer vorab latenten Anfechtung äussern mochte, wurde, falls sie sich verstärkte, in institutionalisierte Abhängigkeitsformen umgelenkt und führte mit der Zeit, und immer individuell, zur Bildung einer Bauernschaft ohne Böden (Botte 1974b, 1982b:312).

Mit Ausnahme der armen Bauernschaft wurden die erforderlichen Abgabeleistungen von der Mehrheit der Betroffenen offenbar nicht als übermässig empfunden. Die Ausbeutung nahm in der Regel keine krassen Formen an. Oft trug sie den Charakter persönlicher Abhängigkeit. Da diese immer auch Benevolenz implizierte, wurde sie primär im positiven und nur dann im negativen Sinn gesehen, wenn sie extreme Formen annahm. Das war vor allem auf den unteren Stufen der sozialen und politischen Leiter der Fall. Ausbeutung in Form von Tribut war akzeptiert, da sie in ein Tauschsystem eingebettet blieb (Trouwborst 1987:133).[58] Die Verbindung von Macht und Freigebigkeit blieb in der „sakralen" Monarchie jedoch weitgehend auf die Aristokratie beschränkt. Auf der Ebene subalterner Hilfskader, die uns besonders interessiert, trat der ausgleichende, redistributive Aspekt in den Hintergrund. Hier war die Abpressung eines „Mehrproduktes" gerade von

[58] Claessen & Skalník würden hier von „redistributiver Ausbeutung" sprechen (1978:639).

den Ärmsten zu offensichtlich und blieb zu oft ohne erkennbare Gegenleistungen. Die Handlungsweisen der Ivyariho-Delegierten, die in mehr oder weniger direktem Kontakt mit der Bevölkerung lebten, lagen den Leuten zu offen vor Augen und das „Mysterium der Macht" verlor hier einen guten Teil seiner Wirksamkeit. So erstaunt es wenig, dass die Perzeption dieser „Transmissionsriemen der Herrschenden" überwiegend negativ gefärbt war, zu klar trat an der Basis des Verwaltungssystems der Zwangsaspekt der Regierungsmacht zutage. Vor allem mit Bezug auf diese Ebene wird die Redensart *urutwara twara umuheto* („wenn du regierst, so nimm den Bogen mit", oder: Regieren bedarf der Gewalt) angeführt (Gespr. 27:7). Die Ivyariho- und Batware-Delegierten erschienen als reine Vollzieher obrigkeitlicher Anordnungen (*abatégetsi*).

> „Der Mutware hat keinen Sinn für die landesweiten Angelegenheiten, er kann lediglich für genau vorgegebene Arbeiten eingesetzt werden. (...) Der Mutware spricht nie für die einfachen Leute, die er regiert, zu ihnen hält er vielmehr Distanz. Er weiss auch, dass sie ihm genau auf die Finger schauen, dass er ihnen nichts vormachen kann. Ihre Interessen laufen sich zuwider. Er sucht nur nach seinem eigenen Profit. (...) Er liebt die Bevölkerung, die unter sich zerrissen ist, und [so] erhält er etwas zu essen [*kurya*]. Je häufiger er einschreiten muss, umso mehr springt für ihn heraus. So entlohnten sie sich selbst" (Gespr. 69:9, 27:13).

Auf dieser untersten Ebene der Verwaltung musste den einfachen Bauern der Abgabenabzug als *kurya igihugu* erscheinen, ein Ausdruck, der bis heute synonym für „Ausbeutung" steht. Hier erhält auch die von Nsanze zitierte Redensart *kiribwa n'ibanga*: „gegessen [ausgebeutet] werden ist das [politische] Geheimnis, [politische] Pflicht", oder: „Ausbeuten liegt in der Natur der Macht", ihren Sinn (1986:95ff).

Dass die Ausbeutung trotz solcher direkter Konfrontation antagonistischer Interessen auf unterster Ebene insgesamt mässig blieb, erklärt sich schon durch die ökonomischen Bedingungen der Produktion: Die Mehrarbeit beruhte immer auf den technischen Grundlagen einer kleinbäuerlichen Produktion, und das Tributsystem war allein auf die Produktion von Konsumgütern und nicht auf eine Marktproduktion ausgerichtet. Eine insgesamt hohe Bevölkerungsdichte und die Tatsache, dass die Bedürfnisse der aristokratischen Höfe und subalternen politischen Instanzen nicht unendlich dehnbar und die meisten Güter nur begrenzt akkumulierbar waren und auch die „symbolische Produktion" beschränkt blieb, taten das ihre, dass die Tributabpressungen für die grosse Bevölkerungsmehrheit in erträglichem Rahmen blieben. Die Beziehung zwischen Einzügen und einem „erforderlichem Herrschaftsaufwand" war jedoch nur in stark begrenztem Masse zwingend, und sie wurde vor allem in der dominanten Ideologie hergestellt; sie darf nicht dazu verleiten, die beim Abgabeneinzug allgegenwärtige Willkür zu übersehen und eine – eben nur beschränkt bestehende – Geregeltheit vorzuspiegeln.[59]

„Ni idylle ni enfer", lautet Bottes abschliessende Beurteilung des vorkolonialen Tributsystems (1982b:308), eine treffende Einschätzung, die vermutlich für die meisten Frühen Staaten Geltung hatte (Trouwborst 1987:132). Obwohl sich im Burundi des ausgehenden 19. Jahrhunderts einige verschärfende Änderungen und eine gewisse Intensivierung der Tributabzüge durchsetzten, so hatte sich doch noch kein eigentliches Steuersystem – definiert durch unpersönliche Beziehungen, ein Fehlen von „return gifts" und weitgehend gestützt durch Sanktionen (Trouwborst 1987:136) – herausgebildet, etwas, was das Ende des Frühen Staates angezeigt hätte.

---

59 Wie wenig verallgemeinert und universal geregelt der Tributeinzug war, zeigt sich schon daran, dass zwei wichtige Variabeln für den Durchsetzungsgrad des Tributsystems die Bevölkerungsdichte und die regionale ethnische Zusammensetzung waren; wie erwähnt, sträubten sich die Batutsi bedeutend beharrlicher und mit mehr Erfolg gegen Tributauferlegungen als die anderen Bevölkerungsgruppen (Nsanze 1986:586f).

5.3 Aufrechterhaltung und Reproduktion der aristokratischen Herrschaft: Gewalt und „interner Krieg"

> „Überall in Afrika wurde ich sehr warm und gastfreundlich empfangen, mit einer Ausnahme: den kriegerischen und feindlichen Barundi" (Henry Stanley, Tagebuch).

Zum Schluss dieses Kapitels will ich nochmals zu den Fragen der Aufrechterhaltung und der Reproduktion der aristokratischen Herrschaft zurückkehren. Die Rolle und die Bedeutung, die dabei dem sogenannten „inneren Krieg" und der Gewalt zukamen, sind auch zum Verständnis der heutigen, postkolonialen politischen Prozesse in Burundi von Relevanz. Ihre Erörterung wird uns aber insbesondere erlauben, die Führungs- und Herrschaftstechniken auf der lokalen politischen Ebene, dem „grass roots-level", besser einzusehen.

Das oben erörterte Phänomen des „inneren Krieges" blieb nicht auf die Aristokratie im engen Sinn beschränkt, sondern reichte als Modell der Reproduktionssicherung der Macht über diese hinaus und implizierte alle machttragenden Gruppen. Das heisst, dass auch „aristokratische Gruppen im weiteren Sinn" (Bapfâsoni-Lineages, Banyaruguru-Tutsi) ebensowie Hutu- und Tutsi-Lineages, die ein Regionalkommando innehatten, einbezogen waren. Aus der Geschichte sind viele derartige Beispiele bekannt (Botte [1982a:295] nennt einige davon). Gewaltsame Konflikte waren so auch zwischen aristokratischen Gruppen und „ihren natürlichen Alliierten und Rivalen", den ihnen Frauen gebenden Banyaruguru-Lineages, wie auch zwischen verschiedenen Frauengeber-Gruppen selbst verbreitet. So berichtet Siriba von häufigen „guerres de compétition (...) parmi les familles puissantes autres que celles des princes", und merkt an:

> „Les querelles internes étaient devenues une véritable contagion. (...) Les membres des grandes familles de Batutsi se livraient la guerre entre eux, à l'instar des familles princières. C'était, ordinairement, une question d'héritage mal partagé qui créait des oppositions cachées jusqu'au jour où elles s'étalent au grand jour" (1976:132, n.113).

Diese vorherrschende Art der Konfliktaustragung machte es für alle wichtigen Leute erforderlich, sich eine Leibgarde oder gar Privatarmee zu halten. Boyayo schreibt dazu: „Elles étaient fort nombreuses et portaient le nom de *injamubiri* [littéralement: „ce qui protège le corps"]. Chaque murundi puissant recrutait parmi ses clients une garde personnelle qui l'accompagnait dans ses déplacements. Son rôle consistait dans la défense du maître et de ses domaines" (1971:16; cf. Botte 1982a:296, n.72). Zur Zusammensetzung dieser Garde und Klientel bemerkt Meyer schliesslich in seinen farbigen und aussagekräftigen Worten folgendes:

> „Aus (...) Haushörigen, aus verarmten Verwandten und schmarotzenden Freunden, aus glückjagenden Schmeichlern, wirtschaftlich oder politisch Abhängigen verschiedener Art setzt sich die Klientel, die Gefolgschaft jedes wohlhabenden und einflußreichen Murundi zusammen, die ihm täglich im Kral ihre Huldigung darbringen und ihm auf seinen Ausgängen das Geleite geben. Je größer das Ansehen des Herrn, desto zahlreicher sein Gefolge; einen hochstehenden Mutussi sieht man selten mit weniger als einem Dutzend, oft mit 20-30 Begleitern einherschreiten" (1916:97).

Wie bei der näheren Betrachtung der Kriegsdienstpflicht deutlich wird, besassen die Kriegstugenden in der monarchischen Gesellschaft hohe Priorität – jeder Mann war bestrebt, sich über den Krieg auszuzeichnen; „la guerre constituait la principale préoccupation des anciens Barundi" (Boyayo 1970:11). Obgleich sich nur Leute von einem gewissen Reichtum auf diese Weise hervorzutun vermochten, konnten sich doch auch die Ärmeren nicht diesen dominanten Werten entziehen – sie, die der durch die dauernden Kämpfe bedingten Unsicherheit des Landbesitzes am stärksten ausgesetzt waren, galten als die weniger Tapferen (Botte 1982a:286). Die Bedeutung kriegerischer Werte (*ubutwari*) und von Gewalt und Krieg ist im Zusammenhang mit der politischen Organisation und der monarchischen Herrschaftsordnung zu sehen. Die Herausbildung dessen, was wir als „État guerrier“ bezeichnen können, war das Resultat langfristiger Entwicklungen. Einerseits trugen dazu die militärisch geführten Expansionen und Hegemoniekriege um 1800 und unter der Herrschaft Ntare Rugambas bei, andererseits seit Mwezi Gisabos Regnum die nach dem Abschluss der „Ganwa-Kolonisation“ (Ndikuriyo 1987:291) sich häufenden internen Kriege. Bei der dadurch entstehenden verallgemeinerten Unsicherheit, die dazu führte, dass sich jeder Wohlhabendere seine eigene Leibgarde hielt und kein freier Mann ohne seine Lanze ausging (die beim Besuch jeder Hofstatt an deren Eingang abzugeben war!), wird verständlich, wieso Meyer (wie auch später Chrétien [1976:826]) von den Barundi als „Volk in Waffen“ spricht.

> „Die Barundi sind wirklich ein „Volk in Waffen“, weit mehr als die Banjaruanda, bei denen die grosse Menge der Bahutu unbewaffnet einhergeht und auch die Batussi viel öfters als den Speer nur den langen Stab tragen, der freilich durch Aufstecken einer Speerspitze schnell zur Waffe gemacht werden kann. Desgleichen sieht man häufig Barundi mit dem spitzenlosen Holzschaft umherwandern, wenn sie ihre friedliche Gesinnung dartun oder wenn sie die Eisenspitze gegen Abnutzung oder Verrosten schützen wollen, aber fast immer führen sie die eingewickelte Speerspitze bei sich, und nie entfernen sie sich weit vom Gehöft zum Viehhüten, zur Feldarbeit, zu Besuchen, ohne daß von mehreren Leuten nicht wenigstens einer oder zwei mit Speer und Bogen bewaffnet sind. Ein Murundi, der etwas auf sich hält, läßt sich nie ohne Speer sehen; er würde sich ohne ihn für „nicht angezogen“ halten. Auch die Knaben tragen schon Speere. In der Regel werden die beiden gebräuchlichen Waffen, Speer und Bogen, zusammen getragen, der Speer in einer, der Bogen und 2-4 Pfeile in der anderen Hand“ (1916:32).

Innerhalb der Aristokratie wurde der „Kriegs- und Gewaltskodex“ besonders hochgehalten und gepflegt; in turnierähnlicher Form ausgetragene Duelle und Herausforderungen[60] zwischen Prinzen dienten dazu, ihre Kräfte zu messen. Auf der Ebene der Regionalführer führte der vorherrschende Einsetzungsmodus dazu, dass die kriegerische Konkurrenz gleichsam zur festen Einrichtung wurde. Dieser Zustand wurde noch dadurch verschärft, dass ein Muganwa über mehrere nicht zusammenstossende Gebiete herrschen konnte (*gusimba* genannt, „[von einem Territorium ins andere] springen“, cf. Kapitel 3.3):

> „Die grossen Baganwa kämpften und bekriegten sich, um ihre verschiedenen Gebiete zu vereinen; die weniger einflussreichen Regionalführer verjagten sie. Ja, so war das. Jeder achtbare Chef ertrug ab einem gewissen Moment diesen Zustand nicht mehr, und es gab Kriege. Vieles wurde mittels Waffen geregelt“ (Gespr. 15:9)

Die Aussage eines Informanten von Botte geht in dieselbe Richtung:

> „Sache qu'il y avait des princes qui recevaient des pays et pour les agrandir ils chassaient des princes faibles et prenaient leur pays. Ils recevaient ce pays *à cause de leur arc*“ (zit. in Botte 1982a:294).

Wenden wir uns detaillierter den politischen Entwicklungen im Gefolge des inneren Krieges zu, die im Zusammenhang einer Nachfolgeordnung standen, die die Institutionalisierung eines permanenten latenten Expansionsdranges aller Regionalführer zur Folge hatte. Ihre genauere Untersuchung erlaubt es, die Führungs- und Herrschaftstechniken auch auf einer tieferen politischen Ebene besser einzusehen.

Wenn wir vorne gesehen haben, dass sich das politische Vokabular in zentralen Teilen mit dem der Abhängigkeitsbeziehungen deckte, so zeigt sich deren grundlegend politische Natur darin, dass sich die Macht der Baganwa in ihren Konkurrenzkämpfen über die Anzahl ihrer *ingabo* als Untertanen und Krieger bestimmte. Jede „Gabe“ und Zuhaltung von Land oder Vieh, in welcher Form sie auch erfolgte, eröffnete klare Unterordnungs-Bindungen, und es waren diese, welche dem Muganwa den Erhalt der Macht gewährleisteten. Da die Kriegstechnik, die Bewaffung und

---

60 *Guhíga*, „konkurrieren“, davon abgeleitet *umuhízi*, „Mann von Heldenmut und Tapferkeit“.

Kampfestaktik[61] für alle Regionalführer im grossen ganzen identisch war, war letztlich die Anzahl der mobilisierbaren Kämpfer ausschlaggebend für den Erfolg. Kraft der Logik der „Bruderkriege" war jeder benachbarte Territorialvorsteher ein potentieller Feind, auf dessen Kosten es sich auszudehnen galt. Nur über das, was wir den „internen Krieg" nennen können, das heisst über das dauernde Streben nach Gebietserweiterungen (das *gufurura igihugu*), war es möglich, seine Stellung zu halten, abzusichern und wenn möglich auszubauen, indem man dadurch Zugang sowohl zu weiteren *ingabo*, zu Produzenten-Kriegern, als auch zu Böden und Vieh erhielt, die weiter vergeben, „investiert" werden konnten, wodurch sich wiederum neue Abhängigkeitsbeziehungen eröffnen liessen.

Es ist aufschlussreich, das Phänomen des *gufurura igihugu* näher zu betrachten. Es bedeutete nur selten oder erst in einer letzten Phase den Ausbruch eines offenen Krieges und direkten Schlagabtausches durch feindliche Kräfte. Es kam kaum je zur vollständigen Einnahme des Gebietes eines Prinzen durch einen anderen, Sieg wie Niederlage waren selten total. Es handelte sich vielmehr um ein langsames „Annagen" des und „Vorfressen" ins Gebiet des Nachbarn. Es ist gerade dieser langfristige Prozess, der es erlaubt, den „état permanent de pseudo-paix et de microguerre" (Botte 1982a:297) zu verstehen, der die burundische Gesellschaft des letzten Jahrhunderts so sehr kennzeichnete. „Urundi ist das Land der dauernden kleinen Kriege", schrieb Hauptmann Bethe (Deutsches Kolonialblatt 1899:12, zit. in Botte 1982a:272, n.4), einer der ersten deutschen Offiziere, die mit der kolonialen Eroberung beauftragt waren und dieses Phänomen mit der Zeit zu ihren Gunsten auszunutzen verstanden.

Es gab weniger offene Kriege als dauernde latente und schleichende Konflikte. Das zeigte sich auch in der Wahl der politischen Mittel und Strategien: Intrigen, Komplotte und Spionage, Verrat und Denunziation standen zuoberst auf der Liste. Es handelte sich bei diesen Strategien, welchen die Baganwa auf der lokalen Ebene folgten, um die Grenzen ihres Einflusses und ihres Gebietes vorzuschieben, immer um langfristig angelegte Unterfangen. Wir haben oben gesehen, dass sich die Beziehungen zwischen politischen Führern und ihren Unterstellten, zwischen Regierenden und Regierten, weniger durch das Konzept des Territoriums als durch dasjenige der Klientele bestimmten (Kapitel 3.3). Um seinen Einfluss auf ein benachbartes Gebiet auszudehnen, galt es immer, zuerst die da siedelnden Personen für sich zu gewinnen. Hierzu gab es zwei verschiedene Strategien. Jeder Muganwa war darauf erpicht, in den Gebieten seiner benachbarten Rivalen ihm ergebene Anhänger zu finden. Vorzugsweise handelte es sich bei ihnen um wohlhabende und in ihrem Gebiet einflussreiche Leute, die Zugang zu ihren obersten lokalen Autoritäten hatten; denn sie sollten ihm als Brückenköpfe und Spione im „Feindesgebiet" dienen und ihn regelmässig mit Informationen über Pläne und Geheimnisse seines Rivalen versorgen. Der Nachbar-Muganwa lockte sie mit Versprechen auf Kühe und Böden an und machte sie schnell zu seinen *batóni*-Günstlingen. R. aus dem nördlichen Bwambarangwe-Busóni, der unter einem lokalen Muganwa die einflussreiche Funktion eines Herdenverwalters und Viehzuteilers (*umwishikiriza*) innegehabt hatte und so über einen privilegierten Einblick in die Machttechniken verfügte, berichtet folgendes:

> „Bei den Regierenden waren Leute, die einem Nachbar-Muganwa unterstanden, besonders gern gesehen. Sie luden sie an ihren Hof und lockten sie mit verschiedenen Versprechen. Sie gaben ihnen Bier, Vieh und manchmal sogar eine Frau. (...) Sie liebten sie zu sehr. Wenn sie sie regelmässig besuchen kamen, machten sie sie zu ihren *batóni*, auch dann, wenn sie nicht seine *ingabo* waren. Sie machten das, um sie anzuziehen und zu erreichen, dass sie den anderen Muganwa verliessen und zu ihnen kamen" (Gespr. 66:6,9).

Ndikuriyo berichtet dasselbe:

---

[61] Für Details s. Meyer 1916:32-35 & Tafeln 31, 32, 34, 35, 39-44 im Anhang; Boyayo 1971; die Revue „Que vous en semble", no.38, 2, 1979: „La vie guerrière traditionnelle au Burundi", pp.1-39, Bujumbura; Botte 1982a:296f, n.73-75; Mworoha et al. 1987:151-154,161.

„Afin de s'entourer d'hommes habiles et courageux au combat, les Baganwa rivalisaient de largesse en comblant de cadeaux de bétail et surtout de terres les sujets de leurs voisins ennemis. Ils mettaient un point d'honneur à ‚débaucher' le plus de gens possible de leurs voisins en les attirant par la promesse de bétail et de meilleures terres. Les gens connaissaient les plus généreux et se donnaient rendez-vous chez eux. On remarquera ici que le verbe kirundi ‚gouverner' veut dire en même temps ‚donner': *Kugaba*. Un même champ sémantique est commun aux notions de pouvoir et de don et la formule consacrée de ‚meilleurs voeux' adressés aux Baganwa et au Mwami, c'est: *Ganza ugabe* ou *Ungabire unganze* qui signifie à peu près: ‚Règne et sois généreux' ou ‚Comble-moi de cadeux et tu seras mon maître'. Gouverner, c'est d'abord et avant tout se montrer généreux, plein de sollicitude et prêt à accueillir ceux qui cherchent protection (*kwîtura*, littéralement ‚s'offrir')" (1987:294).

Ein Muganwa zeigte sich gegenüber solchen Leuten sehr grosszügig und siedelte sie auch auf seinem Territorium an, falls sie das wünschten. Dass solche An- oder vielmehr Abwerbungen Grund zu Abwanderungen in Gebiete eines anderen politischen Führers sein konnten, hat bereits Trouwborst (1959, 1965) beschrieben. Wenn es jedoch darum ging, ein neues Gebiet unter seine Kontrolle zu bringen, waren solche Leute von noch höherem Nutzen, wenn sie weiterhin im Gebiet des Rivalen blieben und als Spione dienen konnten, wie R. schildert:

„Noch lieber war dem Muganwa, wenn sie dort [im Gebiet seines Rivalen] blieben und ihn weiterhin über all dessen Geheimnisse orientierten. Er machte sie zu seinen *batóni*, da sie ihm Informationen über den anderen Muganwa zugetragen hatten. Als Personen, die einen leichten Zugang zum anderen Muganwa hatten, wussten sie um all seine Dinge, seine Worte, seine Pläne. All das kamen sie dem Muganwa sagen, und dieser letztere musste sie lieben, da sie ihn darüber auf dem laufenden hielten, was bei seinem Rivalen vorging" (Gespr. 66:10).

Um ihre Funktion erfüllen zu können, mussten solche Informanten aber gleichzeitig auch die Beziehungen zum lokalen Muganwa pflegen und darauf bedacht sein, an seinem Hof gern gesehen zu bleiben. Nur eine solche begünstigte Stellung ermöglichte es ihnen, von einem benachbarten Hof des öfteren mit Gaben bedacht zu werden. Solche Informanten dienten zwei Herren, und sie waren nicht selten Doppelspione. Das bedurfte natürlich einer geschickten Strategie auf beide Seiten hin. Hauptsächlich der lokale Muganwa, dem der Zuträger direkt unterstand, musste von ihm den Eindruck eines ihm ergebenen *musavyi* haben, der ihm stets alle von der anderen Seite erhaltenen Gaben (die zumindest indirekt auch seinen Reichtum nur mehren konnten) vorzeigen und ihm die neuesten Informationen über die andere Seite hinterbringen kam. Eine Tätigkeit, die allerdings mit gewissen Risiken verbunden war, die R. beschreibt:

„Falls sein eigener Muganwa ihm auf die Spur kam und bemerkte, dass er seine Worte stahl und auf der anderen Seite auslieferte, enteignete er ihn all seiner Güter und verjagte ihn von seinem Gebiet, so dass er beim anderen Muganwa Zuflucht nehmen musste. Derjenige, der den Verräter [den Informanten] denunziert hatte, erhielt zum Dank die jenem enteigneten Güter. Diese Dinge waren keineswegs selten, sie gehörten zur Tagesordnung" (Gespr. 66:10).

Intrigen, Komplotte, Spionage[62], Verrat, Denunziation und Manipulation von Gerüchten waren geläufige Praxis; derartige Praktiken gehörten zum „Handwerkszeug" politischer Führung und Herrschaftsausübung. Unter den Bedingungen des stets latenten „inneren Krieges" waren sie Voraussetzung für jede Machterhaltung und -ausdehnung. Praktiziert primär unter der politischen Elite, waren die einfachen Leute davon nur indirekt betroffen und selten unmittelbar impliziert. Bei Spionen und Denunzianten handelte es sich in der Regel um gutgestellte Personen, mussten sie doch über Hofzugang – und am besten gleichzeitig zu mehreren Höfen – verfügen. Nicht selten kamen sie aus der Familie des lokalen Herrschers selbst, gehörten seine Agnaten doch zu seinen schärfsten Rivalen:

62 Bezeichnenderweise gibt es dafür vielfache Ausdrücke: *Kurereka* (abgeleitet: *umureretsi*, *inderetsi*, „Spion"), *gusuma urusáku* (wörtlich: „auf dem Markt/in der Öffentlichkeit seine Neugier suchen [befriedigen] gehen, seine Nase in anderer Leute Angelegenheiten stecken gehen"), *gutáta*, um nur die bekanntesten zu nennen.

„Sogar Personen aus seiner eigenen Familie praktizierten das und gaben sich dafür hin. Nicht selten verliessen einige seiner Brüder, die er schlecht behandelte, sein Gebiet, um zu einem anderen Muganwa zu gehen; sie wollten sehen, ob er sie zu schätzen vermochte. Wenn dieser Muganwa ihnen zusicherte, sie zu schützen und gut zu behandeln, brachen sie die Geheimnisse ihres Bruders, der reich geworden war, ohne seine Brüder reich zu machen, was diese unglücklich machte. Sie sagten, dass er die anderen [abarundi] reich gemacht, sie aber vergessen hatte. Das war es, was sie oft veranlasste, zu einem anderen Muganwa zu gehen, um Anerkennung zu finden. Falls dieser akzeptierte, sie zu empfangen, lieferten sie die Geheimnisse aus und schliesslich liessen sie sich auf seinen Böden nieder" (Gespr. 66:11).

Das sich „Vorfressen" ins Einflussgebiet eines benachbarten Rivalen konnte noch auf einem anderen Weg erfolgen, bei dem der Bevölkerung der Grenzgebiete eine besondere Rolle und Bedeutung zukam. Wir haben gesehen, dass benachbarte Regionalführer gemäss der Logik des *gufurura igihugu* immer Rivalen waren, die sich gegenseitig die Leute abzuwerben und die Hügel und Kühe abzujagen versuchten. Besonders umstritten waren bei diesen Versuchen die Bewohner von Randgebieten, die es auf seine Seite herüberzuziehen galt. Sobald diese Leute gewonnen waren und sie dem Muganwa der anderen Seite den Hof machen gingen, hatte er auch die Kontrolle über das von ihnen bewohnte Gebiet gewonnen.

Wenn auch die Feststellung richtig ist, dass jeder Muganwa und Regionalführer vor allem das Gebiet um seine Residenz herum und weniger ein von vornherein fest begrenztes Territorium kontrollierte, so ist doch die Vorstellung von „politischen Nischen", eines „no man's land" zwischen den Einflusskernen benachbarter Baganwa falsch. Obschon die Bewohner peripherer Regionen für den Zentralherrscher (d.h. hier den Muganwa) nur schwer erreichbar waren, so wussten sie doch immer genau, welchem politischen Führer sie unterstanden und Gehorsam und Loyalität schuldeten. Die politische Kontrolle und Einbindung lief hier jedoch in stärkerem Masse über die lokalen Ivyariho-Delegierten. Um die Kontrolle dieser Statthalter zu verstärken, deren Loyalität auch unsicher und wankelmütig sein konnte, war jeder Muganwa darauf bedacht, vor allem in Randgebieten neben den Ivyariho weitere persönliche Abgeordnete und Vertraute (*imbonera*) zu haben. Diese unterstanden ausdrücklich nicht dem lokalen Icariho-Statthalter, sondern hatten direkten Zugang zum Muganwa – sie waren dessen *bishikira*, seine „Direkt-Zugänger". Hauptsächlich in neu gewonnenen Gebieten achtete jeder Muganwa darauf, drei bis vier solcher *bishikira* oder *intore* zu haben (Gespräche 66:8f, 22:22). Es handelte sich hier um eine in den Strukturen angelegte und durchaus gewollte Rivalität[63]: Ein Günstling des Muganwa war wie ein Dorn im Gebiet des lokalen Icariho, ihn dauernd überwachend und immer bereit, ihn oben zu denunzieren (*kudodobereza*). Wenn der Statthalter zum Beispiel ein besonders schönes *itôngo*-Grundstück unterschlagen, für sich behalten oder einem eigenen Günstling zuschlagen wollte, ging der *intore* des Muganwa ihn sofort bei diesem anschwärzen. Die feste Einrichtung solcher im Gebiet untergebener Beamter wie Dornen im Fleisch sitzender *intore*- oder *abatóni*-Günstlinge, die als Bishikira die formalen Hierarchien zu umgehen vermochten, ist als Mittel politischer Führung und als Herrschaftstechnik zu verstehen; sie war als solche allgemein verbreitet und genauso wie Intrige, Komplott und Spionage, Verrat, Denunziation und Gerücht Mittel im permanenten Kampf um die Macht und ihre Erhaltung.

Die Bevölkerung von Grenzgebieten nahm eine gewisse Sonderstellung ein, aus der sie einige Vorteile zu ziehen vermochte. Dank der strategisch wichtigen Lage ihres Gebietes konnte es sich der lokale Muganwa nicht leisten, es mit ihr zu verderben, und sie blieb für ihn überdies immer schwer erreichbar (wie sie selbst auch kaum je über einen direkten Zugang zu ihm verfügte – alles lief über die subalternen Ivyariho). Dieselben Gründe waren aber dafür verantwortlich, dass die

63 Wir können diesen Parallelismus von Strukturen und sich gegenseitig überwachenden und kontrollierenden Instanzen bis heute beobachten: In der postmonarchischen Zeit waren unter dem Einheitspartei-Regime bis 1993 den Verwaltungskadern bis zur untersten lokalen Ebene jeweils homologe Parteiorgane gegenübergestellt.

Bewohner peripherer Regionen von den lokalen Behörden besonders überwacht und ihre Bewegungen und Allianzen genau im Auge behalten wurden, da die Gefahr bestand, dass sie unvermittelt unter die Autorität des benachbarten Muganwa überwechselten. R. betont, dass niemand das „feindliche" Gebiet ohne Wissen und Genehmigung des lokalen Icariho besuchen konnte; wer mehrere Male dahin ging, sah sich schnell dem Verdacht ausgesetzt, ein Verräter zu sein und sein Gebiet „verkaufen" zu wollen und wurde über die Motive seiner Besuche einvernommen (Gespr. 66:8). Bei Seitenwechseln – das heisst, wenn es darum ging, die Bevölkerung eines im Grenzgebiet liegenden Hügels, die bis anhin dem benachbarten Muganwa „den Hof machte" („an seinen Hof tanzen ging"), für seinen Rivalen zu gewinnen – spielten die lokalen Ivyariho bei der Einleitung und Ausführung dieses Unterfangens eine entscheidende Rolle.

> „Die Batware sahen die Leute des benachbarten Muganwa sehr gerne bei sich. Sie begannen, mit ihnen gute Beziehungen aufzubauen, indem sie sie zum Bierumtrunk an ihren Hof luden und ihnen mannigfache Versprechen machten. Sie suchten aber auch den Ruf des benachbarten Muganwa zu schädigen, und man sagte seinen Leuten: Bei uns ist es viel besser, wir haben verschiedene Pläne, um euch reich zu machen" (Gespr. 66:6f).

Man muss hier sehen, dass es zwischen benachbarten, aber verschiedenen politischen Führern unterstehenden Hügeln durchaus gewisse (wenn im Ausmass auch immer beschränkt bleibende) Biertausch- und Heiratsbeziehungen gab; diese auszubauen, war allenfalls langfristig angelegte politische Strategie der lokalen Führer, wie R. bestätigt. Über derartig gewonnene Vertrauensleute im Nachbargebiet versuchte man immer auch, einen Teil der Viehbestände des Rivalen – wie gesehen eine höchst bedeutende Machtressource – zu erbeuten. Den jeweiligen Herdenverantwortlichen kam bei solchen Unternehmungen eine Schlüsselstellung zu. Falls sie nicht zu der einen oder anderen Form von Kollaboration bewogen werden konnten, war es das stete Bestreben des Herrschers des Nachbargebietes, sie über Spione (*barerekera*, vom Verb *kurerekera*, „spionieren, verraten") in einen Hinterhalt zu locken (Gespr. 66:7). Viehdiebstahl war in der vorkolonialen Gesellschaft eine geläufige Praxis, die nicht nur zwischen Privaten, sondern auch unter politischen Führern verbreitet war; in viehreichen Gebieten wie im Mugamba und im nördlichen Bugesera hatten die Baganwa manchmal sogar darauf spezialisierte Leute in ihren Diensten.[64]

---

[64] S. das Gespräch mit B. aus Bwambarangwe-Busóni, der noch in den ausgehenden zwanziger und den dreissiger Jahren dieses Jahrhunderts für den lokalen Muganwa Nyanjwenge – Sohn und Nachfolger des berühmten Chefs Coya – als Viehdieb wirkte. Nyanjwenge war für seine riesigen Viehherden bekannt (sie sollen bis zu zehntausend Stück umfasst haben; als er nach seiner Absetzung fortzuziehen gezwungen war, nahm er nach B.s Bericht 7'700 Kühe mit sich); deswegen war er bei den belgischen Kolonialbehörden, die mehr an einer landwirtschaftlichen Entwicklung interessiert waren, wenig beliebt: Er wurde schliesslich abgesetzt und in den Bututsi verbannt. B. vermochte die Fälle von 52 Kühen aufzuzählen, die er im Laufe seiner Viehdieb-Karriere gemeinsam mit seinen Brüdern und Vettern gestohlen hatte, bis Viehdiebstahl von den Belgiern verboten wurde (Gespr. 55). S. ebenfalls die ausführliche Studie von Sabuzi, Siméon. 1985. Vol de vaches et changement de mentalité, in: Au Coeur de l'Afrique, revue interdiocésaine, XXV, 2, mars-avril:78-108. Bujumbura.

Mit dem Viehdiebstahl – einer äusserst prestigereichen Angelegenheit – waren vorkolonial hauptsächlich in viehreichen Gebieten auch Kenntnisse über die anschliessend notwendige Unkenntlichmachung des Diebesgutes verbreitet. Zu den gebräuchlichsten Praktiken solcher „Kuhrenovationen" gehörten Verformen der Hörner und Verfärben des Fells (Beispiele dafür: Nach vorne gebogene Hörner (*ivyasha*), auf die Seite gebogene (*ibibamba*); die Hörner verformte man mittels Erhitzung: Man stülpte einen im Feuer erhitzten hohlen Stamm eines kleinen Bananenbaumes (einer speziellen, ganz kleinen Sorte) über das Horn und verformte es mit Hilfe eines als Zange dienenden speziellen Holzstückes; oder man stutzte die Hörner einfach oberhalb des lebendigen Teils (*kuyamina*). Das Fell dagegen liess sich verfärben, indem man darauf Gras verbrannte, etc.). Am liebsten stahl man Kälber, die sich noch durch ihr Wachstum veränderten; man versteckte sie in einer ersten Zeit bei einem Vertrauten auf einem anderen Hügel und brachte sie einige Jahre später als angebliches Geschenk eines Bruders oder Cousins nach Hause – dabei mochten sie früher dem eigenen Nachbarn gehört haben ... (Gespr. 66:11f). Wer bei einem Diebstahl ertappt wurde, riskierte den Tod; nachträglich waren solche Aktionen jedoch nur schwer nachweisbar.

Razzien und Plünderungsaktionen wie das Abwerben von Klienten als Formen des *gufurura igihugu* führten unweigerlich zu kriegerischen Auseinandersetzungen zwischen den betroffenen Baganwa. Die Antwort des geschädigten Prinzen bestand darin, einen Hügel im Gebiet seines Gegners zu überfallen und diesen möglichst vollständig zu plündern und niederzubrennen. Es konnte aber auch zu direkten Zusammenstössen der Truppen der beiden Gegner kommen. Solche militärischen Einsätze dauerten nie länger als einige Tage (nach Bottes Bericht [1982a:297] höchstens vierzehn Tage). Falls das erste Aufeinandertreffen keine Entscheidung, das heisst den Rückzug der einen Seite, brachte, traf man sich am nächsten Tag erneut auf demselben Kampffeld (des nachts wurde nicht gekämpft, ibid.). Derartige Kriegshandlungen führten allerhöchstens zum Zugewinn einiger Hügel; ausser im seltenen Fall, in dem es gelang, sich der Gesamtheit der Domänen des feindlichen Muganwa zu bemächtigen, konnte nie ein gesamtes Territorium erobert und dessen Führer verdrängt werden.[65] Im allgemeinen zeigte sich schnell, welche Seite die stärkere war. Wenn sich die andere Seite am folgenden Tag nicht mehr dem Kampf stellte, bedeutete das, dass sie das umkämpfte Gebiet aufgab. Auf diese Art wurde es von der Gegenseite annektiert (bzw. behalten). Lediglich die engsten Anhänger und Vertrauensleute des alten Regionalführers wanderten ab und zogen sich ins Gebiet zurück, das dieser noch kontrollierte. Alle anderen Bewohner blieben auf ihren Böden und gingen als Zeichen ihrer Unterwerfung an den Hof des neuen Herrn (*shêbuja*) tanzen (*kwîyereka* oder *kugîma*, „Kriegstanz“) (cf. Bukuru 1986:41,52). Die Bewohner unterstellten sich ohne Verzug dem neuen Herrn und suchten sein Wohlwollen. Von einem Tag auf den andern konnten sie zu den *ingabo*, den Untertanen und Kriegern der Gegenseite werden. Am Beispiel der langwierigen Kämpfe zwischen den Prinzen Busokoza und Coya in den zehner Jahren dieses Jahrhunderts im nordöstlichen Bwambarangwe-Busóni berichtet ein Informant Bottes von derartigen Seitenwechseln in der Folge von Annektionen folgendes:

> „Coya attaquait les gens [de Busokoza] et ceux-ci disaient: ‚moi, je deviens le tien, tu viens me prendre, tu viens me tuer, laisse-moi, je deviens le tien. Je vais combattre pour toi. Tu deviens mon *shêbuja*. Et puis je prends ma lance, je prends mon arc et je combats pour toi. Que celui-là [l'ancien *shêbuja*] aille au diable, je deviens le tien'. Lui répondait: ‚tu deviens *inyange* [surnom des guerriers de Coya] parmi les miens puisque tu viens combattre pour moi. Sois frère avec ceux qui sont venus avec moi'“ (1982a:299, n.82; cf. Bukuru 1986:30).

Solche neuen Loyalitäten jedoch blieben fragil. Leicht konnte es zu einer neuerlichen Umkehr und zu Rückgewinnungen kommen – schliesslich war es oft der frühere Herrscher gewesen, der seinen Leuten etwas gegeben hatte. Daher war der Sieger und neue Herr gut beraten und mehr oder weniger gezwungen, sich gegenüber den neugewonnenen *ingabo* grosszügig zu zeigen, die Abhängigkeitsbeziehungen zu ihnen zu vervielfachen und seine Autorität mittels Gaben zu stärken (Botte 1982a:298f).

Die Beutezüge und Plünderungen und die sie stets begleitenden Zerstörungsaktionen waren nie das Hauptziel der Kriegshandlungen, sondern mehr eine „Begleiterscheinung“. Die Beute diente hauptsächlich der Entschädigung der Truppen. Der Muganwa forderte für sich selbst allein das Grossvieh und gab alles weitere zur Plünderung frei.[66] Da nicht nur Häuser und Höfe, sondern

[65] Formen von Verhandlungen waren nicht bekannt; allein bei langwierigen und verlustreichen Kämpfen zwischen gleich starken Parteien wurden solche vom Königshof in die Wege geleitet, was aber nur selten vorkam (Botte 1982a:297, n.75).

[66] Die damit einhergehenden Zerstörungsaktionen bleiben den älteren Bewohnern der Region Busóni bis heute in lebendiger Erinnerung; im Gefolge der sich über lange Jahre hinziehenden Kämpfe zwischen den Baganwa Busokoza und Coya (letzterer war im strengen Sinne ein *mupfásoni*-"Ex"-Prinz) gingen hier immer wieder ganze Hügel in Flammen auf, wobei weder Höfe noch Felder verschont blieben (Gespräche 55, 59, 66, Bukuru 1986). Die im Zuge der Massaker, die während meines Feldaufenthaltes im August und September 1988 die Gemeinden von Marangara und Ntega (nur unweit östlich der gleichen Gegend gelegen) erschütterten, angerichteten Zerstörungen wiesen sehr

auch ganze Pflanzfelder niedergebrannt oder zertrampelt und alles Tragbare abgeführt wurde, konnte daraus für bereits vorher arme Leute die absolute Mittellosigkeit resultieren. Im Extremfall konnten ärmere Leute, die über keine absichernden Sozialbande verfügten, als Folge solcher Kriegsplünderungen zu landlosen Bashumba werden. Die dauernde Unsicherheit veranlasste nach Bottes Bericht (1982a:301) Bodenbebauer auch dazu, den Umfang besäter Felder beschränkt zu halten.[67] Viehhalter scheinen in etwas geringerem Masse betroffen gewesen zu sein: Vieh liess sich leichter in Sicherheit bringen und beispielsweise bei einem Klienten oder Verwandten deponieren; die Risiken, es als Beute von gegnerischen Plünderungen zu verlieren, liessen sich so reduzieren.

Welche Kriegsgründe auch immer vorgeschoben werden mochten: Hauptziel des „inneren Krieges" und *gufurura igihugu* blieb immer die Kontrolle zusätzlicher Leute als *ingabo*, als Produzenten, Unterworfene und Krieger in einem. Botte bemerkt, dass es nur um die Redistribution der bestehenden, nicht aber um die Schaffung neuer Produktionsverhältnisse ging (1982a:302). Es wurde keine weitergehende Knechtung der Besiegten angestrebt, die Gesellschaft des vorkolonialen Burundi kannte keine Form von Gefangenenarbeit (cf. Meyer 1916:96f). Die Besiegten konnten dank der seit langem bestehenden und auf Ausbeutungsbeziehungen beruhenden sozialen Differenzierung leicht integriert werden – sie wechselten lediglich ihren Herrn. Gebietsausdehnungen bedeuteten für den einzelnen Prinzen die quantitative Zunahme der Abhängigkeits- und Ausbeutungsbeziehungen. Expansionen durch den *gufurura igihugu*-Prozess brachten dem Sieger mannigfache Vorteile: Er kam in den Genuss eines höheren Masses an Mehrarbeit, sowohl in Form von Kriegsdienst als auch gewöhnlicher Arbeitskraft, ebenso von Naturalprodukten, die ihm in der einen oder anderen Form als Abgaben zuflossen. Als Zeichen der Unterwerfung erhielt er von allen Viehhaltern eine oder mehrere *ingoróre*-Kühe – ein Begriff, der deutlich auf die Doppeldeutigkeit der Beziehungen zwischen Herrscher und Beherrschten hinweist: Er meint sowohl „Busse, Tribut" wie „Geschenk, Gabe" und steht hier gleichzeitig für Schutz und Prellerei, für politische Bande und Abhängigkeitsbeziehung allgemein (cf. Kap. 5.2 & Botte 1982a:303). Über das *gufurura* vermochte ein Prinz nicht zuletzt seinen Ruf zu verbessern, was ihm beträchtliche politische Vorteile[68] bringen und seine Gegner von Angriffen abschrecken konnte. In diesem Sinn ist auch das Sprichwort *igihugu kiraryoha*, „das Land [inklusive seiner Bevölkerung] schmeckt köstlich", zu verstehen (Rodegem 1983:311, no.3684, Botte 1982a:302f); ein enteigneter Prinz dagegen „wurde ohne Verzug schlank", wie man sagte (Botte, ibid., Nsanze 1986:50f,95f).

Es muss hier jedoch wieder auf die Begrenztheit des Ausbeutungsgrades hingewiesen werden. Ein Regionalführer konnte sein Gebiet nicht nach freiem Gutdünken ausnehmen, sondern es waren ihm Grenzen gesetzt. Jeder Prinz sah sich in seinem Gebiet widersprüchlichen Erfordernissen gegenüber. Er musste sowohl an der Entfaltung von Abhängigkeitsbeziehungen wie der Aufrechterhaltung eines gewissen Surplusniveaus interessiert sein. Es handelte sich um ein delikates Spiel zwischen Schutz und Abpressung, die beide gewisse Grenzen nicht überschreiten konnten. Falls

ähnliche Formen auf (waren aber im Vergleich zu den vergangenen Zeiten ungleich blutiger) und erinnerten mich in diesem Aspekt unwillkürlich an die Berichte aus der vorkolonialen, monarchischen Zeit.

[67] Die periodischen Unruhen, die die postmonarchische Zeit immer wieder erschütterten, haben auch heute noch dieselben Auswirkungen und helfen erklären, wieso jede Surplusproduktion, grössere Neuinvestionen und Unternehmensgeist gerade in ländlichen Gebieten bis heute in engem Rahmen bleiben (cf. Kap.11).

[68] Wir haben es bereits gehört: „Die Prinzen bekämpften sich, und *igihugu* und *ingabo* kamen dem Stärkeren zu. Derjenige, der sein Gebiet nicht zu erweitern verstand, wurde vom Mwami verachtet" (Gespr. 66:6f, cf. Mworoha 1977:142). Ein Muganwa, der grosse Gebiete unter seiner Kontrolle hatte, verfügte auch am Königshof über beträchtlichen Einfluss, etwas, das sich zum Beispiel in seiner Stellung in den nationalen Ritualen ausdrücken konnte; so sassen in den ersten Jahrzehnten des 20. Jahrhunderts die mächtigen Prinzen Ntarugera und Nduwumwe dem jährlichen *muganuro*-Ritual vor und gehörten zu den einflussreichsten Banyamabanga.

er zu viel Abgaben – vor allem Vieh – einforderte, lief er Gefahr, seine Leute (und wieder vor allem die besser gestellten Viehhalter) zu verlieren: sie liefen ihm buchstäblich davon. Abwanderungen – die notabene mitsamt Vieh erfolgten – bedeuteten immer auch, dass die Leute zu einem seiner Rivalen überliefen. Einem Regionalführer konnte dadurch beträchtlicher Schaden entstehen; er verlor so nicht nur einen Teil seiner interessantesten Leute, sondern der ihm daraus erwachsende schlechte Ruf hielt zudem potentielle Zuzügler ab (wie wir oben gesehen haben, waren gerade Viehhalter in der in geographischem Sinn hoch mobilen Gesellschaft immer auf der Suche nach der „geringsten Ausbeutungsrate").

Jeder Regionalführer versuchte solche Abwanderungen zu verhindern, wenn notwendig mit Gewalt. Hören wir den Bericht des um die letzte Jahrhundertwende geborenen und damit zum Zeitpunkt des Gesprächs beinahe neunzigjährigen[69] B. aus dem im geschichtlichen Zentrum gelegenen Kiganda:

> „Man zog immer des nachts um oder weg. Nur so konnte man ungeschoren davonkommen. Umziehen hiess in den meisten Fällen fliehen. Um schneller zu sein und nicht zu viel Zeit zu verlieren, musste man die neugeborenen Kälber zurücklassen.[70] (…) Wieso man des nachts umzog? Hör mal! Wenn man im Schutze der Nacht wegzog, bedeutete das, in Ruhe weggehen zu können, ohne gleich Pfeile und Lanzen hinter sich zu wissen. Sobald man den Bach überquert [d.h. den Hügel verlassen] hatte, befand man sich im neuen Gebiet und hatte nichts mehr zu befürchten; dahin konnte man ihm nicht mehr folgen, er wurde nicht weiter verfolgt. Leuchtet das nicht ein? Tagsüber hätte man ihn und seine Herde umzingelt, ihm seine Kühe abgenommen und ihn mit Lanzen getötet" (Gespr. 22:23).

Wegziehen und aus dem Gebiet eines Muganwa abwandern, konnte mithin ein gefährliches Unterfangen sein. Es zeigte in den meisten Fällen an, dass man den Schutz der örtlichen Behörde nicht mehr genoss, womit man während der Reise quasi vogelfrei war. Trotzdem war diese Emigrationspraxis zu Ende des 19. Jahrhunderts verbreitet. Das dafür verwendete Verb, *gucîkira*, meint „wegziehen, emigrieren, Zuflucht suchen bei", aber auch „verraten, desertieren, seinen *shêbuja* verlassen" (Rodegem 1970:55); es zeigt in seiner Doppeldeutigkeit deutlich, dass jeder Wegzug einem politischen Verrat gleichkam und auswandern immer implizierte, sich einem anderen Herrn anzuschliessen, bei einem neuen *shêbuja* zu *gusaba*. Falls man nicht ein Verbrechen begangen oder ein Tabu verletzt hatte, war das im allgemeinen kein Problem. Sozusagen mit Handkuss aufgenommen wurden abwandernde, aus ihrem Gebiet verjagte Ivyariho[71] und überhaupt alle verstossenen, in Ungnade gefallenen Günstlinge eines anderen Muganwa, handelte es sich bei ihnen doch immer um nützliche Informanten, deren Wissen gegen ihren ehemaligen Chef eingesetzt und ausgespielt werden konnte. Hören wir nochmals B. aus Kiganda:

> „Verstehst du, früher zog man sehr oft um. Natürlich, verstehst du, man griff diesen da an, und wenn man ihn so angriff, hiess das, ihn einem anderen Muganwa zu geben. Dieser ergriff ihn

[69] „Als Mwezi starb und man die Stiere von den Kühen trennte und sie abends in voneinander getrennte Höfe führte [Teil der während der königlichen Trauerzeit einzuhaltenden Gebote], hütete ich bereits die Kälber und war fähig, den Bach zu stauen [*kugomera*], damit die Kühe besser trinken können, und ich war gross genug, anschliessend über diesen Bach zu springen" (Gespr. 22:1,32): Das heisst, dass er 1908 ungefähr achtjährig war.

[70] Das ist wohl der Grund dafür, dass Viehhalter wie B. auch heute noch für „emigrieren" (was immer eine Konnotation von „abhauen, verduften" hat) die Redewendung „ein Kalb loslassen" (*kuzi kubitiramwo inyana*) verwenden (Gespr. 22:23).

[71] Absetzungen gingen vorkolonial kaum je gewaltlos vor sich: „Falls ein Icariho abgesetzt werden sollte, fackelte man nicht lange. Unter Leitung des Muganwa und seiner Bishikira wurde ein Komplott geschmiedet. Eines schönen Morgens wurde er überfallen, sein Hof niedergebrannt und er verjagt, falls er nicht gar mit Lanzen niedergestochen wurde. Auch wenn sein Hof nicht niedergebrannt wurde, war es doch so, dass er das Gebiet verlassen und zu einem andern Muganwa überwechseln musste. Er musste auf jeden Fall fliehen, und falls er keinen Zufluchtsort finden konnte, irrte er im ganzen Land umher. Natürlich musste man vorsichtiger sein, falls es sich beim Icariho um einen Günstling des Mwami handelte oder er einen andernen einflussreichen Schutzherrn hatte" (Gespr. 22:22).

flugs [*gusama*], er zögerte nicht, ihn aufzunehmen. Er nahm ihn auf, indem er sagte: Komm hierhin, und er gab ihm. Falls es sich um einen Mutware handelte, gab er ihm sogar *ingabo*. Es gab Leute von hier, die sind zu Karabona[72] gegangen, von da sind sie sogar in den Bututsi gegangen, obwohl sie von hier kamen. Sie waren sehr zahlreich. In Muramvya dagegen gab es viele, die von dort unten kamen. Wenn man früher mit dem Lokalherrscher nicht zufrieden war, verliess man aus eigenem Antrieb sein Grundstück [*itôngo*] und ging zu einem anderen Mutware. Wenn jemand die Regierenden seines Ortes nicht schätzte, zog er weg und suchte bei einem anderen Muganwa Zuflucht [*gucîkira*]; er warb sich bei einem anderen Muganwa an. Man sagte sich: Da dieser Muganwa nichts von mir will [mich nicht schätzt und fördert], gehe ich hier weg. Und du gingst einfach weg und verliessest dein *itôngo*. (...) Natürlich konnte es auch andere Gründe dafür geben: Sei es, dass die anderen dich häufig denunzierten oder dass der Ort ungünstig war, um deine Kühe zu weiden" (Gespr. 22:23).

Das Phänomen von *gucîkira*-Abwanderungen provozierte eine heftige Konkurrenz unter den Prinzen. Nicht alle Emigrationen waren spontan, manche waren von den Baganwa im Zuge der gegenseitigen Anhänger-Abwerbungen angestiftet. Wie dargelegt, war jeder Muganwa bestrebt, im Gebiet benachbarter Regionalführer ihm ergebene Abhängige zu haben, um dergestalt die Macht seiner Rivalen von innen her zu untergraben. Mittels Kuh-Versprechen (sogenannten „Lock-Kühen") versuchte man, solche Anhänger zu ködern, und nach Bottes Bericht kam es dabei zwischen den Baganwa zu wahren ostentativen Überbietungen (1982a:304). Diese richteten sich vor allem an Viehbesitzer und nicht an arme Leute. Als Überläufer interessant waren in erster Linie ehemalige politische Kader, *intore*-Krieger und -Günstlinge und überhaupt alle einflussreichen Leute und Personen mit viel Vieh (diese Kategorien waren mehr oder weniger deckungsgleich) (Gespr. 22:23, Botte 1982a:304).

Mehr *ingabo* und Anhänger zu haben, bedeutete aber auch immer, mehr zu geben – ohne Gabe gab es keine Macht. Darin lag auch das Hauptmotiv der Leute, auf solche Lockrufe einzugehen. Eine der Hauptpflichten gegenüber ihrem Herrn bestand immer in der Kriegsteilnahme. Diese wiederum bot zahlreiche Möglichkeiten, sich auszuzeichnen, seinen Mut und seine (Führungs-) Qualitäten unter Beweis zu stellen, und eröffnete damit den Zugang zu verschiedenen Arten von Gaben und anderen Privilegierungen. Alle, die am Krieg teilnahmen, spekulierten darauf, ihre Beziehungen zum Muganwa auszubauen und als Dank und Gegenleistung eine Gabe zu erhalten (*kugabana*). Kriegsteilnahme war eine Form von Hofieren, von *gusaba*, wie ein Informant Botte wörtlich erklärte (1982a:304). Erfolgreiche Kämpfer konnten zur Auszeichnung eine oder mehrere Kühe, eine Landparzelle (*itôngo ry'ubutore*, *itôngo ry'umuheto* oder *urugó rw'umuheto*, cf. Laely 1983:42f) oder gar *ingabo*, d.h. einen subalternen politischen Posten (zum Beispiel als Icariho) erhalten, wie M. aus Rusaka im Mugamba schildert:

„Einst gab es zwischen den Baganwa dauernd kriegerische Auseindersetzungen. Sie schlugen sich mit Pfeil und Bogen um Territorien [*igihugu*]. Wer sich als sicherer Schütze und tapferer Kämpfer [*intore*, *intwari*] und als Ehrenmann [*umunyakuri*] auszeichnete, konnte zur Belohnung ein *itôngo ry'ubutore* oder gar *ingabo* erhalten" (Gespr. 5:19f,23).

Ich habe darauf aufmerksam gemacht, dass sich solche Gaben aufgrund von Kriegsverdiensten wie die meisten Gaben aus den Händen politischer Verantwortlicher grundlegend von solchen aufgrund privater „Klientel"-Beziehungen unterschieden: Sie machten keine weiteren Gegenleistungen von seiten des Empfängers erforderlich. Unter Punkt 5.1 habe ich auf ihre Bedeutung und die mit ihnen einhergehenden, die politischen Beziehungen prägenden Einstellungen hingewiesen. Wir erkennen hier wieder die Allgegenwart einer vertikalen Erwartungshaltung: „On avait toujours l'espoir [*ikizigizigi*] qu'un jour ou l'autre on pourrait ‚demander' [*gusaba*] à ce gouvernant qu'on ap-

[72] Muganwa und Sohn Mwezi Gisabos, der in den zwanziger und dreissiger Jahren die etwas südlicher gelegenen, noch zum Mugamba gehörenden Gebiete von Gitara und Muramba regierte (s. Atlas du Burundi, planche 13, „Histoire IV").

pelait „patron" [*shêbuja*]", wie Botte einen seiner Informanten zitiert (1982a:304f).[73] Diese Einstellung prägt bis heute die Beziehungen zwischen in politischer Unmündigkeit gehaltenen Bauern und sich auf autoritär-dirigistische Methoden stützenden politischen Behörden. Die vertikal orientierte Erwartungshaltung – dass man jeden Vorteil von oben erwartet, sich Gewinn aus vertikalen Beziehungen verspricht (was der Realität auch in hohem Masse nahekommt) – ist im Zusammenhang mit der persönlich-klientelistischen Natur aller politischen Beziehungen zu sehen, und sie hat weitreichende gesellschaftliche Auswirkungen. Nach Botte (ibid.) kann sie auch erklären helfen, dass horizontale Organisationsformen nur schwach ausgebildet waren; er hebt hervor, dass die Klassenantagonismen über lange Zeit „eingefroren" blieben und erst im Unabhängigkeitskampf Ende der fünfziger Jahre im Kampf um neue Machtpositionen aufbrachen.

Uns müssen hier in erster Linie die politischen Folgen des Phänomens des inneren Krieges interessieren, der bis zur Aufokroyierung der „Pax belgica" über ein halbes Jahrhundert andauerte und tiefe Spuren hinterliess. Ursprünglich aus den Erfordernissen des politischen Systems entstanden, hatte er schliesslich bedeutsame Rückwirkungen auf dieses selbst. Der verschärfte Machtkampf um die Leute als *ingabo* rief eine verstärkte Kontrolle aller Produzenten hervor. Die Vervielfachung der durch Aristokraten eingenommenen politischen Posten und Regionalkommandos erlaubte es, das Ausmass der Mehrarbeit auszudehnen und diese zu intensivieren. Gleichzeitig konnte die damit einhergehende Nominierung zahlreicher subalterner Instanzen und Ivyariho- oder Batware-Statthalter nur die Erhöhung der Effizienz und Greifkraft der Territorialverwaltung zur Folge haben („quadrillage territorial"). Es kam zu einer „Politisierung" des Landzuganges: Die Bedeutung von über die Vorfahren (*ba sogokuruza*) erhaltenem Boden[74] nahm ab zugunsten von über die Behörden zugesprochenem Land (*itôngo ry'inyîcire*; cf. Mworoha 1977:191ff, Laely 1983:40ff). Alles ungenutzt oder brach liegende Land wurde als vorrangig in politischem Besitz befindlich erachtet – ohne Zustimmung der lokalen politischen Behörden, die von die Anfrage begleitenden Gaben[75] abhängig war, konnte es nicht „in Besitz genommen" und bebaut werden. Der Zugang zum Boden als hauptsächlichem Produktionsmittel war fortan nicht mehr frei, sondern politischer Kontrolle unterworfen, ebensowie wir bei der Erörterung des Tributsystems gesehen haben, dass jeder „Besitz" nunmehr der politischen Autorität unterstand. In diesen Befunden ist Botte (1982a:306) dahingehend zu ergänzen, dass verwandtschaftlicher Landbesitz (d.h. qua Deszendenz ererbtes Land) immer, wenn zugegebenermassen auch in „unterschwelliger" und „überlagerter" Form, von Bedeutung blieb und keineswegs mit der Zeit verschwand. Ndikuriyo schildert dieselben Prozesse und kommt zu einem ähnlichen Schluss wie Botte:

> „La formation d'un pouvoir ganwa solide entraîne la substitution du lien politique (*amasabo*) au lien lignager, de la protection de l'autorité politique à celle du lignage. Une des conséquences les plus remarquables de la constitution de pouvoirs territoriaux des Baganwa, c'est l'affaiblissement de l'unité lignagère. Le système politique provoqua des déplacements nombreux, ayant pour conséquence la dispersion des lignages. La cohésion de ces derniers diminua au profit du pouvoir politiquc qui élargit les cadres de l'unité et contribua largement à la réduction des particularismes régionaux. L'unité nationale et culturelle en sortit consolidée" (1987:295).

---

[73] Es erstaunt wenig, dass Ndikuriyo in diesen Einstellungen, die er mit den mit dem Ganwa-System allgemein verbundenen Praktiken in Verbindung bringt, eines der wichtigsten Migrations-Motive sieht: „Les perspectives de cadeaux, l'assurance de trouver accueil et protection empressés, l'espoir de promotion sociale au bout de l'aventure poussent les gens à émigrer dans tous les sens" (1987:294); als zweites über die Zeit konstantes Hauptmotiv nennt er „la hantise de la sécurité" (ibid., p.291f): Es versteht sich leicht, dass unter den geschilderten gesellschaftlichen Verhältnissen die Leute von der dauernden Suche nach Sicherheit „besessen" sein mussten.

[74] *Itôngo ry'umuryango* („Anwesen der Familie") oder *itôngo ry'imvûkira*, wörtlich: „das Anwesen des ‚Eingeborenen', in das man ‚eingeboren' worden war".

[75] Diese Abgabe bestand für die Bodenbebauer im *icuma* („Metall": ein metallenes Objekt wie eine Hacke, ein Kupferring, usw.), für die Viehhalter in der *inka y'ubucîkire* („Umzugs-Kuh") und hatte immer in Begleitung eines Kruges Bier zu erfolgen (Mworoha 1977:191).

Wenn die dauernden innernen Kleinkriege die monarchische Ordnung auch nicht untergruben, sondern in der geschilderten Weise zu ihrer Abstützung beitrugen, mussten sie diese schliesslich doch in einem anderen Sinn und unter veränderten geschichtlichen Bedingungen – nämlich denjenigen, die sich durch den Einbruch einer äusseren Ordnung einstellten – schwächen: Im „internen Krieg" lässt sich ein Grund des nur geringen Widerstandes des burundischen Militärapparates gegen die koloniale Eroberung sehen, wie beschränkt erfolgreich ein solcher auf längere Zeit auch immer hätte sein können. Botte (1982a:306f) ist der Meinung, dass die deutsche Aggression nur innerhalb der die dominante Ideologie durchtränkenden Logik des „inneren Krieges" und seines alltäglich gelebten Schemas perzipiert und verstanden werden konnte, was die Wahrnehmung „höherer" Ziele verhinderte. In der Tat erklärten noch meine Informanten Ende der achziger Jahre das Einbrechen der Deutschen mit inneren Ursachen: Es sollen Maconco und andere Rebellen gewesen sein, die die deutschen Kolonisatoren ins Land brachten …

TEIL II

DER KOLONIALE STAAT

KAPITEL 6

HERRSCHAFT UND AUTORITÄT IM KOLONIALEN STAAT

Wenn ich mich in der Folge dem kolonialen Staat, seiner Etablierung und Strukturierung sowie den Folgen der Kolonisierung im sozialen, wirtschaftlichen und politischen Bereich zuwende, so kommen wir zu der Zeitepoche Burundis, die am ausführlichsten beschrieben und dokumentiert ist. Im Vergleich zu den vorangehenden, aber auch zu den nachfolgenden Perioden gibt es zu ihr eine reichhaltige Literatur und Quellen verschiedenster Art. Fortan verfügen wir über Berichte und Dokumente der Kolonialbehörden (Verwaltungsrapporte, agronomische Berichte, etc.), über den Schriftwechsel zwischen Kolonialagenten und einheimischen Kadern[1], die ab den 1930er Jahren vermehrt alphabetisiert waren, und nicht zuletzt auch über die mehr oder weniger regelmässig geführten Tagebücher der seit Beginn des Jahrhunderts immer zahlreicher werdenden christlichen – hauptsächlich katholischen – Missionsstationen. Wenngleich die Missionstagebücher oft einen einseitigen Blickwinkel vertreten, geben sie doch einen hervorragenden Einblick in die lokalen Verhältnisse und stellen damit eine wertvolle Ergänzung zu den Kolonialrapporten dar. Denn die hervorgehobene gute Dokumentionslage gilt nur unter einer Einschränkung: Sie trifft hauptsächlich für die nationale, bedeutend weniger jedoch für die lokale Ebene zu. Wie die einheimische ländliche Bevölkerung die Kolonialepoche erlebte, ist bis heute wenig bekannt und kaum untersucht worden (cf. Terray 1987:13).

---

[1] Ein wichtiger Teil dieser Dokumente wird in den Archives de la Présidence du Burundi und in den Archives du Département des Archives Nationales et da la Documentation in Bujumbura aufbewahrt. Erst seit 1977 aufgebaut, war die Sichtung und Klassierung aller Dossiers in den letztgenannten Archiven bei meinem letzten Besuch 1988/89 noch nicht vollständig abgeschlossen, und manches Material blieb nur schwer zugänglich. Es ist der Zuvorkommenheit der Archivsleitung und des Personals zu verdanken, dass ich trotzdem unbehinderten Zugang zu allem verfügbaren Material hatte.

Zur ersten Phase der Kolonialzeit kommen als weitere wertvolle Quelle die sogenannten „Papiers Smets“ hinzu. Dabei handelt es sich um die umfangreichen Felddaten des belgischen Ethnologen und Historikers Georges Smets, die er während eines gut sechsmonatigen Aufenthaltes im Jahre 1935 zusammentrug. Bis heute nur zu einem kleinen Teil bearbeitet und ausgewertet, stellen sie eine unschätzbare Quelle zahlreicher Einzelinformationen zu den verschiedensten Gebieten dar.[2] Ihr Wert wird noch dadurch erhöht, dass Smets in der Zwischenkriegszeit der einzige Wissenschaftler war, der sich der Ethnographie Burundis annahm (näheres s. bei Trouwborst 1981).

Die gute Quellenlage zur Kolonialperiode – ein Befund, der wie erwähnt in erster Linie für die gesamtgesellschaftlichen und zentralen, weniger für die lokalen Strukturen Gültigkeit hat – erlaubt und rechtfertigt es, in dieser Arbeit relativ knapp auf diese Umbruchsphase einzugehen, welche die Kolonialepoche trotz ihrer relativen Kürze (ca.1890-1962) war. Verschiedenste Aspekte sind von anderer Seite im Detail bearbeitet und analysiert worden. Bei der Vorstellung der zentralstaatlichen Kolonialadministration werde ich mich an vielen Stellen mit Hinweisen auf diese Literatur begnügen. Was die lokale Ebene betrifft, so sind da die Quellen rarer und weniger gesprächig. Bestehende Lücken, die im Rahmen meiner Themenstellung von Bedeutung sind, werden hier zu füllen sein, wozu aber nur erste Schritte gemacht werden können. Es zeigt sich auch hier wieder, dass gerade zur tiefen lokalen Ebene weitere Forschung notwendig wäre. Einzelne „Hügel-Studien“, wie sie in den letzten zwei Jahrzehnten von burundischen Forschern erarbeitet wurden, bis heute aber zu vereinzelt bleiben, vermöchten hier weitere wichtige Erkenntnisse zu liefern.

Es ist in diesem Kapitel nicht die Absicht, die Kolonialgeschichte Burundis im Detail aufzurollen. Nichtsdestoweniger ist es vonnöten, die wichtigsten Veränderungen und Einschnitte Revue passieren zu lassen. Es ist unmöglich, die heutigen politischen Strukturen, ob nun auf zentraler oder lokaler Ebene, allein im Licht der vorkolonialen Verhältnisse besehen und verstehen zu wollen, ohne die dazwischenliegende Phase tiefer Transformationen zu berücksichtigen. Obwohl man heute die koloniale Eroberung und Herrschaft nicht mehr als Erklärung für alles ansieht, die einem Erdbeben gleich alle früheren, vielleicht über Jahrhunderte hinweg währenden politischen Erfahrungen verschüttet hätte, so wäre es ebenso falsch, diese Epoche lediglich als eine Art Klammer in der Geschichte der betroffenen Gesellschaften aufzufassen, die mit dem Erreichen der politischen Unabhängigkeit wieder geschlossen worden wäre: „Les institutions politiques et administratives importées par les Européens ne sont pas de simples façades à l'abri desquelles le jeu politique se poursuivrait selon les règles héritées du passé. (...) les groupes dirigeants se sont appropriés les apports extérieurs et les ont aménagés selon leurs projets et leurs intérêts, mais ils en ont du même coup accepté les normes, et le résultat est une réalité *sui generis* pour laquelle nous devons inventer des catégories neuves“ (Terray 1987:12f).

---

[2] Sie enthalten zahlreiche Gesprächsprotokolle von Interviews mit einheimischen politischen Kadern und Würdenträgern, mit Ritualisten, Kolonialbeamten und Missionaren, Genealogien und Karten, Korrespondenzkopien, biographische Daten der afrikanischen Informanten, Tagebuch, verschiedenste Feldnotizen und nicht zuletzt eine Kopie des berühmten belgischen Verwaltungsrapportes von 1929. Zu einem Teil handschriftlich, zum anderen Teil maschinengeschrieben (offenbar erst in den beginnenden vierziger Jahren durch Smets' Mutter begonnen), wurden sie von Smets' Tochter, Dr. A. Dorsinfang-Smets, A.A. Trouwborst übergeben, der sie in mühsamer Kleinarbeit geordnet und paginiert hat. Eine Kopie davon wird auch im Centre de Civilisation Burundaise (C.C.B.) in Bujumbura aufbewahrt.

6.1 Etablierung des Kolonialstaates

6.1.1 Burundi zur Zeit der letzten Jahrhundertwende: Interne Umgestaltung und Einbrüche von aussen

Um Verlauf und Folgen der Kolonisation Burundis zu untersuchen, ist es wichtig, sie innerhalb der weiteren geschichtlichen Entwicklung dieser Gesellschaft zu situieren. Die Auferlegung der kolonialen Fremdherrschaft erfolgte in einer Periode inneren Umbruchs und verschiedener Einbrüche von aussen, die innerhalb der weiteren historischen „Konjunktur“ ganz Ostafrikas zu sehen sind. Burundi konnte in der zweiten Hälfte des 19. Jahrhunderts seine Stellung als Regionalmacht im südlichen Binnenseengebiet stabilisieren. Gemäss den Berichten von Reisenden erstreckten sich Ruhm und Einfluss seines Herrschers Mwezi Gisabo (ca. 1852-1908) weit über die Landesgrenzen hinaus (Meyer 1916:167). Die innere politische Struktur war jedoch durch Instabilität und neue Widersprüche gekennzeichnet. Die Zentralisierungsversuche des unter seinem Vorgänger Rugamba flächenmässig verdoppelten Staatsgebildes waren mit ein Grund für die sich in den letzten Jahrzehnten seiner Herrschaft mehrenden Revolten und sezessionistischen Gelüste, die vornehmlich periphere Gebiete betrafen. Um die Jahrhundertwende kamen bisher ungekannte, von aussen drohende Gefahren dazu. Die Kolonisation Burundis ist im Rahmen all dieser Faktoren zu verorten.

Der Verlauf der Kolonisierung Burundis ist auf dem Hintergrund des Bildes der politischen Organisation Burundis zu sehen, das ich in den vorangehenden Kapiteln entworfen habe. Entgegen der verbreiteten Argumentation versuchte ich im Kapitel 3 zu zeigen, dass Burundi sich zu Ende des 19. Jahrhunderts weniger in einer politischen Krise befand, als dass es eine Phase von Umorientierung und Restrukturierung hinter sich hatte, deren Resultate sich erst zu zeigen begannen und ihren vollen Umfang noch nicht erreicht hatten. Insgesamt war das letzte Drittel des 19. Jahrhunderts von einer bis anhin nicht gekannten Entfaltung und „einem ungeheuren Vorstoss“ der Staatskontrolle gekennzeichnet (Botte 1985:70). Das zeigte sich sowohl an der oben erörterten Entwicklung des Tributsystems wie am Phänomen der inneren Kriege, die aus im Laufe des 19. Jahrhunderts innerhalb der herrschenden Klasse entstandenen neuen Widersprüchen resultierten. Der interne Krieg erscheint nicht nur als das Bestreben der Regionalfürsten, möglichst viele Produzenten als Abgabeleistende unter ihre Kontrolle zu bekommen; Botte sieht in ihm gleichzeitig einen teilweise vom königlichen Zentrum manipulierten und im grossen und ganzen gelungenen Versuch, die politischen Spaltungen und daraus drohende Fragmentierungen zu überwinden. Wiewohl der Zentralstaat von derartigen Prozessen profitieren konnte, ist doch einzuwenden, dass er in dieser Sichtweise Bottes zu sehr als aktiver, kontrollierender und manipulierender Pol erscheint. Nicht zu übersehen ist die Tatsache, dass die politische Macht wie in vielen afrikanischen Staaten weiterhin dazu neigte, um unilineare Deszendenzgruppen zu gravitieren; so behielten alle segmentierenden Äste der königlichen Linie eine viel ausgeprägtere korporative Identität, als das in anderen, in der Entwicklung vergleichbaren afrikanischen Staaten der Fall ist (cf. Lemarchand 1970: 310). Nichtsdestoweniger gabe es zentrale Strukturen, und dass die Zentralisierung ausser im Fall des nordöstlichen Bweru und trotz verschiedener zentrifugaler Tendenzen auch wirksam war, haben wir schon in der Einheitlichkeit und zunehmenden Verallgemeinerung des Tributsystems bestätigt gefunden. Das neu strukturierte monarchische Herrschaftssystem führte vornehmlich über seine kriegerisch-gewaltsame Reproduktion zu einer zunehmenden Einbindung der Bauern als Produzenten und Krieger in einen sich in zahlreiche Organe auffächernden und über sie durchsetzenden Staat. Die damit einhergehende Verstärkung der politischen Kontrolle über das Land hatte die Schwächung aller nicht-staatlichen, lokalen und verwandtschaftlichen Organisationsformen zur Folge und liess schliesslich eine Klasse landloser Bauern entstehen (s. Botte 1974), die zwar quantitativ gesehen immer klein blieb und – bei starken regionalen Unterschieden – wohl nie mehr als fünf Prozent der Gesamtbevölkerung umfasste, aber von stark zunehmender Bedeutung war. Das gilt umso mehr, wenn man sieht, dass parallel dazu andere Formen von (immer stark persönlich geprägter) Abhängigkeit an Wichtigkeit gewannen, ob sich diese nun wie im Fall des *bugerêrwa* über den Boden oder aber wie beim *bugabíre* oder *bubitsa* über Vieh verwirklichte. Ob es nun das direkte Ziel des Zentralstaates und der Aristokratie war, die Grösse der einzelnen Anwesen, der Lokal- und Deszendenzgruppen immer mehr zu verkleinern, wie Botte behauptet (1982b: 314), oder ob das vielmehr eine Folge der stark erhöhten Unsicherheit des Landbesitzes war, ändert am Resultat nichts. Die Landrechte entwickelten sich fortan in Richtung von „Eigentums"-Formen, die die „traditionale Legalität" klar verletzten; es kam zu einer starken Zunahme von Bussen und Ausweisungen (cf. Kap. 5.1). Dieses Phänomen erreichte einen derartigen Umfang, dass sich ein eigentlicher „Kode" falscher Anschuldigungen und Verleumdungen (*kudodobereza*) herausbildete. Während die erhöht geforderte „Mehrarbeit" am stärksten die arme Bauernschaft betraf, richtete sich die Willkür politischer Ausweisungen (*kunyaga*, *kwômora*, *gusohora*) in erster Linie gegen die Mittelbauern, bei denen es eben auch etwas zu holen gab (Botte 1982b:314). Das provozierte ohne Zweifel eine Verstärkung bäuerlicher Unzufriedenheit, was Anlass sporadischer Revolten war, die sich im Rahmen der Lokallineages organisierten, aber alle zum Scheitern verurteilt waren (Gespr. 73). Hauptsächlich im Norden des Landes verschärfte sich die Situation zusätzlich infolge politischer Nachfolgeprobleme innerhalb der Aristokratie und gegen Ende des 19. Jahrhunderts gehäuft auftretender Hungersnöte und Epidemien, welche Vieh und Menschen betrafen (s. dazu Botte 1985, Mworoha 1987). So kam der erste nach Burundi eindringende Europäer, der österreichische Reisende und Geograph Oscar Baumann, 1892 gar dazu, von einer „vorrevolutionären Lage" zu sprechen (Vansina 1972: 217, 219; cf. Chrétien 1968b).

Das 19. Jahrhundert endete für die Bevölkerung Burundis in Not und Betrübnis. Eine ganze Welle von „Plagen" (*ibiza*) unterschiedlicher Art schien das Anbrechen einer neuen Epoche anzukündigen, welche in der Erinnerung der Barundi am Nachmittag des 22. Dezember 1889 „zur Stunde der Heimkehr der Herden" mit einer vollständigen Sonnenfinsternis begonnen und in den ersten Jahren des neuen Jahrhunderts im von den Barundi in seinen Auswirkungen nicht einzuschätzenden Geknatter der Schnellfeuergewehre der deutschen Invasoren seinen Höhepunkt gefunden hatte (Mworoha et al. 1987:238). Wie andere Himmelserscheinungen wurde auch diese Sonnenfinsternis von den Barundi im nachhinein und nicht nur unter christlichem Einfluss als Vorbote kommenden Unheils interpretiert. Botte zitiert dazu eine seiner Gewährspersonen:

> „People were astonished by the eclipse; they did not believe that the end of the world had come since the missionaries had not yet arrived and no one knew that such a thing could exist. Later, people said that a decimating plague would result from the eclipse, and this plague has come" (1985:53f).

Die Tatsache der Interpretation von Naturerscheinungen geht natürlich in die vorchristliche Zeit zurück. Wir haben im Kapitel 3.1 gesehen, dass die Geschichte als zyklisch aufgefasst wurde und die Konzeption der geschichtlichen Kausalität durch einen latenten Begriff von Prädestination gekennzeichnet war; Himmelserscheinungen (dazu gehören auch Kometen und Meteoriten) galten als Sendboten und Anzeichen der „Unerbittlichkeit der Geschichte und ihrer Vorbestimmtheit", wie viele historische Erzählungen zeigen (s. Vansina 1972:10).[3]

Wenn die Barundi die ganze Reihe von darauf folgenden unheilvollen Schlägen miteinander in Verbindung brachten und ihnen diese durch eine übernatürliche Komplizenschaft verbunden schienen, so hatten sie nicht ganz Unrecht, wenn sie sich auch in der Art ihrer Ursachen täuschten.

---

[3] Zu Bedeutung und Auslegung von Sonnenfinsternissen, die übrigens ein wichtiges historisches Datierungshilfsmittel abgeben, s. Bahenduzi/Chrétien 1990 & Botte 1985 (ferner Twaddle, Michael. 1975. Towards an early history of the east african interior. In: Historiy in Africa, vol.2:147-184. Madison).

Während das 19. Jahrhundert für Burundi im grossen und ganzen eine erfolgreiche Periode war, gekennzeichnet von günstiger Niederschlagsverteilung, demographischem Wachstum[4], landwirtschaftlicher Intensivierung und politischer Expansion, so setzte um 1890 eine negative Phase ein, was verschiedene, einander gegenseitig verstärkende Ursachen hatte. In den neunziger Jahren des 19. Jahrhunderts setzte in ganz Ostafrika eine Trockenperiode ein, die mehr oder weniger ununterbrochen bis in die zwanziger Jahre des 20. Jahrhunderts andauerte und das Wasserniveau der Seen beträchtlich sinken liess (Tiefststand um 1899). Burundi blieben in dieser Zeit keine Plagen erspart. Von 1890-1892 wurde es von einer verheerenden Welle von Rinderpest (*umuryamo*, *agahembe*) heimgesucht, die nach verschiedenen Berichten bis zu 50% des gesamten Viehbestandes dahinraffte, besonders kleinere Viehhalter in den Ruin trieb und die sozialen Disparitäten nur verstärken konnte. Dazu kam eine weite Palette neuer oder neu verbreiteter, bisher nur endemischer menschlicher Krankheiten, die das Gebiet Burundis erreichten und seine Bevölkerung im Verlauf weniger Jahre empfindlich zurückgehen liessen (cf. Thibon 1987, Botte 1985, Ryckmans 1953). Zu den schlimmsten Krankheiten gehörten die Pocken (im Kirundi *arakanda*, *ubushita* oder *igituta* genannt), etwas später die sich vor allem in den Tiefgebieten ausbreitenden Schlafkrankheit und Sumpffieber (Malaria). Dazu kamen die aus Südamerika stammenden, wahrscheinlich über Zaïre eingeschleppten Sandflöhe (*imvunja*), die viele Personen verstümmelten. Die durch die Trocken- und Krankheiten ausgelösten Hungersnöte[5] wurden weiter verstärkt durch zwischen 1893-1897 einbrechende Schwärme von Wanderheuschrecken (*inzige*). Andererseits führten durch Hungersnöte bedingte Migrationsschübe zur weiteren Verbreitung von Krankheiten. Beim angeschlagenen Gesundheitszustand von Mensch und Vieh konnte das eine Unheil das andere nur verstärken. Die Welle menschlicher Krankheiten wurden verschiedentlich als wahrer „choc microbien" bezeichnet (Thibon 1984:31, Mworoha et al. 1987:237ff, Botte 1985), dem die Bevölkerung Burundis in dieser Zeit ausgesetzt war und dessen Ausmass Thibon schildert:

> „L'apparition de la contagion microbienne contemporaine de la colonisation du Burundi inaugura une période de ‚transition épidémiologique', c'est-à-dire un cycle d'agressions particulièrement rapides et brutales allant de l'épidémie de variole vers 1880 à celle du typhus en 1935, un groupe de pandémies que d'autres sociétés avaient combattues et assimilées en plusieurs siècles. A partir de 1890, on recense plusieurs épidémies de variole, la rougeole, la scarlatine, les fièvres exanthématiques à chiques, l'influenza, la maladie du sommeil, les méningites cérébro-spinales, l'anthrax, la diphtérie, la grippe espangnole, auxquels il convient d'ajouter les dysenteries typiques lors des soudures, et le paludisme que se diffuse à l'intérieur du pays" (1987:72, inkl. n.15; cf. Botte 1985).

Die demographischen Folgen waren im Verbund mit allem anderen Unheil beträchtlich, sie sind aber nur schwer schätzbar. Es ist möglich, dass die Bevölkerung Burundis zwischen 1880 bis 1920 um 20-40% zurückging (wenn man sie zu Ende der deutschen Kolonialperiode auf 1,2 Mio. schätzte, so dürfte sie zu Beginn dieser Epoche eineinhalb Millionen überstiegen haben).[6]

Die Häufung der Krankheiten und des ihnen folgenden Unheils standen im Zusammenhang mit neuen Aussenkontakten, die in der kolonialen Eroberung durch die deutsche „Schutztruppe" gip-

[4] S. dazu verschiedene Publikationen von Christian Thibon (1984: Crise démographique et mise en dépendance au Burundi et dans le région des Grands Lacs, 1880-1910, in: Cahiers du CRA (Paris), 4 / Cahiers d'Histoire (Bujumbura), 2:19-40; 1987: Un siècle de croissance démographique au Burundi (1850-1950), in: Cahiers d'Études africaines, 105-106, XXVII-1-2:61-81).

[5] Krankheiten konnten nicht nur Folge, sondern auch Ursache von Hungersnöten sein (Botte 1985:65, n.54). Die Hungersnöte, die meistens über mehrere Jahre dauerten und eine ganze Periode charakterisierten, wurden jeweils in der Erinnerung der Leute mit einem Eigenname bezeichnet (die von 1889-1891 wütende wurde *uruzuba*, „die grosse, heftig sengende Sonne" genannt, etc.) und auch sie geben wie die (selteneren) Sonnenfinsternisse ein wichtiges historisches Datierungsmittel ab (s. auch Webster, J.B. (ed). 1979).

[6] Die von Thibon (1987:75f) und Mworoha et al. (1987:239) gegebenen Zahlen (1914: 1,5 Mio., 1880: über 2 Mio.) scheinen mir etwas hoch gegriffen.

felten. Aus geographischen (gebirgiges Relief, versumpfte Flussebenen) und politischen Gründen (zentralisierte Organisation) blieb das Gebiet Burundis bis gegen Ende des 19. Jahrhunderts schwer zugänglich. Nur am Rande wurde es von dem sich ab 1840 von Zanzibar aus ins Kontinentesinnere entfaltenden Fernhandel berührt. Die Karawanenrouten dieses von Omani-Arabern organisierten, von indischen Bankiers finanzierten und zu jeder Trockensaison Tausenden von Banyamwezi-Trägern „überbürdeten" Handels (bzw. die Jagd nach Elfenbein und Kupfer, auf die sich später ein Sklavenhandel aufpfropfte), die bis in die vom berühmten Händler Tippu-Tip kontrollierten Gebiete des heutigen südöstlichen Zaïre reichten, führten am Gebiet Burundis vorbei (Grenier 1979:48ff, Mworoha et al. 1987:236f, 240ff). Erst als die zanzibarischen Händler in einer zweiten Phase ab den siebziger Jahren des letzten Jahrhunderts auch nach der politischen Kontrolle der von ihnen durchzogenen Gebiete suchten und von ihrer Niederlassung in Ujiji (beim heutigen Kigoma am Tanganyikasee) aus entlang dem nördlichen Seeteil mehrere Aussen-Faktoreien eröffneten (so in Rumonge, Kigwena und am Nordende des Sees in Uvira und „Uzige", nahe dem späteren Usumbura) und sich verschiedene Male anschickten, ins Innere Burundis einzudringen und Mwezi Gisabo zu unterwerfen, kam es zu direkten, immer kriegerischen Zusammenstössen. Die militärisch (und politisch!) gut organisierten Barundi schlugen diese Vorstösse ins bergige Innere aber jedesmal zurück.[7] In Meyers Worten ging das folgendermassen vor sich:

> „Von Udjidji aus, wo sich der berüchtigte Sklavenhändler Rumalisa festgesetzt hatte, drangen die mit Feuerwaffen ausgerüsteten Banden der Wangwana[8] zum Nordende des Tanganika vor und fielen von dort in das nordwestliche Urundi ein, um Sklaven zu rauben. Die Grausamkeit ihrer Kriegführung verbreitete lähmendes Entsetzen in der ganzen Grenzbevölkerung. Als sie sich aber weiter ins Land wagten, stellte ihnen Kisabo einen Hinterhalt und rieb sie 1885/86 in mehreren überraschenden Überfällen fast ganz auf (...). Der Eindruck auf die Araber war so tief, daß sie sich nie wieder an die Barundi wagten" (1916:165).

Im Zuge des zanzibarischen „Handels" tauchten in Burundis Peripherie neue Produkte (Reis, Baumwolle) und Kulturelemente (rechteckige Häuser, usw.) auf. Es bedurfte jedoch dreier Jahrzehnte Kolonialregime, bis sie auch das „Hinterland", das heisst das traditionelle „Landesinnere" erreichten. Mikroben und Krankheiten dagegen benötigten wenig überraschend eine bedeutend geringere Zeitspanne, um sich auch in entfernten Landeswinkeln bemerkbar zu machen. Im Gefolge der die meisten benachbarten Gebiete einbeziehenden Handelsnetze und der Migrationsschübe, die nicht zuletzt von vornehmlich kolonial bedingten Kriegen ausgelöst wurden, fand in der gesamten Region ein „processus d'unification microbienne" statt (Thibon 1984:27). Das Vordringen der europäischen Kolonisatoren, der deutschen „Schutztruppe", ihrer afrikanischen „Askaris" und Träger, spielte bei dieser Verbreitung eine nicht zu unterschätzende Rolle.

Erst mit der Kolonisation wurden all die Bedingungen geschaffen, die für die Ausbreitung eingeschleppter oder bisher rein endemischer Krankheiten erforderlich waren. Wie überall und seit den Zeiten Christoph Kolumbus' brachte die Kolonisation in ihrem Gepäck neue Krankheiten mit bzw. trug zur epidemischen Ausbreitung bisher lokal begrenzter Krankheiten bei (Botte 1985:59).

---

[7] Diese Militäraktionen wurden nicht durch eine Zentralarmee, sondern immer von den Truppen einzelner Baganwa-Regionalfürsten geführt, wobei sich die Batare des Südens besonderes Verdienst erwarben. – Wie Ghislain bemerkt, erschwerte wohl auch die hohe Bevölkerungsdichte die Festsetzung der (mit Perkussionsgewehren bewaffneten!) Eindringlinge (1970:38).

[8] „Wangwana" (übersetzbar mit „Zivilisierte") war die Eigenbezeichnung der arabisierten und swahilisierten, aber nicht notwendigerweise islamisierten Bewohner des Küstengebietes um das urbane Zentrum von Ujiji herum (kaum je arabischer, sondern von Swahili-, Nyamwezi- oder Manyema-Herkunft), dem als Gouverneur von 1875-84 Mwinyi Kheri, anschliessend bis 1894 der mehr als Kriegsführer und Plünderer denn als Händler berühmte Rumaliza (Übername des Omani-Arabers Mohamed Bin Khalfan) vorstand (Mworoha et al. 1987:240ff, Grenier 1979:48f). Chrétien bemerkt zu Recht, dass mit ihnen in der Imbo-Ebene nach und nach eine eigentliche neue „Ethnie" Fuss fasste (in Mworoha et al., ibid.).

Das Beispiel der Schlafkrankheit (*itiro*, *uruhiza*), die seit Jahrhunderten bekannt, aber bis zur Kolonisation nur in der Tanganyika-Küstenebene aufgetreten war, zeigt das deutlich. Da der erste deutsche Militärposten in der Tanganyika-Ebene errichtet wurde, wurde diese Krankheit zur verbreiteten Pestilenz, wobei die „Schutztruppe“, Kuriere, Händler, Karawanen mit ihren Eskorten und Trägern, die Missionare und ihr Hilfspersonal im Zeichen der neuen Mobilität die wirksamsten Überträger waren; neu entstehende Marktplätze spielten ebenfalls eine bedeutende Rolle.

Wir kommen damit zur Kolonialperiode, die – wir erahnen es – tiefe Auswirkungen hinterliess, obwohl sie nicht länger als einige Jahrzehnte dauerte. Nachdem die zanzibarischen Händler abgewehrt worden waren, blieben die Kontakte nach aussen, vor allem mit der westlichen Welt, weiterhin vereinzelt und unzusammenhängend und das in einer Zeit, in der die umliegenden Gebiete mit Ausnahme Rwandas bereits stark vom zanzibarischen Handel durchdrungen waren.[9] Die Europäer hatten das Gebiet Burundis erst spät „entdeckt“, lange nachdem viele mystische Geschichten in unterschiedlichsten Versionen Verbreitung gefunden hatten (im Gebiet der sagenumwobenen Nilquellen und der nördlichen „Mondberge“ vermutete man „König Salomons Goldminen“ und vieles andere mehr). Während die britischen Forschungsreisenden Burton und Speke, beide Kolonialoffiziere, der Missionar Livingstone und der amerikanisch-schottische Journalist Stanley in der Zeit zwischen 1858 und 1871 Burundis Gebiet nur an der Peripherie (vor allem in der Tanganyika-Küstenebene) gestreift hatten, war der im Auftrag des deutschen Antisklaverei-Komitees reisende Oscar Baumann im Herbst 1892 wie erwähnt der erste Europäer, der auf die Hügel Burundis vordrang. Im Vergleich zu den bereits einige Jahrzehnte zurückliegenden „grossen Entdeckungsreisen“ handelte es sich bei seinem Vorstoss um eine sehr späte Forschungsexpedition in eine Gegend im „dunkelsten Kontinentesinneren“, das bislang als weitgehend unzugänglich gegolten hatte. Das Erscheinen des ersten Weissen – und dazu in Begleitung von „Kühen ohne Hörnern“ (womit wohl die Maulesel gemeint waren) – löste bei den Barundi ambivalente Gefühle aus. Von den einen bekämpft, wurde er andernorts (hauptsächlich im Norden) als neuer, erlösender König oder als Wiederverkörperung früherer Rebellenführer freudig empfangen (Meyer 1916:165f, Chrétien 1968b, Mworoha et al. 1987:246, Vansina 1972:216).

Dieser Empfang blieb aber eine isolierte Ausnahme. Zum Ruf eines abgeschlossenen Gebietes mit einer wenig gastfreundlichen Bevölkerung trugen die ersten negativen Erfahrungen der ab 1879 von Ujiji aus in Burundi Fuss zu fassen suchenden christlichen Missionare bei. Mehrere Niederlassungsversuche schlugen fehl und trafen auf den Widerstand der lokalen Bevölkerung und ihrer politischen Führer, die sie mit den zanzibarischen Händlern in Zusammenhang brachten und in ihnen unerwünschte Eindringlinge sahen. Die erste im südlichen Küstengebiet bei Rumonge angesiedelte Missionsstation der 1868 von Mgr. Lavigerie gegründeten „Société des Missionnaires d'Afrique“ („les Pères Blancs“) musste 1881 nur zwei Jahre nach ihrer Eröffnung wieder aufgegeben werden, nachdem drei der vier ersten französischen Priester von den Leuten des lokalen Chefs umgebracht worden waren. Zwei spätere Festsetzungsversuche in Uzige am Nordende des Sees dauerten noch kürzer, und auch die ersten ab 1896 von Osten her versuchten Vorstösse endeten damit, dass die dortige Missionsstation Muyaga zweimal unter Führung des lokalen Muganwa Muzazi niedergebrannt wurde. Dass die katholischen Weissen Väter um den niederländischen Priester van der Burgt hier schliesslich doch definitiv Fuss zu fassen vermochten, verdankten sie nicht zuletzt der Rivalität zwischen sich bekämpfenden lokalen Baganwa. Unter dem (anfänglich nur zögernd gewährten) Schutz der deutschen Kolonialverwaltung, die mit der Zeit einsah, dass die Missionare ihnen in der Ausführung ihrer eigenen Mission von Nutzen sein konnten,

[9] Wenn Lemarchand (1970:47) von „splendid isolation“ spricht, so heisst das natürlich nicht, dass das vorkoloniale Burundi dieser Phase überhaupt keine Aussenkontakte gekannt hätte, sondern vielmehr, dass es seine politische Ungebundenheit bewahren konnte.

errichteten die Weissen Väter bis 1916 sechs über das ganze Land verstreute Missionsstationen[10] und wiesen zu Ende der deutschen Kolonialperiode eine wachsende Gemeinde von ungefähr 5000 Mitgliedern auf.

6.1.2 Zur deutschen Kolonialperiode, 1897-1916

Das unter Bismarck erst seit kurzem vereinte deutsche Reich beteiligte sich bis in die 1880er Jahre nur zögerlich an den Kolonialeroberungen. Nachdem 1885 auf der Berliner Konferenz im Zuge der imperialistischen Aufteilung Afrikas unter den europäischen Kolonialmächten das Gebiet Tanganyikas bis zum belgischen Congo im Westen als unter deutschem Einfluss stehend anerkannt worden war, wurde die Verwaltung dieser Gebiete weiterhin der privaten, von deutschen Geschäftsleuten gegründeten „Deutsch Ostafrikanischen Gesellschaft" überlassen. Der am 25.2.1885 von der deutschen Reichsregierung für ihre „Erwerbungen" ausgestellte Schutzbrief besiegelte und „offizialisierte" den ersten Akt deutscher Besitzergreifung in Ostafrika. Nachdem die genauen Grenzen des Gebietes schliesslich 1890 festgelegt worden waren und die deutsche Reichsregierung es ab dem 1.1.1891 formell als „Schutzgebiet" (Protektorat) übernommen hatte, gehörten Burundi und Ruanda fortan gemäss der „Politik des Hinterlandes" zum „Deutsch-Ostafrikanischen Schutzgebiet" (Franz & Geissler 1973:1ff).

Das Innere Burundis wurde jedoch erst in der letzten Dekade des 19. Jahrhunderts aufgebrochen, zuerst durch Reisende und Missionare, später durch deutsche Militärs auf Erkundungsreisen. Bei der geringen Dichte der deutschen Verwaltung, die ihre Kommando-Zentrale 1891 von Zanzibar auf das Festland in den Hafen Dar-es-Salaam verlegt hatte, dauerte es noch mehrere Jahre, bis die ersten Deutschen das Gebiet Burundis erreichten. Als erste durchzogen zwischen 1896 und 1898 mehrere deutsche Offiziere das Gebiet (Ramsay und kurz darauf der Kommandeur der Schutztruppe, von Trotha, später Fonck, Kandt, Bethe). Während sie in Rwanda freundlich empfangen wurden und Hauptmann Graf von Götzen als erster bereits 1894 mit Mwami Rwabugiri zusammentraf (sein Bericht verrät, dass er, auf Feindseligkeiten vorbereitet, über die Harmlosigkeit des Besuches etwas enttäuscht war), sahen sie sich in Burundi mit ungleich stärkerem Widerstand[11] und einer bedeutend schwierigeren Situation konfrontiert (Lemarchand 1970:48, Botte 1985:67f,75). Meyer beschreibt diese Kontaktnahme mit folgenden Worten:

> „Gleichzeitig mit der Festsetzung der Mission begannen die friedlichen Orientierungsreisen unserer Schutztruppenoffiziere, wobei es freilich schon zu vereinzelten kleinen Plänkeleien mit Batussihäuptlingen kam. (...) Dieses Vorgehen der Europäer in dem bis dahin gänzlich gegen äußere Einflusse abgeschlossenen Urundireich hatte den Batussihäuptlingen und dem alten König Kisabo bald die eigentlichen Absichten der Deutschen klargemacht; sie erkannten die Gefahr, die ihrer autokratischen Unabhängigkeit durch eine allmähliche deutsche Besetzung drohte. Daher machten sie im Mai 1899 einen offenen Angriff auf die im Zentrum des Landes befindliche Expedition Bethe, wurden jedoch von dieser geschlagen und gründlich bestraft. Die Feindseligkeiten setzten sich aber in den nächsten Jahren gegen die ins Land kommenden Ex-

[10] 1898: Muyaga, 1899: Mugera, 1902: Buhonga (Marienheim, in der Nähe der deutschen Militärstation Usumbura), 1904: Kanyinya (Mariensee) am Ufer der nördlichen Seen, 1909: Rugari im nordöstlichen Gebiet des sezessionistischen Mutare Busokoza, dessen Bevölkerung, von den im Zuge der deutschen Strafexpeditionen begangenen Massakern traumatisiert, beruhigt werden sollte (s. Bukuru 1986); 1912: Buhoro.

[11] Botte (1982a:306f) ist der Meinung, dass der militärische Widerstand gegen die koloniale Eroberung durch die Deutschen wohl grösser gewesen wäre, wäre der durchschlagskräftige und bestens geübte burundische Militärapparat zentralisierter und nicht durch endlose „interne Kriege" gespalten gewesen; wir haben gesehen, dass Logik und Schema des „internen Krieges" dazu beitrugen, den Angriff von aussen in seinen wahren Zielen und Dimensionen zu unterschätzen (cf. Kap. 5.3). Das will nicht heissen, dass traditionell Koordination nicht möglich gewesen wäre – die Expansion des Königreiches in verschiedenen Richtungen zeigte das Gegenteil. Ein militärischer Erfolg aber stand schon aus Gründen der verwendeten Kriegstechnologie ausser Frage (Pfeile und Lanzen gegen Schnellfeuergewehre).

peditionen der Schutztruppenoffiziere fort, und wer von den Barundi es mit den Deutschen hielt, wurde vom König Kisabo getötet, seine Habe geraubt, sein Hof niedergebrannt. Auch die Lage der Missionen wurde kritisch" (1916:166).

Die Festsetzung der Deutschen beschränkte sich lange Zeit auf das westliche Randgebiet am Tanganyikasee. Erst 1896 wurde hier im südlichen Ujiji ein Militärposten errichtet; der erste auf heute burundischem Gebiet folgte im nächsten Jahr in der Ebene von Bujumbura (nach Kiswahili-Gebrauch bis zum Ende der Kolonialzeit *Usumbura* geheissen), der schliesslich 1898 zur Militärstation und zum Bezirksort erhoben wurde. Dieser westlichste deutsche Militärbezirk wurde kraft Erlass vom 20.6.1906 in zwei Residenturbezirke Ruanda und Urundi aufgeteilt, die jedoch bis 1908 weiterhin gemeinsam von Usumbura aus verwaltet wurden. Erst als im August 1912 (offiziell am 1.4.1913) der Sitz der Residentur Urundi nach „Kitega in Inner-Urundi" (genauer auf den Hügel Musinzira) verlegt[12] und Usumbura zur nachgeordneten Verwaltungsstelle wurde, begann eine einigermassen wirksame Kontrolle des Gebietes (Franz & Geissler 1973:132). Bis 1916 wurde nur noch ein weiterer Posten im südlichen Nyakazu (ab 1914) gegründet, um den unruhigen, bisher völlig unkontrollierten Süden besser befrieden zu können (Ryckmans 1953:31), während einer im Norden nur geplant blieb und nicht mehr verwirklicht werden konnte.

Im Vergleich zu anderen Kolonialapparaten blieb die deutsche Präsenz sowohl in personeller wie in infrastruktureller Hinsicht bis am Schluss äusserst bescheiden. Im Unterschied zum übrigen Deutsch-Ostafrika mit seinen kulturellen und politischen Zersplitterungen anerboten sich die eine lange zentralistische Tradition kennenden Gesellschaften Rwandas und Burundis für die Etablierung einer indirekten Herrschaft und Verwaltung, die sich auf die lokalen Herrschaftsstrukturen abstützten bzw. diese in ihren Dienst stellen konnten, wie Graf von Mecklenburg erkannte: „Gradweise und vom Volk kaum bemerkbar (werden) die Sultane schliesslich nichts weniger als die ausführenden Instrumente der Residenten werden" (1910, zit. in Lemarchand 1970:48). Rutake (1980:41) und andere (Chrétien 1979a:9, Gahama 1986:17f u.a.m.) haben gezeigt, dass sich die deutsche Konzeption des „Schutzgebietes" und „Protekorates" stark am britischen, vor allem von Lord Lugard formulierten, in Teilen Britisch-Indiens angewandten und später auf Uganda und Nordnigeria übertragenen Konzept der „indirect rule" inspirierte. Wie wir sehen werden, wurde jedoch das euphemistische Konzept des „Protektorates", das im eigentlichen Sinn besagt, dass ein Gebiet nicht direkt, sondern durch die lokalen Organe verwaltet wird und allein einer „einfachen Kontrolle einer äusseren Macht" untersteht (Rutake, ibid.), auch in seinem höchst diffusen Inhalt nicht eingehalten, sondern systematisch verletzt. Wie stark diesem Grundsatz (auf dessen begrenzten und vielfach überschätzten Wert übrigens oft hingewiesen wurde)[13] auch immer nachgelebt wurde, so bot er doch gleich mehrere Vorteile. Wie das Zitat des Grafen von Mecklenburg andeutet, konnte dank ihm der Widerstand der lokalen Bevölkerung beschränkt gehalten werden, und allein eine „indirect rule" war vereinbar mit der bis zum Schluss höchst geringen Anzahl deutscher Kader: Noch 1913 zählte man in ganz Deutsch Ostafrika nicht mehr als 70 europäische Beamte, und die Urundi-Residenz wurde 1914 allein von sechs zivilen europäischen Kadern verwaltet (Le-

[12] Diese Verlegung war bereits seit 1907 geplant, aber aus verschiedenen Gründen immer wieder verschoben worden (s. Franz & Geissler 1973:656; Nationalarchiv Dar-es-Salaam, „German Records", Dossier C I 5, RU 33, RU 160).

[13] „Vieles [der Doktrin der Indirect Rule] blieb Fiktion, da (...) die effektive Entscheidung, Initiative und Kontrolle (...) beim „beratenden" Kolonialbeamten lag. Es hat sich zudem gezeigt, daß die Chiefs – im französischen wie im britischen Reich – nur allzuoft als Instrument der Kolonialmacht betrachtet wurden und die Stammesangehörigen einem anderen, „verdeckten" Chief ihre eigenliche Gefolgschaft leisteten" (Albertini, Rudolf von, 1970, Moderne Kolonialgeschichte, Köln & Berlin, p.18f); s. im gleichen Sammelband: Crowder, Michael ([1]1964), Indirekte Herrschaft – französisch und britisch, pp. 220-230, weiter: Deschamps, Hubert ([1]1963), Und nun, Lord Lugard?, pp. 203-219, schliesslich: Low, D.A., Der zum Sprung ansetzende Löwe, pp. 85-102; ebenso der Sammelband von Gifford, Prosser & W.M. Roger Louis (eds). 1967. Britain and Germany in Africa. Imperial rivalry and colonial rule.

marchand 1970:49,63). Lemarchand (ibid.) macht zudem darauf aufmerksam, dass die Ansprüche der lokalen Aristokratie den deutschen Offizieren, die beinahe alle aus Patrizier- und Adelsgeschlechter stammten, wohl gerade so einleuchtend scheinen mussten wie die Privilegien der Junker-Aristokratie im damaligen Deutschland Bismarcks.

Eine der frühesten Formulierungen der deutschen Kolonialpolitik der „indirect rule" ist im Rapport des damaligen Residenten von Grawert vom 21.11. 1905 an den Gouverneur von Götzen in Dar-es-Salaam enthalten:

> „Das Ideal ist: Durch keinerlei Bedingungen eingeschränkte Anerkennung der Autorität des Sultans über das gesamte Land; absolut vorrangiger Einfluss des Europäers auf den Sultan in einer für diesen möglichst ertragbaren Form; wirkliche Gleichsetzung seiner Interessen mit den unseren dank Erhöhung seiner Einkünfte, ob über Steuern oder sonstwie. Dieses Ideal wird sich ohne Zweifel schneller und leichter im solider organisierten Ruanda erreichen lassen als in Urundi, wo zuerst das Prestige des Sultans wiederherzustellen ist, das durch die Kriege gegen die Weissen und andere Umstände stark geschwächt wurde" (meine Rückübersetzung[14], zit. in Ryckmans 1953:11, mit einigen gewichtigen Abweichungen in Louis 1963:119f, Lemarchand 1970:49).

Dass es oft tiefe Widersprüche zwischen der formulierten und der schliesslich in die Tat umgesetzten deutschen Kolonialpolitik gab, darauf hat der spätere belgische Kolonialbeamte Ryckmans, der während langen Jahren höchste Chargen einnahm[15], ohne weitere Rücksichtnahmen hingewiesen, konnte das doch die spätere belgische Kolonialpolitik nur rechtfertigen (1953:4,45f und an vielen Stellen mehr). Dass die von den fernen in Dar-es-Salaam oder gar Berlin sitzenden Oberbehörden formulierte Politik von den Residenten vor Ort nur mangelhaft und mit grosser Inkohärenz befolgt wurde, hing nicht nur mit der schlechten und langsamen Kommunikation, sondern auch mit deren persönlichen Zielen und Gelüsten zusammen. Die deutsche Politik wurde in Urundi mit viel Improvisation durchgesetzt, was immer wieder zu erstaunlichen Widersprüchen führte. Der krasseste und folgenschwerste Fall war der Bruch der klaren Nicht-Interventionspolitik des ersten Gouverneurs von Götzen (1901-1906) durch den Residenten Hauptmann von Beringe (1902-Feb. 1904). Als auszeichnungswilliger Offizier glaubte er, nicht länger den unklaren Zustand und das „Machtvakuum" hinnehmen zu können, das durch die Entzugs- und Meidungstaktik Mwezi Gisabos entstanden war, der nach den ersten gewaltsamen Zusammenstössen seiner Truppen mit den europäischen Eindringlingen seine militärische Unterlegenheit eingesehen hatte. Gisabos Macht (wenn auch nicht die Autorität seines Amtes) war zudem durch innere Rebellionen und Bruderkriege geschwächt, die ihm weder eine direkte Konfrontation noch eine Kooperation mit den deutschen Besatzern erlaubten, sondern geboten, seine inneren Rivalen nicht aus den Augen zu lassen; zu seinen schärfsten Rivalen gehörten neben den Batare des Nordostens die Rebellen Maconco und Kirima (Meyer [1916:162] sprach von letzterem als „Batutsischlächter"). All diese Faktoren erklären Gisabos Strategie des sich Entziehens und der Vermeidung jeder weiteren direkten Konfrontation. Die Deutschen sahen sich damit einer heiklen Situation gegenüber. Ihr Dilemma bestand angesichts der inneren konfligierenden Ansprüchen darin, dass die Unterstützung welcher Seite auch immer

---

[14] Ich war bei meiner Arbeit zum grössten Teil auf Sekundärliteratur angewiesen, da zum betreffenden Zeitpunkt die im Deutschen Zentralarchiv (ehemaliges „Reichskolonialamt") in Potsdam vorhandenen Dokumente nicht zugänglich waren (die eng begrenzten Arbeitsplätze, die allein Zugang zum Archiv verschaffen, mussten lange zum voraus reserviert werden, wobei gerade in dieser Zeit im Zuge der neuerlichen deutschen Wiedervereinigung die Zutrittsbedingungen sowie das allgemeine Funktionieren des Archivs überarbeitet wurden).

[15] Er war von 1920-25 Résident mit Sitz in Gitega, 1921-22 zudem Vice-Gouverneur Général in Usumbura und schliesslich von 1934-46 Gouverneur Général mit Sitz im Léopoldville. Seine aufschlussreiche und viel zitierte Schrift über die deutsche Kolonialperiode (erschienen 1953) hatte er ursprünglich 1918 verfasst, als er durch eine in seinen Truppen grassierende Meningitis-Epidemie in Kigoma festgehalten war und Zugang zu den in den Kellern des königlich-belgischen Kommissariates gelagerten deutschen Dossiers hatte (s. 1953:3). Vgl. auch seine zahlreichen späteren Schriften, am bekanntesten „Dominer pour servir", 1931, Bruxelles.

nur mit Nachteilen verbunden sein konnte; entweder wurde das Prestige des Königs untergraben, oder aber sie brachten dessen mächtige Rivalen gegen sich auf (Lemarchand 1970:51). Ein Gewalt- und Kraftakt schien in jedem Fall unvermeidlich.

Während Gouverneur von Götzen ganz in der Linie „indirekter Herrschaft" die erste Kontaktnahme mit Gisabo als diplomatischen Besuch geplant hatte, organisierte von Beringe unter Vorwänden auf eigene Faust und klar entgegen den obrigkeitlichen Weisungen am 27. April 1903 eine „präventive Befriedungsexpedition", um des mysteriösen Mwezi, in dem er „einen eingeschworenen Feind der Deutschen" sah, endlich habhaft zu werden und ihn wenn immer möglich gefangenzusetzen oder gar zu liquidieren. Von Beringe, der die Unterwerfung des Mwami als Voraussetzung für eine „indirect rule" ansah und diese wohl nicht nur „par pure gloriole militaire" anstrebte, wie ihm Ryckmans (1953:45) unterstellt, gelang schliesslich mit Hilfe der Rebellen Kirima und Maconco, die er bereits seit dem Vorjahr unterstützt hatte, die Unterwerfung Mwezis. Nachdem sich der Mwami dem deutschen Angriff vorerst durch Flucht entziehen konnte[16] und nachdem die Kämpfe (genauer: die deutsche Repression, die bisher gekannte kriegerische Auseinandersetzungen weit in den Schatten stellte[17]) unter Mwezis Leuten zahlreiche Opfer gefordert hatten, sah er sich gezwungen, sich den überlegenen Deutschen zu stellen. Am 6. Juni 1903 wurde der „Vertrag von Kiganda" geschlossen. Gisabo musste die Militärstation in Usumbura und die deutsche Oberhoheit anerkennen, sich verpflichten, eine Strasse von Usumbura bis Muyaga bauen zu lassen, allen Karawanen einen freien Durchzug durch sein Gebiet zu gewähren und die Missionsstation von Mugera nicht mehr zu bedrohen; als Reparation für seine „Feindseligkeiten seit 1899" hatte er 424 Kühe abzugeben. Am einscheidendsten war aber, dass er fortan die Unabhängigkeit Kirimas und Maconcos anerkennen musste, denen die Gebiete von Bukeye respektive Muramvya – beides königliche Hauptresidenzen inmitten der königlichen Domänen! – zugesprochen wurden, was auf die faktische Dreiteilung des Königreiches hinauslief.[18] Daran änderte auch wenig, dass Mwezi Gisabo als Gegenleistung von den Deutschen als „Oberkönig über ganz Urundi" anerkannt wurde. Formell und „mit der gewünschten Feierlichkeit" geschah das erst am 8. Oktober 1905 in Bukeye, nachdem von Götzen bereits über ein Jahr vorher an von Grawert geschrieben hatte:

> „Les rois de Ruanda et de l'Urundi, tant qu'ils nous resteront dévoués, doivent être traités comme maîtres chez eux … Examinez s'il ne serait pas opportun d'annoncer à Kisabo, avec toute la solennité voulue, que je le reconnais comme chef suprême de l'Urundi, à condition qu'il nous demeure fidèle" (Brief vom 3.4.1904, zit. in Ryckmans 1953:12).

„Als Kisabo von unserer Schutztruppe 1903 [endlich] überwunden worden war …", wie Meyer später schrieb (1916:168), stellte sich für die deutsche Verwaltung eine neue Situation.[19] Gouver-

---

16 Seine Flucht in die südliche Ritualdomäne Burunga gelang nicht zuletzt dank einer Finte: Mwezis Vertrauter, der Mupfumu-Seher Bihome, stellte sich am Fluchtweg in Mwezis Kleidern und mit seinen Insignien vor seinem Hof in Fota auf und wurde denn auch prompt von den anrückenden Truppen der Deutschen unter Führung Maconcos (den von Beringe nach B.s Bericht als Gisabos Nachfolger einzusetzen beabsichtigte) niedergemacht (Gespr. 22:3; cf. Ghislain 1970:31, n.10).

17 Im Missions-Tagebuch von Buhonga steht unter dem 18.Juni 1903 folgender Eintrag: „Von offizieller Seite sagt man, dass es 200 Tote gegeben habe. Es mangelte nicht an Grausamkeit gegenüber Frauen und Schwachen" (zit. in Botte 1985:83).

18 Simons bemerkt dazu: „(…) la royauté, mais, chose curieuse, point le pays, fut partagée en trois. Il y eu donc simultanément trois rois: Kilima, qui résidait à Bukeye, Machoncho, qui fut placé à Imbuye et Mwezi qui se fixa au Kiganda. Cette situation ne pouvait pas durer" (1944:146); und Ryckmans fährt weiter: „La population n'avait pas admis cette solution artificielle, s'était spontanément remise sous l'autorité légitime du Roi et avait chassé les intrus. Mwezi demanda à Usumbura confirmation de sa reprise" (1953:12).

19 Dass die Deutschen die politische Situation im allgemeinen und das Ausmass Mwezis Autorität im besonderen falsch eingeschätzt hatten, ist aus verschiedenen Quellen ersichtlich. Angesichts der grossen Anzahl und aus allen Landesteilen zum Vertragsabschluss in Kiganda und später wiederum zur Inthronisation seines Nachfolgers (Mutaga Mbikije, 1908) zusammenströmenden königlichen Delegierten und Regionalvertreter, wurden sie erst gewahr, dass

neur von Götzen, ungehalten und die mit der Anerkennung der Unabhängigkeit der einflussreichsten Rebellen eingetretene Spaltung und Schwächung der Zentralautorität beklagend, sah sich im fernen Dar-es-Salaam vor vollendete Tatsachen gestellt. Er liess von Beringe im Februar 1904 durch von Grawert ersetzen, der sich bereits zwischen 1898 und 1902 als Stationschef in Usumbura bewährt hatte und über beachtliche Landeskenntnisse verfügte. Die Anweisungen an ihn waren klar: Er sollte die königliche Autorität unter Vermeidung „brutaler Eingriffe, mit Geduld und Diplomatie“ wiederherstellen und „ganz Urundi sollte nach dem Beispiel Ruandas unter eine einzige Krone zurückgeführt werden“ (Ryckmans 1953:10). Unter der neu entstandenen Situation war das jedoch nicht ganz einfach. Der Schaden von Beringes Handeln durch die Anerkennung der gewichtigsten Rebellen hatte seinen Preis: Mehrere andere Regionalführer stellten Unabhängigkeitsforderungen, „before von Grawert even realised what was happening, the kingdom was fragmented into half a dozen independent fiefdoms“ (Lemarchand 1970:52). Das mag mit ein Grund gewesen sein, dass von Grawert – ein Offizier wie alle andern deutschen Residenten (inklusive in der Zeit nach dem Übergang zur Zivilverwaltung im Jahre 1906) – in der Folge mehr militärisch-kriegerische denn diplomatische Qualitäten an den Tag legte. Er, der entsprechend den Weisungen energisch eine Politik der Kollaboration mit dem Königshof und der Restaurierung der Autorität Mwezis betrieb, muss angesichts der zunehmenden Zersplitterungen bald zur Einsicht gekommen sein, dass nur noch ein hartes militärisches Durchgreifen helfen konnte: „Von Grawert, qui parle de persuasion lente, s'impatiente bientôt et veut briser les résistances. (…) Les projets de reconstruction lente mais sûre s'oublient dans une ardeur guerrière“ (Ryckmans 1953:11,13). Von Grawert ist schliesslich als rücksichtsloser Bekämpfer der Rebellen in die Geschichte Burundis eingegangen; in den Jahren zwischen 1904 bis 1908 kommt es zu einer in diesem Ausmass bisher nicht gekannten Intervention kolonialer Truppen – in alle Richtungen des Landes (hauptsächlich in den Nordosten und Nordwesten) werden „Strafexpeditionen“ ausgesandt, um der Rebellen Herr zu werden. Koloniale Kriege erschütterten in der Folge immer wieder das Land und verschlossen jeden weiteren diplomatischen Weg. 1905 wird Kanugunu – einer der einflussreichsten sezessionistischen Batare-Führer und Nachkomme Ndivyariyes im Nordosten – getötet und Maconco[20] festgenommen. Im April 1906 wird der ehemalige deutsche Alliierte Kirima angegriffen, seine Hauptresidenz in Munanira niedergebrannt und er selbst ausser Landes in den Süden Deutsch-Ostafrikas deportiert. Von Grawert rapportierte diese „Befriedungsaktion“ mit folgenden Worten: „Die von uns besetzten Dörfer wurden ohne Ausnahme niedergebrannt; um sicher zu sein, dass dies in ausreichender Weise geschah, blieb ich den ganzen Tag über in der Gegend“ (zit. in Ryckmans 1953:13). 1908 schliesslich war die Reihe an den dissidenten Regionalfürsten des Nordostens. Der über Bugufi herrschende Muhutu-Muswere Rusengo, dessen Rebellion gegen Mwezi immer halbherzig geblieben war, ergab sich im Juni, während die gegen die Batare-Baganwa Busokoza und Mbanzabugabo geführten Repressions- und „Pazifikations“-Aktionen über mehrere Monate andauerten und besonders blutig und grausam waren. Bukuru berichtet von einer Befriedungsaktion in Bwambarangwe folgendes:

> „La repression fut aveugle et brutale. On n'a jamais su le nombre de victimes tombées sous les balles des mitrailleuses ou pendues sur ces grands arbres de Kibazi et Tangara, appelés désor-

---

der Mwami nicht nur über eine begrenzte Region und „über eine Handvoll Untertanen“ herrschte (s. beispielsweise Bericht des Residenten Major von Langenn-Steinkeller vom 16.1.1916, zit. in Ndayishinguje 1977:54). Eine andere einseitige Einschätzung der königlichen Autorität ist aus dem von Meyer zitierten Bericht eines katholischen Paters von 1904 ersichtlich: „Hauptmann von Beringe rastete nicht, bis er den gefürchteten Despoten, in dessen Namen und Auftrag alles geschah, lebendig in seinen Händen hatte … So konnte denn das Land endlich zu Atem kommen“ (1916:168).

[20] Der Mwenengwe-Tutsi Maconco wird wenig später im Mai 1905 nach einem selbstmörderischen Angriff auf das Leben von Grawerts in Usumbura hingerichtet (Ghislain 1970:32).

mais *urumaniko* („potence"). Les témoins oculaires que nous avons eu le privilège d'interroger ne trouvent pas de mots pour décrire les atrocités commises par les askaris (...). Tout le pays fut mis à feu et à sang et, près de 78 ans après, la mémoire des témoins directs de ces événements est encore fraîche. Voici comment s'exprime l'un d'eux: ‚A Kibazi eurent lieu d'effroyables massacres. On invita les gens de cette région pour danser, prétextant que la paix était revenue, que les campagnes militaires étaient terminées. Alors, beaucoup répondirent à l'invitation. C'est ainsi qu'on leur construisit des clôtures sans issues de sortie dans lesquelles ils furent massacrés. D'autres furent pendus sur de grands arbres appelés *urumaniko*. Deux principaux lieux de pendaison étaient Kibazi et Mwitangara [*urumaniko rw'i Kibazi n'urumaniko rwo mw'Itangara*, „les potences de Kibazi et Tangara"]'" (1986:40).

Auch die zeitgenössischen Missionstagebücher von Rugari und Kanyinya berichten von grausamsten Misshandlungen und Folterungen („Getreide und Bananenhaine wurden niedergebrannt. Man errichtete Schafotte, an denen die Leute mit dem Kopf nach unten und abgeschnittenen Füssen und Händen aufgehängt wurden. Die abgehauenen Hände trug man auf den Spitzen der Lanzen umher", s. Botte 1985:289, Bukuru 1986:41). Wenn durch diese blindwütigen Massaker, bei denen auf seiten der Kolonialtruppen kein einziger Mann gefallen sein soll, die Chefs Busokoza und Mbanzabugabo auch in die Flucht und in den Ruin getrieben werden konnten: ihre Unterwerfung wurde dadurch nicht erreicht. Ebensowenig liessen sich derart Loyalität und Bindung der Bevölkerung dieser peripheren Gebiete an das königliche Zentrum erhöhen, ganz im Gegenteil:

„Si nous nous plaçons du côté des masses qui subissaient cette violence, la conception de ces expéditions dites de pacification les poussaient à considérer Gisabo comme un allié des Allemands et que par conséquent il ne voulait pas du bien pour son peuple" (Bukuru 1986:42; Ryckmans (1953:13f) stellte dasselbe fest).

Zurück blieb ein verwüstetes und geplündertes[21] Land, was eine neuerliche Hungersnot auslöste, *rumanyamasunzu*[22] genannt. Von Grawert, der von den Barundi bald einmal nach dem Geräusch der Schnellfeuergewehre seiner Truppen onomatopoetisch „Digi-digi" genannt wurde[23] und als solcher bis heute in ganz Burundi in Erinnerung geblieben ist, wurde als Resident wenig später durch Hauptmann H. Fonck (September 1908 – Januar 1909) abgelöst.

Ich zitiere dieses Beispiel ausführlicher, weil sich an ihm deutlich ermessen lässt, wie tief die kolonialen Eingriffe die Gesellschaftsstruktur Burundis erschüttern mussten. Das Resultat konnte nur ein weitgehender Verfall und eine Aushöhlung der traditionellen politischen Struktur sein. Ich habe in den vorangehenden Kapiteln gezeigt, dass die Zustände im vorkolonialen Burundi wenig idyllisch waren. Allein die damaligen kriegerischen Auseinandersetzungen und Strategien können bei ihrem ganzen Ausmass an Gewalt nicht mit der kolonialen Eroberung und dem deutschen Militarismus verglichen werden, deren wahre Folgen sich erst später zeigten und sich unter anderem, um nur ein Beispiel zu nennen, in einer von 1916 bis 1927 beinahe unterbruchslos andauernden Hungerperiode ausdrückten (s. Botte 1985:68ff, Thibon 1987:69).

Nach dieser Periode verstärkter kolonialer Intervention und einer Politik der militärischen Stärke, die im Namen des königlichen Zentrums geführt wurde, sah es nur kurz so aus, als ob dadurch die Einheit des Landes wiederhergestellt werden könnte. Eine solche Lösung wurde aus verschiedenen, zeitlich nahe beieinander liegenden Gründen verunmöglicht. Am 21. August 1908 („gleichzeitig mit der neuerlichen Erscheinung des legendären Hundes *Runyerere*, der den Tod des Königs ankündigt", wie Botte (1985:289) berichtet wurde) starb Mwami Mwezi Gisabo während der Rückreise von seinem ersten Besuch im deutschen Residenzort in Usumbura (cf. Kapitel

[21] Die detaillierten deutschen Rapporte sprechen von einer Beute von 4'763 Stück Grossvieh und 3'569 Stück Kleinvieh, die alle abgeführt wurden (Ryckmans 1953:14, Botte 1985:289, Bukuru 1986:44).

[22] Wörtlich: „Was den Kopfschmuck zerstört/wegnimmt": hungernden Bauches hatte man nur noch wenig Sinn für Aufmachung (Botte 1985:289 (cf. p.86f), Bukuru 1986:44).

[23] Nach Aussage des Muganwa B. wurde ihm als demjenigen, der die Rebellen Maconco und Kirima besiegt und verjagt hatte, auch der Übername *Rukiza*, „Erretter", gegeben (Gespr. 69, annexe, juin 1989).

3.1.). Während der Minderjährigkeit seines Nachfolgers, des vierzehnjährigen Mwami Mutaga Mbikije, führte der Tradition gemäss ein Regentschaftsrat die Regierungsgeschäfte, der sich aus seinem älteren und sehr einflussreichen Bruder Ntarugera – seinem eigentlichen Tutor – und der „Königinmutter" (*umugabekazi*), Ririkumutima[24], zusammensetzte. Es kam schnell zu Konflikten zwischen den beiden Regenten, „à cause de la jalousie de Ririkumutima", wie Ghislain schreibt (1970, Tafel 29). Der auf Mutaga und am ganzen Königshof einen grossen Einfluss ausübende Ntarugera (er kontrollierte effektiv das Zentrum des Landes und einen weiten Teil des nördlichen Bweru) und die Königinmutter „haben nun die Dauer der Vormundschaft weidlich ausgenützt, um sich und ihren Angehörigen nebst Freunden so viel Land- und Viehlehen wie nur möglich zuzuschieben; und wenn sie ein noch besetztes Lehen reizte, so machten sie es mit offener oder mit heimlicher Gewalt für sich selbst frei. Die Unruhe und Unordnung hörte deshalb im ganzen Reich nicht auf" (Meyer 1916:169). Die Uneinigkeit innerhalb des herrschenden Bezi-Astes und des Regentschaftsrates waren nicht dazu angetan, die nach Mwezis Tod wieder erstarkenden zentrifugalen Kräfte unter Kontrolle zu halten. Vor allem die Batare-Führer des Nordostens, aber auch andere nutzten diese Situation, um ihre Unabhängigkeitsansprüche zu erneuern. Diese vielfachen Spaltungen und die dadurch entstandene verworrene Lage waren an einem Höhepunkt angelangt, als Mutaga Mbikije im November 1915 nach nur siebenjähriger Herrschaftszeit in einem Bruderstreit um eine Frauenangelegenheit sein Leben verlor.[25]

Die Zerrissenheit des Landes und die Schwäche der monarchischen Zentralgewalt lassen sich aber nicht allein aus diesen inneren Spaltungen verstehen. Es kam ein zweiter wichtiger Grund dazu. Zur gleichen Zeit mit Mutagas Machtantritt kam es unter dem neuen deutschen Gouverneur, Albrecht Freiherr von Rechenberg (1906-Mai 1912) und seinen verschiedenen, jeweils nach wenigen Monaten wieder ausgewechselten Residenten[26] zu einer brüsken Neuorientierung der deutschen Kolonialpolitik. Anstatt wie in den vorangehenden Jahren eine Politik der Stützung und Stärkung der königlichen Macht und Autorität weiterzuführen, verfällt das deutsche Kolonialregime gerade (und in ebenso exzessiver Art) in das Gegenteil. Unter dem Einfluss des neuen, weitgehend landesunkundigen Residenten Fonck kommt Rechenberg zu einer Einschätzung der lokalen politischen Gegebenheiten, die eine eigentliche kolonialpolitische Kehrtwendung zur Folge haben musste. Er hält ein einheitliches Königreich Urundi für eine weitgehend unter deutschem Einfluss entstandene künstliche Schöpfung und sieht den Mwami nur „als den ranghöchsten unter verschiedenen Sultanen" an. Wenn er in diesem dicht besiedelten Land im Prinzip auch die Notwendigkeit des Protektorat-Systems anerkennt, so will er es doch in *mehrere* verschiedene Protektorate oder „Sultanate" organisieren:

> „La politique la meilleure pour l'Urundi devra être celle-ci: d'une part, conserver ou créer des royaumes [*Sultanate*] assez étendus et assez puissants pour être, en temps de paix, des moyens de gouvernement pratiques et naturels; d'autre part, éviter qu'ils soient assez étendus et assez puissants pour pouvoir mettre en ligne en temps de guerre, des forces réunies dans une organisation unique, supérieures à nos forces combattantes à nous. Il faudra s'efforcer, conformément

---

[24] Es ist umstritten, ob Ririkumutima die leibliche Mutter Mbikijes war (Mworoha et al. (1987:224) sehen im Gegensatz zu Ghislain (1970, Tafeln 21,29,33), Meyer (1916:169 & Tabelle C, p.191) und anderen in ihm einen Sohn von Ntibanyiha, die wie Ririkumutima zum Clan der Banyakarama gehörte); sicher ist dagegen, dass Ntarugera (alias Serushanya) ein Sohn Musaniwabos war, ebenfalls Munyakarama, was auf den grossen Einfluss dieses Clanes zu jener Zeit hinweist.

[25] Bei Ryckmans (1953:40f) sind die verschiedenen Versionen um die Ursachen seines Todes im Detail nachgezeichnet.

[26] Fonck (Sept.1908-Jan.1909), Gudowius (Jan.-April1909), von Langenn-Steinkeller (April-Sept.1909), Brentzel (Sept.1909-Jan.1910), Göring (Jan.1910-Jan.1911), von Stegman und Stein (Jan.-Mai 1911), schliesslich wiederum von Langenn-Steinkeller (Mai 1911-1916), während seiner Zeit als Militärbefehlshaber vertreten durch von Bock (Beginn 1913?) Schimmer (Mai 1913-August 1914) und Wolff (August 1914-1916) (Franz & Geissler 1973:132f, Nahayo 1983:30).

à la maxime *Divide et impera*, de créer plusieurs États, qu'une diplomatie habile puisse opposer l'un à l'autre en cas de besoin. Il faudra régler les rapports de chaque chef avec le Roi individuellement, en s'inspirant des circonstances et de la tradition" (Brief Rechenbergs vom 25.9.1909, zit. in Ryckmans 1953:18).

Das Verständnis der „Tradition" wurde hier für den kolonialen Gebrauch zurechtgebogen und erlaubte es, trotz massivster Eingriffe immer noch von „indirekter Herrschaft" zu sprechen. Die Rechtfertigung einer „teile und herrsche"-Devise zeugt von einer argen Unterschätzung der Bedeutung der monarchischen Zentralinstanz und einer Überschätzung der militärischen Gewalt der Barundi, die, auch wenn zentral zusammengeschlossen, die europäischen Besatzer nie hätte gefährden können.

Die im zitierten Brief formulierten Richtlinien deutscher Politik (die später in einem weiteren Brief präzisiert und als Zirkular verschickt wurden) sind insofern von grosser Bedeutung, als sie bis zum Ende der deutschen Besatzung in Kraft blieben und nie widerrufen wurden. Sie sollten auf ein „Einfrieren" des status quo in von Rechenbergs Verständnis hinauslaufen: Fortan sollte der Mwami und seine Familie militärisch nur noch innerhalb ihrer Domänen und nicht mehr gegenüber anderen Regionalführern unterstützt werden, deren Unabhängigkeit „zu unterstützen und zu fördern" war; die „verschiedenen Sultane" sollten alle einzeln an den Residenten gebunden werden, der ihre Autorität stützte, indem er ihnen durch seine Besuche die Ehre erwies (Ryckmans 1953: 19). Diese „divide et impera"-Politik führte zu einer effektiven politischen Spaltung des Landes und einer politischen Unterteilung gemäss mehreren Kategorien von Regionalführern. Neben dem Mwami, der über die zwischen 1909 bis 1916 immer weiter zerbröckelnden und sich schliesslich mehr oder weniger auf das Gebiet der Hauptresidenzen (Kiganda, Muramvya, Mbuye und Bukeye) reduzierenden königlichen Domänen herrschte, wurden fortan drei verschiedene Kategorien von Regionalführern anerkannt: (i) „unabhängige Chefs" (Busokoza, Mbanzabugabo, Rusengo und Kajibwami, der Sohn Kirimas); (ii) „königsloyale Chefs"; (iii) „mehr oder weniger unabhängige Chefs", womit vor allem die in der Imbo-Ebene eingesetzten gemeint waren, die wie die Militärstation Usumbura bereits in weitem Grade der direkten Kontrolle der Deutschen und kaum noch der Autorität des Mwami unterstanden (Ryckmans 1953:22; Lemarchand 1970:54; Chrétien 1979 in Atlas du Burundi, planche 12).

Diese Politik gipfelte darin, dass 1910 der früher wie die anderen Aufständischen bereits einmal unterstützte, später aber als „gefährlicher Rebell" eingeschätzte Kirima aus seiner Deportation zurückgeholt und wieder als „Sultan" über das schon früher von ihm kontrollierte Gebiet eingesetzt wurde.[27] Wie die anderen Rebellen klar von den deutschen Besatzern abhängig, stellte er nun wieder ein willkommenes Gegengewicht zu Mutaga und dem Königshof dar, der seinerseits kein weiteres Kollaborationsinteresse mehr haben konnte und sich in passivem Widerstand gegenüber den Deutschen übte. Die „divide et impera"-Politik und das Ausspielen des einen Chefs gegen den anderen hatte eine weitere Schwächung der Monarchie zur Folge. Nur noch als „ranghöchster Sultan" unter vielen anerkannt, gab es schliesslich „keinen König mehr", wie Ryckmans bemerkt (1953:33, cf. Louis 1963:133, Lemarchand 1970:55). Die immer mehrdeutig bleibende deutsche Kolonialpolitik, die ein Klima allseitigen Misstrauens schuf, förderte die internen Spannungen. Die Konflikte zwischen Ntarugera, gestützt von seinem Bruder Rugema, und dem von Ririkumutima und Nduwumwe geführten Königshaus gingen so weit, dass sich letztere schliesslich gar eine zeitlang mit dem alten Rebellen Mbanzabugabo, Nachkomme von seit drei Generationen sezessionistischen Batare, gegen Ntarugera verbündeten (Ryckmans 1953:38). Die Deutschen waren schliesslich gewillt, Ntarugera für unabhängig zu erklären (was dieser in dieser Form aber gar nicht suchte). Bedingt durch die damalige politische Konjunktur kam die Förderung von Rebellionen gegenüber dem monarchischen Zentrum und der Entstehung unabhängiger „Sultanate" letztlich

[27] Nach Ghislains Bericht (1970:34) liquidierte er dabei kurzerhand seinen Sohn Kajibwami, der hier im Gebiet von Munanira (Kayanza) während seinen vier Jahren Exil von den Deutschen als Chef eingesetzt worden war.

einer Begünstigung der verschiedenen Batare-Äste gleich. Wiewohl die „Kollaboration" der „verwestlichten" Batare oft zu pauschalisierend und übertrieben dargestellt wurde, ist es doch richtig, dass sie gegenüber den deutschen Kolonialherren in eine (mehr oder weniger enge) Gunst- und Abhängigkeitsbeziehung gerieten (cf. Ryckmans 1953, v.a. pp. 16-39, Lemarchand 1970: 50-56, 309ff, 1977:101f).

In den letzten Jahren der deutschen Kolonisation unter Gouverneur Schnee (Juli 1912-November 1918) änderte sich an diesem Zustand nichts wesentliches mehr. Zwar wurde mit der Verlegung der Residentur „nach Kitega in Inner-Urundi", wo die deutsche Flagge erstmals am 15.8. 1912 gehisst wurde, und womit die Station Usumbura zu einem abgetrennten, beinahe vollständig mit der Bekämpfung der in der Tiefebene wütenden Schlafkrankheit beschäftigten Aussenort wurde, eine gewisse geographische und auch verständnismässige Annäherung an das traditionelle Zentrum Burundis und eine bessere Kontrolle des „Hinterlandes" erreicht. In dieselbe Richtung ging die erneute Einsetzung des zum Major beförderten von Langenn-Steinkeller als Resident. Mit seiner zweiten, nun mehrjährigen Amtszeit (Mai 1911 bis zum Ende der deutschen Besatzung 1916) war die Voraussetzung zu einer grösseren Kontinuität der deutschen Politik geschaffen, umsomehr, als es sich bei ihm um einen guten Kenner des traditionellen Herrschafts- und Machtsystems handelte, der sich im Ausmass der religiös abgestützten monarchischen Autorität nicht täuschte[28]; gemäss Ryckmans setzte er seine hervorragenden Landeskenntnisse aber nur zu einer wirksameren Führung der „teile und herrsche"-Politik ein (1953:29f).

Die Autorität Mutagas wurde zu dieser Zeit durch aristokratie-interne Konflikte und insbesondere die Rivalität innerhalb der Bezi, seiner eigenen Familie, zwischen Ntarugera und Ririkumutima, weiter unterminiert. Nach seinem frühen Tod Ende 1915 hatte die burundische Politik einen Tiefstand erreicht: „(...) by the end of 1915 the situation in Urundi was perhaps worse than at anytime during the German era" (Louis 1963:137, cf. Lemarchand 1970: 55). Mit dem Ausbruch des ersten Weltkrieges hatte sich die Lage für die deutschen Besatzer weiter verschlechtert; die numerisch und ausrüstungsmässig bedeutend stärkeren belgischen Kräfte standen an der Westgrenze, während in der Bevölkerung die Unzufriedenheit über zunehmende militärische Aufgebote und Requisitionen wuchs. Die Überwachung und Kontrolle der lokalen Politik war fortan weniger wirksam und beschränkte sich immer mehr auf militärische Belange (Ryckmans 1953: 38).

Als Nachfolger Mutagas wurde dessen erst dreijähriger Sohn Bangiricenge[29] eingesetzt, der unter dem Titel *Mwambutsa* die Mwamischaft übernahm („zur Trommel kam", wie man auf Kirundi sagt). An seiner „Inthronisation" am 16. Dezember 1915 am traditionellen Ort des Zusammenflusses von Mucece und Nyavyamo südwestlich von Kiganda[30] nahmen wie schon bei der Einsetzung Mutagas weder Kirima (der von den Barundi ausserhalb seines Gebietes auch nicht als Muganwa anerkannt wurde) noch Mbanzabugabo teil. Mit diesen Ausnahmen fanden sich aber in Anwesenheit des deutschen Residenten von Langenn die Führer aller Landesregionen ein, ganz so, wie es die Tradition vorschrieb. Dass auch die meisten derjenigen kamen, die das deutsche Re-

[28] Sein unmittelbarer Vorgänger, Hauptmann von Stegmann und Stein, schrieb dagegen im Urundi-Jahresbericht 1911 in Verkennung der wahren Lage: „Es ist nicht der König, sondern sein Umfeld, das herrscht, so weit man überhaupt von herrschen sprechen kann; der ‚Mwami' hat nur in seinem Dorf etwas zu sagen. Kurzum, sein politischer Einfluss ist gleich Null; es gibt ihn, weil es die Tradition so will; aber er ist nicht der Herrscher des Landes" (zit. in Ryckmans 1953:26, Louis 1963:128,131).

[29] Seine nie gänzlich geklärte Herkunft zeugt von erbitterten Nachfolgekämpfen zwischen verschiedenen Ganwa- und Bapfâsoni-Faktionen. Um einer späteren Rache von Mutagas Sohn an den Mördern seiner Eltern zuvorzukommen (Bangiricenges leibliche Mutter Ngezahayo vom Clan der Banyagisaka war, so vermutet man, auf Geheiss der mächtigen und ehrgeizigen Ririkumutima, die *umugabekazi* bleiben wollte und sich als die Mutter des neuen Mwami ausgab, erwürgt worden), soll auf Betreiben Nduwumwes ein Neffe Mutagas eingesetzt worden sein; Ghislain (1970:34) vertritt die These, dass es sich dabei um einen Sohn Karabonas, Ririkumutimas ältesten Sohn, handelte.

[30] Für Details zur traditionellen Amtseinsetzung s. Ndayishinguje 1977, Nsanze 1990.

gime seit sechs Jahren als „unabhängige Sultane“ anerkannt und als Gegengewicht zum Königshof aufzubauen versucht hatte, zeigt, wie weit diese Unabhängigkeit effektiv ging, bzw. dass – wie Ryckmans (1953:42) treffend bemerkt – ihre Autorität in den Augen der Bevölkerung ihrer Gebiete allein in der ihnen vom Mwami, dem monarchischen Zentrum delegierten Macht bestand und die Legitimation durch den fremden Besatzer hier wenig vermochte.

Der die nächsten Jahre die Regierungsgeschäfte führende Regentschaftsrat setzte sich aus Mwambutsa Bangiricenges Onkeln Ntarugera, Nduwumwe und der „Königinmutter“ (*umugabekazi*), Ririkumutima, zusammen. Wie weit Resident von Langenn auf diese Zusammensetzung Einfluss genommen hatte, bleibt unklar; auf jeden Fall widersprach sie weder der Tradition (Ntarugera und Nduwumwe waren beide in die „Geheimnisse der Trommel“ eingeweihte hohe *banyamabanga*) noch den Wünschen der deutschen Verwaltung. Auch Ryckmans gesteht dieser Wahl viel Geschick zu, entsprach sie doch nicht nur den herrschenden Machtverhältnissen und half damit, die wichtigsten Kontrahenten zu neutralisieren, sondern war sie auch ganz dazu angetan, den separatistischen Tendenzen der letzten Jahre ein Ende zu bereiten und dem Königreich zu neuer Einheit zu verhelfen. Natürlich waren damit die Konflikte nicht schlagartig begraben. Als eigentlicher Regent und Tutor Mwambutsas wirkte in den ersten Jahren Nduwumwe, Ririkumutimas Lieblingssohn, während sich der einflussreiche, von den Deutschen gestützte Ntarugera wegen der Feindschaft zur *mugabekazi* und aus Angst vor Vergiftung kaum noch an den Königshof getraute. Die Konflikte entspannten sich jedoch erst nach dem Abgang der Deutschen, als die bis ans Ende ihres Lebens den Europäern passiven Widerstand entgegensetzende Ririkumutima nach ihrem Tod (durch Vergiftung?) im Juli 1917 im Regentschaftsrat durch den ausgleichenden, wenig ehrgeizigen Karabona ersetzt wurde.

Die deutsche Kolonialpolitik, die während der kurzen, nicht einmal zwanzig Jahre dauernden Periode bemerkenswerten Schwankungen unterworfen war, lässt sich rückblickend in drei Hauptphasen unterteilen:[31]

- eine „Nicht-Interventions“-Periode während der ersten Festsetzungsphase (1897-1903), beendet durch von Beringes Kraftakt und die Anerkennung der Rebellen Maconco und Kirima;
- eine Pazifikations- und Konsolidations-Periode (1904-1908): Einschränkung der Unabhängigkeit der Regionalfürsten, die 1905 in Kirimas Gefangennahme gipfelte;
- Phase der Inkohärenz und Umorientierungen, insgesamt eine „divide et impera“-Periode, die durch den Versuch der Einfrierung des status quo gekennzeichnet war (1909-1916).

Wie ist die deutsche Kolonisation abschliessend zu bilanzieren? Ryckmans hat ihre Mängel und Unzulänglichkeiten in deutlichen und schneidenden Worten hervorgehoben:

> „(...) à la veille de la guerre, l'occupation européenne était en faillite avouée, parce qu'elle avait travaillé à désagréger un royaume dont on méconnaissait ou ignorait la base solide dans les traditions, les moeurs et la religion du peuple; parce que, en tolérant les révoltes couronnées de succès, on a encouragé les intrigues au lieu de les supprimer en en faisant connaître d'avance l'inanité; parce que chaque atteinte au prestige du Roi rendait le blanc plus odieux à la masse du peuple, attaché avant tout à la tradition de sa royauté divine“ (1953:46).

Ryckmans (wie später Lemarchand, 1970:56) machte bereits darauf aufmerksam, dass durch die Förderung der Fragmentation Burundis in ein Mosaik voneinander unabhängiger Gebiete[32] die Grundlagen für ein Neuaufleben eines auf die „Krone“ zentrierten Nationalismus gelegt wurden.

---

[31] Ich setze deren zeitliche Grenzen etwas anders, als es Chrétien (1968a:4) und Lemarchand (1970:51) vorgeschlagen haben.

[32] In Ruanda bewirkte die deutsche Kolonialpolitik das Gegenteil: Eine Stärkung und Konsolidierung der Monarchie in jeglicher Hinsicht. So wurde beispielsweise die 1912 im Norden etlichen Erfolg (unterstützt vor allem von den Bahutu und zurückversetzten oder übergangenen Aristokraten) verzeichnende Revolte um Ndungutse von den Kolonialtruppen mit äusserster Brutalität niedergeschlagen, zu einer Zeit übrigens, als der Norden des Landes immer noch weitgehend vom Königshof unabhängig war (s. Louis 1963:153ff, 203f, Lemarchand 1970:58ff, 1977).

Hier zeichneten sich auch bereits die „Ressourcen" späterer politischer Auseinandersetzungen und Spaltungen ab. Darin, dass die Frage der nationalen Einheit und monarchischen Legitimität in den Augen der meisten Barundi dank dem aktiven Widerstand ihrer Vorväter und vor allem Mwezi Gisabos mit den Bezi in Verbindung gebracht wurde, liegt der Grund der nationalistischen Aura, die später die Ansprüche der Bezi gegenüber ihren im grossen und ganzen von der deutschen „divide et impera"-Politik begünstigten Erzfeinden, den Batare, umgab und die sie über lange Zeit geschickt für sich zu nutzen verstanden (Lemarchand 1977:101f). Lemarchand postuliert zudem, dass die nur bruchstückhafte Befolgung einer „indirect rule"-Politik den pluralistischen Zug des politischen Systems verstärkte und so indirekt und langfristig zur Milderung oder Begrenzung der Antagonismen entlang ethnischer Linien beitrug (1970:62). Bereits am Beispiel der Verschiebungen im Bezi-Batare-Gleichgewicht – die zwar bereits traditionell „vorprogrammiert", nun aber durch die koloniale Herrschaftspolitik gestört waren – lässt sich ermessen, wie weittragend die Folgen der kolonialen Eingriffe sein mussten.

Wenn wir unser Interesse der lokalen Ebene zuwenden, so fällt hier als wichtigste Lücke des deutschen Kolonialsystems – noch mehr als auf zentraler Ebene – das Fehlen eines wirksamen Verwaltungsapparates auf. Daran änderte sich auch wenig, als am 15.6.1906 für Ruanda und Urundi endlich getrennte Verwaltungs-Residenturen („Verwaltungsbezirke" wie im übrigen „Schutzgebiet") geschaffen wurden und man gleichzeitig von der Militär- zur Zivilverwaltung überwechselte, womit die bisherige „Schutztruppe" zur „Polizeitruppe" wurde. Nachdem erste Versuche, Steuern zu erheben, bereits 1904 unternommen worden waren[33], wurden sogenannte „Hüttensteuern" erstmals ab 1912 in systematischer Weise auferlegt; diese Bestrebungen[34] scheinen jedoch allein in der Gegend Usumburas von längerem Erfolg gekrönt gewesen zu sein (Louis 1963:128, Franz & Geissler 1973:20, 655, 665). Noch 1914 bestand das gesamte Verwaltungspersonal der Residenz Urundi aus sechs (sic!) Zivilbeamten. Da die gesamte Periode deutscher Herrschaft geprägt war durch militärische Strafexpeditionen und durch die Neigung der meisten Residenten, eher in der Gewalt als in der Überzeugung Zuflucht zu suchen, erstaunt es wenig, dass im Bereich der Zivilverwaltung wenig erreicht wurde. Man beschränkte sich darauf, einige strategisch gelegene Polizeiposten zu errichten und sie untereinander mit Strassen zu verbinden. Ein Rechtsprechungssystem und ein Kommunikationsnetzwerk wurden nur ansatzweise angelegt. Wirtschaftliche Infrastrukturen fehlten beinahe ganz. Handel und Geldzirkulation (Rupie und Heller) blieben ebenso wie der – vorher unbekannte – Kaffeeanbau (Arabica) auf das Imbo-Küstengebiet begrenzt. Manche ehrgeizigen wirtschaftlichen Projekte, die in erster Linie den Transportbereich betrafen, blieben in der Phase der Planung stecken und liessen sich wegen des ausbrechenden ersten Weltkrieges, der bald das Ende des deutschen Kolonialreiches brachte, nicht mehr realisieren (auf einige dieser Projekte wird übrigens in ihren Grundzügen dennoch bis heute zurückgegriffen). Viel Energie blieb in der erwähnten, in autokratisch-militärischem Stil geführten Kampagne zur Bekämpfung der Schlafkrankheit gebunden (zu deren Auswirkungen s. Ryckmans 1953:28f). – Unter all diesen Umständen sind die Erfolge des deutschen Kolonialismus letztlich vielleicht doch erstaunlicher als die Fehlschläge (Louis 1963:204; zur allgemeinen Einschätzung vgl. Albert 1960b:49f, Lemarchand 1970:62f).

Der weitaus grösste Teil der Bevölkerung Burundis wurde von der deutschen Kolonisation nur indirekt betroffen. Die Deutschen übernahmen die bestehende Lokalverwaltung ohne Änderungen. Die Beziehungen zwischen Herrschenden und Beherrschten waren auf dieser Ebene weiterhin von denselben Mustern wie zur vorkolonialen Zeit geprägt. Es ist immerhin festzustellen, dass das ko-

---

33 Botte (1985:84) erwähnt einen dementsprechenden Eintrag im Tagebuch der nahe Usumbura gelegenen Mission Buhonga vom 26.1.1904.

34 Ihr Ziel war nach einem Bericht Gouverneur von Götzens nicht die Erschliessung einer neuen Einnahmequelle, sondern die Erziehung der Afrikaner zu „kontinuierlicher, verantwortungsbewusster Arbeit" (zit. in Louis 1963:128).

loniale System, bei aller eigenen Gewaltanwendung, die Austragung lokaler kriegerischer Konflikte bremste. Dazu kam, dass auf höherer Ebene die Machtverhältnisse durch die kolonialen Eingriffe (primär die „divide et impera"-Politik) immer wieder erschüttert wurden. Unter deutscher Verwaltung wurden jedoch keine weiteren „Zivilisierungsaktionen" versucht; diese blieben allein auf die – erst sehr vereinzelten – christlichen Missionen beschränkt. Ryckmans schrieb dazu: „(...) on exigeait des souverains indigènes qu'un hommage platonique et la sécurité des caravanes; mais l'action civilisatrice du Gouvernement allemand fut nulle jusqu'à la guerre" (1936:305f). Im lokalen Rahmen blieb die traditionelle Herrschaftsstruktur in der Tat weitgehend intakt, da an die Regionalherrscher und ihre Hilfskräfte keine weiteren Forderungen gestellt wurden und sie nicht weiter in die koloniale Verwaltungsstruktur – rudimentär, wie sie war – eingebunden wurden. Daran sollte sich auch während der ersten Dekade unter belgischer Herrschaft nicht viel ändern. Die Leute auf den Hügeln sahen sich mit keinen neuen Verwaltungskadern, aber umso mehr mit den Folgen verschiedener grassierender „Plagen" konfrontiert (von militärischen Repressionsaktionen über Krankheiten bis zur Hungersnot). Der in den letzten zwei Jahren deutscher Herrschaft ausgebrochene Krieg zog die Bevölkerung über die Rekrutierung von Trägern und Güter-Requisitionen weiter in Mitleidenschaft (s. Rapport sur l'administration ... en 1920: 7[35]).

Schliesslich waren es diese Ereignisse im weiteren Rahmen – der erste Weltkrieg –, die für das abrupte Ende der deutschen Kolonialepoche verantwortlich waren. Im April 1916 griffen die belgischen Kolonialtruppen von Norden und Westen her Ruanda und Urundi an (Ryckmans 1936:306f). Die numerisch weit unterlegenen Deutschen[36] zogen sich zuerst von Usumbura nach Gitega, schliesslich nach Tabora im Herzen Tanganyikas zurück (in ihrem Gefolge befanden sich einige hochkarätige Baganwa wie Baranyanka, zunächst auch Nduwumwe). Die belgischen Truppen besetzten Gitega im Juni, Tabora im September 1916, während im Süden der deutsche Widerstand gegen die fortan gemeinsame britisch-belgische Besetzung noch bis 1918 andauerte. Erst nach langen diplomatischen Verhandlungen wurde Ruanda-Urundi als sogenanntes „B-Mandat" im Auftrag des Völkerbundes Belgien zugesprochen (Orts-Milner-Konvention, im Mai 1919 von Belgien und Grossbritannien unterzeichnet). Dabei wurden allerdings die an den Kagera-Fluss anstossenden Gebiete – das burundische Bugufi und zunächst auch ein Grossteil des rwandesischen, westlich des Flusses liegenden Gisaka[37] – 1922 abgetrennt und Grossbritannien zur umweglosen Erstellung der seit längerem geplanten Kap-Kairo-Bahn zugeteilt.[38]

[35] Ich werde diese Verwaltungsberichte an das übergeordnete Kontrollorgan (in erster Instanz das belgische Parlament, in zweiter Instanz den Rat des Völkerbundes, später die Vereinten Nationen), deren Titel sich manchmal leicht änderten, fortan als „Rapport" zitieren und dabei nicht das Erscheinungsjahr angeben, sondern die Berichtsperiode, die sie betreffen.

[36] Nach Chrétien (1977:19, Atlas du Burundi, planche 12) handelte sich um ganze 55 Mann (Louis [1963:204] spricht von 40) plus 450 Askaris (darunter kaum einheimische Soldaten).

[37] Gisaka, das ehemals eine eigenständige politische Einheit gebildet hatte (s. Kap. 2), war in den Eroberungszügen des ausgehenden 18. Jahrhunderts zerrieben und sein westlicher Teil Rwanda einverleibt worden. Ende 1923 wurde dieses Gebiet, das immerhin ein Viertel des rwandesischen Territoriums ausmachte, nach anhaltendem Protest des von den Belgiern unterstützten Königs Musinga Rwanda wieder zurückerstattet. Im Fall des kleineren burundischen Bugufi dagegen zog es Belgien vor – nicht zuletzt gestützt durch den Umstand, dass es hier keinen Protest des noch minderjährigen Königs vorzuschieben gab –, die Grossmacht Grossbritannien nicht nochmals zu „verstimmen" (s. Rapport 1922:6, Gahama 1986:21).

[38] Es ist nicht unwichtig zu sehen, dass Belgiens Interesse an diesen Gebieten immer ein beschränktes war: Belgien hoffte, diese vor allem als Pfand einbehaltenen Gebiete (obwohl fruchtbar und dicht bevölkert, verfügten sie kaum über Bodenschätze und waren nur schwer zugänglich) später gegen die Südbank der Congomündung (nordwestlichster Zipfel des heutigen Angola) von Portugal abtauschen zu können (s. Jewsiewicki, B. 1986:474 in: Roberts, A.D. (ed). The Cambridge History of Africa, vol. 7, from 1905 to 1940). Der ehemalige hohe Kolonialbeamte Ghislain bezeichnete noch 1970 die Annahme des Mandates über Ruanda-Urundi als Fehler und Folge des „Mangels an weitblickenden und klar sehenden Persönlichkeiten" (1970:39).

6.2 Transformationen unter dem Banner der „administration indirecte“. Zur Periode des belgischen Mandates

Gemäss dem Versailler-Vertrag wurden die ehemaligen deutschen Kolonien unter die Siegermächte verteilt, die sie im Namen und unter Kontrolle des Völkerbundes verwalten sollten (sogenannte „Mandatsgebiete“). So wurde das ehemalige Deutsch-Ostafrika zwischen Grossbritannien und Belgien aufgeteilt. Belgien erhielt das Gebiet von Ruanda-Urundi als „B-Mandat“[39] zugesprochen, ein Mandat, das das belgische Parlament schliesslich am 20. Oktober 1924 guthiess. In der Zwischenzeit wurde Burundi wie Rwanda unter dem offiziellen Titel „Territoire d'occupation placé sous l'administration de la Belgique par la Société des Nations“ von Belgien verwaltet. Zu dieser Übergangszeit schreibt Ryckmans, seit 1920 Resident Urundis: „En fait la Belgique se comportait comme mandataire depuis 1921, date à laquelle son rapport annuel fut envoyé pour la première fois au Conseil de la Société des Nations“ (1936:308). Es zeigt sich bereits hier, dass sich Belgien durch die internationalen, im Namen des Völkerbundes auferlegten Einschränkungen kaum in seiner Kolonialverwaltung einengen liess; die Unterscheidung zwischen Mandatsgebieten und „vollen“ Kolonien blieb weitgehend formal und beschränkte sich lange Zeit allein auf die jährlich an den Völkerbund als Kontrollorgan zu erstattenden Berichte.

Dass die vom Völkerbund auferlegten Mandatsbestimmungen die belgische Kolonisation keineswegs, wie von verschiedener Seite befürchtet, „prekärer“, unsicherer und widerruflicher machten und sich die Verwaltung dieser Mandatsgebiete und die Herrschaftsansprüche über sie kaum von „vollen“ Kolonien unterschieden, belegt Ryckmans Auffassung und Auslegung des Völkerbund-Mandates:

> „Les mandats sont précaires – comme sont précaires toutes les institutions humaines, les trônes et les traités; mais pas plus. Ils ont été conférés sans aucune limitation de durée; aucune procédure ne prévoit une revision des attributions, ni même l'éventualité d'une échéance. (…) Normalement le mandat ne peut prendre fin que d'une seule manière: par l'émancipation définitive de la population sous tutelle, quand elle sera parvenue à un degré suffisant de civilisation pour pouvoir présider elle-même à ses destinées“ (1936:308f).

Ausgehend von dieser Erklärung gilt es zu beachten, wie schnell und umfassend Belgien derartige „Zivilisations“-Bemühungen in der Folge in die Wege leitete. In den unmittelbar folgenden Jahren tat sich in dieser Hinsicht erstaunlich wenig. Die belgische Verwaltung der neu besetzten Territorien beschränkte sich in einer ersten Zeit beinahe gänzlich auf die „Pazifikation“ des Gebietes, wobei die Sicherung von Ruhe und Ordnung militärischen und nicht zivilen Organen überlassen wurde. Die anfänglich völlig landesunkundigen Belgier standen vor etlichen Organisationsproblemen, wie Ryckmans selbst freimütig erklärt:

> „Il fallait rétablir l'ordre, alors que notre ignorance absolue des conditions locales ne nous permettait même pas de savoir quelle était la situation de fait avant le départ des Allemands. Tel aventurier se présentait comme chef, venait faire à nos officiers une soumission solennelle: rien ne permettait aux nouveaux occupants de se rendre compte de sa supercherie; et s'il lui prenait fantaisie de dénoncer comme rebelle le chef légitime dont il voulait prendre la place, l'imbroglio était complet“ (1936:308).

Die Belgier konnten für die Verwaltung der ihnen völlig unvertrauten Gesellschaften Rwandas und Burundis kaum auf ihre im Congo gewonnenen Erfahrungen zurückgreifen. Dazu kam, dass Militärs für die Übernahme der Aufgaben der Kolonialverwaltung schlecht geeignet waren. Das allein genügt aber nicht zur Erklärung, wieso die Etablierung einer kolonialen Verwaltungsstruktur so

---

[39] „B-Mandate“ wurden auf „Länder, die bereits einen gewissen Entwicklungsgrad erreicht haben“ angewandt (womit die Tradition politischer Zentralisation gemeint war). Zu den Details der Mandatsbestimmungen s. Ryckmans 1936:309, Gahama 1983:37.

lange auf sich warten liess und hauptsächlich die Bevölkerung des Landesinneren während der ersten Dekade belgischer Herrschaft kaum mit ihr in Berührung kam. Es kamen zwei weitere Gründe hinzu, die beide kolonialpolitischer Natur waren. Als erstes ist die Errichtung der belgischen Militärherrschaft über die besetzten Gebiete und ihre lang hinausgezögerte Ersetzung durch eine Zivilverwaltung im Zusammenhang damit zu sehen, dass Ruanda-Urundi wie erwähnt als Pfand in den nach dem ersten Weltkrieg wieder auflebenden „Poker" um die Verteilung der besetzten kolonialen Gebiete eingebracht werden sollte. Das anvisierte Ziel eines Abtausches gegen portugiesisch besetzte, an den Congo anstossende Gebiete (die strategisch wichtige Südbank des Congoflusses) konnte jedoch nicht erreicht werden, und Belgien blieb nach dem Abschluss der Orts-Milner-Konvention vom 30. Mai 1919 sozusagen auf Ruanda-Urundi sitzen, was belgische Politiker als magere Ausbeute und Entschädigung für ihre Kriegsbeteiligung ansahen (s. oben & Lemarchand 1970:63). Die damit verbundene abwartende Haltung erklärt, dass Belgien sich jedes weiteren inneren Engagements enthielt und sich auf die militärische Kontrolle des besetzten Gebietes beschränkte: „En effet, de 1916 à 1925, le Ruanda-Urundi était soumis au régime d'occupation et la Belgique y pratiquait une politique d'attente" (Nahayo 1983:73).

Die Situation begann sich erst ab 1925 zu ändern, als das Mandatsgebiet in der Folge eines von der belgischen Regierung am 21. August in Kraft gesetzten Gesetzes administrativ der Congo-Kolonie angeschlossen wurde. Deutschland reichte sofort Beschwerde ein gegen diesen mit den Mandats-Bestimmungen unvereinbaren Akt, der zwei Gebiete von unterschiedlichem internationalen Rechtsstatus zusammenschloss. Die Commission permanente des mandats beschränkte sich jedoch darauf, die Situation „mit Besorgnis zu verfolgen"; zu weiteren Schritten hätten ihr auch die Kompetenzen gefehlt. Gahama hat darauf aufmerksam gemacht, dass es sich bei diesem Schritt um ein bereits seit mehreren Jahren vorbereitetes belgisches Projekt handelte.[40] Ruanda-Urundi wurde damit faktisch zur fünften Provinz des belgischen Congo. Wiewohl das Mandatsgebiet nominell eine eigenständige rechtliche Persönlichkeit blieb, bedeutete die Tatsache, dass ihm fortan ein Vice-Gouverneur (in Usumbura residierend) vorstand, der dem Gouverneur Général du Congo belge (in Léopoldeville residierend) unterstellt war, nichts anderes, als dass es zu einer Art „Unter-Kolonie" wurde (Gahama 1983:44, 1986:23). Einer der Gründe des belgischen Handelns – mit dem es nur dem Beispiel anderer Kolonialmächte wie Grossbritannien und Frankreich folgte – war die administrative Vereinfachung durch Uniformisierung, zumal es sich um anstossende Gebiete handelte. Der administrative Zusammenschluss mit, oder genauer: Anschluss an den belgischen Congo hatte aber weitere Gründe. Dahinter lässt sich auch der Versuch sehen, die „Prekarität" des Mandats-Status zu bannen und die belgischen Ansprüche über die betreffenden Gebiete zu bekräftigen. Dazu kamen ökonomische Überlegungen: Das dicht bevölkerte Ruanda-Urundi schien das ideale Arbeitskräftereservoir für die „Inwertsetzung" des benachbarten rohstoffreichen Katanga zu sein. Die belgischen Behörden versuchten denn auch früh, die Emigration der Banyarwanda und Barundi in Richtung der Kolonie zu lenken (Gahama 1983:47, Nahayo 1983:74ff).

Für uns von Bedeutung ist die Tatsache, dass dieser administrative Anschluss die Errichtung einer eigenständigen zivilen Verwaltungsstruktur in den Mandatsgebieten weiter hinauszögerte, eine Konsequenz, die sich in der folgenden Rechtfertigung eines belgischen Vertreters vor der Mandatskommission des Völkerbundes abzeichnet:

> „The Belgian government thought it good, in the interests of the population of Ruanda-Urundi, not to double the already large central services and the technical and medical services established at Boma, but, thanks to the administrative union, to extend the working of these services to the

[40] Der erste Schritt wurde mit dem Gesetz vom 30. Juni 1922 vollzogen, als die Finanz- und Zolleinheit mit dem Congo hergestellt wurde; fortan ersetzte der „Franc congolais" im Mandatsgebiet die deutschen Heller und Rupien. Nicht unbedeutend war ferner die Tatsache, dass alle im Mandatsgebiet stationierten Soldaten kongolesischer Herkunft waren, da die Mandatsbestimmungen es dem Mandatar untersagten, eine einheimische Truppe zu organisieren (Gahama 1983:44f).

mandated territory" (Sociétés des Nations, Commission permanente des mandats, 7ème séance, 1925, pp.55ff, zit. in Lemarchand 1970:64; cf. Nahayo 1983:75)

Obwohl Ruanda und Urundi damit in jeder Hinsicht zu einem Anhang der benachbarten belgischen Kolonie wurden, bedeutete das nur, dass es noch bis zum Beginn der dreissiger Jahre dauerte, bis ihre Gebiete mit einer voll ausgebauten kolonialen Zivilverwaltung dotiert wurden. Systematisch und flächendeckend installiert wurde eine solche erst nach 1930 in Umsetzung der Resultate der berühmten „enquête administrative" von 1929 und des daraus formulierten Zwölfpunkte-Programmes des Vice-Gouverneurs Voisin (1930), auf die noch zurückzukommen sein wird.

Die ersten Jahre des belgischen Mandates trugen noch deutlich die Spuren des deutschen Vermächtnisses. Wie in den Tagen des „Schutzgebietes" wurde ein weiter Bereich administrativer Aufgaben den Militärs überlassen, und noch bis 1925 stützte man sich auf von den Deutschen erlassene Gesetze. Es dauerte Jahre, bis es zur Formulierung einer kohärenten belgischen Politik kam. Dies war in erster Linie die Leistung des ersten belgischen Residenten, Pierre Ryckmans. Unter seiner Leitung waren die Belgier darauf bedacht, nicht die von den Deutschen gemachten Fehler zu wiederholen, und sie anerkannten in der Folge die monarchische Autorität nachhaltiger und geradliniger, als das ihre kolonialen Vorgänger getan hatten. Nachdem die belgische Version „indirekter Herrschaft" bereits in früheren Verwaltungsberichten angedeutet worden war (z.B. 1920: 7,10, 30f, 1921:18 – formuliert vom damaligen Kolonialminister L. Franck), erhielt sie im Bericht über das Jahr 1925 eine gleichsam offizielle, detaillierte Ausformulierung. Ich zitiere in extenso eine Passage aus diesem von Ryckmans formulierten Rapport, die die Kernpunkte der belgischen, in den Mandatsgebieten verfolgten Politik deutlich vor Augen führt:

> „Dans les rapports entre l'autorité européenne et les populations du pays, les rois indigènes ont un rôle important à jouer. (...). Sans doute, les agents locaux de l'administration peuvent et doivent traiter directement pour bien des questions avec les chefs territoriaux. Néanmoins la coopération des rois est un élément incomparable de progrès et de civilisation. Aux yeux de leurs sujets, ils ont, en effet, et ont toujours eu dans le passé une puissance qui, de longtemps, ne sera pas reconnue aux blancs: celle de conférer aux décisions et aux mesures administratives la légitimité. Sans eux, le problème du gouvernement serait quelquefois insoluble.
> Il y a des chefs incapables, imbéciles, qui n'auront jamais d'autorité ou ne sauront faire usage de celle qu'ils ont: instruments sans valeur pour les services que l'on attend d'eux. Il y en a d'irréductiblement hostiles, qui n'accepteront jamais la civilisation. Il y en a d'autres, enfin, dont l'administration européenne, malgré son grand désir de bien faire, ruinera, malgré elle, l'auto-rité. (...). Ces crises de chefferies sont, presque partout, le grand écueil de la politique indigène. Chercher à les résoudre en démettant un mauvais chef coutumier pour investir un indigène plus docile à l'influence européenne, c'est souvent aboutir à remplacer l'insoumission par l'impuissance. La légitimité est un facteur moral d'une importance incalculable. Elle donne bien plus d'autorité que la contrainte. Les seuls rouages qui puissent fonctionner sans grincer entre l'autorité européenne et la masse des indigènes, ce sont les chefs légitimes. Eux seuls, *parce que légitimes*, sauront se faire obéir sans avoir besoin d'inspirer la terreur. Eux seuls, *parce que légitimes*, sauront faire *accepter* des innovations nécessaires que d'autres ne réussiraient peut-être pas à imposer par la force.
> La présence des rois dans le territoire du Ruanda-Urundi est à cet égard, d'une importance capitale, car ils disposent de la légitimité (...). Les chefs qu'ils déposent cessent d'être légitimes, personne ne les reconnaît plus. Les chefs qu'ils désignent – même à l'instigation du blanc – n'ont pas cette tare indélébile d'être des intrus. D'autre part, la famille royale est une pépinière de candidats tout désignés, dont l'Européen peut préparer l'éducation et parmi lesquels il peut choisir, lors d'une carence d'héritier ou d'une élimination nécessaire, sans heurter les sentiments du peuple (...)" (Rapport 1925:63, Hervorhebungen im Original).

Diese Passage enthält effektiv alle Kernstücke der belgischen Version „indirekter Herrschaft und Verwaltung", die bereits hier so dirigistisch und „bemäntelnd" daherkommt, dass sie diese Bezeichnung kaum noch verdient. Es wird die Bedeutung der Kollaboration der lokalen Monarchen beschworen. Für die Durchsetzung des „Fortschritts" ist es unabdingbar, sich auf die vorhandenen hierarchischen Strukturen zu stützen. Damit die Entscheide der traditionellen Autoritäten auch in die richtige (d.h. in die allein von der Kolonialregierung festgelegte) Richtung gehen, sind diese aber eng zu begleiten, zu lenken und zu schulen. Die hier zum Ausdruck kommende, grundlegend paternalistische Haltung zeigt sich noch stärker darin, dass den „autorités coutumières" jede Wahrnehmungsfähigkeit von „Ziel und Nutzen von Fortschritt und Zivilisation" abgesprochen wird, weswegen gute Ratschläge allein auch nicht genügen können: „(…) les bons conseils adressés par le résident européen au roi indigène sont à eux seuls impuissants. Le grand remède, c'est l'occupation réelle et générale du pays; le contact intime permanent de l'administration européenne avec les chefs, et avec tous à la fois" (ibid.).[41] Diese enge „Begleitung" und Kontrolle wird damit gerechtfertigt, dass zwar die alte Organisationsstruktur der traditonalen Herrschaft, nicht immer aber ihr Inhalt und ihre Formen akzeptabel sind (zu bekämpfen sind verschiedene „coutumes barbares", vor allem der überall gesehene „traditionelle Machtmissbrauch", aber auch andere „schädliche Züge der Tradition" wie die Korruptheit des Rechtssystems, das zu oft geltende Recht des Stärkeren, Zauberei und Aberglaube) und es wird freimütig eingestanden, dass das eine Einschränkung der Idee „indirekter Herrschaft" mit sich bringt: „(…) les faits eux-mêmes forcent [le pouvoir mandataire] à sortir des limites d'un simple protectorat" (ibid.). Einmal durch diese permanente koloniale Supervision, die bis zur Anwendung manifester Gewalt gehen kann, geläutert bzw. in Schranken gehalten, sind es aber gerade die traditionell Herrschenden, die der Lokalbevölkerung die koloniale Politik zu verkaufen haben, und dank ihrer hohen traditionalen Legitimität sind sie dazu auch bestens in der Lage – nur über ihre Intervention lassen sich den Kolonialbehörden nicht genehme Chefs[42] durch genehme ersetzen, die von der Bevölkerung anerkannt werden. Ryckmans legt eine starke Betonung auf das Element der Legitimität. Die „indirect rule" dient dazu, Autorität und persönliches Prestige der Bami aufrechtzuerhalten und falls nötig zu stärken. Die traditionellen Zentralinstanzen benötigt man primär (und nahezu ausschliesslich) als vorrangige Legitimierer und „Reinwascher" kolonialer Massnahmen, wie Ryckmans an anderer Stelle in Worten sagt, die an Klarheit nichts zu wünschen übrig lassen:

> „Ce n'est pas par amour de la tradition, de la couleur locale, du pittoresque que nous conservons les rois indigènes. Qu'on bride leurs pouvoirs s'il le faut, s'ils sont de peu de valeur ou de médiocre dévouement, mais qu'on ne touche pas à leur existence ni à leur prestige extérieur. Ils sont le décor familier qui nous permet d'agir dans la coulisse sans alarmer le peuple" (Ryckmans 1925:410f).

Diese Konzeption der Kolonialverwaltung, die sich noch eher als „indirekte Verwaltung" denn als „indirekte Herrschaft" bezeichnen lässt, weicht in wesentlichen Punkten vom Konzept der „indirect rule" ab, so wie es in Grossbritannien von F. Lugard und Cameron vertreten wurde. Im Vergleich dazu zeichnet sich die belgische Spielart dadurch aus, dass den einheimischen politischen Autoritäten nur ein sehr enger Spielraum und kaum Befugnisse gelassen wurden. Sie waren nie gleichgestellte und -berechtigte Mitarbeiter der belgischen Behörden, sondern sie blieben immer deren untergeordnete Befehlsvollzieher und -übermittler. In der Rolle der „agents de transmission"

---

41 In seinem im gleichen Jahr in der belgischen Kolonialzeitschrift „Congo" veröffentlichten Artikel wurde Ryckmans noch deutlicher: „Il n'est pas question de conseils dont personne n'a que faire. Ou nous sommes les maîtres, ou nous ne sommes rien. Nous pouvons faire accepter nos ordres; comme donneurs de conseils nous serions de simples importuns que l'on envoie promener" (1925:413), und dazu war Ryckmans nun wirklich nicht nach Burundi gekommen.

42 Wenn nicht anders erwähnt, werden fortan in Anpassung an den kolonialen Sprachgebrauch mit „Chef" alle Territorialführer (die vorkolonialen *baganwa* [*bakúru*, *batóbato*], *inkebe* und *bishikira*), mit „Sous-Chef" ihre Stellvertreter und Untergebenen (die vorkolonialen *ivyariho*) bezeichnet. Ich habe im Kapitel 3.3 darauf hingewiesen, dass im „Kolonial-Kirundi" alle diese Territorialvorsteher-Chefs unabhängig von ihrer Herkunft als „Baganwa" und alle Sous-Chefs generisch als „Batware" bezeichnet wurden. Der alte Titel *ivyariho* kam ausser Gebrauch bzw. war fortan keine offizielle Bezeichnung mehr.

(s. zum Beispiel Rapport 1947:222) waren sie strikt in ein bürokratisches Verwaltungssystem eingebunden und standen unter permanenter Kontrolle durch europäische Kader, was auf die Dauer ihre Autorität und Prestige nur schmälern konnte. Die duale Strukturierung der belgischen Kolonialverwaltung wurde denn auch mehrmals von der mit der Überwachung beauftragten Commission Permanente des Mandats bemängelt: „L'existence de nombreux agents constituant un service subordonné à l'administration n'est pas favorable au développement du sens de la responsabilité chez les chefs indigènes ou à l'instauration d'un régime d'administration indirecte" (Procès-verbal de la XXXVème session, 1938:52, zit. in Nahayo 1983:81). Indem sich Belgien allein mit der Stärkung der Autorität der monarchischen Spitzen begnügte, entstand eine Art „Schaufenster"- oder „Vorzeige"- indirect rule. Das alles heisst aber noch nicht, dass der Mwami gleichsam automatisch zum Strohmann und Jasager verkam. Das Spiel indirekter Machtstrategien, von Intrigen und Ausspielen der einen Seite gegen die andere beherrschten die burundischen Aristokraten noch lange Zeit besser als die fremden Kolonialherren.

Untersuchen wir in der Folge die Struktur der von den Belgiern eingeführten Kolonialverwaltung und die von Mitte der zwanziger bis Mitte der dreissiger Jahre vorgenommene Umkrempelung der regionalen und lokalen politischen Strukturen.

6.2.1 Politik und Struktur der belgischen Kolonialverwaltung. Die Reorganisation und Umformung des Herrschaftsapparates

Die für die Mandatsgebiete seit ihrem „Anschluss" an den belgischen Congo geschaffene Struktur europäischer Oberbehörden behielt ihre Gültigkeit bis zur Gewährung der Unabhängigkeit im Jahre 1962. Unter der Leitung des in Usumbura residierenden *Vice-Gouverneur Général du Ruanda-Urundi* stand der Verwaltung von Rwanda und Burundi je ein *Résident* vor. Die beiden Länder wurden in „territoires" unterteilt, die die Stellung von Provinzen hatten. Den acht „Territorien" Burundis[43] stand je ein *Administrateur de territoire* vor, denen direkt die einheimischen „Baganwa-Chefs" mit ihren „Batware-Sous-Chefs" unterstanden. Der europäische Kolonialapparat umfasste daneben nur noch wenige Beamte, die in den meisten Fällen technische Hilfsfunktionen versahen (Agronomen, Veterinäre und Ärzte, einige Ingenieure, Baustellenleiter und Gefängnisverwalter). Die Anzahl europäischer Kolonialbeamter blieb immer sehr klein; das europäische Personal beschränkte sich 1935 – ohne Einbezug der Zentralverwaltung in Usumbura – auf 56 Personen, während es ihrer noch fünf Jahre früher erst 30 gewesen waren, die immerhin eine Bevölkerung von eineinhalb Millionen zu „betreuen" hatten (s. Auflistungen in Gahama 1983:56). Ihre Verwaltungseffizienz und Lokalkenntnisse wurden durch häufige Mutationen und Versetzungen weiter herabgesetzt; es war keine Seltenheit, dass ein *Administrateur de territoire* nur wenige Monate im gleichen Amt blieb (vgl. Lemarchand 1970:71, n.4, Gahama 1983:57).

In Anbetracht der oben vorgestellten Auffassung „indirekter Herrschaft und Verwaltung" erstaunt es wenig, dass die belgischen Kolonialbehörden bald den Wunsch nach einer weitgehenden Reorganisation und Reformierung der einheimischen Verwaltungsstrukturen hegten. In der bestehenden Form blieben ihnen diese, zumal auf den unteren Ebenen, in weiten Teilen unüberblickbar und uneinsichtig. Die Kolonialbehörden wollten sie nach ihnen vertrauteren Standards ausrichten, um sie möglichst effizient für ihre eigenen Ziele benutzen zu können. So wurde ab Mitte der zwanziger bis Mitte der dreissiger Jahre eine in ihren Folgen weittragende Straffung und Standardisierung der Struktur und Organisation der „indigenen Territorialverwaltung" an die Hand genommen. In einigen Fällen bereits 1923 begonnen und ab 1926 allgemein „als Notwendigkeit empfunden",

---

[43] Es handelte sich dabei um Usumbura, Kitega, Muhinga, Ngozi, Ruyigi, Rutana, Bururi und Muramvya, wobei letzteres von 1932-1937 Usumbura angeschlossen wurde. Später wurde im Nordwesten zusätzlich das *Territoire de Bubanza* geschaffen.

wurde die Territorialverwaltungsreform jedoch erst ab 1929 in systematischer Weise durchgeführt, als die Resultate einer landesweiten Administrativuntersuchung vorlagen (die berühmte und als historische Quelle höchst wertvolle „enquête administrative de 1929“). Offiziell 1933 für abgeschlossen erklärt, wurde die Reform realiter in geringerem Umfang bis 1943 weitergeführt. Die grossen Linien der in den dreissiger Jahren nach dem Vorbild moderner bürokratischer Organisationsstrukturen festgelegten Territorialverwaltung sind bis heute erhalten geblieben.

In Kenntnis der vorkolonialen Herrschaftsordnung wird deutlich, dass es sich um mehr als blosse „Reformen“ handeln musste. Bevor sie genauer analysiert werden, sind einige Bemerkungen zur monarchischen Zentralinstanz angebracht. Es ist bemerkenswert, dass der 1912 geborene Mwami Mwambutsa Bangiricenge während der gesamten belgischen Kolonialperiode (und noch einige Jahre darüber hinaus) in seinem Amt blieb. Das hatte zweifellos mit seinem jugendlichen Alter zu tun, das es zuliess, ihn weitgehend gemäss den Wünschen der Kolonialbehörden zu formen. Unter der Ägide der Kolonialverwaltung genoss er seit frühem Alter eine europäische Erziehung und Lebensweise, was ihn dem traditionellen Milieu mehr und mehr entfremdete.[44] Noch bis 1930 unterstand er der Vormundschaft des Regentschaftsrates, der ab 1922 nach Ntarugeras Tod – dem von 1900 bis 1920 mächtigsten Mann Burundis – auf Wunsch des Residenten Ryckmans von drei auf zehn, später gar auf dreizehn Prinzen erweitert worden war (s. Rapport 1921: 21f, 1927: 38). Fortan „Conseil du royaume“ genannt, gehörten ihm die einflussreichsten Territorialführer an. Dabei achtete Ryckmans darauf, dass alle wichtigsten Landesgegenden, vor allem aber auch die verschiedenen aristokratischen Äste vertreten waren. Dazu gehörten die prominenten Batare Baranyanka (ein Abkömmling Biroris, Sohn Ntare Rugambas) und der langjährige Sezessionist Mbanzabugabo, was von den Bezi als schwerwiegende kolonialpolitische Intervention und eigene Zurücksetzung empfunden wurde, haftete doch diesen wie auch ihren Nachkommen das Odium mangelnder Loyalität gegenüber dem Mwami an (cf. Lemarchand 1977:103). Für die Kolonialbehörden mussten andere Überlegungen mehr zählen: Dieser – als Institution praktisch einflusslose – Rat, dem der belgische Resident selbst vorsass, sollte dem Zweck genügen, die Einbindung und Kontrolle der einflussreichsten einheimischen Machtträger durch die Kolonialgewalt sicherzustellen (Gahama 1983:138f). Obwohl (oder gerade weil?) Mwambutsa nach seiner Jugend in Muramvya offenbar lieber Kraftwagenfahrer geworden wäre und für Politik nur wenig Interesse übrig hatte, zeigte er sich genügend anpassungsfähig, um von den Belgiern anders als seine Kollegen in Rwanda, Heru und Bushi[45] trotz periodischer Zweifel in seinem Amt belassen zu werden. Obwohl er gegenüber der Kolonialmacht (wie gegenüber der Politik im allgemeinen) immer gewisse Reserven behielt, zeigte er sich den Belgiern gegenüber bis in die fünfziger Jahre in vielen Bereichen kooperativ (zur allgemeinen Einschätzung s. Bankumuhari, s.d., pp. 41ff, 51f).

Während die oberste Ebene also weitgehend verschont blieb bzw. ohne grössere Veränderungen übernommen werden konnte und sollte, wurde auf den unteren Ebenen mit bedeutend schärfe-

---

[44] Gahama zitiert dazu ein eindrückliches Beispiel. Es betrifft das Schicksal des Stiers Muhabura, dem unter der vorkolonialen Monarchie einige wichtige rituelle Aufgaben zukamen. Nicht nur wurde anlässlich der Inthronisation der neue König der Bevölkerung auf seinem Rücken sitzend vorgestellt, sondern er begleitete den Mwami auch auf all seinen Reisen (sein Namen bedeutet wörtlich „derjenige, der den Weg zeigt“). Unter europäischen Lebensbedingungen war das nicht mehr möglich und in den Augen der Kolonialbehörden auch nicht erwünscht. Gahama berichtet: „A partir des années 1930, Mwambutsa alla vivre à Gitega. Ses nombreux déplacements en voiture pour visiter les chefferies rendaient impossible la présence de Muhabura dans sa suite. Ne voyant plus sa nécessité, le roi ordonna de le tuer pour le distribuer aux élèves de l'école de Muramvya! Ce geste, nous dit un ancien compagnon de Mwambutsa, affligea énormément Nduwumwe, qui faillit se suicider“ (1983:364; cf. Nahayo 1983.57).

[45] Rwandas Mwami Musinga wurde 1931 wegen „genereller Insubordination“ abgesetzt und durch seinen Sohn Rudahigwa ersetzt. Kanyoni, der Herrscher Herus (ein Teil des südlichen Buha) wurde 1929 seines Amtes enthoben. König Kabare von Bushi wurde 1936 zum Rücktritt gezwungen, worauf er sein Leben effektiv als Chauffeur beschloss (s. zu all diesen Fällen Gahama 1983: 79-81).

ren Messern angerichtet. Die in den dreissiger Jahren von den Kolonialbehörden ins Werk gesetzte Reorganisation der Regional- und Lokalverwaltungsstrukturen war das Ereignis, das die politische Entwicklung Burundis zwischen 1920 und 1940 am nachhaltigsten geprägt und die traditionelle Machtstruktur auf diesen Ebenen am stärksten verändert hat. Die monarchische Herrschaftsstruktur (cf. Kap. 3) war den meist schnell wechselnden belgischen Kolonialbehörden (wie jedem von aussen Kommenden) in ihrem System und Wirken wie erwähnt in weiten Teilen unverständlich geblieben und musste ihnen als verworren und uneffizient erscheinen. So kann es wenig überraschen, dass sie ihr Heil zur Durchsetzung ihrer Politik und um ein für *sie* manipulier- und brauchbares Instrument in der Hand zu haben, in der Aufoktroyierung einer Verwaltung suchten, die auf ihnen vertrautere Standards ausgerichtet und an die Normen einer durchgängig in klar voneinander unterschiedene, immer inklusivere Ebenen hierarchisierten Territorialverwaltung angepasst war. Die erste systematische Massnahme in diese Richtung wurde 1929 in Angriff genommen, als auf Verlangen des Kolonialministers eine landesweiten „enquête administrative" durchgeführt wurde, mittels der ein Überblick über den Zustand der Verwaltung auf regionaler und lokaler Ebene gewonnen werden sollte. Alle Administrateurs de territoires wurden beauftragt, in ihrem Gebiet so gut wie möglich die Grenzen der politischen und administrativen Einheiten und die persönlichen Qualitäten und die Eignung der jeweiligen „autorités coutumières" zu erheben. Diese umfangreiche Untersuchung lieferte zahlreiche weitere Informationen, die auch von hoher ethnographischer Bedeutung sind und deren Wert vor allem darin liegt, dass sie auf der (Sub-) Ebene der Regionen zusammengetragen wurden in einer Zeit, als diese erst am Rande und in indirekter Art von kolonialen Massnahmen berührt worden waren.[46]

Das politische Programm, das die Kolonialmacht auf der regionalen und lokalen Ebene zu verfolgen gedachte, war bereits in den Jahresrapporten der ausgehenden zwanziger Jahre vorgezeichnet, wo folgendes nachzulesen ist:

> „A mesure que s'étend et que s'intensifie son occupation, le Gouvernement se préoccupe d'associer de plus en plus les autorités indigènes à son action administrative. Ainsi qu'il a été exposé dans les rapports précédents, l'organisation et les autorités coutumières ont été maintenues et consolidées. Pour servir à la réalisation du programme civilisateur que se propose le Gouvernement, il convient cependant que cette organisation subisse une refonte et une adaptation. (...) elle repose, en effet, sur des principes fréquemment opposés à ceux qui inspirent l'action de la puissance mandataire. La division territoriale qu'elle implique ne se concilie pas toujours (...) avec les nécessités d'une administration méthodique. (...) Pour remédier aux inconvénients de [l'] éparpillement de l'autorité indigène, l'administration poursuit une politique de groupement des chefferies, de façon à assurer graduellement la constituion de subdivisions territoriales continues" (1927:37),
>
> und einige Jahre später in programmatischem Stil: „Organiser les chefferies indigènes sur des bases rationnelles, en mettant à profit toutes les circonstances favorables pour les regrouper et réduire le morcellement excessif et incohérent des commandement" (1929:46).

Die zweite grosse Sorge gilt der Persönlichkeit und Schulung der Chefamtsinhaber:

> „Pour que les chefs soient en mesure de s'acquitter des devoirs complexes que leur imposera l'organisation envisagée, il ne suffira pas que l'investiture royale leur confère l'autorité nécessaire; il faudra également qu'une formation appropriée les prépare au rôle qui leur est assigné et qu'ils puissent compter sur l'assistance d'auxiliaires tels que greffiers, secrétaires, cantonniers et moniteurs. C'est dans le but de former les éléments nécessaires à cet effet qu'ont été établies les écoles de fils de chefs de Nyanza et de Muramvya" (1927:37),
>
> und zwei Jahre später an der bereits zitierten Stelle: „Donner au pouvoir politique des chefs le caractère de plus en plus marqué d'une autorité s'exerçant dans l'intérêt public et pour le bien des administrés; pour atteindre ce résultat, substituer, chaque fois que les événements et les

---

[46] Ich habe mich an die in globo über 100 Seiten umfassende, nach neun verschiedenen Territoiren und Unter-Territorien geordnete Kopie gehalten, die als „Dossier B" in den „Papiers Smets" (s. oben) enthalten ist, so wie sie Trouwborst zusammengestellt hat. Ich werde mich in der Folge auf sie beziehen.

circonstances s'y prêtent, de jeunes notables lettrés et à mentalité évoluée, aux chefs de l'ancien régime, incapables d'adapter leur action aux méthodes nouvelles; arriver ainsi à un stade de développement des institutions indigènes qui permette une application plus nette et plus sûre du principe de l'administration indirecte" (1929:46).

Die Verwaltungsuntersuchung von 1929 erhärtete schliesslich die bereits bekannten Fakten über Struktur und Organisation der monarchischen Verwaltung und Herrschaftsordnung im regionalen Bereich. Auf die derart erhaltenen Zahlen und Angaben folgten schnell die Taten. Offiziell formalisiert wurden die Leitlinien der Kolonialpolitik auf dem Gebiet der politischen Verwaltung durch das Zwölfpunkteprogramm des belgischen Vice-Gouverneur-Générals Ch. Voisin („Idées conductrices de la politique générale à suivre dans le Ruanda-Urundi"), das Ende September 1930 als direktes Resultat der aus der im Vorjahr durchgeführten „enquête administrative" gewonnenen Einsichten erlassen wurde. Im Punkt VI wird das „Programme de politique indigène" spezifiziert:

a) „Respect et renforcement de l'autorité autochtone dans la mesure où elle s'exerce suivant nos directives civilisatrices.
b) Surveillance étroite pour empêcher les abus en matière de prestations et corvées coutumières. La classe dominée doit prendre conscience de ses droits.
c) Déstitution et remplacement des chefs incapables par les candidats désignés avec l'accord du Mwami.
d) Regroupement des chefferies de façon à supprimer la dispersion des fiefs et rendre l'administration plus aisée et plus efficace.

Partir du principe que sans la collaboration des autorités autochtones, le pouvoir occupant se trouverait absolument impuissant et en présence de l'anarchie.

Pour administrer et diriger les natifs, il faut avoir leur confiance et s'en montrer digne."

Kurz gefasst bedeutet das: Stärkung der autochthonen Autorität; enge Überwachung ihrer Inhaber; ihre Ab- und Ersetzung, falls sie nicht den kolonialen Maßstäben genügen; Zusammenlegung der Chefferies zu grösseren, kompakten Einheiten, um die Verwaltung zu vereinfachen und zu standardisieren. In die Praxis umgesetzt hiess das, dass die politische Struktur nicht nur reformiert, sondern grundlegend reorganisiert und die politische Karte Burundis recht eigentlich auf den Kopf gestellt wurde. Die bereits seit 1926 eingeleiteten und nun systematisierten Umwälzungen lassen sich in folgenden Punkten zusammenfassen:

• 1) „Territorialisierung" der Verwaltungseinheiten: Die administrativen Einheiten sollen fortan feste, möglichst natürliche Grenzen aufweisen (entlang von Wasserläufen, Bergketten). Durch eindeutige Grenzziehungen sollen auch Konflikte und Rivalitäten zwischen den lokalen Chefs, die damit von politischen Führern zu reinen Beamten wurden, eingedämmt und beendigt werden. Mit der belgischen Kolonisation und der Aufoktroyierung und Durchsetzung der „Pax belgica" endete das, was Botte die „Entsprechung von Zivilgesellschaft und Militärorganisation" nannte (1982a: 306), die sich im Gefolge eines verallgemeinerten „internen Krieges" eingestellt hatte. Die Zivilgesellschaft wurde fortan gemäss einer anderen Logik, derjenigen der kolonialen Verwaltungsbürokratie organisiert und strukturiert.

• 2) Die zu grosse Zerstückelung der Territorien in unzählige verschieden grosse Einheiten und die Aufsplitterung in zu viele Hände ist aufzuheben. Kleine Einheiten sind zusammenzulegen oder grösseren anzuschliessen. So wurden Richtgrössen für die administrativen Einheiten der verschiedenen Ebenen (Chefferie, Sous-Chefferie) festgelegt. Deren Umfang sollte fortan nicht mehr von Bedeutung, Einfluss und militärischer Macht ihres Führers abhängig sein, sondern allein von rationellen administrativen Kriterien, wie sie eine „methodische Verwaltung" nahelegte. Die ideale Sous-Chefferie umfasste ungefähr 500 Steuerpflichtige – „contribuables", auch „Hommes adultes valides" (H.A.V.) genannt, die wichtigste koloniale Rechnungseinheit; jede mit weniger als 100 H.A.V. ist einer anderen anzugliedern und ihr bisheriger Chef dem neuen unterzuordnen (sog. „mise en sous-ordre"). Dasselbe gilt für die Ebene der Chefferies, waren die „Einzugsgebiete" der vorkolonialen Regionalführer doch in ihrem Umfang ebenfalls höchst ungleich. Wenn die durchschnittliche Chefferie 1929 320 km^2 und 4'210 H.A.V. (was ungefähr 20'000 Personen entspricht) umfasste, so verstecken sich dahinter enorme Disproportionen: Das Gebiet des Ntarugera-Sohnes Bakareke umfasste 1'250 km^2 und 37'370 „contribuables", während der Mutare Ndabaneze im südlichen Buragane auf einem Gebiet von 10 km^2 nur über 256 H.A.V. herrschte (Gahama 1983:65).

Obwohl in der ersten Zeit schnell und ohne weitere Rücksichten zur Tat geschritten wurde, darf man sich offenbar den Erfolg dieser Standardisierungs-Massnahmen gerade auf der untersten Ebene der Sous-Chefferie nicht zu gross und nicht als sich schnell einstellend vorstellen – sie liessen sich nicht über Nacht durchsetzen. Anders lässt sich nicht erklären, dass der Umfang der Sous-Chefferies noch 1948 nach dem zweiten Weltkrieg zwischen 565 und 5 km^2, zwischen einigen Hundert und einem blossen Dutzend Steuerpflichtigen schwanken konnte, wobei nun ihre durchschnittliche Grösse immerhin 57 km^2 betrug: Der durchschnittliche koloniale „Mutware" (Sous-Chef) stand nicht mehr wie sein vorkolonialer Vorgänger, der *icariho*, lediglich einem oder zweien, sondern einer Mehrzahl ausgedehnter geographischer Hügel vor.

• 3) Herstellung einer eindeutigen Hierarchie zwischen „exklusiven" Sous-Chefferies und inklusiveren Chefferies, eine Hierarchisierung, die sich überschneidende Abhängigkeiten, Ausnahmen und Umgehungen nicht mehr zulässt. Alle Sous-Chefs und alle Chefs sollen einander auf ihrer respektiven Ebene gleichgestellt und nur ihrem unmittelbaren Vorgesetzten auf der nächst höheren Ebene verpflichtet sein. Das Verfügen über mehrere, nicht zusammenhängende Gebiete ebenso wie die Existenz von Enklaven bzw. Exklaven von Ritualisten oder anderen Würdenträgern und traditionsreichen und verdienstvollen Führern wurde untersagt. Diese Transformationen mussten vor allem die Ritualisten und die königlichen Zentralgebiete empfindlich treffen. Die allgemeine Bürokratisierung der Machtstruktur erlaubte es nicht mehr, auf derartige Eigenheiten der vorkolonialen monarchischen Herrschaftsordnung Rücksicht zu nehmen. Auf die Folgen werde ich noch an gesonderter Stelle zurückkommen.

• 4) Die Funktionen der Chefs und Sous-Chefs sollen stabilisiert und dem Innehaben dieser Ämter der Charakter von Unsicherheit und jederzeitigen Widerrufbarkeit („le caractère de précarité") genommen werden. Die Person des Amtsinhabers ebenso wie die Länge des Mandates sollen nicht mehr von den Beziehungen zur übergeordneten Instanz und durch deren „Launen", sondern allein von den Kompetenzen und persönlichen Qualitäten bestimmt sein. Trotzdem soll die Herkunft der Amtsinhaber weiterhin – und nun gemäss kolonialen Direktiven und Kategorisierungen – in Rechnung gestellt werden, Ausrichtungen, die weit in die Zukunft wirken sollten.

Alle Transformationen, so wie sie sich aus den letzten drei Punkten ergaben, gingen mit einer massiven Verschiebung des Status der traditionellen Autoritätsträger einher. Es lässt sich allgemein von einer „Funktionarisierung" oder „Verbeamtung" der politischen Autorität sprechen.

• 5) Alle als unfähig eingeschätzten Führungskräfte sollen anlässlich der Zusammenlegungen administrativer Einheiten abgesetzt werden.

Der letzte Punkt macht deutlich, dass sich mit der Verwaltungsreorganisation eine ideale Gelegenheit zur Selektion und eventuellen Erneuerung der einheimischen Kader bot, wurde doch im Zuge der Zusammenlegungen die Anzahl der „autorités coutumières" massiv zusammengestrichen: Von über 130 Chefs im Jahr 1928 gab es bereits fünf Jahre später nur noch 46 und die Anzahl der Chef-Posten wurde bis Ende der Verwaltungsreorganisation im Jahre 1945 weiter auf 35 reduziert. Im gleichen Zeitraum wurde die Zahl der Sous-Chefs um beinahe die Hälfte gekürzt: Von über tausend auf noch knapp 550 (s. nachfolgende Tabelle). Die Dimension des kolonialen Eingriffes tritt hier deutlich zutage. Natürlich war die „Mandats"-Macht bestrebt, anlässlich dieses Aderlasses so weit wie möglich Einfluss auf die Selektion der einheimischen Kader zu nehmen. Es ist von beträchtlichem Interesse, die dabei verfolgte „Personalpolitik" zu betrachten. Während das Netz der die Führungskader untereinander verbindenden persönlichen Beziehungen und der ganze

Bereich der Ganwa-Politik noch bis 1929 klar ausserhalb von Gesichtskreis und Verständnis der belgischen Kolonialbehörden gelegen hatten, wozu die schnelle Auswechslung der Kolonialbeamten das ihre beitrug, so versuchten sie sich da fortan zunehmend einzumischen und Einsicht zu erhalten, was nicht zuletzt durch die „Enquête administrative" von 1929 ermöglicht wurde. Ein wichtiger Teil des an die *Administrateurs de territoire* ausgegebenen Fragebogens betraf denn auch die Einschätzung der Führungskader ihres Gebietes; in der Folge wurde über jeden einzelnen Chef eine „Fiche biographique" angelegt. Erhoben wurden neben der Geschichte jeder Chefferie Zivilstand (Anzahl Frauen und Kinder) und Charakter des Chefs, sein Grad an westlicher Bildung (Lese- und Schreibkundigkeit) und Offenheit gegenüber „Zivilisation und Fortschritt" (Einstellung gegenüber Magie, Mission, Verwaltung und König), persönliche Lebensführung und Vermögen, Alter, Führungsstil und nicht zuletzt die familiäre Herkunft. Die Einschätzung der „autorités coutumières" durch die Kolonialverwaltung, die schliesslich zur Absetzung der einen und zur Förderung der anderen führte, richtete sich nach all diesen Kriterien, wobei vor allem die Herkunft hoch gewichtet wurde. Die gewählten Kriterien geben über Wertmassstäbe und Politik der Kolonialverwalter mindestens so sehr Auskunft wie über die persönlichen Qualitäten der lokalen Führungskader. Wenn sich die Belgier auch weiterhin in der simplifizierenden Unterscheidung zwischen „guten" und „schlechten" Chefs übten – „a favourite dichotomy of Belgian officials" (Lemarchand 1970:71)[47] – und sie darauf bedacht sein mussten, die am willigsten kollaborierenden Kader im Amt zu belassen, so privilegierten sie ausgehend von der von Ryckmans[48] formulierten Doktrin der „administration indirecte" und ihrem reduktionistischen Verständnis der monarchischen Herrschaftsstruktur doch das eine Kriterium vor allen anderen: die familiäre Herkunft. Als unmittelbare Folge davon kam es im Laufe der dreissiger Jahre zu einer deutlichen und oft herausgestellten Machtverschiebung zugunsten der Aristokratie, der *baganwa*, die über die im Zuge der Verwaltungsreorganisation vorgenommene Reduktion der Führungsposten zu ihrer vollen Wirkung kam.

6.2.2 Machtverschiebungen auf der Ebene des autochthonen Herrschaftspersonals

Wir kommen hier auf eine weitere Ebene der belgischen Kolonialpolitik zu sprechen: auf die ethnischen Beziehungen und ihre Perzeption durch die Kolonialbehörden, die ihre Einflussnahme auf diesem Gebiet leitete. Aus analytischen Gründen ist diese Ebene von den anderen – der Behandlung und Ausstaffierung der monarchischen Zentralinstanz und der Strukturierung und Organisation des einheimischen Verwaltungsapparates – zu trennen, wobei sich die Zusammenhänge schnell zeigen werden. Es ist oft auf den Einfluss der „hamitischen These" und der aus dem 19. Jahrhundert stammenden Rassentheorien (s. Kapitel 2) auf die Kolonialpolitik der Deutschen und

---

47 Besonders deutlich kam das in der „Enquête administrative" von 1929 zum Ausdruck; s. „Papiers Smets", Dossier B, und die von Chrétien (1982:380) und Gahama (1983:67ff) erstellten Auflistungen. Besonders markante, gegensätzliche Beispiele waren die Baganwa Karabona (Sohn Mwezi Gisabos) und Karibwami (Mutare, Abkömmling Ndivyariyes), die sich in ihren Beziehungen zu den Kolonialbehörden und in ihrem Führungsstil deutlich voneinander abhoben: „Kar. représente à notre époque l'ancienne barbarie, inlassablement lente à mourir. C'est le type du chef attaché à la coutume, servi par une intelligence corrompue par une politique de spoliations et par une complète absence de scrupules, d'une audace inouie, il est cependant d'une prudence extrème et toujours il sauvera les apparences. Il subit notre autorité comme une force élémentaire, irrésistible, il ne nous acceptera jamais. (...) A une autorité despotique sur ses sujets. Kar. règne surtout par la terreur" (Papiers Smets, Dossier B, territoire Kitega, p.13: Fiche biographique); ganz anders die Schwierigkeiten Karibwamis: „Étant un des premiers chefs qui se soient rapprochés des Européens, il a eu plusieurs fois des difficultés avec des indigènes qui l'accusent de les avoir vendus" („Enquête", zit. in Gahama 1983:70).

48 Ryckmans hatte von 1934-1946 den hohen, direkt dem Kolonialminister unterstellten Posten des Gouverneur Général du Congo belge mit Sitz in Léopoldeville inne, dem auch der Vice-Gouverneur Général du Ruanda-Urundi mit Sitz in Usumbura unterstand.

vor allem der Belgier in Rwanda und Burundi hingewiesen worden, die zu einer Perzeption der ethnischen Beziehungen führte, die ihre einfachste Formel in der oft zitierten Aussage Ryckmans' fand:

> „Les Batutsi étaient destinés à régner. Leur seule prestance leur assure déjà, sur les races inférieures qui les entourent, un prestige considérable: leur qualités – et même leurs défauts – le rehaussent encore. (...) Rien d'étonnant que les braves Bahutu (...), moins malins, plus simples, plus spontanés et plus confiants, se soient laissé asservir sans esquisser jamais un geste de révolte" („Dominer pour servir", 1931:26, ebenfalls in „Grands Lacs", no. spécial mars 1936: 279f).

Unter dem Einfluss verschiedener, teilweise von Missionaren veröffentlichten ethnographischen Berichten (s. z.B. Gorju 1938), aber auch des Modelles des benachbarten Rwanda, wo nie ein Zweifel über die Tutsi-Zugehörigkeit der Banyiginya-Dynastie bestand, wurde die Ganwa-Aristokratie den Batutsi zugeschlagen. Trotz aller privilegierten Beziehungen und der „natürlichen" Allianz zwischen diesen beiden Gruppen haben wir oben (Kapitel 2) die Fragwürdigkeit dieser vereinfachenden Zuordnung gesehen. Diese reduktionistische Sichtweise und Orientierung am Schema von „Tutsi-Herren", denen die „Hutu-Knechte" gegenüberstehen, musste sich unter Verfolgung einer „indirect rule"-Doktrin in einer eigentlichen „Tutsisierung" des burundischen Machtapparates äussern (Chrétien 1985:145). Zur verstärkten Verbreitung des ethnisch-rassischen Modelles trugen verschiedene Faktoren bei; dabei spielte die gemeinsame Verwaltung Burundis mit Rwanda, in dem die sozialen Spaltungen viel ausgeprägter entlang von ethnischen Linien verliefen, eine Rolle. Von Bedeutung war auch der Einfluss von katholischer Kirche und Mission, deren Exponenten (Mgr. Classe in Rwanda und Mgr. Gorju in Burundi) sich stark an der „rwandesischen Ideologie" orientierten (s. Mvuyekure in Gahama/Mvuyekure 1989). Tatsache ist, dass die Bahutu im Lauf der Verwaltungsreorganisation innert weniger Jahre all ihrer Führungsposten verlustig gingen (1929 stellten sie immerhin 9 Chefs, 1945 keinen einzigen mehr). Trotzdem war es zumindest in Burundi nicht so, dass das Prinzip der Tutsi-Macht frag- und diskussionslos übernommen worden wäre, wie gerade die 1929er Erhebung zeigte. Hier hatten die *Administrateurs de territoire* in noch sehr differenzierter Weise von ihren Erfahrungen mit Bahutu-Führern berichtet.[49] Im Gegensatz zu Rwanda war es auch nicht so, dass in die 1923 gegründete „École de Muramvya pour fils de chefs" nur Batutsi und Baganwa zugelassen wurden, obschon diese das Übergewicht stellten (gemäss dem Rapport ... pendant l'année 1928, p.53, waren es im entsprechenden Jahr 50 Baganwa[50], 67 Batutsi und 53 Bahutu). Die Benachteiligung der Bahutu wirkte sich erst in späteren Jahren aus, als sie wirklich keine Chefs mehr stellten. Ebenso falsch ist es, den belgischen Verwaltern zu unterstellen, dass sie nicht zwischen Batutsi und Baganwa zu unterscheiden wussten (selbst wenn sie letztere als aristokratischen Teil ersterer betrachtet haben mochten). Effektiv nahm der Anteil, den die Batutsi an den Chefposten innehatten, während der ganzen Zeit der Verwaltungsreform nur schwach von 21% im Jahre 1929 auf 29% 1945 zu (s. nachfolgende Tabelle). Auf der Ebene der Sous-Chefs mögen die Verschiebungen von bedeutenderem Ausmass gewesen sein (s. Chrétien 1985:145), eine Vermutung, die durch meine regional begrenzten Erhebungen bestätigt wird; allein dazu fehlen genauere Zahlen. Anders als oft behauptet, nahm der Anteil der Baganwa *insgesamt* im gleichen Zeitraum nur unwesentlich stärker zu; auf der Ebene der Sous-

49 Daraus stammt zum Beispiel folgendes, in brüchiger und verkürzter Amtssprache gehaltene Zitat: „Placer un muhutu intelligent à la tête d'une cheff. ds la région où cela est possible est toujours risqué d'avance, il a beaucoup d'ennemis et s'il ne possède pas de bétail il se dédommagera en prenant un nombre respectable de femmes. Il y a un muhutu chef dans le terr., il a cinq femmes, mais je dois reconnaître que sa cheff. marche à merveille et il n'a que très peu de watutsi chez lui" (Papiers Smets, Dossier B, „Enquête", Territoire de Bururi, p.2).

50 Der relativ tiefe Ganwa-Prozentsatz in dieser (1928 nach Gitega verlegten) Schule für den Nachwuchs der Führungsklasse erklärt sich unter anderem dadurch, dass es viele (vor allem östliche) Batare vorzogen, ihre Söhne nicht im „Bezi-Gebiet" von Muramvya zur Schule zu schicken, sondern sie lieber in Distrikt-Schulen einschrieben.

Chefs mag die Zunahme über die zahlreichen „mises en sous-ordre“ stärker durchgeschlagen haben – systematische Untersuchungen wären hierzu von Interesse. Wenn die Baganwa ihren Anteil von 69% im Jahre 1929 (nach den unsichereren Zahlen von 1928 sogar von 57%) innert vier Jahre auf 78% erhöhen konnten und sie vor allen anderen Gruppen von der kolonialen Reduktion der Chefposten profitierten, so galt das doch weniger für sie als Gesamtheit als für ihre Untergruppe der Bezi, wie aus nachfolgender Tabelle ersichtlich ist:

Jahr	*Bezi*	*Batare*	*Batutsi*	*Bahutu*	*Total Chefferies*	*Total Sous-Chefferies*
*1928?**	35	41	30	27	133 (131)*	?
1929	24	37	19	9	89 (102)*	1076 [1932]
1933	19	16	8	3	46	849 (916)
1937	20	15	8	1	44	802[51] (673)
1945	17	8	10	0	35	547
1954	18	8	9	0	35	525 [1959]

Tabelle 4: Verteilung der Chefferies nach ethnischen und soziopolitischen Kategorien (Quellen: Nahayo 1983:86, 88; Gahama 1983:89ff,104, Gahama/Mvuyekure 1989:310; Rutake 1980:49; Chrétien 1982:370; Atlas du Burundi 1979, planche 13; Rapports sur l'administr. belge 1933:75-77, 1936:65, 1945/46: 31)

Neben dem vollständigen Ausschluss der Bahutu von den Führungspositionen fand die markanteste Verschiebung *innerhalb* der Aristokratie zwischen den Baganwa-Faktionen der Bezi und Batare zugunsten ersterer statt. In der gleichen Zeit, in der die Bezi ihren Anteil an den Chefposten von einem guten Viertel auf 50% erhöhen konnten, wurde die relative Stärke der Batare beinahe halbiert (1929 stellten sie 42% aller Chefs, ab 1945 noch 23%). Die Gründe dieser Verschiebungen sind auf verschiedenen Ebenen zu suchen. Durch den „indirect rule“-Ansatz der Kolonialpolitik kam es zu einer „Feudalisation“ vermeintlicher Feudalitäten, wie es Chrétien (1982) ausdrückt, auf jeden Fall zu einer „Indigenisierung“ der vor Ort gefundenen Strukturen entsprechend den Perzeptionsmustern der Kolonisatoren. Es konnte den „indirect rule“-Praktikern wie gesagt nicht gleichgültig sein, was unter „Tradition“ verstanden wurde. Die Neuorientierung und Umformung „traditioneller“ Strukturen im Zuge der „indirekten Herrschaft“ ist von zahlreichen Studien der angel-

* Kommentare zu einigen unklaren oder unstimmigen Zahlen: Zum Jahr 1929: Von insgesamt offenbar 102 Chefs (Gahama 1986:22 spricht von 111) konnte nur von 89 die herkunftsmässige Identität bestimmt werden. Obwohl diese Zahlen grosso modo von allen Seiten akzeptiert zu sein scheinen, wird von denselben Autoren für das Jahr 1929 auch die Zahl von 131 Chefferies angegeben, wobei allein Gahama diese nach der Herkunft der Chefs aufschlüsselt, dabei aber auf ein nochmals höheres Gesamttotal von 133 kommt (1983:104). Diese zweite, beträchtlich höhere Zahl könnte auf Verschiebungen im Laufe des Jahres zurückgehen, eventuell stammt sie auch aus dem (einem) Vorjahr. All die Unstimmigkeiten weisen auf die verschachtelte Situation hin, die jeden Überblick erschweren, wenn nicht verunmöglichen musste. Es war nicht immer einfach, das Gebiet eines Chefs von dem eines anderen auseinanderzuhalten (s. Nibogora 1988:33). Vgl. die Graphiken, Tabellen und Karten in Gahama 1983:105ff, Gahama/Mvuyekure 1989:310, Chrétien 1982:373, Nibogora 1988:46-47.

51 Der Rapport zum Jahr 1936 spricht jedoch von 46 Chefs und nur 673 Sous-Chefs (1936:65), während Gahama (1983:90f) noch für das Jahr 1937 802 Batware auflisten konnte. 1933 dagegen kam der Verwaltungsbericht auf ein Gesamttotal von 916 Sous-Chefs (1933:75-77); der Unterschied zur von Gahama genannten Zahl von 849 liegt vor allem im Territoire de Bururi (204 gegenüber nur 138 Sous-Chefs bei Gahama, a.a.O.).

sächsischen Social Anthropology zum Thema von „tradition and change“ aufgezeigt worden, während es vor allem Balandier war, der auf die Mehrdeutigkeiten der Bezugnahmen auf die „Tradition“ und auf die verschiedenen Formen von „Neo-Traditionalismus“ aufmerksam machte und diese fein analysierte (z.B. 1976:180ff). Die geforderten Authentizitäten und denunzierten Archaismen waren oft bedeutend rezenteren Ursprunges, als ihre Verteidiger und Ankläger vorgaben (Chrétien 1982:367). Das „traditionelle“ Erbe („l'héritage coutumier“) war in vielen Fällen zu einem guten Teil das Resultat kolonialer Neumodellierungen, die sich wiederum auf ethnographische Darstellungen und Lesarten der „Tradition“ abstützen mochten. Schliesslich diente die Gewährung der Kontinuität der „traditionellen“ Gesellschaft auch der Legitimation der Kolonialherrschaft. Das gilt auch für Burundi. Die koloniale Erfassung der Monarchie liess diese innerhalb eines „traditionellen“ Rahmens (oder was dafür gehalten bzw. genommen wurde), unter einer „masque ‚coutumier'“ (Chrétien 1981b:127)[52] erstarren – ein Phänomen, wie es nicht nur aus dem Binnenseengebiet bekannt ist.

Die vorgenommenen Ummodellierungen und Verschiebungen drückten sich bereits auf semantischer Ebene, im politischen Vokabular aus. Ich habe darauf hingewiesen, dass der Begriff „Muganwa“ während der Zeit des belgischen Kolonialregimes eine neue Bedeutung bekam. Während zur vorkolonialen Zeit unter ihm (und im Verständnis der Barundi bis heute) die Angehörigen einer erblichen dynastischen Gruppe – die „aus dem Bauch der Trommel“ (*inda y'ingoma*), das heisst die königliche Familie (aus der man gemäss dem *gutahira*-Schema nach der Vollendung jedes Zyklus ausgestossen wurde) – verstanden wurden, wurden ab den dreissiger Jahren damit die Inhaber eines bestimmten politischen Amtes, nämlich der obersten Hierarchiestufe der Territorialverwaltung, bezeichnet, und das unabhängig ihrer verwandtschaftlichen Zugehörigkeit. „Muganwa“ wurde synonym mit „Chef“, dem Vorsteher einer „Chefferie“, einer fest umgrenzten territorialen Verwaltungseinheit, in welche das Land zwischen 1926 und 1935 neu eingeteilt wurde. Der „Muganwa“ wurde innerhalb der kolonialen Beamtenstruktur zum hierarchischen Vorsteher der „Sous-Chefs“, auf Kirundi fortan „Batware“ genannt (was wiederum einer semantischen Einschränkung gegenüber dem früheren Verständnis gleichkam).[53] Diese Bedeutungsverschiebung fand ihre Entsprechung zu einem guten Teil auch in den Tatsachen, besetzten die Ganwa-Aristokraten doch nun einen noch grösseren Teil der regionalen Führungsposten als bereits zur vorkolonialen Zeit (s. anschliessende Abbildungen).

---

[52] Es ist das Verdienst Chrétiens, die durch diese Festlegungen und Fixierungen genährten falschen Analogien (in erster Linie die „Feudalisierung“), die die Wahrnehmung, Beschreibung und Untersuchung der interlakustrinen Gesellschaften während der gesamten Kolonialperiode und darüber hinaus prägten, in zahlreichen Veröffentlichungen analysiert zu haben, wenn das auch immer aus einem einseitigen, der Apologetik des postmonarchischen Status quo nie ganz abholden Blickwinkel geschah.

[53] Vom Verb *gutwâra*, „regieren“, abgeleitet, wurden damit vorkolonial generisch alle Führungskader unabhängig der hierarchischen Ebene (die es anders als in einer modernen Bürokratie in keiner durchgängigen, systematischen Art und Weise gab) bezeichnet (s. Kapitel 3.3).

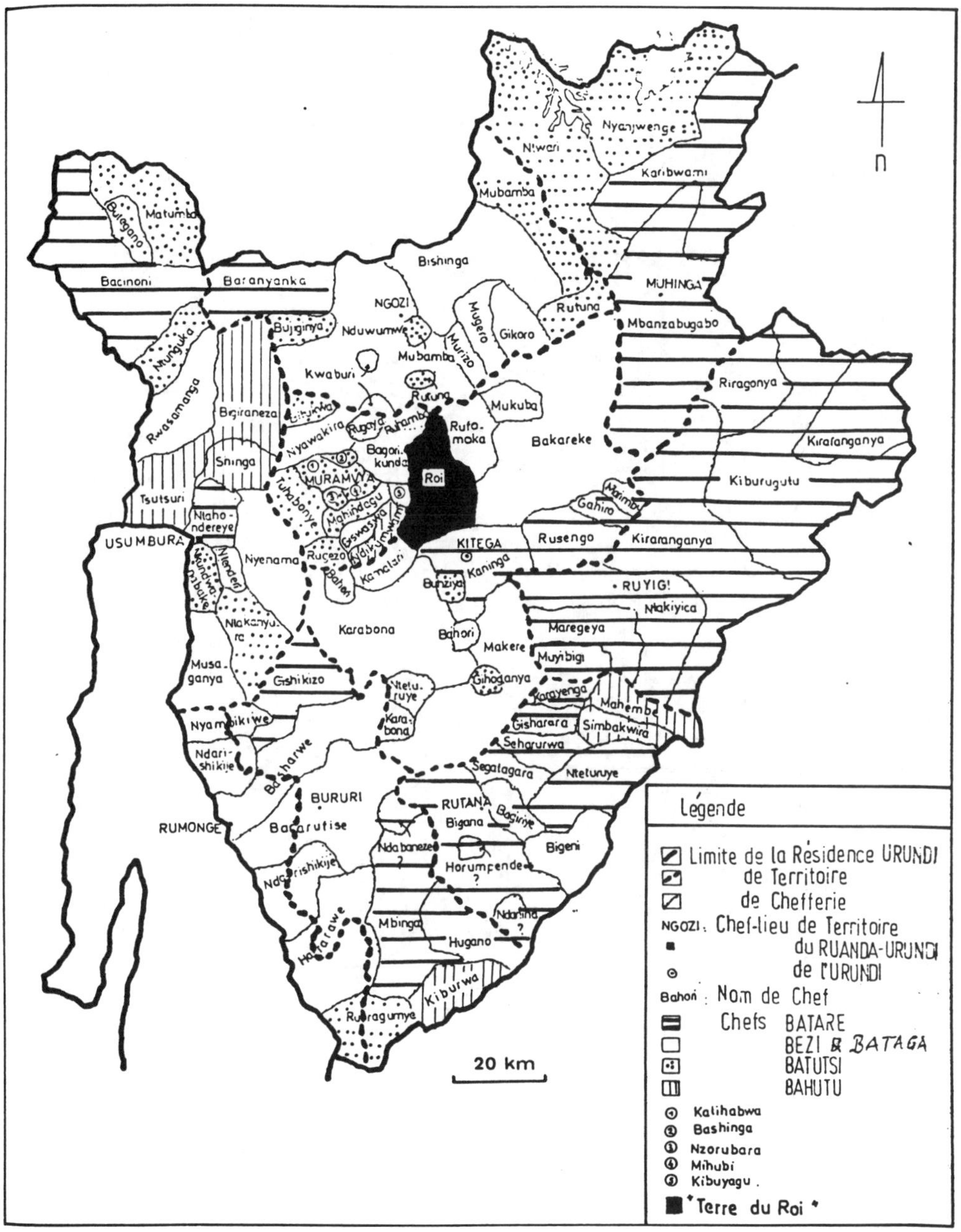

Abb. 10: Die Verteilung der Chefferies im Jahr 1929

(Quelle: Gahama 1983:105)

Die Karte enthält etliche Ungenauigkeiten und Unklarheiten; vgl. z.B. Nibogora 1988:46-47.

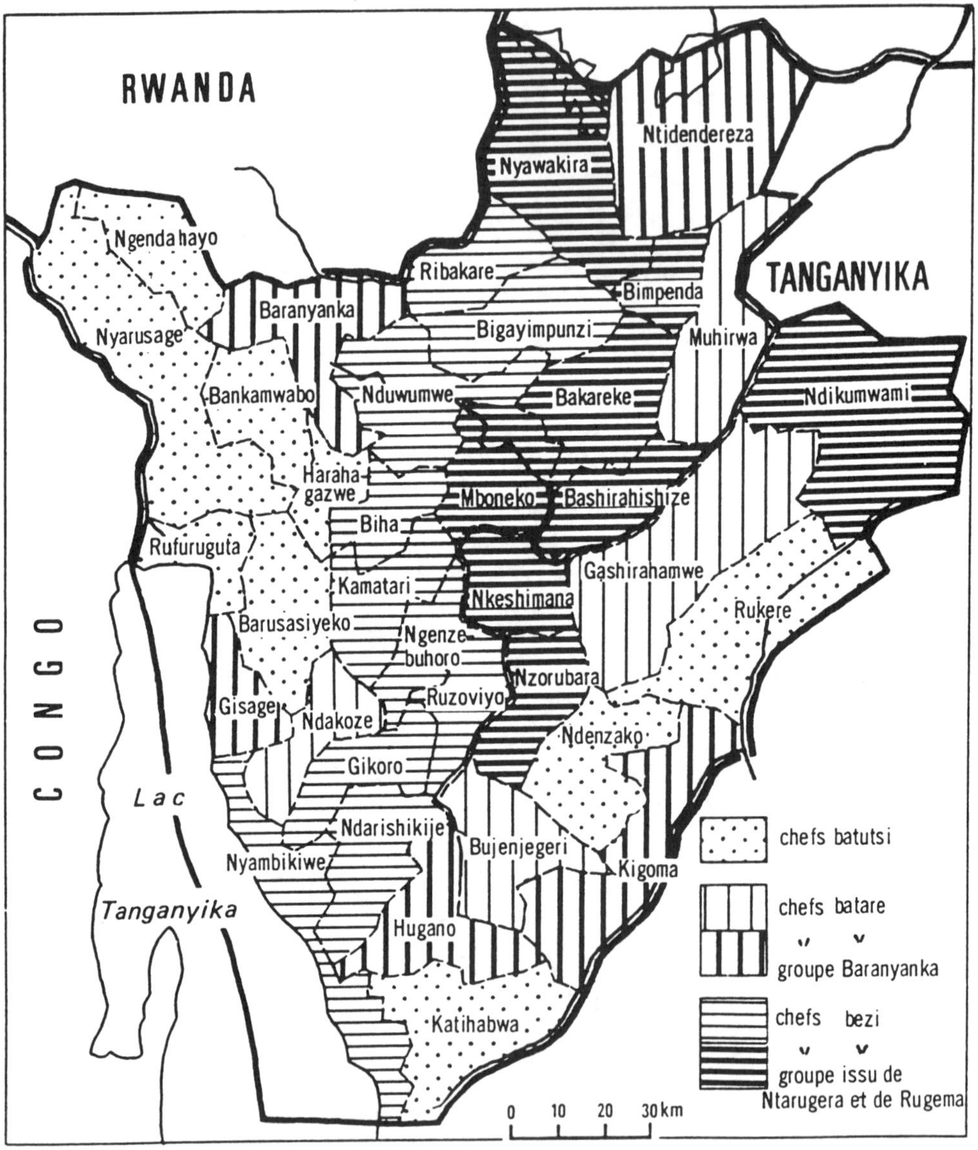

Abb. 11: Die Verteilung der Chefferies im Jahr 1954
(Quelle: Chrétien 1982: 373)

Die Privilegierung und Förderung der Baganwa[54] kam nicht allen ihren Ästen im gleichen Masse zugute. Im Gegenteil: Die Batare mussten im Verlaufe der Kolonialzeit eine starke Zurücksetzung in Kauf nehmen, was sich im Anteil der von ihnen besetzten Chefposten ausdrückte (s. Tabelle 4). Das widersprach der anfänglichen Anerkennung ihrer Ansprüche unter der belgischen Herrschaft, was sich am deutlichsten an der Aufnahme des alten Dissidenten Mbanzabugabo in den „Conseil du royaume“ ausgedrückt hatte. Mit Chrétien (1982:370f) lässt sich von einer Homogenisierung und Konsolidierung der monarchisch-aristokratischen Verwaltung sprechen, da die Belgier mit ihrer Politik der „indirekten Verwaltungs“ nach einer kohärenteren lokalen Aristokratie strebten; sie wollten die Fehler der Deutschen nicht wiederholen und waren an einer unumstrittenen, konsolidierten königlichen Autorität interessiert (s. obige Zitate aus den Verwaltungsberichten). Da sie sich dabei weiter an eine familiäre Machtzugangs-Logik hielten, perpetuierten sie damit die momentan privilegierte Stellung der Bezi, da es zu dieser Epoche diese waren, die aus geschichtlichen Gründen vor allen anderen das monarchische Zentrum repräsentierten. Es ist jedoch zu einseitig, zu sagen, dass die Bezi ihre prominente Stellung in erster Linie oder gar ausschliesslich der Einflussnahme der Kolonialverwaltung verdankten. Die Belgier wurden mit der Kolonisation nicht zu den einzigen politischen Akteuren. Zudem ist es zu vereinfachend, alle Resultate ihrer Politik als effektiv gewollt hinzustellen. Ich möchte dazu in Abstützung auf die Analyse des Politologen Lemarchand (1970:309-323, 1977:103ff) zweierlei zu bedenken geben. Auch während der Zeit von Mwambutsas Minderjährigkeit (bis 1930) waren die Bezi, trotz der aufgewerteten Position der Batare durch deren Einbeziehung in den „Conseil du royaume“ ab 1922, die klar stärkere Gruppe geblieben, die mit Nduwumwe bis 1944 auch die einflussreichste Figur des Königreiches stellte (dieser übernahm damit die Stellung, die früher Ntarugera inne gehabt hatte). Wenn die Bezi ab den dreissiger Jahren zunehmend mehr und umfangreichere Territorien unter ihren Einfluss brachten, so scheint das zu einem guten Teil die unbeabsichtigte Folge der Verwaltungsreorganisation gemäss den Direktiven des Vice-Gouverneurs Voisin (s. oben) gewesen zu sein, die im erläuterten Sinn die Verwaltungseffizienz zu erhöhen trachtete. Dass es vor allem die Bezi waren, die aus der Verwaltungsreorganisation Vorteile zu ziehen wussten, lag daran, dass sie es dank ihrer Position mehr als alle anderen verstanden, die Krone zu ihren Gunsten zu manipulieren; wegen des Mangels an Vertrautheit mit der lokalen Politik war es den belgischen Kolonialbehörden nur sehr beschränkt möglich, die Manöver hinter den Kulissen zu durchschauen und sie in ihrem Sinn zu beeinflussen. Die Tatsache, dass im Verlauf der Verwaltungsreorganisation vor allem Nicht-Bezi ihre Führungsposten verloren, ist auf diesem Hintergrund zu sehen. Es handelte sich um Verschiebungen, die dank der damit stark erweiterten Basis an kontrollierten Ressourcen (primär in Form von Tributen und Steuern, über die die Chefs zu dieser Zeit noch weitgehend nach eigenem Gutdünken verfügen konnten) längerfristig wiederum das Einflussvermögen der Bezi auf die monarchische Zentralinstanz nur erhöhen konnten (Lemarchand 1977:104, 1970:71).

Darüber darf nicht vergessen werden, dass die Ganwa-Aristokraten während der Kolonialzeit immer untergeordnete und nie autonome politische Akteure waren. Das oben Gesagte darf nicht den Eindruck erwecken, dass die belgischen Kolonialbehörden den Auseinandersetzungen zwischen den verschiedenen aristokratischen Faktionen macht- und verständnislos gegenübergestanden hätten. Gahama (1983:112) hat darauf hingewiesen, dass die kolonialen Machthaber darauf immer Einfluss nahmen (wiewohl die Resultate nicht immer ihren Absichten entsprachen) und die Rivalitäten zwischen Bezi und Batare, getreu dem *divide et impera*-Prinzip, für ihre eigenen Ziele benutzten (und damit weiter schürten).

Entgegen der oft vertretenen Meinung war es keineswegs so, dass der Mwami in den frühen dreissiger Jahren ein passives Instrument in den Händen rivalisierender Bezi-Chefs gewesen wäre. Nach seiner Volljährigkeit wurden Mwambutsas Befugnisse und Rechte vom belgischen Residen-

---

54 Wenn nicht anders präzisiert, verwende ich den Begriff „Mu-/Baganwa“ immer im vorkolonial-monarchischen und nicht in seinem kolonial-administrativen Sinn.

ten nicht nur anerkannt, sondern ab 1931 sogar gegenüber dem vorkolonialen Zustand erweitert: Fortan war es der Mwami, der alle Sous-Chefs ernannte, ein Recht, das bis anhin den lokal herrschenden Baganwa und Regionalführern vorbehalten war. Das bedeutete eine wesentliche Stärkung der monarchischen Zentralinstanz. Im Zuge der Zentralisationsbestrebungen wurden dem Mwami 1952 eine ganze Reihe weiterer, bisher in den Händen der Regionalführer liegender Kompetenzen im Bereich der Chefferies zugesprochen. Dieser Zuwachs an Macht und politischen Ressourcen unter der Kontrolle des Mwami hatte gleichzeitig zur Folge, dass der Palast vermehrt Beeinflussungs- und Druckversuchen von verschiedensten (Ganwa-) Seiten ausgesetzt und für solche „pressure politics“ (Lemarchand 1977:104) verletzbarer wurde. Darin scheint einer der Gründe zu liegen, dass sich der Ganwa-Faktionalismus – der „interne Krieg“ in seiner pazifizierten Form – in den dreissiger und vierziger Jahren nicht mehr auf autonome, innerhalb enger Grenzen operierende Cliquen beschränkte, sondern sich in zunehmendem Masse mit der Palastpolitik verstrickte. Da sich diese Politik verdeckt und nicht offen abspielte, ist sie auch nur schwer einsehbar. Lemarchand vermutet, dass es den Bezi schliesslich gelang, die Unterstützung des Thrones im Kampf gegen die Batare für sich zu gewinnen (1977:104f, 1970:309ff). Diese Beziehung bot beiden Seiten Vorteile. Dem Mwami ermöglichte sie den Zugriff auf einen „gerechten Teil“ der Tribute und Steuern, und sie brachte ihm eine feste Basis an „Support“, ganz so, wie das die Krone seit längerem gewohnt war. Diese Beziehung brachte somit durchaus gegenseitige Bindungen und Abhängigkeiten mit sich, hinter denen sich deutlich die Umrisse klientelistischer Netzwerke erkennen lassen. Wenn durch die belgische Intervention die monarchische Zentralinstanz gestärkt – und damit der Zugang zu ihr umkämpfter – wurde, so ist nicht zu vergessen, dass oberhalb von ihr weiterhin die obersten Vertreter der belgischen Kolonialmacht standen. Das heisst nichts anderes, als dass die Stärkung der Stellung des Monarchen in manchen Teilen eine Formsache blieb, indem seine erweiterten Befugnisse weniger ihm selbst als der kolonialen Zentralinstanz, dem belgischen Residenten und dessen Stäben, zunutze kamen.

Wiewohl mit den neuen, durch die Kolonisation ins Spiel gebrachten Ressourcen auf der Grundlage einer alten Formel umgegangen wurde, so hatten sich doch „Arena“ und Umfang faktionaler Politik verglichen mit der Zeit zu Beginn der Kolonisation stark verändert. So wiesen die Muster der Rekrutierung der Bezi- und Batare-Faktionen neue Formen auf. Es muss hier betont werden, dass keineswegs alle neu durch die Kolonisation ins Spiel gebrachten politischen Ressourcen der Kontrolle des Königshofes unterstanden und damit nicht alle Abhängigkeitsbande im Mwami gipfelten. Gerade durch die Schaffung neuer Ausbildungsmöglichkeiten und westlich konzipierter Schulen, deren Hauptziel die Ausbildung eines kolonialen Standards genügenden, modern qualifizierten Verwaltungskaders war, wurden neue Ressourcen zugänglich, die nicht direkt vom Königshof kontrolliert wurden. Eine wichtige Etappe der Kolonialpolitik war 1942 erreicht, als die ersten Absolventen des Verwaltungslehrganges für Chef-Söhne der 1932 eröffneten „Groupe scolaire d'Astrida[55]„ von der Schule kamen und sogleich ins aktive politische Leben integriert wurden, indem sie wichtige Chefposten zugewiesen erhielten. Auf burundischer Seite handelte es sich bei ihnen um je vier Bezi und Batare und einen Mutaga (Atlas du Burundi, planche 13, Gahama 1983:113). Durch den restriktiven Ausbildungszugang konzentrierten sich die Exekutivstellungen immer mehr in den Händen weniger einflussreicher Baganwa-Familien, die über den privilegierten Zugang ihrer Söhne sozusagen ein Monopol über die Chefposten erhielten; eingeschränkt wurde das nur durch einige traditionell mächtige Batutsi-Lineages wie die Banyakarama und Benengwe, aber auch die Babibe, Bakundo und verschiedene *bapfâsoni*-Äste (vor allem Bataga-Ab-

55 Astrida (abgeleitet vom Namen der damaligen belgischen Königin) war der koloniale Name der heutigen Stadt Butare, in Südrwanda unweit der Grenze zu Burundi gelegen, die auch heute noch Sitz des wichtigsten Teiles der rwandesischen Universität ist. Der „Groupe scolaire d'Astrida“ oblag neben der Ausbildung der Chef-Kandidaten (die alle selbst Söhne aktiver Chefs zu sein hatten) Burundis und Rwandas auch die Schulung des weiteren notwendigen Verwaltungshilfspersonals: Sekretäre, medizinische, veterinärische und landwirtschaftliche Assistenten.

kommen), die seit langem primär in peripheren Gebieten wichtige regionale Führungsposten innegehabt hatten (cf. Kapitel 3 & Gahama 1983:115f). Auch wenn durch die Bedingung, dass nur Söhne aktiver Chefs den Chef-Lehrgang absolvieren konnten, eine gewisse Kontinuität zwischen der so geschaffenen neuen mit der alten Elite erreicht wurde, kam es doch unweigerlich zu Spaltungen entlang bisher unbekannter Linien. Die Heranziehung einer neuen Gruppe und Generation junger gebildeter, modernistisch-dynamischer Chefs (von „évolués", wie man sie damals in der kolonialen Sprache nannte) führte insbesondere innerhalb der Bezi zu Spaltungen und neuen Mustern faktionalen Wettbewerbs: Dieser verlagerte sich in den vierziger und fünfziger Jahren von Bezi-Batare-Konflikten zu einem intra-dynastischen Wettkampf zwischen verschiedenen Generationen von Baganwa. Die neuen Ausrichtungen äusserten sich am deutlichsten in der Allianz des Mwezi (und grossen Traditionalisten) Nduwumwe mit der Baranyanka-Gruppe[56], eine Allianz, die primär gegen Nduwumwes ehrgeizigen und immer mächtiger werdenden Neffen Nyawakira (einer der Astrida-Schulabgänger, Enkel Mwezi Gisabos und Sohn Rugemas) und seine Gruppe gerichtet war. Die auf diese Zeit zurückgehenden Verwicklungen sollten weitreichende Folgen haben, die bis in die postkoloniale Zeit hinein wirkten. Nyawakira gelang es, Mwami Mwambutsa für seine Sache zu gewinnen. Da auf der anderen Seite Baranyanka spätestens 1953, eigentlich aber schon 1944 mit dem Dienstantritt des belgischen Residenten Schmidt zum Protégé der Residenz geworden war, erhielt in Lemarchands Darstellung der Konflikt zwischen der Baranyanka/Nduwumwe- und der Mwambutsa/Nyawakira-Faktion eine zusätzliche Note eines proto-nationalistischen Kampfes zwischen Unterstützern und Gegnern der belgischen Kolonialverwaltung. Dadurch, dass Mwambutsa sich auf Nyawakiras Seite ziehen liess, wurde die belgische Präferenz der Baranyanka-Gruppe nur noch verstärkt. Von der belgischen Residenz unbeabsichtigt und sich der Auswirkungen ihrer Politik offenbar lange nicht bewusst, haftete den Batare fortan ein „probelgisches" Stigma an, während das politische Bild der Bezi umso mehr ein Element „nationalistischer" Respektabilität erhielt (Lemarchand 1977:106). Durch die Tatsache, dass sich in diesen Jahren lange die Gerüchte über einen (nie klar formulierten) belgischen Plan hielten, Mwambutsa durch Baranyanka oder einen von dessen Söhnen zu ersetzen, konnte sich das nationalistische Prestige der Bezi[57] im Konflikt mit ihren Hausfeinden, den Batare, nur noch erhöhen: Sie erschienen, in bester Tradition der „Badasigana" (der Kämpfer Mwezi Gisabos), als loyalste und unerschütterliche Verteidiger und Stützen des Königtums gegen dessen inneren wie äusseren Feinde. Und das umso mehr, als die Batare seit der Herrschaft Mwezi Gisabos in einer ungerechtfertigten Generalisierung insgesamt mit ihrem über Generationen sezessionistischen, im Nordosten basierten Ast in Verbindung gebracht und als *bamenja*-Rebellen stigmatisiert wurden.

Die damit verbundene offene und lärmende Bevorzugung der Batare durch die Kolonialbehörden führte bald dazu, dass sich die Bezi-Reihen wieder schlossen und die internen politischen Auseinandersetzungen ab Mitte der fünfziger Jahre erneut vorrangig entlang der Bezi-Batare-Linien verliefen, Ausrichtungen, die wie erwähnt über die Kolonialepoche hinaus wirkten. Noch nach der Unabhängigkeit sollte sich Mwami Mbambutsa auf das Bezi-Tandem G. Bimpenda (ei-

[56] Der unter kolonialer Protektion – aber nicht nur dadurch – gross und mächtig gewordene Pierre Baranyanka, ein Ururenkel Ntare Rugambas, war seit den zwanziger Jahren der führende Sprecher der Batare.

[57] Ausgehend von den Schriften A. Ndikuriyos, führt Gahama (1983:111f) einen weiteren Grund für die während der Kolonialperiode wachsende Popularität der Bezi an, der von seinem regionalistischen Aspekt her von besonderem Interesse ist: Dadurch, dass sich seit Mwezi Gisabos Regnum die Nachkommen Sebudandis, eines grossen Bezi-Chefs, im Süden des Landes durchsetzen und die hier lange vormächtigen Batare verdrängen konnten, erhielten die Vertreter und Höflinge dieses lange (seit Mitte des 19. Jahrhunderts) vernachlässigten und vom Hof ferngehaltenen Landesteiles wieder einen privilegierten Zugang zum monarchischen Zentrum, auf das die Bezi dadurch, dass sie zu dieser Zeit einen guten Teil der Staatsklasse stellten, einen entscheidenden Einfluss ausübten. In diesem Licht besehen sind die heute privilegierten, traditionell weitgehend vom Hofzugang ausgeschlossenen, vor allem aus der Bururi-Region kommenden Bahima-Klientele in doppeltem Sinn die „outcasts" von gestern.

nen Sohn des 1959 verstorbenen Nyawakira) und L. Bihumugani (besser bekannt unter dem Namen Biha, Urenkel Mwezi Gisabos und wie ersterer Astrida-Absolvent) stützen, Beziehungen, die ganz im Einklang mit traditionellen klientelistischen Banden zwischen Mwami und seinen prinzlichen Anhängern standen und die damit kaum verändert die gesamte Kolonialperiode überlebt hatten. Die während dieser Zeit eingegangenen politischen Schulden wurden so ohne weiteres in die nächste Phase getragen. Auf der Ebene des einheimischen Machtapparates blieb die gesamte Kolonialepoche geprägt durch die Rivalitäten und wechselnden Allianzen von sich gegenüberstehenden aristokratischen Gruppen und ihren Anhängerschaften, die ihre jeweiligen Beziehungen zu den europäischen Kolonialbehörden gegeneinander ausspielten (Lemarchand 1977:105-107, Chrétien 1982:371-374).

Für das gestellte Thema ist es nicht notwendig, diese geschichtlichen Entwicklungen weiter zu verfolgen oder zu vertiefen. Bereits ihre geraffte Darstellung erlaubt es, die Auswirkungen der kolonialen Überlagerung und Umformung auf der Ebene des zentralen Herrschaftsapparates offenzulegen. Schauen wir uns die daraus folgende Unterhöhlung der monarchischen Autorität und damit der Legitimität des gesamten Herrschaftsapparates an, bevor wir uns im Kapitel 7 den dadurch ausgelösten Transformationen auf der lokalen Ebene zuwenden.

6.3 Die Unterminierung und Zerschlagung des traditionellen Autoritätssystems

Wenn ich vorhin von Zentralisationsbestrebungen gesprochen habe, so waren diese weniger auf den Mwami denn auf die ihn bevormundende belgische Residenz ausgerichtet. Die Transformationen führten auch zu einer Stärkung von Stellung und Macht der als Territorialchefs wirkenden Ganwa-Prinzen. Die Ganwa-Aristokraten wurden zur eigentlichen Fundgrube und „pépinière“ der „neuen“ Elite, zu einem „Reservoir von erzieh- und formbaren Kandidaten“, um in den Worten des Residenten Ryckmans zu sprechen (Rapport 1925:63). Derart neu- und aufgewertet, wurde das Ganwa-System in der kolonialen Herrschafts- und Verwaltungsordnung „eingefroren“ (Chrétien 1982:376). Obwohl gleichzeitig mit der Unterstellung unter die fremde Macht formal gestärkt, wurden dagegen Stellung und Autorität des Mwami durch die kolonialen Eingriffe in mehrerer Hinsicht ausgehöhlt. Die Monarchie ging nicht nur ihrer Einfluss-Netze, sondern vor allem auch der Wurzeln ihrer Legitimität verlustig. Aus den oben angeführten Zitaten aus belgischen Verwaltungsberichten ist ersichtlich, dass das „neue Königtum“ ähnlich einer konstitutionellen Monarchie im Europa des 19. Jahrhunderts geplant war, in der die Rolle des Königs die eines (nachgeschobenen) Legitimators ist, dessen Aufgabe darin besteht, die Entscheide seiner kolonialen Tutoren und „Vormundschaftsbehörden“ gutzuheissen und für sie kraft seiner traditionalen Legitimität zu bürgen.

Die Bevormundung der traditionellen Zentralinstanz äusserte sich in der zunehmend manifesten Einbindung des Mwami in die Kolonialverwaltung. So konnte er ab 1940 ohne die Gegenzeichnung durch den belgischen Residenten nichts mehr von seinem Konto abheben, und bereits seit 1929 durfte er seine Residenz in Muramvya nur noch in Begleitung eines Europäers verlassen. Es ist interessant zu beobachten, dass die damit einhergehende Transformation von Rolle und Bedeutung der traditionellen Zentralinstanz insgesamt nicht auf den Protest der *baganwa bakuru* stiess, sondern vielmehr deren Unterstüzung fand, da sie dadurch ihre eigene Position gestärkt fanden (Gahama 1983:101). Es war aber immerhin so, dass verschiedene Massnahmen des modernistischen und „dekulturierten“ Mwami, die nicht zuletzt den ideologischen Bereich betrafen, nicht selten auf das Unverständnis traditionalistisch gesinnter Baganwa stiessen; so die Aufgabe der meisten seiner traditionsreichen Residenzorte, dic Auflösung seiner Domänen, Viehherden, Ritualorte und Rituale.

Die damit einhergehende Umlenkung und Beschneidung der monarchischen Macht konnte weder den Staatskadern noch der weiteren Bevölkerung verborgen bleiben. Nach Gahamas Einschätzung wurde der Mwami vor allem in den Augen der Chefs auf seinen ihm von der Kolonialverwaltung tatsächlich zuerkannten Wert eines Symboles reduziert und kaum noch als Vorgesetzter perzipiert. Effektiv wurde er seiner wichtigsten traditionellen Machtbefugnisse – der Kontrolle des Tributsystems und der Gabenzirkulation (vor allem der Vergabe und Entziehung von Land und Vieh) und eines Teiles des Gewaltsapparates, der Ernennung der Regionalführer, bei der er beinahe nur noch formal mitwirkte (s. obiges Zitat Ryckmans'), schliesslich seiner rechtssprechenden Gewalt – weitgehend beraubt. Gahama und Chrétien (z.B. 1982:376) allerdings gehen zu weit, wenn sie den Mwami nur noch als Strohmann sehen – wie dargestellt, behielt er durchaus eine gewisse Manövrierfähigkeit, insbesondere auf Gebieten traditioneller Machtstrategien, die für die kolonialen Verwalter kaum einsehbar waren.

Bei der Analyse der Umformung des Herrschaftssystems gemäss der kolonialen, bürokratischen Logik wird gerne die „Neutralisierung der königlichen Trommel“ (Chrétien 1982:374ff) hervorgehoben. Die Einführung neuer politischer und administrativer Muster beschränkte sich aber nicht auf die „Dislozierung“ der monarchischen Zentralgewalt, sie entzog allen traditionellen Machtträgern in mehrerer Hinsicht die Grundlage ihrer Machtausübung. Die Auferlegung der „pax belgica“ stellte die gesamte politische Struktur in Frage und zerschlug die Machtbasis der bisher

Herrschenden. Es gilt nicht nur, die ohne Zweifel gewichtige Erodierung der religiösen Autorität und monarchisch-sakralen Ideologie, welche die traditionelle Zentralinstanz umgab, zu erörtern; ich möchte die Aufmerksamkeit auf zwei weitere, mindestens so bedeutsame Faktoren und Säulen der vorkolonialen politischen Ordnung lenken, deren Umformung nicht nur die königliche, sondern jede politische Autorität vorkolonialer Konzeption unterminieren musste. Ich spreche vom Verlust der Kontrolle über das Repressions- und das Tributsystem. Schauen wir uns die drei Bereiche der Reihe nach an.

a) Die Desakralisation der monarchischen Macht: Die Ausgrenzung der religiösen Dimension und die Abkopplung religiöser Werte

Einer der aufsehenserregendsten Schläge gegen die alte monarchische Macht und das vielleicht manifesteste Zeichen ihrer Zersetzung bestand in der Untergrabung ihrer religiös-sakralen Autorität. Keiner der sakralen Bereich der monarchischen Autorität blieb unberührt. Innert kurzer Zeit wurden alle ihre Symbole, die über das Weltliche hinauszeigten, zerstört, abgeschafft oder verformt. Der wichtigste Markstein in der Desakralisierung der Monarchie bestand vielleicht im ab 1930 wirksamen Verbot der *umuganuro*-Zeremonie, des königlichen Sorgho-Aussaatsfestes, das, inszeniert als nationales Fest der politischen Einheit, immer von eminent politischer Bedeutung gewesen war. Jeweils gegen Ende Dezember zelebriert, stellte das *umuganuro* die Wiederkehr des landwirtschaftlichen Jahres und die Erneuerung der Fruchtbarkeit dank der königlichen Intervention dar; darüber hinaus veranschaulichte es die nationale Einheit, hatten ihm doch obligatorisch die politischen Würdenträger aller Regionen beizuwohnen. Bereits 1928 von einigen „barbarischen“ Elementen gesäubert (Auslassung der Hierogamien mit Muka-Karyenda und Juru ry'i Kagongo, Vestalinnen der königlichen Trommel Karyenda respektive der weissen Python)[58], waren es 1929 bereits christliche Missionare, die an des Mwamis Statt die „Sorgho-Polenta“ segneten, wie sich der katholische Bischof und apostolische Vikar in Burundi, Monseigneur Gorju, beinahe schon blasphemisch ausdrückte (1938:48). Hören wir dazu den triumphierenden Bericht dieses Nestors und Wegbereiters der Burundi-Mission:

> „A Noël 1929, le paganisme perdait pied de plus en plus. Les Missionnaires baptisèrent le Muganuro, c'est-à-dire bénirent solenellement les semences de sorgho. Au début de mars, ce fut le tour des pois et des haricots“ (1938:50).

Während er noch anmerkte: „Ainsi l'Église restait fidèle à sa consigne de conserver, de purifier ce qui, dans les rites ancestraux, a droit de vie“ (ibid.) – was übrigens im besten Einvernehmen mit der Devise der „administration indirecte“ stand[59] –, sah es bereits ein Jahr später anders aus. Auf Veranlassung der Kolonialbehörden verzichtete man auf jegliche Inszenierung des *umuganuro*, das fortan untersagt war.[60] Stattdessen wurde am 24. Dezember 1930 die kirchliche Heirat Mwami Mwambutsas mit einer katholisch getauften Prinzessin zelebriert (Gorju, ibid.). Mit diesem vielsa-

---

[58] Nach dem Bericht des Bischofs Gorju sorgte dieser selbst unter aktiver Mitwirkung Père Pio Canonicas und Mwambutsas („si peu payen, du reste“, und: „qui ne fut jamais un sot“) dafür, dass die Karyenda-Priesterin („Madame Tambour“) von der Zeremonie ferngehalten und zudem kurz vorher christlich getauft wurde ... Gorjus Kommentar: „Plus de prêtresse, plus de tambour; plus de tambour, et voilà le paganisme qui s'écroule. C'est ce qui est arrivé“ (1938:50); cf. auch Rodegem 1971a:223ff.

[59] Zu den gegenseitigen Verbindungen zwischen missionarischer und politisch-administrativer Strategien s. Mvuyekure in Gahama/Mvuyekure 1989:316-319.

[60] Nach gewissen Quellen wurde es gegen Ende der Kolonialperiode in den fünfziger Jahren im Verborgenen wieder aufgenommen, eine Revitalisierung, die jedoch, so scheint es, auf den engeren Kreis der aristokratischen Höfe beschränkt blieb. – Ab 1956 schliesslich wurde das *umuganuro* auf Initiative des Conseil Supérieur du Pays wieder aufgenommen (gefeiert am 27. Dezember) und als eigentliches Nationalfest mit leicht folkloristischem und stark kolonialem „touch“ in Anwesenheit der obersten, weissbehelmten Kolonialfunktionäre, aber auch der alten sakralen Trommeln Karyenda und Rukinzo zelebriert (s. Bankumuhari, s.d., pp. 32-34).

genden Akt wurde der junge König, eben achtzehnjährig geworden, in die Volljährigkeit „entlassen" und der Regentschaftsrat („Conseil du royaume") aufgelöst. Gleichzeitig wurden die wichtigsten monarchischen Symbole, die Trommeln Karyenda und Rukinzo und die Stiere Semasaka und Muhabura, aufgegeben oder zerstört.[61]

Laizisiert und jedes mystischen Gehaltes entleert wurde jedoch nicht nur das königliche Amt. Im Zuge der Verwaltungsreorganisation wurden bis Mitte der dreissiger Jahre alle monarchischen Ritualisten ihrer bis anhin autonomen Domänen enteignet und diese ins Gebiet der benachbarten „weltlichen" Territorialchefs integriert. Bereits 1923 wurde das bisher von den Banyange-Ritualisten selbständig verwaltete Gebiet von Mpotsa, in dem traditionellerweise die Königinmütter (*bagabekazi*) bestattet wurden und das den Baganwa nicht zugänglich war, dem Territorium des Königsbruders Kamatari zugeschlagen. Die alten Banyange-Führer wirkten noch einige Jahre als „Sous-Chefs", bis sie, am Erwerb moderner Qualifikationen nicht interessiert, auch diese Posten verloren.[62] Die von Mworoha (1977, 1987) generisch als *banyamabanga* („Leute der Geheimnisse")[63] bezeichneten religiösen Würdenträger wurden durch die koloniale Umgestaltung all ihrer Funktionen und Vorrechte beraubt, Vorrechte, die ihnen unter der Monarchie in der Regel einen gehobenen Lebensstandard erlaubt hatten (Bahenduzi [1977:9] spricht in ihrem Zusammenhang sogar von einer „Überflussgesellschaft"). Die Auflösung der Kulte und Sanktuarien, die von den verschiedenen Ritualisten unterhalten wurden und bis anhin die sakrale Legitimität der monarchischen Macht garantieren halfen, musste eben diese religiösen Grundlagen ihrer Legitimität zersetzen und zerstören. Diese als rein „technische Verwaltungsmassnahmen" gerechtfertigten Schritte sind auch im Kontext der christlichen Missionierung zu sehen. Die Missionare, die mit den ab Mitte der zwanziger Jahre hochschnellenden Bekehrungsraten (etwas, was wiederum nur im Zusammenhang der gleichzeitigen Verwaltungsreorganisation verständlich ist)[64] ihren alten Traum eines

---

[61] S. dazu die 1936 in der Zeitschrift der Weissen Väter veröffentlichte Photographie der funktionslos gewordenen, der Zerstörung überlassenen königlichen Trommeln von Bukeye (Grands Lacs, No. spécial mars 1936, gegenüber p.273). Vgl. Gahama 1983:355-370, Chrétien 1982:377, Nahayo 1983:51-61.

[62] S. dazu die Arbeit von Ngendakuriyo, Gaudence. 1989. Le ravalement des Banyamabanga au rang des simples banyagihugu: L'exemple des Banyange de Mpotsa. Université du Burundi, mémoire en histoire. 97p.; ebenfalls Gahama, Amélie. 1979. La reine mère et ses prêtres au Burundi. Nanterre: Laboratoire d'Ethnologie et de Sociologie comparative. – Der Muganwa Kamatari wagte es nach Ngendakuriyos Bericht bis 1933 nicht, das eigentliche Bunyange-Gebiet und den Sakralwald von Mpotsa zu betreten, aus dem jederzeit der Angriff der *imizimu* seiner Grossmütter drohte; als er seine Jagdausflüge schliesslich doch bis dahin ausdehnte und bald darauf an einer schweren Malaria erkrankte, die auch seine geistige Gesundheit angriff und schliesslich zu seiner Versetzung führte, war es nur naheliegend, dass die Banyange den Verlust seines Verstandes mit der vorangehenden Verbotsüberschreitung erklärten (pp. 64f, 75).

[63] Zur Kritik dieses Terminus und von Mworohas Einschätzung dieser religiösen Würdenträger als „une véritable aristocratie politico-religieuse" (1987:214) oder „aristocratie politico-ritualiste" (1977:150,162), die er den Baganwa gegenüberstellt, s. Kapitel 3.1.

[64] Nachdem das erste Vierteljahrhundert missionarischer Präsenz in Burundi nur wenig Erfolg gebracht hatte (zwischen 1898 und 1922 konnten nach Mvuyekure lediglich 15'870 Seelen gewonnen werden; nach Grands Lacs, der Revue der Weissen Väter, waren so sogar nur 14'456), begann die Bekehrungsrate bemerkenswerterweise von dem Zeitpunkt an enorm zu steigen, als alle traditionellen Machthaber wegen der Verwaltungsreorganisation um ihren Posten bangen mussten und sich diesen oft nur durch einen Übertritt zur christlichen Religion erhalten konnten. Sobald die politischen Führer für die neue Religion gewonnen waren, schlug das Pendel um: Innert zehn Jahren hatte sich von 1926 bis 1936 die Zahl der Christen auf über 200'000 verzehnfacht; s. dazu das Bild einer Massentaufe in Grands Lacs, no. spécial de mars 1936, vor p. 305, mit dem Kommentar, dass sich 1936 bereits im Durchschnitt „wöchentlich eine Gemeinde von 1200 Seelen" dazugewinnen liess (vgl. die Tabelle pp. 302f mit den Jahreszahlen von 1900-1936 und Mvuyekure in Gahama/Mvuyekure 1989:318f). S. auch Gorjus Empfehlungen für den Umgang mit einheimischen Notabeln in seinem Abschnitt „Les chefs. Comment les traiter et traiter avec eux" in: Ders.

christlichen Königreiches inmitten Afrikas neu genährt sahen (s. Mvuyekure in Gahama/Mvuyekure 1989:319f), arbeiteten besonders auf diesem Gebiet eng mit der Kolonialverwaltung zusammen. So wies der Schlag der Kolonialmacht gegen die traditionellen Rituale der monarchischen Ordnung einen moralischen Unterton auf, wurde er doch von seiten der christlichen Kirche als Kampf gegen alle abergläubischen Praktiken legitimiert, was zu einer eigentlichen Jagd auf jegliche als „Zauberer" diffamierten Ritualisten führte. Davon betroffen waren die Bapfumu-Seher ebenso wie die Baganuza, die beim jährlichen *umuganuro* und bei der Königsinthronisation eine wichtige Rolle spielten und ihre Hochburg im südlichen Nkoma hatten, bis anhin aber auch über Enklaven im königlichen Zentralgebiet (der Hügel Gikonge) verfügten.

Die Umgestaltung der religiösen Vorstellungen im Gefolge der Christianisierung führte zu einer Desakralisierung der politischen Macht. Dies hatte tiefe Auswirkungen auf die Konzeption der politischen Autorität, nicht nur der des Mwami, sondern aller politischer Amtsinhaber, die dergestalt verweltlicht wurden. Der monarchischen Macht wurde der religiös-sakrale Charakter genommen und nur der zeitlich-weltliche Aspekt gelassen. Zwei weitere Punkte sind hier von Belang. Erstens hatte die Demontage des Ritualapparates und die ideologische Entleerung der monarchischen Macht durch die Uniformisierung des Verwaltungsapparates und die Einführung einer bürokratischen Machtkonzeption zur Folge, dass die wenigen Frauen, die unter der monarchischen Herrschaftsordnung über einen formalen, direkten politischen Einfluss verfügt hatten (allen voran die Königinmutter, aber auch zahlreiche Ritualistinnen wie Mukakaryenda, Mukakiranga, Mutwenzi und Juru ry'i Kagongo, die über eigene Domänen herrschten), ihre Positionen verloren. Ebenso wurden unter dem Kolonialregime systematisch alle Frauen, die meistens in Nachfolge ihres verstorbenen Gatten einen „territorialen" Befehlsposten innehatten, ihres Amtes enthoben.[65]

Was schliesslich die oft hervorgehobene, angeblich tiefe ideologische Verankerung der monarchischen Ordnung betrifft, so ist beachtenwert, dass die Abschaffung der monarchischen Rituale, allen voran des *umuganuro*, wie auch die spätere Zerstörung zahlreicher königlicher Symbole (zum Beispiel die Abholzung von *ibigabiro*-Bäumen) bei der Bevölkerung nach übereinstimmenden Berichten auf keinerlei Widerstand stiess (Gahama 1983:364-367, Nahayo 1983:57,59); lediglich einige traditionsbewusste Aristokraten wie der von Gahama (1983:366) zitierte Karabona (und in der neueren, republikanischen Zeit einige historisch und national interessierte Intellektuelle) erhoben Einspruch. Gahama fasst zusammen:

> „L'interdiction de l'*umuganuro*, la fête nationale par excellence, n'a pas rencontré de résistance populaire ouverte. Le peuple, conscient du tournant historique, a peu réagi" (1983:365).

Ebenso zeugt die Tatsache, dass die lokalen Bauern sich bedenkenlos der Überreste des verstorbenen sakralen Stiers Semasaka für ihre durchaus weltlichen Zwecke bedienten, von einer geringen Anhänglichkeit gegenüber dem *umuganuro* und der gesamten monarchischen Ideologie. Von beträchtlichem Einfluss auf die Haltung der Leute war hier ohne Zweifel das Vorbild des modernistischen Mwambutsa, der sich kaum noch für die „überkommene" monarchische Symbolwelt interessierte. Dass sich die obrigkeitshörigen Bauern ähnlich wie schon bei der Christianisierung von der Haltung ihrer obersten politischen Führer leiten liessen, wurde mir in mehreren Gesprächen bestätigt. Die Leute hielten sich dabei nur an die Kirundi-Weisheit, die besagt, dass „man zu den Trommeln gemäss dem Rhythmus (tanzt), in dem sie geschlagen werden" (*ingoma zitambwa uko*

1938b. Commentaire, corrigenda et addenda aux statuts de l'Urundi, pp.176-193. Kabgayi (Ruanda): Imprimerie du Vicariat Apostolique.

[65] Die letzte war 1936 die bekannte Inagiswaswa (mit persönlichem Namen Nivyabandi), Witwe des Chefs Mvuvyi, eines Enkels des Mutare Busumano; als ihr Nachfolger wurde unter der Kolonisation ihr Sohn Gervais Giswaswa eingesetzt (s. das Interview mit ihr in „Visage du Burundi", no.1, avril 1974, pp.68-75: „Moi, femme, j'étais chef"). Zu weiteren Beispielen abgesetzter politischer Führerinnen s. Gahama 1983:122f.

zivugijwe). Das galt interessanterweise selbst im oben angeführten Fall der Banyange: Diese Hutu-Lineages, die ihr Gebiet bisher autonom verwalten konnten und für ihre rituellen Dienste jährlich beim *umuganuro* vom Königshof Vieh und neue Trommeln geliefert erhielten, nahmen ihre Zurücksetzung und den Verlust ihrer Privilegien offenbar widerstandslos in Kauf („la population de Bunyange accepta facilement ces changements", Ngendakuriyo, op. cit., p.67). Dass Widerstand und Opposition unüblich[66] und für die Bauern ungewohnt waren, lässt sich ein Stück weit erklären durch die alle Lebensbereiche durchdringenden Abhängigkeitsverhältnisse, die *gusaba*-Unterordnungs- und Schutzbeziehungen und die gemeinsam damit transportierte Ideologie des geduldigen Abwartens und der Resignation, die die „acceptation de l'asservissement perpétuel" rechtfertigte (cf. Kap. 5.1). Es ist immer lohnenswerter und letztlich ertragreicher, sich durch geschicktes Lavieren einem neuen Schutzherrn anzuschliessen als sich aufzulehnen. Von diesen alten, vom monarchischen „guerre interne" genährten Erfahrungen ausgehend war es unwahrscheinlich, dass die kolonialen Eingriffe auf offenen Widerstand stossen würden. Die wenigen Äusserungen von Widerstand trugen denn auch alle ein religiös-nativistisches Gewand und beschworen die baldige Heraufkunft eines neuen Ntare.[67]

Die Demontage der königlichen Macht blieb aber keineswegs auf den ideologischen Bereich beschränkt, wie sie sich auch nicht auf die Person des Mwami begrenzte. Die ideologische, religiös-sakrale Seite der Macht darf nicht losgelöst von ihren anderen – ökonomischen, politischen und militärischen – Dimensionen gesehen werden. So mussten ideologische Eingriffe direkte politische und wirtschaftliche Auswirkungen haben, wie das Beispiel des *umuganuro* zeigt: Mit seiner Untersagung wurde keineswegs nur der „spirituelle" Bereich der alten monarchischen Ordnung getroffen; sie bedeutete auch den Verlust des bedeutendsten politischen Jahresmeetings mit nationalem Anstrich (heute würde man von einem „Jahreskongress" oder „congrès national" sprechen) und ebenso die Aufhebung des gewichtigsten traditionellen Anlasses zum Tributabzug!

b) Verlust der Kontrolle über Zwang und Gewalt

Im Zug der belgischen „Pazifikation" wurde die gesamte einheimische Herrschaftsstruktur „entmilitarisiert"; weder die Baganwa noch der König waren berechtigt, eigene Truppen zu halten.[68] Die Kontrolle der militärischen wie der polizeilichen Gewalt ging vollständig auf die kolonialen Zwangsapparate über; wie erwähnt, setzten sich Militär wie Polizei während langer Jahre nahezu ausschliesslich aus Kongolesen zusammen. Die Territorialchefs hatten kein Recht mehr, ihre Leute in ihrer *ingabo*-Qualität für militärische Zwecke zu rekrutieren. Damit aber wurde die alte Herrschaftsordnung im Herz getroffen. Ich habe im Kapitel 3.4 und 5.3 auf die Bedeutung der Gewalt und ihrer Kontrolle als Mittel zur Reproduktion der Macht hingewiesen. Wir haben die vorkoloniale Konzeption politischer Autorität als eng mit der Idee von Gewalt und Schutzgewährung verbunden gefunden. Gewalt regelte die Beziehungen zwischen rivalisierenden Gruppen im allgemeinen und Nachfolgefragen im besonderen. In diesen sensiblen Momenten der Reproduktion politischer Macht war die Gewalt in hohem Masse institutionalisiert (cf. Rutake 1970:58). Die militärische Qualität der Baganwa als Heeresführer wie der *ingabo* als Kriegsdienstleistende, über die sich ein zentraler Strang der politischen Beziehungen zwischen Herrschenden und Herrschaftsunterworfenen realisierte, wurde mit der Kolonisation aufgehoben. Indem die politische Macht ihrer militärischen Dimension beraubt wurde, ging eine ihrer bislang wesentlichsten Säulen verloren (näheres s. Kap. 3.4). Es war unvermeidlich, dass sich dies direkt auf die ökonomische Dimen-

66 Die auch noch in vielen postkolonialen Gesellschaften verbreitete Auffassung, Opposition sei afrikanischer Kultur schlechthin fremd, trug das ihre zur Legitimation von Einparteisystemen bei (cf. Ayoade 1988:113).

67 Bekannt sind vor allem die Revolten Runyota-Kanyarufunzos, Rubengebenges und Inamujandis aus den zwanziger und dreissiger Jahren. S. dazu Chrétien 1970, Gahama 1983:110,125,383-395, Ndindurwaha 1984.

68 Die *intore*-Krieger dienten fortan allein als Tänzergruppen, eine vielsagende Beschneidung: Der Dimension der Zwangsausübung entkleidet, bestand ihre einzige Aufgabe in der Bezeugung von Loyalität und Unterwerfung.

sion des *kugaba/gusaba*-Verhältnisses und auf die wirtschaftliche Qualität der Baganwa als Redistributoren und der *ingabo* als Abgabenpflichtige und „Geschenk"-Bringer auswirkte.

c) Verlust der Kontrolle über Tributsystem und Gabenzirkulation

Als ebenso folgenreich stellte sich die Beschneidung der politischen Macht im ökonomischen Bereich heraus. Wie ich im Kapitel 3.4 und 5.2 zu zeigen suchte, ruhte eine tragende Säule der traditionellen politischen Macht und Autorität auf der Kontrolle des ökonomischen Zirkulationssystems; dies wurde bei der Erörterung des Gaben-, Redistributions- und Tributsystems deutlich (s. *ibiturire*, *inkuka*, *ingorore*, *ibango*). Die Baganwa und die politischen Führer allgemein waren die Pole der Zirkulation von Reichtümern und Gaben, die an ihre Höfe flossen und von da aus teilweise redistribuiert wurden. Alle „politischen" Höfe waren Zentren der Redistribution und „Umschlagplätze" aller möglichen Arten von Gaben und Abgaben.

Mit der kolonialen Umgestaltung wurden alle ökonomischen Stützen der monarchischen Herrschaftsordnung gleichzeitig zum Einsturz gebracht: Betroffen waren sowohl das Domänensystem inklusive des zahlreichen (Hof-) Personals, das *ibango*- und das Tributsystem ganz allgemein wie verschiedene Formen von über Viehgaben verlaufenden Abhängigkeitsverhältnissen, deren Zurückstufung und Unterdrückung ihren Höhepunkt in der formellen Untersagung des *bugabire* im Juni 1955 fand („Arrêté royal no.11 du 30 juin 1955: Suppression progressive de la convention dite ‚Contrat d'Ubugabire'"). Lassen wir diese Punkte der Reihe nach Revue passieren.

Nachdem der Prozess von Verfall und Zerbröckelung der königlichen Domänen *ivyibare* bereits zwischen 1909 und 1916 unter der Einflussnahme der deutschen Kolonisation eingesetzt hatte (s. Ryckmans 1953:22), so wurden sie nun im Zuge der Verwaltungsstandardisierung und der Aufhebung jeglicher Enklaven und Sonderregelungen bis Ende der zwanziger Jahre – vorläufig noch mit Ausnahme der königlichen Residenzorte – vollständig aufgelöst und den jeweils umliegenden Chefferies einverleibt. In merkwürdigem und bedeutungsvollem Gegensatz dazu steht der Weiterbestand der prinzlichen Domänen (*ivyibare vy'umuganwa*, s. Kap. 3.3 & Gespräch 66:16-19), die jedoch immer innerhalb der Chefferies selbst lagen und damit der angestrebten territorial orientierten Straffung und Homogenisierung der Verwaltung nicht direkt ins Gesicht schlugen. Es sei ferner daran erinnert, dass ‚Nicht-Einmischung' während langer Jahre das leitende Prinzip der Politik der belgischen Behörden zumindest gegenüber den von ihnen als „gut" eingestuften Chefs war, denen sie in ihren Territorien in hohem Masse freie Hand liessen (s. oben & Lemarchand 1970: 71). Anders lag der Fall des Königs und seiner zahlreichen, über weite Teile des Landes verstreuten *ivyibare*. Mit ihrer Auflösung wurde auch die Grosszahl des Domänen- und Hofpersonals – von Feldarbeitern über Diener, Köche und Melker bis zu Sehern und religiösen Ritualisten – entlassen, teils mit der Zuerkennung von Böden entschädigt, in jedem Fall aber längerfristig in die Reihen der gewöhnlichen *banyagihugu* (der „Leute der Hügel") zurückgestuft. Im hauptsächlich betroffenen Territoire de Muramvya wurde die Anzahl der Chefs nach 1929 innert fünf Jahren von fünfzehn auf sechs reduziert, nachdem in den vorangehenden Jahren bereits nicht weniger als 69 bisher direkt dem Mwami unterstellte *bishikira* abgesetzt und die von ihnen verwalteten königlichen Domänen in bedeutend grösseren territorialen Einheiten zusammengefasst worden waren (ein Grossteil wurde in die neu gebildeten Chefferies der beiden Baganwa Bagorikunda und Marimbu integriert, die sich um den kolonialen Strassenbau verdient gemacht hatten, s. Gahama 1983:75; cf. Botte 1982b:281f).

Mit der Auflösung der Domänen ging die Zersetzung des alten *ibango*-Pflichten- und Chargen-Systems einher. Für die unter der Monarchie mit ihrem jeweiligen *ibango* beauftragten Lineages gab es nun nichts mehr zu liefern, weder Hofpersonal noch spezialisierte Gaben. Mit den Funktionen verloren sie ihre Privilegien und ihr Prestige, und sie vermochten sich darin nicht mehr von anderen Gruppen abzuheben – eine wichtige Dimension sozialer Differenzierung war in Auflösung begriffen.[69] Mit dem Einbruch des Gabensystems[70] verlor die Aristokratie aber auch einen beträchtlichen Teil ihrer Redistributionsfunktion. Bedeutsam war in erster Linie die zunehmende Entwertung der Kuh, des wichtigsten vorkolonialen Zirkulationsmittels, über das viele Abhängigkeitsverhältnisse eröffnet und aufrechterhalten wurden. Die vorkolonialen politischen Autoritäten hatten immer zu den reichsten Viehbesitzern gehört. Während insgesamt weniger als 50% der Produktionseinheiten überhaupt im Besitz von Grossvieh waren[71] und schätzungsweise 10% mehr als fünf, aber nur noch 2% mehr als fünfzehn Stück Vieh zur Verfügung hatten[72], besassen die politischen Autoritäten im Vergleich dazu ausgedehnte Viehherden. Nach den Erhebungen im Rahmen der „Enquête administrative" von 1929 verfügten zum Beispiel die damaligen 15 Chefs des Territoire de Muramvya, deren Territorien im Vergleich zu anderen Chefs relativ klein waren, dafür aber in einem für Viehhaltung eher günstigen Gebiet lagen, über durchschnittlich 64 Kühe, während einige einflussreiche und „traditionalistische" Regionalführer Herden von 1000 - 3000 Kühen ihr eigen nannten (die grössten Herden besass immer der Mwami).[73] Diese Zahlen dürften noch um einiges höher gewesen sein, bevor die Viehherden in den letzten Jahrzehnten des 19. Jahrhunderts durch mehrere Epidemien (vor allem die 1890-92 und nochmals 1920-22 wütende Rinderpest) und Naturkatastrophen dezimiert wurden; eben diese Ereignisse hatten aber wie erwähnt auch eine zunehmende Konzentration des Kuhbesitzes auf Kosten kleinerer Viehhalter zur Folge. Wiewohl die Hungersnöte der zwanziger Jahre der alleinige offizielle und wohl effektiv der entscheidende Auslösefaktor der durch die belgischen Kolonialbehörden immer konsequent verfolgten Politik der Zurückdrängung der Viehhaltung (begleitet vom stetigen Anprangern der „sinnlosen Akkumulation ausgemergelter Kühe") zugunsten der Nahrungsmittelproduktion war, wurden damit zugleich weitere Ziele erreicht: Auf diese Weise liessen sich nicht-monetäre ökonomische Kreisläufe und „überkommene" soziale und politische Netzwerke, die sich jeder bürokratischen Kontrolle entzogen, zerschlagen. Der Anbau von Maniok und Süsskartoffeln wurde bereits in den zwanziger Jahren für obligatorisch erklärt[74]; alle Chefs, die sich nicht an diese Instruktionen hielten und nicht gewillt waren, ihren Viehreichtum einzuschränken, wurden systematisch abgesetzt. Das frappanteste Beispiel ist der Fall Nyanjwenges, des erwähnten Muvuna-Chefs und Sohns Coyas (eines *mupfasoni*), der von 1920 bis 1931 über das viehreiche nördliche Busóni herrschte und nach der „Enquête administrative de 1929" 1'350 Kühe besessen haben soll (Papiers Smets,

---

69 In diesem Zusammenhang ist meines Erachtens auch die auf diese Zeit zurückgehende Bedeutungszunahme anderer Dimensionen sozialer Differenzierung – so regionale und insbesondere ethnische Zugehörigkeiten – zu sehen, Dimensionen, die an Gewicht gewannen, je mehr die Monarchie und die sozialen Zuordnungen und Abgrenzungen an Boden verloren, die von ihr, wenn nicht festgelegt, so zumindest beeinflusst und an ihre Existenz gebunden, da grundlegend auf sie ausgerichtet, waren.

70 Das *gushikanira* resp. *gushikanwa* und *gushimira* wurden von den Kolonialbehörden formell untersagt, da sie als reiner Missbrauch und Verletzung der neuen Kodifizierungen angesehen wurden.

71 Darin sind alle verschiedenen Arten von Besitzverhältnissen eingeschlossen, d.h. auch über *bugabire*-Verhältnisse erhaltene Kühe; s. Kap. 1 & 4.6.

72 Im Vergleich zu anderen viehhaltenden Gesellschaften Ostafrikas sind das geringe Zahlen; cf. Botte 1979:405, 416, n.11.

73 S. dazu die Zusammenstellungen in Botte 1982b:287f & 323, Tabelle IV; ebenso Papiers Smets, dossier B.

74 Mit der damit einhergehenden, in aufwendigem Stil vor allem während der dreissiger und auch noch in den vierziger Jahren betriebenen Drainierung der oft versumpften Hügeltäler wurde die Viehhaltung in zunehmend engere Grenzen verwiesen. Die Täler, die bis anhin der Jagd und während der Trockenzeit dem Vieh als wichtige Weideflächen gedient hatten, sollten fortan mit Sumpfkulturen bestellt werden. Die mit der Drainierung verbundenen, äusserst anstrengenden Arbeiten konnten oft nur unter manifestem Zwang kolonialer Art, das heisst unter Einsatz der Peitsche durchgesetzt werden, wie sich viele Alte lebhaft erinnern. Der ehemalige Administrateur de Territoire Jean Ghislain kommentiert die Haltung der Bevölkerung gegenüber der kolonial auferlegten Trockenlegung der Sümpfe in folgenden Worten: „Singulier pays, où il a fallu contraindre les populations à cultiver à suffisance pour ne pas mourir de faim. Mais c'est bien là la méthode paternaliste: faire le bonheur des gens malgré eux!" (1970:61).

dossier B, Territoire de Muhinga, p.7); als er schliesslich von den Belgiern abgesetzt und verjagt wurde, soll er nach dem Bericht B.s, der ihm während langer Jahre als Viehdieb gedient hatte, nicht weniger als 7'700 Kühe (eine nicht allzu genau zu nehmende Zahl) mit in sein Exil in Rwibaga im Bututsi abgeführt haben, wo er jedoch alsbald verarmte, da das Vieh den Klimawechsel nicht ertrug (Gespr. 55:1,15).

Mit der Einführung des Geldes als neues Zirkulationsmittel und der Monetarisierung und Formalisierung des Tribut- in ein Steuersystem entstanden neue ökonomische Zirkulationsflüsse und -kanäle, die zu einem nicht geringen Teil ausserhalb der Kontrolle der einheimischen politischen Autoritäten lagen und an ihnen vorbeiführten.[75] Das alte Gaben- und Tributsystem verlor so viel von seiner Bedeutung. Zunächst von den Kolonialbehörden als „missbräuchlich" bekämpft, wurde es schliesslich neben dem modernen kolonialen Steuersystem, das die Form von Kopfsteuern hatte, weiter geduldet, als dessen Wert für die Aufrechterhaltung der Autorität der politischer Führer eingesehen wurde. Während im „Plan Voisin" nur von der notwendigen Verhinderung missbräuchlichen Abgabeneinzugs durch die „autorités autochtones" die Rede war (Pkt. VI.b), lautete eine der Direktiven der Kolonialpolitik, die noch im Verwaltungsbericht desselben Jahres aufgeführt wurden, folgendermassen:

> „Maintenir provisoirement, sous sa forme et à ses taux actuels, le tribut coutumier. Au stade politique qu'ont atteint les populations, le tribut est la manifestation nécessaire de leur soumission aux autorités autochtones. Il faut éviter de le remplacer hâtivement par une redevance en espèces, ce qui aurait pour conséquence de rendre plus rares les rapports des natifs avec leurs chefs, de les dissocier et de porter atteinte à la structure de la société indigène" (Rapport 1930:57).

Die Bedeutung des traditionellen Tribut- und des gesamten Gabensystems für die Beziehungen zwischen den Herrschenden und ihren *ingabo* wurde also in seinen ganzen Ausmassen erkannt. Aber auch der damit „provisorisch" etablierte und zugelassene Parallelismus zweier Systeme, in dem das alte *gushikanwa* unter den neuen Bedingungen auf allen Ebenen das Nachsehen haben musste und zur Begleiterscheinung verkam, konnte nicht verhindern, dass diese traditionell tragende Säule von Macht und Prestige der politischen Führer jeder Art untergraben wurde. Fortan war das Innehaben politischer Macht nicht mehr vorrangig an den Zugang zu ökonomischem Reichtum gebunden, im Gegenteil: Das Ökonomische wurde mit der Funktionarisierung der autochthonen politischen Kader zunehmend vom Politischen entkoppelt und zum Teil in den Dienst der neuen Kolonialorganisation gestellt, die den Anspruch hatte, nun selbst in ihrem Sinn die Produktionsmittel, Einnahmequellen und Arbeitskräfte zu kontrollieren. Die mit der Formalisierung einhergehende Entpersonalisierung aller Gaben und Abgaben nahm diesen auch den Charakter eines Mittels, über das sich eine besondere Schutz- und Gunstbeziehung zu den bedachten politischen Autoritäten herstellen liess. Unter einem bürokratischen Steuersystem mussten sie den Aspekt einer Reverenzbezeugung verlieren. Je mehr die politischen Führer als einfache Funktionäre und Verwaltungshilfskräfte erschienen und perzipiert wurden, die keiner besonderen Reverenz und persönlichen Anerkennung bedurften, umso grösser wurde die Bedeutung von Zwang und Gewalt bei der Steuererhebung und -eintreibung. Die traditionellen Legitimitäten waren im Zerfall begriffen (s. Rutake 1970:61f, Nahayo 1983:70ff,92, Gahama 1983:331-45).

Nach und nach wurden für die Chefs und Sous-Chefs zur Kompensation des Einnahmenausfalls feste Besoldungen eingeführt. Bereits ab 1919/20 erhielten sie auf ihren Steuereinzug – d.h. je besteuerten H.A.V. – bescheidene Prämien, wobei die Prämie nach der dem Chef zuerkannten Qualität („médiocre", „bon", „très bon", „élite") variierte (Gahama 1983:128f; vgl. Anhang I). 1933 wurde erstmals ein garantierter Mindestlohn zugestanden, der immer noch über den getätig-

---

[75] Nur wenige modernistische Chefs stiegen frühzeitig auf das neue Zirkulationsmittel um. Das bekannteste Beispiel ist Baranyanka, der „nur" noch 250 Kühe hielt, dagegen grossflächige Kaffeeplantagen anlegen liess und ins Exportgeschäft einstieg – er liess 35'000 Kaffeebäume anpflanzen und wandelte die vorkolonialen Abgabepflichten in Arbeitsleistungen um (s. Botte 1982b:287; detailliertere Untersuchungen wären hier von besonderem Interesse).

ten Steuereinzug aufgebessert werden konnte. Das Fixum wurde später, insbesondere während der fünfziger Jahre, stark angehoben (Bourgeois 1987:104; s. unten Tabellen 5 & 6), um die hauptsächlich auf diesen intermediären Ebenen weiterhin verbreiteten Missbräuche und die Willkür bei der Steuererhebung einzuschränken. Ab Ende der vierziger Jahre erhielten die einheimischen Verwaltungskader beim Eintritt in den Ruhestand eine Pension (Bourgeois, ibid., p. 145). Ab 1944 konnten sich zudem alle Steuerpflichtigen von ihren obligatorischen Arbeitspflichten durch Geld freikaufen (Rapport sur l'administration belge… 1939-1944:36f, 1945-1946:30 – vgl. Kap. 7!).[76] Es handelte sich hierbei um zentrale Massnahmen im Rahmen der Politik sowohl der Verbeamtung der einheimischen Kader wie der Monetarisierung der Wirtschaft. Manche Chefs zogen denn auch zunehmend grössere Teile ihrer Einkünfte aus marktwirtschaftlicher Tätigkeit (s. das erwähnte Beispiel Baranyankas; vgl. Gahama 1983:129).

Die mit der kolonialen Umgestaltung einhergehenden politischen Transformationen auf der lokalen Ebene werden im anschliessenden Kapitel erörtert.

Traitement

Parties	Bases	Chefs	Sous-chefs
Fixe	3.000 contribuables	1.000 Fr	
(mensuelle)	Par 1.000 contribuables supplémentaires	100 Fr	
	200 contribuables		350 Fr
	Par 100 contribuables supplémentaires		10 Fr
Mobile	Par impôt perçu sur les bovins	0,50 Fr	
(annuelle)	Par impôt de capitation perçu		3 Fr

Remarque : les bami ne touchent pas de traitement à charge de l'Administration.

Tabelle 5: Besoldungen der kolonialen Chefs und Sous-Chefs ab 1945
(Quelle: Bourgeois 1987:104, 178f)

76 Das subalterne Büro- und Hilfspersonal, Richter wie Moniteurs agricoles erhielten spätestens seit 1937 einen festen Lohn (Bourgeois 1987:2).

Traitement et indemnités		Chef	Sous-chef
Traitement mensuel de base		10.000 Fr	2.500 Fr
Supplément mensuel par année d'ancienneté	chef	1.800	—
	sous-chef	—	360
Augmentations annuelles du traitement de base selon la cotation :	élite	3,5 %	3,5 %
	très bon	3 %	3 %
	bon	2 %	2 %
	assez bon, médiocre	—	—
Indemn. mens. familiales :	femme	300	200
	enfant	200	150
Indemn. mens. de logement		100	50
Indemn. mens. d'itinérance		500	—
Indemn. kilométrique mens. selon le taux en vigueur à l'Administration		200 km	—
Sanctions disciplinaires : retenue max. mens. (art. 22 du décret du 14 juillet 1952)		8.000 Fr	2.000 Fr

Tabelle 6: Besoldungen der kolonialen Chefs und Sous-Chefs ab 1955
(Quelle: Bourgeois 1987: 241)

KAPITEL 7

DIE EINBINDUNG DER LOKALGEMEINSCHAFTEN IN DIE KOLONIALE HERRSCHAFTSORDNUNG

Nach der Beschreibung des Kolonialsystems und der von ihm auf der Ebene des zentralen Herrschaftsapparates bedingten Änderungen sind die Voraussetzungen dafür geschaffen, in einem nächsten Schritt seine Auswirkungen auf der lokalen Ebene zu analysieren. Dabei sind folgende Punkte von besonderer Relevanz: Der Umbau der Herrschaftsstrukturen auf der Lokalebene, die damit einhergehende Neubestimmung der Rollen der politischen Führer und ihrer Hilfskräfte und die dadurch bedingten Änderungen in den Beziehungen zwischen ihnen und der lokalen Bevölkerung; schliesslich die Einbindung der Lokalgemeinschaften in den Kolonialstaat und deren Folgen für alle lokalen Autoritätsstrukturen.

7.1 Die Umformung der lokalen Herrschaftsstruktur

Die Transformation der politischen Struktur auf der lokalen Ebene unter dem Kolonialregime und die dadurch bedingten Änderungen in den Beziehungen zwischen Regierenden und Herrschaftsunterworfenen, zwischen Behörden und Bevölkerung, zeigt sich am deutlichsten an der neuen Definition der nun gemäss der kolonialen Logik konzipierten Rolle der staatlichen Kader.

Die Einführung einer straffen, rigid hierarchisierten und territorial ausgerichteten Verwaltung musste sich auch auf die Beziehungen zwischen Führungsklasse und Regierten auswirken. Wie innerhalb des Staatsapparates die Gleichstellung aller Kader derselben Hierarchiestufe angestrebt wurde, so sollte auch eine „Homogenisierung" des Status aller Untertanen als Staatsbürger mit gleichen Rechten und Pflichten durchgesetzt werden. Das heisst, dass in erster Linie dem alten, hoch personalisierten System der zahllosen Begünstigungen und Ausnahmeregelungen – dem *gutóna* (*batóni*)- und *gutora* (*intore*)-Günstlingstum und den *kwîshikira*-Hierarchieumgehungen – ein Ende bereitet werden sollte, indem das (vom Gesichtspunkt einer bürokratischen Verwaltung aus) „schwerfällige" und komplexe, kaum kontrollier- und überblickbare klientelistische Netz hoch personalisierter Bande zerstört und durch rein territoriale Bande ersetzt wurde.

Ganz in diesem Sinn lautete der Beschluss des Regentschaftsrates aus dem Jahre 1927: „Interdiction absolue pour les grands chefs de soustraire à l'autorité de leurs subordonnés directs certains des administrés de ceux-ci. Le respect de la hiérarchie indigène est indispensable comme moyen de gouvernement" (Rapport 1927:39). Ebenso war es fortan allen politischen Kadern untersagt, ausserhalb ihres territorialen Zuständigkeitsbereiches ihnen ergebene „Protégés" zu halten. Die damit verbundenen tiefgreifenden Änderungen des alten Macht- und Autoritätssystems, die sich kaum mit der „indirect rule"-Devise und den Mandatsbestimmungen rechtfertigen liessen, wurden hingestellt als Bekämpfung nicht der Essenz, sondern allein von Auswüchsen des traditionellen Herrschaftssystems, das in den Zustand seines normalen Funktionierens zurückgeführt werden sollte. Ersichtlich ist das aus dem Kommentar zu diesen Anordnungen im zitierten Verwaltungsbericht von 1927, der das missbräuchliche Günstlingswesen als „unnatürlichen Auswuchs der Tradition" denunziert:

„Le lien de droit entre chefs et sujets tendait ainsi à devenir un lien personnel, et non plus territorial; et sur tous les gens du grand chef, habitant non loin de lui, l'autorité s'exerçait sans intermédiaire, c'est-à-dire qu'elle ne s'exerçait plus; une moitié des habitants ne pouvait plus être convoquée par le chef de la terre pour la prestation de l'impôt et aux travaux communs.
Le conseil a mis fin à cette situation en rétablissant la coutume dans sa pureté primitive: le lien politique est redevenu territoirial. Tout indigène dépend du chef du lieu où il vit; le chef a sous ses ordres ceux qui demeurent sur ses collines" (1927:40).

7.1.1 Die koloniale Lokalverwaltung: Die „neuen Sous-Chefs" und ihre Hilfskräfte

Es lassen sich in der belgischen Kolonisation Burundis wie Rwandas verschiedene Phasen unterscheiden. Verschiedene, im Kapitel 6 erläuterte Gründe waren dafür verantwortlich, dass es seit der militärischen Besetzung des Landes noch gut fünfzehn Jahre dauerte, bis die Bauern auf den Hügeln im „Landesinneren" direkt der kolonialen Herrschaftsordnung unterworfen wurden. Die Erinnerungen der Leute an die Kolonialzeit sind geprägt von den neu geforderten, bisher unbekannten Arbeiten und den sich vervielfachenden Abgabepflichten sowie dem erhöhten Einsatz von Zwang, der im Einsatz der Peitsche als Sanktionsmittel seinen aufsehenserregendsten und erniedrigsten Ausdruck fand. Am eindrücklichsten und folgenreichsten war für die Leute auf ihren Hügeln die damit verbundene Vervielfachung der Verwaltungsstrukturen, die von meinen älteren Gesprächspartnern immer wieder hervorgehoben wurde (*aho habereye intwaro nyinshi*, „die Zeit der vielfachen Verwaltung", Gespr. 44:10). Die Neubestimmung der Beziehungen zwischen Staatsbeamten und Bauern und die „Rationalisierung" der Macht musste in ihren missbräuchlichsten Formen den von ihr Betroffenen nicht als neue Ordnung, sondern als Unordnung erscheinen, etwas, das sich am deutlichsten ausdrückt im Begriff des „verkehrten Regierens" (*gutwâra acuritse* – ein Begriff, der durchaus bereits vorkolonial bekannt war). Dieser Terminus spiegelt die Perzeption der Bauern einer ihnen unvertrauten und teils unverständlichen Herrschaftsordnung wider, einer Regierungsweise, in der Missbrauch und Willkür an der Tagesordnung sind (Chrétien 1970:1704, 1982:382).

Nachdem die belgischen Kolonialbehörden sich ab Mitte der zwanziger Jahre nicht mehr auf eine rein militärische Verwaltung beschränkten und schliesslich die grossräumigen Verwaltungsstrukturen gemäss ihren Bedürfnissen umgekrempelt hatten, dauerte es nochmals ein Jahrzehnt, bis die Hügelbevölkerung nicht mehr bloss sporadisch und unzusammenhängend, sondern in systematischer Weise in die neukonzipierten Staatsstrukturen eingebunden wurde. Schauen wir uns zuerst Profil und Pflichten der lokalen politischen Kader an, bevor wir deren Beziehungen zur Lokalbevölkerung und die neuen Anforderungen prüfen, mit denen sich diese konfrontiert sah.

Mit der Durchsetzung der kolonialen Ordnung sahen sich die „Baganwa" und ihre „Batware" zahlreichen neuen Pflichten und Erwartungen von seiten ihrer europäischen Oberbehörden gegenüber, die sich aus ihrer neu definierten Stellung in einer bürokratisch rationalisierten Herrschaftsstruktur ergaben. Mit der bürokratischen Formalisierung, Homogenisierung und Kodifizierung der Verwaltung wurden die früheren lokalen Führer immer mehr zu reinen Verwaltungshilfskräften und hierarchisch rangierten Beamten, etwas, was als „Funktionarisierung" der lokalen politischen Führer beschrieben werden kann. Dass es sich dabei um eine tiefgreifende Rollenänderung und nicht nur um eine Erweiterung der Pflichtenhefte handelte, beschreibt der Verwaltungsbericht aus dem Jahr 1933, dem Jahr, in dem die Verwaltungsreorganisation in weiten Teilen abgeschlossen worden war, mit aller wünschbaren Deutlichkeit:

„Les fonctions de chef et de sous-chef impliquent désormais l'exercice d'importants devoirs. Jadis, les chefs indigènes étaient très intéressés par les avantages attachés à leur titre: autorité flattant leur orgueil, redevances rendant leur existence enviable, influence mise au service des projets de mariage des membres de leur famille. Mais, actuellement, leurs soucis sont nombreux: ils doivent veiller à l'extension des cultures, au reboisement, à la lutte contre les sauterelles, au dessèchement des marais, à l'entretien des pistes, à l'exécution des mesures sanitaires, au recensement, à la collecte des impôts, au fonctionnement des tribunaux indigènes, à la recherche des infractions" (1933:75).

Die „neuen Chefs" und Sous-Chefs sahen sich in die straffe koloniale Verwaltungshierarchie eingebunden. Die Wahrnahme ihrer genau kodifizierten Pflichten schränkte ihre Autonomie stark ein und machte sie zu reinen Exekutanten und Sprachrohren der europäischen Vorgesetzten. Ihre Pflichten bestanden primär in der Ausführung oder Weitergabe der Anordnungen der kolonialen Oberbehörden. Diese generisch als *amashahuri* (wörtlich „Gebrüll"; s. Rodegem 1970:181, Gahama 1983:125) bezeichneten Instruktionen bezogen sich auf die Mitarbeit beim Steuereinzug und bei verschiedenen Zensusaufnahmen und auf die Organisation der grossen kolonialen Arbeiten: Strassenbau, Drainierung von Sumpftälern, Bekämpfung von Krankheiten, Aufforstungen, Anbau von neuen obligatorischen Nahrungs- und Exportkulturen. In letzter Instanz direkt für die Ausführung all dieser Massnahmen verantwortlich, delegierten sie die Rekrutierung und Überwachung der notwendigen Arbeitskräfte an ihre subalternen Kader und deren neue Hilfskräfte. Zugleich wurden ein bisher unbekannter Arbeitsrhythmus und regelmässige monatliche oder gar vierzehntägliche Rapporte über die Verwaltungsführung und den Verlauf der Arbeiten verlangt. Es ist klar, dass sich im Zuge davon die Perzeption der Chefs in den Augen der Bevölkerung von Grund auf ändern musste: Gahama spricht davon, dass sie immer häufiger mit dem wenig schmeichelhaften Übernamen *Ndiyo Bwana* (kiswahili für „ja, Herr") bezeichnet wurden, da sie offensichtlich alles zu akzeptieren und auszuführen hatten, was man ihnen diktierte und zu willigen Kollaborateuren geworden waren (1983:126).

Der hier zum Ausdruck kommende radikale Autoritätsverlust der zu Funktionären gewordenen ehemaligen politischen Führer hatte einen doppelten Grund. Einerseits wurden ihre traditionellen Autoritätsquellen in all ihren Dimensionen unterminiert. Das zeigte sich insbesondere darin, dass der neue „Muganwa" wie auch der Mutware nicht mehr wie sein vorkolonialer Vorgänger die meiste Zeit an einem seiner Höfe residierte, sich nur selten von da entfernte, von da aus regierte und Recht sprach und die *gushengera*, *gusaba* und *gushikanira* kommenden Leute empfing (s. die wörtliche Bedeutung von *muganwa*: „derjenige, auf den man zuströmt"), sondern dass er nun selbst dauernd unterwegs war, in Bewegung gehalten durch eine höhere, ihn immer offensichtlicher von aussen steuernde Macht. Es waren nicht mehr die Leute, seine Untertanen, die auf ihn zuströmten (*kugana i buganwa*), sondern nun war es umgekehrt: In Ausübung seiner neuen Pflichten musste er immer wieder an den verschiedensten Ecken seines Territoriums präsent sein, um die Durchführung der kolonialen Massnahmen zu kontrollieren oder neue Anordnungen weiterzugeben. Derart als „Laufburschen" der Europäer in die neue Ordnung eingespannt, wurde den einheimischen Kadern andererseits jede „moderne Legitimation" aufgrund „moderner Kompetenzen" vorenthalten, indem sie mehr oder weniger während der gesamten Kolonialperiode von modernen Verwaltungs- und Entwicklungssektoren ferngehalten und ausgeschlossen wurden – eine durch die „koloniale Tatsache" auferlegte Blockierung, die alle dominierten Gesellschaften kennzeichnet (Cart 1966:6, 1967:466). Darüber darf auch nicht die innerhalb der „Groupe scolaire" in Astrida erteilte Ausbildung hinwegtäuschen, die immer nur auf die Verwaltung des „traditionellen Sektors", der „affaires coutumières" ausgerichtet blieb. Die neuen „Entwicklungsaufgaben" oblagen allein technischen Spezialisten und Experten europäischer Herkunft[1]; die einheimischen politischen Kader bis auf die tiefste Stufe hinunter hatten, anders als im postkolonialen Staat, damit nichts zu tun. Dass die belgische Mandats- und spätere Treuhandmacht in den von ihr verwalteten Gebieten die Formierung einer modern gebildeten Elite alles andere als energisch vorantrieb, zeigt

---

1 Dazu gehörten vor allem Agronomen („*bwanashamba*"), Veterinäre und einige Ingenieure; in Astrida wurden in einer speziellen Abteilung nur deren einheimische „assistants" ausgebildet.

sich daran, dass Burundi im Moment der Gewährung der politischen Unabhängigkeit kaum über mehr als eine Handvoll Leute mit abgeschlossener Universitätsausbildung[2] verfügte.

Die einheimischen Funktionäre mussten jedoch einige rudimentäre moderne Qualifikationen erwerben, um den ihnen innerhalb der kolonialen Verwaltungsbürokratie zugeteilten Aufgaben genügen zu können. Die Vorbereitung auf diese Aufgaben war einer der Hauptzwecke der Astrida-Schule. Zudem wurden ihnen verschiedene Hilfskräfte zugeteilt: Sekretäre-Schreiber, Übersetzer und Polizisten. Ein wichtiger Zug des Profils des „neuen Chefs“ (bzw. Sous-Chefs) war die Lese- und Schreibkundigkeit. Die Alphabetisierungsrate der Chefs hatte sich so kontinuierlich von 25% im Jahre 1929 auf 43% 1933, die der Sous-Chefs bis zum gleichen Jahr auf immerhin knapp 18% erhöht; 1935 gegen Ende der Verwaltungsreorganisation waren nahezu die Hälfte der Chefs lese- und schreibkundig (von den Sous-Chefs ein gutes Fünftel) und mindestens so viele christlich getauft, während es 1929 erst 5% gewesen waren (Rapport sur ... 1933:75-77, 1935:73; Chrétien 1970:1703, 1982:380).

Diese „zivilisatorischen“ Qualifikationen und neuen Verwaltungskompetenzen genügten aber keineswegs, um die Kolonialpolitik durchzusetzen. Die im Zuge der Erschliessung und Inwertsetzung des Landes in der zweiten Hälfte der zwanziger und vor allem in den dreissiger Jahren angegangenen grossen kolonialen Projekte (Strassenbau, Trockenlegung von Sumpftälern, Anbau neuer Nahrungs- und Exportkulturen, hauptsächlich Maniok und Kaffee) stützten sich zu einem guten Teil auf die Rekrutierung von Fronarbeitern, was nur über einen stark erhöhten Grad an Zwang und dem direkten Einsatz von Zwangsgewalt möglich war. Das bedeutete, dass die einheimischen Chefs und Sous-Chefs, die für die unmittelbare Aufbietung und Organisation der Arbeitskraft verantwortlich waren, immer mehr zu Zwangsinstanzen wurden. Einerseits waren die Baganwa und Batware selbst diesem Zwang ausgesetzt – derjenige, der das erforderliche Soll an Abgaben oder Arbeitern nicht zusammenbrachte, wurde öffentlich ausgepeitscht, wobei die politischen Kader noch strengeren Sanktionen unterworfen wurden als die einfachen Leute; eine ärgere Demütigung eines Muganwa, als öffentlich, mit entblösstem Hinterteil am Boden liegend zwölf Peitschenhiebe verabreicht zu bekommen, ist kaum vorstellbar (Bankumuhari, s.d., pp.14, 59). Andererseits gaben gerade derart sanktionierte und gedemütigte Kader den Zwang nach unten weiter. Wer von ihren Leuten den Anforderungen nicht strikt nachkam, erhielt gemäss den kolonialen Vorschriften als Erststrafe sechs, im Wiederholungsfall acht und bei schweren Vergehen zwölf oder mehr Peitschenhiebe; Willkür war dabei an der Tagesordnung (Gespräche 20:22, 27:17, 37:10). Erst 1946 wurden körperliche Züchtigungen abgeschafft.

Eine andere wichtige Frage, die für die Stellung der zwischen europäischen Oberbehörden und lokaler Bevölkerung eingeklemmten „autorités coutumières“ ebenso von Belang war, betraf die Entschädigung bzw. Entlohnung der einheimischen Kader. Anders als in englischen und französischen Kolonien wurden in den belgischen Besitzungen die verschiedenen Arten von aus der vorkolonialen Zeit stammenden Abgabeleistungen an die traditionellen Autoritäten nie offiziell untersagt, sondern bloss eingeschränkt (s. oben). Gerade zur Beurteilung der heutigen Situation ist es wichtig zu sehen, dass Abgaben vorkolonialer Provenienz die ganze Kolonialzeit über bestehen blieben. Sie verloren zwar zu einem weiten Teil den Zweck des wirtschaftlichen Unterhalts der vorgesetzten Staatsbeamten, jedoch nicht ihren Charakter von Zeichen der Reverenz, Loyalität und Unterwerfung – das liess sich nicht so leicht über Nacht aufheben. Neben den mit der Zeit gänzlich zu informellen Gaben und Geschenken gewordenen Leistungen erhielten die kolonialen Chefs ab 1920 eine formale Entschädigung, die sich aus einem Ristorno auf der in ihrem Gebiet erhobenen Kopf- und Viehsteuer plus einer Entlohnung gemäss ihrer Benotung („médiocre“, „bon“, „très bon“) durch die ihnen vorgesetzten Kolonialbehörden zusammensetzte. Da diese Prämien auf den

[2] Da die „Université (Officielle) du Burundi“ (mit Sitz in Bujumbura) erst 1964 gegründet wurde, konnte eine Universitätsausbildung nur im Ausland erworben werden. Die ersten fünf offiziellen Stipendien für Universitätsstudien wurden erst 1957 vom Conseil Supérieur du Pays zuerkannt (s. Bankumuhari s.d., p.55ff).

eingezogenen Steuern stark von der Grösse und Bevölkerungsdichte eines Gebietes, aber auch vom Einsatz des Chefs und seiner Hilfskräfte abhingen, kam es zu einem starken Lohngefälle zwischen den einzelnen Baganwa (Gahama 1983:128f). Die monetäre Entschädigung der einheimischen Kader förderte die Europäisierung ihres Lebensstils: In Nachahmung ihrer europäischen Herren liessen sie sich ab den dreissiger Jahren Backsteinhäuser errichten, schafften sich Automobile und Motorräder an und kleideten sich europäisch, was von den Kolonialbehörden nur unterstützt wurde, handelte es sich doch durchwegs um Prestigemittel und Symbole einer neuen Macht, die die ihre war. Lebensstandard und Lebensführung der politischen Klasse hoben sich bald scharf von der bäuerlichen Bevölkerung ab und waren Ausdruck neuer, rigider sozialer Stratifizierungen, die auf Kosten alter vertikaler Banden eine stärkere „horizontale" Ausprägung bekamen, was Chrétien als „déclassement presque général de la population par rapport à une minorité de chefs intégrés au circuit européen" diagnostizierte (1970:1704).

Diese Transformationen blieben nicht ohne Folgen für die Stellung der „autorités coutumières", ihre Beziehungen zur Bevölkerung und ihre gegenseitige Perzeption. Obwohl eigentlich eine doppelte Verantwortung und ein „doppeltes Mandat" als Interessenvertreter der Leute ihres Bezirkes und zugleich als Agenten der kolonialen Administration tragend, waren sie immer weniger von unten und zunehmend von oben legitimiert. Die Auferlegung neuer Pflichten und Sanktionsmittel, vor allem der aufgezwungene Einsatz von Zwangsgewalt in ihrer erniedrigendsten Form, der Peitsche, machten deutlich, dass aus dem ehemals charismatischen, (scheinbar) freigebig Bier, Land und Kühe verteilenden politischen Führer ein den Staat repräsentierender Funktionär geworden war, ein Geschäftsführer und Verwalter, der im Namen seiner ausländischen Vorgesetzten für die Aufrechterhaltung der öffentlichen Ordnung verantwortlich war. Wenn er von seinen Pflichten her auch Willen und Beschwerden der ihm überantworteten Bevölkerung ausdrücken sollte, so beschränkte sich seine Rolle unter den gegebenen Zwängen faktisch auf die Weitergabe von oben erhaltener Instruktionen. Seine Autorität war bedeutend schwächer abgestützt als zur vorkolonialen Zeit und schöpfte nur noch aus „rational"-legalen Quellen. Von seinen Leuten zunehmend gehasst und gefürchtet, sah er sich immer stärker in die koloniale Ordnung eingebunden.

Mutatis mutandis galt all das auch für die Sous-Chefs, die den „Baganwa"-Chefs nachgeordneten Batware. Wiewohl sie in bedeutend geringerem Grade zu europäisierten „évolués" wurden, wurden für ihre Selektion (Beibehaltung bzw. Neuernennung) doch dieselben Kriterien angewandt wie für die Chefs. Auch der Mutware wurde zum in die koloniale Ämterhierarchie eingereihten Funktionär, dessen neudefinierten Pflichten und Rolle nur noch wenig mit denen seines Vorgängers aus vorkolonialer Zeit, des *icariho*, gemein hatten. Eine Gleichsetzung ist kaum möglich und müsste sich auf eine ähnliche Position in einem wenig besagenden mechanistischen Ämterhierarchie-Schema beschränken. Die Einschätzung der Bedeutung des kolonialen Mutware im Vergleich mit der des früheren *icariho* fällt nicht leicht. Durch seine direkte Einspannung in die koloniale Befehlshierarchie und die präzisere Festlegung seines Pflichtenheftes bzw. der von ihm erwarteten Leistungen wurde seine Autonomie stark eingeschränkt. Tiefster Ansprechpartner der europäischen Beamten blieb immer der Muganwa, nie wandten sie sich direkt an einen Mutware, der allein als dessen Hilfskraft und reiner Vollzugsbeamter angesehen wurde (Gespr. 7:9f). Andererseits hatte der Mutware nun die Verwaltung eines schon flächenmässig bedeutend grösseren Einzugsgebietes zu gewährleisten, das oft mehrere Grosshügel einschloss (1932 wurden die sogenannten „collines de recensement" geschaffen, eine administrative Basiseinheit, die bis heute besteht und mehrere geographische Kleinhügel umfasst); ihre Grösse wurde, wie gesehen, grosso modo nach der Anzahl der hier siedelnden „hommes adultes valides" (H.A.V., d.h. zu Abgabeleistungen fähigen Männer), der kolonial ausschlaggebenden Rechnungseinheit, festgelegt – jede Sous-Chefferie sollte ungefähr 500 Steuerpflichtige umfassen.

Man darf sich in der Einschätzung der Bedeutung der Batware bei der Umsetzung der Kolonialpolitik keinen falschen Vorstellungen hingeben. Mit der Erschliessung des Landes ab den dreissiger Jahren wurde die Stellung des Sous-Chefs am Angelpunkt zwischen staatlichen Oberbehörden und lokaler Bevölkerung in verschiedener Weise aufgewertet und neu bestimmt. Das Sous-Chef-Amt wurde bei einem stetig wachsenden, vornehmlich technokratisch orientierten Pflichtenkatalog immer anspruchsvoller und (bei dem notwendigen Grad an Zwangausübung) auch immer undankbarer. Auf jeden Fall aber wurde es zu einem wichtigen Stützpfeiler der kolonialen Ordnung. Die kolonialen Batware nahmen sowohl in der Aufrechterhaltung von Ruhe und Ordnung, als auch in der Mobilisierung von Arbeitskräften und Steuern eine Schlüsselstellung ein. Sie allein vermochten dank ihrer Lokalkenntnisse die lokale Bevölkerung zu überblicken. Rutake konstatiert einerseits einen Machtzuwachs des Sous-Chefs aufgrund der Vervielfachung seiner Aufgaben, andererseits eine deutlich stärkere repressive Ausrichtung seiner Macht:

> „Par rapport à la sous-chefferie traditionnelle, des modifications interviennent à deux niveaux. Au niveau du sous-chef, son autorité s'est considérablement renforcée en fonction du volume des obligations dont il est tenu de s'acquitter pour le compte de ses supérieurs. Ces obligations nécessitent de sa part une présence continue parmi les populations pour obtenir d'elle les différentes prestations; et appliquer les sanctions en cas d'insoumissions. L'autorité du sous-chef prend finalement un caractère oppressif, d'autant plus vif qu'il ne dispose d'aucun pouvoir d'appréciation. L'application mécanique d'ordres venus d'en haut, indiscutés et indiscutables étant le critère par lequel le sous-chef est jugé" (1980:55).

Mehrere burundische Autoren betonen den Wandel in Stellung und Autorität des Sous-Chefs auch noch in einer anderen Hinsicht. Während Gahama (1983:130) hervorhebt, dass nun bei der Ernennung bzw. Beibehaltung der Sous-Chefs im Gegensatz zur vorkolonialen Zeit nicht mehr auf *bushingantahe*-Qualitäten, wie sie „wahrhaften Notabeln" eigen sind, geachtet wurde, sondern allein administrative Kriterien zur Berücksichtigung kamen, betont Rutake (a.a.O.) die Nicht-Repräsentativität des kolonialen Sous-Chefs, die ihn von der lokalen Bevölkerung isoliere („il n'est plus l'émanation de la communauté locale comme devait l'être l'icariho de la société pré-coloniale"). Ich habe gezeigt (Kapitel 3.3), dass diese Einschätzung nur eine sehr beschränkte Gültigkeit hat und auf einer starken Idealisierung der vorkolonialen Herrschaftsstrukturen beruht. Sicher wurde bei der Selektion der Sous-Chefs primär auf ihre Kollaborationswilligkeit, auf ihre Aufgeschlossenheit gegenüber der „neuen westlichen Ordnung" und auf ihren „Zivilisationsgrad" geachtet (neben Lese- und Schreibkundigkeit waren vor allem Kiswahili-Kenntnisse gefragt). Die ehemaligen *ivyariho* waren aber im Normalfall keineswegs diejenigen gewesen, die sich als rundum anerkannte Bashingantahe hervorgetan hätten; N. macht vielmehr eine scharfe Trennung zwischen diesen beiden Pflichten (Gespräche 27, 69). Wenn die kolonialen Batware in ihrer Mehrzahl keine Ortseingesessenen waren, sondern für ihre Ernennung in erster Linie ausschlaggebend war, dass sie im Vertrauen des lokalen Muganwa standen, so unterschied sich das nicht grundlegend von der vorkolonialen Situation. Ohne Zweifel konnten sich die Baganwa unter den veränderten Machtverhältnissen leichter über lokal einflussreiche Verwandtschaftsverbände hinwegsetzen, und der Grad lokaler Verankerung und Repräsentativität nahm noch weiter ab. Angesichts des starken Zwangscharakters des Mutware-Amtes konnte zu grosse Ortsverbundenheit nur ein Nachteil sein. So stammten zum Beispiel gleich mehrere der vom Muganwa Biha (Bihumugani) in der Region Kiganda eingesetzten Batware aus dem nördlichen Ngozi. Einen davon, den in der Lokalbevölkerung besonders ungeliebten K., soll Biha – der als besonders moderner Chef galt – bereits bei seiner Einsetzung mitgebracht haben. Unter der Bevölkerung unpopuläre Batware verloren keineswegs die Gunst ihrer Vorgesetzten – im Gegenteil: Der so unbeliebte K. soll „wie Bihas Sohn" gewesen sein. Die Unpopularität seines Mitarbeiterstabes konnte dem Muganwa nur helfen, seine von oben erwarteten Aufgaben auftragsgerecht zu erfüllen (Gespr. 34:19f). Die Informanten sind sich darin einig, dass der Muganwa bei der Nomination seiner Batware (die de facto, innerhalb der durch die kolonialen Kriterien gesetzten Grenzen, weitgehend ihm überlassen blieb) vor allem auf deren Ergebenheit ihm gegenüber achtete. Weiterhin wurde die Strategie verfolgt, mit Vorliebe Leute aus dem Gebiet eines benachbarten Muganwa als Mitarbeiter zu gewinnen; dabei handelte es sich in der Regel um altgediente und/oder aus einer lokal einflussreichen Familie stammende Personen. Das weist darauf hin, dass die Rivalitäten zwischen (prinzlichen) Territorialführern auch noch zur Kolonialzeit von hoher Bedeutung waren. So soll der erwähnte Biha besonders gern Leute aus dem Gebiet des benachbarten Chefs und Rivalen Kamatari zu seinen Batware gemacht haben.[3]

Subalterne Hilfskräfte

Die Vergrösserung der Territorien der Sous-Chefs im Zuge der Territorialverwaltungsreform und die gleichzeitige Vervielfachung ihrer Aufgaben machte den Beizug weiterer Hilfskräfte erforderlich. Es handelte sich dabei nicht nur um „technisches" Personal wie Schreiber, Übersetzer, „assistants" (oder „moniteurs") „agricoles et vétérinaires"[4] sowie Polizisten, die für die Durchsetzung eines bürokratisierten Verwaltungssystems und die Gewährleistung der Kommunikation und Kohärenz zwischen europäischen und einheimischen Behörden unabdingbar waren, sondern um die Einrichtung einer weiteren Ebene staatlicher Verwaltung unterhalb der Batware (zu ihrer Entschädigung s. Bourgeois 1987:2). Die vorkolonialen informellen Hilfskräfte der *ivyariho*, die relativ unspezifisch als *intumwa*-Boten, aber auch als *indongozi*-„Führer" oder als *igisonga*-Stellvertreter bezeichnet worden waren (s. Kap. 3.3), wurden nun zu formalen staatlichen Funktionären gemacht, eine Massnahme, die notwendig schien, um die Durchsetzung der kolonialen Ordnung im lokalen Raum sicherzustellen. Es entstanden zwei verschiedene Formen unterster staatlicher Organe, die es in dieser formalisierten Art früher nicht gegeben hatte: Die *bahamagazi* und die *barongozi*. Sie werden oft miteinander verwechselt, was damit zusammenhängen mag, dass ihre Aufgaben nie klar voneinander abgegrenzt waren und auch nicht immer beide an allen Orten nebeneinander existierten. Als allgemeine Regel lässt sich aber gemäss meinen Ermittlungen folgendes festhalten.

Der *umuhamagazi* (vom Verb *guhámagara*, „rufen, aufrufen") hatte zwei Aufgaben. Wie sein Titel besagt, war er derjenige, der unmittelbar für die Bekanntmachung der obrigkeitlichen Anordnungen in seinem Gebiet – meistens ein Hügel – verantwortlich war. Er rief von seinem Hügel aus die Befehle seines Mutware in die Gegend hinaus, kündigte eine Versammlung oder einen Aufruf zu Arbeiten an – eine Funktion, die ihm einige despektierliche Übernamen eintrug: Im Volksmund wurden die Bahamagazi wie auch die Barongozi als *amashahuri* (s. vorne: „Gebrüll", in Ableitung „Ausschreier") oder aber als *abamotsi* („Schreihälse", öffentliche Ausrufer) bezeichnet (Gespräche 15:11, 27:5f). Anders als die vorkolonialen *intumwa* begaben sie sich nicht zu jedem einzelnen Gehöft, was für den einzelnen Vor- und Nachteile haben konnte und eine gewisse Universalisierung der staatlichen Anordnungen anzeigt; partikuläre Lösungen liessen sich in diesem Stadium noch nicht aushandeln.

Ihre zweite Aufgabe bestand in der Mobilisierung und Organisation der Arbeitskräfte. Das koloniale (Zwangs-) Arbeitssystem fand seinen Ausdruck in zwei Verben, die eine neue Bedeutung erhielten bzw. neu geprägt wurden und die von den dreissiger Jahren bis zum Ende der Kolonialzeit am deutlichsten die neuen alltäglichen Sorgen der Bauern in ihren Beziehungen zu den lokalen Behörden zum Ausdruck brachten: Das eine ist *kurârika*: „(von offizieller Seite aus) mobilisieren, (am Vorabend) aufbieten, versammeln, zusammenrufen, zusammenbringen", in diesem Sinn auch: „requirieren, einfordern".[5] Der gleiche Tatbestand kam in verstärktem, den Zwangsaspekt betonendem Sinn im Verb *guhimiriza* zum Ausdruck: „zwingen, verpflichten, zur (Zwangs-) Arbeit

---

[3] Dass es ausgerechnet ein Sohn Kamataris war, der mich bei Biha einführte, weist darauf hin, dass diese Rivalitäten heute unter veränderten politischen Konstellationen ein anderes Gewicht erhalten haben; was nicht heisst, dass alte Animositäten – besonders zwischen den Bezi- und Batare-Faktionen, aber auch innerhalb von ihnen – nicht bis in die heutige Zeit fortbestehen würden.

[4] Deren Aufgabe bestand in der Vermittlung und Überwachung der kolonialen Neuerungen auf den entsprechenden Gebieten.

[5] S. Rodegem 1970:339. Früher wie heute wurde und wird dieses Verb aber auch für die Bezeichnung gemeinschaftlicher Arbeiten im nachbarschaftlichen Rahmen benutzt.

aufbieten" (gemäss einigen Quellen aus dem Kiswahili übernommen[6]; synomym: *guhata*). Beide Verben haben einen deutlich kolonialzeitlichen Beiklang und erhielten ihren Sinn während dieser Periode (s. auch zum kolonialen Abgabensystem unter 7.1.2).

Obgleich der Begriff *muhamagazi* bereits vereinzelt in informeller Weise zur Bezeichnung der *intumwa*-Delegierten der vorkolonialen Ivyariho verwendet worden sein mag, so wurde seine Funktion doch erst unter der belgischen Kolonialverwaltung fest institutionalisiert und standardisiert. Es ist jedoch bis weit in die fünfziger Jahre hinein genauer, in ihrem Fall von kolonialstaatlichen Hilfskräften denn von eigentlichen Beamten zu sprechen; dass ihre Verbeamtung enge Grenzen hatte, zeigte sich schon daran, dass sie erst ab 1957, also erst in den letzten Jahren der Kolonialzeit eine formale, von oben ausgerichtete Entschädigung erhielten. Bis dahin galt die Beschäftigung dieser „auxiliaires indispensables mais non reconnus"[7] als rein Chefferie-interne Angelegenheit. Wie gesagt, gab es in der Regel pro Hügel einen Muhamagazi. So waren zum Beispiel 1937 in der Chefferie Nyawakiras, die sich damals aus 56 Sous-Chefferies zusammensetzte, 192 Bahamagazi beschäftigt, was einen Durchschnitt von 3-4 Bahamagazi pro Sous-Chefferie ergab, eine Zahl, die gemäss meinen Ermittlungen in den vierziger und fünfziger Jahren auf 4-5 pro Sous-Chefferie stieg, obwohl man hinsichtlich ihrer geplanten Entlohnung bestrebt war, ihre Anzahl möglichst zu reduzieren.[8]

Der Fall des zweiten Typus kolonialer Hilfskräfte auf unterster Ebene, der *barongozi*, war etwas anders gelagert. Da der Murongozi in mehr oder weniger regelmässigem, direktem Kontakt mit den europäischen Behörden stand, musste seine Ernennung, die in der Kompetenz des lokalen Mutware lag, von der Kolonialverwaltung genehmigt werden. Ein wichtiges und offenbar oft beachtetes Kriterium ihrer Auswahl waren Kiswahili-Kenntnisse. Da lange Zeit viele Baganwa und Batware selbst weder Französisch noch Kiswahili verstanden, dienten die Barongozi oft als wichtiges direktes Verbindungsglied zu den europäischen Kolonialbehörden (Gespr. 22:15f). Gahama (1983:133f) merkt an, dass diese Verbindung nicht ganz zufällig, sondern auch taktisch bedingt war: Die belgischen Kolonialverwalter trachteten nicht selten, die formalen einheimischen Territorialverwaltungskader über die stärkere Berücksichtigung und Stärkung des technischen Hilfspersonals auszuspielen, sie zu umgehen und damit ihre Bedeutung zu reduzieren; so sollte das Primat der Verwaltung – des „technokratischen" Apparates, der am stärksten an die europäischen Behörden gebunden war – über die einheimischen politischen Führer durchgesetzt und deren „Funktionarisierung" beschleunigt werden.

'Worin lag nun der Zweck der Institution der Barongozi und welches war ihr Aufgabenbereich? Während die Bahamagazi in erster Linie die wichtiger gewordene (kommunikative) Verbindung zwischen den verschiedenen politischen Ebenen sicherzustellen hatten, war die Institution der Barongozi stärker an die eigentlichen kolonialen Arbeiten gebunden, Arbeiten, die früher in dieser Form nicht existiert hatten und erst mit der kolonialen Erschliessung des Landes anfielen und das Bedürfnis nach einer weiteren Kategorie von Hilfspersonal entstehen liessen. Bereits während der deutschen Kolonialepoche tauchten sogenannte „Birongozi" auf, ein Ausdruck, der ursprünglich Karawanenführer bezeichnete. Während der belgischen Kolonialzeit oblag ihnen in erster Linie die Anführung und Überwachung von Träger- und Arbeiterkolonnen, Aufgaben, die in ihrem Titel *umurongozi* (vom Verb *kurongora*, „(an-)führen, vorangehen", auch „in einer Linie aufstellen"; cf. Rodegem 1970:368) deutlich zum Ausdruck kommen; sie waren eine Art Vorarbeiter (auch *i-*

---

[6] Rodegem bietet eine andere – ebensowenig überzeugende, jedoch nicht näher überprüfbare (d.h. nicht bestätigt gefundene) – etymologische Erklärung an: Nach ihm handelt es sich um eine Ableitung *umu-/abahima*, die den Ruf gehabt hätten, strenge Überwacher zu sein (1970:161).

[7] Zirkularschreiben No. 487/A.I. des Résident Siroux an alle Administrateurs de Territoires vom 2.2.1955 (Archives Nationales et Documentation du Burundi – fortan als A.N.D.B. bezeichnet –, AH 6.94, s/d.1)

[8] S. zum Beispiel A.N.D.B., AB (Kitega) 356, s/d.2c & d und das Dossier AH (Muhinga) 6.94, s/d.1 & 2 (1955).

oder *umukapitá* genannt), welche eine Gruppe von Arbeitern oder Trägern anzuführen und zu überwachen hatten. Das wird aus dem Bericht B.s aus Kiganda deutlich:

„Die Aufgabe des Murongozi war es, die von ihm herangeführten Arbeiter in einer Reihe vor dem Verwaltungsbureau aufzustellen, wo sie anschliessend ihre Arbeiten zugewiesen erhielten. Die einen mussten in den *Kibira*-Wald Holz oder Blattwerk holen gehen, die andern hatten die Steuern nach Gitega zu tragen. Zuvorderst ging jeweils der Murongozi. Er war es, der die Kolonnen der Arbeiter oder Lastenträger [*imizigo*, „Bürden, Lasten, Abgaben"] anführte [*kurongora*]. Alle erdenklichen Dinge mussten so auf dem Kopf nach Muramvya oder zu den Wohnorten der Weissen getragen werden, sie vergassen nichts: Mehl, Bohnen, Süsskartoffeln, Bananen in die hochgelegenen Berggebiete, wo keine solche wuchsen, und so weiter. Für Arbeitseinsätze, während deren man eine ganze Woche lang in Muramvya zu bleiben hatte, musste man seine eigene Hacke oder Machete und Proviant mitnehmen. Die Weissen vergassen keine Arbeit: Man musste Strassen bauen, Holz schlagen, ihre Schweine hüten. Alle befohlenen [Fron-] Arbeiten musste man ausführen. Ich weiss es, denn ich war dabei. Ich musste in der *Kibira* Brennholz schlagen und am Strassenbau auf Kibogoye und Kivira unter dem Druck der Peitsche teilnehmen! Die ersten Weissen in Muramvya hiessen ‚Bonja'[9], ‚Peke' [?] und ‚Runga-Runga'[10]" (Gespr. 20:9).

Wie sich M. aus Rusaka, der in den vierziger und fünfziger Jahren unter den Chefs Bahori und Kamatari als Murongozi diente und im speziellen die Verbindung zum belgischen Residenzbureau in Gitega aufrechtzuerhalten hatte, erinnert, hatte er sich als Abgeordneter und Ordonnanz seines jeweiligen Chefs oft am Hauptort der Kolonialadministration aufzuhalten: Hier hatte er die von seinen Trägern mitgebrachten Steuern (*ikori*) aus seinem Gebiet dem kolonialen – notabene europäischen – Buchhalter abzuliefern, neue Anweisungen in Empfang zu nehmen und auf dem Rückweg die Lohnzahlungen für die Polizisten und Facharbeiter mitzunehmen, die jeweils samstags ihr *iposho* (von „argent de poche") ausbezahlt erhielten. Die verschiedenen Barongozi eines Gebietes lösten sich in ihren Aufgaben ab: Während der eine mit seinen Trägern die eingetriebenen Steuern (*gutôza ikori*) überbrachte, oblag den in ihrem Gebiet Zurückgebliebenen die Mobilisierung der Feldarbeiter (*kurimisha*, Arbeitsabgabeleistungen; Gespr. 4:1f). Es zeigt sich hier deutlich, dass sich die Aufgabenbereiche der Barongozi und der Bahamagazi stark überschneiden konnten. Sie beide hatten wichtige Relais- und Mittlerfunktionen zwischen Behörden und Bevölkerung wahrzunehmen, wobei die Bahamagazi vor allem den Kontakt zu den einheimischen, die Barongozi in erster Linie zu den europäischen Instanzen zu gewährleisten hatten.

Es ist angesichts des Vermächtnisses der vorkolonialen Herrschafts- und Sozialordnung nicht weiter erstaunlich, dass der formale Einbezug der früher informellen untersten Verwaltungshilfskräfte dazu führte, dass diese nun ihrerseits einen Teil ihrer Aufgaben an persönliche Vertraute weiterdelegierten, die in der Art der vorkolonialen *intumwa*-Boten als Melde- und Laufburschen wirkten. In gewissen Regionen, so im zentral gelegenen Gebiet Muramvya-Kiganda, erhielten diese Abgesandten oder „Geschäftsträger" der untersten Staatsorgane im wörtlichen Sinn eine spezifische Bezeichnung: *Inkomarume*, was wörtlich übersetzt die „Frühaufstehenden" meint, eine Benennung, die zum Ausdruck bringt, dass eine ihrer Hauptaufgaben darin bestand, frühmorgens die Leute aufzubieten und über ihre anfallenden Pflichten zu informieren (Gespr. 44:10). Wie bei den vorkolonialen *intumwa* handelte es sich auch bei ihnen ausdrücklich nicht um eine offiziell anerkannte Funktion, sondern um den rein informellen, situational bedingten Beizug von persönlichen Helfern. Das lag ganz in der Linie der klientelistischen Logik der informellen Aufgabendelegation „ad personam" an irgendwelche, sich gerade in der Nähe befindende persönliche „Klienten"; es

---

[9] Robert Bonjean, Administrateur du Territoire de Muramvya, 1926, auch ‚Ruhara' („Glatzkopf") genannt, manchmal mit dem Zusatz ‚ruharawe i Muramvya' („der in Murmvya Beliebte") (A.N.D.B., AB 356, s/d.2e (Historique du Territoire de Kitega).

[10] „Derjenige, der alles beobachtet und überall hinsieht": Léon Limbourg, ebenfalls für einige Monate im gleichen Jahr Administrateur du Territoire de Muramvya (Gespr. 68).

konnte sich bei ihnen um Abhängige verschiedener Art, um jüngere Verwandte, auf jeden Fall um sozial tieferstehende Personen handeln, die für derartige Handlangerdienste gerade verfügbar waren und sich gemäss der alten *gusaba*-Logik auch verfügbar hielten (*abasavyi*). Das zeigt, dass sich die Bauern auch während der Kolonialzeit nicht einem genau definierten und abgegrenzten Staatsapparat gegenüber sahen, sondern dass sich dieser weiterhin gemäss hoch personalisierter klientelistischer Netzwerken bildete und man deshalb immer auch mit den persönlichen Anhängern und Vertrauten der staatlich beauftragten Personen rechnen musste.

7.1.2 Die Beziehungen zwischen lokalen Beamten und ländlicher Bevölkerung

> „Die Belgier sind gut angekommen.
> Bringt die Lasten her, führt die sterilen Kühe [*ingumba*] heran, hört ihr!
> Die Belgier fallen bei uns ein, o weh! Bringt die Ziegen her, bringt die Schafe her!
> Hört ihr, in Burundi ist man unglücklich, o weh!
>
> Alles hat man herangebracht, yoo! Die Belgier sind sehr gut angekommen. Sie haben uns den Eukalyptusbaum [*ikaratusi*] gebracht, sie haben uns das Papier [*ikaratasi*] gebracht. Hier in Burundi sitzen wir in der Klemme.
> Hört ihr, lebte man [früher] in Burundi nicht gut?!“ (Gespr. 20:1, Inanga-Rezitativ).

Die Neuausrichtung der lokalen politischen Behörden und deren Auswirkungen auf das Verhältnis zwischen Regierenden und Regierten zeigen sich nirgends deutlicher als im Bereich der Veränderungen des Abgabensystems.

Seit den frühen zwanziger Jahren waren alle „hommes adultes valides“[11] der Pflicht einer Kopfsteuer und gegebenenfalls einer „Polygamie“- oder sogenannten „Zusatz“-Steuer sowie der Viehsteuer unterworfen, deren Höhe je nach Fruchtbarkeit des Gebietes variierte und die in Form von Geld (Francs) zu entrichten waren. In Ermangelung anderer Kader wurde der Einzug den lokalen Chefs und Sous-Chefs übertragen. Der meisten ihrer angestammten Funktionen beraubt, hielten sich diese oft nicht an die kolonial kodifizierten Vorschriften und missbrauchten ihre neuen Kompetenzen, indem sie die Steuern heraufsetzten oder sie gleich mehrmals pro Jahr einziehen liessen. Solche Missbräuche waren Grund zahlreicher Absetzungen. Die Erhebung erfolgte im Juli in der Haupterntezeit, während der auch der Kaffee eingebracht wurde, dessen Erlös nahezu ausschliesslich zur Zahlung der Steuern diente.[12] Wer seine Steuern entrichtet hatte, erhielt eine um den Hals zu tragende Marke, in späteren Jahren ein Markenheft. Wer seinen Steuerpflichten nicht nachkam, wurde dem kolonialen Zwang unterworfen: Peitschenhiebe und Fronarbeit.

Dass die Kolonialbehörden lange Mühe hatten, die verschiedenen Steuern in Geldform einzutreiben, lag weder am mangelnden Willen der einheimischen Behörden – schliesslich bestand das Einkommen eines Muganwa zu einem wesentlichen Teil aus einer Rückschreibung der Steuereinnahmen seines Gebietes – noch am beileibe nicht mangelnden Durchsetzungszwang. Die Verwal-

[11] Deren Bestimmung blieb immer ein Stück weit willkürlich; nach Gahamas Bericht stellten die Steuereintreiber ihre Einschätzung zum Beispiel auf das Vorhandensein von Achselhaar ab (1983:332).

[12] Dass der Zweck der ersten „cash crops“ in den Augen der Bauern direkt und lange ausschliesslich an die Steuerentrichtung gebunden war, zeigt das Beispiel der Bauern im benachbarten Tanganyika Territory, die sich weigerten, die Baumwollernte zu Ende zu führen, nachdem sie genug zur Entrichtung der Kopfsteuern beisammen hatten (Gahama 1983:337).

tungsberichte schildern deutlich, dass die einheimischen Chefs durch die getroffene Lösung dazu angetrieben wurden, regelmässig ihre Gebiete auf der Suche nach zahlungsfähigen und steuerkräftigen Leuten zu durchstreifen, und wenn man in den Tagebüchern der katholischen Missionsstationen blättert, stösst man in den Jahren der Kolonialzeit allenthalben auf Berichte von missbräuchlichen Steuereintreibungen durch die Baganwa und Batware.[13] Der Hauptgrund der Einzugsschwierigkeiten monetärer Steuern lag vielmehr in der noch eng begrenzten Verbreitung der Geld- und Marktwirtschaft. Durch den Zwangscharakter konnte die Umstellungsphase sicher stark verkürzt werden; andererseits blieb der damit verbundene Wandel gerade deswegen begrenzt: Marktwirtschaftliche Tätigkeit blieb während langer Jahre eng an den Zwang der Steuerentrichtung in Geldform gekoppelt. Trotzdem konnten mit der Einführung der Kopfsteuer auf einen Schlag mehrere Ziele erreicht werden. Es wurde ein neues, die gesamte Bevölkerung betreffendes Bedürfnis geschaffen: Geld. Mit der Monetarisierung liess sich die ökonomische Zirkulation neu orientieren, die fortan den Bereich der einheimischen Autoritäten deutlich überschritt (s. Kap. 6). Um die Steuerpflicht erfüllen zu können, musste man entweder seine Arbeitskraft verkaufen oder kommerzialisierbare Produkte anbauen. Bei dem noch heute tiefen Integrationsgrad der Bauern in die Marktwirtschaft muss man sich allerdings fragen, inwieweit der Einsatz von Zwangsgewalt das angemessene Mittel für das verfolgte Ziel war.

Tableau 52. – *Évolution des taux de l'impôt de capitation (en F)*

Territoire, secteur ou région	*1922*	*1923*	*1924*	*1925*	*1926*	*1927*	*1928*	*1929*	*1930*	*1931*	*1932*	*1933*	*1934*	*1935*	*1936*	*1937*	*1938*
Masse des contribuables	3,5	3,5	3,5	3,3	3,5	7,5	7,5	10									
Plaine de l'Imbo	5	10	10	10	10	12	12	12									
Agglomérations	10	15	15	15	15	24	24	25	40,75	50	50	35	40	50	50	50	70
Kitega									17,75	22,75	15	8	10	11	12,50	15	23
Usumbura (plaine)									12,75	27,75	27,50	15	17	20	21	23	35
Usumbura (montagne)									12,75	27,75	27,50	10	12	12	15	15	35
Muramvya									17,75	22,75	20	10	12	12	15	15	25
Ngozi									17,75	22,75	20	10	12	11	12,50	15	25
Muhinga									10	12,40	12,50	8	9	9	12,50	15	25
Ruyigi									12,75	17,75	12,50	6	7	7	9,50	10	15
Rutana									15,50	20,50	15	6	7	7	9,50	10	15
Bururi									15,50	20,50	15	6	8	8	12,50	15	25
Rumonge - Nyanza									17,50	20,50	35	15	17	20	20	22	40

Tabelle 7: Entwicklung der Kopfsteuern zwischen 1922-1938 nach Territorien
(Quelle: Gahama 1983:334, Tab. 52)

Es wurde bereits deutlich, dass sich das koloniale Tributsystem nicht auf monetäre Steuern beschränkte. Es kamen verschiedene Arbeitsabgabepflichten und der Einzug von Naturalien dazu, und nicht zuletzt neue landwirtschaftliche Vorschriften, die mit erheblicher Arbeit verbunden waren. Dazu gehörten die neuen „cultures obligatoires“, die sowohl Export- wie Subistenzkulturen (letztere, um eine Wiederholung der Hungersnöte der zwanziger Jahre zu vermeiden) umfassten, als auch die sehr arbeitsaufwendige Drainierung der Sumpftäler. Wie einschneidend die neuen landwirtschaftlichen Vorschriften für die Bauern waren, wird aus Nsanzes Bericht sinnfällig:

> „Aujourd'hui encore, les vieillards se souviennent des peines qu'ils ont eu pour drainer les marais de papyrus sous la menace du fouet; ils savent vous restituer leurs horaires hebdomadaires: jours de la semaine réservés au drainage des marais, aux cultures obligatoires dont la superficie variait entre 40 et 50 ares de manioc ou de patate douce indifférement par homme ou par fem-

[13] Die unterste Ebene der (lange quasi informellen) Bahamagazi- und Barongozi-Hilfskader entzog sich in gewissem Masse auch den in ländlicher Umgebung lebenden Patres.

me, à l'entretien des cultures d'exportation, notamment le caféier et un peu tardivement le cotonier, le ricin, etc." (1984:34).

Der – zeitaufwendige, da eine intensive Pflege erfordernde – Kaffeeanbau wurde schnell zur wichtigsten Geldeinnahmequelle. Nachdem erste Versuche mit kollektiven Plantagen von Arabica-Kaffee in den zwanziger Jahren zu durchwegs kläglichen Resultaten geführt hatten und man gewahr wurde, dass die Produktivität der Bauern bedeutend höher war, wenn sie auf eigene Rechnung arbeiteten, setzte man fortan auf den Anbau in Familienbewirtschaftung. Im gesamten Hügelgebiet Burundis sollte der Anbau des für Höhenlagen geeigneten Arabica-Kaffees für jedes Familiengehöft obligatorisch sein. 1931 bestimmte der Vice-Gouverneur Général du Ruanda-Urundi, Voisin, dass jedes Familiengehöft eine Kaffeepflanzung von mindestens 54 Bäumen unterhalten müsse, die unmittelbar vor dem Gehöft, das heisst auf den in der Regel bestgedüngten und am leichtesten betreubaren Böden zu stehen habe (Gahama 1983:185,188,341). Wenn man das ausgeklügelte landwirtschaftliche System der burundischen Familienanwesen kennt, das auf einem hochspezialisierten landwirtschaftlichem Kalender, der Praxis von Mischkulturen, Fruchtwechsel und Brache und nicht zuletzt auf der Verbindung von Feldbau mit Viehhaltung beruht (s. z.B. Laely 1983:147-151), so kann man die desorganisatorischen Auswirkungen, die derartige Vorschriften auf die bäuerliche Landwirtschaft haben mussten, gar nicht überschätzen. Es blieb aber nicht allein bei diesen Eingriffen in die bäuerlichen Anwesen. Die Bauern mussten sich nicht nur auf ihrem eigenen Anwesen dem Kaffeeanbau widmen. Gemäss den kolonialen Vorschriften von 1931 hatten zudem die Sous-Chefs je 250, die Chefs je 1000 Kaffeebäume zu unterhalten, eine Massnahme, von der man sich eine gewisse Vorbildwirkung auf die Bauernschaft versprach. Für diese bedeutete sie in erster Linie, dass sie fortan anstelle der Nahrungskulturfelder der Chefs deren Kaffeepflanzungen zu unterhalten hatten. Da sich der Kaffee zu einem relativ interessanten Preis verkaufen liess (bis zu 4 francs pro Kilo), widerstanden viele Chefs nicht der Versuchung, sich über missbräuchliche und oft willkürliche Einforderung und Einsetzung der ihnen geschuldeten Arbeitsabgaben die verschiedensten Prestige- und Luxusgüter zu beschaffen (gesucht waren vor allem Mittel der Fortbewegung: Vom Esel über ein Motorrad bis zum Automobil; s. Rapport 1928:39f). So sahen sich die Kolonialbehörden veranlasst, Maximalgrenzen der von den Chefs und Sous-Chefs einforderbaren Arbeitsabgabeleistungen festzusetzen.

Um den Anbau des bis heute weitaus wichtigsten Exportproduktes, welches das Staatsbudget seit den dreissiger Jahren massgeblich bestimmt, zu verankern, zog der Kolonialstaat alle Register:

> „Pour vulgariser au maximum cette plante, un *Guide du planteur* spécialement rédigé pour les indigènes fut traduit en kirundi et lu les dimanches à la fin de la messe" (Gahama 1983:188).

Dass der Kaffeeanbauzwang und die damit verbundenen Vorschriften die koloniale Zeit überlebt haben und in manchen Teilen bis heute gelten (nur die Pflichtzahl der Bäume wurde verändert: Zuerst auf 60 erhöht, später auf 40 gesenkt), verrät einiges über die Grundlagen der neuen Macht des Kolonial- wie des postkolonialen Staates und dessen Beziehungen zur Welt der Bauern; es zeigt zum einen, dass der postkoloniale Staat die kolonialen „Errungenschaften" nicht aufgeben wollte, und zum anderen, dass die Verankerung der Marktwirtschaft weiterhin staatliche Krücken und Zwangsmassnahmen erfordert.

Aber kehren wir zur Kolonialperiode zurück. Der bäuerliche Alltag wurde nicht nur durch monetäre Steuern und neue landwirtschaftliche Arbeitspflichten transformiert. Es kamen obligatorische Arbeitsleistungen dazu, die zumindest in den dreissiger Jahren das vorkolonial bekannte Mass deutlich überschritten. Man muss hier die eigentlichen kolonialen „Zivilisations"-Projekte von jenen Arbeitsleistungen unterscheiden, die den einheimischen Führungskadern zu erbringen waren. Während in der ersten Zeit vor allem Trägerdienste gefragt waren, zu denen nach dem Dekret vom 26. Dezember 1922 jedermann gezwungen werden konnte, kamen im folgenden Jahrzehnt Arbeiten im Strassenbau, bei Aufforstungen, Sumpfdrainierungen und Anti-Erosions-Massnahmen sowie Mithilfe bei der Errichtung von Verwaltungs- und Missionsstationen dazu (s. Gahama 1983:340f, Nsanze 1984:34f).

Diese kolonialen Projekte ersetzten aber nur zu einem Teil die Arbeitsabgaben, die man traditionellerweise den lokalen politischen Autoritäten, also nun den Baganwa und Batware schuldete. Um die Verfügbarkeit der Arbeitskraft für koloniale Projekte – Zwangsarbeit, die im offiziellen Sprachgebrauch fortan „travaux exécutés dans l'intérêt des collectivités indigènes" (Strassenbau, Aufforstungen, etc.) und „travaux imposés par l'autorité européenne dans l'intérêt des travailleurs eux-mêmes" (Anbau von Pflichtkulturen wie Kaffee und Maniok) genannt wurden (Gahama 1983:341, Chrétien 1982:383) – zu erhöhen, mussten die Kolonialbehörden bestrebt sein, die den lokalen Chefs persönlich erbrachten Leistungen zu begrenzen. So wurde für diese 1928 eine noch zulässige Obergrenze von 15 Tagen festgesetzt, welche die Arbeiten für den Chef und Sous-Chef einschliessen musste; 1931 auf 13 reduziert (zehn für den Mutware, drei für den Muganwa), wurden sie schliesslich ab 1949 vollständig untersagt (Rapport 1928:39, Nahayo 1983:69, Nsanze 1984:36, Reyntjens 1985:137) – was aber nur hiess, dass sie fortan in Form von Geld abzuleisten waren![14] Das Total der insgesamt aufbietbaren Arbeitsdienste pro H.A.V. wurde jedoch auf 48 Tage jährlich festgelegt, was den Umfang der vorkolonialen Arbeitstribute auf jeden Fall erheblich überstieg (cf. Kap. 5.2), jedoch als Reduktion der „prestations établies par la coutume" dargestellt wurde:

> „Les journées de prestation, réduites désormais à un maximum de quarante-huit jours par an, comprenaient (...) les travaux de chefferie, et notamment ceux prescrits par le chef dans un but d'utilité générale. Il importait d'établir une démarcation entre les prestations fournies pour le bénéfice de la collectivité et celles qui ne servent que l'intérêt personnel des chefs. Ces dernières constituent un privilège dont le Gouvernement entend poursuivre graduellement la réduction, tandis que les premières sont pleinement compatibles avec les règles d'une bonne administration. La décision fut prise que, désormais, la durée des prestations coutumières fournies dans l'intérêt personnel des chefs et des sous-chefs ne pourrait, en aucun cas, être supérieure à quinze jours par an. De ces prestations coutumières doivent être exclus les travaux destinés à produire des cultures de rapport" (Rapport 1928:39).

Wir sehen, dass die Reduktion der traditionellen Abgabepflichten gleichzeitig mit der Verwaltungsreorganisation verordnet wurde – die beiden Massnahmen gingen Hand in Hand. Die Last durch die kolonialen Arbeits- und Steuerpflichten war so schwer, dass den Bauern kaum noch Zeit und Energie blieb, ihren traditionellen informellen Pflichten gegenüber den Lokalautoritäten nachzukommen, wie auch weniger zur Aufrechterhaltung horizontaler Sozialbeziehungen übrigblieb. Nur noch Wohlhabende konnten es sich leisten, aus eigener Initiative *gushengera* und *gushikana* zu gehen. Was keineswegs heisst, dass diese vollständig verschwunden wären – daran änderte auch das formelle Verbot des *gushikana* am 2. September 1954 durch den Conseil Supérieur du Pays wenig. Die Unterschiede zwischen den einzelnen Chefferies scheinen jedoch beträchtlich gewesen zu sein und wurden nicht zuletzt durch die Haltung des örtlichen Chefs bestimmt (Gespräche 33:3f,18, 20:20). Wie Gahama (1983:340ff) und Chrétien in verschiedenen Publikationen dargelegt haben, musste das zur Kolonialzeit bestehende parallele Tribut- und Steuersystem (wobei das erste über vorkoloniale Tributformen gerechtfertigt wurde) innert kurzer Zeit zu einer tiefgreifenden Desorganisation der Gesellschaft im Raum der Lokalgemeinschaften führen. Als Beispiel seien nur die durch die Steuerpflichten bedingten, im Laufe der dreissiger Jahre stark zunehmenden Arbeitsmigrationen in angrenzende Gebiete – in die Katanga-Minen[15] oder Kivu-Plantagen im

[14] Man nannte das „rachat des prestations coutumières", eine Regelung, auf die noch zurückzukommen sein wird. Die „traditionellen" Arbeitsabgaben wurden zur Kolonialzeit generell *itégeko* (wörtlich: „Vorschrift, Anordnung, Befehl", heute vor allem „Gesetz"), in Rwanda *uburetwa* genannt (s. Gespr. 33:17 & Bourgeois 1987:179).

[15] Dass diese Migrationen nicht alle „freiwillig" waren, das heisst nicht nur auf indirektem, sondern manchmal auf offenem Zwang beruhten, zeigt die von Botte (1985:311) erwähnte Revolte gegen die Rekrutierung von Arbeitern für die Katanga-Minen (aber auch gegen die Entrichtung „traditioneller" Abgabeleistungen) im Jahr 1925 in

Congo oder ins britische Tanganyika Territory und vor allem nach Uganda[16] – genannt. Es waren vor allem jüngere Männer, die in solchen temporären Arbeitsmigrationen die einzige Lösung sahen, um „Geld zu verdienen", damit sie ihren Steuerpflichten nachkommen konnten (*gutânga ikori*) und nicht wegen deren mangelnder Erfüllung (*kubura ikori*) belangt wurden. Wie die Missionstagebücher jener Zeit berichten, wanderten in den nordwestlichen Grenzregionen zu gewissen Zeiten bis zu einem Fünftel der jungen Männer ab. Nicht wenige dieser Migrationen stellten den Versuch dar, sich für eine gewisse Zeit den kolonialen Zwängen zu entziehen. Die oben herausgestrichenen destrukturierenden Auswirkungen der Uniformisierung, Formalisierung und Individualisierung der Abgabepflichten auf die Herrschaftsbeziehungen kamen gerade im lokalen Raum zur vollen Geltung.

Schliesslich dürfen die Requisitionen von Naturalien nicht vergessen werden. Die Bauern hatten den Verwaltungszentren abwechslungsweise für eine gewisse Zeit eine Milchkuh zur Verfügung zu stellen und regelmässig Butter, Geflügel, Eier und weitere Nahrungsmittel zu liefern. Der bereits zitierte B. aus Kiganda berichtet folgendes:

> „Nachdem die Weissen gekommen waren, beschränkten sich die Abgabenpflichten nicht auf Feldarbeiten. Man musste Milchkühe für eine zeitlang nach Muramvya bringen, wo sie gemolken wurden. Man musste sie während dieser Zeit da auch selbst hüten. Dafür erhielt man keine Entschädigung. Wenn man dagegen einen Stier zum Schlachten zu bringen hatte, erhielt man dafür ein klein bisschen Geld. Ich selbst musste einmal mit meinem väterlichen Onkel einen Stier nach Muramvya führen, wo wir ihn auch noch selbst zu schlachten hatten. (...) Die einfache Bevölkerung trug die Hauptlast der Abgabepflichten. Wenn vom Mutware gefordert wurde, fünf, sieben oder auch zehn Milchkühe nach Muramvya zu bringen, sandte dieser seine Gehilfen [Bahamagazi] aus, um die geforderte Anzahl unter der Bevölkerung aufzubringen [*kurârika*]. Und es hatten solche zu sein, die viel Milch gaben, sonst konnte sich der Mutware nicht in der Gunst seiner Vorgesetzten halten. (...) Und als die Kopfsteuer [*ikori*] kam, ha! Zuerst betrug sie 2.50 francs [*amameya atanu*, fünf 50-Rappen-Stücke]. Dazu kamen die Arbeitsleistungen an den Höfen und auf den Baustellen. Dazu musste man Milchkühe, Schlachtvieh [*imbagwa*], Eier, Butter [*amasoro*] und Geflügel [*amasake*] abgeben. Die Batware wie auch die Bahamagazi steckten einen Teil davon in ihre eigenen Taschen. Sie lebten vom Land und den ihnen gebrachten Geschenken [*Abatware barya ivy'igihugu gusa bagashikanirwa*]" (Gespr. 20:19f).

Obwohl Naturalieneinzüge, die über die von den Kolonialbehörden festgelegten Grenzen[17] hinausgingen, untersagt waren, gehörten sie vielerorts zur Tagesordnung. Dieser Zustand wurde begünstigt durch von den Belgiern immer wieder veranstaltete Sondereinzüge (anlässlich regionaler Hungersnöte z.B.); so steht die Formel „*zana isoro n'isake*" („Bring die Butter und den Hahn") für die „Gefrässigkeit" und die oft willkürlichen Einforderungen durch die kolonialen Barongozi und Bahamagazi (Gahama 1983:341, Gespr. 20:20). Die Regellosigkeit verlieh den Naturalabgaben den Charakter eigentlicher Razzien (was, wie wir gehört haben, in der vorkolonialen Zeit keineswegs unbekannt gewesen war, damals aber primär Vieh – und also Viehhalter – betraf). Auch in S.s Gedächtnis ist die Erinnerung an die Kolonialzeit geprägt von der Doppelbelastung durch oft willkürliche Requisitionen von Naturalien und verschiedenste Arbeitsleistungen. Jegliche Art von Nahrungsmittel musste nach Muramvya geschleppt werden, um das dortige Verwaltungspersonal und die Soldaten zu ernähren:

Bwambarangwe, das damals bereits unter der Herrschaft des unter der Bevölkerung wenig beliebten Prinzen Karibwami stand, der die Repression der Unruhen auch anführte (cf. Kapitel 6).

16 Das gesamte britische Tanganyika Territory wurde in Burundi *manamba* genannt und die sich da verdingenden Wanderarbeiter *abanamba*, eine Ableitung vom englischen „number": Die Arbeiter wurden nicht mit ihrem Namen, sondern mit der ihnen verliehenen Nummer gerufen (Gespr. 68, Tagebuch 2:74).

17 Ab den dreissiger Jahren konnten die Naturalientribute, generell *inkuka* genannt, auch in Geldform abgeleistet werden: Insgesamt 4 Francs, von denen 3 an den Sous-Chef und 1 an den Chef ging (Bourgeois 1987:179).

„Manchmal kam der Mutware selbst in den Hof. Er setzte sich nieder. Die Frau begann zu arbeiten, sie bereitete die Butter zu. Er sagte: Noch mehr, noch mehr, bis sich ein ganzer Haufen vor ihm türmte. Ja, die Butter und der Hahn. Diese Butter diente dann zum Beispiel dazu, die Soldaten in Muramvya zu ernähren; sie assen auch die Bohnen, die wir da hinzuschleppen hatten. (...) Mit den Weissen kamen aber auch viele Arbeiten. Die einen mussten Kassiterit [*ubusiteridu*] ausgraben gehen. Sie gruben da im Kibira-Wald. Wir waren es, die ihnen die Nahrung zu bringen hatten. Siehst du, da gab es auch *ipereteri* [Pyrethrum-Bäume, die zum Gewinn von Insektizid dienten], und da in Bugarama gab es die Teeplantagen, die wir zu unterhalten hatten. – Q.: Hat man euch dafür nicht entschädigt? – R.: Warte! Hörst du, die Kaffeebäume auf Saga, siehst du, es war der Muganwa Mahindagu, für den wir sie zu unterhalten hatten; später war es der Muganwa Biha, der sie anpflanzen liess. Es sind die Leute von hier, die pflanzen gingen. Nein, für alle diese Bodenarbeiten erhielt man kein Geld. Erst später, als Rwagasore zu kämpfen begann, erhielten wir etwas Geld – neun Franken die Woche, 36 Francs im Monat, als es galt, Eukalyptusbäume zu pflanzen. Aber das war erst ganz am Ende“ (Gespr. 34:19).

Nicht einfach zu beantworten ist die Frage nach der Belastung, die der bäuerlichen Bevölkerung aus den kolonialen Steuern und Tributen insgesamt erwuchs. Die jährlich dafür aufzuwendende Zeit ist kaum einzuschätzen, stellte aber ohne Zweifel alles früher Bekannte in den Schatten. Wenn es unmittelbar die Männer waren, die den Abgabenpflichten unterlagen, so erhöhte sich indirekt auch die auf den Frauen ruhende Arbeitslast. Die regionalen und lokalen Unterschiede waren beträchtlich, was auch ein Resultat der Willkür und fehlenden Systematik war. Obwohl die Durchsetzung der Arbeitspflichten gegenüber dem alten Tributsystem stark standardisiert und generalisiert wurde – es wurde im Detail festgelegt, gegenüber welcher Instanz wieviele Arbeitstage zu leisten waren –, konnten die einzelnen Bauern je nach Periode und Region stark unterschiedlichen Belastungen ausgesetzt sein (Gespr. 5:20f). Schliesslich ist zu den Bürgerpflichten auch der obligatorische Anbau neuer Kulturpflanzen zu rechnen. Die aus den Arbeitstributen anfallende Belastung scheint auf jeden Fall höher einzuschätzen zu sein als die durch Naturalabzüge und Geldsteuern, wobei in Rechnung zu stellen ist, dass die letztgenannten bereits bei einer minimalen Höhe die Bauern vor schwerwiegende Probleme stellen und sie zu gewichtigen wirtschaftlichen Umstellungen zwingen konnten. Das empfundene Ausmass der Belastung muss sich für die Bauern gegenüber der vorkolonialen Zeit allein schon dadurch erhöht haben, dass die kolonialen Abgaben in ihrer Gesamtheit bedeutend schwächer legitimiert waren und einen viel stärkeren Zwangscharakter aufwiesen als die vorkolonialen Tributpflichten. Um es pointiert auszudrücken (und ohne mit der Nennung dieser extremen Erscheinungsform das vorkoloniale Abgabensystems idealisieren zu wollen): Man ging nun nicht mehr singend auf königliche Speicher zu, sondern duckte sich unter der drohenden Peitsche. Ihr Gewicht musste unter diesen Umständen von den Bauern als umso drückender wahrgenommen werden (cf. Nahayo 1983:70). Reyntjens' Urteil über die Kolonialverwaltung Rwandas trifft auch für Burundi zu: „Quoique l'administration belge estimait réduire les charges pesant sur les masses paysannes, la période coloniale fut en réalité une époque de contraintes, certainement jusqu'à la fin des années quarante“ (1985:138). Die grosse Mehrzahl der Haushalte konnte die Abgabenpflichten lediglich über den Anbau von Kaffee und die auswärtige Verdingung ihrer Arbeitskraft nachkommen. Angesichts der insgesamt auflaufenden Summe kolonialer Zwänge und Arbeitspflichten[18], die nicht mehr wie zur vorkolonialen Zeit pro Gehöfteinheit, sondern individuell erhoben wurden und dazu führen konnten, dass ein „Homme adulte valide“ jeden zweiten Tag von seinen eigenen Feldern ferngehalten wurde, ist es erstaunlich, dass es nicht häufiger zu Hungersnöten kam (s. Gahama 1983:343f, Reyntjens 1985:142).

[18] In Arbeitstagen aufgerechnet (bei 1.5 F/Tag) und unter Berücksichtigung der Tatsache, dass zur vorkolonialen Zeit die Gehöfteinheit *urugó* und nicht der koloniale H.A.V. die Steuereinheit bildete, kommt man zum Schluss, dass sich die Tributpflichten (die zur Erfüllung aller staatlich auferlegten Pflichten erforderlichen Zeit) im Vergleich zur Zeit der alten Monarchie mindestens verdrei- oder vervierfacht hatten (vgl. Kapitel 5.2 & Reyntjens 1985:140, der derart umgerechnet für Rwanda zu 107 jährlichen Arbeitstagen pro H.A.V. kommt).

Diese vielfachen, staatlich auferlegten Pflichten und Forderungen prägten ab den dreissiger Jahren bis zum Ende der Kolonialzeit das Verhältnis zwischen der bäuerlichen Bevölkerung und den Behörden einschliesslich ihrer Hilfskräfte. Prüfen wir zunächst die Beziehungen zwischen Bevölkerung und Hilfskräften, und in einem zweiten Schritt diejenigen zu den Batware, um abschliessend ein genaueres Bild des Kontaktes, oder genauer: der Konfrontation der bäuerlichen Bevölkerung mit den Staatskadern auf lokaler Ebene zeichnen zu können.

Neben der Vervielfachung der staatlichen Ansprüche und Forderungen während der Kolonialperiode, die eine „Funktionarisierung" aller lokalen politischen Kader mit sich brachte und den repressiven Charakter ihrer Macht in hohem Grad verstärkte, liegt ein zentraler Faktor, der das Verhältnis zwischen Regierenden und Regierten auf dieser untersten Ebene grundlegend prägen musste, in der Art der Einkommensquellen und Entschädigungen der Behörden.

Die traditionellen Abgabepflichten blieben während der Kolonialzeit weiterhin die Haupteinnahmequelle der Chefs und Sous-Chefs.[19] Wenn die Abgabepflichten an die lokalen Autoritäten in Form von Arbeitskraft mit der Zeit reduziert und schliesslich ganz aufgehoben wurden, so hiess das nicht, dass sie ersatzlos gestrichen wurden. Sie wurden vielmehr zunehmend monetarisiert: Für immer weitere Bevölkerungsgruppen wurde es möglich und mit der Zeit obligatorisch, die pro erwachsenen Mann geforderten dreizehn jährlichen Arbeitstage in Form von Geld abzuleisten (1 F, später 1,5 F pro Tag). Die belgische Kolonialverwaltung lehnte es lange ab, die einheimischen Chefs und Sous-Chefs fest zu besolden. Unter dem Argument, dass die Aufhebung der alten Arbeitspflichten und ihre Ersetzung durch eine Steuer deren Autorität untergraben würde, wies sie einen entsprechenden Vorschlag des in der „Commission permanente des Mandats de la Société des Nations" einsitzenden Lord Lugard zurück (Reyntjens 1985:136). Gleichzeitig argumentierte man, dass der Entwicklungsgrad der Wirtschaft den Bauern noch zu wenig Geldquellen eröffne (was keineswegs heisst, dass der Zusammenhang zwischen der Erhebung von Geldsteuern und der Monetarisierung der Wirtschaft übersehen wurde) (s. Rapport 1927:38). Der vollständige Übergang zu einer reinen Geldsteuer verzögerte sich so bis zum Ende der vierziger Jahre. Ab 1936 wurde „modernisierten" und „detribalisierten" Bevölkerungsgruppen[20] zugestanden, die Arbeitspflichten in Form von Geld abzuleisten, eine Möglichkeit, die schliesslich ab 1945 jedermann eröffnet wurde. Hören wir die damit verbundene Argumentationslinie im Original:

> „Il n'était pas entré dans les intentions de l'administration d'étendre précipitamment, et de façon inconsiderée, le bénéfice du rachat des prestations à d'autres catégories d'indigènes. La raison de cette politique procédait du souci d'empêcher un mouvement trop rapide d'émancipation des masses vis-à-vis des notables; la prudence à observer dans ce domaine était justifiée par le fait que les prestations en travail restaient, pour la masse de la population, le meilleur gage d'obédience et de discipline à l'égard des autorités indigènes. Mais comme il a été signalé plus haut, l'évolution a progressivement marqué son empreinte dans les esprits, et à la fin de l'année 1944, sur avis conforme des deux Bami et de leurs conseils, il a été décidé de permettre le rachat facultatif des prestations coutumières en travail à tous les indigènes sans exception" (Rapport 1939-1944:36).

Nachdem schnell eine grosse Mehrheit von der Möglichkeit Gebrauch machte, sich von den Arbeitspflichten loszukaufen, wurde sie ab 1949 für alle obligatorisch erklärt (Rapport 1945-46:30, cf. Reyntjens 1985:137). Diese Steuern (zunächst auf 19,50 F festgelegt) stellten für alle Batware – und vor allem für diejenigen, die eine grosse Zahl Steuerpflichtige unter sich hatten – schnell die wichtigste Einkommensquelle dar; beinahe drei Viertel dieser Steuereinnahmen standen zu ihrer Verfügung, der Rest war an den vorgesetzten Chef weiterzuleiten (1950 6 von insgesamt 26 F).

---

[19] S. z.B. Papiers Smets, Dossier B: Enquête administrative de 1929, rapports des délégués belges, Territoire Muramvya, p. 9 & 11.

[20] Dazu sind zu zählen: Lohnarbeiter, Angestellte von Verwaltung und Missionen, reiche Viehhalter mit mehr als zehn Kühen, Katecheten, Katechisten und Schüler.

Die Grundbesoldung der Sous-Chefs (wie auch der Chefs) nahm sich daneben bis gegen Ende der fünfziger Jahre, als sie gleich vervielfacht wurde, sehr bescheiden aus. Während die Batware in ähnlicher Art wie die Chefs entschädigt wurden (ab 1933 ein bescheidener garantierter Minimallohn, der über ein Prämiensystem stark aufgebessert werden konnte)[21], gab es für die *bahamagazi* bis gegen Ende der fünfziger Jahre keine formale Besoldung. Sie hatten weder Anrecht auf einen Grundlohn noch auf einen Teil der eingezogenen Steuern. Formal erklärt sich das dadurch, dass der Beizug von Bahamagazi als rein chefferieinterne Angelegenheit angesehen wurde. Das konnte nichts anderes bedeuten, als dass sich diese Hilfsfunktionäre „selbst bezahlten", wie es ein Informant ausdrückte. Es wird deutlich, dass die Kolonialbehörden die *buhamagazi*-Funktion gänzlich auf den „traditionellen Bereich" abschoben und dass sie erwarteten, dass die Entschädigungsfrage sich gemäss der *gushikana*-Logik der alten Herrschaftsordnung gleichsam von selbst erledige. Die gemäss der kolonialen Logik konzipierte Institution der Bahamagazi fand ihre Bedeutung jedoch allein innerhalb des kolonialen Herrschaftssystems, und die Bahamagazi konnten nicht als „traditionale Funktionäre", quasi als traditionale Versatzstücke im kolonialen Kontext, funktionieren. In der Institution der Bahamagazi zeigt sich am augenfälligsten der Zusammenstoss der alten vorkolonialen mit der modernen kolonialstaatlichen Machtkonzeption. Offiziell nicht anerkannt und von der modernen Staatsverwaltung ausgeschlossen, waren sie doch mit Aufgaben und Kompetenzen (vor allem Repressionsgewalt) betraut, die sich aus der kolonialen Herrschaftsordnung ergaben. Ihre politische Hilfsfunktion im „traditionellen" (lokalen) Raum sollte, so erwartete man, ihnen auf jeden Fall beträchtliche Privilegien bringen, die sich auch ökonomisch „auszahlten". Diese Inkompatibilitäten und die hybride Definition ihrer Situation und Position musste notwendigerweise zu Missbräuchen führen.

Dadurch, dass der Muhamagazi mit der unmittelbaren Mobilisierung (*kurârika*) aller verschiedener Abgaben auf seinem Hügel betraut war, boten sich ihm tatsächlich mannigfache Einkommensquellen. Der Muhamagazi hatte auf das Ausmass der eingeforderten Naturalabgaben (im Volksmund *imizigo*, „Last, Bürde", genannt; Gespr. 45:10f, s. Rodegem 1970:575) einen entscheidenden Einfluss. Unter den gegebenen Umständen war es selbstverständlich, dass er einen Teil für sich abzweigte (wie zur vorkolonialen Zeit *igikûmbi*, „Krümel", genannt; Gespr. 66:26, cf. Kap. 5.2), ganz so, wie es auf höherer Ebene auch der Mutware machte und es aus der vorkolonialen Zeit bekannt war. Hören wir die Schilderung der knapp sechzigjährigen[22] M. vom Hügel Kanegwa bei Kiganda:

> „Wenn der Muhamagazi die *imizigo* für Muramvya [kolonialer und monarchischer Hauptort] aufbot, begann er damit, zur Seite zu bringen, was an ihn selbst ging. (...) Nachdem er seinen Teil zur Seite geschafft hatte, sandte der Muhamagazi den Teil des Mutware. Ich ging an der Stelle meines Vaters zum Mutware. Mein Vater hatte Angst, dahin zu gehen und sandte mich an seinem Platz, da er befürchtete, dass man ihn von da nach Muramvya senden könnte. So war ich es, die ich da hinging. (...) Ich hatte alle die verschiedenen Dinge zu tragen. So brachte ich das

---

[21] Gahama erwähnt zum Besoldungssystem der Batware lediglich, dass ihre Grundbesoldung ab 1957 auf 3'500 F erhöht wurde, damit sie daraus auch ihre subalternen Hilfskräfte entschädigen konnten (1983:132, cf. p.130). Früher galten dieselben Ansätze, die Bourgeois für Rwanda nennt: Chef-Grundlohn: 1'000 F, Zulagen für Chefferies mit mehr als 3'000 Steuerpflichtigen (100 F pro 1'000 weitere Steuerpflichtige); Grundlohn Sous-Chef: 350 F mit Zulagen für Sous-Chefferies mit mehr als 200 Steuerpflichtigen (10 F pro 100 zusätzliche Steuerpflichtige); weitere Zulagen gab es für die Anzahl der eingetriebenen Kopf- und Viehsteuern (Prämiensystem). Diese monatlichen Grundlöhne wurden ab Herbst 1955 beträchtlich erhöht: 10'000 F für Chefs, 2'500 F für Sous-Chefs, wozu erstmals Dienstalterszulagen und Zulagen gemäss der Benotung durch die vorgesetzten Kolonialbehörden („élite, très bon, bon, assez bon, médiocre") gewährt wurden (s. obige Tabellen 5 & 6 sowie Bourgeois 1987:104, 178f, 241).

[22] „Man sagt, dass ich nach dem Durchzug der (Wander-) Heuschrecken (*inzige*) geboren bin. – Q.: Der Heuschrecken? – R.: Ja, es liegt nicht lange zurück, es ist wahr. An was ich mich erinnere: Es herrschte Hungersnot (*ikigoyi*), und es war die Epoche, zu der man alle Leute zwang (*guhimiriza*), Weizen anzupflanzen. Man zwang alle, Kartoffeln in Linienanordnung anzupflanzen. Ich war noch ein Kind, aber ich hatte bereits Verstand" (Gespr. 45:19f).

> Mehl zum Mutware; der Mutware sonderte seinen Teil aus, den er zur Seite brachte. Der Rest wurde nach Muramvya gesandt" (Gespr. 45:10f).

Der Muhamagazi verfügte darüber hinaus noch über zahlreiche weitere Einkommensquellen, die sich nicht zuletzt aus seinen intimen Lokalkenntnissen ergaben. So lag es ein Stück weit immer in seinem Ermessen, jemanden von Arbeitsaufgeboten auszunehmen oder im Gegenteil innerhalb kurzer Zeit gleich zweimal aufzubieten.

Es erstaunt wenig, dass diese Staatsorgane unterster Stufe, die in mehr oder weniger alltäglichem, forderndem Direktkontakt zur Bevölkerung standen, bei dieser in der Regel höchst unbeliebt waren. Da die Bahamagazi wie auch die Barongozi in nahem Kontakt mit der Bevölkerung ihres Hügels lebten und es sich in der grossen Regel um autochthone, nicht von aussen kommende Personen handelte, kannten sie die lokalen Verhältnisse bestens – nichts konnte ihnen verborgen bleiben. Entsprechend unbeliebt, ja gar gefürchtet waren sie unter der Lokalbevölkerung. Es war nicht nur so, dass sich niemand irgendeiner Pflicht entziehen konnte, ohne mit dem lokalen Muhamagazi (oder Murongozi) eine spezielle Vereinbarung getroffen zu haben, die immer ihren Preis (meistens in Form von Bier) hatte; man musste darüber hinaus froh und immer bemüht sein, von ihm nicht übermässig belangt zu werden. Sein Druck- und Machtmittel ergab sich aus der Position als „Gatekeeper" zwischen Lokalgemeinschaft und den örtlichen Behörden, der alles nach oben Fliessende zu kontrollieren in der Lage war und in dessen Macht es stand, jemanden jederzeit oben anzuschwärzen und zu denunzieren: „(Die Bahamagazi) konnten ‚töten und retten'; derjenige, über den sie schlechten Bericht erstatteten, kam nicht davon [*barica bagakiza; uwo barega ntiyavayo*]" (Gespr. 4:8). Sie waren die Informationsübermittler von oben nach unten wie auch die „Rapporteure" von unten nach oben. Entsprechend häufig wurde ihnen gegenüber das *gushikanira* praktiziert – es galt, ihnen genau wie den traditionellen politischen Führern den Hof zu machen und sie mit „spontanen" Geschenken zu bedenken. Es war durchaus rational, sich präventiv vor der immer möglichen Willkür des Muhamagazi zu schützen, indem man sich ihm von Zeit zu Zeit über *ibitembagazwa*- oder *ibiturire*-Gaben erkenntlich zeigte. Schliesslich verfügte der Muhamagazi über handfeste Zwangsmittel: Wer seinem Ruf nicht Folge leistete, wurde körperlich gezüchtigt; jedermann konnte über ein wirkliches oder fiktives Verfehlen bei den vorgesetzten Instanzen denunziert werden und war so erpressbar: „Es kam vor, dass man dem *mumotsi* einen ganzen Tag lang Bier ausgeben und ihn anflehen musste: ‚Kind meiner Mutter, sage nicht weiter, dass ich nicht zur Arbeit gekommen bin!' Ja, so war das" (Gespr. 45:10). Wer nicht in der Gunst der lokalen Hilfskräfte stand und über keine einflussreichen Beziehungen verfügte, konnte, auch ohne dass er sich ein Verfehlen zuschulden kommen liess, buchstäblich ausgenommen, seiner Güter beraubt und mit zusätzlichen Belastungen belegt werden, wie sich B. von Kigandas Hügel Ruvumu erinnert (Gespr. 20:20). Wie zur vorkolonialen Zeit führte die Willkür der Staatsfunktionäre und Machthaber zu Begünstigung und Privilegierung der einen und als Kehrseite zur Diskriminierung vor allem der einfachen Leute ohne privilegierte soziale und politische Bande, die keinen einflussreichen *shêbuja* auf ihrer Seite wussten.

Das gleiche gilt für die Barongozi. Auch ihre Entschädigung sollte zulasten jeder Chefferie gehen. Das hiess, dass sie – trotz der Empfehlung der Kolonialbehörden, ihnen einen bescheidenen Fixlohn auszurichten – bis Januar 1957 realiter nie entlohnt wurden. Erst damals wurde der Lohn der Sous-Chefs ausdrücklich deswegen angehoben, damit diese der Entschädigungspflicht ihrer Hilfskräfte nachkommen konnten. Vorher musste der vielgeforderte Murongozi genauso wie der Muhamagazi selbst für seine Einkünfte besorgt sein, was Ursache von viel Missbrauch und Bestechungen war: Den Reichen, die in der Lage waren, ihm interessante „Pots de vin" zu offerieren, erliess er die Pflichten, während die Armen umso mehr belastet und umso häufiger aufgeboten wurden. Der Murongozi oder Muhamagazi, auf den der Sous-Chef alle unangenehmen Sachen abwälzte,[23] befand sich in einer wenig attraktiven Zwischenposition: Selbst dem kolonialen Zwang unterliegend, wurde er zum Vollzieher aller Zwangsanwendung erfordernden Anweisungen; wenn er als Entschädigung auch nicht bloss einige *ibiturire*-Biere erhielt, wie Gahama schreibt, war es doch – bei der Bevölkerung meist verhasst und von oben mit Strafen bedroht – ein höchst unangenehmes Amt (Gahama 1983:131f).

Und trotzdem war es wie das des Muhamagazi durchaus gesucht. Es eröffnete den Zugang zu einer wichtigen Autoritätsposition im lokalen Rahmen und auch ökonomisch nicht uninteressante Perspektiven. Es waren keineswegs irgendwelche rudimentär gebildeten, kolonialen Technokraten, die diese Ämter versahen, sondern in der Regel Männer, die aus lokal einflussreichen Familien kamen, nicht selten aus derjenigen des lokalen Mutware selbst (Gespräche 4,7 & 8 in Rusaka). Es ist aufschlussreich, zu beachten, dass als Bahamagazi vorzugsweise Männer bestimmt wurden, die auf ihrem Hügel bereits eine einflussreiche Stellung innehatten und gleichzeitig das Vertrauen des lokalen Mutware genossen. Wer Muhamagazi werden wollte, musste sich vorgängig beim Mutware und anderen lokalen Notabeln „einkaufen": „Er hatte viel Bier auszugeben, was er aber leichten Herzens tat, da er damit rechnen konnte, später dank seines Postens über das *gushikanira* wieder mindestens so viel einzunehmen" (Gespr. 45:10). Wenn die Bevölkerung und ihre „wahren Bashingantahe" ihnen ihren Respekt erwiesen, so ergab sich das allein aus ihrer Machtposition und nicht aus ihrem Ansehen. Als Vollzugsgehilfen aller Machthabenden (*batware*, *bakuru* oder *bakugaba*, „die dich Beherrschenden") perzipiert – wobei es aus der Perspektive der Bauern wenig änderte, ob hinter ihnen eine fremde Macht stand oder nicht –, wurden sie als Personen gesehen, die allein in ihre eigene Tasche und nicht für „das Wohlergehen des Landes arbeiteten", wie es N. aus Bugarama ausdrückt (Gespräche 27:9 & 69). Während die ländliche Oberschicht sie sich weitgehend vom Leibe zu halten vermochte („ich wollte nicht, dass ein Muhamagazi auch nur einen Fuss in meinen Rugo setzte; sie waren es, die Bamotsi, die in deinen Hof schreien und fordern kamen" [ibid.]), waren ihre Opfer die einfachen Leute, die sich ihrer nicht zu erwehren vermochten.

Es sollte schliesslich bis 1957 dauern, bis die „Barongozi, Bahamagazi ou Bamotsi" offiziell anerkannt und eine formale Entschädigung und Besoldung zugestanden erhielten, um diesen Missständen ein Ende zu bereiten oder sie mindestens einzuschränken. Vorgängig war ihre Entschädigung in Form von Lohn mehrmals Gegenstand von Diskussionen innerhalb des Conseil Supérieur du Pays, des Konsultativorganes, das für die Vorabklärung derartiger Fragen zuständig war.[24] In einem Zirkularschreiben des Résident Siroux vom 2. Februar 1955 an alle Administrateurs de territoires wurde die Frage nach der erforderlichen Anzahl von Bahamagazi je Sous-Chefferie und der Möglichkeit ihrer Entlohnung oder eventuellen Ersetzung durch „assistants agricoles" (sogenannte „Monagri", deren es in jeder Sous-Chefferie mindestens einen gab) aufgeworfen; es lässt sich folgendes nachlesen:

> „Ces *capitas* de hameaux sont les auxiliaires d'exécution et d'information actuellement indispensables aux sous-chefs. Le problème de leur existence et de leur rémunération a été soulevé à plusieurs reprises sans avoir jamais reçu de solution satisfaisante. Néanmoins ces fonctions sont ardemment briguées parce que leurs détenteurs se paient à volonté sur le pays."[25]

Während die Chefs der Meinung waren, auf keinen ihrer Bahamagazi verzichten zu können und dass sich diese auch nicht durch die wenig angesehenen, oft versetzten und daher kaum ortskundi-

---

[23] Hören wir das Zeugnis eines ehemaligen Murongozi, den Gahama (1983:132) zitiert: „Le sous-chef me donnait un nombre de *bakozi* [travailleurs] que j'allais chercher. On disait: amène une vache, un coq, sinon, on m'administrait douze coups de chicotte. Pour aller d'ici [Bukeye] à Rudehe, c'est 18 km … Je ne dormais pas, je me réveillais tandis qu'il faisait encore nuit. Si les travailleurs m'entendaient, ils allaient se cacher dans la *kibira* [forêt] !".

[24] Näheres s. Kapitel 8 und Bankumuhari, s.d..

[25] Territoire du Ruanda-Urundi, Résidence de l'Urundi, No. 487/A.I. (Archives Nationales du Burundi, AH 6.94 [1955], s/dossier 1).

gen „Moniteurs agricoles“ ersetzen liessen, glaubten die belgischen Administrateurs de territoires, dass die Reduktion ihrer Anzahl durchaus zu verantworten sei. Der Conseil Supérieur du Pays, der sich aus den obersten einheimischen Notabeln zusammensetzte, beschloss schliesslich, dass ein Muhamagazi auf 400 Steuerpflichtige genügen sollte und dass sie monatlich mit 300 F zu entschädigen und diese Lohnkosten den Caisses de Chefferie zu belasten sind.[26] Die Auswirkungen dieser Massnahmen bleiben unklar. Das Ausmass der Extorsion der einfachen Bevölkerung scheint sich nicht wesentlich geändert zu haben. Wiewohl die „Selbstbedienung“ durch die Hilfskader formell verboten wurde, wurde die Einhaltung dieses Verbots doch kaum kontrolliert und Zuwiderhandelnde nur in seltenen Fällen gemassregelt. Obgleich es weiterhin vorkam, dass die Hügel-Bashingantahe grobe Missbräuche bei den lokalen Behörden anklagten, hat die Bedeutung dieser lokalpolitischen Institution, durch die den subalternen Beamten vorkolonial gewisse Machtgrenzen gesetzt waren, bereits während der Kolonialzeit deutlich abgenommen (näheres unter Kap. 7.2).

Welches war die Reaktion und Haltung der Bevölkerung gegenüber dem sie mannigfach aufbietenden und einbindenden kolonialen Staat und seinen Organen während einer Epoche, die von den Bauern allgemein als „die Zeit der mehrfachen, sich vervielfachenden Verwaltung“[27] perzipiert wurde? Es ist für diese Arbeit von hoher Bedeutung, zu prüfen, welche Haltung die einfache Bevölkerung auf den Hügeln, die unter der alten monarchischen Ordnung gelernt hatte, dass derjenige, der nicht von sich aus den Kontakt zu den politischen Behörden sucht, automatisch als Rebell betrachtet wird, gegenüber den kolonialen Staatsorganen einnahm. Da es unter dem Druck der vielfachen Anforderungen nur noch den Wohlhabenderen möglich war, regelmässiges *gushengera* und *gushikanira* zu praktizieren und privilegierte Beziehungen zu den Machthabern im lokalen Raum zu unterhalten (und im besten Fall gar ein Stück des „kolonialen Kuchens“ zu ergattern), blieb allen andern nichts anderes übrig, als darauf zu achten, möglichst wenig belangt zu werden. Bei der herrschenden Willkür der untersten kolonialen Organe war eine Strategie des sich Entziehens die rationalste Reaktion jedermanns, der nicht irgendwelche Ambitionen hegte (bzw. dazu überhaupt in der Lage war). Das galt nicht nur gegenüber den Hilfsagenten Bahamagazi, Barongozi und „Monagris“, sondern ebenso gegenüber den Batware. Man versuchte ihnen möglichst auszuweichen, sich zum Beispiel in einen wenig zugänglichen Winkel ihres Gebietes zurückzuziehen. Im Extremfall kam es gar zu Abwanderungen, wie K. aus Kiganda berichtet:

> „Unter den Batware waren die Leute unglücklich. Man wich ihnen möglichst aus. Man floh gar vor ihnen, um nicht mit neuen Arbeitslasten beladen zu werden. Der Mutware fand immer einen Vorwand, dir eine Strafe anzuhängen. Wenn er ankam, sagte er: ‚Du hast diesen Fehler', er wusste immer einen Fehler, den er dir anhängen konnte. So ging man auf die andere Seite des Baches, wo es weniger Momente von Arbeit gab. (...) Ja, es gab solche, die sich im Gebiet eines anderen Mutware installieren gingen. Aber du sahst, dass sie wie Bashumba [bodenlose Knechte] waren, da der [neue] Mutware dem anderen Mutware glich. So war es“ (Gespr. 33:17).

Auch zur Kolonialzeit gab es also politisch bedingte Migrationen. Ausser bei Leuten, die in eine bestimmte Funktion berufen wurden, kam es nun aber bedeutend seltener als zur präkolonialen Zeit vor, dass man auf eine politische Autorität hin zuzog oder ihr nachzog; in vielen Fällen hatte sich die Richtung geändert: Man zog von ihr weg. Dazu ist immerhin einschränkend zu bemerken, dass auch die kolonialen Batware wie ihre Ivyariho-Vorgänger kein Interesse an aus ihrem Gebiet abwandernden „*ingabo*“ haben konnten; da ihre Anzahl direkt ihr Einkommen bestimmte, waren sie genau wie zur alten monarchischen Zeit Gegenstand von Rivalitäten unter den lokalen politischen Behörden, Rivalitäten, die durch das koloniale Steuer- und Besoldungssystem nur unterstützt wurden. Der zu erwartende Effekt, dass dem Ausbeutungsgrad wie der Macht der lokalen Behörden gewisse Grenzen auferlegt wurden, wurde ein Stück weit wieder durch das System ko-

---

[26] Ibid.

[27] „*Aho habereye intwaro nyinshi*“ (Gespr. 44:10).

lonialen Zwanges aufgehoben. Im Unterschied zu ihren präkolonialen Vorgängern hatten die selbst dem kolonialen Zwang unterliegenden Funktionäre bedeutend weniger Möglichkeiten, einen Teil ihrer Leute – wie klein er auch immer sein mochte – über Gunstbezeugungen und persönliche vertikale Bande an sich zu binden. Dass der alte Schutzherr und Redistributor zu einem Funktionär und staatlich beauftragten Häscher geworden war, drückte sich nicht zuletzt auf ideologischer Ebene aus: Der ehemalige offizielle „Diskurs der Gabe" war durch einen „Diskurs des Zwanges" abgelöst worden.

Von daher erscheint es nur als verständlich, dass die grosse Mehrzahl der bäuerlichen Bevölkerung mit Rückzug und Verweigerung reagierte: Es galt, sich so wenig fassbar wie möglich zu machen. Ich lege hier Wert darauf, den Moment, die Gründe und die Bedingungen des Entstehens dieser Strategie des sich Entziehens, die die bäuerliche Bevölkerung gegenüber dem Staat förmlich zu wählen gezwungen war, genauer zu bestimmen, da sie für das Verständnis der heutigen Beziehungen zwischen Staat und Bauern von eminenter Relevanz sind. Diese unter dem kolonialen Staat eingeübte Strategie wird auch dann noch spielen und ihre Folgen haben, wenn dessen Führung von ausländischen in einheimische Hände übergewechselt haben wird, wie bei der Diskussion der postkolonialen politischen Strukturen deutlich werden wird.

Dass die Beziehungen zwischen Behörden und Bevölkerung während der Kolonialzeit stark durch den repressiven Charakter der Staatsmacht gekennzeichnet waren, wird offenbar, wenn man die Gerichtsprotokolle der „tribunaux de résidence" dieser Zeit studiert. Man stösst hier immer wieder auf Fälle von Konflikten und Auflehnung, die bis zu gewaltsamen Auseinandersetzungen und Schlägereien, aber auch zu Denunziationen führten – nicht alle unterzogen sich willig den oft uneinsichtigen oder willkürlichen *guhimiriza*-Anordnungen der Staatsvertreter.[28]

Aus dieser Darstellung liesse sich vermuten, dass sich während der Kolonialepoche Ort und Art der Kontakte und der Beziehungen zwischen Behörden und Bauern radikal veränderten. Hatten nicht Zwang und Gewalt stark zugenommen, was sich zum Beispiel darin zeigte, dass die Tribute nun nicht selten gewaltsam eingetrieben wurden? Da die Bauern kaum noch Vorteile in persönlichen Beziehungen zu den Behörden sahen, waren sie weniger darauf bedacht, sich aus eigenem Antrieb bei ihnen zu präsentieren und versuchten sich vermehrt zu entziehen. Dieses Bild jedoch ist zu einseitig. Es gab gewichtige Konstanten im Verhältnis zwischen Behörden und Bauern. Gerade im lokalen Raum liessen sich die Beziehungsmuster zwischen Herrschenden und Beherrschten nicht über Nacht umkrempeln, und manche Züge der alten monarchischen Herrschaftsordnung blieben weiterhin bestimmend. Wenn die „Strategie des Rückzugs und des sich Entziehens" effektiv seit der Flucht Mwezi Gisabos vor den eindringenden deutschen Offizieren und ihren Askaris weit verbreitet war (Gespräche 33:17, 44:10, 45:19, Bankumuhari, s.d., p. 61[29]), so heisst das noch nicht, dass sie Erfolg hatte in dem Sinn, dass sich die Kontakte zwischen Staat und Bauern umgehen liessen und ihre Anzahl abnahm. Bei der hohen Dichte des kolonialen Kontrollnetzes war eher das Gegenteil zu erwarten. Der durchschnittliche Bauer kam nicht um die Batware herum.

---

[28] Siehe z. B. den Fall 416 vom 2. September 1943, der im Régistre des affaires civiles du Tribunal de Résidence de Renga (Kiganda) eingeschrieben ist: Ein Prozess, den der Sous-Chef Baribuza vom Hügel Gahweza gegen M. vom ihm ebenfalls unterstehenden Hügel Musongati wegen „Drohung und Gewalt gegen Beamte" anstrengte (M. soll sich den *guhimiriza*-Forderungen – hier dem obligatorischen Anbau von Maniok, Süsskartoffeln und Weizen – widersetzt und den ihn anschliessend aufsuchenden Mutware angegriffen und seine Kleider zerrissen haben). Nach der Einvernahme verschiedener Zeugen lautete das Urteil schliesslich: „que M. paye 50 F d'amende et qu'il subisse la punition de 8 coups de bâton parce qu'il s'est battu avec le Mutware en train de remplir sa tâche de mobiliser les cultures obligatoires; en plus, qu'il paye 30 F pour l'habit qu'il avait déchiré et qui était acheté à 60 F" (aus dem Kirundi übersetzt, T.L.).

[29] „Le Murundi, en général, est cet homme qui aime la liberté agissante dans la sécurité pour lui-même, pour sa famille, pour ses parents et pour ses voisins. Quand le moindre air d'insécurité souffle, *il se retire et disparaît*. C'est cela qu'il a fait de 1903 à 1953" (ibid., meine Hervorhebung).

Trotz aller Veränderungen blieb die Konzeption politischer Macht im lokalen Raum und ihre Perzeption durch die Bauern weitgehend unangetastet. Bei allen Transformationen lässt sich in der Form und Ausgestaltung der Beziehungen zwischen Bauern und staatlichen Organen und in ihren gegenseitigen Verhaltensmuster kein radikaler Bruch, sondern vielmehr eine erhebliche Kontinuität beobachten. Die Batware gingen ihren Amtsgeschäften auch jetzt nicht in speziellen Dienstzimmern nach – ausdifferenzierte Bürogebäude gab es nur bis auf die Ebene der Chefferies, der Baganwa hinab –, sondern sie residierten weiterhin in ihrem persönlichen Hof. Die Zugänglichkeit der politischen Behörden hatte sich nicht erhöht, sondern weiter verringert. Wer immer es vermochte, mied geflissentlich den Hof des Mutware, der ersten lokalen Zwangsinstanz. Viele wagten sich nur hin, wenn es sich nicht umgehen liess.[30] Und nach der Schilderung des bereits zitierten K. traute sich niemand, ihn aufzusuchen, ohne eine Gabe mitzubringen:

> „Du konntest den Mutware nicht um eine Audienz bitten gehen [*gusaba ijambo*], ohne ihm etwas mitzubringen. Das war unmöglich, du musstest *gushikanira*, um es zu wagen, ihn anzusprechen. (...) Man konnte ihm nicht einfach so gegenübertreten, es bestand immer die Gefahr, mit der Peitsche [*ikimoko*] geschlagen zu werden. (...) Er hatte kein Büro. Also ging man an seinen Hof [*ku nama*], zu ihm nach Hause, und es war sehr schwierig, sich diesem Hof zu nähern [„ihm entgegenzutreten"]. Man musste etwas mitbringen und man musste in Begleitung einer Person hingehen, von der du wusstest, dass sie zu seinen Günstlingen [*abatóni*] gehört und die an deiner Stelle spricht, während du dich weiter draussen im Vorhof [*ku nama*, öffentlicher Versammlungsplatz] hinsetztest. Sogar die Kostprobe vom Bier, das du selbst mitgebracht hattest, brachte man dir in den Vorhof hinaus [*kurogoza*]" (Gespr. 33:17).

Wie zur vorkolonialen Zeit gab es keinen unvermittelten Zugang zu staatlichen Behörden, man musste im Normalfall einen *mwishikira*-„Direktzugänger" dazwischenschalten und sich auf Mittler stützen. Zunehmende Disparitäten in Lebenszuschnitt und Lebensführung setzten die Zugänglichkeit und Visibilität der Behörden weiter herab. Es waren fortan weniger die Leute, die an ihre Höfe strömten, als sie selbst, die – im kolonialen Sinn mobil gemacht – die Leute aufspürten. Für diese bedeutete das nur in seltenen Fällen etwas Gutes.

[30] S. das obige Zitat aus Gespr. 45:10f, in dem M. schildert, wie ihr Vater es vorzog, sein (weibliches und damit keinen Abgabenpflichten unterstehendes) Kind mit den geforderten Tributen an den Hof des Mutware zu senden aus Angst, selbst da gleich mit weiteren Aufgaben belastet oder gar geschlagen zu werden.

7.2 Die Lokalgemeinschaft und das Schicksal des Bushingantahe

Der tiefgreifende Wandel, dem die Lokalgemeinschaft während der Kolonialperiode ausgesetzt war, lässt sich vielleicht am augenfälligsten am Schicksal des Bushingantahe als dem auf dieser Ebene wichtigsten Autoritätssystem exemplifizieren. Das Bushingantahe überlebte als Institution die gesamte Kolonialperiode, die im „Landesinneren" auf der Ebene des Hügels wie gesehen erst zu Beginn der dreissiger Jahre den Alltag der Leute zu prägen begann und nominell am 1. Juli 1962 zu Ende ging. Das will nicht heissen, dass das Bushingantahe unberührt von den Erschütterungen dieser Jahrzehnte geblieben wäre. Rückblickend lässt sich vielmehr sagen, dass das Bushingantahe während dieser Umbruchszeit Veränderungen erfuhr, die es der späteren Republik einfach machten, diese Einrichtung als ausgehöhlt und im Zerfall begriffen darzustellen, was wiederum die Rechtfertigung dafür lieferte, sie abzuschaffen oder gänzlich in neue, nun staatliche Bahnen zu lenken. Schauen wir uns diese verschiedenen Entwicklungsphasen genauer an.

Es kann hier nicht die Absicht sein, auf all die auch während der Kolonialperiode zahlreichen regionalen Varianten und die Einzelheiten der Umformungen des Bushingantahe im Zuge der Auferlegung der kolonialen Herrschaft einzutreten. Es ist an dieser Stelle vielmehr als Ziel, die wichtigsten allgemeinen Linien der Transformationen aufzuzeigen.

Die mit der Durchsetzung der kolonialen Ordnung einhergehende Vervielfältigung der Aufgabenbereiche der lokalen politischen Behörden und ihrer neuen Hilfskräfte, die im Zuge der Standardisierung und Straffung der Territorialverwaltung im ganzen Land geschaffen worden waren und die durch das Kolonialregime verstärkt zu Zwangsinstanzen wurden, führte zu einem eigentlichen Einbruch politischer Amtsträger in den Lokalbereich, in dem bis anhin in weitem Masse die Bashingantahe das Sagen hatten. Wenn sich das vorkoloniale, ideologisch fest untermauerte Herrschaftssystem dadurch auszeichnete, dass es immer an den Untergebenen und Abhängigen war, sich an die oberen Instanzen zu wenden, sahen sich die Bauern auf ihren Hügeln nun mit zahlreichen neuen Anforderungen von seiten der Behördenvertreter konfrontiert. Die koloniale, sowohl politische wie wirtschaftliche Integration (wobei die ersteren Kräfte eindeutig stärker waren) ging mit einer fortschreitenden Desintegration des Lokalbereiches einher. Das Bushingantahe erfuhr eine zunehmende politische Einbindung, die sich auf verschiedenen Ebenen äusserte. Zuerst bedurfte nun jede *kwâtirwa*-Investitur der schriftlichen Bewilligung der lokalen politischen Behörde: Das Gesuch um Einsetzung musste dem Mutware unterbreitet werden, der mit Hilfe seines Sekretärs einen entsprechenden Brief an den ihm vorgesetzten Muganwa zu verfassen hatte. Erst wenn er mit Stempel und Unterschrift des letzteren zurückkam, was etliche Zeit dauern konnte, gab der Mutware den Weg zur Investitur frei. Es konnte nun auch vorkommen, dass es der Mutware selbst war, der dem Postulanten einen *muhetsi*-Initiationspaten zuteilte. Falls es sich beim Aspiranten um jemanden handelte, der ihm nahestand, konnte er seinen eigenen Schreiber (*umukarani*) oder einen ihm nahestehenden Mushingantahe, der oft an seinem Hofe wirkte („*umutóni amutonyeko w'umushingantahe*"), mit der Übernahme dieser Funktion beauftragen (Gespräche 20:24ff, 33:22, 34:3f, 44:4ff). Die Bürokratisierung der Prozedur zeigte sich auch darin, dass vielfach mehrere Einsetzungen zusammengenommen wurden. Am Tage der Investitur wurde der Inhalt der von den oberen Instanzen zurückgekommenen amtlichen Briefe auf dem Hügel vorgetragen. Zu solchen Kollektivinvestituren ordnete der Muganwa jeweils einige an seinem Hofe angesehene, alte Bashingantahe ab, die gleichsam seine Gewalt repräsentierten.

Es kam während der Kolonialzeit zu einer deutlichen Funktionsreduktion der lokalen, nichtstaatlichen Instanzen und zu einem Einbruch in ihre angestammten Kompetenzen. Der Staat versuchte, die durch die Bashingantahe abgedeckten Aufgaben stärker unter seine Kontrolle zu bekommen. Dabei lässt sich zwischen zwei verschiedenen, sich ergänzenden Strategien unterscheiden. Einerseits war die Zentralgewalt bestrebt, die Bashingantahe vermehrt in ihr Herrschaftssystem einzugliedern und sie zu ihren Funktionären zu machen. Andererseits versuchte der Staat, ihren Kompetenzbereich einzuschränken, indem im lokalen Rahmen neue, alternative Verwaltungsagenten wie Bahamagazi und Barongozi geschaffen wurden, auf die die früher den Bashingantahe zukommenden und ihnen nun amputierten Aufgaben und Zuständigkeiten übertragen wurden. Da das Bushingantahe-Autoritätssystem weiterhin intakt blieb und die Bashingantahe bei der Lokalbevölkerung immer noch das höchste Ansehen genossen, ging man offenbar in einer späteren Phase der Kolonialperiode nach dem zweiten Weltkrieg dazu über, konsequent alle Inhaber öffentlicher Ämter zu *kwâtirwa*, als Mushingantahe einzusetzten. So wurde etwa K. (der selbst zwar seine Mushingantahe-Laufbahn schon 1949 in Angriff genommen und also die ersten Schritte bereits gemacht hatte) in Kiganda im Zentrum des Landes 1953 vom modernistischen Chef Biha bei seiner Wahl in den Conseil de Sous-Chefferie wie alle anderen Gewählten direkt ins Bushingantahe investiert.

Im Normalfall war es freilich immer noch so, dass eine solche Kandidatur zuerst von der Lokallineage des Kandidaten und den Hügelbashingantahe genehmigt sein, er von ihnen den „Ruf" zum Mushingantahe erhalten haben musste. Die ausserstaatlichen Instanzen wurden nun aber immer mehr zurückgedrängt, während individuelle Strategien des direkten Zugangs zu den politischen Behörden an Bedeutung gewannen. Bushingantahe-Aspiranten versuchten vermehrt, die Jahre dauernde, mehrstufige Vorbereitung, Bewährungszeit und mühselige Prozedur zu umgehen und abzukürzen, indem sie sich direkt an die lokalen politischen Behörden mit ihren neuen Kompetenzen wandten. Das führte zu Bestechung, Verschuldung und Abhängigkeit. Zuerst galt es, dem Mutware den Hof zu machen und ihn geneigt zu stimmen, indem man ihm mehrmals Geschenke in Form von Bier überbrachte (*gushikanira*). Schliesslich mussten am Tage der Investitur bis zu zwölf weitere Töpfe Bier an seinen Hof überbracht werden, wie der bereits zitierte K. aus Kiganda berichtet. Dieser heutige Hügelchef führt weiter aus:

> „Unter den Weissen achtete man nur noch darauf, wie reich jemand war, wieviele Milchkühe er zum Beispiel besass. (...) Es kam schliesslich so weit, dass die lokalen Behörden eine Investitur nur noch guthiessen, wenn sie vom betreffenden Mann nach ihrem Gutdünken genügend bekommen hatten; sonst liessen sie ihn warten und sagten: ‚Fahre [arbeite] weiter, wir sind noch nicht zufrieden [es gibt etwas, wo du uns noch nicht hingebracht hast/einen Ort, an dem du noch nicht angekommen bist (*banza ukore, hari aho utarashitsa, ugisigaje*)]. (...) So setzte man ihn für seinen Reichtum ein (*bamwatirira ubutunzi bwiwe*)" (Gespr. 44:8,10).

Es kam zu einer eigentlichen Inflation der Bierforderungen von verschiedenen Seiten, die alle befriedigt werden mussten – anlässlich der Einsetzungszeremonie mussten nicht selten dreissig bis fünfzig Töpfe Bier offeriert werden, und die Trinkgelage, immer auf Kosten des Initianden bzw. seiner Deszendenzgruppe, sollen bis zu zwei Wochen gedauert haben. Die Konsequenzen sind absehbar: Eine Mushingantahe-Investitur konnte zu einer langdauernden Verschuldung führen, deren Last manchmal noch nachfolgende Generationen zu tragen hatten.

> „Früher (...) konnte jemand damit seine ganze Familie dem Ruin nahebringen. Nicht wenige starben, ohne alle ihre Schulden abgeglichen zu haben. Einige verpfändeten ihre Haustiere, ohne fähig zu sein, diese zeit ihres Lebens wieder einzulösen. Andere verdingten gar ihre Kinder und starben in Armut" (Gespr. 44:11, cf. Gespr. 45:6f).

Nur noch Begüterte konnten sich eine Einsetzung leisten, und das Bushingantahe drohte vollends käuflich zu werden. Diese Missbräuche durch immer höhere Forderungen durch die lokalen Behörden – die kolonialen Batware und in minderem Masse auch die Bahamagazi – mussten schliesslich zu einer ernsthaften Beeinträchtigung des Funktionierens dieser im lokalen Rahmen wichtigsten rechtlichen Einrichtung führen. Jemandem von seiner Lokalgemeinschaft Ausersehenem konnte dergestalt der Zugang zum Bushingantahe verwehrt werden; gewisse in der vorkolonialen Gesellschaft institutionalisierte Schranken spielten dagegen nicht mehr (Gespr. 69:12). Diese Missstände haben in einigen Fällen sogar das Einschreiten des vorgesetzten lokalen Muganwa herausgefordert. So berichtet der auf Kigandas Hügel Ruvumu ansässige S., dass der Muganwa Biha ab einer gewissen Zeit die Bashingantahe-Investituren nicht mehr seinen als korrumpiert geltenden Batware überliess, sondern sie selbst vornahm (Gespr. 34:3, 6f).

Günstlinge politischer Autoritäten und solche, die sich dazu zu machen verstanden, hatten einen privilegierten Bushingantahe-Zugang. Das konnte dazu führen, dass auch ein Mann ohne grosse Familie investiert wurde – etwas, was vorkolonial undenkbar gewesen wäre, wie K. bemerkt:

> „Während der Kolonialzeit konnte irgendein gewöhnlicher Nachbar als Mushingantahe investiert werden. Früher dagegen konnte ein Mann, der keine [lokal einigermassen bedeutsame] Familie besass, unmöglich als Mushingantahe eingesetzt werden – er blieb in jeder Hinsicht bedürftig und entblösst. Er konnte den *intahe* auch selbst dann nicht bekommen, wenn er über einen aussergewöhnlichen und bemerkenswerten Gerechtigkeits- und Wahrheitssinn verfügte – er nahm diese Wahrheit [Fähigkeiten] mit sich ins Grab" (Gespr. 44:8).

In diesem Zitat kommt zum Ausdruck, dass während der Kolonialzeit eine Verschiebung der Kompetenzen von der Lokalgemeinschaft weg hin zu den staatlichen Behörden stattgefunden hat. Fortan waren es weniger Stellung, Macht und Ansehen innerhalb der Lokalgemeinschaft als gegenüber den örtlichen Behörden, die den Ausschlag dafür gaben, ob man als Mushingantahe eingesetzt wurde.

All das heisst nichts anderes, als dass unter gewissen Umständen die alten Voraussetzungen und Bedingungen für eine Mushingantahe-Karriere unterlaufen wurden. N. aus Bugarama bringt die ehemals geltenden Zugangsbedingungen auf den Punkt, wenn er sagt: „Wenn ein Mann langsam älter wurde, einige Kühe besass und in seiner Familie und Nachbarschaft und vor allem bei den Bashingantahe seines Hügels gern gesehen war, konnte er an eine Mushingantahe-Laufbahn denken" (Gespr. 27:18). In drei Punkten zusammengefasst heisst das, dass ein angehender Mushingantahe über ein gewisses Alter und eine stabile familiäre und ökonomische Situation – wozu verheiratet sein ebenso gehörte wie ein gewisser wirtschaftlicher Wohlstand – wie über ein hohes soziales Ansehen in seiner Deszendenzgruppe und der weiteren Lokalgemeinschaft verfügen musste. Die mögliche Ausserkraftsetzung dieser Bedingungen seit der Kolonialepoche bedeutete eine empfindliche Untergrabung der lokalen Machtbeziehungen auf dem betreffenden Hügel. Unter Führung und Ägide des Kolonialstaates und durch die von ihm neu geschaffenen sozialen, politischen und ökonomischen Bedingungen wurde die alte Hügelgemeinschaft aufgebrochen, die alten, innerhalb von ihr bisher geltenden, mehr oder weniger rigiden sozialen Schranken und Statussysteme durchbrochen und gelockert, und es entstanden neue Formen sozialer Mobilität. Von daher kommt K. dazu, von einem tiefgreifenden Wandel in der *kwâtira*-Praxis und im Bushingantahe allgemein während der kolonialen Zeit zu sprechen (*„vyarahindutse rwöse, ingingo yöse"*).

Die koloniale Situation führte zu stark veränderten Investiturbedingungen. Als ab 1953/54 auf der Ebene von Sous-Chefferie und Chefferie je aus der Lokalbevölkerung ernannte Räte als Repräsentativorgane geschaffen wurden, die fortan für die Führung einer Bashingantahe-Kandidatenliste verantwortlich waren, wurden die sich um die Investitur entwickelnden missbräuchlichen Erscheinungen etwas eingeschränkt. Jeder Applikant hatte jetzt seine *kwâtira*-Kandidatur schriftlich dem nächsten Mitglied des Conseil de Sous-Chefferie einzureichen. Wenn mehrere solche Papiere zusammengekommen waren, überstellte man sie dem Sous-Chef, und der von ihm einberufene Conseil de Sous-Chefferie analysierte alle diese Gesuche einzeln. Falls jemand dem Mutware nicht genehm war und er dessen Kandidatur zurückwies, konnte der Conseil dagegen Einspruch erheben. Trotzdem waren Missbräuche immer noch verbreitet, und die Batware liessen sich vor einer Investitur mehrere Biertöpfe zukommen (*gushikanira*). Wie erwähnt, führte das an einzelnen Orten wie in der Chefferie Bihas dazu, dass den Sous-Chefs das Recht entzogen wurde, Kandidaturen entgegenzunehmen. Es wurde nun jemand aus den Reihen des Sous-Chefferie-Rates bestimmt, der die Kandidatenliste zu führen hatte; nach der Prüfung der einzelnen Kandidaturen durch den Rat hatte der Mutware nur noch seine Unterschrift neben diejenige des Ratsvertreters zu setzen, worauf die Liste an die Chefferie weitergeleitet wurde. Allen angenommenen Kandidaten stellte der Muganwa schliesslich eine schriftliche Bestätigung aus, die am Tage der kollektiven Investitur in der Sous-Chefferie vor versammelter Menschenmenge öffentlich verlesen wurde (Gespr. 33:3f, 22).

Zu weiteren wesentlichen Veränderungen und zu einer Rückbindung der Auswüchse, wie sie sich zur Zeit der kolonialen Batware einbürgerten, kam es während einer zweiten Phase der Übergangszeit zur politischen Unabhängigkeit unter den ab Ende 1960 eingesetzten Bürgermeistern und Gemeinderäten. In den Jahren der Dekolonisation und der Endzeit der Monarchie (1960-1965), als die neuen „Communes", die einer erweiterten kolonialen Sous-Chefferie entsprachen, unter der Führung eines demokratisch gewählten „Conseil Communal" mit einem „Bourgmestre" an der Spitze standen, wurden Biergaben an Amtspersonen vollständig verboten. Das der Investitur folgende Bierfest wurde weitgehend zu einer Angelegenheit von lokalisierter Kleinlineage und Nachbarschaft; trotzdem erhielten die lokalen Bashingantahe (und manchmal im versteckten ebenso der Bourgmestre) weiterhin ihren Topf Bier. Wenn der Investiturwunsch vorgängig vom erweiterten Deszendenzverband genehmigt worden war, war während der Bourgmestres-Periode ähnlich den letzten Kolonialjahren dem Conseil Communal über seinen lokalen Hügelvertreter ein schriftliches *kwâtira*-Gesuch einzureichen, das der Rat später in corpore prüfte. Die Namen der von ihm als würdig erachteten Kandidaten wurden dem Bürgermeister weitergegeben, der ohne weitere Formalitäten das Bestätigungspapier[31] ausstellte. Das anschliessende Bierfest sollte im Rahmen der lokalen Deszendenzgruppe und Lokalgemeinschaft stattfinden, und Biergaben an die politischen Behörden (*gushikana inzoga*) waren nicht mehr erforderlich, wenn diese auch wie gesehen nicht gänzlich übergangen werden konnten; gemäss K. waren es nun aber nur noch Männer, die sich besonders hervorheben, ihren Reichtum oder Status zur Schau stellen oder ihre persönliche Beziehung zum Bürgermeister betonen wollten, die ihm einen Topf Bananenbier überbringen liessen (Gespr. 44:9, cf. 33:23, 34:7). S. bestätigt das mit seinem Gesamturteil über die – schliesslich von der Bevölkerung gewählten, d.h. primär von unten legitimierten – Bourgmestres:

> „Die Bourgmestres plünderten die Bevölkerung nur in geringem Masse. Es waren die Batware, welche die Leute am ärgsten ausnahmen [wörtlich: „assen": *abarya abantu cane ni abatware*]. Die Bourgmestres verlangten nur wenig, man wurde von ihnen als Mushingantahe eingesetzt, ohne viel Bier aufzubringen" (Gespr. 34:6).

Die für eine Einsetzung notwendige Quantität an Bier war wohl nie so gering wie während dieser fünfjährigen Periode. Die sogenannten *imihângo*-Biere, die früher an alle möglichen Kategorien von Leuten auszugeben waren und leicht mehrere Dutzend Töpfe ausmachten, wurden endgültig verboten – es gab keinen „Topf der Lehrer und Beamten", kein „Bier der Schüler" mehr, und die Bagendanyi oder Bakevyi etc. existierten eh nicht mehr. Ebenso wurde nach K.s Bericht der Unterschied zwischen den *banyacarire*- und *banyakirago*-Bashingantahe-Klassen aufgehoben – wer investiert war, hatte keine weiteren Biere mehr zu spendieren und wurde sogleich zum voll anerkannten *mugabo* (Gespr. 33:23).

Die bedeutungsvollsten Transformationen des Bushingantahe unter kolonialer Ordnung lassen sich folgendermassen resümieren. Auf der einen Seite erfuhren die Zugangskriterien inklusive die Vorbereitungs- und Bewährungsperiode und vor allem die *kwâtirwa*-Investitur eine gewisse Änderung. Es kam zu einem weiteren Schritt in Richtung auf ein staatlich „besetztes" und vereinnahmtes *kwâtirwa*; ein wichtiges Stück Kompetenz ging auf Kosten der Lokalgemeinschaften an die staatlichen Behörden über, wie es am deutlichsten an der fortschreitenden Bürokratisierung der Investiturs-Prozedur zum Ausdruck kommt.

Einbruch und Vordringen der staatlichen Organe zeigten sich darin, dass die Bushingantahe-Investitur an Öffentlichkeit und öffentlicher Anerkennung einbüsste. Indem die in den letzten Jahren der Batware ohne Zweifel überhandnehmenden Biergaben an die lokalen Behörden nicht nur auf

[31] Die Mushingantahe Einsetzungs-Bestätigungsakte wurde im Namen des Gemeinderates verliehen: „Au nom du Conseil Communal, réuni en date telle, est investi tel ..." (s. Gespr. 33:23).

ein vernünftiges Mass zurückgeführt, sondern gänzlich untersagt wurden und sie damit einen rein inoffiziellen Charakter erhielten, wurden die Bashingantahe stärker in den familiären und nachbarschaftlichen Raum relegiert.

Die Transformationen, denen das Bushingantahe während der Kolonialzeit unterworfen war, sind zu einem guten Teil als Resultat des Bestrebens zu sehen, die lokale Ebene vermehrt in den kolonialen Staat einzubinden. Dazu kam – und das ist nun die zweite Seite –, dass diesem primär von unten legitimierten Autoritätssystem im lokalen Rahmen neue Konkurrenz widerfuhr in der Form neuer, oben konzipierter Autoritätssysteme. Der Staat und die christliche Kirche begannen, gleichsam ihre Fühler bis auf die Hügelebene auszustrecken, indem sie hier neue, ihnen verpflichtete Organe schufen.

Die kolonialen Behörden haben während langer Zeit nicht direkt in die Autoritätsstrukturen, wie sie innerhalb der Hügelgemeinschaften bestanden und hauptsächlich im Bushingantahe ihren Ausdruck fanden, eingegriffen. Die Eingriffe waren mehr indirekter Natur und ergaben sich aus den neu geschaffenen kolonialen Zwängen, mit deren Durchsetzung primär die kolonialen Batware beauftragt waren. Ihren augenfälligsten Ausdruck fanden sie in der Instituierung neuer unterster Hilfskader, der Bahamagazi und Barongozi, aber auch der „Moniteurs agricoles" (Monagris), mit denen sich die Leute auf den Hügeln, und das heisst hier vor allem die Bashingantahe, fortan konfrontiert sahen. In einer nahezu gleichzeitigen und parallelen Bewegung wurden ebenfalls auf Hügelebene kirchliche Strukturen geschaffen: Die katholische Kirche schuf die sogenannten *bajenama*-Räte. Jeder Hügel sollte sein Ratsmitglied haben, das die Verbindung zur Kirche sicherstellte und im Sinne der christlichen Religion Einfluss auf das Verhalten der Leute – und vor allem derjenigen, die zum christlichen Glauben übergetreten waren – nehmen sollte (Bannstrahl gegen Polygamie, „abergläubische Praktiken", Einhaltung des christlichen Moralkodexes im allgemeinen, usw.).

Die Folge war eine empfindliche Beschneidung der Aufgaben und Zuständigkeiten der Hügel-Bashingantahe in erster Linie dadurch, dass in vielen Bereichen des alltäglichen Lebens auf den Hügeln nicht mehr sie das Sagen hatten, sondern dass ihnen durch neue staatliche Proto-Funktionäre und der Kirche verpflichtete Personen Konkurrenz erwuchs, eine Konkurrenz, die auf die Dauer ihre Autorität beeinträchtigen musste.[32] Dieser Befund ist jedoch zu differenzieren danach, ob es sich um Angelegenheiten von überlokalem oder allein lokalem Belang handelt. Die Beeinträchtigung ihrer Autorität erstreckte sich nicht auf alle Gebiete; sie betraf in erster Linie alles, was den engen lokalen Bereich überschritt und sich auf das überlokale Gebiet und die Beziehungen nach aussen bezog. Im engen Rahmen des Hügels und des Kleinhügels blieb ihre stark gerontokratisch gefärbte Autorität ungebrochen – noch gab es niemanden, der sie hier in ihren Funktionen hätte ersetzen können. Die Tatsache, dass sowohl die kirchlichen Repräsentanten wie auch die untersten staatlichen Instanzen selbst sehr wohl als Bashingantahe eingesetzte Männer sein konnten, zeigt, dass Kraft und Legitimität des Bushingantahe auch während der kolonialen Fremdherrschaft erhalten blieben und dass die überlokalen Instanzen dieses lokale, von unten hoch legitimierte Autoritätssystem nicht über- oder umgehen konnten, sondern es immer in Rechnung stellen mussten. Sicher hatte das Bushingantahe als Institution eine gewisse Autoritätseinbusse zu verzeichnen dadurch, dass es während der Kolonialzeit möglich geworden war, den Mushingantahe-Status von

[32] Ferner darf nicht übersehen werden, dass im Zuge des Ausbaus des kolonialen Staates vor allem seit der Errichtung vielfältiger staatlicher Dienste im ländlichen Raum eine weitere Kategorie von Autoritätspersonen entstand. Es bildete sich eine moderne, auf überlokaler und gar überregionaler Ebene tätige ländliche Elite heraus, die sich aus Lehrern, Agronomen und Beamten aller Art, aber auch aus Händlern zusammensetzte. Diese Elitenangehörigen nahmen in ihren Herkunftsgemeinschaften eine besondere Stellung ein und genossen hohes Ansehen dank ihrer „modernen Kompetenzen", die sie zur Regelung verschiedenster überlokaler Angelegenheiten und zur Einflussnahme auf alle Beziehungen nach aussen befähigten. Auf ihrem engeren Hügel mussten sie jedoch die Autorität der örtlichen Bashingantahe respektieren, deren Kompetenzen sie nicht zu ersetzen vermochten.

oben zu erhalten oder gar zu „kaufen"; die damit verbundene Abkürzung der Probe- und Bewährungszeit innerhalb der Lokalgemeinschaft musste die von unten kommende Legitimität schmälern. In diesen Fällen – die sicher nicht verallgemeinert werden können – lag das Hauptinteresse des Bewerbers nun mehr darin, in die Gunst des lokalen Mutware zu kommen, als sich auf seinem Hügel zu bewähren; er war mehr bestrebt, am Hof als auf seinem Hügel eine gute Figur zu machen.

Zusammenfassend lässt sich sagen, dass es seit der Kolonisierung einerseits zu einer gewissen „Funktionarisierung" der Bashingantahe über ihre verstärkte Einbindung in den kolonialen Staat und andererseits zu einer Beschränkung ihrer Funktionen und Autorität durch die Schaffung neuer Macht- und Autoritätsinstanzen auf unterster lokaler Ebene kam.

KAPITEL 8

DER ÜBERGANG ZUM MODERNEN STAAT: DER ENTKOLONISIERUNGSPROZESS

VON DER TREUHANDVERWALTUNG ZUR UNABHÄNGIGKEIT

Zum Abschluss der Betrachtungen zu Burundis Kolonialgeschichte muss unsere Aufmerksamkeit einer letzten, deutlich unterscheidbaren Periode gelten, die nach dem zweiten Weltkrieg einsetzte und rückblickend gesehen schliesslich zur Rückgewinnung der politischen Unabhängigkeit führte. Wenn es sich dabei primär um Transformationen auf der politischen Makro-Ebene – auf nationalem und internationalem Niveau – handelte, so hatten diese doch ihre Rückwirkungen auf die uns in erster Linie interessierende lokale Mikro-Ebene. Zum Verständnis der späteren Prozesse ist es notwendig, diese makro-politischen Transformationen kurz zu überblicken. Innerhalb des gesetzten Rahmens kann hier nicht auf Details eingegangen werden. Die vielfältige weiterführende Literatur, die zu dieser Übergangsperiode existiert, erlaubt es durchaus, mich hier knapp zu halten und allein die im Rahmen dieser Arbeit wichtigsten Punkte zu erwähnen.

Es sei noch eine kurze Bemerkung zu den zur Verfügung stehenden Quellen angebracht. Die Studien zu dieser Epoche sind in der Hauptsache von zweierlei Provenienz: Einerseits politologische Untersuchungen (Webster 1966, Lemarchand 1962, 1966a & b, 1970, 1977, Darbon 1982), andererseits Arbeiten ehemaliger Kolonialbeamter (Ghislain 1970, Harroy 1987 u.a.m.). Von historischer Seite sind zwar mehrere überblickende Studien angekündigt und in Vorbereitung, bis heute aber nicht zugänglich.

Nach dem zweiten Weltkrieg wurde Ruanda-Urundi wie alle Mandatsgebiete des alten Völkerbundes zu einem sogenannten Treuhandgebiet der neugeschaffenen Vereinten Nationen („trusteeship territories“ bzw. „territoires sous régime de tutelle“). Wiewohl das am 13. Dezember 1946 von der UNO erlassene und schliesslich am 25.4.1949 vom belgischen Parlament ratifizierte Tutel-Abkommen zu konstitutionellen Reformen führte, die den Spielraum der „autorités indigènes“ innerhalb der kolonialen Herrschaftsordnung kaum vergrösserten, so war damit doch eine grundlegende Neuorientierung der belgischen Politik verbunden. Das „régime de tutelle“ legte die Betonung auf den Vorrang der Interessen der autochthonen Bevölkerung und auf deren politische Emanzipation mit dem Endziel der Gewährung einer noch zu bestimmenden Form der Selbständigkeit und Unabhängigkeit. Dieses Ziel sollte über den zunehmenden Einbezug der Bevölkerung in die Verwaltung und Territorialdienste und die Schaffung repräsentativer Organe auf allen Ebenen erreicht werden. Wenn die Tutel-Bedingungen letztlich auch larger waren als die des alten Mandates und der Vormundschaftsmacht ein grösserer politischer Spielraum gelassen wurde (s. Rutake 1980:60, Gahama 1986:24f), so wurden dieser Politik nun de facto durch eine wirksamere Kontrolle, die in einem veränderten internationalen Klima möglich geworden war, doch wesentlich engere Grenzen gesetzt (alle drei Jahre Besuch einer Delegation des Tutel-Rates der UNO im Gebiet selbst, in Ruanda-Urundi das erste Mal 1948). Diese erhöhte internationale Aufmerksamkeit und

Kontrolle beschleunigte zweifellos die markante Neuorientierung der belgischen Kolonialpolitik und bedeutete das Ende der bisherigen „indirekten Herrschaft". Während bis anhin das „traditionelle indigene Feudalsystem" gestützt wurde (immer so, wie die belgischen Kolonialbehörden dieses zu verstehen gewillt waren, insgesamt eine Politik, die Chrétien (1982) gerade als „Neofeudalisierung" auslegt), so war es nun das erklärte Ziel der belgischen Vormundschaftsmacht, zu einer schrittweisen Demokratisierung und politischen „Emanzipation der Massen" überzugehen (Lemarchand 1970:79). Der eingeschlagene Reformprozess kam jedoch nur langsam voran; durch konstitutionelle Reformen versuchte man, mit der zunehmenden politischen Bewusstwerdung der Bevölkerung der verwalteten Gebiete und mit dem immer schnelleren politischen Wandel Schritt zu halten, hinkte diesem in Tat und Wahrheit aber immer etwas hinterher (cf. Mpozagara 1971:23). Die Möglichkeit demokratischer Reformen an der Basis (direkte Wahlen der Chefs und Sous-Chefs) wurde erst für eine ferne Zukunft gesehen, und genau wie im belgischen Congo hielt man sich an die Devise, auf jeden Fall nichts zu überstürzen. Unter anderem hing das sicher damit zusammen, dass alle unter belgischer Verwaltung stehenden Gebiete auf die Übernahme einer grösseren Selbstbestimmung denkbar schlecht vorbereitet waren, war entsprechend der bisherigen Politik doch gerade die Bildung einer „nationalen Elite" und jeder soziale Wandel unter der einheimischen Bevölkerung so weit wie möglich verhindert worden, wie sich vor allem auf dem Gebiet der Erziehungspolitik zeigt (cf. Jewsiewicki 1986:481, Bankumuhari s.d., p. 56). Auch der Frage der „Hutu-Emanzipation" begegnete man lange mit grosser Zurückhaltung. Unter dem Druck der internationalen Verpflichtungen wurden die ersten Schritte in Richtung demokratischer Reformen schliesslich aber lange vor ähnlichen Massnahmen in der Congo-Kolonie eingeleitet.

Der Wandel der politischen Institutionen während dieser letzten Phase belgischer Verwaltung lässt sich in zwei Perioden unterteilen:

- 1952-1959: Periode begrenzter konstitutioneller Reformen, die zur Schaffung von Konsultativräten auf allen Ebenen der Verwaltungshierarchie führten;
- 1959-1962: Periode beschleunigter Demokratisierung im Anschluss an die Regierungserklärung vom 10. 11.1959, die 1960 und 1961 zur Einsetzung öffentlich gewählter Regierungsorgane und schliesslich zur politischen Unabhängigkeit führte (cf. Lemarchand 1970:80f, Mpozagara 1971:23).

Der erste wichtige Schritt war der Erlass des Dekretes vom 14. Juli 1952, das den Territorialbehörden aller Ebenen repräsentative Organe in Form von Räten, die sich aus Vertretern des entsprechenden Gebietes zusammensetzten, zur Seite stellte. Alle diese Räte hatten jedoch lediglich konsultative Kompetenzen. Es entstanden der „Conseil Supérieur du Pays" (CSP), der den alten Conseil du Mwami (1939-1952, s. Gahama 1983:139f) ablöste[1], die „Conseils de territoire", die „Conseils de Chefferie" und zuunterst die „Conseils de Sous-chefferie". Die Repräsentativität dieser auf ihrer jeweiligen Ebene meistens indirekt zu wählenden Räte wurde zusätzlich durch ein kompliziertes Kooptationssystem geschmälert. Es ist an dieser Stelle lohnenswert, Modalitäten und Funktionieren dieser kolonial instituierten Repräsentationsorgane näher zu betrachten; es ist nämlich auffallend (ob das nun als erstaunlich einzuschätzen ist oder nicht), wie weit die unter dem postkolonialen, republikanischen Staat eingeführten repräsentativen Gremien dieser kolonialen

---

[1] Unter dem Vorsitz des Mwami setzte sich der „Conseil Supérieur du Pays" (CSP) aus Delegierten der verschiedenen nachgeordneten Räte (ein grosser Teil davon Chefs, wobei auf eine möglichst gleichmässige Vertretung der verschiedenen Regionen und der Bezi-/Batare-Faktionen geachtet wurde) und einigen von diesen Mitgliedern durch Kooptation bestimmten Notabeln zusammen. Seine Aufgabe bestand in der Beratung des belgischen Residenten bezüglich aller „affaires coutumières" und in der „codification de la coutume" (s. Gahama 1986:25). Für weitere Details s. Bankumuhari (s.d., pp. 26ff), der als langjähriger Sekretär des CSP fein nachzeichnet, wie dieses Konsultativorgan im Zuge der sich ankündigenden politischen Unabhängigkeit immer mehr Dynamik und Eigensinn entwickelte und schliesslich zum Geburtsort einer (meist neo-traditionalistischen) nationalen Elite wurde.

Vorlage nachgebildet sind. Betrachten wir in dieser Hinsicht die beiden Organe unterster Ebene, den Conseil de Chefferie und den Conseil de Sous-chefferie.

Der Conseil de Chefferie stand unter dem Vorsitz des lokalen Chefs und setzte sich aus 10 bis 18 Mitgliedern zusammen, von denen die Hälfte Sous-Chefs (die von diesen selbst zu wählen waren) und die andere Hälfte Mitglieder der nachgeordneten Conseils de Sous-chefferies waren; das heisst, dass im Chefferie-Rat nur Leute sassen, die auch einem der lokalen Sous-chefferie-Räte angehörten und von diesen als ihre Abgeordneten zu wählen waren.

Der Conseil de Sous-chefferie stand seinerseits unter dem Vorsitz des lokalen Sous-Chefs und setzte sich aus 5 bis 9 Mitgliedern zusammen (ein Mitglied auf 500 Einwohner). Seine Mitglieder wurden das erste Mal (1953) aber nicht direkt durch die Bevölkerung gewählt, sondern durch ein Elektoren-Kollegium, das unter der Leitung des Sous-Chefs bestellt wurde, wobei dieser „den Präferenzen der lokalen Bevölkerung Rechnung zu tragen hat" (Bourgeois 1987:188, Maquet & d'Hertefelt 1959:19ff, Rutake 1980:61). Diese vage und damit wenig wirksame Formel zeigt an, dass die belgische Kolonialadministration zu diesem Zeitpunkt noch nicht gänzlich mit ihrer alten Politik gebrochen hatte und den lokalen Beamten ein grosses Gewicht einräumte. Das entscheidende Umdenken erfolgte erst in den nächsten Jahren und fand seinen Ausdruck darin, dass bei der zweiten Bestellung der Conseils de Sous-chefferie im August 1956 alle erwachsenen Männer (d.h. H.A.V., alle Steuerpflichtigen) dazu aufgerufen waren, direkt die Elektoren-Kollegien zu wählen. Unterdessen hatten die belgischen Kolonialbehörden (nicht zuletzt auf Anstoss der UNO-Ermahnungen, jedermann am politischen Prozess teilnehmen zu lassen) stärker in ethnischen Kategorien zu denken begonnen und stiessen sich an der Tatsache, dass die Batutsi auf allen Rats-Ebenen deutlich übervertreten waren. An dieser Tatsache änderte aber auch der demokratischere Wahlmodus von 1956 wenig.[2] Es ist interessant zu sehen, dass nun, obwohl auf der untersten Ebene beträchtlich mehr Bahutu in die Elektoren-Kollegien gewählt wurden, die Batutsi (worunter auch die Baganwa miteingeschlossen waren) in den Räten aller Ebenen ihre Stellung konsolidieren konnten – zumindest in Burundi (in Rwanda präsentierte sich die Situation bereits etwas anders) wählten die einfachen Bahutu nicht Angehörige der eigenen Ethnie, sondern überwiegend Batutsi.

Rutake (1980:62) sieht in der Einrichtung dieser Räte, bei all ihrer beschränkten Repräsentativität, immerhin das Verdienst, erstmals während der Kolonialzeit lokale Repräsentanten zu Verwaltungsfragen beizuziehen und damit alte Traditionen (die Einrichtung der Hof-Bashingantahe) wiederaufzunehmen.

Man darf hier nicht übersehen, dass es zur Zeit dieser Wahlen weder in Burundi noch in Rwanda politische Parteien im modernen Wortsinn gab. Die Wahlergebnisse sind zu interpretieren als Ausdruck der weiterhin bestehenden Verbundenheit der bäuerlichen Massen mit einem Wertsystem, das auf der Ehrerbietung gegenüber den Herrschenden beruht. Auf dem Hintergrund der „premise of inequality" (um in den Worten einer der bekanntesten Publikationen Maquets zu Rwanda zu sprechen, die in abgeschwächter Form auch für die burundische Gesellschaft gelten) wäre es auch falsch, von einer Verdrehung des Volkswillens durch das Wahlsystem zu sprechen. Maquet & Hertefelt betonen in den Schlussfolgerungen ihrer Analyse der Wahlen denn auch das Gewicht dieser althergebrachten politischen Werteinstellungen:

> „Dans les sociétés autoritaires et féodales – comme celles du Ruanda et de l'Urundi traditionnels –, des assemblées politiques élues qui expriment une philosophie d'égalité et de participation du peuple à son gouvernement, sont au premier abord comprises en fonction des attitudes tradition-

[2] Es kann hier nicht weiter auf die Umstände dieser Wahlen eingetreten werden; für die Interpretation der Resultate sind zahlreiche weitere Faktoren in die Analyse miteinzubeziehen (der tiefe Alphabetisationsgrad, lokale Abhängigkeitsbeziehungen, Beeinflussungen, etc.). Für Details s. Maquet & Hertefelt 1959; leider wird eine genauere Analyse dadurch erschwert, dass diese Autoren allein zwischen Hutu und Tutsi unterscheiden und im Fall von Burundi unter „Tutsi" gleich Banyaruguru, Bahima und Baganwa zusammengenommen werden (cf. Lemarchand 1970:82).

nelles. Par conséquent, on sera porté à élire des hommes appartenant au groupe reconnu depuis des générations particulièrement apte à gouverner, doué du prestige de la puissance et de la richesse et qui a joué le rôle de protecteur féodal de la masse socialement plus faible" (1959: 209).[3]

Die Wahlresultate waren jedoch angetan, bei der dünnen damals existierenden Hutu-Elite Burundis Desillusionierung und Frustrationen über den Ausgang dieser konstitutionellen Reformen auszulösen. In Rwanda war dies sicher in einem höherem Masse der Fall als in Burundi, wo sich der Groll eher gegen die Baganwa als gegen die Tutsi als Gruppe richtete. Wie Lemarchand beschreibt, war es der burundischen Monarchie effektiv gelungen, in den Augen der breiten Bevölkerung dem Stigma ethnischer Begünstigung zu entkommen, und es gelang ihr in den unmittelbar folgenden Jahren, zum zentralen Brennpunkt der Loyalität der bäuerlichen Massen und zum die ganze Gesellschaft einigenden Band zu werden (1970:83f).

Die anvisierten Transformationen beschränkten sich nicht nur auf die Ebene politischer Institutionen. In die erste Hälfte der fünfziger Jahre fallen einige für die bäuerliche Bevölkerung bedeutungsvolle Reformen auf Gesetzesebene, welche den „Umbau" der Gesellschaft und die Sprengung verschiedener „verwandtschaftlich-familiärer" und „feudaler Fesseln" anstrebten. Es handelte sich um gewichtige Gesetzesänderungen, die die Prozesse sozialen Wandels auf verschiedenen Gebieten wenn nicht auslösten, so doch beschleunigten. Nachdem im Jahr 1953 die neu geschaffenen repräsentativen Organe auf allen Ebenen bestellt worden waren, wurden zwischen dem 2. September 1954 und dem 30. Juni 1955 in Übereinstimmung mit dem Conseil Supérieur du Pays vom Mwami einige Gesetzesänderungen erlassen, die hier kurz erwähnt werden müssen. Die wichtigste war diejenige, die das Bugabire betraf („Arrêté royal No. 11 du 30 juin 1955"). Wenn dieser Erlass auch nicht jegliche Form des Bugabire (s. Kapitel 4.4) an sich verbot, so sollte doch einerseits jedermann die gesetzlich festgelegte Möglichkeit gegeben werden, ein bestehendes Bugabire-Abkommen aufzulösen, andererseits sollte jedes zukünftige Eingehen derartiger Verpflichtungen verboten werden. Man hatte vor allem die vertragsähnlich festgelegten Bugabire-Formen im Visier, die am ehesten Ungleichheit und Missbrauch nach sich zogen; es ist dabei jedoch mit einigem Erstaunen festzustellen, dass anders als in Rwanda das *kwôkoza*-Rückforderungsrecht im Gesetz nicht explizit untersagt wurde. Das Ziel des Erlasses ist in den Gesetzespräambeln denn auch ziemlich „weich" formuliert, was ohne Zweifel auf den Einfluss der beratenden CSP-Notabeln zurückzuführen ist:

> „Attendu qu'il y a donc intérêt à fournir à quiconque est engagé dans les liens d'un contrat de l'espèce la possibilité de se libérer, et à voir disparaître progressivement non pas l'institution elle-même de l'Ubugabire, base de relations sociales saines et profitables, mais bien le seul ‚Contrat d'ubugabire', au caractère parfois onéreux et abusif; attendu qu'il n'y a lieu de maintenir l'institution de l'ubugabire qu'en tant que forme de solidarité sociale et qu'en tant que celle-ci n'entraîne aucune obligation contractuelle" (zit. in Bourgeois 1958:23).

Der *mugabire*-Empfänger sollte fortan nicht mehr durch feste Verpflichtungen an den Kuhgeber gebunden sein, und das *gushikanira* in diesem Rahmen wurde kurzum verboten (Gespr. 33:3f). Wenn mindestens eine Seite die Auflösung eines Bugabire-Verhältnisses wünschte, sollten nach der vorgesehenen Teilungsregel ein Drittel des Viehs des *mugabire* an den *shêbuja* fallen und die übrigen zwei Drittel in den Besitz des Mugabire übergehen. Zur definitiven Besiegelung einer Teilung (*kuvavanura*) wurde anschliessend ein Topf zerschlagen, wohl weil dieser am ehesten die aufgelöste Bande symbolisierte (Gespr. 33:3f). Leider gibt es zu Burundi keine Studie über die unmittelbaren Folgen dieses Gesetzeserlasses; Bourgeois erwähnt lediglich, dass es bis 1956

[3] Bei allen Schriften dieser Autoren ist immer in Rechnung zu stellen, dass sie sich in erster Linie als profunde Kenner der rwandesischen Gesellschaft ausgewiesen haben; da das „rwandesische Modell", wie bereits mehrmals betont, nicht unbesehen auf Burundi übertragen werden kann, müssen aus einer burundischen Perspektive ihre (oft nicht weiter differenzierten) Äusserungen als schematische Überzeichnungen erscheinen.

„guère de répercussion“ gab (1958:36). Offenbar wurden in den ersten Jahren in Burundi bedeutend weniger Abkommen aufgelöst als in Rwanda, wo bis zu Ende desselben Jahres immerhin 40% des gesamten statisch erfassten Viehs Gegenstand derartiger Teilungen war (224'420 von 550'883 Kühen), wobei ziemlich genau gleich viele Verträge auf Ersuchen eines *shêbuja* wie eines *mugabire* aufgelöst wurden (Bourgeois 1958:37f). Zu der vermutlich bedeutend geringeren Rate in Burundi schreibt Bourgeois:

> „Le partage du cheptel à bail ne semble pas répondre en Urundi à un besoin social urgent. Le client murundi ne se sent pas tenté de rompre les liens qui l'unissent à son patron. L'Urundi marque dans son ensemble, sur le Ruanda, un retard considérable dans le domaine de l'évolution sociale“ (1958:36).

Trotz dieser Einschränkungen gilt, dass die Einführung des Geldes und die neuen Anforderungen der Mandats- und späteren Tutelmacht die Anziehungskraft des Bugabire zurückgehen liessen. Bourgeois (1958:11) berichtet, dass sich bereits ab 1926 definitive Teilungen von durch diese Institution gebundenem Vieh häuften. Es ist hier jedoch nach sozialen Schichten zu spezifizieren. Es waren vor allem reiche Patrons (*shêbuja*) und auf der anderen Seite „Klienten“, die in einem Lohnverhältnis standen, und jüngere Leute, die sich vom Ancien Régime gelöst hatten, die eine Auflösung der Bugabire-Verhältnisse und die Teilung des darin gebundenen Viehs verlangten. Ein lokaler *shêbuja* war nun nicht mehr der einzig mögliche Patron wie es fortan für einen begüterten Mann wichtigere Quellen politischen Prestiges als eine möglichst hohe Anzahl von Bagabire gab. Viele persönlich gebundene Anhänger und viele – investierbare und investierte – Kühe zu haben, war unter den neuen gesellschaftlichen Bedingungen nicht mehr das letzte Mass der Dinge. So waren manche modernisierte *shêbuja* mehr an Geld als an der Rücknahme von ausgeliehenen Kühen interessiert. Die Mittelklasse kleiner *shêbuja* dagegen, die lediglich über einen oder wenige Bagabire verfügte, konnte an einer Auflösung der Bugabire-Abkommen nicht interessiert sein. Diese boten ihnen einerseits eine wichtige ökonomische Einkommensquelle, andererseits die Möglichkeit zu politischen Allianzen mit höherstehenden Persönlichkeiten.

Ferner ist zu berücksichtigen, dass sich eine vollständige Auflösung der Bugabire-Institution ohne begleitende grundlegende Landreform nicht durchsetzen liess. Gerade die *bugerêrwa*-Landpachtverhältnisse überdauerten trotz gewissen Reformen (1932 wurden die dem Bodenbesitzer geschuldeten Arbeitsdienste standardisiert und auf einen pro sieben Tage festgelegt, was in den meisten Fällen eine Reduktion bedeutete) die gesamte Kolonialperiode. Ab 1954 ging man zwar dazu über, unter Leitung des lokalen Chefs Bagerêrwa, die dies ausdrücklich wünschten, aus den Böden ihres *shêbuja* zu entfernen und ihnen freies, unbebautes Land (*ubunyovu*) zuzuweisen (Gespr. 33:3f); formell untersagt wurde das Bugerêrwa-Verhältnis aber erst 1977 unter der zweiten Republik (Décret-loi No. 1/19 du 30 juin 1977[4]).

Aus demselben Jahr 1954 datieren schliesslich mehrere Gesetzesanordnungen, die vor allem in den Bereich der Deszendenzgruppe eingriffen. So waren zum Beispiel fortan sogenannte *guca*-Ausstossungen aus dem Familienverband (s. Kap. 4.1) verboten, wie man auch keinen Anspruch auf *indongoranyo*-Brautgabe-Gegenleistungen[5] mehr geltend machen konnte, was der Aufhebung der *kwôkoza*-Rückgabeverpflichtungen innerhalb des Bugabire entsprach (Gespr. 33:3f).

Auch die zweite der oben unterschiedenen Phasen dieser Übergangsperiode und letzten Dekade belgischer Kolonialherrschaft war davon gekennzeichnet, dass die belgische Politik keine eigenständige Dynamik entwickelte, sondern immer nur Reaktion auf die lokalen Entwicklungen war, mit der man Schritt zu halten suchte. Lemarchand sieht die belgische Politik in Ruanda-Urundi während dieser Phase in erster Linie als eine „generalisierte Antwort auf eine spezifische Herausforderung, die Herausforderung der rwandesischen Revolution“ (1970:81). Wie ein halbes Jahr-

4 S. Bulletin Officiel du Burundi, 16ème année, No. 10 du 1 octobre 1977:555-561.

5 „Contre-partie du bride-price *inkwâno*, troisième veau né du don principal“ (Rodegem 1979:368).

hundert früher in den ersten Jahren der deutschen Kolonialherrschaft musste Rwanda erneut als Modell für die in Burundi verfolgte Kolonialpolitik herhalten.

Eingeleitet wurde diese von den Vorjahren klar abgehobene Periode durch die Regierungserklärung vom 10. November 1959, welche in dieser Form und Schnelligkeit nicht erwartet worden war. Sie kündigte die Vorbereitung und Einleitung der Machtübergabe an einheimische Autoritäten in Hinsicht auf eine baldige Entlassung in die politische Unabhängigkeit an. Es handelte sich um ein zweifaches Reformprogramm: Auf der einen Seite wurde die Neustrukturierung der lokalen politischen Ebene in Aussicht gestellt. Die Sous-Chefferies sollten in Gemeinden umgewandelt werden, die von einem Bürgermeister und einem ihm zur Seite stehenden Gemeinderat, die in freier Volkswahl zu bestimmen sind, geleitet werden. Damit verbunden war eine klare Aufwertung dieser untersten politischen Ebene, sollten doch die Chefferies zu rein administrativen Einheiten werden. Der zweite Teil der Reformen betraf die nationale Ebene: Hier sollte der Conseil Supérieur du Pays zur wichtigsten legislativen Instanz werden, während der Mwami nur noch als konstitutionelles Staatsoberhaupt wirkt. Schliesslich strebte man danach, die politische Einheit Rwandas und Burundis auch in der postkolonialen Ära aufrechtzuerhalten (Lemarchand 1970:84ff).

Zum Zeitpunkt der Ankündigung dieses neuen politischen Programmes war jedoch der Aufstand der rwandesischen Bahutu-Bauern bereits losgebrochen (cf. Webster, J.-B. 1966:52f). Wichtige Elemente im Hintergrund der rwandesischen Revolution waren sicher die durch die konstitutionellen Reformen geschürten Hoffnungen, die bald enttäuscht wurden und zu Frustrationen einer aufstrebenden Hutu-Elite führen mussten, änderten sie doch letztlich kaum etwas an der privilegierten Position der herrschenden Klasse (Lemarchand 1970:82f).

Die rwandesische, höchst gewaltsame Bauernrevolte war der hauptsächliche Auslösegrund für die ziemlich überstürzte und improvisierte Änderung der belgischen Kolonialpolitik, die sich in den vorangehenden Jahrzehnten durch eine bemerkenswerte Konstanz ausgezeichnet bzw. – in den Worten des Vorsitzenden der UN-Kommission für Ruanda-Urundi – während zu langer Zeit stagniert hatte, ein „immoblisme politique", wie ihn auch Lemarchand (1970:89) diagnostizierte. Die politischen Ereignisse in Burundi standen in den kommenden Jahren stark unter dem Einfluss und im Schatten der gewaltsamen Ereignisse in Rwanda. Der im Sommer 1959 begonnene und nicht zuletzt von kirchlichen Kreisen (in denen europäische Priester eine wichtige Rolle spielten) geschürte Aufstand der Hutu-Bauernmassen weitete sich schnell zu einem landesweiten Bürgerkrieg und zu ethnisch orientierten Massakern aus, die Zehntausenden von Batutsi das Leben kosteten oder sie in benachbarte Länder ins Exil trieben. Im Januar 1961 kam es schliesslich zum von Hutu-Seite inspirierten und von der belgischen Tutel-Macht aktiv unterstützten „Putsch von Gitarama"[6], der zum Ende der Monarchie und der Ausrufung der Republik führte.[7]

Es ist bemerkenswert, dass trotz dieser gewaltsamen politischen Umwälzungen im Nachbarstaat die politische Entwicklung Burundis während dieser Jahre friedlich blieb und in erster Linie an den Wahlurnen entschieden wurde. Im September 1960 fanden wie geplant die Kommunalwahlen statt, die die neu geschaffenen Gemeinden unter die Führung von Bürgermeistern brachten, die ihr Amt mit Hilfe eines ebenfalls gewählten Gemeinderates ausübten. Im Januar 1961 wurde eine Übergangsregierung eingesetzt (unter den Barundi als „gouvernement fantoche" bekannt geblie-

[6] Genannt nach dem in Zentralrwanda gelegenen Ort Gitarama, von dem die Bewegung ausging.

[7] Lemarchand (1974:142f) hat darauf hingewiesen, wie wichtig für das Schicksal dieses Hutu-Aufstandes seine Perzeption und Interpretation durch die ausländische Verwaltungsmacht war: Dadurch, dass die Belgier als Klassenkampf interpretierten, was in Wirklichkeit eine Bauernrevolte war, und da sie die Ziele der Hutu-Führer mit den Zielen des damals besonders kämpferischen internationalen Kommunismus in Verbindung brachten, kamen sie dazu, die Aufständischen möglichst schnell in die offizelle politische Arena zu lenken, was nur auf Kosten der bisherigen Inhaber der politischen Macht gehen konnte. Durch diese – unbegründeten – Ängste und sehr subjektive, die wahre Lage verkennende Auslegung der Tutelbehörden erklärt es sich, dass die Aufständischen so schnell Zugang zu den wichtigsten politischen Ressourcen erhielten (s. auch Lemarchand 1970).

ben)[8] und Mitte desselben Jahres fanden Legislativwahlen statt, welche die Ansprüche der ethnisch gemischten, monarchistischen und „neo-traditionalistischen" UPRONA-Partei legitimierten.

Es ist an dieser Stelle von Interesse, kurz auf die Entstehungsumstände und die Natur der ersten politischen Parteien Burundis einzutreten. Ende der fünfziger Jahre waren in Burundi die ersten politischen Parteien entstanden, deren Anzahl sich im Vorfeld der Legislativwahlen von Mitte 1961 bis auf 23 erhöhte. Die moderne Parteipolitik Burundis war von Anbeginn an dominiert durch den Kampf zwischen dem „Parti de l'Unité et du Progrès National" (allgemein unter dem Kürzel UPRONA bekannt geworden) und dem „Parti Démocrate Chrétien" (PDC). Diese beiden wichtigsten politischen Gruppierungen waren beide eng mit den aristokratischen Ästen der Bezi bzw. der Batare verbunden. Das heisst, dass die alten faktionalen Spaltungen in einem neuen Kleid weiterbestanden. Lemarchand handelt in seinem Aufsatz von 1977 die Periode zwischen 1957 bis 1961 denn auch unter dem Titel „Ganwa politics in a new guise: Uprona v. PDC" ab (pp.107ff). Es wird noch zu erörtern sein, inwieweit es sich bei diesen politischen Vereinigungen effektiv um „Parteien" handelte. Diese beiden grössten politischen Verbände widerspiegelten keine ethnischen Zugehörigkeiten; unter ihren Mitgliedern wie Führungskader zählten beide sowohl Baganwa, Batutsi wie Bahutu (CART 1966:10).

Wie stark diese ersten politischen Parteien der Zeit vor der Unabhängigkeit alte vorkoloniale Spaltungen widerspiegelten, zeigte sich sowohl in den Grundlagen ihres „support", an der Zusammensetzung ihrer Anhängerschaft, an den Führungs-Gefolgschaftsmustern wie an ihren politischen Symbolen. Während die UPRONA von Anbeginn an mit den Bezi-Interessen gleichgesetzt wurde, wurde die auf Initiative des führenden Batare-Sprechers Baranyanka gegründete PDC, deren prestigereichsten Figuren dessen Söhne Birori und Ntidendereza waren, zum beinahe ausschliesslichen Organ der Interessen dieser rivalisierenden Ganwa-Faktion. Während die UPRONA-Anhänger in Kirundi mit dem alten Namen der Mwezi Gisabo-Krieger als *abadasigana*[9] bezeichnet wurden, wählte die PDC-Anhängerschaft für sich den Namen *amasuka y'umwami* („die Hacken den Königs"), der die Herrschaft Ntare Rugambas heraufbeschwor. Für ihre Banden mit der Vergangenheit noch symptomatischer ist die Tatsache, dass sich die beiden Parteien trotz gewisser Unterschiede in ihrem politischen Programm, „Stil" und Vokabular (s. Cart 1966:10f) kaum durch ideologische Unterschiede voneinander abhoben; wenn die URPONA im Unterschied zu ihrer Hauptrivalin auch für ein schnellstmögliches Erreichen der politischen Unabhängigkeit eintrat, so plädierten sie doch beide für die Beibehaltung der Monarchie in einer konstitutionellen Form (Lemarchand 1977:107).

Es ist wohl richtig, mit Rutake (1980:75) zu sagen, dass die Tatsache, dass sich in diesen ersten politischen Parteien alte faktionale Spaltungen widerspiegelten, als ein Teil des kolonialen Vermächtnisses anzusehen ist – die These mithin, dass alte, vorkolonial begründete Antagonismen durch die Auferlegung der kolonialen Fremdherrschaft „eingefroren" wurden. Der Anachronismus dieser Antagonismen wurde jedoch schnell offenbar.

Nachdem die Gründung der PDC durch Batare-Exponenten noch eine direkte Folge davon war, dass sie die UPRONA als „Auffang- und Totenbecken" von Bezi-Elementen identifizieren zu können glaubten (was sie in einer ersten Phase tatsächlich war), konnten sich die derart entstandenen neuen politischen Gefässe bald den wichtiger gewordenen „neuzeitlichen" Widersprüchen nicht mehr entziehen. Diese Involvierung in neue politische Inhalte zeigte sich in erster Linie an der wichtigsten zeitgenössischen politischen Frage, der Frage der Dekolonisation. Die Antagonismen und Grenzen zwischen den beiden politischen Parteien erhielten eine Dynamik, die nicht nur von

8 Diese Regierung stand unter der Führung des Muhutu Joseph Cimpaye (für Details s. Lemarchand 1970 und Manirakiza 1990:34,67).

9 In Boyayos Übersetzung „ceux qui vont toujours ensemble et qui ne se trahissent jamais. Ce mot symbolise l'unité" (1971:14,34). Im Französischen auch übersetzbar mit „les militants", was ebenfalls „Parteimitglieder" meint.

innen, sondern in starkem Masse von aussen bestimmt wurde. Am besten zeigt sich das daran, dass einflussreiche belgische Kreise (vor allem christlich-demokratische Parteien und Gewerkschaften) aus der PDC eine Festung des Widerstandes gegen den Aufstieg des Nationalismus zu machen suchten, wie er für sie durch Prinz Rwagasore repräsentiert wurde (Rutake 1980:75f u.a.). Auch hier wieder ist die (stark subjektive) Perzeption der politischen Prozesse und Strukturen durch ausländische Mächte eine nicht zu vernachlässigende Variable.

Alle kleineren oder später entstandenen politischen Formationen gerieten in diesen Jahren schnell in den Sog der einen oder der anderen – als „nationalistisch" bzw. „Europäer-freundlich" perzipierten – grossen Partei.[10]

Auch Lemarchand hat gezeigt, dass sich die damalige Parteipolitik nicht einfach auf eine reine Bezi-Batare-Rivalität reduzieren lässt, wenn man die hinter der Fassade der Ganwa-Politik wirksamen neuen sozialen Kräfte, die neuen Persönlichkeiten und die damals wichtig gewordenen politischen Themen mit in die Analyse einbezieht. An der Entwicklung der UPRONA lässt sich zeigen, wie die wichtigsten alten Chefs (zum grössten Teil Astrida-Schulabsolventen) bald von besser (und nun manchmal im westlichen Ausland) gebildeten jüngeren Chefs aus den obersten Parteipositionen verdrängt wurden. Nachdem die UPRONA (anders als oft angenommen, s. z.B. Manirakiza 1990:33,67) bereits 1957 durch Léopold Biha (mit vollem Namen Bihumugani, der damalige Chef der alten königlichen Region von Mbuye und Kiganda), einem Exponenten der Bezi-Gruppe, gegründet worden war[11] mit dem Hauptziel, die Interessen der Chefs (und vor allem der Bezi) gegenüber der Kolonialverwaltung zu vertreten, machte die Partei 1958 nach der Rückkehr Prinz Louis Rwagasores aus Belgien einen tiefgreifenden Wandel durch. Obwohl Rwagasore offiziell nie einen Parteiposten innehatte, wurde er schnell zur Haupttriebkraft hinter der UPRONA. Das ist wenig erstaunlich, wenn man sieht, dass Rwagasore in seiner Person in einmaliger Art die Eigenschaften vereinte, die ihn zum bestqualifizierten Träger der Ziele der UPRONA, „unité et progrès", machten: Als ältester Sohn Mwami Mwambutsas war er in einer idealen Lage, die die Monarchie umgebende Legitimität auf die Partei zu übertragen; als westlich gebildeter Intellektueller war Rwagasore empfänglich für die Ansprüche der neu entstandenen westlich orientierten Eliten und sich bewusst darüber, dass die sozio-politischen Strukturen der Monarchie modernisiert werden mussten. Rwagasores Vorstellung von „Fortschritt" meinte nicht mehr die Aufrechterhaltung der Privilegien der alten politischen Klasse, sondern die Einsetzung einer vom Volk gewählten Regierung und die Errichtung politischer Hilfsorgane und Vereinigungen, die dazu bestimmt waren, die Energien der Bauernmassen zu mobilisieren; die Schaffung eines modernen Staates bedeutete für ihn aber vor allem anderen die Befreiung vom kolonialen Joch. Von daher war es nur sinnvoll, dass zahlreiche Angehörige der aufstrebenden neuen Eliten („les évolués"), die sich von einer politischen Veränderung eine Verbesserung ihrer Position erhofften, sich für die UPRONA einsetzten:

> „Autour des nobles bezis[12] on trouve dans l'Uprona tous ceux, tant hutus que tutsis qui considéraient le régime colonial comme un obstacle à leur percée politique: des petits commerçants, des

---

[10] Ab den Kommunalwahlen 1960 schloss sich die PDC mit mehreren solchen kleineren Parteien (von denen die meisten das „einfache Volk" oder „die Bahutu" repräsentieren wollten) zur „Front Commun" zusammen, einer höchst unheiligen Allianz aufgrund zeitweilig gemeinsamer Interessen (cf. Lemarchand 1970:340n, Elias 1988:95 u.v.m.).

[11] Der langjährige Sekretär des Conseil Supérieur du Pays, Valentin Bankumuhari (er hatte diesen Posten von 1954 bis 1960 inne) spielte dabei im Hintergrund eine nicht unwesentliche Rolle.

[12] Ganz gemäss Rwagasores ursprünglichen Bestrebungen fanden selbst einige Batare-Elemente ihren Weg in die UPRONA. Diese verfolgten damit jedoch in allen bekannten Fällen ihre persönlichen und höchst partikulären Interessen. Das bekannteste Beispiel dafür ist der spätere Premierminister (Nov.1961-Juni 1963) André Muhirwa; den Nachteil, nicht nur ein Mutare, sondern darüber hinaus sogar ein Sohn Mbanzabugabos – des alten Abtrünnigen und Erzfeindes Mwezi Gisabos – zu sein, vermochte er schliesslich dadurch wettzumachen, dass er 1953 die älteste Tochter Mwami Mwambutsas heiratete. Für weitere Details s. Lemarchand, der dazu u.a. schreibt: „The case of Muhirwa

arabisés, des représentants des milieux dits „évolués“ selon la terminologie coloniale de l'époque“ (Elias 1988:95).

Es ist hier ein näherer Blick auf die politische Persönlichkeit Rwagasore angebracht angesichts des Schicksals dieser Schlüsselfigur in Burundis Übergangszeit zur politischen Unabhängigkeit und angesichts der Tatsache, dass er nach seinem frühen, gewaltsamen Tod schnell zum Nationalhelden avancierte und seine politische Bedeutung post mortem nur noch zunahm, was durchaus auch für die republikanische Zeit gilt.[13] Position und Aufnahme, die der nach dem Mwami ranghöchste Aristokrat im sozialen und politischen Kontext im Burundi der ausgehenden fünfziger Jahren fand – wobei seine Neigung zu einem gewissen Populismus und seine Kontakte zu anderen nationalistischen und sozialistischen Drittwelt-Führern seiner Zeit (darunter Castro, Ben Bella, Nyerere und vor allem Lumumba) seine Beziehungen zu den Tutelbehörden nur weiter belasten konnten –, hat Lemarchand in treffenden Worten beschrieben:

> „His nationalist stance, rendered all the more suspect in the eyes of the Residency by his „populist“ leanings, earned him the reputation of a dangerous crypto-Communist among Belgian administators; his commitment to democracy that of a malevolent upstart among the elder generations of Bezi chiefs; and his royal origins that of an ancestral foe among the Batare chiefs. Despite or because of these handicaps, Rwagasore emerged as the most prestigious leader Burundi had known since the days of Mwezi Kisabo“ (1977:108).

Zum besseren Verständnis der späteren, postmonarchischen Entwicklungen, die die UPRONA zur Einheitspartei werden liessen (ab November 1966), muss hier in der Prüfung der Beziehungen dieser frühen politischen Vereinigung zur Monarchie und zur Aristokratie insgesamt noch ein Schritt weitergegangen werden. Nach Rwagasores Eintritt in die politische Arena war die UPRONA nicht länger ausschliessliches Revier der Bezi. Wenn ihr nach 1958 auch viele jüngere Bezi beitraten, so gründeten die wichtigsten Vertreter der alten Bezi-Garde doch bald ihre eigenen politischen Organisationen.[14] Vielleicht noch bemerkenswerter ist die Beziehung zwischen Mwami Mwambutsa und der UPRONA, die fortan ganz im Banne seines ältesten Sohnes stand. Wie Lemarchand (1977:109) bemerkt, gibt es effektiv keine Belege oder auch nur Hinweise für die Behauptung, dass der Mwami die UPRONA als seine Partei ansah. Rwagasore gehörte denn auch keineswegs zu den engsten politischen Vertrauten seines Vaters: „Rwagasore did not belong to the

---

is a prime example of the mixture of expediency and opportunism which governed the behaviour of the *ganwa* in their quest for power“ (1970:332n).

13 Mit der bemerkenswerten Ausnahme der „Zweiten Republik“ unter dem säkularistischen Jean-Baptiste Bagaza, der in der ersten Phase seiner Regierungszeit völlig mit der alten Gesellschaft brechen wollte und in der zweiten, „autokratischen“ Phase vor allem keinen Rivalen neben sich dulden mochte.

14 So gründete Biha seine „Inararibonye“ (übersetzbar als „derjenige mit viel Erfahrung“, ein Name, der an eine Legende um Mwezi Gisabo anknüpft; cf. Gespr. 33:15f, Gespr. 53 mit Biha, & Lemarchand 1970:331f) und ein anderer führender Bezi-Repräsentant und Vertrauter des Mwami, Pierre Bigayimpunzi die „Parti Démocratique et Rural (PDR)“. Die UPRONA-Austritte und Parteineugründungen lassen sich nicht ausschliesslich als wahltaktische Manöver erklären, wenn das in einzelnen Fällen auch vorgekommen sein mag. Der 1960 in Kiganda als Bourgmestre (mit beträchtlichem Vorsprung auf die bisherigen, sich ebenfalls der Wahl stellenden aristokratischen Sous-Chefs des Ortes) gewählte K. sieht so in der von Biha auf die Beine gestellten Inararibonye eine getarnte Sektion der UPRONA (Bihas früherer Anhänger und Sous-Chef Kamuntu trug – wie das auch in vielen anderen Fällen vorkam – die gleichen Farben wie sein *shêbuja*, ebenso sein bisheriger Kollege Giswaswa, der gleichzeitig Bigayimpunzis PDR angehörte – derartige mehrfache Parteizugehörigkeiten alter politischer Kader scheinen keine Ausnahme gewesen zu sein). Der ehemalige Bourgmestre sieht hinter solchen Parteigründungen aber auch andere, selbstsüchtigere Motive, etwa den Versuch flexibler, „modernistischer“ Aristokraten, sich von der alten in die moderne Zeit zu katapultieren: „Als Biha hörte, dass Rwagasore nicht nur alle Batware, sondern auch alle Baganwa ihres Amtes entheben werde, trat er zurück, nahm seinen Hut und gründete schnell seine eigene Partei“ (Gespr. 33:17). Ähnliches berichtet der ehemalige Bourgmestre B. aus der Gemeinde Bwambarangwe (Gespr. 60:32ff).

inner circle of the ‚king's men'" (Lemarchand 1970:339). Wenn sich Mwambutsa auch strikt aus jeder Parteipolitik heraushielt, so war es trotzdem so, dass die grosse Mehrheit der Barundi in dieser unter der Galionsfigur des ältesten Königssohnes segelnden Partei nichts anderes als die Partei der Monarchie zu sehen vermochte. So warf denn auch die PDC, die weiterhin in starkem Masse auf die Batare-Zirkel und die „Astridiens" beschränkt blieb und einen leichten anti-monarchischen Beigeschmack nie los wurde, Rwagasore immer wieder vor, seinen prinzlichen Status „zur Offizialisierung seiner Aktivitäten" zu missbrauchen (s. Lemarchand 1970:329, 1977:109). Als im September 1960 die Chefferies aufgelöst und zu 18 Provinzen zusammengefasst wurden, hatte das letztlich zur Folge, dass die Identifizierung der UPRONA mit der Monarchie noch weiter verstärkt wurde. Der Entscheid der belgischen Residenz, alle Chefs (die wie gesehen zu einem grossen Teil Baganwa waren) abzusetzen und durch „Administrateurs de Province" zu ersetzen (s. Rutake 1980:78), konnte die Desorientierung der ländlichen Bevölkerung in dieser Zeit der politischen Umkrempelung nur noch vergrössern; in der entstandenen politischen Leere blieb die UPRONA effektiv das letzte mächtige Symbol, über das die bäuerlichen Massen ihre Loyalität zur Monarchie zum Ausdruck bringen konnten.

Neben der dadurch verstärkten Verankerung der Monarchie, auf die sich die Loyalitäten weiter Teile der Bevölkerung konzentrierten, sieht Lemarchand einen zweiten Schlüssel zum Verständnis der postkolonialen Politik in der strukturellen Schwäche der politischen Parteien (1977:109). Es fragt sich effektiv, inwieweit UPRONA, PDC etc. überhaupt als politische Parteien angesprochen werden sollen. Wenn all diese in den letzten Jahren vor der Unabhängigkeit entstandenen politischen Vereinigungen auch mehr als einfache, um einflussreiche Persönlichkeiten gruppierte Klientele waren, so schafften sie es doch nie, die Eigennützigkeit und Unbeständigkeit, wie sie für faktionale Zusammenschlüsse so typisch ist, vollständig zu überwinden. Ihre nur mangelhaft formalisierte und institutionalisierte Position innerhalb des weiteren politischen Systems sowie die Tatsache, dass die Führer-Anhänger-Beziehung weiter in hohem Masse personalisiert war und nur in Ansätzen ein Rekutierungsmuster aufgrund gemeinsamer Interessen und ideologischer Affinitäten zum Tragen kam, lassen UPRONA, PDC wie die anderen politischen Formationen als irgendwo zwischen einfachen „Faktionen" und voll entwickelten politischen „Parteien" anzusiedelnde Vereinigungen (Körperschaften) erscheinen. Lemarchand schreibt dazu:

> „(...) neither the *Uprona* nor the PDC really qualified as political parties. They stood as half-way houses beween „factions" und „parties". Lacking the minimal conditions of a stable party organization, neither was as yet in a position to substitute more durable organizational links for the leader-clique, or clique-follower nexus around which traditional politics tended to revolve" (1977:109),

und Cart bemerkt: „Dans la masse électorale paysanne, l'audience d'un parti à l'échelon national dépend de la notoriété de son leader principal" (1966:12). Nach ihm hatten sich allein innerhalb der neuen Eliten, die sich über den Zugang zu einer Berufsausbildung herausgebildet hatten, weitergehende politische Verpflichtungen entwickelt.

Werfen wir einen Blick auf die weiteren politischen Entwicklungen. Nachdem die UPRONA in den Kommunalwahlen von Ende 1960 allein knappe 20% der Sitze erringen konnte – sie litt zu dieser Zeit unter verschiedenen Behinderungen durch die belgischen Behörden (so wurde zum Beispiel Ende Oktober 1960 Rwagasore unter „résidence surveillée" gestellt mit der Begründung, dass seine Aktivitäten eine „Gefährdung der öffentlichen Ordnung" darstellten) –, erreichte sie in den Parlamentswahlen von 1961 gleich 80% der Stimmen und 56 von 62 Sitzen.[15] Nach diesem überwältigenden Sieg der UPRONA wurde Prinz Louis Rwagasore, der ohne selbst zu kandidieren als ihr Zugpferd angetreten war, zum Premierminister ernannt. Knappe zwei Wochen später

[15] Elias (1988:95) erklärt den Zugewinn vieler bäuerlicher Stimmen damit, dass die UPRONA nun noch stärker mit dem Prinzen Rwagasore identifiziert wurde: „En votant pour Rwagasore, les paysans exprimaient leur sentiment traditionnel de soumission à la famille royale".

fiel er am 13. Oktober 1961 einem von den PDC-Führern organisierten Anschlag zum Opfer (Details bei Lemarchand 1970:340ff). Nachdem der Prozess gegen die nach allen Indizien verantwortlichen Batare-Führer nach der Unabhängigkeit wider jegliche juristische Gepflogenheiten neu aufgerollt worden war, wurden am 15. Januar 1963 die Baranyanka-Söhne Ntidendereza und Birori und drei weitere im Mordkomplott implizierte Personen in Gitega öffentlich gehängt.

Unter den dargestellten Begrenztheiten und organisatorischen Schwächen der frühen politischen Parteien, die wie gezeigt nur in begrenztem Masse dieser Qualifizierung würdig sind, lässt sich besser verstehen, wieso die UPRONA in der Folge unter ihrer Anhängerschaft, die sich sowohl aus Angehörigen der bäuerlichen Massen wie der (traditionalistischen und modernistischen) Eliten und aus Batutsi wie aus Bahutu rekrutierte, nur eine begrenzte Integration herzustellen vermochte. Nach Rwagasores Tod kam es schnell zu vielfachen internen Zerwürfnissen und Streitigkeiten zwischen verschiedenen (Möchtegern-) Führern, die den Platz Rwagasores einzunehmen bestrebt waren. In dieser verfahrenen und chaotischen Situation anerbot sich die königliche Trommel als alleiniger legitimer Schiedsrichter über die Konflikte zwischen den verschiedenen sich neu herausbildenden Faktionen und Gruppierungen (Lemarchand 1970:334-338, 1977:110). Da die PDC sich durch den Prinzenmord selbst diskreditiert hatte und ihre Anhänger fortan in bester vorkolonialer Manier als Rebellen (*abamenja*)[16] – und das heisst immer auch als Verlierer – stigmatisiert werden konnten, und andere kleinere Parteien wie die für Bahutu-Interessen eintretende „Parti du Peuple“ (PP), die immer stark am rwandesischen Modell orientiert war, innerhalb ihrer selbst gesteckten ethnisch definierten Grenzen und Forderungen gefangen blieben, wurde der UPRONA ein weiter Teil des politischen Feldes überlassen; sie, die sie zudem die (in afrikanischen Gesellschaften immer grosse) Anziehungskraft als Mehrheitspartei genoss, wurde fortan zum weitaus einflussreichsten politischen Gefäss, in dem die verschiedensten Tendenzen und Gruppierungen ihren Platz suchten. Hierin liegt ein wichtiger Grund der Zersplitterung und Faktionierung, der diese Partei in den folgenden ersten Jahren unter politischer Unabhängigkeit unterworfen war. Je weiter sich schliesslich – und das nicht zuletzt unter dem Einfluss des „Demonstrationseffektes“ der zeitgenössischen Ereignisse in Rwanda – die alten dynastischen Faktions-Fehden zu immer stärker ethnisch geprägten Antagonismen entwickelten, desto attraktiver wurde die Versuchung, die Lösung in der Schaffung einer starken Hand zu suchen, was damals nur die Errichtung eines monarchischen Absolutismus bedeuten konnte. Es ist hier jedoch nicht der Ort, weiter auf diese Entwicklungen einzutreten.

Die in den allerletzten Jahren der belgischen Kolonialverwaltung durch die Tutelbehörden mit atemberaubender Schnelligkeit vorgenommenen hastigen Transformationen auf der Ebene der politischen Institutionen, die insgesamt eine drastische und plötzliche Änderung ihrer Politik bedeuteten, erklären sich zu einem guten Teil durch die sich in Rwanda zu dieser Zeit überstürzenden politischen Ereignisse. Die Prozesse politischen Wandels und ihre – in Rwanda und Burundi letztlich sehr unterschiedlichen – Resultate können aber nicht allein der belgischen Kolonialpolitik zugeschrieben werden; wie oben in verkürzter Weise angedeutet, müssen auch endogene politische, soziale und kulturelle Faktoren sowie strukturelle Merkmale berücksichtigt werden. In Burundi mit seinen mannigfachen und fliessenden sozialen wie politischen Spaltungen, die in bedeutend geringerem Masse als in Rwanda mit ethnischen Unterschieden übereinstimmten (cf. Lemarchand 1970:88f,1974), trat erst nach der Unabhängigkeit eine neue Art von Stratifikation auf, die sich

[16] Vom Verb *kumenja*, „sich auflehnen, schuldig machen; ein Gebot oder Tabu überschreiten“. Wir haben im Kapitel 5 gesehen, dass das Bild des Rebellen – an das auch heute in der republikanischen Zeit immer noch appelliert wird, wenn irgendwelche Opposition gegen die Staatsführung laut wird – bereits zur vorkolonialen Zeit geprägt wurde und ein wichtiges ideologisches Thema war. Rebellen waren effektiv immer Verlierer, da man in opportunistischer Manier immer zuerst die notwendigen Vorkehrungen und Absicherungen (Allianzen, etc.) traf, bevor man jemanden als solchen diffamierte bzw. bei anderen Stärkeverhältnissen derartige Anschuldigungen und Bloßstellungen geflissentlich vermied.

dem rwandesischen Muster zunehmend annäherte und die ersten Zeichen eines beginnenden ethnischen Konfliktes aufwies.

TEIL III

DER POSTKOLONIALE STAAT

Im ersten der vier Kapitel dieses letzten Teiles werden die geschichtliche Herausbildung, Aufbau und Festen des postkolonialen Staates erörtert und auf das Thema der Arbeit hin untersucht. Bei der Formierung des nachkolonialen Staates lassen sich mehrere unterschiedliche Entwicklungsphasen unterscheiden, die in den ersten Jahren ganz im Zeichen „konservativer Modernisierung" standen (s. dazu Bayart 1989:157ff, Lemarchand 1977). Im Unterschied zum benachbarten Rwanda hatte die Monarchie die Dekolonisationsperiode überlebt. In den beginnenden sechziger Jahren standen der Prinz und erste Premierminister Rwagasore und sein Vater Mwami Mwambutsa zuvorderst auf der politischen Bühne, während zugleich die wichtigsten politischen Parteien von verschiedenen Ganwa-Faktionen und ihren Alliierten kontrolliert wurden. Nachdem zunächst unter der engen Führung der Kolonialmacht eine – zumindest der Form nach – konstitutionelle Monarchie entstand, wandelte sich diese schnell zu einer „oligarchischen Monarchie" unter einem gegen Ende seiner langen Amtszeit zunehmend autoritären und schliesslich autokratischen Mwami. Rückblickend gesehen, konnte das den Untergang der Monarchie nur beschleunigen. Ein wichtiger Teil der staatlichen Macht war bereits zu dieser Zeit an andere „pressure groups" übergegangen. Nach der kurzen Übergangszeit einer nur noch nominellen Monarchie unter der wahren Führung von Staatsbürokratie und Armee wurde 1966 die Republik ausgerufen.

Im Aufbau der republikanischen Herrschaftsordnung, die während ihres ersten Jahrzehnts in weitem Masse von der Monarchie geprägt blieb, lassen sich ebenfalls mehrere Entwicklungsphasen und Ausformungen unterscheiden. Eines aber änderte sich bis in die beginnenden neunziger Jahre nicht: Seit der Einführung der Republik gab das Militär die Macht nicht mehr aus den Händen. Im strikten Sinn gab es während dieser Zeit nie eine Republik; wenn man von einer Militärdiktatur spricht, kommt man der Realität näher. Während der drei aufeinanderfolgenden „republikanischen" Regimes, die unter sich jeweils geringe – kaum politisch und ideologisch, sondern primär regional und clanisch definierte – Intra-(Bahima-) Tutsi-Verschiebungen anzeigten, behielt die Armee immer ihre Vormachtstellung, manchmal mehr im Vorder-, und wenn möglich mehr im Hintergrund. Diese verschiedenen Phasen politischer Transformation bestimmten auch die Natur der staatlichen Herrschaft über den lokalen Raum und die ruralen Bevölkerungsgruppen. Sie zeigte sich in der für den ländlichen Raum formulierten und in ihm verfolgten Staatspolitik und in den hier etablierten Führungs- und Verwaltungsstrukturen (Kapitel 9 & 10).

In einem zweiten Schritt wird es gelten, die Konfrontation des postkolonialen Staates und seiner verschiedenen Apparate mit den ländlichen Bevölkerungsgruppen und deren Ansprüchen, Erwartungen und Bedürfnissen zu untersuchen (Kapitel 11 & 12). Ich werde mich dabei hauptsächlich auf Fallbeispiele aus denjenigen Gemeinden beziehen, die mir durch einen längeren Aufenthalt näher vertraut wurden. Um die heutigen politischen Strukturen und Prozesse einsichtig zu machen, wird es zunächst gelten, die vielschichtigen und verschachtelten Apparate, die der nachkoloniale Staat auf der lokalen Ebene ins Leben rief, Revue passieren zu lassen. Das Ziel ist ein Überblick über das gegenwärtige lokale Herrschaftspersonal[1] und die verschiedenen staatlichen Verwaltungsstäbe, die sich die Bauern aus ihrem Alltag nicht mehr wegdenken (sehr wohl aber wegwünschen) können. Da der Staat in seiner „republikanischen", modern-bürokratischen Form in wahrhaft hypertropher Weise expandiert und den Lokalbereich in verschiedener Hinsicht in Beschlag genommen hat, ist dieser Teil der Untersuchung von besonderer Relevanz. Aufbauend auf der Darlegung des engmaschigen Netzes und der Struktur der lokalen Staatseinrichtungen, innerhalb deren sich die Kontakte zwischen Bevölkerung und Verwaltung verwirklichen sollten, wird das gegenwärtige Herrschaftsverhältnis zwischen Staat und Bauern Gegenstand näherer Untersuchung sein. Ein stark ausgebauter, jedoch nur mangelhaft bürokratisierter Kontroll- und Verwaltungsapparat allein bietet noch keine Gewähr für eine erfolgreiche Durchsetzung von Herrschaft. Es wird sich fragen, mit wieviel Erfolg sich die umfassenden Herrschaftsansprüche des Staates mit dem bestehenden Verwaltungssystem durchsetzen lassen – wie wirksam die Herrschaft ist. Die besondere Aufmerksamkeit gilt dabei der gegenseitigen Perzeption von Bauern und Behörden und ihren jeweiligen Modellen der Herrschaft, die ihre Einstellungen, Sichtweisen und Handlungen leiten. Es wird mithin auf das von den Herrschenden und ihren Behörden selbst vertretene Herrschaftsmodell ebenso zu achten sein wie auf ihre politische Rhetorik und das politische Vokabular; ich werde versuchen, ihre Sicht der herrschaftsunterworfenen Bauern und ihren allgemeineren Gesellschaftsentwurf herauszuarbeiten. Um die spezifische Ausformung des heutigen Herrschaftsverhältnisses zu erfassen, müssen die verschiedenen Herrschaftstechniken, die Mittel des gegenseitigen Zugangs und die Formen und Organe der Kommunikation untersucht werden. Andererseits ist auf das Herrschaftsmodell der Bauern zu achten, das sich keineswegs mit demjenigen des Staates zu decken braucht. Ich werde zeigen, dass es zwischen ihnen erhebliche Unterschiede gibt und auf deren Bedeutung hinweisen. Hier interessiert die Sicht des modernen Staates durch die Bauern, ihre Perzeption von Staat, Behörden und Herrschaft, die ihre Haltung, Reaktionen und Strategien ihnen gegenüber bestimmen.

Um Bedeutung und heutigen Stellenwert der staatlichen Strukturen beurteilen und im weiteren, auch zeitlichen Rahmen ermessen zu können, dürfen schliesslich die ausserstaatlichen Autoritätsbeziehungen nicht übergangen werden. Es wird gelten, ihr Schicksal und ihren Wandel unter einem hegemonialen Staat aufzuzeigen, nicht zuletzt in Hinsicht darauf, inwieweit sie noch oder wieder eine Gegenkraft zum Staat zu bilden vermögen und welche Bedingungen dazu die Voraussetzung wären.

[1] Ich beziehe mich hierbei auf die zweite Hälfte des Jahres 1989, in der ich meine Datenerhebung abschloss. Die Aussagen haben aber zumindest bis zum Beginn der Präsidentschaft Ndadayes und dem Antritt der Regierung der „IV. Republik" im Juli 1993 Gültigkeit.

KAPITEL 9

AUFBAU UND FESTEN DES NACHKOLONIALEN STAATES UND SEINE VERANKERUNG AUF DER LOKALEBENE

Ziel dieses ersten Kapitels zum postkolonialen Staat ist es, den politischen Apparat und die gesamte Armatur zu beschreiben, über die der Staat nach der Gewinnung seiner Unabhängigkeit verfügte bzw. die er danach aufbaute und der sich die Bauern auf ihren Hügeln seither gegenübersehen. Der Blickwinkel wird hier von Anfang an auf die lokale Ebene gerichtet sein. Das heisst, dass die zentralen Apparate und die Organisationsstruktur des Staates nicht losgelöst für sich dargelegt und untersucht werden, sondern nur insoweit, als sie auf der lokalen Ebene auftreten und von Belang sind – also gewissermassen in einer Perspektive von unten, die auch diejenige der Bauern ist. Wenn die Zentrumsebene, die in den politischen Transformationen die leitende Rolle spielt, auch nicht von der Untersuchung ausgeschlossen bleiben kann, ist hier doch keine umfassende Darstellung und institutionelle Analyse des zentralen Staatsapparates auf nationaler Ebene, so wie er sich seit der Unabhängigkeit bis heute herausbildete, vorgesehen.[2]

Man darf sich keinen Illusionen hingeben: Mit der innert dreier Jahre in überstürzter Weise herbeigeführten Dekolonisation sah sich die erst gerade entstehende neue politische Klasse Burundis vor eine plötzliche Leere und zahlreiche unbekannte Probleme gestellt. Das koloniale Herrschaftsgerüst – der voll ausgebaute politische Apparat des kolonialen Staates – stand noch intakt, aber plötzlich führungslos da. Es galt ihn zu nutzen und neu zu besetzen, und das nicht nur mit Personal, sondern mit neuen politischen Ideen und Richtlinien: Es galt, ihn umzubauen, um den Erfordernissen der neuen Situation gerecht werden zu können. Die in diesem entscheidenden geschichtlichen Moment rudimentäre und auf die Übernahme derartiger Aufgaben weitgehend unvorbereitete einheimische politische Klasse besass für die Bewältigung dieser herausfordernden Aufgabe weder genügend Erfahrung noch Kraft. Dazu kam die Einflusskraft dessen, was man als den

2 Im Moment des Verfassens dieser Zeilen (anfangs 1992) ist der zentrale Staatsapparat in einem gewissen, auf eine grössere Demokratisierung ausgerichteten Umbau begriffen, dem hier nur noch teilweise Rechnung getragen werden kann. Dieser Prozess hat weniger mit einer seit Ende der achziger Jahre in weiten Teilen des gesamten Kontinentes beobachtbaren „afrikanischen Perestroika“ zu tun – obgleich er davon nicht unbeeinflusst bleibt – als mit endogenen Transformationen, die ihren letzten Anstoss durch den neuesten Ausbruch ethnisch definierter Massaker im August/September 1988 erhielten; diese legten die tiefe Krise des Staatswesens und der Gesellschaft offen. Die in der Folge seit Oktober 1988 eingeleiteten politischen Veränderungen auf institutioneller Ebene haben bis anhin die lokale Ebene und die Welt der Bauern nur wenig berührt. Auf nationaler Ebene wurde Ende 1990 das „Comité Militaire pour le Salut National“ aufgelöst; fortan soll das neugebildete Comité Central du Parti seine Stelle und Aufgaben einnehmen. Als nächste Schritte sind die Einführung des „multipartisme“ – die Zulassung mehrerer politischer Parteien, was an sich noch nicht die Auflösung der Staatspartei bedeuten muss, wie das Beispiel Rwanda lehrt – und einer neuen Verfassung angesagt, Neuerungen, deren Reihenfolge zu Beginn des Jahres 1992 noch höchst umstritten war. Dazu wie zu den ebenfalls auf lokaler Ebene vorgesehenen Reformen siehe den Bericht der – allein von Staatsführung und Regierung mandatierten – vorbereitenden Verfassungskommission (République du Burundi. Commission constitutionnelle. Rapport …, août 1991).

„Mythos des (afrikanischen) Staates“ bezeichnen kann (cf. Médard 1990:25). Wie in den meisten neu dekolonisierten Ländern ging man von der Annahme aus, dass allenfalls die Nation, nicht aber der Staat (neu) geschaffen werden musste. Es schien zu genügen, den kolonialen Staat zu nationalisieren, indem ihm eine einheimische Führung gegeben und während einer Übergangsperiode mit Hilfe ausländischer technischer Zusammenarbeit die zukünftigen politischen Eliten ausgebildet wurden. Der übernommene Staat war nicht neu zu bilden, so dachte man, sondern lediglich zu afrikanisieren. Während der ersten Jahre der politischen Unabhängigkeit blieben die Energien der einheimischen politischen Klasse in hohem Masse durch Fragen der Rekrutierung des „politischen Personals“ gebunden, die unendlich scheinende, persönlich geprägte Machtkämpfe und Verstrickungen mit sich brachten und die die Verhältnisse des kolonialen Status quo ante nicht hinter sich zu lassen vermochten. Unter diesen Voraussetzungen war es unmöglich, die monarchischen Autoritätsstrukturen, die stark unter den Folgen der Verformung durch ein halbes Jahrhundert „indirekter“ kolonialer Fremdherrschaft litten, in neue Bahnen zu lenken und mit neuem Inhalt zu füllen. Letztlich waren aber auch die Anpassungsversuche, die die Monarchie in der ersten Hälfte der sechziger Jahre unternommen hatte, um den Herausforderungen der nachkolonialen Zeit zu begegnen, ihrer Legitimität in hohem Masse abträglich (s. dazu Lemarchand 1977:123). So war es nur noch eine Frage der Zeit und sich klärender Machtverhältnisse, bis die bereits stark zersetzten monarchischen Herrschaftsstrukturen, die einen guten Teil ihrer Machtgrundlagen verloren hatten, abgestossen werden würden. Mit diesem Abstossen überlebt scheinender Formen war die Lösung der anstehenden Probleme jedoch nicht leichter geworden, im Gegenteil. Die neuen Herrschenden hatten nun das Skelett eines Herrschaftsapparates in Händen, dem Geist und Legitimation in weitem Masse fehlten. Da Aufbau und Verankerung einer neuen Herrschaftsideologie eine höchst langfristige Angelegenheit ist, war die Versuchung für die neue, westlich geschulte (Militär-) Oligarchie gross, Zuflucht im Ausbau der staatlichen und parastaatlichen Armatur zu suchen, die schnell hypertrophe Ausmasse annahm und deren Durchsetzung von Anfang an stark auf Zwang beruhte. Da Alternativen weitgehend fehlten, wurde unter der „Ersten Republik“ Micomberos an zahlreichen Elementen der monarchischen Herrschaftsausrüstung festgehalten; überall ragten diese, Versatzstücken gleich, aus den neuen republikanischen Kulissen hervor. Auch das mittlere und untergeordnete politische Personal blieb in weiten Teilen auf seinen Plätzen, lediglich das erste Glied wurde ausgewechselt. Erst unter dem folgenden Regime der sogenannten „Zweiten Republik“ wurde versucht, radikaler mit dem alten politischen System zu brechen. Um die heute im ländlichen Raum vorherrschenden Macht- und Herrschaftsstrukturen, die weitgehend diejenigen des Staates sind, erklären zu können, ist es notwendig, in einem ersten Schritt die verschiedenen Phasen ihrer Herausbildung unter der Führung des postkolonialen Staates nachzuzeichnen. Dieses Kapitel wird somit in weiten Teilen einem Tour d'horizon der Entstehungsgeschichte der heutigen staatlichen Strukturen gewidmet sein, wobei das Schwergewicht immer auf der Lokalebene liegen wird, ohne dass dabei die nationale Ebene vollständig ausgeklammert werden kann.

Es drängen sich hier zwei wichtige Vorbemerkungen auf, auf deren Hintergrund alle im folgenden beschriebenen Entwicklungen zu sehen sind. Erstens ist das Gewicht des kolonialen Erbes nicht zu unterschätzen – es muss bei der Charakterisierung des heutigen Verwaltungssystems immer in Rechnung gestellt werden. Nachdem die politische Unabhängigkeit zurückgewonnen worden war, wurde der unter dem belgischen Kolonialregime installierte Verwaltungsapparat mehr oder weniger bruchlos weitergeführt. Es gab – zumindest in den unmittelbar folgenden Jahren – weder in der Organisation noch im Funktionieren der administrativen Einrichtungen weitreichende Änderungen. In diesem Zusammenhang – und das ist der zweite Punkt – ist die Frage des „pluralen“ Charakters des heutigen Regierungs- und Verwaltungssystems für die Analyse der gegenwärtigen politischen Struktur von erheblicher Relevanz. Inwieweit ist von „Pluralität“ zu sprechen angesichts moderner bürokratischer Strukturen in Verbindung mit noch zur vorkolonialen und kolonialen Zeit entworfenen Macht-, Autoritäts- und Herrschaftskonzeptionen, die ihre Wirkung bis heute nicht verloren haben und die die Beziehungen zwischen Bevölkerung und Behörden noch in hohem Mass prägen? Und das trotz der Existenz bürokratischer Herrschaftsstrukturen, die von ihrer Konzeption und ihrem Anspruch her unterschiedliche politische Beziehungen zwischen Staatsbehörden und Bürgern implizieren und erwarten lassen. In welchem Masse kann das „Pluralitäts"-Konzept zur Erklärung des aktuellen politischen Systems beitragen? Es stellt sich mithin die Frage der Angemessenheit der modernen Verwaltungsstruktur, die Rutake (1988:2) als reine Imitation, als unkritische und unbesehene Übernahme des Verwaltungsmodelles des ehemaligen Kolonialstaates anprangert („mimétisme à l'état pur"; mit Hyden [1983:65] liesse sich auch von einem „blueprint approach" sprechen).[3]

Die lokalen Verwaltungsstrukturen wurden durch jedes neu installierte politische Regime wieder verändert und zum Teil recht eigentlich umgekrempelt. Lassen wir im folgenden die wichtigsten Perioden und Einschnitte Revue passieren, wobei ich jeweils einige Verweise auf die zentrale Ebene und die nationalen politischen Ereignisse vorausschicken werde.

[3] Es gibt eine bemerkenswerte jüngere Literatur zum kolonialen Staat im östlichen und zentralen Afrika, darunter die Studien von Joan Vincent. 1988. Sovereignty, legitimacy, and power: Prologomena to the study of the colonial state (in: Cohen & Toland, pp.137-154), von Crawford Young. 1988. The African colonial state and its political legacy (in: Rothchild & Chazan, pp. 25-66), ebenso wie: John Lonsdale. 1990. Le passé de l'Afrique au secours de son avenir, in: Politique Africaine, 39, septembre:135-154; s. ferner Chabal (ed). 1986.

9.1 Versuche in demokratischer Lokalverwaltung: Aufstieg und Niedergang der „Bürgermeister"

Wir haben gesehen, dass die territoriale Verwaltung bereits kurz vor der Unabhängigkeit neu konzipiert wurde. Anstelle der Sous-Chefferie wurde die „Commune", die Gemeinde, zur wichtigsten lokalen Verwaltungseinheit. 1960 wurden die 525 Sous-Chefferies, die durchschnittlich 700 Steuerpflichtige umfassten, zu 181 Gemeinden zusammengefasst, die im Durchschnitt etwa 2'500 Steuerpflichtige aufweisen sollten (Rutake 1980:78). Die lokalen Verwaltungseinheiten wurden bereits während der Kolonialepoche einer unablässigen Umformung unterworfen – alle paar Jahre fand der Staat es nötig, zwecks einer besseren Verwaltung ihre Grösse und Grenzen zu verändern.[4] Das sollte auch nach der Unabhängigkeit so bleiben. Bereits 1965, als die von unten gewählten Bourgmestres durch vom Staat ernannte Gemeindeverwalter (Administrateurs Communaux, in Abkürzung „Admicom") ersetzt wurden, wurde die Zahl der Gemeinden auf 78 gesenkt, 1982 aber nach einer weiteren Territorialverwaltungsreform wieder auf 114 erhöht. Rutake hat in verschiedenen Schriften die dahinterstehende Verwaltungspolitik einer Analyse unterzogen. Die Verwaltungspolitik lässt sich aber nicht in Isolation vom weiteren politischen Umfeld und den hier herrschenden Kräfteverhältnissen verstehen; ich werde sie hierin zu verorten suchen und gleichzeitig einige kritische Anmerkungen zu Rutakes Veröffentlichungen anbringen.

Ein tiefer Einschnitt mit weittragenden Folgen für die lokalen politischen Strukturen bedeutete der Erlass des „Arrêté-loi" vom 1. September 1965, mit dem der kurzen Periode von Versuchen mit demokratischen Strukturen auf lokaler Ebene abrupt ein Ende gesetzt wurde. Es ist hier wichtig zu sehen, dass die einzigen bis dahin durchgeführten Gemeindewahlen noch kurz vor der Dekolonisation stattgefunden hatten und zu den Massnahmen gehörten, die die Übergabe der politischen Macht an einheimische Instanzen einleiten sollten. Obwohl mehrmals in Aussicht gestellt, waren Neuwahlen immer wieder hinausgeschoben worden.[5] Der nun vom Mwami dem Parlament zur Annahme vorgelegte Gesetzesvorschlag („Arrêté-loi n°. 001/767 du 1er septembre 1965")[6] sah vor, die Zahl der Gemeinden von 181 auf 78 zu reduzieren, wofür hauptsächlich ökonomische Gründe geltend gemacht wurden. Die Gemeinden sollten unter der Führung bürokratisch eingeordneter Funktionäre zu ökonomisch selbsttragenden Einheiten gemacht werden, wozu sie einer gewissen Grösse bedurften. Gleichzeitig sollten die ihnen vorstehenden, bisher gewählten Bürgermeister durch reine Funktionäre ersetzt werden, die vom Mwami und seinen Ministern ernannt wurden und allein diesen gegenüber verantwortlich waren. Das Parlament lehnte diese tiefgreifende Gemeindereform klar ab; der Mwami jedoch verstand es, unter massiven Drohungen und Hinweis auf seine in der damaligen Verfassung vorgesehenen Sonderrechte[7] dem Parlament seinen Gesetzesvorschlag aufzuzwingen. So wurde schliesslich am 30. Oktober desselben Jahres ein auf diesem Gemeindegesetz fussender „Arrêté royal" erlassen, der die Ausführungsbestimmungen des Gesetzes enthielt und der die Gemeindeverwaltung vorübergehend in die Hände von Administra-

[4] Cf. Kapitel 6: Von noch in den zwanziger Jahren über Tausend (1929:1076) wurde die Zahl der Sous-Chefferies in mehreren Schritten bis 1959 auf knapp die Hälfte reduziert.

[5] Gemäss dem „Loi du 28 juillet 1962 sur l'organisation communale" hatten alle gewählten Gemeindebehörden ein dreijähriges Mandat inne (Art. 5). Dementsprechend hätten die Neuwahlen im November 1963 erfolgen müssen, etwas, was die Bevölkerung auch mehrfach forderte (cf. Lemarchand 1970:381).

[6] S. Bulletin Officiel du Burundi, n°. 10/62, octobre 1965, pp. 7ff. Bujumbura.

[7] Ähnlich wie in anderen Staaten mit in französischer Tradition stehenden Verfassungen war das Parlament nicht die einzige gesetzgebende Instanz; auch der König und der (nie geschaffene) Senat hatten eine gewisse gesetzgebende Gewalt. So sah der Artikel 61 der Verfassung vor, dass der König nach Konsultation des Kronrates Gesetze erlassen konnte (s. Bulletin Officiel du Burundi, no. 1 bis, janvier 1963:3, Rutake 1980:96).

teurs communaux mit einer Assemblée communale consultative an ihrer Seite legte, die beide vom lokalen Provinzgouverneur ernannt wurden.[8]

Diese mit Machtkämpfen verbundenen Vorfälle zeigen, wie sehr die lokale politische Ebene damals im Zentrum politischer Auseinandersetzungen lag (cf. Rutake 1980:90ff). Effektiv handelte es sich bei diesem Gemeindereform-Gesetz weit weniger um eine verwaltungstechnisch denn um eine politisch begründete Massnahme. Sie ist nur im Zusammenhang der politischen Entwicklungen der davorliegenden Jahre und der sich überstürzenden Ereignisse des Jahres 1965 verstehbar. Werfen wir also einen Blick zurück.

Das Jahr 1965 brachte eine drastische Zuspitzung der politischen Situation. Das noch Ende 1961 in den letzten Monaten vor der Unabhängigkeit gewählte Parlament hatte bis anfangs 1965 unter der Exekutive von nicht weniger als fünf rasch aufeinander folgenden UPRONA-Regierungen (geführt von den Premierministern Rwagasore, Muhirwa, Ngendandumwe, Nyamoya und erneut Ngendandumwe) und einem sich mehr oder weniger mit einer konstitutionellen Position und Rolle zufriedengebenden Monarchen seine Aufgaben im grossen und ganzen wie verfassungsmässig vorgesehen wahrnehmen können. Nun entschied Mwami Mwambutsa nicht nur, die Nationalversammlung aufzulösen und Neuwahlen auszuschreiben, sondern es kam zu einer unerwarteten und abrupten Neuorientierung der Politik des Königshofes, der fortan das Heil in einem wenn noch nicht autokratischen, so doch zunehmend autoritären Führungsstil suchte.[9] Das mochte verschiedene Gründe haben. Der in dieser Zeit oft landesabwesende, sich am liebsten an den Gestaden des Genfersees aufhaltende Mwami wollte wohl der Radikalisierung und Polarisierung des politischen Lebens entlang ethnischer Linien, die in der Ermordung des Hutu-Premiers Pierre Ngendandumwe Mitte Januar 1965 wenige Tage nach seiner Ernennung durch den König einen ersten Höhepunkt gefunden hatte,[10] ein Ende setzen und die Lage wieder in die Hand bekommen. Der Hauptgrund der Intervention des Hofes (die bereits Mitte 1963 mit der Absetzung der Regierung Muhirwa begonnen hatte), wieder einen direkten Einfluss auf die Regierungsgeschäfte zu nehmen, lag in der vollständigen Blockierung der Regierungsinstitutionen durch die unvermittelte Politisierung ethnischer Bande (Lemarchand 1977:115f,121). Bereits in den Jahren zuvor war eine verstärkte Segmentierung und ethnische Färbung des politischen Lebens vor allem in der Kapitale, eine „rapid politicisation of residual ethnic ties“ (Lemarchand 1970:344), eingetreten. Der Einfluss, den die 1959 und 1963 in mehreren Wellen ins Land strömenden rwandesischen Batutsi-Flüchtlinge, ungefähr 70'000 an der Zahl und in ihrer grossen Mehrheit ein „modèle de totalitarisme racial (Bantous contre Hamites)“ propagierend (Chrétien & Le Jeune 1983b:106), auf die politische Klasse Burundis ausübten, darf nicht ausser Acht gelassen werden. Es sei jedoch angemerkt, dass in ländlichen Gebieten auch in den ersten Jahren nach der politischen Unabhängigkeit

[8] Der im Bulletin Officiel du Burundi, n°. 2/65:845ff publizierte „Arrêté royal“ wurde gefolgt vom „Arrêté-loi n°. 001/798 du 30 octobre 1965 portant administration provisoire des communes“. – Es war geplant, die „Assemblées communales consultatives“ später wieder durch gewählte „Conseils communaux“ zu ersetzen; da die Monarchie jedoch bald der neuen Republik Platz machen musste, kam es nicht so weit (cf. Rutake 1980:97).

[9] Lemarchand hat diese Wende als „passage from ‚oligarchical‘ to ‚ruling‘ monarchy“ beschrieben (1977: 112,115ff, cf. p.122, cf. Ders. 1966b:423f, 1970:411ff).

[10] Hinter diesem nie restlich aufgeklärten Mord scheinen radikale Kreise in Burundi lebender rwandesischer Tutsi-Flüchtlinge gestanden zu haben, die hinter den Kulissen offenbar auch die Unterstützung radikaler Tutsi-Mitglieder der „progressistischen“ ‚Casablanca‘-Faktion des Parlamentes genossen (die wiederum als Instrumente ihrer Politik die „Mouvements intégrés“ der UPRONA-Partei, vor allem die JNR-Jugendorganisation [„Jeunesse Nationaliste Rwagasore“] benutzten); selbst eine gewisse internationale Dimension in Form einer Einflussnahme des in Bujumbura über eine wohl dotierte Botschaft verfügenden kommunistischen China, das damals eine sehr aktive Afrika-Politik betrieb und – wie übrigens auch die amerikanische CIA – in Burundi einen strategisch idealen Standort zur Beobachtung und Beeinflussung der politischen Ereignisse im international umkämpften Congo sah, ist nicht leicht von der Hand zu weisen (cf. Lemarchand 1970:388-391, Rutake 1980:85, Manirakiza 1990:52f,57ff).

andere Spaltungen wichtiger blieben. Nur ein kleiner Teil der Gesamtbevölkerung fühlte sich damals von der neuen „Ethnizitäts"-Politik angesprochen; es ist hier in Erinnerung zu rufen, dass weder Bahutu noch Batutsi auf irgendeine Art inneren Zusammenhaltes zurückgreifen konnten; dazu waren die intraethnisch verlaufenden sozialen und ökonomischen Disparitäten viel zu gross (cf. Lemarchand 1966b: 417, 1974). Die neuen politischen Segmentierungen sind im Zusammenhang mit dem Zerfall der alten und dem Zugang zu neuen Machtstrukturen zu sehen. Die jahrzehntelange koloniale Überlagerung, die sich auf politischer Ebene in der Entmachtung und Untergrabung der aristokratischen Höfe – oder zumindest des monarchischen Herrschaftsmodelles – ausdrückte, forderte nun ihren Preis. In Rwanda, wo der Thron anders als in Burundi eindeutig für die Herrschaft der Batutsi stand, ging die Monarchie bereits 1959 unter. Für die Erklärung der politischen Entwicklung Burundis wird seit damals immer wieder der Einfluss des „Modelles Rwanda" herangezogen, das, auf seine Grundzüge reduziert, in Burundi für die einen als Vorbild, für die anderen als wahres Trauma wirken musste. Die Entwicklungen in den beiden unabhängig gewordenen Staaten sind zweifellos nur als gemeinsame Geschichte des Konflikts von Bahutu und Batutsi zu begreifen, der sich bald auch in den Nachbarländern bemerkbar machen sollte. Lemarchand und andere haben darauf aufmerksam gemacht, dass die Erwartungen der Barundi unter dem Einfluss der Ereignisse in Rwanda zunehmend die Wirkung einer „self-fulfilling prophecy" entwickelten.[11] Ohne den Einfluss derartiger Faktoren unterschätzen zu wollen, greift eine solche Analyse, für sich allein genommen, dennoch zu kurz. Das „rwandesische Modell" konnte seine Wirkung nur entfalten aufgrund der endogenen Ungleichheiten und dem Zusammenprall einer alten hierarchistischen Ideologie mit einer neuen, die die Gleichheit betonte.

Der Königshof, dem die Verfassung parteipolitische Neutralität vorschrieb, musste in dieser Lage umso mehr bestrebt sein, sich als oberhalb jeglicher ethnischer Politik stehend darzustellen und – auch das in bester Schule der alten burundischen Monarchie – die verschiedenen Gruppen ggeneinander auszuspielen.[12] Durch die eingetretene Zuspitzung der Lage geriet er in zunehmende Bedrängnis und sah sich durch immer unverhohlenere Anfeindungen und offene Anschuldigungen von Exponenten aller Seiten zum Handeln veranlasst. Tatsächlich war es so, dass es in den Jahren zuvor hauptsächlich Angehörige der neuen Eliten[13] – sowohl von Tutsi- wie von Hutu-Zugehörigkeit – waren, die sich gegen die Monarchie auf- und diese abzulehnen begannen und gleichzeitig verstärkt ethnische Identitäten betonten. Lemarchand schreibt dazu:

---

[11] S. Lemarchand 1966a:327, 1966b:414,418, 1970:344ff, 1977:110f; Rutake 1980:84f.

[12] Seine hin und her schwankende Politik, mit der er einen Ausgleich zwischen den Hutu- und Tutsi-Elitefaktionen zu suchen (und diese damit zu beherrschen) bestrebt war, zeigte sich in der Ernennung der verschiedenen Regierungen, insgesamt sechs innert 40 Monaten (Lemarchand [1970:382] spricht in diesem Zusammenhang von einer ‚divide et impera'-Politik). Auf Ngendandumwes Ermordung folgte bis zu den Wahlen im Mai der zur ‚Casablanca'-Faktion gehörende „gemässigte" (d.h. nicht „ethnisierende") Hutu-Premierminister Joseph Bamina. Die Tatsache, dass bis zur Einsetzung der nächsten Regierung mehrere Monate vergingen (während der die Directeurs Généraux wie Nyangoma die Ministerialkabinette führten), zeigt, wie sehr die Rechnung und bisherige Strategie des Königshofes durch die Wahlresultate in Unordnung geraten waren.

[13] Lemarchand (1966b:417) zählt dazu vier verschiedene soziale Gruppierungen: Studentengruppen (z.B. die UNEBA); organisierte Jugendgruppen (vor allem die JNR, in minderem Masse katholische, weitgehend unpolitische Jugendorganisationen); Staatsbeamte, und schliesslich die Armeeoffiziere. Spätestens ab Mitte der sechziger Jahre ist es gerechtfertigt, auch das gehobene Handelsbürgertum dazuzuzählen, in dem zahlreiche Vertreter ehemaliger Politikergilden zu finden waren; bei dem aufgeblähten Staatssektor ist es nicht verwunderlich, dass man in Burundi bis heute im allgemeinen nicht über die Wirtschaft zur Politik kommt, sondern der Weg vielmehr über die Politik oder einen Staatsposten in die Wirtschaft führt. Das (auch nur kurze) Innehaben eines politischen Amtes erlaubt die Anlage finanzieller Reserven und von Kontakten (nicht zuletzt zu ausländischen Kreisen), die den späteren Sprung ins Wirtschaftsleben erleichtern. Auch Chrétien spricht diese „reconversion en ‚entrepreneurs'" von ehemaligen Staatsbediensteten an, von „beaucoup d'anciens politiciens qui ‚pantouflent' dans le commerce" (1979b:107), was keineswegs nur mit Bezug auf die Erste Republik gilt.

„Indeed, the real paradox of Burundi politics is that feelings of ethnic repulsion were probably strongest among these new elites, and this in spite of the fact that they generally shared the same vision of their country's future, the same misgivings about the monarchy, the same overt receptivity to Western influence" (1970:411).

Das Paradox, das Lemarchand darin zu erkennen glaubt, dass diese neuen Eliten in ihrem Wettlauf um öffentliche Ämter nicht geeint gegen die alten Monarchisten kämpften, war nur während kurzer Zeit ein solches; in der Tat machten sie neben ihren identischen Aspirationen gerade ihre gleiche Weltsicht und ihr gemeinsamer ideologischer Horizont zu unversöhnlichen Rivalen.

Die schliesslich am 10. Mai 1965 durchgeführten Neuwahlen der Nationalversammlung[14] brachten zwar klare Resultate, aber nur scheinbar eine Lösung. Die UPRONA gewann 21 und der Pro-Hutu „Parti du Peuple" (PP) 10 Sitze[15], während die restlichen zwei an Unabhängige gingen. Entscheidender war jedoch, dass von den 33 Sitzen 23 an Bahutu gingen, die fortan eine in den meisten Fällen spielende Allianz bildeten und die weitere Parlamentspolitik weitgehend bestimmten. Das UPRONA-Parteietikett besagte kaum noch etwas, da diese grösste Partei zu einem losen Zusammenschluss verschiedener sich bekämpfender Flügel geworden war.[16] Die Konsternation und Verbitterung der erwartungsvollen Hutu-Eliten waren gross, als Mwambutsa nach längerer Abklärungszeit gegen die sich als Bahutu definierende Majorität und in bester traditionalistischer Manier seinen früheren Privatsekretär und Vertrauten aus der Bezi-Familie, den altgedienten und erfahrenen Politiker Léopold Biha (Bihumugani) zum Premierminister ernannte und die Kandidatur des zum Hutu-Sprecher gewordenen hohen Ministerialbeamten Gervais Nyangoma überging. In der Ernennung des Muganwa Biha glaubte Mwambutsa die ideale Kompromiss-Lösung gefunden zu haben. Das alte politische Schema der monarchischen Herrschaft hatte damals aber bereits viel von seiner Gültigkeit verloren. Mit der Ernennung eines Prinzen und bewährten Politikers wollte der Mwami das Ende der Ethnisierung der Politik signalisieren; unter den neuen politischen Bedingungen aber war diese noch am ehesten für die Tutsi akzeptierbare Wahl de facto gegen die neue Hutu-Mehrheit gerichtet.

Der Erlass des neuen Gemeinde-Gesetzes vom 1. September desselben Jahres war nur ein nächster Schritt, der die Empörung der Bahutu-Eliten auf einen Höhepunkt bringen musste. Dieser dem Parlament vom Mwami unter schweren Drohungen aufgedrängte Gesetzeserlass machte nicht nur alle Hutu-Hoffnungen, in den längst erwarteten Kommunalneuwahlen ihre Position zu konsolidieren, zunichte, sondern er zeigte darüber hinaus, dass der Mwami das von einer Hutu-Mehrheit beherrschte Parlament nur noch als Gremium zur Absegnung seiner Politik zu behandeln geneigt war (Lemarchand 1970:414). Nachdem in der ursprünglichen Fassung des neuen Gesetzes vorgesehen war, die neuen Bürgermeister präferentiell unter den bisherigen Gemeindesekretären auszuwählen, dieser Passus aber, so vermerkt Lemarchand (1970:415), in der Folge der Feststellung, dass es sich bei diesen mehrheitlich um Bahutu handelte, wieder gestrichen wurde, lag die Befürchtung nahe, dass der Königshof gewillt war, unter den Bedingungen einer zunehmenden ethnischen Polarisierung die Seite der Tutsi zu ergreifen.[17] Es kamen weitere Vorfälle dazu, die in der Perzeption vieler die Identifikation der Krone mit der Tutsi-Vorherrschaft nur festigen konnten. Die monarchische Politik schien zunehmend mit Tutsi-Interessen übereinzustimmen.

---

[14] Sie wurde in allgemeiner Volkswahl bestimmt; wie bereits 1961 besassen alle Männer und Frauen ab 18 Jahren das Stimm- und Wahlrecht.

[15] Gemäss Mpozagara (1971:28) gewann die PP sogar die absolute Stimmenmehrheit.

[16] Zwei davon waren bekannt als UPRONA „populaire" und UPRONA „traditionaliste", die beide klar mit ethnisch definierten Interessen in Verbindung gebracht wurden – erstere mit Hutu-, letztere mit Tutsi-Interessen (Lemarchand 1970:412). – Nach Mpozagara war die UPRONA bereits seit 1963 zu einem von persönlichen Rivalitäten zerrissenen „Hauptstadt-Club" verkommen (1971:28).

[17] Von den neuen 78 bis Ende des Jahres eingesetzten Bourgmestres waren denn auch mindestens 55 von Tutsi-Zugehörigkeit (Lemarchand 1970: 415n).

Diese Perzeptionen und Ängste waren ohne Zweifel wichtige Auslösegründe für den erfolglosen Staatsstreichversuch in der Nacht vom 18. auf den 19. Oktober 1965, der anders als in der rwandesischen Darstellung nicht nur auf das Konto von Hutu Armee- und Gendarmerie-Offizieren ging, sondern hinter dem die wichtigsten Exponenten der politischen Hutu-Elite standen. Der gescheiterte Putschversuch[18] mündete in Massaker an der Tutsi-Bevölkerung in der Provinz Muramvya, in der die Hutu-Bewegung am besten organisiert war; an sie schloss sich eine noch brutalere landesweite Repression der Hutu-Bevölkerung unter Führung der Armee an (die zu diesem Zeitpunkt bereits von Hutu-Offizieren gesäubert war) und die mehrere Tausend Opfer forderte. Dieser missglückte Staatsstreich hatte weittragenden Folgen; die beiden unmittelbar sichtbarsten waren die physische Liquidation der gesamten Hutu-Führerschaft, deren Mitglieder im besten Fall von improvisierten Militärgerichten zum Tode verurteilt wurden, und die Tatsache, dass der kurz darauf in die Schweiz entflohene Mwami Mwambutsa zeit seines Lebens nie mehr seinen Fuss in das Land setzen sollte, dem er während eines halben Jahrhunderts – wenn auch lange nur formell – vorgestanden hatte.

Soweit zum politischen Hintergrund, der zur Einschätzung der weiteren politischen Entwicklungen von hoher Relevanz ist. Das Jahr 1965 bedeutete nicht nur für die Umgestaltung der lokalen politischen Strukturen einen wichtigen Einschnitt, sondern auch einen Wende- und Angelpunkt in der nationalen Politik, auf den bis heute immer wieder Bezug genommen wird.

Die knapp fünf Jahre dauernde „Bourgmestres"-Periode bedeutete, zumindest der Form der neu eingeführten politischen Institutionen nach, einen radikalen Bruch sowohl mit dem bisherigen kolonialen, aber auch mit dem vorkolonialen politischen System. Welche Konsequenzen hatten diese neuen politischen Strukturen für die Beziehungen zwischen politischen Führern und Dominierten, zwischen Behörden und Bevölkerung und für die Muster politischen Verhaltens allgemein? Wie wurden diese grundlegenden Transformation des politischen Systems auf lokaler Ebene aufgenommen, und in welchem Ausmass wurden sie dem bisher Geltenden und Vertrauten assimiliert? Eine genauere Analyse dieser kurzen Periode mit formalen demokratischen Institutionen ist nicht zuletzt gerechtfertigt und von besonderem Belang in Hinsicht auf die seit Ende der achziger Jahre in Burundi geführte politische Debatte um die Bestrebungen zur erneuten Einführung demokratischer politischer Institutionen, die sich seit 1992, spätestens aber seit den Präsidentschafts- und Parlamentswahlen im Juni 1993 effektiv in Verwirklichung befindet.

Den Bourgmestres- und Gemeinderats-Wahlen, die am 15. November 1960 wie erwähnt noch unter belgischer Verwaltung abgehalten wurden, stellten sich durchwegs Leute, die den lokalen ländlichen Eliten zuzurechnen waren. Viele von ihnen hatten bereits die eine oder andere administrative oder politische Funktion innegehabt und verfügten über intakte Beziehungen zu den bisherigen lokalen politischen Autoritäten; es handelte sich bei ihnen also keineswegs um unbeschriebene Blätter und einfache Vertreter der Bauernschaft, obschon manche über keine politische Erfahrung im engeren Sinn verfügten. Viele waren Lehrer, subalterne Funktionäre oder im Handel tätige Leute, die bereits den Conseils de Sous-Chefferies angehört hatten. Aber auch zahlreiche der Mitte Juli 1960 abgesetzten Sous-Chefs stellten sich der Wahl. Die bis im Dezember eingeräumte Übergangsfrist, während der von den Sous-Chefferie-Räten gewählte „provisorische Batware" (*batware b'imfatakibanza*) eingesetzt wurden, sollte den Sous-Chefs erlauben, ihre eigene Kandidatur und „Wahlkampagne" vorzubereiten (Rutake 1980:78). Unter der Last ihrer Vorgeschichte als im Namen der Kolonialherren wirkender, ausgeprägt repressiver Organe war ihr Erfolg jedoch bescheiden (cf. Kapitel 8, n.14). Der selbst kandidierende und später als Bourgmestre eingesetzte B. aus Bwambarangwe berichtet folgendes:

---

[18] Verschiedenes weist darauf hin, dass der gewaltsame Regierungswechsel den Übergang zur Republik bringen sollte, wobei das rwandesische Vorbild eine gewisse Rolle spielte.

> „Von den alten Batware kandidierten zwar einige für ein Conseiller- oder das Bourgmestre-Amt.[19] Wer hätte sie jedoch gewählt, da sie allgemein unbeliebt waren und als Quelle allen Unglücks galten! Die Bevölkerung zog einfache Leute als ihre Vertreter vor, und die ehemaligen Batware erhielten kaum eine Stimme" (Gespr. 60:34).

Diese Aussage entspricht in mehrerer Hinsicht nicht ganz den Tatsachen. Meines Wissens wurde zwar keiner der Ex-Batware zum Bourgmestre gewählt und nicht wenige erzielten ein derart schlechtes Resultat, dass sie nur einen Platz am Ende der mehrere Dutzend Kandidaten umfassenden Wahllisten erreichten; etliche jedoch errangen immerhin ein Mandat als Gemeinderat.[20] Gewählt wurden im Gegensatz zu B.s Aussage nicht einfache Bauern, sondern in den weit überwiegenden Fällen Leute mit einflussreichen lokalen Beziehungen, die zudem oft über eine politische „Vorgeschichte" verfügten. K. aus Kiganda kommentiert:

> „Die Leute wählten diejenigen, von denen sie sahen, dass sie ein gewisses soziales und politisches Niveau hatten, solche, die sich bereits als Lehrer, als Verwaltungskader oder als im Handel tätige Leute hervorgetan hatten und die darum den Leuten gut bekannt waren. Es war auch ein Vorteil, Mitglied des Conseil de Sous-Chefferie gewesen zu sein" (Gespr. 33:15).

Schauen wir uns zur Illustration zwei Beispiele von gewählten Bürgermeistern an. Der in Kiganda gewählte K. war zum Zeitpunkt der Wahl 36 Jahre alt, von Beruf Primarlehrer und hatte während neun Jahren dem lokalen Sous-Chefferie-Rat angehört. B. dagegen, der 1960 bereits über 60 Jahre zählte und, zunächst nur als Gemeinderat gewählt, infolge der Verwicklung seiner Gemeinde in die nationalen parteipolitischen Wirren erst etwas später zum Bourgmestre der Commune Bwambarangwe wurde, hatte eine „traditionellere" Laufbahn hinter sich, die ihn den lokalen politischen Autoritäten aber nicht weniger nahe brachte. Er hatte der Reihe nach an den Höfen der regionalen Baganwa Karibwami und Ntidendereza als Speicherverwalter und Hofintendant gedient (*umunyabigega* und *umukevyi*).[21] Nachdem der zunächst gewählte Bourgmestre M. ebensowie die früheren regionalen politischen Führer ein Jahr später wegen ihrer Implikation in Rwagasores Ermordung verhaftet worden waren (sie waren alle Mitglieder der Baranyanka-Partei PDC), wurde der als Gemeinderat gewählte B. „direkt von seinen Feldern weggeholt" und zum ‚Bourgmestre intérimaire' ernannt, ein „interimistisch" zuerkanntes Amt, das er schliesslich bis zum Ende der Bourgmestre-Periode 1965 ausüben sollte (Gespr. 60:1,32).

Diese Fälle vermitteln uns einen ersten Einblick in das Funktionieren der neu konzipierten lokalpolitischen Strukturen. Sie bedeuteten in mehrfacher Hinsicht einen tiefen Bruch mit dem bisherigen politischen System. Wie die Gemeinderäte wurden die Bourgmestres unter der ortsansässigen Bevölkerung gewählt und sollten als Vertreter der Lokalbevölkerung gegenüber der Zentralmacht wirken und nicht umgekehrt. Mit der Einführung der Gemeindebürgermeister, die mit der gleichzeitigen Gewährung einer gewissen lokalen Autonomie einer Dezentralisations-Doktrin entsprach, war die Führung und Verwaltung der lokalen Angelegenheiten den betroffenen Bevölkerungsgruppen bzw. ihren demokratisch gewählten Vertretern überlassen worden. Rutake sieht darin gleich in mehrerer Hinsicht eine Wiederaufnahme der vorkolonialen politischen Strukturen der Lokalgemeinschaften (1980:93ff, 1986b:6). Aus ihrer Analyse im Teil I ist jedoch klar geworden, dass die Ähnlichkeiten in Status und Funktion der – sicher auch von unten legitimierten – al-

---

[19] Gemäss dem Gesetz waren in jeder Gemeinde, die wie gesagt ca. 2'500 Steuerpflichtige umfassen sollte, 15-20 Gemeinderäte zu wählen, d.h. „un par tranche de 150 contribuables" (Art. 5). Nach der von den Belgiern festgelegten Wahlprozedur wurde der mit den meisten Stimmen gewählte Gemeinderat zum Bourgmestre bestimmt.

[20] In der Gemeinde Kiganda erreichten die ehemaligen Sous-Chefs die Plätze 2 und 8 und errangen so Sitze im (inklusive des vorsitzenden Bourgmestres zwanzigköpfigen) Gemeinderat, während der dritte und höchst unbeliebte Mutware Ka. ohne jede Stimme ganz am Schluss der mehreren Dutzend Kandidaten landete (Gespr. 33:16).

[21] Unter dem modernistischen Chef und Baranyanka-Sohn Ntidendereza erhielt er den zeitgemässeren Titel *umurimisha na umunyabigega*, was sich mit „Landwirtschafts- und Versorgungs-/Speicherverantwortlicher" übersetzen lässt.

ten Bashingantahe mit den neuen Gemeindevorstehern nur sehr begrenzt waren. Rutake überschätzt auch das Ausmass der vorkolonialen Berücksichtigung ortsansässiger Vertreter bei der Bestellung der Lokalbehörden – es war keineswegs die Regel, dass diese aus den Rängen der „notables attitrés de la communauté locale“ stammten (1980:93).

Nach Rutake waren es gerade diese Mandatierung und Legitimierung der Lokalbehörden von unten, aus denen dem Zentralstaat in der Folge schwerwiegende Probleme erwuchsen. Das den Bourgmestres von unten übertragene politische Mandat war seiner Meinung nach nur schwer vereinbar mit einer „saine gestion des intérêts de la commune“ (1980:92, 1982:56, 1988:3). Betrachten wir seine Argumentationslinie genauer. Er hebt in seiner Analyse der Bourgmestres-Periode zwei Punkte hervor. Den Hauptgrund der Dysfunktion der neuen politischen Institutionen sieht er in der Unangemessenheit eines unkritisch importierten politischen Modelles. Burundis erste Gemeinden waren effektiv eine mehr oder weniger getreue Nachbildung der belgischen „municipalités“. Diese weitgehend unbesehen erfolgte Übertragung, von Rutake als „mimétisme à l'état pur“ (1988:2) gebrandmarkt, führte zu verschiedenen „effets de désarticulation“, wie es der französische Ausdruck treffend fasst („Ausrenkungen“, „Entschränkungen“, s. ders. 1980:96). Einmal in ihr Amt gewählt, hatten die Bourgmestres nicht das (zu abstrakte) Allgemeininteresse, sondern allein die Sicherung ihrer politischen Karriere im Auge, da sie ihr Amt in erster Linie als Pfründe perzipierten – die Wahl in ein Amt wurde nicht als Auftrag zur Wahrnahme eines Gemeinschaftsinteresses verstanden, sondern vielmehr als Zugangsmöglichkeit zu materiellen Vorteilen (1980:92, 1982a:56, 1988:4).

Anders als man erwarten könnte – so fährt Rutake fort –, kam es in der Folge weniger dazu, dass die Bourgmestres die finanziellen Ressourcen ihrer Gemeinde dazu einsetzten, sich eine sichere Wählerschaftsbasis aufzubauen, indem sie diejenigen, die sie zu unterstützen bereit waren, bei der Kreditzusprache begünstigt oder ihnen andere Vorteile gewährt hätten. In seiner Darstellung war es vielmehr so – und das ist der zweite Punkt, den er hervorhebt –, dass sich die Kommunalbehörden fortan hüteten, irgendetwas zu unternehmen, was ihren potentiellen Wählern missfallen konnte. Dazu gehörte insbesondere die unangenehme Aufgabe des Steuereinzugs, die während der eben ausgehenden Kolonialzeit dadurch diskreditiert worden war, dass sie vielfach von Gewalt und Willkür begleitet war. Rutake schreibt:

> „Il en résulta que les caisses communales n'avaient que des recettes très maigres parce que les bourgmestres ne voulaient entreprendre quoi que ce soit qui puisse incommoder l'électeur et la collecte des impôts, seule source des revenus de la commune, était de nature à faire assimiler le bourgmestre au sous chef colonial qui usait des moyens repressifs pour faire rentrer les impôts“ (1988:3),
> und: „En effet, les bourgmestres s'abstenaient de procéder à la collecte des impôts pour se préserver les bonnes dispositions de l'électorat auquel ils devaient leur promotion sociale récente et qui allait décider de leur sort aux prochaines échéances“ (1982a:56).

Rutake behauptet mithin, dass die neuen Gemeindebehörden – zwar immer im eigenen Interesse der Erhaltung ihres Amtes – nur noch die „Akzeptanz“ bei ihrer potentiellen Wählerschaft, von der sie auch ihre Legitimation bezogen, im Auge hatten und ihr Handeln nur noch von derartigen taktischen und kurzfristigen Überlegungen leiten liessen, während sie die „höheren“ und längerfristig orientierten Interessen des Zentralstaates aus den Augen verloren. Diese Annahmen sind jedoch in mehrerer Hinsicht fragwürdig. Waren die neuen Gemeindebehörden wirklich dergestalt ihrer Wählerschaft ausgeliefert, und ist es überhaupt gerechtfertigt, von „Wählerschaft“ zu sprechen, ohne diese weiter zu differenzieren? Diese Analyse greift zu kurz, da sie die wahren Machtbeziehungen grob verzerrt und auf den engen lokalen Rahmen reduziert und mehrere wichtige Elemente ausser Acht lässt.

Lemarchand kommt in seiner Untersuchung derselben Periode zu einem differenzierteren Bild der politischen Struktur, das sich in mehreren Punkten von Rutakes Darstellung abhebt (1970: 371-382, 414f; cf. 1966b:422ff). Auch er spricht davon, das die Bourgmestres-Periode von einem

Kampf zwischen der Zentralbürokratie und den lokalen Machtinstanzen geprägt war. In seiner Analyse der Lokalebene betont er jedoch nicht nur die Transformationen gegenüber der Kolonialzeit, sondern auch die Kontinuität der alten Machtverhältnisse und kommt zu folgendem Urteil:

> „The situation at the ‚grass roots' was in many respects reminiscent of the ancien régime, with the provincial governors and the burgomasters quite naturally fitting themselves into the role structure associated with the office of chief and subchief. Like the ‚native authorities' who held office during the colonial days, they formed alliances with local officials, built up a following of loyal retainers, and, in the end, displayed towards their people the same combination of arrogance and arbitrariness which had done so much to discredit the authority of the chiefs. The local administration, in other words, looked like an aggregate of semi-autonomous units, operationg more or less independently of the central bureaucracy" (1970:378).

In Lemarchands Darstellung kam es zu einer zunehmenden „Patrimonialisierung" der öffentlichen Ämter auf lokaler Ebene. Das war die direkte Folge der wachsenden Machtkonzentration um den Königshof zulasten von Regierung und Parlament. So wie die Bürgermeister sich vermehrt als loyale Gefolgsleute und „Sous-Chefs" des Provinzgouvereurs zu definieren begannen, so sahen sich die Gemeinderäte als die „Bahamagazi"- oder „Barongozi"-Assistenten ihres Bürgermeisters. Die vertraute Kette vasallenähnlicher Abhängigkeitsbeziehungen entstand damit aufs neue auf allen Ebenen der Regierungshierarchie und über diese hinweg.

Das von Max Weber ausgearbeitete Modell patrimonialer Herrschaft als einer Form „traditionaler" Herrschaft kann in diesem Zusammenhang mit Gewinn zur Erhellung dieser Beziehungsarten und Machtverhältnisse beigezogen werden, wie es Lemarchand gezeigt hat. Prüfen wir seinen Erklärungswert für die sich in Burundi in den sechziger Jahren herausbildenden politischen Verhältnisse. Patrimoniale Herrschaft zeichnet sich nach Weber dadurch aus, dass die Autorität ausübende Person primär nicht als „Vorgesetzter", sondern als persönlicher Führer und Herr perzipiert wird, und dass sein Verwaltungsstab nicht in erster Linie Beamte, sondern persönliche Gefolgsleute und Anhänger sind; diese sind nicht durch unpersönliche Amtspflichten, sondern durch persönliche Loyalität an ihn gebunden. Es ist gerade die persönliche Verpflichtung des Verwaltungsstabes, die diese Form von Herrschaft von anderen unterscheidet (1976:130ff, 583ff).

Dieses idealtypische Modell kann sicher nicht uneingeschränkt und vorbehaltlos über das politische System Burundis gestülpt werden. Allein die Tatsache, dass eine bereits stark ausgebaute Bürokratie existierte, deren Funktionieren mit „legal-rationalen" Verhaltensnormen in Zusammenhang gebracht wurde, setzte den Launen und der Willkür der obersten Herrscher, d.h. vor allem des Mwami, Grenzen; sie stellten eine gewisse Garantie gegen zu weitgehende Herrenwillkür und gegen eine vollkommene Abhängigkeit des Verwaltungsstabes vom Herrn dar, um in den Worten Webers zu sprechen. Trotz dieser Einschränkungen ist sein idealtypisches Modell in Übertragung auf Burundis damaliges politisches System von einiger Aussagekraft. Die Übereinstimmungen und Ähnlichkeiten lassen sich am besten anhand folgender drei Variabeln fassen:

(i) Das Ausmass, in dem Geburt und verwandtschaftliche Bande die politische Rekrutierung beeinflussen;

(ii) der Grad der Bedeutung und Betonung von klientelistischen Beziehungen;

(iii) das Ausmass, in dem Gaben, Geschenke und Pfründen dazu neigen, Klientelbeziehungen zu institutionalisieren (Lemarchand 1970:372).

In der Tat war es so, dass verwandtschaftliche und gerade auch affinale Beziehungen nicht nur Hof und Regierung, sondern den gesamten Verwaltungsapparat durchdrangen, so wie das bereits zur vorkolonialen Zeit gang und gäbe war. Das hatte zwei Gründe. Einerseits lagen dahinter die Erwartungen und Forderungen von Freunden und Verwandten an die Amtsinhaber, die deren Gefühl persönlicher Verpflichtung ihnen gegenüber auszunutzen verstanden. Dann waren diese Rekrutierungsmuster aber auch politische Strategie, sollten sie doch den Zusammenhalt und eine maximale Kooperation über die verschiedenen Ebenen des Staatsapparates hinweg sicherstellen.

Dieses Netz familiärer Beziehungen, das sich über den gesamten Regierungsapparat spannte, machte nicht nur Nepotismus[22] zum allgegenwärtigen Phänomen, sondern ebnete auch den Weg zu einer Neuaktivierung klientelistischer Bande innerhalb des Staatsapparates. Es gab (meistens nur schwierig in Erfahrung zu bringende) Fälle, in denen ausgehend von früheren Verpflichtungen und Bindungen die Patron-Klient-Beziehung direkt vom privaten in den öffentlichen Bereich übertragen wurde (Einstellung früherer „Klienten", etc.). Häufiger aber war der Klient-Patron-Nexus nichts anderes als die Aufnahme und Anpassung eines altbewährten und vertrauten Beziehungsmusters in den Kontext einer modernen bürokratischen Struktur:

> „The result has been to substitute a highly personalised, nepotic type of administrative behaviour, based on ties of reciprocal loyalty, for the conventional civil service norms of anonymity and efficiency. The administrative and governmental processes were thus converted into a kind of social bargaining in which co-operation among individuals depended ultimately on the congruity of their roles towards each other, as traditionally defined by the patron-client relationship" (Lemarchand 1970:373, cf. 1966b:423).

Der hohe persönliche Charakter dieser Beziehung schloss auch das Offerieren von Gaben mit ein, die mit dem alten Ausdruck *ibiturire* bezeichnet wurden (und auch heute noch werden; cf. Kap. 5.2). Lemarchand zitiert dazu das Kirundi-Sprichwort: „Eine Gabe erbitten, heisst Ehre erweisen; ein Geschenk geben, heisst lieben" (1970:373). Im Kontext eines westlichen Staates würden viele dieser Praktiken als Schmiergeld, Bestechung und Korruption angesehen. Bei allen Parallelen mit der traditionellen Gesellschaft ist nur schwer zu sagen, wie viel davon effektiv in direkter Linie und Fortführung traditionellen Geschenkegebens steht bzw. diesen Verhaltensnormen zuwiderläuft. Der Ausdruck *ibiturire* hat heute auf jeden Fall nicht mehr den alten ehrwürdigen, sondern einen negativen Beiklang, der weniger mit Pflichterfüllung als mit Regelverletzung verknüpft verstanden wird – und das nicht nur in der Stadt, sondern auch im Verständnis der ländlichen Bevölkerung. Wir haben gesehen, dass *ibiturire* bereits in der vorkolonialen Gesellschaft „Weihgeschenke" und „spontane" Gaben an politische Behörden bezeichnen konnte, die entrichtet wurden, um sich deren Wohlwollen zu sichern (Kap. 5.2). Im postkolonialen Staat wurde die Praktik derartiger Gaben und die Neigung der Beamten zu Bestechlichkeit durch ihre geringe Entlohnung gefördert, aber wohl noch mehr durch die Unsicherheit darüber, wie lange sie ihr Amt innehaben werden (was schliesslich vom Gutdünken des „Patrons" abhing). Korruption weist aber auch immer ein Element von Reziprozität auf; wie in den alten Tagen wurde die Vergabe und Zuhaltung von Ämtern als Einnahmequelle (in Form von Tribut) nicht nur für den neuen Amtsinhaber, sondern auch für den, der ihn einsetzte, angesehen.[23]

Der patrimoniale Charakter der Lokalverwaltung zeigte sich auf verschiedenen Gebieten. Lokalen Beamten war es je nach ihren Beziehungen zur Staatsspitze möglich, Anweisungen der Zentralregierung zu übergehen. Lemarchand berichtet, dass Steuereinkünfte von den Lokalbehörden oft als Mittel zur Stärkung ihrer Klientelbande eingesetzt wurden (1970:379f). Wir haben im vorangehenden Teil gesehen, dass unter der belgischen Kolonialherrschaft das traditionelle Gaben- und Abgabensystem in eingeschränkter Form parallel neben dem neuen Steuersystem bestehen blieb. Die gebräuchlichen Muster von Klientelbeziehungen beinhalteten die Vergabe von Präbenden und

[22] Der heute gebräuchlichste Kirundi-Ausdruck dafür ist *mpingayanje*, was wörtlich übersetzt „meine Gegend / le coin de chez moi" bedeutet – eine leicht vorgebrachte und offenbar allgemein verständliche Erklärung für alle Arten von Arrangements, Absprachen und Begünstigungen, auch ohne dass dabei wirklich lokale oder familiäre Affinitäten im Spiel sein müssen (solche lassen sich immer kreieren, sie liefern lediglich das Modell).

[23] Nach Lemarchands Bericht wurden 1964 zum Beispiel 72% des Nationalbudgets für Löhne verwendet. Viele mittlere Kaderposten und Stellvertreterämter (wie „chef de direction adjoint", etc.) gelten bis heute als Sinekuren. Praktiken wie die, dass die Lohnzahlungen an Günstlinge hochgestellter Personen und Beamter noch lange über ihr Ausscheiden aus einem Amt fortgesetzt wurden, waren verbreitet (1970:375f). Auch Ende der siebziger Jahre wurden immer noch gut 50% des Staatsbudgets für die Entlohnung der Beamten aufgewendet (Chrétien 1979b:108).

Pfründen in Form von Vieh, Bier und Nahrung; während die belgischen Behörden diese Flüsse und Bande nicht zu kontrollieren vermochten, sie aus machtpolitischen Überlegungen aber auch nicht bekämpften und untersagten (sie befürchteten, damit die traditionale Autorität der „chefs coutumiers“ zu sehr zu untergraben), so achteten sie darauf, die Kontrolle über die Geldsteuern zu behalten. Nach der Unabhängigkeit aber wurde ein grosser Teil der Einkünfte zu Pfründen gemacht und ihrem gesetzmässigen Zweck hinterzogen. Auch Teile der für die Gemeindeangestellten bestimmten Lohngelder fanden ihren Weg in die Taschen der Bürgermeister. Nach Lemarchands Einschätzung (a.a.O.) war die Zuhaltung subalterner Amtsstellen (die ja immer auch Einnahmequellen waren) eines der wirksamsten Mittel zur Sicherung politischen Supports: Die Zuerkennung bzw. die immer drohende Rückzugsmöglichkeit solcher Gemeindestellen wurde zu einer der wichtigsten Einflussquellen der Gemeindevorsteher.

Man könnte nun einwenden – wie es von Rutakes Argumentationslinie naheliegt –, dass damit immer nur ein kleiner Teil der gesamten Wählerschaft begünstigt und gewonnen werden konnte und dass man sich so auf sichere Weise das Wohlwollen der grossen Mehrheit gerade verscherzte. Diese Interpretation übersieht jedoch, dass man es anders als in westlichen Industriestaaten nicht mit einer hoch individualisierten Wählerschaft zu tun hatte, sondern mit einer, die immer noch – zum Teil reel und zum Teil nur noch in ihrem Geiste – in breitem Masse in politischen, ökonomischen und verwandtschaftlichen Abhängigkeitsbeziehungen gebunden war. Man nahm das Stimmrecht in den meisten Fällen weniger als Individuum denn als ein in Beziehungen Gebundener oder als Mitglied einer Gruppe wahr. Dazu kam, dass nun plötzlich andere Werte gelten sollten und effektiv den Ausschlag gaben zur Bestimmung derjenigen, die die Lokalgemeinschaften vertreten sollten, Werte, die nicht mehr die des alten Bushingantahe waren. All das musste effektiv die von Rutake hervorgehobenen „altérations très profondes par rapport au schéma pris comme modèle de la démocratie libérale importée“ zur Folge haben (1986b:11, cf. 1980:94).

Schliesslich ist nicht ausser Acht zu lassen, dass es – und das ist bis heute so geblieben – keine geeigneten Kanäle gab, über die die Wünsche und Forderungen der Bevölkerung ihren Ausdruck hätten finden können. Für den durchschnittlichen, des Lesens und Schreibens kaum oder gar nicht mächtigen Bauern gab es allein das Mittel direkter „face-to-face“-Kontakte. Wie Lemarchand (a.a.O.) berichtet, wurden solche Kontakte – und insbesondere solche zu übergeordneten Instanzen – von den lokalen und regionalen Behörden keineswegs gefördert, sondern systematisch behindert. Wie wir wissen, hatten diese engen Pforten, über die man zu den Behörden gelangen konnte – und auch das in der Regel nur unter Benutzung einer mehr oder weniger langen Kette von Mittelsmännern und Günstlingen der gesuchten Instanz – eine lange Tradition. Lemarchand führt dazu mehrere Beispiele aus der „Bürgermeister-Periode“ an. Es war auch bei öffentlichen Versammlungen mit höheren Beamten von deren traditionell üblicher Organisationsform her für einen durchschnittlichen Bauern schlichtweg unmöglich und undenkbar, zu Wort zu kommen. Die Möglichkeit, an die Parlamentsabgeordneten zu gelangen, die schliesslich als Volksvertreter gewählt waren, wurde durch die hohe Verfilzung zwischen diesen und den lokalen Behörden stark erschwert; ungefähr 40% von ihnen sollen selbst ein Amt als Bürgermeister innegehabt haben (was heisst, dass annähernd jeder dritte Bürgermeister in der Nationalversammlung sass). In dieser Verkettung vieler der hohen Statuspositionen lässt sich wiederum ein auffallendes Abbild der vorkolonialen wie kolonialen Situation sehen.

Um zu einer einigermassen gerechten Einschätzung dieser Periode zu kommen, darf hier trotzdem nicht übersehen werden, dass die lokalen Behörden dieser Zeit im Vergleich zu den vorhergehenden, aber auch nachfolgenden Perioden doch ein gewisses Pflichtgefühl gegenüber ihrer gesamten Wählerschaft (und sei es nur in der Form eines Angewiesenseins auf sie)[24] kannten und

[24] In einzelnen Fällen konnte die Wiederwahl eines Bourgmestre effektiv von der Unterstützung durch die Vorsteher der wichtigsten lokalen Deszendenzgruppen (*abakuru b'imiryango*) abhängen; die regionalen Variationen waren dabei aber beträchtlich (s. Lemarchand 1966a:324).

sich durch eine erhöhte Zugänglichkeit auszeichneten, selbst wenn diese noch immer unter dem Gewicht der bis vor kurzem und während so langer Zeit geltenden Muster der Beziehungen zwischen Regierenden und Regierten litten.

9.2 Das Ende der Monarchie und die Ausrufung der Republik. „La Première République", 1966-1976

Kommen wir einen Moment lang zur Ebene nationaler Politik zurück und betrachten wir die politischen Transformationen Mitte der sechziger Jahre, um uns anschliessend wieder der lokalen Ebene und der Umkrempelung ihrer Verwaltungsstruktur zuzuwenden.

Im nachhinein gesehen waren die Tage der Monarchie mit der durch den Putschversuch vom Oktober 1965 ausgelösten Flucht Mwami Mwambutsas nach Genf bereits gezählt. Mwambutsa versuchte während der folgenden Monate, die Regierungsgeschäfte von aussen zu lenken, seine Kontrolle war zu dieser Zeit jedoch so beschränkt, dass man von einem Übergang zu einer rein nominellen Monarchie sprechen kann. Diese war aber nur von kurzem Bestand. Das Jahr 1966 sah zwei Staatsstreiche, die im Abstand weniger Monaten aufeinanderfolgten. Es liesse sich sagen, dass die Monarchie etappenweise aufgelöst und abgeschafft wurde, Etappen, die die neuen antimonarchistischen Eliten auch aus taktischen Gründen setzten, wie wir sehen werden. Nach einer kurzen Übergangszeit unter dem von einflussreichen Batutsi-Kreisen vorgeschobenen und für ihre Zwecke eingesetzten Sohn Mwambutsas, des damals gerade neunzehnjährigen Charles Ndizeye, der am 8. Juli 1966 als „Ntare V." auf nicht ganz mit der Tradition konforme Art im alten Kerngebiet der Monarchie inthronisiert wurde, und dem Scheitern dieses Versuches, hatte die Monarchie definitiv ausgedient (Details bei Lemarchand 1970:426ff, 1977:117ff, Manirakiza 1990).

Blenden wir zum Verständnis dieser schnell aufeinanderfolgenden Veränderungen zurück. Der 1965 fehlgeschlagene Staatsstreich enthüllte den dramatischen Zerfall der monarchischen Legitimität, und das nicht nur auf seiten der ausführenden Hutu-, sondern auch bei den Tutsi-Eliten. Die königliche Legitimität, deren Werte während der kolonialen Fremdherrschaft nie Gegenstand des Ausbildungsprogrammes der neuen Bildungsschicht waren, hatte bereits in den vorangehenden Jahren stark unter den endlosen politischen Manövern des Hofes gelitten, die sich immer stärker nur nach einer Logik der „ethnischen Dosierung" der Regierungsämter richteten. Zudem wurde die Tendenz zu königlicher Autokratie von breiten Kreisen als Verletzung sowohl moderner wie traditioneller Legitimitätsauffassungen empfunden (Lemarchand 1977:123). Sicher muss man auch hier zwischen den primär städtischen Eliten und der Landbevölkerung unterscheiden: „(...) si le principe monarchique était abandonné par la classe dirigeante, le peuple restait attaché au Roi. (...) les masses populaires restaient fidèles à la monarchie" (Mpozagara 1971:40f). Die Delegitimation war am ausgeprägtesten in den Augen der neuen Elite, d.h. sie war nicht zuletzt Ergebnis „westlicher" Schulung. So war es wenig überraschend, dass seit Ende 1965 unter einer nur noch nominellen Monarchie die Autorität rasch in die Hände der Staatsbürokratie und Armee überwechselte.

Der Zerfall der monarchischen Autorität unter dem nun von aussen die Politik seines Landes zu leiten versuchenden Mwami und die damit einhergehende Desintegration der staatlichen Machtstrukturen liessen eine Situation entstehen, die für soziale und politische Intrigen besonders empfänglich war. Der in den sechziger Jahren selbst als Directeur Général und Aussenminister aktive Marc Manirakiza hat in seinen Memoiren (1990) in anschaulicher Weise das Auseinanderfallen der von allen Seiten untergrabenen Strukturen einer sich zurückziehenden Monarchie und die damalige Stimmung unter den städtischen Eliten geschildert. „Gegen die überkommene, reaktionäre Monarchie Burundis" war das Leitmotiv der Bestrebungen, Losung und Parole der neuen ambitiösen Eliten (1990:78ff).[25] Das von ihm entworfene Bild Mwambutsas gibt sehr genau die damalige Perzeption des Monarchen durch die aufstrebenden neuen Eliten wider:

---

[25] Von aussen her unterstützt wurden diese Bestrebungen durch eine Reihe von Artikeln aus der scharfen Feder des linken Moralisten von Tutsi-Herkunft, Gilles Bimazubute, die in den „Remarques Africaines" veröffentlicht wurden. Bimazubute war einer der Gründer der JNR und Wortführer der UNEBA-Studentenorganisation, der später unter Micombero wie viele seiner Kollegen eine lange und wechselreiche politische Karriere kennen sollte (mehrfacher Mi-

„Mwambutsa IV (...) était épris de justice et de paix. Il n'aimait pas avoir ou susciter des soucis, il affectionnait la vie facile. Il était très populaire, mondain et élégant. Il ne faisait rien pour défendre ou conserver son trône. Les rares fois où je l'ai rencontré lorsque je dirigeais la diplomatie, il me donnait les noms des gens qu'il voulait que j'engage" (1990:79).

Aus dem Mund eines Murundi eine wahrhaft harte Kritik, wenn man in Rechnung stellt, mit welcher feinen, „sophistizierten" Art sich gerade politisch erfahrene Barundi auszudrücken pflegen.

Die veränderte politische Lage, die sich aus der Schwächung der Monarchie und der Liquidierung der Hutu-Eliten als politischer Kraft ergeben hatte, führte zu neuen Interessenskonstellationen, die ihren Ausdruck fanden in dem über die erste Hälfte des Jahres 1966 andauernden Machtkampf zwischen dem fernen Mwami mit älteren Baganwa-Aristokraten an seiner Seite und Angehörigen einer jüngeren Ganwa-Generation, die sich mit Staatsbeamten und Politikern von Tutsi-Herkunft alliiert hatten. Letztere versuchten über die Installierung einer neuen Dynastie Zugang zur Spitze des politischen Systems zu gewinnen. Lemarchand schreibt dazu:

„(...) the aim was no longer to settle for the monarchy as the lesser of two evils but to convert it into a positive institutional asset for the furtherance of Tutsi interests" (1977:117).

Die Staatsbürokratie und die Armee hatten die Macht bereits in weitem Masse in ihren Händen. Sie zögerten jedoch, die in ihren Augen obsolet gewordene Monarchie abzuschaffen und bruchlos zu einer profanen Republik überzugehen. Der bereits zitierte damalige Aussenminister Manirakiza, der nach eigener Beschreibung bei der damals in die Wege geleiteten Verschwörung gegen die Monarchie eine aktive Rolle spielte, schildert Strategie und Dilemma der auf die freien Plätze nachgerückten Eliten in folgenden Worten:

„Proclamer la République? C'était impensable, car nous nous exposerions à la colère populaire. Nous avions le pouvoir mais nous ne savions pas à qui le donner" (1990:84).

Es wird deutlich, dass die bald darauf inszenierte Übergabe des Thrones von Mwambutsa an seinen ältesten lebenden Sohn und designierten Nachfolger, Prinz Charles Ndizeye – die am 1. September 1966 bei Kiganda zeremoniell formalisiert wurde – von Anfang an nur als Behelfs- und Übergangslösung geplant war. Dieser „dynastic-governmental coup" stellte den Versuch einer vollständigen Neustrukturierung nicht nur der Monarchie, sondern der gesamten Gesellschaft dar, bei der die „Trommel" nur noch als wichtigstes stützendes Symbol hinter der Aufgabe nationaler Erneuerung stehen sollte (Lemarchand 1970:438, 1977:118). Die neue Regierung unter dem bisherigen Armeechef und nun zum Premierminister ernannten Michel Micombero repräsentierte einen guten Querschnitt durch die verschiedenen neuen Elitegruppen, die sich vor allem aus jüngeren Staatskadern, Armeeoffizieren und Jugendorganisationsführern zusammensetzten; Ganwa-Elemente und stark mit der alten Monarchie verknüpfte Politiker wurden fortan auf Distanz gehalten, obwohl der junge Mwami mehrfach versuchte, sie an seiner Regierung zu beteiligen (s. Manirakiza 86ff). Der junge König war nicht widerstandslos bereit, sich mit der für ihn vorgesehenen Rolle zu bescheiden. Die wenigen Monate seiner (immer mehr nominellen denn faktischen) Herrschaft waren gezeichnet von dauernden Machtkämpfen zwischen den „neuen Königsmachern" – Staatskadern und Offizieren von Tutsi-Bahima- und Tutsi-Banyaruguru-Herkunft – und mit dem Prinzen vereinten jüngeren Baganwa, vornehmlich von Bezi-Zugehörigkeit, Machtkämpfe, die ihren Ausdruck in ständigen Regierungsumbesetzungen fanden.

Sinnigerweise wurde Ntare Ndizeye auf Veranlassung der mächtigen Leute in Staatsverwaltung und Armee schliesslich am 28. November 1966 für abgesetzt erklärt, als er sich gerade in Kinshasa für die Feierlichkeiten zur erstmaligen Jährung von Mobutus auf ähnliche Weise erfolgten Mili-

nister, dazwischen Botschafter in Zaïre; cf. Kiraranganya 1977:89, 98f, Lemarchand 1966b & 1970:347, 405f, 424f, 451f, Darbon 1982:68, Manirakiza 1990:80). Seit 1991 neue publizistische und politische Tätigkeit und Mitglied des Zentralvorstandes der seit 1993 die Regierung stellenden FRODEBU, ab Juni 1993 Parlamentsmandat.

tärputsch aufhielt. Wie bereits beim letzten, nur wenige Monate zurückliegenden Machtwechsel zeigten sich die wahren Machtverhältnisse darin, dass dazu eine einfache Radioerklärung genügte und kein einziger Schuss fiel.

Welche Ideen über die „moderne" Staatsform waren den neuen Eliten zu eigen, die diesen antimonarchistischen Regierungswechsel herbeiführten? Die neue postkoloniale Führungselite orientierte sich nicht mehr am Modell, in dem sie aufgezogen und geschult worden war, sondern am sozialistischen Protestmodell. Der schnelle Wechsel vom „belgischen" Vorbild der konstitutionellen Monarchie zum sozialistischen Ideal ohne Feudalrelikte ist sicher bemerkens- und erklärenswert. Wie wir gleich noch sehen werden, kam das sozialistische Vorbild in der gleichzeitigen Schaffung einer Einheitspartei mit wörtlich übernommenen Strukturen und entsprechender Phraseologie deutlichst zum Ausdruck (s. unten).

Das Umdenken freilich und die Aushöhlung der bisherigen staatlichen Legitimation, kaum hatten sich die neuen Leute in ihre Staatsämter gesetzt, kamen nicht so unvermittelt, wie es den Eindruck machen mag. Wie aber erklärt sich die erstaunliche Einflusskraft des sozialistisch-kommunistischen Modelles zu jener Zeit? Um die Orientierung am sozialistischen Modell zu verstehen, sind verschiedene nationale wie internationale Hintergründe auszuleuchten. Die Berührung mit dieser Protestideologie kam über verschiedene Seiten zustande. Neben der frühen, „modernistischen" Astrida-Schule gab es weitere Einflüsse auf die führenden Kader, die bald nach der Unabhängigkeit an die Spitze des Staates und seiner Verwaltung traten. Die Wurzeln der Attraktion sozialistischen und kommunistischen Gedankengutes gingen auf die Dekolonisationszeit zurück. Vermehrte universitäre Bildung von Barundi in Europa ab den sechziger Jahren, aber auch der Einfluss verschiedener linksorientierter afrikanischer, und besonders kongolesischer Politiker (P. Lumumba war nur der bekannteste) trugen zu seiner Aufnahme und Verbreitung das ihre bei. Als weiteres verquickte sich damit ein gewisses ethnisches Moment, genossen doch die ab den sechziger Jahren vermehrt nach Burundi und in die anderen Nachbarländer strömenden rwandesischen Batutsi-Flüchtlinge seit dieser Zeit die aktive Unterstützung der Volksrepublik China, wogegen die rwandesische Hutu-Regierung Kayibandas „Parmehutu"-Partei hauptsächlich durch die westlichen Regierungen und die katholische Kirche gestützt wurde (cf. Mpozagara 1971:38).

Gegen Mitte der sechziger Jahre kamen weitere internationale Faktoren hinzu. Das Beispiel des tanzanischen Nachbarstaates, aber auch die gesamte welt- und regionalpolitische Konstellation stellten wichtige Einflussfaktoren dar. Dazu kamen zu dieser Zeit verstärkte direkte ausländische Einmischungen sowohl des westlichen wie des sozialistisch-kommunistischen Lagers. Einen bedeutenden äusseren Faktor stellte Burundis damalige geopolitische Lage dar. In unmittelbarer Nachbarschaft der aufständischen Regionen des Congo und unweit der Katanga- und Kivu-Regionen gelegen, wurde Burundi gleichsam in Stellvertretung oder als Vorposten dieser Gebiete zu einem Brennpunkt der Ost-West-Rivalitäten in Afrika. Diese Zeit nachkolonialer Wirren, die vom zentralafrikanischen Congo aus eine weite Ausstrahlung hatten, war gekennzeichnet einerseits von den westlichen Bestrebungen, ihre traditionell starken Interessen in den ehemaligen Kolonialgebieten zu wahren, andererseits von verstärkten Penetrationsversuche der kommunistischen und sozialistischen Staaten auf dem afrikanischen Kontinent. 1964 kam es zur offenen Krise mit dem Congo, als dessen Premierminister Moïse Tshombe Burundi beschuldigte, nicht nur die Lumumba-Anhänger, sondern auch die Durch- bzw. Einreise Ernesto Che Guevaras aktiv gefördert zu haben (Manirakiza 1990:53).

Während innenpolitisch – und auch nach der Abschaffung der Monarchie – eine akzentuiert traditionalistische und konservative Orientierung beibehalten wurde, nahm Burundi ab 1963 in seinen internationalen Beziehungen „a distinctively leftist-revolutionary stance" ein (Lemarchand 1966b: 402). „Though by domestic standards one of the most conservative polities in the whole of Africa, Burundi came to be regarded, from 1963 to 1965, as one of the most ‚progressive', (i.e., leftist-oriented) in terms of its foreign policy commitments" (1970:383ff). Diese Ausrichtung blieb bis unter Bagazas späterer II. Republik mindestens so prononciert und äusserte sich etwa darin, dass Burundi Ende der siebziger Jahre unmittelbar nach Algerien als zweiter Staat die westsaharische Befreiungsbewegung Polisario diplomatisch anerkannte.

Die strategisch wichtige geographische Lage machten Burundi vorübergehend zu einem Spielfeld der Grossmächte, die den kongolesischen Unruheherd von hier eingerichteten Basen aus zu überwachen und zu beeinflussen trachteten (cf. Mpozagara 1971:38). Die „revolutionären" Aktivitäten im Congo lösten ab 1963 namentlich eine direkte Einflussnahme der Volksrepublik China auf die burundische Politik aus, eine Verwicklung, die bis 1965 auch die burundische Innenpolitik wesentlich prägte (Lemarchand 1970:390). Der innenpolitische Kontext, charakterisiert von akuter ethnischer Konkurrenz und Rivalität, zwang sowohl Hutu- wie Tutsi-Politiker, beide im Schatten der direkten Interventionspolitik des Mwami stehend, dazu, nach Quellen äusserer Unterstützung und Legitimation zu suchen.

Die chinesische Einmischung führte wiederum zu westlichen Interventionen, denen sich insbesondere der teilweise von belgischer Unterstützung lebende Königshof nicht entgegenstellen konnte (Lemarchand 1970:396). So wurde dem politischen Flirt mit dem volksdemokratischen China mit der Absetzung der Regierung Albin Nyamoyas, die sich seit ihrer Einsetzung im April 1964 durch eine besonders chinafreundliche Haltung ausgezeichnet hatte, im Januar 1965 offenbar auf direkte US-Intervention hin ein Ende gesetzt; nachdem der nachfolgende gemässigte Hutu-Premier Pierre Ngendandumwe Mitte Januar wenige Tage nach seiner Einsetzung mit Unterstützung radikaler Tutsi- und der sogenannten ‚Casablanca'-Gruppe ermordet worden war, wurde auf Anweisung des Hofes die gesamte chinesische Gesandtschaft des Landes verwiesen. Damit wurden vor allem „links-progressistische" (auch rwandesische) Tutsi-Gruppen von wichtigen Unterstützungsquellen abgeschnitten und isoliert.

Es wird deutlich, dass der Erfolg der chinesisch-kommunistischen Einflussnahme nicht zuletzt interne, hausgemachte Gründe hatte und sich aus dem innenpolitischen Kontext ergab. Gewisse Tutsi-Elemente sahen in einer informellen Allianz mit Peking bedeutende strategische Vorteile und in der von dieser Seite zu gewinnenden Unterstützung eine wünschbare Alternative zur kolonial belasteten westlichen, vor allem belgischen Hilfe. Lemarchand (1970:392) erinnert daran, dass das chinesische ideologische „Modell" überdies vielen Batutsi einen Typus politischer Kontrolle vor Augen hielt, der zur Perpetuierung ihres Minderheitsregimes besonders gut geeignet schien.

Die „links-progressistische" Ausstaffierung der Politik im Äusseren (wie nun zunehmend auch im Inneren) setzte sich unter dem republikanischen Regime fort. Lemarchand versteht die betonte Links-Orientierung mancher Zivilpolitiker jener Epoche (vieler von Tutsi- und Hima-Herkunft aus der südlichen Bururi-Gegend und früher in den [Partei-] Jugendbewegungen aktiv) auch als Antwort auf die verstärkt monopolistische Stellung der Armee. Nachdem die royalistische Opposition zerschlagen worden war, kam die Opposition, zu der sich viele Zivilpolitiker zusammenfanden, von „links" (1970:448f). Da Micomberos Militärregime in dieser Linksopposition die grösste Gefahr für sein Überleben ortete, war es umso mehr darauf bedacht, sich eine links-revolutionäre Respektabilität zu geben, „to exorcise actual or imaginary threats of civilian revolution", wie Lemarchand es ausdrückt (1970:456).

Während der Übergangsperiode, dic das Jahr 1966 darstellte, wurde ein weiteres charakteristisches Merkmal der burundischen Politik augenfällig, ein Zug, der auch Rückschlüsse auf die Konzeption politischer Autorität im allgemeinen und den hohen symbolischen und repräsentativen Wert oberster politischer Führer zulässt. Ich spreche von der immer wieder zu beobachtenden Trennung zwischen auf der politischen Bühne erscheinenden, repräsentierenden politischen Führern und den eigentlichen politischen Machthabern, zwischen Vorder- und Hintermännern. Immer wieder lässt sich in Burundis neuerer Geschichte feststellen, dass die tatsächlichen Machthaber nicht den repräsentierenden politischen Akteuren entsprechen – sie ziehen es vor, sich im zweiten Glied zu halten und andere vorzuschieben. Das erste Glied ist zu exponiert und zu kurzlebig. Gerade in Perioden politischer Instabilität dürfen die öffentlich auftretenden Machtrepräsenanten nicht mit den eigentlichen Machthabern identifiziert werden. Das entspricht ein Stück weit der vorkolonialen Praxis auf untergeordneter Ebene (die N. ausdrücklich als altbewährte Batutsi-Tradition beschreibt; Gespr. 27 & 69), lieber als einen *mutware*-Exekutivposten eine Stellung als *mutóni*-Günstling und -Vertrauter einzunehmen. Manirakiza zeichnet sehr deutlich nach, wie gerade während dieser Periode die „öffentlichen Machthaber" nicht selten aus den Kulissen und hinteren Reihen ferngesteuert wurden. In der Darstellung seiner (vielleicht nicht ganz zufälligerweise kurz nach der ersten ernsthaften Krise der Dritten Republik herausgekommenen) „Aktivzeit-Memoiren" erscheinen die öffentlichen Akteure und Exekutanten der Macht oft nicht als autonom, sondern als nach vorne geschobene Strohmänner, die dann aber – unter der Bedingung, dass sie über längere Zeit im Amt bleiben – mit der Zeit sehr wohl eine Eigendynamik entwickeln. Nach allen bekannten Fakten war das so im Fall des letzten Königs Charles Ndizeye wie auch in der ersten Zeit seines Nachfolgers, des bisherigen Armeechefs Micombero, und wiederum in der noch rezenteren Geschichte in den Umständen des Machtantritts des Majors und Generalstabschefs Buyoya. Sie alle suchten allem Anschein nach selbst nicht aktiv das Amt des Staatsführers, sondern wurden in dieses hineingedrängt; sie alle erscheinen als auf die politische Bühne, in letztlich undankbare und gefährliche Akteur-Rollen gestossene Figuren (cf. Manirakiza 1990:84-95).

Das Jahr 1966 brachte also die definitive Machtübernahme durch die Armee, die Abdankung der Monarchie und die Ausrufung der Republik. Wenn die Armee ein gutes Jahr zuvor noch die Monarchie gegen die Hutu-Aufständischen verteidigt hatte, so war es nun sie, die ihr im Namen der neuen staatstragenden Tutsi-Eliten den Todesstoss versetzte. Der Grad der Intervention des Militärs in die politischen Angelegenheiten hatte in dem Masse zugenommen, wie die ihm übertragene politische Bedeutung wuchs. Durch seine Rolle bei der Abwehr des Staatsstreichversuches von 1965 und in der Zeit danach war es zu einem ernstzunehmenden Machtfaktor geworden und nicht mehr gewillt, sich mit der undankbaren Rolle eines Repressionsinstrumentes in Händen der Herrschenden zu bescheiden. Nachdem sich die Armee im Juli noch mit einer nur teilweisen Machtübernahme begnügte, kam es nun zu einer direkten Militärherrschaft. Die Regierung setzte sich jedoch wie bisher zu einem guten Teil aus Zivilpersonen zusammen, wobei die Militärs bis unter der Dritten Republik immer einige Schlüsselressorts in ihren Händen behielten. Entscheidener war aber, dass fortan hinter der Regierung ein „Conseil National Révolutionnaire" (C.N.R.)[26] stand, der die wahre Macht repräsentierte und der sich ausschliesslich aus hohen Offizieren zusammensetzte. Ebenso standen den Provinzen fortan Militärgouverneure vor.[27]

Die wahre Spaltung verlief jedoch nicht so sehr zwischen Militär- und Zivilpersonen, sondern vielmehr nach nun bestärkten ethnischen und vermehrt auch regionalen Identitäten. Wenn es zu Beginn die modernistischen Tutsi-Banyaruguru und Tutsi-Bahima vereint waren, welche die Führung der neuen Republik übernahmen, so monopolisierten die Bahima in schnell zunehmendem Masse die obersten Positionen in Staat und Armee, wobei sie sich stark über eine regionale Herkunft definierten. Die meisten von ihnen stammten aus der südlichen Provinz Bururi, dem hochgelegenen und daher für Viehhaltung besonders geeigneten traditionellen Hauptsiedlungsgebiet dieses Tutsi-Segmentes. Dass es fortan unter allen republikanischen Regierungen bis in die beginnenden neunziger Jahre vorrangig Bahima waren, welche die obersten Stellungen hielten, hat Gründe, die in die koloniale und vorkoloniale Zeit zurückreichen und viel mit ihrer gesellschaftli-

---

[26] Gegen Ende des Regimes Micombero in „Conseil Supérieur de la République" umbenannt. Ebenso hatten im vergleichbaren „Conseil Suprême Révolutionnaire" der Zweiten Republik und im „Comité militaire pour le Salut national" der Dritten Republik ausschliesslich Offiziere – hohe Kader und Lagerkommandanten – Einsitz. Der letzte dieser Militärräte ist im Zuge der Demokratisierungsbestrebungen und der Machtübergabe an die neugeschaffenen obersten Instanzen der Einheitspartei in den letzten Tagen des Jahres 1990 aufgelöst worden.

[27] Ihre Ersetzung durch Zivilisten wurde erst in den achziger Jahren unter der Zweiten Republik zaghaft eingeleitet und schliesslich unter dem Regime Buyoya zu Ende geführt.

chen Stellung zu tun haben. Wir haben im Kapitel 6 gesehen, dass unter der Kolonialherrschaft die Batutsi als Gesamtheit (und in stärkerem Masse noch die Baganwa) einen privilegierten Zugang zum modernen Erziehungswesen hatten.[28] Die Bahima hatten lange Zeit mit dem Nachteil ihrer gesellschaftlichen Rangposition zu kämpfen, der entsprechend sie unter dem monarchischen Regime von den aristokratischen Höfen und den obersten Machtpositionen ferngehalten wurden und im Unterschied zu den Baganwa und Banyaruguru kaum Zugang zu traditioneller Legitimität besassen, und das, obwohl sie sich der gesellschaftlichen Elite zugehörig fühlten (cf. Kap. 3.3 & 4.1). Gegen Ende der Kolonialzeit und besonders in den Jahren danach mussten es in erster Linie die Bahima sein, die sich aus den aus ihren traditionellen Zurücksetzungen resultierenden Frustrationen mit höchster Motivation und Ambition (den Antriebskräften einer aufstiegswilligen Mittelklasse!) auf den Zugang zu den Schulen als Hauptquelle moderner Legitimität stürzten. Folglich fanden sich zum Zeitpunkt der Abdankung der Monarchie in ihren Reihen wohl am meisten Träger von Diplomen, ob als Techniker, Diplomaten oder Offiziere, während die Banyaruguru (von den Baganwa gar nicht zu reden) den Nachteil ihrer traditionsreichen Verbindungen mit der eben verstossenen Monarchie zu tragen hatten.

Lemarchand kommt in seiner Erörterung der Verletzlichkeit monarchischer Systeme gegenüber sozialem Wandel, der Wandel- und Anpassungsfähigkeit der monarchischen Herrschaftsordnung gegenüber den Anforderungen und Zwängen einer neuen Zeit und gegenüber neuen Machtkonstellationen und -gruppierungen zum Schluss, dass die Monarchie unter den geschichtlichen Bedingungen, wie sie Burundi kannte, nicht imstande war, die „modernistische Herausforderung" anzunehmen. Die letzten Inhaber der königlichen Trommel fanden sich nach einem halben Jahrhundert unter Fremdherrschaft nicht mehr in der Gegenwart zurecht und griffen zu sehr nach vergangenheitsorientierten Instrumenten, die zu einem guten Teil ihre Bedeutung verloren oder verändert hatten:

> „The fragile edifice built around the Court could scarcely serve as an instrument of modernization: its institutional base was virtually non-existent; its efficiency limited by the very nature of its clientelistic underpinnings; and its political orientation overwhelmingly geared toward the preservation of vested interests. By resurrecting the claims of the old *ganwa* in order to counteract the conflicting demands of the Westernized elites, Hutu and Tutsi, Mwambutsa sacrificed the requirements of modernization to the imperative of stability; by falling prey to the enticements of the younger *ganwa* Ntare reasserted the primacy of family and kinship ties over the secular claims of the army and the bureaucracy, in effect sacrificing both stability and modernization to the demands of his blood-brothers. Ultimately the dilemma could only resolve itself at the expense of the monarchy" (1977:123).

Ohne Zweifel trugen auch andere Faktoren zum Ende der Monarchie bei. Die ethnische Polarisierung – selbst zum Teil das Resultat der politischen Strategien der Aristokratie – ist dabei ein Faktor unter anderen. Aus Manirakizas Bericht (1990:95) wird deutlich, dass sowohl die Tutsi- wie die Hutu-Eliten kräftig auf den Fall der geschwächten und sich unfähig zeigenden Monarchie hinarbeiteten, und sei es nur aus dem Grund, um der anderen Seite bei der Bildung einer neuen, gezwungenermassen republikanischen Regierung zuvorzukommen, eine Wende, die sie angesichts des „rwandesischen Modelles", unter dessen Wirkung sie standen, beide ebenso fürchten mussten.

Wie nicht anders zu erwarten, reagierte die Bevölkerung, die seit langem gelernt hatte, sich wechselnden Trommelschlägern anzupassen, auf den einschneidenden Machtumschwung nicht mit Widerstand, sondern mit Angst und Rückzug. Manirakiza bemerkt dazu in leicht süffisantem Ton:

[28] Der Hauptgrund lag ohne Zweifel in ihrer jahrzehntelangen Privilegierung durch die belgische Kolonialverwaltung gegenüber den Bahutu und Batwa; es kamen aber mehrere sekundäre Gründe dazu, die sowohl mit unterschiedlichen Erziehungs- wie Produktionsweisen zusammenhängen mögen (in einer Produktionseinheit, in der Viehhaltung und nicht Bodenbau die dominante Produktionsweise ist, lassen sich Kinder leichter von der Arbeit freistellen). S. Cart 1973.

„La population, qui ne pouvait s'imaginer un Burundi sans roi, fut consternée, mais demeura digne. Aucun trouble, aucune réaction ne fut enregistrée. Elle était plutôt paralysée par la peur" (1990:94).

Wie fern in der Perzeption der Bauern die Hauptstadt und die politischen Ränke und Machtkämpfe ihrer Politiker auch sein mochten, die lokale Ebene blieb doch nicht vor ihren Folgen verschont. Wie gesehen, war es noch Mwami Mwambutsa, der die Anzahl der Gemeinden um mehr als die Hälfte auf 78 halbierte und sie von oben ernannten Verwaltern unterstellte, um die Lokalebene besser kontrollieren und gegenüber rivalisierenden politischen Kräften verteidigen zu können. Wenn die Entziehung des politischen Mandates der bisher von der örtlichen Bevölkerung gewählten Gemeindevorsteher mit der notwendigen Entpolitisierung der Lokalpolitik als Bedingung für eine „gesunde Finanzführung" und eine akzelerierte Entwicklung ganz allgemein gerechtfertigt wurde, so bedeutete das nur, dass die „Administrateurs communaux" fortan ihr nicht weniger politisches Mandat statt von unten nun von oben erhalten sollten, und zwar als strikt in die zentralstaatliche Verwaltungsbürokratie eingeordnete Funktionäre. Betrachten wir die ab Ende 1965 geltende, für die lokale Ebene neuentworfene staatliche Ordnung und Verwaltungsorganisation genauer. Neben dem administrativen Staatsapparat im engeren Sinne ist auch die unter der Republik neu geschaffene Einheitspartei in die Analyse einzubeziehen.

Die neue staatliche Armatur im lokalen Bereich

a) Schaffung einer zentralisierten und bürokratisierten Lokalverwaltung

Während die Bourgmestres keiner strikten Kontrolle von oben unterlagen, wurde mit der Einsetzung der neuen „Administrateurs communaux" – in Abkürzung als „Admicoms" bezeichnet (im ländlichen Sprachgebrauch bald einmal kirundisiert in *umu-, abasitanteri*) – ein grosser Schritt in Richtung Zentralisation vollzogen. Die von den Provinzgouverneuren ernannten Gemeindeverwalter wurden zu reinen Ausführungsorganen und Repräsentanten der Zentralmacht, in deren Namen sie in ihrer Gemeinde unter anderem die Polizei- und eine beschränkte Rechtsgewalt innehatten.[29] Die Administrateurs verfügten in ihren Gemeinden über weitreichende interne Befugnisse, deren Grenzen im neuen Gemeindegesetz nirgends näher definiert wurden. Pflichtenheft und Kompetenzen des Administrateurs wurden nur sehr ungenau präzisiert (im Artikel 15 des „Arrêté-loi n° 001/768 du 2 septembre 1965" heisst es lediglich: „L'administrateur communal est chargé des affaires courantes") und blieben damit weitgehend seinem Gutdünken überlassen, was möglicher Willkür in inneren Angelegenheiten breiten Raum gab. Dem ihm zur Seite gestellten „Conseil communal" (später „Assemblée communale consultative" genannt), der aus 4 – 8 Mitgliedern bestehen sollte,[30] wurde eine rein konsultative Rolle eingeräumt. Realiter verfügten die Ratsmitglieder über ein sehr beschränktes Einflussvermögen und waren in weitem Masse dem Wohlwollen der Funktionäre ausgeliefert; im Verständnis der Leute (das durchaus auch ihrem Selbstverständnis entsprach) handelte es sich bei ihnen um Untergebene und „Klienten" des Administrateurs. Rutake urteilt: „C'est bien dans ce rôle moins que symbolique, qu'est confiné l'assemblée communale" (1980:98).

[29] Im ursprünglichen, von Mwambutsa dem Parlament vorgelegten, von diesem jedoch zurückgewiesenen „Arrêté-loi n° 001/767 du 1 septembre 1965" trugen die Gemeindevorsteher noch den Titel „Bourgmestre" und wurden direkt vom König ernannt: „Le bourgmestre est un fonctionnaire, hiérarchiquement soumis au commissaire d'arrondissement, au gouverneur de province et au Ministre de l'Intérieur. (…) Les bourgmestres sont nommés par le Roi, après avis du gouverneur et du Ministre de l'Intérieur" (Art. 38). In Anpassung an ihre veränderte Stellung wurden sie aber bereits im „Arrêté-loi n° 001/798 du 30 octobre1965 portant administration provisoire des communes" nur noch als „Verwalter" betitelt: „L'administrateur communal est désigné par le gouverneur de province …" (Art. 3).

[30] Während diese „Gemeinderäte" nach der ursprünglichen Gesetzesfassung (Art. 5) durch „suffrage universel" gewählt werden sollten, wurden sie nach den neuen Ausführungsbestimmungen ebenfalls vom Provinzgouverneur ernannt (Arrêté-loi n° 001/798 du 30 octobre1965, Art. 4).

Die Ausrufung der Republik Ende 1966, ein Jahr nach dem Inkrafttreten der neuen Gemeindeordnung, hatte zur Folge, dass die allem Anschein nach als behelfsmässige Übergangslösung geplanten lokalen Verwaltungsstrukturen definitiven Status erhielten. Unter der Ersten Republik wurden auf diesem Gebiet nur unbedeutende, sich gerade aufdrängende Modifikationen vorgenommen (Rutake 1980:97f). Diese Feststellung trifft in weitem Masse für alle politischen Institutionen zu, die mehr oder weniger so übernommen wurden, wie sie die am Ende zur Autokratie neigende Monarchie hinterlassen hatte.[31]

Für die Bevölkerung hatten die bereits 1965 eingetretenen politischen Veränderungen im lokalen Rahmen, die unter der Republik nur zur letzten Konsequenz gebracht wurden, in mehrerer Hinsicht einschneidende Folgen. Nachdem die unterste administrative Einheit bereits mehrmals und erst vor wenigen Jahren vergrössert worden war, wurde sie nun nochmals verdoppelt. Wenn ich von der alten Gemeinde unter den Bourgmestres auch nicht als einer „Lokalgemeinschaft" sprechen würde, wie das Rutake (1980:102) macht, so ist doch festzustellen, dass angesichts der nun doppelt so grossen Verwaltungseinheiten der Begriff Lokalgemeinschaft weiter verblassen musste und diese zu reinen Verwaltungsbezirken wurden. Das waren sie, wenn auch in geringerem Masse, aber bereits seit langem, zumindest seit der Kolonisation gewesen, was bei den dauernden vom Zentrum und allein nach seiner Logik vorgenommenen Umformungen nicht weiter erstaunen kann. Für die Bevölkerung in ihrem Alltag folgenschwerer war, dass sie nun gemeinsam mit Leuten anderer Hügel, mit denen sie noch weniger als innerhalb der bisherigen Communes über traditionelle Solidaritätsbande verknüpft waren, sich derselben Lokalbehörde unterstellt sahen, einer Behörde, die überdies noch häufiger als in alten Zeiten ortsfremd war und ohne ihre Konsultation bestimmt wurde.

Auch in einem weiteren Sinn scheint die Bevölkerung angesichts ihrer fremdbestimmten Behörde nun mit einer neuen Situation konfrontiert worden zu sein. Während sich nach Rutakes Meinung die von unten mandatierten Bourgmestres „zu gefällig und nachgiebig gegenüber den Steuerpflichtigen", das heisst der örtlichen Bevölkerung gezeigt hatten (wie gesehen eine unzulässige Verallgemeinerung), so überboten sich nach ihm nun die allein von oben mandatierten Gemeindeverwalter in Gefälligkeiten gegenüber ihren Vorgesetzten:

> „L'administrateur communal se servait des recettes réalisées au besoin par la contrainte pour offrir des réceptions fastueuses aux autorités hiérarchiques ou autres de passage dans la commune pour s'attirer leurs bonnes dispositions à son égard" (1988:5, cf. 1986b:12, 1980:108),
> und: „De telles pratiques poussées parfois à l'extrême au nom de l'hospitalité africaine traditionnelle rentrent dans les manifestations de la fête permanente qui furent reprochées aux responsables de la première république" (1982a:57).

Die über die Lokalgemeinschaften eingesetzten – und nicht selten „eingeflogenen" („parachutés", wie man im Französischen sagt) – Verwalter waren der Bevölkerung unter diesen Voraussetzungen mithin gleich in mehrerer Hinsicht fremd. Mit der Einsetzung von aussen – wenn in den meisten Fällen auch aus der weiteren Region – kommender Gemeindevorsteher sollte klientelistischen und anderen (etwa verwandtschaftlichen) Abhängigkeitsbeziehungen zwischen Behörde und Teilen der Bevölkerung ein Riegel vorgeschoben werden. Damit wurden aber auch andere Bande zwischen der Bevölkerung und den Staatsinstanzen gebrochen: Die lokale Bevölkerung hatte keine Gelegenheit, die ihr vorgesetzte Behörde, die sie vor ihrer Nomination nie gesehen hatte, je auf ihre Befähigung hin zu prüfen und sah sich einem Unbekannten unterstellt, der so gut wie nichts über die von ihm zu verwaltende Gegend wusste. Die Konsequenzen für die Beziehungen zwi-

---

[31] Besonders scharfe Kritiker stellten mit etlicher Übertreibung – die aber einen wahren Kern hat – fest, dass Micombero in der Verfassung nur gerade das Wort „Monarchie" durch „République" ersetzte und sich ganz allgemein in hohem Masse an den alten monarchischen Normen orientierte und bemüht war, Gebaren und Symbole des Mwami zu übernehmen. Übersehen wir nicht, dass der Offizier Micombero in den Augen breiter Teile der immer noch zutiefst monarchistischen Bevölkerung als Muhima nicht zur Staatsführung legitimiert war.

schen den Verwaltenden und den Verwalteten[32] werden später noch genauer zu untersuchen sein. An dieser Stelle gilt es zunächst, die neu geschaffene Verwaltungsstruktur in ihren Grundzügen vorzustellen.

Die Frage, welchen Behörden sich der Bauer in seinem Alltag gegenübersah, ist von besonderer Relevanz. Ich beschränke mich hier auf die Ebene der Gemeinde, da der Kontakt mit allen höhergeordneten Organen für die ländliche Bevölkerung nur von sekundärer und sporadischer Bedeutung war (und ist). Auf der Gemeindeebene wurde mit der Einführung der Republik ein bemerkenswert vielschichtiger und vielarmiger Staatsapparat ins Leben gerufen. Dieser beschränkte sich nicht auf den Administrateur communal, den Conseil communal consultatif und das Gemeindepersonal im engeren Sinn (secrétaire communal, comptable communal, agent d'état civil, Büropersonal, Gemeindepolizisten – zeitweise „policiers municipaux" genannt). Innerhalb der Commune wurden drei weitere, hierarchisch nachgeordnete Verwaltungsebenen geschaffen:

a) Eine Commune (in Kirundi *ikomine*) setzt sich fortan aus zwei oder drei (vor der erneuten Verkleinerung der Gemeinden 1982 gar vier bis fünf) „zones" zusammen. Ihnen steht je ein „Chef de zone" vor, der als Statthalter des Administrateurs waltet; in der „zone", in der das Verwaltungszentrum liegt, nimmt der Admicom diese Aufgabe selbst wahr.

b) Eine Zone wiederum besteht aus mehreren „collines de recensement" (in Kirundi *umutumba wa rusansuma*), denen je ein „Hügelchef" vorsteht. Deren offizieller Titel wie der Umfang des Gebietes, für das sie zuständig waren, wechselten noch häufiger als die Republiken; meistens wurden sie als „chef de Colline" bezeichnet, in Kirundi *umukuru w'umutumba*. Bis zum Ende der Zweiten Republik wurden sie auch „conseillers" (kirundisiert zu *i-, amakonseye*) genannt. Das geht darauf zurück, dass in den Gemeinderäten der Bourgmestres-Zeit ähnlich wie in den früheren Sous-Chefferie-Räten möglichst jeder (Zensus-) Hügel ein Ratsmitglied stellen sollte. Wie sich gezeigt hat, war damit von Anfang an eine gewisse „Funktionarisierung" der „conseillers" verbunden: Sie waren nicht nur gewählte Vertreter der Bevölkerung, die deren Interessen kundzutun und zu vertreten hatten, sondern übernahmen auch eine Mittlerrolle und Relaisfunktion im Namen der Gemeindeverwaltung, indem es ihnen oblag, alles von oben Kommende nach unten weiterzugeben. Angesichts dieser Inbeschlagnahme der Gemeinderäte von oben auch dann, wenn sie von unten gewählt waren, wird verständlich, warum auch die neuen, nun von oben bestimmten „Hügelrepräsentanten", die immer mehr zu eigentlichen Hügelchefs wurden, weiterhin als „conseillers" betitelt wurden. Seit der Republik ist der Titel „Hügelchef" für diesen reinen Funktionärsposten innerhalb einer hierarchisierten Ämterstruktur der Realität bedeutend angemessener als die euphemistische Umschreibung „conseiller". „Conseiller" (*i-, amakonseye*) und „Hügelchef" (*umukuru w'umutumba*) blieben jedoch lange sowohl im behördlichen wie im bäuerlichen Diskurs austauschbare Begriffe, und sie sind es in der Sprache der Bauern bis heute geblieben.

Die Einrichtung der Zensushügel, die sich aus mehreren geographischen Hügeln zusammensetzen, geht auf die Kolonialepoche zurück; sie wurde offenbar bereits in den dreissiger Jahren[33] eingeführt, um der an möglichst verlässlichen statistischen Kenntnissen interessierten Verwaltung die Arbeit zu erleichtern. Die Kolonialverwalter hofften mit ihr aber auch ein Instrument in die Hand zu bekommen, um die weit verbreiteten Missbräuche der „autorités coutumiers" bei der Steuererhebung besser bekämpfen zu können: Indem fortan jedem „homme adulte valide" ein „livret d'impôt" (eine Art Markenheft) ausgehändigt wurde, sollte verhindert werden, dass die lokalen Batware von manchen Leuten in willkürlicher Art bis drei- oder viermal pro Jahr die Kopfsteuer einforderten, wie N. aus Muramvya berichtet (Gespr. 27:10).

---

[32] In der bürokratischen Sprache spricht man effektiv von „administrants" und „administrés", was den technokratischen Ansatz nur noch unterstreicht (cf. als Bsp. die verschiedenen Schriften Rutakes).

[33] Möglicherweise wurde diese Verwaltungseinheit auch erst in den vierziger Jahren geschaffen – N. bringt sie auf jeden Fall mit den von den Astrida-Schulabsolventen vertretenen Verwaltungsreformen in Zusammenhang (Gespr. 27:10).

c) Schliesslich sind innerhalb jedes Kleinhügels (*agacimbiri* in Kirundi) mehrere sogenannte *nyumba-kumi*[34] für je zehn Höfe, oder genauer: Residenzeinheiten, verantwortlich. Ein „Zensushügel" besteht aus mehreren *agacimbiri*, die oft geographischen Hügeln entsprechen und mithin natürliche Grenzen kennen (was aber auch, und manchmal in noch deutlicherer Form, auf den Zensushügel zutreffen kann). Der *agacimbiri* bildet aber im strikten Sinn keine administrative Einheit und es gibt auf seiner Ebene kein Verwaltungsorgan.

Diese Organisationsstruktur, die sich unter anderem durch eine mangelnde Kongruenz von Verwaltungsorganen und administrativen Ebenen auszeichnet, wirft gleich mehrere Fragen auf. Konzeption und Aufgaben der verschiedenen subalternen Hilfsorgane, die für die „Betreuung" der in vielen Fällen auf mehrere zehntausend Leute angewachsenen Gemeindebevölkerung zuständig waren, werden an späterer Stelle noch im Detail erörtert werden. Es sei hier lediglich erwähnt, dass in den staatlichen Verordnungen und Gesetzen wie in allen zugänglichen Darstellungen der Lokalverwaltung – ob von offizieller Seite oder nicht – die mit der Republik eingeführten subalternen Territorialverwaltungsorgane, namentlich die Chefs de colline und Nyumba-kumi, nicht einmal der Erwähnung wert befunden wurden. Gerade ihnen jedoch muss unser besonderes Interesse gelten. Die Institution des Chef de zone blieb ebenfalls während langer Zeit ohne gesetzliche Grundlage und Regelung.[35] Es ist bemerkenswert festzustellen, in welch weitem Masse die gemeindeinterne Verwaltungsorganisation nirgends in offizieller Weise vom Zentralstaat festgelegt, sondern nur „halb-offiziell" geführt und/oder weitgehend pragmatischen Überlegungen auf regionaler oder gar lokaler Ebene überlassen wurde. Diese sehr lose und nur vage geregelte Organisation der untersten Ebenen der Territorialverwaltung liess sich bereits unter dem Kolonialregime beobachten (mangelhafte Ausdifferenzierung der „Bahamagazi" und „Barongozi") und wurde mehr oder weniger bruchlos weitergeführt. Das sollte sich erst unter der Herrschaft der „Zweiten Republik" Bagazas ändern, während der die Möglichkeiten der unter Micombero angelegten, aber kaum durchgesetzten Lokalverwaltungsstruktur voll ausgeschöpft wurden.

Mit der Schaffung dieser ausdifferenzierten Verwaltungsstruktur sollte es aber nicht sein Bewenden haben. Zur Führung und Einbindung der Bevölkerung genügten dem republikanischen Staat, der mit der Auflösung der Monarchie besonders im ländlichen Raum das bis anhin wichtigste Herrschaftssymbol verloren hatte und sich in einem akuten Legitimationsnotstand befand, die Territorialverwaltung und die verschiedenen, auch im lokalen Rahmen aktiven zentralstaatlichen Dienste nicht mehr. Als neues Instrument, das von Anbeginn an ganz in den Händen des Staates lag, wurde nach dem Vorbild vieler anderer Staaten, die erst vor kurzem die politische Unabhängigkeit erreicht hatten und noch mit der „Nationwerdung" rangen, eine Einheitspartei geschaffen, die in erster Linie mobilisatorische und ideologische Funktionen hatte. Auf der Ebene der Gemeinde wurde die Einheitspartei gleich mit mehreren, hierarchisch rangierten und mehr oder weniger der staatlichen Verwaltung entsprechenden und sie ergänzenden Organen dotiert.

---

[34] Die Bezeichnung stammt aus dem Kiswahili und meint wörtlich „zehn Häuser" oder dem Sinn nach „der für zehn Residenzeinheiten Zuständige". In der neueren Zeit wird diese Bezeichnung häufiger durch den dem Sinn nach entsprechenden Kirundi-Ausdruck *nzezwamihana* ersetzt („der Weiler-Verantwortliche", vom Verb *kuzêzwa*, „verantwortlich sein für; derjenige sein, auf den man zählt"; manchmal auch *nkezwamihana*, wobei es sich offenbar eine Sprachverschiebung handelt: eventuell abgeleitet vom Verb *gukêzwa*, „Respektbezeugungen erhalten"; möglicherweise steht dieser umgangssprachliche Begriff auch in Bezug zu den Verben *gukêzura*, „laisser errer ses regard, examiner" oder *gukêzera*, „se promener sans but; chercher partout", Rodegem 1970:224, 571). Bei beiden Bezeichnungen handelt es sich auf jeden Fall um Neologismen.

[35] Gesetzlich geregelt wurde die Institution des Chef de zone erstmals im Gemeindegesetz von 1977 (Art. 15 – 17). Die Funktion des Chef de colline, der einer „Colline administrative" vorsteht (ab 1988 in „Secteur" bzw. „Chef de secteur" umbenannt) wurde meines Wissens das erste Mal erwähnt im „Décret-loi n° 1/10 du 24 juillet 1987 portant réorganisation de l'administration de base" (Art. 3), unter der Dritten Republik ersetzt durch das „Décret-loi n° 1/011 du 8 avril 1989 portant réorganisaion de l'administration communale".

b) Struktur und Organe der Einheitspartei UPRONA

Es war noch Mwami Ntare Ndizeye gewesen, der den „Arrêté-loi du 23 novembre 1966“ signierte, der die UPRONA zur Einheitspartei erklärte. In Wahrheit hatte der letzte Monarch jedoch wenig mit diesem Erlass zu tun, der zur vollständigen Verstaatlichung der Partei führte; es war die Ironie des Schicksals, dass dessen Signierung kurz bevor er das Flugzeug nach Léopoldville (Kinshasa) bestieg, wo ihn wenige Tage später die Nachricht seiner Absetzung erreichte, seine letzte Amtshandlung sein sollte, wie Manirakiza (1990:93) berichtet. Dieses Gesetz war ihm von der damals bereits weitgehend von der Armee kontrollierten Regierung vorgelegt worden, die in deren Auftrag auch die Gründungsstatuten dieses neuen politischen Apparates hatte ausarbeiten lassen. Seine Hauptaufgabe sollte die „wirksame Organisation der Massen unter der Führung einer politisch bewussten Elite“ sein (cf. Lemarchand 1970:431f, 448f). Ein wichtiger Schritt dahin wurde in den ersten Monaten des Jahres 1967 gemacht, als der neuen UPRONA die sogenannten „Mouvements intégrés“ angeschlossen wurden. Dabei handelte es sich um die „Jeunesse Révolutionnaire Rwagasore“ (J.R.R.), einen Zusammenschluss der politisch einflussreichen J.N.R. und der UNEBA (Union des Étudiants Barundi); in der „Union des Travailleurs du Burundi“ (U.T.B.) fanden sich in gleicher Art alle bisherigen gewerkschaftlichen Bewegungen zusammen; schliesslich wurde aus der Einsicht heraus, dass durch all diese Einrichtungen die Frauen kaum erreicht werden konnten, zusätzlich die „Union des Femmes Burundaises“ (U.F.B.) geschaffen, die gemäss dem offiziellen Sprachgebrauch für die Förderung der „animation féminine“ zuständig war. Das Resultat war, dass alle bisher existierenden Massenorganisationen und Bewegungen zu einem zentral kontrollierten Apparat zusammengeschlossen und Organisationen ausserhalb dieses Rahmens untersagt wurden. Es ist sicher richtig, wie Rutake (1980:103) auf verschiedene Zweideutigkeiten und Widersprüche in der Parteicharta von 1967 hinzuweisen. Jedoch wurde jedes künftige Missverständnis über die Beziehung zwischen Einheitspartei und Staat und darüber, um wen es sich bei der „politisch bewussten Elite“ handeln könnte, alsbald ausgeschlossen, indem sich Staatspräsident Micombero gleich selbst zum Parteipräsidenten (später Generalsekretär) ernannte.

Die Einheitspartei entwickelte sich schnell zu einem ausgeprägt dirigistisch und zentralistisch geführten Apparat. Der „demokratische Zentralismus“, zu dem man sich bekannte, musste effektiv „eine leere Formel und bestenfalls ein reines Ritual“ bleiben (Lemarchand 1970:457; cf. Rutake 1980:105), solange die UPRONA strikt vom „Conseil National Révolutionnaire“ kontrolliert wurde; in Lemarchands Urteil wurde die Partei zu einer Basis und einem Spielfeld der Armee gemacht (1970:448). Obschon mit der Schaffung vielfacher untergeordneter Gremien und Organe bis hinab auf die Ebene des Kleinhügels versucht wurde, die Partei besser im ländlichen Raum zu verankern, wurde in Wirklichkeit kaum etwas zur Stärkung der Bande zwischen Führenden und Geführten unternommen; die in Aussicht gestellten und lang erwarteten Wahlen in die verschiedenen Parteiorgane wurden im Gegenteil *sine die* verschoben, wie auch die Übergangsordnung immer wieder verlängert wurde und die Ausnahmebestimmungen bis zum Ende der Ersten Republik in Kraft blieben. Daran änderte auch die neue Parteicharta von 1970 wenig; wenn sie eine gewisse Stärkung der parteiinternen Führungsinstanzen brachte (es wurde ein „comité central“ geschaffen), so wurden die auf den untergeordneten Hierarchieebenen vorgesehenen „Konferenzen“ und „Kongresse“ aller Parteimitglieder nicht einmal mehr erwähnt (cf. Lemarchand 1970:448, 457f, Mpozagara 1971:28ff, Rutake 1980:102ff).

Wie erklärt sich die Anziehungskraft des sozialistischen Vorbildes mit Einheitspartei und „volksdemokratischer“ Phraseologie? Natürlich können hier nur einige Elemente zu einer Antwort skizziert werden. Die neue (Hima-) Elite konnte sich nur in Absetzung von jeglichen Feudalrelikten und der bisherigen, traditionellen politischen Elite in ihrer Führungsposition legitimieren, und das insbesondere über moderne westliche Bildung und die neuen Ideale der Gleichheit und des Sozialismus. Das genügt als Erklärung aber nicht. Der Sozialismus übte während der Dekolonisationsperiode in der Dritten Welt allgemein eine grosse Attraktion aus, und die politischen Eliten Afrikas sahen in ihm eine brauchbare Dekolonisationsstrategie. Die Anziehungskraft des Einheitsparteisystems hatte mehrere Gründe. Es war besonders gut mit der hohen Personalisierung der Staatsführung und der obersten politischen Ämter durch die ersten nachkolonialen Führer vereinbar (Ayoade 1988:113). Die Attraktion, die das Modell der Einheitspartei auf die neuen Eliten ausübte, erklärt sich nicht zuletzt dadurch, dass diese während der Kolonialzeit nie gelernt hatten, mit demokratischem Gedankengut umzugehen. Sie beruhte auch auf der Meinung, dass es nach Erreichen der politischen Unabhängigkeit zunächst eines starken, wohl ausgerüsteten Staates bedurfte und zusätzlich eine Rückbindung an „autochthone" Ideologieelemente wichtig war, wozu die Ansicht gehörte, dass Opposition afrikanischer Kultur allgemein fremd sei. Ayoade erklärt es folgendermassen:

> „The immediate postcolonial political leadership in Africa apparently adopted socialism as a strategy of decolonization. It was seen as a feasible strategy because colonialism was perceived as a capitalist enterprise by the metropolitan nations. Thus, colonialism could have been confronted only by an ideology that is equal and opposite. But it would have been suicidal for the African nationalists to adopt an exclusionary ideology at a time when they needed the support of all and sundry. Therefore, the option of African socialism was preferred to Marxism-Leninism, which would have confronted African traditional culture and emphasized classes. (...) Consequently, single-party systems developed on the understanding that opposition is alien to African culture" (1988:113).

Anstösse kamen von verschiedenen äusseren Seiten, und nicht zuletzt von anderen afrikanischen Staaten, die sich bereits seit längerem am sozialistisch-marxistischen Modell orientierten. Der sowjetische Einfluss machte sich in starken Anleihen am Modell Guinea-Conakrys bemerkbar.[36] Eine Orientierung an der ihren eigenen Weg betonenden Volksrepublik China war zu jener Zeit für Drittweltstaaten besonders attraktiv und äusserte sich etwa an der Übernahme des Konzeptes des „demokratischen Zentralismus" (s. Parteicharta von 1967, Präambel Punkt 7), das sich positiv von der exklusiveren „Diktatur des Proletariates" des sowjetischen Modelles abhob; von starkem Einfluss war auch das Modell des Nachbarstaates Tanzania, das zu zeigen schien, dass eine afrikanische Umsetzung des Sozialismus möglich war (zum tanzanischen Einfluss s. auch die Schaffung der *nyumbakumi*-Basisfunktionäre: Kap. 10.1). Das Regime Micomberos bekannte sich aber nicht nur zu demokratischem Zentralismus und „permanenter Revolution" inklusive internationalistischer Komponente (s. Parteicharta von 1967, Präambel, Pkt. 10), sondern explizit auch zur Doktrin eines afrikanischen Sozialismus (s. Präambel Punkt 6, 7 & 10). Gerade in diesem Punkt musste sich der gesuchte Weg aber als besonders steinig erweisen, da das neu installierte republikanische Regime sich nicht umstandslos auf die autochthone politische Vergangenheit berufen konnte, ohne sich gleichzeitig wieder von dieser abzugrenzen. Ein weiteres ideologisches Thema zentrierte sich um einen mystischen Arbeitskult, der eine hohe Arbeitsethik beschwor und schliesslich „auf Druck der militanten Basis" zur Einführung der obligatorisch-‚freiwilligen' „travaux communautaires" jeden Samstagmorgen führte (cf. Lemarchand 1970:456ff). Sonst aber wurde wenig getan, um diese politisch-ideologischen Konzepte zu institutionalisieren, und die „permanente Revolution" und der „demokratische Zentralismus" blieben weitgehend leere Formeln und stereotype Phraseologie.

Untersuchen wir die 1967 ins Leben gerufene gemeindeinterne Organisation der Partei. Welches waren die Aufgaben und Kompetenzen der Parteiinstanzen, und wie waren ihre Beziehungen zu den staatlichen Gemeindebehörden geregelt? Auf der Gemeindeebene war die Partei in einem Comité Communal du Parti organisiert, das aus zehn (seit der 3. Republik aus fünfzehn) Mitglie-

---

[36] Die ersten UPRONA-Statuten von 1967 (s. in Mpozagara 1971:49ff; sie wurden 1970 neu überarbeitet) waren in weiten Teilen eine getreue Kopie der Einheitspartei Guinea-Conakrys (eine UPRONA-Delegation hatte sich bereits 1966 zur Information nach Conakry begeben).

dern bestand; es wurde von einem „Ersten Sekretär" geleitet (in Kirundi *umunyamabanga wa mbere w'umugambwe*). J.R.R. und U.F.B. bildeten auf kommunaler Ebene ebenfalls je ein aus ebensovielen Mitgliedern bestehendes Comité; die Mouvements Intégrés waren jeweils im Comité Communal vertreten. In jeder Gemeinde gab es des weiteren einen „Secrétaire Permanent Communal", der im Gegensatz zu allen anderen Parteifunktionen seine Aufgabe nicht nur neben-, sondern vollamtlich versah; obwohl er allein mit organisatorischen Aufgaben betraut war, konnte er eine beträchtliche Machtstellung aufbauen, zumal er sein Amt oft über viele Jahre innehatte; er war der Verbindungsmann zu den zentralen Parteiorganen, u.a. auch für die lokale Schulung verantwortlich und nicht selten privilegierter Ansprechpartner der Staatssicherheitsdienste. Die Partei war aber auch auf den tieferen sublokalen Ebenen organisiert. Auf der Ebene des Zensushügels gab es Comités sowohl der J.R.R. und der U.F.B. wie auch der Gesamtpartei. Seit der Zweiten Republik fand diese dreifaltige Parteiorganisation sogar im engeren Rahmen des *agacimbiri*-Kleinhügels ihre Fortsetzung. In Parteiangelegenheiten sprach man von der *agacimbiri*-Ebene als „cellule". Sie setzte sich mindestens aus dreissig, in der Regel aber aus bedeutend mehr Parteimitgliedern zusammen. Auch wenn das mehrere Hundert sein konnten, erwies sich die Bestellung der verschiedenen Comités, hauptsächlich der Mouvements Intégrés, als ein Problem. Oft funktionierten sie auf dieser untersten Ebene nicht, was unter der Dritten Republik (ab 1987) dazu führte, dass sie in einigen Gegenden ganz aufgehoben wurden.[37] Wie hier werden wir noch an manchen anderen Stellen eine beträchtliche Kluft zwischen konzipierten Strukturen und der tatsächlichen Praxis sehen – nicht alles Vorgesehene wurde auch umgesetzt.

Comités bilden konnte allein nicht genügen, um die Partei im lokalen Raum abzustützen. Es galt auch, die Leute für die Partei zu gewinnen. In der Wahl der Mittel dazu war man unter der Ersten Republik wenig wählerisch; namentlich bei jüngeren Leuten, denen die geschichtliche Bedeutung der UPRONA im Dekolonisationsprozess und der daraus abgeleitete legitimatorische Wert fremd waren, stand hinter einem Parteibeitritt oft zwar nicht manifester, aber latenter Zwang. Im ländlichen Raum wurde die Parteimitgliedschaft nahezu obligatorisch. Wie diejenigen, die in den alten Zeiten nicht bereit gewesen waren, den Mächtigen den Hof zu machen (*gushengera*), setzten sich nun alle Nichtbeitrittswilligen dem Verdacht aus, potentielle Aufständische und Rebellen zu sein – wer sich nicht aktiv am Staatswesen beteiligte und sich damit den herrschenden Machtverhältnissen *unterwarf*, musste gegen den Staat sein. So lautete die von den alten wie den neuen Herrschenden durchgesetzte Auffassung. Die für einen bescheidenen Betrag zu erwerbende Parteikarte wurde so gleichsam zu einem „gebührenpflichtigen Passierschein" (Chrétien 1979b:112); sie war also keine Auszeichnung nach spezieller Schulung wie im sowjetischen Modell. Gesellschaftlichen Aussenseitern jedoch, die gegen irgendwelche Normen verstiessen, aber auch allen den Behörden missliebigen „Elementen" (ob einfachen Trunkenbolden und „Unruhestiftern" oder sogenannten „rückwärtsgewandten Elementen", die der Polygamie oder Zauberei bezichtigt wurden) wurde in vielen Fällen der Parteibeitritt verwehrt. In diesem Sinn wurde bereits an der Basis eine gewisse Selektion geübt.

Welches waren nun aber die Aufgaben der Partei? Im Fall einer Staatspartei besonders heikel und erklärungsbedürftig ist die Gestaltung ihrer Beziehungen zur staatlichen Verwaltung. In der Parteicharta wurde „das Primat der Partei über den Staat" proklamiert und ihre Aufgabe wie folgt erläutert: „C'est le Parti qui oriente et dirige la politique intérieure du Burundi, conformément à la volonté et aux aspirations du peuple dont il est l'instrument politique" (Punkt 4 der Präambel),

[37] Das hier gewählte Präteritum darf nicht darüber hinweg täuschen, dass diese lokalen Strukturen der Einheitspartei auch noch nach der Zulassung mehrerer politischen Parteien im April 1992 und auf jeden Fall bis zu den Präsidial- und Legislativwahlen im Juni 1993 Bestand hatten. Nach dem Sieg der oppositionellen FRODEBU (Front pour la Démocratie au Burundi) und dem blutigen Putschversuch vom 21. Oktober 1993 ist ihre weitere Existenz ungeklärt.

und: „le Parti est l'instrument politique du peuple, tandis que l'État en est son instrument technique" (Artikel 63).

Mpozagara vermerkt dazu lakonisch: „En fait, c'est la tendance inverse qui s'est manifestée" (1971:30). Tatsächlich war die Partei das Instrument des Staates und der herrschenden Klasse. In einer ersten Zeit nahmen die Provinzgouverneure wie die Gemeindeverwalter gar von Amts wegen auf ihrem jeweiligen Niveau die Stelle eines Ersten Parteisekretärs ein. Wenn im Fall der Administrateurs Communaux diesen Ämterkumulationen formal auch ein Ende gesetzt wurde, so existierten sie in Wirklichkeit doch bis unter der Zweiten Republik weiter. Die Partei- und Verwaltungsfunktionen wurden sehr oft in Personalunion von denselben Leuten eingenommen, woraus Rutake als unvermeidliche Folge „(la transformation du) Parti en une simple branche de l'administration" konstatiert, mit dem Resultat der „bureaucratisation des forces politiques et (de) la politisation des appareils de l'administration territoriale" (1980:106). Genau darauf lief es heraus, wobei der Mangel an als geeignet erachteten Kadern nur der eine, die angestrebte Zentralisation zwecks leichterer Kontrolle der andere Grund war. Diesen „Zentralisations-Reflex" schreibt Rutake (1980:112) dem Abstützungs- und Verankerungsgrad des neuen republikanischen Regimes zu; ein wenig etabliertes Regime neige gerade in Momenten, in denen es sich von nur marginal oder gar nicht repräsentierten Bevölkerungsgruppen bedroht fühlt, dazu, alle Institutionen eng einzubinden und zu kontrollieren. Diese Reaktion liess sich bereits am Ende der Regierungszeit Mwambutsas beobachten in einer Situation, in der sich der Monarch ihm unvertrauten politischen Problemen gegenübersah. Eine „interne" Erklärung allein kann hier jedoch nicht genügen, dazu ist der ideologische Import zu offenkundig; mindestens so ausschlaggebend war die Orientierung an den äusseren sozialistischen und kommunistisch-„volksdemokratischen" Modellen. Die neue republikanische Ordnung hatte für das Problem der Repräsentation der grossen bäuerlichen Mehrheit keine Lösung anzubieten und war auch gar nicht bestrebt, eine zu suchen. Die einseitige Ausrichtung der lokalen Behörden auf ihre vorgesetzten Instanzen musste die Entfremdung der Behörden gegenüber der Lokalbevölkerung im Vergleich zur „Bourgmestres"-Zeit noch um ein beträchtliches erhöhen.

Die ausserordentliche Konzentration der Macht an der Spitze hatte widersprüchliche Konsequenzen. Die Einbindung der Kader in die zentralistisch vorgegebenen Ziele spielte nicht im gewünschten Masse. Ihre Aufgabe war es, die von der Partei, d.h. der Staatsführung vorgegebenen Ziele der Bevölkerung als deren eigene nahezubringen und sie für sie zu mobilisieren. Faktum ist aber, dass die Kader nicht mitspielten, sondern die ihnen verliehene Macht und die ihnen durchaus zur Verfügung gestellten Mittel zum eigenen Nutzen verwandten und sie dem Staat vorenthielten. Während dieser Eigennutz der Funktionäre unter der Monarchie für diese funktional war, traf das unter der Republik nicht mehr zu. Ein Parteiamt konnte – als Privileg und einbindende Verpflichtung der Bedachten – offensichtlich nicht die Rolle einer Kuh einnehmen, es hatte niemals dasselbe Prestige. Unter der alten Monarchie hatte die die Unsicherheit erhöhende willkürliche Selbstbereicherung der Regional- und Lokalherrscher die Bevölkerung paradoxerweise diesen gegenüber dankbar dafür gemacht, dass sie sich „ihrer Ängste annahmen" und ihnen persönlichen Schutz versprachen; um ihre Dankbarkeit zu bezeugen und persönlichen Schutz zu erhalten, brachten sie ihnen Abgaben und Geschenke. Unter der modernen Republik spielte das offensichtlich nicht mehr; es liesse sich beinahe sagen, dass sich jetzt die Leute zu sicher fühlten und daher die staatlichen Leistungen zu wenig schätzten – bei einem höheren Mass an Willkür hätten sie vielleicht gerne in der Partei Zuflucht gesucht. Die sicherere Rechtsordnung hatte mithin auch zu neuen Erwartungen an den Staat beigetragen, und diese neuen Vorstellungen über dessen Aufgaben hatten über die Funktionäre mittlerweile auch die Bauern erreicht und deren Erwartungen geprägt (cf. Kap. 11).

Das Ausmass der Zweckentfremdung der nicht immer gesetzesmässig aufgebotenen Steuereinnahmen war beträchtlich.[38] Wenn die Steuereinnahmen nicht zur Finanzierung aufwendiger Behördenempfänge eingesetzt wurden, so dienten sie zur Deckung der Transportkosten der lokalen Parteikader, wie Rutake berichtet (1980:109). Ein guter Teil des Gemeindebudgets wurde dergestalt – in mehr oder weniger getreuem Abbild der Praktiken auf zentraler Ebene – für den Unterhalt der Beamtenschaft genutzt und teilweise in verschwenderischem, ostentativem Konsum zerstört. Der dadurch für die grosse Mehrheit der davon Ausgeschlossenen entstehende Eindruck einer „atmosphère de fête permanente" innerhalb der Staatsklassen eines epiphytengleich obenauf sitzenden, unverwurzelten Staates wurde zu einem der Hauptvorwürfe an die Adresse des Regimes der Ersten Republik (Rutake 1980:109, cf. Chrétien 1979b:94).

Lässt sich nun dieses auf dem Rücken der Bevölkerung ausgetragene „Fest der Staatsklassen" mit der zur Schau gestellten Konvivialität der periodisch inszenierten Bierverteil- und Prunkfeste an den vorkolonialen und kolonialen Höfen vergleichen, die schliesslich auch nur dank bäuerlicher Tribute zustandekamen? In Tat und Wahrheit handelte es sich nur um einen blassen Abglanz der alten Soziabilität. Im Unterschied zu früher brachte sie nun nicht mehr die Herrschenden mit den Dominierten zusammen, sondern spielte sich je länger je mehr in ihrem exklusiven Kreis ab. Das Moment der offensichtlichen, mit viel Liebe inszenierten Redistribution der Tribute und „spontanen Gaben", von denen ein Teil immer direkt an die Überbringer zurückging, war weggefallen. Der allein von oben – und von da umso stärker – abhängige,verbeamtete Gemeindeadministrator war kaum noch motiviert, etwas nach unten weiterzugeben, und beim von oben auf ihn ausgeübten Druck verfügte er auch kaum über die Mittel dazu. Rutake macht auf einen weiteren bedenkenswerten Punkt aufmerksam. Die Tatsache, dass alle persönlichen Gaben und Geschenke an Behörden fortan ungesetzlich waren und ihre Annahme effektiv als illegitim galt, bewirkten, dass derartige Transaktionen alsbald in Verschwiegenheit und Heimlichkeit stattfanden. Das jedoch entzog diese jeder weiteren Kontrolle, und vor allem der Kontrolle durch die Lokalgemeinschaft:

> „En effet, qu'il s'agisse de l'argent provenant des redevances fiscales ou des cadeaux reçus sous formes monétaires, le caractère impersonnel de la première obligation et la discrétion qui entoure la transaction entre deux personnes dans le deuxième cas, différent totalement des fournitures en vivres ou en bières qui se faisaient sous le contrôle des membres de la communauté" (1980:110).

Unter den gegebenen Bedingungen musste es das Hauptbestreben der Gemeindevorsteher wie anderer Beamter sein, die mangelnde Amtssicherheit durch (klientelistische) Beziehungen zu möglichst einflussreichen Leuten wettzumachen und damit ihre Beamtenkarriere abzusichern. Rutake hebt hervor, dass ihr Verhalten von „arrivisme, amateurisme et affairisme" (H. Sarassoro, zit. in Rutake 1980:110) geprägt war und für die Krise der Moral des Staatsapparates stand. Die direkten Folgen waren ein bisher unbekanntes Mass an Korruption und „influence peddling (trafic d'influences)", wie die Praktiken genannt werden, gemäss denen Funktionäre mit ihren privilegierten Zugangsbedingungen zu verschiedenen Ressourcen „hausieren" und sich als Broker anbieten gehen: des Missbrauchs öffentlicher Güter zu privaten Zwecken (Lemarchand 1970:380, Rutake 1980:111). Die „Korruption" nahm aber weniger deswegen zu, weil die Zahl der Funktionäre gestiegen war oder der Staat den Bauern Neues zu „verkaufen" hatte; das Problem bestand vielmehr darin, dass die seit der Monarchie üblichen Praktiken (die bemerkenswerterweise zur Legitimität des Staates beigetragen hatten) jetzt für illegal erklärt wurden (womit auch der Staat an Legitimation einbüsste). Dahinter stand der Import der europäischen Idee der Chancengleichheit (per Gesetz Abschaffung der Willkür und der „käuflichen" Sicherheit), ohne sie realiter garantieren zu

[38] Wenn zu Beginn der Nachfolgeregierung der Zweiten Republik in einem Rapport des Innenministeriums von über 27 Millionen unterschlagenen Francs Burundais gesprochen wurde, was gemäss Rutake (1980:108) ungefähr 50% der Staatseinnahmen auf Gemeindeebene entsprach, so ist diese – kaum genauer zu errechnende – Zahl sicher mit Vorsicht aufzunehmen, sie vermag aber einen Eindruck des Ausmasses der Hinterziehungen zu vermitteln.

können. So liesse sich sagen, dass die „Korruption“ auch deswegen zunahm, weil immer mehr traditionell übliche Verhaltensweisen per Gesetz als „Korruption“ deklariert wurden.
All das konnte nur zur Herausbildung einer „politisch-administrativen Oligarchie“ beitragen, die durch einen tiefen Bruch von der Bauernschaft getrennt war. Die zunehmende Konzentration und Monopolisierung der Macht fand auf oberster Ebene ihre Fortsetzung darin, dass eine sich immer enger, sowohl über eine gemeinsame ethnische, clanische wie regionale Herkunft definierende Gruppe[39] alle zentralen Machtpositionen unter sich aufteilte. Chrétien bringt diese Entwicklung auf den Punkt: „Sous Micombero le Burundi tendait à devenir une sorte de vaste Bututsi (au double sens, „ethnique“ et „régional“ du terme)“ (1979b:95). Es war unter anderem diese sich verschmälernde Machtbasis und Repräsentativität der Staatsklasse, die zwischen 1971 und 1976 zu einem verschärften Machtkampf innerhalb der politischen Eliten führte; die politischen Prozesse von 1969 und 1971 (die ersten gerichtet gegen die Reste der Hutu-, die zweiten gegen die Tutsi-Banyaruguru-Eliten, die mit der Region Muramvya identifiziert werden) wie die in manchem einem Bürgerkrieg vergleichbaren, mit äusserster Brutalität geführten Massaker der Jahre 1972 und 1973, die mehrere Hunderttausend Opfer forderten, waren ein direktes Resultat dieser Politik, der „passions, (...) peurs et (...) calculs intéressés (...) du groupe politique dit ‚de Bururi'“, wie Chrétien (a.a.O.) schreibt.

Es sollen in der Folge in kurzem Überblick die weiteren Entwicklungslinien der lokalen Staatsstrukturen (im Zusammenhang der weiteren sozialen und politischen Transformationen) unter den beiden nachfolgenden republikanischen Regierungen („Zweite“ und „Dritte Republik“) vorgestellt werden, um anschliessend detaillierter auf die heutige Verwaltungsstruktur und die staatliche Präsenz im lokalen Raum einzugehen.

---

[39] Diese in weiten Teilen aus Bahima-Tutsi aus den Clanen der Abacaba, Abayanzi und Abashingo bestehende Gruppe wird nach ihrer südlichen Herkunftsbasis insgesamt als „groupe de Bururi“ bezeichnet und spaltete sich wiederum in eine „groupe de Rutovu“ und eine „groupe de Matana“; während die Staatsführer Micombero, Bagaza und Buyoya jeweils der ersten, als (in ihrer ethnischen Politik) gemässigter geltenden Gruppe angehörten, kamen mächtige Leute aus dem zweiten Glied (wie Simbananiye, Nzambimana, Ndiyo) aus der letzteren Gruppe. Zu dieser zunehmenden „Marginalisierung“ der Führungsklasse s. Darbon 1982:85-96.

9.3 Gesellschaftliche Umgestaltungen im Zeichen von staatlichem Autoritarismus. „La Deuxième République“, 1976-1987

Zu Beginn der „Zweiten Republik“ war die Gruppe junger Offiziere, die sich an die Macht geputscht und die bisherige, im Inneren wie Äusseren diskreditierte Clique abgelöst hatte, von beträchtlichem Elan und Erneuerungswillen getragen, was allenthalben grosse Erwartungen auslöste.[40] Am höchsten, so muss man präzisieren, waren die Erwartungen innerhalb der Eliten – die Bauern, die seit der Kolonisation vom ihnen kaum verständlichen und noch weniger durchschaubaren Staat selten etwas Positives zu erwarten gehabt hatten, reagierten wie bei jedem Machtwechsel mit vorsichtiger und ängstlicher Zurückhaltung. Die Politik des neuen Regimes brachte in seinen ersten Jahren einige für die ländliche Bevölkerung wesentliche Neuerungen sowohl auf sozialem, wirtschaftlichen wie politischen Gebiet, die von ihr zunächst auch positiv aufgenommen wurden. Die ersten Massnahmen der neuen Regierung[41], die sich mit viel Dynamik und Systematik an den Umbau der alten staatlichen Ordnung zu machen schien, und der neue politische Diskurs stellten einen grundlegenden Bruch mit der bisherigen Ordnung und den alten politischen Praktiken in Aussicht. Sie waren bedeutend mehr als bisher auf den ländlichen Bereich ausgerichtet, und das Ziel der „ländlichen Entwicklung“ erschien als Eckpfeiler und „pièce de résistance“ der Regierungspolitik auf allen Gebieten – „le développement rural“ wurde zu einem legitimatorischen Wert ersten Ranges. Zur neuen Agrarpolitik, die eine gewisse Mechanisierung und Kollektivierung anstrebte, gehörte eine Bodenreform, die hauptsächlich im Rahmen einer konzentrierteren Siedlungsweise und „Dorfbildung“ erreicht werden sollte (s. 9.3.4). Auch hier gilt es jedoch, die proklamierte Politik und die herausgestellte Ideologie der tatsächlichen Praxis gegenüberzustellen. Gerade die Analyse des politischen Vokabulars, der Sprache der Macht vermag hier wiederum wichtige Aufschlüsse zu vermitteln.[42] Ich beschränke mich dabei auf die Hervorhebung der für diese Arbeit wichtigsten Linien.

9.3.1 Die Reformen und ihre Tragweite

Zu den für die ländliche Bevölkerung wichtigsten Massnahmen gehörte das Bodenreformgesetz, das ab 1977 das traditionsreiche *bugerêrwa*-Bodenpachtverhältnis mit seinen immer nur vage von

---

[40] „Le Renouveau“ lautete der neue Slogan und darin wurde auch der Titel der einzigen namhaften Zeitung – eines in Französisch erscheinenden und in seiner Verbreitung auf die Hauptstadt und die kleinen, sekundären urbanen Zentren im Landesinneren beschränkten halb-offiziellen Organes – umgeändert (bis anhin „Infor-Burundi“). Ihr Pendant in Kirundi heisst dagegen bezeichnenderweise *Ubumwe*, „Einheit“, ein Titel, der ebenfalls bis heute beibehalten wurde. Für die ländliche Bevölkerung blieb das, was im offiziellen Diskurs als „die Frage der nationalen Einheit“ – die Koexistenz der verschiedenen ethnischen „communities“ – bezeichnet wurde, effektiv das vordringliche Problem; die seit 1965 (in gewissen Kreisen gar seit den Kamenge-Vorfällen von 1962) bestehenden und insbesondere 1972 blutig geschlagenen Wunden waren noch keineswegs vernarbt. Der besonders ausserhalb der Hauptstadt einflussreiche und mehr gelesene, kirchennahe *Ndongozi* dagegen wurde 1979 verboten und blieb es bis zum Ende der Zweiten Republik im Jahre 1987.

[41] Wie gesagt, stand hinter dem in den ersten Jahren von einem Premierminister geleiteten Ministerkabinett während der Zweiten Republik ein sich ausschliesslich aus Militärs – und alle von Tutsi-Herkunft – zusammensetzender „Conseil suprême révolutionnaire“.

[42] Cf. Lemarchand: „Le discours officiel est en effet un système de transcription (...) qui n'entretient qu'un Rapport plus ou moins approximatif avec la réalité sociale. Le décryptage du discours officiel est, nous semble-t-il, un détour obligé pour mesurer l'écart qui sépare la société politique de la société sociale, la vision des choses comme on voudrait qu'elles fussent de ce qu'elles sont en réalité“ (1990:242).

Fall zu Fall bestimmten, quasi erblichen Pflichten „abschaffte", das heisst fortan untersagte.[43] Damit war effektiv eine gewisse Bodenreform verbunden, die die ärmsten bäuerlichen Schichten[44] betraf: Allen Bagerêrwa, die eine Parzelle länger als sieben Jahre bearbeitet hatten, wurde diese ohne weitere Kosten überschrieben, und alle, die erst kürzlich ein derartiges Verhältnis eingegangen waren, wurden mit brachliegenden Staatsböden entschädigt (wobei es sich in den meisten Fällen um Land geringer Qualität handelte). Dass dieses Pachtverhältnis noch in den siebziger Jahren von Bedeutung war, ist schon Hinweis genug dafür, dass es – zumal unter den Bedingungen einer sich zunehmend verschärfenden Landknappheit – nicht einfach mit einem Gesetzeserlass aus der Welt geschafft werden konnte. Wenn es in seiner traditionellen Form seit den achtziger Jahren praktisch nicht mehr existiert, so ist das in erster Linie der schnell um sich greifenden Monetarisierung der wirtschaftlichen und sozialen Beziehungen auf dem Land zuzuschreiben; es wurde durch verschiedene monetarisierte Formen von Pacht und Bodenbewirtschaftung (z.B. in Lohnarbeit durch Taglöhner) abgelöst, die jede weitere Kontrolle des bearbeiteten Bodens ausschliessen. Nichtsdestoweniger kennen Bugêrerwa-pachtähnliche Verhältnisse bis heute eine gewisse Verbreitung, was bei der grossen Landknappheit nicht weiter erstaunen kann; Fälle von ortsabwesenden Staatsbediensteten, die ihr Land gegen einen Teil der Bodenprodukte in Pacht geben, jedoch fiktive Lohnlisten führen, damit die Pächter die Böden nach einigen Jahren nicht für sich beanspruchen können, sind keine Seltenheit. Trotz dieser Einschränkungen ist es übertrieben, wie Reyntjens (1989:20) von einer rein symbolischen Massnahme zu sprechen; immerhin wurde durch sie das Prinzip der „Rückgabe des Landes an diejenigen, die es bearbeiten" bestärkt, wie dieser Autor selbst bemerkt.

Von der aus dem gleichen Jahr datierenden Abschaffung der ungeliebten, oft unter Anwendung von manifestem Zwang eingetriebenen Personalsteuer, der „Contribution personnelle minimum" (C.P.M.), die eine direkte Nachfolgeform der kolonialen Kopfsteuer war und Leute mit geringem Geldeinkommen hart treffen konnte, versprachen sich noch weitere Kreise der Bauernschaft eine Erleichterung ihrer Bedingung. Ihre Ersetzung durch eine „épargne obligatoire"[45] zeigte jedoch bald auch Nachteile. Nicht nur, dass diese (zuzüglich eines bescheidenen Zinses von 3%) erstmals nach drei Jahren ausgelöst werden konnte – ein Moment, der von den Bauern mit viel Spannung und gespaltenen Gefühlen erwartet wurde und dann auch mit vielerlei Unannehmlichkeiten und Behinderungen verbunden war; es konnte überdies nur die erste einbezahlte Jahresrate zurückgezogen werden, was wiederum das Hauptargument, mit dem die Einführung der „épargne obligatoire" gerechtfertigt worden war (dass mit ihr grössere Investitionen der Bauern gefördert werden

---

[43] Décret-loi n° 1/19 du 30 juin 1977 portant abolition de l'institution d'Ubugererwa (publiziert im Bulletin Officiel du Burundi, 16ème année, n° 10 du 1 octobre 1977, pp. 555-561). Im Oktober 1981 wurde die mit der Durchführung und Überwachung der Auflösung des Bugererwa beauftragte Kommission unter dem Vorsitz des Innenministers aufgelöst (Décret no 100/223 du 16 octobre 1981, publiziert im Bulletin Officiel du Burundi, 21ème année, n° 7 à 9 du 1 septembre 1982, pp.132f).

[44] Wie gesehen, war bei der starken Verbreitung der in Familienbewirtschaftung bearbeiteten Minifundien immer nur eine Minderheit der Bauern in solchen Verhältnissen gebunden; je nach Region konnte sie aber immerhin gut 20% aller Bauern umfassen.

[45] Décret-loi n° 1/12 du 4 mai 1977. Die „épargne obligatoire", die manchmal in euphemistischer Art auch als „épargne rurale" bezeichnet wurde, betrug 500 Francs burundais pro Erwachsenen (die bisherige C.P.M. hatte FBu. 800.- betragen), die in die national verwaltete CADEBU („Caisse d'Épargne du Burundi") einzuzahlen waren. Die Abschaffung der C.P.M. hatte zur Folge, dass die Gemeinden ihrer bislang wichtigsten Einkommensquelle verlustig gingen. Ihnen blieben nur noch die Marktsteuern (Umsatzsteuer auf den auf den Märkten verkauften Produkten), die während einer gewissen Zeit ebenfalls abgeschafft wurden. Erst einige Jahre später stellte man den Gemeinden wieder einige der auf ihrem Gebiet erhobenen Gebühren und Steuern zur Verfügung, so Gerichtsgebühren und Einnahmen der Krankenstationen (s. Rutake 1980:145f, 187ff, und Loi n° 1/002 du 8 janvier 1987, Loi n° 1/003 du 8 janvier 1987, Décret-loi n° 1/17 du 17 juin 1988).

sollten), in weitem Masse entkräftete. Das „Ende der Steuern" war mithin bedeutend weniger „revolutionär", als es vom Staat angepriesen wurde. Der Schritt war als Markstein im Bruch mit der (kolonialen) Vergangenheit und ihren Kopfsteuern gedacht und wurde als Entgegenkommen hauptsächlich gegenüber der einkommensschwachen bäuerlichen Bevölkerung hingestellt. Da die damit verbundenen Einkommensverluste des Staates jedoch alsbald durch neue Gebührpflichten für staatliche Leistungen (z.B. Heiratsregistrierungen) oder durch die Anhebung bis Vervielfachung staatlicher Gebühren (für Identitäts- und Geburtsnachweise, etc.), ersetzt wurden, die am stärksten genau dieselben bäuerlichen Schichten treffen mussten, blieb es letztlich eine primär ideologische Massnahme.[46]

Schliesslich muss als weitere wichtige Massnahme von Bedeutung für die Lokalebene das ebenfalls 1977 erlassene neue Gemeindegesetz erwähnt werden (Décret-loi n° 1/26 du 30 juillet 1977 portant réforme de l'organisation communale). Einige Teile davon werden wir noch im Detail zu betrachten haben. Zur Einschätzung der Tragweite dieser Reform sind vorerst einige Anmerkungen zu den Herrschaftsgrundlagen auf nationalstaatlicher Ebene angezeigt. Der Machtwechsel von 1976 ist zu Recht als „Palastrevolution" bezeichnet worden. Seine Gründe lagen in der Absicherung von Gruppeninteressen, die in den letzten Jahren unter dem Regime Micomberos, das immer deutlichere Auflösungserscheinungen zeigte, gefährdet schienen. Sich akzentuierende Spaltungen innerhalb der machttragenden Tutsi-Hima-Gruppe („groupe de Matana", „groupe de Rutovu", etc.; cf. Reyntjens 1989:11) wie die zunehmende Isolation des einen immer exzessiveren Lebensstil pflegenden Staatsoberhauptes untergruben die Position der obersten Staatsrepräsentanten. Wenn Darbon (1982:97) schreibt, dass „le putsch peut (...) s'analyser comme (...) moyen de recréer les bases d'une intégration nationale et politique plus large sans remettre en cause le pouvoir tutsi", und: „les nouveaux dirigeants tentent d'abord de réimplanter le pouvoir étatique dans la société civile", so ist das jedoch in doppeltem Sinn ungenau. Es war nicht der Staat als solcher, sondern vielmehr die ihn führenden Eliten, die neuer Legitimation bedurften; eine bestärkte Berechtigung zur Staatsführung brauchten sie nicht von einer anonymen „zivilen Gesellschaft", sondern von den neuen, über Handel, Staatsdienst und Armee aufstrebenden Eliten; den Bauern dagegen war der „moderne" republikanische Staat noch zu unvertraut. Ungeschulte Bauern neigen zudem wenig zu aktiver Auflehnung; eine Verstärkung der Führungslegitimation gegenüber diesen 90% der Bevölkerung – in ihrer grossen Mehrheit auch Parteimitglieder! – wäre am ehesten über ökonomische Verbesserungen zu erreichen gewesen.

Die Machtbasis und Repräsentativität der neuen Führungsklasse aber hatte sich mit dem Regimewechsel kaum verbreitert – sie setzte sich immer noch zu weiten Teilen aus Vertretern derselben, unter weiteren internen Spaltungen leidenden, sehr restringierten Tutsi-Hima-Gruppe und ihren Gefolgsleuten zusammen, mit deutlichem Übergewicht der südlichen „groupe de Bururi".[47] Es lässt sich in der Tat von einer bemerkenswerten Stabilität des „politischen und militärischen Perso-

---

[46] Die „Dritte Republik", die es benötige, um auch die „épargne obligatoire" abzuschaffen, wie die Bauern witzelten, während sie in den Warteschlangen auf die Rückgabe ihrer Ersparnisse hofften, wurde 1987 Wirklichkeit. In der Tat wurde die unpopuläre Zwangsersparnis aufgehoben, zusätzlich auch die prohibitiven Marktsteuern gesenkt, dafür aber andere Steuern und Gebühren erhöht; so stiegen ab 1989 mehrere Gemeindetaxen um 100%: Acte de naissance/d'identité complète auf FBu.100.-, cérémonie de marriage civile auf FBu.1'000.-, etc. (cf. „Le Renouveau", N° 2756, 7 décembre 1988:3 & N° 2864, 15 avril 1989).

[47] 8 von 29 Mitgliedern des „Conseil suprême révolutionnaire" vom November 1976 hatten bereits im Oktober 1971 dem „Conseil de défense national" (früher C.S.R.) unter Micombero angehört (Chrétien & Le Jeune 1983b:107, Darbon 1982:98). Wenn fünf Mitglieder des „Conseil suprême révolutionnaire" von 1976 wiederum von 1987-1990 dem „Comité militaire pour le salut national" unter Buyoya angehörten – und das nicht in den unbedeutendsten Stellungen –, so drückt das doch nur in ungenügendem Masse die hohe personelle Stabilität und Kontinuität der Führungsgruppe aus. Es waren bis in die neunziger Jahre in hohem Masse die gleichen Leute, ihre Anhänger, Verwandten und zugewandten Orte, die die obersten Positionen im Staat einnahmen.

nals“ sprechen (Darbon 1982:98). Im Gegensatz zum präkolonialen Herrschaftssystem, unter dem die Machtkämpfe unter den Baganwa jeweils weite Teile der Bevölkerung einbezogen und eine durchaus integrative Wirkung hatten (wozu die vielfachen, sich überschneidenden sozialen Hierarchisierungen das ihre beitrugen), so tendierten die neuen Machtkämpfe dazu – so Darbons Hauptthese –, die in weitem Masse mit sich selbst beschäftigte Führungsgruppe zunehmend zu „marginalisieren“ in dem Sinn, dass die grosse Bevölkerungsmehrheit von ihnen und jeder politischen Teilnahme ausgeschlossen blieb (1982:23ff, 107).

Unter diesen Bedingungen war es das Bestreben eines Teiles der Führungsgruppe mit Staatspräsident Bagaza an der Spitze, ihre Machtbasis zu verbreitern, indem sie „die Führungsgruppe zu diversifizieren und die Teilnahme der Bevölkerung zu erhöhen suchten dadurch, dass sie die Bande der Gefolgschaft und der Kommunikation mit der Peripherie neu gestalteten“ (ibid.). In den folgenden Jahren suchte das Regime seine Legitimität durch die Errichtung von seit Beginn angekündigten demokratischen Strukturen zu stärken. Die beginnenden achtziger Jahre waren geprägt von einer „kontrollierten Demokratisierung“ unter Führung und weitgehend im Rahmen der neu strukturierten UPRONA-Einheitspartei. 1981 wurde in einem nationalen Referendum eine neue Verfassung angenommen (die frühere datierte vom 11.7.1974), im Jahr darauf Legislativwahlen durchgeführt (cf. Chrétien/Le Jeune 1986). Die in die Rückkehr zum Konstitutionalismus und in die neuen institutionellen Grundlagen gesetzten Hoffnungen wurden jedoch schnell enttäuscht angesichts der engen Grenzen, innerhalb deren die Militärmachthaber ihr Funktionieren zuliessen. So wäre niemand auf die Idee gekommen, sich auf die Verfassung zu berufen, und Macht und Wirksamkeit des Parlamentes blieben stark beschränkt: „Par la suite, cette assemblée [nationale] ne sera rien d'autre qu'une simple chambre d'enregistrement des décisions de Bagaza et de quelques-uns de ses dignitaires privilégiés“ (Mbogoye 1989:3, cf. Chrétien & Guichaoua 1988:91, Reyntjens 1989:25). Die Umgehung der demokratischen Institutionen wurde im halb-offiziellen „Le Renouveau“ unter dem Nachfolgeregime in deutlichen Worten beschrieben:

> „La concentration autoritaire des pouvoirs par l'ex-Président Bagaza avait vite mis une croix sur le dialogue et la concertation pourtant enseignés par la Charte du Parti UPRONA.[48] Les décisions importantes échappaient entièrement à la filière des institutions qui en avaient les prérogatives, alors que toute l'ossature des institutions démocratiques avait été bien implantée jusqu'à la base. Cette conception du pouvoir a étouffé la démocratie dans ses institutions, le discours ne correspondant plus à la réalité“ (Le Renouveau, No. 2722, 27 octobre 1988:2).

9.3.2 Die Aufwertung der Einheitspartei

Bei ihrer Suche nach neuer Legitimität und besserer Verankerung der staatlichen Macht konnte das zur damaligen Zeit den neuen Machthabern jedoch nicht genügen. Der Einheitspartei wurde bei der Errichtung eines neuen, verstärkten Unterbaus der Herrschaft eine entscheidende Rolle beigemessen. Das Ziel einer breiteren Abstützung der Macht gerade im ländlichen Raum sollte durch eine Reformierung der Lokaladministration, aber auch der UPRONA erreicht werden, die auf dieser Ebene unter Micombero nie die ihr zugedachte Rolle erfüllt hatte. Mittels dieser beiden neu dynamisierten Apparate sollte der ländliche Raum in Richtung der staatlich vorgegebenen Ziele in Bewegung gebracht und gleichzeitig die Bevölkerung wirksamer gelenkt und besser „umrahmt“ werden, wie es im staatlichen Diskurs hiess („orienter et encadrer les populations rurales“).

Seit 1977 ging man an die Restrukturierung der Einheitspartei, und noch im selben Jahr wurden die Parteikomitees auf allen Ebenen neu bestellt. Eine der wesentlichsten Neuerungen war die

---

[48] Es ist hier wichtig zu wissen, dass diese Schlagworte nicht nur in der Parteicharta festgeschrieben sind, sondern zu einem dreifältigen Slogan der „Dritten Republik“ („dialogue, concertation et transparence“) gehörten. – Wenn die hier vorgebrachte Kritik auch von legitimatorischem Wert für das Nachfolgeregime ist, so handelt es sich nichtsdestoweniger um eine richtige Analyse.

Schaffung einer zusätzlichen, noch tieferen Organisationsebene der UPRONA, der *agacimbiri*-„cellules“, in die die bislang unterste Parteieinheit auf der Ebene des Zensushügels („section“) unterteilt wurde (cf. Tabelle 5 zur Verwaltungsstruktur, Ende Kap. 10.1). Die Tatsache, dass die Einheitspartei damit bis hinunter auf die Ebene des Kleinhügels durch neue, strikt nach oben verantwortliche Gremien und Instanzen strukturiert war, konnte für die Bauernschaft nur die Zunahme des bürokratischen Druckes bedeuten.

Die Lesart des Staates sieht natürlich anders aus. Das von seiner Seite propagierte, in technokratischer Tonart gehaltene Ziel war: „Amener les paysans, par l'encadrement rationnel et efficace de l'État, à s'organiser eux-mêmes, créer à cette fin des structures capables de réaliser certains projets et d'accueillir les investissements destinés au développement communautaire“ (in Chrétien 1979b:112). Die Devise war die verstärkte Partizipation der Bevölkerung und, in Anleihe an die im benachbarten Tanzania geführte Sprache der „self-reliance“, die bald wichtiger Teil des „Drittwelt-Diskurses“ werden sollte, das „sich Verlassen auf die eigenen Kräfte“ (in Kirundi „auf die eigenen Arme“). „Partizipation“ ist aber immer ein von oben geprägter und bestimmter Begriff. Er ist Teil der Sprache des Staates und seiner verschiedenen „Agenturen“ und Geschäftsträger, nicht aber der Bauern. Er meint Teilnahme ohne Teilhabe, Mobilisierung ohne Mitbestimmung der von oben vorgegebenen Ziele. Daran änderte auch wenig, dass zwischen Ende 1979 und 1981 von der nationalen bis hinunter zur kommunalen Ebene die ersten Kongresse der UPRONA-Einheitspartei seit ihrem Bestehen organisiert wurden.[49] Auf der untersten Ebene scheinen die Bauern dadurch zwar in der Tat zu einem Ort gekommen zu sein, an dem sie ihre Anliegen vortragen konnten; obgleich es Themen gab, über die sich jedermann im klaren war, dass man sie besser nicht, oder nur in verschlüsselter, mehrfach auslegbarer Form ansprach,[50] so konnte hier doch Kritik an gewissen administrativen Praktiken geübt werden. Wenn man die von Chrétien & Le Jeune (1983a) vorgenommene Inhaltsanalyse der Protokolle der Gemeindekongresse sorgfältig liest, so wird deutlich, dass bereits auf dieser Ebene das nach oben Weitergegebene durch die Stellen, die für die Abfassung der Rapporte zuständig waren, gefiltert wurde, etwas, was die Autoren selbst andeuten (pp. 62f).[51] Selbstverständlich kann eine Analyse der Kongressrapporte nicht genügen, um festzustellen, ob es zumindestens an der Basis eine „démocratie paysanne“ gab, wie das Chrétien & Le Jeune 1983 noch suggerierten, unter dem nächsten Regime dann aber wenn nicht zurücknahmen, so doch vorsichtiger formulierten (Chrétien & Guichaoua 1988:91). Es bedürfte zusätzlich einer Prüfung, wer an diesen Kongressen teilnehmen konnte, das heisst der Zugangschancen der einfachen – Batutsi wie Bahutu und Batwa – Bauern zu den Parteiorganen unterster Stufe. Ein gewisses Element dazu liefert uns Le Jeune (1989) mit seiner Analyse der erstmaligen Wahlen in die Parteikomitees zweituntersterster Ebene (die „sections“ auf der Ebene des Zensushügels) im Mai 1988 unter der im Vergleich zum vorherigen Regime bereits deutlich liberaleren „Dritten Republik“. Le Jeune kommt zum Schluss, dass in den untersuchten Gemeinden[52] der Anteil der in die „Comités de sec-

[49] Die verschiedenen Kongresse wurden in absteigender Reihenfolge zuerst auf nationaler, später auf provinzieller und im August 1981 schliesslich auf kommunaler Ebene abgehalten; der Nationalkongress von Ende Dezember 1979 war jedoch in den Vormonaten auf Gemeinde- und Provinzebene durch „Konferenzen“ und „Kongresse“ aller Mitglieder subalterner Parteikomitees vorbereitet worden. Zu diesen verschiedenen Parteikongressen und -konferenzen siehe Chrétien & Le Jeune, 1983a & b (sowie Bottes Replik vom selben Jahr) und 1986.

[50] Effektiv bedarf es hier einer „exégèse du non-dit“, ein Unterfangen, das Chrétien & Le Jeune als ein Zuviel an „mauvaise foi“ abtun (1983a:55,69); s. dazu den Titel von Bottes Replik („Quand l'essentiel n'est pas ce que l'on dit, mais ce que l'on tait“), ebenfalls Lemarchand 1990:241.

[51] Davon zeugen nicht nur die zur Sprache bzw. nicht oder kaum zur Sprache gekommenen (genauer: in den Rapporten aufgenommenen) Themen, sondern auch die dazu geäusserten Meinungen (s. z.B. Chrétien & Le Jeune 1983a:64,72, aber auch 1983b:106).

[52] Es handelte sich um Marangara und Ntega, die drei Monate später das Epizentrum erneuter ethnisch orientierter Massaker waren.

tion" gewählten Bauern knapp über 92% lag.[53] Anders herum gelesen, kann das inmitten dieser beinahe hundertprozentig landwirtschaftlichen Gebiete nur heissen, dass die Chance für alle Nicht-Bauern hoch war, in ein Parteikomitee gewählt zu werden. Meine eigenen Untersuchungen bestätigen Le Jeunes Befunde vollumfänglich: Bereits in den nächsthöheren Parteikomitees auf der Ebene der Gemeinde, die ab 1988 fünfzehn Mitglieder umfassten, war kaum noch ein „simple paysan" zu finden (1989:81).[54]

Zwischen 1979 und 1983 wurde der Parteiapparat unter Führung des damaligen Generalsekretärs Émile Mworoha (den wir bereits als Autor mehrerer geschichtlicher Studien kennengelernt haben) enorm ausgebaut. Die UPRONA entwickelte sich zu einem wirksamen Mobilisations- und Ideologieinstrument. Es zeigte sich, dass die Partei bedeutend leichter und flexibler für momentane politische Strategien und persönliche Projekte der Staatsführung eingesetzt werden konnte als der festgelegtere und schwerfälligere Staatsapparat. Le Jeune hat aufgezeigt, wie Bagaza und später wiederum Buyoya und seine Leute die UPRONA als persönliches Instrument von Autorität und Legitimation benutzten, ein Instrument, das der Staatsführung erlaubt, ihre Macht gegenüber dem Staatsapparat, aber auch gegenüber Regierung und Militär durchzusetzen; die Einheitspartei wird zum geeigneten Mittel zur Stärkung der Legitimität der Macht und persönlichen Autorität, und ebenso zur Einholung breiter „Volksunterstützung" und „-bestätigung" (1989:77f).

Damit die auf neue, zusätzliche Ziele ausgerichtete Einheitspartei ihre volle Wirkung entfalten konnte, kam es auf allen, so auch auf der lokalen Ebene zu einer weitgehenden Entflechtung der Partei- von den Verwaltungsinstanzen. Es ist seither nicht mehr denkbar, dass der Administrateur communal wie unter Micombero gleichzeitig Erster Sekretär des kommunalen Parteikomitees sein kann. Auf den unteren Ebenen jedoch ist die Komplementarität und Nicht-Parallelität von Territorialverwaltung und Parteiinstanzen bestehen geblieben, zweifellos aus Mangel an für solche Stellen als geeignet erachteten Personen. Bereits seit diesen Restrukturierungen zeichnete sich ab, zu was die UPRONA in den kommenden Jahren werden sollte. Le Jeune spricht in an Klarheit nicht zu wünschen übrig lassenden Worten von der Einheitspartei als einer „véritable administration parallèle. (…) un instrument supplémentaire de contrôle et de surveillance policière des populations" (1989:88). Und Rutake (1980:107) zitiert eine noch zur Zeit Micomberos entstandene Studie mit den Worten: „Plus que le chef traditionnel, les responsables du Parti sont craints et leur autorité n'est fondé que sur cette crainte que les gens éprouvent envers eux" (zit. aus Sanglar 1973:84), was trotz der etwas zu absoluten, kategorischen Form keineswegs nur für die Erste Republik gilt.

Es ist hier jedoch sogleich anzufügen, dass man sich vor zu einseitigen Urteilen, die der Realität nicht gerecht werden können, hüten muss. Da die Partei seit der Zweiten Republik nicht nur zur Einbindung und Kontrolle der Bevölkerung, sondern auch des Staatsapparates konzipiert war, konnte sie manchmal auch von den Bauern in diesem Sinn benutzt werden. Es ergab sich aus der Natur dieser Massenpartei, deren lokale Instanzen in bemerkenswertem Gegensatz zur Staatsverwaltung in der grossen Regel der ortsansässigen Bevölkerung entstammten und bei deren Ernennung bzw. Wahl weniger auf „moderne Kompetenzen" wie Lese- und Schreibkundigkeit geachtet werden konnte, dass ihre Organe den Bauern im allgemeinen näher standen als die Verwaltungskader. In manchen Fällen sahen die Bauern sie nicht nur als die „natürlichen Alliierten" der Verwaltung, sondern als mögliches Gegengewicht zu in selbstherrlich-isolierter Weise über ihre Köpfe hinweg entscheidenden Gemeindebehörden. Zumindest unter der Dritten Republik schien es in vielen Fällen einfacher zu sein, seine Meinung im Rahmen der Partei als gegenüber der zentralbe-

[53] Für die Gemeinde Ntega gibt Le Jeune leider nur die Kandidaten, nicht aber die Gewählten an; unter den Kandidaten konnte er 96% Bauern ausmachen (1989:82).

[54] Von derselben Einstellung, dass in alle Repräsentativorgane in erster Linie Staatsrepräsentanten und nur im „Notfall" Leute gehören, die keine offizielle Funktion wahrnehmen oder gar „gewöhnliche Bauern" sind, zeugen die Resultate der Legislativwahlen vom 22. Oktober 1982: Von den zugelassenen Kandidaten gehörten 92,2%, von den schliesslich Gewählten 97% dem öffentlichen Sektor an (Chrétien & Le Jeune 1986:335f).

stimmten Verwaltung einzubringen.[55] In diesen Fällen wäre es untersuchenswert, ob und inwieweit der seit 1992 (mit blutigen Rückschlägen!) versuchte Parteienpluralismus dieses Gleichgewicht stört und die Position der Verwaltung allenfalls stärkt.

9.3.3 „L'administration de développement"

Unter der Zweiten Republik war im Zuge der politischen Umgestaltung jedoch nicht nur die Einheitspartei, sondern auch die Lokaladministration erneuert worden. Das betraf nicht nur gewisse Bereiche ihrer Struktur, die durch das neue Gemeindegesetz von 1977 geregelt wurde, sondern ebenso die ihr vom Staat gegebene Legitimation. Rutake hebt hervor, dass in diesem Gesetz zum ersten Mal in expliziter Weise „(ländliche) Entwicklung" als Motiv und Rechtfertigung der Gemeindereform angeführt wurde (1980:122, s. Präambel des Gesetzes). Der offizielle Diskurs stellt fortan den Wert der „Entwicklung" heraus, zu deren Verwirklichung die Commune die grundlegende „Zelle" sein soll.[56] Hinter diesem neuen „Entwicklungs-Diskurs", den die an die Macht gekommene Gruppe von Armeeoffizieren führt, glaubt Rutake eine „nouvelle lecture de la société" zu erkennen (1982a:53). Die Entwicklungsdynamik soll in erster Linie von der Einheitspartei umgesetzt werden, die damit eine neu definierte Rolle erhält: „Le rôle du Parti sera de concevoir, orienter, animer, former et contrôler".[57] Inwieweit sie diesem umfassenden Anspruch (der in seiner Undifferenziertheit wiederum als Produkt des staatlichen Allmachtswunsches zu verstehen ist) gerecht werden konnte und den dazu notwendigen Raum erhielt, wird noch zu prüfen sein. Die der Partei gegebene Bedeutung zeugt auf jeden Fall von der Wichtigkeit, die mobilisatorischen und ideologischen Faktoren beigemessen wurde. Die Gemeindeverwaltung aber sollte den dazu notwendigen Rahmen bilden.

Die neue Ausrichtung auf den ländlichen Bereich sollte durch verschiedene Massnahmen materialisiert werden. Dazu gehörten sowohl ein verbesserter Kreditzugang[58] für Bauern, vor allem aber die Dezentralisierung und der gleichzeitige Ausbau der verschiedenen administrativen, sozialen und kulturellen Dienste auf dem Land. Die Kommunalverwaltung wurde neu bestimmt, wenn nicht im strikten Sinn einer Dezentralisation, so doch einer „Dekonzentration", um in den Termini der Verwaltungswissenschaft zu sprechen: Das neue Gesetz erkannte der Gemeinde die Eigenschaft einer juristischen Person mit Verwaltungsautonomie zu (Artikel 3), was eine gewisse Erweiterung ihrer sozio-ökonomischen Kompetenzen bedeutete, die sich fortan nicht mehr ausschliesslich auf den rein bürokratischen und fiskalischen Bereich bezogen (wozu jedoch anzumerken ist, dass gleichzeitig ihre Einkommensquellen durch verschiedene Massnahmen empfindlich beschnitten wurden, s. oben Anmerkung 45).

Begleitend zur „Dezentralisierung" und Aufwertung der Gemeinden wurde nicht weniger als eine grundlegende Umgestaltung der wichtigsten politischen Beziehungen, das heisst derjenigen zwischen Staatsverwaltung und Bauern, in Aussicht gestellt. Die Behörden aller Ebenen sollten

---

[55] Cf. den im Rapport des Gemeindekongresses von 1981 in der Commune Nyabitare ausgedrückten Wunsch, die lokalen Verwaltungsbehörden von den lokalen Parteiinstanzen bestätigt zu sehen (zit. in Chrétien & Le Jeune 1983a:68).

[56] So heisst es in der Präambel des neuen Gemeindegesetzes: „(...) il convient de réformer l'administration communale pour favoriser le développement des communes et l'épanouissement de leurs populations". Im staatlichen Diskurs ist immer wieder die Rede von der Bedeutung der Gemeinde als Basiseinheit jeder Entwicklung: „La commune doit être la cellule de base du développement" (cf. Rutake 1988:6, 1982a:54, Chrétien & Guichaoua 1988:90).

[57] S. „Pourquoi le changement". Maison du Parti, Bujumbura, novembre 1976, p.14.

[58] Bedeutung erlangten hier vor allem die 1984 ins Leben gerufenen „Coopératives d'Épargne et de Crédit" (COOPEC), ein System ländlicher Genossenschaftsbanken. 1989 waren 88% der Genossenschafter Bauern; ihnen gehörten 50% der Einlagen und kam 40% der vergebenen Gesamtkreditsumme zu (s. „Le Renouveau", N° 2886, 13 mai 1989:4-5 & N° 2733 du 10 novembre 1988:5). 60% der Kredite kamen dagegen vor allem Leuten mit festem Einkommen, d.h. in erster Linie Funktionären, zugute.

zukünftig mehr eine erzieherische denn eine autoritär-repressive Rolle spielen, wie es in der Ende 1979 erlassenen neuen UPRONA-Parteicharta formuliert wurde: „Leur rôle consiste à expliquer, à animer le programme du développement, à se montrer plus éducateurs que répressifs, plus animateurs que bureaucrates, pleins d'initiatives et de détermination" (zit. in Rutake 1984:115). Wenn man diesen offiziellen Diskurs „transkribiert", treten die Grundzüge der den nachkolonialen Staat prägenden Beziehungen zwischen Staat und Bauern in ganzer Deutlichkeit hervor. Festgestellt wird hier, dass allein in zentralistisch-dirigistischer Manier entworfene Programme und politische Strukturen nicht nur den Bauern, sondern auch allen subalternen Behörden und Staatsvertretern übergestülpt werden, ohne dass es die Möglichkeit gibt, Anregungen und Wünsche von unten aufzunehmen. Aus der zitierten Formulierung wird klar, dass auch weiterhin nicht vorgesehen war, Initiativen und Bedürfnisse von unten zu berücksichtigen; es ging vielmehr darum, Erfolg und Aufnahme der oben ausgearbeiteten Programme zu erhöhen, indem sie weniger über Zwang als über Überzeugung und „Sensibilisierung" durchgesetzt wurden. Dazu bedurfte es aber einer „neuen Mentalität" auf seiten der Staatskader, die sich fortan nicht mehr als „Eliten", sondern nur noch als „Kader" im Sinne eines anleitenden, technischen Stabes verstehen sollten (Chrétien 1979b:110). Damit sollte eine Stärkung der Bande zwischen Beamten- und Bauernschaft einhergehen. Soweit das Programm. Welche Schritte wurden zu seiner Umsetzung unternommen?

Wenn die Neuordnung der Gemeinden unter dem Schlagwort „vers une autre administration: L'administration de développement" (s. Rutake 1986b:13, cf. 1988:6) daherkam, so gilt es zu prüfen, inwieweit die Verwaltung wirklich neu ausgerichtet wurde und die Stellung der Gemeinden als Basiseinheiten gestärkt aus dieser Reform hervorging, wie sie Rutake attestiert. Wenn dieser Autor aus der 1982 vorgenommenen Erhöhung der Anzahl der Gemeinden von 79 auf 114 schliessen zu können glaubt, dass es sich dabei um eine „Annäherung der Verwaltung an die Verwalteten" handelte (ibid., p.14), so kann das allein der staatlichen Perspektive entsprechen. Die Verkleinerung der Gemeinden war von keinerlei Massnahmen begleitet, welche die proklamierte „Partizipation der Bevölkerung an der Lokalverwaltung" zu stärken vermocht hätten. Es ist unter diesen Bedingungen nur schwer nachvollziehbar, wie Rutake (ibid., p.15) zum Schluss kommen konnte, dass es sich bei dem vom neuen Regime eingeschlagenen Weg um eine Bevorzugung eines „développement par en bas" gegenüber einer Entwicklung von oben gehandelt habe. Wenn auch neu sogenannte „Commissions provinciales de planification" – rein technokratische Staatsorgane – ins Leben gerufen wurden und zusätzlich „Sous-commissions communales" geschaffen werden sollten (s. Rutake 1986b:15, 1988:6, Chrétien & Guichaoua 1988:90), so tat das dem weiterhin geltenden Modell einer straffen und autoritären Zentralisierung von Staat und Verwaltung kaum Abbruch. Die angestrebte Dezentralisation blieb weitgehend wirkungslos. Ihren sichtbarsten Ausdruck fand sie noch in der Verlegung einiger sekundärer Staatsdienste aus der Hauptstadt ins zentraler gelegene Gitega, die zweitwichtigste Stadt des Landes.

Wie wenig weit die proklamierte „Dezentralisierung" ging, zeigte sich darin, dass die oberste Gemeindeautorität nicht einer politischen, sondern einer reinen Verwaltungsinstanz zukam: Der „Administrateur communal" war – sein Titel macht es deutlich – kein Vertreter der Ortsbevölkerung, sondern vielmehr ein am Ort eingesetzter Vertreter der Zentralmacht.[59] Auch das zweite

---

[59] Wenn die entsprechende Konzipierung der Stellung der obersten Lokalbehörden mit ihren Verantwortlichkeiten sowohl gegenüber dem Zentralstaat wie gegenüber der Bevölkerung in der Verwaltungssprache als „dédoublement fonctionnel" (cf. das sogenannte „doppelte Mandat" der Kolonialbehörden nach der Theorie Lugards) bezeichnet wird, so ist damit immer klar das Primat der staatlichen Einbindung und Repräsentanz verbunden, wie Franck Moderne gezeigt hat: „(...) la dualité des statuts fait de l'exécutif local davantage un collaborateur de l'État qu'un organe de représentation de la collectivité de base" (in: Annuaire du Tiers-Monde, VIII, 1982-83, 1984:37. Paris: Nathan; cf. Rutake 1980:144, auch Chrétien 1982:379). Und weiter: „La technique du ‚dédoublement fonctionnel' (un élu local est en même temps agent de l'État) permet de renforcer l'appareil de contrôle étatique sur les collectivités de base. Elle est assez courante, notamment dans les États qui se sont appuyés plus ou moins sur le modèle français" (ibid.). Bis

wichtige Organ auf dieser Ebene, der „Conseil communal“, der repräsentative Aufgaben wahrnehmen könnte, hatte rein konsultative Kompetenzen und wurde überdies auf Vorschlag des Gemeindeadministrators durch den Provinzgouverneur ernannt; auf dieses Gremium, das sich mehrheitlich aus ausserhalb der Gemeinde tätigen Kadern von Staat und Wirtschaft zusammensetzte, wird noch ausführlicher einzugehen sein. Das neue Gemeindegesetz erwies sich mithin auch auf dieser Ebene als wenig reformfreudig.

Unter diesen Umständen ist Rutakes folgende Aussage, die die staatliche Sichtweise aufnimmt, nicht nur gewagt, sondern schlichtweg grob verzerrend: „La commune apparaît à la fois comme le fondement de l'État et comme la base d'intégration des préoccupations locales dans la politique nationale. Les choix politiques, c'est-à-dire les priorités à établir entre les divers secteurs et la coordination nécessaire entre les réalisations du pouvoir, se définissent à partir du cadre communal“ (1984:118). Die „nationale Politik“ wird nicht auf der lokalen Ebene bestimmt, da es hier bis heute keine Einrichtungen gibt, von hier ausgehende Anregungen aufzunehmen. Die Gemeindebehörden dienen vielmehr der zweiten Aufgabe, die Rutake hervorhebt: der Mobilisierung der Bevölkerung für die von den Zentralinstanzen festgelegten Ziele. Davon zeugt auch das Selbstverständnis, das die Administrateurs communaux von ihren Aufgaben haben: Gemäss einer Erhebung dieses Autors unter den Gemeindeverwaltern verstehen sich diese als „Auge der Regierung“ oder im besten Fall in alter paternalistischer Art und charismatischer Überschätzung ihrer Rolle als „guide qui éclaire la population pour ce qu'il convient de faire pour son développement“ (1984:119). Rutake bringt die damit verbundenen Beziehungen zwischen Behörden und Bevölkerung auf den Punkt, wenn er schreibt: „Les rares fois que l'administrateur s'adresse directement à la population, c'est moins pour demander ce qu'elle souhaite voir se réaliser dans les communes que pour l'exhorter à apporter son concours dans l'exécution des tâches décidées ailleurs“ (ibid.).

Die angestrebte „Vertiefung“ der Bande zwischen Behörden und Bauern lief unter diesen Umständen – wir haben es bereits gesehen – nicht auf einen Ausbau demokratischer Institutionen, sondern des bürokratischen Druckes und polizeilicher Kontrolle hinaus; es war nicht so, dass den Bauern mehr Raum gegeben wurde zum Beispiel dadurch, dass ihnen vermehrt Kanäle zur Willensäusserung zur Verfügung gestellt oder der „bäuerliche Diskurs“ in irgendeiner anderen Weise ernster genommen worden wäre. Neben der politischen blieb aber auch die sozio-kulturelle Spaltung zwischen „Eliten“ und bäuerlichen Massen bestehen. Daran änderte auch die seit 1976 verfolgte „Ruralisierung“ und „Kirundisierung“ des Bildungswesens wenig. Wegen nur beschränkt zur Verfügung stehender Staatsmittel bzw. der gewählten Prioritätensetzung liegt die angestrebte (und in den Fünfjahresplänen immer wieder in die unmittelbare Zukunft gerückte) Verallgemeinerung des Schulbesuches noch in weiter Ferne.[60] Nicht nur die Alphabetisations-, sondern auch die Einschulungsrate liegt bis heute trotz anders lautender staatlicher, statistisch untermauerter Beteuerungen beträchtlich unter 50%. Dabei gibt es jedoch beträchtliche regionale Unterschiede.[61] Es bil-

---

heute ist es bei Burundis strikt von oben ernannten Lokalbehörden überhaupt unangebracht, von einer „doppelten Funktion“ zu sprechen, da ihnen von unten keinerlei Mandat übertragen wird.

60 Die im Gefolge dieser Bestrebungen unter der Zweiten Republik eingeführte doppelte Führung aller Schulklassen (sog. „double vacation“) hat letztlich zu einer allgemein beklagten Senkung des Niveaus der Primarschulbildung beigetragen. Es sei hier nur angemerkt, dass eine Einschätzung der staatlichen Bildungspolitik nicht möglich ist unter Ausserachtlassung der vom Staat verfolgten Kirchen- und ethnischen Politik.

61 So lag nach offiziellen Angaben die Skolarisationsrate (Anteil der schulbesuchenden Kinder zwischen 7-12 Jahren, d.h. im Primarschulalter, wobei diese Rate noch etwas durch etliche bis zu 16 Jahren alte Kinder aufgebläht wird) in der traditionell mit Bildungseinrichtungen gut ausgerüsteten, zentral gelegenen Provinz Muramvya zu Beginn des Schuljahres 1985/86 bei 54,5% (63% der Knaben, 46% der Mädchen); weitere 12,6% besuchten die *Yaga Mukama*-Alphabetisierungsklassen (Monographie de la Province de Muramvya, 1986:ii,19-25). In der peripheren Provinz Kirundo dagegen betrugen die Raten zur selben Zeit lediglich 40% (48% Knaben, 32% Mädchen) + 8% *Ya-*

deten sich zunehmend zwei radikal getrennte Welten, die ihren schärfsten Ausdruck fanden in den grundlegend verschiedenen Lebensbedingungen der ländlichen Bevölkerung und der kleinen urbanen Elite, die sich noch heute beinahe ausschliesslich auf die Hauptstadt Bujumbura konzentriert, und deren Grenzen umso augenfälliger gemacht werden durch die dazwischenliegende Bergkette, welche die einzige namhafte städtische Agglomeration am Ufer des Tanganyika-Sees isoliert.

„La ville, c'est-à-dire Bujumbura, est restée pratiquement jusqu'à ce jour un corps étranger aux yeux des habitants des collines. L'ancienne station militaire allemande (...) est restée d'abord la capitale politique et administrative du pays. (...) Si le Burundi s'identifait jadis avec les montagnes, ‚là-haut' (*ruguru*) où résidait le roi, il semble ne s'exprimer aujourd'hui que sur les bords du Tanganyika, les collines étant releguées sous la rubrique de ‚l'intérieur'" (Chrétien 1979b:104, cf. 106f).

9.3.4 Die Verdörferungspolitik (villagisation)

Ein wichtiger Prüfstein für die in Aussicht gestellte Umgestaltung des Verhältnisses zwischen Staat und Bauern und das vielleicht aussagekräftigste Beispiel für ihre tatsächlichen Beziehungen ist die sogenannte „Verdörferungspolitik". Dass es beim „développement rural" nicht nur um Fortschritt auf dem Lande und der Bauern, sondern ebenso um die Macht (und gerade in diesem Sinn um die Bauern) ging und dass damit auch verschiedene politische Orientierungen und Optionen verbunden waren, zeigt sich in exemplarischer Weise an der Politik der „villagisation". Die offiziell „regroupement des populations rurales en villages" genannte Politik hatte zum Ziel, die bis heute zum weit überwiegenden Teil in ausgeprägter Streusiedlungsweise auf den Hügeln lebenden Bauern in verschiedenen Formen konzentrierterer Siedlungsanlagen zusammenzufassen. Mit diesem in gewissen Teilen am tanzanischen „Ujaama"-Modell orientierten Projekt wurden gleichzeitig mehrere Ziele verfolgt. Letztlich angestrebt wurde eine umfassende gesellschaftliche Umgestaltung: Die ländliche Bevölkerung sollte nicht nur einen leichteren Zugang zu verschiedenen sozialen und ökonomischen Infrastrukturen erhalten – Wasserstellen, Schulen, Krankenstationen, Märkten und Kooperativen –, sondern darüber hinaus war eine grundlegende wirtschaftliche Umstrukturierung in Richtung Produktionskooperativen und Mechanisierung geplant, die auch einen als notwendig erachteten Mentalitätswandel der „zu sehr auf sich selbst zurückgezogenen" Bauern mit sich bringen sollte. Zugleich liess sich dadurch der staatliche Zugang zu den bislang vereinzelt zwischen ihren Bananenstauden sitzenden Bauern erleichtern, von ökonomischen Abzügen über Produktionslenkung bis zu allgemeiner Einbindung und Kontrolle – ein zwar nicht explizites, von den Bauern aber umso mehr befürchtetes Ziel.[62]

---

ga Mukama-Schüler/innen, während die restlichen 52% überhaupt keine schulische Bildung erhielten (Monographie de la Province de Kirundo, 1986:iii, 67-71). Diese offiziellen Zahlenangaben scheinen eher hochgegriffen; bis Ende der achtziger Jahre haben sie sich nach meinen eigenen Untersuchungen – die hier in markantem Gegensatz zu den Regierungszahlen stehen, die nahezu doppelt so hoch liegen – nur unwesentlich verändert. Die landesweite Alphabetisationsrate liegt noch bedeutend tiefer (nach den Befunden des Zensus von 1979 betrug sie damals z.B. 25%, 1985 lag sie bei 33,8%).

[62] Zu den Grundlagen der Siedlungsstruktur und der genaueren Ausformung der „Verdörferungs"-Politik s. Laely 1983. – In der auf dem Nationalkongress Ende Dezember 1979 angenommenen neuen „Charte du Parti UPRONA" ist zum extensiv abgehandelten Thema „villagisation" unter anderem folgendes nachzulesen: „Sur le plan politique, la villagisation fera éclater le cadre fermé du „rugo" pour tremper tous les membres de la famille dans un environnement socio-politique nouveau. Elle permettra la circulation des idées nouvelles, un débat plus aisé et partant une mobilisation politique plus efficace. (...) Le paysan doit rompre avec la tendance à l'isolement et au conservatisme pour réhabiliter l'éthique coopérative et communautaire acquise dans notre culture à travers toutes les formes d'entraide mutuelle".

Die Bildung von Dörfern wurde mit allen sich damit eröffnenden Möglichkeiten als die entscheidende Lösung der ländlichen Unterentwicklung angepriesen. Im Bericht einer vorbereitenden Kommission aus dem Jahr 1978 ist zu lesen: „C'est donc ce regroupement qui est la charpente du changement de la vie du paysan", und Staatspräsident Bagaza selbst hob die Innovationskraft dieser Massnahmen hervor:

> „Le regroupment des populations en villages communautaires s'offre à nous comme une voie plus ou moins sûre pour révolutionner la campagne burundaise et connaître un début de développement rural".[63]

Es ist nun bedeutungsvoll zu beachten, wie diese (allein oben definierte) Politik durchgesetzt und welche Schritte dabei zuerst unternommen wurden. Hauptattraktion für die Bevölkerung sollten die in den Dörfern zu installierenden sozialen und wirtschaftlichen Infrastrukturen sein (neben Wasserstellen, Krankenstationen und Schulen wurde sogar die baldige Elektrifizierung versprochen). Da die Mittel zur Deckung der enorm hohen Kosten derartiger Infrastrukturen schlicht nicht vorhanden waren, wurde die ganze Aktion – so musste es scheinen – von hinten aufgezäumt: Zuerst sollten die Leute gruppiert werden, und die verschiedenen Installationen sollten dann nach und nach kommen... In vielen Gemeinden wurde so auf Geheiss und unter Anleitung der Behörden damit begonnen, auf ungenutzten Staatsböden „Pisten" anzulegen, das heisst einfache Wegbahnen zu trassieren und von Gras und Unterholz freizulegen. Ihnen entlang wurden auf beiden Seiten Parzellen ausgesteckt, auf die die Bewohner der Gemeinde ihren Wohnsitz verlegen sollten; diese boten gerade Platz für eine Familien-Kaffeeplantage[64], die aus Supervisionsgründen an der „Piste" zu liegen hatte, und vielleicht einen kleinen Gemüsegarten.[65] Da diese Dorfprojekte mit keinen weiteren Infrastrukturen ausgestattet waren und zudem oft auf exponierten, wenig fruchtbaren Böden lagen, blieb ihre Anziehungskraft höchst bescheiden. Die Bauern zeigten aus vielfachen Gründen wenig Begeisterung. Bereits 1979 schrieb Chrétien dazu:

> „Il est à craindre que le déracinement de paysans par rapport à leurs souvenirs, à leur cadre de vie familial, au paysage qu'ils ont humanisé depuis des générations, à leurs habitudes culturales et sociales, n'entraîne une sorte d'anomie, de rupture des solidarités variées qui ont survécu à toutes les tempêtes de l'histoire moderne. Comme ce fut le cas dans les villes en Afrique, des agro-villages artificiels peuvent voir la hantise de la sorcellerie et les conflits de type clanique se développer de façon encore plus irraisonnée et passionnelle que dans le cadre rural habituel" (1979b:113).

Die grösste Hypothek der Dorfprojekte lag darin, dass der Anstoss zu ihnen in der grossen Regel nicht von der betroffenen Bevölkerung selbst ausging, sondern von den Behörden kam. Lokale

---

63 J.-B. Bagaza in seiner Eröffnungsansprache zum ersten nationalen Kongress der UPRONA am 27. Dezember 1979, zit. in „Le Renouveau", N°. 429, 28 décembre 1979.

64 Bis heute ist der Unterhalt einer Kaffeepflanzung in allen Gegenden, wo dies möglich ist (d.h. ausser den hochgelegenen Bergregionen, in denen primär Viehhaltung betrieben wird), obligatorisch. Damit wird die aus den dreissiger Jahren stammende koloniale Politik auf diesem Gebiet ohne nennenswerten Bruch weitergeführt. Während unter dem belgischen Kolonialregime ein Minimum von 60 Bäumen je Rugó-Residenzeinheit erforderlich war, wurde dieses unter der Zweiten Republik auf 40 Bäume gesenkt. Die Dritte Republik hat zu diesem Punkt keine sehr kohärente Politik entwickelt. Ab Ende 1988 (das heisst nach den Ntega-Marangara-Massakern) wurde auf keiner obligatorischen Mindestbaumanzahl mehr insistiert; vorhandene Bäume aber müssen fachgerecht unterhalten (mit Stroh unterlegt und freigehalten) werden, damit ein Produkt hoher Qualität erzielt werden kann, aus dessen Erlös der Staat bis heute 90% seiner Devisen zieht.

65 Umfang und Lokalisation des für Kulturen verfügbaren Raumes hing stark vom betreffenden Dorfmodell ab, deren es verschiedene gab. Im Gegensatz zum traditionellen Siedlungsmodell des *itôngo*-Anwesens, in dem die Pflanzfelder in der Regel in konzentrischen Kreisen um das Wohngehöft herum lagen, waren diese ganz oder teilweise von ihm getrennt (cf. Laely 1983).

Initiativen waren die Ausnahme und gingen meistens auf einige initiative Kirchenleute zurück, die von Anbeginn an auch die notwendigen sanitären und sozialen Infrastrukturen bereitstellten.

Die breite Ablehnung, auf die die nun wirklich nicht aus ihrem Kreis stammende Idee der Regruppierung auf seiten der Bauernschaft stiess, zeigte sich auch anlässlich der UPRONA-Kommunalkongresse von 1983. Die „erstaunliche Passivität" der Parteikongresse unterster Ebene zu diesem Thema, die Chrétien & Le Jeune bei ihrer Inhaltsanalyse der Kongressrapporte konstatieren (1983a:73), weist nur wieder auf die unter behördlicher Führung zustandegekommene Filterung der an den Kongressen angeschnittenen (oder in den Rapporten aufgenommenen) Themen hin, ebenso wie Richtung und Inhalt der geäusserten Voten auf die geübte Selbstzensur hinweisen. Es bedarf hier wiederum einer „exégèse du non-dit", was die genannten Autoren denn auch selbst versuchen (nachdem sie es wenige Seiten zuvor bezüglich des „non-dit ethnique" ausschlugen):

> „Sans tirer trop de conclusions définitives sur cette villagisation, on ne peut que constater *cette attitude un peu résignée: l'État a lancé le projet, c'est son affaire s'il tient à réussir*. Un silence implicite qui contraste aussi avec la précision entourant d'autres demandes et qui amène à s'interroger sur l'intégration des projets de ‚développement rural' dans les aspirations paysannes" (ibid., meine Hervorhebung).

Es lag letztlich nicht an der mangelnden Systematik, mit der diese Politik vorangetrieben wurde, sondern am zentralstaatlichen Autoritarismus, der jegliche bäuerlichen Bedürfnisse überging, und in einer späteren Phase am begleitenden Zwang, dass der von oben mit grossem bürokratischem Aufwand eingeleitete Prozess entsprechend wenig Resultate zeitigte. Es waren schliesslich allein drei mehr oder weniger klar begrenzte und zahlenmässig beschränkte Kategorien von Personen, die sich für eine konzentriertere Siedlungsweise unter staatlicher Ägide zu erwärmen und darin einen gewissen Gewinn zu erkennen vermochten: Zum einen innovative Junge mit „modernistischen" Ideen, die sich aus traditionellen Zwängen zu befreien wünschten und sich von einem dörflichen Leben neue (gewerbliche) Erwerbsmöglichkeiten versprachen; zum anderen wirtschaftlich oder sozial Marginalisierte (darunter ehemalige Bagerêrwa und andere an Land arme Leute), die noch am ehesten bereit waren, auf andere Böden oder gar in andere Regionen umzuziehen; und schliesslich die Bewohner der Ebenen der Grenzregionen im Westen und Osten, die schon immer stärker Ausseneinflüssen ausgesetzt und diesen gegenüber offener waren.

Das grossangelegte „Verdörferungsprojekt" war tatsächlich bereits 1985 zum Erliegen gekommen, als der Staat die Unterstützungsmittel für den 1980 geschaffenen „Fonds de l'Habitat Rural" sistierte, der allen Bauern, Kleinhändlern und Handwerkern, die bereit waren, sich in einem Dorfprojekt niederzulassen, zu subventionierten Preisen auf Kredit Baumaterialen (hauptsächlich Wellblech) lieferte. Damit war auch der Hauptanreiz des staatlichen Dorfprogrammes verschwunden.[66]

Als in den späten Jahren der Zweiten Republik angesichts des immer deutlicheren Scheiterns der Dorfpolitik vermehrt zu Zwangsmassnahmen gegriffen wurde (in einigen Regionen, z.B. in der Provinz Ngozi, wurde gar mit Busse bedacht, wer sich nicht räumlich einzuordnen gewillt war), konnte das die Ablehnung dieser Staatsprojekte durch die Bauern nur noch erhöhen. Zu diesen Massnahmen gehörte, dass nach dem neuen, 1987 erlassenen Heiratsgesetz sich jeder heiratswillige Mann nicht nur über den Besitz einer Pflanzung von 40 Kaffeebäumen, sondern auch eines rechteckigen Adobehauses in einem Dorfprojekt ausweisen musste, eine Bestimmung, die die Gemeindeadministratoren allerdings in sehr unterschiedlichem Masse durchzusetzen versuchten.

Wenn hinter der „politique de regroupement des populations en villages" ohne Zweifel mehrere Ziele standen, die verschiedenen Gruppen der Staatsklassen mit unterschiedlichen Interessen ent-

---

[66] Von 1980 bis 1988 war mit diesen Mitteln der Bau von insgesamt 16'592 Häusern unterstützt worden, bei einer Gesamtbevölkerung von über 4 Millionen eine nicht allzu breit angelegte Aktion. S. „Le Renouveau", N° 2732 du 9 novembre 1988. Der Fonds nahm seine Tätigkeit ab September 1987 wieder auf, allerdings in höchst bescheidenem Ausmass (ein nicht geringer Teil der Kredite ging an Militärangehörige, s. „Le Renouveau", N° 2864, 15 avril 1989, p. 7).

sprechen mochten, so scheint auf den ersten Blick einiges dafür zu sprechen, dass politisch-administrative Motive überwogen.[67] Dieser Schluss liegt nicht nur dann nahe, wenn man das Vorgehen der Behörden in Rechnung stellt, sondern auch, wenn man die Staatsbudgets, wie sie in den Fünfjahresplänen dieser Zeit veranschlagt wurden, studiert. Die für den „ländlichen Sektor" vorgesehenen Ausgaben nahmen seit dem ersten Fünfjahresplan (1968-1972) bis zum dritten (1978-1982, dem ersten unter dem neuen Regime) stetig ab, während diejenigen für den in erster Linie städtischen Tertiärsektor auf über 50% anstiegen. Wenn die sozio-ökonomischen Motive für eine Verdörferung prioritär wären, so liesse sich argumentieren, müssten erstens wohl bedeutend mehr Mittel für derartige, sehr kostspielige Infrastrukturen bereitgestellt und zweitens die bereits bestehenden Strukturen und eine vorrangige Ansiedlung um diese herum unterstützt werden. Waren es mithin letztlich politisch-administrative (Sicherheits-) Motive, die gegenüber anderen die Oberhand behielten und vor allem die „Implementierung" dieser Politik bestimmten? Wenn man das permanente Unsicherheitsgefühl der Oligarchie (das unter dem Einfluss der Ereignisse in Rwanda seit langem eine ethnische Beinote hatte und zu einem eigentlichen Trauma geworden war) und den daraus erwachsenden Drang nach Kontrolle und Sicherheit in Rechnung stellt, dann kann diese Motivationslage wenig überraschen. Die Bevölkerung in besser überblick- und kontrollierbaren Siedlungen zusammenzuziehen, mag der kleinen herrschenden Minderheit ein gewisses Sicherheitsgefühl verschaffen, ein Gefühl, die Bevölkerung – und somit die Situation – einigermassen in der Hand zu haben. Der Glaube, damit die eigenen Einflussmöglichkeiten zu verstärken, überwog dabei die Angst, dass konzentriertere Siedlungen ein Herd von gegen den Staat gerichteten bäuerlichen Allianzen und neuen Solidaritäten sein könnten.

Nichtsdestoweniger scheint es mir unwahrscheinlich, dass es ursprünglich Sicherheitsmotive waren, welche zu einem derart breiten Entwurf einer neuen ländlichen Gesellschaft Anlass gaben (Bottes These [1983:193] scheint mir da zu vereinfachend). Gerade der letzte Punkt lässt sich überzeugender erklären, wenn wir weitere Beweggründe ins Auge fassen. Trotz des „Ethnizitäts-Traumas" nach mehreren Hutu-Umsturzversuchen und der Wirkung des rwandesischen Beispiels ist die „Angst-These" für sich allein wenig plausibel. Die Herrschenden waren in ihrer überwiegenden Mehrheit nicht nur Angehörige der 15%-Minderheit der Batutsi, sondern auch Sozialisten (und überdies oftmals Militärs!), die keine Angst vor den Bauern zu haben brauchten, vertraten sie doch in ihrer Ideologie deren eigentliche Interessen. Ausser aus den eigenen Reihen drohte der Regierung wohl kaum Gefahr; und wenn sie eine solche gesehen hätte, dann wohl eher von seiten organisierter und nicht von seiten verstreuter Bauern, d.h. es wäre dann sinnvoller gewesen, von jeglichem ruralen Umbau abzusehen (und pro forma sogar die Monarchie beizubehalten). Richtiger ist wohl, dass die Regierung, ausgehend von einem umfassenden sozialistischen Gesellschaftsprojekt, ihre Durchsetzungskraft stark überschätzte. Hinter ihren ambitiösen „villagisation"-Plänen ist die Hand von idealistischen, dem bäuerlichen Lebenskontext entfremdeten Technokraten zu vermuten, die auf der Basis eines sozialistischen oder auf jeden Fall staatsdirigistischen Gesellschaftsmodeles die erforderliche Führungsrolle und -kraft des Staates sehr hoch veranschlagten. So ist die Regruppierungspolitik letztlich als ein Mittel zu einer wirksamen zentralen Planung auf allen Gebieten zu verstehen. Bauern in Streusiedlungen entsprachen nicht dem Bild eines Kollektivs, das sich eine nach sozialistischem Vorbild aufgebaute Partei machte. Folglich wurden drei Schritte angestrebt: Bodenreform – Villagisation – Kollektivierung. Allen beschönigenden Zwischenerklärungen zum Trotz dürfte dies von Anfang an der „masterplan" gewesen sein – was noch nicht dagegen spricht, dass im Zuge der Ausführung der Politik neue, gegenüber der Konzeptionsphase unterschiedliche Antriebe zum Tragen kamen. – Wenn einer dörflichen Regruppierung der Bevölkerung unter dem Argument eines „accès plus facile" das Wort geredet wurde – wie das übrigens bereits in den Versammlungen des kolonialen „Conseil Supérieur du Pays" Mitte der fünfziger

[67] Für eine detailliertere Einschätzung s. Laely 1983, ebenso Botte 1983 und Chrétien & Le Jeune 1983a.

Jahre geschah[68] –, dann waren mit dieser leichteren Zugänglichkeit explizit zwar lediglich die Häuser, implizit aber sehr deutlich auch deren Bewohner, ihre Produktion und Arbeitskraft gemeint. Weder in der Motivation noch in der Argumentation, und nicht einmal in den Durchführungsvorschlägen hatte sich viel an der bereits drei Jahrzehnte früher von der belgischen Kolonialverwaltung verfolgten Politik geändert (abgesehen davon, dass diese nicht auf Kollektivierung hinauswollte).

Auf seiten der ländlichen Bevölkerung bildete dagegen ein allem Handeln zugrundeliegendes politisches Unsicherheitsgefühl einen der wesentlichsten Hinderungsgründe, sich in konzentrierteren Siedlungen niederzulassen. Für die Bauern bedeutete das immer auch, sich damit stärker den verschiedenen staatlichen Apparaten auszusetzen. Die verschiedenen Wellen von Gewalt und Repression, von welcher Seite sie auch ausgingen, haben es den Leuten gründlich ausgetrieben, sich zu sehr als Avantgarde zu exponieren. In diesen Ängsten liegt bis heute ein Entwicklungshemmnis ersten Ranges begründet, das sich auf den verschiedensten Gebieten äussert und auch sehr bescheidene Veränderungsbestrebungen[69] wenn nicht ganz verunmöglicht, so doch mit einem bleiernen Gewicht belegt.

Die breite Ablehnung der „villagisation“ durch die Bauernschaft hatte und hat aber auch gewichtige ökonomische Gründe. Wenn man beispielsweise die im nordöstlichen Bweru-Bugesera auf die kargen Hügelkuppen umgesiedelten und hier entlang der Durchgangsstrassen aufgereihten Wohnhöfe der Bauern sieht, die früher unten in den fruchtbaren Talböden inmitten ihrer Felder lagen, wird augenfällig, was die Bauern stören muss. Der Weg der Bauern zu ihren Feldern – ihrer wichtigsten Subsistenzgrundlage – ist nun bedeutend länger geworden. Das ausgeklügelte, wohldurchdachte landwirtschaftliche System des *itôngo*-Anwesens[70] erfordert jedoch einen ständigen engen Kontakt des Bauern und der Bäuerin mit ihren Feldern. Die konzentrierten Siedlungsanlagen sind hier Ausdruck der Dominanz einer planwirtschaftlichen, auf die nationale Ebene ausgerichteten Wirtschaftsform über die Subsistenzwirtschaft gemäss der bäuerlichen Rationalität, der Dominanz einer aussenbestimmten „Makro-Logik“ über die lokale „Mikro-Logik“. Die Selbstbezogenheit der Bauern sollte aufgebrochen und ihr Wirtschaften in die arbeitsteilige nationale Ökonomie integriert werden.

Man kann sich füglich fragen, wie unter diesen Bedingungen und ausgehend von einem derart autoritären Ansatz „ländliche Entwicklung“ und „bäuerliche Demokratie“ nicht ein Dilemma darstellen sollten, um auf den Titel des Beitrages von Chrétien & Le Jeune (1983a) zurückzukommen. Mit der Dritten Republik war die Zeit derartig gross angelegter Gesellschaftsentwürfe, wie sie für die Herrschaftszeit Bagazas nicht untypisch waren,[71] definitiv vorbei. Wenn sie seit 1988 kaum

---

[68] S. z.B. Procès-verbal de la réunion tenue à Kitega en juin 1965:63-67.

[69] Dazu gehören jegliche Bestrebungen wirtschaftlicher Verbesserung ebenso wie die Abneigung, seine Kinder zur Schule zu schicken, da die Betreffenden, dadurch zu Privilegierten geworden, in den letzten drei Jahrzehnten allein schon aus diesem Grund mehrmals zur Zielscheibe der Repression geworden waren. Seit der Unabhängigkeit gewähren Privilegien in der Regel keine zusätzliche Sicherheit, im Gegenteil. Die Zurückhaltung der Bauern gegenüber moderner Bildung mag zusätzlich auch Folge einer Rentabilitätsrechnung sein: der perzipierte Zugewinn an Chancen durch Bildung wiegt die Kosten der Ausbildung nicht auf (zu den Kosten kann auch der väterliche Autoritätsverlust gehören).

[70] Einsatz von Fruchtwechseln, Mischkulturen und Brache ergeben einen hoch spezialisierten landwirtschaftlichen Kalender; die Feldwirtschaft, durch dezentralisierten Kleinflächenanbau geprägt, wird oft durch die Haltung von Klein- oder Grossvieh ergänzt.

[71] Zeugt es für einen weiterhin bestehenden Sinn für zyklisches Denken, wenn darin der weitblickende, in grossen Linien planende, aber auch autokratische Herrscher Bagaza von einigen historisch interessierten Barundi mit einem Vorgänger aus der ersten Hälfte des 19. Jahrhunderts, Mwami Ntare Rugamba, verglichen wird, unter dem der monarchische Staat grundlegend umgeformt wurde und durch dessen weiträumige Territorialexpansionen Burundi zu seinen in weiten Teilen noch heute gültigen Grenzen kam? (Gespräche 68 & 73).

noch erwähnt wird, so heisst das nicht, dass die „villagisation" unterdessen aus Rang und Traktanden gefallen wäre. Sie soll jedoch nicht mehr durch staatliche Lenkung und Zwang erreicht werden, sondern „spontan" durch „die natürliche Anziehungskraft" von im ländlichen Raum angesiedelten sozialen und wirtschaftlichen Infrastrukturen – was nichts anderes bedeutet als eine gewisse Rückkehr zur (individuellen) Rationalität und die Abkehr von den „neuen Menschen" der sozialistischen Utopie.[72]

Es ist klar, dass bei einer staatsdirigistischen Politik, wie sie unter der Zweiten Republik betrieben wurde, den staatlichen Organen im lokalen Raum eine zentrale Rolle zukommen musste. So erfuhren die verschiedenen Staatsapparate auf lokaler Ebene im Zuge deutlich gestiegener staatlicher Aspirationen, wie sie ihren Ausdruck im ehrgeizigen Dorf-Programm, aber auch in der Verstärkung verschiedenster Kontrollmassnahmen[73] fanden, eine weitere Aufblähung. Die Hypertrophie der Staatsapparate begann zwar bereits während der Ersten Republik, doch erst jetzt wurden die bereits damals angelegten, bislang aber nur in sporadischer Weise benutzten untersten lokalen Verwaltungs- und Parteiinstitutionen wirklich zu Leben und Wirksamkeit gerufen. Dienten sie in den ersten Jahren des Regimes primär der angestrebten grundlegenden sozialen und wirtschaftlichen Umformung, die hauptsächlich im ländlichen Raum ansetzen sollte, so wurden sie während der zweiten Hälfte der Deuxième République vornehmlich zu polizeilichen Zwecken missbraucht, soweit sich dabei überhaupt von Missbrauch sprechen lässt.

9.3.5 Die Grenzen der staatlichen Macht

Wenn bis in die beginnenden achtziger Jahre noch einige (mit etlichen Hoffnungen verbundene) Unklarheit darüber bestehen konnte, welchen Zwecken der sich enorm entfaltende, zentralistische Staatsapparat letztlich dienen würde – ob der Förderung einer breiten Kreisen der Bevölkerung zugute kommenden ländlichen Entwicklung oder mehr der Durchsetzung einer „law and order"-Mission des Staates, zwei verschiedenen Orientierungen, die den Optionen entsprachen, die von zwei analytisch durchaus unterscheidbaren, wenn auch eng miteinander verknüpften Interessengruppen innerhalb der politischen Klasse Burundis getragen wurden[74] –, so setzte sich zwischen 1984-1987 klar die zweite Richtung durch.

Während bis in die achtziger Jahre die proklamierte Umgestaltung der Gesellschaft (Raum dazu bot immer in erster Linie die ländliche Gesellschaft) mit beachtlicher Dynamik vorangetrieben worden war, so beschränkte sich diese Dynamik in den folgenden Jahren zusehends auf Polizei- und

---

72 Die Politik des Vorgängerregimes wurde bereits unter der 3. Republik teilweise hart kritisiert: „Les fameux villages de Nyabikere et Gatete tant vantés par la Deuzième République [cf. Laely 1983] sont maintenant vides de leurs habitants pour la simple raison que le fameux ‚esprit de Nyabikere', lui-même vide de contenu, a depuis longtemps déserté les lieux, si tant est qu'il ait jamais existé. Regroupés de force en villages pour les besoins de la propagande, les nouveaux ‚villageois' se sont empressés de retourner chacun dans son enclos. Nous savons tous que le regroupement en villages est une très bonne chose, mais il doit être libre et concerté, sinon c'est l'échec garanti" („Le Renouveau", N° 2882 du 9 mai 1989, p. 2).

73 Der Kontrollwahn des Staates nahm zum Teil krasse Formen an: Nicht nur wurde jede öffentliche, nicht offiziell genehmigte Versammlung von mehr als drei Personen verboten, sondern die Behörden versuchten ebenso, festliche Zusammenkünfte im privaten Rahmen zu unterbinden; die alte *gutêrereza*-Beistands-Institution wurde bekämpft, die ‚levée de deuil partielle' (*kuganduka*) schlichtweg verboten. Nicht nur war das Tragen des Identitätsausweises obligatorisch und wurde regelmässig kontrolliert, sondern jedermann, der sich ausserhalb seiner Wohngemeinde begeben wollte, bedurfte dazu einer amtlichen Bewilligung. Im gleichen Zug war auf jedem Hügel ein Besucherregister, ein sogenanntes „Besucherbuch" (*igitabo c'ingenzi*, s. Gespräche 44:17f, 60:37) zu führen, das es dem Staat erlauben sollte, in Kenntnis aller Bevölkerungsverschiebungen zu sein (cf. Elias 1988:100; ähnliches war auch in der sozialistischen DDR gebräuchlich).

74 Cf. Laely 1983:142-146, Botte 1983:101f und, in etwas oberflächlich-technokratischer Unterscheidung der Orientierungen verschiedener Staatsdienste, auch Chrétien & Le Jeune 1983a: 50-53.

Kontrollmassnahmen, die die Wende zu einem zunehmenden Autokratismus begleiteten und zur wahren Obsession des immer engeren Führungszirkels um Bagaza wurden.[75] Selbst Chrétien & Guichaoua, die sich zumindest im Fall des ersteren nie durch eine besonders kritische Haltung gegenüber den (aktuellen) Machtinstanzen hervorgetan haben, sprechen von einer „dérive despotique des années 80" (1988:92; cf. Reyntjens 1989:32f). Chrétien, der die kritischen Punkte und Schwächen eines Regimes gewöhnlich erst dann zu entdecken scheint, wenn bereits das nächste an der Macht ist, schreibt in einem gemeinsam mit Guichaoua wenige Monate nach Bagazas Sturz veröffentlichten Artikel:

> „(...) surtout la liberté d'expression disparut peu à peu devant les intimidations de la Sûreté, véritable parti occulte, qui procédait à des arrestations préventives et suscitait des licenciements arbitraires. Le conflit avec l'Église n'a été que la forme la plus visible de cette dérive policière" (1988:91).

„Le dérapage policier" war von einem „dérapage anticlérical" begleitet (ibid., p.87f). Die unter Bagaza zügig vorangetriebene Laizisierung der Gesellschaft – die streckenweise ohne Zweifel als Modernisierung des Staates verstanden werden konnte – richtete sich in letzter Analyse nicht nur gegen die Kirche als solche. Die damit verbundenen Auseinandersetzungen dürfen nicht auf die Dimension eines „Kulturkampfes à la burundaise" reduziert werden (s. dazu Chrétien & Guichaoua 1988:88, Chrétien in Chrétien/Guichaoua/Le Jeune 1989:44, Reyntjens 1989:25f). Die christliche Kirche hatte in Burundi seit ihren Anfängen nicht nur religiöse, sondern eine hohe soziale, kulturelle und politische Bedeutung. Als Erbe der Kolonisation, während der ihr der Kolonialstaat die sozio-kulturellen Bereiche nahezu vollständig anheimstellte und es in diesen Sektoren ein eigentliches Kirchenmonopol gab, hatte sie auch nach der Dekolonisation noch weite Teile des Erziehungs- und Gesundheitssystems in ihren Händen. Im ländlichen Raum übernahm die Kirche nicht nur seelsorgerische und karitative Aufgaben, sondern auch einen Bildungs- und damit verbunden zumindest potentiell einen weiteren Aufklärungsauftrag. Die damit einhergehenden beträchtlichen Möglichkeiten der Organisation und ideologischen Formung der Bevölkerung an der Basis standen somit ausserhalb des direkten staatlichen Einflussbereiches. Gerade einem sozialistischen Staat, der auf die Formung eines „neuen Menschen" hinarbeitete und der Religion prinzipiell feindlich gegenüberstand, musste das ein Dorn im Auge sein. Darüberhinaus konnte der Staat in einer Gesellschaft, die von tiefen sozialen Antagonismen geprägt ist, die fehlende Kontrolle über diese Schlüsselbereiche nicht hinnehmen, zumal er zutiefst in diese Widersprüche involviert war. Da er in absolutistischer Manier alle gesellschaftlichen Bereiche in seinem Sinn zu lenken bestrebt war, mochte er diese Aufklärungs- und Organisationskapazitäten der Kirche zuerst nicht dulden und musste sie später unter der im Gefolge eines ausgeprägten Autokratismus eintretenden zunehmenden Isolierung der kleiner werdenden Machtgruppe und der neuerlichen Verschmälerung seiner Machtbasis gar fürchten. Man muss sich hier daran erinnern, dass sich ungefähr 70% aller Barundi zum christlichen Glauben bekennen. Der beträchtliche Zulauf der Kirche erklärt sich zum Teil dadurch, dass sie vornehmlich im ländlichen Raum die einzige Alternative zum Staat darstellt. Die Kirche mit ihrem sehr weit gefassten Auftrag und ihren beträchtlichen Organisationskapazitäten[76] konnte dem Staat mit der Zeit gefährlich werden in dem Sinn, dass sie zu ihm bzw. zu seinen neu erweiterten Ansprüchen auf manchen Gebieten in ernsthafter Konkurrenz stand. So kam es bereits 1979 zu einem Verbot der christlichen *sahwanya*-Basisgemeinschaften, die den Gläubigen auf den Hügeln Gelegenheit zu Zusammenkunft und Aussprache geboten hatten. Bis September

---

[75] Das Ende 1984 mit viel Aufwand in Bujumbura organisierte franko-afrikanische Gipfeltreffen, das die im Inneren herrschende Misswirtschaft eines primär an der eigenen Machterhaltung interessierten Regimes offenkundig machte, markierte einen Wendepunkt und hatte schliesslich den Verlust des bisher beträchtlichen internationalen Kredites zur Folge.

[76] Auf die Organisationsstruktur der christlichen Kirche im lokalen Rahmen, die weit ausgebaut ist und teilweise parallel zu der von Partei und Staatsverwaltung verläuft, werde ich im Kapitel 12 ausführlicher eingehen.

1986 wurden landesweit alle Schulen und unteren Seminarien nationalisiert. Wenig später wurden die letzten der katholischen Kirche verbliebenen Bildungseinrichtungen, die *Yaga Mukama*-Alphabetisierungsklassen, verboten. Parallel dazu wurde ein Grossteil der ausländischen Missionare ausgewiesen oder nicht mehr ins Land gelassen. 1987 schliesslich wurden etliche Kirchen geschlossen und den Tätigkeiten der Pfarreiräte und Katecheten enge Grenzen auferlegt. Diese verschiedenen Massnahmen standen nicht nur im Zeichen von Nationalisierung und Etatisierung, wie sie in vielen nachkolonialen Staaten zu beobachten waren, sondern sie liefen direkter auf die Zerschlagung des kirchlichen Organisationsrahmens als einziger ernsthafter Alternative zum Staat hinaus. Sie bildeten einen weiteren Schritt hin zum Ziel, jede Form ausserhalb des staatlichen Rahmens stehender Zivilgesellschaft zu blockieren und dieser ihre Grundlagen und Organisationsmöglichkeiten zu entziehen. Hinzu kam eine weitere, eine ethnische Dimension. Das kann nicht weiter verwundern, definierte sich die Oligarchie doch selbst ethnisch. Ihre Befürchtung, dass die Kirche Partei für die Bahutu ergreifen könnte, war von daher nicht ganz unbegründet, zumal die jüngere (im Gegensatz zur älteren!) Geschichte dafür mehrere Präzedenzfälle bot. Die herrschende (Batutsi-) Klasse musste Angst davor haben, dass die Kirche eine ähnliche Rolle übernehmen könnte wie während der sozialen Revolution in Rwanda ab 1959, als sie die Bahutu nicht nur offen unterstützte, sondern zum Teil auch organisierte.[77] Zu dieser ethnischen und „zivilgesellschaftlichen" Dimension der antiklerikalen Politik der Zweiten Republik schreibt Lemarchand:

> „A travers l'Église, et plus particulièrement ses institutions scolaires et caritatives, c'est avant tout les chances de mobilité sociale et de participation aux affaires locales offertes aux éléments Hutu que vise la politique anticléricale du Président Bagaza" (1990:239f),

und Reyntjens ergänzt:

> „(...) les mesures contre les communautés chrétiennes de base peuvent être vues comme une tentative d'endiguer des processus de conscientisation des populations locales. Il faut, dès lors, placer les restrictions imposées aux activités religieuses dans le cadre de mécanismes plus larges, visant à enrayer la société civile" (1989:29).

Es ging also auch hier um den Kampf zwischen „politischer" und „Zivilgesellschaft" bzw. um den Raum, den der Staat – die „Hegemonie, gepanzert mit Zwang", um in Gramscis Worten zu bleiben – letzterer noch zuzugestehen bereit war. Die Zurückdrängung des kirchlichen Einflusses mit zunehmend repressiven Methoden rief schliesslich nicht nur die Unzufriedenheit der in erster Linie betroffenen Bauernschaft, sondern auch der ländlichen wie städtischen Eliten (und damit eines wichtigen Tutsi-Segmentes) hervor.[78]

Auf das Ende der „Zweiten" und den Übergang zur „Dritten Republik" unter Major Pierre Buyoya will ich hier nicht näher eintreten. Es sei nur soviel gesagt, dass der Machtwechsel schliesslich weniger durch die in ihren Interessen übergangene, viel zu marginalisierte Bauernschaft herbeigeführt wurde als vielmehr durch die immer weiteren Kreise der „modernen Eliten", nicht nur von Kleinbürgertum, Handel und Kirche, sondern nicht zuletzt der sich durch den zunehmenden Autokratismus Bagazas ins Abseits geschoben und übergangen fühlenden Armee.[79]

---

[77] Der Walliser Pater Mgr. Perraudin spielte dabei eine führende Rolle. In Rwanda als „Tutsi-Fresser" bekannt, nahm er unter der Präsidentschaft Grégoire Kayibandas, des ersten republikanischen (Hutu-) Präsidenten, eine wichtige Beraterrolle ein.

[78] S. dazu Chrétien & Guichaoua 1988:87f und Lemarchands Kommentar 1990:240.

[79] Manche führen wie Elias „un mécontentement corporatiste des sous-officiers dans l'armée" (1988:100) als wichtigen Grund des Sturzes an. Die Privilegien der Armeeangehörigen wurden in den letzten Jahren Bagazas tatsächlich stark zurückgeschnitten. Noch junge Soldaten wurden bereits nach fünf bis zehn Jahren wieder aus der Armee entlassen und auf ihre Hügel zurückgeschickt, was für den Staat gleich mehrere Vorteile brachte: Damit konnten korporatistische Solidaritäten im Inneren der Armee und daraus erwachsende Forderungen, die den Staat zu weiteren Begünstigungen zum Beispiel in Form von Dienstalterszulagen zwingen und ihm so teuer zu stehen kommen konnten, frühzeitig unterbunden werden. Gleichsam als Nebeneffekt wurde über diese „Relegation von Ex-Soldaten in den Bau-

Mit dem Staatsstreich vom 3. September 1987, der den Generalstabsmajor Pierre Buyoya an der Spitze eines aus 31 hohen Tutsi-Offizieren[80] bestehenden „Comité militaire pour le salut national“ an die Macht brachte und alsbald zur Ausrufung der „Dritten Republik“ führte, schien sich die Geschichte auf den ersten Blick zu wiederholen. Vieles erinnerte an die Situation bei Micomberos Sturz elf Jahre zuvor. Eine in weitem Masse im Inneren wie im Äusseren diskreditierte, „verbrauchte und verkommene“ politische Führung wird in einer Palastrevolution durch die eigene Gruppe ersetzt. Dafür werden weitgehend ähnliche Gründe und Vorwürfe vorgebracht, wie sie bereits Micomberos Absetzung rechtfertigen sollten, und auch in den ersten von den neuen Machthabern ergriffenen Massnahmen gibt es deutliche Parallelen. Neben der Garantierung aller zivilen und politischen Grundrechte – mit Betonung der Freiheit der Meinungsäusserung und der freien Religionsausübung – wurde eine allgemeine „Moralisation“ der öffentlichen Verwaltung in Aussicht gestellt, wozu umgehend ein Rechnungshof geschaffen wurde.[81] Gerade diese Massnahme war für die neue Führungsgruppe nicht ohne Risiken, wenn man bedenkt, dass sie in hohem Masse mit den bisherigen Machthabern verflochten war und aus denselben Reihen stammte (Buyoya kam wie Micombero und Bagaza aus der Gegend Rutovus und ist wie sie Tutsi-Hima; seine Lineage ist mit der Bagazas ebenso über matrimoniale Beziehungen[82] verbunden wie jene mit der Micomberos). Mit Ausnahme unvermeidlicher Versetzungen blieben die obersten Posten in Verwaltung und Justiz in den Händen derselben Leute, in stark überwiegender Mehrheit von Tutsi-Zugehörigkeit. Der Putsch richtete sich in erster Linie an das Kleinbürgertum, die wichtigste staatstragende Klasse, die sich im Laufe der achtziger Jahre um einiges vergrössert hatte (s. Chrétien & Guichaoua 1988:92, Reyntjens 1989:40). Keine neue Regierung jedoch glaubt es sich leisten zu können, die grosse bäuerliche Mehrheit schweigend zu übergehen. Chrétien & Guichaoua schreiben dazu:

> „Néanmoins la paysannerie n'a pas été oubliée: problèmes d'eau potable et de santé, abrogation de l'épargne obligatoire, suppression des taxes locales sur le commerce des vivres, priorité rurale sans cesse rappelée. Plus largement, c'est un discours socio-économique de ‚mouvement' qui est tenu, malgré tout ce qui pourrait privilégier l'égoïsme sacré d'une minorité bourgeoise fonctionnarisée. Le pragmatisme et la technicité sont à l'ordre du jour“ (1988:92).

Tatsächlich wurden vom neuen Regime verschiedene Massnahmen zugunsten der ländlichen Bevölkerung ergriffen. Nachträglich gesehen, wurden diese noch um einiges beschleunigt durch die

---

ernstand“ (die als solche kaum je stattfand) eine gewisse Militarisierung der ländlichen Gesellschaft erreicht. Die oft frustrierten „anciens militaires désoeuvrés“, deren Reintegration ins Bauernleben selten gelang, stellten für jede Lokalgemeinschaft eine ernsthafte Belastung dar; während sie in städtischen Gebieten ein gewisses Potential darstellten, das jederzeit zu (auch kriminellen) Gewalttaten aufbietbar war, konnten sie vor allem in ländlichen Gebieten leicht eine Ordnungs- und Disziplinierungsfunktion übernehmen (das zeigte sich erneut im Herbst 1993). Wie wir noch sehen werden, wurden sie zum Teil auch mit subalternen Staatsverwaltungsfunktionen betraut.

[80] Da in der Armee in allen höheren Chargen keine Bahutu zu finden sind, ist es nur selbstverständlich, dass sich dieses Kollegium auschliesslich aus Angehörigen der Batutsi-, und in der grossen Mehrheit wiederum der Batutsi-Bahima-Gruppe zusammensetzte, von denen die meisten aus dem „Vyanda-Vugizo-Rutovu-Matana-Viereck“ in der südlichen Provinz Bururi stammten.

[81] Nachdem die „politique de moralisation et d'assainissement dans la gestion de la chose publique“ seit der Machtübernahme verkündet (soweit nichts besonderes), im Juni/Juli 1988 jedoch erneut bekräftigt worden war, wurden die gesetzlichen Grundlagen zu einem speziellen Rechnungshof mit dem Décret-loi n°. 1/02 geschaffen, das am 31. Januar 1989 in Kraft trat; am 15. April desselben Jahres nahm der Rechnungshof seine Tätigkeit auf (s. „Le Renouveau“, N° 2864, 15 avril 1989 & N° 2866, 18 avril 1989). Alle diese einzelnen Schritte lösten jeweils in der gesamten Beamtenschaft beträchtliche Unruhe aus (dazu mochte zusätzlich folgende Eigentümlichkeit beitragen, die Reyntjens festhält: „A l'opposé de Cours des Comptes ‚classiques', celle du Burundi juge le comptable et non les comptes“ [1989:47, n. 95]).

[82] Während Micombero dem Bacaba-Clan angehörte, ist Bagaza Muyanzi und Buyoya Mushingo; vornehmlich die beiden letzteren Clane sind über präferentielle Heiratsbeziehungen eng miteinander verbunden.

sogenannten „événements de Ntega et Marangara". Dabei handelte es sich um eine neuerliche Welle von ethnisch ausgerichteter Gewalt, die weniger als ein Jahr nach dem Machtantritt Buyoyas und seiner Equipe im August-September 1988 das Land mit Angst und Schrecken überzog. Ihren Anfang genommen hatte sie in einem bäuerlichen Aufstand von Bahutu-Seite, der sich in äusserst blutiger Weise gegen alle Batutsi der Region richtete, aber auf die beiden an Rwanda angrenzenden Gemeinden Ntega und Marangara begrenzt blieb.[83] Die Reaktion der Staatsspitze liess einige Zeit auf sich warten (was zu vielen Fragen Anlass gab); zwei Tage später (ab 16. bzw. 17. August) setzte die gegen alle Bahutu-Elemente der Gegend gerichtete Repression der Staatsapparate unter Führung des Militärs umso unerbittlicher ein und forderte einiges mehr an Opfern – insgesamt vermutlich mehrere Zehntausend (s. dazu Chrétien/Guichaoua/Le Jeune 1989, Reyntjens 1989:41ff, Lemarchand 1990:243ff). Das Aufschaukeln von und der Appell an ethnische Identitäten und Ängste erwies sich einmal mehr als leicht einsetzbares und unter den gegebenen Umständen äusserst wirksames politisches Mittel.[84] Es fällt allerdings schwer, aus all den verschiedenen Aktionen ein einigermassen kohärentes oder planmässiges Handeln herauszulesen. Anders als 1972 richtete sich die Staatsrepression diesmal mit Ausnahme einiger allem Anschein nach isoliert bleibender Fälle (die deswegen nicht verniedlicht werden sollen) weitgehend auf die beiden nördlichen und die anstossenden Gemeinden; nichtsdestoweniger breitete sich in der Folge eine Welle von Panik schnell im ganzen Land aus, befürchteten viele doch eine Wiederholung der „Ereignisse" von 1972. Wenig später schien sich eine Linie durchzusetzen, die stärker auf Ausgleich bedacht und bereit war, einige Abstriche an der bisherigen Tutsi-Hegemonie zugunsten einer friedlichen Konfliktbeilegung und Koexistenz hinzunehmen. In den nachfolgenden Monaten, in denen das Regime Buyoya in bis anhin nicht gekannter Resolutheit, aber immer noch äusserst vorsichtig an die Lösung des Problems der „unité nationale" heranging, wurden mehrere Schritte unternommen, die das Los der ländlichen Bevölkerung zu erleichtern bestimmt waren. Es wurde offensichtlich, dass das Regime nach seiner Durchsetzung gegenüber mächtigen Gruppen von Tutsi-Extremisten[85] nach einer breiteren Abstützung seiner Herrschaft suchte. Neben verschiedenen Massnahmen auf oberster Ebene (Bildung einer neuen Regierung unter Adrien Sibomana, dem ersten Hutu-Premierminister seit Ngendandumwes Ermordung 1965, etc.) wurden verschiedene Zugeständnisse an die Bauernschaft (die sich zum grossen Teil aus Bahutu, aber auch aus Batutsi zusammensetzt) gemacht.[86]

---

[83] Vieles spricht dafür, dass dabei nicht nur im benachbarten Rwanda exilierte Bahutu-Flüchtlinge, die unter anderem in der extremistischen PALIPEHUTU („Parti pour la libération du peuple Hutu") organisiert waren, ihre Hände im Spiel hatten, sondern auch verschiedene Exponenten des vorherigen Regimes, die alles Interesse hatten, die Herrschaft ihrer Nachfolger zu destabilisieren. Bereits in den Monaten zuvor war es seit Beginn des Jahres 1988 zu verschiedenen Provokationen sowohl von Hutu- wie von Tutsi-Seite gekommen. In deren Folge stiegen die ethnischen Spannungen im ganzen Land derart an, dass sich ausgerechnet der Klerus der Diözese Bururi unter Führung ihres Bischofs Bududira (ein Mututsi-Muhima) veranlasst sah, der Staatsspitze einen Warnbrief zukommen zu lassen, in dem die äusserst ernsthafte Lage geschildert, die Begünstigungen der Tutsi-Seite verurteilt und zu ethnischem Ausgleich aufgerufen wurde („Vivre en frères dans le Burundi d'aujourd'hui et de demain. Unité nationale. Analyse et propositions du clergé du Diocèse de Bururi", 10 mai 1988, Bururi, 5 p.). Dieser Text ist von besonderem Interesse, da er das erstmalige offene Abweichen eines Teiles der Kirchenspitze von der Regierungslinie markiert.

[84] Es soll Flugblätter gegeben haben, die gleich in einer Tutsi- und einer Hutu-Version ediert wurden und gegenseitig zur Anwendung von Gewalt aufriefen (s. Reyntjens 1990b. Du bon usage de la science: l'„école historique burundo-française", p.108, in: Politique Africaine n° 37, mars 1990:107-113); cf. Chrétien in Politique Africaine n° 39, septembre 1990:182-189, wo er die Verlässlichkeit dieser Information und ihrer Quelle in Frage stellt und von einer „fable ridicule" spricht (p.187).

[85] Von dieser Seite sind zumindest zwei Putschversuche bekannt, einer von Mitte September 1988, der andere von Mitte März 1989.

[86] So wurde Ende des Jahres 1988 zum ersten Mal über Radio (das im Landesinneren weitaus zugänglichste, verbreitetste Massenmedium) bekanntgemacht, dass zukünftig alte Kaffeeepflanzungen durch Subsistenzkulturen ersetzt werden können. Gleichzeitig wurde im Dezember in den ländlichen Gebieten (zuerst in Muyinga und Ngozi) mit der

Gleichzeitig wurde der unter der Zweiten Republik ausformulierte „Entwicklungs-Diskurs" weitergeführt und sogar noch verstärkt. Auch jetzt galt, dass „la politique de développement rural a essentiellement pour but la consolidation des structures existantes du pouvoir", etwas, was Botte (1983:100) unter der Zweiten Republik noch vorsichtig als Frage formuliert hatte. Ohne dass es möglich ist, auf die makropolitischen Entwicklungen im Detail einzutreten, wird es im folgenden Kapitel gelten, die gegenwärtigen Beziehungen zwischen Behörden und Bauernschaft im ländlichen Raum zu prüfen. Wenn auch einige – wenig systematische und innovative – Massnahmen zur neuerlichen Veränderung der kommunalen Verwaltung und der Beziehungen zwischen „administrants et administrés" ergriffen wurden, so änderte sich unter der Dritten Republik (1987-1993) in diesem Bereich nur wenig. Der am 10. Juli 1993 unter dem ersten Hutu-Präsidenten in der Geschichte Burundis, Melchior Ndadaye (der am 21. Oktober desselben Jahres bereits wieder umgebracht wurde), nach demokratischen Präsidial- und Legislativwahlen eingesetzten Regierung wurde bislang keine Gelegenheit gegeben, ihre Pläne einer grundlegenden Reform der Lokalverwaltung (Bestimmung der obersten Gemeindebehörden in allgemeiner Volkswahl, etc.) auch umzusetzen.

Zum Schluss dieses Kapitels sind noch einige Bemerkungen zum politischen Wandel, wie er sich von der Kolonialperiode bis heute vollzogen hat, im allgemeinen und zum kolonialen Erbe des nachkolonialen Staates im besonderen angebracht.[87] Prüfen wir diese Veränderungen an einigen zentralen Merkmalen des politischen Systems. Dazu gehören sowohl die allenfalls institutionalisierten Mittel der Machtbegrenzung – institutionelle „checks and balances" (in Erinnerung an Montesquieus „que tout homme qui a du pouvoir est porté à en abuser") –, die Trennung zwischen exekutiven, legislativen und gerichtlichen Gewalten wie die Existenz anerkannter Spielregeln für einen geordneten Machtwechsel und nicht zuletzt die begleitende „politische Kultur". Welchen Wandel haben diese wichtigen Prüfpunkte des politischen Systems seit dem Ende der Kolonialzeit erfahren?

Wie bei den meisten anderen afrikanischen Staaten zeigt sich auch im Fall Burundis, dass die neu gewonnene politische Unabhängigkeit in bedeutend geringerem Masse einen Bruch mit den politischen Strukturen und Praktiken der kolonialen Vergangenheit bedeutete, als man das noch in den sechziger Jahren annahm. Das wird nicht nur auf der Ebene der Verfassung deutlich, sondern auch in der administrativen und politischen Praxis, in den Beziehungen zwischen Behörden und Bürgern der „aufgeklärten" postkolonialen Staaten. Das koloniale Verwaltungs- und Herrschaftsmodell wurde in weitem Masse unter neuer Etikette beibehalten. Die Verschmelzung von zwei stark unterschiedlichen Modellen politischer Ordnung hatte verschiedene Gründe. Dahinter lag ein tiefer konstitutioneller Bruch, den wohl kein Staatswesen ohne Schwierigkeiten meistern kann, vor allem dann nicht, wenn es sich gerade von einem halben Jahrhundert unter Fremdherrschaft löst. Betrachten wir das genauer.

Der koloniale Staat kann als eigentlicher „Verwaltungs-Staat" qualifiziert werden: „en fait, la structure de la hiérarchie administrative était la constitution" (Reyntjens 1990:84). Der Kolonialstaat kannte weder eine Gewaltentrennung noch eine andere Form der Regierungskontrolle. Während die koloniale Herrschaft ihre Macht auf extrem zentralisierte, bürokratische und quasi-militärische Strukturen stützte, gründete die im Moment der politischen Unabhängigkeit erlassene Verfassung auf den Prinzipien des euro-amerikanischen Konstitutionalismus, das heisst: Streuung der Macht durch die Trennung der verschiedenen Gewalten, „checks and balances", kontrollierte Regierung, Schutz von individuellen und Minderheitsrechten. Die Aufnahme dieser Prinzipien bringt Reyntjens direkt mit der Gewährung der politischen Unabhängigkeit in Zusammenhang: „En fait,

---

Auszahlung aller in der CADEBU hinterlegten (Zwangs-) Ersparnisse ernst gemacht; mangels Liquidität der Sparkasse musste sie jedoch schon bald sistiert werden (s. „Le Renouveau", N° 2864 du 15 avril 1989).

[87] Ich stütze mich bei diesen Überlegungen vornehmlich auf Reyntjens 1990.

le prix payé pour l'indépendance fut l'acceptation par les États nouveaux des principes de la démocratie libérale telle qu'elle s'était développée depuis le XIXe siècle" (1990:83). Auch im Fall Burundis lässt sich von der nicht ganz freiwillig entschiedenen Übernahme demokratischer Prinzipien und Ideale von einer „last-minute hypocritical legacy" sprechen – eine Hinterlassenschaft, die bedeutend stärker in der Schuld eines halben Jahrhunderts der Unterwerfung unter einen bürokratischen Zentralismus autoritär-paternalistischer Prägung als der äusserst kurzen Übergangszeit unter einer liberal-demokratischen Regierungsform stand. Reyntjens (1990:92) zeigt, dass das ambivalente koloniale Erbe den afrikanischen politischen Führern die Möglichkeit gab, einerseits mit einer autoritären Praxis weiterzufahren, während sie andererseits formal demokratischen Idealen anhängen und nacheifern, um ihre Legitimität zu erhöhen. Wie vordergründig diese bleiben, zeigt schon die Tatsache, dass bislang kaum ein Machtwechsel gemäss anerkannten Spielregeln vor sich ging, ja dass solche während langer Zeit gar nicht entwickelt wurden.

Angesichts dieser ambivalenten Hinterlassenschaft kann es nicht weiter verwundern, dass Kontinuitäten zwischen dem autoritären und äusserst zentralistischen Kolonialregime, das kaum institutionelle Machtgrenzen duldete, und der nachkolonialen politischen Ordnung erkennbar sind. Der radikale Bruch, den die bei der Unabhängigkeit angenommene neue konstitutionelle Ordnung bedeutete, existierte lediglich auf dem Papier. Der postkoloniale Staat ist weiterhin gekennzeichnet durch einen weitgehend monolithischen Machtapparat, der nun bis in die ersten neunziger Jahre unter Führung eines Militärregimes und einer Einheitspartei stand. Es liess sich zumindest bis gegen Ende der Dritten Republik eine extreme Machtkonzentration in einer stark personalisierten Exekutive beobachten, die die Legislative und Judikative in weitem Masse kontrollierte; eine Trennung zwischen den verschiedenen Gewalten gibt es bis heute nur in bescheidenen Ansätzen. Der nachkoloniale Staat – ob monarchischer oder republikanischer Form – bleibt hierin grundlegend von einem höchst zentralistischen, autoritären und paternalistischen Verwaltungs- und Regierungssystem von deutlich kolonialer Provenienz geprägt. Selbstverständlich ist das oben herausgestellte Gewicht der in den postkolonialen Staaten einflussreichen Modelle sozialistischer Staaten nicht geringzuschätzen. Nichtsdestoweniger stellt sich die Frage, inwieweit die Einrichtung der Staats- und Einheitspartei, wie sie in den sechziger Jahren sozusagen auf dem gesamten afrikanischen Kontinent Verbreitung fand, wirklich ein Spezifikum postkolonialer afrikanischer politischer Systeme und Strukturen ist, als das sie oft hingestellt wurde und noch wird. Vielleicht ist das Auftreten monopolistischer Staatsparteien weniger der postkolonialen Periode verpflichtet, als man bislang annahm. Tatsächlich war die Einrichtung der Einheitspartei nicht nur das zwar sehr direkte Resultat der Ausrichtung nach „anti-imperialistischen", sozialistischen Vorbildern, sondern sie vertrug sich auch bestens mit den unter dem Kolonialregime etablierten politischen Strukturen. Zu prüfen ist die Verankerung in diesen beiden Traditionen.[88] Steigen wir dazu in der Folge wieder zurück aufs Terrain, und schauen wir uns die heutigen politischen Strukturen und Praktiken im lokalen Rahmen an, die sich unter den bislang geschilderten präkolonialen, kolonialen und postkolonialen Voraussetzungen herausbildeten.

---

[88] Der Fall Zambias bietet dazu ein besonders illustratives Beispiel; s. z.B. Bizeck Jube Phiri. 1991. Zambia: The myth and realities of ‚one-party participatory democracy'. In: Genève-Afrique, XXIX, 2:9-24.

KAPITEL 10

DIE ARMATUR VON STAAT UND VERWALTUNG IM LOKALEN RAUM

VERWALTUNGSSTÄBE UND HERRSCHAFTSPERSONAL

Wenn die heutigen politischen und sozialen Strukturen auf lokaler Ebene im ländlichen Raum und die lokale Verankerung des postkolonialen Staates analysiert werden sollen, benötigen wir vorab genauere Kenntnisse über die Struktur und die Organe der verschiedenen Staatsapparate auf dieser Ebene. Da der nachkoloniale republikanische Staat auch im lokalen Bereich einen umfassenden Machtanspruch geltend macht und im Zuge davon die nicht-staatlichen Autoritätsstrukturen zu untergraben versucht, kann man nicht umhin, sich in einem ersten Schritt einer genaueren Analyse der von ihm auf lokaler und sublokaler Ebene in hypertropher Manier geschaffenen Instanzen zuzuwenden: zuerst den vervielfachten territorialen Verwaltungsstäben, und danach den bis in den nachbarschaftlichen Raum vorgeschobenen Kadern der staatlichen Einheitspartei (ich werde hier wiederum nur die Entwicklungen bis 1992/93, d.h. ohne die anschliessend versuchte Etablierung eines Mehrparteiensystems, berücksichtigen können).[1] Erst nach dieser Vorgabe lassen sich die heutigen Verhältnisse zwischen Behörden und Bauern, ihre gegenseitigen Perzeptionen und Erwartungen, das dahinter stehende staatliche Herrschaftsmodell, aber auch Schicksal und Dynamik der ausserstaatlichen Autoritätsstrukturen prüfen. In Entsprechung zur Analyse der vorkolonialen politischen Struktur konzentriert sich die Untersuchung auch hier auf die untersten Glieder der staatlichen Ämterhierarchie. Ich setze erst auf der Ebene der „Commune" ein, d.h. diese stellt die oberste Untersuchungseinheit dar.

10.1. Der Verwaltungsapparat

a) Der Administrateur communal

Die Leitung der burundischen Kommune untersteht seit 1965 einem durch den Zentralstaat, genauer: den Innenminister ernannten Funktionär, dem „Administrateur communal" (umgangssprachlich auch als „Admicom" oder kirundisiert als *„umusitanteri"* angesprochen). Innerhalb seiner Gemeinde hat er sehr weitgehende Befugnisse, was nicht zuletzt daher kommt, dass seine Pflichten und Kompetenzen bis heute nur sehr diffus geregelt sind; er hat die Staatsmacht ganz generell in allen Bereichen zu vertreten.[2] Das hat sich auch nicht mit dem Erlass des neuen „Décret-

---

[1] Wenn ich in der Folge in der Form des Präsens schreibe, so bezieht sich dieses auf die Periode von 1988 bis 1992, d.h. auf die zentralen Jahre unter der "Dritten Republik" (1987-1993).

[2] Der Artikel 19 des neu überarbeiteten Gemeindegesetzes vom 8. April 1989 lautet: „Dans sa commune, l'administrateur est chargé de l'application des lois et règlements émanant du pouvoir central ainsi que des décisons prises par l'autorité de tutelle" (bei diesen Aufsichtsorganen handelt es sich um den Provinzgouverneur und den Innenminister); der Nachsatz lautet: „Il exerce les pouvoirs et attributions que les lois et règlements lui confèrent"; ausser im Finanz- und Polizeibereich sucht man jedoch vergeblich nach genaueren Ausführungsbestimmungen oder Zusatzverordnungen.

loi n° 1/011 du 8 avril 1989 portant réorganisation de l'administration communale" geändert, welches das Gemeindegesetz von 1977 ersetzt. Der „Admicom" hat in seiner Gemeinde praktisch in allen Bereichen das Sagen. Diese Tatsache, die viel mit der traditionell hohen Zentralisation und Personalisation der Verwaltung zu tun hat, führt dazu, dass täglich unzählige Leute wegen irgendeines Problems oder einer Angelegenheit bei ihm vorsprechen wollen – ob in seinem Büro oder privat – und der Administrateur sich als „Mädchen für alles" sieht: „Nous travaillons n'importe où et n'importe quand, c'est un travail un peu pénible" (Gespr. 21:15). Sein Zuständigkeits- und Kompetenzbereich ist in kaum einer Richtung klar abgegrenzt. Und selbst wenn er es wäre und es nähere Reglementierungen gäbe, würde das wohl noch lange wenig ändern: In der Perzeption der Leute ist der *umusitanteri* die oberste lokale Autorität und der für alles Zuständige und Verantwortliche. Das gilt wohlgemerkt auch für den rechtlichen Bereich. Das ist nicht nur das Resultat der vorrangigen „law and order"-Mission des Admicoms; rechtliche Autorität war seit jeher ein wichtiges Merkmal aller politischer Führer. Da der Administrateur auf Gemeindeebene die höchste Polizeigewalt innehat, wird er auch immer wieder zur Regelung von Rechtskonflikten beigezogen. Statistisch gesehen sind Bodenstreitigkeiten und gewaltsame Auseinandersetzungen gar die wichtigsten Gründe, ihn aufzusuchen. Die mangelnde Gewaltentrennung und die Tatsache, dass de facto jegliche Amtsautorität auf Gemeindeebene in der Person des Admicoms gipfelt, zeigt sich darin, dass er in einer Rechtsangelegenheit auch einmal einen der Officiers de Police Judiciaire (OPJ), die eigentlich dem lokalen Gericht unterstellt sind, aussenden kann. Er vermag schneller und wirksamer einzugreifen (z.B. jemanden verhaften lassen) als die schwerfälliger agierenden Gerichte. Dazu kommt, dass derjenige, der einen Fall vor Gericht zieht, gleich von Anbeginn an Gerichtsgebühren zu entrichten (mit FBu. 500.- für einen Bauern kein Pappenstiel) und mit weiteren Kosten zu rechnen hat; die Gebühren erhält man nur zurück, falls man den Prozess gewinnt, was nie sicher sein kann.

Der Administrateur ist als Staatsangestellter der verlängerte Arm des Staates auf der Gemeindeebene. Er verkörpert hier die Präsenz des Zentralstaates und ist in vieler Hinsicht die Aussendienststelle der verschiedensten Ministerien und zentralen Ämter. Es obliegen ihm entsprechend viele Büro-Verpflichtungen, und er ist heute der Kopf eines ansehnlichen Verwaltungsstabes. Auch wenn er als Leiter der Commune als „cellule de base du développement" einen wichtigen „Entwicklungs"-Auftrag hat und oberster „promoteur du développement"[3] sein sollte, so wird er doch mindestens so sehr durch seinen umfassenden Sicherheitsauftrag in Anspruch genommen. Der *umusitanteri* ist mithin oberster „Entwicklungshelfer" und Volkserzieher und oberster Polizist in einem. Das hat bedeutsame Implikationen sowohl für die Art der Förderung der „Entwicklung", wie auch für die Beziehungen zwischen Behörden und Bauern im allgemeinen, beides Punkte, die eingehender zu prüfen sein werden.

Welches sind die Gesichtspunkte, nach denen der Zentralstaat seine obersten Vertreter auf der Gemeindeebene auswählt? Die Beantwortung dieser Frage vermag uns weiteren Aufschluss über die Beziehungen zwischen Herrschenden und Bauern zu geben. Ein wichtiges Kriterium bei der Nomination der „Admicoms" ist ihre Ausbildung. Die Gemeindeverwalter weisen heute ein stark einheitliches Profil auf: Die grosse Mehrzahl von ihnen ist zwischen 28 bis 40 Jahre alt und hat eine Sekundarschulbildung von fünf bis sieben Jahren absolviert; die meisten besitzen eine Ausbildung als Lehrer oder „technicien agricole/agronome" bzw. „technicien vétérinaire", Berufe, in denen sie zwischen drei bis sechs Jahren im ländlichen Raum tätig waren. Bei ihnen allen handelt es sich mithin um mittlere Kader, die den Kontakt mit dem Landleben nicht verloren haben und den Umgang mit der ländlichen Bevölkerung gewohnt sind. Diese Verbundenheit mit dem ruralen-

---

[3] S. z.B. die im „Le Renouveau" vom 13. Juli 1988 (N° 2635, p. 2) zitierte Rede des Ministers der Fonction Publique: „L'administrateur étant promoteur du développement de la commune, il est aussi considéré comme concepteur et planificateur du développement, l'encadreur, leader et éducateur de la population".

bäuerlichen Kontext scheint neuerdings aber zugunsten einer noch besseren Schulbildung schwächer gewichtet zu werden: Es ist festzustellen, dass seit 1989 vermehrt Hochschulabgänger als Administrateurs communaux rekrutiert werden; dass es ihrer bis 1990 noch nicht mehr als sechs waren, ist dem Umstand zuzuschreiben, dass Hochschulabsolventen im allgemeinen höhere Aspirationen haben und sich schwer tun, in eine ländliche, oft abgeschiedene Umgebung zurückzukehren.[4] Hinter dieser sehr hohen Gewichtung der Ausbildung, die auf Kosten aller anderer Kriterien geht, steht das Bestreben, die Kommunenverwalter zu noch effizienteren Agenten des Zentralstaates zu machen: Das neu angestrebte Idealprofil des „Admicom" ist Ausdruck davon, dass fortan nicht mehr die Vertrautheit mit dem ländlich-bäuerlichen Kontext Priorität hat, sondern die Kenntnis der Gesetze und Institutionen des Zentralstaates, der bürokratischen Strukturen und Praktiken. Es ist eindeutig letzteres und nicht ersteres gemeint, wenn betont wird, dass der zukünftige Administrateur Kenntnisse der „problèmes d'un développement moderne" mitbringen müsse, um den modernen administrativen Erfordernissen zu genügen. Was darunter verstanden wird, wurde während der im Dezember 1988 vom „Ministère de la Fonction publique" organisierten „Table ronde sur l'administration territoriale" deutlich, an der das neue Leitbild des Administrateur communal im Zentrum der Debatten stand: Erwartet wird eine Ausbildung in Recht und Verwaltung (im Minimum Abschluss eines „cycle des humanités/humanités techniques"), was auch Kenntnisse von Buchführung und Finanzverwaltung miteinschliessen soll. Die Rolle des Admicoms wird als „mobilisateur, gestionnaire-controlleur, animateur et promoteur du développement" definiert.[5] Die angestrebte weitere Verbeamtung der Gemeindeverwalter soll ausserdem über den regelmässigen Besuch von Weiterbildungskursen erreicht werden. So ist einer der Zwecke des zu Weihnachten 1988 in Kamenge an der Peripherie Bujumburas eröffneten „Institut Rwagasore" die Schulung der heutigen und zukünftigen Staats- und Parteikader, wozu auch ideologische Bildung, zum Beispiel Kurse in „civisme" (Staatsgesinnung) gehören.[6] Um das dazu notwendige, qualifizierte Personal rekrutieren zu können, wurde 1990 mit der Erhöhung des Administrateur-Lohnes von bisher FBu. 25'000.- auf 40' – 45'000.- ein wichtiger Schritt gemacht. Die Entrichtung eines die Lebenskosten im Landesinneren bequem deckenden Lohnes soll zudem verhindern, dass die Lokalbehörden auf „Nebeneinkünfte" über Korruption angewiesen sind. Selbstverständlich entsprechen damit die heutigen Gemeindeverwalter noch nicht dem neuen Admicom-Leitbild, und sie werden es wohl auch noch lange nicht tun. Schliesslich zählen nicht nur die Ansprüche des – oft fernen – Zentralstaates, sondern auch die an die Admicoms herangetragenen Erwartungen und Perzeptionen der Lokalbevölkerung. Trotzdem ist bereits ein beträchtlicher Unterschied zwischen den heutigen Kommunenvorstehern und ihren Vorgängern unter der Ersten Republik zu konstatieren: Während letztere noch bedeutend stärker dem traditionellen Bild des Lokalführers und Mutware entsprachen, der Hof hält und Netze lokaler persönlicher Beziehungen pflegt, so müssen die heutigen Admicoms als wahre Technokraten erscheinen, die ob ihrer mannigfachen Einbindungen in den Zentralstaat und Verpflichtungen gegenüber verschiedensten übergeordneten Aussendiensten, welche

---

[4] Bis zum Ende der achtziger Jahre konnten tatsächlich mehr oder weniger alle Hochschulabsolventen mit einem Platz in einem Ministerium, in parastaatlichen Betrieben oder an der Universität rechnen.

[5] S. République du Burundi. Ministère de l'Intérieur/Ministère de la Fonction publique. Centre de perfectionnement et de formation en cours d'emploi (CPF). Table ronde sur l'administration territoriale, tenue à Bujumbura, 8-10 décembre 1988, vor allem „Recommandations", pp.62-79.

[6] S. dazu verschiedene Ausgaben des „Le Revouveau": 23 novembre 1988:4, 25/26, 27, 28 décembre 1988. – Die Idee zur Schaffung eines solchen Institutes geht auf die ersten Jahre der Zweiten Republik zurück und wurde vom damaligen Politbüro der UPRONA entwickelt, das aber kurz darauf von Bagaza aufgelöst worden war. Es handelt sich bei ihm um wenig mehr als eine Neubenennung und Erweiterung der „École du Parti", in deren Gebäude es auch untergebracht ist. Boyoyas Eröffnungsrede wurde noch gleichentags am Heiligen Abend über Radio ausgestrahlt; das Datum der überstürzt organisierten Eröffnung konnte die „suprématie du Parti" auf allen Gebieten nur verdeutlichen …

sich in den Stössen von Papier, Rapporten und Formularen auf ihren Arbeitstischen ausdrücken, nur noch beschränkt Zeit finden, die Kontakte zu „den Hügeln“ zu pflegen.[7]

Dass dahinter zwei unterschiedliche Modelle politischer Führung und Verwaltung stehen, wird noch deutlicher, wenn man das Kriterium der örtlichen Herkunft der Kommunengeranten in Rechnung zieht. Lediglich während der kurzen Bourgmestres-Periode waren sie in der Regel Ortsansässige. Wenn das bereits unter der Ersten Republik seltener wurde, aber doch noch vorkam, so signalisierte das eine Rückkehr zu den alten kolonialen und vorkolonialen Nominationspraktiken lokaler politischer Führer. Seit den achtziger Jahren wird nun aber systematisch darauf geachtet, dass die Administrateurs communaux ihr Amt nicht mehr an ihrem Herkunftsort ausüben – „c'est presque devenu la coutume“, wie S. aus Kiganda sagt (Gespr. 34:21). Der Mann[8], der einer Gemeinde vorgesetzt wird, kommt mit wenigen Ausnahmen von aussen. Beinahe ebenso systematisch wird jedoch auf die Regel geachtet, Leute zu ernennen, die aus der weiteren Region (zum Beispiel derselben Provinz) kommen; so stammen die heutigen Administrateurs nicht selten aus einer Nachbargemeinde. Das erinnert in auffälliger Weise an die alten kolonialen wie vorkolonialen Nominationsstrategien. Heute jedoch steht nicht mehr die gleiche Logik dahinter, nach der es zur vorkolonialen wie auch noch zur kolonialen Zeit darum ging, über den Beizug von subalternem Verwaltungspersonal aus dem angrenzenden Gebiet Kenntnisse über den benachbarten Chef und Rivalen zu erhalten. Es wäre gleich in mehrerem Sinn falsch, den heutigen Gemeindeadministrator aufgrund seiner Position in der Hierarchiestruktur in einer mechanischen Übertragung mit dem alten Sous-Chef – ob mit dem kolonialen Mutware oder dem präkolonialen Icariho – gleichsetzen zu wollen; wenn schon, dann wäre er noch am ehesten mit dem alten Muganwa-Chef vergleichbar. Bei der heutigen Nominationspraxis geht es vielmehr darum, auf diese Weise zu einem Gemeindeverwalter zu kommen, dem die Gegend, in der er eingesetzt wird, mit ihren lokalen Besonderheiten nicht gänzlich fremd ist und der daher von der lokalen Bevölkerung auch besser akzeptiert wird.[9] Die heutige Nominationsstrategie ist aber von weiteren Überlegungen geleitet, die Aufschluss über die dahinterstehende Form und Konzeption der Macht der Staatsbehörden geben. Es sind zwei Faktoren hervorzuheben. Der wichtigste Grund der Nomination Auswärtiger ist ohne Zweifel der, dass der Administrateur communal den Staat und dessen Ansprüche, nicht aber die örtliche Bevölkerung und die lokalen Machtverhältnisse zu repräsentieren beauftragt ist. Der Art der staatlichen Forderungen entsprechend, ist dazu eher jemand befähigt, der über keine lokalen Bande verfügt. Das wiederum verweist auf die neo-patrimoniale und klientelistische Natur der Staatsbürokratie und Hydens sogenannte, für bäuerliche Gesellschaften typische „economy of affection“ (Hyden 1980:18, 1983:8ff).[10] Es ist vor allem dieser zweite Punkt, der von staatlicher

---

[7] Wie bereits einmal unter der Zweiten Republik in die Wege geleitet, wurde ab Mitte 1989 dazu übergegangen, alle Gemeindeadministratoren mit geländegängigen Kleinmotorrädern auszustatten. Damit wird ihre Mobilität beträchtlich erhöht. Es ist jedoch fraglich, ob damit die Kontakte mit der Bevölkerung erleichtert werden. Dadurch wird eher die Kommunikationsdichte zwischen den zentralen Polen erhöht.

[8] Frauen gibt es in diesem Amt bislang keine und wird es nach dem vorherrschenden Autoritätsverständnis auch noch länger keine geben (cf. Kapitel 4.2).

[9] Es gibt einige Beispiele dafür, dass nicht-autochthone, von aussen kommende Batware während der Kolonialzeit von der lokalen Bevölkerung nicht akzeptiert, sondern regelmässig verjagt wurden. So geschehen auf einigen Hügeln in der heutigen Commune Bwambarangwe im „wilden Osten“ des Landes (s. Gespr. 66:24-26). Wenn derart drastische Reaktionen heute kaum noch vorstellbar sind, so sind doch die Fälle, in denen sich die Bevölkerung mit den ihnen vorgesetzten auswärtigen Administratoren schwer tut, Legion.

[10] Bei der als Antwort darauf bevorzugten Einsetzung ortsfremder Beamter und deren regelmässiger örtlicher Rotation handelt es sich um eine Strategie des Organisationsmanagements der Staatsverwaltung, wie sie heute in den meisten afrikanischen Staaten befolgt wird. Hyden schreibt dazu: „This is another way of trying to minimize the influence of clan pressures because it is generally assumed that somebody alien to a given environment is less likely to give in to such pressures than somebody already familiar with the place and its people“ (1983:67).

Seite immer wieder hervorgehoben wird. Dazu wird gern das Sprichwort *nta umuhanuzi mu b'i-wawe* („unter den Deinen kann es keinen Ratgeber geben") zitiert (s. Gespr. 34:21). Ein autochthoner Admicom mit seinen oft mehrfachen lokalen und verwandtschaftlichen Loyalitäten kann sich an seinem Herkunftsort nur schwer durchsetzen, vor allem aber nicht gegenüber allen in gleichem Masse: Die Erwartungen seiner lokalen Verwandten und Vertrauten, deren Hoffnung auf Privilegierung und seine Verpflichtungen ihnen gegenüber können die Erfüllung seines öffentlichen Auftrages ernsthaft beeinträchtigen. Das wiederum verweist einerseits auf den autoritär-repressiven Auftrag der Staatsbehörden, andererseits auf das vorherrschende Verständnis öffentlicher Ämter und ihrer Führung. Ein Administrateur, der zuerst in seiner Herkunfts- und später in einer Nachbargemeinde seines Amtes waltete, vertritt diese Argumentation sehr anschaulich:

> „An deinem Herkunftsort kennt dich wirklich jedermann, und alle erwarten sie eine bevorzugte Behandlung, insbesondere deine Brüder, Vettern und deine ganz Familie. Aber auch alle anderen haben dich aufwachsen sehen, als kleines schmutziges Kind in kurzer Hose mit Sandflöhen an Beinen und Füssen – wer hätte da noch viel Respekt! Da ist es an einem fremden Ort, wo man gleichsam mit dem Fallschirm abgeworfen wird und kaum jemand dich kennt, bedeutend einfacher, dich durchzusetzen. Da haben die Leute noch Respekt, die haben ja keine Ahnung, wen sie vor sich haben. Sie wissen nicht, dass unter deinem Anzug ein Mann mit all seinen Fehlern steckt, der auch einmal ein kleiner schmutziger Junge war."

Die das Administrateur-Amt prägende „law and order"-Aufgabe kommt in der Antwort eines anderen Admicoms auf die Frage, wieso heute nur Auswärtige und keine Autochthonen als Administrateur ernannt werden, deutlich zum Ausdruck:

> „Cela, on ne sait pas exactement pourquoi. Parce que c'est venu du haut, du niveau du ministère. Mais nous pensons que avec la familiarité, de temps en temps ça dérange – lorsqu'on doit faire respecter les lois, il faut les faire respecter à n'importe qui et à même égalité" (Gespr. 21:8).

Dennoch würden sowohl die zitierten wie die meisten der anderen befragten Administrateurs es – unter gewissen Vorbehalten, die die Natur ihres Auftrages betreffen – im allgemeinen vorziehen, ihr Amt in ihrer Herkunftsgemeinde auszuüben. Nicht nur sei man da seiner Familie und seinen Freunden näher, sondern nach ihrer Einschätzung bestünden längerfristig auch bessere Voraussetzungen für eine erfolgreiche, effiziente Verwaltungsführung. Hier werden vor allem die Nachteile einer Versetzung („parachutage") in ein fremdes Milieu hervorgehoben. In ihren Aussagen wird deutlich, dass sie doch noch eine Bevölkerung, die sich den obrigkeitlichen Anordnungen nicht ohne weiteres fügt und vielleicht sogar eigene Anregungen vorbringt, vorziehen gegenüber einer, die in respektvoller Passivität verharrt; auch wenn sie zu allem ja sage, tue sich darauf trotzdem nichts: „Wie soll man da als Autorität und Behörde wissen, woran man ist" – diese Aussage drückt die Perplexität der Behörde gegenüber einer zwar unterwürfigen, aber ebenso undurchdringlichen Bauernschaft aus. Was erneut zurückverweist auf das dominante Herrschaftsverständnis, und zwar sowohl von seiten des Staates als auch der Bauern mit ihrer langen Gewohnheit der Unterwerfung. Ein Gemeindevorsteher habe, so argumentiert der zuerst zitierte Admicom, an seinem ihm besser vertrauten Herkunftsort bedeutend mehr Hebelarme: Er verfügt zum Beispiel über seine Vertrauensleute, über die ihm hintertragen wird, falls und aus welchem Grund irgendwo ein Problem auftaucht. Das heisst, dass hier die Behörde weniger isoliert der örtlichen Bevölkerung gegenübersteht und dass Zwang und Gewalt nicht die ersten Mittel seiner Macht sein müssen: Es gibt zumindest informelle Kanäle der Willensäusserung, über welche Reaktionen und Meinungen der Bevölkerung ihren Weg zu den Behörden finden.[11]

[11] Es ist von zusätzlichem Aufschluss, festzustellen, dass es Administrateurs, die von ihrer sozialen Herkunft her nicht an den mit ihrem politischen Amt einhergehenden Status gewohnt sind, schwer fallen würde, ihr immer mit unangenehmen, repressiven Pflichten verbundenes Amt an ihrem Herkunftsort auszuüben.

Auch die ansässige Bevölkerung würde gemäss meinen Erhebungen in nahezu allen Fällen einen autochthonen Gemeindeverwalter vorziehen; das schon allein aus dem Grund, sich von ihm besser verstanden zu fühlen, und manchmal auch in der Hoffnung, leichter auf ihn einwirken zu können. Dahinter steht aber eine ganz generelle Misstrauenskundgebung gegenüber dem heutigen Modell staatlicher Verwaltung, die noch im Detail zu analysieren sein wird.[12] Hören wir dazu die Meinung von S. aus Kiganda:

> „Wir wären zufrieden, wenn der Gouverneur einen von hier Gebürtigen einsetzen würde. Die Bevölkerung wäre ruhiger [würde sich beruhigen], wenn sie seine Herkunft [*ubwôko*] genau kännte, wenn man seine Ziele kennt und weiss, ob er die Leute liebt oder hasst. Aber jetzt schickt man uns Rohlinge [*inyamaswa*], unnachgiebige und unzugängliche Charaktere, deren Herkunft wir nicht kennen. Sie nehmen einfach irgendwo eine Person, obwohl sie uns unbekannt ist. Sie kommt als ‚wildes, unzivilisiertes Tier' [*igikôko*] zu uns, und darauf tut sie nur Schlechtes und entpuppt sich als Übeltäter [*inkózi y'ikíbi*]. Was uns gefiele, wäre, wenn jemand von hier eingesetzt würde. Früher [unter der Ersten Republik] mit B., der von hier kam, war da unser Herz nicht ruhig?" (Gespr. 43:21).

Es wird deutlich, dass die Wünsche der Bevölkerung und die Ansprüche des Staates kaum miteinander vereinbar sind. Das vorrangige Ziel des Staates ist es, seinen Hauptvertreter auf der kommunalen Ebene möglichst frei von Verflechtungen und Banden mit der Lokalbevölkerung zu halten. Versetzungen der Administrateurs, die man nicht selten alle paar Jahre zwischen den verschiedenen Gemeinden einer Provinz rotieren lässt, sind ein weiteres probates Mittel zu diesem Ziel. Die Nachteile der einseitigen, allein von oben ausgehenden Mandatierung und Legitimierung des Administrateurs als örtlichem Staatsvertreter werden teilweise durch das „Profil" der subalternen Behörden und Hilfsorgane wettgemacht: Diese verfügen als Alteingesessene, die sie immer sind, über die dem Admicom fehlenden detaillierten Lokalkenntnisse.

Das weitere Gemeindepersonal im engeren Sinn – vom Gemeindesekretär über den Zivilstandsbeamten bis zur Schreibkraft – hat rein bürokratische Aufgaben und als Angestellte keinerlei politisches Mandat. Von Behördenseite beklagt wird das hauptsächlich in Bezug auf den Secrétaire communal, der bei Abwesenheit des Administrateurs als sein Stellvertreter einzuspringen hat. Die Gemeindeverwaltung ist stark auf Rolle und Person des Administrateurs zentriert. Das Büropersonal ist von hoher Instabilität geprägt; da Bildung ein Hauptfaktor der Land-Stadt-Migration ist und die kommunalen Bürostellen, die keinerlei Amtssicherheit gewähren, nur eine geringe Anziehungskraft haben, müssen sich die ländlichen Gemeinden mit den schlechtesten Zurückbleibenden und einem wenig qualifiziertem Personal begnügen. Zusätzlich verhindern nepotistische Praktiken, die gerade bei der Besetzung dieser Stellen nicht selten sind, dass die Bestqualifizierten angestellt werden (cf. Rutake 1980:141, 1986a:39f).

b) Der Conseil Communal

Der „Conseil Communal" ist das zweite Organ der Gemeinde. Gemäss dem von 1977 bis 1989 gültigen Gemeindegesetz hatte er wie bereits seit 1965 rein konsultative Kompetenzen und wurde auch im Gesetz als „Conseil Communal Consultatif" (CCC) bezeichnet. Im neuen Gemeindereformgesetz vom 9. April 1989 wurde seine Rolle im Zuge der in Aussicht gestellten Demokratisie-

---

[12] Die am 10. Juli 1993 nach demokratischen Wahlen neu eingesetzte Regierung, die sich hauptsächlich auf die bisherige Oppositionspartei FRODEBU abstützt, hat in ihrem Programm die Bestimmung der obersten Gemeindebehörde durch allgemeine Volkswahl aus der ansässigen Bevöllkerung. Durch die nach dem Putsch, oder genauer: Staatsstreichversuch vom 21. Oktober 1993 ausgebrochenen blutigen Wirren, die mit der Zeit das ganze Land überzogen und erneut Hundertausende von Opfern forderten und zumindest eine Million Personen in die Flucht trieben, war es ihr bisher versagt, mit der Durchführung dieser zur Verbesserung der lokalen Verwaltung und ihrer „Annäherung an die Bevölkerung" bestimmten Massnahme zu beginnen (s. FRODEBU-Programm, Pkt. 9).

rung aufgewertet: das letzte „C“ wurde fallengelassen. Da diese Reformen bis zu Beginn der neunziger Jahre noch nicht zum Tragen kamen, soll hier zuerst der alte, während meines Feldaufenthaltes angetroffene Zustand erläutert werden.

Ich habe bereits im vorangehenden Kapitel auf die stark beschränkte Bedeutung des Gemeinderates, so wie er unter der Republik instituiert wurde, hingewiesen. Seine Beschränkung auf rein konsultative Kompetenzen bedeutete nicht nur einen klaren Bruch mit der Bourgmestres-Periode, sondern überdies eine Rückkehr zu den Verhältnissen während der Kolonialzeit. In dieser Hinsicht erscheint der CCC als getreues Abbild der kolonialen Vorgänger-Institution des „Conseil de chefferie“ oder „sous-chefferie“ (Rutake 1980:128). Wenden wir uns zunächst der Nomination und Zusammensetzung des Gemeinderates zu, um anschliessend seine Kompetenzen und seine Macht zu prüfen.

Der Gemeinderat wird auf Vorschlag des Administrateur communal vom Provinzgouverneur ernannt und setzt sich unter dem Vorsitz des Administrateurs aus 6-15 Mitgliedern zusammen. Die Anzahl der Gemeinderäte variiert stark von Gemeinde zu Gemeinde, in manchen Fällen überschreitet sie die im Gesetz (Art. 19) vorgesehene Obergrenze. Der Gemeinderat ist für die lokale Bevölkerung nicht repräsentativ. In der grossen Mehrzahl besteht er aus Staatsbediensteten oder anderen Funktionären. Manche von ihnen leben und arbeiten nicht mehr in der Gemeinde selbst, und diejenigen, die es tun, stammen manchmal nicht von da. Prüfen wir dazu die Beispiele der beiden mir näher vertrauten Gemeinden. Im zentral gelegenen Kiganda setzte sich der Gemeinderat 1989 einschliesslich des vorsitzenden Admicoms aus 21 Mitgliedern zusammen. Von ihnen lebten 11 in Kiganda selbst, während die restlichen 10 auswärts tätig waren und auch da lebten (beinahe alle in der Hauptstadt Bujumbura).[13] Die vor Ort Tätigen waren alle vom Staat angestellte Funktionäre; fünf von ihnen waren nicht aus der Gemeinde, aber immerhin aus benachbarten Regionen gebürtig.[14] Bei den auswärts Tätigen handelte es sich um Ministerialbeamte, Universitätsprofessoren, Militärs und Leute aus der Privatwirtschaft. Der Conseil Communal der Gemeinde Bwambarangwe setzte sich demgegenüber 1989 lediglich aus 10 Mitgliedern zusammen; das lässt sich unter anderem darauf zurückführen, dass diese bedeutend peripherer gelegene Gemeinde weniger Angehörige „strategischer Gruppen“[15] hervorgebracht hat. Von ihnen waren drei auswärts und sieben am Ort selbst tätig; mit Ausnahme eines Arztes und des ehemaligen Ortspfarrers handelte es sich bei allen um Staatsangestellte.

Obwohl der Gemeindeverwalter verpflichtet ist, in gewissen Bereichen die Meinung des Gemeinderates einzuholen (so zu Finanzfragen und Entwicklungsprojekten), so ist es doch falsch, dieses Gremium als Kontroll- und Aufsichtsorgan zu bezeichnen. Neben der Tatsache, dass es lediglich konsultative Kompetenzen hat, werden sein Gewicht und seine Unabhängigkeit durch weitere Faktoren eingeschränkt: Der Gemeinderat tritt nur viermal im Jahr alle drei Monate und immer unter dem Vorsitz des Administrateurs zusammen; bei Stimmengleichheit gibt dessen Stimme den Ausschlag; an den Beratungen können auch der Chef de zone und Vertreter der Provinzverwaltung teilnehmen. Beim grossen Einfluss, den der Administrateur auf die Designation der Räte hat, besteht überdies die Gefahr, dass dieser nur ihm genehme Leute vorschlägt (Rutake 1980:128). Der Einfluss, den er dabei ausüben kann, ist letztlich aber weniger eine Funktion seiner Amtsprärogativen als seiner sozialen Stellung und persönlichen Beziehungen. Die Macht des Administrateurs als

[13] Das Verhältnis von am Ort und auswärts tätigen Mitgliedern hängt stark von der regionalen Lage der Gemeinde und der politischen Bedeutung der Region ab. Es scheint aber in vielen Gemeinden ähnlich zu sein. In der Kiganda benachbarten Gemeinde Mbuye lebten 1987 8 von 15 Gemeinderäten nicht in der Gemeinde selbst (Rutake 1988:7).

[14] Bei den am Ort tätigen Funktionären handelte es sich neben dem Administrateur und dem Premier Secrétaire du Comité communal du Parti um fünf Vorsteher oder Vorsteherinnen von Schulen und anderen sozialen Einrichtungen, einen Lehrer, den Gerichtspräsidenten und den Gemeindebuchhalter, während der Platz des ehemaligen, vor kurzem versetzten Agronome communal (der nicht von Kiganda selbst stammte) vakant war.

[15] Zur Theorie strategischer Gruppen s. Evers & Schiel 1988.

Amtsinhaber darf nicht überschätzt werden; er, der in der Regel von aussen kommt, wird gewisse einflussreiche Leute des Ortes, den er zu verwalten hat – ob sie nun da oder anderswo leben – nicht übergehen können. Es kann durchaus vorkommen, dass sich zwischen solchen Gemeinderäten und dem Administrateur verschiedenartige Abhängigkeits- und eigentliche *amasabo*-Protektionsbeziehungen entwickeln; zumal dann, wenn die Conseillers die Macht des Zentralstaates vertreten, können Schicksal und Karriere des Admicoms von diesen Beziehungen beeinflusst werden. Das ändert aber wenig daran, dass die Gemeinderäte in corpore kaum Einfluss auf die Tagespolitik der Gemeinde nehmen können und diese oft auch gar nicht näher kennen. Das ist auch nicht der Sinn dieser Einrichtung.

Es wird deutlich, dass der Conseil communal weder die lokale Bevölkerung repräsentieren noch deren Verwaltung kontrollieren soll. Sein erster Zweck liegt anderswo. Er soll nicht eine Verbindung nach unten schaffen und beispielsweise ein Gefäss sein, in dem Wünsche und Bedürfnisse der Ortsbevölkerung zum Ausdruck kommen können; dazu ist er von seiner Zusammensetzung her völlig ungeeignet. Sein Zweck ist es vielmehr, eine Verbindung nach oben, zu den überlokalen Ebenen und Einrichtungen zu aktivieren über da tätige Leute, die ursprünglich aus der Gemeinde stammen. Es handelt sich beim CCC um ein beratendes technisches Gremium, das aus Personen besteht, die der Gemeinde durch die eine oder andere, meistens aber familiäre Bande verbunden sind. Es geht nicht nur darum, ihr Spezialwissen und ihre Erfahrung, die sie sich auf ihren Gebieten erworben haben, in den Dienst ihrer (Herkunfts-) Gemeinde zu stellen; es geht ebenso darum, ihren Einfluss und ihre Beziehungen, über die sie in ihrem Bereich und in ihren Betrieben verfügen, für die Gemeinde nutzbar zu machen. Dazu ist es offenkundig sogar ein Vorteil, wenn sie auf supralokalen Ebenen tätig sind. Hier sollen sie als Vertreter und Lobbyisten der Gemeindeinteressen wirken. Sie sind ein Instrument des Zugangs zu weiteren Ressourcen, der Mobilisierung von staatlichen und nicht-staatlichen Mitteln für ihren Heimatort.

Hier lässt sich effektiv vom Versuch der Institutionalisierung von „Regionalismus“ und Nepotismus sprechen. Alle auf überlokaler Ebene tätigen Kader werden als potentielle Mittler in einem auf der lokalen Ebene geschaffenen staatlichen Gremium, dem „konsultativen Gemeinderat“ zusammengefasst. Supralokal plazierte Mittler werden dergestalt gewissermassen von der Gemeinde für sich beansprucht. Natürlich kommt nur ein kleiner Teil ihrer Ressourcenzugangsmöglichkeiten der Gemeinde zugute. Die supralokal tätigen Kader halten nicht allein über ihren Sitz im Gemeinderat ihre Beziehungen zu ihrer Herkunftsgemeinde aufrecht, sie kehren nicht nur zu dessen Sitzungen hierhin zurück. Zahlreiche klientelistisch-persönliche Beziehungen spielen innerhalb eines anderen, primär verwandtschaftlichen oder sozialen Rahmens. In Burundi, wo bis heute 95% der Bevölkerung auf dem Land leben, hat die grosse Mehrheit der in urbanen Gebieten tätigen Personen, insbesondere auch Intellektuelle und Beamte, ihren ländlichen Herkunftsort erst in erster Generation verlassen; die meisten gehören zur ersten schulisch gebildeten Generation ihrer Familie (cf. Chrétien 1979b:110). Ein grosser Teil von ihnen hält den Kontakt zu ihrem ländlichen Herkunftsort weiterhin aufrecht und kehrt in der Freizeit regelmässig dahin zurück. In ihrem Selbstverständnis und in der Perzeption der anderen sind und bleiben sie in weitem Masse die Exponenten ihres Herkunftsortes und ihrer Region.

Die Einrichtung des Gemeinderates ist seiner Konzeption nach von der Idee getragen und an der Tatsache orientiert, dass die staatliche Ressourcenverteilung (die verschiedenen Staatsdienste sind die weitaus wichtigsten Ressourcenquellen) in beträchtlichem Masse willkürlich erfolgt. In der Schaffung eines derartigen Conseil communal findet die Erwartung ihren institutionellen Ausdruck, dass jedermann die Partikulärinteressen seines Herkunftsortes vertritt und sein Potential in dessen Dienst stellt.

Die CCC vermochten ihre vorgesehene Rolle als technische Berater und Ressourcenmobilisatoren aber nur in beschränktem Masse zu erfüllen. Da die Räte lediglich über ein Taggeld entschädigt wurden (das zulasten der Commune ging) und in manchen Fällen weitab von der Gemeinde lebten und wenig an der Sache interessiert waren, erreichten die Versammlungen das erforderliche 50%-Quorum[16] oft auch nach wiederholter Einberufung nicht. Die Versammlungen waren so umso leichter manipulierbar, vor allem wenn ein interessiertes Mitglied seine „Faktion" aufzubieten vermochte. Unter der Dritten Republik büssten die CCC nochmals an Funktionstüchtigkeit ein. Da nun mit der „Moralisation" der öffentlichen Dienste ernst gemacht wurde, war es fortan untersagt, die Dienstwagen ausserhalb der Amtszeiten zu benützen. Bislang hatte sich aber ein grosser Teil der Funktionäre und CCC-Mitglieder ihrer bedient, um bequem und ohne weitere Auslagen ihren Herkunftsort zu erreichen; aus diesem Grund entstand nun ein „problème de déplacement vers les communes d'origine", wie mir ein hoher Beamter des Innenministeriums darlegte.

Unter diesen Umständen ist es verständlich, dass unter dem reformwilligen Regime der Dritten Republik (wie erneut unter deren Nachfolgeregierung) bei der Überarbeitung des Gemeindegesetzes auch Rolle und Funktionalität dieses Organes neu durchdacht wurden. Ein Kernstück des 1989 erlassenen Gesetzes sollte die Aufwertung des Gemeinderates sein. Das Resultat dieser Bestrebungen war jedoch höchst bescheiden. Seither besitzt der Conseil Communal ein „pouvoir délibérant et décisionnel" in allen gemeindeinternen Fragen (Art. 24). Unter dem Vorsitz des Administrateurs soll er sich aus 15 vom Provinzgouverneur ernannten Räten zusammensetzen. Die Vertretung der Lokalbevölkerung wurde kaum gestärkt. Während es im alten Gesetz hiess: „Les candidats sont choisis parmi les habitants de la commune ou ceux qui y ont des attaches familiales ou une résidence secondaire" (Art. 20), heisst es nun: „Les membres du conseil communal sont essentiellement choisis parmi les citoyens intègres et compétents résidant dans la commune ou dans la province. Les natifs de la commune peuvent siéger au conseil communal sur leur demande ou sur invitation" (Art. 22). Obgleich nun die Ortsansässigen etwas besser vertreten sind, so sind die Funktionäre doch immer noch in der grossen Mehrzahl, und es gibt kein Mitglied, das nicht zumindest ein Amt als Hügelchef innehätte. Zwischen den neuen Conseils communaux und den alten Conseils communaux consultatifs hat sich nichts Grundlegendes verändert.

c) Der Chef de zone

Im Gegensatz zum alten Gemeindegesetz wird der Chef de zone im neuen nicht mehr an zweiter, sondern erst an dritter Stelle aufgeführt. Seit der Verkleinerung der Gemeinden Ende 1982 bestehen sie in der Regel aus zwei „Zonen", die meistens von stark ungleicher Grösse sind. Die grössere ist diejenige, in der das kommunale Verwaltungszentrum liegt; sie wird vom Administrateur direkt geleitet. Die kleinere dagegen untersteht einem Chef de zone. Dieser wirkt in dem ihm zugewiesenen Verwaltungsbezirk (meistens drei bis sechs Zensushügel) als direkter Statthalter (*igisongerezi*) des Administrateurs. Die Einrichtung dieser Verwaltungsebene soll gewährleisten, dass auch die fern dem Gemeindezentrum lebenden Leute in den vollen „Genuss" der Gemeindedienste – im staatlichen Diskurs als „structures d'accueil" bezeichnet – kommen bzw. dass der Arm der Verwaltung auch ihre Gebiete erreicht. Zu diesen Diensten gehört einerseits die Aufrechterhaltung von Ruhe und Ordnung, andererseits die Errichtung eines dezentralisierten Büros der Gemeindeverwaltung, in dem alle bürokratischen Angelegenheiten geregelt werden können. Einem Bauern kann es in der Tat nicht gleichgültig sein, ob er eine Distanz von fünf oder vielleicht mehr als zwanzig Kilometern zurücklegen muss, um sich eine Identitätskarte oder irgendeine Bestätigung ausstellen zu lassen. Es sprechen mehrere Faktoren dafür, dass der erste Auftrag der wichtigere bzw. der zweite – da mit bedeutend mehr Kosten verbunden – der schwieriger zu verwirklichendere ist. In zahlreichen Gemeinden (darunter auch in den beiden, in denen ich mich hauptsächlich aufhielt) muss der Chef de zone bis heute ohne eine Büroräumlichkeit, geschweige

[16] Das Gesetz hatte jedoch auch solche Fälle vorgesehen: „Si malgré la nouvelle convocation le quorum n'est pas atteint, les membres présents délibéreront valablement. Les avis exprimés par écrit par les absents seront annexés au procès-verbal de la délibération" (Art. 28).

denn weiteres Personal auskommen.[17] In all diesen Fällen müssen sich die Einwohner des gesamten Gemeindegebietes für jede Angelegenheit an das (nicht immer zentral gelegene) Gemeindezentrum wenden. Der Eindruck dieser Prioritätensetzung verstärkt sich, wenn man das Profil der eingesetzten Chefs de zone studiert. Die Chefs de zone, die vom Innenminister auf Vorschlag des Provinzgouverneurs ernannt werden, sind in der Regel Männer mittleren Alters, die aus der betreffenden Gemeinde oder gar „zone" gebürtig sind und über mehrere Jahre Sekundarschulbildung verfügen. In vielen Fällen handelt es sich bei ihnen um ehemalige Militärs, die vor ihrer Ernennung während etlicher Jahre in unteren Kaderstellen der Armee dienten. Es gibt aber auch Zonenvorsteher, die früher in ähnlicher Position in der Verwaltung oder im Handel tätig waren.

Pflichtenheft und Befugnisse des Chef de zone sind nirgends genauer reglementiert – wir haben bereits gesehen, dass die Existenz dieses Amtes erstmals 1977 in einem Gesetzestext erwähnt wurde, aber auch danach ohne nähere Regelung blieb (s. z.B. Décret-loi N° 1/10 du 24 juillet 1987; cf. Kapitel 9, n. 35). Diese mangelnde Regelung, die viel Raum für Willkür schafft, ist ähnlich wie bei allen anderen Ebenen Ausdruck des ausgeprägt zentralistischen Verwaltungsmodelles, nach dem alle Kompetenzen letztlich bei der Zentralinstanz, in diesem Fall beim Administrateur bleiben (cf. Rutake 1986a:24f). Im Artikel 28 des neuen Gemeindegesetzes heisst es: „Dans le ressort de sa circonscription, le chef de zone est le représentant de l'administrateur communal qui lui délègue une part de ses attributions dans l'intérêt d'une bonne administration. Il est l'animateur et le coordonnateur des activités de développement initiées par la commune ou la mairie dans sa zone". Von seinem Profil her scheint der Chef de zone für die Wahrnahme von Entwicklungsaufgaben schlecht geeignet. Wie in vielen Zitaten zum Ausdruck kommt, wird der Chef de zone von den Bauern in erster Linie als Repressionsinstanz erlebt. Zur Gleichsetzung mit dem kolonialen Mutware scheint ihm nur noch die Peitsche zu fehlen – nach dem Bild, das N. aus Muramvya (Gespr. 27:10) zeichnet, rekurriert er bedeutend stärker als die alten Ivyariho und Batware auf Zwangsgewalt und erscheint als eigentlicher Antipode zum Mushingantahe, der *ikirundi* nicht kennt und, den traditionellen Werten entfremdet, nur auf den eigenen Profit hin arbeitet und auf dem Rücken der Bevölkerung lebt (*kury'abantu*). Der Vergleich mit der Kolonialzeit liegt auch in einem anderen Sinn nahe. Rutake (1980:138, 1986b:15) bemerkt, dass die heutige Zone von ihrer territorialen Ausdehnung und Abgrenzung her grosso modo der kolonialen „Sous-chefferie" entspricht. Wenn sich ihre Grenzen auch verschoben haben mögen und sich ihre Bevölkerung in der Zwischenzeit vervielfacht hat, so handelt es sich doch um eine Einheit mit weit zurückliegenden Wurzeln. Gerade im Vergleich zum Hügel gilt das aber mehr im administrativen denn sozialen Sinn, wie wir gleich sehen werden.[18]

Bereits am Beispiel der Einrichtung des „chefs de zones" sehen wir, dass der Staat sich mit dem Verfall bzw. dem unter seiner Ägide vorgenommenen Umbau der alten politischen Autoritätsstrukturen im Mikro-Bereich, der spätestens seit der letzten Dekade des Kolonialregimes offenkundig geworden war, vor neue Probleme gestellt sah. Die verschiedenen Organe, die auf der Ebene des engeren oder weiteren Hügels bislang politische Aufgaben wahrnahmen – sei es der Führung oder sei es der Repräsentation der Lokalbevölkerung, als ihre Exponenten und damit als geeignete Ansprechpartner der Behörden –, waren ausgehöhlt oder ganz zerstört worden. Im Kapitel 7 habe ich gezeigt, wie der Einflussbereich der Bashingantahe durch die Schaffung zusätzlicher lokaler Verwaltungsagenten eingeschränkt wurde; gleichzeitig wurden sie seit den fünfziger Jahren stärker ans staatliche Gängelband genommen und ins Herrschaftssystem eingegliedert. Unter der Repub-

---

[17] In Bwambarangwe wurde der letzte, 1982 verfrüht im Amt verstorbene Chef de zone – ein Sohn des früheren lokalen Muganwa Karibwami und allgemein betitelt als „le déchu" – bis 1990 nicht ersetzt. Sobald ein geeigneter Nachfolger gefunden sein wird, soll nach den Plänen des Administrateurs von der Lokalbevölkerung auch ein Bureau de zone gebaut werden.

[18] Das Heiratsareal zum Beispiel, das bei der bäuerlichen Bevölkerung in der Regel einige benachbarte Hügel umfasst und Ort vielfacher sozialer Verknüpfungen ist, deckt sich nicht mit dieser administrativen Einheit.

lik verstärkte sich dieser Prozess weiter. Aber auch die verschiedenen Räte, die nach europäischem Vorbild seit 1953 in immer wieder abgeänderter Form ins Leben gerufen wurden, gingen ihres repräsentativen Gehaltes, wie bescheiden er auch immer war, schliesslich ganz verlustig. Die letzte, oben vorgestellte CCC-Variante legt dafür beredtes Zeugnis ab.

Um das damit entstandene Vakuum aufzufüllen bzw. um an die Stelle der Lokalrepräsentanten rein staatlich mandatierte Funktionsträger zu setzen, schuf der republikanische Staat eine ganze Batterie verschiedener hinter-, aber auch nebeneinander geschalteter neuer Organe und („Proto"-) Funktionäre. Diese Hypertrophie eines zunehmend unübersichtlichen Staatsapparates wird augenfällig, wenn wir uns in der Folge all den Organen von Verwaltung und Partei zuwenden, denen die Bauern sich heute gegenüber sehen bzw. die sie selbst zu stellen haben. Da sogar die lokalen staatlichen Kader nicht immer eine klare Vorstellung von den zahlreichen Verästelungen der staatlichen Einrichtungen innerhalb der Gemeinde haben und umfassende Organigramme und Dokumente dazu nur schwer erhältlich oder völlig inexistent sind, bedurfte es mehrerer Monate Feldaufenthalt, bis ich mit der nicht immer sinnfälligen Organisationsstruktur einigermassen vertraut war. Allen Betroffenen, denen die Logik einer bürokratischen Organisationsstruktur (insofern eine solche überhaupt eingehalten wird) noch weitgehend fremd ist, muss es noch um ein Vielfaches schwerer fallen, diese Struktur zu verstehen und durchschauen.

d) Der Chef de colline(s)

Seitdem 1965 die gewählten Bourgmestres abgesetzt worden waren, gab es auch keine gewählten „Conseillers communaux" mehr, die die verschiedenen Hügel einer Gemeinde vertreten bzw. in ihrem Gebiet den Willen der Zentralgewalt kundtun und durchsetzen sollten. Obwohl in den zwei Gesetzeserlassen von 1965 angekündigt, kam es unter der Republik nie mehr zur Wahl eines Gemeinderates (s. Kapitel 9.1). Da der Staat aber weiterhin ein Bedürfnis nach derartigen Instanzen hat, schuf er ein Organ, das geeignet schien, die Verwaltung auf der Ebene des Zensushügels zu übernehmen. Es wurde das Amt des „Conseillers"[19] geschaffen; diese Zensushügelvorsteher wurden vom Provinzgouverneur ernannt. Während es ihrer unter der Ersten Republik bis 1976 je Gemeinde lediglich vier bis acht gab, wurde ihre Zahl unter der Zweiten Republik auf je einen pro Zensushügel erhöht. Bis 1987 wurde der durchaus missverständliche Titel „Conseiller" (kirundisiert *i-, amakonseye*) beibehalten. Es bürgerte sich aber bald auch die Bezeichnung „Hügelchef" (*umukúru w'umutumba [wa rusansuma]* oder einfach *kanyamutumba*) ein. Auf Gesetzesebene wurde diese Institution bis 1987 nie erwähnt, geschweige denn näher reglementiert. Erst wenige Wochen vor dem Ende der „Zweiten Republik" war in einem – wiederum höchst kurzlebigen – Dekret die Rede von der „colline administrative", die unter der Leitung eines „Chef de colline" steht, der den alten „Conseiller communal" ersetzt.[20] Der Wandel in der Bezeichnung drückte auch eine inhaltliche Verschiebung von einer politischen zu einer administrativen Funktion aus, von einem Organ, das ursprünglich die lokale Bevölkerung vertreten sollte, zu einem reinen Funktionär, der seinen Platz in einer hierarchisierten Ämterstruktur hat. Das neue Regime, das 1987 die „Dritte Republik" ausrufen liess, bekräftigte seinen Wunsch nach der Stärkung der wichtigsten subkommunalen Verwaltungsebene. Die bislang unbesoldeten Chefs de colline (de recensement) wurden fortan mit FBu. 3'000.- entlohnt und in den Beamtenstatus aufgenommen. Da es sich jedoch bald erwies, dass die daraus erwachsende finanzielle Belastung für viele Gemeinden zu hoch war, ging man ab März 1988 dazu über, je drei bis vier Zensushügel zu einem „secteur" oder „Verwaltungshügel" zusammenzufassen, der unter der Leitung eines mit FBu. 5'000.- entschädigten „Chef de secteur" oder „Chef de colline<u>s</u>" (in Kirundi *umukúru w'imitumba*) steht. Im 1989 in Kraft treten-

[19] S. Arrêté-loi n° 001/798 du 30 octobre 1965, Art. 4. Zusammen sollten sie die „Assemblée communale consultative" bilden. Es handelte sich bei ihnen aber nie um eine Körperschaft.

[20] Décret-loi n° 1/10 du 24 juillet 1987 portant réorganisation de l'administration de base, Art. 1, 3 & 4.

den Gemeindegesetz finden sie ebenfalls als „Chefs de secteur“ Erwähnung, die vom Provinzgouverneur auf Vorschlag des Gemeindeverwalters ernannt werden (section 4, articles 30-33). Zu ihren Zuständigkeiten und Kompetenzen heisst es da allein, dass sie in ihrem Bezirk den Chef de zone zu vertreten und „animateur du développment“ sein zu haben. Prüfen wir nun das Profil der Inhaber dieser Funktion und die ihr zukommende Bedeutung.

Alle mir bekannten Hügelchefs waren Männer fortgeschrittenen Alters, die manchmal auch mehr als fünfzig Jahre zählten. Gemäss einer Untersuchung in einigen Gemeinden der Provinz Muramvya waren über 90% der Hügelchefs zwischen 30 und 50 Jahren alt. Es gibt aber auch Fälle wie der von I., der in Bwambarangwe bis zum Alter von 76 Jahren das Amt eines „Conseiller“ versah, nachdem er bereits zur Kolonialzeit über zwanzig Jahre als Mutware gewirkt hatte. Von ihrem fortgeschrittenen Alter und ihrer Laufbahn her ist es nicht erstaunlich, dass kaum einer der Hügelchefs etwas Französisch spricht (neben Kirundi immerhin die zweite Amtssprache). Um ihren Amtspflichten nachkommen zu können, ist es heute aber unabdingbar, dass sie doch über so viel (Primarschul-) Bildung verfügen, dass sie einigermassen lesen und schreiben können. Mangelnde Bildung war in den achtziger Jahren der Hauptgrund, weswegen Hügelchefs abgesetzt wurden. Manche wurden auch ihres beträchtlichen Alters wegen durch Jüngere ersetzt, da sie physisch nicht mehr auf der Höhe der Aufgaben ihres Amtes waren, welches erfordert, dass sie von morgens bis abends auf den Beinen sind. Um als wichtiges (Verbindungs-) Glied eines zunehmend bürokratisierten Verwaltungssystems wirken zu können, gewinnt das Kriterium Bildung gegenüber Erfahrung und Achtung aufgrund fortgeschrittenen Alters stark an Bedeutung.

Ein wichtiges Merkmal der Hügelchefs besteht darin, dass sie immer autochthoner Herkunft sind. Sie stammen nahezu ausnahmslos aus dem Gebiet, das ihnen zur Verwaltung zugeteilt ist. Falls ihr eigentlicher „Familienhügel“ ausserhalb davon liegt, so wird er kaum weit sein und sich meistens auf dem Gebiet derselben Gemeinde befinden. Wie es auch sei: um als Hügelchef ernannt zu werden, muss der Betreffende über lange Jahre in dem ihm unterstellten Gebiet gelebt haben und mit dessen Bevölkerung bestens vertraut sein. Um sein Amt versehen zu können, ist es unvorstellbar, dass er ortsfremd ist und von aussen kommt. Wie wir unterdessen wissen, steht das in bemerkenswertem Gegensatz zu den höher plazierten Beamten, vor allem aber zum Administrateur communal. Tatsächlich handelt es sich hierbei um die andere Seite derselben Münze. Dahinter steht dieselbe Herrschaftlogik, die will, dass der Administrateur communal als Kopf der lokalen Verwaltung keine zu starken lokalen Bande und Wurzeln entwickelt. Um den notwendigerweise damit einhergehenden Mangel an Lokalkenntnissen wettzumachen, ist es auf der anderen Seite erforderlich, dass die subalternen Verwaltungshilfskräfte unter der autochthonen Bevölkerung ausgewählt werden. Diese Strategie ist, mutatis mutandis, der vorkolonialen Herrschaftslogik vergleichbar, die wollte, dass die obersten regionalen/lokalen Führer frei im Land rotieren und zumindest innerhalb derselben Region von einem Ort zum anderen versetzbar sind, während ihre lokalen Hilfskräfte ortsverbundener und -vertrauter sein sollten. Während der alte Muganwa wie heute der Gemeindevorsteher nicht stärker ortsvertraut sein musste und nicht ortsverbunden sein sollte, so entstammten die alten Ivyariho und später die kolonialen Batware (oder zumindest ihre Bahamagazi) in der Regel alteingesessenen Deszendenzgruppen, was sie – immer unter den gebotenen Einschränkungen – den heutigen „Chefs de collines“ vergleichbar macht. So sieht es auch der eben erwähnte I. aus Bwambarangwe. 1907 noch unter Mwezi Gisabo in einer aristokratischen, bald aber „automatisch“ degradierten Familie geboren, hatte er wie bereits seine Vorväter zeit seines Lebens verschiedene politische Führungsposten inne. Während der Kolonialzeit diente er von 1932 bis 1953 als Mutware. Dass er in demselben Gebiet zwischen 1972 und 1983 erneut und in so späten Jahren das Amt eines „Conseiller“, d.h. Hügelchefs ausübte, ist ein weiterer Hinweis auf die hohe Stabilität des politischen Personals, wofür er beileibe kein Einzelfall ist.[21] Nach seinem Dafürhalten gab es keinen wesentlichen Unterschied zwischen seinen Führungsaufgaben als Mutware und als Hügelchef: „Ich habe als ‚Conseiller' geführt genauso wie ich es als Mutware getan habe. Und die Leute haben mich in derselben Weise geachtet" (Gespr. 62:52, 61:1). Wenn wir in der Folge die weiteren Charakteristika des Hügelchef-Amtes prüfen, so werden neben den evozierten Gemeinsamkeiten aber auch die Unterschiede deutlich werden, die jeden weiteren Vergleich mit früheren Zeiten schwer machen.

Wie sieht nun der Alltag eines Hügelchefs aus, welches sind seine Pflichten und seine Kompetenzen? Wenn ich an das Amt des Chef de collines denke, so habe ich immer das Bild des 58-jährigen Ki. aus Kiganda vor Augen, der immer nur schwer auffindbar war: Tagein tagaus durchmisst er in seinem alten, grauen Anzug und in seinen Plastiksandalen eilenden Schrittes das Gebiet seiner Hügel und zieht von Zeit zu Zeit ein kleines, durch eine Plastiktüte vor Regen geschütztes Heft hervor, in dem er mit ungelenker Hand einige Worte oder Zahlen notiert. Der Hügelchef ist wirklich „l'homme du terrain". Er verfügt über kein Büro und er wird anders als der Administrateur durch keinerlei Büroverpflichtungen von der Bevölkerung abgeschnitten. Die Hügelchefs sind ganztags in den Hügeln ihres Gebietes oder zwischen diesen und dem Gemeindezentrum unterwegs, was vielleicht mit erklären hilft, dass es bei ihrer ausschreitenden Marschart nicht immer einfach ist, sich an ihre Fersen zu heften. Sie sind es, die den Kontakt zwischen der Verwaltung und der Bevölkerung zu gewährleisten haben und die unmittelbar für das „encadrement de la population" verantwortlich sind (Gespr. 21:16). Es handelt sich um eine vollamtliche Funktion, die es unmöglich macht, daneben einer weiteren Beschäftigung nachzugehen. Ein Hügelchef ist in seinem „Sektor" für jegliche Verwaltungsfragen zuständig. Ka. beschreibt ihn als „Handlanger und reine Hilfskraft des Administrateur, der an dessen Stelle auf den Hügeln für Ordnung zu sorgen und an den Versammlungen mit ihm über die Lage auf seinen Hügeln zu rapportieren hat" (Gespr. 33:11f). Rutake (1980:193) bezeichnet die Hügelchefs als Wortführer und Delegierte des Gemeindeverwalters, die in seinem Namen auftreten und handeln. Eine ihrer Aufgaben ist es, in ihrem „Revier" verschiedene Steuern einzuziehen; dazu gehört sowohl die jährlich fällige Steuer auf Grossvieh sowie verschiedene Umsatzsteuern, beispielsweise auf Holzkohle und Bier. Die Organisation der Erhebung dieser Steuern kann von Gemeinde zu Gemeinde erheblich variieren. Gerade im Fall von Umsatzsteuern ist das Einzugsgebiet eines Hügelchefs aber zu weitläufig, als dass er dieser Aufgabe in eigener Person nachkommen könnte. Er zieht dazu verschiedene weitere Hilfskräfte bei, welche in der Regel Inhaber untergeordneter Partei- oder Verwaltungs-Chargen sind (Mitglieder unterster Parteikomitees oder Nyumba-kumi). Als Aufsichts- und Kontrollinstanz aller subalternen Staatsorgane hat er den Steuereinzug jedoch zu organisieren und zu beaufsichtigen. So obliegt ihm die Nomination der Nyumba-kumi seines Gebietes, die für je zehn Residenzeinheiten verantwortlich sind (s. unten). Diese können als seine Gehilfen bezeichnet werden, die ihm alle Informationen aus ihrem Weiler zuzutragen haben. Dazu gehört insbesondere die Benachrichtigung über alle „Bevölkerungsverschiebungen": Seit 1984, als die polizeilichen Kontrollmassnahmen der Zweiten Republik ihrem Höhepunkt zustrebten, müssen jegliche Besucher registriert werden. Dazu wurde auf der Ebene des Hügels oder allenfalls „Sektors" ein Besucherregister oder „Hügelbuch" geschaffen, das der Hügelchef zu führen und zu verwalten hat.

Der *mukúru w'imitumba* ist in seinem Gebiet ebenfalls für die Organisation und Durchführung aller öffentlichen „Entwicklungs"- und Unterhaltsarbeiten verantwortlich. Dazu gehören insbesondere die „travaux de développement communautaire" (in der Folge kurz TDC genannt, in Kirundi

[21] Einer seiner Söhne diente in den achtziger Jahre in einem anderen „Sektor" derselben Gemeinde ebenfalls für einige Jahre als „Conseiller", bevor er im Zuge des vorletzten Regimewechsels abgesetzt wurde (Gespr. 63). Es liessen sich hier zahlreiche weitere Fälle aus den verschiedensten Landesteilen anführen, in denen politische Führungsposten über die verschiedenen Epochen hinweg beibehalten oder innerhalb derselben Deszendenzgruppe weitergegeben wurden.

ibikorwa vy'iterambere rusangi), obligatorische öffentliche „Gemeinschaftsarbeiten", wie sie in vielen sozialistisch orientierten Staaten bekannt sind. Die Arbeitspflicht im öffentlichen Interesse umfasst in der Regel einen halben Arbeitstag pro Woche, meistens samstags bis zwölf Uhr, was entsprechend den jeweiligen Arbeiten aber auch länger dauern kann. Der Samstag wurde gewählt, damit jedermann ohne Einschränkung durch seine übrigen Arbeitspflichten teilnehmen kann. Die Frauen haben meistens ihre getrennten TDC, die je nach Gemeinde zum Beispiel auf den Montag- oder Donnerstagnachmittag gelegt werden. Im Normalfall dienen die TDC-Arbeiten dem Unterhalt öffentlicher Infrastrukturen bzw. deren Errichtung; dazu gehören insbesondere Strassen und Schulräume, aber auch Brücken, Lagerschuppen, öffentliche Latrinen und Parteilokale. Damit erspart sich die Gemeinde Ausgaben, die ansonsten für Strassen- und Bauarbeiter oder gar feste Gemeindearbeiter aufgewendet werden müssten. Vor allem die Zahl der dezentral über die Hügel verteilten Schulräume und Parteilokale hat so seit der Zweiten Republik zugenommen. Es ist beabsichtigt, dass jede Parteisektion auf ihrem Zensushügel über ein „Parteihaus" (in Kirundi *ingóro y'umugambwe*, wörtlich: „Palast der Partei") verfügt, das als Büro dient und wo Sitzungen und Versammlungen stattfinden können. Wenn ihre Konstruktion auch vielerorts geplant war, so verfügten bis 1989 doch erst wenige Hügel über ein Parteihaus, und der Bau kam nur schleppend voran. Die TDC-Arbeiten, die mit der „remise en honneur des anciens liens traditionnels de solidarité et d'entraide" und als notwendige Impulse zu Entwicklungsmassnahmen gerechtfertigt werden, können aber auch die Bestellung von öffentlich-staatlichen Kollektivfeldern zum Ziel haben. Der Ertrag der anschliessend verkauften Produkte dient dem Kauf von Baumaterialien oder der Anschaffung verschiedenster Utensilien, die für die Parteiaktivitäten benötigt werden (von Schreibmaschinen bis zu Fahnen und Uniformen). Da über die Verwendung dieser Erträge – wie übrigens auch der jährlichen Parteibeiträge – nie öffentlich Rechenschaft erstattet wird, entsteht vielfach der Eindruck, dass sie in den Taschen irgendwelcher Parteiinstanzen versickern, ein Eindruck, der nicht immer ungerechtfertigt ist.

Es wird hier bereits deutlich, dass die TDC-Arbeiten in besonderem, aber nie ganz geklärtem Masse mit der Einheitspartei verbunden sind. Ursprünglich gehörte ihre Planung und Durchführung ganz zum Aufgabenbereich der Partei. Das erklärt sich dadurch, dass es sich bei der Einheitspartei um den wichtigsten Ideologie- und Mobilisationsapparat des Staates handelt. Über die TDC sollten ursprünglich auch wichtige ideologische und politische Inhalte transportiert werden – sie hatten nicht nur einen ökonomischen, sondern auch einen politischen Aspekt: Über die Teilnahme in der Qualität als „citoyens" sollte das staatspolitische Bewusstsein gehoben werden. Die TDC waren der Ort politischer „Sensibilisierung", Aufklärung und Information. Nach dem Vorbild sozialistischer Staaten sollten sie aber auch der Ort sein, an dem die Angehörigen der verschiedenen sozialen Klassen in gemeinsamen manuellen Arbeiten zueinander finden, und gleichzeitig die „suprématie du Parti" veranschaulicht und bestätigt wird. Wie wir noch sehen werden, hat das in einer zutiefst hierarchischen Gesellschaft jedoch seine Tücken. Obwohl die TDC seit Beginn der achtziger Jahre zum Zuständigkeitsbereich der (Gemeinde-) Verwaltung gehören, so werden sie doch immer noch weitherum als Parteiangelegenheit verstanden. Geplant werden sie auf Gemeindeebene durch den Administrateur in enger Zusammenarbeit mit dem Comité communal du Parti. Bei ihrer Organisation und Durchführung auf den Hügeln spielen die lokalen Parteikader (vor allem der „Chef de section" und der „Chef de cellule") weiterhin eine wichtigere Rolle als die zur Verwaltung gehörenden Nyumba-kumi und Chefs de collines; letztere übernehmen vornehmlich dann die Führung, wenn es sich um grössere Arbeiten handelt, die den Rahmen des Zensushügels überschreiten. Dazu kommt, dass die unbesoldeten, ehrenamtlich tätigen Parteikader weniger motiviert sind, solche Aufgaben zu übernehmen und sie oft nur unbefriedigend ausführen (Gespräche 48:2f, 49:3,7). Es sind jedoch die Parteileute, welche über die Präsenzen und Absenzen Buch führen. Das bringt uns zur Frage, wer alles an den TDC teilzunehmen hat und wer tatsächlich an ihnen teilnimmt.

Dem Gesetz nach sind alle erwachsenen Männer und Frauen ab 18 Jahren zur Teilnahme verpflichtet, solange wie es ihre physische Konstitution zulässt.[22] Da „die Entwicklung alle betrifft", wie von Behördenseite argumentiert wird, obliegt die Teilnahmepflicht nicht nur den Parteimitgliedern (die in ländlichen Gebieten auf jeden Fall die Mehrheit der erwachsenen Bevölkerung ausmacht). Wenn man samstags aber die oft kümmerlichen Gruppen sieht, die auf den Hügeln oder im Gemeindezentrum den Gemeinschaftsarbeiten nachgehen, so wird klar, dass hier Norm und Realität weit auseinander liegen. Effektiv ist es so, dass „chacun qui se respecte", wie man so schön sagt und was in einer ausgesprochen hierarchischen Gesellschaft seine besondere Bedeutung hat, sich der Teilnahme an diesen unangenehmen Arbeiten entzieht. Es ist schlichtweg unvorstellbar, dass sich hier Angehörige verschiedenster sozialer Schichten, vom einfachen Bauer bis zum Grosshändler, zu gemeinsamen Arbeiten zusammenfinden. Nach meinen Beobachtungen nehmen jeweils nur die ärmsten Teufel teil, die keine Entschuldigung finden können und keinen einflussreichen Protektor haben, sowie einige Idealisten und die zuständigen Parteikader. Da bald klar wurde, dass alle Funktionäre und Inhaber von „white collar jobs" die „Journée du Parti" zu einer „grasse matinée" nutzten und im Bett blieben, ging man zu der realistischeren Forderung über, dass sie auch samstags ihren üblichen Büropflichten nachzugehen haben. Aber auch ein guter Teil der Bauern und Bäuerinnen entzieht sich den TDC-Pflichten. Vielen gelingt es, eine akzeptierte Entschuldigung zu finden (als solche gelten Krankheit, Familienpflichten, Ortsabwesenheit, etc.). Über eine Abmeldung bei ihrem Nyumba-kumi oder einem lokalen Parteikader entgehen sie auch der andernfalls angedrohten Busse (im Wiederholungsfall bis zu FBu. 500.-).

Die TDC-Pflicht ist ein Ort von viel Willkür. Das ergibt sich nicht allein aus der Unklarheit der akzeptierten Entschuldigungsgründe. Ob über eine Absenz Rapport erstattet und der Betreffende oben angeschwärzt wird, hängt in hohem Masse von seiner sozialen Stellung und seinen Beziehungen zu den beaufsichtigenden Instanzen und Parteileuten ab. Bei der herrschenden diffusen Regelung läuft man immer Gefahr, von einem Nyumba-kumi oder einem Sektionschef, mit dem man auf schlechtem Fuss steht, zu Unrecht angeschuldigt zu werden, wie ein Gemeindevorsteher bestätigt (Gespr. 48:3). Mit der Auferlegung von Bussen, über die nur der Administrateur entscheiden kann, ist man auf jeden Fall zurückhaltend. Es steht aber ausser Zweifel, dass dafür jede einheitliche Praxis fehlt. Wie der Hügelchef K. ausführt, liegt es im Ermessensspielraum jeder „Cellule du Parti" und jedes Hügels, wie und mit welchen Mitteln ihre Verantwortlichen eine gute Teilnehmerrate erreichen (Gespr. 44:21; cf. 34:16f, 45:17f, 59:18, 63:8f). Die TDC-Pflicht ist insgesamt wenig kohärent reglementiert, und entsprechend willkürlich ist ihre Durchführung.

Es zeigt sich, dass diese TDC-Bürgerpflicht nicht nur einen Konnex zum sozialistischen Modell, sondern auch zum Kolonialstaat aufweist. Die TDC-Arbeiten und die damit verbundene staatspolitische Auffassung knüpfen mehr oder weniger direkt an der kolonialen Fronarbeitspflicht an. Es wird zwar sorgsam darauf geachtet, sie nicht zu unverhohlen auf Zwang, sondern weitmöglichst auf die Entwicklungsideologie abzustützen. Wenn das Mass an manifestem Zwang bei ihrer Durchsetzung und der für sie benötigte Zeitaufwand auch beträchtlich abgenommen haben, so können diese öffentlichen Kollektivarbeiten doch nicht umhin, vor allem ältere Leute an die alten kolonialen Zwangsarbeitspflichten zu erinnern. Dass das dahinter stehende Konzept ein ähnliches ist und nur die Durchführungsart dem „Zeitgeist" und den veränderten Bedingungen angepasst worden sind, davon zeugt schon die Nähe der offiziellen Bezeichnungen: Bis 1952 wurden die kolonialen Arbeitspflichten „travaux exécutés dans l'intérêt des collectivités indigènes" (Strassenbau, Aufforstungen, etc.) und „travaux imposés par l'autorité européenne dans l'intérêt des travailleurs eux-mêmes" (Anbau von Pflichtkulturen wie Kaffee und Maniok), später einfach „travaux d'intérêt général" genannt (s. Kapitel 7 sowie Gahama 1983:341, Chrétien 1982:383, Rutake

---

[22] Nach dem Décret-loi n° 1/16 du 29 mai 1979, das die TDC regelte und ihre Organisation sowie die Verwendung allfälliger Erträge in die Hände des Conseil communal legte, sind von der Teilnahme lediglich Diplomaten und Entwicklungsexperten ausgenommen (cf. Rutake 1980:177).

1980:63b, Bourgeois 1987). Und genau wie damals fällt es auch unter dem postkolonialen Staat den meisten Bauern, aber auch Angehörigen anderer Gesellschaftsschichten schwer, sich mit den dahinterstehenden Zielen und Interessen zu identifizieren. „Was nützt uns eine breitere Strasse? Solange es weit und breit nicht einmal einen Krankenwagen gibt, mag sie vielleicht die Grosshändler und Militärs interessieren, aber nicht uns", kann man von Bauernseite dazu hören. Als sich nach den blutigen Schlächtereien vom Sommer 1988 das gesamte Staatswesen in einer Krise befand und die Angst die Bauern lange gefangen hielt, sind die TDC in weiten Teilen des Landes während Monaten ganz zusammengebrochen. Es bedurfte einer speziellen Informationskampagne auf den Hügeln, um die Leute wieder zur Teilnahme zu bewegen.

Die Verantwortung für die Durchführung der obligatorischen Gemeinschaftsarbeiten bleibt wie gesehen letztlich oft an der Person des Hügelchefs als des untersten noch besoldeten Staatsfunktionärs hängen. Seine formale, erst 1988 eingeführte Entschädigung ist dazu angetan, Neid und Missgunst aller subalternen Hilfskader zu erwecken, die immer weniger bereit sind, sich vom Hügelchef Arbeiten überbinden zu lassen. Der *umukúru w'imitumba* verfügt neben seinem Lohn aber noch über mehrere andere Einkünfte, die sich aus den Obliegenheiten seines Amtes ergeben. Zum einen kann es sich dabei um direkte Bestechungsgelder handeln, wie sie sich vor allem anlässlich der Steuererhebung anerbieten. Da diese nur unzulänglich geregelt ist und es bei der Frage, wieviel Vieh oder umgesetztes Bananenbier nun besteuert werden soll, immer einen mehr oder weniger weiten Ermessensspielraum gibt, eröffnen sich dabei zahlreiche Möglichkeiten zu Willkür, zu Begünstigung und Diskriminierung, aus denen ein Hügelchef wie andere Hilfskader die verschiedensten, oft auch indirekten Vorteile ziehen kann. Es handelt sich dabei keineswegs immer um manifeste Korruption, sondern es gibt eine weite Spanne zwischen Schmiergeldern, Dankesgeschenken und anderen gewährten Vorteilen. Im engen lokalen Rahmen, in dem die traditionellen Einstellungen noch weitgehend lebendig sind, kann jede im Namen des Staates tätige Person für jede von ihr erbrachte Leistung ein Dankesgeschenk erhalten, und sei es lediglich in Form von Bier. So fällt beispielsweise bei den – immer häufigeren – Grenzvermessungen und -absteckungen und den – immer selteneren – Bodenvergaben stets etwas für die örtlichen Autoritäten ab. Unter Beizug der alten Hügel-Bashingantahe spielt dabei auch der Hügelchef eine gewisse Rolle – er kann nie ganz übergangen werden. Für derartige Dienste gibt es heute zwar genau reglementierte Gemeindegebühren (z.B. FBu. 1'000.- für eine Grenzfestlegung), für welche der Hügelchef eine Quittung auszustellen hat. Wie traditionell üblich, kommt ihm darüber hinaus vielfach ein Dankesgeschenk für seinen Einsatz zu; man spricht dabei von *ishikánwa* oder *ishimwe*[23] (Gespr. 63:2ff, cf. 22:7). Dabei handelt es sich oft um Mittlerdienste, für welche der Hügelchef wie alle anderen subalternen Hilfskräfte gesuchte Instanzen sind. Denn ein unvermittelter Zugang zu den höchsten lokalen Behörden ist in der Regel nicht empfehlenswert, wenn er von Erfolg gekrönt sein will. Dass es dazu der Vorarbeit der unteren Stellen bedarf und diese nicht kostenlos ist, zeigt sich am Beispiel von Bodenvergaben:

> „Wer heute ein zusätzliches Stück Boden (*itôngo*) will, muss sich an die Gemeinde wenden. Der Admicom bezeichnet das Landstück, nachdem er die im allgemeinen dafür notwendige Zustimmung des Provinzgouverneurs eingeholt hat. Die Übergabe selbst nimmt der Chef de collines [‚conseiller', ‚chef de secteur'] vor, wobei er von lokalen Bashingantahe, die die örtlichen Bodenbesitzverhältnisse gut kennen, unterstützt wird. Zur Einleitung dieser Prozedur können sich aber nur wenige direkt an den Admicom wenden; zuerst muss man an den Hügelchef als lokale Autorität gelangen. Der übliche Weg sieht folgendermassen aus: Nach einer ersten Anfrage beim Hügelchef hat der Gesuchsteller sich an die lokalen Bashingantahe zu wenden, da der ‚Mutware' [hier: der Hügelchef] nicht alle Bodenbesitzverhältnisse kennen kann. In der Regel hat der Anfragende bereits ein Stück Land im Auge, das er vorschlagen kann. Erst wenn der Hügelchef mit Hilfe der Hügelbashingantahe ein Stück unbesetztes Staatsland ausmachen konnte, sendet er ihn

23 *Ishikánwa*: „cadeau du petit au grand"; syn.: *itûro*, „offrande en hommage" (Rodegem 1970:420); *ishimwe* oder *agashimwe*: „cadeau de reconnaissance, de gratitude" (Rodegem 1970:423); cf. Kap. 5.1.

zum Admicom, um in dieser Sache vorstellig zu werden. Wenn er dessen Einverständnis erlangt hat, kann er sich wieder an den Hügelchef wenden, der mit ihm unter Führung der Hügelbashingantahe zum in Frage stehenden Grundstück geht. Dieses wird gemessen, d.h. abgeschritten und dem Antragsteller formell übergeben. Darauf muss dieser allen für ihre Hilfe danken und ihnen etwas zukommen lassen. In der Regel bleibt es aber nicht bei diesem ‚Schlussbouquet': ‚Sich wenden an' heisst hier immer auch, dass die Anfrage und Aufbietung von Hilfestellung auf jeder Stufe von einer Entschädigung in Form von Bier oder Geld begleitet sein muss. Sonst wird niemand tätig, und vor allem nicht im bestmöglichen Sinn, wie es der Anfragende schliesslich für sich wünscht. Das Ganze kann eine zeit- und geldraubende Angelegenheit sein, bei der man kaum ohne Mittler auskommt" (Gespr. 63:3).

Derartige Praktiken spielen nicht nur bei Bodenüberschreibungen und ähnlichen Diensten, sondern bei allen Angelegenheiten, bei denen man in irgendeiner Weise der örtlichen Behörden oder Autoritäten bedarf. Das gilt nicht nur im positiven Sinn in Fällen, in denen man wie zum Beispiel bei Konfliktregelungen will, dass die Behörden tätig werden, sondern gerade auch in Fällen, in denen sie *nicht* tätig werden sollen: Wer sich etwas zuschulden kommen liess, sucht die Kollusion der örtlichen Staatsvertreter und ist geneigt, ihnen dafür Schweigegelder zu bezahlen. Falls man, um ein Beispiel zu geben, nicht an den TDC teilgenommen oder auf seinem Hügel irgendwelchen Schaden angerichtet (Felder abgebrannt oder einen Baum gefällt) hat, benötigt man die Deckung durch den örtlichen Sektions- oder Hügelchef, damit dieser das Verfehlen nicht an die vorgesetzten Instanzen weitermeldet und man dafür nicht bestraft wird. Je nach begangenem Verschulden zahlt man ihm dafür FBu. 500.- oder 1'000.- (Gespr. 63:5). Da die Unangemessen- und Vagheit vieler staatlicher Vorschriften oftmals keine vollständige Klarheit darüber schafft, wer sich nun im Recht befindet und wer nicht, sieht man sich nicht selten in der Lage, sozusagen präventiv das Einvernehmen der örtlichen Staatsrepräsentanten suchen zu müssen. Auf diesen Faktor wird noch zurückzukommen sein. Die Hügelchefs sind wichtige „Gatekeepers", die in vielen Fällen Einfluss darauf nehmen können, wer und was nach oben weitergeht und was nicht. Diese Position und Funktion eröffnet ihnen eine wichtige Einnahmequelle. Es ist noch zu erwähnen, dass ein Hügelchef auch die Kompetenz hat, Polizeibussen bis zur Höhe von FBu. 5'000.- zu verhängen. Er ist selbst aber keine rechtliche Instanz (Gespr. 63:20f).

Die Hügelchefs als die höchsten autochthonen Verwaltungskader, die anders als die Gemeindeverwalter und manchmal auch die Chefs de zone nicht von aussen „eingeflogen" sind, bilden die Hauptsäule der Lokalverwaltung. Ihre lokale Verwurzelung ist aber nur der eine Grund ihrer im Vergleich zu allen höher gestellten Funktionären grösseren „Volksverbundenheit". Auch von ihrem „Profil" und ihren Aufgaben her kommt ihnen eine Schlüsselposition zwischen Bauern und höheren Staatsbehörden zu.

e) Der Nyumba-kumi

Im Gebiet jedes Hügelchefs gibt es neben den untergeordneten Parteiorganen (Comité de section resp. de cellule mit ihren jeweiligen Vorstehern) weitere Hilfskräfte der Verwaltung in Form der sogenannten *nyumba-kumi*. Es wurde nie gänzlich klar gemacht, ob dieses Amt der Partei oder der Verwaltung zuzurechnen ist. Dass in diesem Punkt sogar die Meinungen der Administrateurs auseinandergehen, macht deutlich, in welch unscharfem Masse Partei und Verwaltung voneinander getrennt sind. Dass die Nyumba-kumi noch oft der Partei zugerechnet werden, kommt daher, dass die Verwaltung und das „encadrement" des engsten lokalen Bereiches bis in die ausgehenden achtziger Jahre der Einheitspartei überlassen blieben. Deren ehrenamtlich tätigen Kader sollten hier der nur über beschränkte Mittel verfügenden Gemeindeverwaltung zu Hilfe kommen.

Ich habe bereits darauf aufmerksam gemacht, dass Amt und Funktion des Nyumba-kumi meines Wissens in keinem offiziellen Text reglementiert oder auch nur erwähnt wird (cf. Kap. 9.2). Das wird damit begründet, dass es sich bei der Institution der *nyumba-kumi* um eine rein gemeindeinterne Angelegenheit handle. Nichtsdestoweniger ist dieses Amt landesweit anzutreffen. Dass über es nach aussen hin Stillschweigen bewahrt wird, mag unter anderem damit zusammenhängen, dass es primär Sicherheitsfragen betrifft und auf das ausgeprägte Bedürfnis der herrschenden Klasse nach innerer Sicherheit hinweist. Unter diesen Umständen kann es nicht überraschen, dass Leute, die nicht selbst an der Basis auf dem Land tätig sind, von der Existenz dieses Amtes oft keine Kenntnis haben oder es leicht mit dem eines „Chef de cellule" verwechseln. Selbst ältere Bauern wissen diese Ämter nicht immer auseinanderzuhalten. Betrachten wir das Nyumba-kumi-Amt und die ihm zugewiesenen Aufgaben näher.

Der aus dem Kiswahili entliehene Titel *nyumba-kumi* bedeutet „zehn Häuser" und meint einen „Weilerverantwortlichen"; das ist auch die wörtliche Übersetzung des in einigen Regionen geläufigeren Pendants in Kirundi, *nzezwamihana* (cf. Kap. 9, n. 34).[24] Der fremdsprachige Begriff *nyumba-kumi* ist in doppeltem Sinn unangemessen und ungenau. Erstens ist ein Nyumba-kumi nicht für eine gewisse Anzahl Häuser (*inzu*) zuständig, sondern für einige benachbarte Gehöfte (*uru-, ingó*, Residenzeinheiten, die aus mehreren Haushalten bestehen können). Zweitens repräsentiert ein Nyumba-kumi in der Regel bedeutend mehr als zehn Residenzeinheiten – nicht selten sind es ihrer zwanzig, dreissig oder gar vierzig. Es gibt dafür keine einheitliche Regelung, sondern das bestimmt sich nach den örtlichen Gegebenheiten und dem Umfang der *agacimbiri*-„Parteizelle". Die Gehöfte eines lokalen Lineagesegmentes werden in der Regel zusammen genommen. Die Nomination der Nyumba-kumi gehört zu den Zuständigkeiten des örtlichen Hügelchefs, und die meisten Gemeindeadministratoren wissen nicht genau, wieviele Nyumba-kumi es in ihrem Gebiet gibt. Getreu der Logik des unendlichen Weiterdelegierens, handelt es sich bei ihnen eben lediglich um Hilfspersonal der nächst unteren Verwaltungsebene. Dass die vorgesetzte Ebene darüber keine genaue Kontrolle hat, ist mehr die Folge einer mangelhaften Bürokratisierung als einer beabsichtigten Dezentralisation, welche diese Angelegenheit als interne Frage der untergeordneten Ebene sehen würde. Die Funktion des Nyumba-kumi gibt es übrigens auch in konzentrierteren, urbanen Siedlungen, wo sie derjenigen eines „Blockwartes" oder „Blockchefs" vergleichbar ist.

Es wird offenbar, dass sich die Funktion des Nyumba-kumi kaum mit einer „administration de développement" rechtfertigen lässt. Der *nzezwamihana* hat ausschliesslich polizeiliche Kontroll- und Übermittlungsaufgaben. Der Autor einer Studie über „développement et administration locale" für die Universität in Bujumbura antwortete mir auf die Frage, ob in seiner Arbeit nicht auch die Nyumba-kumi erwähnenswert gewesen wären: „Les Nyumba-kumi sont des cadres très peu dynamiques. Ils ne font qu'enrégistrer les visiteurs, et souvent ils ne savent même pas lire et écrire. Ils épaulent seulement le chef de collines et lui rapportent l'infiltration des visiteurs étrangers".

Der Nyumba-kumi kann als ein in den nachbarschaftlichen Rahmen vorgeschobenes, für den Staat tätiges Übermittlungs- und Kontrollorgan beschrieben werden. Er ist ein Transmittor in beiden Richtungen, sowohl von oben nach unten wie von unten nach oben. Als unterster Bote und Laufbursche der Verwaltung hat er seinem „Weiler" alle von oben kommenden Direktiven zur Kenntnis zu bringen. Dass das mit beträchtlicher Arbeit verbunden sein kann, wird dann ersichtlich, wenn man die Hierarchie betonende Haltung sämtlicher Staatsorgane in Rechnung stellt, die es ihnen verbietet, sich persönlich an die betroffene Bevölkerung zu wenden, solange es unter ihnen noch andere staatliche Instanzen gibt. Das geht so weit, dass selbst ein „Moniteur agricole" es vorzieht, seine Instruktionen, wie man einen Kompostierungsgraben mitsamt dem erforderlichen Schutzdach einzurichten hat, lieber den örtlichen Nyumba-kumi als der Bevölkerung selbst vorträgt (Gespr. 45:8,12).

---

[24] Die Idee zur Einführung einer solchen Basis-Instanz (in Burundi Ende der sechziger Jahre unter der Ersten Republik in die Wege geleitet) inspirierte sich an sozialistischen Modellen, wobei vor allem das Beispiel Tanzanias massgebend war; die dortigen „Nyumba-kumi" waren jedoch weniger für Kontrollaufgaben denn für die Betreuung der Entwicklungsmassnahmen zuständig (cf. Kap. 9.2).

Es gehört aber auch zu den Aufgaben des Nyumba-kumi – und hier scheint der Hauptzweck dieser Institution zu liegen –, jegliche besonderen Vorfälle in seinem Bezirk nach oben weiterzumelden. Als derjenige, der seinen engen nachbarschaftlichen Rahmen genauestens kennt und dem hier nichts entgehen darf, ist er es, der alle Entschuldigungen für das Fernbleiben von den TDC-Arbeiten weiterzugeben und unentschuldigte Absenzen anzuzeigen hat. Es wird von ihm auch erwartet, dass er über alle lokalen Konflikte und allfällige Gesetzesübertretungen in seinem Weiler Bericht erstattet. Ebenso ist es an ihm, die Ankunft von Besuchern und Reisenden zu rapportieren. Seitdem 1984 unter Bagaza die sogenannten (auch aus europäischen sozialistischen Ländern bekannten) „Besucher-Register" (in Kirundi einfach „Hügel-" oder „Besucherbuch" genannt, *igitabo c'umutumba* oder *c'ingenzi*) eingeführt wurden, die jeder Hügel zu führen gehalten ist, ist es eine der Hauptpflichten der Nyumba-kumi, dem Registerführer zu melden, wer wem Nachtquartier bietet. Es handelt sich dabei um eine durchaus bürokratisch geregelte Angelegenheit: Der Nyumba-kumi nimmt dem Reisenden die Identitätskarte und alle erforderlichen Informationen ab (Herkunft, Ziel und Zweck des Besuches, persönliche Merkmale), oder er führt ihn persönlich zum Führer des Besucherregisters. Es ist jedoch nicht am Nyumba-kumi, allen Besuchern selbst nachzuspüren – die Meldepflicht liegt beim jeweiligen Gastgeber. Beim „préposé à l'inscription des visiteurs" kann es sich um einen Chef de section, einen Moniteur agricole oder den Hügelchef selbst handeln. Falls es nicht der Hügelchef selbst ist, hat dieser benachrichtigt zu werden (Gespr. 21:19ff, 33:36f, 44:17f, 45:3,9, 60:37). Dieses polizeistaatliche System spielt in der Praxis wie vieles andere selten lückenlos. Es ist eher die Ausnahme, dass ein Nyumba-kumi die Ankunft eines Besuchers am gleichen Tag weitermeldet, wie es seine Pflicht wäre. Das tut dem Repressionscharakter dieser Einrichtung, die es erlauben soll, sämtliche internen Bewegungen unter Kontrolle zu halten, aber kaum Abbruch. Es fragt sich, wem und zu was diese Informationen letztlich dienen, wenn man sieht, dass dieser dem System nach lückenlose Überwachungsapparat nicht einmal bürgerkriegsähnliche und über Wochen andauernde Auseinandersetzungen wie im Sommer 1988 vorhersehen, verhindern oder rasch beenden kann.

Wenn ein Nyumba-kumi als Transmissionsorgan von unten nach oben fungiert, so tut er das vornehmlich im Sinn eines Rapporteurs und Denunzianten. Es kommt kaum vor, dass er von seinen Leuten mandatiert wird, eines ihrer Anliegen nach oben zu tragen. Dafür haben sie zu wenig Gewicht. Es kann jedoch sein, dass die höheren Instanzen im Fall eines an sie herangetragenen Konfliktes verlangen, dass dieser zuerst dem örtlichen Nyumba-kumi vorgelegt werde, auf dass dieser einen ersten Rat gebe oder seinerseits Rapport erstatte (Gespr. 45:2f). Der Nyumba-kumi hat jedoch keine weitere streitschlichtende Funktion, was verständlich wird, wenn wir das „Profil" der Inhaber dieses Amtes genauer untersuchen.

Das Amt des Nyumba-kumi wird in der Regel jüngeren, bereits verheirateten Männern übertragen; für ältere, so sagt man, wären die zahlreichen Meldegänge zu anstrengend. Das *nyumba-kumi*-Amt wird aber auch als erste Stufe einer Karriere in Verwaltung oder Partei verstanden. So waren etliche Chefs de cellule (die bis 1988 nicht gewählt, sondern ernannt wurden) früher Nyumba-kumi. Nur wenige können lesen oder schreiben, Qualitäten, auf die jedoch bei der Ernennung zunehmend Wert gelegt wird. Wenn es auch einige Banyumba-kumi in fortgeschrittenem Alter gibt, so scheint es schwierig zu sein, ältere Männer für dieses delikate Amt innerhalb der Nachbarschaft zu rekrutieren. Es sind noch am ehesten junge dazu bereit, die gewisse Ambitionen hegen. Die Nyumba-kumi gelten gemeinhin als *bakungu*, als Uneingeweihte, die keine Erfahrungen als Bashingantahe besitzen. Es ist selten, dass sich ein nach traditioneller Art eingesetzter Mushingantahe für dieses Amt hergibt. Manche Alten betonen, dass die beiden Positionen miteinander unvereinbar sind: Während die Bashingantahe in erster Linie gegenüber ihrer Lokalgruppe verantwortlich sind, ist es der Nyumba-kumi gerade nach aussen hin. Wenn darauf hingewiesen wird, dass ein sich im Amt bewährender Nyumba-kumi mit der Zeit doch noch zum „Mushingantahe" werden könne, so ist damit nur die moderne Bedeutung dieses Titels gemeint. Nachdem die alte *kwâtirwa*-Investitur unter der Zweiten Republik untersagt wurde, wurde der Mushingantahe-Titel vom Staat usurpiert und auf alle Mitglieder der Partei-Komitees übertragen. Da es nicht immer einfach ist, geeignete Nyumba-kumi zu finden, übernehmen manchmal auch niedrige Verwaltungs- und Parteikader (vor allem die „Cellule"-Sekretäre) in ihrem Weiler dieses Amt. Solche Ämterkumulationen sind nicht selten. Höhere Kader würden diese Aufgabe jedoch als für sie entwürdigend zurückweisen.

Bei der Ernennung der Nyumba-kumi achtet der dafür zuständige Hügelchef auf die Vorschläge der lokalen Parteikomitees. Wie zur Ganwa-Epoche können dabei aber auch klientelistische Muster mitspielen: Ein Hügelchef wird präferentiell seine Vertrauten ernennen, die ihm „den Hof machen" (*kumugendanira*, von *abagendanyi*; s. Kap. 5.1) und auf deren Loyalität er zählen kann. Das spielt jedoch in bedeutend weniger systematischer Weise als zu vorkolonialer Zeit. Es ist überdies undenkbar, jemanden zu ernennen, der vom betroffenen Weiler rundweg abgelehnt wird – dieser könnte sein Amt kaum in befriedigender Weise ausüben. In positivem Sinn hat die Bevölkerung aber nichts zur Nomination der Nyumba-kumi zu sagen. Sie werden ihr vielmehr an einer Parteiversammlung innerhalb des Zensushügels präsentiert; zur Absegnung dieser „Wahl" sind anschliessend die Hände zum Parteigruss zu erheben (die drei gestreckten Finger stehen für die Partei-Devise „Einheit – Arbeit – Fortschritt").[25] Eine Nomination abzulehnen, ist wie bei allen politischen Verpflichtungen nur schwer möglich. Das erklärt sich zum Teil aus der tief verankerten Auffassung der politischen Beziehungen und Verpflichtungen: Es gilt als Affront den Herrschenden gegenüber, etwas von ihnen Angebotenes zurückzuweisen. Die meisten können und wollen sich eine derartige Ablehnung gar nicht leisten, mit der man sich schnell dem Verdacht aussetzt, sich dem Staat entziehen zu wollen und ein „Rebell" zu sein. So gibt es in gewissem Masse einen Amtszwang. Bashingantahe aus altem Holz lassen sich jedoch kaum je dazu verpflichten und verweisen auf ihren Nachwuchs. Hören wir den noch in traditioneller Manier eingesetzten Mushingantahe und vormaligen Bourgmestre B.:

> „Könnte ein wahrer Mushingantahe bei diesen Angelegenheiten mitmachen, gesenkten Hauptes oder wie? Könnte ich, der ich einmal ein wichtiger Staatsbeamter war, mich da beteiligen? Ich stelle nur fest, dass man als Nyumba-kumi den erstbesten aus der Masse des Volkes nimmt, ohne nach weiteren Qualifikationen zu suchen. Und es braucht nur wenig und dann wird er wieder abberufen und durch einen anderen ersetzt. Sollte ich den ganzen Tag wie ein Strolch herumschleichen und nicht einmal Zeit für meine eigenen Angelegenheiten haben? Nein, ich bin ja auch zu alt dafür. Wenn man mich vorschlüge, verwiese ich auf meine Nachkommen. Wobei es dann an meinen Söhnen ist, eine solche Aufgabe abzulehnen oder nicht. Falls ich zu entscheiden hätte, würde ich ihnen nicht raten, eine solche Nomination anzunehmen" (Gespr. 60:37).

Amt und Tätigkeit des Nyumba-kumi bringen nur wenig Prestige. Es ist eine heikle Angelegenheit, die unangenehmen Obliegenheiten eines Nyumba-kumi innerhalb der engsten Nachbarschaft, gegenüber Verwandten und Vertrauten, mit denen man in alltäglichem Kontakt lebt, wahrzunehmen. In der Perzeption der Bevölkerung können die Nyumba-kumi als solche keine Bashingantahe sein. Dieses von aussen auferlegte Amt ist für die Lokalgemeinschaft von keinerlei Nutzen, es trägt nichts zur Regelung innerer Angelegenheiten bei, für die es schliesslich die Bashingantahe gibt. So ist es ihnen auch verwehrt, in der *nyumba-kumi*-Qualität an Konfliktregelungen teilzunehmen – sie werden davon wie alle Bakungu ausgeschlossen (*gutaramuka*). Der Hügelchef Ki. bestätigt, dass die Inhaber dieses Amtes von den Leuten leicht als Spione (*indereretsi y'ukubarerekera*) angesehen werden, vor allem dann, wenn es von „verantwortungslosen" Jungen übernommen wird, und der Chef de section S. spricht von den Nyumba-kumi als „Sicherheitsagenten" (*abasekori*) (Gespräche 44:18, 34:17). Man sieht die Nyumba-kumi als Polizisten, deren Aufgabe die „Identifizierung von Unruhestiftern und Aufwieglern" ist (Gespr. 60:37). Andere ziehen den Ver-

[25] Unter der bereits modernisierten Monarchie hiess die Formel „Gott (*imâna*) – König – Vaterland", während der alte Wahlspruch der Monarchie lautete: *Ganza sabwa* („Herrsche und regiere/sei hofiert"), eventuell mit dem Zusatz: *ganza mára abânsi*: „Herrsche und vernichte unsere Feinde".

gleich mit den kolonialen Bahamagazi, wobei gleich eingeschränkt wird, dass es zur damaligen Zeit keine derartigen Polizisten gegeben habe (Gespräche 4:5, 15:12f).

Wenn nun der Eindruck entstanden sein mag, dass das Amt des Nyumba-kumi nie gesucht, sondern immer möglichst umgangen wird, so muss das gleich wieder korrigiert werden. Es gibt immer Männer, die nach dieser Aufgabe streben und das Amt auch durch Ausgeben von Bier zu erkaufen suchen (Gespr. 60:35, 63:18). So undankbar diese Aufgabe auch sein mag, bietet sie offensichtlich doch verschiedene Vorteile. Schliesslich ist sie – wenn auch am untersten Rand – Teil der Herrschaftsstruktur. Betrachten wir die Position des Nyumba-kumi von dieser Seite her.

Beim Nyumba-kumi handelt es sich um eine nebenamtliche Tätigkeit, die „ehrenamtlich" ohne formale Entschädigung auszuüben ist („il travaille pour son pays", sagt man, oder in Kirundi auch: *Ibanga rigora*: „Verantwortlichkeiten fordern Opfer"). Alle Nyumba-kumi gehen neben ihren Amtspflichten ihrer üblichen Tätigkeit als Landwirt und/oder Handwerker nach. Das heisst nicht, dass das Nyumba-kumi-Amt seinem Inhaber nicht gewisse Einkünfte und Vorteile zu bringen vermag. Die Herrschaftsunterworfenen können gar nicht anders, als den Nyumba-kumi als Teil des Regierungs- und Verwaltungsapparates – als „Batware" – Respekt entgegenzubringen: „Verstehst du, der Nyumba-kumi regiert, er teilt die Geheimnisse und Verantwortlichkeiten mit dem Administrateur und dem Gouverneur (*urumva, nyumba-kumi aratwara, asangiye amabanga na musitanteri na bula matari*)" (Gespr. 33:31, cf. 63:19f, 44:19). Die Quelle ihrer Macht ist ihre Verbindung nach oben, wie bescheiden diese auch sein möge. M. zieht erneut den Vergleich mit den kolonialen Bahamagazi heran, wenn er über diese sagt: „Die Bahamagazi vermochten ähnlich wie heute die Nyumba-kumi jemanden zu zerstören oder zu retten. Derjenige, über den sie einen schlechten Rapport machten, kam nicht davon" (Gespr. 4:8). Ein Grund des schlechten Ansehens der Nyumba-kumi besteht darin, dass sie, von ihrem Profil her tendenziell am unteren Ende der sozialen Leiter stehend, aus ihrer Position Profit zu schlagen versuchen. Als unterste Rapporteure und allenfalls als Günstlinge und „Klienten" des Hügelchefs können sie auf alles nach oben Fliessende einen begrenzten Einfluss nehmen. Was oben zum Hügelchef gesagt wurde, gilt mutatis mutandis auch hier: Als staatliche Instanzen können sie in verschiedenen Situationen nicht übergangen werden und müssen etwa bei Vermittlungen und Konfliktschlichtungen beigezogen werden. Das aber heisst, dass sie zumindest bei solchen Anlässen immer unter den ersten sind, die ihren Trinkhalm in den Biertopf halten können. Ich habe bereits im Kapitel 4 auf die Bedeutung der Trinkordnung hingewiesen. Sie ist immer ein Indiz für die soziale Ordnung und Rangfolge, die aber je nach Anlass und Rahmen ändern kann. Ki. meint denn auch, dass ein sich bewährender Nyumba-kumi mit der Zeit zur Respektperson werden könne, die „etwas geben und beschützen kann" (Gespr. 44:17). Im Vergleich mit den alten Bahamagazi sind die Vorteile und Einnahmequellen[26] der heutigen Nyumba-kumi jedoch höchst bescheiden, und das schon allein aus dem Grund, dass ihre Leistungen zugunsten ihrer Nachbarschaft enge Grenzen haben. Sie können kaum etwas nach unten, aber umso mehr nach oben vermitteln. Darin liegt auch der Zweck dieser untersten Verknüpfungspunkte zwischen Verwaltung und Bevölkerung für den Staat: Zugang nach unten zu erhalten und den engsten nachbarschaftlichen Raum aufzuschliessen und kontrollierbar zu machen. In einer historischen Perspektive lässt sich sagen, dass die bereits unter der vorkolonialen Herrschaftsordnung wichtigen Funktionen als Botschafter, Spione und Denunzianten im Dienste des Zentrums, die damals vollständig informell zugewiesen und übernommen wurden, unter der

---

[26] Einkünfte in Form von „Schmiergeldern" und *amayoya*-Bier (abwertend für *inzoga*, „Bier") sind stark beschränkt, aber doch existent – „ils existent tout en existant pas", wie es im mehrdeutigen Kirundi-Ausdruck heisst (Gespr. 45:18). Wie überall haben sie ihre Bedeutung als „Öl der Konvivialität und Schmiermittel jeder Übereinkunft". – Ein indirekter Vorteil der Nyumba-kumi-Position mag darin bestehen, als staatliche Vertrauensleute mit genauen Lokalkenntnissen bevorzugt als Helfer beim Einzug der Biersteuern beigezogen zu werden, was auch von materiellem Interesse ist, da diese Arbeit mit 4% des eingezogenen Betrages entschädigt wird; diese Aufgabe üben die Nyumba-kumi aber nie von Amtes wegen aus.

postmonarchischen Ordnung verbeamtet wurden und im Amt des Nyumba-kumi ihre bürokratische Fortsetzung finden.[27]

f) Technisches Personal

Nicht vergessen werden darf bei der Aufzählung der staatlichen Organe auf lokaler Ebene weiteres technisches, meist landwirtschaftliches Personal, das im Namen der Gemeinde und der übergeordneten Dienste für die Einhaltung verschiedener Vorschriften im betreffenden Bereich und für die Durchführung neuer Projekte verantwortlich ist. Dazu gehört der „Veterinärtechniker", der je nach dem Viehreichtum der Gemeinde in den einzelnen Gebieten weitere Gehilfen haben kann („encadreurs d'élevage"). In jeder Commune gibt es ferner den Gemeindeagronomen, dem pro „zone" ein „assistant agricole" und je Zensushügel ein „moniteur agricole" („Monagri" in der Abkürzung) zur Seite stehen. Dieses technische Hilfspersonal wird nicht notwendigerweise aus der näheren Umgebung oder gar aus der Commune selbst rekrutiert, es kann ebensogut aus anderen Landesgegenden kommen. Bei den Assistants agricoles handelt es sich um jüngere Männer mit einer zweijährigen Ausbildung an einer der drei „Ecoles techniques agricoles" des Landes, die einen Funktionärsstatus geniessen und von den Bauern als Vertreter des Staates, auf jeden Fall nicht ihrer eigenen Interessen, perzipiert werden. Dasselbe gilt für die „Monagri". Diese absolvieren keine spezielle Ausbildung, sondern werden angelernt und unterstehen einem „sous-contrat de fonction publique". Es ist bemerkenswert, dass ihre offizielle monatliche Besoldung (FBu 5'000.- bis 7'000.-) ungefähr derjenigen eines Chef de secteur entspricht, einer der wichtigsten Gemeindeinstanzen. Dafür jedoch bleiben ihre Möglichkeiten zu Nebeneinkünften (z.B. aus dem – unrechtmässigen – Verkauf von Saatgut) im Vergleich zu denjenigen der bedeutend mächtigeren, die verschiedensten Lebensbereiche kontrollierenden Chefs de secteur relativ bescheiden. Häufiger als aufgrund von Kompetenz wird das Hilfspersonal dank persönlicher Beziehungen zum Agronomen oder hohen Gemeindeinstanzen rekrutiert. So ist es nicht erstaunlich, dass es sich bei den „Monagri" nicht notwendigerweise um vorbildliche, besonders innovationsfreudige Bauern handelt. Der Tag, der ihnen speziell zur Bearbeitung ihrer eigenen Felder freigehalten wird, nutzen sie stattdessen viel eher, um im Bier-Cabaret zu sitzen oder andere Bauern zu kontrollieren. Dieses Verhalten derjenigen, die bis vor kurzem selbst „gewöhnliche Bauern" waren, erregt besonderes Missfallen: „Sie sind wie wir. Sie aber erhalten einen Lohn, selbst ohne dafür ihre Arbeit zu tun!" Der Monagri-Posten wird primär als Einkommensquelle gesehen. Als man in einer Gemeinde der Provinz ‚Bujumbura rural' Ende 1992 erstmals eine Frau als Monagri einstellte, kommentierten die Männer: „Was gebt ihr den Frauen dieses Geld?! Wir sind es, die die Familien zu unterhalten haben!"

Das technische Hilfspersonal, zu dem auch noch spezielle „moniteurs forestiers" gehören können, spielt im Alltag der Bauern eine beträchtliche Rolle. Ihre Existenz ist ganz dazu angetan, den

[27] In diesem Zusammenhang ist es nicht uninteressant zu sehen, dass sich der meist als demokratischer beurteilte rwandesische Staat Ende Oktober 1990 kurz nach dem Einfall der *inkotanyi*-Rebellen und -(Zweit-Generations-) Flüchtlinge (s. dazu Rossel 1992:30ff) genötigt sah, ebenfalls die Institution der *nyumba-kumi* einzuführen. Genau wie in Burundi sollen sie für jeweils zehn Residenzeinheiten verantwortlich sein und verdächtige Vorkommnisse und Regelverstösse nach oben melden. Bis heute wird der Aufbau dieser Einrichtung als „étant dans la stratégie d'auto-défense" gerechtfertigt. Dass es dazu einer in den engen nachbarschaftlichen Raum vorgeschobenen Staatsinstanz bedarf, zeigt, dass der Feind nicht nur aussen, sondern auch in der eigenen Bevölkerung vermutet wird. – Oberhalb der *nyumba-kumi* stehen in Rwanda die „Responsable de cellule" (eine cellule setzt sich aus zwei bis drei geographischen Hügeln zusammen); seit 1991 erhalten diese einen festen Monatslohn, während ihnen vorher lediglich eine „gratification annuelle" zukam. Ihnen vorgesetzt sind die „Conseillers", die je einem „secteur" vorstehen. Die Communes wiederum – seit der letzten Reorganisation 1991 ist ihre Anzahl auf ungefähr 157 gestiegen – stehen unter der Leitung eines „Bourgmestre". Vor der Zulassung des „multipartisme" waren diese verschiedenen Verwaltungskader auf ihrer Ebene auch Vorsitzende des respektiven Ausschusses der Staats- und Einheitspartei MRND.

auf der bäuerlichen Bevölkerung lastenden bürokratischen Druck weiter zu verstärken, und das in einem für sie besonders sensiblen Bereich. Mit ihren von den Bauern oft als lästige Eingriffe empfundenen Anordnungen versuchen sie Einfluss auf die landwirtschaftlichen Praktiken im Sinn einer modernisierten Landwirtschaft zu nehmen. Wenn ein Bauer das ihm zugeteilte Auswahlsaatgut plötzlich in Linienform anzusäen hat und der Vollzug dieser Direktive auch kontrolliert wird, so kann das für ihn eine einschneidende und nicht ohne weiteres verständliche Massnahme sein. Bei einer beinahe zu hundert Prozent in der Landwirtschaft tätigen Bevölkerung handelt es sich hier um einen nicht zu unterschätzenden Ort des Kontaktes zwischen Bauern und Behörden. Vor allem die „Monagri“ stehen in täglichem Kontakt mit der bäuerlichen Bevölkerung und kennen deren Sorgen und Bedürfnisse bestens. Sie haben die Aufgabe, über die landwirtschaftlichen und manchmal auch sanitären Modernisierungsmassnahmen und Reformbestrebungen zu informieren und deren Durchsetzung zu kontrollieren. Obschon sie um die bäuerlichen Meinungen wissen und auch geneigt sind, sich deren Argumente anzuhören, ist es ihnen doch nur in höchst beschränktem Masse möglich, die zum Ausdruck gebrachten bäuerlichen Bedürfnisse zu berücksichtigen; sie sind allein die Ausführungsorgane von auf höheren Ebenen festgelegten Vorschriften und Programmen, auf die sie kaum je Einfluss nehmen können. Die Übergehung jeglicher von unten ausgehender Anregungen und unten ausgedrückter Bedürfnisse ist die Folge des auch in diesem Bereich herrschenden autoritären Zentralismus. Es gibt auch hier keine Kanäle, die von unten nach oben weisen bzw. dort, wo sie existieren, wird ihnen keine Einflusskraft zugestanden. Auch wenn im staatlichen Diskurs immer wieder betont wird, dass gerade im zentralen landwirtschaftlichen Bereich Reform- und „Entwicklungs“-Massnahmen nicht über – direkten oder indirekten – Zwang, sondern nur nach behutsamer „Sensibilisierung und Erziehung“ durchgesetzt werden sollen, so ist doch immer wieder das erstere der Fall: Die Bauern übernehmen die staatlichen Richtlinien in den allermeisten Fällen nicht aus Überzeugung, sondern in Anbetracht des dahinter stehenden Zwangs. So kumulierten denn auch etliche „Monagri“ bis zu Beginn der neuziger Jahre ihre Funktion mit der eines Gemeindepolizisten (sogenannte „moniteurs-policiers“, *sic*); erst seit damals achtet man darauf, die beiden Rollen „vulgarisateur“ und „policier“ auseinanderzuhalten. Der Widerwillen und die Ablehnung, die die Bauern gegenüber den zentralstaatlichen Anordnungen und den sie überbringenden Funktionären zum Ausdruck bringen, sind das direkte Resultat des staatlichen Dirigismus.

Wir haben nun einen ersten Überblick über das Herrschaftspersonal auf Gemeindeebene und die stark ausdifferenzierten, vielschichtigen und bis auf die nachbarliche Mikroebene fein verästelten Verwaltungsstrukturen gewonnen. Dieses Bild bleibt jedoch unvollständig, wenn daneben nicht auch die Parteistrukturen berücksichtigt werden (s. anschliessende Tabelle). Wir werden im folgenden sehen, dass die Partei in gewissen Bereichen die Verwaltung ergänzt, während sie ihr in anderen recht eigentlich parallel geschaltet ist.

Tabelle 8:

VERWALTUNGSSTRUKTUREN IM LOKALEN BEREICH (unter der IIIème République, 1987-1993)

OFFIZIELLE EBENE	entspricht sozialer Einheit	REGIERUNG & (TERRITORIAL-) VERWALTUNG Kader	 Weitere (Hilfs-) Organe	EINHEITSPARTEI Kader	 Weitere (Hilfs-) Organe	Justiz und weitere Institutionen
STAAT	Nation	Staatspräsident und Regierung unter einem Premierminister		Nationale Parteiinstanzen		Cour Suprême
PROVINZ	Region	Gouverneur de Province	Conseillers provinciaux	Premier Secrétaire du Comité Provincial du Parti	Comité Provincial du Parti	Tribunal de Grande Instance
COMMUNE	(ca. 40'000 Einwohner)	ADMINISTRATEUR COMMUNAL („ADMICOM“, *umusitanteri*)	- Conseil Communal (bis 1989 „Consultatif“) - Gemeindepersonal (Secrétaire Communal, Comptable, Zivilstandsbeamter, Schreibkräfte, Strassenarbeiter) - Marktwächter - Police Communal - Agronome, Technicien vétérinaire	PREMIER SECRÉTAIRE du Comité Communal du Parti (15 Mitglieder) („Chef du Parti“, in vollem Wortlaut *umunyamabanga wa mbere wa komite y'umugambwe muri komine.*)	- Comité Communal du Parti - Comité Communal de l'UFB - Comité Communal de la JRR - Secrétaire Permanent Communal du Parti	Tribunal de Résidence (Juges, assesseurs, greffiers, policiers judiciaires)
ZONE		CHEF DE ZONE (*umukuru wa zone*)	(- evtl. Marktwächter, Gemeindepolizisten, Büropersonal)			
SECTEUR		CHEF DE COLLINES/de secteur (*umukuru w'imitumba*, früher „Conseiller“, *ikonseye*)				
COLLINE de recensement (*umutumba wa rusansuma*)	weitere Hügelgemeinschaft („Community“)		- Aide-agronomes (früher „Moniteurs agricoles“, Monagris) - Aide-vétérinaires (- zur Steuereintreibung ermächtigte Personen)	CHEF DE SECTION du Parti avec Comité (+9) (*umukuru wa segisiyo*)	- Comité du Parti sur colline (10, „les responsables, représentants“) - Comité de l'UFB - Comité de la JRR - zur Steuereintreibung ermächtigte Personen	Bashingantahe
SOUS-COLLINE (*agacimbiri*)	geographischer Kleinhügel		(- zur Steuereintreibung ermächtigte Personen)	CHEF DE CELLULE du Parti avec Comité (+4) (*umukuru w'agacimbiri*)	- Comité du Parti sur s/colline (5) - Comité de l'UFB - Comité de la JRR	Bashingantahe
	Voisinage	NYUMBA-KUMI (NZEZWAMIHANA)				

10.2. Strukturen und Organe der Einheitspartei auf der kommunalen und subkommunalen Ebene

Wie im Kapitel 9 vorgestellt, ist die UPRONA-Einheitspartei innerhalb der Gemeinde auf drei hierarchischen Ebenen organisiert, die sich mit denjenigen der Territorialverwaltung decken: die Gemeinde, der Zensushügel und der geographische oder Kleinhügel (*agacimbiri*). Die Einheit auf der Ebene des Zensushügels wird „section" genannt (kirundisiert *segisiyo*), diejenige auf der Ebene des geographischen Hügels „cellule" (in Kirundi wie der Kleinhügel ebenfalls *agacimbiri*). Die unterste Ebene (die „Zelle") kam erst unter der Zweiten Republik dazu. Jede dieser Ebenen steht unter der Führung eines Komitees, dem ein Erster und ein Zweiter Sekretär vorstehen. Es wird offenbar, dass nur das kommunale Parteiorgan eine Entsprechung im Verwaltungsapparat hat, während auf den beiden unteren Niveaus auf Verwaltungsseite entsprechende Organe fehlen: Auf Zensushügel und Kleinhügel sind die jeweiligen Parteiausschüsse die einzigen staatlichen Instanzen – eine nicht unwesentliche Feststellung, wie sich zeigen wird.

Die Partei ist möglichst die gesamte Bevölkerung zu organisieren bestrebt. Die Mitgliedschaft ist zwar nicht obligatorisch, Nicht-Mitglieder sind aber nicht vorgesehen. Es gibt keinen offenen, sehr wohl aber einen indirekten Beitrittszwang. Daher ist die UPRONA-Mitgliedschaft auf dem Land, wo die Einflussstellung der Partei unumstrittener ist als in urbanen Gebieten, die Norm; in den ländlichen Gebieten besitzt eine beträchtliche Mehrheit der erwachsenen Bevölkerung die Parteimitgliedschaft. Diese macht aber nie die Quasi-Gesamtheit der Bevölkerung aus, wie es der offizielle Diskurs will, der sich bis zum Tag der Aufhebung des Einheitsparteisystems weigerte, eine Kategorie „Nichtmitglieder" zur Kenntnis zu nehmen – diese erscheinen gleichzeitig als Quantité négligeable und Nonvaleur.[28]

Im Zuge der von der Dritten Republik proklamierten Demokratisierung wurden im Rahmen der Partei zwei Massnahmen ergriffen. Erstens wurden die Ausschüsse auf allen Ebenen erweitert: Ab 1988 besteht das Comité communal du Parti aus 15 (bisher 10), das Comité de section aus 10 (bisher 5) und das Comité de cellule aus 5 Mitgliedern (bisher 3). Die zweite und bedeutsamere Massnahme bestand darin, die beiden unteren Ausschüsse zwischen März und Juni 1988 erstmals in Wahlen durch alle Parteimitglieder der entsprechenden Ebene bestellen zu lassen.[29] Das Gemeindekomitee wird dagegen weiterhin von den Instanzen der hierarchisch höheren Ebenen bestimmt, wie das bis 1988 bei allen Ausschüssen der Fall war: Es wird auf Vorschlag des Provinzkomitees vom Coordonnateur du Secrétariat National Permanent du Parti, also sogar durch eine nationale

---

28 Um ein Beispiel zu geben: Im Frühjahr 1989 besassen nach Auskunft der örtlichen Parteiinstanzen in Kiganda bei einer Gesamtbevölkerung von ungefähr 37'000 11'000 Personen den Parteiausweis; ebensoviele waren es in Bwambarangwe, wo die Gesamtbevölkerung nur unmerklich höher bei ca. 40'000 Einwohnern lag. Wenn man berücksichtigt, dass Mann und Frau ab 18 Jahren der Einheitspartei beitreten können und am 1. Januar 1987 55% der Gesamtbevölkerung unter 20 Jahren alt waren (s. Dayer (éd.). 1988, vol. 3: II.023), so kommt man aufgrund der Zahlen der beiden angeführten Gemeinden überschlagsmässig zu einem Satz von 60-70% der erwachsenen Bevölkerung, die der Partei angehören. Bei der aktiven Bevölkerung, und zumal derjenigen in mittleren Jahren, liegt dieser Prozentsatz aber um einiges höher, da es vor allem die Jungen und Leute in hohem Alter sind, die sich einer Mitgliedschaft enthalten.

29 S. dazu Le Jeune 1989. Leider wird in seiner Wahlanalyse nirgends die Frage aufgeworfen, ob die Comités von allen erwachsenen Einwohnern ihres Bezirkes oder nur den eingeschriebenen Parteimitgliedern gewählt werden konnten. Le Jeunes Perspektive deckt sich damit mit derjenigen des Staates, nach der es keinen Unterschied zwischen Gesamtbevölkerung und Parteimitgliedern gibt bzw. geben sollte. Wunsch, Norm und Realität sind jedoch auch auf diesem Gebiet nicht ein und dasselbe.

Instanz ernannt.[30] Alle anderen Parteiorgane – der Secrétaire permanent communal („le Permanent“) und die auf allen Ebenen bestehenden Ausschüsse der J.R.R. und U.F.B. – werden ebenfalls von ihren vorgesetzten Instanzen nominiert. – In der Folge werde ich die Zusammensetzung dieser Ausschüsse und die ihnen zukommenden Aufgaben prüfen und anschliessend die Organisations- und Autoritätsstrukturen innerhalb der Partei erörtern; dabei wird vor allem auf ihre Beziehungen zur Verwaltung zu achten sein.

Wenn wir den Gemeindeausschuss der Einheitspartei mit dem zweiten Gremium auf kommunaler Ebene, dem konsultativen Gemeinderat, vergleichen, stechen mehrere Unterschiede ins Auge. Zuerst fällt auf, dass alle Parteikomiteemitglieder ortsansässig und in der Regel aus der Gemeinde selbst gebürtig sind. Ausnahmen machen höchstens einige höhere, hierhin versetzte Funktionäre, die man auch im Parteikomitee haben will. So wurde in Bwambarangwe mit seinem Mangel an geeigneten Kadern der von aussen kommende EFI-Schuldirektor gleich zum Premier Secrétaire des Kommunalkomitees ernannt. Dass man wenn immer möglich Einheimische vorzieht, wird damit begründet, dass diese die lokalen Verhältnisse und Wünsche der Bevölkerung besser kennen und daher am ehesten deren Vertrauen geniessen. Der Ernennung Einheimischer stehe nichts entgegen, so wird argumentiert, da sie im Gegensatz zu den Verwaltungsorganen keine Ordnungsaufgaben zu erfüllen haben (Gespr. 48:9). Ebenso wichtig dürfte sein, dass Parteikader auf dieser Ebene nur in beschränktem Masse den Zugang zu Resourcen im weitesten Sinn zu kontrollieren vermögen. Es gelten mithin andere Überlegungen als bei der Bestellung der Gemeindeverwalterposten. Das Parteikomitee setzt sich – und hier liegt der zweite Unterschied – nicht nur aus Funktionären und Angehörigen der gehobenen Schichten, sondern auch aus „einfachen Leuten“ zusammen. Anders als beim „Gemeinderat“ handelt es sich nicht um ein ausschliesslich technisches Expertengremium. Wenn wir die Fälle der beiden als Beispiele herangezogenen Gemeinden betrachten, so zeigt sich aber, dass die Staatskader auch hier in deutlicher Überzahl sind. Das scheint in allen Gemeinden der Fall zu sein und ist eine direkte Folge des sich aus der dominanten Staatsauffassung ergebenden Verhältnisses zwischen Bauern und Staat. In Bwambarangwe setzte sich das 15er-Komitee 1989 aus sieben Funktionären, drei Händlern, zwei Bauern und drei Bäuerinnen zusammen; von den beiden „cultivateurs“ war der eine jedoch gleichzeitig Chef de section und der andere blickte auf eine lange politische Karriere zurück (vom *umurongozi* während der Kolonialzeit zum Gemeinderat zur Bourgmestres-Periode bis zum Hügelchef zwischen 1980 und 1984). Dass trotzdem auch relativ einfache, junge Leute und Frauen im Gemeindeausschuss vertreten sind, kommt von der Bestimmung her, dass ihm auch einige Repräsentanten der Mouvements Intégrés (der J.R.R. und U.F.B.) angehören sollen. Im Gemeindekomitee Kigandas – diese Kommune ist wie gesehen mit staatlichen Funktionären reicher gesegnet – lässt sich unterscheiden zwischen fünf höheren, zwei mittleren und vier unteren Funktionären (zwei Marktwächter, ein Hügelchef und der „Permanent“), zwei Händlern und zwei „représentants de la population“; bei den beiden letzteren handelt es sich um einen *Chef de section*, der gleichzeitig beim Steuereinzug mithilft, und um einen Bauern, der auch Mitglied des Parteikomitees seines Zensushügels ist (*„responsable*

[30] S. Statuts provisoires du Parti UPRONA, février 1988, Bujumbura, Article 14. Es war vorgesehen, später alle Organe auf Parteikongressen durch Wahlen von unten bestimmen zu lassen. Dieses Verfahren allein gewährleistet jedoch noch keine Demokratisierung, wie die Erfahrung lehrt, die unter der Zweiten Republik gemacht werden konnte, während der 1983 die verschiedenen Parteiorgane nach diesem Modus bestellt wurden. Die Beschlüsse und Empfehlungen des „Congrès National Extraordinaire Élargi du Parti“, der vom 27.-29. Dez. 1990 in Bujumbura durchgeführt wurde, blieben zu diesen Fragen unverbindlich. Offenbar sollte die Ausarbeitung einer neuen Verfassung abgewartet werden. Die angekündigte Demokratisierung bestand vorderhand aus einer massiven ideologischen Aufrüstung, die ihren Ausdruck u.a. in landesweiten Referenden über verschiedene „Chartas“ fand. Immerhin wurde auf demselben Kongress neu ein Comité Central du Parti bestellt, das das bisherige, zu diesem Zeitpunkt aufgelöste staatliche Führungsorgan, das „Comité Militaire pour le Salut National“, ersetzen sollte (s. „Le Renouveau“, N° 3382 du 31 déc. 1990 / 1er jan. 1991).

de section"). Mit dieser Zusammensetzung sind, so die offizielle Meinung, „alle Kategorien der Bevölkerung" vertreten; sie zeigt, wie unterschiedlich die einzelnen Kategorien gewichtet werden. Die für den Staat tätigen Personen sind in der klaren Mehrzahl. Zudem lässt sich bei der Kategorie der Staatsfunktionäre eine gewisse personelle Verflechtung zwischen dem Gemeindekomitee und dem „Gemeinderat" feststellen. Der Erste Parteisekretär und der Admicom gehören in beiden Gemeinden beiden Gremien an, was in Kiganda ebenfalls für drei Schuldirektoren zutrifft.

Die Prioritätensetzung bei der Bestellung der Parteiausschüsse zeigt, wo die primären Aufgaben dieser Komitees liegen. Sie sind weniger dazu bestimmt, die lokale Bevölkerung repräsentativ zu vertreten als diese „einzurahmen", in den staatlich vorgesehenen Rahmen zu bringen, wie sich das dafür von offizieller Seite gern gebrauchte „encadrer" übersetzen liesse: Es geht darum, die Bevölkerung zu führen und zu organisieren, indem sie mit „Kadern" versehen wird. Auf den unteren Ebenen der Section und Cellule findet dieselbe Prioritätensetzung ihre Fortsetzung in der Auffassung, wer für den Einsitz in die Parteigremien besonders geeignet ist. Auch als diese 1988 nicht mehr durch die vorgesetzten Instanzen ernannt, sondern von unten gewählt wurden, änderte ihre „kategorielle" Zusammensetzung nur unwesentlich. Das ist bei dem vorherrschenden Perzeptionsmuster Bürger/Bauer - Staat nicht weiter erstaunlich. Nach Le Jeunes Analyse (1989) wurde bei den Wahlen im Frühsommer 1988 in den von ihm untersuchten Gemeinden (es handelte sich um die kurz darauf von Massakern erschütterten Marangara und Ntega) lediglich ein Viertel der Mitglieder der Comités de section und cellule ersetzt.[31] Bei diesen Wahlen, bei denen je Sitz zwei Kandidaten aufgestellt wurden (die vorgängig von den übergeordneten Parteiinstanzen genehmigt werden mussten), stammte immerhin ein Drittel der Gewählten aus hinteren Listenplätzen. Die Frauen machten weniger als 10% aus. Die Bahutu waren im Vergleich mit anderen Regionen bemerkenswert gut, das heisst die Batutsi in Relation zu ihrer lokalen Bevölkerungsstärke (wohl unter 10%) nur leicht übervertreten: schätzungsweise etwas über 15% (ibid., pp. 83-86). Auch hier sind die Bauern und einfachen Parteimitglieder deutlich untervertreten: Wenn in einer beinahe hundertprozentig landwirtschaftlichen Gegend nur knapp über 92% der Gewählten Bauern sind, so kann das nichts anderes heissen, als dass die Chance aller Nicht-Bauern – und vor allem all derjenigen, die eine staatliche Funktion wahrnehmen – sehr hoch ist, in ein Parteikomitee gewählt zu werden (cf. Kap. 9.3). Le Jeune stellt zu Recht fest, dass die Hügelchefs, die selbst Bauern sind (wenn auch nicht „persönlich praktizierend"), von der Basis als „relais de l'autorité communale" und „relais d'opinion ou de partisans dévoués du pouvoir" perzipiert werden (ibid., pp. 83, 85); sie sind daher in einer gesonderten Rubrik aufzuführen.

Welches sind nun die Aufgaben der Parteikomitees und welche Befugnisse kommen ihnen zu? Erstere sind in hohem Masse mit der Führung der Verwaltung verflochten. Dabei besteht ein deutlicher Unterschied zwischen dem Gemeindekomitee und den beiden nachgeordneten Ausschüssen. Der Unterschied in ihrer Funktion ergibt sich aus der Tatsache, dass es auf den Ebenen der Section und Cellule keine homologen Verwaltungskader gibt; das im Gegensatz zur kommunalen Ebene, wo dem Parteikomitee der Gemeindeverwalter und „Gemeinderat" gegenüberstehen (s. obige Tabelle). Da die beiden unteren Parteikomitees den Verwaltungseinheiten Zensushügel bzw. Kleinhügel (*agacimbiri*) entsprechen, ist es naheliegend, dass sie hier auch viele administrative Funktionen wahrnehmen. Das gilt vor allem für ihre jeweiligen Ersten Sekretäre. Wir haben das bereits an den Beispielen des Steuereinzugs und der TDC-Arbeiten gesehen. Dieses direkte Mitwirken bei der Verwaltung steht in bemerkenswertem Widerspruch zur offziellen Definiton der Parteiaufgaben. Die UPRONA soll einerseits ein Instrument der Bewusstseinsbildung und Mobilisierung der

[31] Wie stark das ethnische Kriterium bei diesen Wahlen mitspielte, ist schwer zu sagen. Auf jeden Fall ist es voreilig, es bereits dann abzutun, wenn ein Muhutu seine Stimme nicht in jedem Fall einem Muhutu gibt; eine derartige Analyse greift zu kurz. Le Jeune bemerkt zu dieser Dimension allein: „(...) dans la logique de l'affrontement ethnique, ces résultats sont pratiquement illisibles" (1989:85). Das ist etwas wenig.

Bevölkerung, andererseits aber auch ein Kontrollorgan von Regierung und Verwaltung sein[32] – zwei Gebiete, die oft nur schwer miteinander in Übereinstimmung zu bringen sind.

Zur ersten Aufgabe drängen sich zwei Bemerkungen auf. Erstens wird Bewusstseinsbildung als von oben gelenkte Bewusstseins*formung* und nicht als emanzipativer Akt verstanden. Zweitens beschränkt sich die „Mobilisierung“, wir haben es gesehen, keineswegs nur auf den ideologischen Bereich; sie erstreckt sich auch auf alle übrigen Gebiete, in denen der Staat tätig ist, und nähert sich damit stark dem Inhalt des kolonialen *kurârika* an, das sich mit „aufbieten, zusammenrufen, einziehen, einfordern“ übersetzen lässt. Die zweite Aufgabe der Partei ergibt sich aus dem ihr – in Anlehnung an das Modell sozialistischer Einparteistaaten – zugestandenen Supremat in Staat und Gesellschaft: Gegenüber dem Staat und seiner Verwaltung hat die Partei eine Kontrollfunktion wahrzunehmen, die sich in einem Aufsichtsrecht ausdrückt. Diese zweite Aufgabe nimmt die Partei auf der lokalen Ebene allein auf Gemeindeniveau wahr, und auch hier nur in begrenztem Masse. Die Parteiinstanzen haben im Fall von Problemen oder Missbräuchen auf dem Gebiet der Verwaltung einzuschreiten oder zumindest auf diese hinzuweisen und den Staatsorganen bei der Lösung beratend beizustehen. Diese Funktion wird jedoch stark beeinträchtigt durch eine starke personelle Verflechtung zwischen Verwaltungs- und Parteiinstanzen; Personalunionen bzw. Ämterkumulationen sind nur eine extreme Form davon. Wenn solche Ämterkumulationen damit gerechtfertigt werden, dass es in ländlichen Gebieten nur eine beschränkte Zahl von für Kaderpositionen geeigneten Personen gebe, so weist das nur wieder auf die dahinter stehende politische Entmündigung der gesamten Bauernschaft hin, die man als unfähig erachtet, politische Aufgaben wahrzunehmen. Falls hinter der Parallelität der Verwaltungs- und Parteistrukturen einmal die Absicht stand, dass sich diese beiden Apparate gegenseitig kontrollieren sollen, so kann diese Rechnung – falls sie je eine war – aus den genannten Gründen nicht aufgehen.

Aufgrund der hohen Verflechtungen und Vernetzungen lässt sich von der Einheitspartei nur in beschränktem Sinn als einem parallelen Verwaltungs- und Kontrollapparat sprechen (cf. Kap. 9 & Le Jeune 1989:88). Das Resultat des Status quo sind mehr Komplizenschaften und Kollusionen als die Wahrnahme eines „droit de regard“. Trennung von Partei und Verwaltung werden weder im Verhalten noch in den Strukturen eingehalten. Dahinter liegen mehrere Gründe. Einer mag der Widerspruch sein, der zwischen den übersetzten staatlichen Ansprüchen und den vorhandenen Mitteln besteht. Ferner ist auf eine historische Dimension aufmerksam zu machen und die Frage aufzuwerfen, inwieweit sich die Parallelität zweier Institutionen und eine gewisse Gewaltentrennung nicht durchzusetzen vermochten angesichts von Verhaltens- und Perzeptionsmustern, die sich streckenweise bis heute an politischen Beziehungen orientieren, die durch einen während Jahrhunderten bestehenden monarchischen Herrschaftsapparat von ausgeprägt monolithischem Charakter geformt wurden. Schliesslich hat sich die Einheitspartei bei den breiten bäuerlichen Massen nie als Ideologiestifterin durchsetzen und den weiten leeren Platz, den die alte Sakralmonarchie hinterlassen hat, ausfüllen können. Auch wenn unter der „Dritten Republik“ vermehrt Bestrebungen in diese Richtung unternommen wurden, blieben diese Stiefel für Republik und UPRONA zu gross.

Da die Partei auf der lokalen Ebene de facto direkt an den Aufgaben der Verwaltung beteiligt ist, ist sie das ungeeignete Instrument, diese zu kontrollieren. So bleibt denn noch die „Erziehungs-, Sensibilisierungs- und Mobilisations-“Aufgabe übrig. Dass die Partei zumal auf lokaler Ebene durch ihren direkten Einbezug in die Verwaltung ihre wahre Aufgabe findet, erklärt, dass sie sowohl von der Bevölkerung wie von den Funktionären selbst als Hilfsorgan der Verwaltung

[32] „Le Parti doit guider l'action de l'État et sa mission est celle de concevoir, orienter, animer, former et contrôler l'action de l'État“, wie es der spätere Minister Ndaruzaniye (1986:20) in Übereinstimmung mit den Parteistatuten ausführte (cf. „Pourquoi le changement“, 1976:14). Die erste Aufgabe der Partei wird manchmal auch umschrieben mit „former, informer et sensibiliser idéologiquement“. Zum Primat der Partei über den Staat cf. Kap. 9.2, p. 378.

verstanden wird. Das kann soweit gehen, dass der Erste Kommunalsekretär[33] als „adjoint de l'Admicom" bezeichnet wird (Gespr. 63:17). Das Verständnis, das die einfachen Leute von der Partei haben, ist durch ihre alltäglichen Kontakte mit den subalternen Parteiinstanzen und deren Aufgaben geprägt. In der Tat können die subalternen Parteiausschüsse – zumal ihr oberstes Organ, der jeweilige Premier Secrétaire – als die Verantwortlichen der entsprechenden administrativen Einheiten „Zensus-" bzw. „Kleinhügel" angesehen werden; die „Ersten Sekretäre" spielen hierbei immer eine herausragende Rolle, während den übrigen Komiteemitglieder (unter denen es immer einen „Deuxième Secrétaire" – in Kirundi *umunyamabanga wa kabiri* – gibt) eine vergleichsweise geringe Bedeutung zukommt. In der Umgangssprache werden die Vorsteher als „Chef de section" (*umukúru w'agatumba*)[34] und „Chef de cellule" (*umukúru w'agacimbiri*) bezeichnet, was das starke Gefälle zwischen ihnen und den restlichen Komiteemitgliedern[35] anzeigt. Ihr offizieller „Sekretär"-Titel wird in der kirundisierten Verwaltungssprache mit dem Titel *banyamabanga* übersetzt (die Übersetzung geht eindeutig in diese und nicht in die umgekehrte Richtung), wobei es sich um eine neologistische Neubesetzung und Anleihe aus dem vorkolonialen politischen Wortschatz handelt: Zur monarchischen Zeit wurden mit dem Begriff *banyamabanga* generisch die „Ideologiespezialisten" bezeichnet, die „Ritualisten" und „Leute der Geheimnisse", wie die wörtliche Übersetzung lautet. Und die heutigen Parteiausschussvorsitzenden haben in der Tat etwas davon: Sie verstehen sich als die Träger eines Amtes mit seiner Verantwortung und seinen „Geheimnissen", die sie mit den anderen politischen Kadern teilen, und sind sich bewusst, in diesem Sinn etwas Exklusives zu haben.[36]

Untersuchen wir Funktionen und Profil der Parteisekretäre genauer. Aufgaben und Stellung, welche die Chefs de section und die Chefs de cellule sowie ihre Komitees auf den jeweiligen hierarchischen Niveaus innehaben, entsprechen sich weitgehend. Entsprechend der territorialen Einheit, für die sie zuständig sind, hierarchisch unterhalb der Hügelchefs, aber oberhalb der Nyumbakumi stehend (s. obige Tabelle), sind sie für die Bekanntmachung und Einhaltung aller von oben kommender Anweisungen verantwortlich. Dabei macht es keinen Unterschied, ob die bekanntzugebenden Informationen und Direktiven von seiten der übergeordneten Verwaltungs- oder der Parteiinstanzen kommen. Partei und Verwaltung bilden innerhalb der Gemeinde eine einheitliche, hierarchisch durchgehende Struktur. Genau wie die Verwaltungsorgane sind sie auf ihrer jeweiligen Ebene für die Durchsetzung jeglicher staatlicher Vorschriften und die Aufrechterhaltung von Ruhe und Ordnung verantwortlich. So steht es ihnen beispielsweise zu, Identitätskontrollen vorzunehmen und Rapporte über Unregelmässigkeiten und Verfehlungen nach oben weiterzuleiten. Dazu können sie auch auf die Angehörigen der JRR-Komitees zurückgreifen, die vielerorts als polizeiliches Hilfsorgan eingesetzt werden. JRR-Ausschüsse sollte es ebenso wie die Comités de l'UFB in jeder section und cellule geben; aus mangelnder Begeisterung der Jungen musste ihre Tätigkeit auf unterster Zellenebene jedoch in vielen Gemeinden eingestellt werden (Gespräche 21:16, 49:9). Obwohl die JRR-Leute gern bei Verhaftungen[37] und manchmal beim Steuereinzug zuhilfe gezogen werden, liegt die Zwangsgewalt im allgemeinen doch bei den Verwaltungskadern – „die

---

[33] Sein voller Titel lautet „Premier Secrétaire du Comité Communal du Parti", in Kirundi *umunyamabanga wa mbere wa komite y'umugambwe muri komine*. Umgangssprachlich spricht man einfach vom „Chef du Parti".

[34] Ihr offizieller Titel („Premier Secrétaire du Parti sur colline de recensement", in Kirundi *umunyamabanga wa mbere wa komite y'umugambwe ku mutumba wa rusansuma [canke segisiyo]*) ist derart umständlich, dass sich verschiedene Umschreibungen eingebürgert haben: Z.B. *umukúru wa segisiyo* (oder *sektiyo*), *nyiragasózi*, oder noch unspezifischer „Murongozi" oder „Mutware" (Gespräche 22:7, 59:11f, 63:3, etc.).

[35] Diese werden z.B. als „les responsables/représentants de la colline/cellule" angesprochen (*abaserukira* oder *abakuru b'umutumba/agacimbiri*, oder einfach als *banyenagasózi*) (Gespräche 34:15, 63:22, etc.).

[36] *I-, amabanga* bedeutet wörtlich: „Geheimnis; Verschwiegenheit; Pflicht, Verantwortung, Beruf".

[37] Die JRR hatte besonders bei den Massakern von 1972 eine unrühmliche paramilitärische Rolle übernommen, etwas, was Chrétien/Le Jeune zu Unrecht als „eine von Missionaren verbreitete Legende" abtun (1983b:107).

Parteileute können nur brüllen und ausrufen" (Gespr. 75:2). Das wollte auch der Sektionschef sagen, der seine Rolle umschrieb mit: „Moi, je ne réprime pas, je conseille" (Gespr. 34:14).[38] Neben den primär administrativen Aufgaben obliegen den Komiteevorsitzenden verschiedene parteiinterne Angelegenheiten. Dazu gehört die Organisation und Leitung von Sitzungen und Versammlungen auf der Ebene ihrer Sektion oder Zelle, von denen sie schriftliche Rapporte zu erstellen haben, die an die vorgesetzte Instanz weiterzugeben sind. Das heisst, dass mindestens die Vorsteher der Komitees über Schreibkenntnisse verfügen müssen, wenn diese auch oft zu wünschen übrig lassen, wie ein Gemeindeverwalter bestätigt: „Évidemment, ils n'écrivent pas convenablement, mais ont peut quand même déchiffrer ce qu'ils ont écrit" (Gespr. 21:10).[39]

Damit hat es aber nicht sein Bewenden. Eine der wesentlichsten Aufgaben der Parteikomitees auf der Ebene der section und cellule liegt auf rechtlichem Gebiet. Beide Parteiausschüsse sind staatlich anerkannte, hierarchisch rangierte Rechtsinstanzen. Darin liegt auch einer der Hauptgründe, wieso sie nicht durch reine Verwaltungsorgane zu ersetzen sind. Durch die Übernahme rechtlicher Aufgaben treten sie in direkte Konkurrenz mit den alten Bashingantahe, ja sie sollen diese nach dem Willen des republikanischen Staates gar ersetzen. Es handelt sich hierbei um eine der zentralsten Massnahmen, die unter der Zweiten Republik ergriffen wurden, um im lokal-nachbarschaftlichen Bereich das Primat des Staates gegenüber ausserstaatlichen Autoritätsstrukturen durchzusetzen. Die neustrukturierte und im lokalen Raum kräftig ausgebaute UPRONA-Einheitspartei sollte erstes Instrument zur Durchsetzung der Staatspolitik und der hegemonialen staatlichen Ansprüche sein. Im lokalen Mikro-Bereich aber sind die Bashingantahe auch unter dem republikanischen Herrschaftssystem die angesehensten Autoritätsträger geblieben, obgleich das Bushingantahe unter dem modernen Staat etwas von seiner alten Bedeutung eingebüsst hat (s. Kap. 7.2 & 12.1). Die Bashingantahe „aus altem Holz" erwiesen sich jedoch für die Durchsetzung der modernen zentralstaatlichen Ziele als ungeeignet. Es war kaum möglich, diese Institution und ihre Vertreter auf die neuen, extern definierten Bedürfnisse „umzurüsten" und sie zu Repräsentanten staatlicher Interessen „umzudrehen". Also setzte der republikanische Staat auf die zweite der oben skizzierten Strategien: Statt die Institution umzubauen und stärker in den Staat zu integrieren, wurde sie kurzum verboten und durch ein staatliches Imitat ersetzt. Die Aufgaben und Kompetenzen der alten Bashingantahe sollten auf neue staatliche oder parastaatliche Instanzen übertragen und erstere damit überflüssig gemacht werden. Da sie nur eine unliebsame Konkurrenz dargestellt hätten, wurden sie kurzerhand „abgeschafft", indem jegliche bisherige *kwâtirwa*-Zeremonie – der Ort ihrer Legitimation schlechthin – untersagt wurde: Seit 1978 ist jedes ausserhalb des Partei-Rahmens stattfindende *kwâtirwa* auf den Hügeln verboten. Damit wurde dieses traditionsreiche Autoritätssystem an seiner empfindlichsten Stelle getroffen. Offiziell wurde die Untersagung der traditionellen Einsetzungszeremonie damit begründet, dass der damit einhergehenden Verschwendung und der wiederum daraus resultierenden Verschuldung ein Ende bereitet werden solle – im Zeichen der neuen „Entwicklungs"-Ideologie und -wertmassstäbe konnten solche unproduktiven Feste und ostentativen Prassereien nur „an den Rand des Ruins" führen, wie es im staatlichen Diskurs hiess. Womit er aber vor allem die alten kolonialen Praktiken im Visier hatte, die ohne Zweifel nicht überkommen waren, sondern im Gefolge der Adaptation an Zwänge der modernen Gesellschaft teilweise zu noch krasseren Verzerrungen geführt hatten.

---

[38] Die offizielle Formel lautet: „L'*umugambwe* [die Partei] conçoit et l'*intwaro* [die Territorialverwaltung] exécute" (Gespr. 34:17).

[39] Von diesem Tatbestand zeugt auch der am kommunalen Parteikongress von 1983 in Buhinyuza vorgebrachte „Wunsch", dass es „zumindest in jedem Komitee jemanden gebe, der zu lesen und schreiben versteht" (Chrétien/Le Jeune 1983a:63). In diese Richtung zielt denn auch das Bestreben des Staates, das die Verfasser des zitierten Kongressberichtes getreulich aufnehmen. In weniger peripheren Gemeinden wie Kiganda ist die Alphabetisationsrate unter den Komiteemitgliedern etwas höher.

Abschaffen und untersagen allein konnte jedoch nicht genügen. Es musste für die alten Bashingantahe als rechtlich-moralische Instanzen, die wichtige lokalpolitische Funktionen erfüllten, Ersatz geschaffen werden. Dazu anerbot sich am ehesten die Einheitspartei. Sie wies zudem den Vorteil auf, auf lokaler und sublokaler Ebene strukturiert und organisiert zu sein, seitdem der Zensushügel zur „Parteisektion" und der kleine geographische Hügel zur „Parteizelle" erhoben worden waren. Von da her war es nur ein kleiner Schritt, den Parteiausschüssen der entsprechenden Ebenen die Aufgaben und Befugnisse zu übertragen, die bislang den „Hügelbashingantahe" (*bashingantahe bo ku mugina*) zugekommen waren. Als die neuen, staatlich anerkannten Rechtsinstanzen, denen Streitschlichtung und Konfliktregelung auf der Hügelebene obliegt, sind sie es, die sich fortan jeden Donnerstag „zur Stunde, in der die Kühe zur Weide gebracht werden", am Ort der alten Bashingantahe einfinden. Da es auf den meisten Hügeln noch kein Parteihaus gibt, geschieht das wie früher auf einem öffentlichen, allen bekannten Platz unter freiem Himmel. Alle Konflikte, die nicht im Rahmen der lokalen Deszendenzgruppe (Lokallineagerat, *„bashingantahe bo mu muryango"*, s. Kapitel 4.4.5, p.162f, Hakizimana 1976:8,76) oder unter Beizug traditionell investierter Bashingantahe quasi im „informellen Rahmen" gelöst werden können, sind nun an die lokalen Parteikomitees heranzutragen. Allein die Angehörigen dieser Parteikomitees haben Befugnis und Pflicht, diese Rechtsverhandlungen zu leiten. Zudem sind sie gehalten, über jeden Fall einen schriftlichen Bericht zuhanden der übergeordneten Instanz zu verfassen und dieser den Fall allenfalls zu überweisen. Der Rapport hat den Verlauf der bisherigen Verhandlungen, die vorgebrachten Klagen und Argumente sowie die Zeugenaussagen und die abschliessenden Lösungsvorschläge und/oder Verdikte zu enthalten. Er sollte des weiteren eine Namensliste aller Teilnehmer umfassen und von allen anwesenden Komiteemitgliedern (die nicht vollzählig sein müssen), den Zeugen und Parteien unterschrieben werden – Analphabeten setzen ihren Daumenabdruck darunter. Traditionell eingesetzte Bashingantahe können in einem begrenzten Rahmen weiterhin bei diesen Konfliktlösungsprozeduren mitwirken; auf ihre Rolle wird später noch zurückzukommen sein. An dieser Stelle ist allein relevant, dass die alten Hügelbashingantahe, die *bashingantahe bo ku mugina* (ibid.), keine offiziell anerkannte Rechtsinstanz mehr sind. Wer eine offiziell anerkannte Konfliktregelung sucht oder den Fall an eine höhere Instanz weiterziehen will, muss sich zuerst an ein lokales Parteikomitee wenden. Um das nach aussen hin allen klar zu machen und um gleichzeitig die traditionellen Bashingantahe eines weiteren Stückes ihrer Machtgrundlage zu berauben und die für die Durchsetzung der Massnahme notwendige Unterstützung zu finden, hat der Staat eine offensive Strategie gewählt: Verschiedene Elemente des äusseren Gewandes des Bushingantahe wurden direkt auf die neuen Parteiorgane übertragen. Dazu gehört die direkte Übernahme des Bushingantahe-Vokabulars. Fortan werden offiziell ausschliesslich die Parteikomiteemitglieder als „Bashingantahe" bezeichnet – seit 1978 sind sie allein die offiziellen Bashingantahe. Ihre Einsetzung nach ihrer Ernennung bzw. Wahl ist formalisiert durch das Ablegen eines Schwures auf die Partei und ihre Ideale, während dem die Nominierten mit ihrer Linken die Nationalflagge zu berühren und die Rechte zum Parteigruss zu erheben haben. Das ist das neue, offiziell anerkannte „Kwâtirwa", durch das allein man fortan zum „Mushingantahe" wird. Da auch neue Qualifikationen verlangt werden – die Komiteemitglieder sollen möglichst alphabetisiert sein, damit der moderne Verwaltungsapparat sich auf sie abstützen kann –, finden die Alten in diesen Komitees nur noch beschränkt ihren Platz.

Der Staat hat sehr wohl verstanden, dass die heute im ländlichen Raum noch tief verankerte Institution des Bushingantahe nicht einfach aufgehoben und verboten werden kann. Das wirksamste Mittel, ihren Einfluss einzuschränken, bestand zweifellos darin, sie auszuhöhlen und mit neuem Inhalt zu füllen. Diese Regel wird auf der ganzen Linie durchgehalten. Die Sektions- und Zellenkomitees werden heute genau wie früher die Hügelbashingantahe als *intahe yo ku mugina* bezeichnet (Konfliktregelung im Rahmen der Lokalgemeinschaft/Nachbarschaft, wörtlich: „der [Mushingantahe-] Stab im Rahmen des Termitenhügels"). Manchmal wird darunter auch der Beizug eines Nyumba-kumi[40] verstanden, der bei Konfliktschlichtungen in gewissen Fällen ebenfalls eine Rolle spielen kann. Dadurch, dass heute die subalternen Parteiausschüsse in ihrer Funktion als *intahe yo ku mugina* in keinem Rechtsfall, der vor die höheren rechtlichen Instanzen gezogen wird, übergangen werden können, wurde ihre Bedeutung enorm erhöht. Auf die damit einhergehende staatliche Vereinnahmung eines Gebietes, das traditionell von ausserstaatlichen Organisations- und Autoritätsstrukturen besetzt war, werde ich noch detaillierter zu sprechen kommen (Kapitel 12). Die Ersetzung der alten Bashingantahe durch Parteiausschüsse konnte für die Bauern auf den Hügeln nur bedeuten, dass sie einem erhöhten bürokratischen Druck sowie verstärkten zentralstaatlichen Zwängen ausgesetzt waren, und hatte von Anbeginn wenig oder gar nichts mit „Demokratisierungsbemühungen" im Zuge der „Einführung moderner, rechtsstaatlicher Institutionen" zu tun, wie Chrétien/Le Jeune noch 1986 suggerierten (cf. Chrétien & Guichaoua 1988, und die Kritik bei Lemarchand 1990).

Die den beiden untersten Parteiausschüssen übertragenen rechtlichen Pflichten und Befugnisse wurden schnell zu ihrer wichtigsten Aufgabe und bestimmten zum Teil auch das Profil ihrer Mitglieder. Zwischen den Mitgliedern der Sektions- und Zellenkomitees (und vor allem zwischen ihren „Premiers Secrétaires") gibt es in der Regel einen bemerkenswerten Altersunterschied. Während die meisten Chefs de cellule 30 bis 40 Jahre alt sind, liegt das Durchschnittsalter der Chefs de section beträchtlich höher. Von den 16 Sektionschefs in der Gemeinde Kiganda war 1989 keiner jünger als 45, die ältesten jedoch zwischen 60 und 70 Jahre alt, wobei sie sich jeweils noch bester Gesundheit erfreuen müssen, um die Pflichten ihres Amtes wahrnehmen zu können. Es handelt sich bei ihnen um Männer mit langer Erfahrung, die ihr Amt in einigen Fällen seit der Ersten Republik, das heisst seit mehr als zwanzig Jahren, innehaben und daneben nicht selten auch in anderen staatlichen Funktionen dienten oder noch dienen (z.B. als Primarlehrer, aber auch als Katechet, etc.). In manchen Fällen gehörten sie der ersten Generation ländlicher „évolués" an. Das ist von Bedeutung, wenn man beachtet, dass Modernismus und Traditionalität (Bildungsstand und Verbundenheit mit einem traditionellen „Horizont" und Lebensstil) unter anderem eine Funktion des Alters sind. Ich habe bereits darauf hingewiesen, dass die hierarchisierten Ämter Nyumbakumi, Chef de cellule und chef de section von der Bevölkerung als Stufen einer einheitlichen Karriereleiter wahrgenommen werden, die ganz ähnlich wie die alten Bushingantahe-Etappen der Reihe nach zu erklimmen sind. Auf Bedeutung und Ausmass dieser Rückbindung in traditionelle Perzeptionsmuster wird noch zurückzukommen sein. Indem bei der Bestellung der hierarchisch rangierten Zellen- und Sektionskomitees in unterschiedlichem Masse auf Alter und Erfahrung geachtet wird, wird auch den traditionellen Nominationskriterien Respekt gezollt, was die Akzeptanz der neuen Rechtsinstanzen nur erhöhen kann. M., noch unter der deutschen Kolonisation geboren und später unter den Belgiern als *murongozi* für die Baganwa Bahori und Kamatari tätig, hatte während der sechziger und siebziger Jahren auf seinem Wohnhügel selbst das Amt eines Sektionschefs inne, bevor er es einem seiner Söhne weitergab. Nach seiner Aussage wagen es die meist jüngeren Membres de comité de cellule bei Konfliktregelungen selten, das Wort zu ergreifen: „Nur wir Alten ergreifen den Stab (*intahe*)" (Gespr. 4:15). Dazu kommt – und das ist immer noch ein höchst gewichtiger Faktor –, dass die älteren Sektionskomiteemitglieder in der Regel auf traditionelle Weise als Bashingantahe eingesetzt wurden und so einen deutlichen Vorsprung an rechtlicher Erfahrung und Anerkennung besitzen. Der Staat lässt heute aber keinen Zweifel daran bestehen, dass er des Lesens und Schreibens kundige Leute Analphabeten gegenüber vorzieht. Obschon tendenziell immer mehr alphabetisierte Personen – unter ihnen auch Frauen, die aber immer noch eine stark untervertretene Minderheit bleiben – in die unteren Parteikomitees gewählt werden, sind die

---

[40] Der Nyumba-kumi wird manchmal ebenfalls als *umukuru wo ku mugina*, als „Nachbarschaftsführer" bezeichnet; früher sein dagegen die Führer einer (allenfalls um Nicht-Deszendente erweiterten) lokalen Kleinlineage als *bakuru bo ku mugina* angesprochen worden, was synonym stand zu *inserukiramuryango* („Lineagerepräsentant") oder *nserukiramihana* („Weilervorsteher, -vertreter") (Gespr. 45:14).

Parteikader von ihrem Profil und ihrer starken Integration in die ländlichen Lebenszusammenhänge doch immer noch bedeutend volksverbundener als sämtliche Verwaltungsfunktionäre. Rutake stellte in einer Untersuchung fest, dass vornehmlich über dreissig Jahre alte Personen, die keine oder kaum Schulbildung genossen haben, sich mit ihren Anliegen präferentiell an den Chef de cellule wenden; er ist die Staatsautorität, die noch am ehesten ihr Vertrauen geniesst (1980:192). Jüngere und besser gebildete Leute suchen ihr Heil dagegen eher auf seiten der Verwaltungskader und am liebsten beim Gemeindeverwalter selbst. Natürlich hängt das auch davon ab, wer wo überhaupt Zugang findet. Nach Rutakes Bericht tun sich auf der anderen Seite auch die Verwaltungskader mit Kontakten zu einfachen Bauern schwer:

> „En traitant les illettrés comme des incapables, les administrateurs confèrent indirectement un statut particulier à ceux qui savent lire et écrire puisqu'ils sont seuls, à leurs yeux, à comprendre le langage du progrès et de la révolution, etc." (ibid.).

Das heisst nun aber nicht, dass die unteren Parteikader in jedem Fall die Interessen der Bevölkerung gegenüber den Verwaltungsbehörden vertreten würden. In der Regel ist das Gegenteil der Fall, wenn es auch Ausnahmen gibt. Wie Rutake (1980:107) festhält, werden die Parteikader als Leute des Staatsapparates von der einfachen Bevölkerung oft gefürchtet. Das hat sich seit der Ersten Republik nur unwesentlich geändert. Mit der seit 1988 praktizierten Wahl durch die eingeschriebenen Parteimitglieder der entsprechenden Ebene ist immerhin gewährleistet, dass allseits unbeliebte Elemente entfernt bzw. gar nicht gewählt werden. Und wenn die Bauern einmal grösseres Vertrauen in den Wahlmodus gefunden haben werden und auf der anderen Seite die Behörden sich einer leitenden Einflussnahme enthalten, wären die Voraussetzungen für einen Wandel dieses Verhältnisses geschaffen.

Um die Stellung der Parteikader präziser erfassen zu können, müssen weitere Faktoren beachtet werden. Dazu gehört die Frage ihrer Entschädigung. Die subalternen Parteiinstanzen erhalten keine formale Vergütung – wie die Nyumba-kumi arbeiten sie ehrenhalber „für das Land". Das Fehlen bzw. die Informalität der Entschädigung subalterner Hilfskräfte hat in Burundi eine lange Tradition und entspricht der vorkolonialen und kolonialen Praxis. Diese geht davon aus, dass die ihnen zuerkannte Stellung an sich schon genügend Vorteile und Einnahmemöglichkeiten bietet. Die untergeordneten Hilfskräfte haben selbst dafür zu sorgen, dass sie auf ihre Rechnung kommen. Das erklärt sich unter anderem dadurch, dass sie früher gemäss einer personalistischen Logik häufig ad hoc und ad personam beigezogen wurden, wobei es sich gewissermassen von selbst verstand, dass sie in der Gunst ihrer Auftraggeber standen und dadurch verschiedene Vorteile genossen. Heute jedoch, wo ihre Vorgesetzten in einen bürokratischen Apparat eingebunden sind, muss eine solche Praxis in den meisten Fällen auf Kosten der Bevölkerung gehen. Denn die Gunst der Auftraggeber lässt sich nicht mehr so leicht „auszahlen". Unmittelbar nachdem ein Sektionschef in einem längeren Gespräch mit mir das Fehlen einer formalen Besoldung festgehalten hatte, forderte er, dass ich ihm nun ein Bier zahle, da ich ihn lange beansprucht habe – und ähnlich wird er es wohl bei anderen machen, die etwas von ihm wollen (Gespr. 34:15). Wie alle subalternen „Proto"-Funktionäre haben auch die Parteifunktionäre ihre informellen Einkünfte. Da sie in manchen Fällen auf ihrem Hügel für den Einzug der Bananen- oder Sorghobier-Umsatzsteuer[41] verantwortlich sind – eine Arbeit, die wie erwähnt mit 4% des Ertrages entschädigt wird –, haben viele Chefs de section ihre regelmässigen Einnahmequellen. Auch ihre „Gatekeeper"- (und in einem gewissen, weiten Sinn auch „Broker"-) Position, die sie auf ihrem Zensushügel einnehmen, verstehen sie nicht selten in klingende Münze oder andere Vorteile umzuwandeln. Gewissermassen am Tor ihres Hügels sitzend und jeden Zugang und Abfluss kontrollierend, sind sie auf dieser Ebene ein wichti-

[41] Da das „bière locale" in der Regel aus grossen tönernen Töpfen verkauft und in Anzahl Flaschen geschätzt wird, lässt sich die umgesetzte Menge immer nur annähernd bestimmen. Die auferlegte Steuer hängt somit in wesentlichem Masse vom Ermessen des Steuereintreibers ab.

ger Verteil- und Knotenpunkt zwischen Behörden und Bevölkerung. Ihre Machtstellung ist in der Tatsache begründet, dass sie einerseits zwar keine Mittel, aber doch bescheidene Begünstigungen zu verteilen haben, und dass andererseits die übergeordneten Behörden auf ihre detaillierten Lokalkenntnisse angewiesen sind. Die Verwaltung und besonders die Hügelchefs sind auf die untersten Parteikader angewiesen – ohne sie kommen sie nicht zu Rande.

In gewissen Fällen mag auch in rechtlichen Angelegenheiten eine Entschädigung für besondere – bereits unternommene oder erst erhoffte – Bemühungen herausspringen. Während es früher Usus war, den Bashingantahe zur „Anspornung“ oder am Schluss einer Verhandlung zur Erholung Bier zu reichen, das generisch als *agatutu k'abagabo* bezeichnet wurde (wörtlich: „der kleine Schatten der *bagabo*, d.h. hier der Bashingantahe), so ist das heute ausdrücklich untersagt (Gespräche 45:17, 63:3f). N. & N. stellen jedoch fest, dass eine derartige Entschädigung in Form von Bier bei besonders langwierigen, aufwendigen oder diffizilen Fällen weiterhin wohlbekannt sei; dazu gehören insbesondere die Grenzsetzung, Teilung und Abschreitung von Grundstücken, ohne Zweifel eine schweisstreibende Angelegenheit, die ein anschliessendes Bier im Schatten rechtfertigt. Wozu die beiden gleich das Sprichwort anführen: „der *intahe*-Stab beugt sich nicht umsonst/für nichts“ (*intahe ntiyunamira ubusa*), ein Sprichwort allerdings, das auch in einem weniger materiellen Sinn ausgelegt werden könnte ... (Gespr. 45:16).

Wenn wir die kommunalen und subkommunalen Strukturen des Parteiapparates überblicken, so sind abschliessend zwei Merkmale hervorzuheben. Das erste betrifft die Organisationsstruktur und Funktionsweise der Partei, das zweite den mit ihr verbundenen Anspruch als Stifterin einer allumfassenden, hegemonialen Ideologie. Obschon unter der Dritten Republik versucht wird, die untersten Parteiorgane durch die lokale Bevölkerung legitimieren zu lassen – ähnliche Bestrebungen gab es bereits unter der Zweiten Republik in Form der auf allen Ebenen durchgeführten Parteikongresse –, so bleiben die starke Zentralisation der Parteiorganisation und ein autoritärer Dirigismus der Zentralinstanzen weiterhin die prägenden Merkmale. Gerade auf der lokalen und sublokalen Ebene lässt sich beobachten, dass wie in der Staatsverwaltung alles von oben nach unten, aber kaum etwas in umgekehrter Richtung fliesst. Ohne ins Detail gehen zu wollen, möchte ich dazu einige besonders augenfällige Indizien aufführen. Die jeweils monatlichen Sitzungen der Parteiausschüsse werden in absteigender Reihenfolge zuerst auf kommunaler Ebene, anschliessend auf der der Section und am Schluss auf Cellule-Ebene abgehalten. So versammelte sich in Bwambarangwe das Gemeindekomitee jeden ersten, das Sektionskomitee jeden zweiten und das Comité de cellule jeden dritten Donnerstag im Monat; in Kiganda und wohl auch in den anderen Gemeinden wird dieselbe Reihenfolge eingehalten. Im Unterschied zu den Sitzungen der untergeordneten Komitees, bei denen darauf geachtet wird, dass sie nicht auf den Samstag fallen, um die *badasigana* nicht von den „travaux communautaires“ abzuhalten, werden die Zusammenkünfte des Comité communal in vielen Gemeinden vorzugsweise auf diesen Wochentag gelegt, um den in ihm zahlreich vertretenen Funktionären die Teilnahme zu ermöglichen. Denn – so lauten die dahinterstehenden Überlegungen – die Bauern können ihre Arbeiten schliesslich verschieben, und die Staatsangestellten nehmen an den TDC allemal nicht teil.... Die gewählte Reihenfolge weist darauf hin, in welcher Richtung Information und Kommunikation verlaufen. Ebenso wurden die 1988 erstmals abgehaltenen Wahlen der untersten Parteiausschüsse zuerst im April-Mai auf der Ebene der sections und anschliessend im Juni auf der Ebene der cellules durchgeführt („Le Renouveau“, N° 2744, 23 novembre 1988, N° 1782, 8/9 janvier 1989).

Es zeugen jedoch nicht nur derartig technisch-organisatorische Kennzeichen vom stark autoritäten Zentralismus. Dass die Einheitspartei das hautpsächliche Instrument zur Verbreitung und Verankerung der dominanten staatlichen Ideologie ist, zeigt sich an verschiedenen Erscheinungen, die im ländlichen Raum allgegenwärtig sind. Ohne zu einer detaillierten Ideologiekritik ansetzen zu wollen, sei auf einige besonders offenkundige und frappante Erscheinungsformen dieser Bestrebungen auf ideologischem Gebiet hingewiesen.

Wie unter dem alten monarchischen Regime werden auch unter der Republik der Bevölkerung in verschiedenen Kontexten immer wieder Loyalitätsbezeugungen gegenüber den Herrschenden und dem Staat abverlangt. Die engen Grenzen der dabei an den Tag gelegten Inbrunst sind wohl auch Ausdruck des dahinter stehenden Zwanges. Zu solchen Loyalitätsbezeugungen sind sowohl der Parteigruss wie stereotype Redeweisen zu zählen, die eigentliche Beschwörungsformeln der Bedeutung der Einheitspartei sind. Wer sich nicht mangelnder Staatstreue verdächtigen lassen will, muss darauf bedacht sein, jede offizielle oder unbekannte Person, der er oder sie in der Öffentlichkeit begegnet, mit dem Parteigruss – den drei erhobenen Fingern, die für die Parteidevise „Einheit – Arbeit – Fortschritt" stehen – zu grüssen. Dasselbe gilt für die Formel, mit der jede öffentliche Rede und jedes öffentlich vorgetragene Votum eingeleitet und beendet wird. Während man sich dabei früher auf den Namen des herrschenden Königs berief, sagt man heute in nur geringer Abwandlung der alten Formel: *Tugir'amahoro, tugir'amahoro, tugir'amahoro n'umugambwe w'abadasigana UPRONA* („Haben wir Frieden mit [dank] der Partei der UPRONA-Kämpen"). Die Verwendung dieser eigentlichen Läuterungs- und Purifikationsformel kann man sowohl an familiären Trauerversammlungen beobachten wie auch in Reden, die zu Weihnachten in der Pfarrei gehalten werden. Sie zeugen davon, wie der republikanische Staat auf seiner Suche nach Legitimität danach trachtet, die gesamte Zivilgesellschaft mit seiner Ideologie zu durchtränken. Dabei stützt er sich in erster Linie auf das Instrument der Einheitspartei. Mit ihr werden weitere zentrale Legitimationselemente verbunden, so die Berufung auf die erreichte Unabhängigkeit und „Entwicklung", seit Oktober 1988 auch auf die „jahrhundertealte nationale Einheit". Besonderer Aufmerksamkeit bedarf die Verwendung des Begriffs *badasigana*, mit dem seit der Gründungszeit der UPRONA ihre Parteianhänger, „les militants", bezeichnet werden. Es handelt sich dabei, wir haben es gehört, um die direkte Übernahme der für die Getreuen und insbesondere die Krieger des letzten ruhmreichen Königs, Mwami Mwezi Gisabo, benutzten Bezeichnung. Da im offiziellen Diskurs von der Annahme und dem Soll-Zustand ausgegangen wird, dass sich die gesamte erwachsene Bevölkerung zur UPRONA bekennt und ihre Mitgliedschaft erwirbt, wird dieser Begriff synonym mit „Staatsbürger, Bevölkerung" gebraucht. In dieser „inflationären Bedeutung" – die ihn zum flatus vocis verkommen lässt – wird er jedoch vornehmlich dann benutzt, wenn der Diskurs sich an die einfache Bevölkerung, an die Bauern als (Soll-) Parteimitglieder und Staatsbürger richtet.[42] Hierin zeigt sich, dass die Einheitspartei sich in erster Linie an die „bäuerlichen Massen" richtet, dass sie erstes – und einziges – Instrument ist, diese grosse numerische Mehrheit anzusprechen, zu erreichen und zu mobilisieren. Das wird umso klarer, wenn man sieht, dass gleichzeitig die gesamte Funktionärsschaft und alle im „strukturierten Sektor" Beschäftigten („ceux qui ont un métier") sich von der Einheitspartei kaum angesprochen fühlen, und das zu Recht. Das drückt sich in ihrem verbreiteten Absentismus von allen Parteiaktivitäten und darin aus, dass die Parteimitgliedschaftsrate nirgends so tief ist wie in städtischen Agglomerationen. Bei ihrer Analyse der Berichte der kommunalen Parteikongresse von 1983 kommen Chrétien/Le Jeune denn auch zu folgendem Schluss: „(...) il est clair que l'action quotidienne du parti UPRONA dans l'ensemble du pays n'est pas le fait des ‚classes modernes'" (1983a:62). Die Teilnahme an Parteiaktivitäten wird aber auch von weiteren Bevölkerungsteilen als Zeitverlust betrachtet, nur können es sich nicht alle leisten, ihnen fernzubleiben.[43] Es ist klar: Die Partei ist eine Angelegenheit des Staates und nicht der Bevölkerung.[44]

---

[42] Unter der auf allen Gebieten laizistischen und antimonarchistischen Zweiten Republik wurde versucht, den Begriff *badasigana* vermehrt durch die Bezeichnung *banyagihugu* („die Leute der Hügel, das einfache Volk") zu ersetzen, eine Bezeichnung , die sich ihres leicht herabsetzenden Untertones wegen jedoch nie durchsetzen konnte.

[43] Davon, dass die Parteiaktivitäten für eine wenig ernsthafte und sinnvolle Angelegenheit gehalten werden, spricht etwa die ironische Umformung des Sigels JRR zum Kirundi-Verb *kuyerera*: „ziellos umherirren".

[44] Es sei dazu nur ein Beispiel zitiert: In der Gemeinde Bukeye hatten sich in der ersten Hälfte der achtziger Jahre die Leute einiger „cellules du Parti" zu einer neuen, ihres Erachtens sinnvolleren Variante der „travaux communautai-

Während an der Basis versucht wird, die Legitimität des traditionsreichen Bushingantahe auf die Einheitspartei zu übertragen, geschieht das im nationalen Rahmen durch zahlreiche offenkundige Bezugnahmen auf die ebenso traditionsreiche Monarchie. Dazu anerbietet sich vor allem die Person des Prinzen Louis Rwagasore, des 1961 von „Abtrünnigen" ermordeten ältesten Sohnes des letzten legitimen Mwami. Während der Stern dieses Helden der nationalen Unabhängigkeit, aber auch der nationalen Einheit, unter der Herrschaft des autokratischen Bagaza, der keinen Prinzen neben sich dulden mochte, deutlich am Sinken war, wurde seine Bedeutung unter Buyoyas Nachfolgeregime wieder aufgewertet. Das zeigt sich darin, dass sein Bild wieder in jedem Amtszimmer neben das des Staatspräsidenten gehängt und die feierliche Begehung seines Todestages neu aufgenommen wurde, und dass man sich bei jeder offiziellen Gelegenheit auf ihn beruft.[45] Es wäre Gegenstand einer eigenständigen Arbeit, alle diese ideologischen Bezugnahmen herauszuarbeiten. Hier jedoch soll es mit diesen knappen Hinweisen sein Bewenden haben.

Damit ist die Übersicht über das lokale Herrschaftspersonal und die verschiedenen Verwaltungsstäbe abgeschlossen. Es entstand ein Bild, wie es in dieser systematisierten und notgedrungenermassen schematisierten Weise weder demjenigen entspricht, das sich die lokale Bevölkerung noch die Behörden selbst von den staatlichen Strukturen machen. Das darf nicht vergessen werden, und auf diesen Punkt wird im nächsten Kapitel zurückzukommen sein. Ich habe mich derart ausführlich mit der Vielfalt staatlicher Organe beschäftigt und ihre Beziehungen zur Lokalbevölkerung durch Beispiele veranschaulicht, um die Kontaktstellen zwischen Staat und Bauern zu lokalisieren und damit auch einen ersten Einblick in Form und Schicksal nichtstaatlicher Autoritätsstrukturen zu geben. Allein für sich genommen kann diese Perspektive jedoch nicht genügen, es handelt sich erst um eine eindimensionale Annäherung an die lokalen Autoritätsstrukturen. In der Folge gilt es, dieses Bild zu verschärfen, indem zum einen die gegenseitigen Perzeptionen und die Beziehungen zwischen Behörden und Bauern und ihre verschiedenen „Modelle der Herrschaft" ebenso analysiert werden wie das, was man als das „Herrschaftsverhältnis" kurzum bezeichnen kann; zum anderen ist darauf zu achten, was mit den ausserstaatlichen Autoritätsbeziehungen geschehen ist, die nicht unberührt vom Sog des Hegemonieanspruches des Staates geblieben sind.

---

res de développement" entschieden: Sie gingen dazu über, jeweils samstags abwechslungsweise auf den privaten Felder je eines der Teilnehmenden zu arbeiten, der dafür anschliessend einen gewissen Betrag in die lokale Parteikasse einzahlte. Obwohl die Teilnehmerrate nie so hoch wie damals gewesen sein soll, wurde nach einer gewissen Zeit, während der sich der Erfolg der neuen Variante herumgesprochen hatte, der lokale Gemeindeverwalter von hoch rangierten Parteiinstanzen angewiesen, diesem Gebrauch ein Ende zu setzen, da er nicht dem Parteizweck entspreche – und wohl auch, weil der Staat befürchtete, die Kontrolle über die lokale Dynamik zu verlieren, falls solche Initiativen von unten Schule machten (Gespr. 75:2).

[45] Staatspräsident Buyoya wird dabei in eine Linie mit dem Prinzen Rwagasore gestellt, was sich zum Beispiel in Slogans zeigt wie „Enfin un chef après Rwagasore". Ein anderes Schlagwort lautet: „Le Prince, le Parti et le Peuple – une véritable trilogie sacrée". Die Anleihen bei der und die Bezugnahmen auf die Monarchie lassen an Deutlichkeit nichts zu wünschen übrig, wenn moniert wird, dass bei Vernachlässigung der Parteigebote – genau wie früher derjenigen der Monarchie – das Land unweigerlich von Unglück, Unfruchtbarkeit und Katastrophen heimgesucht werde (s. „Le Renouveau", N° 2782, 8/9 janvier 1989, N^os du 18 février 1989:3 & du 25 février 1989:8, N° 2926, 29 juin 1989, etc.). Dem steht nicht entgegen, dass gleichzeitig der Bruch mit den „anachronen monarchischen Strukturen und Praktiken" betont wird, die noch unter den vorangehenden republikanischen Regimes Bestand hatten: „(...) jusqu'en 1987, le Burundi vécut sous le règne d'une monarchie anachronique appelée aussi République, à la tête de laquelle le ‚monarque président' était la seule source d'autorité" („Le Renouveau", n° 2721, 26 octobre 1988:4).

KAPITEL 11

DAS HERRSCHAFTSVERHÄLTNIS UND DIE HERRSCHAFTSMODELLE VON BEHÖRDEN UND BAUERN

IHRE BEZIEHUNGEN UND GEGENSEITIGEN PERZEPTIONEN

Wie die Darlegung der staatlichen Organisationsstrukturen auf lokaler Ebene gezeigt hat, ist die Beziehung zwischen Behörden und Bevölkerung als „Herrschaft" zu charakterisieren: Der Staat übt mittels seiner verschiedenen Apparate in einem weiten Masse die Kontrolle über das Verhalten der Bevölkerung aus. Die Etablierung von Herrschaft (nach Weber verstanden als die Chance, für einen Befehl bei angebbaren Personen Gehorsam zu finden) basiert auf zweierlei: auf Informationen und auf Macht. Informationen über die andere Seite verbessern die Entscheidungssituation. Macht sichert die Durchsetzung der Entscheidung gegen den Willen des anderen (Spittler 1978: 65). Um das Herrschaftsverhältnis zu bestimmen, müssen verschiedene Grössen genauer analysiert werden. Es gilt, die Erreichbar- und Zugänglichkeit beider Seiten und die ihnen dafür zur Verfügung stehenden Mittel zu prüfen; die Grundlagen dafür wurden im vorangehenden Kapitel aufgearbeitet. Weiter sind die gegenseitigen Erwartungen, Haltungen und Perzeptionen, aber auch die Kommunikationsformen und -muster zu untersuchen. Schliesslich muss das Interesse den Formen des Handelns, der Aktionen und Reaktionen beider Seiten gelten.

11.1 Zugänglichkeit und Visibilität der Behörden

Ein wichtiger zu prüfender Punkt ist die Zugänglichkeit und die „Visibilität" der verschiedenen Behördeninstanzen. Die Leute sind sich darin einig, dass sich die heutigen lokalen Behörden in diesem Aspekt stark von ihren vorkolonialen Vorgängern abheben. Anders als die alten Baganwa und Ivyariho halten sie nicht an ihrem Wohnort Hof, sondern sie sitzen entweder in ihrem Büro, wo sie ihren mannigfachen Pflichten nachzukommen haben, oder aber sie sind dauernd im ihnen unterstellten Gebiet unterwegs. Das erste trifft auf die Gemeindeverwalter, das letztere auf ihre nachgeordneten Hilfskräfte zu. Die Tatsache, dass es heute in jeder Gemeinde ein öffentliches Verwaltungsgebäude gibt, in dem der Administrateur seinen Amtsraum hat, hat die Zugänglichkeit und vor allem die Visibilität erhöht:

> „Heute residieren die Batware an einem gut sichtbaren Ort und nicht mehr bei sich zuhause inmitten vielfach verschachtelter Höfe" (Gespr. 15:21f), und: „Im Prinzip ist der *musitanteri* jederzeit in seinem Büro zu sprechen. Wenn er viel zu tun hat, fixiert er spezielle Tage für Sprechstunden und Audienzen [*indagano*, „Unterredung, Aussprache", ursprünglich „Übereinkunft, Versprechen"]" (Gespr. 6:29).

Die Tatsache, dass es heute ein öffentlich zugängliches Verwaltungsgebäude gibt, so wird betont, ermöglicht es jedermann, um eine Audienz bitten zu gehen. Man setzt sich vor das Büro und wird gemäss der Ankunftsordnung der Reihe nach vorgelassen.

Der Zugang zu den Behörden ist heute tatsächlich dergestalt geregelt. Aufgrund von allem, was wir bisher gehört haben, vermuten wir aber bereits, dass diese Regeln nicht in allen Fällen eingehalten werden und dass es verschiedene Hindernisse und weitere Normen gibt, die ihnen im Weg stehen. Die Unterschiede zur vorkolonialen Zeit, in der man als *munyagihugu* vielleicht tagelang am Hof des Muganwa warten, eingeführt sein und Geschenke überreichen (*gushikana*) musste, sind sicher augenfällig. Der Zugang ist generalisierter und weniger willkürlich. Trotzdem ist es nicht immer – und zumal nicht für jedermann – so einfach, wie es M. aus Rusaka darstellt: „Heute hat man nur an seine Tür [des Administrateurs] zu klopfen, und er ruft ‚Entrez!'" (Gespr. 6:28). Es gibt immer noch Vorzimmerpersonal, Mittler und Wartezeiten. In der Regel wird man jedoch vorgelassen – was aber noch nicht heisst, dass man auch erhört wird. Auch wenn sich von einer stärkeren Verbeamtung sprechen lässt und die Ämter tatsächlich „öffentlicher" wurden, so hängt der Zugang immer noch in wesentlichem Masse vom Status der betreffenden Person und von der Möglichkeit ab, geeignete Mittler einzusetzen. Wir haben gehört, dass es für einen einfachen Bauern oft unmöglich ist, direkt an den Gemeindeverwalter zu gelangen. In vielen Fällen ist es undenkbar, dass er dabei die unteren Instanzen um- und übergeht. Er wird sich vielmehr in einem ersten Schritt – und wenn man die übrigen erforderlichen Vorbereitungshandlungen in Betracht zieht, handelt es sich tatsächlich bereits um den zweiten oder dritten Schritt – an sie zu wenden haben: Es gilt, ihr Einverständnis einzuholen oder aber ihre Mittlerdienste zu erbitten. Die alten Verhaltensmuster sind in diesem Kontext noch sehr lebendig – man bedarf eines Mittlers, eines *umukandizi*, der den gesuchten Ort bzw. die in Frage stehende Instanz möglichst gut kennt:

> „Natürlich braucht man einen ‚Zwischengänger' und *umwishikira*[1], der der gesuchten Person nahesteht. Nur so kann man zu ihr gelangen, sich ihr verständlich und auf seine Anliegen aufmerksam machen. Das ist doch das gleiche, wie wenn du einen Ort nicht kennst und ihn dir von jemandem zeigen lässt, der mit der Gegend vertraut ist – eben so, wie du es gemacht hast, als du das erste Mal zu mir kamst. Das ist heute noch so" (Gespr. 59:11f).

Ich habe darauf aufmerksam gemacht, dass sich Leute mit wenig Bildung zunächst an eine staatliche Hilfskraft aus ihrem näheren Umkreis wenden, mit der sie einigermassen vertraut sind. Es gibt ferner einen zweiten Typus von Mittlern, den vornehmlich Leute einsetzen können, deren soziales Beziehungsnetz über die engere lokale Ebene hinaus und in einflussreichere soziale Schichten hinein reicht. Falls man Leute aus der näheren Umgebung der gesuchten Instanz kennt, wird man es nicht vernachlässigen, parallel dazu auch diese einzuschalten, das heisst ihren Rat einzuholen und sie die Lage sondieren zu lassen. Man wird mit Vorteil zuerst einen derartigen präferentiellen „Mittler" vorschicken. Das hat sich gegenüber der vorkolonialen Zeit nur unwesentlich geändert. Die Gewohnheit, sich auf Mittler zu stützen, ist den vorsichtigen Barundi auch heute noch lieb, und sie ist immer noch in eigentlich jedem gesellschaftlichen Kontext zu beobachten. Umso mehr gilt das im Bereich des Politischen, insbesondere bei Kontakten zu staatlichen Instanzen. B. formuliert das so:

> „Wer direkt ohne Mittler auf sein Ziel zustürmt, wird für verrückt und krank gehalten. Niemand kann geltend machen, ohne Mittler auszukommen – das ist unmöglich. Sich selbst einzuführen ist in jedem Fall eine Ungeschicklichkeit. Hat man je Kühe gesehen, die ohne einen Führer marschieren? Oder Leute, die es wagten, zum *musitanteri* zu gehen, ohne vom Hügelchef oder den Polizisten eingeführt zu sein? Ohne Führer kommt man nirgends hin und kann sein Ziel nicht erreichen. Wie kann man sich auch unvermittelt einführen wollen, zumal in den heutigen Zeiten bei diesen Militärs, die uns regieren! Um zu ihnen zu gelangen, ist es beinahe unabdingbar, über jemanden zu gehen, der ihnen nahe ist und sie möglichst gut kennt. Diese Person muss dich bei ihnen bekannt machen und dich einführen und ankündigen. Siehst du nicht, dass man nicht ohne Passierschein in ein Militärlager oder ohne Brief in den Präsidentenamtssitz kommt?" (Gespr. 60:25ff).

[1] „Person mit unvermitteltem Zugangsrecht" (cf. Kapitel 5.1); heute auch die offizielle Kirundi-Bezeichnung für die *Directeurs de cabinet* in den Ministerien.

Da die Macht und, *à plus forte raison*, ihre Inhaber als etwas Gefährliches erlebt werden und der Kontakt zu ihnen immer ein höchst delikate Angelegenheit ist, will er umsichtig vorbereitet sein, soll er einem zum Vorteil und nicht zum Schaden gereichen.

Wiewohl das heutige Verwaltungssystem im Unterschied zur vorkolonialen Zeit (cf. Kap. 5.1) in starkem Masse bürokratisiert und die Prozedur des Zugangs zu den Behörden genau formalisiert ist, benötigt man gleichwohl (und, wie ich zeigen werde, zum Teil gerade deswegen) Mittler und „Broker". Es ist zwar nicht so, dass der Zugang ansonsten gänzlich versperrt bliebe. Die Höhe der Chance jedoch, das gesuchte Ziel zu erreichen, hängt stark von der Qualität der eingesetzten Einführungsperson ab. Es wurde oben deutlich, dass man zwischen zwei Typen von Personen unterscheiden kann, die vorzugsweise Mittlerfunktionen übernehmen: Zum einen sind es die Inhaber subalterner Staatspositionen selbst, die sich für derartige Aufgaben anbieten – auch wenn das keineswegs dem ursprünglichen Entwurf der Bürokratie entspricht, sie mithin nicht von Amts wegen handeln. Zum anderen sind es Privatpersonen aus der Nähe der gesuchten Instanz, die sehr wohl auch die eine oder andere öffentliche Funktion innehaben können, aber nicht in erster Linie deshalb um ihre Dienste gebeten werden. In immer mehr Fällen handelt es sich heute bei den Mittlern nicht so sehr um „private Unternehmer" denn um Leute, die selbst die eine oder andere staatliche Charge innehaben. Das erklärt sich mit der heutigen Natur der staatlichen Organisation. Unter der Bedingung des hypertrophen Vorwachsens des Staates bis auf die nachbarschaftliche Ebene ist die Wahrscheinlichkeit gross, dass die Mittler selbst Teil dieses Staatsapparates sind, dass sich mithin das Mittler-Phänomen vermehrt innerhalb der Staatsapparate selbst äussert. Der heutige Gemeindeverwalter sitzt nicht mehr wie der alte Muganwa inmitten verschachtelter, mit Günstlingen „bestückter" Vorhöfe, sondern im Zentrum eines Netzes, das aus zahlreichen, mannigfach verwobenen Verwaltungskadern besteht. Das Problem der Zugänglichkeit und Visibilität hat sich heute nur verschoben. Man benötigt immer noch Mittler, diese wurden jedoch durch den enormen Ausbau der Staatsapparate gleichsam „verstaatlicht", in den Staat einbezogen. Während die Mittler und „Broker" früher informellerer Natur, Günstlinge und Höflinge[2] des „Herrn" waren, so handelt es sich heute bei ihnen häufig um formale – und korruptionsanfällige – Verwaltungshilfskräfte.

Es liesse sich nun einwenden, dass es sich bei der Einschaltung dieser „Mittler" lediglich darum handelt, die verschiedenen Amtshierarchiestufen zu berücksichtigen, dass man gleichsam den „Dienstweg" einhalten muss und die subalternen Instanzen nicht umgehen kann. Es ist nun aber gerade die Eigenart des burundischen Verwaltungssystems, dass dieser Instanzenweg nur höchst unklar geregelt ist, dass er nicht nach universalistischen, sondern nur nach hoch partikularistischen Regeln spielt. Um ihn benutzen zu können und ihn zum Funktionieren zu bringen, bedarf es eines persönlichen „Inputs". Dieser kann aus bereits existierenden persönlichen Beziehungen bestehen, die das Resultat einer Summe reziproker Leistungen sind, die kürzere oder längere Zeit zurückliegen. Oder aber es bedarf verschiedener „Kommissionsgebühren" und Provisionen (im Sinn von Vermittlungsgebühren), um den erwarteten, tatsächlich besonderen Einsatz zu vergüten. Wie wir im vorangehenden Kapitel am Beispiel der Landvergabe gesehen haben, kann die – notwendige – Einhaltung dieses „Instanzenweges" sehr kostspielig sein. Sie ist schon allein deshalb notwendig, weil man sich mit dem Übergehen der einen Stufe Schwierigkeiten einhandeln kann. Da es oft keine klar geregelten Kompetenzen gibt, gilt es, alle möglicherweise einwirkenden Faktoren in die Rechnung einzubeziehen, das heisst, das Unterfangen umsichtig einzufädeln und sich auf alle

---

2 Claessen (1978:577, 581f) bezeichnet diese auch als „anonyme Funktionäre", da sie, ohne eine formale Position einzunehmen, doch Einfluss auf die Regierungsgeschäfte ausüben und manchmal gewisse administrative Aufgaben übernehmen. Er fasst diese Kategorie mehr oder weniger „unsichtbarer" Funktionäre aber noch weiter und zählt auch die Mitglieder kollektiver Organe und Körperschaften wie Räte und Komitees dazu. Als solche wären hier die Mitglieder der verschiedenen Ausschüsse der Einheitspartei zu nennen. Ich habe sie hier als „Proto"-Funktionäre bezeichnet, zu denen auch die Nyumba-kumi zu zählen sind, welche nach Claessens Kategorisierung wiederum „allgemeine Funktionäre" wären (cf. 1989:54ff).

Seiten hin abzusichern (s. Gespr. 60:26). Die den untersten, subalternen Instanzen – ich habe sie vorhin als „Proto"-Funktionäre bezeichnet – zu entrichtenden Provisionen (die kaum von Bestechungsgeldern unterschieden werden können, da sie an staatlich mandatierte Personen bezahlt werden) sind als Äquivalent der an „privat tätige" Mittler ausgeschütteten Gebühren zu betrachten: Sie entsprechen etwa dem, was man ausserhalb der Staatsdienste stehenden Privatpersonen für ihren Einsatz und ihre Dienste zu zahlen hat. Ja ihr Ansatz wird in der Regel sogar unter dem von privaten Brokern liegen, da die Vergütung ihrer Leistungen immer den Geruch von Korruption (*igiturire*) hat und sie noch einem anders definierten staatlichen Auftrag nachzukommen haben, der zudem Zugang zu weiteren Einnahmemöglichkeiten bietet.

Die Möglichkeiten des Zugangs zu politischen Behörden sind aber nicht nur eine Funktion der eingesetzten Mittelspersonen. Bereits die Tatsache, dass es Mittlern bedarf, um Zugang zu den Staatsstellen zu finden, zeigt, dass es erhebliche Differenzen in den Zugangsmöglichkeiten gibt und keine universalistischen Zugangsregeln Anwendung finden. Es sind immer der soziale Status der Zugang suchenden Person und die mit ihm einhergehenden persönlichen Beziehungen, die die Zugangsmöglichkeiten bestimmen. Wie im Fall der TDC-Arbeiten gelten die amtlichen Regeln nur für die „Unterprivilegierten", das heisst für all diejenigen, die über keinerlei Vorrechte verfügen. Es ist für jedermann selbstverständlich, dass nur sie vor einem Amtszimmer gemäss ihrer Ankunftsordnung zu warten oder sich vor einem öffentlichen Schalter aufzureihen haben. Niemand mit einem bestimmten Privileg aufgrund seines sozialen Status oder persönlicher Beziehungen wird sich an diese Regeln gebunden fühlen. Das *kwîshikira*-Privileg eines direkten Zugangs existiert immer noch, und mit ihm (sofern man von einem egalitären Modell ausgeht) alle damit verbundenen sozialen Ungerechtigkeiten. Die sozialen Praktiken und Verhaltensformen sind weitgehend die gleichen geblieben, aber mittlerweile hat sich in diesem Punkt auch in der Konzeption der Bauern etwas geändert: Ihre Weltsicht und Perzeption der sozialen und politischen Beziehungen wurden durch neue Werte aufgeweicht. Seit dem Kolonialregime, der Einführung eines bürokratischen Verwaltungsstaates und der Propagierung westlicher Werte (hauptsächlich über schulisches Bildungssystem und Massenmedien) wurden auch sie mit der Idee eigener Ansprüche und gleicher Rechte für alle vertraut. Für die im Lande selbst enkulturierten und sozialisierten Personen wirken soziale Ungleichheiten jedoch immer noch bei weitem nicht so stossend wie für von aussen kommende. Angesichts der weiterhin tief verankerten und omnipräsenten Hierarchisierungen ist es für jedermann immer noch eine Selbstverständlichkeit, dass nicht alle Leute gleich sind: „Savez-vous, les gens ne sont pas égaux" (Gespr. 4:8). Es ist schlicht unvorstellbar, dass sich ein wohlhabender Geschäftsmann und Grosshändler hinter einem Bauern in die Reihe stellt. Nur falls nicht anders möglich, wird er sich überhaupt im Vorzimmer und Warteraum blicken lassen und sich an den Wartenden vorbeidrängen; er, der es dank seinem Einfluss und seinen Kontakten nicht nötig hat zu antichambrieren, wird es vorziehen, eine Nebentür zu benutzen oder die gesuchte Instanz ausserhalb der Bürozeiten im privaten Rahmen aufzusuchen.

Zu dieser ungleichen Chance der Zugänglichkeit aufgrund der „Prämisse der Ungleichheit" kommt, dass jedermann als Folge der Willkür, Ungewissheit und Unverständlichkeit der behördlichen Forderungen gleichsam gezwungen ist, einen Förderer und „Schutzherrn" zu suchen. N. schildert die Notwendigkeit von Protektion und Gönnerschaft:

> „Die Unterstützung eines Höherstehenden zu suchen und zu erhalten[3], ist doch das Normalste der Welt – das ist wirklich *ikirundi*, seit jeher. Aber diese Dinge gibt es nicht nur in Burundi, sondern überall, glaube ich. Da die Leute nicht gleich sind, gibt es niemanden, der sich nicht auf jemanden stützt, der höher als er selbst ist; bei dem er Rat suchen kann; der für dich dort hingelangen kann, wo du selbst keinen Zugang hast; dank dem du dich gegenüber einem dir widerfahrenen Unrecht wehren kannst. Niemand kann vorwärts kommen, der keine Vertrauensperso-

[3] *Kwîsunga uwukuruta*, „sich stützen auf/Zuflucht suchen bei/vertrauen auf jemanden, der dich überragt".

> nen hat, die sich für ihn einsetzen. Jemand, der keinen höherstehenden ‚Freund'[4] hat, führt ein unglückliches Leben" (Gespr. 69:12f).

Diese Suche nach *amasabo* und einem *umuvyeyi* ist auch Ausdruck bis heute fortbestehender klientelistischer Verhaltensformen. Eine andere Seite dieses Klientelismus ist der Nepotismus, der in der zentralstaatlichen Verwaltung bis heute weit verbreitet ist. Eine der Wurzeln des Nepotismus liegt in klientelistischen Strukturen und Praktiken. Sobald jemand einen privilegierten Platz gefunden hat, wird er bestrebt sein, möglichst viele ihm persönlich verpflichtete Personen nachzuziehen. Auf sie wird am sichersten Verlass sein und solche „Klientele" bilden eine wichtige Machtbasis. Der Aufbau derartiger, persönlich verpflichteter Verwaltungsstäbe ist ein Hauptmerkmal des (neo-) patrimonialen Staates.

Die heutigen Beziehungen zwischen Herrschenden und Herrschaftsunterworfenen sind in mehr als einer Beziehung dem alten Herrschaftsmodell verpflichtet. Der Zugang zum Staat und seinen verschiedenen Instanzen wird nicht als allgemeines Recht, sondern als besondere Gunst verstanden. Ich habe an mehreren Beispielen gezeigt, dass die Machthabenden und Herrschenden sich auch heute noch „bitten lassen" (in Kirundi *gusaba* und *gusabisha*, cf. Kap. 5.1). Es ist keineswegs selbstverständlich, dass ihre Gunst und Leistungen jedermann zukommen. Sie werden im Gegenteil „distribuées comme une sorte de manne" (Mbogoye 1989:17). Ebenso wie während der Ganwa-Periode ist die damit verbundene Willkür und Unberechenbarkeit eine immer wieder mit Erfolg eingesetzte Herrschaftstechnik. Ähnlich wie unter dem monarchischen Regime sind es die Herrschaftsunterworfenen, die *ingabo*, die sich um die Herrschenden zu kümmern, ihnen den Hof zu machen und um ihre Gunst zu buhlen haben (*gushengera*, *gusaba*), und nicht umgekehrt. Die alte Herrschaftsideologie scheint hier kaum an Kraft und Gültigkeit verloren zu haben. Die Beziehungen zwischen Staat und Bauern werden immer noch auf dem Hintergrund einer grundlegenden Ungleichheit gesehen. Der Vorsprung der Herrschenden ist in den Augen der Bauern dergestalt, dass sie ihn nie wettmachen können. Daran ändert nichts, dass dieser „Vorsprung" heute mehr als früher auf Zwangsgewalt beruht; denn dazu kommen doch immer noch tatsächliche Leistungen, die immer als partikuläre Begünstigungen wahrgenommen werden, da sie nicht generalisiert sind und in hohem Masse willkürlich vergeben werden. Und das, obschon der heutige Staat mit seiner Bürokratie den Anspruch hat, eine für alle in gleichem Masse geltende Ordnung zu schaffen, ein Anspruch aber, den er einzulösen nicht in der Lage ist. Der Staat vermag seine Leistungen auch heute nicht allen in gleichem Masse zukommen zu lassen. Unter diesen Umständen kommt der Perzeption der Leistungen, der „Prästation" des Staates eine besondere Bedeutung zu. Mittler und Zwischeninstanzen spielen dabei auch heute noch eine grosse Rolle. Sie verringern nicht nur die Zugänglichkeit und Visibilität der Herrschenden; ihre Existenz bewirkt zudem eine Abfederung zu manifester Machtverhältnisse und Ungleichheit. Mittler lassen bestehende Machtdifferenzen annehmbar erscheinen und ersparen dem Staat dergestalt die Kosten offener Gewalt. Die Herrschenden werden heute zwar in eingeschränkterem Masse als Wohltäter, aber doch immer noch als die wirksamsten potentiellen Beschützer wahrgenommen. Die Tatsache, dass sie selbst die Hauptquelle der Unsicherheit sind, tut dieser Sicht keinen Abbruch, im Gegenteil. Es gilt, ihre Gunst zu erwerben, weil das der sicherste Schutz vor ihnen und gleichzeitig die beste Möglichkeit ist, in den Genuss der positiven und nicht der negativen Auswirkungen ihrer Willkür zu kommen. Das Herrschaftsverhältnis wird immer noch als Tausch perzipiert, in das der „Herr" mehr einzubringen vermag als der Beherrschte. Insofern ist bis heute die alte, im Kapitel 5.1 erörterte Perzeptionsweise gültig, die Trouwborst mit Bezug auf die vorkoloniale Gesellschaft in folgende Worte fasste:

> „Pour eux [les Rundi], ce qu'il y a de plus important dans l'échange, c'est le patron et c'est à lui que revient tout le mérite. L'inférieur n'est à leurs yeux qu'un humble quémandeur. C'est

---

[4] *Umugenzi*; die implizierte Vertikalität der Beziehung wird deutlicher bei den ebensooft benutzten Begriffen *umuvyevi*, *amasabo* oder *shêbuja*.

lui qui reçoit. Cette attitude s'explique par le fait que ce qu'un supérieur donne paraît beaucoup plus valable que ce que le client peut donner, et que les relations politiques sont dominées par la notion d'après laquelle tout appartient aux gouvernants" (1961:80, cf. Kap. 5.1).

Vor dem Hintergrund der existierenden Machtdifferenzen erscheinen die Leistungen der Herrschenden und Behörden – wie auch der Mittler, die unter dem postmonarchischen Staat oft selbst zu den Behörden gehören – als Äquivalent der eigenen Vor- und Gegenleistungen, wenn nicht sogar als grosszügige Gunstbezeugungen. Dergestalt werden die Beziehungen nach oben trotz oder gerade wegen der implizierten Willkür nicht als oppressiv empfunden, sondern aktiv gesucht. Die gezeigte und empfundene Benevolenz legitimiert die Macht.

11.2 Das Herrschaftsmodell der Staatsbehörden

Um das Herrschaftsverhältnis zwischen Behörden und Bauern in einem weiteren Schritt genauer zu bestimmen, ist es erforderlich, einige zentrale Merkmale der staatlichen Ordnung näher zu betrachten, mittels der der lokale Raum und seine Bevölkerung verwaltet und beherrscht werden. Halten wir uns nochmals das oben entstandene Bild der verschiedenen staatlichen Strukturen innerhalb einer Gemeinde vor Augen. Wie wir gesehen haben, sind hier die staatlichen Organe Legion. Ihre Zuständigkeiten sind oft nur unklar geregelt. Falls es überhaupt genauere Regelungen gibt, so können sie von Gemeinde zu Gemeinde stark variieren. Dabei spielt es keine Rolle, ob es sich um Institutionen der Verwaltung oder der Partei handelt. Die Trennung von Verwaltung und Partei ist nicht voll ausgebildet, so dass es in einzelnen Fällen schwerfällt, die beiden Institutionen auseinanderzuhalten. Da die Verwaltungskader gleichsam von Amts wegen immer auch Parteimitglieder sind und sie nicht selten Ämter in beiden Institutionen kumulieren, lässt sich vielfach nicht sagen, ob jemand nun als Verwaltungs- oder Parteikader handelt. Je tiefer die hierarchische (Verwaltungs-) Ebene, desto weniger ausgeformt ist die Trennung zwischen Verwaltung und Partei. Auf der tiefen lokalen Ebene bilden die beiden Einrichtungen streckenweise ein einheitliches hierarchisches System. Das ergibt sich dadurch, dass auf den sublokalen Ebenen nicht mehr beide Institutionen mit Personal dotiert sind und die eine hier Funktionen übernehmen kann, die vom Konzept her eigentlich der anderen zufallen, und umgekehrt. Die Partei greift unterstützend in die Verwaltung ein: Die unteren Parteiverantwortlichen übernehmen oft kleine, aber nicht selten bedeutungsvolle Verwaltungsaufgaben (Steuererhebung, Organisation von Gemeinschaftsarbeiten, etc.). Personalunionen – die Kumulation mehrerer Funktionen in derselben Person – sind daher nur einleuchtend und beinahe zwangsläufig. Nur auf der obersten Ebene der Gemeinde (und weiter oben) sind die beiden Apparate – „les deux administrations", wie M. sagt (Gespr. 6:33f) – klar ausdifferenziert. Auf den unteren administrativen Ebenen dagegen sind die beiden Apparate aufeinander angewiesen und bilden ein Netz. Die schwach dotierte Verwaltung muss sich zur Durchführung ihrer so anspruchsvoll konzipierten (Kontroll-) Aufgaben auf die Einheitspartei und deren „ehrenhalber" tätigen und in Mobilisation und Ideologie geschulten Funktionäre stützen. Der Partei steht auf den sublokalen Ebenen bedeutend mehr Personal zur Verfügung – neben den Comités de section und de cellule gibt es noch die Ausschüsse der „Mouvements intégrés" (JRR und UFB). Bei der Komplexität und Vielgefächertheit der Strukturen ist es nicht verwunderlich, dass auf den untersten Ebenen die beiden Apparate nur auf dem Papier nebeneinander stehen und in der Realität ihre gegenseitigen Grenzen verschwimmen. Die Verfeinerung der Strukturen geht auf Kosten ihrer Klarheit und Praktikabilität: Sie sind streckenweise völlig ineffizient, und ihr Funktionieren hängt letztlich von pragmatischen Bedingungen und Gegebenheiten – wie den persönlichen Eigenschaften der Amtsinhaber und den aktuellen Umständen – und nicht mehr von formalen bürokratischen Regeln ab.

Angesichts der Mehrdeutigkeiten und Überschneidungen lässt sich von einer Dysfunktion des bürokratischen Systems sprechen. Die auf der lokalen Ebene derart augenfällige „Überorganisation" des Staatsapparates führt dazu, dass dieser sich ein Stück weit selbst neutralisiert, da er mit sich selbst beschäftigt und innerhalb seiner eigenen Kategorien gefangen ist. Da es keine eindeutige, integrative bürokratische Struktur gibt, ist die Versuchung gross, sich an anderen Beziehungsarten zu orientieren, und das primär an den patrimonialen Autoritätsmustern und Normen des alten monarchischen Herrschaftssystems. All die Versuche stärkerer politischer Institutionalisierung auf der lokalen Ebene – verstanden als Trennung von Funktion und Person – tun dem herrschenden Patrimonialismus, der durch die fehlende Auseinanderhaltung von öffentlichem und privatem Bereich gekennzeichnet ist, offenbar kaum Abbruch (cf. Médard 1991:96). Die Pluralität mehrerer Normensysteme schafft wiederum Raum für Willkür, auch wenn diese innerhalb engerer Grenzen bleibt als unter der monarchischen Ordnung. Betrachten wir das Funktionieren der heutigen Lokalverwaltung in dieser Perspektive.

Trotz und gerade wegen der Unzahl von Regeln des Staates und seiner verschiedenen Apparate ist es heute auf nahezu jedem Gebiet möglich, Ausnahmen, Vorrechte und Vorteile zu erwirken, oder aber auch: sich Benachteiligungen einzuhandeln. Das ist darin begründet, dass viele dieser Regeln in ihrem Buchstaben gar nicht befolgbar sind. Sie sind den Gegebenheiten auf dem Lande in bemerkenswertem Masse unangemessen. Dahinter steht wohl weniger die Strategie derjenigen, die sie formulieren, kodifizieren und erlassen, als deren Distanz und Entfremdung zur ländlichen Realität. Konzipiert von Beamten in klimatisierten städtischen Amtsräumen, erweisen sie sich in dem Moment, in dem sie durchgesetzt werden sollen, oft als nutzlos, lückenhaft oder gar unanwendbar. Dass ihre Auswirkungen und ihre Zweckmässigkeit von den Legislatoren derart schlecht eingeschätzt werden und diese kaum je eine Veranlassung sehen, sie zum voraus zu eruieren und zu überprüfen, ist Ausdruck des tiefen Grabens zwischen dem Zentralstaat und seinen Behörden (die sich zu weiten Teilen auf die periphere Hauptstadt zurückgezogen haben und nicht mehr darum bemüht sind, deren Grenzen zu überschreiten) auf der einen Seite und der ländlichen Bevölkerung auf der anderen Seite, die unter gänzlich unterschiedlichen Lebensbedingungen lebt. Unter diesen Bedingungen können die Behörden die genauen Folgen ihrer Gesetze und Reglemente und die Probleme ihrer Umsetzung gar nicht absehen; sie sind dazu auch nicht besonders motiviert, da die für den ländlichen Raum entworfenen Gesetze immer nur für die anderen da sind und sie selbst kaum betreffen. Die Erlasse und Direktiven gehen von den zentralstaatlichen Organen aus, ohne dass vorgängig Leute aus der Praxis, und geschweige denn die Bevölkerung selbst konsultiert würden. So sind ihre Produkte „parachutés", wie die Leute sagen: gleichsam mit dem Fallschirm über der bäuerlichen Landschaft abgeworfen, ohne dass die Legislatoren sich die Mühe nähmen, ihre Füsse auf den Boden der ländlichen Realität zu setzen.[5] In diesem Sinn lässt sich vom Staat als einem epiphytischen Gebilde sprechen, das sich flechtengleich in parasitärer Art dem ländlichen-bäuerlichen Raum obenaufsetzt. Der moderne Staat haftet sich fest, ohne verwurzelt zu sein. Seine Haftwurzeln bestehen aus Zwangsgewalt und aus Gesetzen und Reglementen, deren Haftkraft jedoch höchst beschränkt ist. Deswegen muss immer wieder auf direkten Zwang zurückge-

---

[5] In seiner Analyse des „Bauernstaates" spricht Spittler von „Autismus" und „Konstruktion einer fiktiven Realität" durch die Staatsbürokratie (1981a:30ff, 1981b:305ff); er sieht in ihnen die Kehrseite einer doppelten Strategie der Staatsverwaltung zur Stabilisierung einer bürokratischen Herrschaft, die immer Gefahr läuft, von willkürlichen und intermediären (über Mittler) Formen von Herrschaft/Verwaltung aufgeweicht zu werden: Zum einen trachten die staatlichen Verwalter danach, die Umwelt über eine erhöhte Standardisierung in den verschiedensten Bereichen an die Bürokratie anzupassen; zum anderen wird versucht, die Bürokratie von der agrarischen Umwelt abzuschirmen, sie ihr gegenüber gleichsam „immun" zu machen (über sorgfältige Rekrutierung des – ortsfremden und länger geschulten – Personals und eine ausgeprägte innerbürokratische Kontrolle, welche die Arbeitsanstrengung weniger auf die Beziehung zur Umwelt lenkt als auf die internen bürokratischen Anforderungen und die Abhängigkeit von den Vorgesetzten).

griffen werden. Wenn von der Welt der Bauern als „umschlossener, eingekapselter" „Teilgesellschaft" gesprochen wird, so liesse sich mit gleichem Recht von den städtischen Klassen als „umschliessender *und* abgekapselter" „Teilgesellschaft" sprechen (cf. Amselle 1985:29f). Obgleich der bürokratische Staat auch auf dem Land allgegenwärtig ist, bleibt er fern und im städtischen Zentrum isoliert. Die meisten seiner Gesetze haben, so kann man vermuten, nicht die beabsichtigten Wirkungen. Da sie offensichtlich nicht eingehalten werden und in manchen Fällen nicht einhaltbar sind, kann sie niemand zum Nennwert nehmen: Sie verkommen zur Karikatur ihrer selbst. Nichtsdestoweniger sind sie ein Herrschaftsmittel. Das wird deutlich, wenn wir ihre Wirkungsweise, die sie in ihrer Eigenart entwickeln, genauer untersuchen.

Entweder sind die Gesetze und Direktiven so rigid und streng formuliert, dass sie kaum jemand in der vorgeschriebenen Weise gänzlich erfüllen kann. Oder aber sie bleiben unscharf und diffus, so dass niemand je wissen kann, was genau er (oder sie) zu tun und was zu lassen hat. Das gibt den lokalen Behörden aber zwei Hebel in die Hand, mittels deren sie jederzeit jedermann belästigen und bedrängen können – und dabei muss es sich keineswegs um besonders rebellische Elemente handeln, sondern die Hebel lassen sich gegen jede Person einsetzen, die in der einen oder anderen Weise nicht den Wünschen der lokalen Behörden entspricht oder ihnen ihm Weg steht. Es wäre jedoch falsch anzunehmen, dass diese Undurchsichtigkeit und Unangemessenheit der Gesetze dem Willen der sie erlassenden Zentralbehörden entspräche, dass es sich mitunter um eine bewusste Herrschaftsstrategie handelte; das gilt auch dann, wenn sie von den subalternen Instanzen in diesem Sinne missbraucht werden. Die von den heutigen Regierungsverantwortlichen vertretene Ordnung erhebt den Anspruch, für alle in gleichem Masse zu gelten und die Gleichheit aller Bürger vor dem Recht sicherzustellen. Anders als die alten monarchischen Herrscher, die sich absichtlich vom gemeinen Volk distanzierten und die in der Einschaltung von Mittlern ein Instrument zur Verfolgung ihrer Strategie des Auseinanderteilens sahen, sind die heutigen republikanischen Herrscher gerade auf – unvermittelte – Volksnähe bedacht und sind nicht an dazwischenstehenden Mittlern interessiert. Anders als bei der „intermediären" Verwaltung kann sich die bürokratische Herrschaft nicht damit begnügen, dass die Macht und Information der Zentralinstanz nur bis zu den Mittelsmännern reicht (cf. Spittler 1981a:24). Um sich zu legitimieren, fühlen sie sich bemüssigt, von Zeit zu Zeit Tourneen durch ihre Lande zu veranstalten, während deren sie den Kontakt zur einfachen Bevölkerung suchen und ihren Willen und ihre Kompetenz herausstellen, etwas zur Verbesserung des allgemeinen Wohlergehens, d.h. zur „Entwicklung" zu unternehmen.

Die Tatsache, dass die staatlichen Erlasse den Bauern heute trotzdem zu weiten Teilen fremd und undurchsichtig bleiben, geht darauf zurück, dass es seit der Errichtung der kolonialen Ordnung zwei verschiedene Rechtssysteme und zwei verschiedene „Diskurse" von Staatsinstanzen und Bauern gibt. Auch wenn man auf Volksnähe bedacht ist, ist es bei der heutigen Entfremdung der Herrschenden vom „Leben draussen auf den Hügeln" nur schwer möglich, den auf zentraler Ebene vorherrschenden juristischen Diskurs, der beinahe zwangsläufig mit der Errichtung des modernen bürokratischen Staates einhergeht, der ländlichen Bevölkerung verständlich zu machen. Die Versuche, das Rechtssystem und die herrschende Ordnung verständlicher und weniger willkürlich zu machen, lassen diese am Schluss oft noch verwirrlicher und willkürlicher erscheinen, als sie tatsächlich sind. Je mehr Regeln es nun aber gibt und je undurchsichtiger und weniger durchsetzbar sie sind, desto mehr Mittler braucht es. Hier liegt eines der wichtigsten Tätigkeitsfelder der heutigen Mittler zwischen Bürger und Staat: Den Leuten die staatlichen Regeln verständlich machen bzw. ihnen einen Weg zeigen, wie man mit diesen umzugehen hat und sie allenfalls umgehen kann; das heisst mithin, nicht nur zu erläutern, was der Staat vom Bürger will, sondern die Leute auch über ihre Rechte und Möglichkeiten aufzuklären und sie in ihrem Bemühen zu unterstützen, zu ihren Rechten zu kommen. Obwohl diese Rechte staatlich zugesichert sind, benötigt man Mittler, um in ihren Genuss zu kommen. Dieses Bedürfnis wird zusätzlich erhöht durch den schnellen und unablässigen institutionellen Wandel, dem die Staatsapparate und zumal die Lokaladministration unterworfen sind. Das gilt offenkundig auch dann, wenn der Staat wie im Fall Burundis bis zuunterst auf die nachbarschaftliche Ebene seine Organe geschaffen hat. Damit werden der Staat und seine Gesetze nicht automatisch durchsichtiger und verständlicher.

Ich habe darauf hingewiesen, dass die unteren Behörden und „Proto“-Funktionäre selbst keineswegs den Überblick über die staatlichen Strukturen und ihre Reglemente haben und ihn auch unmöglich haben können. Gleichwohl fühlen sie sich von ihrer Position her besonders befähigt und berufen, Mittler- und „Übersetzer“-Aufgaben zu übernehmen. Bei dem gleichsam „institutionalisierten“ institutionellen Wandel ist es ihnen ein Leichtes, jederzeit mit dem Hinweis: „Weisst du noch nicht, dass ...?“ auf ihre Bedeutung und Unumgehbarkeit aufmerksam zu machen. Ohne selbst über alternative Informationskanäle und Beziehungen zu verfügen, sind ihnen die Bauern weitgehend ausgeliefert. Um sich in der schnell ändernden modernen Welt und in der unverständlichen Verwaltungsstruktur zurechtzufinden, benötigen die nicht informierten Bauern Mittler und „Übersetzer“. Der postkoloniale Staat aber hat in seiner Fiktion, für alle da und verständlich zu sein, derartige Mittler und „Übersetzer“ nicht vorgesehen. Im Gegensatz dazu war im kolonialen Staat der Bruch zwischen den zwei Systemen mit ihren unterschiedlichen Sprachen offensichtlich. Damals wurden von Staats wegen spezielle „Übersetzer“ (*abasemyi*) und subalterne Instanzen wie die Barongozi und Bahamagazi eingeschaltet, deren Aufgabe ausdrücklich in der Herstellung der Verbindung zwischen den beiden Systemen mit ihren unterschiedlichen Kodes bestand. Diesen „Zwischeninstanzen“ kam damals grosse Bedeutung zu. Wie das Beispiel des einflussreichen Chefs Baranyanka zeigt, konnte die Funktion eines Übersetzers als Sprungbrett für eine erfolgreiche politische Karriere dienen (s. dazu Gahama 1983:86f, 133).[6] Da der moderne Staat aus dem genannten Grund keine derartigen Mittler bereitstellt, obschon ihre Funktion keineswegs obsolet geworden ist, übernehmen heute präferentiell die untersten Staatsinstanzen in informeller Weise ihre Aufgaben.

All die Unzulänglichkeiten, Überschneidungen und Mehrdeutigkeiten der heutigen staatlichen Regelungen, die sich auf dem Gebiet der Lokalverwaltung mit besonderer Deutlichkeit zeigen, sind ein Ausdruck der Unangemessenheit einer staatlichen Ordnung, die nicht von „innen“ gewachsen ist, sondern von aussen aufgepfropft wurde. Der heutige Zentralstaat steht immer noch deutlich in kolonialer Tradition. Diese Herkunft und Kontinuität ist auf verschiedenen Gebieten – und zumal auf demjenigen der Herrschaftstechniken und Machtformen – offenkundig und nur schwer zu verleugnen. Von daher ist es nur richtig, wenn die heutigen Herrschenden viele Mißstände der Kolonialordnung in die Schuhe schieben; nur tun sie es nicht im Bewusstsein, dass dise Vorwürfe auf sie selbst zurückfallen. Äusserlich orientiert an einer bürokratischen Logik, die unter dem Kolonialregime eingeführt wurde und die dem ländlichen Leben bis heute in weitem Masse fremd bleibt, sind Staat und Verwaltung weiterhin von einem ausgesprochen paternalistischen Dirigismus und Autoritarismus bester kolonialer Tradition geleitet. Das wird besonders deutlich, wenn wir die Formen der Kommunikation zwischen Behörden und Bauern und die Perzeption der Bauern durch die „Staatsklassen“ einer näheren Untersuchung unterziehen.

---

6 In der frühen Kolonialzeit konnten Männer mit Kiswahili-Kenntnissen beträchtlichen politischen Einfluss erreichen. Sie wurden zu offiziellen *abasemyi* (vom Kiswahili-Verb *kusema*, „sprechen“) entweder der Weissen oder der lokalen Baganwa ernannt und erhielten dadurch einen privilegierten Zugang zu mittleren (Batware-) Kaderposten. Darin liegt übrigens einer der Gründe, wieso in Nordburundi während der Kolonialepoche oftmals Rwandesen als Batware eingesetzt wurden; in Rwanda hatten sich Kiswahili-Kenntnisse unter der Elite schneller verbreitet als im „hinterwäldlerischen“ Burundi (s. das Beispiel des aus Gitarama kommenden Mutware und früheren Übersetzers Ryivuze, Sohn eines gewissen Munyankiko; Gespräche 55:19, 66:23f).

11.3 Der behördliche Zugang zu den Bauern. Perzeptionen und Kommunikationsformen

Ebenso wie bei der Analyse der vorkolonialen Herrschaftsverhältnisse muss bei der Frage der Zugänglichkeit und „Visibilität" der Herrschenden geprüft werden, welche Orte des Kontaktes und Formen der Kommunikation zwischen ihnen und der Bevölkerung zur Verfügung stehen bzw. unterhalten werden. Es gilt zu untersuchen, welche Formen des Zugangs zur Bevölkerung die Herrschenden selbst pflegen, was wiederum die Frage ihrer Perzeption der Herrschaftsunterworfenen einschliesst. Wie bei der Frage des Zugangs von unten nach oben ist es jedoch zu undifferenziert, von „der Bevölkerung" oder „den Herrschaftsunterworfenen" als einheitlicher Kategorie zu sprechen; die Unterschiede nach der Status- und Schichtzugehörigkeit sind erheblich.

Konzentrieren wir uns bei der Beantwortung dieser Frage auf die Gemeindeverwalter als die heutigen „Lokalherrscher". Zunächst ist zu berücksichtigen, dass sie als Teil der Zentralverwaltung die meiste Zeit durch Büroverpflichtungen zurückgehalten sind, so dass ihnen nur wenig Zeit zu alltäglichen Kontakten mit der Bevölkerung ihres Gebietes bleibt: „Der *musitanteri* regiert von seinem Büro aus, das er nur selten verlässt" (Gespr. 6:31). Der Gemeindeverwalter ist bedeutend mehr Funktionär als politischer Führer – er ist lokaler Verwalter und erst in zweiter Linie lokaler Führer. Er verlässt seine Amtsräume lediglich, um eine Versammlung mit subalternen Hilfskräften zu leiten, um an einem öffentlichen Anlass teilzunehmen oder um sich mit seinen vorgesetzten Instanzen zu treffen. Er begibt sich höchstens dann auf die Hügel, wenn es bei einem neuen Entwicklungsprojekt oder einem besonders komplexen Konflikt einen Augenschein zu nehmen gilt. Der Administrateur grenzt sich deutlich von der lokalen Bevölkerung ab, und er ist bereits von seiner Rolle her dazu gezwungen. „Der *musitanteri* liebt es nicht, sich den Leuten zu nähern und mit ihnen zu trinken. Das macht er nur mit seinen Nächsten" (ibid.). Er würde nie ungeladen an einem Fest in seinem Gebiet auftreten, und ihn dazu einzuladen, würden sich nur höherstehende Leute getrauen. Für diese aber ist es schon beinahe wieder Pflicht. Der Administrateur pflegt nahezu ausschliesslich Kontakte zur lokalen Elite, und darunter vor allem mit anderen schulisch gebildeten Funktionären, die in vielen Fällen wie er von aussen kommen und nicht näher mit dem Ort verbunden sind. Die ortsfremde Herkunft ist hier ein wichtiger Faktor, und das umso mehr, als ein Administrator sein Amt nie länger als einige Jahre am gleichen Ort innehat. Er ist jedoch darauf angewiesen und muss bestrebt sein, zur örtlichen Elite mehr oder weniger gute Beziehungen zu unterhalten. Das erleichtert nicht nur die Führung seines Amtes, sondern ist auch eine Vorsichtsmassnahme angesichts der hohen politischen Mobilität. Das politische Ämterkarussell dreht sich heute noch schneller als zur vorkolonialen Zeit. Da die Gemeindeverwalter in der Regel aus der weiteren Region stammen, in der sie ihr Amt ausüben, und in diesem Raum voraussichtlich auch den Rest ihres Lebens verbringen werden, kann es nur weise sein, tragfähige Beziehungen mit den einflussreichen Personen des Ortes aufzubauen: „Da er sich sagt, dass er eines Tages vielleicht ihrer bedürfen wird und dass übermorgen vielleicht sie an der Reihe sind, ihn zu regieren, ist er ihnen gegenüber vorsichtig, sich zu viel Wichtigkeit zu geben. Ja, wirklich, er sagt sich, dass es sich nicht lohnt, sich zu sehr aufzublasen" (ibid.). Es lässt sich von sozialen Einbindungsmechanismen unter den gehobenen lokalen Schichten sprechen, die unter ihnen eine gewisse Nivellierung schaffen. Die geringe Amtssicherheit und unvorhersehbare politische Mobilität erweisen sich als den Behörden auferlegte Machtschranke. Da diese Schranke aber gegenüber den gemeinen Leuten nicht wirksam ist, erklärt sie teilweise die hohen Differenzen in den Zugangsmöglichkeiten je nach Schichtzugehörigkeit.

Um die Zugänglichkeit und Visibilität der politischen Behörden und wiederum deren Zugang zur Bevölkerung richtig einzuschätzen, darf man nicht auf der phänomenologischen Ebene stehen bleiben. Der Tatsache, dass die politischen Amtspersonen heute an einem öffentlicheren und sichtbareren Ort als früher residieren und ihren Pflichten nachgehen, stehen andere Schwierigkeiten in ihrer Erreichbarkeit gegenüber. Diese sind in mehreren Faktoren begründet, die sich aus der Natur des modernen bürokratischen Verwaltungssystems im besonderen und der tiefen Zweiteilung der nachkolonialen Gesellschaft im allgemeinen ergeben. Die höchste Schranke zwischen Bauern und Behörden besteht heute in der Entfremdung des Verwaltungssystems und der es tragenden Klassen von der bäuerlichen Welt. Nicht nur bleibt das Verwaltungssystem den Bauern in hohem Masse fremd und unverständlich, sondern es entfremdet gleichzeitig auch die Gemeindeverwalter wie alle zentralen, entscheidenden Behörden der Bevölkerung, für die sie zuständig sind und – gemäss ihrer Selbstdeklaration – da sein sollten. Das Problem der Zugänglichkeit und Visibilität hat sich heute in einem weiteren Sinn verschoben. Der Gemeindeverwalter bildet das Zentrum eines Netzes zahlreicher Verwaltungsstäbe, die alle buchstäblich zwischen ihm und der Bevölkerung stehen: „Der Administrateur geht nicht in die Höfe der Familien; das machen nur die Hügelchefs, und von ihnen bezieht der *musitanteri* alle seine Informationen" (Gespr. 6:31). Der Administrateur nimmt von der Bevölkerung primär über die Rapporte seiner Hilfskräfte Kenntnis. Durch die verschiedenen Verwaltungsstäbe, von denen der Gemeindeverwalter abhängig wird, aber noch mehr durch seine strikten Verantwortlichkeiten nach oben, die sich in der zunehmenden Bürokratisierung seines Amtes äussern, entsteht eine wachsende Distanz, ja eine Kluft zwischen ihm und der bäuerlichen Bevölkerung (cf. oben n. 5). Die unter der Dritten Republik angestrebte Reformierung der Lokalverwaltung ist nicht dazu angetan, hier Besserung zu bringen, im Gegenteil. Wenn einmal vermehrt Hochschulabsolventen und Leute mit modern-urbanen Administrationskompetenzen die Plätze der Gemeindeverwalter einnehmen werden, werden sie noch weniger als die heute in diese Positionen ernannten Agronomen, Veterinärtechniker und Primarlehrer oder -schuldirektoren „les hommes du terrain" sein.

Die – weiter zunehmende – Entfremdung zwischen Verwaltung und Bauern ist der Ausdruck der tiefen Zweiteilung der Gesellschaft. Sie prägt die gegenseitigen Perzeptionen von Behörden und Bauern. Die heutige Verwaltung ist ganz nach den Bedürfnissen und Konzeptionen der urbanisierten und gebildeten herrschenden Klassen gestaltet. Die unter ihnen weit verbreitete „idéalisation des effets de ‚l'instruction' et la sous-estimation des capacités critiques de la culture orale" (Chrétien/Le Jeune 1983a:63) und die Gleichsetzung von Analphabetismus und Konservativismus sind Ausdruck der tiefen „clivages culturels" (die wiederum nur das Resultat tiefer sozialer, politischer und ökonomischer Spaltungen sind) und führen zu einem durchdringenden und allgegenwärtigen Paternalismus und Autoritarismus in den Beziehungen der Behörden zu den Bauern. Das wird nirgends so deutlich wie auf dem Gebiet der Lokalverwaltung, wo die „moderne" urbane Welt der Herrschenden mit derjenigen der Bauern unmittelbar zusammenstösst und die im urbanen Zentrum konzipierten Ziele um- und durchgesetzt werden müssen. Die aus den Spaltungen resultierende Haltung findet ihren Ausdruck darin, dass es die Administratoren kaum je für nötig befinden, die Meinungen der Bevölkerung einzuholen; die wenigen Versammlungen mit der Bevölkerung sind in erster Linie als Kommunikationskanal von oben nach unten bestimmt: „Les rares fois que l'administrateur s'adresse directement à la population, c'est moins pour demander ce qu'elle souhaite voir se réaliser dans la commune que pour solliciter ou plutôt exhorter à apporter son concours dans l'exécution des tâches décidés ailleurs" (Rutake 1980:172f). Und Rutake fährt weiter: „Ce paternalisme est justifié au moins par un argument couramment avancé: les paysans ne comprennent rien, ne sont pas instruits, ne sont pas encore totalement débarassés des tares du passé" (ibid.). Chrétien kann nur beigepflichtet werden, wenn er auf die Kontinuität zwischen dieser Einstellung und der kolonialen Ideologie aufmerksam macht:

> „Or bien des quiproquo subsistent dont l'intelligentsia contemporaine a hérité de l'idéologie coloniale. Avec les meilleurs intentions on vous dressera un tableau péjoratif de ces paysans archaïques attachés à leurs haricots et à leurs bananiers et qu'il a fallu depuis quarante ans tirer de force vers le progrès (1979b:111).

An dieser Perzeption der Bauern durch die Herrschenden ist auch ihr Modell der Herrschaft orientiert, oder anders gesagt: Diese Perzeption rechtfertigt ihr Herrschaftsmodell.

11.4 Das politische Vokabular und die Rhetorik der Herrschenden. Die Fiktion und die Realität

An der paternalistischen Haltung der Herrschenden der ländlichen Bevölkerung gegenüber hat sich auch unter dem dritten republikanischen Regime nichts geändert, obwohl die politische Rhetorik und der Diskurs der Regierung vornehmlich in der ersten Zeit Änderungen andeuteten. Vermehrt wurde nicht nur der Wert des „développement", sondern auch die Bedeutung der „participation" hervorgehoben. Die Regierungsverantwortlichen schienen einzusehen, dass die bisherige Lokaladministration ihren Zielen nicht gerecht werden konnte und kann, und dass es gerade auf unterster lokaler Ebene einer Transformation der Beziehungen zwischen Behörden und Bevölkerung bedarf. So fand zum Beispiel zwischen dem 11. und 13. Juli 1988 in Bujumbura ein „Séminaire sur la problématique de l'administration communale" statt, das damit gerechtfertigt wurde, dass die neue Regierung „veut voir les raisons des échecs du développement des collectivités locales", wie der damalige Innenminister, Lieutenant-Colonel A. Kadoyi, in einem Radiointerview erklärte.[7] Die Bedeutung des Seminars, an dem sämtliche 114 Gemeindeadministratoren teilnahmen, wurde dadurch unterstrichen, dass es von Staatspräsident Buyoya persönlich im „Palais du Peuple de Kigobe", dem Sitz des ehemaligen (und seit Juli 1993 neuen) Parlamentes, eröffnet wurde. In der abschliessenden Proklamation wurde die Commune ein weiteres Mal zur „cellule de base" erklärt und eine weitergehende Dezentralisierung der Verwaltung angekündigt, die den Gemeinden mehr Autonomie bringen soll.[8]

Gleichzeitig erhielt die „participation" im politischen Diskurs neben dem „développement" eine nahezu gleichberechtigte Stellung. Neben der bereits unter Bagaza proklamierten „administration du développement" wird neu einer „administration de participation" das Wort geredet. Dabei soll das eine das andere nicht ausschliessen, im Gegenteil. Das Ziel des „développement" ist immer noch die probate Rechtfertigung für vieles, notfalls auch für Zwang und Kontrolle.[9] Die „participation" ist lediglich ein Mittel zu einer effizienteren Entwicklung, nicht das Ziel an sich; daran lässt der staatliche Diskurs keinen Zweifel. Die Rhetorik von Entwicklung und Partizipation ist in vielen Drittweltstaaten bekannt.[10] In Burundi bleibt sie keineswegs nur auf die Ebene der Politiker und

7 Cf. „Le Renouveau", N° 2635, 13 juillet 1988 & N° 2636, 14 juillet 1988.

8 Dass diese schliesslich in engem Rahmen blieb und die Ziele somit erneut nicht eingelöst wurden, zeigt das im folgenden Jahr erlassene neue Gemeindegesetz (Décret-loi N° 1/011 du 8 avril 1989, s. Kap. 9 & 10.1).

9 1991 wurde im Zuge der neuen, rechtfertigenden Umschreibung der Staatsinstanzen gar die Bezeichnung des Innenministeriums, das traditionellerweise in erster Linie polizeiliche und Kontroll-Aufgaben erfüllt, abgeändert in „Ministère de l'Intérieur et du Développement des Collectivités locales". Immerhin blieb es nicht nur bei der Namensänderung. Das Ministerium wurde um eine „Direction Générale du Développement des Collectivités locales" erweitert, was einer Aufwertung der beiden darin zusammengefassten Abteilungen „Département des Projets Communaux" und „Département des Finances Communales" bedeutete. Dabei sucht man aber vergeblich Hinweise auf eine Dezentralisierung und eine grössere Autonomie der Kommunen – die Straffung der Verwaltung deutet eher auf das Gegenteil hin (s. Décret N°. 100/025 du 12 mars 1991 portant organisation du Ministère de l'Intérieur et du Développement des Collectivités locales, speziell Art. 18).

10 Zum Beispiel des Niger s. Spittler (1978:81f); cf. van Binsbergen et al. 1986:379f. In der Legitimation der weit ausgebauten Macht des Staates nimmt der Mythos der „Entwicklung" neben demjenigen des „Nation-building" eine gleichwertige Stellung ein. Médard schreibt dazu: „Un trait commun aux idéologies et aux stratégies du développement, qu'elles soient d'inspiration ‚libérale' ou ‚socialiste', a été d'assigner à l'État la responsabilité principale du développement. En l'absence d'un capitalisme indigène et d'une bourgeoisie nationale, c'est à l'État que devait reve-

der Verwaltung, nationaler und internationaler Experten beschränkt, sondern sie prägt auch die Sprache des Staates gegenüber den Bauern. Was unter „participation" zu verstehen ist, wird allerdings nirgends genauer erläutert. Was die Regierungsverantwortlichen darunter verstehen, wird halbswegs klar, wenn man folgendes Zitat aus der Rede des damaligen Innenministers zu dekodieren sucht: „Pour être crédibles, les administrateurs doivent associer leurs collaborateurs et leurs administrés à leur action, à leurs décisions sans pour autant renoncer à leur responsabilité personnelle dans les actes qu'ils posent ou qui seraient exécutés en leur nom"; das kann nur heissen, dass mit „Partizipation" Mobilisierung für und Teilnahme an der Durchführung von oben festgelegter Ziele und nicht deren Mitbestimmung gemeint ist.[11]

Weiter als bei der Entschlüsselung des offiziellen Kodes kommt man, wenn man die tatsächlichen Entscheidungsstrukturen analysiert und diese dem staatlichen Diskurs entgegenhält. Untersuchen wir, welche Einrichtungen, Formen und Voraussetzungen für eine „Teilnahme und Mitwirkung" der „administrés" an den Verwaltungsangelegenheiten auf der lokalen Ebene existieren. Darüber, in welche Richtung die „participation", der „dialogue" und die „concertation" – zwei andere beliebte Schlagworte – gehen sollen, bleibt kein Zweifel bestehen. Wir haben gesehen, dass der Staat in seinem Hegemoniestreben danach trachtet, sämtliche Einrichtungen der Zivilgesellschaft unter seine Kontrolle zu bekommen und alle von unten ausgehenden Organisationsformen zu zerschlagen. Das betrifft sowohl das Bushingantahe wie das *gutêrereza*, eine wichtige Form gegenseitiger Hilfe (s. Kap. 4.3), die beide die alten Lokalgemeinschaften in wesentlichem Masse strukturierten. Damit hat es aber nicht sein Bewenden. Die „modernen Staatseliten" sind nicht gewillt, bei der Ausformung der als Ersatz dafür bereitgestellten Strukturen und Institutionen auf die Bedürfnisse und Wünsche der „rückständigen Bauern" zu achten – diese sind allein nach ihrem eigenen Geschmack gestaltet und den Bauern wird darin nur ein marginaler Platz eingeräumt. Die bäuerliche Bevölkerung wird kontinuierlich und systematisch von der Entscheidungsfindung, ja von jeder Mitbestimmung und Einflussnahme ausgeschlossen. Auch in den Bereichen, die sie am unmittelbarsten betreffen – wozu alles gehört, was im engeren Sinn mit der „politique du développement rural" zu tun hat –, werden nicht nur die Ziele, sondern auch die Art ihrer Erreichung und Durchführung fast ausschliesslich auf der Ebene des Zentrums bestimmt. Daran ändern auch die auf regionaler Ebene geschaffenen (und sich – es ist schon selbstverständlich – allein aus Funktionären zusammensetzenden) Planungskommissionen nicht viel. Wenn es Einrichtungen und Stellen gibt, in die bzw. an denen die Bauern ihre Meinungen und Desiderata ein- und vorbringen können, so sorgt der Paternalismus dafür, dass sie nicht ernst genommen werden, während der einseitige Zentralismus und Dirigismus der Verwaltung bewirkt, dass sie gar nicht aufgenommen und weitergeleitet werden können. Von den heute bestehenden Einrichtungen wären sicher die Versammlungen der Einheitspartei, die auf den untersten Ebenen mindestens einmal alle zwei Monate[12]

---

nir non seulement la gestion, – le mot est faible – mais l'initiation, la mise en oeuvre, la direction du développement. On l'attendait de l'État qu'il ne fut pas uniquement l'État gendarme, ni même le *welfare state*, mais aussi le démiurge du développement" (1990:25).

[11] S. „Le Renouveau", N°s 2635, 13 juillet 1988:2 & 2636, 14 juillet 1988. Der Schlagworte sind es aber noch mehr: „Pour atteindre ses objectifs, l'administration du développment doit être une administration de programmation, une administration de promotion humaine, mais aussi et surtout une de participation. Un plan de développement est voué à l'échec s'il n'est pas connu, compris, admis et mis en oeuvre par l'ensemble des populations concernées. La participation des populations doit permettre d'assurer un dialogue permanent entre les masses et les autorités supérieures du pays. Cette participation doit être la pierre angulaire et la clef de voûte d'une administration du développement" („Le Renouveau", N° 2636, 14 juillet 1988:2). Zur „administration de participation" s. auch Rutake 1980:120,154, 1984:118-120.

[12] S. Statuts provisoires du Parti UPRONA, février 1988, articles 36-44. Ab der Ebene der Gemeinde spricht man nicht mehr von „assemblée", sondern von „congrès". Ordentliche Kongresse werden jedoch viel seltener nur alle

einzuberufen sind, der geeignetste Kommunikationskanal von unten nach oben. Hier werden jedoch nicht vorrangig die Probleme und Bedürfnisse der Bauern, sondern die des Staates besprochen bzw. die Probleme zur Sprache gebracht, die sich für die Bauern aus dem Kontakt mit Staat und Verwaltung ergeben. Wenn nicht einfach Bekanntmachungen und Direktiven von oben weitergegeben werden, geben vornehmlich Fragen der öffentlichen und politischen Sicherheit, der politischen Ideologie und solche im Zusammenhang der „travaux communautaires" zu reden. Es kommen aber auch rechtliche Probleme (Konfliktlösungen), Fragen der Rechtsprechung und der Gerechtigkeit – Themen, die die Bauern in einem autoritären Staat an erster Stelle interessieren – und Klagen der Bauern zu Wort.

Zum letzten Punkt sind die Aussagen meiner Informanten einstimmig: Das Vorbringen von Wünschen und Beschwerden bringt nur in seltenen Fällen das erwünschte Resultat. Obgleich auf den unteren Ebenen jedermann das Wort ergreifen kann, werden nur die Äusserungen und Meinungen sozial höherstehender Personen zur Kenntnis genommen (was noch nicht heisst, dass sie auch befolgt werden). Alle anderen haben jedoch kaum eine Chance, Gehör zu finden: „Ich sehe, dass man redet und redet und Beschwerden vorbringt. Und doch ändert sich nichts", und: „Glaubst du, dass wenn man nicht hoch angesehen ist, zum Beispiel wir, die kleinen Leute, dass wir etwas ändern können, was die Regierenden [*abadutwara*] bereits entschieden haben?!" (Gespr. 78:40). Rutake ist in seinen Felduntersuchungen zum gleichen Befund gekommen (s. 1988:10). Falls man sich nicht auf Interventionen an Versammlungen beschränkt, sondern sich direkt an Behördeninstanzen wendet, ist das Resultat meistens dasselbe. Das hat zwei Gründe. Erstens fehlt den Staatsbehörden jegliche Gewohnheit, auf Äusserungen von unten zu hören, und zweitens – und das ist der wichtigere Grund – ist es ihnen beim ausgesprochen engen Entscheidungsspielraum, den der dirigistische Zentralstaat ihnen auf dieser Ebene lässt, nur sehr beschränkt möglich, überhaupt darauf einzugehen. Das sind die Folgen der alles durchdringenden sozialen Hierarchisierungen im allgemeinen und der einseitigen Vertikalität der administrativen Beziehungen im besonderen. Es lässt sich in diesem Zusammenhang von den Erscheinungen eines „Autismus der Bürokratie" auf unterster Ebene sprechen, um eine treffende Charakterisierung Spittlers (1981b:305ff) zu gebrauchen. Die stereotype Antwort auf Klagen und Anregungen von seiten der Bauern beschränkt sich oftmals auf das bereits „klassische" *„tuzobiraba"* oder *„turabihweza"*: „Wir werden sehen, uns die Sache reiflich überlegen", und: „Kommen Sie nächste Woche wieder". Damit verbunden ist eine Hinhaltetaktik, wie sie bereits die alten vorkolonialen Abhängigkeitsbeziehungen – und ihre deutlichste Form, das Bugabíre – kennzeichneten, und ein Verhaltensmuster, auf das die Herrschenden in ihren Kontakten mit den ihrer Macht Ausgesetzten immer noch gern rekurrieren.

Das Problem liegt mithin nicht auf der institutionellen Ebene – Versammlungen gibt es genug und, als Resultat der Vielschichtigkeit des administrativen Systems, in den Augen der Bevölkerung eher zu viele als zu wenige. Der Teilnahmegrad der Bevölkerung ist entsprechend gering. Sie sieht die Teilnahme zuallererst als Pflicht, als eine zusätzliche Belastung und nicht als eine Hilfe und Entlastung in ihren alltäglichen Problemen. Durch die dauernden Versammlungen, die viele Leute an die unselige Erste Republik erinnern, fühlen sich die Bauern in ihren Alltagstätigkeiten gestört und belästigt. Solche Zusammenkünfte sind in ihren Augen in jedem Sinn „unproduktiv", da sie nicht nur kaum je sichtbare Resultate zeitigen, sondern sie überdies von ihren Alltagsbesorgungen und produktiver Arbeit abhalten. Das gilt in erster Linie für die Frauen, die deshalb unter den Versammlungsteilnehmern in der Regel sehr schwach vertreten sind (im Durchschnitt 10-20% der Teilnehmenden, um eine Grössenordnung zu geben); oftmals handelt es sich bei ihnen zudem

paar Jahre einberufen; der Zeitabstand ist in den Übergangsregelungen nicht näher präzisiert. Die Ausschüsse treten auf allen Ebenen einmal im Monat zusammen.

um Frauen, die sich bereits als Mitglieder der Comités de l'UFB hervorgetan haben. Da noch heute nicht die Frauen, sondern die Männer die ersten Ansprechpartner des Staates sind und diese gemäss der immer noch geltenden traditionellen Rollenzuschreibung für die Öffentlichkeitsbeziehungen, die „public relations" zuständig zeichnen, fühlen sich die Frauen nur beschränkt angesprochen und zu öffentlichem Erscheinen (wenn nicht gar Auftreten) nur wenig motiviert. Im ländlichen Kontext verwurzelte Frauen sind öffentliches Auftreten bis heute nicht gewohnt; und dass sich das nicht gehört, ist immer noch die Ansicht der traditionell orientierten Männer. Dazu kommt die starke Arbeitsbelastung der Frauen, die nach der Meinung einer Informantin zur Folge hat, dass „wir Frauen viel zu realitätsbezogen sind, um viel Sinn in unnützen und manchmal demagogischen Reden über Alltägliches wie Landwirtschaft und Haushalt zu sehen" (Gespr. 75). Die grosse Arbeitsbelastung und Unabkömmlichkeit der Frauen von Feldern, Haus und Kindern ist auch das Hauptargument, mit dem erklärt wird, wieso Frauen auf der lokalen Ebene nie irgendwelche administrativen Pflichten wahrnehmen; sie sind hier höchstens in den Parteikomitees vertreten, und das immer in der grossen Minderzahl und ohne dass mir ein Fall bekannt wäre, in dem eine Frau einem Ausschuss vorstehen würde. Die Erklärung, die eine – in einfachen Verhältnissen lebende – Frau aus Kiganda dafür anführt, ist unter den gegebenen Bedingungen einleuchtend und bringt gleichzeitig das polizeiliche Verständnis der Staatsbehörden zum Ausdruck:

> „Eine Frau und ein Amt als *nyumba-kumi*, oder als *kanyamutumba* [Hügelchef]? Das ist undenkbar. Welcher Mann würde schon akzeptieren, die Kinder zu versorgen und die Wäsche zu waschen? Aber auch wir Frauen selbst könnten solche Pflichten nie akzeptieren. Da wir auf den Feldern arbeiten, haben wir kein Geldeinkommen und können keine Dienstmädchen einstellen. Und selbst dann! Wie sollte eine Frau des nachts einen Mann nach Renga [zum Gemeindebüro] hochbringen, um ihn verhaften zu lassen? Vielleicht mit dem einen Kind auf dem Rücken, während das andere zuhause schreit?" (Gespr. 45:9).

Die Männer aber können sich nur schwer von den „öffentlichen" Angelegenheiten unter der Ägide des Staates, zu denen auch die Versammlungen gehören, distanzieren. Das Problem besteht darin, dass dieses Kommunikationsmittel primär als behördliches Informationsorgan gebraucht, ja – so ist man verleitet zu sagen – missbraucht wird. So beschweren sich die Bauern darüber, dass die Behördenvertreter, etwa die leitenden Hügelchefs oder Parteikader, das Wort an den „réunions" weitgehend monopolisieren. Dem Wort der Bauern wird kaum Raum gelassen. Die weitaus meisten Voten und Interventionen kommen von Behördenseite, je nach Thema von den Assistants agronomes oder Hügelchefs; Wortmeldungen von einfachen Bauern, aber auch von seiten traditioneller Notabeln und Honoratioren bleiben in der Minderheit. Damit aber wird eine weitere Funktion, die die untersten Einheitspartei-Versammlungen haben könnten, nämlich die, der lokalen Bevölkerung „den Puls zu fühlen", in hohem Masse eingeschränkt. Falls hier die Sorgen, Bedürfnisse und Anregungen der Bauern überhaupt zum Ausdruck kommen, so werden sie gleich durch die Verantwortlichen „gefiltert", „homogenisiert" und mit dem staatlichen Diskurs „harmonisiert". Weniger denn als „Druckventil" wirkt die Partei hier als „Filter", wie es auch die Berichte der Parteikongresse auf kommunaler Ebene von 1983 zeigen (s. Chrétien/Le Jeune 1983a). Alles, was nicht schon der Selbstzensur zum Opfer gefallen ist, wird spätestens hier „abgefiltert".

Unter diesen Umständen muss sich die vom Staat proklamierte „administration de participation" als leeres Schlagwort erweisen. Rutake kann nur beigepflichtet werden, wenn er festhält, dass:

> „(...) il ne suffit pas d'établir des structures ou des procédures participatives pour que la participation soit réalisée. Si ces structures ou ces procédures n'assurent pas une emprise réelle sur les circuits de décision, elles prennent l'aspect d'un épiphénomène, utile comme couverture idéologique, mais ne modifiant pas les conditions d'exercice du pouvoir de décision" (1988:11).

Wie innerhalb der Regierung und Verwaltung[13] selbst, so macht sich auch in den Beziehungen zwischen Behörden und Bevölkerung der Mangel an Dezentralisation und Delegation bemerkbar. Autokratismus und Paternalismus des Zentralstaates verhindern jegliche „Partizipation" der Bevölkerung bereits im Ansatz. Dem politischen Ausschluss der bäuerlichen Bevölkerung wird mit dem Argument ihrer „Zurückgebliebenheit" das Wort geredet: „Le manque d'instruction plus que toute autre insuffisance est considéré comme une raison majeure pour ne pas associer les populations aux décisions; la formulation des besoins ressentie étant pratiquement impensable pour quelqu'un qui ne sait ni lire ni écrire" (Rutake 1980:173). Es lässt sich effektiv von einer vollständigen Entmündigung und Infantilisierung der Bauernschaft sprechen, wie es Mbogoye tut:

> „(...) les paysans majoritaires et écartés des centre de décision et de répartition du ‚gâteau' sont les premiers à pâtir de cette carence [de programme à même de modifier la réalité du pays]. Surtout que les rares miettes qu'ils ont déjà reçus sont distribuées comme une sorte de manne par les gouvernements qui ne les considérent pas comme des partenaires mais comme des assistés. On entend souvent dans les discours des promesses du genre: On sait que vous avez besoin d'eau, on cherche la bonne solution pour vous, un moulin, l'épouse du président en a donné à tel circonscription, les maladies? un dispensaire vous sera bientôt construit... A l'instar du colonisateur qui considérait les nègres comme de grands enfants, les élites du pays ont fort intériorisé ce schéma d'infantilisation alors que la majorité d'entre eux sont natifs de la campagne" (1989:17).

Unter diesen Umständen, die es nicht einmal ermöglichen, den „discours paysan" zur Kenntnis, geschweige denn ernst zu nehmen, ist eine tatsächliche Beteiligung der Bauern an den Entscheidungsfindungen auch nur auf lokaler Ebene undenkbar; unter „Partizipation" ist eben allein „Mobilisation für die zentralstaatlich vorgegebenen Ziele ohne Mitbestimmung" gemeint (cf. Kap. 9.3).

11.5 Politische Herrschaft aus der Sicht der Bauern

Auf der anderen Seite stehen die Bauern, die durch die Haltung der „Eliten" in ihrer Perzeption des modernen Staates und seiner Errungenschaften und „Trümpfe" nur bestärkt werden: „Les gens des collines du Burundi expriment volontiers un grand scepticisme sur l'apport global des études à leur vie de tous les jours" (Chrétien 1979b:111). Sie stehen den „modernen, gebildeten Eliten" – den *abize* (den „Studierten", der Intelligentia) –, mit denen sie vor allem im Rahmen der Staatsverwaltung in Kontakt kommen,[14] betont reserviert und mit viel Misstrauen gegenüber, wie es seinen Ausdruck findet in der Redensart: *Abize ntibazodukiza* („die Studierten werden uns nicht retten") (Gespr. 71.2:6). Das Gegenstück zur rein verwaltenden, bürokratischen und anonymen Staatsmacht mit ihrer Missachtung der bäuerlichen Meinungen ist das Desinteresse und Misstrauen der Bauern gegenüber den *abakuru* und *abize* und dem von ihnen propagierten „Fortschritt" und der angepriesenen „Entwicklung". Die ländliche Bevölkerung hat kaum ein Interesse an öffentlichen Arbeiten und Entwicklungsprojekten. Sobald die ein Projekt überwachende Behörde nicht präsent

---

13 Auch innerhalb der Verwaltung werden Berichte von unteren an höhere Instanzen oben oft nicht zur Kenntnis genommen. Mündliche Kommunikation ist in der Regel bedeutend wirksamer als schriftliche, vor allem dann, wenn sie aufgrund persönlicher Beziehungen zustande kommt. Dies weist auf eine mangelhafte Bürokratisierung des Verwaltungsapparates hin, wenn diese als eindeutig festgelegte Regelung der Arbeits- und Kommunikationsbeziehungen verstanden wird.

14 „Dans l'optique populaire, on distingue rarement *abize* (ceux qui ont étudié) des *abukuru* (ceux qui sont aux commandes)" (Le Renouveau, N° 2895, 24 mai 1989:1f). Eigentlich müsste man hier von den *abatware* (den Regierenden) und nicht den *abakuru* (den Autoritätsträgern) sprechen; es handelt sich hier um eine bezeichnende Bedeutungsverschiebung im Zeichen der zunehmenden Auflösung sämtlicher Autoritätsstrukturen. Zu den *abize* gehören nicht nur die Intellektuellen im engen Sinn, sondern „tous ceux dont la scolarité est à même de les faire prétendre à un emploi convenable" (ibid.).

ist, verziehen sich die Bauern augenblicklich auf ihre Felder – die verlangten Arbeiten entspringen weder ihrem Willen noch entsprechen sie ihren Interessen. Unter diesen Umständen bleiben die von einer anonymen Instanz konzipierten Projekte und „Entwicklungsarbeiten" isolierte, oft karikaturhafte Inseln in der bäuerlichen Welt ohne jede Ausstrahlung. Da nie nach den Bedürfnissen der Betroffenen gefragt worden ist, vermögen sie die Bevölkerung nicht zur Nachahmung zu stimulieren. Sie bleiben genauso „parachutés" wie die staatlichen Strukturen insgesamt. Ebenso verfügen die wichtigen lokalen „kleinen Führer" wie die Moniteurs agricoles über keine weitere Autorität und vermögen keine Vorbildwirkung zu entfalten, da sie sich zu oft selbst nicht an die von ihnen propagierten Richtlinien halten. Ihnen wie den Parteikadern fehlt „das Wort" (*ijambo*), was sie sagen, bleibt zu oft leer und hohl.

Der bäuerlichen Bevölkerung ist der moderne Staat mit seiner dauernd umgekrempelten Verwaltung und seinen immer neuen, isoliert bleibenden Projekten zutiefst fremd und uneinsichtig. Das ist das direkte Resultat des sich magistralen Hinwegsetzens über Meinungen und Bedürfnisse der Bauern, der fehlenden Berücksichtigung und der Übergehung der „bäuerlichen Logik" und des „discours paysan" bei allem, was die Führung und Verwaltung des lokalen Raumes betrifft. Die Territorialverwaltung wie die Organisation der Einheitspartei sind unablässigen Umstrukturierungen ausgesetzt, die sich – wir haben es gesehen – nicht nur auf die Momente der Regimewechsel beschränken. Falls die Organisationsstrukturen einmal über mehrere Jahre hinweg unverändert beibehalten werden, so ist die Wahrscheinlichkeit ihrer Umbenennung gross. Das hat auch im Lokalbereich seine Gültigkeit. Dass überdies auf eine fremde, von aussen importierte Terminologie zurückgegriffen wird, kann das Unverständnis von bäuerlicher Seite nur erhöhen. Wir haben in diesem Zusammenhang im vorangehenden Kapitel die Einführung zahlreicher Neologismen beobachten können; dazu gehören Wortschöpfungen wie *umusitanteri*, *ikonseye*, *ikomine*, *zone*, *umutumba wa rusansuma* und *segisiyo*, etc. Wenn einmal ein Schritt in Richtung grösserer Authentizität versucht wird, wie man das u. U. der Einführung des immerhin aus dem Kiswahili stammenden Konzeptes *nyumba-kumi* (wörtlich: „zehn Häuser") zuerkennen mag, so bleibt die Unangemessenheit des benutzten Begriffes an die lokalen Sozial- und Siedlungsstrukturen immer noch bemerkenswert. An diesem Befund ändert sich auch bei einer vollständigen Kirundisierung der Begriffe wenig (wie bei der Organisation der Einheitspartei). Da gleichzeitig an einer fremden Organisationslogik festgehalten wird („Premier secrétaire du comité du Parti sur colline de recensement"), werden die wörtlichen Übersetzungen ins Kirundi (*umunyamabanga wa mbere wa komite y'umugambwe ku mutumba wa rusansuma canke segisiyo*) nicht verständlicher und auf jeden Fall nicht handlicher. So ist es denn wenig verwunderlich, dass die offizielle Verwaltungsterminologie im alltäglichen Gebrauch der Bauern kaum Aufnahme findet und dass sie sogar im amtlichen Gebrauch von bemerkenswert geringer Bedeutung ist; so weit das überhaupt möglich ist, haben sich durchwegs Bezeichnungen durchgesetzt, die dem Verständnis der Bauern angepasster sind („chef de collines" anstatt „chef de secteur", etc. – s. Kap. 10.1).

Die dauernden Umstrukturierungen und Umbenennungen zeugen von einem insgesamt wenig stabilisierten, in hohem Masse zentrumsorientierten und dirigistischen Staat, in dem alles unter Ausserachtlassung der lokalen Gegebenheiten und Bedürfnisse von oben her auferlegt wird. Der schnelle, nur von oben geleitete Wandel kann den Eindruck des Bauern nur bestärken, dass der Staat und seine Verwaltung nicht für ihn, sondern vielmehr er für sie da ist und er sich ihr auf der ganzen Linie anzupassen hat. B. aus Bwambarangwe spricht für viele, wenn er festhält: „Man hat die Lokalverwaltung dermassen umgekrempelt [*guhindura*], dass man sich nicht mehr zurechtfindet!" (Gespr. 55:27). So ist es ein Resultat dieser Orientierunglosigkeit auf seiten der Bauern wie auch der mangelnden Verankerung des heutigen Verwaltungssystems, dass sich die Bauern, aber auch das subalterne Herrschaftspersonal weiterhin an den alten, wohlbekannten politischen Verhaltensformen und Beziehungen zwischen Herrschenden und Herrschaftsunterworfenen orientieren. Auf jeden Fall sind diese Bedingungen denkbar schlecht geeignet, hier eine Änderung zu bewirken. In den Augen der Bauern gehören die jähen und unvermittelten Ein- und Absetzungen der politischen Verantwortlichen und der eigentliche Verschleiss an politischen Kadern, mit der die ständige Reorganisation des Verwaltungsystems verbunden ist, zu den merkwürdigsten Charakteristika der heutigen Lokalverwaltung. Die tiefe „Halbwertzeit" der heutigen politischen Verantwortlichen kann deren Legitimität nur herabsetzen. Sie steht in direktem Widerspruch zur noch tief verankerten traditionellen Autoritätskonzeption, wie sie im Bushingantahe ihren Ausdruck findet: „Wer das Steinchen der Männer verschluckt hat, kann es nicht mehr ausspucken", heisst es da: Pflichten und Geheimnisse, in die man einmal eingeführt worden ist, kann man nicht mehr ablegen (*uwamize ntaba agicira*; cf. Kapitel 4.4.3 & Ntabona 1985:288). Gemäss diesem Autoritätsverständnis dauert es gleichzeitig aber auch seine Zeit, bis man überhaupt eingeweiht und erwählt/mandatiert wird. Aus dieser Sicht liegt der Schluss nahe, dass die heutigen Staatsbeamten „das Steinchen der Männer nicht verschluckt haben" (*batamize akabuye k'abagabo*). Von den Bauern her gesehen, muss es sich bei den untersten Parteifunktionären, die den Platz der Bashingantahe einnehmen wollen oder sollten, um illegitime Machtträger handeln, denen das „Wort" fehlt – ihre Autorität verdanken sie allein der Machtdelegation von oben. Hier zeigt sich die prekäre Legitimationslage der nachkolonialen „republikanischen" Regimes, die auf eine paralelle Legitimierung von unten verzichten müssen.

Die Kluft zwischen ländlicher Bevölkerung und Verwaltung äussert sich auch darin, dass die Bauern nur sehr schlecht über die Organisation der Verwaltung, über die staatlichen Gesetze und Reglemente und über ihre eigenen Rechte orientiert sind. Der schlechte Informationsstand der Durchschnittsbevölkerung ist frappant. So sind nur die wenigsten über die laufenden Aktivitäten der Verwaltung und Partei auf Gemeindeebene orientiert. Sogar über die Parteiversammlungen auf sublokaler Ebene sind viele nur schlecht informiert. Nur eine kleine Minderheit kennt sich genauer in den Verwaltungsstrukturen und in der lokalen Gesetzgebung aus; dass es beispielsweise eine Institution wie den „Conseil communal (consultatif)" gibt, weiss von den Bauern sozusagen niemand. Und dies alles trotz den immer wieder herausgestellten und tatsächlich unternommenen Bemühungen des Staates um „sensibilisation et encadrement des populations". Deutlicher lässt sich wohl nicht zeigen, in welchem Masse das Verwaltungssystem dem ländlichen Universum der Bauern äusserlich und unangemessen und der Staat mit seinen verschiedenen Apparaten ein undurchschaubarer Fremdkörper bleibt. Dieses verbreitete Unwissen ist das direkte und notwendige Resultat davon, dass die bäuerliche Bevölkerung weitgehend von Politik und Verwaltung ausgeschlossen bleibt. Welches ist nun die Haltung der Bauern gegenüber diesem Zustand?

11.6 Haltung, Reaktionen und Strategien der Bauern

Die bislang geschilderten Bedingungen machen es schwer, von der heutigen staatlichen Ordnung als einem effizienten Herrschaftssystem zu sprechen. Tatsächlich ist die staatliche Herrschaft wenig wirksam, wie sich auf den verschiedensten Gebieten – von dem der Landwirtschaft bis zu dem der sozialen Beziehungen – zeigt. In vielen Bereichen ist Herrschaft, so autoritär sie sich gebärden mag, wenig erfolgreich; die Beziehungen zwischen Behörden und Bauern sind oftmals nicht durch ein Befehl-Gehorsam-Verhältnis bestimmt. Vielfach bleibt sowohl der Adressatenkreis staatlicher Anordnungen wie auch der Umfang der Forderungen unklar. Und die Bauern antworten in manchen Fällen nicht mit Gehorsam, sondern ihre Reaktionen reichen von gleichgültigem Schweigen über Ausweichen bis zu offenem Widerstand. Diese letzte Form der Reaktion bleibt jedoch bis heute eine seltene Ausnahme.

Die Haltung der Bauern gegenüber dem Staat ist von Misstrauen geprägt. Das hat seine guten Gründe. Jedesmal, wenn die Herrschenden auf den Hügeln erschienen – ob es sich bei ihnen um die vorkolonialen Aristokraten, die weissen Kolonialisten und ihre Schergen oder um die nachkolonialen Behörden und ihre „Experten“ handelte –, bedeutete das für die Bauern in der Regel nichts Gutes. Die Nachteile dieser Kontakte überwogen und überwiegen für die einfache bäuerliche Bevölkerung bei weitem die Vorteile, die sich allenfalls aus ihnen ziehen lassen. Die Hypertrophie des Verwaltungsapparates und der verschiedenen „Staatsdienste“ unter der modernstaatlichen, republikanischen Ordnung ist nicht von einer auch nur annähernd vergleichbaren Vervielfachung der staatlichen Dienstleistungen begleitet. Zudem werden letztere auch unter dem modern-bürokratischen Staat in einer ausgesprochen partikularistischen Art und nicht gemäss universalistischen Richtlinien „verteilt“. Die dahinter stehende Allokations-Strategie und die damit transportierte „Manna-Ideologie“ haben wir bereits kennengelernt (Kap. 11.1 & 11.4). Die „Staatsdienste“ und der auch auf unterster Lokalebene präsente Verwaltungsapparat nehmen von der einfachen Bevölkerung letztlich mehr als sie ihr geben, und ihre „Leistungen“, ihre „Prästation“ besteht primär – wenn auch nicht ausschliesslich – aus Kontrolle und Zwang. Obschon sich dank dem Ausbau des Verwaltungsapparates im besten Fall manchmal eine staatliche Leistung schneller erreichen lässt, ist die allgemeinere Wirkung die, dass die Bevölkerung stärker kontrolliert und in den Zentralstaat eingebunden ist.

Wie dem auch sei: Heute wie früher kommt niemand um den Staat herum. Es galt und gilt, ihm „den Hof zu machen“. Das war und ist notwendig, um die unvorteilhaftesten Auswirkungen seiner Macht von sich abzulenken und einen gewissen Schutz zu finden. Während das vornehmlich für die einfache Bevölkerung gilt, so gibt es für die Angehörigen privilegierter Gruppen und Schichten ein weiteres Motiv, den Kontakt zu den Herrschenden zu suchen. Sie konkurrieren darum, in deren Gunst zu kommen, um von den Leistungen, die der Staat zu vergeben hat, in möglichst grossem Ausmass zu profitieren. Die tatsächlichen wie die vorgegebenen redistributiven Leistungen des Staates trugen in der vorkolonialen Zeit, gekoppelt an eine „sakralmonarchische“ Ideologie, in hohem Masse zur Legitimation der Herrschenden bei. Während die staatlichen Autoritätsträger der monarchischen Zeit ihren Ruf als verteilende Führer aufrechtzuerhalten wussten, müssen die heutigen Staatsbehörden in einem höheren Grad Zwangsmittel anwenden. Es ist heute wahrscheinlich nicht so, dass weniger Leute als zur alten Zeit in den Genuss der staatlichen Leistungen kommen; es sind aber bedeutend mehr Personen als zur präkolonialen Zeit (nicht aber als zur Kolonialperiode) direkt von den vervielfachten staatlichen Anordnungen und dem damit einhergehenden (zumindest angedrohten) Zwang betroffen. Der erhöhte Zwang und der Legitimitätsverlust des Regimes hängen nicht zuletzt mit der heute anspruchsvolleren Zielsetzung des modernen Staates zusammen; seine Vertreter verfolgen weit höhere Ansprüche der gesellschaftlichen Umformung und „Entwicklung“, als das früher je der Fall war. Das ist einer der Gründe dafür, dass die Haltung der Bevölkerung den Staatsautoritäten gegenüber heute in geringerem Masse von offener Reverenz, Kontaktsuche und Unterwerfung gekennzeichnet ist, als das unter dem monarchischen Regime der Fall war. Genau diese drei Elemente aber prägten die vorkoloniale Herrschaftsbeziehung und fanden ihren Ausdruck im Konzept des *amasabo*.

Die heute breitere Palette bäuerlicher Reaktionen und möglicher Strategien gegenüber den staatlichen Behörden und ihren Interventionen ist nicht allein auf die anspruchvollere Zielsetzung des Staates, sondern, damit verbunden, primär auf beiderseits veränderte Werthaltungen zurückzuführen. Bei der Analyse der Haltungen und Reaktionen der Bauernschaft, die bis heute mehr als 90% der Bevölkerung ausmacht, sind allerdings Unterschiede nach sozioökonomischen Schichten zu beachten. Bei den einfachen Bauern ist im grossen ganzen eine bemerkenswerte Kontinuität in den Haltungen den staatlichen Behörden gegenüber festzustellen; sie hatten bisher kaum Grund, von ihren altherkömmlichen und bewährten Reaktionsmustern abzugehen. Unterwerfung und Desinteresse für alles, was jenseits des eigenen Hügels liegt, sind immer noch die verbreitetsten Haltungen. Wenn an einem Ort ein neuer Staatsvertreter – und sei es lediglich ein Krankenpfleger – eingesetzt wird, ist es immer noch so, dass zahlreiche Leute aus der ansässigen Bevölkerung versuchen, zu ihm eine privilegierte (*amasabo-*) Beziehung herzustellen, indem sie ihm zum Beispiel ein

Huhn bringen. Da heute jedoch die Beziehungen zwischen Staatsdienern und Bevölkerung unter der (angestrebten) bürokratischen Herrschaft dem Anspruch nach nicht persönlich geprägt, sondern für alle gleich sein sollten und auch tatsächlich teilweise entpersonalisiert wurden (eine Form von Behördenkontakten, die früher unbekannt war), wurden die Möglichkeiten zu offener Reverenz und persönlicher Kontaktsuche deutlich zurückgedrängt und münden zumindest nicht mehr in formale *amasabo*- und Klientelverhältnisse. Beziehungen über informelle Kanäle bleiben ein Privileg für wenige. Den neu erwünschten unpersönlichen Beziehungen zwischen Staatsdienern und Bürgern aber begegnen die meisten einfachen Bauern mit Vorsicht. Angesichts der weiterhin zahlreichen Ausnahmen im „bürokratischen" Handeln sehen sie sich immer wieder in ihrem bisherigen Wissen bestätigt. Da sich ihnen kaum noch Chancen auf Privilegierung eröffnen und sie als erste den lästigen und mühsamen Bürgerpflichten ausgesetzt sind, reagieren sie auf staatliche Vorschriften und Interventionen vermehrt mit Meidung und Ausweichen – Strategien, die bei der noch lange nicht lückenlosen staatlichen Kontrolle zumindest kurzfristig einigen Erfolg versprechen. Nichtsdestoweniger stehen daneben immer noch Bemühungen, über Mittler in persönlichen Kontakt zu staatlichen Behörden zu treten.

Bei besser gestellten, vor allem jüngeren und aufstrebenden „Mittelbauern" lassen sich dagegen zum Teil andere Haltungen beobachten. Wiewohl sie sich immer noch häufig auf das bisherige Wissen verlassen und dank ihrem Vorsprung nach privilegierten informellen Beziehungen zu Staatsdienern suchen, sind sie diejenigen, bei denen sich am ehesten neue Ideen und eine neue Haltung gegenüber dem Staat und seinen Verwaltungsapparaten bemerkbar machen, neue Ideen, die sich auf den Nenner bringen lassen mit der Formel: „Wir könnten nicht nur einen Beschützer, sondern auch Rechte gegenüber dem Staat haben!" Vor allem seit der letzten Phase des Kolonialregimes, die mit dem Beginn der fünfziger Jahre einsetzte, gewannen solche neuen egalitären Ideen und die Vorstellung eigener Rechte auch bei den Bauern an Boden und Kraft, wozu hauptsächlich das ausgebaute schulische Bildungssystem, der Einfluss der Massenmedien, aber auch neue politische Einrichtungen (Bestellung von lokalen und regionalen Räten durch allgemeine Wahlen) das ihre beitrugen (cf. Kap. 6 & 7). Sie erklären den Wandel in den Einstellungen besser gestellter Schichten der Bauern gegenüber dem Staat und die abnehmende Durchschlags- und Wirkungskraft („Penetranz und Perkutanz") des *amasabo*-Modelles, wiewohl sie dies häufig nicht ersetzen, sondern lediglich ergänzen. In diesen bäuerlichen Schichten haben sich neue Einstellungen und Verhaltensmuster gegenüber dem Staat und seinen Vertretern entwickelt; sie melden heute durchaus ihre eigenen Wünsche an und halten mit ihren Anregungen nicht zurück. In der vorrepublikanischen Zeit wären solche Rechte den Bauern gar nicht in den Sinn gekommen; es lässt sich hier mithin von einem Fortschritt sprechen im Sinne eines positiven Verhältnisses zum Staat und einer „universalistischeren" Konzeption, als es der Bezug zu einem *shêbuja* darstellt.

Nur ist es so, dass unter den Bedingungen des heutigen Verwaltungssystems die meisten (positiven) Anregungen und Wünsche wie (negative) Beschwerden von dieser Seite ohne positive Rückwirkungen bleiben. Wenn ein Bauer sich zu einer Intervention aufrafft, von ihrem Ergebnis aber nicht befriedigt ist, wagt er es in vielen Fällen nicht mehr, darauf zurückzukommen. Es besteht zwar die Möglichkeit, sich an andere Instanzen von Partei und Verwaltung zu wenden; solch beharrliche und gar weitergezogene Interventionen können sich am Schluss aber nachteilig auswirken: Sie beinhalten immer das Risiko, dass der Intervenierende schliesslich zumindest hart angefahren wird und einen Verweis bekommt (Rutake 1988:10). Anstatt zum gewünschten Erfolg zu führen, haben sie gegenteilige Auswirkungen: „Les administrés se sentent écrasés par les autorités parce qu'ils se trouvent dans une position de faiblesse où ils ne peuvent intervenir que timidement au risque d'être apostrophés sévèrement" (ibid.). Da es statt permanenter und generalisierter in der Regel nur vereinzelte und partikuläre Kontakte zwischen Behörden und Bevölkerung gibt und die Bauern kaum Möglichkeiten der Äusserung und noch weniger der Einwirkung auf die Administration haben, fühlen sie sich dem Staat ausgeliefert und von seinen Behörden in die Ecke gedrängt.

Der Bauer wird immer nur mit faits accomplis, mit feststehenden Entscheiden und Anordnungen konfrontiert, die über seinen Kopf hinweg gefasst werden: „Die *bakuru* kommen und sagen: ‚Das, das!'. Der Bauer sagt nichts, er hat Angst". Die daraus resultierende Bestärkung der althergebrachten und bewährten Reaktionsmuster der Unterwerfung und Hinnahme drücken sich in Redewendungen und Sprichwörtern aus, die bereits früher das Herrschaftsverhältnis umschrieben: „Sagen oder nichts sagen, kommt auf das gleiche heraus" (*ari ukuvuga no gutavuga nico kimwe*), oder aber: „Niemand strengt einen Prozess gegen denjenigen an, der ihn begräbt" (*ntawuburana n'uwumuhamba*), frei übersetzt: „Der Schwächere/Untergeordnete streitet sich nicht mit einem Mächtigeren; der Mächtige ist stärker als jedes Gesetz"[15] (Gespr. 78:43).

Wenn Rutake (1980, 1988, 1990) nun als Folgen dieser politischen Praxis und Praktiken auf seiten der Bauern Desinteresse und Rückzug von allem, was vom Staat ausgeht, diagnostiziert, und feststellt, dass die Bauern auf ihre mangelnden Einflussmöglichkeiten und ihren weitgehenden Ausschluss von der politischen Entscheidungsfindung auch auf der lokalen Mikro-Ebene mit Gleichgültigkeit und Resignation reagieren, so ist das in zweierlei Hinsicht zu hinterfragen und zu kritisieren. Zum einen liesse sich höchstens von bereits besser gestellten, ambitiösen Bauern sagen, dass sie sich überfahren und nicht ernst genommen fühlen, da jede von ihnen ausgehende Initiative blockiert und abgewürgt wird. Was sie betrifft, liesse sich tatsächlich sagen, dass hierin eine der Ursachen der vielfach hervorgehobenen „Passivität" der Bauern liegt, die nicht selten gemeinsam mit ihrer ebenfalls diagnostizierten „Verstocktheit" und „Traditionsverhaftetheit" als Rechtfertigung für das Scheitern staatlicher (Entwicklungs-) Massnahmen vorgeschoben wird; diese Haltung wurde von ihnen nicht einfach gleichsam „aus freien Stücken" gewählt, und sie ist nicht allein das Resultat ihrer „Mentalität", sondern vielleicht ebensosehr das eines einseitig vertikalen Kontaktes mit einer autoritären Verwaltung und überhöhter bürokratischen Pressionen. Unter diesen Voraussetzungen mussten staatliche Massnahmen, die als Stärkung der „Basisdemokratie" und „Partizipation" geplant waren und angepriesen wurden, sich letztlich nur zu oft als eine Verstärkung des bürokratischen Druckes und als schärfere Reglementierung des bäuerlichen Lebens erweisen (s. Gespr. 7:12). Was hingegen die breiten Bauernschichten betrifft, so hatten diese bisher kaum Grund, von ihren altbewährten Reaktionsmustern abzugehen; das heisst aber auch, dass das Argument ihrer traditionsverhafteten Mentalität so falsch nicht ist, sofern man es nur gegen diejenigen liest, die damit den Misserfolg ihrer Politik erklären: sie haben recht, nur ist das keine Entschuldigung zu ihren Gunsten, im Gegenteil.

Zum zweiten – um zu Rutakes Diagnose zurückzukehren – hätten Reaktionen der „Resignation" und „Apathie" (a.a.O.) zur Voraussetzung, dass die Bauern bereits einmal über die Meisterung ihres Alltages hinausgehende Ideen zur politischen Neugestaltung entwickelt, sich Hoffnungen und den Staat zu ihrem Anliegen gemacht, mithin die Ideale demokratischer Mitbestimmung gelernt hätten. Ungeschulte Bauern aber setzen sich nicht zusammen und fordern einen anderen Staat, sie suchen nur ihre eigene Sicherheit. Forderungen nach Systemveränderungen kommen vielmehr von seiten neuer, (halb-) gebildeter Schichten, die Zugang zum Staatsdienst, zu Armee und Handel gefunden haben. Die Haltung der breiten Bauernschichten ist am ehesten mit „Pragmatismus" und „Realismus" zu umschreiben, wobei es schwierig ist, Begriffe zu finden, deren Inhalte nicht zu sehr von unseren westlichen Gesellschaften „besetzt" sind. Die Bauern, die sich mehr betroffen als beteiligt sehen, passen sich an – da sie sich weitgehend machtlos vorfinden, versuchen sie sich so gut als möglich mit den Mächtigen zu arrangieren. Obschon ihnen neue Werte wie Chancengleichheit und Anspruch auf gleiches Recht nicht unbekannt geblieben sind, lassen sie sich immer noch stark von lange überlieferten Verhaltensmustern und Werten leiten.

[15] Es gibt von diesem die Unterwerfung ausdrückenden Sprichwort zahlreiche Variationen; Rodegem führt sechs Varianten auf, darunter die folgende: „Der Totengräber und die Leiche streiten sich nie" (*umuhamba n'umuhambwa ntibaja impaka*); sie alle lassen sich im Sprichwort zusammenfassen: „Niemand argumentiert/streitet sich mit jemandem, der ihn überragt" (*nta wuhârira n'ûmúruta/n'umugabo*) (s. Rodegem 1983:296f, n°s 3520-3529).

Die Haltung von Überlegenheit, „Infantilisierung“ und Verachtung, mit der die Behörden, gekoppelt mit ihrem autoritär-paternalistischen Verhalten, der einfachen Bevölkerung begegnen, kann diese nur in ihrem bisherigen Weltbild und ihrer Perzeption der staatlichen Behörden bestätigen; Gefühle der Empörung oder gar Revolte lösen sie kaum aus, oder dann höchstens bei aufstrebenden „Mittelbauern“. Unter den gegebenen Zwangsverhältnissen und der tief verinnerlichten Unterwerfung bestärken sie vielmehr ihre Passivität und stehen jedem Initiativgeist im Weg. Die Bauern können die subalternen lokalen Behörden, mit denen allein sie in regelmässigen Kontakt kommen, nur als reine Ausführende, Rapporteure und Denunzianten im Dienste des fernen Zentralstaates wahrnehmen, denen allzuoft die Hände zu eigenständigen Entscheiden gebunden sind. Unter diesen Umständen begegnen sie ihnen weniger mit Achtung denn mit mürrischer Hinnahme und versteckter Ablehnung.

Das „Repertoire“ der bäuerlichen Reaktionen und Strategien im Umgang mit dem Staat und seinen Agenten ist aber bedeutend breiter. In den meisten Fällen können die Bauern es sich nicht leisten, staatliche Anweisungen offen abzulehnen – der Preis für direkten Widerstand ist hoch und besteht in manifester, oft exemplarischer Repression (hohe Bussen bis Verhaftungen). So besteht denn eine seit der Kolonialzeit zunehmend verbreitete Reaktion darin, die staatlichen Instanzen so weit wie möglich zu meiden. Seit jener Zeit haben die Bauern Übung gewonnen, in Ausweichreaktionen Zuflucht vor dem Staat und seinen Forderungen zu suchen. Eine extreme Form davon sind Abwanderungen; während der Kolonialperiode waren Arbeitsmigrationen in benachbarte Territorien eine Reaktion auf die hoch angesetzten kolonialen Abgabepflichten (s. Kap. 7.1.2). Man musste aber nicht immer so weit gehen – manchmal siedelte man einfach ins Gebiet eines benachbarten Führers über, wenn man mit der lokalen Behörde nicht zurecht kam und von ihr zu sehr belästigt wurde. Politische Motive für Emigrationen (*gucîkira*) waren bereits in der vorkolonialen Zeit bekannt; damals scheinen aber die positiven Pull- die negativen Push-Faktoren überwogen zu haben (s. Kapitel 3). Derartig motivierte interne Migrationen – und zumal die Zufluchtsuche bei benachbarten Rivalen – sind heute selten geworden, da sie mit der stark erhöhten Bürokratisierung und Standardisierung der Verwaltung kaum noch zum Ziel führen. Trotzdem ist der bürokratische Druck nicht überall gleich hoch. Obwohl heute die Landknappheit der weitaus wichtigste Grund für Migrationen ist, können politische Motive in gewissen Fällen immer noch mitspielen. So kam es zum Beispiel in den achtziger Jahren als Reaktion auf die an einzelnen Orten mit Zwangsmethoden angestrebte „villagisation“ zu Abwanderungen in weniger dicht besiedelte Gebiete, wo es noch freie Böden gibt und der bürokratische Druck tiefer ist (so beispielsweise aus der Region Ngozi-Kayanza in die östlichen Grenzgebiete der Regionen Bweru und Buyogoma).

Die viel üblicheren Ausweichreaktionen finden jedoch im alltäglichen Rahmen der Kontakte der staatlichen Instanzen mit den Bauern auf den Hügeln statt, ohne dass letztere gerade ihren Wohnsitz verlegen würden. Diese alltägliche Meidung manifestiert sich in vielen Formen. Man meldet sich krank und entzieht sich den obligatorischen Gemeinschaftsarbeiten oder nimmt nicht an Versammlungen teil; man ist nicht zuhause, wenn der Moniteur agricole den Kompostgraben oder die Pflanzfelder kontrollieren, wenn der Agronom seine Instruktionen über neue Pflanztechniken weitergeben will oder sich ein Zensusbeamter ankündigt; um der Steuererhebung zu entgehen, versteckt man einen Teil seines Viehs bei einer befreundeten Familie auf einem benachbarten Hügel oder verbirgt die Töpfe mit dem zum Verkauf bestimmten Bananenbier, etc. Es liessen sich dazu unzählige weitere Beispiele anführen.

Derartige direkte Ausweichreaktionen sind jedoch bei dem umfangreich gewordenen Herrschaftspersonal, das die Präsenz des Staates sicherstellen soll, schwieriger geworden. Umgekehrt lässt sich ebenfalls sagen, dass der Staat gerade in Reaktion auf die ihn zu umgehen suchende Bevölkerung eine immer weiter verästelte Verwaltung mit verschiedensten Kontrollorganen ins Leben gerufen hat, um seine mangelnde Durchsetzungskraft zu erhöhen. Unter diesen Umständen müssen direkte Meidungsversuche immer öfter versagen, und es drängt sich eine andere Strategie auf.

Wenn man den Staat und seine Agenten schon nicht auf Distanz halten kann, so lässt sich immerhin versuchen, sie dahingehend zu beeinflussen, dass sie selbst auf Distanz bleiben. Dazu ist Bestechung das probateste Mittel. Man zahlt den Staatsvertretern Trink- und Schmiergelder, damit sie beide Augen zudrücken und nicht hingucken, wenn die eine oder andere Regel verletzt wird.

Meidung und Ausweichen kennen aber noch weitere Facetten. Bei ihnen allen handelt es sich nicht um offenen Widerstand, sondern um stillen Ungehorsam. Dazu gehört zum Beispiel das Deformieren staatlicher Anordnungen. Die Lösung des geringsten Widerstandes besteht in herausgestellter, wenn auch nur oberflächlicher Anpassung und Zustimmung. Spittler hat diese Reaktionsform am Beispiel der nigrischen Bauern beschrieben: „Ein anderes Kommunikationsmittel ist Zustimmung. Die Bauern glauben, dass sie sich damit am wenigsten Ärger einhandeln und die Kommunikationssituation am schnellsten beenden können“ (1978:62). In dieser Formulierung ist ausgedrückt, dass es sich nur um äusserliche Zustimmung handelt. Sie hat zur Folge, dass trotz der öffentlich bezeugten Annahme staatlicher Anordnungen diesen nur so weit nachgelebt wird, wie unbedingt erforderlich ist, bzw. dass das Handeln sich kaum an ihnen orientiert. Dieses Kommunikationsmuster hat dann die Perplexität des zitierten Gemeindeverwalters zur Folge, der sich einer alles bejahenden und trotzdem undurchdringlichen Bauernschaft gegenübersieht: Trotz der herausgestellten Bereitwilligkeit wird den staatlichen Forderungen kaum Folge geleistet. Das wiederum zeugt von einer nur schwachen staatlichen Durchsetzungskraft, wie sie sich zum Beispiel bei der Erfüllung der TDC und anderer staatlicher Anforderungen zeigt: solche Reaktionen sind nur möglich bei lediglich vereinzelten, willkürlichen Kontrollen und nicht generalisiertem Zwang.

Spittler hat gezeigt, dass die Mehrheit der Reaktionen der Bauern auf Aktionen des Staates defensiver Natur sind. Nur die wenigsten zielen auf eine aktive Beeinflussung der Verwaltung ab. Mangels Einflussmöglichkeiten beschränkt man sich darauf, die Behörden zu meiden, um von ihnen möglichst wenig belästigt und in Frieden gelassen zu werden. Im Wissen darum, dass der heutige Staat weniger gemeinnützige denn partikularistisch verteilte Dienstleistungen anzubieten hat und dass man über keinen privilegierten Zugang zu ihm verfügt, bleibt allein der Wunsch, von ihm möglichst wenig geschröpft zu werden.[16] Dazu ist es manchmal notwendig, seine Agenten zu bestechen. Dass das in den meisten Fällen möglich ist und vielfach gar auf Initiative der Funktionäre selbst geschieht, entspricht einer alltäglichen Erfahrung der Bauern. Gemessen am alten, bis heute bemühten Ideal der auf Rechtseinhaltung und aufs Wohl des gesamten Landes hinwirkenden Regierungsverantwortlichen – Ideale, die im Norm- und Wertesystem des Bushingantahe am deutlichsten zum Ausdruck gelangen und in dieser Form wohl nie eingehalten wurden, sondern mehr als Massvorgabe dienten –, erscheinen die Batware den Bauern seit der Kolonisation als ausbeute-

[16] Wenn in westlichen Gesellschaften gleiche Reaktionen auf staatliche Forderungen wohlbekannt sind, darf das gleiche Resultat nicht dazu verleiten, diese Haltung im Kontext der burundischen Gesellschaft lediglich mit dem Vorrang des Eigennutz' vor dem Gemeinwohl und mit einem überall bekannten „amoralischen Familismus“ zu erklären. In Burundi hat sie auch etwas mit der Perzeption des Staates, genauer: der Staatsdiener, zu tun. Obwohl die Vertreter des modernen bürokratischen Staates dessen gemeinnützige Rolle proklamieren, bringen die Bauern den „real existierenden“ Staat nicht mit dem Gemeinwohl, sondern primär mit dem Wohl der Staatsklassen und der städtischen Schichten in Zusammenhang; sie nehmen die Funktionäre, die „Staatsdiener“ als „mercenaires“ wahr, die in fremdem Sold einer sie bedrängenden Macht stehen und nicht ihre Interessen vertreten. So suchen sie ihnen zu entrinnen und setzen ihnen ihre eigene List entgegen. Und das nicht primär, weil sie den Sinn der staatlichen Massnahmen nicht einsähen, sondern weil sie den Staatsvertretern misstrauen. So reagieren Bauern, um ein Beispiel zu geben, bei behördlich geforderter Anpflanzung von Maniok und Kaffee (Aktionen, die immer noch an kolonialen Zwang erinnern) damit, dass sie wenige Tage später die Setzlinge mit heissem Wasser übergiessen, um bei der nächsten behördlichen Kontrolle zu behaupten, dass Kaffee oder Maniok in dieser Gegend schlecht gedeiht. Aus eigenem Antrieb dagegen werden diese Produktre sehr wohl und immer wieder angepflanzt, auch in Gegenden, in denen sie auf behördliche Initiative partout nicht spriessen wollen. Es geht mithin nicht um die Idee, sondern um die Art ihrer Durchsetzung und um das Verhältnis zwischen staatlichen Instanzen und ländlicher Bevölkerung.

rische Profiteure, die lediglich am eigenen Wohl interessiert sind (*nsumire inda*, „ich fülle mir selbst den Bauch“, oder *abaryí*, wörtlich: „(Mit-) Esser, Parasiten“) (Gespräche 27, 69). Im Unterschied zur vorkolonialen Zeit spielt heute die Massvorgabe nicht mehr, der Massstab hat seine Kraft verloren. Die heutigen Regierenden, so beklagen sich die Bauern, befolgen die alten *ikirundi*-Bräuche und -Werte nicht mehr, ja sie kennen sie nicht einmal mehr. Bemerkenswert ist, dass damit einhergehend nicht etwa ein idealisierendes und beschönigendes Bild der alten, vorkolonialen Batware gezeichnet wird – auch sie waren „nur Arbeiter“ (*abakozi gusa*), lediglich ausführende Funktionäre, die ohne Eigenverantwortung regierten. Der Unterschied liegt vielmehr darin, so wird betont, dass es damals ein zumal im lokalen Rahmen mehr oder weniger unabhängiges, auf eigenen Beinen stehendes Bushingantahe gab. Die Einrichtung des Bushingantahe mit den an sie gebundenen Werten und Normen übte einen gewissen Einfluss auf Regierung, Gesetzgebung und Verwaltung in einem „checks and balances“-Sinn aus. Die Existenz des Bushingantahe stellte sicher, dass das Wort der Bauern – der bäuerliche Diskurs – zum Ausdruck kommen konnte und zur Kenntnis genommen wurde.[17] Zudem klafften die Diskurse der Regierenden und Regierten weniger auseinander als heute, und es gab quer über die verschiedenen sozialen Schichten ein einheitlicheres Weltbild. Heute, wo der Staat das rechtliche Feld auch auf lokaler Ebene vereinnahmt und besetzt hat, spielt keine, zumindest im Ansatz ausgleichende Kontrolle mehr. Es gibt heute in der Praxis keine Rechtsstaatlichkeit. Zu oft folgen die Beamten in ihrem Handeln nicht vorgegebenen Richtlinien, ist ihr Handeln willkürlich, und sind sie korrupt. Während früher „die Ehre mehr zählte als [auf krummen Wegen erworbener] Reichtum“ (*itêka riruta amaronko*), fehlt den heutigen Regierungsverantwortlichen ein moralisch verbindliches Regel- und Wertesystem (Gespr. 27:29f). Oder vielmehr: sie müssen (und können) zwischen zwei widersprüchlichen Normensystemen hin und her lavieren. Die Willkür, die daraus folgende Unsicherheit und die sich wiederum daraus ergebenden Chancen der (ebenfalls willkürlichen) Protektion stellten die „Basis“ der Legitimation der monarchischen Macht/Herrschaft dar. Da „Korruptheit“ normal war, war sie nicht korrupt. Wenn sich das heutige System davon absetzt, dann mangels Willkür, dank Gesetzen und der Erklärung, dass altgewohnte Usancen als „korrupt“ zu betrachten seien. Es wird deutlich, dass der Begriff der Korruption hier nicht unbesehen übernommen werden kann und zu hinterfragen ist:

> „[Es ist fraglich], ob der Begriff „Korruption“ in einem solchen gesellschaftlichen Kontext sinnvoll Verwendung finden kann, bezieht er sich per definitionem doch auf ein Verhalten, das *allgemein* anerkannte Normen verletzt. (…) Von „Korruption“ im herkömmlichen Sinn lässt sich eigentlich nur insoweit sprechen, als dieses Verhalten im Widerspruch zu dem Normenkatalog steht, der (…) bei der Unabhängigkeit formal übernommen worden war“ (Ballot 1986:60ff, Hervorhebung im Original).

Der Staat allerdings hat sich diesen Normenkatalog seit damals zu eigen gemacht. Es ist die Regierung, die durch neue Normen einige Verhaltensweisen der Beamten für illegal erklärt, und nur insofern sich die Bauern diese Normen zu eigen machen, verliert der Staat an Legitimation. Aber dieses Manko betrifft letztlich auch die eigennützigen Strategien der Bauern selbst.

Vor allem in neuester Zeit sind weitere Reaktionsformen der Bauern hinzugekommen, die nicht zu übersehen sind. Wenn das Mass an Zwang und Repression zu gross wird, kann das in extremen Fällen zu offenem Widerstand führen. So kann es vorkommen, dass die Bauern gewisse „tra-

[17] „Wenn ein *mutware* [Regierender] in seinem Gebiet Aufruhr stiftete und diesem zum Schaden gereichte, überführten die Bashingantahe ihn, und zwar auf geschickte Art; sie denunzierten ihn bei seinem *shêbuja* [Schutzherrn], und er konnte damit seinen Posten verlieren. Sogar einen Muganwa, einen Sohn des Königs, konnten die Bashingantahe anklagen: Sie gingen zum Mwami und sagten: ‚Was dein Kind da tut, ist nicht rechtens!‘ Dabei benutzten sie selbstverständlich nur sanfte und keine harschen Worte. Falls sich die Lage nicht besserte, sondern im Gegenteil verschlimmerte, gingen bald Gerüchte um, dass jemand den Muganwa oben anklagen gegangen sei; diese mussten auch ihm selbst zu Ohren kommen, ohne dass er wissen konnte, wer es gewesen war. Auf diese Weise konnte die Einflussnahme der Bashingantahe korrigierend wirken, der Muganwa war gewarnt“ (Gespr. 69:6f; cf. Kap. 4.4.5).

vaux communautaires“ verweigern, deren Sinn ihnen nicht einleuchtet und deren Erträge zu oft irgendwo zu versickern scheinen. Oder dass sie sich standardisierenden Eingriffen in ihre Landwirtschaftspraktiken offen widersetzen.[18] Oder dass sie nach einer langen Reihe von Repression und Spannungen mit den Behörden überempfindlich auf besonders exponierte staatliche (Zwangs-) Instanzen wie Gendarmen und Militärs reagieren. Derartige Rückwirkungen und Äusserungen von Auflehnung können besonders in Zeiten akuter gesellschaftlicher Spannungen beobachtet werden, wie sie zum Beispiel mit den blutigen Ereignissen im Sommer 1988 oder Ende 1991 und wiederum in der Folge des Putschversuches vom 21. Oktober 1993 eintraten. Diese gesellschaftlichen Spannungen sind das direkte Resultat des seit Jahrzehnten mottenden, von den Politikern nie ernsthaft bekämpften, sondern immer wieder genährten ethnisch orientierten Konfliktes. Wenn es in Zeiten relativer Entspannung zu Konflikten zwischen zahlreichen, meistens auch über die ethnische, clanische oder Lineage-Zugehörigkeit oder lokale Herkunft bestimmte Gruppen kommt, so zeigt die Erfahrung ab Oktober 1993 erneut, dass in Zeiten offener Konflikte die grundlegende, seit der Kolonisation und, in noch höherem Masse, seit der Unabhängigkeit gestärkte Hutu-Tutsi-Bipolarität alle anderen Konfliktlinien vorübergehend verwischt oder ganz zum Verschwinden bringt, und dass dieser Bipolarität als erste all jene Elemente zum Opfer fallen, die dazwischen stehen, sich nicht in „ihrer“ oder einer der beiden Linien einreihen wollen oder (vor allem aufgrund interethnischer Matrimonialbande oder gemischtethnischer Abstammung) nicht können (cf. auch Lemarchand 1970 & 1994). Die Beziehungen Behörden - Bevölkerung sind unter Ausklammerung des ethnischen Faktors nicht vollständig einseh- und verstehbar. Wie ich gezeigt habe, orientierte sich die staatliche Herrschaft seit der Existenz des burundischen Staates unter anderem an ethnischen Klassifikationen, und nach der Unabhängigkeit und der Einführung der Republik blieb sie eng mit dem Element der ethnischen Zugehörigkeit verbunden. Staatliche Herrschaft ruht auf einer ethnischen (und zusätzlich regionalistischen und clanischen) Basis, womit sich die grosse Mehrheit der Bevölkerung automatisch von ihr ausgeschlossen findet. Pabanel schreibt:

> „(...) les rapports avec la population [sont] verrouillés: la domination exercée par l'Etat reposant sur une base ethnique, l'introduction d'un ordre plus démocratique posait à terme la question de la domination tutsi. Aussi un tel ordre ne pouvait-il être que banni. L'Etat ne pouvait être qu'un Etat imposant ses directives d'en haut sans laisser aux diverses couches sociales la possibilité de s'exprimer de façon autonome“ (1991:282).

Der von Spittler diagnostizierte „bürokratische Autismus“ hat im weitgehenden Ausschluss breiter, primär ethnisch definierter Bevölkerungsteile ohne Zweifel einen seiner Bestimmungsfaktoren. Nicht alles erklärt sich allein aus dem administrativen Modell. Das ethnische Moment und die ethnisch definierte staatliche Herrschaft sind eine wichtige Determinante der Beziehung Staat - Zivilgesellschaft.

Unter diesen Bedingungen können bereits kleine Provokationen oder falsch ausgelegte Handlungen der (hauptsächlich von Batutsi, aber auch von Bahutu vertretenen) Staatsinstanzen die (Hutu-) Bauern in Situationen sozialer und politischer Spannungen dazu veranlassen, sich bewaffnet mit Knüppeln, Hacken und Macheten den (Tutsi-) Sicherheitskräften entgegenzustellen, um zum Beispiel eine Verhaftung zu verhindern. Die (Hutu-) Bevölkerung hat zu weiten Teilen ihre personalisierten Beziehungen zu und damit das Vertrauen in die (Tutsi- und Hutu-) Staatsagenten verloren. In der grossen Regel handelt es sich dabei aber um spontane und nicht um organisierte, viel

[18] Dass solchen Haltungen gegenüber Massnahmen, die meistens von den Parteikadern propagiert werden, auch die eigene Parteimitgliedschaft nicht entgegensteht, zeigt, dass letztere nur in wenigen Fällen in persönlicher Überzeugung von den Parteiidealen begründet ist, sondern vielmehr im Drang nach gesellschaftlichem und politischem Konformismus – nur wenige mögen sich exponieren. Solche Reaktionen sind zudem nur möglich, da die staatliche Kontrolle keineswegs so ubiquitär ist, wie sie der Anlage und dem Anspruch nach sein sollte.

öfter um individuelle, denn um kollektive Re-Aktionen.[19] Die Merkmale „defensiv“ und „individuell“ kennzeichnen in hohem Masse das bäuerliche Handeln gegenüber dem Staat.[20]

Unter diesen Bedingungen ist es nur schwer vorstellbar, wie die ländliche Bevölkerung für eine stärkere Teilnahme am öffentlich-politischen Prozess gewonnen werden soll, dessen Demokratisierung seit Ende der achtziger Jahre von der Regierung der Dritten Republik angegangen und auf formaler Ebene tatsächlich durchgeführt wurde. Die Ausgangsbedingungen dafür sind denkbar schlecht. Der weitgehende Ausschluss der ländlichen Bevölkerung von der Teilhabe an öffentlichen Dienstleistungen und staatlichen Ressourcen und von der Teilnahme an politischen Entscheidungsprozessen ebenso wie der begleitende „Autismus der Bürokratie“ sind schlecht geeignet, auf bäuerlicher Seite eine demokratische Aufbruchstimmung[21] auszulösen; keine der beiden Seiten lernte weder unter der Monarchie noch unter dem Kolonial- oder Einheitsparteiregime mit demokratischem Gedankengut umzugehen. Die Meidungshaltung, der eine bewusste Strategie entspricht, kommt deutlich im Verb *kwîyonjorora* zum Ausdruck, das sich übersetzen lässt mit: „das Interesse verlieren, sich – aus einer hoffnungslosen Angelegenheit – zurückziehen; sich aus dem Staube machen“[22]; der frühere Bürgermeister K. benutzt es, um die heutige politische Haltung der ländlichen Bevölkerung auszudrücken:

> „Wie soll man heute [1989, d. Verf.] in Burundi Wahlen durchführen? Nur die wenigsten haben Verständnis und Interesse für so etwas. Zu viele haben sich aus der Politik zurückgezogen [*barîyonjoroye*]. Auf den Hügeln interessieren sich nur noch wenige dafür. Es ist schon schwierig, Leute zu finden, die ihre Kandidatur für die [Partei-] Gremien unterbreiten, deren Mitglieder heute über Wahlen bestimmt werden sollen“ (Gespr. 33:32).

Die meisten, die sich heute für die öffentliche Sache interessieren und zu einem aktiven Engagement bereit sind, gehören privilegierten Gruppen an und sind in der einen oder anderen Hinsicht bessergestellte Leute. Das impliziert aber auch, dass es gegenüber den heutigen Staatsagenten, die eine im Anspruch anonyme Bürokratie vertreten, einfacher denn je ist, Desinteresse zu zeigen – unter der alten Monarchie eine undenkbare und nicht akzeptierte Haltung.

Um hier eine Änderung zu erreichen, bedürfte es grundlegender politischer Transformationen, die sich nicht auf die Einführung formal-demokratischer Rechte beschränken können. Die ländliche Bevölkerung strebt in erster Linie nach mehr Berechenbarkeit und Sicherheit im Umgang mit dem Staat. Erst wenn sie sich Behörden gegenübersieht, die nicht mehr „an Aufruhr und Zwietracht interessiert sind, um dergestalt besser in ihre eigenen Taschen arbeiten zu können“ (Gespr. 27:29), wird sie bereit sein, ihre auf Eigennutz beschränkte Reserve zu verlassen und sich an neu-

---

[19] Nach dem blutigen Putschversuch gegen die neue FRODEBU-Regierung im Oktober 1993, ansatzweise aber auch bereits seit August 1988, waren hier erstmals in grösserem Umfang veränderte Handlungsweisen erkennbar: Die Bauern begannen, sich präventiv oder auch reaktiv – allerdings meistens nur auf einer ad hoc-Basis – zu organisieren und sich kollektiv zu wehren bzw. (Gegen-) Attacken auf die Sicherheitskräfte (mit wenigen Ausnahmen lediglich mit Pfeilen und Bogen oder Lanzen bewaffnet) und/oder auf die andere ethnische Seite zu führen.

[20] Verschiedentlich wurde die Frage aufgeworfen, inwieweit diese Atomisierung und das beinahe vollständige Fehlen kollektiver, horizontaler Zusammenschlüsse eine Folge der Streusiedlungsstruktur ist. Obwohl öfters auf den Unterschied zwischen dem Selbstbewusstsein und der „Elastizität“, welche westafrikanische Dorfgemeinschaften in ihrer Interaktion mit dem Staat an den Tag legen, und dem höheren Grad an Ausweich- und Umgehungsreaktionen verstreut siedelnder Gemeinschaften in vielen Teilen Ostafrikas hingewiesen wurde, ist der Zusammenhang meines Erachtens kein direkter. Spittlers Niger-Studie (1978) zeigt die Grenzen dieser Determination auf (cf. Laely 1983, Doornbos 1989:11, n.1).

[21] Auch die bedeutende, bis an die Basis reichende politische Mobilisation während des Wahlkampfes im Mai/Juni 1993 und in den Monaten danach bis zum Putschversuch im Oktober lässt sich nur schwer und unter vielen Zweifeln als demokratischer Aufbruch verstehen.

[22] Rodegem gibt folgende Übersetzung: „se tirer d'un mauvais pas; s'éclipser [verduften, sich verkrümeln]; quitter sans tambour ni trompette“ (1970:310).

en Werten zu orientieren. Eine Bedingung dafür ist die Erhöhung der Transparenz der Verwaltung und der politischen Entscheidungsprozesse. Die Bauern müssten Einsicht in sie erhalten bzw. an ihnen teilnehmen können, was wiederum voraussetzte, dass man sie zu vollberechtigten und daher ernstzunehmenden politischen Partnern machte. Erst unter der Bedingung einer Umgestaltung der heutigen Verwaltungsstrukturen und -praktiken werden sich die politischen Beziehungen entspannen und werden die Leute bereit sein, „in die Öffentlichkeit" zu kommen. Was heute fehlt, ist ein gesellschaftlicher Konsens über grundlegende Werte und die anzustrebenden Ziele. Gleichzeitig bedürfte es eines Aufbaues und einer Neuentfaltung der vom Staat besetzten, wenn nicht zerschlagenen, „Zivilgesellschaft" bzw. einer Rückbesinnung auf alte lokale Führungs- und Konfliktregelungsformen. Das wiederum wird nur möglich sein, wenn der Staat bereit ist, sich auf gewisse Grenzen zurückzuziehen. Heute kann man sich füglich fragen, ob die ländlichen politischen Entscheidungs- und Verwaltungsstrukturen das angemessene Instrument einer „nachhaltigen" Entwicklung sind oder nicht vielmehr dasjenige ihrer Blockierung in einem indirekten Sinn. Indem der bäuerlichen Bevölkerung nicht nur die Teilnahme an öffentlichen Entscheidungen, sondern viel genereller die Information und Transparenz über die Führung und Verwaltung der *res publica* vorenthalten wird, wird ihr Interesse und Einsatz für alles, was jenseits des Eigennutzes liegt, gehemmt. Indem alles Öffentlich-Staatliche letztlich nur als im Interesse anderer (der urbanen Eliten) liegend gesehen und der Staat primär als Zwang erlebt wird, wird jedes öffentliche Engagement – ja selbst eines zur Verbesserung der eigenen Situation – behindert. Eigeninitiative wird nicht gefördert und nur innerhalb des engen staatlichen Korsetts zugelassen (cf. Bsp. im Kap. 10.2, Anm. 44). Die Bauern haben nie gelernt, Initiativen zu entwickeln, die über Eigennutz hinaus auf ein übergeordnetes Wohl zielen. Die heute vorherrschende Art der politischen Beziehungen führt zu einer Haltung, in der der Bauer auf jede Eigeninitiative verzichtet und alles – das Gute wie das Schlechte – vom Staat erwartet. Diese Kehrseite des Paternalismus und der Bevormundung der ländlichen Bevölkerung durch Vater Staat zeigt sich deutlich bei der Analyse der Protokolle der Parteikongresse auf Gemeindeebene von 1983 und auch anderswo bei Kontakten zwischen Behörden und Bevölkerung: man sieht die einzig denkbare Lösung immer in der Intervention des Staates; von ihm erwartet man die Lieferung von Baumaterialien oder einer Ambulanz und überhaupt alles Heil – wie eben auch alles Unheil (s. Chrétien/Le Jeune 1983a:71, 73, u.a.m.).

Mehr Eigeninitiative und aktive Bestrebungen zur Verbesserung ihrer Existenz – ob diese nun in unmittelbar ökonomischen Investitionen bestehen oder darin, ein Kind zur Schule zu schicken – werden die Bauern erst dann ergreifen, wenn sie nicht mehr befürchten müssen, sich dadurch zu stark zu exponieren und vielleicht Ziel der nächsten Welle von Repression zu werden. Auch wenn die Bauern über wenig moderne Bildung verfügen, mehrheitlich Analphabeten sind und den Innovationen der Modernität gegenüber keine spontane Offenheit bekunden, heisst das noch nicht, dass sie der Entwicklung ihrer Kommune keine Bedeutung zumessen würden. Ein Haupterfordernis liegt darin, den „discours paysan" und bäuerliche Wissensinhalte stärker zu berücksichtigen. Aber auch damit liesse sich nicht über Nacht eine Änderung erzielen. Die Bauern müssten ein neues Orientierungsmodell für ihr Handeln gegenüber der Öffentlichkeit und dem Staat kennenlernen und einüben, sie müssten erleben, dass ihre Ideen und Initiativen tatsächlich gefragt sind, und sie müssten damit umzugehen lernen. Erst damit wären die Bedingungen geschaffen, dass sie zu einem höheren öffentlichen Engagement bereit sind und selbst zu angemessenen Lösungen für die anstehenden Probleme beitragen.[23]

Um eine Neubestimmung der Beziehungen zwischen Bevölkerung und Behörden zu erreichen, genügt es offensichtlich nicht, allein die Bedeutung informeller Bande und informeller Orte der Kommunikation zurückzubinden zugunsten formeller Bande und formal institutionalisierter Orte

23 S. dazu auch die – idealistische – Analyse des kamerunischen Soziologen Éla (1990), der den bäuerlichen Dynamismus hervorhebt, der von den staatlichen Entwicklungsstrategien und den auferlegten internationalen Bedingungen erstickt wird.

der Kommunikation, die einen regelmässigen Kontakt mit der breiten Bevölkerung ermöglichen. Die bisher vom Staat eingerichteten formalen Bande und Kommunikationsorte bewährten sich nicht bzw. werden von der Bevölkerung wie den eigenen Funktionären unterlaufen, indem jedermann informellen Kanälen den Vorzug gibt. Beides ist zu hinterfragen. Hier und auf der Ebene der Werthaltungen, in der ubiquitären Mentalität und Erwartungshaltung der Bauern, bedürfte es eines Wandels. Den der einfachen Bevölkerung zur Verfügung stehenden Ausdrucksmitteln und -formen ist dabei grösste Bedeutung zuzumessen. Rutake fordert, sie im engeren lokalen Rahmen mittels einer erneuten Orientierung an der Form des alten, zeitaufwendigen Palavers aufzuwerten, einer Form von Kommunikation, die jedermann Zeit und Raum lässt, sich auszudrücken und sich notfalls zu wiederholen (1988:13). All das nützt aber nichts, wenn die Behörden nicht gleichzeitig ihren Autismus und autoritären Zentralismus ablegen. Die offiziellen Slogans der Dritten Republik „concertation, dialogue et transparence" wären auch im engen Mikro-Bereich der Lokalverwaltung zu berücksichtigen. Die Wahl dieser Schlagworte spricht dafür, dass die Regierungsverantwortlichen sich bewusst sind, wo die wirklichen Mängel liegen. Der „neue Mensch" aber lässt sich nicht auf dem Verordnungsweg erzeugen.

KAPITEL 12

ZUM WANDEL NICHTSTAATLICHER AUTORITÄTSSTRUKTUREN AUF LOKALER EBENE

STAATLICHE VEREINNAHMUNGSVERSUCHE

Welche Folgen für Zustand und Entfaltung der „Zivilgesellschaft" und ihrer im lokalen Rahmen wichtigsten Institutionen hat der bislang beschriebene, als autoritär-zentralistisch und neopatrimonial-bürokratisch zu charakterisierende Staat? Médard (1990) und andere haben auf die hybride Natur und das Paradox des „afrikanischen" Staates hingewiesen, die es zulassen, ihn gleichzeitig als stark und „überentwickelt" – da autoritär, willkürlich und gewaltsam und mit einem plethorischen Herrschaftspersonal ausgestattet – wie gleichzeitig als kraftlos, schwach und „unterentwikkelt" zu kennzeichnen, da er, bei aller „capacité de nuisance", weitgehend unfähig ist, seine Ziele in wirksame Politik umzusetzen. Ebenso lässt sich der Staat gleichzeitig als hoch wie schwach institutionalisiert beschreiben: er ist zwar in quantitativer Hinsicht über alle Ebenen hinweg mit einer Überfülle an Verwaltungs-, Regierungs- und Kontrollinstanzen und Personal ausgestattet, und trotzdem ist er in qualitativer und funktioneller Hinsicht nur „schwach institutionalisiert", wenn wir unter Institutionalisierung den Vorgang der Generalisierung und Typisierung von gegenseitig aufeinander bezogenen und stark habitualisierten Handlungen und von Beziehungsmodi verstehen, so dass sich relativ konstante Handlungs- und Beziehungsmuster herausbilden. Die politischen Handlungs- und Beziehungsmuster entsprechen in etlichen Fällen nicht denjenigen, die die staatlichen Einrichtungen vorsehen; entgegen allem ersten Anschein ist der Staat letztlich nur mangelhaft institutionalisiert.[1]

Obwohl – und vielleicht gerade weil – der Staat sich durch eine unvollständige Institutionalisierung auszeichnet, haben seine mit Zwang und Willkür verfolgten umfassenden Ansprüche und sein hypertropher Herrschaftsapparat[2] zur Folge, dass die nichtstaatliche, „zivile" Gesellschaft in ihrem Funktionieren immer stärker behindert und ihre Institutionen ausgehöhlt wenn nicht gänzlich zerschlagen werden. Mit mehr oder weniger Erfolg entziehen konnte sich dem bisher lediglich – und auch nicht immer – die katholische Kirche, die im lokalen Raum seit der Kolonisation bis heu-

---

[1] Médard charakterisiert den heutigen Staat in Afrika des weiteren mit folgenden Worten: „Le politique, l'économique, le sociétal et particulièrement le domestique s'interpénétrent. Aussi le champ politique et l'État ne disposent que d'une faible autonomie. De plus, l'État, le régime politique et les autorités se trouvent télescopés et se confondent" (1990:29) – was durchaus auch für Staaten sozialistischen Modells gilt.

[2] Diesen Merkmalen des heutigen „afrikanischen" Staates versucht man gerecht zu werden, indem man ihm mannigfache Etiketten verleiht wie: der „schwache" – „weak", „soft" oder „mou" –, „kleptokratische", „epiphytische" oder „parasitäre" Staat, „l'État prédateur" – der räuberische oder Plünderungs-Staat (cf. Médard 1990, Bayart 1989, Azarya 1988:3, van Binsbergen et al. 1986, Geschiere 1982, Hyden 1980 & 1983, u.v.m.).

te gut verankert ist und – ein nicht zu übersehender Faktor – über einen mächtigen suprastaatlichen Organisationsapparat verfügt.

Wenn wir über die vom Staat etablierten Rahmen hinausschauen, so sind heute im ruralen Gebiet jenseits des Staates oft nur mit Mühe alternative Organisationsstrukturen auszumachen. Das betrifft keineswegs nur das politische Gebiet, sondern gilt ebenso im Bereich des Rechtlichen, Sozialen und Ökonomischen. Der Staat beherrscht auch das wirtschaftliche Gebiet zu einem guten Teil. Der rurale Raum ist durch eine nur rudimentäre Entwicklung des privaten Klein- und Grossunternehmertums gekennzeichnet, und die Entfaltung der Marktwirtschaft bleibt bis heute innerhalb enger Grenzen. Daraus zu schliessen, dass es der Staat ist, der eine stärkere Entwicklung der Marktwirtschaft verhindert, wäre jedoch falsch; tatsächlich wäre die ländliche Bevölkerung ohne die mannigfaltigen staatlichen Interventionen heute noch weniger in die Marktwirtschaft integriert. Da die überwiegende Mehrheit der Bauern über eigenes – wenn auch zunehmend knappes – Land verfügt, vermag sie sich einer stärkeren, vom Staat geführten Marktintegration zu entziehen (Hydens [1980, 1983] „exit option" der „uncaptured peasantry"). Die Bauernschaft bleibt stark atomisiert.[3] Auf allen Ebenen fehlen nichtstaatliche bäuerliche Organisationsstrukturen jeglichen Maßstabs, ob Selbsthilfegruppen oder andere Arten von Zusammenschlüssen.

> „Les producteurs les plus nombreux au Burundi n'ont jamais été organisés. En effet, il n'a jamais existé de syndicats paysans ou d'organisations paysannes autonomes. Les coopératives qui étaient censées jouer ce rôle, selon certains idéologues de la IIe République, étaient en fait muselées par la structure étatique" (Pabanel 1991:282f).

Sobald sich erste Ansätze zu Zusammenschlüssen bilden – und unter den gegebenen Bedingungen bilden sie sich kaum[4] –, werden sie vom Staat behindert, zerschlagen oder, noch wirksamer: aufgesogen. Dieses Fehlen horizontaler Bande und Strukturen ist heute teilweise das direkte Resultat der hegemonialen Stellung des Staates. Man muss sich jedoch davor hüten, das Bild zu einseitig zu zeichnen und lediglich die staatliche Macht und Organsationsstruktur als Wirkungskraft zu sehen. Guichaoua hat deutlich beschrieben, wie die ländliche Bevölkerung – „les gens des collines" –, geprägt durch eine minifundistische Landwirtschaftsgutsstruktur und einen dicht besiedelten Raum und organisiert in lokalisierten Kleinlineages, gegenüber allen Innovationsbestrebungen anderer Individuen und Gruppen neidvoll und misstrauisch ablehnend reagiert, und wie der starke Druck zu sozialer Konformität auf eine ökonomische und soziale Nivellierung hinwirkt:

---

[3] Sicher tragen dazu nicht nur hegemoniale staatliche Ansprüche bei – diese könnten ja auch das Gegenteil bewirken. Es ist immer wieder darauf hingewiesen worden, dass die Lebendigkeit vertikaler Bande solchen horizontaler Natur im Wege steht.

[4] Dass die seit Ende der achtziger Jahre in den Wege geleitete „Demokratisierung der politischen Institutionen und des politischen Lebens" (cf. Rapport de la Commission constitutionnelle 1991) hier kurz- oder mittelfristig eine Änderung bringen wird, ist eher unwahrscheinlich, und das nicht erst, seit dieser (wie gesagt stark an der Oberfläche bleibende) Prozess im Oktober 1993 schwer erschüttert wurde bzw. die Schwäche seiner Grundlagen klar zutage trat. In Rechnung zu stellen ist ferner eine „politische Kultur", die sich durch den spezifischen, seit der Kolonisation verfestigten Typus der Verschränkung zwischen Staat und Gesellschaft herausbildete; vielleicht sollte man mit Bayart (1991:11f) besser von einem Prozess der Minderung des autoritären und bürokratischen Druckes sprechen, der mit der Krise der autoritären Staatsführung einhergeht, in die die meisten afrikanischen Staaten geraten sind. Wie bereits im Kapitel 9 herausgestellt, beschränkte sich der institutionelle Umbau unter der Dritten Republik (bis Mitte 1993) in hohem Masse auf die zentralstaatliche Ebene; den lokalpolitischen Reformplänen der nachfolgenden FRODEBU-Regierung schliesslich kam der Umsturzversuch vom Oktober 1993 zuvor. Die Welt der Bauern wurde bis zur Zulassung mehrerer politischen Parteien ab April 1992 kaum von den verschiedenen „sensibilités politiques" erreicht, wie die ersten, noch embryonalen parteipolitischen Organisationsstrukturen genannt wurden, solange kein Mehrparteiensystem zugelassen war. Ab Frühjahr 1992 kam es hauptsächlich zu einer Konfrontation zwischen FRODEBU- und UPRONA-„Klienten".

„Peu nombreux sont les individus qui s'estiment en mesure de prendre le risque de se distinguer par rapport aux autres et de déroger aux règles fortement intériorisées de l'auto-contrôle social, voire même de contester les pratiques les plus abusives liées à l'exercice de l'autorité en général: dépendance personnelle arbitraire, prélèvements sur les salaires (...), détournement par les fonctionnaires des mesures prises en faveur des paysans (distribution d'intrants agricoles, de crédits, accès aux terres nouvellement défrichées, etc.). Les possibilités d'innovation, les tentatives de mettre en place des structures sociales „horizontales", participatives, communautaires ou revendicatives ont de tout temps été étroitement contrôlées ou dissuadées grâce è une forte tradition tendant à contenir ou récupérer les démarches et comportements novateurs, voire franchement déviants, qui mettraient en avant tel individu ou groupe sur la colline" (Guichaoua 1989a: 186, cf. Pabanel 1991:283f).

So stehen die staatlichen Strukturen neben den an Bedeutung abnehmenden Lokallineage-Strukturen den Bauern als nahezu ausschliesslicher institutioneller Rahmen zur Verfügung, innerhalb dessen sie sich zusammenschliessen und ihre Ideen und Bedürfnisse gegebenenfalls einbringen können. Indem die Gemeinde zur „cellule de base de développement" proklamiert und der Verwaltung im allgemeinen und der lokalen Territorialverwaltung im besonderen die Rolle als „agent de développement" zuerkannt wurde, wurde der monopolistisch-hegemoniale Anspruch des Staates auf diesem Gebiet bestärkt und gleichzeitig allen nichtstaatlichen Organisationsversuchen das Wasser abgegraben und die Legitimation abgesprochen (cf. Rutake 1986a:1f). Von einem „Disengagement" des Staates (cf. Einführung, p. xiii) ist hier bislang nichts zu spüren, im Gegenteil. Guichaoua hat zu Recht darauf verwiesen, dass auch Dezentralisations-Strategien keineswegs auf „weniger Staat", sondern vielmehr auf „mehr Staat" hinauslaufen.

„(...) le débat engagé à divers niveaux sur le thème du ‚désengagement de l'Etat' apparaît quelque peu théorique alors même que ‚*leta*', quel que soit le domaine d'activité ou d'intervention, est le lieu où se définissent, se fédèrent et se mettent en oeuvre pratiquement toutes les logiques économiques, sociales et politiques entremêlées" (Guichaoua 1991:17f).

Es ist in diesem Zusammenhang von besonderer Relevanz, zu sehen, was mit den alten, lokal basierten Autoritätssystemen geschehen ist. Im Zuge der verstärkten staatlichen „Enkadrierung" (der „Einrahmung" und „Bestückung mit Kadern" im doppelten Sinn, wie das französische „encadrement" übersetzt werden könnte) der „gens des collines" musste es zum Zusammenstoss zwischen staatlichen und nichtstaatlichen Macht- und Autoritätsstrukturen kommen, d.h. zur Konkurrierung oder offenen Bekämpfung derjenigen Macht- und Autoritätsstrukturen, die bislang nicht unter direkter staatlicher Kontrolle standen. Dieses Konfliktpotential zeigt sich im lokalen Raum mit besonderer Deutlichkeit. Unter den Umständen des nachkolonialen Staates musste es zu Konflikten zwischen Staat und religiösen Organisationsformen – vor allem der katholischen Kirche – und zwischen Staat (in diesem Fall vornehmlich zwischen seinen im lokalen Raum präsentesten Organen, denjenigen der Einheitspartei) und dem Bushingantahe kommen. Im folgenden sollen das Schicksal des Bushingantahe und verschiedener bäuerlicher, primär nachbarschaftlicher Organisationsformen ebensowie die Bedeutung religiöser und kirchlicher Autorität im lokalen Rahmen umrissen werden. Dies ist umso wichtiger, wenn man sich nicht allein dem Studium des „bloc au pouvoir" verschreibt, sondern auch die „Infrapolitik/das Infrapolitische" – „le et la politique par le bas" – zur Kenntnis nehmen will (cf. Bayart 1981).

12.1 Das Bushingantahe und die Lokalgemeinschaft

Wie wir gesehen haben, sind die Bashingantahe mit der Mandatierung neuer Organe der staatlichen Einheitspartei auf der Ebene des Zensushügels und der untergeordneten *agacimbiri*-„cellule" gleichsam „arbeitslos" geworden (s. Kap. 10.2). Die auf diesen beiden Verwaltungsebenen bestellten Ausschüsse der Staatspartei wurden mit breitgefächerten Aufgaben betraut, was einem Einbruch mitten in die traditionellen Wirkungsbereiche der Bashingantahe gleichkam. Die Amputation eines zentralen Teiles ihrer Funktionen musste ihre Autorität im Kern treffen und konnte sie nur schmälern. Indem die Führung der rechtlichen Angelegenheiten im nachbarlichen und sublokalen Rahmen an staatlich mandatierte Parteileute oder zumindest an Träger einer staatlich konzipierten Organisationsstruktur[5] übertragen wurde, wurde die wichtigste Säule der moralisch-ethischen Autorität untergraben, die den Bashingantahe traditionellerweise innerhalb der von ihnen repräsentierten Lokalgemeinschaft zukam. Wie wir gesehen haben, war es die direkte und explizite Strategie des Staates, die alten Bashingantahe zu ersetzen: Jede *kwâtirwa*-Mushingantahe-Investitur ausserhalb des Parteirahmens wurde kurzerhand untersagt.[6] Wenn ich vorne zwischen zwei staatlichen Strategien gegenüber nichtstaatlichen Einrichtungen unterschieden habe – Inkorporation bzw. Auflösung und Verbot –, so haben wir hier klar ein Beispiel des zweiten Falles vor uns: Bei einer näheren Analyse lässt sich weniger von einer Umkrempelung und Verstaatlichung des Bushingantahe sprechen als von seiner Aushöhlung und eigentlichen Abschaffung. Vom alten Bushingantahe ist nur das Gewand geblieben. Je mehr es sich erwies, dass die Partei und ihre Organe gegenüber den eben über Bord geworfenen traditionsreichen Institutionen an einem akuten Legitimationsmangel litten, desto stärker begann die Staatspartei sich auf lokaler Ebene an den äusseren Erscheinungsformen des alten Bushingantahe zu orientieren, genauso wie sie sich auf nationaler Ebene – nach der gebotenen zeitlichen Distanz – an der Monarchie inspirierte (cf. Kap. 10.2).

Die von den Lokalgemeinschaften mandatierten Bashingantahe sollten durch neue, direkt staatlich beauftragte Organe ersetzt werden. So soll die angestrebte höhere staatliche Einbindung wirksam werden. Zu erreichen war das nur über eine starke Erhöhung der Dichte staatlicher Kader und Instanzen im Lokalbereich bis hinab auf die Ebene der Nachbarschaft. Wir haben vorne im einzelnen gesehen, wie der Staat eine ganze Batterie neuer Funktionäre und „Protofunktionäre" ins Leben rief, was Mbogoye dazu führte, von einem eigentlichem „embrigadement" und „quadrillage serré de la population" durch Partei und Territorialverwaltung zu sprechen (1989:7). Die Ersetzung der alten Bashingantahe durch Parteiausschüsse konnte für die Bauern auf den Hügeln nur eine Erhöhung des bürokratischen Druckes bedeuten und zielte nicht auf eine „Demokratisierung im Zuge der Einführung modernstaatlicher Institutionen" ab, als was sie manchmal hingestellt wurde (cf. Kap. 9.3.3 & 10.2). Die neuen Parteiorgane haben jedoch einen nicht leicht wettzumachenden Nachteil: Sie verdanken ihre Autorität nahezu ausschliesslich der Machtdelegation von oben. Von unten sind sie kaum legitimiert. Daran änderte auch der Kniff wenig, sich in ihrer Ausstattung stark am alten Bushingantahe zu orientieren und sie als die direkten Erben des alten, aus verschiedenen Gründen „verkommenen" Autoritätssystems erscheinen zu lassen.

Mit der Schaffung „neuer Bashingantahe" verschwanden die alten Bashingantahe jedoch nicht einfach, auch wenn ihre Funktion stark beschnitten und ihr Status unterminiert wurden. Es drän-

[5] Die im Frühsommer 1988 erstmals vorgenommene Wahl der beiden untersten Parteiausschüsse durch alle eingeschriebenen Parteimitglieder der entsprechenden Verwaltungseinheit hat ihre Legitimation nur unwesentlich erhöht.

[6] Meines Wissens wurde das 1978 getroffene und bis heute geltende Verbot dieser vom republikanischen Staat nirgends explizit erwähnten und gebilligten Institution nie eines eigenen rechtlichen Dekretes für wert befunden. Man wählte vielmehr den Weg, ihre offiziell anerkannte Form in den Satzungen der staatlichen Einheitspartei zu regeln.

gen sich in diesem Zusammenhang zwei Fragen auf: Welches sind die Reaktionen der „traditionellen“ Bashingantahe auf diese einschneidenden Änderungen, und welches ist ihre neue Stellung innerhalb ihrer Lokalgruppe im allgemeinen und in der lokal-nachbarschaftlichen Konfliktregelung im besonderen? Hören wir dazu die Worte eines Alten, der selbst noch in traditioneller Art als Mushingantahe investiert worden war und nach der Dekolonisation vorübergehend auf den Weg einer staatspolitischen Karriere geriet:

> „Die alten Bashingantahe gibt es heute noch. Sie haben aber ausgedient und sind arbeitslos. Sie greifen zwar noch mit ihren Ratschlägen ein, weisen auf Rechtsverdrehungen und Unregelmässigkeiten hin und engagieren sich für das Wohl der Gemeinschaft. Wir stellen heute aber fest, dass sie passiver werden. Sie fühlen sich immer weniger verantwortlich, da sie auf das Schlussresultat nur noch beschränkten Einfluss haben: ‚Was geht uns das noch an! Wir waschen unsere Hände in Unschuld [*basi! Kwaheri, safari na muzika*]. Die Verantwortung dafür liegt bei anderen'“ (Gespr. 60:35).

Die nach alter Art investierten Bashingantahe fühlen sich bei all den neuen Anforderungen und rechtlich-administrativen Praktiken in einer sich rasch ändernden Lebensumwelt überholt und ausgebootet – es gibt für sie wenig zu lachen angesichts der Tatsache, dass die Macht nun auf seiten der neuen Parteifunktionäre steht; diese haben jetzt das Heft in der Hand und manchmal den *intahe*-Stab unter dem Arm, den sie ihnen entrissen haben. Verantwortung und Entscheidungsgewalt kommt nun den meist jungen Partei-„Bashingantahe“ zu, wenn die ehemaligen Bashingantahe auch nicht von den Verhandlungen und Beschlussfassungen ausgeschlossen werden. Sie wohnen diesen aber nicht „ex officio“ bei, sondern entweder aus persönlicher Neugier oder im besten Fall, weil sie ihrer Kenntnisse wegen beigezogen werden. Aufgrund ihrer Erfahrung und Kenntnisse walten die Alten nicht selten als inoffizielle Beisitzer und Berater – „da sie mehr schwierige Fälle als wir geregelt haben, können wir sie nicht übergehen“, wie ein jüngeres Komiteemitglied sagt:

> „Der Vorsprung an Erfahrung und Wissen der Alten wird auch von uns jungen Kadern respektiert. Nur sie kennen die Dinge der Vergangenheit. Sie haben mehr diffizile Situationen gemeistert, und oft sind nur sie es, die uns die wahre Lage eines Problems erhellen können. Siehst du, das gilt vor allem bei den heute häufigen Bodenkonflikten. Vielleicht war jener Alte selbst dabei, als die Grenzen des umstrittenen *itôngo* festgelegt wurden. Er sagt: ‚Ich habe gesehen, bis wo sein Vater den Boden bearbeitet hat!', und so weiter. So ist es für uns vielfach unumgänglich, sie zu konsultieren und beizuziehen“ (Gespr. 45:13).

Die Trennung zwischen dem ungebrochenen Ansehen der alten Bashingantahe, das sie aus ihrer von unten gestifteten Legitimation ziehen, und der letztlichen Verantwortung und Macht der jungen „Partei-Bashingantahe“, die am Schluss einen Rapport über die Verhandlungen und Lösungsversuche ausarbeiten müssen, kann manchmal zu absurden Situationen führen. Die neuen, von der Partei eingesetzten Leute haben heute das Sagen – um sie kommt man nicht mehr herum. Sie übernehmen heute zum Teil die Aufgaben der alten Bashingantahe, nicht aber deren Status im lokalen und sublokalen Bereich.

Der Unterschied zwischen traditionellen und modernen Bashingantahe wird in erster Linie darin gesehen, dass sich die heutigen „Partei“-Bashingantahe nicht mehr zeitlebens für ihre Lokalgemeinschaft engagieren und dass ihre Verpflichtung eine ephemere und wiederablegbare, reversible bleibt:

> „Das Bushingantahe der Vergangenheit verlieh einen dauerhaften Status und eine lebenslange Verpflichtung. Es war unmöglich, diese wieder abzulegen. Wie kann man dir etwas wegnehmen, das du verschluckt hast? Derjenige, der *ibanga* und *akabuye k'abagabo* verschluckt hat, behält sie ein Leben lang in seinem Bauch. (...) Die Neuen jedoch haben das ‚Steinchen der vollen Männer' nicht verschluckt [*batamize akabuye k'abagabo*]“ (Gespr. 60:35).

Nicht alle Änderungen jedoch werden als negativ eingestuft. Immer wieder wird betont, dass in früheren Zeiten dem Wirtschaftlichen eine übermässige Bedeutung zukam und dass vor allem ab der zweiten Hälfte der Kolonialperiode bis zur Abschaffung unter der Zweiten Republik materiell

Vermögende einen zunehmend privilegierten Zugang zum Mushingantahe-Amt und -Status hatten. Das Bushingantahe wurde käuflich, und es kam im Zusammenhang der Investituren zu viel Verschwendung und Ostentation und teilweise zu langdauernder Verschuldung. Das heutige Partei-*kwâtirwa* nimmt sich demgegenüber höchst nüchtern und profan aus. Heute muss man sich das Bushingantahe kaum noch erkaufen, weder von der Lokalgemeinschaft noch von den lokalen Behörden; man steht dagegen in direkter Abhängigkeit der zentralstaatlichen Parteiorgane, die die Kriterien und das Verfahren der Selektion (früher von oben ernannt, ab 1988 von unten gewählt) allein bestimmen (s. Kap. 10.2 & Le Jeune 1989).

Beachten wir hier, dass es bereits früher einfachere und abgekürzte, die Lokalgemeinschaft mehr oder weniger übergehende Verfahren gab, zum Mushingantahe-Titel und -Status zu kommen. Das galt ohne Zweifel so lange, wie es alternative Systeme von Autorität gab. Bereits zur vorkolonialen Zeit konnte man die *kwâtirwa*-Investitur über die aristokratischen Höfe erhalten. In der letzten Phase der Kolonialzeit wurden auf Geheiss des Staates die Inhaber politischer Ämter mehr oder weniger systematisch als Bashingantahe investiert. Gleichzeitig liess sich das Bushingantahe zunehmend über die lokalen Behörden erkaufen. Es war nicht mehr primär die Mobilisations- und Organisationsfähigkeit aufgrund hoher sozialer, hauptsächlich lokaler Integration, sondern vermehrt materieller Reichtum, der für eine Investitur ausschlaggebend wurde (s. Kap. 7). Gegen Ende der Kolonialzeit kamen neue Autoritätssysteme hinzu, die in direkte Konkurrenz mit dem alten, lokal basierten Bushingantahe traten und die nicht einfach übergangen werden konnten, sondern möglichst integriert werden mussten. Nach Trouwborsts Bericht (1970:149f) hatte bereits Ende der fünfziger Jahre jeder Inhaber eines offiziellen Diploms das Recht, gleichsam automatisch als Mushingantahe anerkannt zu werden. Er brauchte lediglich seinen nahen Verwandten und Nachbarn und vor allem den lokalen Bashingantahe anzukündigen, dass er ein Diplom erworben hat und nun sein Recht einfordert. Natürlich hatte er ihnen dazu Bier auszugeben (cf. das *agasimbamugazo*-Bier der früheren Zeiten!). Trouwborst fährt weiter:

> „Sa position en tant que notable reste pourtant précaire. S'il perdait le poste d'enseignant par exemple auquel son diplôme lui donnait accès, il ne pourrait plus participer aux délibérations des notables et s'asseoir parmi eux pendant des fêtes ou des cérémonies. On m'a cité le cas d'un instituteur auquel cela était arrivé. Pour être un vrai notable il faut avoir donné la quantité de bière requise à toute la communauté" (ibid).

Den „alternativen", „supralokalen" und „modernisierten" Formen des Bushingantahe haftet mithin der Charakter des Prekären an, des Vergänglichen und Vorübergehenden. Solange man nicht der gesamten Lokalgemeinschaft über längere Zeit Bier ausgegeben, sich in ihren Dienst gestellt und sich ihr in jedem Sinn ausgesetzt hat, erhält man von ihr keine volle Legitimation und Mandatierung.

Die heutigen Partei-„Bashingantahe" haben weiter an Legitimität eingebüsst. Die Autorität, über die sie verfügen, verdanken sie in weitem Masse der Machtdelegation von oben. Das wird deutlich aus der Antwort des über achtzigjährigen B. aus Bwambarangwe auf die Frage, wie es denn um die Stabilität der Autorität und die Stellung der heutigen „Bashingantahe" bestellt sei:

> „Ha, ihre Stellung ist sehr ernst zu nehmen. Es ist schliesslich der Präsident der Republik [*databuja* (sic!)], der das neue Bushingantahe als etwas sehr Ernsthaftes erachtet. Es sind diese Neuen, die heute die Konflikte schlichten und die das letzte Wort haben. Während die Alten einfach da sind, ohne etwas zu tun. Was gibt es dazu weiteres zu sagen? Findest du nicht, dass das etwas Ernstes ist? Aber selbstverständlich! Was willst du, was sollen diese Alten schon tun! Sie wissen, dass sie zur Seite geschoben wurden, und sie finden sich damit ab" (Gespr. 60:35).

Der Staat hat es mithin geschafft, über in den engen lokalen Raum vorgeschobene, ihm gegenüber verpflichtete Agenten die hier traditionellerweise gültigen Autoritätssysteme aufzubrechen und zu entwerten. Dabei handelt es sich aber nur um die eine – wenn auch sicher die ausschlaggebendere – Seite der Münze. Man darf nicht übersehen, dass es sich bei den neu vom Staat beauftragten Personen in der grossen Regel um Angehörige der Lokalgruppe handelt. In einem gewissen Sinn kam es zu einer „Rückeroberung" dieser Vorposten des Staates durch die Lokalgemeinschaft, indem sie von deren Seite mit Sinn besetzt und in die Logik der Bauern ein- oder zurückgebunden wurden. Die Richtung der Vereinnahmung und „Besetzung" darf nicht zu einseitig gesehen werden, wenn die Machtdifferenzen zwischen den beiden Seiten auch noch so krass sein mögen. Unter Beachtung dieser Voraussetzungen lässt sich effektiv fragen, „qui capture qui". Wenn der Staat gewisse Elemente des Bushingantahe für sich zu instrumentalisieren sucht, so werden in einer umgekehrten Bewegung die von ihm geschaffenen Organe, mit denen er jeden Hügel bestückte, in einem gewissen Sinn wieder von unten besetzt und in alte, noch keineswegs überkommene Perzeptionsmuster und Erklärungszusammenhänge von unten zurückgebunden. Das kommt verschiedentlich im Alltagssprachgebrauch zum Ausdruck; so sind heute in der Sprache der Bauern die Mitglieder der JRR-Parteijugend die neuen „Bakungu" oder „Bakungu b'imbere", genausowie man mit einer Wahl in ein Comité de Cellule nach dem Empfinden der Bauern erst einmal in die „mu mutamana"-Phase eintritt – ein Sprachgebrauch, der nicht von oben kommt.

Vor allem in Angelegenheiten, die über den engen traditionellen Rahmen hinausgehen, werden die Alten heute schnell als überholt und als nicht mehr auf der Höhe der Aufgabe angesehen. Die damit einhergehende Entwertung des Alters findet ihren Ausdruck in Redensarten wie: „Alter Mist vermag die Löcher einer Getreideschwinge nicht zu stopfen" (*amase ya kera ntagihoma urutaro*). Wenn das hinsichtlich der neu gestalteten Beziehungen zur Aussenwelt gilt, die von weit umfassenderen staatlichen Ansprüchen geprägt sind, so heisst das aber noch nicht, dass die alten Bashingantahe damit jegliche Bedeutung und ihr hohes Ansehen innerhalb der Lokalgemeinschaft verloren hätten. Diese ist, wie sie selbst, weiterhin von ihrer Notwendigkeit und ihrem Wert überzeugt, wie das etwa bezeugt wird durch das kontradiktorische Sprichwort: „Ein alter Ast erhält das Feuer länger aufrecht" (*agashitsi ka kera kavumbika umucanwa*). Erfahrung und Kenntnisse der Alten sind im engen lokalen Kontext im ländlichen Raum weiterhin von nicht zu unterschätzender Bedeutung. Hören wir dazu nochmals einen Alten:

> „Man ruft sie [die traditionell investierten Bashingantahe] heute vor allem noch als Zeugen. Bei den Deliberationen werden sie aber manchmal übergangen, um zu verhindern, dass sie sich zu ausschweifend über überholte Dinge auslassen. Auf der unteren Ebene des *agacimbiri* gibt man ihnen aber noch oft den *intahe*-Stab, da man ohne sie nicht auskommt" (Gespr. 15:29).

Wenn die Kompetenzen der alten Bashingantahe heute kaum noch über die kleinen alltäglichen Streitigkeiten hinausreichen, so behalten sie ihre Bedeutung und ihr Ansehen in diesem Rahmen gerade dadurch, dass es diese „kleinen Fragen von Recht und Unrecht" sind, welche den Alltag der Leute auf den Hügeln zu einem guten Teil bestimmen. Die alten, ehrwürdigen Bashingantahe sind es, die die Geschichte der Grenzen der Bodenparzellen, der sozialen Beziehungen und der übrigen Daten des lokalen Lebens im einzelnen kennen. In allen darüber hinausreichenden Belangen aber haben die Alten heute zu gehorchen, es bleibt ihnen nur Unterordnung und Anpassung an die veränderten Herrschaftsverhältnisse. In ihrer Perzeption jedoch sind die „jungen" Partei-Bashingantahe nicht-legitimierte Usurpatoren, die wenig taugen. Auch wenn sie ihnen letztlich gehorchen müssen, können sie diese, die über Nacht Befugnisse und Pflichten erhalten, die früher jemandem nur nach jahrelanger Bewährungszeit übertragen wurden, nicht ernst nehmen. Weder haben sie eine längere Prüfungs- und Probezeit absolviert, noch haben sie „den kleinen Stein der vollen Männer" ordnungsgemäss verschluckt. Wie könnte es anders sein, da sie ihre Funktion nur auf Zeit übernommen haben, jederzeit zurücktreten, abberufen oder abgewählt werden können! „Das Bushingantahe ist von einer immerwährenden Verpflichtung (*ibanga*) zu einer durchaus temporären Arbeit (*akazi*) verkommen", wie es Nde. aus Muramvya ausdrückt: „Verglichen mit dem alten Bushingantahe ist das heutige Kwâtirwa ein leichtfertiges Spiel (*ibikinisho*), dem jeder Ernst mangelt" (Gespr. 27:10). Die Partei-Bashingantahe werden von ihnen oft als nicht ernst zu nehmende Nachäffer empfunden, und diese wissen es genau: Noch getrauen sie sich nicht, allzu invasiv das gesamte traditionelle Symbolfeld zu besetzen und zu jeder Gelegenheit mit dem *intahe*-Stab, dem Insignium rechtlich-moralischer Autorität, herumzuspazieren, da sie befürchten, sich lächerlich zu machen... Auch die Tatsache, dass ein wichtiges Motiv, Mitglied eines Parteikomitees werden zu wollen, darin besteht, das damit verbundene Kwâtirwa zu erhalten, ohne auf längere Zeit am Amt selbst interessiert zu sein, deutet auf das immer noch intakte Prestige des traditionellen Bushingantahe hin. Wie sollte es anders sein angesichts der Tatsache, dass die „neuen Bashingantahe" primär von oben mandatiert und legitimiert, stärker durch die von aussen gesteuerte Partei als durch die Lokalgruppen eingebunden sind.

Im hier deutlich werdenden Zusammenstoss unterschiedlicher Macht- und Autoritätssysteme haben die Alten mit der zunehmenden Bedeutung moderner Kriterien wie Schulung sowie Schreib- und Lesekundigkeit enorm an Boden verloren. Da aber gerade diese Modernisierung ungezählte neue Probleme schuf, für die sich bisher keine Lösungen finden liessen und die sich unter anderem in den immer wieder aufbrechenden ethnischen Konflikten äussern, besinnt man sich langsam auf den Wert von Institutionen wie des Bushingantahe zurück. Dass seit Ende der achtziger Jahre vermehrt auch der Staat, wenn nicht die Form, so doch den Geist des alten Bushingantahe beschwört, lässt den Glauben an eine alte Legende aus der monarchischen Zeit erneut aufleben, nach der der König auf Rat der Jungen beinahe alle Alten ausrotten liess, schliesslich aber nur dank einem ihrer Überlebenden selbst vom Tod gerettet werden konnte. Es gibt heute von verschiedenen Seiten Bestrebungen, das Bushingantahe in seiner alten Form wiederherzustellen. Wie weit aber der Staat bereit ist, von einer dirigistischen Führung dieser traditionsreichen Einrichtung abzusehen und auf ihrem Gebiet der „zivilen" Gesellschaft neuen Raum zu geben, bleibt eine offene Frage. Es bedürfte dazu einer weitgehenden Einschränkung der heutigen staatlichen Ansprüche und einer grundlegenden Überdenkung und Neudefinierung der Rolle des Staates insgesamt.

Mit der Aufhebung des Nebeneinanders von mehr oder weniger unabhängig voneinander bestehenden (lokal basiertem) Bushingantahe und (zentralstaatlichem) Verwaltungssystem – eine Unabhängigkeit, die zweifellos bereits zur Zeit der vorkolonialen Monarchie nie vollständig war, wie wir gesehen haben –, wurde die damit bestehende Korrektiv- („checks and balances"-) Möglichkeit, die Chance einer gewissen Machtkontrolle durch auch von unten legitimierte Vertreter der bäuerlichen Bevölkerung, so beschränkt sie gewesen sein mag, aus der Hand gegeben. Es zeigt sich heute immer deutlicher, dass die Aushöhlung der alten Bushingantahe-Struktur durch ihre unumwundene Verstaatlichung ihren Preis hat. Sie trug nicht unwesentlich zur heute auch im lokalen Raum feststellbaren zunehmenden Werte-Anomie bei. Wie deutlich geworden ist, bedeutete die „Verstaatlichung" freilich nicht, dass das alte Bushingantahe mit Stumpf und Stiel ausgerottet worden wäre. Im engen lokalen Raum behält es weiterhin seine Bedeutung. Und manches deutet darauf hin, dass sie nicht darauf beschränkt zu bleiben braucht. Durch die staatliche Politik wurde diese Einrichtung jedoch in die Inoffizialität und zum Teil gar in den Untergrund abgedrängt.[7]

Die Bedeutung des Bushingantahe unter den heutigen Umständen bleibt nur ungenügend bekannt. Zu ihrer Beurteilung wären weitere Studien notwendig, die bis anhin von keiner Seite geleistet wurden. Das gilt besonders nach der tiefgreifenden, in ihrem Ausmass katastrophalen Erschütterung der gesamten Gesellschaft Burundis durch die offenbar erneut mehr als Hunderttausend Opfer fordernden Massaker nach dem Putschversuch vom 21. Oktober 1993 gegen die im voran-

[7] Bei den Unruhen, die von Oktober bis Dezember (mit einem Höhepunkt zwischen dem 23.-28. November) 1991 vor allem die Hauptstadt und den Nordwesten des Landes erschütterten und mehrere Tausend Opfer forderten (die wiederum zur Hauptsache der wenig wählerischen, in erster Linie mit militärischen Mitteln geführten, staatlichen Repression zuzuschreiben waren), wurde offenbar, dass in der Gemeinde Buganda die alte Form des Bushingantahe zum Aufbau einer eigentlichen alternativen Autoritätsstruktur benutzt wurde. Sie diente zur Errichtung einer zu den staatlichen Organen parallelen Struktur von Friedensrichtern, Informationsagenten und gar einer gesamtkommunalen Instanz. Es wäre von erheblichem Interesse, derartige Formen der Kontestation zum Gegenstand einer näheren Analyse zu machen.

gehenden Juni neu gewählte FRODEBU-Regierung durch (Tutsi-) Militärs und deren Hintermänner.[8] In welchem Masse die bis dahin bestehenden lokalen Gesellschaftsstrukturen durch diese Bürgerkriegswirren, in deren Zug weite Landstriche und gesamte Provinzen verwüstet und vorübergehend entvölkert, in Feuer und Flamme gesetzt und insgesamt mindestens eine Million Menschen in die Flucht getrieben wurden (davon ungefähr 800'000 in die umliegenden Staaten), in ihren Grundlagen zerstört wurden, wird sich erst noch weisen müssen. Die von beiden Seiten hochgetriebene Spirale der Gewalt führte in vielen Gebieten zur räumlichen Trennung von Batutsi und Bahutu; während erstere vornehmlich in urbanen Zentren und Militärlagern Zuflucht suchten, flohen letztere in umgekehrter Richtung. In der Hauptstadt Bujumbura bildeten sich nicht nur Ansätze zu (in beiden Richtungen) „ethnisch gesäuberten" Quartieren.

8 Wenn dieses kataklystische Ausmass der Gewalt an die Grausamkeiten von 1972 erinnert, so ergaben sich 1993/94 wichtige Unterschiede dadurch, dass die bäuerliche (Hutu- wie Tutsi-) Bevölkerung diesmal eine aktivere Rolle bei der gegenseitigen Massakrierung übernahm und das Feld nicht mehr den verschiedenen Sicherheits- und ihnen nahestehenden Hilfskräften überliess; ab November 1993 bildeten sich todesschwadron-ähnliche Gangs und marodierende Jugend- und Schülerbanden, die nicht nur plünderten und Barrikaden bauten, sondern gezielt (politische, ethnische wie „gewöhnliche") Morde begingen. Die Zahl der Opfer ist kaum präzisierbar, und sie wird wohl auch diesmal nie genauere Aufklärung erfahren.

12.2 Nachbarschaft und Lokalgruppe heute

Gehen wir in der Analyse der heutigen Lokalgruppen einen Schritt weiter und untersuchen wir, was in der nachkolonialen Epoche aus den alten Formen der Sozialbeziehungen, speziell den Biertrinkzirkeln, den Biertauschnetzwerken und den verschiedenen Formen gegenseitiger Hilfe und Kooperation im lokalen Rahmen geworden ist. Ganz allgemein gilt, dass die verschiedenen hier begründeten Sozialbeziehungen, die traditionellerweise die Lokalgruppe strukturierten und sie zur Lokalgemeinschaft werden liessen, heute stark an Bedeutung eingebüsst haben. In den verschiedensten Bereichen ist eine verstärkte Individualisierung eingetreten bzw. eine Vernachlässigung der Reziprozitätsbande, die oft nur noch – wenn überhaupt – innerhalb der Residenzeinheit und der engeren lokalen Kleinlineage gepflegt werden. Dafür sind verschiedene Faktoren verantwortlich. Wenn die Bauern heute ausserhalb der engen Kleinlineage ihr Bier lieber verkaufen als verschenken, so zeugt das von einer zunehmenden sozialen Differenzierung und vom Zerfall der Reziprozitätsbeziehungen, wie sie die Monetarisierung und „Modernisierung" schon immer und überall begleitet haben. Wenn die Markt- neben der Subsistenzproduktion auch immer noch ein Schattendasein führt, gibt es heute doch kaum noch eine Familie, die ihr Einkommen nicht durch den Verkauf von Bananenbier oder einiger Nahrungsprodukte aufzubessern suchte;[9] ebenso kennt (allerdings beinahe immer nur temporäre) bäuerliche Lohnarbeit heute eine zunehmende Verbreitung, wenn auch nicht als dominante Arbeitsform, so doch als unterstützende Tätigkeit und Einnahmequelle. Zudem zeitigt die Interventionspolitik des nach Hegemonie (und ökonomischer Entwicklung!) strebenden Staates auf diesem Gebiet destrukturierende Auswirkungen; sie trug zur Auflösung der verschiedenen Formen von Gemeinschaftshilfe und -arbeit bei und versuchte diese stärker in staatliche Organisationsstrukturen zu lenken, die auch hier einen (unter der Zweiten Republik sehr offensiv vertretenen) Monopolanspruch haben.

Primär diese Faktoren erklären, warum verschiedene Formen von Tausch, Zirkulation und Kooperation im lokalen Rahmen stark an Bedeutung eingebüsst haben bzw. nur noch im engeren verwandtschaftlichen und nachbarlichen Kreis spielen. Die Bauern betonen heute immer wieder, dass die sozialen Beziehungen berechnender und weniger auf ein kollektives denn das individuelle Wohl orientiert und die Existenzbedingungen ganz allgemein härter geworden seien. Im Rahmen der Lokalgruppe drückt sich das vornehmlich am fortschreitenden Zerfall der Biertauschbeziehungen und -netzwerke aus:

> „Heute gibt es viel weniger Bier, als das früher üblich war. Die Leute sind zurückhaltender und vorsichtiger geworden, andere um Hilfe anzugehen (*gutêrereza*).[10] Man will keine gegenseitigen Verpflichtungen eingehen und sich verschulden" (Gespr. 45:15).

> „Wenn es das *gutêrereza* auch noch gibt, so sind die Leute heute doch geiziger geworden, und man benützt immer häufiger Geld zur direkten Entschädigung. Wenn früher ein Mushingantahe eingesetzt wurde, trank man vier Tage lang. Heute berechnet man alles genau; während man früher freigebig war, ist man jetzt kostenbewusst und berechnend geworden. Heute umgeht man jede nicht unbedingt notwendige Zeremonie bzw. berechnet ihre Kosten ganz genau. Man gibt nur noch demjenigen, bei dem man sicher ist, einmal von einem ähnlichen Dienst von seiner Seite profitieren zu können" (Gespr. 42:xxix).

---

[9] Der Verkauf von Bananenbier ist dabei bedeutend wichtiger als der von Lebensmitteln; solche werden in den meisten Fällen allein hinsichtlich punktueller Auslagen auf dem lokalen Markt feilgeboten. Die traditionelle und bis heute in Burundi wichtigste monetäre Einkommensquelle stellt aber immer noch der Verkauf von Kaffee dar; aus dessen Erlös werden vor allem regelmässig anfallende Ausgaben wie Schulgelder und Steuern gedeckt (cf. Guichaoua 1986 & 1989a).

[10] *Gutêrereza*: „materielle Beihilfe, vor allem in Form von Bier, zu besonderen Anlässen leisten" (s. Kap. 4.3).

Die nur noch eingeschränkte Bereitschaft zu gegenseitigen Verpflichtungen zeigt sich auch darin, dass die verschiedenen Rechte auf Bierzuteilungen qua Status bzw. deren Wahrnahme heute im Verschwinden begriffen sind:

> „Wer würde heute noch sagen: ‚Gib mir das Familien-Bier [*inzoga y'umuryango*]!', ‚Gib mir das *umuhetsi*-Paten-Bier [*inzoga y'umuhetsi*]!', ‚Gib mir das Bier des Schwiegersohnes [*inzoga y'ubukwe*, das den Affinalverwandten zustehende Bier]!'. Nein, heute schweigen sie alle" (Gespr. 37:19).

Wenn solche formalen Verpflichtungen heute ihre Bedeutung verlieren, so ist dafür, wie von den Leuten oft beklagt, die (Un-) Sitte des *kuvumba*-Bier-Heischens umso verbreiteter geworden: dass man uneingeladen und ohne selbst etwas mitzubringen oder zu einem späteren Zeitpunkt zu einer Gegenleistung bereit zu sein bei jemandem vorbeigeht, bei dem man gerade Bier vermutet, in der Hoffnung, etwas davon abzubekommen.

Was für die *gutêrereza*-Beihilfe gilt, gilt ebenso für andere Formen der Kooperation und des Tausches. Davon blieben auch die Institution der *abatêrerezi*-Bierzirkel und die nachbarlichen *ubutúmire*-Biereinladungen nicht verschont: „Heute verkauft man das nicht selbst konsumierte Bier viel lieber, als dazu seine Nachbarn, Freunde und Verwandten einzuladen. Oder man lädt dich höchstens noch zu einer Flasche ein. Kann man das noch *ubutúmire* nennen?" (Gespr. 42:xxviii). Das heisst keineswegs, dass all diese „Bier-Beziehungen" gänzlich verschwunden wären, loin de là! Vielmehr werden sie heute nur noch in einem restringierteren Rahmen und punktueller praktiziert. Dass die Einrichtung des *kugemura* (das Überbringen von Geschenken in Form von Nahrungsmitteln, vermehrt auch von Bier) von diesen Veränderungen nur wenig betroffen ist, erklärt sich vielleicht dadurch, dass es bereits traditionell allein in einem enger und klar begrenzten Rahmen praktiziert wurde (Gespr. 37:20f).

Die Bedeutungsminderung und fortschreitende Auflösung der vorkolonial hoch differenzierten Biertauschnetzwerke ist als Verfall der lokalen Sozialbeziehungen zu interpretieren. Im weiteren Rahmen entspricht das den Prozessen der Auflösung der vorkolonialen Gesellschaftsordnung mit ihren zahllosen feinen Status-Differenzierungen und Hierarchisierungen, den genau zugeschriebenen Positionen und Funktionen jeder Person innerhalb der engeren Lokalgruppe wie im Umfeld der weiteren Gesellschaft. Es handelt sich dabei um einen langfristigen Prozess als Resultat der tiefen Umwälzungen, denen die burundische Gesellschaft seit Ende des 19. Jahrhunderts ausgesetzt ist und worunter die europäische Kolonisation die folgenträchtigste war. Dazu gehört auch die veränderte Rolle des Staates und seiner stark verbreiterten Aufgaben, wozu die Sicherstellung einer grösseren sozialen und politischen Sicherheit gehört.

Im zeitlich engeren Rahmen gesehen, sind für die nachkolonialen Umformungsprozesse keineswegs nur wirtschaftliche Veränderungen verantwortlich. Vor allem unter der Zweiten Republik nahm der Staat direkten Einfluss auf die lokalen Sozialbeziehungen und die hier verbreitetsten Formen der Soziabilität, die er einzuschränken und teilweise zu unterbinden suchte, da sie seiner Steuerung und Kontrolle kaum zugänglich waren. Zu dieser Zeit sahen es die staatlichen Behörden ungern, wenn sich in privatem Rahmen zu viele Leute versammelten, wenn zu grosse Menschenmengen vollständig ausserhalb seiner „structures d'encadrement" zusammenkamen und tagelang Bier konsumierten. Das führte nicht nur zur Untersagung der traditionellen *kwâtirwa*-Mushingantahe-Investitur, die mit der damit einhergehenden Verschwendung und Korruption gerechtfertigt wurde, sondern ebenso zum Verbot der traditionell (und heute wieder) üblichen zeremoniellen Beendigung der Trauerzeit im engeren Sinn (levée de deuil partielle) wie zur behördlichen Bestimmung, die Biertauschbeziehungen gefälligst auf den Rahmen des engeren Hügels zu beschränken:

> „Man sagte uns, dass das Bier nur noch von den Leuten auf dem Hügel selbst (*ku mugina*) getrunken werden soll. Früher dagegen kamen die Leute auch von anderen, fernen Hügeln, sobald sie hörten, dass irgendwo ein Fest stattfindet. (...) Heute gibt es sogar anlässlich der *kwâtirwa*-Zeremonie kaum noch Bier: Wer von der Partei als Mushingantahe investiert wird, gibt höchstens

noch nach eigenem Gutdünken Bier an diejenigen aus, von denen er denkt, dass sie sich ansonsten zu sehr vernachlässigt und zurückgesetzt fühlten“ (Gespr. 37:19).

„Der Präsident der Zweiten Republik liebte die Feste nicht, er hat sie beinahe alle verboten. Die damaligen politischen Verantwortlichen waren allergisch gegen die Biergelage-Praktiken und jegliche Art von Menschenauflauf“ (Gespr. 33:25).

Früher gab es im Zuge der verschiedenen, mehr oder weniger zeremoniell begangenen Anlässe ein ständiges Hin und Her auch über längere Distanzen, die die regelmässig aktivierten weiteren Austauschnetze verdeutlichten (Gespr. 60:28f). Die Tatsache, dass der Staat in jeglichen zu grossen sozialen Zusammenkünften, die nicht unter seiner Ägide stattfinden, sogleich etwas Verschwörerisches sieht, spricht wahrlich für seinen polizeilichen Charakter und für die Hilflosigkeit einer isolierten, autokratischen Oligarchie, die die Soziabilität der Bürger qua Erlasse zu kontrollieren trachtet; darüberhinaus vertrug sie sich aber auch gut mit der „sozialistischen“ Orientierung des Regimes und mochte zum Teil durch dieses Modell bestimmt sein.

12.3 Zur Bedeutung der Basisstrukturen und Autorität der christlichen Kirche

Wenn wir die nachkolonialen nichtstaatlichen Autoritätsstrukturen auf lokaler Ebenen und die heutige Strukturierung von Lokalgruppe und Nachbarschaft untersuchen wollen, so genügt es nicht, die Biertauschnetzwerke und Kooperationsformen, das Bushingantahe und die untersten Formen staatlicher Organisation zu studieren. Seit der Kolonisation stellt die christliche (primär die katholische, aber an den wenigen Orten, wo sie existiert, auch die protestantische) Kirche durch ihre dezentrale Struktur auf der lokalen und sublokalen (Hügel-) Ebene in manchen Bereichen eine wichtige Ergänzung zu den vielfachen – sich aber erst seit der postkolonialen Zeit mehrenden – lokalen Organen des Staates dar. Die verschiedenen lokalen Organe der Kirche, über die ich im folgenden einen Überblick geben werde, übernahmen seit der Kolonialperiode nach und nach wichtige Aufgaben der Lokalgemeinschaft. Erst seit der IIème République beansprucht der Staat, diese Funktionen selbst abzudecken, ein Anspruch, den er freilich wegen der häufigen Dysfunktion seiner Organe nur mangelhaft zu erfüllen vermag. In der ursprünglichen Komplementarität zwischen Staat und Kirche liegt seither eine Quelle der Rivalität begründet.

Blenden wir kurz zurück. Nach anfänglichen Misserfolgen und Rückschlägen ab den 1880er Jahren gelang es den katholischen Missionaren nach einer Änderung ihrer Strategie ab Ende der zwanziger Jahre, zuerst die politischen Führer und einen namhaften Teil der Aristokratie für sich zu gewinnen, was zu den bekannten Massenbekehrungen in den dreissiger Jahren und der Hoffnung führte, aus „Ruanda-Urundi" die ersten schwarzen christlichen Königreiche zu formen.[11] Wiewohl Mwami Mwambutsa Bangiricenge sich zeitlebens nie zum Christentum bekehrte, besuchte er ab 1925 doch das Katechumenat und liess sich am 24. Dezember 1930 in Kitega christlich verheiraten (im Juli 1946 heiratete er ein zweites Mal, nun nach traditioneller Art); damit wurde weiteres wichtiges Terrain gewonnen und der Zerfall der religiösen Legitimation der monarchischen Herrschaft besiegelt. Die (nun christliche) Religion und Kirche spielten im kolonialen Herrschaftsarsenal eine wichtige Rolle, wie das in vielen europäischen Kolonien der Fall war. Während die wirtschaftliche Mobilisation dem Kolonialstaat zukam, wurden die sozialen Aufgaben der Kirche anheimgestellt: das Erziehungs- und das Gesundheitswesen wurden den Missionaren überlassen, was bald seine Folgen hatte:

> „Les missions s'engagèrent dans un important travail d'implantation en milieu rural qui fit d'elles très rapidement les lieux de destination privilégiés des populations, la panolie des prestations missionnaires couvrant alors pratiquement tous les domaines de la vie collective des populations" (Guichaoua 1989a:106f, cf. Pabanel 1991:281).

Die missionarische Tätigkeit beschränkte sich jedoch nicht auf das Sozialwesen, sondern dehnte sich schon früh auf das wirtschaftliche Gebiet aus, indem Landwirtschaftskooperativen (coopératives de distribution et de consommation) und kleine Handwerksbetriebe ins Leben gerufen und gefördert wurden. Die Wirksamkeit und der Erfolg dieser Strukturen fanden ihren Ausdruck in der Bildung kleiner urbaner Zentren und „Entwicklungspole" in den ländlichen Gebieten und in einer langen Zeit wenig ausgeprägten Land-Stadt-Migration (ibid.). Daneben behielt die Kirche ein eigentliches Monopol über die Gesundheits- und Bildungseinrichtungen. So ist es nicht überraschend, dass mehr als 60% der Bevölkerung sich zum katholischen Glauben (und weitere knapp 10% zu verschiedenen protestantischen Kongregationen) bekennen, wenn das auch nicht heissen muss, gleichzeitig den traditionellen Glaubensvorstellungen und religiösen Praktiken abzuschwö-

---

[11] Cf. Gorju 1934, Keuppens 1959, Revue des Grands Lacs 1936, Gahama 1983:226-31, Kap. 6.2 & 6.3. Während 1925 nur ein knappes Sechstel aller Chefs und Sous-chefs getauft oder im Katechumenat war, hatten sich 1933 bereits 21 von 33 Chefs zum christlichen Glauben bekannt (dazu 8 Katechumenen); auf seiten der Sous-chefs waren es 339 von 649 (und weitere 196 im Katechumenat) (Leloir 1936:293, Gahama 1983:229).

ren (das Proselytentum ist bis heute verbreitet). Die wirkungsvolle Ergänzung zwischen (kolonialem) Staat und (katholischer) Kirche blieb auch während der ersten Phase nach erreichter politischer Unabhängigkeit im grossen und ganzen unangetastet.

„A l'époque de la royauté et sous la Ire République, l'Etat indépendant n'a pas exercé toutes ses fonctions régaliennes. La sous-administration, la perpétuation du modèle colonial belge, cohabitaient avec le jeune Etat. Les querelles ethniques ont encore affaibli celui-ci. L'arrivée au pouvoir de J.-B. Bagaza modifie profondément la situation. L'expérience de la IIe République manifeste l'installation systématique de l'Etat dans la société burundaise" (Pabanel 1991:287).

Tatsächlich wurde der Staatsausbau erst unter Bagazas Regime zügig vorangetrieben; mit der Übernahme zahlreicher neuer (nun als staatlich definierter) Aufgaben wuchsen Staatsdienste und Bürokratie (d.h. auch: die Anzahl der Staatsstellen für eine neue Funktionärsschicht – mithin die Möglichkeit, über den Staat ein Ein- und Auskommen zu erlangen) um ein beträchtliches an. Dieser fortgesetzte Prozess der „Staatsbildung" äusserte sich sowohl auf politischem Gebiet (Schaffung neuer Gemeinden und Provinzen, später vor allem Ausbau der Sicherheitsdienste), wie auch im Bereich des Sozialen (neue, dezentrale Gesundheitsdienste, etc.), des Ökonomischen (Gründung zahlreicher neuer Staatsgesellschaften, z.B. zum Aufkauf und Transport der Exportgüter Kaffee, Tee und Baumwolle, etc.) wie im Bildungsbereich (Vereinheitlichung des Primarschulsystems, usw. (cf. Kap. 9.3). Mit dieser neuen Rolle eines wirtschaftlichen und sozialen Unternehmers stiess der Staat aber auf eine Gebiet vor, das seit langem von der katholischen Kirche besetzt war: Diese verfügte über ein Netz von Krankenstationen und Bildungseinrichtungen, die mit den *yaga mukama*-Katechetenschulen, den Petits Séminaires, dem Collège de Saint-Esprit und dem Grand Séminaire in Bujumbura ursprünglich die ganze Gamme von Alphabetisierungsklassen bis Hochschule abdeckten; dazu kamen eine unter ihrer Ägide gegründete Kooperativen-Föderation, ein Bank- und Kreditsystem sowie zahllose Kleinhandwerksbetriebe mitsamt den dazugehörigen Ausbildungsstätten (cf. Pabanel 1991:287).

Da es nicht ins (sozialistisch orientierte) Konzept der „II. Republik" passte, eine derartig ergänzende (und nun: konkurrierende) Parallelstruktur und Gegenmacht neben sich zu dulden, kam es zu einem Kräftemessen, das seinen Höhepunkt Mitte der achtziger Jahre in Kirchenschliessungen, Messeeinschränkungen und in der Ausweisung des Gros' der Missionare fand, nachdem bereits in den vorangehenden Jahren zahlreiche kirchliche Einrichtungen in ihrem Funktionieren behindert (wie die kirchlichen Kooperativen) oder ganz verboten worden waren (von den *sahwanya*-Gebetsgruppen über die *yaga mukama*-Klassen bis zur katholischen Wochenzeitung *Ndongozi*).

Dieser Konflikt blieb nun aber – dies ist für uns das Zentrale - nicht auf das Gebiet der Kirche und ihrer Einrichtungen beschränkt, sondern er hatte besonders für die ländliche Bevölkerung weitere Auswirkungen, indem er zu einer systematischen Blockierung jeglicher Organisationsformen führte, die unabhängig von den Staatsstrukturen existierten. Die „zivilgesellschaftlichen" Organisationsformen wurden als unliebsame Konkurrenz zum Staat aufgefasst: Die (gut organisierten und verankerten) *sahwanya*-Gebetsgruppen konkurrierten mit den *agacimbiri*-Cellules der Staatspartei, die kirchliche Wochenzeitung mit den offiziellen Blätter „Le Renouveau" und „Ubumwe", etc.. Allen diesen nichtstaatlichen Strukturen sollten die Organisationsgrundlagen entzogen bzw. sie verboten werden zugunsten der Entwicklung staatlicher Strukturen (Pabanel 1991:288).

Diese Politik wies nicht nur Elemente des sich „sozialistisch" nennenden Staatsmodelles auf, sondern war stark geprägt vom Verletzlichkeitsgefühl der sich ethnisch definierenden Minderheit (zentriert um einige Batutsi-Bahima-Clane aus dem Süden mitsamt ihrer Klientelen), die die Macht weitgehend in ihren Händen monopolisierte und sich durch alle Organisationsformen ausserhalb der Partei- und Staatstrukturen bedroht fühlen musste (cf. Braeckman 1987). Wir müssen wiederum feststellen, dass diese staatliche Innenpolitik aktiven Partizipationsmöglichkeiten der breiten Bevölkerung nicht förderlich war. Das galt insbesondere für die grosse ländliche Bevölkerungsmehrheit, die die Hauptbetroffenen der technokratischen Entwicklungsmethoden war. Diese äusserten sich sowohl in der Errichtung schwergewichtiger bürokratischer Strukturen wie der „Sociétés régionales de développement" (SRD) und regionaler Wirtschaftsplanungskommissionen, wie auch in der Schaffung des „Monagri" („moniteurs agricoles") -Einbindungs- und Kontrollsystems, mit dem sich die Bauern in ihrem ländlichen Alltag konfrontiert sahen. Pabanel diagnostiziert als Resultat dieser Situation „l'atonie / l'assujettissement de la société civile" (1991:289). Diese Begriffe sind jedoch ebenfalls in dem Sinn zu hinterfragen und zu kritisieren, als sie den Eindruck erwecken, dass die Zivilgesellschaft in einer früheren Phase ein lebendigeres, von der staatlichen Organisation unabhängigeres Eigenleben gekannt hätte. Dem war aber nur beschränkt so: Wie wir gesehen haben, hatten zur vorkolonialen Zeit das Bushingantahe wie das „feudale" System persönlicher Bindungen klientelistischer Natur, die neben den Biertrinkzirkeln einen wichtigen Teil der Sozialbeziehungen banden und bestimmten, Teil an der Herrschaftsordnung, geradeso wie die neu importierte christliche Kirche unter dem Kolonialregime.

Erst mit der Zersetzung und Desakralisierung der alten monarchischen Ordnung unter der Kolonialherrschaft, die die Delegitimierung und Sprengung formaler klientelistischer Verhältnisse ebensowie die Abwertung von auf Reziprozität beruhenden Beziehungen mit sich brachten (Prozesse, die sich nach der Dekolonisation und der Abschaffung der Monarchie noch verstärkten), entstand hauptsächlich in ruralen Gebieten Raum und Bedürfnis nach neuen, auch horizontalen sozialen Strukturierungen bzw. fand sich die Kirche in der Position einer potentiellen Gegenstruktur zum neu eingerichteten Staate vor. Hierin sind wichtige Gründe der von Pabanel diagnostizierten „Atonie" der zivilen Gesellschaft zu orten. Geleitet von ihrer politischen Ausrichtung und der beschriebenen Herrschaftsposition versuchten die politischen Führungsgruppen unter republikanischem Regime, möglichst viel vom „frei" gewordenen, destrukturierten (rechtlichen, sozialen und ökonomischen) Feld selbst zu besetzen.

Wir haben diesen Vorgang am Schicksal des Bushingantahe verfolgen können, und in diesem Kontext müssen auch die Möglichkeiten und Grenzen der kirchlichen Organisationskraft und der Konflikt Kirche - Staat situiert werden. Die christliche Kirche blieb als wichtigste, am besten organisierte Struktur neben dem Staat bestehen. Ihr Vermögen, auf mehreren Gebieten ein gewisses Gegengewicht zu den staatlichen Strukturen zu bilden, erklärt zu einem guten Teil ihren beachtlichen Erfolg besonders in den ländlichen Gebieten. Die Kirche stellt seit der republikanischen Zeit ein im lokalen Raum bedeutsames Autoritätssystem dar. Vielerorts versucht sie selbst, für die weiter im Verfall begriffenen Formen sozialer und gemeinschaftlicher Organisation – eine Lücke, die der Staat in den meisten Fällen nicht aufzufüllen vermag – von kirchlicher Seite Ersatz zu schaffen. Man muss sich hier vor Augen halten, dass sich in den ländlichen Gebieten bis heute 60-65% der Bevölkerung zum christlichen Glauben bekennen, d.h. christlich getauft sind, und dass sich immerhin ungefähr 30% der Bevölkerung aktiv am kirchlichen Leben beteiligen. Die Zahl der aktiv praktizierenden Gläubigen ist jedoch im Schwinden begriffen. Bei dem sich auch in ruralen Regionen beschleunigenden Wertewandel sind es vornehmlich die Jungen, die sich in zunehmendem Masse von der Kirche und ihren Tätigkeiten abwenden, auch wenn die Kirche dem mit dem Aufbau verschiedener Jugendbewegungen zu begegnen sucht.

Verschaffen wir uns einen ersten, stark gerafften Überblick über die lokale Organisation und Verankerung der (in erster Linie) katholischen Kirche. Die katholische Kirche ist auf dem gesamten Gebiet Burundis auf lokaler Ebene seit längerem wohl organisiert, was noch nicht heisst, dass ihre Strukturen überall mit der gleichen Lebendigkeit funktionieren. Das ganze Land ist in Pfarreien eingeteilt, die in der Regel etwas grösser als die heutigen politischen Gemeinden sind und deren – bedeutend stabilere – Grenzen sich kaum je mit denjenigen der politischer Verwaltung decken. Innerhalb ihres Einzugsgebietes verfügt jede Pfarrei über mehrere „succursales", über dezentralisierte „Pfarreizentren"; in grossen Gemeinden können es ihrer zehn bis zwanzig sein. Je nach Pfarrei hat eine Succursale das Gebiet mehrerer, vielleicht 2-5 Zensushügel abzudecken, um eine Grössenordnung zu geben. Hier wird mindestens einmal die Woche – meistens sonntags – die

Messe gelesen; dazu steht eine „Kapelle“ – ein einfacher Unterstand oder ein geräumiger Bau aus Adobeziegeln – zur Verfügung. In einigen Pfarreien sind zudem jeweils mehrere Succursales zu einer „Section“ zusammengeschlossen, innerhalb der das pastorale Leben (Taufen, Heiraten, Katechese, etc.) koordiniert wird.

Die unterste Einheit bildet auch in kirchlichen Angelegenheiten der Hügel (*umusózi*). Jede Succursale setzt sich aus mehreren „collines paroissiaux“ (*imisózi*) zusammen. In einigen Gebieten folgen diese den natürlichen Grenzen des „Kleinhügels“ und entsprechen damit auch der polit-administrativen Einheit der *agacimbiri*-„Cellule“, vor allem aber der kleinsten Lokalgemeinschaft. In anderen Gebieten sind sie grösser. Sie sind in ihrem Umfang jedoch vielfach begrenzter als die administrativen Zensushügel.

Der „Pfarreihügel“ bildet die wichtigste kirchliche Basiseinheit. Für uns ist von Bedeutung, dass die kirchlichen Basisstrukturen einige wichtigen Autoritätspositionen im engen lokalen Raum eröffnen. Dem Pfarreihügel steht ein spezielles kirchliches Organ vor, das für die lokale „Gemeinde“ der Gläubigen verantwortlich ist. Es handelt sich dabei um den *inâma nshingwa'muryango*, den „Rat der (Kirch-) Gemeinde-Verantwortlichen“.[12] In Regionen, in denen das Christentum besonders lebendig ist, gibt es auf der Ebene mehr oder weniger jedes geographischen Hügels einen „Kirchgemeinderat“. Es ist gleich anzufügen, dass diese unterste Organisationsstruktur der Kirche nirgends sehr rigid ist, sondern vielmehr höchst locker und oft diffus bleibt. Sie weist von Pfarrei zu Pfarrei grosse Unterschiede auf. Im allgemeinen misst man ihr offensichtlich keine besondere Wichtigkeit zu. Es zeigt sich hier mithin dasselbe Merkmal, das auch die polit-administrative Organisationsstruktur kennzeichnet: eine auffallende Nachlässigkeit in allem, was den Umgang mit den Basisgemeinschaften betrifft.

Der *nshingwa*-Rat sollte sich aus einem Dutzend Mitgliedern zusammensetzen. An seiner Spitze steht der *umukúru w'inâma*, der seinen Stellvertreter hat (*icegera* oder *igisongerezi*). Der Titel der Hügelratsmitglieder – *nshingwa'muryango* – wird primär für den Ratsvorsitzenden verwendet.[13] Oft sind einzelne Ratsmitglieder für spezifische Tätigkeitsbereiche zuständig. Diese Aufgabendifferenzierung des kirchlichen Hügelrates vermittelt uns einen Einblick in seine verschiedenen Tätigkeiten. In der Regel gibt es einen speziellen Verantwortlichen für die Kranken (*inshingwa'barwaye*) ebensowie einen Verantwortlichen für die Armen (*inshingw'aboro*, auch *karitas* geheissen), manchmal überdies einen Finanzverantwortlichen und Kassier (*inshingw'ikigaga*). Für die Ratsmitglieder (*inshingwa*) wird vielfach auch die ältere Bezeichnung *abanyemana* verwendet (wörtlich „diejenigen, die den Rat teilen“, oder synonym *abajenâma*)[14], womit eigentlich die Diakone, die subalternen Geistlichen und Gemeindehelfer, gemeint sind.

Es liegt allein in der Kompetenz der Hügelgemeinde, ihren „Hügelrat“ zu bestellen. Der Anstoss dazu geht meistens von der lokalen Pfarrei aus, die die Gläubigen des betreffenden Hügels auffordert, ihre *abanyenama*-Vertreter zu ernennen. Es ist die Versammlung aller aktiver Gläubigen, die ihre *inshingwa*- oder *abanyenama*-Vertreter in allgemeiner Wahl bestimmt und in den Hügelrat abordnet. Es handelt sich hierbei auch um ein bedeutsames politisches Faktum: Es zeigt sich, dass ein nicht vernachlässigbarer Teil der einfachen Leute auf den Hügeln mit dieser Art der Mandatierung – dem Verfahren der Nomination von unten – durchaus vertraut sind – sowohl mit ihren Vorteilen wie mit ihren Schwächen und Gefahren.

Durch die Hügelräte ist es der Kirche möglich, die christlichen Basisgemeinden zu organisieren und lebendig zu halten. Sie bilden ein in seiner Wichtigkeit nicht zu unterschätzendes Organisationsorgan und machen es möglich, einen direkten Kontakt zu den einfachen Bauern aufrechtzuerhalten. Diese Einrichtung konnte so nicht umhin, zu gewissen Zeiten auf seiten des Staates Anstoss zu erregen. Unter Bagazas Zweiter Republik, die sich wie gesehen durch einen prononcier-

[12] *Inshingwa'muryango* bedeutet wörtlich „der Verantwortliche der [christlichen] Familie“.

[13] Dieser erste *nshingwa'muryango* wird auch als *umukúru w'inâma* oder *umwandizi* bezeichnet.

[14] Bis 1974 wurden mit *abanyenama* die kirchlichen Vertreter auf der Hügelebene bezeichnet (Gespr. 74:2).

ten Antiklerikalismus auszeichnete, wurden 1979 die bis dahin als *inâma sahwanya*[15] bezeichneten kirchlichen Hügelräte und Gebetsgruppen mit einem Verbot belegt und mussten vorübergehend aufgelöst werden (cf. Reyntjens 1989, Pabanel 1991:287f). Der autokratische Staat mochte keine dezentral auf Hügelebene organisierten Vereinigungen dulden und musste in ihnen ein anti-staatliches Organisationspotential und damit eine Gefahr für die oligarchische Herrschaftsordnung oder zumindest eine Gefährdung des staatlichen Versammlungs- und Organisationsmonopols und eine unliebsame Konkurrenzierung der Parteiversammlungen erkennen.

Neben den ehrenamtlich tätigen *inshingwa'muryango-* oder *abanyenama*-Räten gibt es im Gebiet jeder Succursale in der Regel mehrere Katecheten, deren Anzahl nicht näher bestimmt ist. Diese *abamenyeshamana* (wörtlich: „die, die Gott bekannt machen“) sind für die Unterrichtung in allen religiösen Angelegenheiten zuständig und sind auf der Hügelebene die einzigen kirchlichen Funktionäre. Sie erhalten eine regelmässige, geringe Entschädigung – die Hauptvergütung erwartet sie naturgemäss im Jenseits. Manchmal gehört der eine auch dem kirchlichen Hügelrat an. Von ihrem Wissen und ihrer Bildung her – wie bescheiden letztere auch sein mag – nehmen sie auf ihrem Hügel eine sehr wichtige und einflussreiche Stellung ein. Es ist nicht ausgeschlossen (offenbar vor allem in peripheren Gebieten nicht), dass die christlichen Katecheten die religiösen Spezialisten im weitesten Sinne sind; im nicht selten parallel zum christlichen Glauben praktizierten Kubandwa-Kult können sie in Extremfällen gar die Rolle der *ibishegu*, der Kiranga-Priester, übernehmen (Gespr. 71 & 72; cf. Kap. 4.5). Wenn das jedoch in ihrer christlichen Gemeinde ruchbar wird, werden sie unverzüglich ihres Amtes enthoben.

Um den Tour d'horizon der religiösen und zumal kirchlichen Autoritätsträger im lokalen Rahmen abzuschliessen, müssen noch einige weitere, besonders autoritative Hilfskräfte auf der Ebene der Gesamtpfarrei erwähnt werden. Hier gibt es zum einen einige *abahanuzi*-Friedensrichter und -Ratgeber in Religionsangelegenheiten (im biblischen Sinn die „Propheten“), zum anderen die *abasangizi*-Kommunalhelfer (vom Verb *gusangiza*, „faire participer, communier“). Letztere, die nur durch Bischofsgewalt eingesetzt werden können und über ein spezielles Gewand verfügen, können in gewissen Situationen für den Priester einspringen und seine Aufgaben – eine letzte Ölung oder die Zelebrierung der Kommunion – übernehmen. Bei ihnen handelt es sich um für ihre moralischen Eigenschaften rundum geachtete „Bashingantahe“, die „Elite der Gläubigen“ (Gespr. 74). Der Begriff *mushingantahe* ist hier durchaus in seinem traditionellen Sinn zu nehmen – nicht selten wurden sie noch nach alter Art *kwâtirwa*: Sie müssen einen besonderen Sinn und ein gutes Gespür für das Wort haben – Autorität besitzt, wir haben es mannigfach gesehen, wer das Wort hat.

Zur Unabhängigkeit und – mehr oder weniger – starken Stellung der Kirche im lokalen Raum trägt bei, dass sie über ihre eigenen Finanzquellen verfügt. Ein wichtiger Teil ihrer Einnahmen kommt über die Kirchensteuer (die „dîme“, Zehnt)[16] zusammen, die in der Regel je Pfarrei, manchmal aber auch dezentral im Rahmen der Pfarreihügel eingezogen wird. Aus diesen Einkünften werden vielerorts die Katecheten bezahlt. Zudem wird jeden Sonntag ein Opfer für die Armen gesammelt, und manchmal werden zusätzlich spezielle Abgaben für die Alphabetisation (vornehmlich im Rahmen der kirchlichen *yaga mukama*-Klassen) eingezogen. Die meisten Pfarreien verfügen zudem über ein ausserordentliches Budget, das hauptsächlich von verschiedenen aussenliegenden Quellen gespeist wird.

Wie wirksam und funktionstüchtig die kirchlichen Basisstrukturen in einer Pfarrei sind, hängt in erster Linie vom lokalen Klerus – vom Priester und den Katecheten etc. – ab. Es gibt Pfarreien, in denen die *inshingwa'muryango*-Räte lediglich auf der Ebene der Pfarreizentren funktionieren oder deren Tätigkeit ganz eingeschlafen ist. In anderen dagegen treten sie regelmässig auf der Ebe-

[15] *Sahwanya* ist übersetzbar mit „Vereinigung“, abgeleitet vom Verb *guhwânya*, „sich versammeln, vereinigen“, und von *guhwâna*, „se rencontrer, être au même point; se réunir“ (Rodegem 1970:185).

[16] 1989 betrug sie für einen erwachsenen Mann FBu 300.-, für jede erwachsene Frau FBu. 150.- (der UPRONA-Parteibeitrag beträgt im Vergleich dazu seit 1989 FBu 100.-).

ne aller Hügel zusammen und erfüllen hier verschiedene soziale Funktionen. Die sonntäglichen Versammlungen und Diskussionen in diesem Rahmen können sich über mehrere Stunden hinziehen. Zu dieser Gelegenheit werden nicht nur kirchliche und religiöse Themen im engeren Sinn zur Sprache gebracht; nach Gottesdienst, Gebeten und kirchlichen Informationen werden vielfach Themen debattiert, die die Leute in ihrem alltäglichen Leben auf den Hügeln beschäftigen. Es kann um Fälle von (von der Kirche nicht tolerierter) Polygamie gehen oder um die Gründe, weswegen die Kinder nicht die Schule besuchen. Des öfteren kommt es zu Palavern um Konflikte und Streitangelegenheiten (*imanza*). Vor diese lokalen Kirchenversammlungen werden hauptsächlich Fälle gebracht, in denen der oder die Betreffende um Verständnis von seiten der Lokalgemeinschaft sucht und die im Rahmen der Familie – der Kernfamilie oder der lokalen Deszendenzgruppe – nicht geregelt werden konnten; es kann sich dabei sowohl um Erb- wie um Ehekonflikte oder kleine Diebstähle handeln. Konflikte grösseren Ausmasses dagegen, bei denen es einer offiziellen Anerkennung und Regelung bedarf (wenn es z.B. um grössere Geldbeträge oder um Landrechte geht), müssen vor staatliche Organe getragen werden. Selbstverständlich werden Konflikte, die innerhalb der Deszendenzgruppe (über die *„bashingantahe" bo mu muryango* und den *samuragwa*) oder der engeren Nachbarschaft durch die *bashingantahe bo ku mugina* (cf. Kap. 4.4) geregelt werden können, nicht vor kirchliche oder staatliche Organe gebracht. Dabei handelt es sich nicht um eine Frage der Diskretion, sondern der Kompetenz: wer will sich schon in etwas dreinreden lassen, das selbst gelöst werden kann. Auf der Ebene des Hügels und der Lokalgemeinschaft ist in jedem Fall allen alles bekannt – die soziale Kontrolle ist hier sehr hoch, und in diesem Sinn lässt sich mit Twagiramutara von „communautés totalisantes" sprechen (1976:125).

Die relativ – vor allem im Vergleich zur Staatspartei – zwanglosen Versammlungen und Zusammenkünfte im Rahmen der Lokalkirche übernehmen in einem weiteren Sinn eine wichtige Funktion. Sie sind für die Bevölkerung im lokalen Rahmen ein wichtiges Ausdrucksorgan, das es ihr erlaubt, ihre Meinungen und Hauptsorgen – „leurs préoccupations quotidiennes" – vorzubringen. Durch die hier gebotene Möglichkeit des öffentlichen Ausdrucks sind sie ein wichtiges Mittel der „sozialen Lokalisierung" und „Positionierung". Sie erlauben es, das Wort (*ijambo*) zu ergreifen und es zu formen: dadurch, dass man seine rhetorische Beschlagenheit und Eloquenz unter Beweis stellen kann, lässt sich soziale Anerkennung erwerben und die Bestätigung oder gar Erhöhung des persönlichen Prestiges erreichen. Unter diesem Aspekt geht es mithin weniger um einen Informationsaustausch – es gibt im Rahmen des Hügels wie gesagt kaum Geheimnisse – als um eine Bestätigung und Absicherung der lokalen Sozialordnung. Ähnlich wie die Biertrinkzirkel erlauben sie es, die Struktur und Dynamik der lokalen Sozialbeziehungen zum Ausdruck zu bringen – ein Faktor, der zu einem guten Teil die Attraktivität öffentlicher Zusammenkünfte erklärt, und das in einer Gesellschaft, in der dem öffentlichen Wort und dem Umgang mit ihm eine ausgesprochen hohe Bedeutung zukommt (cf. Kap. 4.3.4).

Unter den Umständen der weitgehenden Blockierung aller zivilgesellschaftlichen, nichtstaatlichen Organisationsformen seit dem zweiten republikanischen Regime musste den kirchlichen Zusammenkünften im lokalen Rahmen und ihren Führern und Animatoren eine zusätzliche Bedeutung zukommen, eine Bedeutung und Funktion, die ich oben umrissen habe. Die untersten Kirchenverantwortlichen gehören heute zu den wichtigsten „kleinen Führern" im lokalen und sublokalen Bereich. Ihnen, die für die Leitung der Zusammenkünfte und Palaver und die Organisation verschiedener gemeinschaftlicher Aufgaben auf Hügelebene zuständig sind, kommt beträchtlicher Einfluss und Autorität zu, die je nach Person diejenige der homologen Staatskader bei weitem übersteigen. Dass ihre Autorität auf unterster Ebene nicht allein auf klerikale Bereiche begrenzt bleibt, wird darin deutlich, dass sie sich nicht nur kirchlichen Tätigkeiten im engeren Sinn widmen. Die vielförmige soziale und gemeinschaftliche Unterstützung und der Beistand in rechtlichen Frage stossen heute auf ein breites Bedürfnis der einfachen Hügelbevölkerung.

Es sei hier noch ein Wort zur Person der lokalkirchlichen Autoritätsträger angefügt. Von besonderer Relevanz sind die Beziehungen (Berührungspunkte, allfällige Überschneidungen und Kumulationen) der Amtsinhaber zu anderen Autoritätssystemen, vor allem zu Bushingantahe und Staatspartei. Ich habe darauf hingewiesen, dass es sich bei den *inshingwa*-Räten und subalternen Geistlichen durchaus um Bashingantahe „aus altem Holz" handeln kann. Das ist aber nicht die Regel. Sie müssen in erster Linie vorbildliche Christen sein: Sie dürfen weder im Konkubinat leben, noch ungetaufte Kinder haben, nicht mit den Kiranga-Praktiken liebäugeln oder gar den Ruf eines Magiers und Giftexperten (*umurozi*) haben. Die lokale Gemeinde achtet genauestens auf die Einhaltung dieser Verhaltensmassregeln und denunziert jeden Verstoss bzw. nimmt diesen zum Anlass, die entsprechende Person unverzüglich ihrer Verantwortungsposition zu entheben. Im Normalfall verträgt sich eine kirchliche Position auch nur schlecht mit der Einnahme eines staatlichen Amtes, und sei dieses noch so unbedeutend. Meistens sieht es die Bevölkerung ungern, dass ein kirchlicher Verantwortlicher gleichzeitig ein Parteiamt versieht. Derartige Fälle sind aber trotzdem nichts Aussergewöhnliches.

Es ist zweifellos so, dass die beiden einflussreichsten Ideologieapparate – die staatliche Einheitspartei und die katholische Kirche – sich in gewissen Bereichen gegenseitig ausschliessen und nur schwer miteinander zu vereinbaren sind; gleichwohl gibt es Pfarreien, an deren Wänden die Effigie des UPRONA-Nationalhelden Prinz Rwagasore friedlich neben derjenigen des Erzengels Gabriel und einem Kruzifix hängt. Seit der Installierung des Regimes der Dritten Republik herrscht eine einigermassen friedliche Koexistenz und eine bemerkenswerte Verträglichkeit der beiden Institutionen. So ist es heute nichts Besonderes mehr, wenn beispielsweise der Curé (*umupadiri mukúru*) – eine der wichtigsten Autoritätsinstanzen in jeder Commune – die Hügelchefs oder andere Verwaltungskader bittet, während der samstäglichen TDC-Arbeiten – eines wichtigen Treffpunkts und privilegierten Ortes von Kommunikation – den Teilnehmenden kirchliche Informationen weiterzugeben.

Das Schicksal der Kirche ist gleich mehrfach mit demjenigen der Staatspartei verknüpft. Die Tatsache, dass die Einheitspartei nach nahezu drei Jahrzehnten politischer Unabhängigkeit und dem Verblassen der Gründerideale und -generation heute unter einem zunehmenden Bedeutungsverlust leidet und ihr Wort immer breiteren Schichten als hohl erscheinen muss, ist zu einem gewissen Teil für die Attraktivität der Kirche und den Zustrom, den sie erhält, verantwortlich. Die Kirche ist heute in vielen Gemeinden die bedeutendste nichtstaatliche Organisationsstruktur und nicht selten der dynamischste Aktivitätspol. Mit der Zeit kann die Initiative zu Tätigkeiten im Rahmen der Kirche auch von den Leuten selbst ausgehen, ohne dass es der Animation des Klerus bedarf. Die Bevölkerung hat vielmals ein lebhaftes Interesse daran, den Raum, den die Kirche zur Verfügung stellt, für ihre Bedürfnisse zu nutzen. Dabei kann es vorkommen, dass diese sich nicht unbedingt mit den Wünschen des Klerus decken, wenn letzterer zum Beispiel beim Zusammentreten von Gesangsgruppen nicht die Soziabilität, sondern die Spiritualität im Vordergrund sehen möchte.

Sind die Ausübung des Glaubens und die Kirche ganz allgemein die Orte, an denen sich heute die Bevölkerung quer durch alle Schichten zusammenfindet? Die Antwort darauf ist – wie in einer ausgeprägt hierarchisierten Gesellschaft nicht anders zu erwarten – klar negativ. Die Kirche spricht in erster Linie die einfacheren Leute an, und das heisst auf dem Land hauptsächlich die bäuerliche Bevölkerung. Die ländliche Elite dagegen – all die verschiedenen Funktionäre, die wenigen Kaufleute und besser Gebildeten – praktiziert den christlichen Glauben kaum je aktiv und ist ihm allgemein wenig zugetan. In vielen Pfarreien versucht der Klerus deshalb, sie gesondert anzusprechen und organisiert eigens an sie gerichtete, manchmal auf Französisch gelesene Messen; trotzdem ist deren Besuch nicht besonders rege. Diese Feststellung ist nicht ohne Bedeutung. Sie zeigt, dass es zwischen den beiden wichtigsten Ideologieapparaten Kirche und Einheitspartei auch im von ihnen erreichten Publikum eine weitgehende Übereinstimmung und eine potentielle, wenn auch nicht notwendige Konkurrenz gibt.

Wir haben im vorangehenden Kapitel festgestellt, dass die staatliche Macht in weiten Teilen rein verwaltend, bürokratisch und anonym bleibt und sich durch Desinteresse für die Welt der Bauern ebenso auszeichnet wie durch die fehlende Berücksichtigung bäuerlicher Bedürfnisse. Den Bauern werden die elementarsten Ausdrucksmittel vorenthalten oder diese derart manipuliert, dass sie sich zum Narren gehalten, nicht für voll genommen und übergangen vorkommen müssen, so dass sie lediglich den Wunsch haben können, möglichst in Ruhe gelassen und etwas weniger geschröpft zu werden. Der Staat ist heute freilich so epiphytengleich nicht mehr – die meisten Bauern könnten ohne ihn kaum noch auskommen und sind über vielsträngige Abhängigkeitsverhältnisse an ihn geknüpft. Auch wenn die Bauernschaft noch über einen relativ sicheren Bodenzugang verfügt, heisst das nicht notwendigerweise, dass sie „uncaptured" ist, wie Hyden postuliert (1980, 1983, etc); selbst in Fällen von nur schwacher ökonomischer Einbindung ist sie längst „captured/ eingenommen". Ihre Beziehung zum „modernen" Staat bleibt aber meist distanziert und ambivalent; die hypokritische (und „neologistische") Aufnahme ehrwürdiger Termini in die offizielle politische Rhetorik, die der Perzeption des Staates durch die Bauern nicht mehr entspricht, und die oft wenig einsichtigen Verordnungen des Staates können im Verein mit der zunehmenden Ressourcenverknappung nicht anders, als die Reste der traditionellen Autorität zu zersetzen und zu zunehmender Anomie zu führen. In dieser Situation erklärt sich der Erfolg der Kirche dort, wo diese bemüht ist, an der Basis anzusetzen, die Bauern ernst zu nehmen und sie in kleinen Schritten voranzubringen; neben den Bemühungen auf sozialem und spirituellem Gebiet sind dafür hauptsächlich die zahlreichen Kleinprojekte im ökonomischen Bereich ausschlaggebend (von Pflanzgärten und Zugang zu selektioniertem Saatgut und Setzlingen bis zu Kleinkrediten, Kooperativenförderung und Handwerkerateliers, Grundschulung auf verschiedensten Gebieten, etc.). Von daher ist die ambivalente und zeitweise feindliche Haltung des Staates gegenüber Teilen der Kirche durchaus begründet. Dass die Kirche das bei aller Machtentfaltung des Staates entstehende Autoritätsvakuum allein zu füllen vermag, ist allerdings trotz positiver Beispiele zu bezweifeln. Der Autoritätsverlust ist heute ubiquitär, wiewohl er in der bäuerlichen Bevölkerung immer noch abgefedert wird durch ideologische Elemente der alten Monarchie, die eine zyklische Neuordnung der staatlichen Verhältnisse vorsah.

Es fragt sich heute, ob allein institutionelle Änderungen auf seiten des Staates hier einen Wandel zu bringen vermögen. Es bedürfte einer grundlegenden Veränderung der Beziehungen zwischen Behörden, Eliten und bäuerlicher Bevölkerung. Das Wort des Staates ist heute verbraucht, die Staatspartei hat kaum noch ideologische Ausstrahlung. So vermögen denn auch die neuen ideologischen Einbindungsversuche, die Wiederaufwertung nationaler Symbole und die vom Staat organisierten sozialen Anlässe (kulturelle und sportliche Begegnungen auf dem Lande und für ganze Ämterbelegschaften in der Stadt, und Tänze und Feste hauptsächlich für die Jungen), auf die seit Ende 1988 vermehrt zurückgegriffen wird, um die sozialen Spannungen zu mindern, kaum noch zu verfangen. Höchstens wenn die Saite der burundischen oder „afrikanischen Authentizität" gespielt wird, horchen die Leute auf und sind bereit, einen Moment lang mitzumarschieren, aber nur, um in den meisten Fällen zu entdecken, dass der Weg nicht zu den erhofften neuen Horizonten führt. Unter derartigen Umständen, in denen der Glaube an die staatliche Autorität, ein staatliches Recht und einen nationalen Zusammenhalt weitgehend fehlt, kommt den lokal basierten, von unten begründeten Autoritätsstrukturen eine besondere Bedeutung zu. Gerade dann, wenn es keinen fest institutionalisierten Rechtsstaat und keine allgemein anerkannten moralischen Normen gibt, und wenn zusätzlich politische Macht immer noch etwas hoch Personalisiertes und Personifiziertes ist, muss der Glaube an die persönliche Autorität alles andere ersetzen. In diesem Kontext ist den „kleinen Führern", den Autoritätspersonen an der Basis im lokalen Raum (und dazu gehören u.U. auch die lokalen Parteifunktionäre!), grösste Bedeutung zuzumessen. Der Erfolg von

Staat und Kirche ist heute wie in Zukunft davon abhängig, wie weit es ihnen gelingt, mit diesen untersten Führern identisch zu bleiben.

Die ländliche Bevölkerung sucht heute vermehrt Zuflucht und Abstützung in Organisationsformen, die jenseits und ausserhalb der vom Staat bereitgestellten und vorgesehenen Strukturen, die ihre Wirksamkeit, noch viel mehr aber ihre Glaubwürdigkeit verloren haben, liegen. In diesem Zusammenhang ist auch der ausserordentliche Aufschwung und die Entfaltung dessen, was gewöhnlich als der „informelle Sektor" bezeichnet wird, zu verstehen. Ein solch „informeller Sektor" besteht zunehmend auch auf dem Gebiet des Politischen, des Sozialen und des Religiösen. Seine Entfaltung ist als Antwort auf eine Krisensituation zu verstehen, heute vor allem auf die Krise des Staates, der all diese Gebiete zu regeln beansprucht. Es zeigt sich gerade im Burundi der beginnenden neunziger Jahre, dass in Krisensituationen auf dem Gebiet von Religion und Ideologie verschiedene Formen von Kult, Zauberei und Magie (so der *kubandwa*-Kult und die seit 1956 bekannte synkretistische *nangayivúza*-Sekte[17]) neuen Aufschwung erfahren.[18] Ähnliches kann auf dem Gebiet des Politischen für die alte Form des Bushingantahe als einer ausserhalb der staatlichen Verwaltung stehenden Form lokaler, politischer und rechtlicher Autorität gelten. Es ist unter den heutigen Umständen sehr wohl möglich, dass die in jüngster Zeit beobachtbaren, in diese Richtung weisenden Ansätze (cf. Bsp. in Anm. 7) sich in nächster Zeit verstärken werden. Alle diese Erscheinungen sind als Formen der „Infrapolitik", der „Politik von unten" zu interpretieren.

[17] Zu den Ursprüngen dieser Sekte s. Rodegem 1970:547-550.

[18] Cf. van Binsbergen et al. 1986:393f (n.10): „(...) sorcery beliefs (have) in many contemporary contexts in Africa (...) been recorded as an expression of and a weapon in the confrontation beween local-level concerns and the state-associated power of bureaucrats, chiefs and middle farmers".

EPILOG

Welches sind von der vorkolonialen Zeit bis heute die grossen Züge der Veränderungen, die dem politischen System Burundis von aussen wie von innen erwuchsen? Welche Kontinuitäten sind auf politischem Gebiet feststellbar? In welchem Masse können uns Kenntnisse der präkolonialen wie der kolonialen Herrschaftsstrukturen Aufschluss geben über die heutigen Verhältnisse zwischen bäuerlicher Bevölkerung und Herrschenden?

Wenn wir die politischen Strukturen der heutigen nachkolonialen Gesellschaft untersuchen, erkennen wir eine eigentümliche Verbindung zwischen präkolonialer und kolonialer Hinterlassenschaft, wozu zahlreiche nachkolonial eingebrachte Elemente kommen. Zum einen ist da das vorkoloniale politische Erbe, bei dem nicht nur das Gewicht des Modelles stark personalisierter, klientelistischer Beziehungen seine Spuren hinterlassen hat, sondern auch eine lange Geschichte von Formungsprozessen und Modellierungen sozialer Gruppen, von Fraktionierungen und Abspaltungen, von Koalitionen und Zusammenschlüssen, die weit vor die Kolonialepoche zurückreichen. Zum anderen ruht auf Burundis jüngster Geschichte die Last eines kolonialen Regimes, das die Gesellschaft in allen Bereichen einem tiefgreifenden Wandel unterwarf. Das politisch-administrative Modell des zuerst deutschen wie später auch des belgischen Kolonialstaates zeichnete sich durch einen dirigistischen, autoritär-paternalistischen „Nachtwächter"-Staat aus, der vor allem mit militärisch-repressiven Mitteln für Ruhe und Ordnung sorgte; die bäuerlichen Bevölkerungsgruppen sahen sich einem auf lokaler Ebene ausgebauten Verwaltungsapparat und bislang unbekannten staatlichen Forderungen gegenüber, welche ihr herkömmliches Herrschaftsmodell in weiten Teilen auf den Kopf stellten. Wiewohl diese Periode von vergleichsweise kurzer Dauer war, hinterliess sie doch tiefe Einschnitte; zudem ist nicht zu vergessen, dass sie kaum die Dauer einer Generation zurückliegt. Wenn sie aus europäischer Warte oft übergewichtet wird, so ist das hauptsächlich darin begründet, dass man sie als gleichsam im geschichtslosen Raum einsetzend analysiert und den zuvor bestehenden sozialen und politischen Gegebenheiten zu geringes Gewicht beimisst.

Die nachkoloniale Zeit brachte keineswegs eine Rückkehr zu den eigenen „Wurzeln". Die Ausseneinflüsse wurden nicht nur mehr oder weniger ungebrochen weitergeführt, sie akzentuierten sich, nun unter Leitung der einheimischen Eliten und zunehmend eingebunden in die Weltwirtschaft, noch um ein beträchtliches. Das nachkolonial übernommene politisch-administrative Modell zeichnete sich durch eine gleich mehrfache Hybridität aus: Einerseits brachte es eine Orientierung am demokratisch-westlichem Rechtsstaat mit sich, charakterisiert durch Gewaltentrennung, die politisch-ethische Vorstellung von Grundrechten aller Bürger (Gleichheit vor dem Recht, Meinungsäusserungsfreiheit, Menschenrechte etc.) und eine bürokratische Herrschaft mit klarer Trennung von privaten und öffentlichen Beziehungen, die Gabenbeziehungen zu politischen Funktionären ausschlossen (solche wurden nun zu Korruption); andererseits war zumindest periodenweise auch das (stark an staatssozialistischen Gesellschaften orientierte) Modell des von einer Einheitspartei geführten, hoch zentralisierten Staates von hohem Einfluss. Es stellt sich allerdings die Frage, inwieweit die Einrichtung der Staats- und Einheitspartei, wie sie in den sechziger Jahren sozusagen auf dem gesamten afrikanischen Kontinent Verbreitung fand, wirklich ein Spezifikum postkolonialer afrikanischer politischer Systeme und Strukturen war, als das sie oft hingestellt wird. Vielleicht war das Auftreten monopolistischer Staatsparteien weniger der postkolonialen Periode verpflichtet, als man bislang annahm. Tatsächlich war die Einrichtung der Einheitspartei nicht nur das zwar sehr direkte Resultat der Ausrichtung nach „anti-imperialistischen“, staatssozialistischen Vorbildern, sondern sie vertrug sich auch bestens mit den unter dem Kolonialregime etablierten politischen Strukturen.

Dazu kam, ebenfalls in direkter Fortsetzung und Akzentuierung der kolonialen Ordnung, eine stark ethnisch definierte staatliche Herrschaft. Diese begann sich zunehmend am Kriterium ethnischer, clanischer und regionaler Zugehörigkeit/Herkunft zu orientieren. Dieses Herrschaftsmittel und -leitbild kennt in Burundi eine jahrhundertelange Tradition und geht wie gesehen zurück auf die monarchische Herrschaftsform, die den gesellschaftlichen Zusammenhalt auf eine gewisse Komplementarität zwischen verschiedenen Bevölkerungsteilen und -gruppen je nach ethnischer und clanischer Zugehörigkeit abstützte. Bereits unter der kolonialen Herrschaft wurde dieses komplementär-hierarchische Gefüge „verrenkt“ und aus seinen Gelenken gelöst („désarticulé“); das will nicht heissen, dass es früher immer reibungslos und ohne Anfechtungen funktioniert hätte. Dieses Gefüge und sein Mechanismus, unter monarchischer Ägide installiert, pervertierte in nachkolonialer Zeit vollends zu einem Instrument und Orientierungsmuster für den neuen Wettbewerb um die staatliche und die wirtschaftliche Macht, indem es Kriterien für den gewaltsamen Zugang zu bzw. Ausschluss von Herrschaftspositionen zur Verfügung stellte. In erneut akzentuierter Form ist dies wiederum seit den Präsidial- und Parlamentswahlen von Juni 1993 zu verfolgen, die einen Machtumschwung mit sich brachten. Bevor dieser vollständig konsumiert werden und zum Tragen kommen konnte, löste der am 21. Oktober 1993 begonnene (und Schritt um Schritt vorangetriebene, aber auch zwei Jahre danach noch nicht abgeschlossenen) Staatsstreich mit äusserster Gewalt ausgetragene, und an vorderster Front immer mehr jugendlichen Milizen überlassene, Machtkämpfe aus, die bisher weit über hunderttausend Opfer forderten. Das Land befindet sich seit Oktober 1993 in offenem Bürgerkrieg, der generationenlange Wunden hinterlassen wird.

Das ethnische Moment und die ethnisch definierte staatliche Herrschaft sind zu einer wichtigen Determinante der Beziehungen zwischen Staat und Zivilgesellschaft geworden. Wie wir gesehen haben, orientierte sich die staatliche Herrschaft seit der Monarchie unter anderem an ethnischen Klassifikationen. Die nachkolonialen gesellschaftlichen Spannungen sind das direkte Resultat des seit Jahrzehnten mottenden, von den Politikern nie ernsthaft bekämpften, sondern immer wieder genährten ethnisch orientierten Konfliktes. Wenn es in Zeiten relativer Entspannung zu Konflikten entlang zahlreicher Linien, bestimmt hauptsächlich durch ökonomische Disparitäten und soziale Spaltungen (darunter auch nach regionaler, ethnischer, clanischer oder Lineage-Zugehörigkeit) kommt, so zeigt die Erfahrung seit Oktober 1993 erneut, dass in Zeiten offener Konflikte die grundlegende, seit der Kolonisation und, noch in höherem Masse, seit der Unabhängigkeit gestärkte Hutu-Tutsi-Bipolarität alle anderen Konfliktgrenzen vorübergehend verwischt oder ganz in den Hintergrund drängt, und dass dieser Bipolarität als erste jene zum Opfer fallen, die dazwischen stehen, sich nicht in „ihrer“ oder einer der beiden Linien einreihen wollen oder (vor allem aufgrund gemischt-ethnischer Herkunft) nicht können (cf. Lemarchand 1974 & 1994).

Seit 1993 hat die Thematik der Ethnizität und der – von den einen Seiten in Frage gestellten, wenn nicht abgestrittenen, von anderen Seiten unterstrichenen – ethnischen Struktur Burundis (wie auch Rwandas, mit dem es oft vereinfachend gleichgesetzt wird) neue Aufmerksamkeit und Publizität gefunden. Wiewohl heute in historischen und ethnologischen Fachkreisen nahezu einhellig anerkannt wird, dass das vorkoloniale Afrika nicht aus kulturell und sprachlich homogenen, voneinander isolierten „Stämmen“ bestand, sondern dass Mobilität, überlappende Netzwerke und multiple Gruppenmitgliedschaften prägende Merkmale waren, so ist es deswegen keineswegs gegeben, dass mehr oder weniger rigide ethnische Grenzen notwendigerweise auf die europäischen Kolonialregimes zurückgehen, dass gleichsam diese, in Zusammenarbeit mit lokalen Akteuren wie „Häuptlingen“ und Missionszöglingen, Stämme und Ethnien „erfunden“ hätten, wie nicht selten in direktem Anschluss an obige Erkenntnis voreilig aus eurozentrischer Perspektive postuliert wird. Eine solche Sichtweise ist in zweifacher Hinsicht zu relativieren. Zum einen wäre es falsch, herrschaftspolitische Beeinflussungen der Gruppenbildungen und -grenzen erst und allein in der kolonialen Periode zu suchen – ich versuchte darzulegen, dass sie durchaus auch bereits unter der vorkolonialen Monarchie existierten. Es waren nicht erst die Deutschen und Belgier, die in „Ruanda-Urundi“ die „Ethnien“ „erfunden“ hätten. Versuche politischer Einflussnahmen auf soziale Zusammenschlüsse und Fraktionierungen auf tieferen wie höheren Ebenen waren bereits unter vorkolonialem Regime und sind auch in der nachkolonialen Zeit ein wohl bekanntes und probates Herrschaftsmittel. Wenn man unbedingt von einer „Erfindung“ sprechen will (eine zu mechanistische, teleologisch-voluntaristische Sichtweise), so wäre eine solche noch am ehesten der präkolonialen Monarchie zuzuschreiben; wichtige Teile des Fundamentes der sozialen und ethnischen Struktur Burundis, auf dem bis heute die Neuformierungen, Zusammenschlüsse, Koalitionen und Brüche fussen und die postkolonialen politischen und sozialen Wirrnisse sich abspielen, gehen auf diese sich politisch markant abhebende Epoche zurück. Aber auch mit dieser Erkenntnis werden wir der Wirklichkeit nur zum Teil gerecht, und hier kommen wir zum zweiten Einwand: Der Aspekt des rein machtorientierten „politischen Tribalismus“ darf nicht strapaziert und übergewichtet werden. In letzter Zeit wird zu Recht die einseitige Betonung der „Erfindung“ und politischen Instrumentalisierung von Ethnizität durch Machteliten kritisiert, weil sie der Verankerung der – nur in beschränktem Sinn neuen – Gruppierungen in (gemeinsamen wie getrennten) sozialen Erfahrungen breiter Schichten und älteren kollektiven Identitäten zu wenig Rechnung trägt. Burundis Gesellschaft mit den verschiedenen, sich vielfach überschneidenden Kriterien von Statusdifferenzierung und sozialer Gruppenzugehörigkeit ist beredtes Beispiel für die historische Entstehung und Ausformung, die Vielgestaltigkeit und Mehrdeutigkeit ethnischer wie anderer sozialer Identitäten.

Heute sehen wir vor uns eine Gesellschaft, die sich in einer Phase tiefen Wandels und Umbruchs befindet. Zum einen lassen sich die geschichtlichen Wurzeln der heutigen Gesellschaftsstrukturen bis weit zurück in die vorkoloniale Zeit verfolgen, ins 18. und 19. Jahrhundert, in denen eine rein landwirtschaftlich-bäuerliche Gesellschaft durch eine frühstaatliche Ordnung monarchischen Zuschnitts organisiert war. Zum anderen hat die burundische Gesellschaft die verschiedenen Traumas, die durch den Einbruch der Kolonisation bis zur überstürzten Entlassung in die politische Unabhängigkeit und die Herausbildung einer neuen wirtschaftlichen, sozialen, religiösen und politischen Ordnung entstanden, bis heute nicht vollständig verarbeitet und absorbiert. Die koloniale Situation brachte jedoch nicht nur tiefe Transformationen mit sich, sondern auch Verzerrungen und neue Widersprüche in verschiedensten Bereichen dadurch, dass durch sie Teile der alten Strukturen „eingefroren“ wurden und über lange Zeit einem autonomen Entfaltungs- und Anpassungsprozess entzogen blieben. Ohne Beachtung dieses Tatbestandes bleiben die heutigen – wirtschaftlichen und sozialen, ideologischen und politischen – Widersprüche unverständlich. Ich habe dieses Zusammentreffen alter, zum Teil aus einer fernen Vergangenheit übernommener Elemente mit anderen, die man oftmals von aussen zu übernehmen gezwungen war oder aber sie aus freiem Willen übernahm als Teil eines für die Zukunft mehr ersehnten denn durchdachten Modelles hauptsächlich in seinen Auswirkungen auf den lokalen politischen Bereich dargelegt.

Wenn diese Arbeit in einer geschichtlichen Perspektive die Verankerung staatlicher Institutionen auf lokaler Ebene und die Prozesse der Rezeption staatlicher Massnahmen bei der bäuerlichen Bevölkerung wie die Wechselwirkungen zwischen Realitätserfahrungen und Ideologie über die verschiedenen Entwicklungsphasen eines Staates nichtwestlicher Prägung aus der Warte der bäuerlichen Bevölkerung prüfte, so galt das spezielle Interesse zum einen den untersten Stufen von Staatsdienern (oftmals mehr „Proto-Funktionäre“ denn Beamte), die als zentraler Angelpunkt in der Durchsetzung des staatlichen Herrschaftsverhältnisses zu betrachten sind, zum anderen den verschiedenen Arten von Mittlern zwischen Bürger und Staat. Ebenso bedeutsam war die Analyse der Beziehungen und Verschränkungen der untersten staatlichen Instanzen mit nicht-staatlichen, meist lokal begründeten Autoritätssystemen wie dem Bushingantahe.

Es darf nicht übersehen werden, dass es auch zum Bushingantahe offenbar zu allen Zeiten zwei Zugangswege gab: Entweder über die lokalisierten Deszendenzgruppen (d.h. die „eigenen Leute"), oder aber über die politischen Höfe, deren Plazet es in jedem Fall bedurfte (s. Kapitel 4). In keinem Fall lässt sich dieses Autoritätssystem ohne Beachtung der monarchischen Ordnung verstehen. Existenz und Wirken dieser Autoritätsträger waren immer an die Billigung von oben gebunden. Ich habe darzulegen versucht, in welchem Masse die Monarchie bei ihrer Institutionalisierung mitwirkte. Sie hatte ein gewisses Interesse an der Förderung einer Institution, die ihr zum einen auf jedem Hügel Ansprechpartner brachte und es ihr zum anderen erlaubte, die Aufgabe der lokalen Konfliktregelung nach unten abzugeben. Genauer als zu sagen, dass das Bushingantahe ein Gegengewicht zu den zentralen administrativ-politischen Strukturen bildete, ist es, von einer ergänzenden Funktion zu sprechen, was durchaus einschliesst, dass es in einem gewissen Sinn auch ausgleichend wirkte. Man kann der alten Monarchie durchaus soviel „Aufgeklärtheit" zusprechen, dass sie an der Existenz einer lokal verankerten „Gegengewalt" zu ihren eigenen Verwaltungskadern und einer unabhängigen rechtlichen Instanz interessiert war und eine solche gefördert hat. Es wäre wohl eine zu „modernistische" Konzeption des Staates, davon auszugehen, dass dieser in allen Epochen dazu tendierte, überall direkten Einfluss zu nehmen.

Die Regierungs- und Verwaltungsstruktur des präkolonialen, monarchischen Staates war nicht bestimmt von fest vorgegebenen territorialen Einheiten, sondern sie war von den momentanen persönlichen Beziehungen und der sich daraus entwickelnden „Klientelstruktur" abhängig und recht eigentlich von dieser abgeleitet. Das führte zu einer Struktur von vielfach verschachtelten Pyramiden von untereinander abhängigen Personen. Dieses pyramidale Organisationsprinzip schliesst jedoch, anders als manchmal behauptet, ein hierarchisches nicht aus. Es gab sehr wohl eine klar abgehobene politische Zentralinstanz. Entscheidend ist dabei, dass alle politischen Führer niederer „Ebenen" von ihr ihre Legitimation ableiteten im Bewusstsein, dass es sich bei ihrer Macht immer um eine von oben delegierte handelte. Die mit der Hierarchisierung einhergehende Disparität der einzelnen Ebenen zeigte sich darin, dass spezialisierte Regierungs- und Verwaltungsfunktionäre nur auf der höchsten, überregionalen („nationalen") Ebene zu finden waren. Auf der regionalen und lokalen Ebene dagegen dominierten nichtspezialisierte staatliche Funktionäre. Die regionalen und in minderem Masse auch die lokalen Behörden verfügten über eine Anzahl von Mitarbeitern und Hilfskräften, deren Aufgaben und Zuständigkeitsbereiche nur vage umschrieben blieben. Die Tatsache, dass vieles informell geregelt war, führte gerade auf diesen, aber auch auf der zentralen Ebene dazu, dass Günstlinge (*abatóni*, zum Teil auch *abasavyi*-Anhänger und persönliche Klienten) in einem nicht zu unterschätzenden Teil der Regierungs- und Verwaltungsaufgaben mitwirkten; da in den meisten Fällen ohne festes, ausdifferenziertes Amt, wären sie als „anonyme" oder „Proto"-Funktionäre zu klassifizieren.

In diesem Zusammenhang ist ein weiterer Punkt anzusprechen, der die hohe Personalisierung und informelle Regelung der Regierungs- und Verwaltungsangelegenheiten weiter begünstigte. Ich spreche von der nur verschwommenen Ausbildung einer mittleren oder „regionalen" Ebene, wie sie ein charakteristischer Zug aller „Frühen Staaten" ist. Der Variantenreichtum und die Unterschiede zwischen all den Personen und Funktionären, die zwischen der Zentralinstanz und der lokalen Ebene stehen, sind so gross, dass nur mit Schwierigkeit von einer „Ebene" oder „Schicht" gesprochen werden kann.

Die Ausformung und Regelung der Beziehungen zwischen Herrschenden und Beherrschten, die Formen des Kontaktes und der Unterordnung sowie die in diesem Zusammenhang entwickelten Macht- und Herrschaftstechniken fanden eine eigenständige Ausgestaltung. Tausch, Reziprozität und vor allem die Spendefreudigkeit aller Machthabenden waren zentrale Momente der Ideologie der Herrschaft. Das hatte zur Folge, dass es kaum je die politischen Autoritäten waren, die auf die Leute zugehen mussten, sondern dass es im Gegenteil diese waren, welche den Kontakt zu den Behörden suchten. Damit zusammen hing die Perzeption der Machthaber als beschützende Wohltäter, ein von diesen mit viel Hingabe über Verteilfeste, persönliche Gaben und Begünstigungen inszeniertes Bild. Dieses konnte in einzelnen Fällen durchaus der Wirklichkeit entsprechen, wiewohl die Herrschenden gleichzeitig selbst die Hauptquelle der Unsicherheit waren. Auch hier haben wir wieder ein wichtiges Merkmal frühstaatlicher Herrschaftsordnung vor uns.

Unter der Bedingung der feinen Hierarchisierung und Stratifikationen, die vielfach über mehrere sich überschneidende Variabeln bestimmt waren, konnte es keinen nach universalistischen Regeln generalisierten, sondern nur einen stark personalisierten und partikularistischen Zugang zu den Behörden geben. Das besondere Augenmerk galt hier den beiden Hauptformen politischen Zugangs, dem *gushengera*-Hofieren und dem *gusaba*-Gabe- oder Gunst-Erbitten (*amasabo*-Verhältnis). Im Gegensatz zur verbreiteten Meinung waren Visibilität und Zugänglichkeit der Behörden stark eingeschränkt. Zugang zu ihnen fand man nur über Einschaltung einer mehr oder weniger langen Kette von Mittlern und Einführungspersonen; dazu anerboten sich zum einen das zahlreiche Hofpersonal, zum anderen weitere Günstlinge und Vertraute der gesuchten Instanz, die das Recht auf einen unvermittelten Zugang (*ubwishikira*) besassen und die Rolle von „Gatekeepers“ und „Schwellenwärtern“ versahen.

Dieser enge, stark selektive Zugang zu den Machtinstanzen entsprach einer zentralen Herrschaftsstrategie. Zum einen war es wegen der ökonomischen und zeitlichen Aufwendigkeit nur einer privilegierten Minderheit möglich, derartige Kontakte zu etablieren; zum anderen wurden aber alle, die sich nicht aktiv darum bemühten, der Rebellion und des Abfalls von den Machthabern verdächtigt. Solche Bezichtigungen dienten den Herren – der Ausdruck ist hier angebracht – als Herrschaftsmittel, das oft in willkürlicher Weise eingesetzt wurde. Bei der hohen Personalisierung aller politischen Beziehungen musste Anonymität und in der Anonymität bleiben für die Herrschenden aber immer eine Herausforderung bedeuten.

Diese – immer vermittelten – Zugangsarten in Form fest institutionalisierter „öffentlicher Bettelei“ gaben den Herrschenden ein wirksames Instrument zur Kontrolle und Einbindung ihrer „Bürger“ als landbesitzende Machtunterworfene in die Hand und stützten gleichzeitig die Ideologie der Munifizenz der aristokratischen Oligarchie und die Sichtweise der Herrschaftsbeziehung als Tausch. Für die Herrschaftsunterworfenen dagegen stellten sie das einzig probate Mittel dar, um Rückhalt und Schutz zu finden in einer kriegerischen Gesellschaft mit schnell wechselnden Loyalitäten, in der der einzelne mit seiner Familie nie vor der Willkür der Herrschenden sicher sein konnte. Aber auch wer eine Verbesserung seiner Situation suchte, musste bestrebt sein, als Grundlage dazu ein möglichst tragfähiges *amasabo*-Verhältnis zu etablieren.

Die Herrschaft durch die oligarchische Aristokratie und ihre Gefolgsleute erfolgte mithin primär über ein vielfach verschachteltes, pyramidenförmiges Netz von Angängigkeitsbeziehungen. Das ging so weit, dass die politischen Beziehungen weitgehend in die Sprache privater Formen von Klientschaften (Patron-Klient-Beziehungen) gekleidet wurden. Die Reproduktion der Abhängigkeitsbeziehungen war wesentlicher – nicht nur notwendiger, sondern gar hinreichender – Bestandteil der Reproduktion der Macht.

Es lässt sich folgern, dass unter den Bedingungen allgemeiner Unsicherheit, willkürlich eingreifender Obergewalten, fehlender – oder nicht durchgesetzter – allgemein verbindlicher Regeln des Ressourcenzuganges und überall vorherrschender Partikularismen (persönlicher Regelungen und Privilegien), der Zugang zu einem Schutzpatron unerlässlich, meist aber nicht direkt, sondern nur über einen Mittler erreichbar war. In Gesellschaften, in denen klientelistische Strukturen von Bedeutung sind, kommt Mittlern zusätzlich eine wichtige Rolle zu: Im Gegensatz zu einer anonymen Gesellschaft ist es nicht üblich, die Haupttüre zur gesuchten Instanz zu benutzen, sondern über möglichst persönlich geprägte Beziehungen zu gehen und Mittler einzuschalten. Da auf der anderen Seite die Ressourcenverfüger politischen ‚Support' hauptsächlich über möglichst weitgefächerte Klientele und Klientelnetze aufbauen und gewinnen, kommt den Verbindungsgliedern dabei eine entscheidende Rolle zu.

All das gilt keineswegs nur für die vorkoloniale Epoche. Der Typus patrimonialer Beziehungen, der durch die Politisierung der Klientelbande wirksam wurde, verschaffte dem politischen System Burundis bis vor nicht allzu langer Zeit seine Stabilität. Auch nach einem halben Jahrhundert der Herrschaft eines kolonial aufoktroyierten „Verwaltungs-Staates" (bis 1962) wurden solche Normen nicht durch einen unpersönlichen bürokratischen Typus von Verhalten überlagert. Es kam vielmehr zu einer Situation, in der Autorität die Merkmale einer gemischten bürokratisch-patrimonialen Form annahm.

Obwohl man heute die koloniale Eroberung und Herrschaft nicht mehr als Erklärung für alles ansieht, die einem Erdbeben gleich alle früheren, vielleicht über Jahrhunderte hinweg währenden politischen Erfahrungen verschüttet hätte, so wäre es ebenso falsch, diese Epoche lediglich als eine Art Klammer in der Geschichte der betroffenen Gesellschaften aufzufassen, die mit dem Erreichen der politischen Unabhängigkeit wieder geschlossen worden wäre. Die durch die Europäer importierten politischen und administrativen Einrichtungen waren ohne Zweifel mehr als einfache Fassaden, hinter denen das politische Spiel gemäss aus der Vergangenheit übernommenen Regeln fortgeführt worden wäre. Die herrschenden Gruppen haben sich das von aussen Eingebrachte zu eigen gemacht und es nach ihren eigenen Plänen und Interessen eingerichtet und zurechtgelegt, nicht allerdings, ohne dessen Regeln und Normen zu übernehmen (s. Kap. 6). Wie Terray (1987:12f) hervorgehoben hat, war das Ergebnis eine eigenständige Wirklichkeit, zu deren Erfassung wir neue Kategorien benötigen. Gerade die Kolonialperiode, die eine wichtige Scharnierposition einnimmt, bedarf noch differenzierterer Untersuchungen, die sich auch in der Suche nach neuen Kategorien ausdrücken muss.

Wie bei den meisten anderen afrikanischen Staaten prägte auch im Fall Burundis das historische Erbe des Kolonialstaates den postkolonialen Staat jedoch in bedeutend stärkerem Masse, als man oft wahrhaben mag. Das zeigt sich nicht nur auf der Ebene der Verfassung, sondern auch in der administrativen und politischen Praxis, in den Beziehungen zwischen Behörden und Bürgern der neuen „aufgeklärten" Staaten. Das koloniale Verwaltungs- und Herrschaftsmodell wurde unter neuer Etikette in weitem Masse beibehalten. Hinter der Verschmelzung von zwei stark unterschiedlichen Modellen politischer Ordnung lag ein tiefer konstitutioneller Bruch, den wohl kein Staatswesen ohne Schwierigkeiten meistern kann, vor allem dann nicht, wenn es sich gerade von einem halben Jahrhundert unter Fremdherrschaft löst. Wir haben gesehen, dass der koloniale Staat als eigentlicher „Verwaltungs-Staat" qualifiziert werden konnte. Obwohl der postkoloniale Staat als Hinterlassenschaft und eigentlichen Preis der Dekolonisation der Form nach eine liberal-demokratische Regierungsform annahm und zumindest von Zeit zu Zeit entsprechenden Werten nacheiferte, um seine Legitimität zu erhöhen, blieb er grundlegend von einem höchst zentralistischen, autoritären und paternalistischen Verwaltungs- und Regierungssystem geprägt. In Burundi war er bis in die beginnenden neunziger Jahre gekennzeichnet durch einen weitgehend monolithischen Machtapparat unter Führung eines Militärregimes und einer Einheitspartei. Eine Trennung von exekutiven, legislativen und judikativen Gewalten gibt es bis heute nur in bescheidenen Ansätzen.

Dass der heutige Zentralstaat in deutlich kolonialer Tradition steht, haben wir nicht zuletzt auf dem Gebiet der Herrschaftstechniken auf lokaler Ebene bestätigt gefunden. Auf der Lokalebene äusserte sich die ungebrochen weitergeführte dirigistisch-autoritäre Orientierung darin, dass der postkoloniale Staat die noch unter der Kolonialherrschaft errichtete Verwaltungsstruktur mehr oder weniger unverändert übernahm. Nach der Abschaffung der Monarchie und dem Übergang zu einem legitimationsschwachen republikanischen Regime wurde jedoch die staatliche Infrastruktur im lokalen Bereich stark ausgebaut. Auf drei unten zusätzlich angehängten Verwaltungsebenen wurden mehrere, in manchen Fällen parallel geführte Organe von Verwaltung und Einheitspartei – des neuen, namentlich an die Bauern gewandten Ideologie- und Mobilisierungsinstrumentes – etabliert. Versehen mit dieser Armatur, drang der Staat buchstäblich bis in den engsten Mikrobereich, bis auf die Ebene der Nachbarschaft vor. Die hier neu geschaffenen Organe sind in strikt hierarchischer Weise in den Staatsapparat eingebunden und nur nach oben hin verantwortlich, wiewohl in der letzten Phase des Einparteiregimes (Mai 1988 - Juni 1993) versucht wurde, zumindest deren Gremien über Wahlen von unten legitimieren zu lassen. Die Schaffung derartiger „Proto-Funktionäre", von denen die meisten keine formale Entschädigung erhielten, in einem Bereich, der bis anhin durch nicht-staatliche Autoritätsstrukturen im Rahmen der Lokalgemeinschaften (hauptsächlich des Bushingantahe) geregelt war, musste einschneidende Folgen haben. Die Autorität der Bashingantahe-Nachbarschaftsführer und -Lokalgemeinschaftsexponenten wurde ernsthaft untergraben. Der republikanische Staat versuchte sich diese Form rechtlicher Autorität, die bis heute in Burundi der Konzeption jeglicher Autorität zugrundeliegt, über die Einheitspartei dienstbar zu machen: Die Mitglieder der Parteikomitees waren die neuen offiziellen „Bashingantahe", und allen ausserhalb der Partei in traditioneller Art von den Lokalgemeinschaften eingesetzten Bashngantahe wurde jede offizielle Anerkennung entzogen. Wenn die Nachbarschaftsführer alten Stils im lokalen Raum auch immer noch über das höchste Ansehen verfügen und viele lokale Angelegenheiten ohne ihren Beizug nicht geregelt werden können, so wurde ihr Aktionsfeld und ihre Bedeutung angesichts ihrer staatlichen Imitate doch stark eingeschränkt. Vor allem in Angelegenheiten, die über den engen traditionellen Rahmen hinausgehen, werden die Alten heute schnell als überholt und als nicht mehr auf der Höhe ihrer Aufgabe angesehen.

Die politischen Transformationen auf nationaler Ebene, die im April 1992 zur Zulassung mehrerer politischer Parteien führten, wirkten sich schnell auch auf der lokalen Ebene von Gemeinde und (Klein-) Hügel aus. Im August 1992 zählte man sechs, im April 1993 bereits zehn, und kurz darauf elf politische Parteien, von denen allerdings nur vier oder fünf eine nennenswerte, über alle Landesteile verteilte Anhängerschaft aufwiesen. Diese grösseren Parteien suchten auch auf lokaler Ebene im ruralen Raum nach Verankerung und schufen sich auf Gemeindeebene oder gar auf den Zensushügeln ihre eigenen Gremien. Die Organe der ehemaligen Einheitspartei UPRONA sahen sich nun auch hier einer neuen Konkurrenzsituation ausgesetzt, die ihre (para-) staatlichen Verwaltungsfunktionen stark in Frage stellte. Die UPRONA versuchte zwar, ihre Ausschüsse bis auf die Ebene des Kleinhügels *agacimbiri* hinab am Leben zu erhalten, reduzierte deren Mitglieder jedoch je nach Anzahl der auf dem Hügel eingeschriebenen Parteimitglieder. So variierte die Funktionsfähigkeit dieser (Rumpf-) Parteikomitees stark nach Region. Der vom alten Bushingantahe akkaparierte *kwâtira*-Investiturmodus wurde mancherorts eingestellt, andernorts verkam er noch mehr als bisher zur nicht ernst genommenen Mimikry (s. Laely 1992:89,97). Auch Komiteemitglieder verliessen die Partei mehr oder mehr, und im Zuge des Wahlkampfes traten etliche der in der Lokalverwaltung eine höchst wichtige Rolle spielenden Sektionsführern zu anderen Parteien über. Diese Tendenz beschleunigte sich, als sich im Juni 1993 ein neuer „Parti de la majorité" (der SAHWANYA-FRODEBU, Sammelbewegung „Front pour la Démocratie au Burundi") ankündigte und in einigen Regionen ein Parteibeitritt angezeigt schien für alle, die nicht sozial marginalisiert werden mochten. Der UPRONA treu blieben verschiedenenorts hauptsächlich ältere Leute, die noch deren hehre Rolle während der Dekolonisationsperiode miterlebt hatten. Der zunehmende Zerfall der Komitees der ehemaligen Einheitspartei auf den untersten Verwaltungsebenen, wo sie wie gesehen die wichtigsten und oft einzigen Organe der staatlichen Territorialadministration waren, musste für diese verhehrende Folgen haben. Nun musste sich rächen, dass (Einheits-) Partei und Staatsadministration nicht besser auseinandergehalten und nicht durchgehend parallel geführt worden waren. Da die Ausschüsse der UPRONA-Staatspartei bis Ende 1992 die wichtigsten Aufgaben der Lokalverwaltung erfüllt hatten und sich nun in der neuen Konkurrenzsituation zunehmend auflösten, geriet die ganze „administration de base" durcheinander, so dass sie vielerorts auch die grundlegendsten Aufgaben nicht mehr in geregelter Weise zu erfüllen vermochte. Der Zerfall ihrer letzten Autorität war unaufhaltsam. An ihre Stelle jedoch trat eine unübersichtliche Vielfalt von Organen der sich schnell vermehrenden neuen Parteien, was Verwirrung und Regellosigkeit nur fördern konnte. Der monolithische Charakter der alten Staatspartei ging keineswegs in einen geregelten Pluralismus über. Nach seinem überraschend deutlichen, doppelten Sieg in den Präsidentschafts- und Parlamentswahlen im Juni 1993 ging der FRODEBU zwar schnell dazu über, neue, meistens – aber nicht immer – ihm zugehörige Administrateurs de commune, Chefs de zone und auch Zensushügelvorsteher (Chefs de secteur) einzusetzen. Die wenigen Monate unter seiner – von Beginn weg von der Opposition gestörten – Herrschaft und eines mehr oder weniger funktionierenden Mehrparteiensystems konnten jedoch nicht genügen, um die staatliche Lokalverwaltung zu stabilisieren. Ihr mancherorts desolater Zustand war dafür mitverantwortlich, dass die nach dem am 21. Oktober 1993 eingeleiteten Staatsstreich in weiten Teilen des Landes einsetzenden Massenmorde, die auch in den folgenden zwei Jahren nicht gestoppt werden konnten, derart empörend hohe Opferzahlen forderten, Massaker, deren Umfang – wenn auch nicht deren Verlauf – an das Blutbad von 1972/73 erinnert.

Es wäre höchst bedeutsam, näher zu untersuchen, welche Rollen und Funktionen in diesen Veränderungen den „alten", ehemaligen Bashingantahe zukamen; das gilt besonders für die Periode politischen Umbruchs von Mitte 1992 bis Oktober 1993, d.h. vor dem Beginn der Massaker, die vielerorts zu einem vollständig anomischen Zustand führten, und anschliessend wieder in der neu notwendigen Aufbausituation. Es ist aufschlussreich festzustellen, dass in der Zeit der Einführung des Mehrparteiensystems die noch traditional legitimierten Bashingantahe im Zeichen der zunehmend verschwommenen, in Auflösung begriffenen staatlichen Lokalverwaltung eine deutliche Aufwertung ihrer Stellung genossen. Wenn sie in wichtigen Momenten des sozialen Lebens wie bei Heiraten und bei Erbregelungen, aber auch bei den häufigen Landkonflikten ihre Bedeutung nie gänzlich verloren hatten, so suchte man nun wieder vermehrt ihren Beistand und anerkannte sie als moralische Stützen und Regulatoren des gesellschaftlichen Lebens im lokalen Rahmen.

Die Funktionarisierung und teilweise Bürokratisierung traditionell nicht-staatlicher Autoritätsstrukturen und die zunehmende staatliche Vereinnahmung ihres Wirkungsbereiches betraf nicht nur die traditionellen lokalen Autoritätsträger. Jeglichen unabhängigen, nicht-staatlichen Mittler-Instanzen zwischen Staat und Bürger wurde unter postkolonialer Ordnung nur noch sehr wenig Raum gelassen. Das zeigt sich gerade am Beispiel der Kontakte zwischen der lokalen und allen übergeordneten Ebenen. Während im vorkolonialen Staat die Kontakte zwischen diesen Ebenen vornehmlich über die an den politischen Zentren, das heisst den aristokratischen Höfen tätigen Günstlinge und Vertrauten der Herrschenden liefen, die in der dargestellten Weise eine Rolle als Mittler spielten, wurde unter dem postkolonialen Staat ihr Feld schnell und umfassend vom Staat besetzt und „verstaatlicht". Nun wurden alle auf höheren Ebenen tätigen Mittler in einem auf der lokalen Ebene ins Leben gerufenen staatlichen Gremium, dem von den vorgesetzten Behörden ernannten „konsultativen Gemeinderat" zusammengefasst und institutionalisiert, also gewissermassen vom Staat für sich beansprucht. Trotzdem sind klientelistisch-persönliche Beziehungen über alle auf supralokalen Ebenen tätigen Kader immer noch wirksam, wenn auch in deutlich vermindertem Masse. Ein Grund dafür liegt darin, dass diese ihre Kontakte zu ihrem ländlichen Herkunftsort weiterhin lebendig halten; in der grossen Regel haben sie diesen erst in erster Generation verlassen und werden immer noch als dessen Exponenten perzipiert, was auch weitgehend ihrem Selbstverständnis entspricht.

Wenn der moderne Staat mit seiner immer wieder umgekrempelten Verwaltung, der geringen Stabilität des Regierungsystems und seinen mit ausländischem Geld und Knowhow unterhaltenen „Projektinseln" den Bauern fremd und geheimnisvoll bleibt, so ist das an sich nichts Neues. Auch die alten monarchischen Herrscher hatten sehr wohl ihre Geheimnisse (*amabanga*). Nur wurden sie damals auch offen als solche deklariert, während die heutigen Repräsentanten des Staates sich in ihrem Diskurs immer wieder an demokratischen Methoden und Wertmassstäben zu orientieren vorgeben; die Staatsklassen vertreten heute den Anspruch, für das ganze Volk da zu sein und halten Devisen wie „transparence, dialogue et concertation" hoch. Anders als die alten monarchischen Herrscher sind die heutigen republikanischen Herrscher gerade auf – unvermittelte – Volksnähe bedacht und sind nicht an dazwischenstehenden Mittlern interessiert. Anders als bei der „intermediären" Verwaltung kann sich die bürokratische Herrschaft nicht damit begnügen, dass die Macht und Information der Zentralinstanz nur bis zu den Mittelsmännern reicht. Es mangelt heute jedoch gerade an Transparenz und Verständigung, wie es eine der Devisen der „Dritten Republik" nahelegte. Die Kluft zwischen ländlicher Bevölkerung und Verwaltung äussert sich bereits darin, dass die Bauern nur sehr schlecht über die Organisation der Verwaltung, über die staatlichen Gesetze und Reglemente und über ihre eigenen Rechte orientiert sind. Der Staat hält heute ein „Recht auf Entwicklung" hoch und beansprucht dieses für sich. Zur vorkolonialen und kolonialen Zeit wurden zwar gewiss geringere Anstrengungen unternommen, die Meinungen und Wünsche der bäuerlichen Bevölkerung einzuholen – etwas derartiges stand ausser Frage. Das war jedoch auch weniger nötig. Die Kluft zwischen Herrschaftsmodellen und Diskurs der Herrschenden und der Bauern war bedeutend geringer. Beide Seiten verstanden die je andere besser, als das unter dem postkolonialen Staat der Fall ist. Das Problem ist die Kluft zwischen neuen Werten und Normen und alten politischen Praktiken und Herrschaftsmethoden, die ihre Wirksamkeit nicht verloren haben.

Die staatlichen Leistungen werden immer noch als partikuläre Begünstigungen wahrgenommen, da sie nicht generalisiert sind und in hohem Masse willkürlich vergeben werden. Und das, obschon der heutige Staat mit seiner Bürokratie den Anspruch hat, eine für alle in gleichem Masse geltende Ordnung zu schaffen, ein Anspruch aber, den er einzulösen nicht in der Lage ist. Unter diesen Umständen kommt der Perzeption der Leistungen, der „Prästation" des Staates eine besondere Bedeutung zu. Mittler und Zwischeninstanzen spielen dabei auch heute noch eine grosse Rolle. Sie verringern nicht nur die Zugänglichkeit und Visibilität der Herrschenden; ihre Existenz bewirkt zudem eine Abfederung zu manifester Machtverhältnisse und Ungleichheit. Mittler lassen bestehende Machtdifferenzen annehmbar erscheinen und ersparen dem Staat dergestalt die Kosten offener Gewalt. Die Herrschenden werden heute zwar in eingeschränkterem Masse als Wohltäter, aber doch immer noch als die wirksamsten potentiellen Beschützer wahrgenommen.

Der „moderne" Staat hat mit seinem Anspruch der Regelung nahezu aller gesellschaftlichen Gebiete und seinem Entwicklungsauftrag die Beziehung zwischen seinen Organen und der Bevölkerung grundlegend verändert, indem er in Form seiner expandierenden, vervielfältigten Beamtenschaft die Dienstleistungen der (vormals nichtstaatlichen, „privaten") Mittler systematisch usurpierte. Die Vertreter der gesamtheitlichen Interessen der Bürger sind somit speziellen Interessenvertretern des Staates gewichen, die als solche jedoch, wie ihre Vorgänger, in dieser Funktion zugleich ihre eigenen Interessen verfolgen. Wie ich gezeigt habe, sind diese Verhältnisse nicht mehr im strikten Sinn als klientelistisch zu bezeichnen, aber auch ihre Charakterisierung als „Korruption" trägt wenig zu ihrem Verständnis bei, handelt es sich doch nicht einfach um einen illegalen Verkauf staatlicher Vergünstigungen durch irgendwelche Behörden, sondern zugleich um die Durchsetzung staatlicher Massnahmen mit dem Ziel der Umgestaltung traditioneller Sozialordnungen auf lokaler Ebene: Die Interessen der neuen „staatlichen Mittler" liegen sowohl im ökonomischen wie im gesellschaftlich-politischen Bereich. Die staatlichen Funktionäre sollen (zum Wohle des Volkes) die unabhängigen, privaten Mittler überflüssig machen, übernehmen aber de facto mehr von deren Rolle, als ihnen formal zukommen sollte. Diese Entwicklung führt nicht zu einem Abbau, sondern im Gegenteil zu einer Akzentuierung der vorhandenen Legitimationsdefizite.

Die neuesten Entwicklungen in Burundi sprechen dafür, dass die Einführung des Parteienpluralismus das Spektrum der Mittlerrollen zwar weiter diversifiziert, gleichzeitig aber auch der Korruption neue Möglichkeiten eröffnet; der „multipartisme" dürfte die Verhältnisse nur sehr bedingt zugunsten einer besseren Interessenvertretung der Bürger ändern, solange der Staat die treibende Kraft der Entwicklung bleibt. Überdies können wie dargelegt auch Nichtregierungsorganisationen (zu denen die Kirche und ihre Organisationen zu zählen sind) den staatlichen Funktionären ihre Rolle streitig machen und selbst zu Mittlern zwischen Bürger und Staat werden; dabei hängt jedoch viel vom Ausmass an Freiheit ab, das der Staat und seine Funktionäre den NGOs zuzugestehen bereit sind (s. Guichaoua 1991 und Sauvain & Uvin 1992). Diese Perspektive und Auffassung von Mittlerstrukturen, die zu einem nicht zu vernachlässigenden Teil „in die Staatsverwaltung hineingerückt", von dieser aufgesogen wurden, wirft ein neues Licht auf die aktive Rolle des Staates bei der Entstehung klientelistischer Strukturen und auf deren Funktion bei der Legitimierung des staatlichen Machtverhältnisses.

Es bedarf heute eines Überdenkens und radikalen Wandels der Beziehungen zwischen städtisch-staatlichem Zentrum und dem bäuerlichen „Hinterland", den ruralen Peripherien, in politischen Worten: zwischen Eliten und staatlichen Behörden und der zu weiten Teilen bäuerlichen Bevölkerung. Die Bauernschaft verfügt heute über keine eigenen Ausdrucksmittel – weder über die Mittel zur Bildung noch zur Bekundung des eigenen Willens. Die heutige Zentralmacht und administrative Autorität des Staates sind in den Augen der Bauern weitgehend diskreditiert. Sie haben nicht nur ihre Wirksamkeit, sondern auch ihre Glaubwürdigkeit und ihre Legitimität eingebüsst. Ein grosser Teil der Bevölkerung ist heute bereit – und meistens gezwungen –, ihr Heil ausserhalb der vom Staat angebotenen oder vorgesehenen Strukturen, in „informellen Sektoren" zu suchen, aber auch bei der Kirche oder anderen ihnen näheren, übersichtlicheren und berechenbareren lokalen Strukturen und engeren Netzwerken. Zur analytischen Erfassung dieser Situation sind neue politische Konzepte gefragt. Solche, die vermehrt von unten ausgehen und den lokalen Gegebenheiten und Bedürfnissen Rechnung tragen. Das wird heute von vielen Seiten anerkannt (s. z.B. die Beiträge von Chabal, Lonsdale, Bayart und Sklar in Chabal 1986, weiter Coquery-Vidrovitch 1985:393ff, Terray 1987:10ff, Azarya und Chazan in Rothchild & Chazan 1988). Die Suche danach hat aber erst begonnen und bedarf weiterer Theoriebildung.

Die Debatte darum, ob es für die weitere (innere und von aussen zu verfolgende „Entwicklungs"-) Politik weniger oder vielleicht gar mehr „Staat", eine Verengung oder eine Erweiterung seiner Apparate, Aufgaben und Zuständigkeitsbereiche, brauche (s. z.B. Chazan 1988:339 in Rothchild & Chazan), stellt die Frage nicht ganz richtig. Was in Frage steht und wo das eigentliche Problem liegt, sind vielmehr die Arten der Beziehungen zwischen dem Staat und seinen Bürgern, zwischen Staat und (Zivil-) Gesellschaft. Die Forderung nach einer „Entstaatlichung" gewisser gesellschaftlicher Bereiche – und darunter nicht zuletzt auch der ideologischen und symbolischen, rechtlichen und sozialen – und damit der Einschränkung der heutigen staatlichen Ansprüche (wie aber auch der an ihn herangetragenen Erwartungen und Wünsche) ist berechtigt und angebracht. Mehr aber als eines allgemeinen Rückzugs des – zwar dem Anspruch nach omnipräsenten, aber bei weitem nicht omnipotenten – Staates bedarf es des radikalen Überdenkens und der Neubestimmung seiner Rolle und seines Verhältnisses zur „zivilen" Gesellschaft. Gerade durch das Auseinanderklaffen zwischen Wirkung und Ansprüchen des Staates und seiner vielfachen Einrichtungen wird seine Glaubwürdigkeit aufs Spiel gesetzt. Der heutige Staat in Afrika hat die Eigenart, gleichzeitig „schwach", „weich" und „unterentwickelt" wie auch bedrängend „stark" und „überentwickelt" zu sein. Der übermässig aufgerüstete, „aufgeblasene" Staatsdienst bleibt in technischer Hinsicht trotzdem „unterbürokratisiert" (cf. Ayoade 1988:115). In diesem Widerspruch ist ein wichtiger Teil der „Abfall"- und Absetzungsbewegungen der Bevölkerung vom Staat begründet. Die neue staatliche Omnipräsenz hat zu neuen Legitimationsdefiziten geführt. Das heisst aber nicht, dass die Bauern ausserhalb des staatlichen Zugriffs stünden. Auch wenn die Bauernschaft noch über einen relativ sicheren Landzugang verfügt, heisst das nicht notwendigerweise, dass sie „uncaptured" ist, wie Hyden postuliert (1980, 1983 etc.); selbst bei nur schwacher ökonomischer Einbindung ist sie längst „eingenommen" (captured), wie gerade das Beispiel Burundi lehrt. Wichtig sind auf diesem Gebiet weitere Studien, nicht zuletzt auch zu regionalen Variationen des – sich letztlich überall durchsetzenden – Prozesses der Rezeption staatlicher Massnahmen, wobei nicht nur vom Zentrum aus zu denken und zu schauen ist, sondern auch von den Erfahrungen und Konzeptionen der lokalen Bevölkerung her.

ANHÄNGE

ANHANG I

FICHE DE COTATION DES AUTORITÉS INDIGÈNES

Chefferie : KUNKIKO-MUGAMBA

~~Sous-chefferie~~

Nom du chef o~~u sous-chef~~ coté : BARANYANKA, Pierre

I. ADMINISTRATION : 50 points

1. Recensement et Etat-Civil :

- Tenue des fiches et du registre général de recensement
- Registre d'Etat-Civil (naissances, décès)
- Enquêtes démographiques
- Cimetières (Tenue - Disposition)
- Contrôle des mutations

9 (sur 10 points) 9

2. Finances, Comptabilité, Impôts :

- Tenue de la Comptabilité de la chefferie (exactitude-propreté-clarté)
- Tenue de la Comptabilité des Tribunaux
- Tenue des registres mod. A et B. Inscription aux fiches
- Avancement des impôts

8 (sur 10 points) 8

3. Justice :

- Activité des tribunaux de la chefferie (qualité et nombre des jugements)
- Le personnel est-il (barrer les mentions inutiles): Très bon / ~~Bon~~ / ~~Assez bon~~ / ~~Médiocre~~
- Activité du chef en matière de surveillance des tribunaux indigènes
- Registre des recherches - Aide à la justice dans poursuite des infractions, instruction des affaires . . . etc.
  Intervention du s/chef en vue de la paix publique-rôle de conciliation

14 (sur 15 points) 14

4. Institutions locales :

- Activité du conseil de la chefferie
- Activité du conseil de la sous-chefferie

9 (sur 10 points) 9

5. Enseignement :

- Propagande scolaire - Lutte contre l'absentéisme

4 (sur 5 points) 4

II. ECONOMIE ET TRAVAUX 30 points

1. Agriculture - Elevage

- Réserves semences au hangar - vivres: Nombre des charges = / °/₀ / Nombre des MAV
- Réserves vivres chez particuliers (greniers)
- Cultures saisonnières coutumières ou introduites
- Cultures non saisonnières (manioc - patates douces)
- Cultures industrielles-café
  ricin - tabac . . . etc.
- Reboisements individuels - éboulements - pépinières
- Reboisements communaux - (établissements - entretien - coupe feu)
- Lutte anti-érosive (fossés - haies - grévilléas . . . etc.) importance des travaux réalisés - qualité - entretien
- Elevage : Amélioration du bétail et de la basse-cour
  Amélioration des paturages - Réforme du bétail
- Protection et fumure du sol (culture intensive)
- Pisciculture (là où c'est possible)

18 (sur 20 points) 17

2. Travaux Publics - Hygiène

— Entretien et amélioration des routes état et chefferie
— Création des pistes locales et entretien
— Entretien des sources F.B.I. et autres
— Entretien du centre Administratif
— Entretien des immeubles et meubles chefferies
— REGROUPEMENT DES POPULATIONS - NOMBRE :
Qualité du regroupement - Hygiène publique
Salubrité des parcelles et des habitations
Esthétique des parcelles et des habitations
W.C. - fosses à fumiers - étables - haies vives
Pistes vers les sources . . . etc. . . . etc.

9 (sur 10 points) 9,5

III. DIVERS

20 points

— Registre des instructions permanentes
— Connaissance des instructions, de la législation, de la coutume
— Qualités personnelles (initiative, ponctualité, probité, autorité, sens de l'organisation, de l'économie, de l'efficience, intérêt, activité et habileté en matière de surveillance des travaux techniques

9 (sur 10 points) 9,5

— Indices de civilisation
Etude et travail personnel - Culture - Habitation - Famille
Qualité des exemples qu'il donne - Tenue morale et intellectuelle
Activités diverses en matière d'aide et protection de ses administrés, en matière d'information et d'éducation des indigènes

10 (sur 10 points) 10

Total sur 100 : 90. - 90

Cotation synthétique : ELITE

Ngozi, le 3 novembre 195
L'Administrateur de
E.GOSSET,

Avis de l'Agronome: ELITE, cote maintenue
sé/: R.HENRIOUL,

90/100 = ELITE
Kitega, le 22 novembre 1954
Le Résident de l'Urundi
F. SIROUX

TERRITOIRE DU RUANDA-URUNDI

Résidence de l'Urundi.

Territoire de Ngozi.

Chefferie NKIKO-MUGAMBA.

Sous-chefferie n°

Chef BARANYANKA, Pierre.

BULLETIN DE SIGNALEMENT

ANNEE 1959.

Appréciation

	du chef	de l'A.T.	du Mwami	du Résident
Appréciations de détail :				
Initiative		remarquable		REMARQUABLE
Sens des responsabilités		remarquable		REMARQUABLE
Puissance de travail et activité		remarquable		REMARQUABLES
Aptitude ou habileté professionnelles		remarquable		REMARQUABLES
Connaissances professionnelles		remarquable		REMARQUABLES
Sens social		remarquable		REMARQUABLE
Sanctions disciplinaires encourues depuis la dernière cotation		néant		

Services rendus et notes justificatives :

1. Administration.

Chefferie très importante (plus de 30.000 contribuables), remarquablement administrée par ce chef jouissant d'un très grand prestige auprès de ses administrés.

Le bureau de chefferie est bien tenu et la collecte de l'impôt s'opère très rápidement.

Le recensement est bien suivi.

2. Agriculture — Elevage.

Une exécution prompte et attentive caractérise les travaux agricoles et d'élevage en général. Les importants programmes café se déroulent sans difficultés grâce à l'appui constant que le chef apporte aux agronomes et propagandistes. A largement contribué à la réussite du centre agricole de Munanira, situé dans sa chefferie.

3. Travaux publics, hygiène et divers.

Le réseau routier de la chefferie a continué a être très bien entretenu. L'opération de déparasitation des cases fut bien suivie. L'intérêt que le chef apporte à la Coopérative des planteurs de café à Butegana a été décisive pour la belle réussite. Son intervention sans relâche en faveur des immigrations de cultivateurs de ses régions surpeuplées vers le Mosso, a permis cette année d'excellents résultats.

Avis de l'Administrateur de Territoire :

Le chef Baranyanka est un élément de toute première valeur. Il a continué à administrer son importante chefferie avec autorité, intelligenc et savoir faire, faisant preuve d'esprit d'initiative et d'organisation, s'intéressant à tous les problèmes du Pays et ayant confirmé ses éminente qualités qui lui ont déjà valu antérieurement ses excellentes appréciations

Avis de l'agronome de territoire :

Le chef s'intéresse très activement, et avec un souci constant, de l'exécution du programme café et en général des travaux agricoles.

Avis du vétérinaire de secteur :

La campagne marquage bétail est très bien avancée et le concours bétail a xxx été une réussite dans sa chefferie.
Attitude de très bonne et loyale coopération.

Décision du Résident :

Appréciation synthétique	du Chef	de l'A.T.	du Mwami	du Résident
		ELITE	3	ELITE

............, le ....
Le Chef,

Ngozi , le 27-XI-59.
L'A.T.
P. SCHMIT,

............, le ....
Le Mwami,

Kitega , le 20 avril 1960.
Le Résident, I. REISDORFF
signé:Roisdorff

Pour copie certifiée conforme à l'original,
Le Secrétaire de la Résidence, H. JACQUES,

RÉSIDENCE DE L'URUNDI
TERITOIRE DE KITEGA
CHEFFERIE MURAMBA
SOUS-CHEFFERIE IO

Annexe II

Bulletin de signalement du Sous-Chef. NTAHUNSINZIKAYE

MATIÈRES	POINTS			
	Maximum	Chef.	A. T.	Résident
1° Cultures saisonnières	5	4	4	
Cultures non saisonnières (manioc, patates douces)	5	2	2	
2° Cultures introduites et industrielles (café, ricin, poivre, quiquina etc...)	10	6	6	
3° Réserves semences aux hangars	5	2	2	
Réserves vivrières en général	5	3	3	
4° Reboisements communaux	5	0	4	
Reboisements individuels	5	0	2	
5° Réseau routier	10	4	3	
6° Fonctionnement et activité des juridictions indigènes de son ressort	10	I	I	
7° Impôts et recensements	10	7	6	
8° Autorité et initiatives	10	7	8	
9° Probité	10	7	7	
10° Ponctualité, Politesse, Éducation	10	7	7	
Total	100	50	55	

Appréciation synthétique	ASSEZ BON

Avis de l'Agronome

Ce sous-chef jouissant d'une grande autorité est trop âgé pour pouvoir diriger une s/chefferie;il ne peut plus se déplacer.

Kitega, le IO-IO-I95I
L'Administrateur de Territoire,
LAPIERRE DE COUSSEMAKER.
[signature]

Vu le 15 OCT 1951
l'Intéressé
pour l'exemplaire destiné
aux archives du Territoire,

REPUBLIQUE DU BURUNDI
CABINET DU PRESIDENT.

A N H A N G II

DECRET-LOI N° 1/ 011 DU 08 AVRIL 1989 PORTANT REORGANISATION DE L'ADMINISTRATION COMMUNALE.

LE PRESIDENT DE LA REPUBLIQUE,

Vu le Décret-loi n° 1/31 du 24 octobre 1988 portant Organisation des Pouvoirs Législatif et Réglementaire ;

Vu l'Arrêté-loi n° 001/31 du 2 juin 1966 portant Code du Travail, tel que modifié à ce jour ;

Revu le Décret-loi n° 1/26 du 30 juillet 1977 portant Réforme de l'Organisation Communale ;

Vu la Loi n° 1/008 du 1er septembre 1986 portant Code Foncier au Burundi ;

Vu la Loi n° 1/002 du 8 janvier 1987 portant Transfert de l'Impôt Foncier perçu sur le Territoire du Burundi au Profit des Communes et de la Mairie de Bujumbura ;

Vu la Loi n° 1/003 du 8 janvier 1987 portant Transfert de l'Impôt sur les Revenus Locatifs perçu sur le Territoire du Burundi au Profit des Communes et de la Mairie de Bujumbura ;

Vu l'Arrêté-royal n° 001/570 du 18 décembre 1964 réglementant la Comptabilité Communale ;

Revu le Décret-loi n° 1/10 du 24 juillet 1987 portant Réorganisation de l'Administration de Base ;

Vu le Décret-loi n° 1/29 du 24 septembre 1982 portant Délimitation des Provinces et Communes de la République du Burundi ;

Vu le Décret-loi n° 1/17 du 17 juin 1988 portant Transfert de Certaines Recettes Administratives au Profit des Communes ;

Vu le Décret n° 100/64 du 30 juin 1977 portant Statut de la Fonction Publique, tel que modifié à ce jour ;

Vu le Décret n° 100/176 du 18 décembre 1979 portant Organisation de la Police Municipale, tel que modifié à ce jour ;

Vu le Décret n° 100/98 du 5 novembre 1986 portant Organisation de l'Administration Centrale du Ministère de l'Intérieur ;

Vu le Décret n° 100/13 du 11 mars 1986 portant Classification des Centres Urbains ;

Vu le Décret n° 100/177 du 18 décembre 1979 portant Organisation des Services Provinciaux, tel que modifié à ce jour ;

Attendu qu'il convient d'adapter la Loi portant Réforme de l'Organisation Communale aux réalités actuelles de la commune ;

Attendu qu'il importe de faire de la commune une véritable cellule de base du développement national proche des citoyens et un centre par excellence de leur participation à l'administration de la chose publique ;

Attendu qu'il convient de renforcer à cet effet le cadre institutionnel de la commune en la dotant de structures propres à lui faire assumer sa mission ;

Sur rapport du Ministre de l'Intérieur et après avis conforme du Conseil des Ministres ;

DECRETE :

Chapitre I : DISPOSITIONS GENERALES.

Article 1er :

La commune est une entité administrative décentralisée dotée de la personnalité juridique et de l'autonomie financière.

La commune est dirigée par un administrateur assisté par un conseil communal et autant de conseillers que de besoin.

Article 2 :

La commune peut être rurale ou urbaine.

Le Ministre de l'Intérieur, après avis des services techniques compétents, détermine les centres qui, sur base des critères objectifs d'expansion et de croissance économique, peuvent être constitués en communes urbaines.

Article 3 :

Des communes urbaines limitrophes peuvent fusionner pour constituer une mairie dotée de la personnalité juridique et de l'autonomie financière.

La mairie est dirigée par un maire assisté par un conseil municipal et autant de conseillers que de besoin.

Article 4 :

Outre l'épanouissement politique de la population, la commune a la charge de promouvoir le développement économique, social et culturel de la collectivité.

Article 5 :

Le nombre et les délimitations des communes sont modifiés par la loi.

Article 6 :

Outre les zones, les communes rurales et urbaines sont respectivement divisées en secteurs et en quartiers dont le nombre et la délimitation sont fixés par ordonnance du Ministre de l'Intérieur.

Article 7 :

Le secteur ou le quartier est la cellule de base de l'administration territoriale constituée par un nombre variable de collines géographiques ou de rues selon qu'il s'agit d'une commune rurale ou urbaine.

La zone est l'échelon administratif intermédiaire entre le secteur ou le quartier et la commune, constituée par un nombre variable de secteurs ou de quartiers selon qu'il s'agit d'une commune rurale ou urbaine.

Article 8 :

La zone, le secteur et le quartier sont respectivement dirigés par un chef de zone, un chef de secteur et un chef de quartier.

Article 9 :

Les communes urbaines bénéficient du statut des communes rurales dans la mesure compatible avec les règles inhérentes à la gestion des périmètres urbains.

Chapitre II : DES ORGANES DE LA COMMUNE RURALE OU URBAINE

Section 1ère : De l'Administrateur Communal.

Article 10 :

L'administrateur communal est choisi parmi les citoyens compétents et patriotes intègres qui remplissent les conditions d'accès à la catégorie de direction.

Néanmoins et sans préjudice des dispositions de l'alinéa précédent, l'administrateur peut être choisi parmi les citoyens qui ne remplissent pas les conditions d'accès à la catégorie de direction mais responsables et politiquement mOrs.

Il est nommé par le Président de la République sur proposition du Ministre de l'Intérieur.

Article 11 :

Les administrateurs préqualifiés aux alinéas 1 et 2 de l'article précédent sont respectivement commissionnés aux grades de conseiller de 4ème classe et de 6ème classe et jouissent d'une indemnité de fonction fixée par ordonnance du Ministre de l'Intérieur.

Article 12 :

Le trésor prend en charge les émoluments des administrateurs des communes qui, à l'entrée en vigueur du présent décret-loi, ne sont pas en mesure d'en supporter les frais.

Article 13 :

Dans sa commune, l'administrateur représente l'Etat et est placé sous l'autorité hiérarchique du gouverneur de province.

En sa qualité d'animateur du développement, il coordonne toutes les activités des services oeuvrant dans sa circonscription.

Article 14 :

En étroite collaboration avec les représentants de la population, notamment le conseil communal et les organes du parti à la base, l'administrateur élabore un plan triennal de développement communautaire.

Article 15 :

Le plan triennal de développement devient exécutoire de plein droit après vérification de son harmonie avec le plan national de développement par l'autorité de tutelle.

Article 16 :

L'administrateur fait un rapport semestriel sur l'état d'avancement du plan communal de développement à la population par le truchement de ses représentants et à l'autorité de tutelle.

Article 17 :

L'administrateur est le représentant légal de la commune et de la population de son ressort. Il gère le patrimoine communal et exerce la tutelle administrative et financière sur les établissements et les projets initiés par la commune.

Article 18 :

Il est responsable de l'élaboration et de l'exécution du budget communal, après approbation de celui-ci par l'autorité de tutelle.

Article 19 :

Dans sa commune, l'administrateur est chargé de l'application des lois et règlements émanant du pouvoir central ainsi que des décisions prises par l'autorité de tutelle.

Il exerce les pouvoirs et attributions que les lois et règlements lui confèrent.

Article 20 :

Il exerce dans sa commune un pouvoir général de police. Il prend à cet effet, toute mesure de police qu'il juge utile au maintien de l'ordre et des sanctions ne dépassant pas sept jours de servitude pénale et d'une amende de 500 à 10.000 Fr, ou l'une de ces peines seulement.

Section 2 : Du Conseil Communal.

Article 21 :

Le conseil communal est composé de quinze membres dont l'administrateur. Ils sont désignés par le gouverneur de province sur proposition de l'administrateur.

Article 22 :

Les membres du conseil communal sont essentiellement choisis parmi les citoyens intègres et compétents résidant dans la commune ou dans la province.

Les natifs de la commune peuvent siéger au conseil communal sur leur demande ou sur invitation.

En raison du caractère "intuitu personae" de leur désignation, les membres du conseil communal ne peuvent pas se faire représenter.

Article 23 :

Le conseil communal a un mandat de trois ans, gratuit et renouvelable.

Il prend fin en cas de décès, de démission volontaire ou de révocation.

La révocation est prononcée par le gouverneur de province sur rapport de l'administrateur communal.

Article 24 :

Le conseil communal exerce un pouvoir délibérant et décisionnel pour toutes les questions relatives aux programmes de développement et à l'administration des finances communales.

Article 25 :

Il est doté d'un pouvoir consultatif pour toutes les autres questions,notamment celles relatives à la sécurité et à la politique générale de la commune.

Article 26 :

L'administrateur soumet au conseil communal, pour approbation, un règlement d'ordre intérieur qui précise notamment les modalités de réunion et les procédures de décision du dit conseil.

Il en préside les réunions sans aucune voix prépondérante sauf en cas de partage des voix.

Section 3 : Du Chef de Zone.

Article 27 :

Le chef de zone est nommé par le Ministre de l'Intérieur sur proposition du gouverneur de province ou du maire parmi les citoyens responsables et politiquement mûrs remplissant les conditions d'accès à la catégorie d'exécution ou de collaboration.

Article 28 :

Dans le ressort de sa circonscription, le chef de zone est le représentant de l'administrateur communal qui lui délègue une part de ses attributions dans l'intérêt d'une bonne administration.

Il est l'animateur et le coordonnateur des activités de développement initiées par la commune ou la mairie dans sa zone.

Article 29 :

L'indemnité du chef de zone est à la charge du budget communal ou municipal.

Section 4 : Du Chef de Secteur ou de Quartier.

Article 30 :

Le chef de secteur ou de quartier est choisi parmi les habitants dévoués, progressistes et moralement intègres.

Article 31 :

Il est nommé par le gouverneur de province ou le maire sur proposition de l'administrateur communal.

Article 32 :

Dans le ressort de sa circonscription, le chef de secteur ou de quartier représente le chef de zone et il est l'animateur du développement.

Article 33 :

L'indemnité du chef de secteur ou de quartier est à la charge du budget communal ou municipal.

Chapitre III : DES ORGANES DE LA MAIRIE.

Section 1ère : Du Maire.

Article 34 :

Le maire est un mandataire politique choisi parmi les citoyens signalés pour leur compétence, leur dévouement, leur intégrité morale et leur patriotisme.

Il est nommé par le Président de la République sur proposition du Ministre de l'Intérieur.

Article 35 :

Le maire a le rang et les avantages de gouverneur de province et ses émoluments sont à la charge du budget municipal.

Article 36 :

Sous l'autorité hiérarchique directe du Ministre de l'Intérieur, il exerce les attributions dévolues à l'administrateur communal, conformément aux dispositions des articles 14 à 20 du présent décret-loi.

Section 2 : Du Conseil Municipal.

Article 37 :

Le conseil municipal est composé de quinze membres désignés par le Ministre de l'Intérieur sur proposition du maire. Ils sont choisis parmi la population urbaine et dans toutes les catégories socio-professionnelles.

Le conseil municipal exerce les attributions du conseil communal dans la commune rurale ou urbaine, conformément aux dispositions des articles 24 et 25 du présent décret-loi.

Article 38 :

La durée et la nature du mandat ainsi que l'organisation et le fonctionnement du conseil municipal sont régis, mutatis mutandis, par des dispositions des articles 23 et 26 du présent décret-loi.

Article 39 :

A l'instar du conseil communal, les membres du conseil municipal ne peuvent se faire représenter en raison du caractère "intuitu personae" de leur désignation.

Chapitre IV : DE LA TUTELLE DES ACTES DES COMMUNES ET DES MAIRIES.

Article 40 :

La tutelle des actes des autorités communales et municipales est exercée respectivement par le gouverneur de province et le Ministre de l'Intérieur.

Toutefois, la tutelle des actes des autorités des communes urbaines relevant d'une mairie est exercée par le maire.

Article 41 :

Elle s'exerce par voie d'approbation ou d'autorisation, de suspension, d'annulation, de réformation ou de substitution.

Article 42 :

Le Ministre de l'Intérieur fixe par voie d'ordonnance les actes des autorités communales ou municipales qui requièrent l'aval préalable de l'autorité de tutelle pour leur exécution.

Article 43 :

L'autorité de tutelle doit annuler tous les règlements et décisions des autorités communales ou municipales qui excèdent leurs attributions et qui sont contraires aux lois ou à l'intérêt général.

Chapitre V : DU BUDGET COMMUNAL OU MUNICIPAL.

Article 44 :

Le budget communal ou municipal comprend deux chapitres : le budget ordinaire ou de fonctionnement et le budget extraordinaire et d'investissement.

A chaque chapitre du budget, le montant des recettes doit couvrir celui des dépenses.

Article 45 :

Les recettes communales ou municipales sont notamment constituées par les taxes communales et les revenus fiscaux, les emprunts, les dons et legs, les revenus et produits d'aliénation du patrimoine et du portefeuille, les subventions de l'Etat ou d'organisme visant le développement économique et social.

Article 46 :

Les recettes et les dépenses sont portées annuellement et spécifiées au budget communal ou municipal.

Article 47 :

Les barèmes des taux d'imposition et de taxation sont fixés par ordonnance conjointe du Ministre de l'Intérieur et du Ministre ayant les Finances dans ses attributions.

Article 48 :

L'administrateur ou le maire fixe les redevances pour les services rendus par la commune ou la mairie à l'avantage personnel et exclusif des contribuables. Ces redevances doivent correspondre au coût réel ou raisonnablement estimé des services qu'elles rétribuent.

Article 49 :

L'Etat peut céder à la commune ou à la mairie certaines de ses recettes dans les limites et conditions déterminées par la loi.

Article 50 :

Le Ministre de l'Intérieur et le Ministre ayant les Finances dans ses attributions fixent par ordonnance conjointe la nomenclature des comptes communaux et municipaux conformément au Plan Comptable National.

Article 51 :

Tout ce qui concerne l'administration des finances communales ou municipales non expressément repris aux articles 47 et 53 du présent décret-loi sera précisé par le règlement général de la comptabilité communale pris par décret.

Chapitre VI : DE L'ADMINISTRATION DES COMMUNES ET DES MAIRIES.

Article 52 :

La commune ou la mairie peut, en fonction de ses moyens financiers, se doter d'autant de services que de besoin.

Article 53 :

Des fonctionnaires de l'Etat peuvent être détachés auprès des communes ou des mairies conformément au Statut de la Fonction Publique.

Article 54 :

Les statuts des personnels communaux ou municipaux sont fixés par décret.

Article 55 :

L'administrateur ou le maire exerce un pouvoir hiérarchique direct sur la police de sécurité publique affectée dans la commune ou la mairie.

Article 56 :

Les statuts de la police de sécurité publique sont fixés par décret.

Chapitre VII : DOMAINE COMMUNAL OU MUNICIPAL.

Article 57 :

Le domaine communal ou municipal se compose des biens meubles et immeubles régulièrement acquis et/ou attribués.

Article 58 :

La commune ou la mairie peut disposer du domaine privé dans les limites prévues par le Code Foncier.

Article 59 :

Le domaine public communal ou municipal est inaliénable.

Article 60 :

La commune ou la mairie est responsable de l'entretien des routes communales ou municipales sises dans ses limites, y compris la signalisation réglementaire et les ouvrages d'art.

Article 61 :

Les nouvelles voies construites à charge de la commune ou de la mairie font partie du domaine public communal ou municipal.

Article 62 :

Les voies privées ouvertes à la circulation publique sont soumises à la réglementation générale de police et de voirie. L'administrateur communal ou le maire peut assimiler ces voies aux routes communales ou municipales.

Article 63 :

Le Ministre ayant les Routes dans ses attributions peut, après avis des autorités communales ou municipales et des autorités de tutelle, déclarer route nationale ou provinciale une route faisant partie de la voirie communale ou municipale ou inversement.

Article 64 :

L'administrateur communal ou le maire peut, après avis technique du Ministre ayant les Routes dans ses attributions, désaffecter une route communale ou municipale. Ce dernier fixe la procédure de désaffectation.

Chapitre VIII : DISPOSITIONS FINALES.

Article 65 :

Toutes dispositions antérieures et contraires au présent décret-loi sont abrogées, notamment :

- le décret-loi n° 1/26 du 30 juillet 1977 portant Réforme de l'Organisation Communale
- le décret-loi n° 1/10 du 24 juillet 1987 portant Réorganisation de l'Administration de Base.

Article 66 :

Le Ministre de l'Intérieur est chargé de l'exécution du présent décret-loi qui entre en vigueur le jour de sa signature.

Fait à Bujumbura, le 08 avril 1989

Pierre BUYOYA,
MAJOR.

PAR LE PRESIDENT DE LA REPUBLIQUE,

LE PREMIER MINISTRE
ET MINISTRE DU PLAN,

Adrien SIBOMANA.

LE MINISTRE DE L'INTERIEUR,

Aloys KADOYI,
LIEUTENANT-COLONEL.

VU ET SCELLE DU SCEAU DE LA REPUBLIQUE,
LE MINISTRE DE LA JUSTICE,

Evariste NIYONKURU.

ANHANG III

KIRUNDI-GLOSSAR

Das Kirundi kennt siebzehn verschiedene Substantivklassen, die sich durch unterschiedliche Präfixe unterscheiden (Singular- und Pluralform werden jeweils als unterschiedliche Klassen gezählt). Die Präfixe weisen in der Regel eine unterschiedliche Singular- und Pluralform auf, diese können aber auch miteinander übereinstimmen. Die alphabetische Ordnung richtet sich im folgenden Glossar der Einfachheit halber nach dem ersten Wortstamm eines Wortes; so ist *„umu-shîngan-tahe“* nicht unter der Vorsilbe *„umu-“* und auch nicht unter *„-tahe“* zu finden, sondern unter *„-shîngan-tahe“*. Zu beachten ist, dass ich dabei im grossen ganzen, jedoch nicht in allen Fällen der Einordnung in Rodegems Dictionnaire (1970) folge (seine Einreihung folgt der Hauptwortwurzel, die für Sprachunkundige schwierig zu erkennen ist). Die deutsche Übersetzung gibt im allgemeinen die Singularform wieder. Es sei darauf hingewiesen, dass die Kirundi-Begriffe im Text in der Regel inklusive ihres Klassenpräfixes, jedoch in aphäretischer Form, d.h. unter Weglassung des Anlautvokals, erscheinen (z. B. *„(a) ba-ganwa“*, *„(u) ru-gó“*). Die Tonalität der Vokale schliesslich wird aus technischen Gründen nur in zwei Fällen mit den dafür gebräuchlichen diakritischen Zeichen angegeben: „ ´“: kurzer Akzent, „ ^“: langer Vokal mit am Schluss sinkendem Ton; das genügt im allgemeinen, um mehrdeutige Fälle auszuschliessen. Das den Verben voranstehende *„ku-“*/*„gu-“* markiert die Infinitivform.

Aufgeführt werden hier nur die wichtigsten Begriffe; spezielle Termini und Wortverbindungen, die bereits im Text erläutert wurden, werden nicht mehr wiederholt. Bei den wichtigsten Schlüsselbegriffen wird auf die Seiten des Haupttextes verwiesen, wo sie eingeführt bzw. näher expliziert werden.

Klassen-präfix sing./pl.	*Wortwurzel*	*Inhalt / mögliche Übersetzung*	*Seitenzahl*
umw-/ab-	**ami**	König, monarchische Zentralinstanz	42ff
i bw-	**ami**	am Königshof	
ic-/ivy-	**ariho**	Statthalter, Stellvertreter	60, 68f
kw-	**âtira**	einsetzen, initiieren (als Mushingantahe, in den Kubandwa-Kult); etwas/jdn. in etwas eingehen lassen	141, 153ff
kw-	**âtirwa**	initiiert sein, eine Initiation erhalten (als Mushingantahe, in den Kubandwa-Kult); etwas/jdn. in etwas eingehen lassen	141, 153ff, 428
i-/ama-	**banga**	Diskretion, Gemeimnis; Beruf (cf. *umunya-ma-banga*)	
im-	**bang-amatwí**	Sicherheitsagent, Spitzel (wörtl.: indiskrete, „geneigte“ Ohren)	
i-	**bango**	Pflicht, Beruf (-ung), Amt	40,113f, 233
uru- pl.: i-	**banza** **manza**	Rechtsangelegenheit, -streit, Rechtsverhandlung (*gu-cîra uru-banza*: einen Konflikt schlichten, lösen)	

ici-/ivyi- **bare**	jdm. speziell vorbehaltenes Feld; i.e.S. Domanialboden (cf. *in-yurwa*)	60
ku- **basha**	fähig sein, Macht haben über	
im- **bu**	Abgabe in Form von Sorghumhirse (von *uru-/im-bu*: „der Reihe nach, tour de rôle"?)	228
-/aba- **Bulamatari**	Herr(scher), heute: (Provinz-) Gouverneur (aus dem Lingala oder Gikongo, Neolog.)	
umu-/aba- **bwiriza**	Mittler, Einführungsperson; Befehlsübermittler, Befehlshaber; im engen Sinn: Herdenintendant	208
gu- **cá**	verbannen, ausschliessen (aus einer Gemeinschaft), exkummunizieren, verfluchen (auch *gu-cibwa*)	
aga-/udu- **cimbiri**	Kleinhügel (unterste Territorialeinheit, „sous-colline"; wörtl.: kleines Stück Land, Parzelle)	377, 423
gu- **cûngura**	(aus-) liefern, einlösen, tilgen, aufwiegen, Ersatz bieten für; retten (*gucûngura uru-gó*: die „Hofsteuer" (Abgabe pro Hof) begleichen)	223
umu-/aba- **dasigana**	pl.: die Getreuen, die (Vor-) Kämpfer (Name der Krieger Mwezi Gisabos); „les militants"; heute: UPRONA-Parteimitglieder	
in- **dereretsi**	Spion, Späher; Rapporteur, Überwacher (auch *umureretsi*)	
ku- **dódobereza**	jdn. oben (bei den Behörden/Autoritäten) verleumden, anschwärzen; zu Unrecht beschuldigen, haltlos denunzieren	153
ic-/ivy- (ab-) **egera**	Stellvertreter („Leutnant": locum tenere)	
ku- **gaba**	geben; befehlen; unter der Kontrolle haben; verfügen über, besitzen	77ff, 172f, 227
in-/in- **gabíre**	Gabe	78, 173, 196f
ubu- **gabíre**	(Vieh-) Abhängigkeitsverhältnis	186ff, 193
umu-/aba- **gabíre**	Empfänger einer *ingábire*-Gabe (v.a. einer Kuh), Klient, Abhängiger, Gefolgsmann, Vasall (cf. *shê-buja*)	190, 193
ibi-/iki- **gabiro**	Sakralhain, Erinnerungsbäume/Überreste einer ehemaligen aristokratischen Residenz	78
in-/in- **gabo**	Krieger, Armee, Truppe, Miliz; „homme libre"; Schutzschild	57, 79
umu-/aba- **gabo**	(Ehe-) Mann in seiner vollen Kraft, vir; Gatte, (Haus-) Herr; der vollständig (ins *bushingantahe*) initiierte Mann; Krieger	78f, 121
umu-/imi- **gambwe**	Treue, Festigkeit; i.e.S. (politische) Partei	427ff
in-/in- **ganji**	Macht, Herrschaft (mit Konnatation von Sieg, Triumph); syn.: *ubu-gavyi*	

umu- **ganuro**	jährliches Sorghoaussaatsfest an einem der Königshöfe	
umu-/aba- **ganwa**	Prinz, Regionalführer; wörtl.: derjenige, auf den man zugeht	69
ku- **ganza**	(be-)herrschen, (be-)siegen, bezwingen, meistern, regieren; unterwerfen; Herr, Besitzer sein, verfügen über (s. die alten königlichen Leitsprüche: *ganza sabwa*: herrsche und sei angefleht, *ganza mára abânsi*: herrsche und vernichte [unsere] Feinde)	
kwî- **ganzura**	rebellieren, revoltieren	
in- **gému**	(Freundschafts-) Gabe/Geschenk in Form von Nahrung	133
ku- **gemura**	jdm. ein (Freundschafts-) Gabe/Geschenk in Form von Nahrung bringen; jdn. verproviantieren	133
umu-/aba- **gendanyi**	Begleiter, Eskorte; i.w.S.: Höfling	202f
ku- **gerera**	jdm. (Siedlungs-) Land geben, um sich niederzulassen, anzusiedeln	194
ubu- **gerêrwa**	Landpachtverhältnis	190f
umu-/aba- **gerêrwa**	Landpächter, Lehnsmann, Abhängiger (cf. *shê-buja*)	190f
uru-/in- **gó**	Gehöft, Kral (Rundsiedlung mit Viehvorhof), Hof, Umzäunung, Palisade; Wohlort einer Nuklearfamilie	120f
in-/in- **goma**	Trommel (Symbol der Macht)	
in-/in- **goróre**	Abgabe, tributäres Geschenk, Mitbringsel; Busse	223, 225
umu-/aba- **hamagazi**	öffentlicher Ausrufer, Gehilfe des „Mutware“ (Kolonialzeit)	73, 311
nzezwa-mi- **hana**	behördlicher Weilerverantwortlicher (syn.: Nyumba-kumi)	
umu-/imi- **hana**	die über einen Hügel verstreuten Gehöfte, Weiler	
umu-/aba- **hêbwa**	jemand Höherstehendes, eminente Person, Persönlichkeit (auch *uwa-hebwe*)	
gu- **hêndahenda**	irreführen, täuschen	
umu-/aba- **hêndanyi**	Betrüger, Lügner, Heuchler; verschlagener, Verleumder	
gu- **hêndereza**	täuschen, (be-) trügen, jdn. in falsche Sicherheit wiegen, betören	
umu-/aba- **hetsi**	Mittler bei der Mushingantahe-Kandidatur und -investitur	
gu- **himiriza**	zwingen, verpflichten, zur [kolonialen] Zwangsarbeit aufbieten (syn.: *gu-hata*)	311f
igi-/ibi- **húgu**	Land, Gegend, Provinz, Distrikt, „politisches Territorium“; auch: Bevölkerung, die Untertanen/Beherrschten	55f
umunya-gi-/ abanya-gi- **húgu**	pl.: die (einfachen) Leute der Hügel (wörtl.: des Landes); die Leute aus dem einfachen Volk (pejorativ)	

kwî- **hutura**	sich des Hutu-Seins entledigen und zum Mututsi werden, vom Muhutu zum Mututsi aufsteigen, gehoben/„geadelt“ werden; sich bereichern	
umw-/ab- **ishikira**	Direktzugänger, Hierarchie-Umgeher; i.e.S. Vorsteher/Verwalter einer königlichen Domäne (heute auch: „Directeur de Cabinet“)	35, 60, 89, 436
ubw- **ishikira**	das Recht, eine hochstehende Person ohne Mittler anzugehen	
in-/in- **ká**	Kuh, Rind; Grossvieh	234
umu-/aba- **kandizi**	Einführer, Ankünder, Mittelsmann (syn.: *umwakirizi*)	208
gu- **kangara**	als Adoleszenter einer hohen Person den Hof machen, hofieren	
umu-/imi- **kangara**	Färse, Kalbe (junge Kuh, die noch nicht gekalbt hat); Kalb, das nicht mehr säugt. Junger Mann im heiratsfähigen Alter; noch nicht vollständig initiierter Mann	
in-/in- **kebe**	territorialer Statthalter, Territorialführer nicht-aristokratischer Herkunft (auch *umu-tware w'in-kebe*); militärischer Grad: Adjutant	64f
in- **komarume**	(wörtl.: morgentlich, Frühaufsteher) Gesandter, Melde-/Laufbursche, lokale Hilfskraft (v.a. der kolonialen Bahamagazi)	313
i-/ama- **komine**	polit. Gemeinde, Verwaltungseinheit („commune“, Neolog.)	
i-/ama- **kori**	Abgabe/Steuer (*gutôza ikori*: [koloniale] Steuern eintreiben)	313
in-/in- **kuka**	Prästation, Abgabe, Tribut (in Form von Arbeit oder Vieh); Lösegeld, Opfer	
umu-/aba- **kungu**	nicht (ins Bushingantahe) initiierte Männer	146f
umu-/aba- **kúra-mbere**	der/die Älteste(n); die Älteren; die Ahnen	
ubu - **kúru**	Primat, Vorrang; Erstgeburtsrecht; Autorität	97ff
umu-/aba- **kúru**	Vorsteher, angesehene/einflussreiche Person, Person fortgeschrittenen Alters; i.w.S.: Höherstehender, Vorgesetzter; Autoritätsperson; pl.: die Alten; heute i.w.S. die Behörden	97ff
umu-/aba- **kúru w'agacimbiri**	Chef du Parti (premier secrétaire du comité) au niveau de la cellule (sous-colline)	427
umu-/aba- **kúru wa zone**	Chef de Zone	
in- **kwâno**	Heriats-, Brautgabe	
ubu- **kwé**	Heirat, Matrimonialbeziehungen (v.a. mit der Deszendenzgruppe der Ehefrau)	132
umunya- /abanya- **mabanga**	pl.: Ritualisten (wörtl.: „die Leute der Geheimnisse“); sing. heute (neolog.): Sekretär (im bes. Parteisekretär)	427ff

umunya- /abanya- **mabanga wa mbere wa komite y'umugambwe muri komine**	Premier Secrétaire (Chef) du Comité du Parti au niveau de la commune	427f
ku- **mena**	brechen, durch-/eindringen	
umu-/aba- **menja**	Aufständischer, Rebell	
umu-/aba- **motsi** (syn.: **-kotsi**)	Schreihals, pejorativ für *umuhamagazi/umurongozi*	311
umunya- /abanya- **mugina**	die Nachbarn, wörtl.: die Leute/Bevölkerung des (Termiten-) Hügels	
-/aba- **Musitanteri** w'ikomine/ b'abakomine	Administrateur communal („Admicom") (Neolog.)	359, 396f
i-/i- **nâma**	Rat; Übereinkunft; (für das Vieh bestimmter) Vorhof, Vorplatz	184
i-/ ba- **nárariбônye**	jemand mit viel Erfahrung	
ku- **nêna**	verachten, anprangern; verweigern/ablehnen, mit jdm. zu trinken oder zu essen	
ku- **nyaga**	enteignen, berauben, plündern; eine Gabe zurücknehmen	194, 225
i-/ba- **nyegezi**	jemand, der sich [den Behörden] nicht zeigt (von *kunyegera*, sich verbergen, verheimlichen, (se) dissimuler)	216
- / aba- **Nyumba-kumi**	behördlicher Weilerverantwortlicher (syn.: *Nzezwami-hana*)	
ubw-/am- **ôko**	Art, Sorte, Genre, Spezies, Gattung i.w.S.; Variante; Kategorie; morphologische, gesellschaftliche, ethnische Gruppierung (Bahutu, Batutsi, Batwa; Bagánwa)	
umu-/aba- **pfâsóni**	Schwager; Ehrenperson; Notabeln	40, 81, 116ff
im- **pingayanje**	Regionalismus, Nepotismus, Günstlingstum (wörtl.: meine Gegend)	
i-/ama- **rári**	Abgabe in Form von Bier	226
ku- **rârika**	Kolonialzeit: (von offizieller Seite aus) mobilisieren, (am Vorabend) aufbieten, versammeln, zusammenrufen; i.e.S.: requirieren	311
ku- **rârira**	wachen; einer wichtigen Person den Hof machen/vor ihrer Türe wartend die Nacht verbringen, längere Zeit auf ein Treffen warten	213
ku- **rereka**	spähen, auflauern; spionieren, aushorchen (auch *kurerekera*)	
- **Reta**	der Staat (von „l'État", Neolog.)	
iki-/ibi- **rimba**	Übereinkommen; i.e., aristokratischen S.: Umzäunung, Palisaden eines aristokratischen Hofes	184
umu-/aba- **rongozi**	(Kolonnen-) Führer („guide"), Aufseher, Kundschafter, Gehilfe (syn.: *indongozi*)	73, 312f

ubu- **rundi**	der Ort, das Land der Barundi; auch: Volk, Bevölkerung, Leute; Öffentlichkeit; Gesellschaft	
umu-/imi- **ryango**	undifferenziert für: Clan, Lineage, Lineagesegment, erweiterte Familie (evtl. Ableitung von *kuryá* und übersetzbar mit „diejenigen, die gemeinsam essen"); Genus, Genre, Art, Gattung; Affinität	102f
gu- **saba**	um etwas bitten, anfragen, eine Gabe/Gunst erbitten; dienen, unterworfen sein	191f, 217ff
gu- **sabira**	ein gutes Wort einlegen/sich verwenden für; fürsprechen, für jdn. eintreten, zugunsten von jdm. intervenieren	213
ama- **sabo**	Schutzverhältnis; Abhängigkeit, Zuflucht, Gefolgschaft, Hingabe; Patronage, Gunst; Wohltäter, Förderer, (Schutz-) Herr	77, 192, 217, 221f
uru-/in- **sâgo**	provisorisches Lager (*gucá uru-sâgo*: sein Lager aufschlagen; längere Zeit bei einem Chef bleiben, um eine Kuh zu erbitten)	
uru-/in- **sáku**	Neugier, Missgunst (*gu-suma uru-sáku*: seine Nase in anderer Leute Angelegenheiten stecken, spionieren)	
umunyá-ru- **sáku** abanyá-ru-	neugierige, indiskrete Person; Rapporteur, Hinterbringer; Spitzel, Denunziant, Spion	
- **sa-mú-ragwá**	der Haupterbe der väterlichen Gewalt und Würde; Rugó-Vorsteher mit der Autorität des pater familias	66, 124f
gu- **sasa**	Gras/eine Matte ausbreiten. Im höfischen Sinn: Den Hof machen, „aller faire son lit à la cour"; i.e.S. jährlicher Besuch der Regionalführer am Königshof	72
umu-/aba- **savyi**	Bittsteller; Anhänger, Gefolgsmann, Höfling, Vasall (syn., v.a. im Norden Burundis: ***umu-garágu***)	191f, 217ff
-/aba- **shê-buja**	(sein) (Schutz-) Herr, Patron, Meister; wörtl.: Vater der Knechtschaft	192f
gu- **shengera**	hofieren, seine Aufwartung/den Hof machen, jemand Höherstehendes durch seine Gegenwart/einen Besuch ehren	212ff
gu- **shengeza**	jdn. an hoher Stelle/bei den Behörden denunzieren	
umu-/aba- **shengezi**	Höfling (im modernen Sinn: Bewunderer; Anhänger)	220ff
gu- **shikana (-ira)**	ein Geschenk (über-) bringen; offerieren/zukommen (lassen); erreichen	193, 435
kwî- **shikana**	aus eigener Kraft/ohne Mittler zu jdm. Zugang haben	
i-/ama- **shikánwa**	(tributäres) Geschenk, Gabe von unten nach oben (syn: *itûro*)	223
kwî- **shikira**	eine hochstehende Person ohne Mittler angehen	
ubwi- **shikira**	Recht des Direktzugangs (zu einer hochstehenden Person)	

umu-/aba- **shikiranganji**	wörtl.: derjenige mit Zugang zur Herrschaft/Macht; heute: Minister	
umu-/aba- **shikirangoma**	wörtl.: derjenige mit Zugang zur Trommel; unter der Monarchie: Hauptberater des Mwami	
umu-/aba- **shikíriza**	Mittelsmann beim Übergeben von Geschenken von oben nach unten	94, 208
i-/ - **shimwe**	Dankesgeschenk, Dankbarkeit; Zufriedenheit	
ubu-/ - **shîngan-tahe**	die Funktion, die Institution des *mu-shîngantahe-* (Hügel-) Notabel	121ff
umu-/aba- **shîngan-tahe**	(Hügel-) Notabel, Autoritätsperson	121ff
umu-/aba- **shumba**	Domestik, landloser Haus- und Hofdiener, Knecht; Bauer, der sein Land verloren hat	
gu- **simba**	springen; i.e.S. über mehrere, nicht zusammenstossende Territorialkommandos verfügen	72
gu- **sohora**	einfallen, eindringen, verjagen, ausweisen	194, 225
igi-/ibi- **songerezi**	Stellvertreter, Gehilfe, Beigeordneter, Ersatzmann, Delegierter (auch igi-/ibi-songa)	
umu-/imi- **sózi**	Hügel(-zug), Berg (eine Gesamtheit von *imi-tumba*)	
in-/in- **tahe**	der Stock der Bashingantahe, Rechtsprechungsstab (aus Fikusholz)	121f
gu- **tahira**	(sozial) herunterkommen, den aristokratischen Status verlieren	40, 80f, 117
umu-/imi- **tamana**	Umhang (trad. Kleidungsstück aus Fikusrinde)	
gu- **tânga**	geben, eine Gabe offerieren, liefern (*gu-tânga in-zoga*: Bier ausgeben, offerieren)	
in-/in- **târa**	Provinz, Region, Territorium (meist im politischen Sinn)	78
gu- **táramura**	ausschliessen (z.B. von rechtlichen Deliberationen), entfernen, wegschicken (reflexiv: *gutáramuka*, sich zurückziehen)	
gu- **tégeka**	befehlen, regieren; vorschreiben, (ein Dekret, Gesetz) erlassen	
i-/ama- **tégeko**	Vorschrift, Erlass, Dekret	
um-/aba **tégetsi**	politische Behörde, Gesetzeserlasser, politischer Verantwortlicher	
ubu- **tégetsi**	(Art der/Tatsache der) Befehls-, Regierungsgewalt; politische Macht, öffentliche Autorität	
gu- **têra**	provozieren, einfallen, angreifen	70
gu- **têrera**	eine materielle Beihilfe/einen Beitrag zu einem Fest oder einer anderen Zeremonie leisten (meist in Form von Bier)	134

in- **têrerano**	materieller Beitrag (meist in Form von Bier) zu einem Fest / einer Zeremonie	135
gu- **têrereza**	um eine materielle Beihilfe/einen Beitrag zu einem Fest oder einer anderen Zeremonie anfragen/bitten (meist in Form von Bier)	134
umu-/aba- **têrerezi**	Bierfreunde, Bierfreundschaftszirkel	134f
i-/ama- **tôngo**	Grundstück, Bodenparzelle	
in- **tongore**	vom König erhaltener junger Stier (dient als Schutzzeichen für die ganze Herde)	
umu-/aba- **tongore**	Ochsenhirte(n) des Königs (in verschiedene Gruppen unterteilt)	
umu-/aba- **tóni**	Günstling	71, 206ff, 219
in-/in- **tore**	Krieger/Tänzer eines Aristokraten/Regionalführers	58f, 62
uru-/ - **torere** (rw'umuganwa)	prinzliche („Provinz"-) Armee, Truppe	67f
umu-/imi- **tumba**	geographischer Hügel (jede geographische Erhebung)	
in-/in **tumwa**	Bote, Gesandter; Delegierter; Gehilfe	74
ubu- **tumíre**	Einladung (unter Nachbarn)	133
igi-/ibi- **turíre**	Honigtopf, -krug; Met; pot-de-vin: Draufgeld, Bestechungs-, Schmiergeld	234
i-/ama- **tûro**	Geschenk von unten nach oben (eines Tiefer- an einen Höherstehenden), Ehrengabe, offrande en hommage	223
kwî- **tuza**	zruückfordern Inbes. einen Teil des Nachwuchses einer gegebenen Kuh (syn.: *kwô-koza*)	193f
gu- **twâra**	regieren, verwalten	69
umu-/aba- **tware**	Regierender; lokaler politischer Führer, Lokalpotentat; i.e.S. seit der Kolonialzeit: „Sous-Chef"	69
in-/in- **twâro**	Regierung, Verwaltung; Regime; politische Pflicht, Funktion	
ku- **vumera**	muhen, brüllen (Vieh); nobler Ausdruck für Sprechen/Ertönen des Königs, Kirangas oder der königlichen Trommeln	
in-/in- **yambo**	Vieh mit speziell langen Hörnern (hauptsächlich in königlichem/prinzlichem Besitz)	
in-/in- **yurwa**	„politisches" (Domanial-) Land eines *ic-ariho* (Sous-Chefs) (cf. *ici-bare*); aufgrund einer politischen Funktion zuerkanntes/angeeignetes Land	70
in- **zoga**	Bier, fermentiertes Getränk	226, 330
in-/ama- **zu**	Haus, Behausung, Gebäude; Haushalt; Kleinlineage	120

BIBLIOGRAPHIE

ABÉLÈS, Marc. 1981. 'Sacred kingship' and formation of the state. In: CLAESSEN, Henri J.M. & Peter SKALNIK (eds). The study of the state, pp. 1-13. Paris/The Hague: Mouton.

ADEKANYE, B. 1985. The politics of the post-military state in Africa. In: CLAPHAM, C. & G. PHILIP (eds). The political dilemmas of military regimes, pp. 64-94. London.

ALBERT, Ethel M. 1960a. Une étude de valeur en Urundi. In: Cahiers d'Études Africaines, 2:148-160.

ALBERT, Ethel M. 1960b. Socio-political organization and receptivity to change: Some diffenences between Ruanda and Urundi. In: Southwestern Journal of Anthropology, 16:46-74.

AMSELLE, Jean-Loup. 1985. Ethnies et espaces: pour une anthropologie topologique. In: DERS. & Elikia M'BOKOLO (eds). Au coeur de l'ethnie. Ethnies, tribalisme et état en Afrique, pp.11-48. Paris: La Découverte.

AMSELLE, Jean-Loup & Elikia M'BOKOLO (eds). 1985. Au coeur de l'ethnie. Ethnies, tribalisme et état en Afrique. Paris: La Découverte.

AYOADE, John A.A. 1988. States without citizens: An emerging African phenomenon. In: ROTHCHILD, Donald & Naomi CHAZAN (eds). The precarious balance, pp.100-118. Boulder/London: Westview Press.

AZARYA, Victor. 1988. Reordering state-society relations: Incorporation and disengagement. In: ROTHCHILD, Donald & Naomi CHAZAN (eds). The precarious balance, pp.3-21. Boulder/London: Westview Press.

BÄCK, Lucien R. 1981. Traditional Rwanda: Deconsecrating a sacred kingdom. In: CLAESSEN, H.J.M. & P. SKALNIK (eds). The study of the state, pp.15-33. The Hague/Paris: Moudon.

BADIE, Bertrand. 1992. L'Etat importé. Essai sur l'occidentalisation de l'ordre politique. Paris: Fayard.

BAHENDUZI, Michel. 1977. Le Muganuro et l'Umwaka. Deux fêtes rituelles du Burundi ancien. Bujumbura, Université du Burundi, mémoire en histoire/géographie.

BAHENDUZI, Michel & Jean-Pierre CHRÉTIEN. 1990. Ntare Rushatsi est-il passé à Magamba en mars 1680 ou en août 1701? Traditions orales, chronologie et histoire au Burundi. In: Culture et Société, XI:38-55. Bujumbura: C.C.B.

BALANDIER, Georges. 1969. Les relations de dépendance personelle: Présentation du thème. In: Cahiers d'Études Africaines, 35,9:344-349.

BALANDIER, Georges. 1976 (^{1}1967). Politische Anthropologie. München: dtv.

BALANDIER, Georges. 1978. L'anthropologie africaniste et la question du pouvoir. In: Cahiers Internationaux de Sociologie, 65, 25:197-211. Paris.

BALANDIER, Georges. 1985. Le politique des anthropologues. In: GRAWITZ, Madelaine & J. LECA (eds). Traité de science politique, tome 1:309-334. Paris: P.U.F.

BALLOT, Frank. 1986. Politische Herrschaft in Kenia. Der neopatrimoniale Staat 1963-1978. Rheinfelden: Schäuble.

BANKUMUHARI, Valentin (Secrétaire du Conseil Supérieur du Pays du Burundi, 1954-1960). s.d. (ca. 1981). Le Conseil Supérieur du Pays du Burundi, promoteur de l'indépendance nationale. Bujumbura.

BAYART, Jean-François. 1981. Le politique par le bas en Afrique noire. Questions de méthode. In: Politique Africaine, 1, janvier: 53-82. Paris.

BAYART, Jean-François. 1983. Les sociétés africaines face à l'État. In: Pouvoirs, n° 25:23-39.

BAYART, Jean-François. 1989. L'État en Afrique. La politique du ventre. Paris: Fayard.

BAYART, Jean-François. 1991. La problématique de la démocratie en Afrique noire. „La Baule, et puis après?“ In: Politique Africaine, 43, octobre: 5-20. Paris.

BEATTIE, John H.M. 1960. Bunyoro. An african kingdom. New York. Case studies in cultural anthropology.

BEATTIE, John H.M. 1964. Bunyoro: An african feudality? In: Journal of African History, 5,1:25-36 (reprinted in Dalton, G. (ed). Tribal and Peasant Economies, 1967:88-102. New York.)

BEGLER, Elsie B. 1978. Sex, status, and authority in egalitarian society. In: American Anthropologist, 80:571-88.

BIGANGARA, Jean-Baptiste. 1986. Pour une anthropologie de la famille et du mariage traditionnels au Burundi. Bujumbura.

BIGIRUMWAMI, Joseph. 1992. Le mot intaahe: Terme clef du vocabulaire juridique kirundi. In: Au Coeur de l'Afrique, LX, 4 (octobre–décembre): 482-524. Bujumbura.

BINSBERGEN, Wim van & Filip REYNTJENS & Gerti HESSELING (eds). 1986. State and local community in Africa. Les Cahiers du CEDAF/ASDOC-Studies, juillet 1986, No.2-3-4. Bruxelles.

BOHANNAN, Paul. 1967. Africa's land. In: Dalton, G. (ed). Tribal and Peasant Economies. Readings in Economic Anthropology, pp.52-60. New York.

BOTTE, Roger. 1969. Burundi: La relation *ubugabire* dans la tête de ceux qui la décrivent. In: Cahiers d'Études Africaines, 35, 9, 3:363-371.

BOTTE, Roger. 1974a. Présentation de trois remarques et d'une hypothèse sur la société burundaise. Paris: Ecole Pratique des Hautes Etudes. Ronéo., 11p.

BOTTE, Roger. 1974b. Processus de formation d'une classe sociale dans une société africaine précapitaliste. In: Cahiers d'Etudes Africaines, 56,14, 4:605-626. Paris.

BOTTE, Roger. 1979. Agriculteurs/élveurs et domination du groupe pastoral. In: Production pastorale et société. London/Paris: Cambridge University Press/Maison des Sciences de l'Homme, pp.399-418.

BOTTE, Roger. 1982a. La guerre interne au Burundi. In: BAZIN, Jean & E. TERRAY (eds). Guerres de lignages et guerres d'états en Afrique, pp.269-317. Paris.

BOTTE, Roger. 1982b. Burundi: de quoi vivait l'état. In: Cahiers d'Études Africaines, XXII, 3-4, 87-88:277-324.

BOTTE, Roger. 1983. Quand l'essentiel n'est pas ce que l'on dit, mais ce que l'on tait (réponse à CHRÉTIEN/LE JEUNE 1983). In: Politique africaine, 12:99-104. Paris.

BOTTE, Roger. 1985. Rwanda and Burundi, 1889-1930: Chronology of a slow assassination. In: International Journal of African Historical Studies, 18, 1:53-91 & 18, 2:289-314.

BOURGEOIS, R. (Commissaire de district). 1958. Banyarwanda et Barundi. L'évolution du contrat de bail à cheptel au Ruanda-Urundi (complément au tome II de „Banyarwanda et Barundi“). Bruxelles: Académie royale des Sciences coloniales.

BOURGEOIS, R. 1987. Témoignages. Tome 1, 3 volumes: Fonctionnaire territorial (1931-1961). Tervuren: Musée royal de l'Afrique centrale.

BOYAYO, Abraham. 1971. L'organisation militaire dans le Burundi ancien. Bujumbura, multigr., 61p.

BRAECKMAN, Claudine. 1987. Burundi, au-delà de la révolution de palais. In: Le Monde Diplomatique, octobre.

BUKERA, Joseph. 1970a. Les droits fonciers coutumiers au Burundi. In: Revue juridique et politique, Indépendance et coopération, 24, 4:1207-1214. Paris.

BUKERA, Joseph. 1970b. L'immatriculation des terres au Burundi. In: Revue juridique et politique, Indépendance et coopération, 24, 4:745-46. Paris.

BUKURU, Melchiade. 1986. Le nord-est du Burundi de Coya à J.-B. Ntidendereza. Aspects politiques et sociaux (fin XIXème siècle - 1960). Bujumbura, Université du Burundi, mémoire en histoire.

BUREAU PERAMENT DU CONSEIL DU MWAMI DE L'URUNDI (LE). 1947. Le contrat d'ubugabire, une coutume murundi. In: Bulletin de Jurisprudence des tribunaux indigènes du Ruanda-Urundi, no. 4, octobre 1947:173-199. Astrida, Ruanda.

CART, Henri-Philippe. 1966. Conceptions des rapports politiques au Burundi. In: Études congolaises, IX, 2 (mars-avril):1-22, Bruxelles/Léopoldeville.

CART, Henri-Philippe. 1967. Aspects de l'horizon idéologique au Burundi. In: Revue de l'institut de sociologie, 2-3:465-468. Bruxelles.

CART, Henri-Philippe. 1973. Etudiants et construction nationale au Burundi (1962-1969). Les Cahiers du CEDAF 2/3. Bruxelles.

CAZENAVE-PIARROT, Alain. 1977. Les genres de vie traditionels au Burundi. In: Les Cahiers d'Outre-mer, 119:291-312.

CAZENAVE-PIARROT, Françoise & Alain CAZENAVE-PIARROT & Alain LOPEZ. 1979. Géographie du Burundi. Le pays et les hommes. Paris: EDICEF.

CHABAL, Patrick (ed). 1986. Political domination in Africa. Reflections on the limits of power. Cambridge: Cambridge University Press.

CHRÉTIEN, Jean-Pierre. 1968a. Introduction à une étude de la colonisation Allemande au Burundi. In: Revue nationale d'éducation du Burundi, IV, 1967-68, n° 5:1-11, n° 6:8-16. Bujumbura.

CHRÉTIEN, Jean-Pierre. 1968b. Le passage de l'expédition d'Oscar Baumann au Burundi (septembre-octobre 1892). In: Cahiers d'Études africaines, 29, 8, 1:48-95.

CHRÉTIEN, Jean-Pierre. 1970. Une révolte au Burundi en 1934. Les racines traditionalistes de l'hostilité à la colonisation. In: Annales E.S.C., 6 (Nov.-Déc.): 1678-1717. Paris.

CHRÉTIEN, Jean-Pierre. 1974. Echanges et Hierarchies dans les royaumes des Grands Lacs de l'Est africain. In: Annales E.S.C. (Nov.–Déc.), pp.1327-37. Paris.

CHRÉTIEN, Jean-Pierre. 1977. La royauté capture les rois (Burundi, Rwanda, Buha). Annexe de: NDAYISHINGUJE, Pascal. L'intronisation d'un mwami, pp.61-70. Nanterre: Laboratoire d'Ethnologie et de Sociologie Comparative.

CHRÉTIEN, Jean-Pierre. 1978. Des sédentaires devenus migrants. Les motifs de départ des Burundais et des Rwandais vers l'Uganda (1920–1960). In: Cultures et développement, 10, 1:71-101. Paris.

CHRÉTIEN, Jean-Pierre. 1979a. Significations des transformations politiques au Burundi de 1890 à 1940. In: Études scientifiques, mars: 9-12. Paris.

CHRÉTIEN, Jean-Pierre. 1979b. La société du Burundi: des mythes aux réalités. In: Revue française d'études politiques africaines, juillet: 94-118.

CHRÉTIEN, Jean-Pierre. 1981a. Traditions et historiographie sur les origines du royaume du Burundi: les variantes du cycle de Ntare Rushatsi. In: LA CIVILISATION ANCIENNE ..., pp.254-270. Paris/Bujumbura: Karthala/C.C.B.

CHRÉTIEN, Jean-Pierre. 1981b. Pouvoir d'État et autorité mystique. L'infrastructure religieuse des monarchies des grands lacs. In: Revue française d'Histoire d'Outre-Mer, LXVIII, n°s 250-253:112-130. Paris.

CHRÉTIEN, Jean-Pierre. 1982. Féodalité ou féodalisation du Burundi sous le mandat belge. In: Études africaines, offertes à Henri Brunschwig, pp.367-387. Paris: EHESS.

CHRÉTIEN, Jean-Pierre (ed). 1983. Histoire rurale de l'Afrique des Grands Lacs. Guide de recherches (en collaboration avec l'Université du Burundi). Paris: AFERA/Karthala.

CHRÉTIEN, Jean-Pierre. 1984. Nouvelles hypothèses sur les origines du Burundi. Les traditions du Nord. In: NDORICIMPA, Léonidas & Claude GUILLET (eds). L'Arbre-mémoire, pp.11-52. Paris/Bujumbura: Karthala/C.C.B.

CHRÉTIEN, Jean-Pierre. 1985a. Hutu et Tutsi au Rwanda et au Burundi. In: AMSELLE, Jean-Loup & Elikia M'BOKOLO (eds). Au coeur de l'ethnie. Ethnies, tribalisme et état en Afrique, pp.129-165. Paris: La découverte.

CHRÉTIEN, Jean-Pierre. 1991. Burundi: Le Métier d'historien: Querelle d'école? In: Canadian Journal of African Studies/Revue Canadienne des Études Africaines, 25,3:450-467.

CHRÉTIEN, Jean-Pierre. 1992. La crise politique rwandaise. In: Genève-Afrique, XXX, 2:121-140.

CHRÉTIEN, Jean-Pierre. 1993. Burundi. L'histoire retrouvée. 25 ans de métien d'historien en Afrique. Paris: Karthala.

CHRÉTIEN, Jean-Pierre. 1994. Burundi: pogromes sur les collines. In: Esprit, juillet 1994: 16-30. Paris.

CHRÉTIEN, Jean-Pierre & Émile MWOROHA. 1970. Les tombeaux des bami du Burundi: Un aspect de la monarchie sacrée en Afrique orientale. In: Cahiers d'Études Africaines, 10, 37:40-79. Paris.

CHRÉTIEN, Jean-Pierre & G. LE JEUNE. 1983a. Développement rural et démocratie paysanne, un dilemme? L'exemple du Burundi. In: Politique Africaine, 11:45-76. Paris.

CHRÉTIEN, Jean-Pierre & G. LE JEUNE. 1983b. Le mots et les choses (réponse à BOTTE 1983). In: Politique Africaine, 12:105-108. Paris

CHRÉTIEN, Jean-Pierre & G. LE JEUNE. 1986. Élections et sociologie politique. Note sur les législatives de 1981 et 1982 au Rwanda et au Burundi. In: Revue Tiers-Monde, 27, 106:331-338. Paris.

CHRÉTIEN, Jean-Pierre. & A. GUICHAOUA. 1988. Burundi, d'une République à l'autre: bilans et enjeux. In: Politique Africaine, no. 29, mars 1988:87-94. Paris.

CHRÉTIEN, Jean-Pierre & A. GUICHAOUA & G. LE JEUNE. 1989. La crise d'août 1988 au Burundi. Cahiers du C.R.A., no.6, Paris: Editions Afera/distribution Karthala.

CHRÉTIEN, Jean-Pierre & Gérard PRUNIER (eds). 1989. Les ethnies ont une histoire. Paris: Karthala/ACCT.

CLAESSEN, Henri J.M. 1981. Specific features of the african early state. In: CLAESSEN, Henri J.M. & Peter SKALNIK (eds). The study of the state, pp. 59-86. Paris/The Hague: Mouton.

CLAESSEN, Henri J.M. 1989. Pyramidale versus hierarchische structuren. In: DERS. (ed). Hulp of hindernis? Het spanningsveld tussen model en werkelijkheid, pp.45-60. Leiden: ICA, No.88.

CLAESSEN, Henri J.M. & P. SKALNIK (eds). 1978. The Early State. The Hague: Mouton.

CLAESSEN, Henri J.M. & Peter SKALNIK (eds). 1981. The study of the state. Paris/The Hague: Mouton.

CLAESSEN, Henri J.M. & P. VAN DE VELDE & M.E. SMITH (eds). 1985. Development and decline. The evolution of sociopolitical organisation. South Hadley, Mass.: Bergin & Garvey.

CLAESSEN, Henri J.M. & P. VAN DE VELDE (eds). 1987. Early state dynamics. Leiden: Brill.

CLAESSEN, Henri J.M. & P. VAN DE VELDE (eds). 1991. Early state economics. New Brunswick/London: Transaction (Political and Legal Anthropology Series, vol. 8).

COHEN, Ronald & Judith D. TOLAND. State formation and political legitimacy. Political Anthropology, vol. VI. New Brunswick/Oxford: Transaction.

COMMISSION INTERNATIONALE D'ENQUETE SUR LES VIOLENCES DES DROITS DE L'HOMME AU BURUNDI DEPUIS LE 21 OCTOBRE 1993. Juillet 1994. Rapport final. Bruxelles et al., 200 p.

CONSEIL SUPERIEUR DU PAYS, Procès-Verbaux des Réunions du. Tenues à Kitega, 1927–1959 (spécialement 19–29 oct.1954, 9–24 jan.1956, 18–29 juin 1956).

COQUERY-VIDROVITCH, Catherine. 1985. Afrique noire. Permanences et ruptures. Paris: Payot.

DARBON, Dominique. 1982. Les conflits de pouvoir au Burundi. In: DERS. & Ph. L'HOIRY. Pouvoir et integration politique. Les cas du Burundi et du Malawi, pp. 1-131. Talence: Centre d'Etude d'Afrique noire, Institut d'Etudes politiques de Bordeaux.

DAYER, Marcellin (éd). 1988. Population et développement. Actes du colloque tenu à Bujumbura, 9–14 mai 1988. 3 volumes. Bujumbura: CURDES.

DELACAUW, Amand. 1936. Droit coutumier des Barundi. In: Congo, 1, 3:332-57, mars 1936; 1, 4:481-522, avril 1936. Bruxelles.

DELACAUW, Amand. 1956. Féodalité ou démocratie en Urundi? In: Temps nouveaux, 2 sept. (revue). Bujumbura.

DOORNBOS, Martin R. 1983. Rôle de l'État en Afrique de l'Est. In: Revue Tiers-Monde, 24, 93, janvier–mars:143-152.

DOORNBOS, Martin R. 1989. The african state in academic debate. Dies Natalis Address at the Institute of Social Studies (ISS), The Hague. 24 p.

DOUGLAS, Mary. 1971. De la souillure. Paris: Maspero. (^{1}1966: Purity and danger. London: Routledge & Kegan).

EISENSTADT, S.N. & M. ABITBOL & N. CHAZAN (eds).1988. The early state in african perspective. Leiden: Brill.

ÉLA, Jean-Marc. 1982. L'Afrique des villages. Paris: Karthala.

ÉLA, Jean-Marc. 1990. Quand l'État pénètre en brousse… Les ripostes paysannes à la crise. Paris: Karthala.

ELIAS, Michel. 1988. Burundi: la spirale d'un génocide. In: La Revue Nouvelle, novembre, 44, 11:93-103. Bruxelles.

ELIAS, Michel & Danielle HELBIG. 1991. Deux mille collines pour les petits et les grands. Radioscopie des stéréotypes hutu et tutsi au Rwanda et au Burundi. In: Politique Africaine, 42, juin: 65-73.

ENQUETE DEMOGRAPHIQUE 1970–71. 1974. Département de Statistiques du Burundi et Ministère de la Coopération (France). Bujumbura.

ENQUETE STATISTIQUE AGRICOLE 1968–69 dans les régions de MUYINGA-RUYIGI-MOSSO. 1970. Ministère du Plan (Burundi) et Ministère de la Coopération (France). Paris.

EVERS, Hans-Dieter & Tilman SCHIEL. 1988. Strategische Gruppen. Vergleichende Studien zu Staat, Bürokratie und Klassenbildung in der Dritten Welt. Berlin: Reimer.

FRANZ, E.G. & P. GEISSLER. 1973. Das Deutsch-Ostafrika-Archiv. Inventar der Abteilung „German Records" im Nationalarchiv der Vereinigten Republik Tanzania, Dar es Salaam. Marburg, 2 Bände, 799p.

FRIED, Morton H. 1967. The evolution of political society: an essay in political anthropology. New York: Random House.

FRODEBU, Parti SAHWANYA-. 1993. Pour construire un Burundi nouveau: 46 propositions. Bujumbura, 2 p.

GAHAMA, Joseph. 1983. Le Burundi sous administration belge. La période du mandat, 1919-1939. Paris: C.R.A./Karthala/A.C.C.T.

GAHAMA, Joseph & Augustin MVUYEKURE. 1989. Jeu ethnique, idéologie missionnaire et politique coloniale (le cas du Burundi). In: CHRÉTIEN, J.-P. & G. PRUNIER (eds). Les ethnies ont une histoire, pp.303-324. Paris: Karthala/ACCT.

GESCHIERE, Peter. 1982. Village communities and the state. Changing relations among the Maka of southeastern Cameroon since the colonial conquest. London: Kegan Paul.

GESCHIERE, Peter. 1990. Le politique en Afrique: le haut, le bas et le vertige. In: Politique Africaine, septembre, 39:155-160.

GHISLAIN, Jean (ancien Administrateur de Territoire au Burundi). 1970. La féodalité au Burundi. Bruxelles: Académie royale des Sciences d'Outre-Mer.

GIDDENS, Anthony. 1986 ([1]1979). Central problems in social theory. Action, structure and contradiction in social analysis. Houndmills/London: Macmillan.

GILLE, Albert. 1937. Notes sur l'organisation des Barundi. In: Bulletin des Juridictions indigènes et du droit coutumier congolais, n° 3, mai-juin:75-81. Elisabethville.

GOODY, Jack. 1963. Feudalism in Africa? In: Journal of African History, 4,1 (reprinted in: Dalton, G. (ed). Economic Development and Social Change, 1971:148-68. New York).

GORJU, Julien (Mgr.). 1926. En zigzags à travers l'Urundi. Namur & Anvers: Missionnaires d'Afrique.

GORJU, Julien (Mgr.). 1934. La conversion dans l'Urundi.. In: Grands Lacs, revue mensuelle des Missionnaires d'Afrique, no.3.

GORJU, Julien (Mgr.) et ses Missionnaires. 1938. Face au royaume hamite du Ruanda. Le royaume frère de l'Urundi. Bruxelles: Vromant & Co.

GORJU, Julien (Mgr.). 1938b. Commentaire, corrigenda et addenda aux statuts de l'Urundi (Extraits de communications officielles de l'administration du Vicariat: Circulaires, „Entre-nous", etc... de 1992-1938). Kabgayi (Ruanda): Imprimerie du Vicariat Ap.

GOUROU, Pierre. 1953. La densité de la population au Ruanda-Urundi. Esquisse d'une étude géographique. Bruxelles: Institut Royal Colonial Belge.

GRANDS LACS, revue mensuelle des Missionnaires d'Afrique. Mars 1936, n° 5/6, n.s. 17/18, n° spécial „Urundi". Louvain.

GRENIER, Isabelle. 1979. Résistances et messianismes. L'Afrique centrale au XIXe et au XXe siècle. Vol. 10 de l'„Histoire générale de l'Afrique". Paris: ABC.

GUICHAOUA, André. 1986. Budgets et stratégies monétaires des paysans au Burundi et au Rwanda. In: Revue Tiers Monde, XXVII, 106, avril-juin:375-394.

GUICHAOUA, André. 1989a. Destins paysans et politiques agraires en Afrique centrale. Tome 1: L'ordre paysan des hautes terres centrales du Burundi et du Rwanda. Paris: L'Harmattan.

GUICHAOUA, André. 1989b. Ordre social et „regression" ethnique: la crise de la société paysanne. In: CHRÉTIEN, Jean-Pierre & A. GUICHAOUA & G. LE JEUNE. La crise d'août 1988 au Burundi, pp.59-76. Cahiers du C.R.A., n° 6, Paris: Editions Afera/distribution Karthala.

GUICHAOUA, André. 1991. Les contraintes sociales et institutionnelles du développement de l'agriculture burundaise appréhendées au niveau des communes. Bujumbura: Ministère de l'Agriculture/PNUD/Banque Mondiale. Multigr., 128 p.

GUICHAOUA, André (éd). 1995. Les crises politiques au Burundi et au Rwanda (1993-1994). Analyses, faits et documents. Villeneuve d'Ascq: Université des sciences et technologies de Lille. 790 p.

GUILLET Claude & P. NDAYISHINGUJE (eds). 1987. Légendes historiques du Burundi. Paris/Bujumbura: Karthala/C.C.B.

HABONIMANA. Balthazar. 1977. Quelques traits de la conception de l'autorité à travers des textes de style oral rundi. Bujumbura: Université du Burundi/Ecole Normale Supérieure, mémoire en lettres.

HAKIZIMANA, Isidore. 1976. L'institution des „Bashingantahe" au Burundi. Bujumbura, mémoire de l'Université du Burundi/Ecole Normale Supérieure.

HARROY, Jean-Paul. 1988. Burundi. Bruxelles: Hayez.

HERTEFELT, Marcel d'. 1962. Le Rwanda. In: DERS. & A.A.TROUWORST & J.H. SCHERER. Les anciens royaumes de la zone interlacustre méridionale. Rwanda, Burundi, Buha, pp. 9-111. Tervuren: Musée royal de l'Afrique centrale.

HERTEFELT, Marcel d'. 1971. Les clans du Rwanda ancien. Élements d'Ethnosociologie et d'Ethnohistoire. Tervuren: Musée royal de l'Afrique centrale.

HERTEFELT, Marcel d'. 1989. Données quanitatives et historiographie. La distribution géographique des clans rwandais. In: BORSBOOM, A. & J. KOMMERS & C. REMIE (eds). Liber amicorum A.A. Trouwborst. Antropologische essays, pp.139-154. Nijmegen, Katholieke Universiteit, Instituut voor Culturele en Sociale Antropologie.

HEUSCH, Luc de. 1966. Le Rwanda et la civilisation interlacustre. Etudes d'anthropologie historique et structurale. Bruxelles: Université libre de Bruxelles, Institut de Sociologie.

HOLY, Ladislav. 1965. Der Zerfall der Sippengesellschaft in Rwanda. In: Abhandlungen und Berichte des staatlichen Museums für Völkerkunde Dresden, Bd. 24:73-109. Berlin: Akademie-Verlag.

HYDEN, Goran. 1980. Beyond Ujamaa in Tanzania. Underdevelopment and the uncaptured peasantry. London: Heinemann.

HYDEN, Goran. 1983. No shortcuts to progress: African development management in perspective. London: Heinemann.

IZARD, Michel. 1975. Le royaume de Yatenga. In: CRESSWELL, Robert (ed). Eléments d'ethnologie, tome 1:216-248. Paris.

IZARD, Michel. 1985. Gens du pouvoir, gens de la terre: les institutions politiques de l'ancien royaume du Yatenga. Cambridge/Paris.

JACOB, Jean-Pierre & Philippe LAVIGNE DELVILLE (éds). 1994. Les associations paysannes en Afrique. Organisation et dynamiques. Paris: Karthala.

JEWSIEWICKI, Bogumil. 1986. Belgian Congo. In: ROBERTS, A.D. (ed). The Cambridge History of Africa, volume 7: From 1905 to 1940, chapter 9 (pp.460-493). Cambridge U.P.

KABAYA-KATAMBWA, J.-J..1986. La conception du pouvoir et de la démocratie en Afrique noire après les indépendances. In: Mois en Afrique, 21, n°s 245/46: 23-38. Paris.

KANDT, Richard. 1904. Caput Nili. Eine empfindsame Reise zu den Quellen des Nils. Berlin: Reimer.

KAYONDI, Cyprien. 1972. Murunga, colline du Burundi: étude géographique. In: COM, 25,98:164-204.

KEUPPENS, Joseph. 1959. L'Urundi ancien et moderne. Burasira, Burundi.

KEUPPENS, Joseph. 1964 (^{1}1954). Les clans de famille du Burundi. In: „Coutumes des Barundi" (collection d'écrits inédits), 132 p. Bujumbura. Vervielf. Manuskript, 12 p.

KIRARANGANYA, Boniface Fidel. 1977. La vérité sur le Burundi. L'unité et la démocratie au Burundi. Témoignage. Sherbrooke, Québec: Éditions Naaman.

KUPER, Adam. 1982. Lineage theory: a critical retrospect. In: Annual review of anthropology, 11:71-95. Palo Alto.

LA CIVILISATION ANCIENNE DES PEUPLES DES GRANDS LACS. Colloque de Bujumbura 1979. 1981. Paris/Bujumbura: Karthala / C.C.B.

LAELY, Thomas. 1983. Traditionelle Siedlungsstrukturen und aktuelle Siedlungspolitik in Burundi. Universität Zürich, Philosophische Fakultät I, Lizentiatsthese, 183 p.

LAELY, Thomas. 1992. Le destin du Bushingantahe. Transformations d'une structure locale d'autorité au Burundi. In: Genève-Afrique, XXX, 2: 75-98.

LAELY, Thomas. 1994. Ethnien à la burundaise. In: Müller, H.P. (Hrg.). Ethnische Dynamik in der aussereuropäischen Welt, 1994, pp. 207-249. Zürcher Arbeitspapiere zur Ethnologie 4.

LAELY, Thomas. 1995. Burundi: „Sinnlose Gewalt" als politisches Kalkül. Die Folgen einer unerwarteten Demokratisierung. In: Blätter für deutsche und internationale Politik, Heft 5'95, Mai 1995, pp.606-613. Bonn.

LE JEUNE, Gabriel. 1989. L'UPRONA dans la crise d'août 1988. In: CHRÉTIEN, Jean-Pierre & A. GUICHAOUA & G. LE JEUNE, pp.77-89.

LELOIR, Léon (Père). 1936. La conquête religieuse. In: Grands Lacs, revue mensuelle des Missionnaires d'Afrique, no.5/6, n.s. 17/18: 289-304 (mars, no. spécial. „Urundi").

LEMARCHAND, René. 1962. L'influence des systèmes traditionnels sur l'évolution politique du Rwanda et du Burundi. In: Revue de l'Institut de Sociologie, pp.333-56. Bruxelles.

LEMARCHAND, René. 1966a. Political instability in Africa: the case of Rwanda and Burundi. In: Civilisations, 16, 3:307-37.

LEMARCHAND, René. 1966b. Social Change and Political Modernisation in Burundi. In: The Journal of Modern African Studies, 4, 4:401-33.

LEMARCHAND, René. 1970. Rwanda and Burundi. London: Pall Mall Press.

LEMARCHAND, René. 1973. African power through the looking-glass (review article). In: The Journal of Modern African Studies, 11, 2:305-314.

LEMARCHAND, René. 1974. Status differences and ethnic conflict: Rwanda and Burundi. In: BELL, W. et al. (eds). Ethnicity and nation-building, pp.135-46. Beverley Hills.

LEMARCHAND, René. 1977. Stratified kingdoms: Rwanda and Burundi. In: DERS. (ed). African kingship in perspective, pp.67-126. London: F. Cass.

LEMARCHAND, René. 1983. The state and society in Africa: Ethnic stratification and restratification in historical and comparative perspective. In: ROTHCHILD, Donald & V.A. OLORUNSOLA (eds). State versus ethnic claims: African policy dilemmas, pp 44-66. Boulder, Colorado.

LEMARCHAND, René. 1990a. L'école historique burundo-française: Une école pas comme les autres. In: Revue canadienne d'études africaines/Canadian Journal of Arican Studies, 24, 2:235-248.

LEMARCHAND, René. 1990b. Burundi: Ethnicity and the genocidal state. In: VAN DEN BERGHE, Pierre L. (ed). State violence and ethnicity, pp. 89-111. Niwot, Colorado: University Press of Colorado.

LEMARCHAND, René. 1994. Burundi: Ethnocide as discourse and practice. Cambridge: Woodrow Wilson Center Press / Cambridge University Press.

LEURQUIN, Philippe. 1960. Le niveau de vie des populations rurales du Ruanda-Urundi. Louvain/Paris: Nauwelaerts.

LOUIS, Wm. Roger. 1963. Ruanda-Urundi 1884-1919. Oxford: Clarendon Press.

MAIR, Lucy P. 1961. Clientship in East Africa. In: Cahiers d'Etudes Africaines, 2:315-325.

MANIRAKIZA, Marc. 1990. La fin de la monarchie burundaise (1962-1966). Paris/Bruxelles: Le Mât de Misaine.

MAQUET, Jacques J. & Marcel d'HERTEFELT. 1959. Élections en société féodale. Une étude sur l'introduction du vote populaire au Ruanda-Urundi. Bruxelles: Académie royale des sciences coloniales, classe des sciences morales et politiques.

MAQUET, Jacques J.. 1967a. ([1]1952). The problem of Tutsi domination. In: Dalton, G. (ed). Tribal and Peasant Economies. Readings in Economic Anthropology, pp.81-87. New York.

MAQUET, Jacques J.. 1969. Institutionalisation féodale des relations de dépendance dans quatre cultures interlacustres. In: Cahiers d'Études Africaines, 35, 9:402-413.

MBOGOYE, V. (pseudo.).1989. Contribution au débat sur la question ethnique au Burundi. 40 p., deux parties, s.l.

MÉDARD, Jean-François. 1990. L'État patrimonialisé. In: Politique Africaine, septembre, 39:25-36.

MÉDARD, Jean-François. 1991. Autoritarismes et démocraties en Afrique noire. In: Politique Africaine, octobre, 43:92-104.

MELBER, Henning. 1985. Stammeskultur als Zivilisationsgut. Anmerkungen zur tribalistischen Hinterlassenschaft des Kolonialismus in afrikanischen Gesellschaten. In: Peripherie, 18/19:143-161. Berlin.

MEYER, Hans. 1916. Die Barundi. Eine völkerkundliche Studie aus Deutsch-Ostafrika. Leipzig: Otto Spamer (Bd.1 der Reihe „Ethnographie und Ethnologie" des Instituts für Völkerkunde der Königlich Sächsischen Forschungsinstitute in Leipzig).

MICHALON, Thierry. 1984. Quel État pour l'Afrique? Paris: L'Harmattan.

MPOZAGARA, Gabriel. 1971. La république du Burundi. Paris: Éd. Berger-Levrault.

MULLER, Jean-Claude. 1981. 'Divine kingship' in chiefdoms and states. A single ideological model. In: CLAESSEN, Henri J.M. & Peter SKALNIK (eds). The study of the state, pp. 239-250. Paris/The Hague: Mouton.

MURDOCK, George P. 1949. Social structure. New York: Macmillan.

MUSANIWABO, Thérèse M. Ludovic. 1979. Les chemins de la sagesse. Imâna et le Murundi. Louvain-la-Neuve: Centre d'Histoire des Religions.

MWOROHA, Emile. 1977. Peuples et rois de l'Afrique des lacs. Le Burundi et les royaumes voisins au XIXe siècle. Dakar/Abidjan: Les Nouvelles Editions Africaines.

MWOROHA, Émile. 1980. Redevances et prestations dans les domaines royaux du Burundi précolonial. In: Culture et Société, 3:5-25. Bujumbura: C.C.B., Ministère de la Jeunesse, des Sports et de la Culture.

MWOROHA, Emile. 1986. Politiques et actions du gouvernement en matière de développement rural. In: Revue Tiers-Monde, 27,106: 339-356. Paris.

MWOROHA, Émile & Pascal NDAYISHINGUJE. 1981. Le Mwami das l'État du Burundi ancien. In: LA CIVILISATION ANCIENNE ..., pp.81-99. Paris/Bujumbura: Karthala/Centre de Civilisation Burundaise.

MWOROHA, Emile (ed). 1987. Histoire du Burundi des origines à la fin du XIXe siècle. Paris: Hatier.

NAHAYO, Adolphe. L'institution traditionnelle d'Ubushingantahe et la protection de la personne humaine. In: Culture et société, vol. 11:24-37. Bujumbura.

NAHAYO, Sylvie. 1983. La fonctionnarisation des autorités traditionnelles au Burundi (1917-1933). Bujumbura: Université du Burundi, mémoire en histoire.

NAHIMANA, Ferdinand. 1993. Le Rwanda. Émergence d'un État. Paris: L'Harmattan, Collection Racines du Présent.

NDAGIJIMANA. Côme. 1971. Kwatira abashingantahe mu Burundi. L'investiture des notables au Burundi. In: Que Vous en Semble, n° 13, 1:25-38. Bujumbura.

NDAGIJIMANA. Côme. 1972. Initiation des ministres du Kubandwa. In: Que Vous en Semble, no.17,1:160-169. Bujumbura.

NDARUZANIYE, Gamaliel. 1986. Le Parti UPRONA dans l'organisation politique du Burundi. In: Association française des volontaires du progrès. Stage d'approche socio-économico-culturelle du Burundi, 3-5 nov. 1986, pp.15-27. Bujumbura.

NDAYISENGA, Gérard. 1974. Les droits fonciers coutumiers au Burundi. Bujumbura: Université du Burundi, mémoire en droit.

NDAYISHINGUJE, Pascal. 1977. L'intronisation d'un mwami. Nanterre: Laboratoire d'Ethnologie et de Sociologie Comparative.

NDIKURIYO, Adrien. 1975. Contrats de bétail, contrats de clientèle, et pouvoir politique dans le Bututsi du XIXe siècle. In: Études d'Histoire africaine, 7:59-76.

NDIKURIYO, Adrien. 1987. Mobilité et migration dans le Burundi traditionnel. In: QUESTIONS SUR LA PAYSANNERIE AU BURUNDI, pp.279-295. Bujumbura/Paris: Faculté des lettres et sciences humaines/C.R.A.

NDIMURUKUNDO, Nicéphore. 1986. L'éducation de base au Burundi: Ecole primaire et Ecole Yaga Mukama (1898-1973). Structures, fonctionnement et impact social. Thèse de doctorat de 3ème cycle en sciences de l'éducation. Paris: Sorbonne.

NDINDURWAHA, Étienne. 1984. La révolte de Kanyarufunzo-Runyota (1920-1923). Essai d'interprétation. Bujumbura: Université du Burundi, mémoire en histoire.

NDORICIMPA, Léonidas. 1971. L'évolution du droit de propriété au Rwanda et au Burundi de la période précoloniale à l'époque contemporaine. Mémoire en histoire, Université de Louvain-La-Neuve.

NDORICIMPA, Léonidas & C. GUILLET (eds). 1984. L'arbre-mémoire. Traditions orales du Burundi. Paris/Bujumbura: Karthala/C.C.B.

NEWBURY, David S. 1981. The clans of Rwanda: a historical hypothesis. In: LA CIVILISATION ANCIENNE DES PEUPLES DES GRANDS LACS, pp.186-197. Paris/Bujumbura: Karthala/C.C.B.

NGENDAKUMANA, Stanislas. 1979. Le Murundi et la propriété foncière. In: Que vous en semble, 3:1-39. Bujumbura.

NGENDAKUMANA, Stanislas. 1981. De la communication au Burundi traditionnel. In: Que vous en semble, 43,3:1-44. Bujumbura.

NIBOGORA, Oscar. 1988. La réorganisation administrative au Sud du Burundi 1926-1933. Cas de Buragane et de Bukurira. In: Culture et Société, vol.X:27-47. Bujumbura.

NJEJIMANA, Grégoire. 1972. Le cérémonial du „Kubandwa“ et sa prise sur la conscience religieuse des Barundi. In: Que Vous en Semble, n° 17, 1972,1:170-76.. Bujumbura.

NSABIMANA, Stanislas. 1986 ([1]1981). La notion de pouvoir dans le Burundi traditionnel. In: LE CONCEPT DE POUVOIR EN AFRIQUE, pp.107-129. Paris: UNESCO (Introduction à la culture africaine, 4).

NSABIMANA, Tharcisse. 1979a. La royauté sacrée et le culte initiatique de Kubandwa au Burundi ancien. Bujumbura: Université du Burundi, mémoire en histoire.

NSABIMANA, Tharcisse. 1979b. L'impact du culte du Kubandwa sur la société traditionnelle du Burundi. In: Au Coeur de l'Afrique, XIX, 6:286-98. Bujumbura.

NSANZE, Augustin. 1980. Un domaine royal au Burundi: Mbuye, env. 1850-1945. Bujumbura/Paris.

NSANZE, Augustin. 1984. Le système tributaire au Burundi face aux changements imposés par la colonisation. In: JEWSIEWICKI, B. & J.-P. CHRÉTIEN (eds). Ambiguïtés de l'innovation. Sociétés rurales et technologies en Afrique centrale et occidentale au XXe siècle, pp.25-38. Québec: Éd. Safi.

NSANZE, Augustin. 1986. Les bases économiques des pouvoirs au Burundi de 1875 à 1920. Université de Paris I, Thèse de doctorat en histoire, 715 p.

NSANZE, Augustin. 1988. La place des clans dans l'organisation politique du Burundi (fin XIXème siècle à nos jours). Manuscrit inédit d'une conférence tenue lors de la Semaine de l'Université du Burundi, Bujumbura, mai 1988.

NSANZE, Augustin. 1990. L'apport du site historique de Mwihangarizo dans la connaissance du Burundi monarchique. In: Culture et société, vol. 11:81-99. Bujumbura.

NTABONA, Adrien. 1985. Le concept d'Umushingantahe et ses implications sur l'éducation de la jeunesse d'aujourd'hui au Burundi. In: Au Coeur de l'Afrique, XXV, 5:263-301. Bujumbura.

NTABONA, Adrien. 1992. L'institution des Bashingantahe et la moralisation de la vie sociale et politique. In: Au Coeur de l'Afrique, LX, 4 (octobre-décembre): 432-381. Bujumbura.

NTAHOKAJA, Jean-Baptiste. 1978. Imigenzo y'ikirundi. Bujumbura: Université du Burundi.

NTAHOMBAYE, Philippe. 1983. Des noms et des hommes. Aspects psychologiques et sociologiques du nom au Burundi. Paris: Karthala.

NZIRORERA, Imelda. 1977. Le système de réciprocité et de bon voisinage d'après des textes de style oral au Burundi. Bujumbura: Université du Burundi/Ecole Normale Supérieure, mémoire en lettres.

NZOPFABARUSHE, Audace. 1976. Le culte des morts dans le Burundi traditionnel. In: Que Vous en Semble, n° 25, 1:24-36. Bujumbura.

PABANEL, Jean-Pierre. 1987. Approches nouvelles des unités rurales. Les unités domestiques au Burundi. QUESTIONS SUR LA PAYSANNERIE AU BURUNDI, pp.355-363. Bujumbura/Paris: Faculté des lettres et sciences humaines/C.R.A.

PABANEL, Jean-Pierre. 1991. Le Burundi, un État d'origine traditionnelle. In: MÉDARD, Jean-François (éd). États d'Afrique noire, pp.277-290. Paris: Karthala.

PLAN DECENNAL du Ruanda-Urundi 1951-1961. Vice-Gouvernement Général. Usumbura.

PLAN QUINQUENNAL de développement économique et social du Burundi 1968-1972 (ler), 1973-1977 (2ème), 1978-1982 (3ème) Bujumbura, Ministère du Plan.

POUILLON, François. 1976. La détermination d'un mode de production: les forces productives et leur appropriation. In: DERS.(Ed). L'Anthropologie économique, pp.57-85. Paris: Maspero.

POPITZ, Heinrich. 1981. Zum Verständnis von Autorität. In: MATTHES, Joachim (ed). Lebenswelt und soziale Probleme, pp.78-87. Frankfurt a.M.: Campus.

POPITZ, Heinrich. 1986. Phänomene der Macht. Autorität – Herrschaft – Gewalt – Technik. Tübingen: Mohr.

RAPPORTS DE LA 5ème/resp.6ème CONFERENCE NATIONALE DE LA COMMISSION ESTUDIANTINE DE LA JRR. 1977/resp.1978, Bujumbura.

RAPPORT SOUMIS PAR LE GOUVERNEMENT BELGE A L'ASSEMBLEE GENERALE DES NATIONS UNIES au sujet de l'administration de Ruanda-Urundi pendant l'année... (1947-1959) Bruxelles.

RAPPORT SUR L'ADMINISTRATION BELGE DU RUANDA-URUNDI PENDANT L'ANNÉE ... [1920-1946]. (jeweils im folgenden Jahr herausgegeben). Bruxelles, Ministère des colonies.

RENOUVEAU, le. Quotidien du Burundi (später: Le Renouveau du Burundi. Le Quotidien Burundais d'informations). Verschiedene Nummern, 1978-1991. Bujumbura: Agence de Presse burundaise.

RÉPUBLIQUE DU BURUNDI. Maison du Parti UPRONA. 1976. Déclarations sur les objectifs fondamentaux du mouvement du 1er novembre. In: Pourquoi le changement? Bujumbura.

RÉPUBLIQUE DU BURUNDI. Ministère de l'Intérieur, Département de la Population. Résultats définitifs du recensemsent général de la population du 16 août 1979. 2 tomes. Bujumbura, 1982-1984.

RÉPUBLIQUE DU BURUNDI. Ministère à la Présidence chargé du Plan. Cellule Planification Régionale et Aménagement du Territoire. 1986. Monographie de la Province de Muramvya. Bujumbura.

RÉPUBLIQUE DU BURUNDI. Ministère à la Présidence chargé du Plan. Cellule Planification Régionale et Aménagement du Territoire. 1986. Monographie de la Province de Kirundo. Bujumbura.

RÉPUBLIQUE DU BURUNDI. Parti UPRONA. Statuts provisoires du Parti UPRONA/Amategeko ngenderwako mfatakibanza y'Umugambwe UPRONA. Février 1988. Bujumbura: Imprimerie du Parti.

RÉPUBLIQUE DU BURUNDI. 1989. Rapport de la Commission nationale chargé d'étudier la question de l'unité nationale. Bujumbura: Régie des Productions Pédagogiques.

RÉPUBLIQUE DU BURUNDI. Ministère de l'Intérieur, Bureau Central de Recensement. Résultats provisoires du recensemsent général de la population et de l'habitation d'août 1990. Gitega, novembre 1990, 112 p.

RÉPUBLIQUE DU BURUNDI. Commission constitutionnelle. Rapport sur la démocratisation des institutions et de la vie politique au Burundi. Bujumbura, août 1991.

RÉPUBLIQUE DU BURUNDI. 1992. Constitution de la République du Burundi, promulguée le 13 mars 1992. Bujumbura.

RÉPUBLIQUE DU BURUNDI. Cabinet du Président. 1992. Décret-loi No 1/010 du 15 avril 1992 sur les Partis politiques. Bujumbura.

REYNTJENS, Filip. 1985. Pouvoir et droit au Rwanda: Droit publique et évolution politique 1916-1973. Tervuren: Musée royal de l'Afrique centrale. 583 p.

REYNTJENS, Filip. 1989. Burundi 1972-1988. Continuité et changement. Les Cahiers du CEDAF, no.5, nov. 1989. Bruxelles.

REYNTJENS, Filip. 1990. L'État non constitutionnel. Continuités en Afrique Centrale anciennement belge. In: Bulletin des Séances de l'Académie Royale des Sciences d'Outre-Mer (ARSOM/KAOW), 35 (1989-2): 81-102 (1990). Bruxelles.

REYNTJENS, Filip. 1992. L'ingénierie de l'unité nationale. Quelques singularités de la constitution burundaise de 1992. In: Politique Africaine, 47, octobre: 141-146.

REYNTJENS, Filip. 1993. The proof of the pudding is in the eating: The June 1993 elections in Burundi. In: The Journal of Modern African Studies, 31,4.

REYNTJENS, Filip. 1994. L'Afrique des Grands Lacs. Rwanda, Burundi: 1988-1994. Paris: Karthala.

RODEGEM, F.M. 1965. Onomastique rundi. Bujumbura, vervielf. Manuskript, 155 p.

RODEGEM. F.M. 1966. Structures judiciaires traditionnelles au Burundi. In: Revue juridique de Droit écrit et coutumier du Rwanda et du Burundi, VI,1,1:3-27. Bujumbura.

RODEGEM, F.M. 1970. Dictionnaire Rundi-Français. Tervuren: Annales du Musée royale de l'Afrique centrale.

RODEGEM, F.M. 1971a. Le fête des prémices au Burundi. In: Africana Linguistica 5:207-254. Tervuren: Musée Royal de l'Afrique Centrale.

RODEGEM, F.M. 1971b. La motivation du culte initiatique au Burundi. In: Anthropos 66:863-930. St. Augustin.

RODEGEM, F.M. 1983. Paroles de sagesse au Burundi. Leuven: Peeters.

RODEGEM, F.M. & C. BAKARA. 1978. Documentation bibliographique sur le Burundi. Bologna: EMI.

ROSSEL, Hubert. 1992. Le Rwanda et le Burundi à la veille de leur 30e anniversaire d'indépendance. In: Genève-Afrique, XXX, 2:11-74.

ROTHCHILD, Donald & Naomi CHAZAN (eds). 1988. The precarious balance. State and society in Africa. Boulder/London: Westview Press.

RUHUNA, Joachim. 1972. Quelques éléments sur l'origine des mystères de Kiranga-Ryangombe. In: Que Vous en Semble, n° 17, 1972,1:147-59. Bujumbura.

RUTAKE, Pascal. 1970. Evolution du système politique traditionnel du Burundi. Kinshasa: Université Lovanium, mémoire en sciences politiques et administratives.

RUTAKE, Pascal. 1980. Administration communale et développement au Burundi. Université de Paris I: Thèse de Doctorat en Droits Africains.

RUTAKE, Pascal. 1982a. Administration locale et développement au Burundi. In: Cahiers du CURDES, n°.1 (juin): 53-64. Bujumbura.

RUTAKE, Pascal. 1982b. Administration précoloniale au Burundi. In: Administration – Gestion – Formation, revue du CPF, n° 3 (juillet-septembre): 5-19. Bujumbura.

RUTAKE, Pascal. 1984. Démocratie locale et participation au développement: L'expérience du Burundi. In: Annuaire du Tiers-Monde VIII, 1982-1983, pp.115-122. Paris.

RUTAKE, Pascal. 1986a. Administration et développement communal: le cas de la Commune Isale. Bujumbura: CURDES. 90p.

RUTAKE, Pascal. 1986b. De l'administration mimétique à l'administration de développement. In: Administration – Gestion – Formation, revue du CPF, n° 19/20 (juillet-décembre): 7-30. Bujumbura.

RUTAKE, Pascal. 1988. Décentralisation administrative et participation des populations au développement local en Afrique. Le cas du Burundi. Communication à la Table ronde de Budapest du 30 août - 2 septembre 1988 de l'Institut International des Sciences Administratives. Manuscript.

RUTAKE, Pascal & Émmanuel MUHAWENIMANA. 1990. Les relations administration - population en milieu rural et leur impact sur le développement socio-économique. Bujumbura: CURDES. Vervielf. Manuskript, 71 p.

RYCKMANS, Pierre. 1925. Le problème politique du Ruanda-Urundi. In: Congo, vol.I, n° 3:407-413.

RYCKMANS, Pierre. 1931. Dominer pour servir. Bruxelles: Albert Dewit.

RYCKMANS, Pierre. 1936. La conquête politique. In: Grands Lacs, revue mensuelle des Missionnaires d'Afrique, no.5/6, n.s. 17/18:305-309 (mars, no. spécial. „Urundi").

RYCKMANS, Pierre (ancien Gouverneur Général Honoraire du Congo belge). 1953 [1918]. Une page d'histoire coloniale. L'occupation allemande dans l'Urundi. Bruxelles: Institut Royal Colonial Belge.

SAHLINS, Marshall. 1974. Stone Age Economics. London: Tavistock.

SAUVAIN, Paul & Peter UVIN. 1992. Relations entre les communes et les organisations locales au Burundi. Etude sur le rôle des collectivités publiques locales dans le développement rural. Vissoie/Genève: SEREC/IUED. 152 p.

SCHIEL, Tilman. 1985. Ethnie, Stamm, Nation – was ist Fiktion, was ist Realität? In: Peripherie, 18/19:162-171. Berlin.

SENNETT, Richard. 1985. Autorität. Frankfurt a.M.: Fischer.

SERVICE, Elman R. 1977. Ursprünge des Staates und der Zivilisation. Frankfurt a.M.: Suhrkamp.

SHIRAMBERE, Manassé. 1984. Les fondements culturels du pouvoir dans le Burundi ancien. Bujumbura: Université du Burundi, mémoire en Histoire.

SIGRIST, Christian. 1979. Regulierte Anarchie. Frankfurt a.M.: Syndikat.

SIMONS, Eugène. 1944. Coutumes et institutions des Barundi. In: Bulletin des Juridictions Indigènes et du Droit Coutumier Congolais, 7:136-160, 8:163-179, 9:181-204, 10:205-227, 11:237-265, 12:269-282 (janvier/février - novembre/décembre). Elisabethville.

SIRIBA, Philippe. 1976. Système de lignages et pouvoir politique central au Burundi. Paris: École des hautes études en sciences sociales, mémoire en sciences sociales.

SKALNIK, Peter. 1978. Early States in the Voltaic basin. In: CLAESSEN & SKALNIK (eds). 1978:469-494.

SKALNIK, Peter. 1979. The dynamics of Early State development in the Voltaic area. In SEATON, S. Lee & H.J.M. CLAESSEN (eds). Political anthropology. The state of the art, pp.197-213. The Hague/Paris: Mouton.

SKALNIK, Peter. 1981. Some additional thoughts on the concept of the Early State. In: CLAESSEN & SKALNIK (eds). 1981:339-352.

SKALNIK, Peter. 1983. Questioning the concept of the state in indigenous Africa. In: Social Dynamics, 9, 2:11-28.

SMETS, Georges. 1935. Écrits et données de terrain, dossiers A - M, classés par A.A. TROUWBORST („Papiers Smets", Manu- und Typoskripte).

SMETS, Georges. 1937. Existe-t-il un Régime féodal en Urundi? In: L'Expansion coloniale, organe tri-mensuel, 25 juin, n° 18:1. Bruxelles.

SMETS, Georges. 1946. The structure of the Barundi community (Ruanda-Urundi territory, central Africa). In: Man, XLVI, 6, January-February, pp.12-16.

SMETS, Georges. 1949. Les institutions féodales de l'Urundi. In: Revue de l'Université (Libre) de Bruxelles, N°2.

SOUTHALL, Aidan. 1956. Alur society. A study of processes and types of domination. Cambridge.

SOUTHALL, Aidan W. 1965. A critique of the typology of states and political systems. In: BANTON, M. (ed). Political systems and the distribution of power. London: Tavistock.

SOUTHALL, Aidan W. 1974. State formation in Africa. In: Annual Review of Anthropology, vol.3 (ed. by B.J. SIEGEL). Palo Alto: Cal.

SOUTHALL, Aidan. 1988. The segmentary state in Africa and Asia. In: Comparative Studies in Society and History, vol.30, no.1:52-82. Cambridge University Press.

SPENCER, Paul. 1985. Homo ascendens et homo hierarchicus. In: ABELES, Marc & Chantal COLLARD (eds.). Age, pouvoir et société en Afrique noire, pp.171-195. Paris: Karthala.

SPITTLER, Gerd. 1978. Herrschaft über Bauern. Die Ausbreitung staatlicher Herrschaft und einer islamisch-urbanen Kultur in Gobir (Niger). Frankfurt/New York: Campus.

SPITTLER, Gerd. 1981a. Verwaltung in einem afrikanischen Bauernstaat. Das koloniale Französisch-Westafrika 1919-1939. Wiesbaden: Steiner.

SPITTLER, Gerd. 1981b. Die Struktur der Bürokratie in afrikanischen Agrargesellschaften und die Agrarpolitik. In: HANISCH, Rolf & Rainer TETZLAFF (eds). Staat und Entwicklung. Studien zum Verhältnis von Herrschaft und Gesellschaft in Entwicklungsländern, pp.297-318. Frankfurt/New York: Campus.

STEINHART, Edward I. 1978. Pastoral hegemony. In: CLAESSEN, H.J.M. & P. SKALNIK (eds). The early state, pp.131-150. The Hague.

STEINHART, Edward I. 1981. From 'Empire' to State: The emergence of the kingdom of Bunyoro-Kitara: c. 1350-1890. In: CLAESSEN, H.J.M. & P. SKALNIK (eds). The study of the state, pp.353-370. The Hague.

SURET-CANALE, Jean. 1969. Les sociétés traditionnelles en Afrique tropicale et le concept de mode de production asiatique. In: CENTRE D'ÉTUDES ET DE RECHERCHES MARXISTES (ed). Sur le „mode de production asiatique", pp.101-133. Paris: Éditions Sociales.

TERRAY, Emmanuel. 1974 ([1]1969). Der historische Materialismus vor dem Problem der linearen und segmentären Gesellschaften. In: Zur politischen Ökonomie der „primitiven" Gesellschaften. Zwei Studien. Frankfurt a. M.: Suhrkamp.

TERRAY, Emmanuel (ed). 1987. L'État contemporain en Afrique. Paris: L'Harmattan.

THIBON, Christian. 1984. Crise démographique et mise en dépendance au Burundi et dans le région des Grands Lacs, 1880-1910, in: Cahiers du CRA (Paris), 4 / Cahiers d'Histoire (Bujumbura), 2:19-40.

THIBON, Christian. 1987. Un siècle de croissance démographique au Burundi (1850-1950), in: Cahiers d'Études africaines, 105-106, XXVII-1-2:61-81.

TROUWBORST, Albert A. 1959. La mobilité de l'individu en fonction de l'organisation politique des Barundi. In: Zaïre (Revue congolaise), 13, 8:787-800. Bruxelles.

TROUWBORST, Albert A. 1961. L'organisation politique en tant que système d'échange au Burundi. In: Anthropologica, 3,1:65-81. Ottawa.

TROUWBORST, Albert A. 1962a. Burundi. In: HERTEFELT, M.d'. & A.A. TROUWBORST & J.SCHERER. Les anciens royaumes de la zone interlacustre méridionale (Rwanda, Burundi, Buha), pp.113-169. London: International African Institute (Part XIV of „Ethnographic Survey of Africa", edited by Daryll FORDE).

TROUWBORST, Albert A. 1962b. L'organisation politique et l'accord de clientèle au Burundi. In: Anthropologica, 4,1:9-43. Ottawa.

TROUWBORST, Albert A. 1965. Kinship and geographical mobility in Burundi (East Central Africa). In: Piddington, R. (ed). Kinship and geographical mobility, pp.166-82. Leiden.

TROUWBORST, Albert A. 1970. Quelques aspects symboliques des échanges de bière au Burundi (Afrique centrale). In: Aniversary contributions to anthropologq. Twelve essays published on the occasion of the 40th anniversary of the Leiden Ethnoloical Society W.D.O., pp.143-52. Leiden: Brill.

TROUWBORST, Albert A. 1973a. Two types of partial networks in Burundi. In: BOISSEVAIN, J. & J.C. MITCHELL (eds). Network Analysis. Studies in Human Interaction, pp. 111-123. The Hague/Paris: Mouton.

TROUWBORST, Albert A. 1973b. La base territoriale de l'état du Burundi ancien. In: Revue Universitaire du Burundi, vol.1, 3-4: 245-254. Bujumbura.

TROUWBORST, Albert A. 1979. De beoefening van de etnografie van Burundi tijdens de Duitse bezetting (1890-1916). In: Africa Tervuren, vol. XXV, 1:1-15, 2:45-56. Tervuren.

TROUWBORST, Albert A. 1981. L'Éthnographie du Burundi pendant l'occupation belge: Première période (1916-1945). L'oeuvre de Georges SMETS (1881-1961). In: LA CIVILISATION ANCIENNE ..., pp. 283-294. Paris/Bujumbura: Karthala/C.C.B.

TROUWBORST, Albert A. 1988. Gott, König und Kosmos: Mythos und Ideologie in Burundi. In: MÜNZEL, M. (ed). Ursprung. interim Nr.6:101-105. Frankfurt a.M.: Museum für Völkerkunde.

TROUWBORST, Albert A. 1991. The political economy of the interlacustrine states in East Africa. In: CLAESSEN & VAN DE VELDE (eds). 1991:97-107.

TROUWBORST, Albert A. 1994a. Burundi as a kingdom: a changing cultural identity. In: VAN BAKEL, M., R. HAGESTEIJN & P. VAN DE VELDE (eds). Pivot Politics. Changing cultural identities in Early State formation processes, pp. 271-279. Amsterdam: Het Spinhuis.

TROUWBORST, Albert A. 1994b. Ruanda en Burundi: historische achtergronden. In: Internationale Spectator, jrg. 48, 7-8: 345-348.

TWAGIRAMUTARA, Pancrace. 1976. Rapport à l'espace, rapport social. Contribution à l'étude de leurs liaisons à partir du cas du Rwanda. Diss., Université Catholique de Louvain.

UNIVERSITÉ du BURUNDI, DÉPARTEMENT D'HISTOIRE (NSABIMANA, Tharcisse). 1991. Histoire sociale de l'Afrique de l'Est (XIXe-XXe siècle). Actes du Colloque de Bujumbura, 17-24 octobre 1989. Paris: Karthala.

VAN DER VELPEN, Cl.. 1973. Manuel de géographie du Burundi. Bruxelles: De Boeck.

VANSINA, Jan. 1961a. Notes sur l'histoire du Burundi. In: Aequatoria, 1:1-10.

VANSINA, Jan. 1961b (engl. 1965). De la tradition orale. Essai de methode historique. Tervuren: Musée royal de l'Afrique centrale.

VANSINA, Jan. 1967. History in the field. In: JONGMANS, D.G. & P.C.W. GUTKIND (eds). Anthropologists in the field, pp.102-116. Assen: Van Gorcum.

VANSINA, Jan. 1972. La légende du passé. Traditions orales du Burundi. Tervuren: Musée royal de l'Afrique centrale.

VERBRUGGHE, André. 1969. Aperçu sur l'organisation juridique traditionelle de la famille au Burundi. In: Problèmes sociaux congolais, 86:7-26. Bruxelles.

VERBRUGGHE, André. 1970. L'évolution de la propriété foncière coutumière au Burundi. In: Revue juridique et politique, Indépendance et coopération, 24, 4:1201-06. Paris.

VIDAL, Claudine. 1969. Le Rwanda des anthropologues ou le fétichisme de la vache. In: Cahiers d'Études Africaines, 35, 9:384-401.

VIDAL, Claudine. 1974. Economie de la société féodale rwandaise. In: Cahiers d'Études Africaines, 53:52-74.

VIDAL, Claudine. 1985. Situations ethniques au Rwanda. In: AMSELLE, Jean-Loup & Elikia M'BOKOLO (eds). Au coeur de l'ethnie. Ethnies, tribalisme et état en Afrique, pp.167-184. Paris: La découverte.

VIDAL, Claudine (ed). 1974. Le problème de la domination étatique au Rwanda. In: Cahiers d'Etudes africaines, 14, 53:5-191.

VIDAL, Claudine. 1991. Sociologie des passions (Côte d'Ivoire, Rwanda). Paris: Karthala.

VISAGE DU BURUNDI, revue trimestrielle. n° 1, avril 1974 („La vie familiale traditionelle"). Bujumbura: IMPARUDI.

WEBER, Max. ^{5}1976. Wirtschaft und Gesellschaft. Grundriss der verstehenden Soziologie. Tübingen: Mohr.

WEBSTER, John B. 1966. The political development of Rwanda and Burundi. Syracuse University: Maxwell Graduate School of Citizenship an Public Affairs, The Program of Eastern African Studies, Occasional Paper No. 16. 121 p.

WEBSTER, John B. (ed). 1979. Chronology, migration and drought in interlacustrine Africa. London: Longman

WOLF, Eric R. 1966. Peasants. Englewood Cliffs, N.J.

ZIEGLER, Jean. 1971. Les rois errants du Burundi. In: DERS. Le pouvoir africain, pp.19-72. Paris: Gallimard.

Verzeichnis der Graphiken, Karten und Tabellen

INHALTSVERZEICHNIS

KAPITEL 4

KAPITEL 5

TEIL II

DER KOLONIALE STAAT

KAPITEL 6

Frieder Ludwig

Das Modell Tanzania

Zum Verhältnis zwischen Kirche und Staat während der Ära Nyerere (mit einem Ausblick auf die Entwicklung bis 1994)

294 Seiten mit 6 Karten; Dokumentation wichtiger Reden und Erklärungen

Broschiert / ISBN 3-496-02575-1

Heinrich Balz

Where the Faith has to Live

Studies in Bakossi Society and Religion

Part I: **Living Together**

XVI und 404 Seiten mit 6 Karten

Broschiert / ISBN 3-496-02563-8

Part II: **The Living, the Dead and God**

Werk in 2 Teilen

zus. XXVII und 851 Seiten mit 10 Karten

Gebunden / ISBN 3-496-02564-6

Leonhard Harding / Brigitte Reinwald (Hg.)

Afrika – Mutter und Modell der europäischen Zivilisation?

Die Rehabilitierung des schwarzen Kontinents durch Cheikh Anta Diop

287 Seiten

Broschiert / ISBN 3-496-00489-4

Elisabeth-Dorothea Hecht

Die traditionellen Frauenvereine (AFOCA) der Harari in Harar und in Addis Ababa/Äthiopien

X und 217 Seiten

Broschiert / ISBN 3-496-02499-2

DIETRICH REIMER VERLAG BERLIN